山东科技年鉴 2013

SHANDONG SCIENCE & TECHNOLOGY YEARBOOK

山东省科学技术厅 编

·北京·

图书在版编目(CIP)数据

山东科技年鉴.2013 / 山东省科学技术厅编. —北京:科学技术文献出版社,2014. 3
ISBN 978-7-5023-8508-8

Ⅰ.①山… Ⅱ.①山… Ⅲ.①科学研究事业—山东省—2013—年鉴 Ⅳ.①G322.752-54

中国版本图书馆 CIP 数据核字(2013)第 284081 号

山东科技年鉴2013

策划编辑:周国臻　　责任编辑:周国臻　孙　莹　　责任出版:张志平

出 版 者　科学技术文献出版社
地　　址　北京市复兴路15号　邮编 100038
编 务 部　(010)58882938,58882087(传真)
发 行 部　(010)58882868,58882874(传真)
邮 购 部　(010)58882873
官方网址　http://www.stdp.com.cn
发 行 者　科学技术文献出版社发行　全国各地新华书店经销
印 刷 者　济南三元印刷有限责任公司
版　　次　2014 年 3 月第 1 版　2014 年 3 月第 1 次印刷
开　　本　889 × 1194　1/16
字　　数　920千
印　　张　42
书　　号　ISBN 978-7-5023-8508-8
定　　价　300.00元

版权所有　违法必究

购买本社图书,凡字迹不清、缺页、倒页、脱页者,本社发行部负责调换

《山东科技年鉴》编纂委员会

主　　任：刘为民

副 主 任：李乃胜　郭九成　于书良　赵锦锋　张士新　李储林　李爱民
徐茂波　李　力　杨　鸣　于智勇　王春秋　李　莎　郭建磊
李兴军　徐章文　姜清春　李登开　仇冰玉　谢　锋　孙　强
唐建俊　刘卫东　刘新光　阎丽凤　于承建　郭伟星　张立明
娄红祥　闫　菊　李兆敏　赵方德　姜卫良　王鲁海

委　　员：（以姓氏笔画为序）
于永信　于洪宁　王　文　王守宝　王建国　王保国　王洪国
王海昌　王　健　王献玲　牛圣银　毕建明　吕廷祥　刘荣喜
刘显福　刘洪波　刘　淼　闫剑波　许　勃　许前东　纪思彬
孙　丽　孙高祚　李红民　李寿凯　李家鹏　何乃波　佘春明
沈如茂　张书鹏　张庆云　张宝胜　张宗军　张晓海　张润国
陈长景　武树华　赵友春　郝君良　胡艳苹　侯　婕　姜玉毅
姜　波　贺永红　党安涛　徐东光　徐　峰　徐　群　郭耀正
陶长江　崔志强　董守义　傅成栋　傅廷安　褚晓明　潘　军

特邀编委：天润曲轴股份有限公司总经理　许承飞
潍柴动力股份有限公司总裁　孙少军
山东电力建设第二工程公司总经理、党委副书记　张仕涛

主　　编：刘为民

副 主 编：张士新

编　　审：何乃波　马文哲　杨书平　高光雨　石婷婷

编　　辑：赵　贤　杜启明　丁　娜　赵　青　张冠南　孙　莹

编辑说明

一、《山东科技年鉴》是由山东省科学技术厅主办、山东省科技情报研究所承办的地方专业年鉴，是一本逐年编纂、连续出版、公开发行的资料工具书，是山东省大型、权威的科技编年史册。

二、《山东科技年鉴(2013)》是《山东科技年鉴》创刊以来的第十卷，主要收录2012年度山东省各行各业科技工作的新进展和依靠科技进步促进各项工作的情况。记载起止时间为2012年1月1日—2012年12月31日，凡未明确界定时间的均指2012年，为保证内容的完整性，有些资料适当上溯或下延。

三、本卷年鉴内容分为栏目、分目和条目3个层次。设科技管理、行业科技进步、高新技术产业开发区科技发展、高校科技发展、科研院所科技发展、区域科技发展、科技成果和奖励、科技统计、科技大事记9个栏目，卷首设特载，卷尾设附录。卷中条目后的署名为稿件作者或提供单位。

四、本卷年鉴用记叙文体和说明文体，以第三人称书写。标点符号、数字用法、计量单位和各种专业术语等，均执行国家相关规定。

五、本卷年鉴的统计资料由山东省科学技术厅提供，正文中的数据由各供稿单位提供。主要数据以统计部门的为准。本卷年鉴仍对高校科技发展、科研院所科技发展、区域科技发展的相关内容作出汇总表。对获得国家科学技术奖和省科学技术奖一等奖的项目内容在“科技成果和奖励”部分统一作出介绍，以便查阅。

六、本卷年鉴在卷首提供详细目录，卷尾设有索引和英文目录。

七、《山东科技年鉴》编辑部向多年来一直支持年鉴编纂工作的供稿单位与撰稿人员表示诚挚感谢。同时恳请广大读者一如既往地支持年鉴工作，并对本卷年鉴的不足之处给予批评指正。

《山东科技年鉴》编辑部

2013年11月

2月16日，2011年度全省科学技术奖励大会在济南召开。

省委书记姜异康，省委副书记、省长姜大明等省领导为获奖单位和个人颁奖。

11月23日，2012年度全省科技创新与奖励大会在济南召开。

省委书记姜异康向赵振东研究员（左一）、程林教授（右一）颁发2012年度全省科学技术最高奖。

省委副书记、省长姜大明出席全省科技创新与奖励大会并作重要讲话。

省委常委、副省长孙伟出席全省科技创新与奖励大会并宣读表彰决定。

副省长张超超出席全省科技创新与奖励大会。

2月16日，省政府在济南召开全省科技工作会议，会议全面总结了2011年全省科技工作，对2012年科技工作进行了安排部署。省委常委、副省长孙伟出席会议并讲话。

4月11日，山东省人民政府与中国工程院全面合作领导小组会议暨新一轮合作协议签字仪式在济南召开。中国工程院院长周济，省委书记姜异康出席会议并讲话，省委副书记、省长姜大明主持会议。省委常委、副省长孙伟，中国工程院副院长干勇分别代表省院双方签署新一轮《山东省人民政府与中国工程院全面合作协议》。

5月18日，《国家自然科学基金委员会　山东省人民政府联合资助海洋科学研究中心项目框架协议》签字仪式在济南举行，国家自然科学基金委员会主任陈宜瑜和山东省委副书记、省长姜大明出席签字仪式并分别致辞。国家自然科学基金委员会副主任孙家广和山东省委常委、副省长孙伟分别代表双方在协议书上签字。

7月16日，全国政协副主席、科技部部长万钢到青岛出席蛟龙号载人潜水器7000米级海试凯旋欢迎仪式并讲话，省委书记姜异康，省委副书记、省长姜大明，以及孙伟、李群、雷建国等省领导，科技部副部长王伟中出席仪式。

8月9—10日，全省科技工作座谈会在潍坊市召开。会议学习贯彻全国科技创新大会和省第十次党代会精神，安排部署下半年科技工作。

8月20日，东营国家农业科技园区揭牌仪式在东营农业高新技术产业示范区举行。科技部副部长张来武，省政府特邀咨询郭兆信等出席仪式并揭牌。

9月3—5日，科技部党组书记、副部长王志刚一行到山东就落实全国科技创新大会精神和科技创新工作进行调研，并在山东省科技厅召开座谈会。4日，王志刚在济南出席全国科技创新大会精神山东宣讲会并作宣讲报告，省委书记姜异康，省委副书记、省长姜大明，省委常委、副省长孙伟，副省长张建国等领导出席。

12月28日，科技部党组成员、副部长曹健林，山东省委常委、常务副省长孙伟出席泰安国家高新技术产业开发区建设推进大会并为泰安国家高新区揭牌。

2013年5月8日，山东省科技厅厅长刘为民参加济宁市科技创新与奖励大会并讲话。

2013年5月22—26日，第十六届中国北京国际科技产业博览会在北京中国国际展览中心举办。山东省副省长张超超率山东代表团参加科博会并参观了山东省和青岛展团，省政府办公厅副主任姜文艺，省科技厅厅长刘为民随团参加了有关活动。

国家乘用车自动变速器工程技术研究中心

研究中心展厅

研究中心外景

研究中心外景

8档自动变速器手工装配线

8档自动变速器生产线

国家铝合金压力加工工程技术研究中心

科技合作

科研分析

轧制生产线

山东南山铝业股份有限公司办公区鸟瞰图

国家芳纶工程技术研究中心

分析实验室

国家采油装备工程技术研究中心

高原第一工业园

高原研发中心

管材生产线

机械加工生产线

螺杆泵生产线

高原第三工业园

高原总部

2012年度国家技术发明二等奖

输注与介入类医用耗材制备新技术及其大规模应用

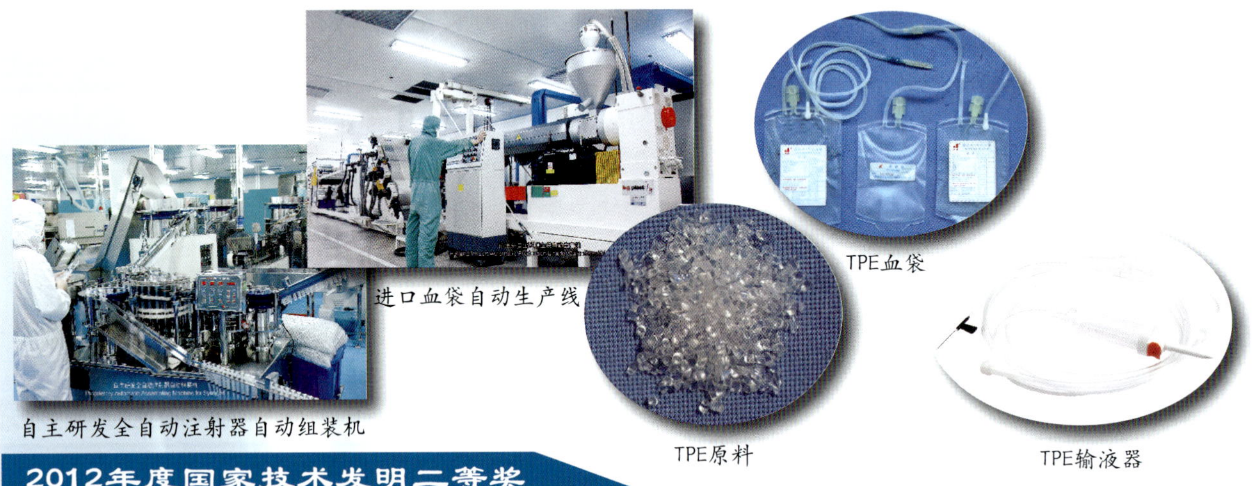

进口血袋自动生产线

自主研发全自动注射器自动组装机

TPE血袋

TPE原料

TPE输液器

2012年度国家技术发明二等奖

秸秆清洁制浆及其废液肥料资源化利用新技术

20万t本色浆生产线

有机肥料车间外景

新式备料车间

2012年度国家技术发明二等奖

硼酸盐激光自倍频晶体制备技术及其小功率绿光激光器件商品化应用

主要完成人　山东大学王继扬教授

提拉法晶体生长设备

不同掺杂浓度的硼酸钙氧钆钕晶体

2012年度国家科技进步二等奖

重型高速柴油发动机关键技术及产业化

潍柴蓝擎WP10车用发动机

潍柴蓝擎WP12车用发动机

2012年度国家科技进步二等奖

超高产稳产多抗广适小麦新品种济麦22的选育与应用

济麦22籽粒

济麦22穗子

2012年度国家科技进步二等奖

大倾角煤层综采综放工作面成套装备关键技术

大倾角采煤机

大倾角液压支架

大倾角采煤工作面

2012年度国家科技进步二等奖

多靶点抗肿瘤药物培美曲塞二钠的研制与应用

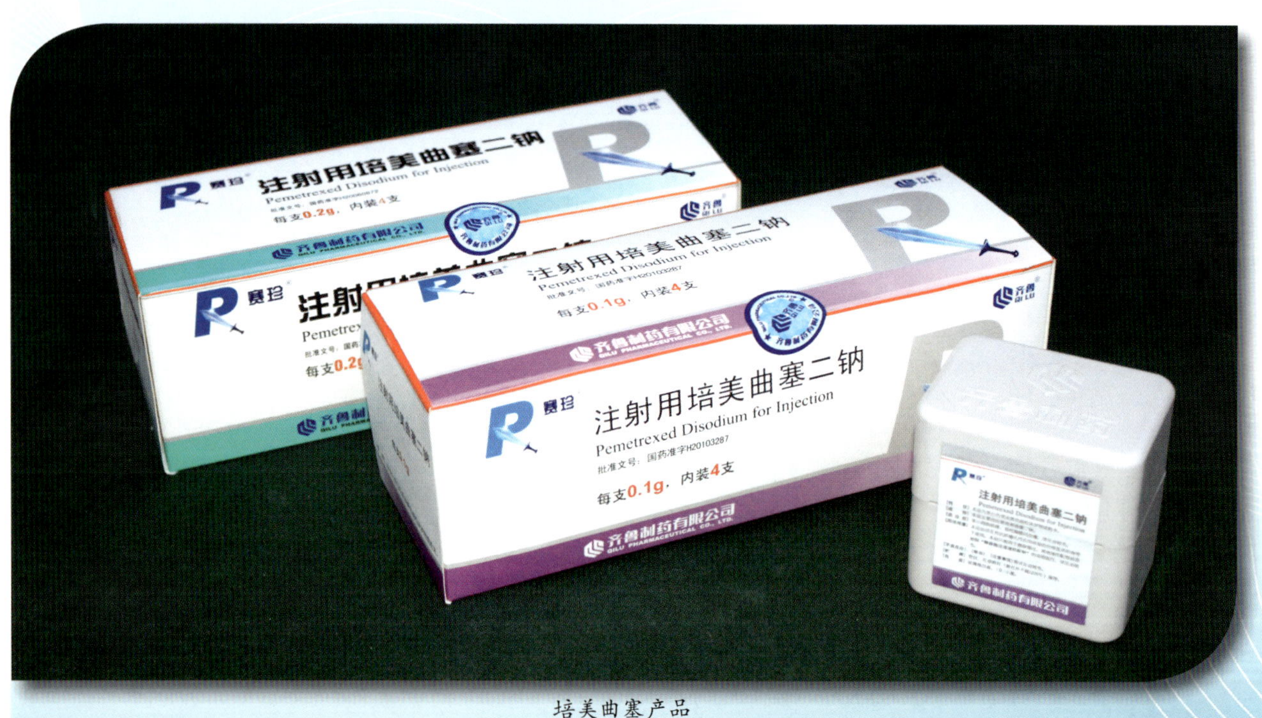

培美曲塞产品

2012年度国家科技进步二等奖

高含油油料加工关键新技术产业化开发及标准化安全生产

主要完成人　鲁花集团副董事长孙东伟

鲁花集团主导产品

鲁花集团科技中心

2012年度国家科技进步二等奖

海底大型金属矿床高效开采与安全保障关键技术

国家级绿色矿山三山岛金矿

2012年度国家科技进步二等奖

海水池塘高效清洁养殖技术研究与应用

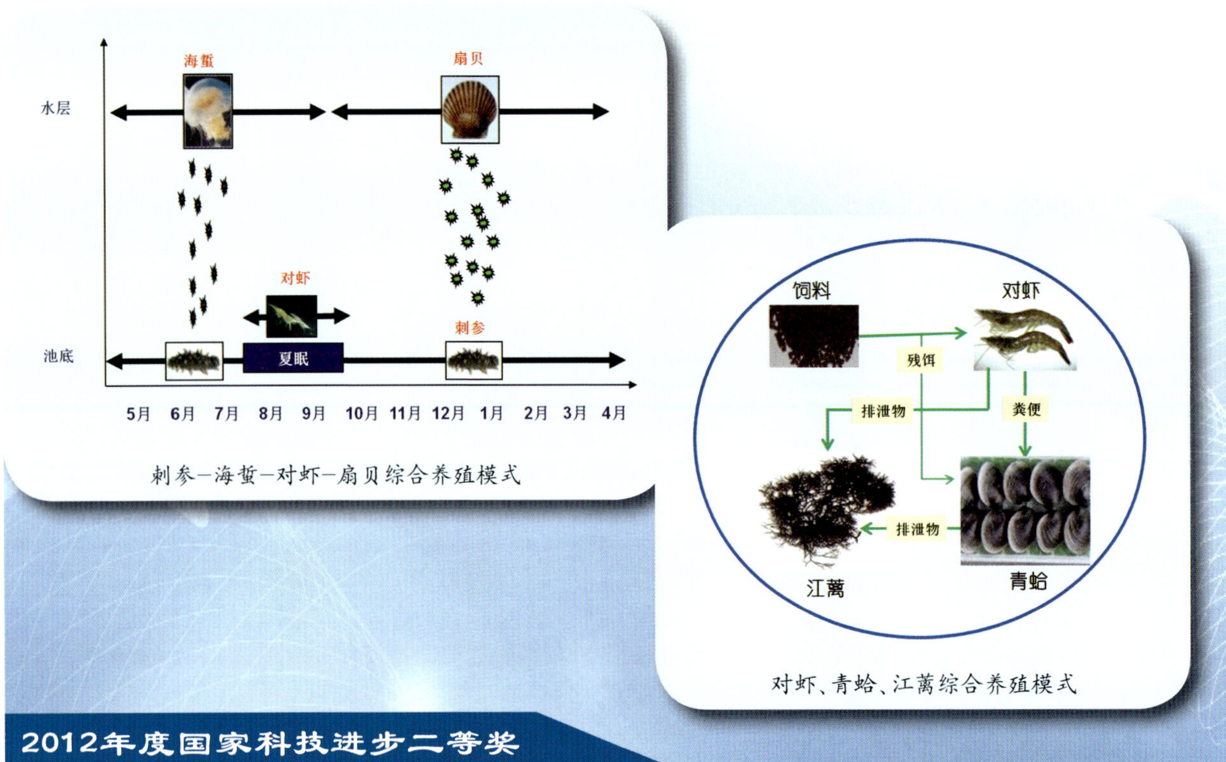

刺参—海蜇—对虾—扇贝综合养殖模式

对虾、青蛤、江蓠综合养殖模式

2012年度国家科技进步二等奖

缓控释肥技术创新平台建设

缓控释肥产品样品

国家缓控释肥工程技术研究中心科研楼

2012年度国家科技进步二等奖

微锡高强韧性球墨铸铁关键技术及动力机械核心部件产业化

曲轴生产线

轿车曲轴生产线

重卡曲轴生产线

连杆生产线

天润曲轴股份有限公司厂区外景

2012年度国家科技进步二等奖

增效减毒抗癌新药替吉奥产业化关键技术与应用

替吉奥产品

项目生产厂景

2012年度山东省科学技术最高奖

山东省农业科学院作物研究所赵振东研究员

指导团队成员开展品质分析实验

查看试验材料性状

选拔试验材料

2012年度山东省科学技术最高奖

山东大学程林教授

安装在国际空间站上的阿尔法磁谱仪(AMS)

目 录

特 载

重要讲话

科技管理

高新技术及产业

农村科技工作

社会发展科技工作

科技创新资源与能力

知识产权

科技合作与交流

政策法规与环境建设

软科学与科技咨询

科学技术普及

行业科技进步

农业科技

林业科技

畜牧科技

渔业科技

海洋科技

水利科技

黄河科技

工业科技

煤炭科技

电力科技

化工科技

冶金科技

建设科技

测绘科技

环保科技

安全生产科技

出入境检验检疫科技

海关科技

气象科技

地震科技

人口和计划生育科技

高新技术产业开发区科技发展

济南高新技术产业开发区

青岛高新技术产业开发区

淄博高新技术产业开发区

潍坊高新技术产业开发区

威海火炬高技术产业开发区

烟台高新技术产业开发区

济宁高新技术产业开发区

临沂国家高新技术产业开发区

泰安高新技术产业开发区

枣庄高新技术产业开发区

东营经济技术开发区

日照高新技术产业开发区

莱芜高新技术产业开发区

滨州高新技术产业开发区

菏泽高新技术产业开发区

高校科技发展

山东科技大学

山东建筑大学

山东农业大学

青岛农业大学

山东理工大学

青岛理工大学

山东师范大学

曲阜师范大学

科研院所科技发展

山东省科学院

山东省医学科学院

山东省农业科学院

山东社会科学院

山东省水利科学研究院

山东省海洋化工科学研究院

山东省林业科学研究院

山东省食品发酵工业研究设计院

山东省计量科学研究院

山东省中医药研究院

山东省产品质量监督检验研究院

山东省特种设备检验研究院

山东省国土测绘院

山东省科学技术情报研究所

山东省科学院生物研究所(生物中心)

山东省农业科学院作物研究所

山东省农业科学院农产品研究所

青岛市

淄博市

枣庄市

东营市

烟台市

潍坊市

济宁市

科技成果和奖励

科技统计

科技大事记

附　录

特　载

TEZAI

重 要 讲 话

省委书记姜异康在全省科技创新与奖励大会上的讲话

（2012年11月23日）

省委、省政府召开这次全省科技创新与奖励大会，是深入学习贯彻党的十八大和全国科技创新大会精神的实际步骤和重要举措，对于进一步深化科技体制改革，全面实施创新驱动发展战略，大力推进创新型省份建设，促进经济社会又好又快发展具有重要意义。刚才表彰了2012年度山东省科学技术奖获得者。在此，我代表省委、省政府，向获奖科技人员表示热烈的祝贺，向全省广大科技工作者致以亲切的问候。下面我讲几点意见。

一、深入学习贯彻党的十八大精神，增强深化科技体制改革、实现创新驱动发展的责任感和紧迫感

党的十八大是在我国进入全面建成小康社会决定性阶段召开的一次十分重要的大会。深入学习宣传贯彻党的十八大精神是当前和今后一个时期的首要政治任务。全省各级党组织要按照中央和省委部署，兴起学习宣传贯彻党的十八大精神的热潮，把思想统一到党的十八大精神上来，把力量凝聚到实现党的十八大确定的各项任务上来。党的十八大报告明确提出要实施创新驱动发展战略，强调科技创新是提高社会生产力和综合国力的战略支撑，必须摆在国家发展全局的核心位置。同时，报告明确了今后一个时期我国科技创新发展的方向，要求坚持走中国特色自主创新道路，以全球视野谋划和推动创新，提高原始创新、集成创新和引进消化吸收再创新能力，更加注重协同创新；要求深化科技体制改革，加快建设国家创新体系，着力构建以企业为主体、市场为导向、产学研相结合的技术创新体系；要求完善知识创新体系，实施国家科技重大专项，实施知识产权战略，把全社会智慧和力量凝聚到创新发展上来。这些要求集中体现了我们党对当代经济社会和科技发展规律的深刻把握，体现了中央关于科技工作的最新要求，对凝聚社会共识，实现创新驱动发展，把推动发展的立足点转到提高质量和效益上来具有十分重要的指导意义。今年7月召开的全国科技创新大会和党中央、国务院颁布的《关于深化科技体制改革加快国家创新体系建设的意见》，提出了一系列新的重要政策措施，针对性、指导性都很强。我们一定要认真学习领会党的十八大和全国科技创新大会关于科技创新的一系列新要求、新部署，紧密结合实际，抓好贯彻落实。

近年来，我省大力实施科教兴鲁和人才强省战略，自主创新能力不断增强，高新技术产业快速发展，经济发展的科技含量日益提高，呈现出创新驱动发展的良好态势。全社会研发经费保持了年均28.5%以上的增速，取得了一批具有重要影响力的科技成果，获得国家科技奖励数量连续多年位居全国前列，建设了一大批重要科技创新平台，为支撑经济社会又好又快发展做出了重要贡献。但总的来看，我省科技创新水平还不高，企业创新能力有待进一步提升，高新技术产业发展缺乏核心技术支撑，高层次创新人才较为匮乏。解决这些问题的根本出路，在于不断深化科技体制改革，建立有利于科技创新的体制机制，完善以企业为主体的科技创新体系。为此，必须加深三点认识：一是深化科技体制改革、实现创新驱动发展，是应对日益复杂的国际经济局势，提高综合竞争力的迫切需要。科学技术日益成为经济社会发展的主要驱动力，科技竞争在综合实力竞争中的地位更加突出。只有从发展全局的高度，集中力量推进科技创新，依靠科技创新不断打造新的增长点，才能把握新一轮科技革命和产业变革的重大机遇，从根本上克服国际金融危机的不利影响，促进综合竞争力大幅提升。二是深化科技体制改革、实现创新驱动发展，是转变经济发展方式，推动我省经济结构调整的根本之举。建设经济强省，核心是建设创新型省份。只有实施创新驱动发展战略，大幅提升科技创新的实力和水平，推动我省经济走上创新驱动、内生增长的道路，才能在加快转方式调结构上掌握主动权，增强我省科技支撑力度和强度，形成发展新优势。三是深化科技体制改革、实现创新驱动发展，是激发科技创新活力，加快创新型省份建设的必然要求。良好的科技创新环境和体制机制，是科技创新事业不断发展的重要保障。只有立足自主创新，不断深化科技体制改革，才能建立完善有利于科技创新的体制机制，牢固树立企业创新主体地位，充分调动广大科技工作者的积极性和创造性，激发全社会创新活力。各级各部门要充分认识深化科技体制改革、实现创新驱动发展的重大意义，把科技创新摆在发展全局的核心位置，全面实施创新驱动发展战略，努力开创经济文化强省建设新局面。

二、明确目标任务，加快建设创新型省份

省第十次党代会提出，到2016年，我省全社会研发经费占生产总值的比重达到2.5%以上，发明专利申请量和授权量年均增长15%以上，高新技术产业产值占规模以上工业总产值的比重每年提高一个百分点以上。省中长期科学和技术发展规划纲要提出，到2020年，我省科技综合实力位居全国前列，科技支撑引领经济社会发展能力大幅提升，建成创新型省份。我们要按照党的十八大和全国科技创新大会要求，坚持自主创新、重点跨越、支撑发展、引领未来的指导方针，以提高自主创新能力为核心，以促进科技与经济社会发展紧密结合为重点，进一步深化科技体制改革，着力解决制约科技创新的突出问题，加快建设科技创新体系，为全面建成小康社会，加快社会主义现代化建设提供有力的科技支撑。突出抓好四个方面工作：

（一）建立完善科技创新体系。完善的科技创新体系，是增强科技创新活力和动力的关键所在。要着力构建以企业为主体、市场为导向、产学研相结合的技术创新体系。要加快建立重大科技创新平台支撑服务体系，建设青岛海洋科学与技术实验室、黄河三角洲可持续发展研究院、山东船舶技术研究院等一批重大科技创新平台，发挥山东信息通信技术研究院、山东省国家综合性新药研发大平台、国家超级计算济南中心等重大科技创新平台在增强创新能力中的作用。要加快完善科技服务体系，大力发展技术评估、技术中介、技术咨询、技术服务等创新服务组织，完善技术成果转移的市场体系，不断提高为企业技术创新服务的能力。

（二）着力提高企业创新能力。推动企业成为技术创新主体，增强企业创新能力，是一项事关长远发展的基础性、全局性、战略性重大任务。要强化企业技术创新主体地位，建立企业主导产业技术研发创新体制机制，引导企业承担国家和省各类科技计划，支持企业加强技术研发能力建设。要鼓励企业加大研发平台建设力度，采取有力措施，支持国有大中型企业和骨干企业集团普遍建立研发机构，引导企业加大研发投入，形成更多具有自主知识产权的核心技术。要加快培育高新技术企业和创新型企业，在高新技术产业和战略性新兴产业领域，培育一批拥有自主知识产权、具有国际竞争力的领军企业。要建立健全国有企业技术创新的经营业绩考核制度，发挥国有企业技术创新骨干作用。积极营造公平竞争的市场环境，引导各类科技型中小企业释放创新活力。

（三）加快推动产业转型升级。推动产业转型升级的根本力量是科技创新。要大力实施高端高质高效产业发展战略，深入推进战略性新兴产业培育发展和传统产业转型升级"双轮驱动"。一方面，要充分发挥各类科技计划的引领和带动作用，依靠科技创造新需求，培育新的增长点，抢占战略性新兴产业发展的制高点。另一方面，要加快利用高新技术改造提升传统产业，使现有产业从产业链的低端攀升到高端，提升产品和产业竞争力。要强化产业示范带动，加快培育一批具有产业技术基础、市场潜力大、带动能力强的优势产业集群，尽快形成产业竞争新优势。要积极推动服务业发展，加速科技与文化融合，建立文化技术创新体系，增强文化产业核心竞争力。完善现代服务业技术支撑体系、科技创新体系和产业支撑体系，加速现代服务业发展进程。要着力提升农业科技创新水平，积极推进农业现代化。巩固和发挥海洋科技全国领先优势，引领支撑蓝色经济健康可持续发展。

（四）大力提升区域创新水平。区域创新体系是支撑经济社会发展的关键所在。要围绕深入推进重点区域带动战略特别是"蓝黄"两大国家发展战略，实施一批重大科技项目，不断提高科技服务区域发展的能力。要充分发挥高新区辐射带动作用，完善科技企业孵化器、大学科技园等创新创业载体的服务机制，推动创新要素向区域特色产业聚集。要大力实施科技强县战略，加快提高县域科技创新水平，增强县域核心竞争力，为县域科学发展提供有力支撑。

三、加强领导完善政策，积极营造有利于科技创新的良好环境

各级各有关部门要增强大局意识、创新意识、责任意识，切实加强对科技工作的领导，健全完善政策措施和工作机制，努力为科技创新提供有力保障。

一是完善工作推进机制。要加强对科技创新的组织领导和工作指导，认真履行职责，形成推动科技创新的强大合力。要充分发挥各级科教领导小组的作用，建立健全工作协调机制，分解任务，明确责任，抓好落实。要完善科技创新绩效考核制度，进一步加大对科技创新的考核权重，形成鲜明的工作导向。要加强科技宣传，大力宣传实施创新驱动发展战略的重大意义，宣传各地各行业深化科技体制改革、实现创新驱动发展的好经验好做法，积极营造良好的舆论环境。

二是深化科技体制改革。把科技体制改革作为经济体制改革的重要内容，处理好改革发展稳定的关系，注重科技体制改革与其他方面改革的衔接配合，着力解决制约科技创新的突出问题。要加快建立现代科研院所制度，提升科研院所、高等院校服务经济社会发展的能力。要大力推动协同创新，继续加强与中国科学院、中国工程院等大院大所的合作，积极开展全方位、多层次、高水平的国际科技合作，深入推进科技资源开放共享，不断提升科技合作水平。要建立健全科技宏观管理和决策机制，深化科技管理方式和组织形式改革，完善科技经费管理、科技项目公平竞争和信息公开公示等制度，促进管理科学化和资源高效利用。要深化科技评价和奖励制度改革，树立正确的科研导向和激励机制。

三是强化人才支撑作用。坚持尊重劳动、尊重知识、尊重人才、尊重创造的方针，科学把握人才成长规律，把培养和引进结合起来，建设一支规模宏大、结构合理、素质优良的创新人才队伍，努力把山东建设成高端人才聚集地和优质劳动力富集地带。要积极深化教育改革，大力推进素质教育，提高人才培养质量，着力构建有利于拔尖创新人才成长

的教育培养体系。要把培养高层次创新创业人才摆在更加突出的位置,深入实施“泰山学者”工程、“千人计划”和“国家特支计划”,培养引进一批在国内处于领先地位、在国际上有影响的科学家、科技领军人才和高水平创新团队。要积极培养造就青年人才,为他们施展才干提供更多机会和更大舞台。要完善人才激励和保障制度,从市场准入、要素供应、政策保障等方面加大扶持力度,努力形成有利于人才发展的制度环境、工作环境、生活环境和社会环境。

四是加大政策支持力度。近年来,中央和省里先后制定出台了一系列促进科技创新的政策措施。要切实用足用好现有政策,最大限度发挥政策效应。同时,要按照党的十八大和中央关于加强科技创新的部署,按照省委、省政府的有关要求,紧紧围绕加快创新型省份建设,进一步研究制定鼓励和支持科技创新的相关政策。要加快形成多元化、多层次、多渠道的科技投入体系,健全财政科技投入高于经常性财政增长的政策措施。大力推动科技和金融结合,创新金融服务科技的方式和途径,提高金融服务科技创新的能力和水平。要加强知识产权创造、运用、保护、管理,加强对科技创新活动和科技创新成果的法律保护,为科技创新提供有力保障。

省委副书记、省长姜大明在全省科技创新与奖励大会上的讲话

(2012年11月23日)

刚才,省委书记姜异康同志作了重要讲话。讲话以党的十八大精神为指导,对贯彻落实全国科技创新大会精神,进一步深化科技体制改革,加快创新型省份建设作出了全面部署。我们一定要认真学习领会,抓好贯彻落实。

党的十八大报告指出,科技创新是提高社会生产力和综合国力的战略支撑,必须摆在国家发展全局的核心位置。要着力构建以企业为主体、市场为导向、产学研相结合的技术创新体系。在今年全国科技创新大会上,胡锦涛同志强调,要促进科技与经济社会发展紧密结合,必须深化科技体制改革,推动企业成为技术创新主体,增强企业创新能力。温家宝总理就如何增强企业创新能力作了全面阐述,提出了明确要求。这对我省深化科技体制改革,增强企业创新能力,加快创新型省份建设具有重大指导意义。下面,我着重就如何增强我省企业创新能力讲点意见。

企业是经济活动的基本单元,是技术创新的主体,实现经济长期平稳较快发展,很大程度上取决于企业的创新能力。近年来,我省不断加大科技工作力度,着力提高企业核心竞争力,企业技术创新能力建设取得了明显成效。一是企业科技投入大幅增加。全省进一步加大对企业创新的投入力度,推动企业成为科技研发的骨干力量。2011 年,全社会研发投入占 GDP 比重达到 1.86%,所占比重首次超过全国水平;全省企业研发经费 776.9 亿元,比上年增长 26.3%,占全社会研发经费投入总量的 92%。二是企业研发能力显著提高。截至 2011 年底,全省企业拥有国家级科研机构 146 个;全省国家级创新型试点企业 35 家,居全国第 1 位,高新技术企业达到 2 148 家;全省企业共有研发活动人员 26.8 万人,占全社会研发活动人员的比重达到 81.9%;全省院士工作站达到 256 个,进站院士 304 人。三是企业科技成果转化能力明显增强。大力组织实施自主创新成果转化重大专项,突破了一批关键共性技术,取得了一批具有自主知识产权、达到国际先进水平的创新成果,为企业培养了一批创新团队,160 多家企业在国外、境外建立了研发机构,企业的创新主体地位开始显现。四是企业自主创新环境得到进一步优化。进一步健全完善了鼓励支持自主创新的政策体系和服务体系,积极落实企业技术研发经费加计扣除、高新技术企业、科技企业孵化器和大学科技园等相关优惠政策,切实打造有利于企业自主创新的良好环境。

在肯定成绩的同时,我们也要清醒地看到,我省企业创新工作还存在较大差距。一是创新意识亟待提高。一些企业对创新重要性的认识还不足,仍然存在“重眼前、轻长远,重生产、轻研发”等思想,创新意识不强,创新紧迫感不足,自主创新还没有真正成为企业发展的自觉行动。二是研发投入有待加大。多元化的投入机制还没有真正形成,投入不足仍然是制约企业创新发展的瓶颈。2010 年,全省大中型工业企业科技活动经费筹集总额为 527 亿元,低于广东的 627 亿元和江苏的 551 亿元;我省大中型工业企业创新投入的 95.7% 依靠企业自有资金,金融贷款等多渠道融资水平远低于广东、江苏、浙江等省份。三是创新人才和专利工作有待强化。我省企业人才总量少,高层次科技创新人才还很缺乏。与沿海先进省份相比,我省入选国家“千人计划”人才仅为浙江的 1/2,不到江苏的 1/3;专利授权特别是发明专利授权量也有较大差距,工矿企业专利授权数我省为 1.8 万件,广东、江苏、浙江分别为 5.6 万件、7.2 万件、4.4 万件。四是体制机制障碍有待消除。产学研用有效结合的长效机制还未形成,一些科技资源配置过度行政化,分散重复封闭低效等问题比较突出,科技项目及经费管理还不尽合理,一些促进企业创新的政策没有真正落到实处。对这些问题,我们要高度重视,切实加以解决。

切实增强企业创新能力,加快推进企业成为技术创新主体,对于提高我省经济竞争力,加快转变经济发展方式,实现可持续发展具有重要意义。当前,我省正处在由大到强战略性转变的关键时期,对企业创新提出了新的更高要求。

我们一定要认真贯彻落实党的十八大和全国科技创新大会精神，切实增强责任感和紧迫感，进一步建立健全企业主导技术创新的体制机制，推动我省科技和经济发展在新的起点上实现新跨越。

现阶段提高企业创新能力，要按照这次会议提出的目标任务，进一步深化科技体制改革，紧紧围绕科技与经济紧密结合这个核心，加快建立企业为主体、市场为导向、产学研相结合的技术创新体系，突出企业在技术决策、研发投入、科研组织和成果转化中的主体地位，着力增强企业的核心竞争力，为经济文化强省建设提供更加有力的支撑。当前，要突出抓好以下几个方面的工作。

第一，进一步强化企业研发机构建设。研发机构是企业创新能力的源泉，是企业竞争力的核心，是一个企业对新技术承载水平和引进消化吸收再创新能力的集中体现。目前，我省大多数企业没有设立研发机构，创新动力和活力还不足。要立足当前，着眼长远，加快建立健全企业研发机构，不断增强企业创新能力。国有大中型企业和骨干企业集团要普遍建立研发机构，有条件的科技型中小企业也要设立研发机构，并积极参与产业共性关键技术研发、承担科技计划项目以及标准制定。要支持企业与高等院校和科研单位采取多种合作形式共建工程技术研究中心和企业技术中心，建设一批行业共性技术研发中心或中试基地，提升我省骨干企业和重点行业的技术创新和成果转化能力。各类科技计划特别是重大科技专项，要把企业研发机构建设作为立项支持的必要条件，推动企业成为技术创新主体。

第二，进一步深化以企业为主导的产学研结合。产学研结合是企业技术创新的主要发展路径，也是迅速提高企业创新水平的强大动力。企业处在市场的第一线，对新技术、新产品最敏感，最有发言权。促进产学研结合，只有坚持以企业为主导，才能准确把握创新方向，有效整合产学研力量，促进科技与经济紧密结合。要鼓励支持高校和科研院所科技成果尽快向企业转化，高校、科研院所要主动融入以企业为主体、以应用研发为重点的创新活动中去，坚持以企业需求为导向，以产业化为目标，依托企业的灵活机制和研发经费，通过项目委托、共建实验室、技术研发中心、博士后工作站等方式，加快构建一批产学研用合作平台。要支持骨干企业与国内外著名高校、科研单位共同组建产学研创新联盟，联合开展重大关键共性技术攻关，研究制定相关技术标准。同时，积极吸纳行业内量大面广的中小企业参与，加快行业共性技术成果的推广应用。要积极引导产学研各方按照市场经济规则建立合作关系，完善信用机制、责任机制和利益保障机制，优化产学研协同发展环境。要把企业为主导的产学研合作作为重大项目和创新平台建设支持的重点，通过实施重大科技攻关项目，培育产学研合作示范企业、示范基地，培育创新团队。

第三，进一步增强企业自主创新能力。党的十八大报告指出，要提高大中型企业核心竞争力，支持小微企业特别是科技型小微企业发展。我们要加快培育一批有较强实力和核心竞争力的高新技术企业和创新型企业，带动更多企业走上创新驱动发展道路。一方面，要充分发挥我省国有大中型企业和大型民营企业的创新优势。国有大中型企业和大型民营企业是我省实施创新驱动发展战略的骨干力量，要把自主创新作为企业发展的核心战略，深入研究世界产业调整、科技创新、市场发展方向，紧盯科学发展和技术创新前沿，抢占科技创新制高点，加大科研投入，整合全球技术资源，以自主创新推动企业转型升级。另一方面，要大力培育科技型中小企业。科技型中小企业是科技创新最具生机和活力的生力军，也是我省经济持续发展的潜力和希望。各级各部门要全面落实国家和省支持小微企业健康发展的各项政策，扶持和壮大一批具有创新能力和自主知识产权的中小企业，使之成为我省高新技术产业链条中的重要环节和充满创新活力的群体。要鼓励中小企业发展现代服务业、战略性新兴产业、现代农业和文化产业，走"专精特新"和与大企业协作配套发展的道路，加快从要素驱动向创新驱动转变。要充分利用科技资源支持中小企业技术创新，鼓励科技人员利用科技成果创办中小企业，促进科技成果转化。

第四，进一步完善落实企业创新政策。近年来，国家和省里制定出台了一系列支持企业创新的政策措施，要切实抓好政策贯彻落实，并进一步完善相关政策。一要加大财税政策扶持力度。重点落实好企业研发费用加计扣除、高新技术企业税收优惠政策，最大限度地调动和保护企业创新的积极性。同时，从今年起到2015年，省政府每年安排10亿元自主创新专项资金，带动各级财政、金融机构和社会资金投入1 000亿元以上，重点支持一批重大关键共性技术研发和产业化项目，力争尽快突破一批关键核心技术，培植一批具有较强国际竞争力的优势企业，形成若干优势产业集群，带动和支撑经济结构优化调整。各地也要结合实际，制定完善相关扶持政策。二要促进科技和金融结合。拓展金融为企业科技创新服务的方式和途径，加快形成多元化、多层次、多渠道的科技投融资体系。要规范运作省级科技风险投资资金、省级创业投资引导基金，放大政府资金投资效应。不断创新投入方式，充分利用担保、贴息、发行企业集合债券和主板、中小企业板、创业板上市融资等多种金融工具，积极争取有条件的高新区进入"新三板"试点。稳健运营山东省科技融资担保平台，积极开展知识产权质押融资担保业务，拓宽科技型中小企业融资渠道。三要进一步完善人才政策。增强企业创新能力，关键是人才。要不断完善企业培训人才、引进人才的政策，支持企业培养技术研发和创新人才，引进国内外高端人才。鼓励科技人员在企业与科研院所、高等学校之间双向兼职和流动，支持他们走出科研院所和高等学校去创新创业，特别是创办科技型中小企业。加大在企业实施"泰山学者建设工程"和"创新团队建设工程"力度，完善"首席技师"培养选拔制度，建设精于专业技能的技术工人队伍。加快建立以科研能力和创新成果等为导向的科技人才评价标准。积极探索有利于创新人才发挥作用的多种分配方式，使科技人员得到社会认可和尊重。

四要加快建立科技资源开放共享机制。政府投资建设的重点实验室、工程技术研究中心,以及行业技术中心等科研设施,要最大限度地向企业开放。要按照整合资源、统一规划、共享共用的原则,重点依托高等院校、科研机构、转制院所、大型企业等,建设大型科学仪器、科技文献、专利、标准、检测检验等开放式创新平台,使之成为技术转移、创业孵育、成果转化、科技资源配置的重要基地,为企业提升技术创新能力提供有效服务。要坚持政府引导,多元化投入,支持开放式技术创新服务平台健康发展。

第五,进一步优化企业创新环境。提高企业创新能力是一项系统工程,涉及方方面面,各级各部门要切实加强组织领导,不断提高服务水平,进一步优化企业创新环境。一要形成有利于企业创新的工作合力。各级党委、政府要把企业创新工作,作为本地科技工作的重要内容,摆上重要议事日程。科技、发改、经信等部门,要创新管理方式,强化服务意识,为企业提供更加优质高效的服务,实现资源的优势集成和政策的配套联动,形成强大的工作合力。二要加强知识产权管理和服务。我省已出台了知识产权战略纲要和加强知识产权工作提高企业核心竞争力的意见,要以落实纲要和意见为抓手,加大对发明专利、申请国外专利和专利技术实施的扶持力度,支持重点企业建立专利工作机构,引导企业运用知识产权战略开辟和占领市场,培育一批知识产权优势企业。完善知识产权保护制度,坚决查处和打击各种知识产权侵权行为。大力发展知识产权服务业,建立健全知识产权信息服务网络,拓展知识产权投融资渠道,鼓励支持企业开展知识产权质押融资业务。积极推动国家知识产权试点城市、试点园区发展,培育一批专利明星企业。三要加大企业创新工作考核力度。加强指导和评价考核,着力建立健全科学的考核和奖惩工作体系。建立严格的问责机制,对态度消极甚至人为设障的地方和部门,要追究相关人员的责任。四要大力培育企业创新文化。创新文化是推进企业创新的动力。要把创新作为企业文化建设的核心内容,努力形成“敢为人先、争创一流、鼓励探索、宽容失败”的创新文化。要进一步发扬改革创新精神,加大对优秀人才和创新团队的支持,真正在全社会营造起尊重劳动、尊重知识、尊重人才、尊重创造的良好氛围。

省委副书记、省长姜大明在全省科学技术奖励大会上的讲话

(2012年2月16日)

今天,省委、省政府隆重召开全省科学技术奖励大会,表彰为我省科技事业发展和现代化建设做出突出贡献的科技工作者。我代表省委、省政府,向全体获奖科技人员表示热烈祝贺!向全省广大科技工作者致以亲切的问候和崇高的敬意!

2011年是“十二五”时期开局之年。全省科技系统坚持“自主创新、重点跨越、支持发展、引领未来”的方针,紧紧围绕“主题主线目标”,大力实施自主创新战略,创新型省份建设迈出新的步伐。一是自主创新能力取得新突破。全省共取得重要科技成果2 379项,获国家科技奖励39项,再创历史新高。二是高新技术产业发展实现新突破。实施72个重大专项,总投资164.9亿元,有力地推动了高新技术产业发展。预计全省规模以上高新技术产业产值2.8万亿元,占规模以上工业产值的27.31%。国家创新型企业达到35家,居全国之首。三是科技创新平台建设实现新突破。青岛海洋科学与技术国家实验室、山东国家综合性新药研发技术大平台、山东信息通信技术研究院科研开发取得新成就,国家级千万亿次超级计算济南中心启动运营,全国首条高端集成电路存储器封装测试生产线建成投产。新增4家国家工程技术研究中心,工程技术研究中心、企业重点实验室数量分别达到30家和10家,继续保持全国领先水平。四是民生科技实现新突破。资源节约集约利用科技体系建设、农村信息化综合服务试点、科技型种业企业自主创新能力建设取得实质性进展,海洋、医药等产业科技开发水平进一步提升,广大群众享受到更多科技成果。五是科技创新环境建设实现新突破。国家级高新技术产业开发区达到8家,并列全国第二位。《山东省科学技术进步条例》《山东省科学和技术发展“十二五”规划》等颁布实施,科技政策法规体系进一步完善。驻鲁院士增加到37名,20名高级人才入选国家“千人计划”,总数增加到50名。

胡锦涛总书记指出,“建设创新型国家,加快转变经济发展方式,赢得发展先机和主动权,实现我国发展的战略目标,最根本的是要靠科技的力量,最关键的是要大幅提高自主创新能力”。温家宝总理在刚刚召开的今年全国科技奖励大会上强调,“要克服国际金融危机的深层次影响,缓解发展不平衡、不协调、不可持续的体制性、结构性矛盾,实现经济社会发展的新跨越,最根本的要靠改革开放、体制创新和科技进步,靠激发和调动包括广大科技工作者在内的人民群众的积极性、主动性和创造性”。我们一定要深刻领会中央领导同志的重要讲话精神,坚持把自力更生、自主创新作为统领科技发展的战略主线,坚持把集中力量、重点突破作为推动科技进步创新的重要途径,坚持把服务经济、服务民生作为科技事业发展的根本出发点和落脚点,大力实施创新驱动战略,不断提高全省创新能力,努力为经济文化强

省建设提供强有力的科技支撑。一要大力实施自主创新工程。加强顶层设计,加快创新型省份和创新型城市试点建设,以高新区为载体,整合各类科技资金,加大联合攻关力度,大力发展创新型产业集群,辐射带动全省高新技术产业发展。二要加快科技创新平台建设。以重点企业为依托,联合高等院校和科研机构,引导各类创新要素向企业聚集,形成一批高水平技术创新平台。紧紧围绕实施山东半岛蓝色经济区和黄河三角洲高效生态经济区发展规划,加快建设青岛海洋科学与技术国家实验室二期工程、国家深海基地等一批战略性海洋创新平台,努力打造面向世界、面向未来的蓝色科技创新体系。切实加强黄河三角洲国家现代农业科技示范区建设,构建农业高端研发与现代服务相结合的现代农业产业链,努力为黄河三角洲高效生态区建设提供科技支撑。三要加强惠民科技开发。加快医药科技成果转化体系建设,不断提高医药科技创新能力。建立节能减排技术共享机制和政策推动体系,提高节能减排技术研发水平。突破一批生态环境、公共安全、防灾减灾等领域的关键技术,促进经济社会可持续发展。四要努力营造科技创新的良好环境。进一步加大科技投入,完善政府、企业、金融、社会协同投入格局,巩固科技投入法定增长机制。加快创新型人才培养,努力造就一支规模宏大、素质优良、结构合理的科技人才队伍。大力实施知识产权战略,完善科技成果转化机制,创新科技管理方式,使创新思想得到尊重、创新举措得到支持、创新活力得到激发、创新成果得到肯定,努力形成关心支持科技创新的制度环境。

省委常委、副省长孙伟在全省科技工作会议上的讲话

(2012年2月16日)

刚才,鲁宁同志传达了国家科技奖励大会、全国科技工作会议和家宝总理、延东国务委员重要讲话精神。家宝总理和延东国务委员在讲话中对当前和今后一个时期科技工作指导思想、应当遵循的重大原则和应该抓好的重点工作都作了强调部署,要求十分明确,希望大家认真学习领会,结合实际抓好落实。

今天会议的主题就是学习、贯彻、落实中央和省有关会议特别是国家科技奖励大会、全国科技工作会议以及全省科技奖励大会精神,学习、贯彻、落实中央领导同志和异康书记、大明省长重要讲话精神,进一步统一思想,明确任务,扎实做好各项工作,以优异成绩迎接党的十八大和省第十次党代会胜利召开。

具体工作下午的会上鲁宁同志和爱民同志还要做安排,我就不再重复。下面,结合分管科技工作十个月来的一些学习体会,谈两点意见,讲得不妥的地方请大家批评指正。

一、充分肯定过去一年全省科技工作取得的成绩

大明省长在刚刚闭幕的全省科技奖励大会上,对去年我省科技工作给予充分肯定,对下一步工作提出实现“五个突破”的要求,讲得非常好,希望大家很好地贯彻落实。我回顾了一下过去一年的科技工作,感到如果用一句话来概括,可不可以这样讲,去年是我省取得科技成果最多、科技投入最大、科技作用发挥最强的一年,实现了“十二五”良好开局。至少有两个方面的情况能够说明这一点。

一个方面是有几组大数。根据科技厅提供的资料,我归纳了一下,大概有九个方面的数据。一是取得一批重要科技成果,去年我省获国家科技奖励 39 项,创历史新高。二是高新技术产业实现产值 2.8 万亿元,增长 27%,占规模以上工业总产值的比重增长 27.31%,也创历史新高。三是全年专利申请量首次突破 10 万件,增长 35.55%。这个数也是历史最高。四是全省 140 个县(市、区)中有 134 个通过全国科技进步考核,受表彰的先进数量居全国首位。这表明我省的基层科技工作得到长足发展。五是根据中国区域创新能力报告显示,我省区域创新能力跃升至全国第 6 位,成为创新能力较强的地区之一。六是积极争取国家科技计划,获经费支持约 20 亿元,创历史新高。其中承担国家自然科学基金项目 1 300 多项,获经费约 7 亿元。争取国家重大国际合作项目预算突破 2 个亿,居全国前列。有 13 个市得到国家的项目,其中聊城、菏泽、济宁、枣庄实现零的突破,工业领域争取的国拨经费超过 6 亿元,获得国家农业科技成果转化基金项目 20 多个、经费 100 多万元,立项数和资金数均居全国首位。七是去年新增国家级创新企业 13 家,总数达到 35 家,新增量和总量均居各省市之首。有 33 家国家级创新服务中心通过科技部的复核,数量居全国前列。新增 4 家国家工程技术研究中心,总数达到 30 家,居全国首位。八是省级以上高新区批准入区项目 2 700 多个,固定资产投资 2 700 多亿元,工业总产值 1.34 万亿,专利申请超过 1 万件,科研经费支出近 300 亿元。还组织实施科技型中小企业创新基金项目,争取国家项目 100 多个,获得 1 亿多元的经费支持。九是去年我省又有 20 名高级人才入选国家“千人计划”,总数达到 50 人。启动建设了 69 个院士工作站,引进 78 位院士、79 个院士工作团队,分别达到 197 位和 177 家。在国家科技特派员创业大赛中,我省有 10 个项目获奖,全省的工作受到国家表彰。上面列举的九个方面的数,几乎都居于全国的首位或者是前列,充分体现了我省科技工作的方方面面均进入全国第一方阵。

第二个方面是有几件大事。我大体理了一下，至少也有九件。一是省政府与科技部成功举行新的一轮工作会商。双方共同签署合作议定书，明确将“蓝、黄”两大战略及农村农业信息化建设作为省部会商和科技部支持山东科技发展的重点。全国政协副主席、科技部部长万钢，科技部副部长张来武、陈小娅一起到我省举行会商并进行调研，充分说明了科技部对我省科技工作的重视和支持。同时，与中国科技大学签署战略合作协议，与国家自然科学基金委就设立海洋科技联合基金达成合作意向，与上海交通大学达成全面合作意向。这些工作最大的特点，是把实施“蓝、黄”两大战略作为重点，把支持平台建设、产业升级和新兴产业发展作为抓手。二是临沂高新区升格为国家级高新区。临沂作为革命老区，其高新区升格为国家级高新区，充分体现了党中央、国务院和科技部等有关方面对革命老区的特殊关爱，也是对我省高新区建设的肯定。目前，我省国家高新区总数达到 8 家，与江苏省并列全国第二。三是青岛海洋科学技术国家实验室的建设取得重大突破。第一次明确把国家实验室的建设纳入省部会商共建重要议题，目前一期工程已竣工，二期工程建设资金也落实，各项工作正在加快推进。另外，“科学号”海洋科学综合考察船在武汉正式下水，这是目前全国最先进的综考船，具备全球无限区航行能力及全天候观测能力，吨位 4 800 多吨，总投资约 5.5 亿元。正式交付使用后停泊在青岛，将成为我国海洋多学科综合交叉研究与探测的主力船。四是山东国家综合性新药研发技术平台建设取得重大进展。山东大学齐鲁医院心脑血管病新药临床评价研究技术平台被列入国家重大新药科技创新重大专项计划，实现我省零的突破。五是山东信息通信技术研究院的七大公共平台建设初具规模。其中，千万次超算、集成电路设计、数字媒体、通信测试和物联网、嵌入式系统等五大平台已投入运行。六是国家超级计算济南中心正式揭牌启用，装备了国内首台国产中央处理器和系统软件构建的神威蓝光千万次计算机系统，标志着我国成为继美国、日本之后，第三个能够采用自主知识产权中央处理器来构建千万次计算机的国家。七是量子通信技术研发平台和量子保密通信测试网建设进展顺利，中科院量子技术与应用研究中心和济南量子技术研究院正式成立。八是农业科技贡献率达到 58%，主要良种覆盖率达到 96%。黄河三角洲可持续发展研究中心正式命名，成为国家高效生态经济可持续发展产业的技术创新平台。省部共建黄河三角洲国家现代农业科技示范区方案得到科技部、中组部、工信部的批准。全省农村农业信息化综合服务平台实现网上测试，启动新一轮农业良种工程，实施了国家粮食丰产科技工程。九是省人大常委会审议通过《山东省科学技术进步条例》，将于今年 5 月 1 日正式实施，这是我省科技法制建设的重要里程碑。发布“十二五”科技发展规划纲要，明确了“十二五”目标任务和要求。编制《山东省知识产权战略纲要》，出台山东专利工作“十二五”规划，高标准谋划我省知识产权工作，建立山东半岛蓝色经济区知识产权保护联盟。积极推进科技计划管理与科技奖励评审制度改革，提高科技计划管理水平，进一步规范公平开展科技奖励和评审活动。

九个方面的数，九个方面的事，充分说明去年是我省科技成果最多、科技投入最大、科技作用发挥最强的一年。这些成绩的取得，是省委、省政府坚强领导的结果，是各级各部门共同努力的结果，是社会各方面积极参与的结果，更重要的是全省广大科技工作者辛勤劳动的结果，凝聚着包括在座各位的辛劳和汗水。在这里，我代表省委、省政府对大家并通过同志们向全省的科技工作者表示衷心感谢和诚挚问候！

二、今年应当抓好的重点工作

异康书记、大明省长在全省经济工作会议上的重要讲话，以及大明省长将在“两会”上作的政府工作报告中，已经把今年全省科技工作重点讲得很明确、很透彻。总的目标是，全省高新技术产业产值占工业产值比重提高 1 个百分点，全社会研发投入增长 20% 以上，占 GDP 的比重增加 0.15 个百分点。重点工作归纳起来主要有五项：一是加快推进创新山东建设，进一步加大科技投入。二是加快高水平技术创新平台建设，积极推进青岛海洋科学与技术国家实验室及山东船舶、山东钢铁、山东海洋工程等三大研究院的建设。三是加强关键技术的研发应用，攻克一批关键技术。四是支持中小型科技企业发展。五是强化科技人才建设。这五条是全省层面上科技工作重点。

这里我想强调的是，也是我在不同场合讲过的。从全国来看，各个省特别是东中西的差距很大，适合于上海的事、适合于山东的事不一定适合西藏和青海。但是，中央发文、国务院发文，只能是一个统一的要求和部署。因此，各地必须结合自己的实际创造性开展工作。我记得 1 月初在北京和大明省长一起出席全国金融工作会议，我省和西藏自治区分在一个组，两省区的情况有很大不同。所以，各个市包括各大院所、高校，一定要把中央精神和省里要求结合实际贯彻落实好，要围绕中心，突出重点，抓住关键，创造性地开展工作，才能取得实效。另外，科技工作涉及方方面面、行行业业，头绪很多、名目很多、分管的部门也很多。我们一定要尽量争取，因为国家的项目不仅在资金上有支持，在整合力度、动员各方面力量、组织团队、吸引人才等方面也具有很大优势。因此，各地也好、企业也好、部门也好，都要充分发挥各自优势，积极努力去争取，把更多的项目、更多的实验室、更多的工作站、更多的技术中心、更多的人才和资金争取过来，落户山东。有些我们不一定求所有，但至少要求所在。关于今年的全省科技工作，除了面上的工作外，建议重点抓好两件事：

（一）着力改善创新环境，努力培养和吸引一批创新人才。家宝总理在全国科技奖励大会上明确指出，实现经济社会发展的新跨越，最根本的要靠改革开放、体制创新和科技进步。科技进步靠什么，关键要靠人才。从我省的情况看，我们的科技人才尤其是顶尖人才、领军人物还比较少，与实际的发展需求相比还有明显的差距或者叫短缺。比如说

“千人计划”我省只有50人，浙江有93人，江苏有163人。两院院士我省37人，江苏87人。研发人员我省只有27万人，广东有40多万人。这些数虽然不能完全说明问题，很多东西不好比，更不能简单地去比，但确实也反映出存在的差距。因此，我们看到差距更应该自觉地营造尊重个性、张扬特长、激励探索、提倡冒尖、鼓励创新、宽容失败的创新文化，积极营造创新创业的良好环境，努力吸引和造就一批国际顶尖的科技人才，提高我省自主创新能力和核心竞争力。再比如创新人才也需要施展才华、转化成果的舞台，而我省在这方面有优势，具有广阔的舞台，这个优势我在后面还要讲。我们现在要做的工作是怎样把这些优势转化为吸引人才、造就人才的现实。

我记得，鼓励创新、宽容失败是胡锦涛总书记前些年在两院院士大会上明确提出的。科技工作者特别是我们的专家更有体会，一个实验的成功可能是建立在不知多少次失败基础上的。所以我们在看到成功的同时，更应该理解成功背后的艰辛或者失败。特别是领导干部要牢固树立宽容失败的观念，真正理解和宽容科研人员的失败，这是一种创新环境。讲到创新环境建设，也是说起来容易做起来难的事。但是我觉得不管怎么样，只要我们上下形成一种共识，朝着这个方向去努力，坚持不懈做下去，一定会取得突破，一定会造就一种创新的氛围和创新的文化。比如说科研院所或者大专院校的重要科技成果要转化为现实生产力，真正做大做强，很重要的一条就是要脱离它的母体，实行一种新的机制。我想北大方正、清华紫光如果在原有的体制机制下，不可能有今天的发展。因此，希望各级各有关部门在这方面积极探索，积累经验，下决心把这件事做实做好。

在科技人才建设方面应当注意抓好三方面的工作：一是希望各地在吸引人才上步子再大一点，方法再多一点，特别注意在分配机制上探索一些特殊政策，让科技人才既有事业干，又有相应的回报。二是希望有关大专院校和科研院所加大培养力度，抓紧培养和造就一批科技人才。三是在总结各地、各方面首创精神的基础上，请科技厅会同有关部门抓紧研究制定引进人才的具体政策措施，努力形成有利于科技人才辈出的政策环境。这既是一项长期的工作，也是当前一项紧迫的任务，要从当下行动起来。

（二）积极探索，努力做好科技与经济特别是与产业融合这篇大文章。延东国务委员在全国科技工作会议上讲的很重要一条就是科技与经济结合问题，或者说是做好科技创新与产业发展融合这篇文章。这是个全国性的问题。大家知道，这些年我们对科技创新越来越重视，但科技与产业的融合度，确实还有差距。从目前我省的情况看，我们在这方面非常有优势（前面提到这些优势对吸引人才也相当重要）。一是我省的工业基础好，工业门类在全国算是最齐全的。我经常向中央有关单位的同志介绍，山东工业的一大特点是门类齐全，关起门来可以生产“航空母舰”。二是农业基础坚实，农业增加值、农产品出口、许多农产品的产量都居全国首位，农业科技水平也比较高、发展潜力很大。三是海洋科技优势明显。海洋科研院所数量、科技人才数量，都占全国的一半，有的还超过一半。海洋科技装备在全国也是一流的。在国内无论走到哪，一提到海洋科技，大家肯定会首先想到山东。但是这些优势，如果不去很好开发利用、不去加强提高，有可能被后来者赶超。因此，怎么样把这些优势转化为现实，是我们应该做好的一篇大文章。但这方面没有现成的经验，需要我们去大胆探索。

今年，我省在财政预算中设立了自主创新专项，准备在传统产业、战略性新兴产业和农业领域各选择两个产业搞一些示范工程。初步考虑，一是战略性新兴产业准备选择纤维和氟硅材料以及生物制药业，二是传统产业准备选择橡胶及轮胎和有色金属业；三是农业领域准备选择种业和黄河三角洲高效生态农业。

抓好上述示范工程关键要做到四个坚持。一是坚持研究、开发、产业一体化。要认真梳理产业发展技术路线，提出标志性目标，由企业、院校、科研院所竞标对关键技术进行攻关，让优势企业来实施，力争通过一到两年的努力能够达到预定目标。二是坚持推动各类科技资源向产业集群倾斜。三是坚持省里主导、企业主体、各方配合、形成合力。四是坚持科技与金融的结合。我们将运用财政专项资金，发挥引导作用，聚集优势力量，引导和带动金融资本支持科技与产业融合示范工程。

当然，这些还只是工作思路和初步构想，之前科技厅已经做了大量工作，会后，我们将就这项工作进行专题调研与部署。相信通过上下共同努力，一定会取得积极成效，开创我省科技工作的新局面，使示范型产业集群和产业技术创新、核心竞争力达到国内领先或者国际先进水平，真正把相关产业做大做强、形成规模，巩固和发展优势。

最后，我想再强调一下知识产权工作。因为知识产权工作有时容易被忽略，所以我想专门强调一下。一是各方面都要高度重视知识产权工作，深入实施知识产权战略，大力提高知识产权保护、运用和服务能力，为经济社会发展服务。这是句老话，但是要反复强调。二是要引导企业更好地运用知识产权制度。三是要建立和完善知识产权政策体系，进一步优化知识产权市场环境，加强知识产权保护工作的统筹协调和保护力度。

省科技厅厅长翟鲁宁在全省科技工作会议上的讲话

（2012年2月16日）

今天上午我们召开了全省科学技术奖励大会和全省科技工作会议，姜异康书记等省领导为获奖代表颁了奖，姜大明省长、孙伟副省长分别作了重要讲话，这充分体现了省委、省政府对科技工作的重视，也为我们做好今年乃至“十二五”期间全省科技工作指明了工作任务和奋斗的方向，各单位要认真学习领会，切实贯彻到今后的工作中去。下面，我简要回顾一下 2011 年全省的科技工作，并谈谈今年的工作打算。

一、2011 年全省科技工作回顾

2011 年在省委、省政府的正确领导下，全省科技系统深入贯彻落实科学发展观，紧紧围绕转变经济发展方式这条主线，深入实施“蓝黄”两大战略，不断完善创新体系，优化创新环境，提升创新能力，科技支撑经济社会发展、建设经济文化强省的能力明显增强，各项工作都取得了显著成绩，实现了“十二五”的良好开局。今天上午，姜大明省长、孙伟副省长对去年的工作成绩给予了充分肯定，这里我主要讲一下去年的重点工作。

（一）加快培育战略性新兴产业，为转方式调结构注入新的活力

一是加快高新技术产业发展。我省一直把高新技术产业发展作为推动产业结构优化升级突破口，着力突破核心关键技术，抢占经济科技战略制高点。规范高新技术企业认定，总数达到 1 434 家。积极培育科技型中小企业，争取国家科技型中小企业创新基金项目 172 项，获得经费 1.25 多亿元，实施省级项目 114 项，扶持资金 4 000 万元。启动省科技型中小企业创新发展专项扶持资金支持产业集群试点，安排资金 2 000 万元，重点支持了东营石油装备、招远电子材料和福山汽车零部件产业集群发展。去年我省高新技术产业实现产值 2.8 万亿元，比上年增长 27%。17 个市高新技术产业实现产值与上年比全部实现增长，菏泽市增长幅度超过了 50%，威海、德州、莱芜 3 市增长幅度超过 35%。

二是强化科技计划对战略性新兴产业的支撑引领。自 2007 年以来，我省连续实施了省自主创新成果转化重大专项，去年重点围绕十大战略性高新技术产业，优先安排了 72 项重大专项，安排资金 2.5 亿元，着重加强了对高端电子信息、新材料、装备制造、电动汽车、节能环保、农业高新技术等产业的支持。同时，我们将新兴产业发展与国家目标结合起来，提高了参与和实施国家科技计划的能力。工业高新领域争取国拨经费超过 6 亿元，重点支持我省全氟离子膜、8AT 自动变速器、光纤量子通信、新型非易失存储器等方面的关键技术及产业化研究。

三是加快将高新区培育成地方经济发展新的经济增长点。去年省级及省级以上高新区批准入区项目 2 753 个，固定资产投资 2 777 亿元，规模以上工业总产值 1.3 万亿元，出口额 192 亿美元，高新区已经成为带动区域经济结构调整和经济发展方式转变的强大引擎。高新区布局更加合理，临沂高新区升级为国家高新区，我省总数达到 8 家，与江苏省并列全国第二位。省级以上高新区达到 20 家，国家创新型科技园区 5 家。

（二）以科技创新平台为支撑，显著提升科技创新能力

一是重大科技创新平台建设取得突破性进展。青岛海洋科学与技术国家实验室完成了一期一批工程建设，一期二批工程 3 亿元建设资金得到落实。山东信息技术通信研究院集成电路设计、数字媒体和物联网嵌入式系统等五大公共研发平台建设全部建成并投入运行。济南量子科学技术研究院和中科院量子技术与应用研究中心成立，量子通信技术研发平台和量子保密通信试验网建设进展顺利，使我省跨入量子通信这一国际高端研究领域。国家超级计算济南中心正式启用，中心装备了国内首台全部采用国产自主中央处理器和系统软件构建的“神威蓝光”千万亿次计算机系统，该系统全面采用高密度组装和低功耗技术，组装密度和能耗比居世界领先水平，系统综合水平处于当今世界领先行列。超算中心的启用为我省海洋探测、气象调查、新药筛选、石油勘探、基因筛选和农业信息化等科研工作创造了重要条件。

二是企业科技创新平台健康发展。继续推进国家技术创新工程试点，加快建立产业技术创新战略联盟，以企业为主体的技术创新体系逐步完善。新增 4 家国家工程技术研究中心，总数达到 30 家，继续保持在全国各省市首位。新增省级工程技术研究中心 177 家，总数达到 921 家，布局更加合理。新建院士工作站 69 家，引进院士 78 位，总数分别达到 177 家和 197 位，院士与企业合作了大批项目，促进了企业科技创新。

三是基础研究水平和科技条件建设不断提高。基础研究水平整体提升，去年我省共承担国家自然科学基金项目约 1 300 项，获得国拨经费 6.6 亿元，同比增长超过 100%。省级基金类项目资金总数达到 6 400 多万元，其中新上省自然科学杰出青年基金项目 21 项，资金 1 050 万元；省自然科学基金项目 617 项，资金 3 776 万元；博士基金项目 320 项，资金 1 600 万元。重点实验室和企业重点实验室建设与管理进一步完善，国家重点实验室达到 3 家，企业国家重点实

验室10家。新建23个省企业重点实验室，总数达到60家，批准了6个省企业重点实验室培育基地。去年，山东大学参与的国际重大科学计划阿尔法磁谱仪项目获得突破性成果，AMS2搭乘奋进号航天飞机飞往国际空间站，标志着我省的科学团队首次进入了国际科学研究的最前沿。

（三）着力发展民生科技和农业科技，科技成果更多地惠及人民群众

一是农业科技创新保障了我省粮食实现连续九年增产。去年我省有24个项目获得国家农业科技成果转化资金支持，资金额度达到1 760万元，立项总数及资金额度并列全国第一位。继续推进国家农业农村信息化示范省建设，组织实施了国家科技支撑和863计划2个项目，获资金支持近2亿元。省里综合服务平台已实现网上测试，启动了蔬菜、苹果和农产品物流等六大专业信息服务系统建设。深入实施农业良种工程，启动了科技型种业企业自主创新能力建设资金项目，设立专项资金1 500万元。新组建省级农业高新技术产业示范区2家，总数达到8家。黄河三角洲国家现代农业科技示范区纳入国家现代农业发展“一城两区”战略部署，先期启动了黄河三角洲优质肉牛科技示范工程。

二是海洋科技创新能力继续保持全国领先地位。去年我省新争取了两个海洋领域“973”项目，总数达到18项，海洋863计划项目累计近200项，新增的两项国家海洋领域重大科学研究计划全部落户山东，获得经费超过1.3亿元。青岛蓝色硅谷、威海南海新区、潍坊滨海新城等规划建设，支撑了蓝区建设和海洋新兴产业发展。国家重大科技基础设施——海洋科学综合考察船顺利下水，使我国海洋综合科考和船舶研制能力上了一个新台阶。

三是医药科技创新体系建设有序进行。重大新药创制体系和成果转化体系取得新进展。争取“重大新药创制”科技重大专项22项，获得经费7 356万元。山东国家综合性新药研发技术大平台首批聘任了10位“泰山学者－药学特聘专家”，并给予每人500万元科研经费支持。新认定10家大平台产业化示范企业，总数达到30家。目前大平台共投入医药科研经费54.7亿元，获得国家批准新药证书56件，省部级以上科技奖励83项。国家山东创新药物孵化基地已获得发明专利授权70项，制定国家药品技术标准14项。

四是区域可持续发展工作取得新进展。继黄河三角洲可持续发展实验区成为我国第一个跨行政区域的国家可持续发展实验区后，去年新建设了2家国家可持续发展实验区，国家可持续发展先进示范区和国家可持续发展实验区总数达到8家，位居全国前列。新建了济南历下区、潍坊高新区、诸城市、莱芜雪野旅游区、沂水县等5个省级可持续发展实验区。黄河三角洲可持续发展研究中心被科技部命名，将建成国家高效生态经济可持续发展产业技术创新平台，为黄河三角洲国家可持续发展实验区建设提供科技支撑。

（四）全面优化科技创新环境，保障了科技创新工作顺利开展

一是修订了《山东省科学技术进步条例》。《山东省科学技术进步条例》今年1月已经省第十一届人大常委会第28次会议审议通过，将于今年5月1日实施，对于构建具有山东特色的科技创新体系建设具有重大的现实意义。

二是深化国内外科技合作。争取国家重大国际科技合作项目经费预算首次突破2亿元，聊城、菏泽、济宁、枣庄4市实现了零的突破。新增2家国家级国际科技合作基地，总数达到12家。省政府与科技部签署了新一轮《部省工作会商制度议定书》，以及《部省共建黄河三角洲国家现代农业科技示范区协议》，双方将重点围绕国家区域发展战略实施、农村信息化示范省建设、战略新兴产业发展、创新平台建设等开展合作。继续加强了与中科院、中国工程院、中国科技大学的合作。

三是加快引进培养高层次科技人才。积极参与实施“千人计划”和“泰山学者”工程，我省16名高级人才入选国家“千人计划”，总数增加到46名，其中创新人才30名，创业人才16名。

四是高度重视基层科技工作。我省134个县（市、区）通过了国家科技进步考核，通过率达到了95%，12个市、69个县（市、区）、255名先进个人受到表彰，受表彰先进数量居全国第一位，科技工作摆上了基层政府工作的重要议事日程。

五是深化科技管理体制改革，促进科技与金融结合。对现有省级科技计划体系进行科学梳理和分类，避免重复交叉。改进和完善了科技奖励评审系统，更新了评审专家库，省外专家约占总数的一半。强化了对省科学技术奖励候选人管理，对“搭车”报奖问题进行了规范。在潍坊和济宁高新区开展了科技和金融结合试点，启动了山东省科技融资担保有限公司的筹建工作。省科学仪器协作和创新方法研究推广工作进展顺利，促进了企业科技创新。

一年来，全省科技工作成绩显著，受到省委、省政府领导的高度评价。这些成绩的取得，离不开全省科技系统和广大科技工作者的辛勤劳动。在此，我代表省科技厅，向你们表示衷心的感谢和诚挚的问候！同时，我们也要清醒认识到，我们的工作离党委、政府的要求和转方式调结构的目标还有一定差距，离社会公众的需求还有不适应的地方。主要表现在：一是我省整体科技创新实力与我省的经济发展地位有较大差距。去年我省GDP和地方财政收入，均列全国第3位，但是我省的区域创新能力却排全国第6位，2010年我省的国内科技综合实力却在全国第9位。二是我们科技管理部门的服务水平与省里经济社会发展和科技进步的要求有较大差距。我们对省里的产业发展和布局规划指导还不够，全省科技系统对企业的科技服务还不到位，一些企业对科技项目申报和专利申请还不是很熟悉。三是协同创新还不够，科技部门和其他部门之间缺少经常性的沟通与合作，科技系统内部也没有形成协调配合共同推进科技进步的良

好局面。这些问题影响和制约了我省的经济发展和科技进步，需要我们在今后的工作中认真加以解决和改进。

二、2012 年科技工作部署

2012 年是"十二五"的关键之年，全省科技工作将继续按照"十二五"科技工作思路，深入贯彻落实中央和全省经济工作会议精神，围绕支撑蓝黄"两区"建设和发展优势产业集群两大重点工作，深化科技体制改革，聚集科技资源，大力提高自主创新能力，为全省加快转变经济发展方式提供重要的科技支撑。主要目标是，力争全省高新技术产业产值占规模以上工业产值比重增加 1 个百分点，全社会研发经费占 GDP 的比重增加 0.15 个百分点，专利申请和授权量增长 20% 以上，获国家科技奖励数量继续保持在全国前列。

（一）加快发展优势高新技术产业

一是重点发展创新产业集群。今年省里将着重抓好高技术纤维及氟硅材料、生物制药 2 个新兴产业集群和橡胶、有色金属 2 个传统产业集群，并且以这 4 个示范性创新产业集群为重点，统筹安排研究开发、产业基地培育和创新平台建设，带动全省创新产业集群发展。为支持创新产业集群发展，从今年开始，在"十二五"期间，省政府每年将安排 10 亿元创新基金资金。省科技厅计划将 4 个创新产业集群以及现代农业产业、海洋战略性新兴产业发展列为重点，各市要立足自身的基础和优势，选择 1–2 个特色产业集群作为重点。坚持省市联动，省里的 4 个创新产业集群发展以省里为主，各市要给予积极配合；各市确定的特色产业集群以各市为主，省里将在项目和资金等方面给予支持。省里和各市要围绕产业集群发展，切实做好科技服务，加快建立产业技术创新战略联盟，认真制定产业技术创新路线图，推进新兴产业发展和传统产业改造升级。

二是继续实施自主创新成果转化重大专项。省自主创新成果转化重大专项已经实施了 5 年，取得了重大成绩，为我省战略性新兴产业发展做出了积极贡献。但是也存在一些问题和不足。过去重大专项实施属于"市长项目"，省里在各市申报的重点项目当中择优进行支持，这对促进各市重点产业发展发挥了重要作用，但是从全省的角度来看，缺乏顶层设计和战略布局。因此，今年我们将对重大专项实施进行改革和完善，省里将继续拿出 2.5 亿元资金，按照重点产业集群和产业链发展要求，以重大技术突破和重大发展需求为基础，以支持十大战略性新兴产业发展为核心，重点支持新信息、新材料、新能源、新医药和海洋科技开发等战略性新兴产业发展。继续加强与国家科技计划和"十二五"科技发展规划的衔接，最大限度地争取和承担国家重大科技项目。

三是加快培育高新技术企业和创新型企业。加快实施国家技术创新工程，突出企业主体地位，加快建设以企业为主体、市场为导向、产学研相结合的技术创新体系。支持企业牵头，联合高等学校、科研机构建立战略联盟，促进产学研合作。积极争取 2–3 家国家工程技术研究中心，重点支持 30 家省重点工程技术研究中心建设。继续强化山东信息通信技术研究院、国家超算济南中心以及重点实验室、企业重点实验室、工程技术研究中心、院士工作站等创新平台建设，增强对企业和重点产业集群的服务能力。积极引导金融、人才等各类创新资源向企业集聚，大力培育高新技术企业和创新型企业。目前我省的高新技术企业总数是 1 434 家，这一数字与广东（4 500 家）、浙江（3 580 家）、江苏（3 093 家）差距非常大。因此，要千方百计增加高新技术企业数量，引导更多的企业走上创新发展之路。各市都高度重视这项工作，以没有专利的中小企业为重点，帮助企业寻找专利，提高规模以上工业企业拥有专利的比例数。要加快高新技术企业认定，落实相关税收优惠政策，帮助企业解决困难。

（二）加快推进高新区"二次创业"

目前，高新区已经成为地方经济发展的重要增长极，也是实现地方转方式调结构的重要引擎。但是，从整体情况来看，我省高新区的发展规模和质量还需要进一步提高，我省没有一家高新区综合评价进入全国前十位。我省与江苏省国家高新区数量相当，但国家高新区营业总收入、工业总产值、工业增加值、出口额、税收总额和高新技术企业数等主要指标，多数不到江苏的 60%，最低的是出口额，只有江苏的 1/5。全省高新区拥有的高新技术企业只占区内注册企业的 4.86%，不到规模以上工业企业的 10%。多数高新技术企业生产经营规模较小，超过千人就业规模、实现亿元增加值的高新技术企业不多。

今年我省高新区工作，要继续推进高新区"二次创业"，实施高新区发展提升工程，重点提升高新区发展的质量和规模。省里将按照国家"关于加快国家高新区发展的意见"，研究提出促进我省高新区加快发展的政策措施，支持高新区在管理体制、运行机制、政策环境等方面深化改革，全面提升高新区的创新能力和发展水平。省里和各市、各高新区要共同努力，加快省级高新区建设，争取尽快推动泰安、枣庄高新区升级为国家级高新区。要加快创新型园区建设，力争更多的高新区进入国家创新型科技园区行列。同时，各个高新区也要根据省里重点发展的创新产业示范集群，结合自身实际，重点培育 1–2 个优势特色产业集群，构建技术创新联盟，拉长产业链条，实现特色产业上中下游的配套衔接，建成高新技术产业集群发展的重要基地。在国际金融危机的大背景下，各高新区要实施"走出去"战略，坚持走出去兼并重组企业，招智招商，吸引人才，打造高端人才创业的聚集区，为高新区的未来发展奠定良好基础。

（三）加快推进农业科技创新

今年的中央 1 号文件突出强调农业科技创新，把推进农业科技创新作为农产品生产保供和现代农业发展的支撑。

提出要把农业科技摆上更加突出的位置，大幅度增加农业科技投入，推动农业科技跨越发展。围绕贯彻实施中央和省里1号文件，落实全国和全省农村工作会议精神，今年农业科技创新将重点推进农村信息化、良种产业化和专业化科技示范，为确保粮食丰产、培育壮大农业主导产业和优势特色产业提供科技支撑。

一是积极推进黄河三角洲国家现代农业科技示范区建设。黄河三角洲国家现代农业科技示范区写入了中央1号文件，是国家现代农业发展“一城两区百园”战略部署中的“一区”。科技部对此高度重视，我们一定要做出成效，为全国现代农业发展提供科技引领、服务支撑及综合展示的样板。围绕示范区有机蔬菜、农产品精深加工、现代畜牧业、生态渔业、现代物流业等主导产业，以高新技术和现代服务业引领传统农业向高效生态农业转型发展，聚集科技、金融、服务等要素，促进一二三产业融合；以构建农业高端研发与先导服务相结合的现代农业产业链为重点，提升农业产业，推动城乡一体化进程。

二是积极推进现代种业发展。不久前在海南召开的第二届中国博鳌农业（种业）科技创新论坛上，万钢部长指出要大力推进种业科技自主创新，引领支撑现代种业发展。我们省要按照《山东省种业振兴规划（2011—2015年）实施方案》，启动实施种业生产服务能力提升工程、现代种业企业培育工程等，推进我省种业产业发展。继续深入实施省农业良种工程，重点加强农业优异种质资源的收集保护与创新利用研究，建立现代农业育种技术体系，培育壮大现代种业企业。

三是扎实推进国家农村农业信息化示范省建设。依据组织部农村党员干部现代远程教育网，重点加强综合信息服务平台、专业信息服务系统、基层综合服务站点和专业信息服务站点建设，建立符合现代农业和城乡统筹发展的可持续的农村农业信息综合服务体系，为全国农村农业信息化发展提供可借鉴的经验及模式。

四是积极推进科技特派员基层科技创业。围绕我省现代农业发展和新农村建设对科技的新需求，重点推进科技特派员创业链建设，培育壮大农业主导产业和优势特色产业。创新工作思路，把科技特派员基层创业与农村信息化和农业科技园区建设紧密结合，加强基层科技创业基地建设。

（四）加强民生科技创新

一是加快医药科技创新体系建设。继续建设以山东国家综合性新药研发技术大平台为依托的重大新药创制体系和以山东国家创新药物孵化基地为依托的医药科技成果转化体系。加强医药科技创新平台建设，重点建设国家级、省级新药研发、质量控制、新药临床研究评价临床医学、转化医学等单元技术平台。加强医药科技成果转化体系建设，重点推进大平台济南中心区、生物药与化药创新基地、海洋新药创新基地等7大基地发展，培育50家大平台产业化示范企业，引进和培育30个以“泰山学者－药学特聘专家”为领衔的医药科技创新团队，加快发展鲁中、半岛和鲁南新药产业密集区，生产一批“大药、新药、好药”。

二是实施全民健康科技工程。实施“促进公众健康科技行动”，研究开发集成诊断、预防、治疗适宜技术，有针对性示范推广和试点示范。继续推动中医药现代化发展。突破生物制造核心技术，培育生物医药产业集群。实施山东国产创新医疗器械产品应用示范工程，坚持医产学研相结合，加快推进我省医疗器械产业发展。

三是加快建设资源节约型社会和重要社会事业两个科技支撑体系。继续加快黄河三角洲国家可持续发展实验区建设，推动黄河三角洲可持续发展研究院与海内外大学科研单位合作，逐步提升科技创新能力，尽快形成人才高地，建成实施“蓝黄”战略的科技支撑基地。加强与环保部门合作，实施环保专项，着力突破环保和节能减排关键技术，建设资源节约型、环境友好型社会，为实现碧水蓝天的目标提供科技支撑。继续实施省级区域可持续发展科技促进行动，培育若干省级可持续发展实验区，争取1–2个成为国家可持续发展实验区。组织公共安全和防灾减灾科技攻关，开展重大生产事故预警与救援，社会安全、食品安全、应对气候变化等关键技术研究，构筑科技支撑体系。

（五）加强海洋科技创新和基础研究

一是加快青岛海洋科学与技术国家实验室建设。突出实验室在“蓝区”建设中的核心和支撑作用，全面加快建设进度。切实用好3亿元一期二批建设资金，争取年底完成基础设施建设。创新实验室管理体制与运行机制，将实验室建成构建辐射全国的创新网络。正式启动海洋联合基金工作，省里每年拿出5 000万元财政资金，与国家自然基金委设立海洋联合基金，总规模达到1亿元，以支持实验室建设为核心，培养汇集高层次科技人才。抓住“科学”号海洋科学综合考察船即将交付使用的有利时机，打造山东海洋科学考察联合舰队，为海洋资源利用及国防安全提供强有力技术支撑。

二是加快培植海洋工程装备制造等九大战略性海洋新兴产业。着力突破关键核心技术，培植现代海水生态养殖、海洋药物和生化制品、海水综合利用、海洋精细化工、海洋新材料、海洋新能源、现代船舶制造、海洋仪器装备和海洋工程九大战略性海洋新兴产业。强化海洋工程装备制造与工程能力，围绕国家海洋工程装备发展相关规划，完善标准体系，全面提升自主研发设计、专业化制造及关键配套技术水平，打造我省优势海洋工程装备产业。

三是加强基础科学研究。抓好省重点实验室的布局和动态调整，新建一批省重点实验室，并从中遴选10个左右高水平实验室进行重点支持。新建15个左右省企业重点实验室。继续做好省自然科学基金、杰出青年基金和优秀中青年科学家科研奖励基金，为基础研究领域人才提供支持。完善大型科学仪器设备协作共用服务功能，进一步规范实验动物管理，加快以数字化技术促进创新方法推广与应用，推进高校和企业试点创新方法研究应用推广基地建设。

三、为全面完成科技工作任务营造良好环境

科技创新能力的提升，是各类创新要素相互作用的结果。因此，在推进科技创新活动过程中，要高度重视外部环境建设，着力为科技创新创造良好的氛围和条件。

（一）引导全社会加大科技投入

近年来，我省政府科技投入和全社会 R&D 投入连续实现较大幅度增长，为全面完成“十一五”各项科技工作任务提供了重要保障。但是唯一遗憾的是，R&D 经费支出占 GDP 的比重没有达到“十一五”目标要求。究其原因，最主要的还是企业科技投入不足。今年省里确定的 R&D 投入强度增长目标是 0.15 个百分点，各市要分解任务，确保 R&D 投入强度增幅不低于全省水平，省里将把这一指标纳入考核各市科技工作的指标体系。各市要围绕企业增加科研投入做文章，真正增加全社会 R&D 投入。

继续推动科技与金融结合。今年，省政府将拿出 10 亿元重点支持创新产业集群发展。要充分发挥政府投入资金“四两拨千斤”的作用，重点撬动金融资本进入创新领域。要按照省科技融资担保平台的工作方案，设立“山东省科技融资担保公司”，为科技型中小企业、初创期的科技型企业提供融资担保。支持有条件的高新区争取进入国家科技金融结合试点行列，做好高新区代办股份转让系统“新三板”企业上市和区内高新技术企业创业板上市培育工作，加强与省金融办，一行三局的配合，与各类金融机构合作，运用担保、租赁、贴息、发行企业集合债券和主板、中小企业板、创业板上市融资等多种金融工具，培育适应高新技术产业发展需求的资本市场。规范运作“省创业投资引导基金”，按照《山东省创业投资引导资金管理办法》的规定，充分发挥政策性基金的引导作用，引进国内外投资机构来我省开展创业投资业务，支持有条件的市和创业投资企业建立科技型中小企业创业投资基金，放大政府资金的投资效应。

（二）大力开展协同创新

去年 4 月份，胡锦涛总书记在庆祝清华大学建校 100 周年大会的讲话中，首次提出“要积极推动协同创新”。这是对新形势下科技发展规律的深刻认识，也为我们广泛凝聚科技资源、大力推进自主创新指出了一条重要路子。

开展科技工作的一条重要的经验就是协调沟通。科技部门要主动加强与财政、发改等相关部门的沟通，积极搭建平台，整合各类资源为科技所用，通俗的讲就是“共建一座庙，各拜各的神”。

要抓住我省与科技部开展新一轮省部工作会商的机遇，将地方目标与国家目标有机结合起来，争取实施更多的国家科技计划，充分利用国家的各类科技资源，提升我省创新能力建设。

要继续重点推进与中科院、中国工程院和国家自然基金委，以及与国内外大院大所的合作，完善科技合作平台建设，探索院士工作站服务产业链（产业集群），以及海外创新创业人才为企业服务新路子。与此同时，还要继续加强与俄罗斯、乌克兰等国家的科技合作，积极争取国际科技合作重点项目计划。今年，我们还要充分利用国内外科技资源，启动依托科技合作提升企业核心竞争力试点工程，帮助引导省管县所属 100 家经营状况一般、缺乏核心竞争力的企业，与国内外科研机构等开展合作，大幅度提高企业自主创新能力和核心竞争力。

（三）深化科技体制改革

一是推进科技计划管理改革。进一步优化科技计划资源配置方式，采取自下而上与自上而下相结合，建立科技计划项目筛选库。拓宽科技计划支持方式，逐步加大奖励、后补助、贷款贴息等方式的比重。建立健全科技计划绩效考核体系，加强对主管部门、责任处室和工作人员的考核，建立面向结果的追踪问效机制。建立网上管理台帐，强化对重大专项的监督和管理。

二是加强科技奖励改革。进一步完善评审体系，实施网络评审全部采用省外专家、答辩评审全部采用电话答辩的模式，提高评奖的科学性和公正性。进一步强化对省科技奖励候选人的管理，科学评价完成人贡献，遏制“搭车”报奖现象。

三是继续推进科研院所改革。去年全省事业单位改革会议已经对科研院所改革进行了部署。科研院所是我省科技创新的重要力量，在这次改革中，只能加强，不能削弱。要按照建立现代科研单位管理制度的目标要求，以创新科研机构体制机制为核心，完善科研院所长负责制，探索建立理事会管理制度，建立法人治理结构，全面实行聘用制和岗位管理，健全科研管理制度，稳步推进各项改革。

四是创新人才引进的体制机制。温家宝总理在今年的国家科技奖励大会上指出，要积极探索新的科技人才培养和激励机制，不断激发广大科技工作者的创新潜力和活力。我们省要继续加大高层次人才的培养引进力度，做好千人计划、泰山学者及海外特聘专家、药学特聘专家的遴选推荐工作。要鼓励科技人才创新创业，创办科技型企业，促进科研成果、创新产品、创新人才的大量涌现。

（四）高度重视基层科技工作

去年，我省有 95% 的县（市、区）通过了国家科技进步考核，我省还在全国基层科技工作会议上做了典型发言，这

些成绩的取得,来之不易,大家要加大工作力度,继续保持。基层科技工作是我省区域创新体系的重要组成部分,也是转变地方经济发展方式的重要支撑,孙伟副省长也对基层科技工作作出过专门批示,要求在科技工作会议上进行安排部署。各市要切实抓好基层科技工作,加强县(市、区)科技局自身建设,引导他们整合科技资源,加强科技合作,积极为县域范围内的企业搞好科技服务。要继续关心基层科技管理干部队伍,为其提拔重用创造必要的条件。

我们要统筹中央资源、省里资源和地方的资源,集中支持基层科技工作。星火计划、农业科技成果转化资金以及科技富民强县工程等要聚焦地方特色产业发展,加速先进适用科技成果的转化和推广应用。

要高度重视基层科技人才队伍建设,积极动员广大科技人员深入一线服务基层,抓住我省开展农业农村信息化建设试点省的有利时机,引导群众充分利用好各类基层信息服务站点,加强实用技术人才培训,提高基层科技人员素质和能力。

(五)强化科技工作宣传

去年以来,李长春、刘延东等中央领导多次对科技宣传工作做出批示,中宣部等6部委、省委宣传部等7部门相继出台了《关于进一步加强科技宣传工作的意见》,科技部党组也印发了《关于加强科技宣传工作的意见》,各级新闻媒体不断加大了科技宣传的力度,可以说科技宣传工作迎来了又一个"春天"。我们要积极响应国家的要求,切实加强科技宣传工作。为提高对宣传工作的重视,我们将2012年确定为"科技宣传年"。各市科技局、各高新区以及机关各处室、各直属单位都要高度重视科技宣传工作,树立宣传意识,切实把宣传工作摆在重要位置抓紧、抓好、抓出成效。要加强人力和经费保障,密切与新闻媒体的沟通和联系,积极做好服务工作,创造良好的宣传条件,共同为加快科技进步,支撑经济社会又好又快发展营造良好舆论环境。

省科技厅厅长翟鲁宁在全省科技工作座谈会上的讲话

(2012年8月10日)

今天,我们在这里召开全省科技工作座谈会,主要任务是深入学习贯彻全国科技创新大会和省第十次党代会精神,回顾总结今年上半年科技工作,研究分析当前科技发展面临的新形势,安排落实下半年工作任务,进一步统一思想,提高认识,深化科技体制改革,加快构建具有山东特色的科技创新体系,大幅度提高自主创新能力,为全省加快转变经济发展方式提供有力科技支撑。

昨天下午,我们参观了潍坊高新区,大家普遍反映,高新区取得的成绩振奋人心。可以说,潍坊高新区为全省高新区发展提供了一个很好的样板。潍坊高新区从"63513"全省示范工程,到"12545"发展思路,对高新区发展方向进行了准确定位,瞄准加快建设国家创新型科技园区,发展"六新"产业,建立了初具规模的创新集群;着重发挥创新企业的主体地位,培育了歌尔声学、浪潮华光、盛瑞传动等一批龙头骨干企业,为高新区"二次创业"注入了活力。这些做法和经验对我们来说是很好的启示。刚才5个单位分别围绕贯彻落实"蓝黄"两大战略、深化产学研合作、发展壮大战略性高新技术产业集群等方面介绍了很好的经验,提出了贯彻全国科技创新大会的措施和意见,其他单位也提交了书面交流材料,各市科技局和各高新区要相互学习借鉴,共同推动全省科技工作再上新水平。下面我讲几点意见:

一、围绕主题主线,服务发展大局,全省上半年科技工作取得显著成绩

随着经济快速发展,党和国家越来越重视科技工作,特别是今年7月全国科技创新大会在北京召开,胡锦涛总书记、温家宝总理出席会议并作重要讲话,这是一次具有里程碑意义的大会。省委、省政府及时召开省委常委会和省政府常务会议专题研究贯彻落实措施,在全省形成了突出重点抓科技,凝神聚力促创新,坚定不移调结构,一心一意谋发展的良好社会氛围。今年上半年,全省科技工作保持了良好的发展势头,全省科技工作紧紧围绕为加快转变经济发展方式提供科技支撑,大力发展高新技术产业,加快推进自主创新,突破一批制约经济社会发展的关键核心技术,各项工作取得了新成绩。高新技术产业快速发展,上半年全省规模以上高新技术产业实现产值1.56万亿元,同比增长15.95%,占规模以上工业产值比重为28.4%,比年初提高0.52个百分点。专利申请和授权快速增长,上半年共申请国内专利50 500件,其中发明专利申请12 057件,同比增长29.0%;获得国内专利授权32 445件,其中发明专利授权3 656件,同比增长28.6%。上半年工作主要有以下几方面的特点:

(一)一批重大科技项目的实施取得重要突破

浪潮集团"高端容错计算机"和"海量存储系统"两个国家863项目顺利通过科技部验收,累计投资9.6亿元,其中国拨经费3.5亿元,彻底改变了我国高端容错计算系统和存储系统依赖进口的局面,我国成为继美、日后第三个具备大型机研制能力的国家。目前,科技部正联合银监会,专项支持浪潮32路高端容错计算机在金融行业推广应用。济

南二机床承担实施的“大型快速高效数控全自动冲压生产线”项目取得突破，创造了1分钟压制15个大型汽车覆盖件的世界最高记录，是目前国内汽车行业应用的功能最全，效率、性能和标准最高的冲压生产线。二机床也因此接到了美国福特、一汽大众、上汽通用、东风日产、沃尔沃等国内外用户的订单，成为世界三大冲压装备制造商之一。歌尔声学股份有限公司在全省经济总体下行的趋势下实现逆势上扬，投资50亿元新建了光电产业园，3条液晶显示屏及LED背光模组生产线即将投产，上半年实现营业收入超过25亿元，同比增长近74%，预计全年可实现销售收入80—100亿元，创造了“歌尔速度”。潍坊新力超导磁电科技有限公司与中科院高能物理研究所联合研制的全球首台零挥发5.5T低温超导磁选机成功下线，可分选磁性很弱和颗粒很细的矿物，技术指标和性能达到国际领先水平。农业育种方面取得较大突破，设施黄瓜种质方面培育出优质、耐低温弱光、抗病、增产的9个新品种，新育成了高抗粗缩病和青枯病玉米品种，超高产小麦品种济麦22已通过会议评审，有望获得国家科技进步一等奖。在黄河三角洲地区，成功示范了耐盐碱优质小麦品种5 000亩以上。国家综合性新药研发技术大平台顺利通过“十一五”验收，8个国家一类新药进入临床研究，形成了海洋药物、糖药物、微生物药物特色。

（二）高新区在转方式调结构中发挥了重要作用

积极支持各市加快发展高新技术产业，上半年各市高新技术产业均实现了增长。开展了2012年度省科技型中小企业创新发展专项扶持资金支持产业集群试点工作，支持济南电子信息产业集群和济宁光电产业集群试点。大力推动高新区二次创业，打造区域经济结构调整和经济发展方式转变的强大引擎。上半年，省级及省级以上高新区批准入区项目1 239个，固定资产投资1 403.98亿元；规模以上工业总产值6 793.76亿元；财政收入219.10亿元；实际外商直接投资10.19亿美元；出口额100.02亿美元。高新区发挥了重要的区域经济创新引领的作用。

（三）服务“蓝黄”两区建设取得新进展

一是坚持项目支撑和引领。围绕省委、省政府重大战略部署，继续实施省自主创新成果转化重大专项，安排重大专项79项，下达资金2.45亿元，重点加强对高端电子信息、新材料、生物与医药、装备制造、节能环保和农业高技术等产业的支持，预计年新增销售收入581.5亿元，产生自主知识产权748项。围绕全省行业、区域等重大任务和需求，精心组织实施省科技发展计划，支持山东半岛蓝色经济区建设，立项189项，经费4 466万元；支持黄河三角洲高效生态经济区建设，立项41项，经费1 083万元。二是加强创新载体建设。与国家自然科学基金委签署了合作协议，联合资助海洋科学研究中心项目，提升海洋科学自主创新、基础研究和原始创新能力。青岛海洋科学与技术国家实验室二期建设资金已全部到位，即将开工建设。山东船舶技术研究院开始建设，将进一步提高我省船舶行业科技支撑能力，实现造船业转型升级。黄河三角洲国家现代农业科技示范区成立了投资管理公司，与北京国家现代农业科技城、陕西杨凌国家农业高新技术产业示范区签署了农业科技协同创新战略联盟协议，在农村科技领域率先实践协同创新，加快农业科技创新创业。

（四）科技人才工作取得新成绩

加强高层次人才引进，新增入选国家“千人计划”的高层次人才23名，总数达到73人，为我省科技创新提供了重要的人才支撑。与中国工程院签署了新一轮全面合作协议，推动山东资源产业优势与中国工程院科技、人才优势紧密结合，拓宽了人才智力合作渠道。已建设院士工作站175个，进站院士209人，与院士及其团队合作项目300多个。上半年新申报院士工作站100个。积极打造“泰山学者—药学特聘专家”人才工作品牌，目前，共引进17位“泰山学者—药学特聘专家”，其中千人计划7人，长江学者2人。加强科技创新平台、高新区等人才工作载体建设，上半年，各高新区新增国家千人计划专家12人、省泰山学者及海外特聘专家24人，引进市级高层次人才近500人。加强对基础研究人才和中青年人才的支持力度，实施了省自然科学基金和博士基金等，立项834项，安排资金6 468万元。

上述成绩的取得离不开省委、省政府的关心重视，同时也是全省科技系统克服困难、锐意进取、开拓创新、奋力拼搏的结果。

二、认清形势，提振信心，坚定不移地实施科技创新驱动战略

今年上半年，在欧债危机等影响下，全国经济形势不容乐观，GDP增速为7.8%，其中二季度GDP增幅为7.6%，成为2009年二季度以来的新低，经济下行的压力很大，稳增长的形势十分严峻。依靠扩大投资、规模拉动只能是权宜之计。保持经济社会平稳较快可持续发展从根本上来看只能走创新驱动、内生增长的道路。因此，党中央、国务院适时召开高规格、大规模的全国科技创新大会，可以说是在关键时期对走自主创新道路做出的一次再动员、再号召、再部署。大会明确提出要把科技创新作为经济发展的内生动力，充分发挥科技在转变经济发展方式和调整经济结构中的支撑引领作用，进一步推动发展更多依靠创新驱动，这些都为下一步经济社会和科技发展指明了方向。

我省经济形势同全国相似，上半年实现GDP2.4万亿元，同比增长9.7%，稳增长的压力很大，制约因素较多，结构性矛盾十分突出，主要表现在以下几个方面：第一个是经济发展方式转变还不够到位。上半年，六大高耗能行业增加值增长13.6%，高于规模以上工业增幅2.5个百分点。我省的一次能源主要还是煤炭和石油。第二个是产业结构调整还不够到位。目前我省的传统产业仍占有重要地位，初级加工产品多，企业大多处于产业链的低端，附加值低。服

务业所占比重偏低的状况尚未根本改变，上半年服务业投资增长 17.8%，低于全部投资增幅 2.6 个百分点。战略性新兴产业规模不大，装备制造业增加值增长 9%，增幅低于规模以上工业 2.1 个百分点。其实这两个因素，从根本上讲还是科技创新能力不强，没有核心技术，我们无法真正发展战略性新兴产业；没有科技创新，我们还将处于高投入、高消耗、高排放的阶段，摆脱不了粗放发展模式和价值链低端之痛。第三个是自主创新能力还不够到位。这是我们自家的工作，不妨花点时间分析得更透彻些。全社会研发投入较少，2011 年，我省 R&D 经费支出占 GDP 比重为 1.80%，低于全国 1.83% 的平均水平，低于北京 5.83%、上海 2.9%、江苏 2.2% 和广东 1.85% 的水平，离省十次党代会提出的"到 2016 年 R&D 经费支出占 GDP 比重达到 2.5% 以上"这一目标还相差甚远。高新技术产业发展优势不突出，高新技术企业数量较少，大部分企业缺乏核心技术，高新区辐射带动能力不强。高层次科技创新人才缺乏，特别是顶尖科研人才和领军创新团队更是缺乏，已经成为制约我省经济发展的重要瓶颈。我省两院院士仅有 37 人，江苏共有 90 人。我省入选国家"千人计划"人才 73 人，排名全国第九位，仅占浙江的 1/2，不到江苏的 1/3。

综上情况看，虽然我省发展面临着严峻的形势，但党和国家对科技创新工作的高度重视，国际金融危机形成的倒逼机制等又给科技创新工作带来了千载难逢的历史机遇。特别是上半年新兴产业和高新技术产业逆势上扬，全省规模以上高新技术产业同比增长 15.95%，远高于我省 GDP 增幅，高新技术产业固定资产投资占工业固定资产投资的比重也不断提高。我们昨天考察的潍柴动力、歌尔声学等企业之所以能在金融危机期间逆势发展，快速膨胀，企业竞争力迅速提高，就是得益于它们认识到位，重视创新，把握住了机遇，在创新驱动道路上走在了前面。这些事实再次显示了创新带来的活力与抗风险能力，也进一步坚定了我们狠抓自主创新的信心和决心。因此，我们一定要善于抓住机遇、应对挑战，把增强自主创新能力作为应对当前复杂经济环境、提高行业和企业竞争力的有力抓手，作为增强经济发展后劲的重要举措，更加坚定不移地实施创新驱动战略，充分调动全省特别是广大科技工作者的积极性，最大限度地释放和发展科技第一生产力，为全省加快转变经济发展方式提供有力的支撑。

三、狠抓落实，强化素质，确保全年目标任务的顺利完成

关于今年的科技工作任务目标、思路措施等，年初召开的全省科技工作会议已经进行了详细部署，我就不再重复叙述了。下面，我重点明确一下今年下半年的工作重点。下半年，全省科技工作要以全国科技创新大会和省十次党代会精神为指导，以实施省自主创新专项资金为重点，创新工作思路，加大工作力度，努力完成年度工作任务目标。重点做好以下工作：

（一）深入调查研究，全面贯彻落实全国科技创新大会精神

全国科技创新大会结束后，省委迅速召开省委常委会议，重点研究贯彻落实大会精神，要求把创新驱动发展作为一项重大战略，通过科技创新、管理创新、体制创新，提高企业核心竞争力，靠科技优势打造品牌优势、质量优势、效益优势。贯彻落实全国科技创新大会精神，是当前和今后一段时期我省科技工作的中心任务。我们要通过深化科技体制改革，促进科技与经济社会发展紧密结合，充分发挥科技在加快转变经济发展方式和调整经济结构中的支撑引领作用，加快建立具有山东特色的创新体系，力争到 2020 年前，率先建成创新型省份。各市也要结合实际，抓好贯彻落实。要明确具体思路，将深化科技体制改革、加快建立区域创新体系摆上重要议事日程，借助全国科技创新大会东风，进一步推动科技工作再上新台阶。

贯彻精神、制定政策，调查研究是前提。为此，厅里专门成立了以企业为主体创新体系建设，科研院所、高校体制改革，科技内部管理体制改革，青岛海洋科学与技术国家实验室建设等四个调研小组，着力就我省科技工作的重大体制机制问题进行调研。以企业为主体创新体系建设调研将重点围绕剖析影响企业人才引进、研发机构建设等方面的制约因素和深层次原因，研究建立企业主导产业技术研发创新的体制机制等方面展开。科研院所、高校体制改革调研将围绕研究探索建立服务企业创新主体、推动协同创新的体制机制等方面展开。科技内部管理体制改革调研将重点围绕抓好科技计划和科技成果评价体系改革，适应新形势科技工作需要，调动全社会科技工作者积极性等方面展开。青岛海洋科学与技术国家实验室建设调研将重点围绕研究创新实验室建设管理体制和运行机制，有效整合中央和地方海洋科技资源，提升海洋科技竞争力等方面展开，力求把实验室建设作为全省科技体制改革的重要突破口，全力以赴地抓好。

各调研组调研报告要求 9 月上旬成稿，期间调研组将深入基层开展调研，希望各市科技局和高新区要积极参与，密切配合，并结合自身实际，提出建议意见，共同完成调研任务。在此基础上，省里将制定出台深化科技体制改革、加快建设创新体系的有关文件，筹备召开全省科技创新大会，指导全省科技创新工作，建立完善加快推动科技创新的政策体系。

（二）实施自主创新专项，大力推动产业结构调整

近年来，经过全省上下共同努力，科技在支撑全省经济社会发展中的作用和地位日益突出，省委、省政府也高度肯定科技发挥的作用。省委、省政府清醒地认识到，在当前经济下行压力较大的形势下，要坚定不移调结构，凝神聚力促创新，以科技创新来提质增效，驱动经济社会发展。为此，省政府启动实施了山东省自主创新专项，从今年起到 2015

年，每年安排10亿元自主创新专项资金，重点支持新材料、生物技术与医药、高端电子信息、先进装备制造、橡胶轮胎、有色金属、环境保护、海洋新兴产业和现代农业等9个产业，32个重点领域创新发展，集中突破一批关键核心技术，争取带动各级财政、金融机构和社会资金投入1 000亿元以上。

在这里，我也简要向大家介绍一下省自主创新专项资金实施的思路框架，概括起来主要是“三个注重”“四个结合”“五个转变”。在推动科技创新上，立足我省产业基础和优势，强化了“三个注重”：更加注重贯彻实施山东半岛蓝色经济区和黄河三角洲高效生态经济区等国家战略，更加注重加强战略性新兴产业培育，更加注重发挥优势产业的优势和作用。在组织实施上，着力加强自主创新能力建设，突出了“四个结合”：一是突出产学研用结合，加快创新体系建设；二是突出项目与人才、平台结合，提高持续创新能力；三是突出科技与金融结合，发挥财政资金四两拨千斤的作用；四是突出科技创新与效益产出结合，强化科技支撑作用。在计划管理上，继承发扬了以往科技计划管理的经验，不断创新科技计划管理体制机制，实现了“五个转变”：一是投入方式从原来的单一项目向聚焦产业集群转变，加快了产业结构调整和优化升级；二是分配方式从原来单一的评审方式向竞争性分配方式转变，改变了资源配置方式；三是申报方式从原来的限项申报向不限项申报转变，强化了顶层设计和宏观布局；四是选择方式从原来的单部门单打独斗向多部门协同联动转变，实现了部门间的沟通合作，合力推动自主创新；五是管理方式从原来的注重筛选项目向顶层设计及注重绩效考核转变，提高了资金使用效益。

根据这一思路，各市在争取10亿元专项资金时，还要更加注重对接省里确定的9个产业、32个重点领域，打造在全国乃至全球具有重要影响力的标志性的创新型产业集群；要更加注重从全国、从全球整合资源，培育较为完整的技术创新链；要更加注重培养引进行业领域科技领军人才，引领创新型产业集群发展。

在加快发展创新型产业集群的同时，我们还要更加注重知识产权工作。要运用知识产权促进创新型产业集群发展，围绕自主创新专项重点发展的9个产业，搭建专利信息平台，提供专利态势分析和预警研究，分析知识产权分布情况，明晰产业路径，增强产业发展和创新活动的前瞻性。要深入开展知识产权优势企业培育工程，创造知识产权，培育企业核心竞争力，在较短时间内培育一批具备知识产权比较优势的领军企业。要积极推动知识产权质押融资工作，破解科技型中小企业“融资难”问题，拓宽企业融资渠道，培育知识产权质押流转市场，扶持企业自主创新，支持科技型中小企业发展。

（三）以高新区、农高区和创新平台为载体，努力打造转方式调结构的增长极

高新区真正成为区域经济增长极，要注重以下几方面：一是要从发展综合化孵化器向更加注重发展专业化孵化器转变，培育一批创新型企业集群。二是要从发展单个项目向更加注重产业集群发展、产业上下游联动转变。省里的重点产业集群以省为主，各市积极参与；市里的重点产业集群以市为主，省里给予大力支持。三是要从全面投资向更加注重投资高新技术产业转变。今天的投资结构将决定明天的产业结构，要充分发挥投资的引导作用，引导高新技术产业快速发展。我们还将尽快研究出台高新区考核评价办法，加强对高新区发展的引导。四是要从招商引资向更加注重招才引智转变，更加突出人才在产业集群发展中的支撑作用。五是要从关注经济发展向更加注重优化人才、政策、文化环境等转变。

（四）加强干部队伍素质能力建设，努力完成好下半年工作任务

当前，科技创新日新月异，多学科、跨领域的交叉融合和集成创新成为当代科技创新的鲜明特征，新理论、新技术和新方法层出不穷。这些都对我们科技管理干部素质和队伍建设提出了新要求，对此，我们必须时刻保持清醒的认识，要加强学习，与时俱进，解放思想，创新思路，不断在工作方式、管理模式上适应新的要求，打造一支能够适应创新、引领创新、服务创新的高素质干部队伍。同时，还要下沉工作重心，深入基层，扎扎实实为基层办实事、办好事，树立科技系统的良好形象。

一是善于创新科技管理的模式。大家注意到，今年我们设立的省自主创新专项资金，在资金分配环节引入竞争机制，通过招标、专家评审等方式，确定专项资金所扶持的具体项目和承担单位。这是我省科技计划管理的一项重大创新。下一步，我们还要对现有省级科技计划体系进行科学梳理和分类，建立起适应市场经济发展的公开、公平、公正和廉洁高效的新型科技计划管理体制和运行机制，营造有利于科技计划组织实施的良好环境。无论是这种竞争性的资金分配方式，还是目前科技工作面临的新形势，都需要大家进行认真研究，切实把握准科技发展的内在规律，研究科技与经济结合、与金融结合、与文化结合的路子和方式，建立适应新形势的科技管理模式。

二是善于找准科技服务基层的切入点。县市科技工作是科技工作的重要组成部分，在这方面，我们近几年已经走在了全国前列，还要继续加强。刚刚召开的全省推动县域科学发展整体提升综合实力工作会议，把科技作为提升县域经济发展水平的关键环节。我们要综合利用科技富民强县计划、科技特派员、国家农村农业信息化示范省建设等多种手段，积极推动科技入基层，支持县市打造特色产业集群，利用高新技术改造提升传统产业，充分发挥科技在县域经济发展中的支撑引领作用。要认真服务企业发展，引导各类创新要素要向企业聚集，重点推进企业研发机构建设，引导企业普遍建立工程技术研究中心、重点实验室、院士工作站等，提升企业自主创新能力。江苏省规划到“十二五”末大中型工业企业和高新技术企业全部建有研发机构，我们在这方面任重道远，特别需要基层科技部门加把劲。在这里，我还要特别强调的是，要持之以恒地推进基层科技队伍建设。下半年，我们还要组织县市科技局长培训班。县市科技部门要认真研究新形势下“干什么、怎么干”，学会整合资源，发掘项目，帮助企业“对接一个科研单位或高校，转化一个项目，吸引一个团队、培育一批科技人员，投入一批科研经费，创造一个新的产品”，重点帮助企业提升技术创新能力。

三是善于抓好各项工作的落实。科技部门一定要研究透经济形势，分析科技支撑的着力点，支撑准、支撑好经济发展，为转方式、调结构服好务。各项有利于科技创新的政策措施、科技重点工作，必须依靠科技队伍来执行、来落实。企业技术研发经费加计扣除、高新技术企业税收优惠政策等已出台多年，但落实情况并不理想。去年辽宁省曾做过一次调查，发现有75.4%的企业没有享受过企业研发费加计扣除政策，估计我省也存在很多这种情况。眼下企业经营处于比较艰难的境况，更需要我们出好政策、落实好政策。最近，我们与经信委等部门共同出台了《关于充分运用研发费用加计扣除政策推动我省企业技术创新的意见》，还印发了相关操作指南，要及时组织财税专家进行宣传普及，要让有关方面理解“蓄政策水、养创新鱼”的道理，善于引导企业用足用好这些优惠政策，帮助企业渡过难关，提升竞争力。下一步，我们还要研究将全社会R&D经费支出等指标，以适当形式进行排名公布，推动重点工作的落实，在全省形成进位赶超、你追我赶的干事创业氛围。

2012年全省科技工作综述

2012 年，在省委、省政府的正确领导下，全省科技系统深入贯彻落实科学发展观，大力实施创新驱动发展战略，加快建设创新型省份，各项工作取得新的突破。

一、科技自身发展的水平和能力大幅提升

一批重大科技项目取得重要突破。国家超级计算济南中心“神威蓝光千万亿次高效能计算机系统”通过科技部验收，标志着我国超级计算机技术进入国际先进行列。量子通信技术应用取得重要成果，建成世界上第一个金融领域的量子通信技术验证网。浪潮集团研制的浪潮天梭 K1 系统彻底改变了我国高端容错计算系统和存储系统依赖进口的局面，使我国成为继美、日后第三个具备大型机研制能力的国家。济南二机床承担实施的“大型快速高效数控全自动冲压生产线”项目，创造了 1 分钟压制 15 个大型汽车覆盖件的世界最高记录，成功出口美国福特公司，创造了大型装备出口美国本土的历史。

科技产出成果丰硕。全省共取得重要科技成果 2 393 项，获得国家科技奖励 26 项。全省发明专利申请量和授权量分别达到 4.04 万件和 0.75 万件，分别居全国第四位和第六位，同比分别增长 57.6% 和 27.3%。全省共登记技术合同 11 197 项，成交金额 147.04 亿元。

科技人才和投入总量取得新的突破。新增入选国家“千人计划”的高层次人才 23 名，总数达到 87 人，住鲁两院院士达到 44 人。积极争取国家各类科技计划，获得国家科技经费支持约 20 亿元。其中，争取国家自然科学基金项目 1 494 项，获国拨经费 7.89 亿元。2012 年，全省 R&D 投入突破 1 000 亿元，占 GDP 比重达到 2.04%。

二、科技计划体系更加趋于完善

针对科技发展中的基础研究、难题攻关、成果转化、产业集群发展创新链，配套安排科技计划链，形成了较为完善的计划支撑体系。新增加 10 亿元财政资金，启动实施省自主创新专项。重点扶持新材料、生物技术与医药、高端电子信息、先进装备制造、橡胶轮胎、有色金属、环境保护、海洋新兴产业和现代农业等 9 个产业的 32 个重点领域，打造在全国具有重要影响的创新产业集群。省自主创新专项择优支持了 95 个项目，平均支持强度 1 158 万元，带动社会投资 124.6 亿元，预计年新增销售收入 1 092.9 亿元，新增税收 78.7 亿元，产生自主知识产权 256 项，将大大提升我省自主创新能力和核心竞争力。继续实施省自主创新成果转化重大专项。重点加强对高端电子信息、新材料、生物与医药、装备制造、节能环保和农业高技术等产业的支持，安排重大专项 102 项，下达资金 2.45 亿元，预计年新增销售收入 581.5 亿元。专项实施 7 年来，累计支持成果转化专项项目 487 项，投入资金 12.9 亿元，转化了大量自主创新成果，取得了显著的经济和社会效益。精心实施省科技发展计划。立项 642 项，下达资金 1.5 亿元，重点聚焦新信息、新材料、新能源、新医药和海洋研发等战略性新兴产业、农村科技以及民生科技发展，强化了关键共性技术的研发。规范实施省自然科学基金项目。加强基础科学研究和中青年科技人才培养，安排省自然科学基金 566 项、杰出青年基金 20 项、优秀中青年科学家科研奖励基金 248 项，下达资金 6 468 万元。

三、企业技术创新主体地位进一步提高

以进一步加强国家技术创新工程试点省建设为总抓手，大力提高企业的自主创新能力和水平。在省科技进步奖 298 个技术开发类项目中，企业为主完成的 188 项，占 63.1%，同比增长 10.2%，表明企业成为一线生产科技创新的主力，以企业为主体的技术创新体系不断完善。

创新联盟和创新型企业培育成效显著。围绕我省优势产业和战略性高新技术产业发展，新认定 53 家产业技术创新战略示范联盟，总量增至 126 家，其中国家试点联盟达到 9 家。联盟围绕产业技术创新链开展了集成创新，突破了部分产业发展的核心关键环节，提升了产业核心竞争力。新增 10 家国家创新型试点企业，总数达到 45 家，新增和累计总量继续居全国各省市首位；新认定省级创新型企业 175 家，总数达到 549 家。强化科技中介服务体系建设。新增 5 家国家级科技企业孵化器、7 家省级科技企业孵化器，总数分别达到 39 家和 40 家。全省生产力促进中心达到 111 家，其中，国家级示范生产力促进中心 14 家，省级示范中心 28 家。支持企业研发机构建设。企业国家重点实验室和国家工程技术研究中心分别发展到 10 家和 34 家，均居全国第一位；建设省级企业实验室 86 个，省级工程技术中心 1 095 个，对 30 个优秀工程技术研究中心每个给予 50 万元经费支持。创新方法推广培训引向深入。培养创新方法师资 105 名，培训各类人员 8 780 名，企业自主创新能力不断提升。

四、高新技术产业持续增长

大力发展高新技术产业。全省规模以上高新技术产业实现产值 33 661.13 亿元，同比增长 20.48%，占规模以上工业产值比重为 29.11%，比年初提高 1.23 个百分点；全省高新技术产业固定资产投资 4 617.03 亿元，占工业固定资产投资比重为 33.14%；规模以上高新技术产业实现增加值 7 430.6 亿元。高新区成为区域经济发展的增长极。泰安高新区升级为国家级高新区，总数达到 9 家，与广东、江苏并列全国第一位（江苏苏州工业园属于参照国家高新区管理，未正式批复），省级高新区 11 个，高新区成为区域经济结构调整和经济发展方式转变的强大引擎。省级及省级以上高新区批准入区项目 2 732 个，固定资产投资 3 478.58 亿元；规模以上工业总产值 15 833.41 亿元；财政收入 475.91 亿元；实际外商直接投资 20.94 亿美元；出口额 217.74 亿美元；发明专利申请 5 142 件，授权 1 635 件；R&D 经费支出 714.65 亿元。加强高新技术企业认定管理。新认定高企 423 家，复审通过 324 家，总数达到 2 030 家（不含青岛），2011 年全省高新技术企业实现工业总产值 12 882.9 亿元，占全省高新技术产业产值的 45.8%。大力培育高新技术产业集群和产业基地。继续开展省科技型中小企业创新发展专项，重点扶持了济南电子信息产业集群和潍坊光电产业集群等试点工作。新增 4 个国家火炬计划特色产业基地。全省共培育创新型产业集群和产业基地 160 余家，建设国家 863 产业化基地 18 家，国家火炬计划特色产业基地 41 家，培育基地内创新型骨干企业 570 余家。

五、科技支撑“蓝、黄”两区发展能力不断强化

围绕实施“蓝、黄”两大国家战略，重点加强两区创新载体建设。青岛海洋科学与技术实验室 640 亩建设用地、100 亩科研海域、4 亿元基本建设经费全部划拨到位，二期工程即将开工建设。国家深潜基地已规划建设，正在稳步推进基础设施建设和业务能力建设。省政府与国家自然科学基金委签署了合作协议，联合资助海洋科学研究中心项目，提升海洋科学自主创新、基础研究和原始创新能力。2012 年双方共出资 4 000 万元，资助 2 个中心项目。山东船舶技术研究院开始建设，将进一步提高我省船舶行业科技支撑能力，实现造船业转型升级。黄河三角洲国家现代农业科技示范区建设加速推进，与科技部、北京市、陕西省签署“一城两区”协同创新战略结盟协议，注册了现代农业科技创新投资有限公司力。加快实施“渤海粮仓”工程，成功示范了耐盐碱优质小麦品种 5 000 亩以上，全面提高示范区综合生产能力。

六、科技服务民生能力不断增强

持续推进农业科技创新。科技进步对农业增长的贡献率不断提高，支撑了我省粮食生产实现“十连增”、农民收入“十连快”。农村农业信息化示范省建设进展顺利，初步建成了全省唯一的农村农业信息化综合服务平台——齐鲁三农科技网，建设了省级农村信息化综合数据中心，建成了覆盖广、快速便捷、稳定可靠的三网融合高速信息服务传输通道。深入实施省农业良种工程，启动实施了“现代种业企业科技培育计划”。农业育种方面取得较大突破，设施黄瓜种质方面培育出优质、耐低温弱光、抗病、增产的 9 个新品种，新育成了高抗粗缩病和青枯病玉米品种。

加强医药科技创新体系和孵化基地建设。国家综合性新药研发技术大平台顺利通过“十一五”验收，“山东省重大新药创制中心建设”和“天然药物及新制剂企业综合性大平台建设”项目进入国家“重大新药创制”科技重大专项“十二五”计划。新选聘 12 位“泰山学者——药学特聘专家”，总数达 22 位。新认定 10 家大平台产业化示范企业，总数达 30 家。新批准淄博市创建省创新药物孵化基地，全省创新药物孵化基地布局进一步完善。

积极推进区域可持续发展。新增沂源县、龙口市、德城区 3 家国家可持续发展实验区，总数达 11 家，居全国第二。12 个县区申报省级可持续发展实验区，创历史新高。

七、科技资源整合能力取得新的进展

积极推进国际科技合作。以全球视野谋划和推动科技创新，突出以企业为主体、产学研协同参与的国际科技合作方向，精心实施国际科技合作计划。与以色列贸工部共同签署了双边产业研发合作协议，为双方企业间的合作奠定良好基础。推进国际科技合作基地建设，国家级国际科技合作基地达 20 家，新建省级国际科技合作研究中心 94 家、省级国际科技合作基地 7 家，总数分别达 255 家和 12 家。

深化与国内大院大所合作。进一步深化与中科院、工程院及国内高校、科研单位的合作，通过搭建合作创新平台，大力引进高科技成果和高层次人才。新建院士工作站 81 个，进站院士 95 人，总数分别达到 256 个和 304 人，院士工作站已经成为我省区域创新体系和国家创新体系有效对接的重要举措。全面总结省院合作 12 年工作成效，与中国工程院签署了新一轮全面合作协议。全面深化与中国科学院合作，推进中科院专业区域中心建设，共建科技创新平台。中科院在我省转移转化高新技术成果 432 项，其中有 237 项产生经济效益，共完成销售收入 360.22 亿元，实现利税 69.58 亿元。

启动实施新一轮厅市工作会商。先后与济宁、潍坊、临沂共同签署了《战略合作框架协议》，发挥省市科技资源优势，共同打造具有各地特色的产业集群，支撑地方经济转方式调结构。

八、科技创新环境进一步优化

制定完善科技创新政策。省委、省政府隆重召开了全省科技创新与奖励大会，强化了对科技工作的组织领导和政策支撑。科技创新政策不断完善，修订和出台了《山东省科学技术进步条例》，发布了新一轮《山东省知识产权战略纲

要》,为鼓励科技人员原始创新和保护创新成果提供了法律依据。推动省政府制定出台了《关于加快科技成果转化提高企业自主创新能力的意见(试行)》和《加强知识产权工作提高企业核心竞争力意见》等政策文件,调动科技人员创新创业积极性,推进高等院校、科研院所服务山东经济发展,提高企业知识产权创造、运用、保护和管理能力。

强化科技工作绩效考核。加大了自主创新在全省县域科学发展年度综合考核中的权重,将高新技术产业产值占规模以上工业产值比重及升降幅度、研发投入占地区生产总值比重及升降幅度、发明专利申请量和授权量及增长率等重要指标,纳入市、县(市、区)年度综合评价考核指标体系。建立了发明专利情况通报制度,进一步激发地方和企业的发明创造积极性。

加快推进科技与金融结合。山东省科技融资担保公司揭牌成立,正式开展科技型中小企业融资担保业务,缓解了科技型中小企业融资难题。实施省级科技风险投资资金项目,累计安排资金 8 952 万元,累计现金收益近 1 000 万元。促进高新技术企业直接融资,确定 39 家高新技术企业列入创业板上市重点培育企业名单。

科技管理

KEJI GUANLI

高新技术及产业

【概述】 2012 年，全省规模以上高新技术产业实现产值 33 661.13 亿元，同比增长 20.48%，占规模以上工业产值比重为 29.11%，比年初提高 1.23 个百分点；全省高新技术产业固定资产投资 4 617.03 亿元，占工业固定资产投资比重为 33.14%；规模以上高新技术产业实现增加值 7 430.6 亿元，17 个市高新技术产业实现产值与上年比全部实现增长。2012 年全省及各市高新技术产业主要指标详见下表。

2012年全省及各市高新技术产业主要指标

地区	高新技术产业总产值		累计占规模以上工业比重(%)	比重比年初增减百分点(个)	高新技术产业固定资产投资占工业固定资产投资的比重(%)
	累计(万元)	同比增长(%)			
山东省	336 611 319	20.48	29.11	1.23	33.14
济南	17 020 365	13.00	39.55	1.02	32.02
青岛	51 997 933	14.01	39.77	1.01	26.59
淄博	29 838 330	21.31	28.33	1.23	36.47
枣庄	4 852 305	16.32	15.47	1.08	31.86
东营	33 371 573	32.92	32.36	1.48	33.81
烟台	49 365 834	19.38	39.19	0.85	29.48
潍坊	28 995 330	16.14	27.32	1.46	76.72
济宁	10 314 695	21.54	21.05	1.50	21.29
泰安	12 694 673	24.52	23.10	1.55	25.46
威海	20 241 324	18.83	35.51	1.16	30.69
日照	4 064 105	25.27	16.94	1.09	29.92
莱芜	2 411 976	29.95	16.37	1.31	20.35
临沂	16 970 628	24.36	23.60	1.35	35.04
德州	15 368 849	30.13	23.88	1.87	27.13
聊城	13 038 563	20.01	19.55	1.95	17.22
滨州	13 676 938	28.55	24.22	1.62	39.95
菏泽	12 387 898	28.61	28.63	1.60	25.52

注：1. 统计范围为最新统计口径，年销售收入2 000万元及以上的工业企业；

2. 高新产业产值增速按现行价格计算。

(数据来源：山东省科技厅)

【高新技术发展及产业化政策】 2012 年，省科技厅会同省财政厅、省国税局、省地税局制定并印发了《山东省高新技术企业认定管理工作规程(试行)》，进一步明确了各相关单位的职责，完善工作程序，确保认定管理工作合理、科学、高效。会同省财政厅制定并印发了《山东省科技型中小企业创新发展专项扶持资金项目绩效考核管理办法(试行)》，进一步加强山东省科技型中小企业创新发展专项扶持资金支出绩效管理，切实提高资金使用效率。

【2012 年度高新技术领域重大事件】

山东省科技融资担保平台组建 山东省科技融资担保公司揭牌成立，正式开展科技型中小企业融资担保业务。该公司由省科技厅与省财政厅联合发起成立，注册资本金 1.2 亿元，重点探索知识产权、著作权等科技资源的融资担保模式，为进入产业化初期、技术经过中试验证、产品初具模型的科技型中小企业提供融资服务。公司已与建设银行等 9 家银行签订战略合作协议，银行将以基准利率向公司担保的科技型中小企业提供贷款。

工业领域国家工程技术研究中心新增 3 家 烟台泰和新材料股份有限公司的芳纶工程技术研究中心、山东南山铝业股份有限公司的铝合金压力加工工程技术研究中心、盛瑞传动股份有限公司的乘用车自动变速器工程中心通过科技部批准，山东省工业领域国家级工程技术研究中心再增加 3 家，总数达到 16 家。

泰安高新区升级为国家级高新区 9 月，经国务院批复，泰安高新区升级为国家级高新区，至此全省国家级高新区达到 9 个。

【高新技术研究开发】 2012 年，为进一步提高自主创新能力，加强具有自主知识产权的技术储备，加快山东省高新技术产业发展，全省的科技发展计划、中小企业创新基金、火炬计划等集中支持了一批具有自主知识产权的高新技术研究开发和产业化项目。同时注重与国家各类计划的衔接，形成整体合力，重点突破。

科技发展计划 坚持将科技发展计划与全省经济建设和社会可持续发展的重大需求相结合，通过工业领域关键技术的突破、引进技术的创新、高新技术的应用及产业化，为经济方式转变、产业结构调整提供了技术支撑。2012 年，共受理工业领域网评项目 469 个，通过专家评审和筛选，对 139 个项目给予立项支持。

科技型中小企业创新基金专项 2012年，山东省共有184个创新基金项目获国家支持，支持资金总额1.2亿元；省级财政安排省科技型中小企业创新发展专项扶持资金项目133项，扶持资金总额4 000万元。省级科技型中小企业创新发展扶持资金在争取国家支持、拉动企业投入方面发挥了重要作用，经测算，省级财政投入与争取中央财政投入比例为1:3，拉动企业投入比例为1:8。当年，山东省有28家中小企业技术服务机构获国家中小企业公共服务机构补助资金支持。自2007年科技型中小企业技术创新基金增设中小企业公共服务机构补助资金以来，山东省共有90家服务机构获补助资金补助，补助金额6 080万元，极大增强了科技型中小企业公共技术服务机构的服务能力，营造了有利于广大科技型中小企业技术创新的良好环境。通过创新基金的支持，累计培植了10个上市企业，项目执行期内获得发明专利701件。

火炬计划 2012年，山东省共有162个项目列入国家火炬计划行列，项目总量位居全国前列，112个项目列入省火炬计划，项目涵盖了电子信息、生物医药、新材料及应用、光机电一体化、新能源与高效节能、环境保护及环境建设类等领域，达产后年可实现工业总产值672亿元，利税144亿元，出口创汇10亿美元。

金太阳示范工程 根据国家《关于加强金太阳示范工程和太阳能光电建筑应用示范工程建设管理的通知》，努力争取金太阳示范工程建设试点。2012年，大唐发电、润峰电力等29个集中连片和用户侧并网发电项目列入国家“金太阳”示范工程，示范项目光伏发电装机总规模为35.8MW。

国家“十二五”科技计划 通过积极组织与国家科技计划对接，全省工业高新领域在重大项目立项、争取国家“十二五”科技经费支持等方面取得了显著成效。2011—2012年，累计争取国家科技计划项目62项，国拨经费6.7亿元。

【高新技术产业发展】

高新技术企业 2012年，开展高新技术企业的申报认定(含复审、更名)工作，严格标准，规范程序，强化服务，共有322家企业通过复审、422家通过认定。截至当年底，山东省认定高新技术企业2 031家(不含青岛市)；落实2008—2011年高新技术企业减免税额96.6亿元，为提升企业自主创新能力提供了有力的政策支持。做好国家火炬计划重点高新技术企业组织申报工作，组织申报77家，其中56家通过科技部组织的专家评审认定。

国家火炬计划特色产业基地 2012年，积极申报国家火炬计划特色产业基地，新增济南新材料特色产业基地、高唐非木纤维浆纸及制品特色产业基地、国家火炬莱芜粉末冶金特色产业基地、国家火炬潍坊生物医药特色产业基地等4家国家火炬计划特色产业基地，全省国家火炬计划特色产业基地达到41家，数量居全国前列。基地产业涵盖了电子信息、生物医药、新材料和先进制造等重点高新技术领域，全省17个市已有13个市建立了国家火炬计划特色产业基地。

创新型产业集群的建设工程 2012年，结合全省中小企业产业集群发展情况，根据《山东省科技型中小企业创新发展专项扶持资金支持集群试点工作方案》，确定在济南市、济宁市分别进行电子信息产业集群和光电产业集群试点工作，安排扶持资金2 000万元，安排产业集群项目18项。

【高新技术产业开发区】

2012年，经国务院批复，泰安高新区升级为国家级高新区，至此全省国家级高新区达到9个。全年省级及省级以上高新区批准入区项目2 732个，固定资产投资3 478.58亿元；规模以上工业总产值15 833.41亿元；财政收入475.91亿元；实际外商直接投资20.94亿美元；出口额217.74亿美元；专利申请13 982件，其中发明专利申请5 142件；专利授权7 995件，其中发明专利授权1 635件；R&D经费支出321.04亿元。

高新区人才工作目标责任制考核工作成绩显著。2012年，对全省20个省级以上高新区2011年度的人才工作进行了考核，确定潍坊、青岛、济宁、烟台、济南、威海、淄博高新区为优秀档次，即墨、嘉祥高新区为强化整改档次，并将考核结果报省人才工作目标考核领导小组。

加强高新区总结与宣传。组织参加了全国高新区20周年成就展，编辑发行了《山东省高新区建设20周年》专刊。山东省4家高新区、23名先进个人受到科技部表彰。

【科技风险投资】

2012年，组建了山东省科技融资担保平台。山东省科技融资担保公司揭牌成立，正式开展科技型中小企业融资担保业务。实施省级科技风险投资资金项目成效显著。累计安排风险投资资金8 952万元，投资6家企业，退出项目2个，累计现金收益近1 000万元。促进高新技术企业直接融资，确定39家高新技术企业列入创业板上市重点培育企业名单。继续做好省级创业投资引导基金管理。组织2012年度参股创投机构巡检，会同有关部门确定安排资金1.5亿元投资参股10家创投机构，带动社会资本13亿元，实现股权投资4.7亿元。

(省科技厅高新技术发展及产业化处)

农村科技工作

【概述】 2012年，山东农村科技工作认真贯彻落实中央、省委1号文件精神，以转变发展方式、调整农业产业结构为主线，按照一、二、三产业融合和城乡一体化发展的思路，以市场为导向，以体制机制创新为动力，以农业科技创新创业为切入点，以提高农业科技创新能力和农业科技成果转化水平为重点，构建农业科技创新体系和新型农村科技服务体系，为推动农业经济发展和新农村建设起到了支撑和引领作用，取得明显成效。

【黄河三角洲国家现代农业科技示范区建设】 2012年，黄河三角洲国家现代农业科技示范区按照总体规划“一区双核多园”总体布局，建设工作全面展开，东营和滨州两个核心区各项工作稳步推进，取得显著成效。

山东省政府正式确定成立黄河三角洲国家现代农业科技示范区建设领导小组、共建工作协调小组，科技部选派曹一化巡视员与山东省科技厅翟鲁宁厅长共同担任协调小组办公室主任，建立上下联动、部省共建的快速通道。山东省与科技部、北京市政府、陕西省政府共同签署了《推动“一城两区百园”建设“1+3”战略合作协议》，中共中央政治局委员、国务委员刘延东出席了签约仪式。协议的签订标志着战略联盟的正式成立。将通过体制机制创新和政策联动，推进创新资源共享，加快农业科技创新创业，推进工业化、城镇化和农业现代化同步发展。

山东省现代农业科技创新投资有限公司注册成立。公司按照“433”投资结构，注册资本人民币1亿元，其中，山东省政府出资4 000万元，北京农科城投资有限公司出资3 000万元，滨州国家农业科技园区、东营国家农业科技园区各出资1 500万元。投资管理公司的注册成立，将为示范区建设提供有力的资金支持。

通过各类科技计划支持示范区建设项目81项，资金10 495万元。特别是在自主创新重大专项计划农业领域1亿元专项经费中安排7 000万元，重点支持盐碱地综合整治、高效生态农业产业化示范、盐碱地高效生态林业产业技术体系等项目。

加快示范区产业发展，经过1年多的建设，基础设施建设不断加快，发展环境进一步优化，有力带动了当地现代种业、优质肉牛、有机蔬菜、耐盐碱苗木等新兴优势产业的发展，还吸引一大批企业和重点产业项目落户示范区，新开工建设项目总投资超过20亿元。推进山东省“渤海粮仓”科技示范工程建设，开展盐碱地改良先进技术集成应用，全面提升示范区现代种植业发展水平。

【国家农村农业信息化示范省建设】

农村农业信息化综合服务平台 2012年，开发建设了农村农业信息化综合服务平台。整合政府相关部门、高等院校、科研院所等单位的信息资源，建设了省级农村农业信息化综合服务数据中心。特别是充分发挥工程技术研究中心等国家级平台的作用，整合建设了十大产业数据库。数据中心一期数据容量已经达到10TB，数据记录超过100万条。

开发建设的综合服务平台门户网站涵盖农业生产技术、农产品经营、文化娱乐等各方面信息，提供各类应用系统服务接口，支持网络、视频、语音、短信等多信息接入手段，具备智能化信息搜索、个性化信息定制与推送、统一用户登录管理等功能，打造了智慧农业、魅力城乡、全息物流、我爱我村等特色板块。门户网站开发已经基本完成，进入上线测试运行阶段。粮食作物、经济作物（花生）、蔬菜、果树、林木花卉、生猪、肉牛、家禽、水产、农产品物流等十大产业专业信息服务系统基本建成，已上线测试运行。系统上联优势科研单位作为信息、技术和成果来源，下联农业科技园区、农业龙头企业、农民专业合作组织、种养大户等农业产业实体作为服务对象，有效整合了各产业链条上的各类资源，实现了覆盖产前、产中、产后的生产、加工、物流、销售等各个环节的专业化信息服务，有利于促进产业提质增效和结构升级。以山东农村党员干部现代远程教育互联网通道为骨干，在综合服务平台和基层服务站点之间打造了互联网服务高速通道；依托山东联通等通信运营商，优化了2G移动网络，建立了短信、彩信服务通道，提高了农村3G网络覆盖能力，在用户和综合服务平台之间搭建无处不在的移动网络通道，作为互联网通道的有益补充。

围绕十大优势产业，建设了一批专业信息服务示范站点，为推动山东现代农业技术服务体系的建立和发展打下了基础。依托农村党员远教站点，建设了一批农村综合信息服务示范站点，强化了向三农提供文化、教育、生活、社会保障等信息服务。在综合服务平台建设和运营方面，积极探索和引进市场化机制，联合省内外科研院校、通信运营商和专业化公司的技术开发、应用推广、运营管理等各方面人才参与，在确保平台公益性服务为主的基础上，尝试开展增值信息服务，实行商业化运作，力争实现平台自我可持续发展。在专业信息服务中，打造了蔬菜视频医院、肉牛产业地理信息和生产远程监控系统、渔业疾病诊断模型等具有鲜明产业特色的信息服务模式。

（省科技厅农村科技处）

农村基层科技信息服务体系建设 2012年，根据山东省国家农村农业信息化示范省建设进度，星火办重点围绕农村基层科技信息服务体系建设开展工作。2月，在制定基层信息服务站点建设标准和相关的服务规范草案后，召集烟台、潍坊、东营、滨州、德州5市科技局负责农村科技的同志，在济南召开山东省国家农村农业信息化示范省专业类基层信息服务站点建设工作会议。会后发布了《山东省国家农村农业信息化示范省基层信息服务站点建设标准》《山东省国家农村农业信息化示范省基层信息服务站点信息员任职资格与工作要求》。

9月，省科技厅星火办邀请苹果、蔬菜、信息技术等领域专家对申报的128家基层信息服务站进行了评审，最终认定栖霞市果业局信息服务站点等120家服务站点为首批“山东省国家农村农业信息化示范省”专业信息服务站点。其中烟台市苹果产业信息服务站点40家、潍坊市蔬菜产业信息服务站点30家、东营市蔬菜产业信息服务站点20家、滨州市蔬菜产业信息服务站点20家、德州市蔬菜产业信息服务站点10家。

在启动站点建设的同时，启动了基层信息员培训。6—7月，潍坊市山东畜牧兽医职业学院举办了3期山东省农村基层信息服务站信息员培训班，每期培训100人，共培训蔬菜基层信息员300名。在烟台市栖霞、牟平区举办了3期苹果产业信息服务站信息员培训班，每期培训100人，共培训果树基层信息员300名。

（省科技厅星火计划办公室）

【种业自主创新能力建设】 2012年，为贯彻落实中央和省委1号文件关于加快推进现代种业科技创新的精神，省科技厅联合省财政厅召开全省种业企业座谈会和农口部门（单位）座谈会，对山东省种业企业商业化育种工作现状及围绕提升种业自主创新能力急需解决的技术、装备、人才、机制等问题进行深入探讨，进一步明确了要把做强做大现代种业作为农业科技的战略重点，狠抓《山东省种业振兴规划（2011—2015年）》的落实，加快建立以企业为主体的商业化育种机制，构建以产业为主导、企业为主体、基地为依托、产学研相结合、“育繁推一体化”的现代种业产业体系。

深入实施山东省农业良种工程，在支持重点、实施主体、立项机制、支持方式等方面进行了大胆尝试，安排重大课题31项、重点课题55项，涵盖种质资源保护、生物资源创新利用等众多领域；同时加大农业良种工程的投入力度，由5 000万元增加到10 000万元，并利用新增5 000万元资金启动实施了“现代种业企业科技培育计划”，培育农作物、畜禽、水产等领域大中型现代种业企业12家，以提高种业企业自主创新能力和研发水平为重点，扶持和引导具有一定研究能力与基础、市场占有率较高、经营规模较大的种业企业，加强科研机构、装备条件、人才队伍建设，逐步构建以企业为主体、市场为导向的种业企业科技创新模式。

【工程技术研究中心建设】 11月1—3日，在泰安召开的第十五届农口国家工程建设技术研究中心主任联席会议上，省科技厅厅长翟鲁宁作了重要讲话，对于推进省工程技术研究中心建设起到积极的推动作用。推荐省级工程技术研究中心18家，临沂、寿光2家省级农高区规划通过专家论证，相关申请已报省政府批准。

【农业科技计划】 2012年，根据科技部农村司统一要求和部署，组织申报的生物质能源、作物高效生产、农业生物制品等领域21个项目（含青岛），于7月1—2日进行了网上视频答辩，申报的所有项目均通过专家答辩，纳入“十二五”国家科技计划农村领域备选项目数据库管理。重点支持了70个省级科技发展计划项目。积极组织实施国家科技部“十二五”粮食丰产科技工程项目，明确了课题主持人和项目实施范围，编制了课题实施方案。

【农业科技成果转化资金项目】 继续组织实施农业科技成果转化资金项目，促进具有大面积推广应用价值的农业科技成果较快形成成熟适用的组装配套技术。2012年，受理国家和省级农转资金项目141项，经专家评审，向科技部推荐申报国家项目30项。科技部批复立项22项，资金额度1 940万元，在立项总数和资金额度上保持了领先地位。其中由寿光蔬菜产业集团申报的“设施蔬菜高效节能栽培关键技术集成与示范”项目被列为特别重大项目，成为全国首批3个特别重大项目之一。省级专项资金由原来的1 000万元增加到2 000万元，实现大的跨越。重点支持了80个集成配套并具有良好市场前景的农业科技成果，为农业科技成果向第一生产力转化提供了强有力的支撑。

【科技富民强县专项行动计划】 2012年，获得国家科技富民强县专项行动计划立项13项，争取中央财政专项经费2 335万元，立项数量和经费额度较上年增长了44.4%和61.1%，再创历史新高，在全国各省市中名列前茅。加强项目过程管理，组织相关领域技术专家和管理、财务专家对国家、省科技富民强县项目进行了中期检查、绩效考评和评审。确定章丘市“核桃标准化生产与深加工”等18个项目为2012—2013年度省级科技富民强县专项行动计划项目。

【科技特派员农村科技创业行动】 2012年，为进一步发挥科技特派员在促进农业科技成果转化、强化农村科技服务、统筹城乡发展中的独特作用，组织起草了《关于深入开展科技特派员农村科技创业行动的意见》和《山东省科技特派员工作管理办法》，推进科技特派员工作的开展。截至当年底，全省下派科技特派员 17 946 名，法人科技特派员 532 个，结成经济利益共同体 1 410 个，培训农民 238.91 万人，创办企业 921 个，实施科技开发项目 2 515 项，年项目总投资 21.42 亿元，实现年利润 10.34 亿元。在省科技发展计划中列支 200 万元，支持 12 个科技特派员创业链项目，引导科技特派员围绕当地特色优势产业链的各个环节深入创业。

（省科技厅农村科技处）

【星火科技】 2012 年，山东省星火计划工作围绕促进农业农村发展方式转变和推进农村科技创新这一主要目标，认真贯彻落实中央 1 号文件和全国科技创新大会及省委、省政府有关文件精神，以提高中小企业自主创新能力为核心，以优势领域的技术突破为重点，以产业联盟为纽带，明确思路，强化措施，为山东省的农村经济社会发展提供了科技支撑。

国家级星火计划项目 2012 年，向科技部推荐了以产业联盟形式组成的星火项目 3 项，以专项工作课题形式组成的项目 1 项，分别为“刺参高效健康增养殖及精深加工技术集成与示范”“食用菌产业提升系统技术集成”和“黄河三角洲耐盐碱植物与北方绿化苗木良种繁育技术集成”及“苹果高效生产及精深加工产业化技术集成”。这些项目突出了山东省地方特色优势产业，由农业龙头企业牵头，产业链条完整，辐射带动能力强，覆盖面广，可持续发展后劲强，普惠“三农”意义大，科技创业效果好并有利于产学研联盟机制形成和巩固。推荐的 4 个项目全部通过专家评审，纳入“十二五”国家科技计划农村领域备选项目库管理。当年，山东省获得国家经费支持 822 万元，居全国前列。组织推荐的国家星火计划面上项目有 104 项获立项批复，在立项数量和立项质量上取得了同步提高。

开展重大项目的中期督导检查工作。5 月、6 月，省科技厅星火办及项目牵头单位对国家星火计划重大产业联盟类项目——“莱芜猪及其配套系产业技术集成与示范”和“优质高档鲁西黄牛产业技术集成与示范”各承担单位的项目进展情况进行了现场督导检查。

加强项目验收结题工作。11 月，组织有关专家对 2010 年度立项的国家星火计划重点项目进行验收，重点围绕项目执行总体情况、经费使用情况、组织管理和机制创新等方面，听取了项目汇报，审查了有关资料，并进行了质询和讨论。这些重大项目组织实施得力，较好的完成了各项计划任务指标，17 个项目全部通过专家组验收。

省级星火计划项目 2012 年，共受理省级星火计划重点项目 32 项，经评审，重点支持“大姜标准化种植与精深加工技术开发”等 13 个项目，安排经费 270 万元。安排并立项下达省级星火计划面上项目 160 项。其中，林果类占比 25.7%、蔬菜类占比 19.8%、畜牧水产类占比 16.2%、农产品与食品加工类占比 11.7%、农作物类占比 4.5%、循环农业与生态环境建设类占比 3.2%。区域分布覆盖山东省 97% 以上县（市、区）。项目总投资 52.79 亿元，其中自筹 36.82 亿元，预计项目完成后，新增产值 290.46 亿元，新增利税 28.7 亿元。这些项目的实施，将为推动山东省农业特色产业发展、促进转方式调结构和新农村建设做出积极的贡献。

【星火科技培训】 2012 年，星火科技培训工作围绕山东“蓝黄战略”和黄河三角洲国家现代农业科技示范区建设及全省农村经济发展的区域布局，坚持“实际、实用、实效”的原则，共举办各类培训班 3 500 期，编写教材、远程培训课件 120 种，印发教材 250 000 册，培训农民 32 万人次。联合共青团山东省委、省妇联、省科协，在全省实施“农民科技素质提升星火培训工程”。培养了一大批“农村科技信息员”“青年星火创业带头人”“巾帼星火增收带头人”和“科普星火带头人”，对农业生产与农村经济社会发展起到了促进作用。

少数民族实用技术培训 根据省政府《关于少数民族群众民生问题和宗教有关工作会议纪要》精神，省科技厅、省民委联合制定《2012 年全省少数民族农村实用技术星火科技培训实施方案》，确定在全省 7 市少数民族聚集的乡镇，围绕农作物种植、畜禽养殖、果树栽培、大棚蔬菜种植等领域开展实用技术培训，为少数民族群众增收致富提供科技支撑。10 月 25 日，全省少数民族农村实用技术星火科技培训启动仪式在菏泽市曹县侯集回族镇举行，省科技厅、省民委、菏泽市政府有关领导及相关部门负责同志出席。侯集回族镇种植、养殖大户约 150 余人参加培训。10 月 25 日—11 月 8 日，共举办 7 期培训班，聘请了省内科研院所的高水平专家向少数民族群众传授畜牧、水产养殖，蔬菜、果树种植等方面的农村实用技术。

乡村文明建设农民文化素质提升培训 根据山东省委、省政府《关于在全省农村实施“乡村文明行动”的意见》，按照社会主义新农村建设的总体要求，广泛开展科学知识普及活动，帮助农民不断提高文化素质、适应现代文明、改善生活质量的能力。

返乡农民工创业就业培训 为解决返乡农民工创业及再就业难题，山东省建立了联席会议制度，每年编制《山东省农民工工作联席会议工作要点》。根据任务要求，星火办围绕农民工返乡创业就业开展了创业技能和相关知识培训、农村先进实用技术培训。

农村贫困劳动力培训 根据《山东省农村扶贫开发纲要（2011—2020 年）》下达的目标任务，以促进贫困人口就业为核心，围绕“转移培训一人，带动一户脱贫致富”的目标，对农村贫困劳动力开展就业技能、实用技术和创业培训。

【星火表彰】 2012 年，为表彰先进，进一步弘扬星火科技富民惠民宗旨，在各地和有关部门推荐的基础上，经审核、网上公示，省科技厅授予济南市科技局等 51 家单位"山东省星火科技工作先进集体"荣誉称号；授予马素刚等146位同志"山东省星火科技工作先进个人"荣誉称号。

【科技支援】

科技援疆 7月20—21日，省科技厅巡视员李爱民赴新疆参加了科技部召开的"第四次全国科技援疆工作会议暨全国科技援疆规划推进会"。会上，山东省科技厅与喀什地区科技局签订县乡两级党政领导科技创新专题培训协议书，将利用山东省优势，每年为喀什地区举办1～2期县乡党政领导干部科技创新培训班，每期人数10～20人，每期时间为10天左右，以期提高英吉沙、疏勒、岳普湖、麦盖提4个县的县乡党政领导干部科技创新能力，为当地培养更多的科技经济建设人才。5月，在寿光举办了首期山东科技援疆（喀什）农业科技培训班，来自喀什地区的19名农业技术人员及科技管理干部参加培训。

2012年，为进一步落实《全国科技援疆规划（2011—2020）》任务，根据新疆喀什地区4个县的要求，共安排山东东阿阿胶股份有限公司、寿光市生产力促进中心、山东圣丰种业科技有限公司、山东驰中集团有限公司等单位就"良种驴扩繁技术研究及产业化开发""寿光设施蔬菜高效栽培技术跨区域集成示范与推广""高产优质棉'新陆中13'规模化繁育与产业化开发""肴驴肉配方技术研究与肉制品加工"等项目，带技术、带投资到受援方开展合作，充分利用当地资源，实现合作共赢。9月12日，由山东东阿阿胶股份有限公司承担的科技援疆项目——"良种驴扩繁技术研究及产业化开发"在喀什地区疏勒县举行开工奠基仪式。

9月，应新疆喀什地区科技局、农业局的邀请，星火办组织山东省农科院可持续发展研究所的农业园区规划专家团队赴新疆喀什地区开展喀什农业科技园区规划考察工作。编制出喀什地区农业科技园区的初步规划（后续工作根据对方要求渐进开展）。

科技援藏 6月23—30日，受西藏日喀则地区行署邀请，星火办组织山东省农科院有关专家赴日喀则地区开展了农业科技园区规划编制工作。编制出的《日喀则国家农业科技园区总体规划》受到了日喀则地区行署领导的高度评价。

（省科技厅星火计划办公室）

社会发展科技工作

【医药科技创新体系建设】 2012年，山东省医药产业实现销售收入2 413.5亿元，同比增长20.06%；利税375亿元，同比增长19.57%；利润256.8亿元，同比增长16.21%；销售收入、利税、利润分别高于全省工业平均增幅4个、7个、5个百分点，规模优势明显，全年生物医药领域省级财政经费支持达2.925亿元。山东省医药科技创新体系建设以国家综合性新药研发技术大平台（简称大平台）和国家创新药物孵化基地（简称孵化基地）建设为主要抓手，大力支持高端医药人才引进，重点培育医药骨干企业，多措并举，大平台建设、示范企业培育、人才引进与培育、新药密集区建设等成效显著。

山东国家综合性新药研发技术大平台通过国家验收 6月1日，国家"重大新药创制"科技重大专项验收组现场验收山东国家综合性新药研发技术大平台—山东省重大新药创制中心建设项目。验收组考察了大平台服务中心和部分单元技术平台，听取了山东重大新药创制中心建设课题专项汇报。省委常委、副省长孙伟出席验收会议并讲话。专家组对山东省大平台建设给予高度评价，一致认为：山东省委、省政府高度重视大平台建设，建设成绩显著，调动了各方面的积极性；省政府先后印发8个有关加强大平台建设与医药产业发展的重要文件，全国仅有一家。通过大平台建设，有效整合了海洋、糖类、微生物等优势资源，取得一些成果，加快了山东医药企业成为自主创新的主体和智力投资中心的步伐。省政府配套建设资金到位及时，带动了济南、烟台、潍坊3地投入77亿建设区域平台，吸引和凝聚了一大批人才。9月底，山东省新药大平台顺利通过卫生部科技重大专项财务验收工作小组办公室组织的财务审计。

山东国家综合性新药研发技术大平台建设成效 截至2012年底，经过3年的建设，大平台超额完成合同内容和任务，全面完成先导化合物发现与优化平台、药物筛选平台、药效学评价平台、临床前药代动力学平台、新制剂与新释药系统平台、药物分析与质量控制平台和药物安全性评价平台、中药创新药物研究平台等8个单元技术平台硬件条件的完善强化建设，基本建成条件配套完整、功能齐全完备、技术手段先进、技术链较为完整的综合性新药研发大平台，形成海洋药物、糖药物和微生物药物的研究特色。平台在实现国家目标的基础上，突出了产学研结合，构筑了"一区、六基地、二十个示范企业、三十个人才团队"的架构。在平台建设期间，获得国家新药证书50件，其中3.1类以上的新药证书23个（如表所示）。获得临床研究批件90个，其中1类1个、1.5类

2个(如表所示),3.1类以上的临床研究批件37个。正在进行临床研究的1.1类新药8个(如表所示)。正在临床前研究与评价中的1类候选药物19个(如表所示);国家食品药品监督管理局已经受理待批临床研究的1类新药8个。共申请专利470件,获授权发明专利173件,其中获授权国际发明专利2件,计算机软件著作权登记4件。SCI收录论文610篇,其中影响因子2.0以上的371篇。影响因子20以上的3篇论文分别发表在《Nature Nanotech》《Nature Biotech》《Nature Review Drug Discovery》。管华诗院士主持完成的"海洋特征寡糖的制备技术(糖库构建)与应用开发"项目获2009年度国家技术发明一等奖。

2010—2012年大平台获得的新药证书(3.1类以上)

序号	药物名称	分类注册/新药证书
1—2	硫辛酸片/硫辛酸胶囊	化药3.1类,国药证字20100046/20100047
3—5	联苯乙酸/联苯乙酸凝胶/联苯乙酸搽剂	化药3.1类,H20090071/H20090067/H20090069
6—7	左西孟旦/左西孟旦注射液	化药3.1类,国药证字20100014/20100015
8—9	左亚叶酸钙/注射用左亚叶酸钙	化药3.1类,国药证字20100048/20100049
10—12	普卢利沙星/普卢利沙星片/普卢利沙星胶囊	化药3.1类,国药证字H20090096/H20090095/H20090091
13	西司他丁钠	化药3.1类,国药证字H20090065
14	亚胺培南	化药3.1类,国药证字H20090066
15	奥替拉西钾	化药3.1类,国药证字20100044
16	吉美嘧啶	化药3.1类,国药证字20100043
17	甲磺酸帕珠砂星	化药3.1类,国药证字H20100002
18	替吉奥胶囊	化药3.1类,国药证字20100045
19	阿替洛尔注射液	化药3.1类,国药证字H20090083
20	美他多辛口服液	化药3.1类,国药证字H20110008
21	注射用兰索拉唑	化药3.1类,国药证字H20100021
22—23	米格列奈钙/米格列奈钙片	化药3.1类,国药证字 20120003/20120004

2010—2012年大平台获得临床研究批件的新药(1.5类以上)

序号	药物名称	注册分类/临床批件号
1	注射用重组人B淋巴细胞刺激因子受体—抗体融合蛋白(泰爱)	1类治疗药生物制品,临床批件2011L00815
2	复方阿托伐他汀钙	化药1.5类,临床批件2009L02029
3	复方阿昔莫司缓释片	化药1.5类,临床批件2009L09970

2010—2012年大平台正在临床研究中的1类新药

序号	药物名称	注册分类/临床试验期	序号	药物名称	注册分类/临床试验期
1	盐酸雷诺嗪缓释片	化药1.1类,二期临床	5	D-聚甘酯	化药1.1类,二期临床
2	盐酸卢比替康胶囊	化药1.1类,二期临床	6	几丁糖酯	化药1.1类,三期临床
3	葡磷酰胺和注射用葡磷酰胺	化药1.1类,二期临床	7	聚甘古酯	化药1.1类,二期临床
4	氯桂丁胺原料及片剂	化药1.1类,二期临床	8	HS971	化药1.1类,美国二期临床

2010—2012年大平台正在临床前研究与评价的候选药物(1类新药)

化合物类别	新药名称	化合物类别	新药名称
糖类药物(6个)	超低分子肝素	海洋药物(3个)	MDZ-03
	低分子硫酸软骨素		南强菌素
	低分子硫酸皮肤素		灰绿霉素A
	β-1,4-D-甘露糖醛酸苷(糖脂)	天然药物(6个)	注射用羽苔素
	癌症疫苗:LBLP-25所含的抗原BP-148		环埃博霉素
	癌症疫苗:抗原BGLP-40(ONT-10)		埃博霉素糖苷
合成药物(4个)	L-16		地钱素C
	GGS-414		Csn-B
	阿莫拉酮		爱博霉素
	硫辛酰维格列汀		

泰山学者药学特聘专家 2012年,根据《山东省"泰山学者药学特聘专家"建设工程实施方案》的整体部署,省科技厅、省委组织部联合组织了两批泰山学者药学特聘专家的选聘工作,共选聘12位药学特聘专家,并通过省科技攻关计划每位给予50万元科研资助,共600万元。另外,组织有关专家对2011年选聘到岗的10位泰山学者药学特聘专家的工作成效进行考察评议,根据其岗位目标任务完成情况、工作成效等工作表现,择优滚动支持5名泰山学者药学特聘专家,每位给予50万元科研资助,重点延续其2011年的项目,继续推进新药产业化。

2012年山东省"泰山学者药学特聘专家"名单

王爱军	山东大学	新药筛选技术岗位
邵荣光	山东新华制药股份有限公司	化学药物合成研究岗位
范　开	鲁南制药集团股份有限公司	生物制药岗位
孙宏斌	山东齐都药业有限公司	脑神经保护剂药物的研究与开发岗位
潘卫三	威高集团有限公司	新型天然药物衍生物研究与开发岗位
边宝林	山东东阿阿胶股份有限公司	中药有效成分研究与开发岗位
苏薇薇	山东省中医药研究院	中药评价关键技术研究岗位
叶德全	迪沙药业集团有限公司	新型治疗糖尿病药物研发岗位
王凤山	山东大学	蛋白质药物修饰技术岗位
杜　勇	山东省医学科学院药物研究所	药物生产工艺优化与质量控制技术研发岗位
李学臣	潍坊高新生物园发展有限公司	环肽类抗生素研发岗位
杨　滨	山东沃华医药科技股份有限公司	心血管中药研发岗位

泰山学者药学特聘专家的研发工作取得了重要科研突破。益康药业股份有限公司选聘的吕杨,其承担的国家1类新药新尼群地平原料及制剂项目已获得临床批件;山东大学选聘的王爱军在美国发现干细胞是导致动脉硬化的元凶,这一研究成果为未来的血管疾病治疗提供了全新的目标,并可能会彻底改革心血管疾病的治疗方法;烟台绿叶公司选聘的冯东晓搭建了中国第一个转基因小鼠研究平台等。

省财政配套资金落实到位 2012年,省财政拿出6400万元用于新药大平台各单元技术平台和创新药物孵化基地等配套支持,为确保经费使用科学合理,发挥引导和支撑作用,省科技厅会同省财政厅邀请国内知名专家,对2012年省财政配套经费项目进行评审。专家组认为各单位申报的省财政配套项目目标任务明确,符合国家目标,对培育新医药产业群将会起到重要的促进作用。

国家综合性新药研发技术大平台(山东)产业化示范企业 2012年,通过实施山东省自主创新重大专项,对部分示范企业重点支持8000万元,大力促进了医药科技成果的转化,提升了企业的创新能力。大平台突出了企业创新主体,先后形成齐鲁制药有限公司、绿叶制药有限公司、鲁抗辰欣药业有限公司、荣昌制药股份有限公司、山东先声麦得津生物制药有限公司等30家医药大企业组成的示范企业集群。当年,山东省13家大平台示范企业入围全国医药百强。山东省国家综合性新药研发技术大平台产业化示范企业资产总额、主营业务收入、利润总额3项主要指标进入全国百强的分别有13家、13家、11家。

国家山东创新药物孵化基地建设 8月16—17日,国家山东创新药物孵化基地项目调度会在济南召开。会议旨在了解孵化基地项目进展、财务执行情况,总结项目已经取得的重点成果,部署下一步工作重点及项目验收的准备工作，更好地加强孵化基地的各企业间的沟通交流，确保项目验收顺利进行。

项目实施3年以来，3个国家级孵化基地（济南、烟台、潍坊）和2个省级孵化基地（菏泽、淄博）新获得新药证书10个（见下表），新药生产批件52个，新药临床研究批件31个（含氯桂丁胺等6个国家1类新药，详见下表），还有38个临床研究和77个新产品在国家药审中心候审。新药的技术含量明显提高。申请发明专利195件（含国际发明专利15件），获得授权发明专利99件（含国际发明专利9件）。获省部级以上奖励43项，其中国家级奖励4项。新药大品种明显增多。医药工业销售额占全国首位的新药大品种，由项目实施前的12个增加到32个。有8家企业进入全国医药企业百强，2家企业进入全国利润额前10名。

2010—2012年国家山东创新药物孵化基地获得的新药证书

新药证书名称	主要完成单位	编　号	药物类别
氨磺必利	齐鲁制药有限公司	国药证字H20110012	化药3.1类
左西孟旦	齐鲁制药有限公司	国药证字H20100014	化药3.1类
左西孟旦注射液	齐鲁制药有限公司	国药证字H20100015	化药3.1类
奥替拉西钾	齐鲁制药有限公司	国药证字H20100044	化药3.1类
头孢西酮钠	山东罗欣药业股份有限公司	国药证字H20120037	化药3类
注射用头孢西酮钠	山东罗欣药业股份有限公司	国药证字H20120038	化药3类
注射液头孢西酮钠	山东罗欣药业股份有限公司	国药证字H20120039	化药3类
注射用兰索拉唑	山东罗欣药业股份有限公司	国药证字H20100021	化药3类
拉呋替丁	山东齐都药业有限公司	国药证字H20120045	化药3类
参枝苓口服液	山东沃华医药科技股份有限公司	国药证字Z20100001	中药

2010—2012年国家山东创新药物孵化基地获得的1类新药临床研究批件

名　称	类　别	临床阶段	技术单位
艾帕培南	化药1类	Ⅰ期	山东轩竹医药科技有限公司
氯桂丁胺片	化药1类	Ⅱ期	迪沙药业有限公司
卢比替康	化药1类	Ⅱ期	齐鲁制药有限公司
卡莫司汀缓释植入剂	化药1类	Ⅱ期	蓝金生物工程有限公司
注射用重组人B淋巴细胞刺激因子受体-抗体融合蛋白	生物药1.1类	Ⅱ期	烟台荣昌制药有限公司
盐酸雷诺嗪缓释片	化药1类	Ⅲ期	齐鲁制药有限公司

省级创新药物孵化基地建设　10月16日，省科技厅组织有关专家对《山东省创新药物（淄博）孵化基地建设方案》进行了论证。11月，省科技厅下文批复同意在淄博高新区建设“山东省创新药物（淄博）孵化基地”，成为山东国家综合性新药研发技术大平台和国家山东创新药物孵化基地的共建单位。山东省共批复建立了2家（淄博、菏泽）省级创新药物孵化基地。

企业类国家创新药物孵化基地建设

创新抗肿瘤药物孵化基地。由齐鲁制药有限公司牵头，联合山东大学和山东省医科院药物研究所共同承担的“创新抗肿瘤药物孵化基地建设”课题，是山东省首家企业类国家创新药物孵化基地，该基地2011年由科技部批复建设，总经费2 092.23万元，其中国拨经费1 200万元（已到位892.23万元）。经过2年的实施，分子靶向抗肿瘤药物甲苯磺酸赛拉替尼（QLNC-120，化学1.1类新药）于2012年8月获得临床批件，正在进行Ⅰ期临床研究；其他5个项目已经申请临床研究。建立了完善的小分子靶向药物设计与优化技术平台和脂质体、白蛋白纳米粒等新型给药技术研究中试平台。申请发明专利31件（包括PCT 5件），其中5件获得授权。发表相关论文8篇。

长效缓控释制剂创新药物孵化基地。由山东绿叶制药股份有限公司承担的“长效缓控释制剂创新药物孵化基地建设”项目，2012年由科技部批复建设，国拨经费1 200万元。当年，罗替戈汀长效缓释微球先后获得FDA临床研究许可和国内临床批件，该产品已在美国开展Ⅰ期临床研究。完成了利培酮微球所有临床前研究工作，获得了CFDA的临床批准。突破了艾塞那肽微球中试放大关键技术，完成150L规模艾塞那肽微球中试放大生产，成功获得乳化速度及乳化时间等关键工艺参数。截至2012年底，已完成艾塞那肽所有临床前研究，并提交国内临床申报资料；曲普瑞林微球也已完成全部临床前研究，项目资料已提交CDE审评。在载体材料的优化方面，突破并基本掌握“共聚物分子量及分子量分布控制技术”“无规则共聚物组分分布控制技术”“催化剂残留控制技术”“PLGA单体残留量控制技术”“共聚物纯化及干燥控制技术”“PLGA产业化规模制备技术”等关键技术；初步制定了4种PLGA药用辅料质量标准，并初步制定了产品质量检验方案，确保产品质量；谷胱甘肽肠溶胶囊已经完成中试研究，包括辅料及设备的变更研究，并在车间顺利地进行了3批产品的工艺验证，临床研究工作也已经结束，2012年11月该项目申报生产的资料已递交省食品药品管理监督局，并于当月通过烟台市食品药品管理监督局的现场核查，正在等待药检部门进行动态核查；诺森胶囊已经完成车间生产的3批验证工作，该项目由中试工艺转移到大生产，经3批大生产工艺验证，生产的产品符合预期，产品质量及工艺稳定，适合大规模生产，该项目已顺利完成生产交接。诺森胶囊已成为公司车间产品线上的重要品种。在科研条件建设及完善方面，按照cGMP要求建设微球中试车间，已完成车间及生产线建设，于2012年5月开始进行临床试验样品的生产。该cGMP标准全程无菌控制微球制剂工业化生产技术解决了无菌控制技术、溶剂残留控制技术、自动控制技术、无菌分装技术等关键问题。截至2012年底，该项目已获得相关发明专利授权3件，含国际发明专利1件；申请发明专利6件，含国际发明专利2件；项目组已在《Pharmaceutical Research》《Phytomedicine》等国内外知名刊物发表8篇SCI收录论文。

心血管疾病防治新药临床评价研究技术平台建设 2012年，该平台由科技部批复建设，国拨经费800万元，由山东大学齐鲁医院承担。共接受临床试验药物临床试验70项、医疗器械临床试验16项，合计86项。对全省16家药物临床试验机构的400多人进行了人员GCP和伦理审议方面的培训。药物临床试验伦理委员会进一步完善各项制度和SOP的建设。I期临床试验研究室硬件建设方面已完成生物样本存储及冷链监控系统的安装，在原有基础上已配备喷淋装置等必需设施设备，并提交高性能串联四极杆线性离子阱质谱仪、焦磷酸测序仪等设备的申购。承接药物I期临床试验12项，其中1类新药2项、3类新药3项、4类新药1项、6类新药4项、生物制品5类1项、UGT1A1基因多态性检测项目1项，已完成或进行中7项。心脏远程监护中心进一步完善中心设施的建设，完成了心脏远程监护预警器由2导联升级到3导联工作，为下步升级到12导联做准备。获省技术发明一等奖1项，获中国发明专利2件、美国发明专利1件、澳大利亚发明专利1件、台湾发明专利1件。心血管疾病蛋白质组学重点实验室初步完成山东省心血管疾病蛋白质组学重点实验室的基本硬件建设。探索开展创新药物临床评价新技术、评价标准、临床试验替代性终点指标（包括生物标志物）的研究。

【国家级科技计划项目】 2012年，山东省社会发展领域共争取国家资金1.27亿元，全省科技惠民、新药创制、医疗卫生、资源节约与环境保护等社会发展领域重点科技工作取得明显成效。大平台和孵化基地新增“重大新药创制”科技重大专项课题15项，国拨经费7 050万元。山东建筑大学承担的“城镇群重大基础设施空间规划关键技术研究”、山东省黄金集团承担的“固体矿产和油气资源勘探与高效开发技术集成与装备”、山东大学承担的“黄河三角洲深层卤水资源保护性开发及高值利用关键技术与示范工程”、山东省科学院承担的“节能降耗污泥脱水装备及制备建材技术与示范”等4个项目列入2012年国家科技支撑计划，获国拨经费5 666万元。由省科技厅牵头组织实施的“典型湿地生态系统恢复与重建关键技术研究与示范”项目和“南四湖核心区环境治理与生态修复关键技术及示范”项目正式启动。

【中药现代化科技示范省建设】 2012年，科技部正式批复国家“十二五”科技支撑计划“华中区域中药材规范化种植及大宗中药材综合开发利用技术研究”项目。该项目由山东省牵头，联合河南、湖北、陕西3省，项目总预算11 942万元，其中国拨经费3 542万元。截至当年底，该项目发表论文51篇，其中在国外发表4篇；申请发明专利14件，获得发明专利授权4件；研制国家标准2项、行业标准1项；获得新品种5个、新工艺1个、新技术1个，应用成果4项，成果转让1项；获省级奖励3项。

【工程技术研究中心建设】 2012年，全省社发领域共受理省级工程技术研究中心建设申请76家。根据《山东省工程技术研究中心管理办法》要求，经省内有关专家对组建省级工程中心的必要性、可行性及建设方案等进行评审、论证，新批准组建53家社发领域省级工程技术研究中心。

【可持续发展实验区建设】 2012年，以解决制约山东省发展的人口、资源与环境等重大问题为出发点，通过实施科技创新战略，有序推进山东省可持续发展实验区建设。

国家可持续发展实验区 4月11日，科技部下文批准山东省沂源县、龙口市、德州市德城区为国家级可持续发展实验区（国科发社〔2012〕260号文）。至此，山东省已拥有国家级可持续发展先进示范区3家、国家可持续发展实验区11家，数量均居全国前列。

省级可持续发展实验区 2012年，山东省新批准建设枣庄市薛城区、枣庄市高新技术开发区、淄博市淄川区、日照市山海天旅游度假区以及青岛胶州市等5家省级可持续发展实验区。至此，山东省省级可持续发展实验区数量达到14家。

黄河三角洲可持续发展实验区 2012年，山东省编委正式批复山东省黄河三角洲可持续发展研究院及管理中心内设机构，为黄河三角洲可持续发展研究院发展将起到巨大的促进作用，加快了国家黄河三角洲可持续发展实验区的建设发展。

【节能减排科技工作】 2012年，在山东省科技攻关计划和重大专项计划中筹措5 794万元资金（比上年增长3.6%），重点用于节能技术与装备的研究、示范及产业化。针对省政府确定的钢铁、有色、电力、建材等重点节能行业，围绕“节能、节水、节材、节地、节矿和循环生产”技术，实施一批项目，加大节能共性和关键技术的研发。推广节能先进技术和产品，推动行业节能技术集成。省科技厅被省人力资源和社会保障厅、省环境保护厅评为“山东省‘十一五’主要污染物总量减排目标考核先进单位”。截至当年底，围绕“五节一循环”，累计建立了企业技术中心14家、工程技术研究中心16家、重点实验室2家，为完成全省节能减排目标提供了强有力的科技支撑。

【清洁生产机制】 2012年，山东省新上国家发改委批准清洁发展机制（CDM）项目66个。截至当年底，已累计获CDM项目250个，占全国总数的5.23%，居全国第五位；这些项目预计年减排4 329万t二氧化碳当量，占全国的5.73%，居全国第六位；其中已在联合国清洁发展机制执行理事会（EB）注册项目140个，占全国的4.86%，预计年减排量3 130万t，占全国的6.26%，分居全国第五、六位；已获EB签发项目41个，占4.07%，居全国第七位，预计年减排量2 160万t，占7.88%，居全国第四位。

【科技惠民工作】 2012年，征集整理科技惠民科技成果213项，并推荐列入科技部科技惠民科技成果库。其中人口健康领域67项、生态环境领域68项、公共安全领域20项、城镇发展领域58项。这些成果为科技部启动国家科技惠民计划提供了参考和依据。省科技厅、财政厅联合推荐“山东省心脑血管健康科技惠民示范工程”等11个项目申报2013年度国家科技惠民计划。

组织编制了《山东省科技惠民计划实施方案》。《实施方案》坚持“需求驱动、服务群众，转化优先、科技惠民，政府引导、协同推进”的原则，深入挖掘社会发展和社会管理方面的民生科技需求，在人口健康、环境保护与可持续发展、公共安全、城镇发展与社会管理等领域，建设一批科技惠民示范工程，推广转化一批先进科技成果，建立一批科技转化服务平台，打造一批科技惠民示范县和示范基地（园区）。通过这些示范工程和先进成果在基层的示范应用，全面提升科技造福百姓的能力。

（省科技厅社会发展科技处）

科技创新资源与能力

【省科技计划及投入】 2012年度山东省省级科技计划投入情况见下表。

2012年度山东省省级科技计划投入统计表

计划名称	经费(万元)
山东省自主创新专项资金	100 000
山东省自主创新成果转化重大专项	24 500
山东省科技发展计划	16 130
山东省自然科学基金	4 000
山东省自然科学杰出青年基金	1 000
山东省优秀中青年科学家科研奖励基金	1 600
山东省科技型中小企业创新发展专项扶持资金	6 000
山东省农业良种工程	10 000
山东省农业科技成果转化资金	2 000
山东省科技富民强县专项行动计划	1 000
山东省星火计划	270
山东省软科学计划	500
合计	167 000

（数据来源：山东省科技厅）

【科技创新平台建设】

国家工程技术研究中心 2012年度，山东省新增4家国家工程技术研究中心，分别是依托烟台泰和新材料集团有限公司组建的国家芳纶工程技术研究中心、依托胜利高原石油装备有限公司组建的国家采油装备工程技术研究中心、依托山东南山铝业股份有限公司组建的国家铝合金压力加工工程技术研究中心和依托盛瑞传动有限公司组建的国家乘用车自动变速器工程技术研究中心。

（省科技厅规划财务处）

重点实验室建设 2012年，山东省新增省重点实验室5个、省企业重点实验室23个、省市共建省重点实验室培育基地6个（依托企业）。截至当年底，共有国家重点实验室（依托高校、科研院所）3个、企业国家重点实验室10个、省部共建国家重点实验室培育基地5个，共有省重点实验室129个、省企业重点实验室86个、省市共建省重点实验室培育基地15个。

2012年2—7月，省科技厅、省财政厅对之前批准立项建设的124个省重点实验室进行绩效考评。考评内容包括研究成果及学术技术水平、队伍建设与人才培养、开放交流与条件建设、投入与运行管理等5个方面。考评分三个阶段进行：第一阶段是2006—2010年实验室绩效考评，第二阶段是2011年度报告评审，第三阶段是复评答辩。2011年，实验室建设取得新成效，吸引和凝聚了更多的优秀科技创新人才，科技创新水平和持续创新能力不断提升，为推动全省科技创新提供了有力支撑。主要表现在：①实验室取得了一批重大原创性科技成果，提升了自主创新能力。实验室获得或参与获得国家技术发明二等奖1项、国家科技进步二等奖9项，省自然科学奖11项、省技术发明奖5项、省科技进步奖100项，其他省部级科学技术奖72项。在国内外学术期刊上发表论文3 609篇、出版专著148部，其中被SCI、EI、ISTP检索收录论文2 726篇，占75.53%。②实验室培养集聚了一批优秀科技人才，不断增强山东省科技创新智力储备。2011年，实验室引进人才255人，其中归国人才39人。实验室共有固定人员4 838人、流动人员1 130人。固定人员中，院士27人、国家杰出青年科学基金获得者15人、973计划项目首席科学家7人、长江学者6人、百千万人才工程国家级人选47人、新世纪优秀人才支持计划人选者46人、享受国务院特殊津贴专家195人、国家有突出贡献中青年专家17人、泰山学者78人；高级职称人员3 219人，占总数的66.54%；博士生导师613人，博士2 720人、硕士1 307人；固定人员平均年龄41.08岁，基本形成了一支以中青年为骨干，高学历、高专业技术职务、结构比较合理的研究队伍。实验室成为引进、培养和集聚高层次科技人才的重要基地。③实验室拓展了对外开放交流的广度和深度，取得显著的经济和社会效益。主办国际、国内学术交流会议334次，参加国际、国内学术交流会议5 576人次；实验室邀请专家讲课1 996人次，其中国外专家606人次，派出讲学专家1 450人次。实验室技术性收入5.63亿元。④实验室科研基础设施条件进一步改善，为实验室研发提供了重要条件保障。2011年，实验室科研用房建筑面积增加5.11万m^2，达到41.95万m^2，平均每个实验室3 632m^2；仪器设备总值达到32.28亿元，平均每个实验室2 561万元。⑤实验室承担了一批科研项目，基础研究能力和应用基础研究能力显著提升。实验室主持和承担各类在研课题5 418项，实际到位经费13.36亿元，其中国家级课题1 568项，实际到位经费6.29亿元（包括国家973计划项目课题81项，经费6 848万元；国家自然科学基金课题1 024项，经费1.76亿元）；省部级课题2 039项、实际到位经费3.74亿元；其他科研项目1 809项，实际到位经费3.33亿元。通过考评，评选出优秀类实验室22个（占总数的17.7%，见下表），良好类实验室共42个（占总数的33.9%），合格类实验室58个（占总数的46.8%），较差类实验室2个（占总数的1.6%）。

2012年绩效考评结果优秀的山东省重点实验室（22个）

实验室名称	依托单位
山东省矿业安全工程与环境保护重点实验室	山东科技大学
山东省心血管疾病转换医学重点实验室	山东大学
山东省建筑材料制备与测试技术重点实验室	济南大学
山东省建筑节能技术重点实验室	山东建筑大学
山东省眼科学重点实验室	山东省医学科学院
山东省橡塑材料与工程重点实验室	青岛科技大学
山东省作物与畜禽品种改良生物技术重点实验室	山东省农业科学院
山东省精细化学品清洁工程重点实验室	山东师范大学
山东省制浆造纸科学与技术重点实验室	山东轻工业学院
山东省计算机网络重点实验室	山东省计算中心
山东省作物生物学重点实验室	山东农业大学
山东省海洋工程重点实验室	中国海洋大学
山东省矿山机械工程重点实验室	山东科技大学
山东省畜禽疫病防治与繁育重点实验室	山东省农业科学院畜牧兽医研究所
山东省网络环境智能计算技术重点实验室	济南大学
山东省软件工程重点实验室	山东大学
山东省微生物工程重点实验室	山东轻工业学院
山东省逆境植物重点实验室	山东师范大学
山东省生物质气化技术重点实验室	山东省科学院能源研究所
山东省动物生物工程与疾病防治重点实验室	山东农业大学
山东省海洋环境监测技术重点实验室	山东省科学院海洋仪器仪表研究所
山东省现代医用药物与技术重点实验室	山东省医学科学院

2月9—14日，省科技厅组织有关专家对2011年批准筹建的23个省企业重点实验室建设计划进行了可行性论证。

5月，根据绩效考评综合成绩，综合分析省部共建实验室、国家部委实验室和领域分布情况，以及支撑山东省战略性新兴产业发展情况，省科技厅、省财政厅联合遴选了10个"十二五"期间省集中建设的重点实验室（如表所示），拟在"十二五"期间予以集中建设、连续支持。并对10个省重点实验室进行了公示。为保证实验室的建设水平和质量，组织10个实验室制定了2012—2015年实验室建设规划。

“十二五”期间山东省集中建设的重点实验室（10个）

实验室名称	依托单位	实验室名称	依托单位
山东省矿业安全工程与环境保护重点实验室	山东科技大学	山东省制浆造纸科学与技术重点实验室	山东轻工业学院
山东省心血管疾病转换医学重点实验室	山东大学	山东省精细化学品清洁工程重点实验室	山东师范大学
山东省眼科学重点实验室	山东省医学科学院	山东省建筑材料制备与测试技术重点实验室	济南大学
山东省橡塑材料与工程重点实验室	青岛科技大学	山东省建筑节能技术重点实验室	山东建筑大学
山东省作物遗传改良与生态生理重点实验室	山东省农业科学院	山东省计算机网络重点实验室	山东省计算中心

8 月，根据专家对 2012 年度申报新建的实验室的评审意见，围绕山东省经济社会发展需求和创新体系建设整体布局，共批准立项建设 5 个省重点实验室（见下表），弥补了山东省部分领域的建设空白，使重点实验室的布局更加合理，结构更加优化。

2012年立项建设山东省重点实验室

实验室名称	依托单位	主管部门
山东省农产品精深加工技术重点实验室	山东省农业科学院农产品研究所	省农科院
山东省畜产品质量安全监测与风险评估重点实验室	山东省畜产品质量检测中心	省畜牧局
山东省日用消费品安全检测重点实验室	山东省出入境检验检疫局检验检疫技术中心	山东出入境检验检疫局
山东省整形与显微修复技术重点实验室	潍坊医学院	省教育厅
山东省中西医结合眼病防治重点实验室	山东中医药大学眼科研究所	省卫生厅

12 月，省科技厅组织专家对 2009 年度批准立项建设的“功能糖提取与应用技术”等 35 个省企业重点实验室进行了现场验收。经过 2 年多的建设发展，实验室在研究方向凝炼、研发能力提升、行业科研人才吸引和凝聚、实验室基础条件建设和运行管理等方面取得了显著成效，具体包括：①省重点实验室广受重视，成为企业开展应用基础研究和竞争前共性技术研究的重要平台。淄博市奖励每个省重点实验室资金 50 万元，威海、聊城、烟台等市通过科研项目给予重点支持，引导企业投入省重点实验室经费共计 20.62 亿元。各实验室对应用基础研究的定位更加明确，凝炼形成了 106 个稳定的研究方向，夯实了企业持续开展应用基础研究的基础，实验室正逐渐成为人财物相对独立的科研实体和企业创新的重要平台。②承担了一批科研项目，应用基础研究能力显著提升。承担各类课题 444 项，经费 20.38 亿元，平均每个实验室科研经费 6 175 万元。其中，承担国家级课题 147 项，经费 4.07 亿元（包括国家 973 计划课题 6 项，经费 2 328 万元；国家 863 计划课题 23 项，经费 9 998 万元；国家科技支撑计划课题 23 项，经费 1.09 亿元）；省级项目 84 项，经费 2.71 亿元，其中省自主创新专项 1.9 亿元；其他项目 213 项，经费 10.46 亿元。③取得了一批原创性科技成果，有力地提升了企业自主创新能力。实验室为主或参与获得国家技术发明二等奖 3 项、国家科技进步二等奖 5 项，省技术发明一等奖 1 项、省科技进步一等奖 13 项、省科技进步二等奖 10 项、省科技进步三等奖 19 项，其他省部级科学技术奖 20 项。申请或授权专利 648 件，其中发明专利（含新品种权）259 件。主持或参与制定国家标准 98 项，制定行业标准 120 项，参与制定国际标准 5 项；发表论文 348 篇，其中被 SCI、EI、ISTP 检索收录论文 117 篇，占总数的 33.6%。④通过培养与引进相结合，组建形成了专业、年龄结构合理的研发队伍，集聚了一批优秀科技人才，增强了山东省科技创新智力储备。实验室共有固定人员 3 313 人，流动人员 383 人，引进科技人才 350 人。固定人员中，高级职称人员 726 人，占总数的 21.9%；博士 225 人。固定人员平均年龄 40 岁左右。山东省优秀创新团队 1 个。⑤拓展了对外开放交流的广度和深度，取得较为显著的经济和社会效益。主办国际、国内学术交流会议 55 次，参加国际、国内学术交流会议 225 人次；共设立开放课题 117 项，开放课题到位经费达 5 765 万元。⑥科研基础设施条件进一步改善，实验室成为装备先进的企业创新平台。实验室建筑面积达 25.88 万 m^2，平均 7 841m^2。仪器设备 4 251 台(套)，总值达 9.74 亿元，平均 2 952.97 万元，含氟功能膜材料、聚氨酯材料合成与应用技术等实验室配有核磁共振等大型、高水平仪器设备。企业重点实验室正逐步成为应用基础研究和竞争前技术研究、聚集和培养优秀科技人才、产出重要成果及成果转化的重要载体，对提升企业的自主创新能力和水平、支撑企业及行业发展发挥了重要作用。

大型科学仪器协作共用与管理　截至 2012 年底，依托山东省大型科学仪器设备协作共用网，通过整合仪器设备资源，建立仪器设备协作共享机制，逐渐搭建起全省科学仪器设备共享平台，收集和整合仪器设备 4 090

台(套),原值41.1亿元。进一步促进了山东省大型科学仪器设备资源的共享共用。

2012年共受理山东省大型科学仪器设备升级改造技术项目申报144项,最终确定支持项目30项,立项率21%,平均支持经费为6.7万元,共安排经费200万元。

省科技厅、省财政厅开展了全省大型科学仪器设备协作共用绩效考评。共有63家会员单位填报信息材料完整,其中高等院校16家、省属科研单位23家、市属单位24家;大型科学仪器设备1 065台(套),比上年增加354台(套);大型精密仪器机组共265台(套)。考评周期内,参加考评的仪器设备对外服务单位共计40 233个次,省外单位占7.38%。其中,对外服务企业32 280个次,占总数的80.23%;服务科研单位3 358个次,占8.35%;高等学校2 148个次,占5.34%。网站仪器设备服务次数70.60万余次,对外服务占19.40%;测试样品371万余个,对外服务占37.13%,增加6.5个百分点。网上预约1.6万次,测试样品7.5万个。实际使用机时143.30万h。根据专家考评结果,对在仪器设备开放共享中做出突出贡献的20个先进单位、4个公共服务基地和40个优秀机组给予通报表彰和奖励(详见下表)。

2012年度全省大型科学仪器设备协作共用先进单位

等　级	先进单位名称
一等	山东理工大学分析测试中心
	青岛农业大学
	山东大学第二医院
二等	山东省分析测试中心—省大型精密分析仪器应用重点实验室
	山东省农业科学院中心实验室
	山东省化学药物重点实验室
	山东省作物与畜禽品种改良生物技术重点实验室
	山东建筑大学
	山东省矿业安全工程与环境保护重点实验室(集中)
	山东省建筑结构与材料重点实验室
三等	山东省质检院
	山东省计算机网络重点实验室
	山东省海洋环境监测技术重点实验室(集中)
	青岛理工大学汽车与交通学院
	东营市众智大型科学仪器设备共享共用服务中心
	山东济宁出入境检验检疫局综合技术服务中心
	潍坊正远粉体工程设备有限公司
	山东玲珑轮胎股份有限公司
	山东仁和制药有限公司郯城银杏企业研发中心
	泰安市纺织纤维检验所

2012年获得绩效考评奖励的山东省检测研发公共服务基地

基地名称	依托单位
山东省无机材料结构与成分检测研发公共服务基地	山东理工大学
山东省新型有机污染物检测研发公共服务基地	山东省分析测试中心
山东省农药残留检研发公共服务基地测	山东省农科院中心实验室
山东省食品及包装质量检测研发公共服务基地	山东省产品质量监督检验研究院

2012年全省大型科学仪器设备协作共用优秀机组

大型精密仪器机组	依托单位
DNA测序仪	山东省作物与畜禽品种改良生物技术重点实验室
场发射扫描电子显微镜(SEM)	山东理工大学分析测试中心
多晶X-射线衍射仪(PXRD)	山东理工大学分析测试中心
高效液相色谱仪	青岛农业大学
高分离液相色谱三重四极杆串联质谱联用仪	山东省分析测试中心—山东省大型精密分析仪器应用重点实验室
恒温恒湿试验系统	山东建筑大学
高效液相色谱仪	山东省化学药物重点实验室
气质联用仪	山东省农业科学院中心实验室
电感耦合等离子体发射光谱仪	山东省分析测试中心—山东省大型精密分析仪器应用重点实验室
倒置显微镜	青岛农业大学
实时荧光定量PCR仪	山东省作物与畜禽品种改良生物技术重点实验室
液相色谱仪	山东省农业科学院中心实验室
热量表检定装置	山东省计量检测重点实验室
暖通空调设备性能测试分析平台	山东省建筑结构与材料重点实验室
螺旋CT	山东大学第二医院
气相色谱仪	山东省质检院
综合热分析仪	山东省建筑结构与材料重点实验室
电化学发光自动免疫分析仪	山东大学第二医院
AKTA快速工艺开拓系统	山东省生物药物重点实验室
高效液相色谱仪	山东省生物药物重点实验室
立式加工中心机	山东省内燃机研究所
CT机	沂南县人民医院
奔驰载重车(机械吊)	山东省计量检测重点实验室
发动机性能热磨合实验系统	青岛理工大学汽车与交通学院
液体硅胶注塑机	山东省医用高分子材料重点实验室
Rosemount NGA2000发动机排放分析仪	山东省内燃机研究所
双工位轿车轮胎耐久高速试验机	广饶县产品质量监督检验所
气相色谱质谱联用仪	中国海洋大学
X-射线单晶衍射仪	潍坊学院
电子拉伸试验机	青岛理工大学土木工程学院
脑片膜片钳系统	青岛大学医学院
空调通风综合实验台	青岛理工大学市政与环境工程学院
X射线荧光光谱仪	山东省生物质气化技术重点实验室
二次倍频氩离子激光器和光纤制造系统	山东省科学院激光研究所
扫描电子显微镜	中国兵器工业第五二研究所烟台分所
PET-CT	山东省肿瘤防治研究院
扫描电子显微镜	山东省粘接材料重点实验室

续表

大型精密仪器机组	依托单位
便携式直读光谱仪	胜利油田检测评价研究有限公司
全自动丝网印刷机	山东省科学院自动化研究所
螯合肥叶面肥中试设备	山东省植物营养与肥料重点实验室

9月20—22日，“第十届山东国际科学仪器及实验室装备展览会暨2012年分析测试学术交流大会”在青岛举办。省科技厅副厅长于书良出席开幕式并致辞。大会吸引了安捷伦公司、赛默飞世尔公司、PE公司等200余家国内外知名企业参展，展示面积达1万余平方米，国际标准展位160多个，展出国内外先进的仪器设备及实验室装备相关产品2 000余种，观众2 500余人。

10月，由山东青岛检验检疫技术发展中心牵头申报的“多功能离子色谱仪的开发与产业化”项目获批为国家重大科学仪器设备开发专项项目，项目总预算8 537万元，国家支持资金4 063万元。该专项采用联合攻关的组织管理模式，共有9个子任务，涉及8家产学研合作单位。“多功能离子色谱仪的开发与产业化”项目的组织实施，以开发具有自主创新核心技术的高灵敏度、高稳定性多功能离子色谱仪并实现产业化为目标，发挥对我国离子色谱仪器研发和产业化的创新引领作用，具有重要的社会意义和经济意义。

实验动物　2012年，全省新发放实验动物生产许可证6份、实验动物使用许可证15份，注销实验动物许可证13份，变更实验动物许可证登记事项3份，内容详见以下各表。截至当年底，累计发放有效实验动物许可证108份，其中实验动物生产许可证31份、实验动物使用许可证77份。

2012年山东省获得实验动物使用许可证名单

许可证号	单位名称	法定代表人	设施地址	适用范围	
SYXK(鲁)2012 0001	山东省职业卫生与职业病防治研究院	邵　华	济南市市中区土屋路23号	屏障环境	SPF级 小鼠、大鼠
				普通环境	普通级 兔、豚鼠
SYXK(鲁)2012 0002	济宁市药品检验所	袁丽霞	济宁市市中区红星中路5号	普通环境	普通级 兔、豚鼠
				普通环境+IVC	SPF级 小鼠
SYXK(鲁)2012 0003	山东省千佛山医院	孙洪军	济南市经十路16766号	屏障环境	SPF级 小鼠、大鼠
				普通环境	普通级 兔
SYXK(鲁)2012 0004	德州市药品检验所	刘向国	德州市天衢中路433号	普通环境	普通级 兔
				普通环境+IVC	SPF级 小鼠、大鼠
SYXK(鲁)2012 0005	泰山医学院	王学春	泰安市迎胜东路2号	普通环境	普通级 兔、豚鼠
				普通环境+IVC	SPF级 大鼠、小鼠
				屏障环境+IVC	SPF级 大鼠、小鼠
SYXK(鲁)2012 0006	山东省菏泽市药品检验所	郑兆显	山东省菏泽市八一路2699号	普通环境	普通级 兔
				普通环境+IVC	SPF级 小鼠
					普通级 豚鼠
SYXK(鲁)2012 0007	青岛澳兰百特生物工程有限公司	路明亮	青岛市崂山区株洲路108号甲	普通环境	普通级 兔、豚鼠、猪、犬
				正压屏障环境	SPF级 小鼠、大鼠
				正压屏障环境+正压隔离器	SPF级 鸡、鸭
				负压屏障环境	SPF级 小鼠、大鼠
				负压屏障环境+负压隔离器	SPF级 鸡、鸭
SYXK(鲁)2012 0008	烟台青大生物制药有限公司	张学志	山东省莱阳市经济开发区海河路29号	屏障环境+负压隔离器	SPF级 鸡

续表

许可证号	单位名称	法定代表人	设施地址	适用范围	
SYXK(鲁)2012 0009	山东省医学科学院药物研究所	姚庆强	济南市经十路18877号	普通环境	普通级 兔、豚鼠、犬
				屏障环境+IVC	SPF级 小鼠
				屏障环境	SPF级 大鼠
SYXK(鲁)2012 0010	山东省医疗器械产品质量检验中心(国家食品药品监督管理局济南医疗器械质量监督检验中心)	辛仁东	济南市高新区天泺路99号	屏障环境	SPF级 大鼠、小鼠、地鼠
				普通环境	普通级 兔、比格犬、豚鼠
SYXK(鲁)2012 0011	山东阿华生物药业有限公司	尤金花	山东省东阿县阿胶街78号	屏障环境	SPF级 小鼠
					普通级 兔
SYXK(鲁)2012 0012	济南利民制药有限责任公司	赵先亮	章丘市明水城东	屏障环境	SPF级 小鼠、大鼠
					普通级 兔、豚鼠
SYXK(鲁)2012 0013	辰欣药业股份有限公司	杜振新	济宁市同济工业园内	屏障环境	SPF级 大鼠、小鼠
				普通环境	普通级 兔、豚鼠
SYXK(鲁)2012 0014	青岛中皓生物工程有限公司	王宝泉	青岛市崂山区香港东路248号	普通环境	普通级 兔、犬、猴
SYXK(鲁)2012 0015	山东省眼科研究所	谢立信	青岛市燕儿岛路5号	屏障环境	SPF级 大鼠、小鼠
				普通环境	普通级 兔、豚鼠

2012年山东省获实验动物生产许可证名单

许可证号	单位名称	法定代表人	设施地址	适用范围	
SCXK(鲁)2012 0001	山东斯帕法斯生物技术有限公司	武 坚	济阳县济北开发区开元大街3号	屏障环境	SPF级 鸡(蛋)
SCXK(鲁)2012 0002	鲁南制药集团股份有限公司	赵志全	山东省费县北外环路1号	屏障环境	SPF级 ICR小鼠、BALB/c裸鼠、BALB/c小鼠、SD大鼠
SCXK(鲁)2012 0003	青岛博隆比格犬养殖有限公司	尹燕博	即墨市段泊岚镇姜家庄村兴牧路6号	普通环境	普通级 比格犬
					普通级 比格犬标准饲料
SCXK(鲁)2012 0004	山东众山生物科技有限公司	崔 虎	山东省日照市岚山区食品工业园	屏障环境	SPF级 KM小鼠、SD大鼠
SCXK(鲁)2012 0005	青岛康大生物科技有限公司	高岩绪	青岛胶南市张家楼镇西石岭村	普通环境	普通级 新西兰兔
				屏障环境	清洁级 新西兰兔
SCXK(鲁)2012 0006	青岛康大生物科技有限公司	高岩绪	青岛胶南市铁山镇工业园	普通环境	普通级 兔饲料

2012年实验动物许可证登记事项变更

许可证号	申请单位	设施地址	变更内容
SYXK(鲁)2009 0007	济南市药品检验所	济南市经七纬一路476号	单位名称变更为:济南市食品药品检验所(济南市药品不良反应和医疗器械不良事件监测中心)
SYXK(鲁)2008 0009	德州德药制药有限公司	德州市德城区三八中路538号	法定代表人由“曹凤君”变更为“王益民”
SYXK(鲁)2009 0022	青岛市疾病预防控制中心	青岛市山东路175号	法定代表人由“季水利”变更为“逄淑涛”

3月，山东省人大常委会印发《山东省人大常委会2011年地方立法计划》，省科技厅申报的《山东省实验动物管理条例》被列为省人大第三类立法项目（即抓紧研究起草的法规项目）。

2月，省科技厅公布2011年度实验动物质量抽检结果。对15家实验动物生产许可证单位（包括1家实验动物饲料生产单位）的实验动物及饲料进行了抽检。共检测实验动物15个群，不合格2个群，合格率86.7%；检测项目参数2 330个，不合格61个（均为禽呼肠孤病毒抗体阳性），合格率97.4%；检测实验动物饲料样品25个，合格12个，合格率48%，其中生产单位合格1个，使用单位合格11个。通过抽检，进一步摸清全省实验动物生产情况，及时发现问题，强化了实验动物管理。

3月，2011年度实验动物许可证年检工作结束。经严格审查，共有77份实验动物许可年检合格，13份许可证注销，7份许可证完成变更许可事项。11月，开展了2012年度全省实验动物许可证年检工作。年检范围为2011年12月31日之前取得实验动物生产许可证和实验动物使用许可证的单位，采取资料审查与实地抽检相结合的方式进行，重点加强对实验动物饲料、环境设施、实验动物质量的监督检查。通过年检，进一步增强了受检单位的法律意识、责任意识、质量意识、管理意识，促进了实验动物工作的科学化、标准化和规范化建设。

5月和10月，在济南和青岛举办第十五、十六期“山东省实验动物从业人员上岗证培训班”，参加培训学员经考试取得上岗证书，培训取得良好效果。

【创新方法】 5月，山东省创新方法工作专项“创新方法推广模式及其绩效追踪评价研究与基地建设”通过科技部专家组验收。该项目执行期间，培养创新方法师资105名，申报专利585件，实践了“5+3X+2P”培训模式，培训各类人员8 780名。组织济南大学完成创新方法推广培训绩效追踪评价体系的构建；组织省科技发展战略研究所开发创新方法普及型软件——萃智知识管理与训练系统；组织山东建筑大学应用虚拟现实技术，成功开发一套塔式起重机人机工程试验系统，并完成塔式起重机试验台实物；组织山东省科技情报研究所、山东建筑大学、济南大学等建设了创新方法推广基地。

7月，全省企业创新方法培训班在威海市举办。来自全省50家创新方法试点企业研发骨干、部分重视创新方法工作的企业研发骨干以及各市科技局相关人员等120多人参加了培训。

11月，山东省第二期创新方法工作专项“以数字化技术促进创新方法推广与应用”经费下达，标志着项目正式启动。该项目以科技创新型人才培育的重大需求为主导，运用现代化数字技术展现创新方法理论内涵，促进青少年、科技工作者创新精神和科学素养培育，形成数字化推广、理论培训、软件运用、基地展示等多形式推广新格局，推进创新方法与科技创新人才培养的融合，从源头提升山东省自主创新能力。

（省科技厅基础研究与科技条件处）

【科技中介机构建设】

生产力促进中心 生产力促进中心是国家创新体系的重要组成部分，是社会主义市场经济条件下，深化科技体制改革、促进科技与经济紧密结合，推动企业尤其是中小企业技术创新的社会化科技中介服务机构。全省上下围绕科技部“双服务行动”的部署要求，从实际需要出发，积极构建全省生产力促进中心网络体系，注重发挥龙头骨干中心的示范带头作用，全省生产力促进中心服务能力得到明显提升，在促进地方经济发展中的作用日益突出，已经成为全省科技创新服务体系的重要组成部分。2012年，新增临沂市生产力促进中心、东营市万里越橡胶轮胎行业生产力促进中心2家国家级示范中心，新增聊城市火炬生产力促进中心有限公司1家省级示范生产力促进中心。山东省生产力促进中心达到了111家，其中国家级示范生产力促进中心14家、省级示范生产力促进中心26家。当年，全省生产力促进中心服务企业数量达到33 390家，培训人员30万人次，组织人员交流1 864人次，引进项目295项，引进资金2.2亿元，提供咨询20 362次，提供技术服务9 540项次，提供信息90万条；扶持、培育科技型中小企业1 340家，其中经培育已毕业410家。全省有28家服务机构获得国家创新基金公共技术服务机构建设资金资助，成为服务中小企业创新发展的重要平台。

科技企业孵化器 科技企业孵化器作为科技创新基础平台，是建设创新型省份的重要基础，孵化器建设的规模和质量在一定程度上反映了一个地区的自主创新能力和水平。2012年，淄博高新技术产业开发区生物医药产业创新园管理办公室、日照高新区创业服务中心、烟台高新技术产业园区中俄高新技术产业化合作促进中心、潍坊高新区宝兴孵化器管理中心、临沂科汇高新技术创业园有限公司等5家单位被认定为国家级科技企业孵化器，山东省国家级科技企业孵化器累计达到39家。新认定山东国际生物科技园发展有限公司、烟台高新技术产业园区科技创业服务中心、齐河县高新技术创业服务中心等7家单位为省级科技企业孵化器，省级创业中心达到了40家，高新技术企业孵化创新服务能力进一步得到提升。

（省科技厅高新技术发展及产业化处）

技术市场

技术交易。2012年，全省技术合同成交总额继续呈现增长态势，共登记技术合同11 197项，成交金额147.04亿元。技术合同统计情况详见以下各表。

2012年全省各市技术合同交易登记情况

城　市	项　数	成交金额(万元)	其中：技术交易额(万元)	排　名
济南市	3 123	265 687.19	263 420.42	1
青岛市	2 718	248 133.23	245 248.17	2
东营市	1 623	163 950.71	163 159.69	3
淄博市	532	132 294.64	85 066.01	4
威海市	292	124 924.14	124 910.64	5
潍坊市	1 036	121 179.25	110 569.01	6
烟台市	238	96 590.45	77 197.05	7
泰安市	420	40 593.57	40 593.57	8
菏泽市	41	40 487.00	40 487.00	9
临沂市	184	39 700.90	39 570.90	10
枣庄市	321	36 104.00	31 712.00	11
德州市	147	34 877.80	34 877.80	12
济宁市	116	31 087.80	31 087.80	13
聊城市	83	29 590.13	27 704.33	14
滨州市	234	27 157.04	26 977.04	15
莱芜市	72	20 342.76	14 655.48	16
日照市	17	16 997.66	16 997.66	17

2012年山东省各经济区技术合同交易情况

经济区域	输出技术			吸纳技术		
	合同数(项)	成交金额(万元)	增幅(%)	合同数(项)	成交金额(万元)	增幅(%)
省会城市群经济区	4 598	542 688.10	9.85	4 915	639 361.95	27.13
半岛蓝色经济区	5 876	716 560.58	14.79	6 657	945 374.92	−18.19
黄河三角洲高效生态经济区	2 168	218 099.29	−8.60	2 019	248 036.12	9.59
鲁南经济带	666	145 224.30	−9.25	1 782	339 860.83	42.19
胶东半岛高端产业聚集区	4 229	551 850.15	21.79	5 161	694 770.42	−29.35

2012年山东省技术合同社会—经济目标构成情况

社会—经济目标	输出技术		吸纳技术	
	合同数(项)	成交金额(万元)	合同数(项)	成交金额(万元)
合　计	11 114	1 400 152.98	13 216	1 825 538.42
农业、林业和渔业的发展	672	93 088.79	807	107 219.52
促进工业的发展	2 769	482 503.81	3 027	485 999.45
能源的生产和合理利用	741	72 852.39	969	160 127.33
基础设施的发展	378	80 548.64	868	181 965.40
环境治理与保护	467	32 642.78	562	111 041.07
卫生(不包括污染)	537	68 580.15	568	79 872.94

续表

社会—经济目标	输出技术		吸纳技术	
	合同数(项)	成交金额(万元)	合同数(项)	成交金额(万元)
社会发展和社会服务	3 871	336 408.54	4 099	392 488.40
地球和大气层的探索与利用	16	536.40	26	1 097.10
知识的发展	396	26 366.57	230	50 375.10
民用空间	103	8 691.11	148	28 134.70
国防	22	1 530.17	155	14 530.49
其他	1 142	196 403.62	1 757	212 686.92

2012年山东省登记技术合同计划项目构成

计划类别 / 卖方类别	合　计		国家计划		部门计划		省级计划		市县计划		计划外	
	合同数(项)	成交金额(万元)	合同数(万元)	成交金额(万元)	合同数(项)	成交金额(万元)	合同数(项)	成交金额(万元)	合同数(项)	成交金额(万元)	合同数(项)	成交金额(万元)
合计	11 197	1 470 366.30	284	90 946.00	311	56 208.99	1 995	207 264.68	991	162 299.89	7 616	953 646.75
机关法人	1 080	132 207.42	29	4 294.00	6	6 082.00	184	23 294.67	295	44 265.84	566	54 270.90
事业法人	3 183	160 775.66	154	15 959.15	38	4 129.28	272	6 830.73	134	12 640.11	2 585	121 216.39
社团法人	703	36 746.42					682	36 551.32	7	104	14	91.1
企业法人	6 128	1 121 760.42	100	70 494.85	224	41 783.74	857	140 587.96	540	103 999.93	4 407	764 893.93
自然人	58	12 736.36			43	4 213.96					15	8 522.40
其他组织	45	6 140.02	1	198					15	1 290.00	29	4 652.02

2012年山东省技术合同技术领域构成情况

技术领域	输出技术		吸纳技术	
	合同数(项)	成交金额(万元)	合同数(项)	成交金额(万元)
合计	11 114	1 400 152.98	13 216	1 825 538.42
电子信息技术	3 623	320 420.48	4 364	358 855.79
航空航天技术	10	1 136.87	121	15 260.07
先进制造技术	1 524	411 042.86	1 669	351 079.00
生物、医药和医疗器械技术	995	146 019.34	1 191	173 597.01
新材料及其应用	893	120 317.26	858	107 395.03
新能源与高效节能	2 068	243 211.74	1 870	361 075.48
环境保护与资源综合利用技术	680	54 895.83	869	115 412.31
核应用技术			14	8 656.21
农业技术	628	73 043.91	737	100 361.75
现代交通	72	2 882.77	351	119 922.14
城市建设与社会发展	621	27 181.92	1 172	113 923.62

2012年山东省技术合同知识产权构成情况

知识产权	输出技术		吸纳技术	
	合同数(项)	成交金额(万元)	合同数(项)	成交金额(万元)
合计	11 114	1 400 152.98	13 216	1 825 538.42
技术秘密	3 037	330 998.68	3 653	502 320.20
专利	516	173 402.09	604	293 015.79
计算机软件	792	64 077.93	1 458	135 106.08
动、植物新品种	13	3 493.94	34	19 580.92
集成电路布图设计	28	46 783.30	30	32 702.00
生物、医药新品种	84	19 763.94	178	46 698.04
未涉及知识产权	6 644	761 633.11	7 259	796 115.39

2012年山东省各类技术合同统计表

	合同类别	合同数(项)	成交金额(万元)	占比(%)	其中技术金额(万元)
总计		11 197	1 470 366.30	100.00	1 374 906.81
技术开发	合计	7 279	994 466.91	67.63	924 391.69
	委托开发	6 568	808 562.84	54.99	
	合作开发	711	185 904.07	12.64	
技术转让	合计	902	215 827.58	14.68	207 120.79
	技术秘密转让	698	140 131.63	9.53	
	专利实施许可转让	109	40 316.85	2.74	
	专利权转让	75	28 423.05	1.93	
	专利申请权转让	1	200	0.01	
	计算机软件著作权转让	6	863.05	0.06	
	集成电路布图设计专有权转让	1	30	0.00	
	动、植物新品种权转让	5	2 427.00	0.17	
	生物、医药新品种权转让	7	3 436.00	0.23	
技术咨询		505	40 645.65	2.76	38 328.88
技术服务	合计	2 511	219 426.17	14.92	205 065.45
	一般性技术服务	2 279	206 449.39	14.04	
	技术中介	213	10 435.31	0.71	
	技术培训	19	2 541.47	0.17	

(数据来源:山东省技术市场)

2012年,山东技术交易呈现的总体情况是:①技术交易活跃,市场规模稳步增长。共登记技术合同(包括输出技术合同和吸纳境外技术买方代为登记报税的技术合同)11 197项,成交金额147.04亿元,同比分别增长23%和13.35%。输出技术合同11 114项,成交金额140亿元,同比分别增长22.98%和10.79%;其中输出到省外技术合同3 107项,成交金额56.65亿元,同比分别增长30.66%和0.7%。②技术集成能力增强,单项技术合同成交额逐年递增。单项技术平均成交金额已连续5年突破100万元,2012年达到131.32万元,其中技术开发、技术转让单项技术平均成交金额分别是136.62万元和239.28万元,同比分别增长4.92%和13.9%,表明技术创新的投入加大,技术创新的难度增强,技术创新的集成度提高。③高新技术集群形成,产业结构布局趋于合理。在高新技术和科技创新服务领域，支持大学、企业和中介机构创建国家技术转移示范机构和创新驿站，截至2012年，全省国家技术转移示范机构增至14家，创新驿站4家，通过技术转移示范机构和创新驿站的辐射作用，促进相关技术领域的科技成果推广和转化。在输出技术合同中，电子信息、先进制造、新能源与高效节能等高新技术领域居前三位，其中电子信息领域成交合同3 623项，成交金额32.04亿元，同比增长82%；先进制造领域成交合同1 524项，成交金额41.1亿元，同比增长19.7%；新能源与高效节能领域2 068项，成交金额24.32亿元，同比增长4.52%。环境保护和农业技术领域呈较快增长态势，其中环境保护领域成交金额5.49亿元，同比增长19%。④企业的主体地位牢固，参与国际技术贸易能力增强。2012年企业法人共输出技术合同6 128项，成交金额112.18亿元，占成交总金额的76.29%，同比增长13.33%。企业法人共吸纳技术合同8 567项，成交金额114.4亿元，占吸纳技术总金额的77.8%，同比增长7.35%。共输出到国外技术合同152项，成交金额10亿元；共吸纳国外技术合同83项，成交金额6.95亿元。⑤科技计划助推自主创新，科技成果转化步伐加快。全省共有3 581项各级政府科技计划项目通过技术市场转移、转化，同比增长28.4%，成交金额51.67亿元，同比增长46.46%，分别占全省登记合同总项数和成交总金额的31.98%和35.14%，较上年均有较大幅度的增长。全年共登记技术开发合同7 279项，占合同总成交项数的65%，同比增长10.32%；成交金额为99.45亿元，占成交总金额的67.63%，同比增长15.75%。技术转让合同增长迅速，共成交合同902项，成交金额21.58亿元，同比增长37.9%。吸纳专利合同604项，成交金额29.3亿元，同比增长180.13%。科技计划的实施带动地方配套投入，产学研密切结合，助推科技成果加快转化。⑥区域经济快速发展，“蓝黄”经济优势突显。2012年各经济区域的统计数据显示，省会城市群经济区输出和吸纳技术增长迅速，共输出技术合同4 598项，成交金额54.27亿元，同比增长9.85%；吸纳技术合同4 915项，成交金额63.94亿元，同比增长27.13%。山东半岛蓝色经济区输出技术继续保持增长，共输出技术合同5 876项，成交金额71.66亿元，同比增长14.79%。黄河三角洲高效生态经济区和鲁南经济带吸纳技术势头不减，其中黄河三角洲高效生态经济区吸纳技术2 019项，成交金额24.8亿元，同比增长9.59%。⑦民生保障持续增长，促进社会和谐发展。在农业、生物医药、城市建设和社会发展与保障等衣食住行领域，技术交易活跃。农业技术领域科技创新持续增强，科技投入和扶持力度进一步加大，2012年全省共输出农业技术合同628项，成交金额7.3亿元，同比增长10.51%；吸纳农业技术合同737项，成交金额10.04亿元，同比增长62.14%。生物医药和医疗器械领域输出技术995项，成交金额14.6亿元；吸纳技术1 191项，成交金额17.36亿元；城市建设和社会发展领域输出技术621项，成交金额2.72亿元；吸纳技术1 172项，成交金额11.39亿元。

技术市场管理与促进工作。2012年，省科技厅原助巡、省技术市场协会会长毛建丰，省技术市场办主任郭耀正等领导，先后到莱芜、聊城、德州、淄博、潍坊、滨州、东营等市对技术市场工作进行调研和实地考察。6月，在莱芜召开了2012年全省技术市场管理工作座谈会。10月，山东省科技融资担保有限公司揭牌。省技术市场受托代表省科技厅、省财政厅出资5 400万元，是公司的最大股东。李功臣为公司董事长、谭守清为公司总经理。11月12日，鲁南技术产权交易中心召开成立大会，省科技厅副厅长徐茂波，科技部火炬中心常务副主任张志宏，济宁市委副书记、市长梅永红先后致辞并共同为中心揭牌。11月16日，在菏泽举办了2012年第二期全省技术市场业务培训班，菏泽市各区县科技局分管技术市场工作的领导，来自市、县（区）100多家科技创新型企业、高新技术企业等单位的共计120多人参加培训，业务管理科田鲁军向学员重点讲授了《合同法》中的技术合同相关知识、技术合同认定规则、技术市场税收优惠政策等内容。6月4—11日，由省技术市场办、省技术市场协会组织的鲁台技术转移交流考察团前往台湾进行了交流、考察。

国家技术转移示范机构和创新驿站。2012年，山东省东营市春江化工技术转移中心、潍坊高新技术产业开发区技术交易服务中心、山东省科学院生产力促进中心（白俄罗斯国家科学院济南技术转移中心）、山东科技大学科技园管理有限公司等4家机构被列为第四批国家技术转移示范机构。截至当年底，山东已有14家机构被列为国家技术转移示范机构。

山东省国家技术转移示范机构（14家）

山东省油区环境污染治理工程技术研究中心
中国科学院山东综合技术转化中心
山东省建筑科学研究院科技开发中心
济南市产学研协作管理服务中心
山东大学科技开发部
水煤浆气化及煤化工国家工程研究中心
济宁市技术市场
山东力创科技有限公司
青岛技术产权交易所有限责任公司
山东绿叶天然药物研究开发有限公司
山东省科学院生产力促进中心（白俄罗斯国家科学院济南技术转移中心）
潍坊高新技术产业开发区技术交易服务中心
东营市春江化工技术转移中心
山东科技大学科技园管理有限公司

中国创新驿站是集成利用科技中介服务资源，以企业需求为导向，以信息化手段为支撑，跨地区、跨行业、跨领域的技术转移服务体系暨中小企业创新支持系统。科技部于2010年开展中国创新驿站试点工作。2012年,全省有4家单位入选中国创新驿站试点,其中区域站点2家,基层站点2家。

中国创新驿站山东省区域站点(2家)

山东省科学院

青岛技术产权交易所有限责任公司

中国创新驿站山东省基层站点(2家)

东营市景华石油石化装备技术转移中心

山东淄博生产力促进中心

科技金桥奖。2012年度山东省技术市场科技金桥奖共评出先进集体99个,先进个人125名,优秀项目一等奖39项、二等奖68项。

(省技术市场管理办公室)

知识产权

【专利申请和授权】

专利申请数量和结构分布 2012年,全省国内专利申请128 614件,与上年相比增长19 015件,增幅为17.35%。

2012年,全省国内专利申请按种类分:发明、实用新型和外观设计专利分别为40 381件、69 170件和19 063件,较上年分别增长57.60%、9.79%和-9.10%,各占申请总量的31.40%、53.78%和14.82%。全省国内专利申请按申请人类型分:职务申请67 264件,非职务申请61 350件,较上年分别增长24.54%和10.36%,各占申请总量的52.30%和47.70%。在职务专利申请中,大专院校7 230件、科研单位2 136件、工矿企业56 473件、机关团体1 425件,分别占申请总量的5.62%、1.66%、43.91%和1.11%,较上年分别增长-14.71%、45.50%、32.27%和4.10%。在全省17个市中,专利申请量居全省前五位的市依次是:青岛27 009件、济南23 094件、潍坊11 115件、淄博10 120件和烟台9 571件。在全省17个市中,国内专利申请量与上年相比增幅超过全省同期增幅的共有8个市,分别为菏泽45.02%、青岛36.30%、潍坊29.52%、聊城28.23%、德州24.69%、济南24.40%、东营23.70%和枣庄18.97%。

2012年,全省国内发明专利申请量为40 381件,较上年增长14 758件,增幅为57.60%,占专利申请总量的31.40%,发明专利申请量在全国31个省(市、自治区)中居第四位。发明专利申请量排在全省前五位的市依次是:青岛12 092件、济南8 603件、烟台3 640件、泰安2 858件和潍坊2 512件。有5个市发明专利申请量占同期总量的比例超过全省同期水平,分别为:青岛44.77%、烟台38.03%、济南37.25%、威海34.48%和泰安33.29%,如表所示。

2012年全省各市发明专利申请量增长对照情况

名　称	2012年发明专利申请量	2011年发明专利申请量	同比增长(%)
济南市	8 603	5 125	67.86
青岛市	12 092	5 347	126.15
淄博市	2 253	2 087	7.95
枣庄市	696	579	20.21
东营市	470	439	7.06
烟台市	3 640	2 629	38.46
潍坊市	2 512	1 737	44.62
济宁市	1 298	696	86.49
泰安市	2 858	2 417	18.25
威海市	1 718	1 584	8.46
日照市	452	261	73.18
莱芜市	400	232	72.41
临沂市	965	725	33.10
德州市	635	407	56.02
聊城市	473	406	16.50
滨州市	636	439	44.87
菏泽市	680	513	32.55

(数据来源:山东省知识产权局)

专利授权数量和结构分布 2012年,全省国内专利授权75 522件,与上年相比增长16 679件,增幅为28.34%。

2012年全省国内专利授权按种类分:发明、实用新型和外观设计专利分别为7 454件、59 120件和8 948件,各占授权总量的9.87%、78.28%和11.85%,较上年分别增长27.29%、36.09%和-6.25%。全省国内专利授权按专利权人类型分：职务和非职务专利授权量分别为39 770件和35 752件，各占授权总量的52.66%和47.34%，较上年分别增长42.65%和15.46%。在授权的职务专利中，大专院校6 104件、科研单位1 129件、工矿企业31 719件、机关团体818件，分别占全省授权总量的8.08%、1.49%、42.00%和1.08%。在全省17市中，专利授权量排在全省前五位的市依次为：济南14 367件、青岛12 689件、潍坊7 386件、烟台5 801件和济宁5 457件。在全省17市中，专利授权量增幅超过全省同期水平的共有7个市，依次为：菏泽60.27%、潍坊50.03%、青岛38.69%、枣庄38.69%、德州38.14%、东营37.46%、滨州30.57%。

2012年，全省国内发明专利授权量为7 454件，较上年增长1 598件，增幅为27.29%，占专利授权总量的9.87%，发明专利授权量在全国31个省（市、自治区）中居第六位。发明专利申请量排在全省前五位的市依次是：济南2 123件、青岛1 510件、烟台658件、淄博541件和潍坊400件，如下表所示。

2012年全省各市发明专利授权量增长对照情况

名　称	2012年发明专利授权量	2011年发明专利授权量	同比增长(%)
济南市	2 123	1 623	30.81
青岛市	1 510	1 135	33.04
淄博市	541	437	23.80
枣庄市	112	92	21.74
东营市	232	180	28.89
烟台市	658	421	56.29
潍坊市	400	308	29.87
济宁市	235	187	25.67
泰安市	196	183	7.10
威海市	337	286	17.83
日照市	85	45	88.89
莱芜市	90	97	-7.22
临沂市	326	277	17.69
德州市	133	108	23.15
聊城市	218	230	-5.22
滨州市	112	106	5.66
菏泽市	146	141	3.55

（数据来源：山东省知识产权局）

【知识产权战略】 9月26日，山东省人民政府发布新一轮《山东省知识产权战略纲要》，明确山东知识产权事业发展的指导思想、发展目标、战略重点、战略任务和保障措施等，提出到2020年实现由知识产权大省向知识产权强省跨越的奋斗目标。为推进区域知识产权战略实施，烟台、泰安、滨州等市均以市政府名义印发了任务分工，明确相关单位的目标责任。淄博建立知识产权联席会议制度。

【知识产权政策环境】 2012年，省知识产权局代省政府起草《关于加强知识产权工作提高企业核心竞争力的意见》（以下简称《意见》），经省发改委等8部门会签后，提请省政府常务会议研究。10月21日，省政府常务会议研究通过《意见》。11月23日召开的全省科技创新与奖励大会将《意见》作为会议文件正式印发。《意见》共包括12条，提出到"十二五"末，实现全省企业年发明专利申请量和拥有发明专利申请的企业数量双倍增的目标任务，并在知识产权优势企业培育、专利信息利用、知识产权质押融资、政府专利奖等方面实现突破。《意见》出台后，各市积极贯彻落实。淄博市政府出台贯彻实施意见；枣庄、威海、日照等市知识产权局均代市政府起草《加强知识产权工作的意见》。青岛、东营市政府出台的《加强知识产权工作的意见》，分别在全国和全省范围内转发。济南、潍坊、滨州、菏泽等市组织了政府专利奖的评审工作。菏泽市出台文件，规定对获中国专利金奖和优秀奖的项目分别给予50万元和30万元的奖励。

7月30日，省政府办公厅以特急明电形式印发《关于2011年度全省发明专利情况及2012年上半年全省发明专利申请和授权情况的通报》，并规定从此以后按季度进行通报。省政府通报制度的建立，引起各市高度重视，青岛、烟台、济宁、泰安、临沂等市迅速建立相应制度。

2012年，每万人口发明专利拥有量被纳入全省社会发展水平综合评价指标体系。《县域科学发展年度综合评价及考核办法（试行）》将发明专利申请量和授权量及增长率列为经济发展和提质增效的考核指标。青岛、枣庄、潍坊、滨州、菏泽等市均将专利指标纳入对县区科学发展考核，枣庄、菏泽等市在国民经济和社会发展统计公报中，单设知识产权板块，公布专利申请和授权情况。

【知识产权保护】

专利保护法规政策 2012年，省知识产权局启动《山东省专利保护条例》的修订工作。作为2012年山东省人大常委会地方立法计划之一，《山东省专利保护条例》的修订被列为当年省人大常委会立法前评估项目。东营制定出台《专利执法行为规范》《市知识产权局行政执法制度》等，使专利行政执法有章可循。烟台以市政府名义出台《展会知识产权保护办法》。潍坊修订《专利执法规程》。济宁印发《专利执法和维权援助绩效考核办法（试行）》，对县（市、区）执法维权工作实行百分制考核。

"护航"专项行动 按照国家知识产权局部署，省及各市均制定"护航"行动工作方案，成立领导小组，公布举报投诉电话。各市深入重点领域、重点地区严厉打击侵

犯知识产权的违法行为。据统计,2012 年,全省知识产权局系统共受理专利纠纷案件 205 件,审结 188 件;查处假冒专利案件 911 件,有效净化了市场环境。在国家知识产权局组织的专利执法维权工作绩效考核中,山东获得全国第三名。

知识产权维权援助 省知识产权局制定《维权援助资金使用管理办法》和《知识产权违法行为举报投诉办法》,规范了维权援助工作。向国家知识产权局推荐在滨州设立国家级知识产权维权援助中心,在莱芜设立了第二家省级知识产权维权援助中心。济南市完善"12330"热线受理案件的移交和督办制度。青岛积极开展兴业强企知识产权维权援助计划,设立维权援助分中心和 6 个专利保护重点联系基地。东营加强与法院、工商、版权等部门的沟通协作,出台《知识产权维权援助司法救济与行政救济对接工作办法》等规范性文件。枣庄、泰安、淄博等市也通过健全工作机制提高维权援助能力。

知识产权执法保护协作 2012 年,省知识产权局先后参与签署《全国知识产权局系统跨省专利行政执法协作协议》和《九省市专利行政执法协作协议》,同时启动九省市专利行政执法协作信息交流平台的建设,进一步推动跨省区之间的专利行政执法协作。青岛市组织召开法院、工商等部门参加的知识产权保护座谈会。菏泽市开通晋、冀、鲁、豫四省部分省辖市间企业维权绿色通道,与公安、工商等部门联合召开执法协作联席会。

【知识产权管理】

机构建设 2012 年,省知识产权局荣获国家知识产权局授予的"全国知识产权人才工作先进集体""全国知识产权政务信息工作先进单位""全国知识产权局系统政府门户网站先进子站"称号。当年,经省编办批准,省知识产权局机关增设国际合作处,并单独设立山东省专利信息中心,为省知识产权局所属公益一类事业单位,经费来源为财政拨款,编制 12 人。县(市、区)机构建设进一步完善,青岛市实现县(市、区)机构建设全覆盖;枣庄市薛城区成立知识产权局;菏泽市牡丹区知识产权局升为正科级,单县知识产权局增加人员和职能。全省 140 个县(市、区)中,有 134 个建立知识产权管理机构,占比 95.7%。

专利发展专项资金 2012 年省专利发展专项资金共 2 000 万元,2013 年将增加到 7 000 万元,另有区域中心建设专项经费 750 万元。青岛、淄博 2012 年的专项资金都增加到 1 600 万元。济南、枣庄、淄博、潍坊、泰安、日照等市修改专项资金管理办法,加大对发明专利申请的资助力度。滨州进一步细化专项资金管理,并分别纳入财政预算。

知识产权试点示范工作 2012 年,济南、青岛、东营、烟台 4 市成为国家示范城市,示范城市数量与江苏并列全国第一,国家知识产权局局长田力普、副局长贺化分别为 4 市授牌。省知识产权局对第二批省级试点单位进行了验收,并首次对省级试点示范单位中的优秀企业、学校、县(市、区)、园区给予资金奖励。

专利电子申请 省知识产权局先后举办 12 期电子申请推广班,累计培训近 1 500 人。召开全省专利电子申请调度会。全省电子申请率有了较大幅度提升,其中代理机构的电子申请率达 99% 以上,网上缴费工作走在全国前列。

专利奖励评选 2012 年,省知识产权局积极组织中国专利奖的申报,推荐的山东岱银集团的发明专利"一种交捻竹节纱的生产方法"获中国专利奖金奖,是中国专利奖设立以来纺织业获得的首项金奖。海尔集团的"冰箱(三门)"获得外观设计金奖。开展第十三届山东省专利奖和第七届山东发明创业奖、第四届山东省少年儿童发明奖的评选。评选出第十三届山东省专利奖一等奖 16 项、二等奖 29 项、三等奖 63 项;第七届山东发明创业奖一等奖 10 名、二等奖 20 名、三等奖 60 名;第四届山东省少年儿童发明奖金奖 15 项、银奖 30 项、铜奖 45 项、创意奖 10 项、园丁奖 20 名,山东省少年儿童科技发明教育基地 10 家。

【知识产权运用】

企业知识产权工作 2012 年,省知识产权局复查和认定专利明星企业 1 094 家,起草《知识产权优势企业培育工程实施方案》。连续 4 年开展专利创造能力培育工作,有 15 家单位纳入培育计划。培育单位的创造能力、取得的经济效益都有很大提升。各市通过开展调查研究、试点示范、优势培育等措施,积极推进企业知识产权工作。2012 年全省企业发明专利申请 19 586 件,同比增长 66.43%,占全省发明专利申请的 48.5%,企业知识产权创造主体地位基本确立。济南、潍坊、济宁、菏泽等市开展规模以上工业企业专利状况调查。青岛以战略性新兴产业和蓝色经济为重点,开展知识产权优势企业培育工程。烟台在黄金、汽车和葡萄酒 3 个领域积极培育中小企业知识产权聚集区。莱芜开展企业专利创造能力提升行动。聊城深入企业调研,为企业解决实际困难。滨州开展知识产权服务企业专项行动。菏泽研究制定《知识产权工作助推战略性新兴产业发展的意见》。

专利技术转化实施 第十一届中国专利高新技术产品博览会在济宁召开,实现技术成交额 12.2 亿元。东营、枣庄结合本市的产业特点,筛选出技术含量高、市场前景好的专利项目给予资金支持,加快产业化。枣庄出台《专利技术产业化项目管理办法》。烟台组织 100 余项专利进行拍卖,7 项技术实现成交,成交额 12.5 万元。济南、德州被国家局确定为专利保险试点城市。

知识产权质押融资 省知识产权局召开全省知识产权质押融资研讨会,起草《知识产权质押贷款管理办法》。东营、潍坊、威海、菏泽等市知识产权局会同有关部门出台质押融资管理办法,威海、潍坊成为国家知识产权质押融资试点城市。截至 2012 年底,全省有 9 个市出台知识产权质押融资政策，其中部分市启动相关工作。东营创建“专利质押+企业互保”的质押融资模式。潍坊运用“中国专利金奖”的品牌效应，推动盛瑞传动公司获得潍坊银行5 000万元质押贷款。济宁菱花集团以发明专利权及商标权作质押，贷款3亿元。威海知识产权质押授信达2 400万元。

【知识产权服务】

专利信息服务 2012年，山东省专利信息中心和舜源专利事务所成为全国知识产权服务品牌培育单位；全国专利信息传播与利用基地落户山东；省专利信息中心和济南、青岛专利信息中心进入全国首批地方专利信息服务中心序列。国家知识产权局区域专利信息服务中心(济南中心)完成各项基础设施建设，二期建设稳步推进。中国黄金产业知识产权信息中心揭牌运营。各市积极开展专利信息服务。济南市、滨州市开展行业专利信息战略研究和预警分析。青岛市启动知识产权服务能力提升工程。东营开展专利文献信息情报支持工程。烟台市、潍坊市推进全市专利信息共享网络建设。菏泽市针对本市重点产业开展调查研究，分析产业发展趋势，提供知识产权预警服务。

知识产权中介服务 2012年，省知识产权局推动专利代理工作健康发展，组织召开全省专利代理管理工作座谈会，完成全国专利代理人资格考试济南考点的考务工作。全省专利代理机构增加到28家，执业代理人接近200人。当年代理人考试济南考点有148人过线，通过率26.7%，是全省历年来考生人数最多和通过率最高的一次。青岛市财政投入83万元，举办专利代理人考前培训班，参训人员考试通过率达44%。烟台市表彰奖励优秀代理机构和代理人，引导全市专利中介服务行业健康发展。

【知识产权宣传与培训】

宣传与政务信息 2012年，省知识产权局组织全省知识产权宣传周和专利周活动。宣传周期间，全省各级知识产权管理部门创新形式、提高层次，通过大型广场活动、新闻发布会等吸引媒体关注，社会反响强烈。山东卫视先后两次在新闻联播节目中报道全省知识产权保护状况和各地开展宣传活动的盛况。发布《2011年山东省知识产权保护状况》(白皮书)。专利周期间，开展专利技术展示推介、广场宣传、执法检查、报告会、论坛、培训等各具特色的活动79场次。为配合全省科技创新与奖励大会的召开，省知识产权局组织编印《全省知识产权工作情况》，客观、全面地展示全省知识产权工作。2012年，省知识产权局网站共发布信息670篇，国家知识产权局网站山东子站发布信息633篇，被国家知识产权局网站首页采用148篇，列全国第三位。被国家知识产权局内刊采用政务信息83篇。当年山东报送政务信息的篇数和分值均居全国第一位。

教育培训 2012年，省知识产权局在全省范围内安排36个培训班。针对电子申请、代理人考试、执法、信息利用等，举办10余个培训班，取得良好效果。淄博市针对领导干部、企业管理者举办多期高层次的报告会，建立10处市级教育培育基地。济南市在济南大学建立知识产权人才培养基地，在经十一路小学建立全省首家青少年知识产权创新试点基地。潍坊学院获批全省首家知识产权培训基地。青岛市举办4期援外培训官员研修班。

(省知识产权局 冯兴石)

科技合作与交流

【国内科技合作与交流】

与中国科学院合作

高层会商推动院省合作。4月23日，中科院山东综合技术转化中心召开理事会第五次会议。中科院副院长施尔畏，省委常委、副省长孙伟等领导出席会议并作重要指示。会议总结了山东中心自2011年以来的工作，研究讨论了进一步深化院省合作的意见和措施，省院双方下一步将围绕山东转方式调结构和产业发展需求，重点在建设专业分中心上深化合作，努力构建具有山东特色的科技创新体系。会后又召开了中科院沈阳分院院地合作委员会工作会议、中科院沈阳分院—山东省科学院战略合作研讨会，为下一步山东省与中科院全面合作确立了新的工作计划和发展目标。高层领导会商极大推动了院省全面深化合作。

规划山东省区域创新建设方案。2012年，会同中科院沈阳分院、山东中心共同组织编写了《山东省海洋区域创新集群规划》《中科院院地合作“一三五”战略规划》，规划山东省区域创新建设方案，构建山东省海洋创新顶层规划，提升海洋科技创新能力，形成产业集群，带动区域经济可持续发展。

调查研究成果转移转化。2012年，针对济南物联网产业、章丘新材料和化工产业、东营橡胶轮胎产业和农业水产业、泰安化工产业和农产品深加工产业、德州光电产业和新能源产业、枣庄煤化工产业、滕州机床产业、滨州市印染产业等产业，组织中科院所属研究院所专家开展调研交流，了解企业的技术需求，促进项目对接合作。据不完全统计，中科院山东中心和各中心全年共组织中科院所属研究院所 110 家次对山东省 17 个市的 356 家企事业单位进行了调研，参与的专家 456 人次，收集整理了近千项需求信息。据不完全统计，2012 年度中科院与山东省企业的合作项目中已有 237 个实现规模生产，共完成销售收入 360.22 亿元，实现利税 69.58 亿元，相对 2010 年底分别增长了 27.91% 和 6.05%。

区域创新体系建设。为了更好地推进中科院在山东省重点地域的技术转移转化工作，在总结中科院山东综合技术转化中心现有 4 个区域分中心建设成功经验的基础上，启动新的专业区域中心建设工作。11 月 20 日，中科院沈阳分院与潍坊市政府共同签署《共建中科院山东综合技术转化中心潍坊中心协议》，正式启动中科院山东中心潍坊中心的建设。2012 年，中科院所属单位在山东省共建设了中科院上海药物研究所烟台分所、中科院沈阳计算技术研究所烟台分所、中科院声学研究所青岛研发及产业化基地、烟台海岸带所垦利耐盐作物开发平台、固体润滑联合实验室、光电检测公共技术服务平台等 20 余个技术开发平台和产业化基地。中科院研究所的科技力量向山东集聚，正在成为中科院知识创新体系与山东省区域创新体系建设深度融合的新趋势。

与中国工程院合作

与中国工程院续签新一轮全面合作协议。4 月 11 日，在济南召开山东省人民政府与中国工程院全面合作领导小组会议暨新一轮合作协议签字仪式。中国工程院院长周济，山东省委书记、省人大常委会主任姜异康，省委副书记、省长姜大明等领导出席会议。省委常委、副省长孙伟，中国工程院副院长干勇分别代表省院双方签署新一轮《山东省人民政府与中国工程院全面合作协议》。会议全面总结省院合作 12 年的合作成效，对今后的全面合作提出新的要求，为进一步推进山东省与中国工程院的全面合作打下了坚实的基础，省院合作进入新的发展阶段。

优化提升协同创新环境和氛围。2012 年，在山东省召开举办了“中国工程院院地合作工作会议”“中国海洋工程与科技发展战略研究论坛”“岩爆、突水突泥灾害预测预报预警与防治控制技术中国工程科技论坛”“中国工程院能源与矿业工程学部常委扩大会议”“渤海海峡跨海通道战略规划研究座谈会”等合作会议、工程科技论坛，共计 60 位院士、300 余位专家出席参加会议论坛。

借力会展经济平台，提升区域影响力。与中国工程院共同搭建的中国（济宁）专利高新技术产品博览会、中国（淄博）新材料技术论坛暨国际科技成果招商洽谈会、中国（济南）信息技术博览会、中国（烟台）果蔬加工博览会已在各自领域形成品牌，影响广泛。4 市借助会展举办期间大量院士、专家到来的良好机遇，精心组织院士、专家行活动和院士工作站揭牌活动，深入企业考察调研，建立良好的合作关系，提高企业知名度，解决技术难题。

其他国内科技合作 2012 年，推动天津大学高层代表团到济南、淄博、东营、枣庄、潍坊、济宁、菏泽等市考察调研，与相关市签署全面合作协议；推动上海交通大学与山东省就电动汽车、化工、现代农业等领域进行深入合作，签署合作协议；推动同济大学、复旦大学等驻沪高校与山东省相关市进行全面对接，召开技术对接洽谈会，签署合作协议。借助省校合作基础，推动校地协同创新。

【国际科技合作与交流】

国际科技合作计划与项目 2012 年，全省（除青岛市外）共有 35 个项目列入国家国际科技合作专项备选项目库，其中 15 项自主创新项目、12 项对俄专项项目、8 项政府间项目。当年出库立项项目 22 项，国拨经费预算 1.18 亿元。争取中欧中小企业节能减排科研合作资金项目 2 项、国家科技援外项目 2 项，获得科技部 1 000 多万元经费支持。面向全省各市和高新区发布驻外使馆科技外交官推荐合作项目 4 批、324 项和一批科技产业招商项目。莱芜市新艺粉末冶金制品有限公司与白俄罗斯合作的高性能减摩耐磨粉末冶金材料制备技术引进项目的成功实施，使我国粉末冶金基础零部件的产品性能一跃提升至国际先进水平。威海华东重型装备有限公司与乌克兰巴顿所合作的电渣重熔装置制造及生产技术，显著提高了我国电渣重熔装置的先进性并形成自主知识产权。

2012 年，省级科技计划加大对国际科技合作的支持，安排省级国际科技合作计划项目 37 项。这些项目突出以企业为主体、产学研协同参与的国际科技合作方向，重点支持新能源开发利用、节能减排技术、新材料与先进制造、信息网络、海洋生物、公共安全和重大装备制造技术等合作重点领域引进技术，消化吸收再创新。

科技团组出访 全年共组织各类出访团组 25 批，派出科技厅系统人员 62 人次。其中，自行审批团组 3 批，6 人次；组团报批 10 批，41 人次；随团 12 批，15 人次；日韩研修 6 人次；赴台访问 4 批次。涉及欧美、澳新、非洲、独联体等 20 多个国家和地区。在“香港山东周”期间，省科技厅与环保厅、香港创新科技署共同主办了 2012 鲁港环保与生物医药领域协同创新推介洽谈会，东营柯林维尔化工有限公司等 4 家企业与香港相关研发机构和企业分别签署了多项科技合作协议。赴泰国、马来西亚、印度尼西亚代表团访问期间，分别与马来西亚水产发展协会、印度尼西亚海洋与海岸带资源研究发展中心签署了战略合作协议，拟在海水养殖、饲料加工、海洋生物技术、海岸带保护、海洋生态系统机理与保护、海洋风暴潮预报与监测等领域开展进一步科研合作，并就定期举行学术研讨会、共享相关科研信息、人员交流、建立交流沟通机制等方面达成一致。赴韩国参加中韩科技创新成果与产品展期间，促成山东省参展单位与韩国多家企业在纺织技术、海洋经济、生命科学、新能源、环保、电子技术、新材料、食品等领域达成合作意向。

国际科技交流活动 全年共接待来自美国、丹麦、以色列、日本、韩国等国家来访团组20多批。重点接待了美国麻省理工学院全球产业联盟大中华区首席战略官荣光辉博士，全面推动山东省与麻省理工学院的科技合作与交流。与科技部中国科技交流中心、以色列贸工部产业研发中心共同主办了以色列新能源技术中国巡回展。与以色列贸工部联合建立产业研发基金达成一致，将于2013年正式签署合作协议。与科技部国际合作司、欧盟膜工业协会共同主办了中欧水和废水处理过程强化—膜技术研究与应用研讨会，达成合作意向9项。承办2012环境监测与职业病防治技术国际培训班。来自印度、泰国、南非、蒙古等11个国家的20名学员在省医科院进行了为期3周的培训。

高层次科技人才引进 2012年，引进名古屋大学的巨阳教授和日本横河株式会社的卢建仁高级工程师来省科学院和山东大学工作。香港山东周期间，引进香港大学机械工程系王立秋教授、化学系李学臣教授。自2013年起，王立秋教授将每年不少于6个月时间在山东省科学院工作，担任团队负责人、首席科学家。李学臣教授已带领研发团队入驻潍坊生物医药产业园。聘请美国明尼苏达大学地质与地球物理系丁抗教授为山东省政府科技顾问。引进3名JICA协力队员。

【科技合作平台建设】

院士工作站建设 2012年，山东省新启动建设81家院士工作站。其中，综合院士工作站6家，共申报合作项目17项，参与合作的院士15位；企业院士工作站75家(详见下表)，共申报合作项目110项，合作院士80位；吸引院士工作团队562人参与合作企业技术创新和产品研发。山东省已建设256家院士工作站，院士工作站已成为山东省区域创新体系和国家创新体系有效对接的重要举措，开始成为山东省创新驱动发展战略实施的重要支撑和引领力量。

2012年山东省新建综合院士工作站

编　号	院士工作站名称	承建单位	进站院士	合作项目	主管部门
2012YSZ-01	山东省设施蔬菜产业技术创新综合院士工作站	山东省寿光蔬菜产业集团有限公司	中国工程院院士方智远 中国工程院院士束怀瑞 中国工程院院士于振文	现代农业日光温室优质蔬菜生产技术创新示范	潍坊市科技局
2012YSZ-02	山东省甘氨酸及其衍生物产业技术创新综合院士工作站	潍坊祥维斯化学品有限公司	中科院院士田禾 中国工程院院士高从 中科院院士颜德岳	甜菜碱等产酸促进剂对氨基酸发酵影响的研究；酶法催化生产L-半胱氨酸技术研究与示范；三甲基甘氨酸应用技术研究与示范	潍坊市科技局
2012YSZ-03	山东省蔬菜种业技术创新综合院士工作站	山东省华盛农业股份有限公司	中科院院士印象初 中科院院士方荣祥 中国工程院院士方智远	蔬菜虫害生物防治技术研究与应用；利用雄性不育系选育甘蓝新品种研究；利用生物技术选育蔬菜抗病新品种研究	潍坊市科技局
2012YSZ-04	山东省卤水精细化工产业技术创新综合院士工作站	山东默锐科技有限公司	中国工程院院士郑绵平 中国工程院院士高从 中科院院士冯守华 中科院院士赵进才	卤水综合利用研发；中水再制水银技术研究；苦卤中镁盐的提取及综合利用研发；高盐、高COD化工污水处理技术研究	潍坊市科技局
2012YSZ-05	山东省绿化苗木花卉产业技术创新综合院士工作站	泰安市泰山林业科学研究院	中国工程院院士尹伟伦 中国工程院院士束怀瑞 中科院院士印象初	国兰品种培育与产业化生产关键技术研究；松材线虫媒介昆虫植物源引诱剂及应用技术研究；侧柏蛀干类害虫植物源引诱剂及其应用技术的研究	泰安市科技局
2012YSZ-06	山东省海参产业技术创新综合院士工作站	好当家集团有限公司	中国工程院院士管华诗 中国工程院院士赵法箴 中国工程院院士雷霁霖	海参及其活性物质加工关键技术研究及示范；滩涂高效健康养殖技术集成与示范项目；即食海洋食品加工关键技术研发及产业化	威海市科技局

2012年山东省新建企业院士工作站

编　号	院士工作站名称	承建企业	进站院士	合作项目	主管部门
	一、化工冶金材料领域				
2012YS-01	山东省乾舜矿冶科技院士工作站	山东乾舜矿冶科技股份有限公司	中国工程院院士余永富	提高钛铁矿综合利用率工艺技术的研究、高硅铝赤铁矿开发应用	济南市科技局

续表

编　号	院士工作站名称	承建企业	进站院士	合作项目	主管部门
2012YS-02	山东省工陶耐火材料院士工作站	淄博工陶耐火材料有限公司	中国工程院院士沈德忠	大型致密锆英石溢流砖及其配套产品研发	淄博市科技局
2012YS-03	山东省元绪冶金机械院士工作站	淄博元绪冶金机械有限公司	中国工程院院士殷国茂	无缝钢管生产设备核心部件的研发与制造	淄博市科技局
2012YS-04	山东省国塑科技院士工作站	山东国塑科技实业有限公司	中国工程院院士毛炳权	低温下塑料管材管件发脆性状改善及PVC管件加工性能提高研究	淄博市科技局
2012YS-05	山东省广垠新材料院士工作站	山东广垠新材料有限公司	中科院院士王佛松	长碳链尼龙的合成技术及其高性能化的研究	淄博市科技局
2012YS-06	山东省中航钛业院士工作站	中航钛业有限公司	中科院院士曹春晓	先进航空钛合金半成品研制研发	淄博市科技局
2012YS-07	山东省宝莫生物化工院士工作站	山东宝莫生物化工股份有限公司	中国工程院院士沈寅初	微生物催化法生产丙烯酰胺技术的研究	东营市科技局
2012YS-08	山东省方泰循环金业院士工作站	山东方泰循环金业股份有限公司	中国工程院院士张文海	闪速熔炼和浸没吹炼在提金废渣及复杂难处理金银矿综合利用方面的研究与应用	烟台市科技局
2012YS-09	山东省瑞星集团院士工作站	瑞星集团有限公司	中国工程院院士谭天伟	年处理60万t淀粉废水超低排放关键技术开发;1,3-丙二醇生物炼制技术研究	泰安市科技局
2012YS-10	山东省晟泉矿业院士工作站	临沂晟泉矿业有限公司	中科院院士赵进才	酸洗降铁再除酸技术研究	临沂市科技局
2012YS-11	山东省精细陶瓷院士工作站	北京奥福(临邑)精细陶瓷有限公司	中科院院士葛昌纯	机动车尾气治理用高技术蜂窝陶瓷创新平台	德州市科技局
2012YS-12	山东省索通院士工作站	索通发展股份有限公司	中国工程院院士张国成	电池阴极碳材料研究	德州市科技局
2012YS-13	山东省润达新材料院士工作站	山东莱芜润达新材料有限公司	中国工程院院士宋湛谦	生物质发泡酚醛树脂研发	莱芜市科技局
	二、环境与轻工领域				
2012YS-14	山东省中科天泽净水材料院士工作站	山东中科天泽净水材料有限公司	中国工程院院士曲久辉	年产10万t聚合氯化铝系列絮凝剂研发;5 000t聚二甲基二稀丙基氯化铵研发;15 000t拟薄水铝石的现代化生产工艺技术	淄博市科技局
2012YS-15	山东省沃源新型面料院士工作站	山东沃源新型面料股份有限公司	中国工程院院士周国泰	多功能防护纺织品研发	淄博市科技局
2012YS-16	山东省华伟银凯建材科技院士工作站	山东华伟银凯建材科技股份有限公司	中科院院士侯保荣	混凝土高耐久性防护剂研发	淄博市科技局
2012YS-17	山东省扳倒井(惠发食品)院士工作站	山东扳倒井股份有限公司	中国工程院院士孙宝国	芝麻香型白酒特征风味物质研制;好炖一番研究	淄博市科技局
		山东惠发食品股份有限公司			潍坊市科技局
2012YS-18	山东省东阿阿胶院士工作站	山东东阿阿胶股份有限公司	中国工程院院士石碧	驴皮前处理清洁生产工艺及驴皮全过程管理研究	聊城市科技局
2012YS-19	山东省龙福环能科技院士工作站	龙福环能科技股份有限公司	中国工程院院士周翔	利用废旧聚酯生产阻燃涤纶毛毯研究	滨州市科技局
2012YS-20	山东省金飞虹(福海科技)院士工作站	泰安市金飞虹织造有限公司	中国工程院院士姚穆	一种电子提花大豆纤维保健席的研究与开发技术;麻杆芯纤维开发利用的研究	泰安市科技局
		邹平福海科技发展有限公司			滨州市科技局
2012YS-21	山东省中惠食品院士工作站	山东中惠食品有限公司	中国工程院院士庞国芳 中国工程院院士孙宝国	红曲优良菌株选育及焦糖色素生产过程中4-甲基咪唑的分析与控制的研究	滨州市科技局

续表

编　号	院士工作站名称	承建企业	进站院士	合作项目	主管部门
2012YS-22	山东省马山集团院士工作站	马山集团有限公司	中科院院士张经	典型海湾生境修复与重要生物资源恢复研究	威海市科技局
2012YS-23	山东省多乐采暖设备院士工作站	山东多乐采暖设备有限责任公司	中国工程院院士任阵海	新能源生物质能利用研究	枣庄市科技局
2012YS-24	山东省恐龙世界文化旅游院士工作站	诸城恐龙世界文化旅游有限公司	中科院院士周忠和	古生物与地层五大课题研究	潍坊市科技局
2012YS-25	山东省齐鲁味精食品集团院士工作站	山东齐鲁味精食品集团有限公司	中国工程院院士钱旭红 中国工程院院士孙宝国 中国工程院院士杨胜利	基于味精废水废弃物发酵生产绿色农药Bt项目研发；年产10万t新型调味项目研发；培育高产酸率谷氨酸产生菌株项目研发	聊城市科技局
2012YS-26	山东省日照港集团院士工作站	日照港集团有限公司	中国工程院院士王如松 中国工程院院士侯保荣	海港码头钢筋混凝土结构防腐蚀与修复技术开发	日照市科技局
	三、电子信息领域				
2012YS-27	山东省爱通工业机器人科技院士工作站	山东爱通工业机器人科技有限公司	中国工程院院士蔡鹤皋	新体制智能柔性生产线的研究与应用	济南市科技局
2012YS-28	山东省正元地理信息工程院士工作站	山东正元地理信息工程有限责任公司	中国工程院院士张祖勋	基于航空影像的高精度可量测无缝正射影像立体模型生成技术研究	济南市科技局
2012YS-29	山东省量子科学技术院士工作站	山东量子科学技术研究院有限公司	中科院院士潘建伟	城域光纤量子网络的系统技术集成和应用演示	济南市科技局
2012YS-30	山东省计保电气(中惠仪器)院士工作站	山东计保电气有限公司 山东中惠仪器有限公司	中国工程院院士张钟华	传感器式高压智能电表及高压电能整体检定标准装置的研发；绝缘油色谱分析标准油样配制装置系统研究	淄博市科技局
2012YS-31	山东省北洋电气集团院士工作站	威海北洋电气集团股份有限公司	中国工程院院士庄松林	基于布里渊技术远距离光纤传感系统研究	威海市科技局
2012YS-32	山东省光电产业园科技院士工作站	潍坊光电产业园科技发展有限公司	中科院院士褚君浩	LED背光模组研发及产业化	潍坊市科技局
2012YS-33	山东省浪潮华光光电子院士工作站	山东浪潮华光光电子股份有限公司	中科院院士祝世宁	高可靠性、低成本半导体激光器材料与器件工程化开发；低成本高效率蓝光LED外延及芯片产业化	潍坊市科技局
2012YS-34	山东省海信集团院士工作站	海信集团有限公司 青岛大学	中国工程院院士高文	高效视频转码技术的研究及在视频监控中的产业化应用；视频智能分析关键算法研究及产业化应用	青岛市科技局
	四、生物医药领域				
2012YS-35	山东省汇医融工科技院士工作站	济南汇医融工科技有限公司	中国工程院院士余梦孙	心血管系统功能状态监测技术与装置的研发；心脑血管疾病早期诊断设备关键技术和部件研发；心血管系统功能状态检测技术及装置的研发；心血管系统状态监测仪研发	济南市科技局
2012YS-36	山东省翔宇健康制药院士工作站	山东翔宇健康制药有限公司	中国工程院院士石学敏	云威灵油软胶囊的临床试验研究	临沂市科技局
2012YS-37	山东省步长制药院士工作站	山东步长制药股份有限公司	中国工程院院士张伯礼	丹红注射液化学物质基础及作用机制的研究；中药稳心颗粒的药效物质基础和分子作用机理的研究	菏泽市科技局

续表

编　号	院士工作站名称	承建企业	进站院士	合作项目	主管部门
2012YS-38	山东省高新生物园院士工作站	潍坊高新生物园发展有限公司	中国工程院院士唐希灿	海洋药物研发平台建设	潍坊市科技局
2012YS-39	山东省迪沙药业集团院士工作站	迪沙药业集团有限公司	中国工程院院士丁健	ZQ-156的研究与开发	威海市科技局
2012YS-40	山东省新华制药院士工作站	山东新华制药股份有限公司	中国工程院院士甄永苏	HIV-1整合酶抑制剂的设计合成与筛选	淄博市科技局
2012YS-41	山东省贝尔特(烟台)海洋生物科技院士工作站	贝尔特(烟台)海洋生物科技有限公司	中科院院士郑守仪	海洋生物多样性研究及生物模具开发	烟台市科技局
2012YS-42	山东省国际生物科技园院士工作站	山东国际生物科技园发展有限公司	中科院院士魏于全	个性化治疗肿瘤新技术研究及产品开发	烟台市科技局
2012YS-43	山东省百多安医疗器械院士工作站	山东百多安医疗器械有限公司	中科院院士葛均波	心血管疾病介入器械的研究与产业化	德州市科技局
2012YS-44	山东省瑞芝生物科技院士工作站	山东瑞芝生物科技有限公司	中科院院士魏江春	桦褐孔菌人工栽培及有效成分提取研究	济宁市科技局
2012YS-45	山东省益康药业院士工作站	山东益康药业股份有限公司	中科院院士孙汉董	创新天然药物的关键技术及研究平台建设	枣庄市科技局
2012YS-46	山东省鲁维制药院士工作站	山东鲁维制药有限公司	中国工程院院士张生勇	新药、保健品研发	淄博市科技局
	五、先进制造领域				
2012YS-47	山东省雷诺特动力设备院士工作站	潍坊雷诺特动力设备有限公司	中国工程院院士高金吉	汽轮机领域国际前沿技术研究与合作、新技术研究、新产品开发及产业化	潍坊市科技局
2012YS-48	山东省奔速电梯院士工作站	山东奔速电梯有限公司	中国工程院院士唐任远	稀土永磁同步曳引机研制与应用；电梯远程监控嵌入式系统的开发及其一体化产品应用	莱芜市科技局
2012YS-49	山东省汇锋汽车轴齿院士工作站	莱芜市汇锋汽车轴齿有限公司	中国工程院院士胡正寰	楔横轧技术工艺与摆碾工艺相结合生产汽车半轴的研究；重型汽车大型轴类零件开发；楔横轧异形件产品的研发	莱芜市科技局
2012YS-50	山东省常林机械集团院士工作站	山东常林机械集团股份有限公司	中国工程院院士曾广商	HVT 变速箱研究；MA10FD45 液压型马达研发；V8SX14 型多路阀研发；PA10V071DFLR 轴向柱塞泵研发	临沂市科技局
2012YS-51	山东省渤海活塞院士工作站	山东滨州渤海活塞股份有限公司	中国工程院院士谢友柏	面向节能环保新型内燃机活塞的低摩擦技术研发及应用	滨州市科技局
2012YS-52	山东省华东数控院士工作站	威海华东数控股份有限公司	中国工程院院士卢秉恒	HHBW系列数控落地铣镗床研发及应用	威海市科技局
2012YS-53	山东省克莱特菲尔风机院士工作站	威海克莱特菲尔风机股份有限公司	中科院院士赵淳生	R3G500 高效低噪控制器嵌入式无刷直流外转子集成一体化风机研发及应用	威海市科技局
2012YS-54	山东省兖矿集团院士工作站	兖矿集团有限公司	中国工程院院士谢克昌 中国工程院院士钟掘	煤基多联产关键技术研发与应用；大型高纯高强高韧工业用铝挤压材工艺技术装备研究	济宁市科技局
2012YS-55	山东省电力设备院士工作站	山东电力设备有限公司	中国工程院院士邱爱慈	电力变压器直流偏磁技术研究；超导变压器及超导限流器制造关键技术研究；超高压电力变压器抗短路能力研究	济南市科技局
2012YS-56	山东省泰丰矿业集团院士工作站	山东泰丰矿业集团有限公司	中国工程院院士张铁岗	王家寨煤矿 11 煤层破碎顶板开采技术研究；莲花山矿 13、15 煤层开采奥灰水防治关键技术参数及水害评价研究	泰安市科技局

续表

编　号	院士工作站名称	承建企业	进站院士	合作项目	主管部门
2012YS-57	山东省能源集团院士工作站	山东能源集团有限公司	中国工程院院士彭苏萍 中科院院士宋振骐	绿色开采循环经济关键技术研究及应用；山东能源集团冲击地压治理技术体系研究与应用	山东能源集团
2012YS-58	山东省公明新技术院士工作站	济南市公明新技术开发有限公司	中国工程院院士李猷嘉	高压、大口径管道不停输连接与阻断技术的研究；PE管道不停输连接与阻断技术的研究	济南市科技局
2012YS-59	山东省天晟煤矿装备院士工作站	山东天晟煤矿装备有限公司	中科院院士宋振骐	煤矿复杂条件下的大采高液压支架装备研制	淄博市科技局
2012YS-60	山东省胜利钢管院士工作站	山东胜利钢管有限公司	中国工程院院士李鹤林	螺旋焊管大型化、厚壁化超高强度管线预精焊钢管研发	淄博市科技局
2012YS-61	山东省山普管件制造院士工作站	莱州市山普管件制造有限公司	中国工程院院士刘人怀 中科院院士熊有伦 中国工程院院士郭东明	企业现代化管理和管件制造技术研究	烟台市科技局
2012YS-62	山东省汇强重工科技院士工作站	山东汇强重工科技有限公司	中科院院士闻邦椿	振动力学在除雪设备及环卫设备中的应用	潍坊市科技局
	六、农业领域				
2012YS-63	山东省正汉生物科技集团院士工作站	山东正汉生物科技集团有限公司	中国工程院院士李玉	高档食用菌工厂化产业化开发	东营市科技局
2012YS-64	山东省泰山植物园旅游院士工作站	泰山植物园旅游有限公司	中国工程院院士山仑 中国工程院院士束怀瑞	水土保持工程建设 荒山经济林建设	泰安市科技局
2012YS-65	山东省众力棉业科技院士工作站	山东众力棉业科技有限公司	中国工程院院士喻树迅	黄河三角洲棉花科技创新中心建设与新品种示范推广；耐盐碱棉花新品种培育与产业化；培育高效三系棉花杂交种的关键技术与新基因、新材料创造；适合机采棉新品种培育与产业化	东营市科技局
2012YS-66	山东省京鲁渔业院士工作站	蓬莱京鲁渔业有限公司	中国工程院院士管华诗 中国工程院院士赵法箴	水产品加工高新技术应用与产品升级；鱼虾蟹健康养殖新技术与新品种开发	烟台市科技局
2012YS-67	山东省圣齐生物工程院士工作站	济宁圣齐生物工程有限责任公司	中国工程院院士范云六	甘薯淀粉业生物质废弃物资源综合利用的研究	济宁市科技局
2012YS-68	山东省银府生态文化园院士工作站	曲阜市银府生态文化园有限公司	中国工程院院士尹伟伦	适合北方城市园林应用的彩叶植物选育及其生态效应研究	济宁市科技局
2012YS-69	山东省天泽农园科技院士工作站	山东天泽农园科技有限公司	中国工程院院士束怀瑞	园艺作物良种繁育项目的研究	泰安市科技局
2012YS-70	山东省金牌饲料院士工作站	威海金牌饲料有限公司	中国工程院院士麦康森	海参、鲍鱼各阶段配合饲料研发	威海市科技局
2012YS-71	山东省嘉冠油脂化工院士工作站	嘉祥县嘉冠油脂化工有限公司	中国工程院院士欧阳平凯	大豆油脂加工与副产品综合利用工程技术研究	济宁市科技局
2012YS-72	山东省陆远环保科技院士工作站	莱芜陆远环保科技有限公司	中科院院士刘丛强	纳米钢渣肥在土壤改良和农业生产中的应用研究	莱芜市科技局
2012YS-73	山东省开航水产院士工作站	日照开航水产有限公司	中国工程院院士赵法箴	国家虾产业技术体系的研究	日照市科技局
2012YS-74	山东省安绿能源科技院士工作站	山东安绿能源科技有限公司	中国工程院院士张齐生 中国工程院院士束怀瑞	生物质能源综合利用的研究	威海市科技局
2012YS-75	山东省日照水产研究院士工作站	山东省日照市水产研究所	中科院院士雷霁霖	日照市水产研究所地下水养殖循环利用技术示范项目的研究	日照市科技局

国家及省级国际科技合作平台建设 2012年，山东常林集团股份有限公司、山东省鲁南工程技术研究院、海尔集团技术研发中心被科技部批准为示范性国际科技合作基地，临沂市科学技术合作与应用研究院、威海火炬高技术产业开发区高新技术创业服务中心被科技部批准为国际技术转移中心，全省国家级国际科技合作基地达到20家。审核批准了7家省级国际科技合作基地和94家省级国际（港澳台）合作研究中心（详见下表）。全省累计建设省级国际科技合作研究中心255家，省级国际科技合作基地12家。

2012年度山东省国际科技合作基地

基地名称	建设单位	合作国家、地区	主管部门
山东省国际科技合作基地	山东师范大学	香港、美国、法国、加拿大	山东省教育厅
山东省国际科技合作基地	山东省种子有限责任公司	以色列、美国	山东省农业厅
山东省国际科技合作基地	山东华夏神舟新材料有限公司	加拿大	淄博市科技局
山东省国际科技合作基地	山东达驰阿尔发电气有限公司	意大利	菏泽市科技局
山东省国际科技合作基地	山东省烟台市农业科学研究院	保加利亚、俄罗斯	烟台市科技局
山东省国际科技合作基地	山东华盛中天机械集团有限公司	日本、德国、意大利	临沂市科技局
山东省国际科技合作基地	中科院烟台海岸带研究所	荷兰、澳大利亚、德国	烟台市科技局

2012年度山东省国际（港澳台）科技合作平台

中心名称	建设单位	外方合作单位	主管部门
山东省中美兽医生物技术合作研究中心	青岛农业大学动物科技学院	美国法摩康集团、奥本大学	山东省教育厅
山东省中日活性物质合作研究中心	山东轻工业学院食品与生物工程学院	日本京都大学、日本种子生命科技股份有限公司	山东省教育厅
山东省鲁港水泥基压电复合材料合作研究中心	济南大学材料科学与工程学院	香港科技大学	山东省教育厅
山东省中美分子与纳米探针合作研究中心	山东师范大学化学化工与材料科学学院	美国俄亥俄大学、南卡大学、阿克伦大学	山东省教育厅
山东省中美内分泌与代谢合作研究中心	山东省立医院	美国约翰霍普金斯大学医学院、约翰霍普金斯医院	山东省卫生厅
山东省中加果蔬加工合作研究中心	山东省农业科学院农产品研究所	加拿大农业部Guelph食品科学研究中心、加拿大拉瓦尔大学	山东省农业科学院
山东省中美农产品产地环境与质量安全合作研究中心	山东省农业科学院中心实验室	美国佛罗里达大学	山东省农业科学院
山东省中澳矿业技术合作研究中心	山东黄金集团有限公司	澳大利亚Mining One国际咨询公司	山东省黄金工业局
山东省中美宽带卫星网络应用与产业化合作研究中心	山东国威卫星通信有限公司	美国休斯网络公司	山东信息通信技术研究院
山东省中美先进封装测试技术合作研究中心	山东华芯半导体有限公司	美国IBM公司	山东信息通信技术研究院
山东省中保动物专用抗生素合作研究中心	山东胜利股份有限公司	保加利亚 ALFARMA EOOD公司	济南市科技局
山东省中英英语网络教学软件合作研究中心	济南新高度科技有限公司	英国剑桥新高度教育研究院	济南市科技局
山东省中美高辐射覆层材料合作研究中心	山东慧敏科技开发有限公司	美国安赛乐米塔尔公司	济南市科技局
山东省中乌变压器设计验证合作研究中心	山东电力设备有限公司	乌克兰扎布罗热变压器研究所	济南市科技局
山东省中意无线通讯技术合作研究中心	山东科华电力技术有限公司	意大利泰利特无线通讯有限公司	济南市科技局
山东省中阿改性沥青技术合作研究中心	山东大山路桥工程有限公司	阿尔及利亚改性沥青技术研究院	济南市科技局
山东省中加环境保护技术合作研究中心	山东汇盛天泽环境工程有限公司	加拿大诺拉姆工程与建造有限公司	济南市科技局
山东省中德耐火材料技术合作研究中心	济南新峨眉实业有限公司	德国英特卡斯特耐火材料和冶金辅助材料股份公司	济南市科技局
山东省中日平板太阳能集热系统合作研究中心	山东桑乐太阳能有限公司	日本矢崎总业株式会社	济南市科技局

续表

中心名称	建设单位	外方合作单位	主管部门
山东省中澳矿业磨球技术合作研究中心	山东华民钢球股份有限公司	澳大利亚国际矿业磨球技术研究院	济南市科技局
山东省中荷水质生物监测技术合作研究中心	济南市供排水监测中心	荷兰BioDetection Systems公司	济南市科技局
山东省鲁港发电节能技术合作研究中心	山东泓奥电力科技有限公司	香港电力软件技术股份有限公司	济南市科技局
山东省中乌无机非金属材料合作研究中心	山东中特防科技发展有限公司	乌克兰纤维与玻璃研究所	济南市科技局
山东省中韩节能环保合作研究中心	山东环冠科技有限公司	韩国纳米化学公司	济南市科技局
山东省中韩微生物菌肥合作研究中心	山东科信生物化学有限公司	韩国3BioNet公司	济南市科技局
山东省中瑞轨道交通装备合作研究中心	济南轨道交通装备有限责任公司	瑞士PROSE公司	济南市科技局
山东省中日高端三维仿真技术合作研究中心	济南微图信息科技有限公司	日本千叶大学	济南市科技局
山东省中美远程数字病理合作研究中心	济南金域医学检验中心有限公司	美国匹兹堡大学	济南市科技局
山东省中韩生态养殖技术合作研究中心	山东华牧天元农牧股份有限公司	韩国IB SYSTEM公司	济南市科技局
山东省中美晶体薄膜材料合作研究中心	济南晶正电子科技有限公司	美国CORE system技术中心、德国帕德博恩大学	济南市科技局
山东省中德汽车零部件技术合作研究中心	济南沃德汽车零部件有限公司	德国奥迪汽车公司技术研究院	济南市科技局
山东省中日电力系统应用技术合作研究中心	山东鲁电电气集团有限公司	日本富士电机株式会社	济南市科技局
山东省中日耐火材料合作研究中心	济南鲁东耐火材料有限公司	日本品川耐火材料株式会社、东京贸易金属株式会社	济南市科技局
山东省中新食品物联网技术合作研究中心	济南瑞百生物技术有限公司	新西兰CHNG科学技术研究院	济南市科技局
山东省中美无线数据传输系统合作研究中心	济南鲁瑞智能技术有限公司	美国密西根大学	济南市科技局
山东省中荷太阳能光伏发电技术合作研究中心	山东力诺太阳能电力股份有限公司	荷兰索兰光伏电池有限公司、美国IBM公司	济南市科技局
山东省中美制革技术合作研究中心	济南鲁日钧达皮革有限公司	美国农业部东部研究中心	济南市科技局
山东省中德塑料橡胶循环利用合作研究中心	济南世纪华泰科技有限公司	德国TPL公司	济南市科技局
山东省中德泡沫陶瓷过滤器合作研究中心	济南圣泉集团股份有限公司	德国弗劳恩霍夫陶瓷技术和烧结材料研究所	济南市科技局
山东省中美微藻污水处理合作研究中心	山东康鲁节能设备有限公司	美国明尼苏达大学生物质研究中心	济南市科技局
山东省中日植物抗癌成分提取合作研究中心	济南锦绣川制药厂	日本种子生命科技股份有限公司	济南市科技局
山东省中韩脂质体药物合作研究中心	济南康和医药科技有限公司	韩国高准医药有限公司	济南市科技局
山东省中日大尺寸石英光学元件合作研究中心	山东明顺光电有限公司	日本鳟鱼株式会社	济南市科技局
山东省中美网络医疗技术合作研究中心	济南家欣康网络信息科技有限公司	美国Aventra科技公司	济南市科技局
山东省中日生物农业技术合作研究中心	济南净洁生物技术有限公司	日本自然农法国际研究开发中心	济南市科技局
山东省中美酶制剂合作研究中心	枣庄市科能生物工程有限公司	美国丹尼斯克公司	枣庄市科技局
山东省中韩特种硅胶合作研究中心	山东辛化硅胶有限公司	韩国S-CHEMTECH公司	枣庄市科技局
山东省中韩精密数控机床合作研究中心	山东威达重工股份有限公司	韩国起兴机械株式会社	枣庄市科技局
山东省中日复合加工技术合作研究中心	山东鲁南机床有限公司	日本精机技术设计株式会社	枣庄市科技局
山东省鲁港动力电池合作研究中心	山东瑞宇蓄电池有限公司	高丰企业(香港)有限公司	枣庄市科技局
山东省中美实验室信息系统合作研究中心	东营市众智电子信息生产力促进中心有限公司	美国A&B环境实验室	东营市科技局
山东省中日石油装备技术合作研究中心	东营市大势石油装备生产力促进中心有限公司	日本名古屋大学	东营市科技局
山东省中美轮胎技术合作研究中心	东营中一橡胶有限公司	美国太平洋工业公司	东营市科技局

续表

中心名称	建设单位	外方合作单位	主管部门
山东省中捷农作物合作研究中心	东营职业学院	捷克作物研究所	东营市科技局
山东省中俄选矿自动化技术合作研究中心	烟台德信仪表有限公司	俄罗斯有色金属自动化联合有限公司	烟台市科技局
山东省中日石斑鱼繁育及养殖合作研究中心	莱州明波水产有限公司	日本生命科学爱媛株式会社、罗马尼亚康斯坦察海洋研究所	烟台市科技局
山东省中俄无损检测技术合作研究中心	烟台富润实业有限公司	俄罗斯莫斯科国立大学	烟台市科技局
山东省中新全人抗体工程合作研究中心	山东国际生物科技园发展有限公司	新加坡A-Bio生技制药有限公司	烟台市科技局
山东省中荷蔬菜育种合作研究中心	山东省寿光蔬菜产业集团有限公司	荷兰AXIA、先正达、美国BHN、以色列海泽拉、泽文、日本米可多等	潍坊市科技局
山东省中德荷电膜材料合作研究中心	山东天维膜技术有限公司	德国fumatech公司	潍坊市科技局
山东省中俄新能源发电合作研究中心	潍坊赛马力发电设备有限公司	俄罗斯普罗名有限责任公司	潍坊市科技局
山东省中阿(阿曼)智慧物流系统合作研究中心	山东新海软件股份有限公司	阿曼石油供应服务有限公司	潍坊市科技局
山东省中美电子商务信息技术合作研究中心	潍坊恩源信息科技有限公司	美国帕豪利优势有限公司	潍坊市科技局
山东省中德发动机用特种橡胶合作研究中心	山东美晨科技股份有限公司	德国GLFS公司	潍坊市科技局
山东省中日晶硅太阳能电池合作研究中心	润峰电力有限公司	日本AOC TECHNO株式会社	济宁市科技局
山东省中美转化医学合作研究中心	济宁医学院	美国乔治华盛顿大学医学院	济宁市科技局
山东省中荷纺织数字化染整装备合作研究中心	山东康平纳集团有限公司	荷兰万维系统有限公司	泰安市科技局
山东省中日菊花合作研究中心	山东农业大学园艺科学与工程学院	日本岐阜大学、日本美浓园艺株式会社,韩国首尔大学	泰安市科技局
山东省中美麦类作物合作研究中心	山东农业大学农学院	美国加州大学戴维斯分校、俄克拉荷马州立大学、华盛顿州立大学	泰安市科技局
山东省中乌锂电池合作研究中心	山东沃特森新能源科技有限公司	乌克兰文尼察国立技术大学	泰安市科技局
中日复合材料合作研究中心	泰安鲁普奈特塑料有限公司	日本京都工艺纤维大学	泰安市科技局
山东省中美动物微生态技术合作研究中心	山东宝来利来生物工程股份有限公司	美国哈佛大学医学院粘膜免疫实验室、加拿大农业部奎尔夫食品研究中心	泰安市科技局
山东省中美枫叶鸭合作研究中心	山东永惠食品有限公司	美国枫叶国际控股有限公司	泰安市科技局
山东省中俄高性能复合材料船艇合作研究中心	威海中复西港船艇有限公司	俄罗斯太平洋舰队海洋搜索研究中心	威海市科技局
山东省中俄功能材料合作研究中心	威海东生能源科技有限公司	俄罗斯圣彼得堡国立技术大学	威海市科技局
山东省中日矿用设备合作研究中心	山东卡特重工机械有限公司	日本KYB株式会社	临沂市科技局
山东省中印(印尼)镍合金火法富集合作研究中心	山东山威集团有限公司	印尼PT Rimba Kurnia Alam(瑞安矿业集团)	临沂市科技局
山东省中美建筑节能技术合作研究中心	山东金象铝业有限公司	美国Fortress Industries Inc	临沂市科技局
山东省中德农业植保机械技术合作研究中心	山东华盛中天机械集团有限公司	德国斯蒂尔集团公司	临沂市科技局
山东省中美低维物理与纳米结构合作研究中心	临沂大学凝聚态物理研究所	美国犹他大学	临沂市科技局
山东省中韩现代中药生物技术合作研究中心	临沂大学现代中药研究所	韩国忠南大学食品工学院、韩国大德生物科技株式会社	临沂市科技局
山东省中荷沉积环境测试技术合作研究中心	临沂大学资源环境学院	荷兰阿姆斯特丹自由大学	临沂市科技局
山东省中澳功能材料与纳米传感技术合作研究中心	临沂大学化学化工学院	澳大利亚新南威尔士大学	临沂市科技局
山东省中新木瓜合作研究中心	山东亚特生态技术有限公司	新西兰天然药物研究所	临沂市科技局

续表

中心名称	建设单位	外方合作单位	主管部门
山东省中希太阳能热能储存合作研究中心	德州力量天虹新能源有限公司	希腊塞萨利大学应用与热设备实验室、希腊Fusion Tech LLC	德州市科技局
山东省中瑞铝用炭素合作研究中心	索通发展股份有限公司	瑞士R&D碳素公司	德州市科技局
山东省中尼复合调味料合作研究中心	山东飞达集团有限公司	尼日利亚CFM公司	德州市科技局
山东省中日新型氮化硼制品热解技术合作研究中心	山东国晶新材料有限公司	日本BNC科技有限公司	德州市科技局
山东省中加马铃薯合作研究中心	乐陵希森马铃薯产业集团有限公司	加拿大农业及食品部列桥研究中心	德州市科技局
山东省鲁台体育器材新材料合作研究中心	泰山体育产业集团有限公司	台湾航翊科技股份有限公司	德州市科技局
山东省中英禽病诊断与防控技术合作研究中心	山东省滨州畜牧兽医研究院	英国动物健康研究所	滨州市科技局
山东省中以家禽疫苗合作研究中心	山东绿都生物科技有限公司	以色列维奥兰羽生物制药有限公司	滨州市科技局
山东省中美清洁生产染整技术合作研究中心	愉悦家纺有限公司	美国亨斯迈纺织染化有限公司、瑞士科莱恩化工有限公司	滨州市科技局
山东省中美微反应器技术合作研究中心	山东方明药业集团股份有限公司	美国宜事达公司、万集医药研究所有限公司、欧洲外国专家局	菏泽市科技局

（省科技厅科技合作处）

【山东信息通信技术研究院】

人才团队建设　2012年，山东信息通信技术研究院（以下简称信通院）新增院士3人、国家千人计划1人、泰山学者攀登计划1人、泰山学者特聘专家1人、泰山学者海外特聘专家1人、济南市5150计划7人，获得各级人才支持经费997.5万元。新增驻院团队5个，其中海外人才领军或加盟的团队3个。截至当年底，信通院入驻研发团队48家，拥有从业人员6 847人。其中，两院院士4人、国家“千人计划”6人、泰山学者攀登计划人才1人、泰山学者海外特聘专家16人、泰山学者特聘专家3人、济南市5150计划人才36人。累计取得各级政府人才资金支持11 894.1万元。全年信通院驻院团队实现总收入27.1亿元，主营业务收入26.8亿元，实现净利润2.5亿元，利税总额达3.8亿元。

公共研发平台建设　2012年，集成电路设计、数字媒体技术、通信测试公共研发平台全部建成并投入运行。量子通信、卫星通信两大平台完成一期建设，基本具备了研发能力。物联网嵌入式系统研发平台完成建设规划并付诸实施。集成电路平台为山东华芯半导体有限公司、山东华翼微电子技术有限责任公司、山东力创赢芯集成电路设计研发中心、山东华辰泰尔科技发展有限公司、济南泰信半导体有限公司、济南概伦电子科技有限公司等10余家单位提供各类EDA软件、晶圆测试、接触卡测试服务达13万h，举办原厂培训30次，培训集成电路研发设计人员600余人次。截至当年底，入驻信通院的集成电路企业发展到12家，半数以上企业销售规模过千万元。其中，山东华芯2012年销售额过亿元，成为入选国家规划布局的重点集成电路企业。数字媒体平台为动漫企业、电视台、政府机构和省影视剧制作中心等30余家机构提供了165个项目的设备使用和项目支撑服务。通信测试平台为山东神思电子技术有限公司、山东华翼微电子技术有限责任公司、济南中维世纪科技有限公司、济南概伦电子科技有限公司等30余家单位提供电磁预兼容测试、视频图像采集、芯片接触/非接特性测试、以太网协议测试等100余种测试类型的服务及相关设备的使用，使用时间累计3 857h，为企业节约设备使用和人员培训费用5 193万元。量子通信平台在济南量子通信试验网干网建设项目、军方项目、集控站管控软件测试验证、量子保密电话研发等方面发挥了重要作用。在中国共产党第十八次代表大会上，基于量子通信的高安全通信保障系统，用于保障会议期间保卫工作的通信指挥以及重要数据的即时传输和同步，实现了7×24h稳定运行。卫星通信半实物数字化仿真平台建设基本完成，拥有国内最先进的数控加工系统，卫星通信研发平台在创新研发Ku/Ka频段“动中通”卫星通信系统、智能共形天线通信系统、微波成像等研究领域取得了重要科研成果，在科技成果转化方面发挥了重要作用。

科技创新平台建设　2012年，信通院新增企业科技创新平台14家。其中，新增国家工程技术研究中心1家、院士工作站2家、省国际合作研究中心2家、省工程实验室1家、省企业技术中心2家、省软件工程技术中心1家、集成电路设计中心1家、省工程技术研究中心4家。信通院共有企业创新创业平台51家，包括国家重点实验室1家、国家工程技术研究中心1家、国家创新型试点企业1家、国家企业技术中心1家、博士后科研工作站1家、院士工作站5家、省部级重点实验室1家、省工程技术研究中心18家、省工程实验室2家、省国际合作研究中心5家、省企业技术中心3家、省数据恢复与清除技术中心1家、省软件工程技术中心5家、省集成电路设计中心2家、省工程技术研究中心1家、市工程技术研究中心1家、市企业技术中心2家。中国科学院量子技术研究与应用中心、济南量子技术研究院各项工作取得全面进展，济南量子通信试验网建设进程加快，量子技术人才引进工作得到有效推进。

科技计划项目 2012年，信通院共争取各级各类项目51项，其中国家核高基计划3项、国家973计划1项、国家863计划3项、国家科技支撑计划1项、省自主创新专项6项、省自主创新成果转化重大专项2项，获支持经费2.8亿元。截至当年底，信通院累计承担各类项目205项。其中，国家级项目50项，包括国家核高基计划5项、国家863计划12项、国家973计划1项、国家科技支撑计划2项、国际科技合作计划6项，获支持经费9亿元；省级项目95项，包括省自主创新专项计划6项、省自主创新成果转化重大专项22项，获支持经费1.7亿元；市级及以下项目60项，获支持经费4 775万元。

科技成果 2012年，信通院共取得各类科技成果1 407项。完成科技成果鉴定47项，其中达到国际领先水平的5项、达到国际先进水平的18项、达到国内领先水平的22项、达到国内先进水平的2项。信通院创新成果为党的十八大、新华社金融信息网、"辽宁"号航母设备配套等重大活动和工程提供了技术保障和设备支持。

科技合作与学术交流 2012年，围绕集成电路设计、数字媒体、软件、无线通信等建设与发展重点，先后出访美国、加拿大等国家和地区，参观考察科技园区、企业、大学和研发机构，调研考察世界信息通信领域前沿技术和发展趋势。接待来自英国、法国、加拿大、美国、新加坡、日本、印度、香港等国家和地区来访人员(团组)61批、239人次。组织驻院团队参加2012年深圳(国际)集成电路技术创新与应用展、中国(大连)通信集成电路技术与应用研讨会、中国集成电路产业促进大会等活动。信通院与斯坦福大学签订联合研究实验室建设协议，成立了高效能计算和安全技术联合实验室，双方将在高性能计算及安全系统与算法等领域开展合作。与清华大学微电子所达成战略合作协议，该所在信通院成立了微电子人才培养基地，举办了集成电路工程硕士班，培养了一批集成电路人才。与山东大学、国家信息通信国际创新园、中国科学院计算所、同济大学、中国科技大学、海尔集团、海信集团共同建设了"中国虹计划"协同创新中心，协同创新进展顺利。

(山东信息通信技术研究院 郝 飞)

政策法规与环境建设

【科技政策与法规】 2012年，为进一步促进山东省科学技术水平快速提高，省人大常委会审议通过《山东省科学技术进步条例》修订并于5月1日正式实施。为进一步促进全山东省农业农村发展，省委在年初发布《关于认真贯彻中发〔2012〕1号文件精神再创我省农业农村发展新优势的意见》；为提高科技型企业的自主创新能力、加快科技成果转化，提高企业的核心竞争力，省政府先后颁布《山东省战略性新兴产业发展"十二五"规划》《关于加快科技成果转化提高企业自主创新能力的意见(试行)》(简称"科技16条")和《关于加强知识产权工作提高企业核心竞争力的意见》；省政府办公厅先后下发《山东省"十二五"制造业信息化科技工程实施指导意见》和《关于做好自主创新专项资金竞争性分配工作的通知》等一系列文件。强化人才工作各项政策措施，组织实施省引进海外高层次创新创业人才计划，先后出台了《人才工作目标责任制考核体系》《海外高层次人才创新创业基地建设》《关于为实施重点区域带动战略提供人才支撑的意见》《关于为我省技术创新工程提供人才支撑的意见》《山东信息通信技术研究院引进高层次人才(团队)暂行管理办法》等文件。

【省管科技类社会组织、科技类民办非企业单位管理工作】 2012年，全省省管科技类社会组织共有278家，实际接受年检的社会组织278家。3月，完成科技部政策法规司的"科技类民办非企业单位调查"山东部分，共调查整理了311家省管和市管民非单位资料。建立省管科技类社会组织党建工作台账，并实现了对台账的动态管理。

【技术创新工程】 2012年，山东省大力实施创新驱动发展战略。把促进企业成为技术创新主体作为实施技术创新工程的首要目标，把提高企业创新能力作为"加速发展、加快转型、推动跨越"的首要推动力，突出企业创新主体地位，集成创新要素向企业集聚，引导企业加大研发投入、大力建设创新型企业，显著提升企业自主创新能力和核心竞争力。着重在黄河三角洲和山东半岛蓝色经济区等五大重点区域进行优化布局。选择技术创新、品牌创新、体制机制创新、知识产权和经营管理创新、理念和文化创新等方面成效突出的企业开展试点和重点培育工作；集成和聚焦各类科技资源重点扶持，对创新型企业进行创新方法培训、知识产权培训，搭建技术创新平台和科技合作平台，落实各类税收优惠政策，在省科技进步奖中增设"企业科技创新奖"和"山东省与中科院科技合作创新特别奖”。

创新型(试点)企业 截至2012年底,全省已培育省级以上创新型(试点)企业558家,其中,国家级创新型(试点)企业45家,居全国各省市第一位。据不完全统计,创新型(试点)企业数量占全省规模以上工业企业的比重为0.8%,研究与实验发展经费支出280.86亿元,占全省研发经费总额的31.47%;企业研发人员84 023名,占全省研发人员总数的36.75%。发明专利授权量为5 986件,占全省发明专利总量的25%;创造工业增加值2 673.49亿元,占全省工业增加值的12.33%;实现税后利润934.55亿元,占全省工业利润总额的13.17%。全省创新型(试点)企业共引进160多名高端科技领军人才。创新型企业已成为山东创新能力最强、产业贡献最大的群体,成为全省企业依靠创新谋发展的先导和典范,成为转方式、调结构过程中的核心力量。

产业技术创新战略联盟 2012年,坚持“政府引导、企业主体,深化改革、创新机制,立足当前、着眼长远”的原则,立足山东十大产业振兴和战略性产业发展技术创新需求,以增强主导产业和新兴产业核心竞争力为目标,促进产学研用各方围绕产业技术创新链建立持续稳定的合作关系,依托龙头企业和行业科研机构,构建产业技术创新战略联盟,固化产学研合作创新成果,重点围绕五大重点区域发展战略,统筹谋划和推进山东省产业技术创新战略联盟的构建。为强化对产业技术创新战略联盟的规划引导,先后出台《山东省关于推动产业技术创新战略联盟构建的实施意见》和《山东省推进产业技术创新战略联盟工作管理办法(试行)》。

截至2012年底,全省已建设省级以上产业技术创新战略示范联盟126家,其中,由山东企业牵头的9家联盟被科技部批准为国家试点联盟。各创新联盟立足自身实际情况和发展优势,从运行机制、联合开发、共建平台、制定标准、人才培养、共享资源、市场开拓、合作共赢等不同方面进行了大量积极有益的探索,取得一定的经验和成效。学校、科研单位的技术、人才、信息等优势得到放大发挥,能够直接针对企业急需开展研发工作,进行协同创新,从而更好地利用联盟群体的技术与科研优势,使技术与生产力实现无缝对接,不少联盟已形成了“技术专利化,专利标准化,标准产品化,产品产业化”的良性互动机制,加速了行业技术与产业资源的流通、交流与优化配置,促进了市场竞争行为的有序良性发展,为企业提升自主创新能力和市场竞争力提供了强有力的科技支撑。据对71家示范联盟的调查统计,联盟成立后投入运行及研发经费1 000万元以上的有37家,新建综合性院士工作站10家,共建和共享的研发平台共有261个,完成合作开发省级以上项目389项,获得专利授权1 635件(其中发明专利635件),合作培养人才16 510人。

(省科技厅政策法规处)

【科技人才队伍建设】

专业技术人才队伍建设

高层次领军人才培养选拔。2012年,省政府批准表彰2011年度山东省有突出贡献的中青年专家100人;组织实施2012年度山东省有突出贡献的中青年专家选拔工作,最终确定候选人99人。推荐李京等107人为山东省2012年享受国务院颁发政府特殊津贴人选,其中专业技术人才95人。

专业技术人才知识更新工程实施。组织申报知识更新工程高级研修班项目和国家级专业技术人员继续教育基地,山东农业大学获准建设国家级专业技术人员继续教育基地,获中央财政一次性基地建设经费300万元;部署并组织实施3个国家级、20个省级高级研修项目计划,培养培训高层次专门人才1 500人。协调指导行业主管部门和行业协会,在装备制造、信息、生物、海洋、环保等领域加快实施专业技术人才知识更新工程,共培训急需紧缺人才12 700人次,组织岗位培训95 400人次。

博士后管理工作。对2008年批准设立的40个博士后科研工作站进行新设站评估,提出评估意见,对不合格的进行通报并限期整改。经全国博士后管委会、人力资源和社会保障部组织专家评审,批准山东省新设博士后科研流动站21个,全省流动站数量增至116个。开展中国博士后科学基金第51、52批面上资助和第5批特别资助申报工作,全省有201人获得面上资助,33人获得特别资助;山东大学的元辉和中国海洋大学的孙明亮入选2012年度“香江学者计划”。省人力资源和社会保障厅会同省财政厅,组织专家对申报2012年度山东省博士后创新项目专项资金资助的296个项目进行评审论证,确定资助项目160个,其中一等资助项目10个,每个项目资助金额8万元;二等资助项目40个,每个项目资助金额5万元;三等资助项目110个,每个项目资助金额2万元。举办了“黄河三角洲高效生态农业发展全国博士后学术论坛暨技术项目洽谈会”,来自中国工程院的院士和清华大学、中国海洋大学、山东农业大学等省内外知名高校和科研院所的85位专家、博士后研究人员参加会议,征集优秀学术论文35篇。论坛期间,东营市政府分别与山东农业大学、山东省农业科学院、中国水产科学研究院黄海水产研究所签订合作共建协议;举办院士专家学术报告、重点需求项目展览、人才技术项目洽谈签约、分组学术交流研讨、现场考察指导等活动,24家企事业单位到会参加人才技术项目需求洽谈,现场签定合作协议9个。

(省人力资源和社会保障厅 王宏伟)

科研院所领域泰山学者评审。2012年,共接受科研院所领域泰山学者、泰山学者海外特聘专家的申请110人,经资格审查,有93人进入初评,最终34人顺利通过了初评。初评委员会主任由省科技厅负责同志担任,副主任由省外专家担任,委员全部由相关专业领域的知名专家学者组成,其中省外专家评委占评委总数的三分之一以上。年初,省科技厅对2011年度泰山学者履职情况进行了汇总，27个科研院所的65位泰山学者上报了工作情况登记表；对在履职中存在问题的单位和个人要求进行整改。

（省科技厅政策法规处）

技能人才队伍建设 2012年，全省共培养高级工19.2万人，技师、高级技师3.1万人；组织60个项目职业技能大赛，参赛职工和学生120万人；技工院校招生15.4万人，完成毕业生验印11万人，助学资金发放2.5亿元；组织职业技能鉴定92.9万人，获得职业资格证书86.1万人次。

高技能人才培养。97人被省政府命名为2012年度山东省首席技师。第四届山东省有突出贡献的技师评审共评选出山东省有突出贡献技师110人。完成技师、高级技师省级评审工作，有4 200人通过评审。组织实施“金蓝领”培训计划，全省1.3万人参加“金蓝领”考核鉴定。按照“广覆盖、重实用、促培养”原则，省人力资源和社会保障厅与有关单位共同组织全省医药行业、化工行业、轻工行业、电力行业、纺织行业等22个技能竞赛活动。全省共组织60多个工种技能竞赛，120多万职工和学生参加。省建筑工程管理局在行业内组织职业技能竞赛参赛人员超过20万人，有1人获得第42届世界技能竞赛选拔赛全国冠军。根据人力资源和社会保障部、财政部有关要求，遴选申报“国家级高技能人才培训基地”候选单位7家，“国家级技能大师工作室”候选人7个。经审核，6个国家级高技能人才培训基地、7个国家级技能大师工作室获批复，3 070万元国家建设补贴资金拨付到位，已抓紧实施项目建设。2012年全省共有11所技工院校成功申报国家级中职示范院校建设项目，争取中央财政扶持资金1.1亿元。全省已建设技师工作站213个，其中省级29个（2012年新批准建立12个），省财政已列专项计划每年拨款200万元扶持省技师工作站建设项目。在各地推荐申报基础上，评审确定省级高技能人才培训基地22个。

技工院校发展。经省政府批复同意，山东劳动职业技术学院等14所技工院校加挂和改建为技师学院。全省技师学院数量达到34所，位居全国第一，实现全省17地市每市都有1所以上的技师学院。全省技工院校招生15.4万人，与2011年相比略有增长；全省技工院校毕业生共有11.3万人，就业11万人，就业率97%。组织召开全省技工院校教学改革工作研讨会，在全省部署开展一体化课程教学改革试点，新确定10家院校进行改革试点。加强技工教育和职业培训科研课题研究，确定省级重点课题32项、一般课题126项。按照山东省技工院校百强专业建设千名师资培训方案要求，组织数控技术等8个专业师资培训班，全省共200名教师参加培训。配合省财政厅评估中心组织专家对全省31所学校32个专业进行评估，并拨付1 500万元专业建设扶持资金。组织山东省技工院校电子信息工程专业师资20人赴韩国培训项目。筹办全省技工院校和数控技能大赛；通过选拔比赛，遴选11名选手参加全国第42届世界技能大赛选拔赛，并在全国技工院校大赛中取得团体第三的历史最好成绩。

事业单位人事制度改革

事业单位岗位管理制度。全省已核准岗位设置方案事业单位5.6万个，占应实施岗位设置管理事业单位总数96.52%，核准人数占人员总数97.41%；其中省属事业单位中，665个单位完成岗位设置方案核准，10.9万人被纳入岗位设置管理体系，占应纳入岗位设置管理人员总数95.21%。全省有5万个事业单位完成岗位聘用工作，占应实施岗位设置管理事业单位总数87.75%，聘用人数占人员总数89.35%。其中，省属事业单位中，有527个单位完成岗位聘用工作，7.1万人按照新岗位体系聘用到位。严格把握设置条件，不断优化结构分布，截至当年底，全省共有214个事业单位设置专业技术二级岗位654个。

事业单位公开招聘制度。全省各级各类事业单位共计划招聘36 980人，约48万人参加应聘，截至2012年底，完成聘用备案32 945人。省属事业单位计划招聘工作人员3 427人，截至年底，完成聘用备案2 960人。由全省统一组织的初级岗位计划招聘1 470人，审核通过80 338人，最终参加考试68 794人，招聘比例46.8:1。

职称制度改革

中小学教师职称制度改革。根据人力资源和社会保障部、教育部部署安排，在潍坊市深化中小学教师职称制度改革试点的基础上，山东省在全省全面推进改革工作。印发《山东省深化中小学教师职称制度改革实施方案》和人员过渡办法、职称评审办法、评审标准和正高级教师职称评审意见等相关配套文件，制定改革工作计划；省政府批准成立山东省深化中小学教师职称制度改革工作领导小组及其办公室，组织领导全省改革工作。

职称评审。对2011年度职称评审工作进行总结评估，核准公布2011年度53个省高评委的评审结果，对50个授权高评委的评审结果进行备案，全省共有27 052人申报评审高级专业技术职务资格，通过17 324人。推进职业资格证书制度，会同省人事考试中心及有关部门组织44类专业技术资格考试；会同省住房和城乡建设厅制定印发《房地产协理资格考试实施办法》，对考核认定的801人资格进行了审核、公布。

（省人力资源和社会保障厅 王宏伟）

省自然科学研究职务高级评审委员会评审工作 共收到申报2011年度自然科学研究高级专业技术职务资格材料127份，其中申报研究员职务资格的69人（正常申报67人，破格申报2人）；申报副研究员职务资格的58人（正常申报56人，破格申报2人）。为增强职称评审工作的透明度，保证评审结果公正合理，确定2012年4月28日—2012年5月12日为评审结果的异议期，在省科技厅网站公布评审通过人员名单，进行网上公示。12月26日，省人力资源和社会保障厅下发《关于公布山东省自然科学研究职务高级评审委员会2011年度评审结果的通知》。共通过72人，其中，正常申报研究员职务资格通过35人，通过率为52.2%；正常申报副研究员职务资格通过35人，通过率为62.5%；破格申报研究员职务资格通过1人，通过率为50%；破格申报副研究员职务资格通过1人，通过率为50%。平转系列共通过14人，其中研究员4人，副研究员10人，不计算平转人员，正常申报研究员职务资格通过31人，通过率为49.2%；正常申报副研究员职务资格通过25人，通过率为54.3%。

（省科技厅人事处）

省属科研单位人才工作目标责任制考核 省科技厅成立省属科研单位人才工作目标责任制考核组，4月24—28日，对山东省科学院、山东省农科院、山东省医科院以及部分厅局主管的23家科研单位进行了人才工作目标责任制考核验收。通过考核，使各单位更加重视人才工作，加大人才工作投入，大力引进高层次人才，并不断优化人才工作环境。

（省科技厅政策法规处）

人力资源市场管理

人力资源市场建设稳步推进。推动《山东省人力资源市场条例》的立法进程，起草《关于促进人力资源服务业发展的指导意见》，完成“山东省人力资源市场监管系统”的整体开发和运行测试工作，进一步强化人力资源市场的规范管理和从业人员的培训工作。获人力资源和社会保障部复函批准在青岛建立“中国海洋人才市场(山东)”。“中国海洋人才市场(山东)”的建立，是省人力资源和社会保障厅落实省委、省政府蓝色经济区发展规划的重要举措，省委书记、省人大常委会主任姜异康批示：这是一个重要开端，要认真抓好，务求实效。

第七届“海洽会”取得圆满成功，创造了多项历届“海洽会”之最，包括报名参会的海外留学人员数量和质量为历届最高，报名总数640人，其中近80%为海外博士；留学人员洽谈成果历届最高，共达成人才与技术项目引进合作协议194项、意向396项；各市引进人才和技术项目数、参会洽谈单位数和人数均为历届之最。举办了“山东省留学人员回国创业成果展”，向社会各界全面展示了近年来山东省引进海外留学人才工作情况和取得的创新创业成果。

海内外高端人才引进培养工作取得重要进展。做好国家“千人计划”专家和省“泰山学者海外特聘专家”中创业人才的推荐引进工作，全省“千人计划”创业人才专家新增15人，“泰山学者海外特聘专家”创业人才新增21人，数量增长均为历年来最多的一年。开展“山东省留学人员回国创业奖”的评选表彰，报请省政府表彰20名优秀留学回国人员。进一步提高“山东半岛蓝色经济区人才发展”和“黄河三角洲引进急需人才”项目的规模和层次，资助规模和项目数量比2011年翻一番。组织实施留学人员科技活动择优资助计划、留学人员回国创业启动支持计划和海外赤子为国服务行动计划。实施省政府公派出国留学项目和选派中青年管理干部赴美攻读MBA项目，共选派90名优秀人才出国留学。

国内外人才智力引进

高层次外国专家引进工作。2012年，国家外专局批复山东省高端外国专家项目21个。对接国家人才引进工程，启动实施省级“高端外国专家项目”申报评审工作，最终选择30个项目作为省高端外国专家项目。全省共获批国家外专局引进东欧独联体专家项目和引进软件集成电路专家项目等常规外国专家项目162项，省批引进外国专家项目365项。实施38个德国专家组织项目，项目数位居全国第一。开展“外国专家山东行”活动。在第七届“海洽会”期间，聘请50名高层次外国专家来山东省开展50项新材料、新能源、生物医药和海洋生物技术等符合“转调创”要求的技术合作项目，签署23个战略合作协议，举办“中乌材料技术”“国际生物医药与区域经济建设”“公共用水安全”等18个学术论坛和专家讲座，1 900人参加。全省有3名外国专家获得2012年度中国政府“友谊奖”，数量位居全国第一。有24名外国专家获2012年度省政府“齐鲁友谊奖”。

出国(境)培训项目。2012年，出国(境)培训项目结构进一步优化。低碳经济、可持续发展等专业技术类和中长期项目增加，“蓝黄”等重点区域带动战略、保障民生和高层次人才培训项目比重提高。选择一批系统性、连续性、影响力度大的项目作为重点培训项目，集中力量组织实施。全省共执行出国(境)培训项目127项(包括济南、青岛)，派员2 078人，项目执行率超过80%，高于2011年水平。组织省内有关技工院校20名教师赴韩国进行电子信息工程技术培训。

（省人力资源和社会保障厅　王宏伟）

千人计划。2012年，组织、推荐山东省优秀人才申报国家第八、九批“千人计划”创业人才，最终有6名创业人才入选第八批“千人计划”，4名创业人才入选第九批“千人计划”。

（省科技厅政策法规处）

召开全省引智工作会议和国家“外专千人计划”山东动员大会。人力资源和社会保障部副部长、国家外专局局长张建国，国家外专局副局长刘延国，山东省副省长夏耕，省委组织部副部长、省国资委党委副书记胡文容，省委组织部副部长、省人力资源和社会保障厅厅长韩金峰出席会议。来自全省17市和省直部门近300人参加会议。

举办引智成果送老区活动。邀请全国90多家国家级引智示范基地携展板和实物来临沂设展，为老区18个县市推介引智新品种、新技术、新成果，老区农技人员和农户6 000人入场观展交流，全国14家单位与临沂市项目单位现场签约。

组织智力拥军活动。联合省农科院与驻鲁陆、海、空部队后勤单位召开智力拥军工作座谈会。在寿光举办一期军队农业技术培训班，共有驻鲁陆、海、空及武警部队60名基层农技人员参加培训，国家外专局和总后勤部、济南军区联勤部首长专程到培训班看望参训学员。

参加全国引智成果援疆周活动。组织“外专千人计划”专家参加“百名外国专家新疆行”活动;整理汇总一批科技含量高、经济效益好、适合在新疆推广应用的引智成果,利用展板、宣传册和实物等方式进行展示,并组织项目单位负责人赴山东省对口支援地区进行项目对接。

加强引智载体、平台和制度建设。国家外专局在日照设立“中国蓝色经济引智试验区”,这是我国首个国家级引智试验区。国家外专局将在政策制定、资金投入、项目安排、工作指导等方面给予积极支持。国家外专局局长张建国和山东省副省长孙绍骋出席试验区揭牌仪式,8个中外合作项目和5个外国专家项目在揭牌仪式上现场签约。省外专局与济南市人力资源和社会保障局、历城区政府共建“山东省引智综合试验区”,结合济南市、历城区的产业特点和优势,签署三方合作协议,建设都市农业和绿色农业;在青岛西海岸经济新区设立“山东半岛蓝色经济引智示范区”。该示范区主要围绕半岛蓝色经济区、西海岸经济新区和蓝色硅谷核心区建设,立足海洋领域经济产业发展,加快构建现代海洋科技创新体系与产业体系,为全省提供经验和示范。

加强引智基地建设。2012年,经国家外专局评审,全省获批国家级引智示范基地(单位)2家,继续保持全国前列。省人力资源和社会保障厅新命名省级引智示范推广基地15家。至此,山东省共设立国家级引智示范基地(单位)24家,省级引智基地147家,居全国第一。

实施示范推广项目。召开专家评审会评选各类引智项目,加强项目实施的监督和管理,提升了项目的层次和科技水平,确保了项目执行效果。2012年获批国家级示范推广项目6项,实施省级重点项目15项,示范推广项目35项。

加强制度建设。促进引智工作的科学管理,建立长效机制,研究制定《山东省引进国外智力工作考核试行办法》。加强引智经费管理,提高资金使用效力,省财政厅、省人力资源和社会保障厅联合下发《山东省省级引进国外智力专项资金管理暂行办法》。

(省人力资源和社会保障厅　王宏伟)

【科技系统行风(作风)建设】

机关自身建设

切实加强领导,为各项工作提供强有力组织保证。省科技厅党组带头坚持把学习中国特色社会主义理论与学习各类业务知识相结合,认真学习经济、法律、科技、文化、管理等方面知识,努力掌握和运用一切科学的新思想、新知识、新经验,不断提高综合素质。坚持中心组理论学习制度,制定《省科技厅党组中心组2012年理论学习计划》,召开2次中心组学习读书会、务虚会,邀请厅系统中层正职以上干部、各市科技局、省级以上高新区负责同志参加,不断提高科技管理能力和水平。坚持民主集中制。定期召开民主生活会,认真开展批评与自我批评,维护班子团结。坚持重大事项集体决策制度。按照“集体领导、民主集中、个别酝酿、会议决定”的要求,建立健全规章制度,坚持执行厅党组会、厅长办公会的议事范围和议事程序,集体决策、民主决策。坚持重大事项决策咨询论证制度。对一些重大事项,坚持群众路线,深入调研,以不同方式征求高层次专家和有关方面的意见,保证重大决策的科学性。建立健全了厅党组统一领导、党政齐抓共管、纪检组组织协调、处室和直属单位各负其责的党风廉政建设推进体系。把反腐倡廉工作与科技管理工作同部署、同落实、同检查,坚持两手抓、两手硬。各处室、直属单位领导干部,特别是第一责任人,切实履行“一岗双责”,在抓好业务工作的同时,加强本处室本单位反腐倡廉建设,对分工的任务,要逐级分解,明确责任,并认真抓好落实。对照《山东省党的基层组织党务公开实施办法》和省科技厅《关于推行党务公开的实施意见》,结合科技工作特点,在落实上级决定、思想建设、组织管理、领导班子建设、干部选任和管理、服务党员群众、党风廉政建设等方面,有重点地推进党务工作的公开,保证广大党员的知情权、参与权、表达权、监督权。注重机制建设,齐抓共建,形成合力。厅党组高度重视,坚持一把手负责制,主要领导亲自抓、班子成员负责抓,人员分工明确,上下联动,层层落实责任的工作格局。年初制定详尽的创建工作规划,并把建设文明单位的各项工作纳入到年度目标任务中,与各项工作的硬指标一并纳入目标考核,做到同部署、同落实、同考核。从厅党组到各党支部都高度重视创建工作,充分发挥机关党委、工会、共青团、妇委会等群团组织的模范带头作用,厅系统形成了上下一心、齐抓共建的良好局面。全厅已有省级文明单位2家、省直文明单位5家。

注重干部思想道德教育。强化思想政治工作,认真贯彻《关于加强思想政治工作的若干意见》《关于加强和改进党的作风建设的意见》,不断加强机关作风建设,着力在提高干部职工的思想政治素质上下功夫,在加强和改进机关作风上做文章。通过领导干部授课、专家讲座、机关党组织“三会一课”等多种形式,深入开展政治理论学习,不断提高干部职工的思想政治素质。制定《省科技厅关于建立“双向约谈”工作长效机制的实施意见》,认真开展“双向约谈”工作,省科技厅厅长翟鲁宁先后约谈部门主要负责同志及其他处级干部22人,人事处协助副厅长约谈分管处室单位干部13人,人事处约谈直属单位负责同志及其他干部31人。深入学习实践社会主义核心价值体系,不断巩固干部职工团结奋斗的共同思想道德基础。加强法制和职业道德建设。开展“普法”教育,组织干部职工学习《公务员法》《行政许可法》《干部法律知识读本》及科技管理知识读本等,参加“六五”普法宣传及行业法规培训。加强厅机关干部职工职业道德建设,树立单位良好形象。组织学习《公民道德建设实施纲要》,坚持把社会公德、家庭美德、职业道德教育紧密结合,督促、教育职工严格遵守职业道德规范,保证公务员为人民服务的本质。加强现代科技、管理知识培训。坚持每年春节上班后首先举办科技管理、金融、法律、经贸知识等专题讲座和干部素质培训班。选送15名机关干部参加省委组织部、党校、行政学院等的各类学习培训。做好干部学习网的在线学习工作,确保每位党员干部每年不少于8个学分。

深化"创先争优"活动。继续深入开展创先争优、争做齐鲁先锋活动,以营造活动的浓厚氛围为起点、发挥基层组织和党员主体作用为着力点、推动科技发展为落脚点,重点开展公开承诺和领导点评工作,取得一定实效。以"做贡献创佳绩、喜迎党的十八大"为主题,围绕全厅重点工作和重点任务,扎实开展"三诺"活动。各党员领导干部带头承诺、践诺和评诺,发挥表率作用,指导基层党组织和党员做好承诺、践诺、评诺的各项工作。基层党组织和广大党员坚持有责必诺、有诺必践,确保承诺事项件件有着落、事事有回音。总结宣传推广在开展"三诺"活动中的好经验、好做法,用身边事教育身边人,推动创先争优活动深入开展。

巩固"学习年"成果,推进学习型机关、学习型党组织创建活动,把学习和能力提升作为工作的重中之重来抓。为干部职工购买《科学发展观读本》《理论热点面对面》等学习读本,坚持为干部职工订阅《人民日报》《大众日报》《科技日报》《参考消息》等各类报刊杂志,职工变"要我学"为"我要学",营造了浓厚的学习氛围。在继续运用"科技大讲堂"等多种行之有效的方式抓好集中学习和自学的同时,陆续推出单位(处室)负责人和党组织书记报告会或讲座等学习载体,打造系列学习品牌,构建多层面、立体化学习平台。参加省直机关工委组织的领导干部带头读书学习系列讲座。

实施作风能力建设系统工程,开展"能力年"主题实践活动。开展"提高履职能力人人谈"学习讨论活动。举办"我的履职能力是从哪里来的"有奖征文和同题演讲比赛活动。共收到厅系统上报征文20余篇,省知识产权局孙玮代表厅系统参加省直机关团工委、610办公室片区演讲比赛并获得三等奖。举办提升履职能力系列讲座和专题培训班。8月在潍坊举行了以"加强基层党组织建设,当好党组织书记"为主题基层党支部书记培训班。对照《省直机关提升能力、创新工作"三个一百"争创评选活动实施办法》,组织申报评选100个模范履职处室、100名模范履职处室负责人、100项先进工作法。深入总结开掘他们的先进业绩、创新思维和工作理念,发挥骨干带头作用,提高机关执行力。参加省直机关工委组织的青年党员干部到临沂开展"社会实践周"活动。

以党建活动为抓手,统筹各项工作全面开展。做好"第一书记"帮扶工作。组织成立厅帮扶工作领导小组,选派5名同志到菏泽市巨野县太平镇5个村担任"第一书记"。向帮包的5个村的每户家庭发放"村情民意调查表"共1 070份,及时了解农民群众对村集体经济发展的意见、建议以及对新农村建设工作的意见和要求。在"上清方针政策、下清村情民意"的基础上,扎实做好帮包工作三年规划和年度计划的编制工作。"三八"妇女节对村内生活困难的单亲家庭、孤寡老人和五保户进行走访慰问;"六一"儿童节向5个村的173名学前儿童发放了书包、文具等节日礼品;"七一"建党节走访慰问党员干部,赠送价值2万元的书籍,向115名党员及退休的村干部每人赠阅了1份全年的《科技信息报》,向每个村的党支部赠阅了10份全年的《科技信息报》。村委办公场所、村内道路及排水管线、小麦丰产示范田、标准化猪舍及蔬菜大棚建设等进展顺利。根据《关于在机关党的工作中推进和服务"第一书记"工作的意见》,做好联村联户工作,对有关工作进行认真梳理并做好台帐。

组织开展丰富多彩的文体活动。开展了省科技厅系统乒乓球赛、"喜迎党的十八大"篮球赛等一系列文体活动,通过组织党员干部集中观看廉政准则系列剧《不可逾越》、"影视教育园地"定期播放影片等多种方式,增强了厅系统干部职工的凝聚力。

(省科技厅人事处、机关党委)

党风廉政建设

反腐倡廉工作部署。2012年初,先后印发《关于认真组织学习十七届中央纪委七次全会精神的通知》和《关于学习贯彻省纪委九届八次全会精神的通知》,起草《省纪委九届八次全会精神传达提纲》,召开全厅党风廉政建设会议,听取各处室和直属单位贯彻落实全会精神情况汇报,对贯彻落实全会精神提出要求、作出部署。3月,厅党组在认真分析反腐倡廉形势和科技管理工作特点基础上,下发《2012年党风廉政建设和反腐败工作要点》及任务分工,结合科技厅实际,在保证重大决策部署的贯彻落实、教育制度监督并重的惩防腐败体系建设、廉政风险防控以及科技系统政风行风建设等方面,研究提出有针对性的对策措施。6月,召开全省科技局纪检监察工作会议,对全省科技管理系统党风廉政建设工作进行总结,分析面临的新形势,对加强科技管理系统干部队伍建设提出新要求,对当年重点开展的4项工作作出部署。会后及时进行调度检查,总结经验,推广典型,确保会议精神落到实处。

反腐倡廉宣传教育。4月,在全厅开展"恪守从政道德、保持党的纯洁性"为主题的廉政教育,发放《领导干部廉洁从政教育读本》,推动全厅干部职工开展有计划地自学,进一步提高廉洁从政自觉性。6月,组织厅党风廉政建设联络员观看电影《忠诚与背叛》,了解中央监察委员会成立的历史背景,充分认识在党内建立纪律检查机构和工作制度的极端重要性,进一步增强了做好反腐倡廉工作的积极性和主动性。组织厅系统党员干部80余人赴省监狱听服刑人员忏悔,使党员干部更加慎重对待和正确行使权力,遵纪守法。利用干部调整和岗位变动的时机,对厅系统新提拔任用和岗位变动的处级干部进行集体廉政谈话,做到预防在前、警钟长鸣。全年共开展集体廉政谈话两次,谈话人员34人。在平时注重个别谈话,早打招呼,早提醒。通过采取灵活适宜的教育方式,选取紧贴实际的教育内容,分类别、分岗位、分层次地开展廉政教育,党员干部廉洁自律的意识进一步增强。

反腐倡廉制度建设。各有关处室按照反腐倡廉与业务工作融为一体的要求,深化权力事项管理改革,不断加强权力制衡,进一步完善工作流程,使权力运行更加科学、规范。4 月,在全国科技行政管理系统纪检监察工作会议上,以《坚持四个创新,完善体制机制,推进科技奖励公开公平公正》为题作典型发言,受到中央纪委和科技部领导的充分肯定。6 月,省纪委把科技计划和科技奖励管理改革成果列入省反腐倡廉建设创新成果。11 月,筛选与科技工作密切相关的 5 个方面、60 项反腐倡廉制度规定,编印《反腐倡廉制度汇编》,印发全厅公务员、事业编制干部学习和落实。

监督检查工作。2012 年,在全省开展科技计划项目实施及其经费管理使用情况的监督检查。组织各市对国家科技支撑计划、国际科技合作专项以及省自主创新成果转化重大专项和科技发展计划中省财政补助经费在 100 万元以上的 177 个项目进行自查,并由厅领导带队,分成 5 组对 5 个市的部分项目进行抽查,达到了解情况、总结经验、发现问题、督促整改、改进管理的目的。10 月,按照省纪委统一部署,将 5 个行政审批事项纳入省级行政审批网络运行系统及电子监察系统正式运行,将 5 个行政处罚事项纳入省级行政处罚网络运行系统及电子监察系统正式运行,在规定时间内完成上线任务。切实加强对厅系统工作人员选聘和干部选拔任用、民主生活会、科技计划与科技奖励评审等重点工作和关键环节的监督检查。在监督检查工作中,坚持事前、事中和事后监督的紧密结合,重点抓好评审专家的选取和保密、评审工作流程的科学性和公正性、评审结果的运用等关键环节,加大监督检查的广度和深度,做到在参与中监督、在监督中落实。

政风行风建设。2012 年,围绕领导干部思想作风、学风、工作作风、领导作风和生活作风问题,采取多项措施,及时发现和纠正存在的问题,确保政风行风建设取得明显成效。认真处理来信来访。在厅门户网站继续开通“分管副省长信箱”和“厅长信箱”,认真处理群众来信反映的问题。对各种途径群众反映和举报的问题,及时进行调查处理。认真落实全省民主评议政风行风活动整改工作。对民主评议政风行风活动中群众所提的意见建议高度重视,本着有则改之、无则加勉的原则,认真组织整改,并及时形成整改报告报省政府纠风办。认真做好“阳光政务热线”直播准备工作。对每次直播都研究制定工作方案,认真准备访谈材料,详细记录听众反映的问题,并做好督办落实。认真组织报送服务对象及相关信息。按照省政府纠风办的要求,组织有关处室和单位上报服务对象及相关信息 4 000 余条。通过坚持不懈地抓作风建设,省科技厅在 2011 年度全省民主评议政风行风活动中,位次比上年度提升了 4 个位次。

(省科技厅监察专员办公室)

软科学与科技咨询

【概述】 2012 年,切实改进和加强软科学管理工作,组织实施山东省软科学研究计划,加强软科学研究队伍建设,促进软科学研究成果应用。软科学研究计划共有 378 个项目立项。第九届山东软科学优秀成果奖励共评出获奖成果 614 项。参与中国科技发展战略研究院与山东省科技厅共同组织的“革命老区红色沂蒙实践体验活动”。在德州召开首次全省地方软科学研究工作座谈会。与山东省科技发展战略研究所联合组织召开了全国地方软科学研究机构联席会议。

【软科学研究计划】

计划立项 软科学研究计划围绕省委省政府重大战略部署和工作重点,加强科技、经济和社会发展的重大、前瞻性问题研究,突出为决策咨询服务的导向,突出科技对经济社会发展的支撑和引领作用。软科学研究计划项目分为 3 类:重大项目、重点项目和一般项目。重大项目面向社会公开招标;重点项目面向山东省软科学研究基地,限额申报;一般项目分为经费资助项目和自筹资金项目,限额申报。申报项目实行专家评审制,采取专家轮换、匿名、异地和背靠背等方式进行。经专家评审、研究确定立项项目包括重大项目 7 项、重点项目 10 项、一般项目 361 项(其中经费资助项目 226 项、自筹资金项目 135 项)。

管理办法 正式实施《山东省软科学研究计划管理办法》。制订和出台了《山东省软科学研究项目应用绩效评审及后补助办法》,引导软科学研究人员更加注重与决策机构的合作及研究成果的应用推广。制订和出台《山东省软科学研究计划项目结题管理办法(试行)》,使项目结题验收更加规范化和制度化。

项目结题 从 2012 年起,所有的软科学研究计划项目采取网上结题验收形式,结题程序的各个环节全部在网上结题管理信息系统进行操作。共受理结题项目 971 项,其中 230 项被评为优秀。结题由项目依托单位盲选专家,专家评审采取“回避”和“盲评”方式。结题软件系统根据专家评审结果,按照“规则”自动给出等次。网上结题管理系统还具有按时提醒结题，对过期未结题者予以警告并取消课题组长3年的项目申报权，以及按照“结题率”变动情况核减依托单位的申报限额等功能。

信息化建设　软科学管理信息化快速推进，专家数据库设计完成并开始征集专家。设计完成网上结题管理信息系统。启动“山东省软科学研究成果数据库”及“山东软科学”门户网站建设。

软科学管理　以提高软科学管理队伍整体素质、管理效率和水平为出发点和落脚点，从战略和战术两个层面入手，省软科学办公室完成“山东省软科学发展战略对策研究”（与山东省科技发展战略研究所合作）和“山东省软科学研究计划项目管理体系建设及创新性研究”两个课题，并通过了结题验收。

【软科学研究基地】　2012年，完成了《山东省软科学研究基地管理办法》的修订，并付诸实施。根据《山东省软科学研究基地管理办法（暂行）》的规定，对2007年、2008年、2009年分批次设立的软科学研究基地进行验收评估。申请验收评估的基地全部通过验收，其中6家软科学研究基地被评为优秀。在总结上期经验的基础上，启动第二期软科学研究基地建设的申报和认定。经申报、专家评审，省科技厅确定了17家软科学研究基地参与新的周期建设。

【软科学研究会】　2012年，开展了第九届山东软科学优秀成果奖励评审工作，授奖成果614项，其中一等奖73项、二等奖217项、三等奖324项。组织会员及专家参加中国软科学研究会学术年会。吸收一批新会员。完成学会年检、审计、统计报表等各项工作。

【科技咨询业管理协会】　2012年，科技咨询业管理协会与山东软科学研究会联合组织承办第九届山东软科学优秀成果奖励评审工作。完成学会年检、审计、统计报表等工作；对注册咨询专家进行审核年检。加强与中国科技咨询协会和其他省市地方科技咨询协会的沟通和联系，共同促进科技咨询业发展。进一步完善组织机构、财务管理、议事制度和重大事项报告制度。

（省软科学办公室）

科学技术普及

【概述】　2012年，山东省各级科协组织及所属团体扎实履行“三服务一加强”工作职能，贯彻落实省十次党代会和全国科技创新大会精神，服务自主创新和科学发展，各项工作取得新成效。新建院士专家工作站11家、专家服务中心10家，总数分别达到37家和19家。与九三学社山东省委合作，在菏泽市开展“百名专家企业行”活动，270名专家与企业达成合作意向20多项。继续开展院士专项考察活动，组织2批院士到莱芜等地指导企业和农业发展。深入开展“引进海智为鲁服务”工作，组织5批海智专家到山东考察。发挥反邪教协会作用，开展“反邪教示范社区”创建工作，促进社会和谐。在全省社会组织创先争优活动表彰大会上，省科协作为唯一省直部门作典型发言，省科协社会组织党委、省医学会党支部、金属学会党支部、汽车工程学会秘书长史乃生、抗癌协会副秘书长王家林等单位和个人受到表彰，名列省直部门前茅。巩固全国唯一的省级学会党组织全覆盖成果，召开全省学会工作会议，促进学会发展。中国科协宣传部长会、反邪教协会秘书长联席会等会议在山东召开，北京、江苏、广东、新疆等省市区科协代表团来山东考察交流，省科协被中国科协确定为代表服务工作和国家级科技思想库试点单位。

【科普工作】　2012年，全省各级组织举办“弘扬科学文化，共建和谐家园”巡展、“食品安全周”等主题活动1 654次，受众374.2万人。潍坊、滨州等市印发科学素质纲要“十二五”实施方案，基层科技场馆建设有序推进。省科协与省农科院建立全省科普联盟，与省委党校签署科学素质教育合作协议，举办了大学生科技节和科技外语大赛。组织科普微电影动漫大赛，拍摄百集科普动画片《我要长大》。为5个县级科协配发科普大篷车，为10个单位配建“华硕科普图书室”，新增4家市级《科普大篷车》电视栏目单位。组织28万人参加全国食品安全科普知识竞赛，参赛人数居全国首位，被国务院授予突出贡献奖。山东省在第27届全国青少年科技创新大赛中，取得7金、11银、4铜的优异成绩，名列全国前茅。

“科学城市”创建　大力推进“科学城市”创建，在对章丘和曲阜两个创建试点城市的工作进行认真总结的基础上，扩大创建试点，于2012年初全面启动滕州、荣成、肥城3个市的创建工作，有效调动创建单位各部门联合协作的积极性。山东省“科学城市”创建经验被中国科协呈报给中央书记处。

建言献策活动　加强决策咨询工作，省科协创建的“院士直通车制度”，畅通了住鲁院士的建言渠道，被评为省人才工作出色项目，承担起向中组部提交专家建言的任务。枣庄市科协编发《建言献策》，济宁市科协建立“科技专家建议直通车”，威海市科协创办《专家建议》，为党委及政府决策提供参考。

科协服务企业 济南市科协开展“小微企业专家行”活动，青岛的院士专家工作站建设列入该市的人才计划，淄博市科协开展“四·一”技术创新工作，泰安市科协在企业试点应用科技信息服务平台，日照市科协成立民办非企业机构科技咨询服务中心，威海市科协的“人才支撑深蓝战略行动”成为市委的工作要点，临沂市科协开展“百名专家兴百业”活动。科协服务企业创新、推动科学发展的能力显著增强。

【重要事件】

山东省政府与中国科协签署战略合作协议 12月10日，中国科协与山东省政府在济南举行战略合作协议签署仪式。山东省委书记、省人大常委会主任姜异康会见中国科协常务副主席、书记处第一书记、党组书记陈希，省委副书记、省长姜大明与陈希书记签署《中国科学技术协会、山东省人民政府战略合作协议》。中国科协书记处书记、党组成员张勤，省委常委、常务副省长孙伟，省委常委、组织部部长高晓兵，省委常委、秘书长雷建国等领导出席仪式，省政府秘书长蔄峰，省委副秘书长倪明元，省委宣传部副部长刘为民，省科协党组书记、副主席燕翔，省科协有关部门负责同志等20余人参加仪式。省委常委、常务副省长孙伟主持仪式。根据战略合作协议，中国科协将整合人才智力资源，推动实施14个专项工作，助力山东省经济社会发展。

纪念博士生学术年会十周年暨第十届全国博士生学术年会 10月29日，以“鼓励学术交叉，促进原始创新”为主题的纪念博士生学术年会十周年暨第十届全国博士生学术年会在济南开幕。中国科协副主席、宁夏回族自治区党委常委、宁东能源化工基地党工委书记、管委会主任袁家军，全国人大常委、中国科协副主席冯长根，山东省委常委、组织部部长高晓兵，国务院学位委员会办公室副主任黄宝印，中科院院士王乃彦、高松、葛昌纯等出席年会。来自全国高校的500余名博士生参加开幕式。袁家军代表主办单位致辞。高晓兵代表山东省委、省政府致贺词。该届学术年会历时3天，围绕年会主题，对数学与系统科学、电子信息、纳米化学、材料科学与工程等专题进行深入交流与研讨，并与院士、专家进行互动交流。围绕博士生科学道德与学风建设、学科发展趋势，举行院士专家报告会，邀请成就突出的青年科技企业家作创新创业报告。

首届山东省自然科学最高奖 5月，省科协组织开展“首届山东省自然科学学术创新奖单项最高奖”(以下简称“山东省自然科学最高奖”)评选。首届设立山东物理学奖、化学奖、生命科学奖、医学奖、农学奖等5个奖项。该奖项面向山东省5个学科领域内两年来在基础研究或应用研究取得突出成绩的科学家，每个学科领域奖励1人，代表全省该学科领域内最高成就和水平。经过专家推荐、学会初评、评委会评审、社会公示等一系列环节，山东大学教授郑雨军、山东师范大学教授唐波、山东师范大学教授赵彦修、山东大学教授陈子江、山东农业大学教授董树亭分获物理学、化学、生命科学、医学、农学单项最高奖。9月28日，省科协在济南举行了首届山东省自然科学最高奖颁奖大会。省人大常委会副主任、省总工会主席刘玉功出席会议并为获奖者颁奖。中国科学院李曙光院士及省高校工委、省教育厅、省医科院、山东师范大学负责人出席会议。大会还通报表彰了在自然科学领域取得重要成就和具有科学创见的23名“山东省突出贡献科学家”。

首届山东省十大杰出护士和百佳护士评选 2012年，省科协与省卫生厅、大众报业集团联合，开展首届山东省十大杰出护士和百佳护士评选活动。全省共有235人入围。经过评审委员会初评、终评和社会公示等环节，济宁市精神病防治院于青、青岛市海慈医疗集团王莉、济南军区第107医院朱爱军、山东中医药大学附属医院李平、山东省立医院李振香、山东大学齐鲁医院杨敏、济南市中心医院肖凌凤、青岛大学医学院附属医院高玉芳、山东省千佛山医院曹允芳、潍坊市人民医院戴青梅荣获首届山东省十大杰出护士荣誉称号，日照市人民医院副主任护师丁兆红等100人获山东省百佳护士荣誉称号。8月30日，首届山东省十大杰出护士和百佳护士表彰大会召开，省委常委、组织部部长高晓兵出席会议并为十大杰出护士颁奖。

【科普工程】

山东省数字科普村村通工程 “山东省数字科普村村通工程”于2011年10月启动第一批试点工作，于2012年5月通过验收，系统开始运行。2012年，工程又扩大试点范围，在潍坊、临沂、威海、济宁4市，安排1 200个数字播放终端采购安装任务。同时，同步推进系统设备功能、技术标准和市级分控中心建设，以统筹兼顾全省与地方个性科普资源的协同播控管理，为构建全省数字科普网络明确方向、奠定基础。“山东省数字科普村村通工程”两期试点，省财政共投入专项资金900万元。先后与中国知网、方正集团、省图书馆、省委组织部远程教育中心等合作，征集大量数字资源，搭建起省数字科普音像资源库。入库科普节目总量达2 945个，121 751min时长，种类、数量均初具规模，内容涉及技术技能、健康知识、低碳生活、节能减排、经营管理、精神文化、科普常识、应急科普等。通过举办“山东省科协星”杯科普微电影(动漫)大赛等，面向社会征集数字科普作品近300部，参与拍摄的《我要长大》百集系列科普动漫已在制作中。截至当年底，建成覆盖全省7市、由1 700台播放终端构成的数字科普网络，试点工作取得初步成效。

数字科技馆 建立省级数字科技馆地方工作站100个，济南市科协推出官方微博，烟台市科协建立市、县、乡3级飞信科普网络，莱芜市科协实现科技信息村村通，菏泽市科协建成农业科技信息系统，便民高效的数字科普服务网络初具规模。

流动科技馆县县通工程 以流动科技馆经验在全国推广为契机，成立了山东科技展教工程中心，推进流动科技馆县县通工程，年内在35个县巡展，惠及公众百万人次。

科普双百工程 实施“科普双百工程”，推进科普资源共建共享，奖补资金542万元，表彰支持一批“科普村村通百强乡镇”和“星级科普教育基地”，并面向公众出版科普教育基地导览册，使更多社会科普资源惠及人民群众。

基层科普行动 统筹“科普惠农”和“社区益民”工作，启动“基层科普行动”，争取省级以上财政奖补资金3 065万元，表彰支持135个科普基地、科普社区、农技协和27名科普工作者，社区表彰数量和争取资金数量分居全国第一和第二位，引导城乡科普实现快速发展，《人民日报》等中央媒体对此进行了集中报道。淄博市科协成立科普产品研发中心，潍坊市科协建立耐盐碱白杨树苗科普示范基地，东营市科协开展“双百联动，典型创建”活动，莱芜市科协实施农技协与专业合作社融合发展的创新工程，临沂市科协成立科普惠农联盟，聊城市科协实施“科普工作联系点重点培育工程”，菏泽市科协开展“菏泽市农业科技推广年活动”，全省地方配套科普惠农资金560万元。

【学术交流与合作】 2012年，着力提高学会服务科技创新、服务社会的能力，承办“第十届全国博士生学术年会”，联合济宁市举办“山东省科协学术年会”，与台湾、香港的学术团体共同举办“海峡两岸三地自动化和先进制造技术论坛”，编制完成《山东省行业科技发展报告》，青岛等市科协组织了国际脱盐大会等高端学术活动。

海智计划 1月，省科协印发《山东省科协关于进一步加强和推进“海智计划”工作的意见》，依托中国科协及所联系的海外80多个科技团体以及在鲁高等院校、科研院所，筹备成立海智人才为鲁服务联谊会，高益槐、刘震和张杰等19位海智专家作为联谊会副会长和常务理事。特邀联谊会副会长高益槐教授两次来鲁做现场技术指导、学术报告和进行项目合作洽谈。邀请联谊会理事、全日本中国人博士协会副会长刘震教授，先后到多家单位考察交流，就福祉示范园区建设、福祉工学研发等项目进行交流对接，达成初步合作意向。组织开展“海智山东之旅”活动和项目对接，邀请知名海智专家到山东省企业实地考察指导，与企业进行产学研用有效对接。

【人才与建家】 2012年，评选表彰第四届山东省十大杰出工程师，首届十大杰出护士长、百佳护士，举荐32名全国优秀科技工作者，向省法院推荐28名保护知识产权咨询专家。省科协与17个市科协签订人才工作目标责任书，开展科学道德与学风建设宣讲教育和青少年高校科学营活动，实施老科学家学术成长资料采集工程。济南市科协被中国科协确定为国家级科技思想库试点单位，东营市科协创办新型农民学校和博士生协会，聊城市科协设立护士奖，泰安市科协开展农村专业技术职称评审工作，淄博市科协举办新型农民创业和金蓝领培训，烟台市科协被中国科协评为全国科技工作者状况调查优秀站点。

【自身建设】 学习贯彻党的十八大精神，以十八大精神统一思想、凝聚力量。组织山东省科技界庆祝省十次党代会、喜迎十八大书画摄影展。十八大召开后，按照省委部署，面向科技界传达学习党的十八大精神，形成学习热潮。把握推动县域科学发展的有利时机，开展县级科协30强评选和市级科协考核工作，调研起草《高校科协组织通则》和《加强高新技术开发区等园区及所属企业科协组织建设的意见》，推动基层组织建设实现新突破。济宁市委、市政府出台加强园区科协建设的意见，日照市科协推进企业科协建设的做法被《山东信息》专题刊发，滨州、德州等市科协着力推进开发区科协和老科协的建设。全省老科协组织达770个，会员12万多人；农技协总数14 976个，会员399.9万人。山东农技协获全国省级组织建设先进单位称号。加强宣传工作，对200多名科技人员进行宣传，《大众日报》对全国优秀科技工作者袁洪刚的事迹进行了宣传报道。12月31日，省机构编制委员会办公室批复同意设立省科协调研宣传部。17个市出台科协宣传工作意见，德州等6个市科协设立宣传部门。举办青年干部、县级科协主席和反邪教协会秘书长等培训班，干部队伍素质得到提高。当年，省科技馆研发成功全国首个流动4D科普影院，展教活动惠及300万人次。《山东科技报》发行16万份，《科技致富向导》杂志发行3.6万份。科技培训中心全年招收学员1 400余人；科技咨询中心认定登记技术合同1 126项，完成鉴定委托14项；省青少年科技活动中心的基地建设稳步推进；省青少年科技辅导员协会单位会员达100个；老科技工作者服务中心开展“四级联动创先争优”活动，服务能力不断增强；省农村致富技术函授大学承担“农民科技素质提升星火培训工程”。

（省科协办公室）

【科技活动周】 5月，举办了以“科技引领未来发展，创新建设美好山东”为主题的2012年山东省科技活动周开幕式暨支持菏泽打造区域自主创新高地启动仪式，并作为全国科技活动周组委会指定的4个分会场之一，参与全国卫星直播互动。据不完全统计，活动周期间，省市两级共开展活动600多项，其中举办各类讲座、报告会、研讨会、论坛等250多场，面向青少年的科技活动180多项，面向农村、为农民服务的各类活动300多项。开放各类重点实验室、科普基地、科技场馆等380多处，接受各类咨询295万人次，发放技术资料、宣传品等280多万份，全省共有450万人以不同形式和不同方式参加各类科技和科普活动。该届科技活动周还在全省范围内举办了一系列科技下基层、科技政策法规宣讲以及科技惠民服务等活动。

（省科技厅政策法规处）

行业科技进步

HANGYE KEJI JINBU

农业科技

【概述】 2012 年，全省农业科技系统认真贯彻落实中央和省委两个一号文件精神，以开展全省农业科技促进年活动为主线，以省委省政府、省农业厅名义召开了全省科技兴农、全省基层农技推广体系建设、省农业厅党组中心组等 3 次会议，以省委、省政府名义出台鲁发〔2012〕1 号、鲁发〔2012〕11 号和鲁政办发〔2012〕9 号等 3 个重要文件，组织实施省现代农业产业技术体系创新团队建设、农民培训、基层农技推广体系改革与建设补助项目和条件建设项目等 4 个大型科教项目，农业科技进步贡献率达到 59.6%。全省农业增加值 4 281 亿元，占全国的 8.2%，多年居全国首位；全省农林牧渔业总产值 7 945.75 亿元；农民人均纯收入 9 446 元，比全国平均水平（7 917 元）高 1 529 元，居全国第 8 位；全省农产品出口创汇额 150.2 亿美元，约占全国的 1/4，连续 13 年居全国第 1 位；粮食总产量 902.3 亿斤，实现连续十年增产；棉花总产量 69.8 万 t；油料总产量 350.9 万 t；蔬菜总产量 9 386 万 t；水果总产量 2 924.5 万 t，其中园林水果 1 523.8 万 t；肉类总产量 764.2 万 t、奶类产量 294.1 万 t、禽蛋产量 402.0 万 t。

【全省科技兴农大会】 2012 年 11 月 6 日，省委省政府时隔 30 年再次召开全省科技兴农大会，研究部署今后 5 ~ 10 年全省农业科技发展思路、重点任务。会上，省长姜大明为中国工程院院士、山东农业大学教授束怀瑞，中国工程院院士、山东农业大学教授于振文，中国工程院院士、中国水产科学院研究员唐启升，中国工程院院士、中国水产科学院雷霁霖研究员，山东农业大学董树亭教授，省农科院赵振东研究员，省农科院何启伟研究员，山东登海种业股份有限公司李登海研究员等 8 位“山东省科技兴农功勋科学家”颁发金牌。会上印发了省委省政府《关于进一步加强科技兴农工作的意见》（鲁发〔2012〕11 号），明确规定：从 2013 年开始，全省各级财政农业科技投入增长幅度要高于同级财政支出的增长幅度，到 2020 年，全省各级财政用于农业科技的总投入占农业增加值的比重达到 1% 以上。会上，省人力资源和社会保障厅、财政厅、科技厅、农业厅、海洋与渔业厅、林业厅等 6 部门联合对全省 79 个先进集体和 159 名先进个人进行表彰，其中先进个人记二等功 47 名、三等功 112 名。为贯彻落实好科技兴农大会精神，省委办公厅专门以鲁办通报的形式印发姜大明、王军民同志在全省科技兴农大会上的讲话。省政府专门向国务院报告了山东省科技兴农工作情况。省政府还确定，今后每 5 年召开一次全省科技兴农大会，表彰一批先进集体和个人。

【农业技术成果推介发布】 2012 年，省农业厅与省科技厅联合发布 2012 年度 52 项主推技术和 86 个主导品种。其中，“小麦氮肥后移高产栽培技术”等 13 项主推技术和“济麦 22 号”等 12 个主导品种被农业部发布。向农业部推荐“小麦深松少免耕镇压节水栽培”等主推技术 22 项，“济麦 22”“登海 605”等 13 个主导品种成为 2013 年拟发布技术和品种。

【成果评审】 2012 年，组织申报省科技进步奖 3 项，省植保站获省科技进步三等奖 2 项。组织开展省级丰收奖评审，有 53 个项目获奖，其中成果奖 51 项、合作奖 2 项。

【新型农民科技培训工程】 2012 年，继续组织实施新型农民科技培训、新型农民创业培训和农村劳动力培训阳光工程“三大农民培训工程”，并开展农村两委培训和新型职业农民培训试点工作。全年农民培训总经费 11 650 万元。新型农民科技培训安排项目县 60 个，培训农民辅导员 1.2 万人、示范农户 24 万户。全省认定省级新型农民创业培训基地 8 家，安排培训任务 17 100 人。全省认定阳光工程培训机构 250 家，职业技能培训 8.2 万人，专项技术培训 11.3 万人，安排职业技能鉴定任务 3 万人。组队参加全国职业院校农业技能大赛，获得 3 金、4 银、1 铜的好成绩。确定济南乡村绿洲农业科技开发有限公司等 6 家单位为全国青少年农业科普示范基地。

【省现代农业产业技术体系创新团队建设】 2012 年，继续推进创新团队建设。首次对玉米、蔬菜、水果 3 个创新团队开展绩效考评，并提出创新团队建设意见。新启动棉花、刺参、羊 3 个产业技术体系创新团队，使体系规模扩大到 9 个产业，设置首席专家 9 名、岗位专家 84 名和综合试验站负责人 50 名。5 月，省农业厅在济南、泰安、青岛三地召开座谈会，调研省创新团队建设存在的问题及建议。省农业厅、财政厅与首席专家层层签署《三年任务规划书》，确保落实团队建设任务。建设完善省创新团队网络管理平台，刊发创新团队工作简报 29 期。

【基层农技推广体系改革】 2012 年 2 月，省政府办公厅下发《关于加快推进乡镇农业公共服务机构建设的意见》(鲁政办发〔2012〕9号),省农业厅制定下发《山东省推进乡镇农业公共服务机构建设工作方案》,成立推进工作领导小组。据统计,截至2012年底,基层农技推广机构覆盖全省所有乡镇,达到一乡一站;90%以上乡镇,以单独设置或加挂牌子等方式,建立农产品质量安全监管机构。同年,中央财政安排山东省1.535亿元资金,在全省124个农业县(市、区)实施"基层农技推广体系改革与建设补助项目",实施范围包括种植业、畜牧业和水产养殖业;安排1.58亿元中央预算内投资,在全省121个县的1 008个乡镇站和33个区域站实施"基层农技推广服务体系条件建设项目"(不包括单列市青岛)。基层农技推广体系建设"两覆盖"政策在山东省农业县(市、区)和农业乡镇得到全部实现。

【农业科技执法工作】 2012年,组织召开了全省农业转基因生物安全监管工作暨培训会议,并对农业部批准的转基因生物安全评价试验进行安全监管。组织开展全省农业转基因产品标识检查,共出动执法人员2 022人次,检查生产企业、粮油交易市场、超市1 205家,查处不规范标识46件,并责令限期整改。在植物新品种保护方面,全省共出动执法人员28 624人次,检查企业(单位)、种子市场12 047家,查处侵犯品种权案件12件。

【农业专家顾问团】 2012年,农业专家顾问团深入基层和生产第一线,抓住农业、农村有影响的专题开展调研,服务"红黄蓝"3区经济发展成效显著,编写《依靠农业科技创新大力推进农业现代化(2012年山东省农业专家顾问团论文选编)》。7月,省政府办公厅下发《关于省农业专家顾问团组成人员名单的通知》(鲁政办字〔2012〕104号)。确定了小麦、农经、玉米等专业的13个顾问团,共127名专家,顾问团成员基本覆盖山东省农口各领域。8月,农业专家顾问团在蓬莱召开了研讨会。

【农机系统】 2012年,全年小麦机播、机收率98%,玉米机播率95%,机收面积占可机收面积的80%。推广小麦、玉米秸秆切碎还田、深耕深松、免耕播种和玉米晚收等机械化新技术。全省首次购进采棉机2台,建设机采棉清选加工生产线1条。实施农机化扶持政策,全年安排购机补贴资金13.7亿元,补贴各类机械43万台,受益农民19.2万户。制定《山东省农机安全监理执法检查工作规范》《农机安全监理行政处罚程序规定》《农机安全监理行政处罚自由裁量适用规则》等3个规范性文件,进一步规范了农机监理工作。

【农业技术推广系统】 2012年,小麦全省152个万亩高产示范片平均亩产603.36kg,十亩高产攻关田单产过700kg的地块14个,最高亩产767.8kg(曹县);玉米全省343个万亩示范片平均亩产617.98kg,有4个地块的十亩高产攻关田平均亩产超过1 000kg,最高亩产1 082.1kg(滕州),有20个地块平均亩产超过900kg;水稻全省10个万亩示范片平均亩产606.77kg,十亩高产攻关田中最高单产721.69kg(临沂河东区);花生全省40个万亩示范片平均亩产400.36kg,十亩高产攻关田中最高单产643.7kg(莒南);大豆全省7个万亩示范片平均亩产211.67kg,十亩高产攻关田中最高单产265.2kg(东平);马铃薯全省7个万亩示范片平均亩产3 540.4kg,十亩高产攻关田中最高单产5 881.8kg(肥城)。先后举办大型技术培训班10余期,培训基层农技专业技术人员2 200多人次,编写培训教材110多万字,发放技术资料5.5万余份。引进小麦、玉米、花生新品种(系)53个,安排新品种展示田670hm^2(10 050亩)。制定《绿色食品嫁接番茄生产技术规程》等山东省地方标准15项。

【棉花系统】 2012年,山东省棉花种植面积68.99万hm^2(1 034.8万亩),单产67.5kg,总产69.84万t。继续开展棉花良种补贴,全省实际落实补贴面积65.20万hm^2(977.9581万亩,不含青岛),补贴资金14 669.37万元。制定印发《2012年棉花备播及播种保苗技术意见》和《2012年山东省棉花中后期管理技术意见》。开展技术培训,印发技术资料66万份,各级农业专家指导次数1 600多次,培训人员13万人次。同年,山东省棉花高产创建新增28个片,总数达70片,涉及67个乡镇、140 669个农户,示范面积4.93万hm^2(73.9万亩)。落实"盐碱地棉花丰产栽培技术"和"抗虫棉超高产模式化栽培技术推广项目"两个项目,分别增加经济效益2 165.54万元和28 191.4万元。

【果树茶叶系统】 2012年,山东省水果面积60万hm^2(900万亩),产量超过1 550万t,分别比上年增1.35%和3.5%。先后立项并实施"苹果矮砧集约栽培技术推广"等3项财政支持推广项目。安排农业部"菜篮子"项目实施工作,全省创建水果标准园10个,抽检样品50个,农残合格率均达100%。举办果树、茶叶技术培训班3期,培训市县级基层专业科技人员370余人次。制定地方标准规范管理技术,组织编制《苹果园壁蜂授粉技术规程》等山东省地方标准4个。

【土壤肥料系统】 2012年,开展土壤有机质提升工作。在济南市历城区、陵县等15个县(市、区)74个乡镇(街道)实施,采购有机物料腐熟剂3 084.926t,商品有机肥7 500t,实际使用资金1 800万元,资金使用率100%。实际完成补贴面积8.57万hm^2(128.488万亩),比计划实施面积增加了16.8%。山东省测土配方施肥项目投资4 400万元,安排项目单位126个,安排试验示范1 259处(其中果菜试验267处),发放施肥建议卡1 358万份,技术推广面积0.067亿hm^2(1亿亩),推广配方肥210万t,实现节本增效49亿元。建成省级土壤墒情监测点260个,县市级监测点610个,省站全年发布墒情信息29期,发送手机短信 2 500 人次。农资肥料市场监管方面，累计出动人员 8 460 人次，抽查经销单位 2 890 个，肥料生产企业 3 138 家（次），经销市场 701 个，涉及全省 89 县市区，查处假冒伪劣产品 884.4t。开展测土配方施肥标准化验室创建工作，文登等 6 个市创建的测土配方施肥标准化验室被全国农技推广服务中心正式批准为测土配方施肥标准化验室。

【植保系统】 2012 年，山东省病虫草鼠害综合发生程度为中等，全省农作物累计发生各种病虫害 6.42 亿亩次。全省开展病虫害防治 6.69 亿亩次，挽回各类农作物损失 2 484 万 t，其中果、菜 1 300 多万 t，粮食 650 多万 t。当年，84 个全国区域测报站和省级重点测报站全省全年监测病虫 110 余种，收发模式电报 55 种 1 400 站次，完成率 95%；旬报 400 站次，完成率 90%；周报 50 次，完成率 100%。完成编制农作物病虫测报调查技术规范 31 种，建立病虫害模式报表 70 种，在农科频道直播《农科直播间》28 期。全省使用各种类型杀虫灯近 10 万盏，年使用性诱剂 13 余万套，年使用色板 150 余万套，年使用防虫网面积 12 余万亩，带动全省年绿色控害技术推广面积 3 000 余万亩。继续实施农业部"农作物病虫害统防统治中央财政专项"，在章丘等 5 个项目县（区）建立小麦、玉米、棉花病虫专业化防治示范区面积 0.4 万 hm^2（6 万亩）。开展检疫法规和检疫知识的宣传，在《山东科技报》上举行植物检疫知识竞赛，组织举办 153 期培训班，培训人数 14 117 人。全省出动检疫人员 14 609 人次，车辆 4 423 台次，检查种子市场 687 个，检查生产经营单位 9 518 个。继续推进专业化统防统治，全省专业化统防统治面积 3 830 万亩次，比上年增加 560 万亩次，其中小麦专业化统防统治面积 2 180 万亩次，占防治面积的 12.8%；玉米专业化统防统治面积 1 230 万亩次，占防治面积的 7.0%。

【环保系统】 2012 年，开展农产品产地土壤重金属污染监测。在临沂和菏泽两市的郊区、工矿企业区和污灌区布设水质检测断面采样点 30 个，土壤监测点 300 个，大气降尘检测点 10 个。开展农业面源污染防治，大力推广农业清洁生产技术示范，优选出秸秆养藕、生态养猪、秸秆反应堆、四位一体大棚、沼渣沼液综合利用、农业病虫害综合防治及农药化肥减量化等一系列清洁生产模式。开展农村清洁工程示范，建成国家级农村清洁工程示范村 8 个，省市县级示范村 30 个，全省农村清洁示范村 162 个。组织起草《山东省农业外来生物入侵突发事件应急预案》，保证农业生态安全。开展对山东省 8 种重点外来入侵生物物种的排查工作，确定黄顶菊、空心莲子草（俗称水花生）、野燕麦、银胶菊、水葫芦、剑叶金鸡菊等山东省的主要外来入侵物种，发生面积达 1.59 万 hm^2（23.92 万亩）。组织开展农业野生植物资源调查，调查农业野生植物物种 12 种。开展外来入侵生物培训和灭除行动，全年举办各类培训 164 个，培训人员 37 172 人次，发放宣传材料 322 390 份。研究制定应用技术规范，转化山东省地方标准 6 项。

【种子管理系统】 2012 年，按照农业部新的两证管理办法，全年核发种子生产许可证 162 个（省级发 B 证 22 个，C 证 126 个，市级发证 14 个），种子经营许可证 63 个（省级发 B 证 22 个，C 证 25 个，市级发证 10 个，县级发证 6 个）。加大对种子市场的专项检查和质量抽查力度，累计出动执法人员 45 168 人次、执法车辆 13 034 车次，检查种子生产经营业户 34 613 个次，检查主要农作物品种 29 905 个次，现场纠正违法违规行为 3 808 起；立案查处种子违法案件 837 起，没收违法种子 13.6 万 kg，罚款 221 万元，挽回经济损失 2 161 万元。全年全省培训种子管理系统检验员 301 名，种子企业检验人员 1 879 名。推动种子诚信建设，山东省获国家 AAA 级信用的企业 12 家、AA 级信用企业 14 家、A 级信用企业 6 家。其中，AAA 级企业和 AA 级企业数均列全国之首。组织完成全省 8 种主要农作物、16 种非主要农作物、1 272 个参试品种、1 184 点次的区域试验任务。分发试验种子 13 000 余份，对 1 023 份样品进行了抗病、抗虫、品质、田间比对、冬春性、DNA 指纹、DUS 等鉴定分析。全年审定通过小麦、玉米、棉花等 8 种主要农作物新品种 36 个及甘薯、西瓜、黄瓜等 8 种非主要农作物新品种 29 个，展示玉米、棉花、大豆、花生、小麦 5 种作物新品种 125 个。实行审定品种标准样品保存制度，新入库样品 366 份，累计入库 1 237 份。强化品种退出机制，对 7 种主要农作物的 129 个品种退出市场，累计退出品种 290 个。

【重点企业科技发展】 2012 年，山东省规模以上龙头企业数量突破 9 000 家，实现销售收入 1.3 万亿元。过亿元龙头企业突破 2 200 家，过百亿元的突破 10 家，省级以上龙头企业总数 831 家。全省参与产业化经营的农户突破 1 800 万户，超过全省总农户数的 75%，提供就业岗位 260 多万个，人均年工资近 2 万元。全省一村一品专业村镇超过 7 000 个，被农业部认定为全国一村一品示范村镇的村镇总数 46 个。行业龙头带动区域经济发展，集群集聚效应逐步显现，全省拥有 10 家省级以上龙头企业的县（市、区）17 个；莱阳等 6 个国家级农业产业化示范基地建设取得进展，集聚规模以上龙头企业 546 家。龙头企业、合作社和农户等多主体有机融合，产业化经营格局逐步形成，全省龙头企业领办或协办农民专业合作社 2 000 多家，有近万家农民专业合作社通过各种形式参股联营龙头企业。全年垦区生产总值 9.1 亿元，增长 12%，人均纯收入突破 1.2 万元，增长 11%。

（省农业厅　姜卫良　杨武杰　高　瑞）

林业科技

【概述】 2012 年，全省林业系统通过组织实施水系绿化、荒山绿化等重点工程，推动造林绿化由部门办林业向社会办林业转变，全年完成造林 19.87 万 hm^2(298 万亩)，连续五年保持在 20 万 hm^2(300 万亩)。林业产业持续快速增长，林业总产值 4 515 亿元。

【重大科技活动】 2012 年 4 月 6 日，山东省林业厅与山东农业大学签署协议，合作共建涉林学科，双方将在资源保护、科学研究、人才培养、产学研基地建设等方面加强合作。为推进林业学科和林业教育事业发展，5 月 7 日，国家林业局和山东省政府在济南签署了合作共建山东农业大学协议。国家林业局、山东省政府将在研究平台、科技项目、师资建设等方面分别对山东农业大学林业学科进行重点支持。

【科技计划】 2012 年，“林木良种选育”“高档干果（核桃、板栗、枣）新品种选育”“林木种质资源保护与利用”列入山东省农业良种工程重大课题实施计划，在省财政支持下，持续开展林木育种研究。两个项目列入引进国外林业先进技术项目年度计划，其中，“切花红掌新品种及高效栽培技术引进”项目从荷兰引进 10 个切花红掌新品种和高效生产技术，经品种筛选和技术组装优化后进行产业化开发。“特色小浆果良种选育及产业化技术开发与示范”项目列入 2012 年度公益性行业科研重大专项计划并已正式启动实施，标志着全省在国家级林业重大科研项目上取得新的突破。启动“侧柏生态公益林抚育经营关键技术研究”等 4 项应用技术研发。“山东省集体林权制度改革视野下林业分类经营制度改革与创新”列入省软科学发展计划。向省财政厅遴选推荐和启动“牡丹、芍药根结线虫病生防菌剂研制与综合防治技术研究”“黄河三角洲盐碱化土地高效利用模式配置研究”等 2 个应用技术创新项目。

【科技创新平台建设】 2012 年，加快生态系统定位研究站等科技创新平台体系建设。国家林业局华东核桃工程技术研究中心顺利通过国家林业局组织的专家评审。国家林业局经济林产品质量检验检测中心（济南）通过专家评审，获准正式筹建。加快单一树种品种研发机构和平台建设，成立山东省核桃工程技术研究中心。根据调研和整体生态布局，提出山东省森林生态站网建设意见。启动“蒙山森林生态定位研究站”前期筹备工作。为开展全省森林认证试点做准备，在临沂市建立了全国第一个市级森林认证中心——临沂市森林和林产品认证中心。在曲阜市设立由尹伟伦院士牵头的院士工作站。加强省级重点实验室和省级工程技术中心的创新能力建设，组织山东省林科院投资 300 余万元进行仪器设备更新改造。

【科技推广与成果转化】 2012 年，争取中央财政资金，遴选 17 项主推技术在全省进行大面积推广。先后组织有关单位完成了国家和省农业科技成果转化资金项目的遴选和申报工作，“红叶石楠优良品种中试与示范”“大粒优质板栗新品种‘宝丰’标准化丰产栽培技术示范”分别列入国家和省农业科技成果转化资金项目计划。组织全省各市林业主管部门和承担单位开展 4 次资金、项目和档案大检查，组织进行自查自纠，向国家林业局、财政部报送调研报告。按照国家林业局和省政府安排，通过问卷、座谈会、现场考察等形式对全省实施农业技术推广法的情况进行调研，取得基础数据 1 000 多个，提出修改建议 20 多条。通过实地走访考察和座谈的形式对 7 个县市 20 多个乡镇的科技推广体系的软硬件建设情况进行调研，提出当年、下一年的建设计划。

【品种与技术创新】 2012 年，依托国家和省科技项目，由山东省林业科学研究院开展的“平衡根系轻基质容器育苗关键技术”项目研究取得重大突破。该研究针对我国传统容器育苗容器和技术落后、普遍存在窝根、稀根、弱根等问题，通过创新，将我国传统育苗升级为可保障根系平衡的易穿透、轻基质、免回收、低成本、高效率、环保型单体容器育苗技术，研制出新型育苗容器成型机，创新设计了智能化自动控制系统及工厂化育苗配套设备，可生产 5 种育苗容器，生产效率 20 000 个/天，合格率 99% 以上。筛选出适宜主要造林树种的无纺布容器育苗的轻型基质配方，降低基质成本 50% 以上；首次研制出轻基质无纺布容器育苗生物型基质，首次提出主要造林树种的轻基质无纺布容器苗质量调控技术，无纺布容器苗的苗高、地径生长量提高 20% 以上；首次探索无纺布容器苗的抗逆机理，并对造林效果进行经济性评价，荒山造林成活率 96% 以上，造林综合成本比裸根苗降低 35.1%。该项研究申请国家发明专利 2 件，成果已在山东、福建、广东、广西、湖南、内蒙古和辽宁等 20 多个省、市、区示范推广，繁育苗木 4.5 亿株，产生直接经济效益 3.6 亿元。

根据《中华人民共和国种子法》第十六条规定，山东省林木品种审定委员会审定通过侧柏泰山普照寺种源等40个林木品种，认定通过'特早红'李等6个林木品种。这46个品种可以作为林木良种使用，并在规定的适宜种植范围内推广。具体如下：

通过审定的品种

侧柏泰山普照寺种源
报审者：山东农业大学
学名：*Platycladus orientalis*
通过类别：审定
良种类别：优良种源
编号：鲁 S-SP-PO-001-2012
适宜种植范围：鲁中南地区。

侧柏肥城牛山种源
报审者：山东农业大学
学名：*Platycladus orientalis*
通过类别：审定
良种类别：优良种源
编号：鲁 S-SP-PO-002-2012
适宜种植范围：鲁中南地区。

侧柏微山鲁山种源
报审者：山东农业大学
学名：*Platycladus orientalis*
通过类别：审定
良种类别：优良种源
编号：鲁 S-SP-PO-003-2012
适宜种植范围：鲁中南地区。

侧柏确山乐山种源
报审者：山东农业大学
学名：*Platycladus orientalis*
通过类别：审定
良种类别：优良种源
编号：鲁 S-SP-PO-004-2012
适宜种植范围：鲁中南地区。

"烟杂1号"黑赤松
报审者：烟台市林业科学研究所
学名：*Pinus thunbergii×P. densiflora* "Yanza Yihao"
通过类别：审定
良种类别：优良品种
编号：鲁 S-SV-PTD-005-2012
适宜种植范围：鲁东、鲁中南地区。

"烟杂2号"黑赤松
报审者：烟台市林业科学研究所
学名：*Pinus thunbergii×P. densiflora* "Yanza Erhao"
通过类别：审定
良种类别：优良品种
编号：鲁 S-SV-PTD-006-2012
适宜种植范围：鲁东、鲁中南地区。

"烟杂3号"黑赤松
报审者：烟台市林业科学研究所
学名：*Pinus thunbergii×P. densiflora* "Yanza Sanhao"
通过类别：审定
良种类别：优良品种
编号：鲁 S-SV-PTD-007-2012
适宜种植范围：鲁东、鲁中南地区。

"LX5"毛白杨
报审者：山东省林木种苗站 山东省冠县苗圃
学名：*Populus tomentosa* "LX5"
通过类别：审定
良种类别：优良品种
编号：鲁 S-SV-PT-008-2012
适宜种植范围：山东省毛白杨适生地区。

"LX6"毛白杨
报审者：山东省林木种苗站 山东省冠县苗圃
学名：*Populus tomentosa* "LX6"
通过类别：审定
良种类别：优良品种
编号：鲁 S-SV-PT-009-2012
适宜种植范围：山东省毛白杨适生地区。

"大青山1号"刺槐
报审者：山东省林木种苗站 费县大青山林场
学名：*Robinia pseudoacacia* "Daqingshan Yihao"
通过类别：审定
良种类别：优良品种
编号：鲁 S-SV-RP-010-2012
适宜种植范围：鲁东、鲁中南地区。

"大青山2号"刺槐
报审者：山东省林木种苗站 费县大青山林场
学名：*Robinia pseudoacacia* "Daqingshan Erhao"
通过类别：审定
良种类别：优良品种
编号：鲁 S-SV-RP-011-2012
适宜种植范围：鲁东、鲁中南地区。

"白洼1号"白榆
报审者：山东省林木种苗站 金乡县白洼林场
学名：*Ulmus pumila* "Baiwa Yihao"
通过类别：审定

良种类别：优良品种
编号：鲁 S-SV-UP-012-2012
适宜种植范围：鲁西、鲁西南及鲁中地区。

"白洼 2 号"白榆
报审者：山东省林木种苗站 金乡县白洼林场
学名：*Ulmus pumila* "Baiwa Erhao"
通过类别：审定
良种类别：优良品种
编号：鲁 S-SV-UP-013-2012
适宜种植范围：鲁西、鲁西南及鲁中地区。

"鲁果 9 号"核桃
报审者：山东省果树研究所
学名：*Juglans regia* "Luguo Jiuhao"
通过类别：审定
良种类别：优良品种
编号：鲁 S-SV-JR-014-2012
适宜种植范围：山东核桃适生栽培区。

"鲁果 10 号"核桃
报审者：山东省果树研究所
学名：*Juglans regia* "Luguo Shihao"
通过类别：审定
良种类别：优良品种
编号：鲁 S-SV-JR-015-2012
适宜种植范围：山东核桃适生栽培区。

"鲁果 11 号"核桃
报审者：山东省果树研究所
学名：*Juglans regia* "Luguo Shiyihao"
通过类别：审定
良种类别：优良品种
编号：鲁 S-SV-JR-016-2012
适宜种植范围：山东核桃适生栽培区。

"鲁果 12 号"核桃
报审者：山东省果树研究所
学名：*Juglans regia* "Luguo Shierhao"
通过类别：审定
良种类别：优良品种
编号：鲁 S-SV-JR-017-2012
适宜种植范围：山东核桃适生栽培区。

"泰林 2 号"板栗
报审者：泰安市泰山林业科学研究院
学名：*Castanea mollissima* "Tailin Erhao"
通过类别：审定
良种类别：优良品种
编号：鲁 S-SV-CM-018-2012
适宜种植范围：山东板栗适生栽培区。

"鲁枣 12 号"枣
报审者：山东省果树研究所
学名：*Zizyphus jujuba* "Luzao Shierhao"
通过类别：审定
良种类别：优良品种
编号：鲁 S-SV-ZJ-019-2012
适宜种植范围：山东枣适生栽培区。

"鲁枣 13 号"枣
报审者：山东省果树研究所
学名：*Zizyphus jujuba* "Luzao Shisanhao"
通过类别：审定
良种类别：优良品种
编号：鲁 S-SV-ZJ-020-2012
适宜种植范围：山东枣适生栽培区。

"鲁枣 14 号"枣
报审者：山东省果树研究所
学名：*Zizyphus jujuba* "Luzao Shisihao"
通过类别：审定
良种类别：优良品种
编号：鲁 S-SV-ZJ-021-2012
适宜种植范围：山东枣适生栽培区。

"泰山圆红"枣
报审者：泰安市泰山林业科学研究院
学名：*Zizyphus jujuba* "Taishan Yuanhong"
通过类别：审定
良种类别：优良品种
编号：鲁 S-SV-ZJ-022-2012
适宜种植范围：山东枣适生栽培区。

"泰山长红"枣
报审者：泰安市泰山林业科学研究院
学名：*Zizyphus jujuba* "Taishan Changhong"
通过类别：审定
良种类别：优良品种
编号：鲁 S-SV-ZJ-023-2012
适宜种植范围：山东枣适生栽培区。

"沂水红"苹果
报审者：山东省果树研究所
学名：*Malus pumila* "Yishuihong"
通过类别：审定
良种类别：优良品种
编号：鲁 S-SV-MP-024-2012

适宜种植范围：山东苹果适生栽培区。

“岳香”苹果

报审者：山东省新泰市唯特果树研究所 山东省果树研究所

学名：*Malus pumila* “Yuexiang”

通过类别：审定

良种类别：优良品种

编号：鲁 S-SV-MP-025-2012

适宜种植范围：山东苹果适生栽培区。

“鲁茶 1 号”茶

报审者：日照市茶叶科学研究所

学名：*Camellia sinensis* “Lucha Yihao”

通过类别：审定

良种类别：优良品种

编号：鲁 S-SV-CS-026-2012

适宜种植范围：山东茶主产区。

“鲁茶 2 号”茶

报审者：日照市茶叶科学研究所

学名：*Camellia sinensis* “Lucha Erhao”

通过类别：审定

良种类别：优良品种

编号：鲁 S-SV-CS-027-2012

适宜种植范围：山东茶主产区。

“蒙山青秀”木瓜

报审者：曹帮华 公庆党 张秀秀 王相来 曹曦东 魏效德 黄彦新 管其德 李观合 吴丽云

学名：*Chaenomeles speciosa* “Mengshan Qingxiu”

通过类别：审定

良种类别：优良品种

编号：鲁 S-SV-CSP-028-2012

适宜种植范围：鲁中南地区。

“宜食康”木瓜

报审者：曹帮华 张延杰 王显福 曹玉翠 贾波 秦永建 赵庆林 赵明星

学名：*Chaenomeles sinensis* “Yishikang”

通过类别：审定

良种类别：优良品种

编号：鲁 S-SV-CSI-029-2012

适宜种植范围：鲁中南地区。

“红丽”海棠

报审者：光合园林股份有限公司 山东省林业科学研究院 山东农业大学

学名：*Malus* “Red Splendor”

通过类别：审定

良种类别：引种驯化品种

编号：鲁 S-ETS-MA-030-2012

适宜种植范围：鲁中南地区。

“珠穆朗玛”海棠

报审者：光合园林股份有限公司 山东省林业科学研究院 山东农业大学

学名：*Malus* “Evereste”

通过类别：审定

良种类别：引种驯化品种

编号：鲁 S-ETS-MA-031-2012

适宜种植范围：鲁中南地区。

“奈微利考伯曼”海棠

报审者：光合园林股份有限公司 山东省林业科学研究院 山东农业大学

学名：*Malus* “Neville Copeman”

通过类别：审定

良种类别：引种驯化品种

编号：鲁 S-ETS-MA-032-2012

适宜种植范围：鲁中南地区。

“印第安魔力”海棠

报审者：光合园林股份有限公司 山东省林业科学研究院 山东农业大学

学名：*Malus* “Indian Magic”

通过类别：审定

良种类别：引种驯化品种

编号．鲁 S-ETS-MA-033-2012

适宜种植范围：鲁中南地区。

“密枝”侧柏

报审者：山东农业大学

学名：*Platycladus orientalis* “Mizhi”

通过类别：审定

良种类别：优良品种

编号：鲁 S-SV-PO-034-2012

适宜种植范围：鲁中南地区。

“白兰地”红花槭

报审者：布凤琴 刘毓 张保全 刘红权 刘媛 哈新英

学名：*Acer rubrum* “Brandywine”

通过类别：审定

良种类别：引种驯化品种

编号：鲁 S-ETS-AR-035-2012

适宜种植范围：鲁东、鲁中地区。

“卓越”红花槭

报审者：济南市花卉苗木开发中心 山东建筑大学

学名：*Acer rubrum* “Somerset”

通过类别:审定
良种类别:引种驯化品种
编号:鲁 S-ETS-AR-036-2012
适宜种植范围:鲁东、鲁中地区。

"黄金橘"三色堇
报审者:青岛美田花卉种子有限公司
学名: *Viola tricolor* "Huangjinju"
通过类别:审定
良种类别:优良品种
编号:鲁 S-SV-VT-037-2012
适宜种植范围:山东半岛适生区。

"红嫁衣"三色堇
报审者:青岛美田花卉种子有限公司
学名: *Viola tricolor* "Hongjiayi"
通过类别:审定
良种类别:优良品种
编号:鲁 S-SV-VT-038-2012
适宜种植范围:山东半岛适生区。

"黄蝴蝶"三色堇
报审者:青岛美田花卉种子有限公司
学名: *Viola tricolor* "Huanghudie"
通过类别:审定
良种类别:优良品种
编号:鲁 S-SV-VT-039-2012
适宜种植范围:山东半岛适生区。

"蓝精灵"三色堇
报审者:青岛美田花卉种子有限公司
学名: *Viola tricolor* "Lanjingling"
通过类别:审定
良种类别:优良品种
编号:鲁 S-SV-VT-040-2012
适宜种植范围:山东半岛适生区。

通过认定的品种

"特早红"李
报审者:山东省果树研究所
学名: *Prunus salicina* "Tezaohong"
通过类别:认定
良种类别:引种驯化品种
编号:鲁 R-ETS-PS-001-2012
认定期:5 年
适宜种植范围:山东李适生栽培区。

"魁红"李
报审者:山东省果树研究所
学名: *Prunus salicina* "Kuihong"
通过类别:认定
良种类别:引种驯化品种
编号:鲁 R-ETS-PS-002-2012
认定期:5 年
适宜种植范围:山东李适生栽培区。

"燕子"甜樱桃
报审者:山东省果树研究所
学名: *Prunus avium* "lastoqika"
通过类别:认定
良种类别:引种驯化品种
编号:鲁 R-ETS-PA-003-2012
认定期:5 年
适宜种植范围:山东甜樱桃适生栽培区。

"波尔娜"甜樱桃
报审者:山东省果树研究所
学名: *Prunus avium* "Polna"
通过类别:认定
良种类别:引种驯化品种
编号:鲁 R-ETS-PA-004-2012
认定期:5 年
适宜种植范围:山东甜樱桃适生栽培区。

"达柔"蓝莓
报审者:山东省果树研究所
学名: *Vaccinium corymbosum* "Darrow"
通过类别:认定
良种类别:引种驯化品种
编号:鲁 R-ETS-VC-005-2012
认定期:5 年
适宜种植范围:鲁东、鲁中南地区。

"埃利奥特"蓝莓
报审者:山东省果树研究所
学名: *Vaccinium corymbosum* "Elliott"
通过类别:认定
良种类别:引种驯化品种
编号:鲁 R-ETS-VC-006-2012
认定期:5 年
适宜种植范围:鲁东、鲁中南地区。

注:通过认定的林木良种,认定期满后不得作为良种继续使用,应重新进行林木品种审定。

【科技成果与奖励】 2012 年度,全省林业系统有 12 项成果获山东省科技进步奖,其中一等奖 2 项、二等奖 3 项、三等奖 7 项;全省林业系统连续 11 年获省科技进步一等奖，在全国林业系统位居前列。11 月 6 日，联合省人社厅、财政厅、科技厅等 6 部门共同召开全省科技兴农大会，全省林业系统有山东省林业科学研究院等 13 个单位获全省科技兴农先进集体称号；夏阳等 24 名同志被授予山东省科技兴农先进个人称号，其中 7 名同志记二等功、17 名同志记三等功。

【林业标准化】 2012 年，由山东省林业科学研究院、山东省林木种苗站等单位完成的《石榴产品质量等级》《甜樱桃培育技术规程》《盐碱地柽柳栽培技术规程》《侧柏容器育苗技术规程》等 4 项行业标准通过国家林业局组织的专家审查，已正式发布实施。《白蜡育苗技术规程》《白蜡苗木质量分级》《法桐苗木质量分级》《法桐栽培技术规程》《高标准农田林网建设技术规程》《乡村人居林建设技术规程》《飞机施药防治美国白蛾技术规程》等 7 项省地方标准通过省质量技术监督局组织的专家审查，已正式发布实施。

【植物新品种保护】 2012 年，全省有 10 项林业植物新品种权申请获得授权，新增新品种权申请 16 项，其中 6 项申请由国家林业局初审公告，7 项申请由国家林业局受理（如表所示）。截至年底，全省累计有 58 个林木新品种申请授权保护，其中 43 个获新品种权，申请数量和授权数量位居全国各省前列。

2012年山东省林业植物新品种授权名录表（10项）

品种名称	品种权人	品种培育人	品种权号	授权日
朝阳椿(臭椿属)	肖进魁	肖进魁	20120028	2012年4月11日
岱岭杏(杏)	泰安市泰山林业科学研究院	冯殿齐　王玉山　赵进红　王　迎	20120035	2012年4月11日
山农银一(银杏)	山东农业大学	邢世岩	20120050	2012年4月11日
山农银二(银杏)	山东农业大学	邢世岩	20120051	2012年4月11日
日丽(核桃属)	山东省林业科学研究院 泰安市绿园经济林果树研究所	侯立群　王钧毅　赵登超　韩传明　崔淑英 王翠香	20120129	2012年12月26日
岱健枣(枣)	泰安市泰山林业科学研究院	冯殿齐　赵进红　王玉山　王　迎　张　辉	20120137	2012年12月26日
岱康枣(枣)	泰安市泰山林业科学研究院	冯殿齐　赵进红　王玉山　王　迎　张　辉	20120146	2012年12月26日
优雅(银杏)	郭善基	郭善基　王　迎　张泰岩　黄迎山　宋承东	20120157	2012年12月26日
甜心(银杏)	郭善基	王　迎　郭善基　张泰岩　黄迎山　宋承东	20120158	2012年12月26日
魁栝(银杏)	郭善基	郭善基　王　迎　张泰岩　黄迎山　宋承东	20120159	2012年12月26日

2012年山东省林业植物新品种申请名录表（13项）

品种名称	申请人	品种培育人	申请号
渤海柳1号(柳属)	滨州市一逸林业有限公司 山东省林业科学研究院	焦传礼　刘德玺　宫敬东　刘桂民　姚树景	20120077
渤海柳2号(柳属)	滨州市一逸林业有限公司 山东省林业科学研究院	焦传礼　刘德玺　王振猛　刘桂民　吴全宇　王莉莉 姚树景	20120078
渤海柳3号(柳属)	滨州市一逸林业有限公司	焦传礼　刘德玺　姚树景	20120079
鲁硕红(蔷薇属)	潍坊科技学院	李美芹　刘建民　曹帮华　吕金浮　刘永光　薛其勤 乔　宁　裴华丽　杨天慧　王兴翠　林桂玉	20120110
彩虹榆(榆属)	王华田、潍坊市佰金农林科研所	王华田　单百平　王焕然	20120148
四海升平(紫薇)	泰安市泰山林业科学研究院 山东农业大学 泰安时代园林科技开发有限公司	丰　震　张　林　王长宪　张安琪　颜卫东　孙忠奎 王郑昊　王厚新　王　峰　李承秀	20120151
东岳彩霞(槭属)	泰安市泰山林业科学研究院 泰安时代园林科技开发有限公司	王厚新　陈荣伟　李　宾　王　波　颜　迎　张　林 王　峰　李承秀　孙忠奎　于永畅	20120218
东岳紫霞(槭属)	泰安市泰山林业科学研究院 泰安时代园林科技开发有限公司	张　林　孙忠奎　颜卫东　李　宾　王郑昊　王长宪 王厚新　王　峰　李承秀　孔繁伟	20120217
东岳红霞(槭属)	泰安市泰山林业科学研究院 泰安时代园林科技开发有限公司	王长宪　孙忠奎　王郑昊　陈荣伟　张安琪　王厚新 王　峰　李承秀　杜　辉　王富金	20120216

续表

品种名称	申请人	品种培育人	申请号
东岳果丰(槭属)	泰安市泰山林业科学研究院 泰安时代园林科技开发有限公司	李承秀 颜卫东 王郑昊 李 宾 王长宪 张 林 王厚新 孙忠奎 孔繁伟 杨 凯	20120215
东岳佳人(槭属)	泰安市泰山林业科学研究院 泰安时代园林科技开发有限公司	王 峰 张 兴 张安琪 王 波 王长宪 张 林 颜卫东 孙忠奎 仲风维 牛 田	20120214
金凯特(杏)	山东省果树研究所	王金政 薛晓敏 安国宁 张安宁 路 超 郭长利	
魁金(杏)	山东省果树研究所	王金政 石荫坪 王强生 薛晓敏 安国宁	

知识产权保护工作 组织有关单位和相关人员参加国家林业局科技发展中心在西安市举办的林业知识产权保护与管理培训班。扶持3家试点单位开展林业知识产权创造与运用探索,组织试点单位参加国家林业局在杭州举办的林业植物新品种保护与应用交流研讨会,山东省林科院对该院获得的具有自主知识产权的3个杨树新品种、3个核桃新品种和6个白蜡新品种进行重点推介,泰山林科院作题为"银杏新品种,成就大产业"的典型发言。泰山林科院作为全国第一批林业知识产权试点单位,经过为期两年的试点,知识产权申请量和授权量快速增加,通过了国家林业局组织的验收。根据《国家林业局办公室关于严厉打击侵犯植物新品种权行为的通知》要求和布署,组织开展打击侵犯植物新品种权行为活动。成立山东省林业厅严厉打击侵犯植物新品种权行为领导小组,下发《山东省林业厅关于转发国家林业局办技字〔2012〕91号文件及印发严厉打击侵犯植物新品种权行为工作实施方案的通知》。按照山东省打击侵权假冒工作领导小组办公室要求,省林业厅组织有关单位和专家学习和研究《2012年山东省打击侵犯知识产权和制售假冒伪劣商品工作要点》《山东省知识产权战略纲要(草案)》,结合全省林业实际提出了具体修改意见和建议。在国家林业局网站和《山东林业科技》杂志上发布"加强植物新品种保护 提升科技创新能力——山东省林业知识产权保护事业蓬勃发展"的宣传材料。与山东农村大众报、宁阳县委宣传部以及当地林业部门联合在宁阳县鹤山乡组织开展科技下乡活动,在基层开展林业知识产权保护宣传工作。

【林业科技特派员创业行动】 2012年,贯彻落实国家林业局、科技部《关于开展林业科技特派员科技创业行动的意见》和全省科技特派员农村科技创业行动推进会议精神,组织科技特派员开展科技咨询、技术推广、技术培训和开展科技服务。按照省委省政府统一部署,遴选5名优秀科技人员作为科技特派员,分赴东平县、枣庄市山亭区等5个县(区)开展科技帮扶。根据各地需求和科技特派员业务专才,按照"双向选择、按需选派"原则,遴选第三批60名林业科技特派员,使全省林业科技特派员总数达到180名,逐渐成为全省林业新技术、新成果推广的骨干力量。

【科技培训与科普工作】 2012年,围绕利用现代传媒,普及推广先进实用技术,开展实用技术培训。组织指导各市围绕区域特色产业发展,开展美国白蛾防治技术、经济林标准化生产技术、森林抚育技术等实用技术培训。结合实施全省文化、科技、卫生"三下乡"活动,参加中宣部在临沂市举办的科技活动周活动,会同青岛市林业局举行全省林业系统科技下乡活动启动仪式。协调有关报社、电视台在泰安市、济宁市组织开展技术服务和生产现场技术咨询活动。结合实施林业科技推广项目,组织有关专家编写林农技术服务教材。结合科技特派员行动,在枣庄山亭区举办核桃、大枣等主题科技下乡活动,邀请有关专家现场授课、现场讲解,受到林农的欢迎,山东新闻联播、热线村村通等栏目对此进行了报道。据不完全统计,全年全省开展省、市、县、乡四级科技下乡活动36 000多次,培训林农20多万人次。

(省林业厅 杨社良)

畜牧科技

【科技计划】 2012年,"畜禽种质资源收集、保护与评价""奶牛现代育种技术体系研究""优质肉牛新品种培育""优质肉猪新品种(配套系)选育""优质肉羊新品种培育""地方优良家禽新品种选育""家禽种质创新利用研究"等7个项目获省农业良种工程重大课题项目立项支持,获财政资金870万元。山东省动物疫病预防与控制中心申报的"抗新城疫病毒中药成分复方的导向分离及其机制研究"项目列入2012年省科技发展计划,获项目资金 20 万元。

【平台建设】 2012 年，山东省畜产品质量检测中心通过山东省畜产品质量安全监测与风险评估重点实验室现场评审，成为全省省级重点实验室依托单位中唯一一家非科研单位；山东省畜牧微生态产业技术战略联盟成为山东省第三批产业技术创新战略示范联盟。

【科技成果与奖励】 2012 年，全省畜牧兽医系统获省科学技术奖 8 项，其中省科技进步奖一等奖 1 项、二等奖 3 项、三等奖 4 项；获省农牧渔业丰收奖 5 项，其中一等奖 1 项、二等奖 2 项、三等奖 2 项（见下表）。

2012年度畜牧行业获山东省农牧渔业丰收奖项目

获奖等级	项目名称	完成单位
一等奖	高效环保型肉牛专用添加剂及低氮、铜排放技术应用与推广	山东省饲料质量检验所等
二等奖	莱芜猪选育及产业化开发	莱芜市畜牧技术推广中心等
	济宁市4 100万只肉鸭生态健康养殖技术研究与推广	邹城市畜牧兽医工作站等
三等奖	新型畜禽养殖模式的研究与推广应用	临沂市生猪产销协会等
	阳信县肉牛标准化养殖配套技术推广	阳信县畜牧站等

【科技推广与成果转化】 2012 年，山东省畜牧总站承担的“青贮玉米新品种扩繁与高产栽培技术集成示范与推广”项目和山东农业大学承担的“商品肉兔营养需要及标准化生产技术”项目获省农业科技成果转化资金项目支持，项目资金均为 20 万元。“规模化肉鸡养殖场鸡舍环境控制技术研究”“超耐药菌在食物链中流行病学监测与防控技术研究”“奶牛场、猪场污染物减排与粪尿生态化利用技术研究”“鸭坦布苏病毒病综合防控技术研究”“禽重要免疫抑制病数字化预警防控体系关键技术研究”“水貂犬瘟热、细小病毒病防制技术研究”6 个课题获省农业重大应用技术创新课题支持，项目资金 220 万元。“畜牧业数字化生产管理技术示范推广”“优质蜂蜜生产及蜜蜂授粉技术示范推广”“肉羊规模化育肥与优质肥羔生产技术示范推广”“优质饲草生产与加工利用关键技术示范推广”“牛羊结核病和布病监测及净化技术”“种畜禽场疫病净化技术示范推广”“畜产品质量安全监控技术示范推广”“集约化繁育母猪饲料发酵湿喂技术示范推广”8 个项目被列入省财政支持农业技术推广项目，获财政资金支持 2 145 万元。

【畜禽良种】 2012 年，制定《山东省畜禽遗传资源保护利用发展规划（2011—2015）》，落实国家畜牧良种补贴项目资金 5 360 万元，对全省 53 万头奶牛、11 万头肉牛、1 500 只种公羊、88 万头生猪实施精液配种补贴。全年获批国家级生猪核心育种场 1 家，指导完善 6 家种猪场组建核心群。牙山黑绒山羊通过品种鉴定，马踏湖鸭通过国家畜禽品种资源鉴定。

【畜禽养殖标准化示范创建】 截至 2012 年底，全省创建奶牛、生猪、蛋鸡、肉鸡、肉牛、肉羊 6 个畜种的国家级示范场 254 个，奶牛、生猪、蛋鸡、肉鸡、肉牛、肉羊、肉鸭、兔 8 个畜种的省级示范场 608 个，市级示范场 1 800 个。示范创建活动有效提升了畜禽养殖规模化、标准化程度。

【质量安全】 2012 年，集中开展生鲜乳、瘦肉精、兽用抗菌药、农资打假等专项整治。全省 765 个生鲜乳收购站和 468 辆运输车全部持证收购、运输，完成 1 250 批次生鲜乳抽检。开展畜禽“瘦肉精”应急监测工作，安排抽检 3 000 批次。饲料生产企业有效期内生产资质证书 2 155 个，完成饲料产品监测 667 批次和尿样“瘦肉精”抽检 600 批次。全省 283 家兽药经营单位通过 GSP 验收，换发经营生物制品企业的经营许可证 17 个，审核转报 2 609 个生产批号，完成兽药监督抽检 1 250 批次，专项整治达到预期目标。组织制修订山东省地方标准 38 项，畜牧业标准体系进一步完善。全省申报无公害畜产品 535 个，新认定产地 363 处，获证产品 210 个，烟台黑猪等 8 个畜产品地理标志产品获农业部登记保护。组织开展畜产品质量安全检测机构考核，全省通过省级考核的质检机构 12 家。

【科技培训】 以畜牧科技促进年为抓手，立足实际，开展了“四项标志性活动、六大专项行动”，推介发布全省 2012 年畜牧业主导品种 15 个、主推技术 14 项。开展现场培训指导 2.9 万余场次，培训县乡畜牧兽医技术人员 4.7 万余人、养殖户 14.5 万余人。全年全省畜牧系统有 13 家单位获全省科技兴农先进集体表彰，7 位同志获二等功、17 位同志获三等功，90 名技术骨干入选“全国万名农技推广骨干人才培养计划”。推进 2012 年山东省农村劳动力培训阳光工程项目实施，对全省 16 个市的 1 320 名畜禽繁育员、2 280 名畜禽养殖员、4 200 名村级防疫员、1 200 名乡村兽医进行分层次、分阶段培训，每个学员财政补贴 600 元，共补贴资金 540 万元。

（省畜牧兽医局　卢　宁）

渔业科技

【概述】 2012年,全省渔业经济总产值3 153.9亿元,同比增长17.84%;水产品总产量841.9万t,增长3.45%。其中,海水产品产量686.1万t,增长3.22%;淡水产品产量155.8万t,增长4.49%。优质水产品养殖发展加快,刺参产量8.3万t;对虾产量14.2万t。远洋渔业快速发展,远洋作业渔船627艘,远洋捕捞量13.2万t,产值17.1亿元。

【科技项目及选介】 2012年,组织科研和推广单位进行海洋公益性行业科研专项、农业科技成果转化资金项目、省农业良种工程水产重大项目、科技发展计划项目、省财政重大农业应用技术创新项目、重大农业成果推广项目的申报和实施工作。全年在研项目144项,资金总额2.45亿元。新上各类科研项目45项,项目资金1.37亿元。在研项目数量和资金总额较上年有较大增长。

黄渤海浅海底层生物资源产业生态化开发关键技术研究与示范(国家海洋公益性行业科研专项经费项目,研究时间为2012—2015年)。项目自启动以来,在生境优化方面,设计出5种新型人工藻礁,研制了1种适用于海区大型藻类直接移栽的移植框和2种配套的梯形台藻类增殖礁体。在示范区建设方面,分别在黄海、渤海海域建设5处示范区,面积1 400hm²(21 000亩)。项目申报专利6件,整理学术论文8篇,编制2项山东省渔业地方标准,出版著作《刺参安全生产指南》,邀请相关专家对项目阶段性研究成果进行5次现场验收。

大泷六线鱼规模化繁育技术研究(山东省科技发展计划项目,研究时间为2011—2013年)。项目开展并深化六线鱼亲鱼生殖调控与促熟培育、人工授精、孵化、苗种培育等方面研究。摸清大泷六线鱼亲鱼性腺的发育规律,优化人工催产、授精、孵化技术。利用单层平面授精方式,大大增加授精时精卵有效结合的几率,彻底解决了受精率低的问题,受精率97%;利用光照和流水刺激,明显提高了受精卵的孵化率,受精卵孵化率92.7%;通过温度、盐度等环境因子与六线鱼仔稚幼鱼生长关系的研究,摸清六线鱼生长的规律,育苗成活率45%,并形成一套适合六线鱼苗种培育的技术规范。项目已培育大泷六线鱼亲鱼1 000尾,获得性成熟亲鱼400尾;培育全长5cm以上大泷六线鱼苗种50万尾。形成六线鱼苗种培育技术规范1项,获发明专利2件,发表科研学术性论文7篇。

淡水池塘节水生态高效养殖关键技术研究(山东省农业科技成果转化资金项目,研究时间为2012—2014年)。该项目研究了利用生物、生态和工程化综合技术,对池塘进行规模化养殖水循环工程设计和改造,利用水生植物和有益菌进行水质净化和调控,以营造良好稳定的池塘生态环境为重点开展系统研究。构建池塘封闭式微循环生态养殖水体调控系统技术和工艺流程,建立水生植物调控、有益菌调控、藻相优化的池塘养殖环境调控技术,形成淡水池塘节水生态高效综合养殖技术体系,并进行产业化应用。该项目在济宁、泰安、枣庄、滨州、东营、聊城、淄博、德州等地大面积推广了池塘生态优化放养模式、水质三级净化处理技术、微生物制剂水质综合处理技术、封闭循环养殖技术,解决了山东省池塘养殖多项水质调控技术、生态节水养殖技术,累计应用面积4 552.53hm²(68 288亩)。2012年,该项目获省科技进步三等奖。

淡水池塘浮动草床微生态调控低碳多元养殖技术(山东省财政支持农业技术推广项目,研究时间为2011—2012年)。该项目在博兴县、广饶县、禹城市、齐河县、东昌府区、东阿县、邹城市、牡丹区、泰安、台儿庄区、枣庄市中区11个项目县区组织实施,项目重点进行池塘水体浮动草床生态调控技术、池塘水体微生物制剂调控技术、池塘水体循环净化及节水生态养殖技术、池塘多元化养殖模式、池塘病害生态防控技术的推广,着重对浮动草床生态调控技术、微生物制剂调控技术、池塘多元化养殖模式、池塘病害生态防控技术等进行集成、熟化与示范推广。该项目各县区建设试验示范基地及推广面积3 460.93hm²(51 914亩),实现总产值4.01亿元,利润1.10亿元,超额完成项目下达的总体目标。本技术成果对促进山东省淡水池塘养殖可持续稳定发展起到了积极的作用。2012年12月,该项目通过省海洋与渔业厅组织的成果鉴定,总体达到国内领先水平。

重金属对海水养殖生物毒性效应及安全性评价(山东省科技发展计划项目,研究时间为2009—2011年)。项目系统研究了镉、铬、铜、锌、汞、铅、砷7种重金属(类金属)对贝、参、鱼、蟹的毒性效应;从组织、细胞及分子水平,研究重金属对贝类的毒理机制,建立了重金属暴露浓度与海水养殖生物毒性效应关系模型;利用重金属剂量效应和富集效应关系模型,建立了海水增养殖区几种重金属风险评价方法;为海洋与渔业水质标准的制修订和海洋增养殖区重金属生态风险评价方法的建立提供理论依据和基础数据,对保障海水养殖业健康可持续发展具有很好的应用价值。该成果达到国际先进水平。

植物源免疫增强剂在刺参养殖中的应用（山东省财政支持农业技术创新项目，研究时间为2010—2012年）。项目选用黄芪多糖作为微胶囊芯材，筛选合适的聚合物壁壳材料并进行微胶囊造粒技术研究，基本解决了使用过程多糖溶失问题。免疫实验显示，实验组刺参三种酶活力均显著高于对照组，相对免疫保护率76.4%。刺参示范养殖5 000m²，幼参成活率提高18.89%。针对刺参摄食习性，研制全自动微胶囊制备装置，制备微囊化黄芪多糖制剂，整体达到国际先进水平。

【科技创新平台建设】 2012年，山东省海水养殖病害防治实验室获省级计量认证资格，具备了按相应认可认证准则开展检测服务的技术能力。省海洋与渔业厅批复成立“山东省海洋经济监测与评估中心”，开展山东省海洋经济信息监测和和综合评估，为海洋经济管理与决策提供咨询服务。山东省海洋水产研究所的泰山学者岗位建设获科研立项10余项，围绕基础营养学、营养免疫学、新型节能减排工厂化养殖模式等开展研究，发表学术论文20余篇，获国家发明专利授权1件。依托省海洋生态修复重点实验室，重点开展国家及省级项目17项，发表学术论文10余篇。正式启用“省海洋与渔业厅黄河三角洲海洋渔业科研推广中心”。

【科技成果与奖励】 2012年，获省级以上科技成果奖励13项。其中，“六线鱼苗种大规模人工繁育技术”获省技术发明二等奖，“淡水池塘节水生态高效养殖关键技术研究”获省科技进步三等奖；“黄河三角洲海参池塘生态养殖模式的构建与示范”和“山东近海经济生物产卵场、索饵场及其生态环境”两项成果获国家海洋局海洋创新成果二等奖；“黄河三角洲地区对虾安全健康养殖技术集成与示范”获省农牧渔业丰收一等奖，“乌鳢高效生态养殖模式与关键技术推广”获省农牧渔业丰收三等奖；“黄河三角洲海参池塘生态养殖模式的构建及应用”“山东省潜在海水增养殖区评价与选划”获省海洋与渔业科学技术一等奖，“大鳞副泥鳅、俄罗斯鲤人工繁育与无公害养殖技术”“海水养殖动物广谱高效抗菌肽的研制与开发”“磺胺类药物检测方法及在鱼体内代谢动力研究”获省海洋与渔业科学技术二等奖，“海水主养品种病控与产品安全综合技术研究”获省海洋与渔业科学技术三等奖；“海水增养殖区环境综合评价方法”获中国水产科学研究院科技进步三等奖。

【知识产权与论文著作】 2012年，获国家发明专利授权10件，获实用新型专利授权5件；制定国家标准2项，省地方标准12项；发表学术论文89篇；编写学术专著3部；编制完成《2011年山东省海洋环境公报》。

【科技推广与成果转化】 2012年，全省深入实施基层渔业技术推广体系改革与建设补助项目，强化渔业科技试验示范基地建设，完善渔业科技成果快速转化机制。全年发布20个主导品种和8项主推技术，选聘渔业技术指导员1 000名并完成培训工作，遴选科技示范户10 000户和80个渔业科技示范基地，发放物化补贴800余万元，举办各类培训班660余期，培训5.7万余人次，入户指导11万余户次，发放技术资料26万余份，发放专家联系卡近3 000张，科技入户核心示范区优质苗种覆盖率100%。新技术入户率95%以上，养殖户满意率100%。渔技推广体系改革与建设示范基地总面积7.68万hm²（115.2万亩），总产量227.9万t，实现总产值146.7亿元。

【科技合作与交流】 2012年，组织参加“第三届全国石斑鱼类繁育与养殖产业化论坛”“第七届食品科学国际年会”等学术会议20余次。选派3名科研人员赴夏威夷海洋研究所和挪威访学。与清华大学、厦门大学、淮海工学院、中国海洋大学、上海海洋大学等高校，中科院烟台海岸带研究所、中科院水生所、黄河水资源保护科学研究所等科研机构，山东东方海洋科技股份有限公司、山东中海制药有限公司、山东海城生态科技集团有限公司等多个大型企业在多个科研项目和领域进行合作。积极接洽苏里南农业部、中国驻苏丹商务参赞、海南省海洋与渔业厅、内蒙古渔业局等考察团，并达成合作意向。

（省海洋与渔业厅 徐 涛）

海洋科技

【海洋重大科技项目】

据不完全统计，2012年山东新增市级以上海洋领域项目（课题）800多项，总经费近12亿元，其中国家各部委项目（课题）600多项，总经费近10亿元。

国家重点基础研究发展计划（973计划） 2012年，全省海洋领域新承担973计划1项，总经费3 800万元，是由中国科学院海洋研究所曾志刚研究员为首席科学家的“典型弧后盆地热液活动及其成矿机理”项目。至此，山东共承担973计划海洋领域项目19项。

国家重大科学研究计划 2012年，新承担国家重大科学研究计划1项，总经费2 600万元，是由中国海洋大学吴立新教授为首席科学家的“西北太平洋海洋多尺度变化过程、机理及可预测性”项目。

山东省自主创新专项资金 2012年，海洋新兴产业成为山东省新设立的自主创新专项资金重点支持的九个产业之一，全年海洋领域共立项13项，合同省拨经费1亿多元。

海洋科学联合基金 2012年5月，山东省人民政府与国家自然科学基金委员会签署协议，共同设立海洋联合基金，每年分别投入5 000万元，用于提升海洋自主创新、基础研究和原始创新能力，加快国家海洋科技事业发展，推动山东半岛蓝色经济区建设。

【科技创新平台】

蓝区重大科技平台建设 2012年，青岛海洋科学与技术国家实验室工程建设一期项目已完工，二期工程建设资金全部到位。二期西区建设项目8月底全面开工，东区建设项目进入用地审批程序。三期工程在规划中。

“科学”号海洋综合考察船在青岛交付使用，该船是“十一五”期间国家重大科技基础设施建设项目，采用多项国际先进的船舶技术，具备全球航行全海深观测能力，标志着我国海洋科学考察能力迈入国际先进行列。

“蛟龙”号载人潜水器成功完成6次下潜试验，下潜最大深度7 062m，并成功取得一批水样、沉积物样和生物样品，成为目前世界上下潜能力最深的载人潜水器。国家深海基地管理中心作为“蛟龙”号的保障和支撑基地，正在稳步推进基础设施建设和业务能力建设，为“蛟龙”号的入驻做好准备。

山东船舶技术研究院获批设立，它由山东省科技厅、哈尔滨工业大学、威海市人民政府共建。国家海洋新能源研究院列入日照国际海洋城项目，与上海海洋大学签订合作协议书；日照国际海洋城海洋新能源研究院上海中心已揭牌。

区域和行业科技创新平台建设 “国家海洋腐蚀防护工程技术研究中心”正式获科技部批准。省科技厅先后批复海水健康养殖工程技术研究中心、海岸带环境工程技术研究中心、海洋食品工程技术研究中心等3个海洋领域省级工程技术研究中心建设，海洋领域省级工程技术研究中心总数达22家。批准设立9家海洋领域院士工作站，总数达24家。

【科技成果与奖励】

2012年，全省有111项海洋科技成果获市级以上奖励，其中国家科技进步二等奖2项。获省部级奖励（含青岛市）79项。其中23项海洋科技成果获山东省科技奖励，包括自然科学二等奖1项、三等奖1项，技术发明一等奖1项、二等奖2项，科技进步一等奖6项、二等奖9项、三等奖3项。25项海洋科技成果获青岛市科技奖励，包括青岛市科学技术最高奖1项，青岛市国际科学技术合作奖1项，自然科学一等奖1项、二等奖3项、三等奖2项，技术发明二等奖2项，科技进步一等奖3项、二等奖6项、三等奖6项。获市级奖励30项，包括科技进步奖、技术发明奖以及自然科学奖等。

【知识产权管理】

2012年，全省海洋界申请专利651件，其中发明专利436件、实用新型专利132件、外观设计专利83件。获授权专利674件，其中发明专利384件、实用新型专利194件、外观设计专利96件。

【海洋新兴产业】

海洋生物医药领域 中国海洋大学“海洋药物新藻酸双酯钠（PSS）技术”以1 100万元的科技成果转让价格，与青岛正大海尔制药有限公司实现双向合作。青岛中皓生物工程有限公司联合中国海洋大学开发的“组织工程全层眼角膜移植技术”，在多种动物身上实验成功，已具备年产10万片人工角膜的生产能力。中科院青岛生物能源与过程研究所和青岛琅琊台集团股份公司合作实施的海洋微藻发酵生产DHA产业化项目正式落户胶南，从海洋微藻中提取生产DHA，计划3年内实现年产DHA1 000t。

海洋工程装备领域 海洋石油981、海洋石油201、中国首艘300m饱和潜水母船“深潜号”、7个半潜式平台相继完工，打破了国外技术垄断。山东省科学院海洋仪器仪表研究所的浮标、气象仪等海洋水文气象监测系列产品的科技产业化规模继续提高，带动了我国海洋仪器仪表产业的发展。

海洋渔业领域 全省科学家团队培育的多个海水养殖良种顺利推广。“鲆优1号”牙鲆在福建东山培育出优良鱼苗1 500万尾，实现从北到南的跨越；中国对虾“黄海2号”成功繁育优良苗种4.05亿尾，继续保持良种优势；“黄官1号”海带已培育出第六代成藻，并推广到南北方大面积养殖，累计养殖面积2万 hm^2(30万亩）以上；中国海洋大学开发的“海大金贝”良种年培育苗种超过30亿枚，底播海域面积0.67万 hm^2(10万亩）以上；中国对虾“黄海1号”、三疣梭子蟹“黄选1号”推广效果显著，已在山东、河北和江苏等地示范推广0.67万 hm^2(10万亩）。

海洋新能源领域 我国首例波浪能—风能—太阳能多能互补式海洋可再生能源供电装置及海水淡化装置研制成功，在即墨大管岛投入示范运行，总装机功率为105kW。

【产学研合作】

区域产学研合作 全国第一所针对国家蓝色经济战略建立的地方综合性科研机构——山东半岛蓝色经济工程研究院在寿光建立。寿光卤水综合利用产业基地获批国家火炬计划特色产业基地，基地内拥有7家海洋化工高新技术企业及80多家关联性企业，建有2家省级工程技术研究中心、1家省级院士工作站和1家省级产业技术创新战略示范联盟。

产业技术创新战略联盟建设 2012年，“海洋生物制品产业技术创新战略联盟”和“山东船舶产业技术创新战略联盟”成立，全省涉海产业技术创新战略联盟总数达18家。其中，“海参产业技术创新联盟”“优势海洋生物资源高值化利用产业技术创新联盟”“循环水产养殖产业技术创新联盟”和“微藻产业技术创新联盟”等4家成为省级示范联盟，至此，涉海省级示范联盟总数达9家。18家涉海联盟涉及成员单位超过200家，其中驻鲁成员单位132家、科研院所26家、企业106家，覆盖海水养殖、海洋生物资源利用、海洋仪器装备、海洋精细化工、海洋新能源等多个海洋领域。

【沿海7市海洋科技发展】

青岛市 2012年，青岛市加快建设重大海洋创新平台，山东省、青岛市政府先后投资13亿元全面加快海洋国家实验室基础建设工作。一期工程已完工，二期工程于8月正式开工建设。国家深海基地项目作为“蛟龙号”深潜器的母港，于2010年6月获国家发改委批复，征地面积26hm^2(390亩)，建筑面积9.5万m^2，预计2013年开工建设。该基地主要承担深海科学考察、资源勘查和环境观测，深海技术与装备研发和海试，以及深海技术成果转化等任务，是我国目前唯一的国家级深海科学技术综合性研究机构和支撑保障平台。

青岛市大力支撑发展海洋新兴产业，在海水养殖方面，依托驻青海洋科研机构，重点支持新品种引进和繁育项目。“黄海1号”中国对虾、“丹法鲆”大菱鲆、“鲆优1号”牙鲆、“海大金贝”扇贝、“蓬莱红”栉孔扇贝等9个新品种通过国家级水产新品种审定，成功引进半滑舌鳎、条石鲷鱼、斑点鳟鲑、紫扇贝等新品种。目前，青岛已有规模化养殖场450余家，养殖名优品种已达22种。青岛的水产品加工出口分别占全省、全国的40%和10%以上，已成为全国高档海洋苗种繁育基地及工厂化养殖示范基地。

海洋生物医药方面，重点开展生物活性物质、海洋药物及医用敷料产业化，推广海洋药物、功能食品、化妆品等高附加值精细海洋化工和新型海洋生物制品成果。青岛市现有海洋药物、海洋保健品以及海洋生化制品企业30多家，9个海洋类新药已取得一类新药证书，其他类别的药物有近20个，博益特生物手术止血材料、颐中生物止血纱布、明月海藻海藻纤维材料、中皓生物组织工程眼角膜等系列产品已完成中试，正大海尔药业与中国海洋大学合作开展了海洋药物PSS二次开发；以浒苔为原料加工生产海藻肥已建成年产2万t生产基地。青岛已成为我国新兴的海洋新药及海洋生化制品研发和生产基地。

海洋新材料方面，胶南明月集团已成为世界最大的海藻加工生产基地、主导产品海藻酸钠年产量达1万t，位居世界同行业首位，已开发出海藻肥、海藻酸丙二醇酯、岩藻聚糖硫酸酯、海藻精油等80多个新产品；中科院海洋所获批筹建国家海洋腐蚀防护工程技术研究中心，正与国内外十几家企业开展产业化项目合作；海洋化工研究院在海洋防污防腐涂料方面的研究开发处于国内领先水平，已建成总体配套的舰船涂料研制生产线，具有年产水性涂料1.5万t的能力；城阳国家级新材料产业基地在新型海洋防护系列独具特色，在海洋船舶结构工程材料、海上安全防护工程材料、海水养殖工程材料等方面占据国内市场较大份额。

海工装备及船舶关键技术领域，海洋石油工程（青岛）有限公司等开展了自升式钻井船建造重大关键技术研究，建造完成4艘自升式钻井船，产值19亿元；青岛双瑞防腐防污工程有限公司生产的电解次氯酸钠装置占国内电解制氯行业70%以上的市场份额，是我国核电领域电解制氯设备的唯一供应商。青岛海德威科技有限公司、中船重工725所研发成功具有自主知识产权的船舶压载水处理装置，成为国内仅有的两家通过国际船级社的认证产品；山东省海洋仪器仪表所重点在海洋环境监测设备、深海大洋探测设备等海洋监测和海洋军工技术领域取得了一批成果，被科技部批准为国家海洋监测设备工程技术研究中心。

海水淡化方面，重点推进反渗透膜、中空纤维膜的研发和产业化，组织开展了一批示范工程。引进南车汇通与青岛华轩合作，建立国内最先进的反渗透膜生产基地；时代新材控股子公司——青岛华轩水务公司、青岛海诺水务科技股份有限公司等正在建设中空纤维超（微）滤膜与水工业装备产业化基地，已具备年加工处理能力为20万～30万t/a海水综合利用装置的生产能力；青岛碱业股份有限公司的7 000m^3/a海水淡化装置在国内首家实现了“纯碱—海水淡化—热电联产”一体化的循环经济模式；青岛百发海水淡化有限公司的10万m^3/a海水淡化项目正在抓紧建设。

青岛市瞄准全球海洋产业高端，引进新建一批高层次研发机构，组织实施一批自主创新重大专项。在页岩油气产业基地建设方面，美国TSC集团已与城阳区政府签约，投资1亿美元，建设占地面积约10hm^2(150亩)的海工装备和页岩气产业基地。在崂山区设立“TSC海洋工程与装备研究院”，拟将研发总部从美国休斯敦迁至青岛，并从全球引进高端科研人才，将其建成世界级的深海海工装备研发机构。青岛市拟创建“青岛市页岩气产业协同创新中心”，重点支持页岩气关键技术装备研发与产业化、国外核心技术装备的国产化以及研发体系建设等。

山东省海洋仪器仪表所与乌克兰尼古拉耶夫船舶设计局就在青岛共建中—乌特种船舶研究设计院正式签订合作意向书。该设计院预期3年内完成基础设施建设，并组建300人左右的研究设计团队，重点开展高速船舶、水下运载器、极地船舶等特种船舶的研发设计。

海洋新能源应用示范方面，2012年11月，胶南斋堂岛500kW海洋能独立电力系统示范工程正式动工，目前集控中心主体建筑已基本建成，正在开展海底施工前期准备。该项目由中国海洋石油总公司牵头，总投资5 500万元。项目建成后，将拥有国内首套海洋能智能化独立能源系统，成为国家级海洋能利用装置的试验、测试和标准制定中心，为我国海上新能源产业开发提供技术支持及商业化准备。

中船重工七一〇研究所已与高新区管委会、市科技局正式签署协议，计划投资3亿元建设青岛海洋装备基地。该基地由青岛海洋装备工程中心和青岛海洋装备产业园两部分组成，重点开展水下机器人、水下自主航行器、拖网船网位仪、水下安防系统等军民融合产品的研制和产业化。七一〇所投资成立的青岛海山海洋装备有限公司已正式落户高新区青岛工业研究院。中船重工七二五所计划在蓝色硅谷核心区建设海洋工程装备研究院、高技术产业孵化基地及高端人才生活配套中心等。海洋工程装备研究院项目计划总投资4亿元，重点建设青岛海洋环境试验站、海洋生物材料研究中心、海洋装备试验中心等内容。高技术产业孵化基地将围绕涉海装备制造与节能环保技术的成果转化，研究开发海洋防腐防污新材料、海洋生物材料等新技术和新产品，形成海洋新材料产业特色。

东营市　2012年，东营市加快构建海洋科技创新平台体系，重点建设了“三院、两站、一中心”海洋科技创新平台。①巩固“三院”建设。黄河三角洲可持续发展研究院是《山东半岛蓝色经济区发展规划》重点建设的创新平台，机构设置已获省编委批复，已开展国家科技支撑计划等各类科研项目12项；山东大学东营研究院正式启动运营，正在建设新能源海水淡化等7个研究中心，着力将山东大学先进的海洋科研成果在东营转化推广；中华环保联合会环境与资源研究院由石油大学（华东）与中华环保联合会共建，是对行业发展有较强引领作用的绿色低碳科技合作平台，现已在海上采油污染控制等方面开展工作。②推进“两站”建设。黄河三角洲滨海湿地生态试验站是由东营市与中科院共建的国家级试验台站，该台站已被列入中国生态系统研究网，完成基建和仪器投资1 300多万元，实施各类课题30多项；中国农科院农业环境野外科学试验站重点在滨海盐碱地改良、农业面源污染治理、海水农业发展等方面开展工作，相关手续已办理完成，基础设施开始建设。③确保“一中心”组建。东营市选择石油装备产业作为突破口，整合高原公司、石油大学、油田采油院三方力量启动了国家采油装备工程技术研究中心创建工作，中心已经以较高分数通过同行专家评审，正在积极迎接综合评审。

2012年，东营市海洋技术攻关进展顺利。在海洋工程技术方面，东营市新增两个海洋装备项目获省重大专项资助，获资金支持2 500万元。借助各类科研项目的实施，东营市企业在海岸/河岸防护、海上石油装备制造、海洋油气钻采关键技术等方面获得发展。目前已开发海上油气钻井、采油系统关键配套设备、海上油气水输送设备、水下生产系统及关键设备，打破了国外技术垄断，并实现工程化和产业化；由东营市企业研发的水力插板技术，在海洋工程、桩基工程、防潮堤建设、破除拦门沙建设深水航道、海洋采油桩基快速建设、海上高效养殖区建设等方面可加快施工速度并节约资金。

海水养殖技术方面，东营市充分利用2万hm^2(30万亩)现代渔业示范区形成的积聚效应，借助青岛农业大学、省海洋水产研究所等外部力量建设7 000m^2的渔业科技研发中心，探索出高效生态渔业发展模式。一是大闸蟹养殖模式实现从传统到现代的转变，在育苗、养殖、水质、饵料等方面均有较大提高，由“大养蟹”转为“养大蟹”；二是海参养殖形成规模效应，自2003年实现“东参西养”的突破以来，东营市海参养殖面积已达1万hm^2（15万亩），产值10亿元；三是沙蚕育苗技术体系初步形成，采用遗传学自由组合、连锁互换规律与传统杂交育种技术，开展双齿围沙蚕人工育苗及养殖技术研究，在餐饮、保健品、医药等领域的深加工和综合利用研究方面获初步成功。

滨海湿地保护取得新成效。东营市沿海土地盐碱化程度较高，滨海湿地生态系统比较脆弱。近年来，借助“黄河三角洲湿地生态系统恢复与重建关键技术研究与示范”等一系列国家及省科技项目的实施，依托黄河三角洲滨海湿地生态试验站等机构，进行了一系列的科学研究。在基础研究方面，对典型湿地退化过程、驱动机制及其生物响应机制进行研究，利用计算机建模技术和地理软件计算方法，进行退化原因诊断及生物多样性评价研究，分析黄河三角洲湿地退化机制。在应用研究方面，完善耐盐植物的综合栽培管理技术，进行滨海湿地植物生态修复技术研究，建立起退化湿地循环经济生态产业模式示范工程。

东营市在海洋环境监测方面取得良好效果。结合国家海洋公益性行业科研专项“黄河口及邻近海域生态系统管理关键技术研究与应用”项目的实施，东营市海洋环境监测预报中心建设了高水平实验室，并对全市管辖海域及渔业水域进行有效地环境监测，完成石油类、COD、DO、四项营养盐、PH、盐度、悬浮物等10余个项目的实验室分析工作，建立东营市海洋与渔业监测数据信息系统，进行东营近岸海域油气开采跟踪监测、蓬莱19—3溢油事故跟踪监测和3个国家级种质资源保护区监测，保障了东营市海水养殖业的发展。

烟台市　2012年，烟台市在海洋科学技术研究与重大成果方面取得进展。海阳市黄海水产有限公司承担的“牙鲆‘鲆优1号’新品种扩繁推广”列入国家农业科技成果转化资金项目。烟台杰瑞石油装备技术有限公司承担的“船载中深海压裂酸化成套设备产业化示范”等4个项目列入山东省自主创新专项计划；海阳市黄海水产有限公司承担的“鲆鲽鱼类良种商品化繁育体系建立与应用”等3个项目列入省农业良种工程；“超高层低温冷藏库节能技术示范应用”列入省农业科技成果转化资金项目；

“海岸带环境先进监测技术与仪器开发”等4个项目列入省科技发展计划。在市级科技计划项目方面，“大西洋鲑苗种繁育技术及循环水配套装置的引进”等10个项目列入市科技发展计划。

2012年，烟台市获市级以上科技奖励的海洋成果13项。其中省科技进步一、二、三等奖各2项；市科技合作奖1项，市科技进步二等奖1项、三等奖5项。全年海洋方面的获发明专利授权66件。

烟台市水产研究所承担的山东省科技发展计划项目“刺参杂交新品系的建立及其早期胚胎细胞学研究”通过专家鉴定。项目通过中国刺参与韩国红刺参杂交，在2 400m³水体中培育出体长范围4～16mm、平均体重0.02g的稚参苗7 200万头；经中间培育获得平均个体重1.0g以上的杂交参苗630万头。韩国红刺参(♀)×中国刺参(♂)为优势杂交组，平均体重较其他杂交组合提高32%以上，稚幼参成活率提高3.8%。利用中国刺参和韩国红刺参的早期胚胎，检测了两种刺参的染色体数目；利用显微荧光技术，观察了受精的细胞生物学过程；利用分子生物学技术，对韩国红刺参线粒体COI序列进行分析；上述研究为建立刺参杂交新品系提供了生物学基础。在刺参杂交苗种规模化培育技术以及亲参长途运输技术等方面有明显创新性。该成果总体水平达国内领先水平，在刺参杂交苗种规模化培育方面达国际先进水平。

烟台市大力加强海洋科技开发、新兴产业发展及创新能力建设。山东省大菱鲆工程技术研究中心通过省科技厅验收，评为优秀；新组建“山东省鲆鲽鱼类苗种工程技术研究中心”等两家省级工程技术研究中心；组建烟台市牡蛎工程技术研究中心。烟台百佳水产有限公司承担的国家农业科技成果转化项目“条斑星鲽苗种全人工繁育技术产业化开发”通过科技部验收。

潍坊市　2012年，滨海新区建设顺利推进。《潍坊市蓝色经济区发展规划》《潍坊滨海海洋经济新区发展规划》获省政府批复实施，确立了以潍坊滨海区为中心，寿光北部、昌邑北部为两翼的开发格局。以滨海新区为主的北部开发区建设顺利推进。潍坊滨海区科教创新区有28所院校确定入驻、16所学校和科研机构开工建设；中央商务区金融中心等项目启动建设；中外合作产业园内已落户投资12亿元的工业机器人项目、投资10亿元的电动汽车关键部件项目和投资12亿元的生物医药项目。寿光滨海区总体规划已经完成，配套面积达到100km²。昌邑滨海区加快下营、柳疃和龙池3个项目区建设，已完成配套53.5km²。

2012年，先后组织实施国家863、国家重大新药创制科技专项、省科技自主创新成果转化等各类海洋科技计划项目43项。其中，山东天维膜技术有限公司“面向酸碱回收的膜材料规模化制备及应用技术”项目列入国家863计划，山东兄弟科技股份有限公司“高分子型环保阻燃剂BPS产业化”、山东贝瑞康生物科技有限公司“海参免疫球蛋白”和“抗肠炎免疫功能蛋白”等6个项目列入省自主创新成果转化重大专项，东泽化工科技有限公司“清洁工艺生产4-氨基-4′-甲氧基二苯胺”等3个项目列入省科技型中小企业创新发展专项扶持资金项目，天一化学股份有限公司“溴化苯乙烯-丙烯腈共聚阻燃材料合成研究”、山东润科化工股份有限公司“聚丙烯酸五溴苄基酯(FR-1025)的制备方法”等12个项目列入省科技发展计划。通过科技项目的实施，全市新开发海洋化工新产品100多个，取得海洋类科技成果50多项，山东天维膜技术有限公司“面向工业废酸回收的渗析阴膜及其应用技术开发”获“国家重点环境保护实用技术”称号，“面向废酸液资源化利用的扩散渗析膜制备关键技术”获省环境保护科学技术一等奖。全市有3项海洋类科技成果分获市科技进步一、二、三等奖。全市海洋领域申请专利40件，其中发明专利30件。获授权专利8件，其中发明专利4件。

科技创新平台建设方面，全市已拥有海洋类企业研发机构100多家，其中市级以上工程技术研究中心40多家。山东默锐科技有限公司获批山东省卤水精细化工产业技术创新综合院士工作站，寿光富康制药有限公司获批山东富康生物技术生产力促进中心。在北部沿海地区，依托省、市工程技术研究中心重点建设了溴系列医药化工、卤水资源综合利用、无卤阻燃剂研发、海洋装备制造、海水综合利用、香精香料研发、现代海洋渔业、海洋精细化工等10个海洋科技研发平台。山东半岛蓝色经济工程研究院获省科技厅正式批复，研究院以潍坊科技学院为依托，联合国家海洋局、中国海洋大学等高校院所，为蓝色经济提供强有力的技术、人才支撑。山东默锐科技有限公司获批青岛国家海洋科学研究中心卤水高新技术产业孵化基地，基地总投资9亿元，建成后通过技术输出、成果转让、工程孵化，将实现年高新技术输出15项，销售收入21 000万元，年利润总额6 850万元。寿光卤水综合利用产业基地获批为国家火炬计划特色产业基地，溴素深加工、医药中间体、氯精细化工等较为完整的产业链已形成。基地内海洋化工企业180多家，海洋化工类高新技术企业5家，火炬计划重点高新技术企业2家，共开发盐、溴、药、阻燃剂四大系列60多个品种。2012年，基地内开发新产品12个，实现工业总产值290亿元，利税32亿元。

2012年，全市产学研合作基地126家，其中，在海洋领域已有80多家企业与国内高校、科研单位建立了长期的科技合作关系，共建研发机构和产学研基地10多处。组建了卤水精细化工、海洋化工及石化盐化一体化等10余家产业技术创新战略联盟，推动卤水精细化工产业技术创新战略联盟升级为国家级产业联盟。8月，在青岛国家海洋科学研究中心支持下，邀请知名高校院所院士、专家举行蓝黄两区发展战略恳谈会，市政府分别与中科院沈阳分院、国家海洋科学研究中心、青岛农业大学等高校院所签署全面科技合作协议；由中国海洋湖沼学会、中国太平洋学会、中国盐业协会和青岛国家海洋科学研究中心联合主办，召开了“盐圣·盐都与寿光”海盐科技文化座谈会；中华盐宗科技文化研究会同时揭牌，高从堦院士、郑守仪院士、李乃胜主任等专家参会，推动山东盐化工产业的发展。开展了潍坊—驻青高校院所产学研合作对接活动，与中科院海洋所、中国海洋大学、青岛科技大学等驻青高校院所开展深入对接，向驻青高校发布企业技术需求300多项。

威海市　2012年，威海市全年争取国家、省科技项目25项。威海长青海洋科技股份有限公司列入省农业良种工程现代种业企业培育计划，好当家集团承担的“刺参高效健康养殖及精深加工技术集成”项目列入国家星火计划，文登鸿通管材有限公司承担的“非金属非粘结性海洋柔性连续复合管”课题列入国家863计划，“船舶设备核心组件及零配件开发”等两个课题列入省自主创新专项。

全年实施各级各类海洋领域科技项目30余项，获市级以上奖励13项。山东科合海洋高技术有限公司与中国水科院黄海研究所合作在圆斑星鲽大规格苗种繁育技术方面取得突破，项目系统开展了圆斑星鲽的生物学、遗传学及发育特征研究，突破了亲体生殖调控、优质受精卵获得、黑化防控、大规格苗种培育等技术，建立大规格苗种工厂化培育技术体系，已培育出平均全长127mm的苗种5万多尾。

推进国家海产贝类工程技术研究中心建设，开展了皱纹盘鲍、扇贝核心种质库构建及家系培育、建立生态系统水平上的鲍健康苗种繁育技术等研究与技术开发，发表论文11篇，制定《即食扇贝柱等6个贝类食品加工技术规范》和《即食海产贝类》两个企业标准，中心依托企业承担的海产贝类良种繁育企业培育与示范项目，获省良种工程项目支持。

在推进产业技术创新联盟建设方面，由好当家集团有限公司发起成立的海参产业技术创新战略联盟获得批复，成为省级产业技术创新战略示范联盟。由海水养殖联盟推荐，寻山集团具体实施的国家科技支撑计划项目“黄渤海区典型海湾复合养殖技术集成与示范”进展良好，已在系统收集分析历史资料的基础上，制定出筏式养殖设施研制和改良、养殖环境的生态调控及IMTA模式的实施方案，正在开展实验海域基础环境调查，以获得相关实验海域生态环境数据。

2012年，继续推进原有的依托好当家集团、寻山集团、泰祥集团3家海洋领域企业的省院士工作站建设。依托好当家集团有限公司组建威海市第一家综合院士工作站——山东省海参产业技术创新综合院士工作站，新创建马山集团、山东金牌饲料公司2家企业省级院士工作站，全市省级涉海院士工作站达5家。5月，省编委批复同意省科技厅、哈工大和市政府共同组建山东船舶技术研究院。研究院承担的“船舶高效自动化焊接关键技术及装备研究”项目，列入2012年度省自主创新成果转化重大专项。

协助迪沙药业与国内多家专业院校、研究机构洽谈海洋药物和功能食品项目的合作，已与中国药科大学、上海中医药大学、国家海洋局第一海洋研究所等研究机构初步达成海胆多糖、蜈蚣藻多糖、微晶纤维素等多个合作项目。推动其与中国海洋大学“酶解制备壳寡糖技术项目”、与中科院海洋所“降血糖海洋新药OSS项目”签署合作协议。

日照市　2012年，日照市围绕提升传统海水养殖产业，组织申报和实施“星斑川鲽优良苗种选育与产业化开发”“西施舌苗种培育与增殖技术开发”“金乌贼优良苗种选育与增殖技术开发”“中国对虾优良苗种选育与健康养殖技术开发”等一系列具有地方特色的海珍品的种质保护、优良苗种选育、健康养殖等技术集成研究和推广应用项目。其中，星斑川鲽的研发已先后承担省农业良种工程、省农业成果转化资金、国家农业成果转化资金和省自主创新科技成果转化重大专项，并获省科技进步二等奖。组织申报和实施“鲆鲽鱼类精深加工技术开发”“星鳗鱼精深加工技术开发”“海洋加工食品安全控制技术开发”等省、市科技计划项目，培育山东美佳、山东荣信两个年出口额2亿美元的国家级农业产业化龙头企业。继山东美佳集团承担“山东省鱼类加工工程技术研究中心”建设后，2012年山东荣信集团承担“山东省水产品加工酶利用工程技术研究中心”建设。组织实施“纤维级褐藻酸钠开发与应用研究”“海藻营养钵研制”等项目，促进海藻加工产业发展。组织申报和实施“海洋工程装备液压油缸”“海港码头钢筋混凝土结构耐久性修复技术”“水产品加工废弃物中提取食品胶原蛋白技术开发”“海洋水产品副产物酶技术利用研究”等重点项目，其中，“海洋工程装备液压油缸”项目列入2012年省自主创新成果转化重大专项，“海港码头钢筋混凝土结构耐久性修复技术”项目成果获省科技进步二等奖。

滨州市　2011—2012年底，滨州市争取和安排国家、省、市级海洋科技项目25项，取得海洋科技成果13项，其中达国内领先水平的7项，国际先进水平的2项，有11项获省、市科技进步奖。通过项目实施和成果转化，为滨州市海洋高新技术新兴产业的发展奠定了良好基础。

建设中国海洋大学(滨州)科技成果转化平台，该平台由山东省滨州正海生态科技有限公司联合中国海洋大学和滨州市水产研究所共同建设。平台建设期3年，总投资约3.5亿元。鲁北海洋科技产业基地建设方面，形成以市、县科技部门为指导，以鲁北集团、山东珍贝瓷业有限公司、山东省友发水产有限公司等龙头企业为核心，以基地中小型海洋科技企业为载体的技术创新和产业孵化联盟，初步构建了以海洋化工、油化工、煤化工、海水养殖、海洋贝瓷等高新技术产业为支撑的生态海洋产业体系，截至2012年底，基地内企业已达26家，实现销售收入176.01亿元。3月15日，中国工程院院士雷霁霖及院士团队到滨州调研，并与山东友发水产公司签署了合作协议，举行山东友发水产院士工作站揭牌仪式。

山东鲁北企业集团的苦卤综合利用技术研究与产业化示范项目，产出精制盐、工业氯化钾、工业氯化镁、溴素、七水硫酸镁、纯水、纳米级氢氧化镁等工业产品，最终将苦卤资源全部转化为产品；该项目以滩田苦卤为原料，采用多级综合利用技术进行苦卤综合利用，实现能源和海洋资源的减量化应用和最大化产出。发展海洋化工循环经济，保护渤海环境不受污染，使鲁北海水“一水多用”产业链得到进一步拓展和延伸；年产氯化钾 6 000t、溴素 200t（蒸溴法）、氯化镁 6 万 t、硫酸镁 2 万 t，副产工业盐 4 万 t、蒸汽回水 27 万 t、工艺水 26.9 万 t。山东开泰抛丸机械有限公司的船用系列抛丸清理设备开发项目列入山东省自主创新成果转化重大专项计划，该项目结合国际抛喷丸技术的应用及市场发展情况，通过整体技术创新、工艺方案设计、各方面研究内容的综合运用，推动船舶及关键零部件抛喷丸清理技术进步，整体技术达到国内领先水平并且部分关键技术达到国际先进水平；开发 5 个系列船舶关键零部件抛喷丸清理技术工艺装备，形成年产 1 400 台（套）抛丸清理设备的生产能力。山东长星集团成功研发出拥有自主知识产权的 1 000kW、2 000kW、3 000kW 系列成套风力发电设备技术，已通过中国风电协会认定，属国内首创，达到国际领先水平。埕口盐化公司、滨州海洋化工公司、滨化海源盐化公司等企业形成盐及盐化工生态工业体系。滨州中盛海运船务公司、无棣津滨船舶重工公司等总投资 16 亿元的 12 个船舶修造项目落户滨州。滨州港正海公司、天顺药业公司、滨州港友发公司等一批海洋渔业及加工企业形成苗种繁育—生态养殖—精深加工—海洋生物制药—产品运销产业链条。贝壳堤湿地保护区、黄河岛文化产业基地等特色滨海旅游产业正在形成。

（青岛国家海洋科学研究中心
王　健　孙晓春　赵喜喜）

水利科技

【概述】 2012 年，全省水利科技与对外合作工作围绕管理水资源、保障水安全、维护人民群众水权益“三个根本”，落实《关于进一步加强水利科技创新的意见》，水利科学研究与技术开发、科技成果转化与推广应用、对外科技合作与技术交流等工作都取得了新的成绩。

【科技计划】 2012 年，组织申报省部级各类水利科技项目 113 项，在研上年结转省部级以上科技项目 56 项，通过验收项目 9 项。其中“现代农业节水抗旱关键技术推广”等 4 项水利部重点推广项目均达最高标准 A 级。下达科技项目 69 项，中央、省级财政投入 1 653 万元，其中，水利部 948 项目 2 项、国拨资金 323 万元，省水利现代化示范项目 6 项、省级财政投入 260 万元，省重大水利科研与技术推广项目 59 项、省级财政投入 1 030 万元，省农业科技成果转化资金项目 2 项、省级财政投入 40 万元。截至年底，省部级以上在研科技项目 116 项，中央、省级财政投资总额 8 027 万元。大型科研攻关课题“济南市水生态文明建设关键技术与示范”项目取得进展，课题经费预算 9 000 万元，是截至当时山东省单项投资最大的水利科研项目。

【科技创新平台建设】 水利综合实验基地确定的建设地点位于莱芜市雪野湖区，落实用地指标 17.33hm^2(260 亩)，编制完成建设规划。召开山东省水资源与水环境重点实验室 2012 年度学术委员会会议暨学术讨论会。“山东省水资源与水环境重点实验室”、水资源可持续利用“泰山学者”岗位成为学术交流与科技合作平台。

【科技成果与奖励】 2012 年，全省水利行业通过专家鉴定的成果有 23 项，达到国际领先或国际先进水平的 21 项。获科技奖励的成果 134 项。其中，获省科技进步奖 7 项，包括一等奖 2 项、二等奖 1 项、三等奖 4 项，“南水北调济南市区段输水工程技术研究”“山东半湿润区现代节水农业技术研究与集成”2 项成果获省科技进步一等奖；获山东软科学优秀成果奖 6 项，包括一等奖 1 项、二等奖 2 项、三等奖 3 项；获省水利科技进步奖 63 项，包括一等奖 13 项、二等奖 26 项、三等奖 24 项；获省水利软科学优秀成果奖 51 项，包括一等奖 10 项、二等奖 17 项、三等奖 24 项。

【科技推广】 组织“EXC50 型全自动水文巡测车”等 7 项技术参展第九届国际水利先进技术推介会。实施了“地下水灌抽两用井技术”等一批以引进国外先进实用设备和技术为主的 948 项目，引进大量具有国际先进水平的设备、仪器和技术。面向全省征集水利先进实用技术 20 项。“全自动水文巡测车”被推广到新疆、安徽、河南及东北地区多个省市，“振动射冲成槽地下连续墙施工技术”在省内外完成防渗面积 10 万 m^2。

【科技管理】 2011年11月，省水利厅等四部门出台《关于进一步加强水利科技创新的意见》，截至2012年底，全省17个市水利部门均联合发改、科技、财政等相关部门出台实施意见。2012年，省水利厅先后出台《山东省水利软科学成果奖管理办法》《山东水利先进实用技术推广目录管理暂行办法》《山东省重大水利科研与技术推广专项资金管理暂行办法》等政策文件。水利科技管理制度更加完善，建立起目标责任、重大事项报告、激励、诚信和"黑名单"等五项制度。加强对水利科技项目的全过程监督，召开山东省重大水利科技项目启动实施会议、全省水利科技工作座谈会、重点项目协调会议，多次对重大科研项目实施进行检查督促。

【科技合作与交流】 2012年，山东省水利厅机关及直属单位组团出访14批、92人次，随团出访23人次，出访团组围绕全省水利重点工作任务，开展对外交流与合作工作。组织召开中德合作专项——"变化气候下胶东半岛水资源风险抵御与管理技术合作研究"项目启动会议。接待泰国内政部水利考察团来鲁考察；组织专家和企业参加第六届世界水论坛；与新加坡就海水淡化合作事项多次进行会谈。水利学会与台湾有关社会团体开展广泛的交流和业务洽谈。利用亚行、世行贷款和全球环境基金赠款等外资的项目顺利实施。3月，山东省水利厅与河海大学签署全面合作协议书，推动在人才培养、课题研究、技术攻关等方面的合作。

【省农业专家顾问团水利分团工作】 2012年，省农业专家顾问团水利分团围绕农田水利建设、保障粮食安全、促进农民增收，南水北调工程"管养分离"模式，科学利用黄河泥沙资源防治煤田塌陷，小型农田水利重点县建设管理长效机制，加强防汛抗旱减灾能力建设，立足水利建设、推进农业发展，小型农田水利工程建设与管理等水利工作的问题进行调研，取得一批调研成果。收入《2012年山东省农业专家顾问团论文选编》论文4篇，向总团办公室报送简报信息4期。

（省水利厅 张曼志 朱玉芬）

黄河科技

【概述】 2012年，黄河水利委员会山东黄河河务局（以下简称山东河务局）在研水利部科技计划项目2项。组织申报水利部948计划项目5项，申报水利部科技惠民计划项目2项。1项科研项目通过省科技厅组织的成果鉴定，74项科技与创新成果获得奖励。高级工程师比上年增加76人，增长10.35%。

【科技计划】 2012年，在研水利部科技项目两项。其中2010年度承担的水利部科技推广计划项目"高效抗磨泥浆泵"全面完成计划，于7月31日在济南通过验收，获得全面完成计划、项目取得突出进展或优异成果的A级别项目综合评价。2011年度承担的水利部公益性行业科研专项经费计划项目"基于河道减淤和泥沙配置的河口水沙调控技术"进展顺利，按水利部要求组织编报2012年度项目预算实施方案。组织"FD2000分布式智能堤坝隐患综合探测系统""数控拧扣钢（铅）丝网片编织机"两项成果申报水利部科技惠民计划。组织2013年度水利部948计划项目的申报和项目顶层设计工作。

【信息化系统工程】 2012年，加强山东河务局网络信息系统建设前期工作。完成《山东黄河综合数字化平台项目建议书》的编制，组织编报《山东黄河数据共享平台建设初步方案》和《山东黄河数据容灾备份设施建设方案》。配合省监察厅完成山东省行政审批网络系统和行政审批监察系统的设备安装调试和系统对接工作，确保网络系统的安全稳定运行。承办黄委《信息系统建设项目验收规程》培训班。

【科技成果与奖励】 2012年，山东河务局组织鉴定验收科技成果31项。其中"南水北调八里湾泵站深基坑工程降水及止水帷幕关键技术研究"1项重大科技成果通过省科技厅成果鉴定，达到国际先进水平。推荐黄委"新技术、新方法、新材料及其推广应用成果认定"成果146项，其中65项通过黄委"三新认定"。获各类奖励科技创新成果74项，其中，"基于调水调沙黄河河口刁口河流路生态调水研究"1项成果获省科技进步三等奖；获黄委科技进步奖4项，包括山东河务局参加完成的"黄河下游堤防淤筑工程安全关键技术研究""黄河河口综合治理关键技术研究""黄河下游滩区综合治理关键技术研究"等3项成果获黄委科技进步一等奖，主持完成的"智能防雷控制系统的开发与研究"1项成果获黄委科技进步三等奖；获山东河务局科技进步奖21项，包括一等奖1项、二等奖6项、三等奖14项；获山东河务局科技火花奖48项，包括一等奖21项、二等奖27项。

【科技推广与成果转化】 2012年，山东河务局承担的水利部科技推广计划项目“高效抗磨泥浆泵”通过验收。实施期间建立了示范点，在完成计划资助推广“10FGKN-30非金属高效抗磨泥浆泵”6台（套）、“LQ250-35-45型潜水渣浆泵”3台（套）的基础上，又向社会推广60台（套），累计完成水力冲填土方363万m^3；投产改进型“FD2000T智能堤坝隐患综合探测系统”4台（套），向系统外单位供货1台套；“GSM-3微型水位远程观测系统”“YB-A型液压拔桩机”“新型柳石枕捆抛机”等3项科技创新成果入选《2013年水利先进实用技术重点推广指导目录》。11月，编制《山东黄河科技推广工作需求大纲》。

【学术交流活动】 2012年，山东河务局节水灌溉试验合作洽谈与水资源管理考察团一行6人赴澳大利亚考察交流；1人随第六届世界水论坛水利专家代表团赴法国参加学术交流；1人赴台湾参加第15届海峡两岸多砂河川研讨会。4月，接待来山东黄河进行下游河道与滩区调研活动的南水北调原副主任宁远一行。向第五届黄河国际论坛推荐论文40余篇；组织召开山东黄河治理学术研讨会，优选80篇印刷论文集。

【政策法规与环境建设】 2012年，组织讨论《黄河水利委员会公益性行业科研专项经费项目管理办法》。组织山东河务局局属单位13名科技管理骨干参加了黄委科技管理培训班；举办山东河务局科研项目与信息技术培训班，局属单位科技管理人员等27人参加技术培训。

【科技人才队伍建设】 2012年，通过后续学历教育，有115人取得大专以上学历。其中硕士学历学位6人、本科64人、专科45人。6人晋升教授级高级工程师、研究员职称，70人晋升副高职称，162人晋升中级职称。16人获高级技师资格，82人获技师资格。山东河务局有1人被授予全国水利行业首席技师称号，3人分别获山东省、黄委首席技师等称号，9人被评为山东黄河首席技师。截至年底，山东河务局在岗职工7 139人，其中研究生学历111人、本科学历3 081人，大专以上学历占全局职工的比例为65.07%。各类专业技术职称人才3 749人，其中正高级85人、副高级723人；副高以上专业技术人才比上年增加76人，增长10.35%。技师以上技能人才占工人队伍的28.58%，其中高级技师71人、技师1 010人；技师以上高技能人才比上年减少10人，降低0.92%。有1个局属单位获“国家技能人才培育突出贡献奖”，6个局属单位获“全国水利行业技能人才培育突出贡献奖”。7人被评为全国技术能手，6人获全国水利技能大奖，13人被评为全国水利技术能手，11人被评为山东省首席技师，4人获“山东省有突出贡献技师”称号。

（山东黄河河务局　李长海）

工业科技

【概述】 2012年，山东省工业保持了平稳发展势头，规模以上工业增加值同比增长11.4%，高于全国1.4个百分点。规模以上工业企业实现主营业务收入11.6万亿元，居全国第二位，同比增长15.9%；实现利税1.2万亿元、利润7 443.3亿元，均居全国第一位，同比分别增长12.1%和10.9%。2012年高新技术产业产值占规模以上工业总产值的29.11%。

【技术创新平台建设】 2012年，全省新增国家级企业技术中心15家。新培育省级企业技术中心157家，行业技术中心3家；全省省级企业技术中心总数875家，行业技术中心35家。依托现有国家级和省级企业技术中心，实施重大创新平台建设项目11个，企业技术中心创新能力建设项目63项，给予财政资金支持6 000万元。

2012年山东省新增国家级企业技术中心（15家）

山东中创软件工程股份有限公司
山东黄金集团有限公司
济南轨道交通装备有限责任公司
青岛四方车辆研究所有限公司
青岛东佳纺机（集团）有限公司
青岛宏大纺织机械有限责任公司（分中心）
山东鲁阳股份有限公司
淄博柴油机总公司
文登威力工具集团有限公司
山东康平纳集团有限公司
谷神生物科技集团有限公司
山东冠丰种业科技有限公司
山东常林机械集团股份有限公司
山东临工工程机械有限公司
西王集团有限公司

2012年新增山东省行业技术中心（3家）

山东省生物产业技术中心
山东省水泵行业技术中心
山东省计时行业技术中心

2012年新增山东省企业技术中心（157家）

山东华安新材料有限公司
烟台杰瑞石油装备技术有限公司
青岛康地恩药业股份有限公司
山东鲁能智能技术有限公司
山东创新腐植酸科技股份有限公司
山东柠檬生化有限公司
青岛雪达集团有限公司
歌尔声股份有限公司
山东山推机械有限公司
山东凯丽特种纸股份有限公司
山东银宝食品有限公司
山东京鲁水务集团有限公司
山东恒源石油化工股份有限公司
威海市中复西港船艇有限公司
德州联合石油机械有限公司
山东太古飞机工程有限公司
富美科技有限公司
山东科信生物化学有限公司
山东绿健生物技术有限公司
中澳控股集团有限公司
青岛恒佳塑业有限公司
山东招金膜天有限公司
山东索力得焊材有限公司
济南泰星精细化工有限公司
山东晨光胶带有限公司
山东国瑞环保产业有限公司
山东大东联石油设备有限公司
山东济宁特力机床有限公司
烟台正海磁性材料股份有限公司
信发集团有限公司
寿光市泰丰制动系统科技有限公司
京博农化科技股份有限公司
尤洛卡矿业安全工程股份有限公司
山东中孚信息产业股份有限公司
济南易恒技术有限公司
济宁安泰矿山设备制造有限公司
威海市宇王集团有限公司
山东统一陶瓷科技有限公司
济南澳海炭素有限公司
邹平鲁杭天润实业科技有限公司
文登鸿通管材有限公司
滨州亚泰雅德动力配件有限公司
青岛双瑞海洋环境工程股份有限公司
梁山中集东岳车辆有限公司
山东翔宇健康制药有限公司
山东临沂市三丰化工有限公司
威海东兴电子有限公司
山东巨洋神州信息技术有限公司
山东隆源液压科技有限公司
烟台海普制盖有限公司
山东鑫迪家居装饰有限公司
齐河力厚化工有限公司
山东润鑫精细化工有限公司
德州华源生态科技有限公司
沃尔华集团有限公司
东营天东制药有限公司
德州恒丰纺织有限公司
山东鸿基机械科技有限公司
青岛红妮制衣有限公司
烟台东诚生化股份有限公司
山东创新金属科技股份有限公司
山东昂仕集团有限公司
莱芜钢铁集团淄博锚链有限公司
山东恒祥机械有限公司
潍坊正远粉体工程设备有限公司
潍坊英轩实业有限公司
山东泰瑞汽车机械电器有限公司
龙口联合化学有限公司
山东高密润达机油泵有限公司
山东石大科技石化有限公司
山东金石沥青股份有限公司
山东恒涛节能环保有限公司
山东能源机械集团大族再制造有限公司
山东昌邑灶户盐化有限公司
莱芜泰山焦化有限公司
山东海益宝水产股份有限公司
山东兰骏集团有限公司
济南华鲁食品有限公司
山东高佐矿业集团有限公司
菏泽沃蓝化工有限公司
山东兖煤精益机电设备有限公司
日照金港活塞有限公司
泰安东升服装有限公司
临沂恒昌焦化股份有限公司
山东新和成药业有限公司
威海市泓淋电子有限公司
山东东顺集团有限公司
山东澳亚纺织有限公司
日照市活点网络科技有限公司
山东宝石达石油装备制造有限公司
山东星发生物科技股份有限公司
山东省宁津县鲁盾聚氨酯制品有限公司
莱芜市福泉橡胶有限公司
山东玻纤复合材料有限公司
龙口市汽车风扇离合器厂
临沂市海纳电子有限公司

愚公机械股份有限公司
山东中惠食品有限公司
泰安路德工程材料有限公司
山东东药药业股份有限公司
山东青能动力股份有限公司
淄博银仕来纺织有限公司
山东新煤机械装备股份有限公司
利津县腾辉化工有限公司
青岛博海建设集团有限公司
山东正邦生物科技有限公司
山东鸿顺集团有限公司
山东良友食品饮料有限公司
山东起凤建工股份有限公司
山东宇泰光电科技有限公司
山东天工岩土工程设备有限公司
蓬莱万寿机械有限公司
泰安市科诺型钢股份有限公司
山东省阳信金缘纺化有限公司
菏泽巨鑫源食品有限公司
聊城市民生牧业有限公司
山东省安华瓷业股份有限公司
山东雷华塑料工程有限公司
青岛清光食品有限公司
威海市海明威集团有限公司
山东正顺建设集团有限公司
淄博中轩生化有限公司
山东新凯电子材料有限公司
山东能源电气股份有限公司
日照恒宝食品有限公司
东营华泰化工集团有限公司
山东爱普电气设备有限公司
山东兖州环亚挂车制造有限公司
山东容力达矿用电器设备有限公司
山东奥博环保科技有限公司
山东新安凯动力科技有限公司
山东光明工模具制造有限公司
烟台泰利汽车模具制造有限公司
日照旭日电子有限公司
山东犀牛工程机械有限公司
鲁丰织染有限公司
山东布莱特辉煌新能源有限公司
山东日发纺织机械有限公司
山东慧科助剂股份有限公司
山东天鹤塑胶股份有限公司
青岛海通车桥有限公司
临清兴和宏鑫机床有限公司
山东中科蓝天科技有限公司
五莲县恒瑞车辆附件有限公司
山东胜岳精密机械有限公司
山东万德酒业集团有限公司
山东欧宝板业有限公司
青岛泰源科技发展有限公司
青岛海王纸业股份有限公司
山东绅联生物科技有限公司
山东恒邦冶炼有限公司
山东新合源传输科技有限公司
山东民基电力设备有限公司
东阿鲁西铸造有限公司
山东众力液压技术有限公司
山东生态环保科技股份有限公司
山东鲁南华源数控股份有限公司

【技术创新项目】 2012年,全省工业企业实施新产品开发项目23 040项,投入开发经费662.3亿元,实现新产品销售收入1.12万亿元。全省工业企业组织实施省级技术创新3 297项,研发投入222.7亿元,其中新能源、新材料、新信息、新医药、海洋科技等战略性新兴产业项目1 856个,占项目总数的56.3%。全部项目中达到国际先进水平的1 243项,占37.7%。组织申报国家重大科技成果转化项目13项,获中央补助资金2.92亿元,其中2012年下达1.02亿元,2013年下达9 600万元,2014年下达9 400万元。

【企业创新能力】 2012年,全省企业申请专利56 473件,同比增长32.3%,其中发明专利19 586件,同比增长66.4%;获得授权专利31 719件,同比增长38.9%,其中发明专利3 369件,同比增长35.2%。山东泉林纸业独立开发的"秸秆清洁制浆及其废液肥料资源化利用新技术"、威高集团与中国科学院长春应用化学研究所联合开发的"输注与介入类医用耗材制备新技术及其大规模应用"等8个项目获国家技术发明二等奖;潍柴动力股份有限公司开发的"重型高速柴油发动机关键技术及产业化"、山东金正大集团的"缓控释肥技术创新平台建设"等10个项目获国家科技进步二等奖。兖矿集团、青岛啤酒集团等6家企业被认定为国家第二批技术创新示范企业,山东省国家技术创新示范企业达12家,数量与广东并列全国第一位。山东鲁能智能技术有限公司的变电站智能巡检机器人和海尔集团的的水晶滚筒洗衣机获得中国首届工业设计奖产品设计金奖。工业设计奖代表我国工业设计的最高水平,有1 451件优秀工业设计产品参评,最终设立工业设计产品金奖10件,山东省是唯一有2件产品获金奖的省份。

2012年新增国家级技术创新示范企业(6家)

兖矿集团有限公司
山东泉林纸业有限责任公司
山东绿叶制药有限公司
威高集团有限公司

青岛啤酒股份有限公司

青特集团有限公司

【产学研合作】 6月,在济南举办了2012年山东省产学研展洽会,这是山东省连续举办的第21届产学研展洽会。展洽会以“培育发展战略性新兴产业”为主题,有2 500多家省内外企业、200多所高校科研单位参展参会,展出和发布最新产学研合作创新成果3 600多项,征集企业技术难题485项,发布企业人才需求6 530人次,达成项目合作协议273项,成交金额180亿元,其中重大签约项目21项,投资总额24.6亿元。山东省经济与信息化委员会与北京工业大学签署战略合作框架协议,使省校合作层次进一步提高。省经信委已与23所高校和科研机构签订了合作协议,在科技、人才等方面建立全面和长期的战略合作关系。

【技术创新政策与环境建设】 为贯彻落实《国务院办公厅关于进一步支持企业技术创新的通知》(国办发〔2011〕51号)精神,由省经信委起草、省政府办公厅下发《关于贯彻国办发〔2011〕51号文件精神推进企业技术创新的指导意见》(鲁政办发〔2012〕31号),进一步明确了企业技术创新的主体地位,并提出从推进重大产业创新项目建设,加快建设创新型产业聚集区,强化企业技术创新保障措施等方面推进企业技术创新。省经信委会同省财政厅、国税局、地税局联合制定《关于充分运用研发费用加计扣除政策推动山东省企业技术创新的意见的通知》,并由省政府办公厅进行了转发(鲁政办发明电〔2012〕24号);会同省科技厅、省国税局和省地税局结合山东省实际,共同编制《山东省企业研究开发费用加计扣除管理操作指南(试用)》。

【技术创新人才队伍建设】 2012年,依托企业技术中心、省级技术创新项目、重大产学研合作项目等载体,继续加强企业领域“泰山学者”建设和优秀创新团队建设,为企业培养高层次领军人才,全省企业领域新增“泰山学者”9人、山东省优秀创新团队1个。截至年底,全省企业领域拥有“泰山学者”74人,培养“山东省优秀创新团队”9个。建立企业与大学合作培养人才的共建机制,鼓励企业与高校、职业院校、社会培训机构合作,建立实训基地,为企业培养和输送技术人才、紧缺人才。截至年底,全省企业已建立“校企合作人才定向培养示范基地”5个、山东省企业实训基地1 189个。

(省经济和信息化委员会　李　刚)

煤炭科技

【概述】 2012年底,全省在籍生产矿井213处,生产原煤1.45亿t。全年实现营业收入36 002 732万元,同比增长38.86%;主营业务收入27 959 812万元,同比增长23.01%,其中省内商品煤销售收入10 211 530万元,同比增长0.64%。实现利税7 201 282万元,同比增长10.68%;实现利润2 318 752万元,同比下降36.62%。

【科技计划与投入】 2012年,全省煤炭行业科技装备投入完成74.04亿元,占主营业务收入的3.16%。其中,省属煤矿59.53亿元,占主营业务收入的3.6%;市县属煤矿13.5亿元,占主营业务收入的2.05%;省监狱煤矿1.02亿元,占主营业务收入的2.76%。全行业年内吸纳高校本科以上毕业生2 702人,面向社会招聘各类专业技术人才1 100人。下达科技计划215项,承担10项国家级课题、212项省级课题。兖矿集团“3 000t/a级大型煤气化关键技术研究及示范”等课题正式列入国家863计划。

【技术创新体系建设】 截至2012年底,全省煤炭行业已建成省级以上各类科研机构30余个,已创建3个国家级、15个省级企业技术中心;拥有2个国家级、4个省级技术研发平台,5个院士、5个博士后工作站,技术创新平台建设取得进展。加大60项科技成果转化力度,不断提高全省煤炭工业技术装备水平,增强煤矿安全保障能力。

【科技成果与奖励】 2012年,全省煤炭企业登记成果163项,其中应用技术成果162项、基础理论成果1项;16项达到国际领先水平,56项达到国际先进水平,54项达到国内领先水平;原始性创新成果120项,国外引进消化吸收创新成果11项,国内技术二次开发成果31项。已推广项目162项,稳定应用的成果157项,实现净利润17.87亿元,实交税金4.88亿元,节约资金243亿元;其中产权转让成果21项,技术转让收入2.63亿元。

新汶矿业集团等单位完成的“大倾角煤层综采综放工作面成套装备关键技术”项目获国家科技进步二等奖。兖矿集团等单位联合完成的“南四湖水系下厚煤层开采河道损害综合防治技术”“煤炭安全高效洁净开采与利用技术创新体系”项目、龙矿集团等单位完成的“龙口海下煤炭安全开采关键技术与应用”项目获得省科技进步一等奖；“千米深井综放工作面动力灾害监测预警成套技术及应用”“极近距离自燃煤层采空区瓦斯与火综合防治技术研究”“矸石膏体充填回收建筑物下条带开采遗留煤柱技术”等7项成果获省科技进步二等奖；“兖州矿区底板采动变形破坏特征研究及应用”和“矿井高效辅助运输成套技术的研究与应用”等13项成果获省科技进步三等奖。获得中国煤炭工业协会科学技术一等奖3项、二等奖20项、三等奖35项。

【行业结构调整】 2012年，全省煤炭行业进一步跳出煤炭看发展，融入区域促发展，持续发展保安全，在更高层次、更广领域转方式、调结构。①推进产业结构调整。省属煤炭企业由“泛多元化”向突出主体产业转变。全省非煤产业加快推进煤化工、煤建材、煤机制造、煤电铝、煤炭物流等五大产业发展。全年在建非煤项目40项，投资75.78亿元。非煤产业销售收入1 787亿元，同比增长36.2%，占全省煤炭行业销售收入的60.07%；非煤产业从业人员14.2万人。②推进生产方式转变。针对省内煤炭资源日益减少、建下压煤日趋严重的实际，全行业着力转变煤炭生产方式，大力推广以矸石、膏体为主的充填开采技术。截至年底，全省已有46对矿井实施了充填开采，完成开采工作面161个，累计充填开采产量1 700万t。4月，在山东召开全国煤矿充填开采现场会，将山东省确定为充填开采试点省份。③推进煤炭企业规模化发展。通过前几年的关闭整顿和整合重组，全省煤矿单井规模由2005年的40.2万t提高到2012年的78万t；煤矿企业个数由249个减少到105个，企业平均规模由52.5万t提高到145万t。按照鲁政办发〔2012〕58号文件的部署，推进煤矿企业兼并重组，各产煤市对本地管辖煤矿企业资源储量、生产布局和企业结构等方面进行调查，研究制定兼并重组方案，力争地方煤矿企业重组整合到60家以内。

（省煤炭工业局　黄传富　王　景）

电力科技

【科技创新】 2012年，“面向电力带电抢修作业机器人研究开发与应用”项目获国家863计划立项，“无人机带电巡检系统”等3个项目列入山东省科技发展计划。高强钢组合抱杆填补了国内空白。公司科技攻关团队建设取得突破，“输变电设备检测作业机器人科技攻关团队”被命名为国家电网公司科技攻关团队。

【智能电网建设】 2012年，德州高铁新区智能电网综合建设工程、东营智能园区深化应用、分布式发电及微电网接入控制、电力光纤到户、区域电网集中式网络化保护控制系统试点工程等可研方案通过国家电网公司审查，其中东营智能园区、分布式发电及微电网接入项目列入国家物联网重大应用示范工程。智能电网试点项目——蓬莱、高密农网营配调管理模式优化工程通过国家电网公司验收，潍坊、东营调控一体化项目进展顺利。加强智能电网关键技术研发，完成大规模风电接入的电网发电调度模式与关键性技术研究，提升山东电网消纳发电的能力。加强智能变电监测技术研究与应用，开展复杂条件下GIS内绝缘早期及突发性故障的预警技术研究，研制智能变电站新型测试系统。搭建营销用电可视化平台建设，实现智能抢修管理、用户停电管理、供电质量及可靠性分析和营销资源可视化。开展山东电网仿真云计算项目研究与建设，分阶段完成山东电力省地一体化仿真协同计算分析平台，逐步实现全网计算和数据资源的集中化统一管理。

【新技术推广应用】 2012年，高强钢组合抱杆在皖电东送淮南—上海特高压交流输电示范工程线路18标段中成功应用。输电线路无人直升机智能巡检系统、基于可靠性的设备状态检修与应用、高速铁路接入电网电能质量研究与应用等，在实际应用过程中取得良好效果，保障了电网安全稳定运行。完成新能源调度技术支持系统，建立了系统全面的城市配电网运行水平和供电能力评价指标体系，完成智能电器试点应用研究和工程示范，在家用智能电器、家庭电能管理及智能用电双向互动平台等方面的研究成果达到国际先进水平。

【重点实验室建设】 2012年，“山东省电动汽车能源供给工程技术研究中心”获省科技厅批复。“高海拔地区无人机巡检适用性研究”科研团队在海拔4 767m的可可西里，开展了无人机最高海拔飞行测试。以建成职业卫生防护与检测国网实验室为平台，承担国网环保和职业卫生重点研发课题、行业技术标准和管理创新项目，完成SF6处理中心建设方案。

【科技成果与奖励】 2012年，获国家电网公司科技进步奖11项，中国优秀工业设计奖1项，中国专利奖1项，国家电网公司专利奖1项（如表所示）。获省科技进步奖10项，山东省专利奖3项。

2012年度山东电力集团公司获得科技奖励

奖励名称	等　级	成果名称
国家电网公司科技进步奖	一等奖	宁东—山东±660kV直流输电示范工程
		智能变电站断路器智能化关键技术研究
		NS3000S智能变电站自动化系统研制与推广
		电动汽车智能充换储放一体化技术研究与工程应用
		复合材料输电杆塔技术研究及工程示范
		国家电网公司集约化、实时化营销稽查监控系统标准化设计与应用
		农村电网智能化关键技术研究及示范工程建设
	二等奖	山东电网应急体系建设与应用
	三等奖	电网运行环境下元件性能评估及其重要性评价
		基于电网全景式潮流图的调配一体化决策支持系统
		10kV带电作业机器人实用化研究
中国优秀工业设计奖	金奖	变电站智能巡检系统
中国专利奖	优秀奖	寻找变电站开关无故障跳闸导致停电原因的检测方法
国家电网公司专利奖	三等奖	巡检架空线路和杆塔用无人直升机系统及其方法
山东省专利奖	一等奖	一种发电厂水汽系统结垢成分中硫酸根离子的测定方法
	二等奖	基于变电站巡检机器人变电站设备外观异常识别方法
	三等奖	基于超低频涡流的奥氏体锅炉管内壁氧化皮堆积测量方法

【知识产权】　2012年，山东电力集团的发明专利比例攀升，多项专利申请取得PCT（国际专利合作条约）受理号，“提高T91/P91钢在高温水蒸气中抗氧化的预处理方法”专利获美国国家专利商标局授权通知，实现海外专利授权新突破。全年公司申请专利1 110件，其中发明专利174件；获得专利授权790件。建立基于企业资源计划和流程管理的电力企业标准化管理系统，首次在业务流程、标准和信息系统的融合方面取得突破。围绕公司优势——电力机器人技术，申请发明专利13件、实用新型专利36件，主持完成国家电网公司技术标准《变电站智能机器人巡检系统》系列技术标准编制任务。

【科技管理】　强化科技创新主导地位，发挥公司本部的引领作用、电科院和经研院的科研创新核心作用。完善科技创新体系，提升基层单位的科技支撑服务能力，挖掘一线班组技术革新前沿优势，深化与国内外高水平研究机构科研合作机制。健全国家电网公司总部科技项目管理模式，优化公司本部科技管理组织体系，统一规范科研创新管理、成果管理、知识产权管理、科研资金管理等制度。强化科技创新全过程管控，健全从项目规划、指南编制、可研调查、计划制定、技术研究、项目验收到成果应用的闭环管理机制，实现科技管理项目化、项目管理精细化，突出抓好重大项目、重点实验室和人才队伍，加大科技攻关力度。完善“科学合理、充满活力、简明高效”的科技创新体系，依托前沿技术优势与智能电网建设，完成输电线路舞动监测技术研究等17项重点课题攻关，在坚强智能电网和直流输电、电力机器人、电动汽车充换电等创新领域取得了一系列科研成果。

（山东电力集团　吴观斌）

【山东电力工程咨询院有限公司】　2012年，加强科技研发制度体系建设，完善科技管理流程及科技信息管理平台，推进企业科研基础能力建设。进一步加强科技规划对重大课题研发引导作用，150kW潮流能发电关键技术研究等重大课题研究取得新突破，形成一批创新成果和自主知识产权。

研发平台管理与产学研合作　2012年，依托企业工程技术研究中心，与哈尔滨工程大学、上海交通大学、山东大学、西南交通大学、重庆大学、山东电力集团公司等国内知名院校和企业合作开展关键技术研发。组织开展智能变电站设计、生物质发电、百万机及超临界供热、电网设计技术等大型技术交流活动，初步构建依托企业在山东地区的技术交流平台，进一步加强企业与业主、客户及合作单位等的沟通。

科技成果与知识产权　2012年，“30MW级生物质直燃发电主厂房T型布置及上料设备研发与工程应用”项目获2012年度中国电力科学技术奖三等奖，“输电塔埃菲尔效应计算方法研究及计算程序开发”项目获2012

年度中国电力建设科学技术奖三等奖。全年获省部级及以上优秀工程奖31项,其中"宁东—山东±660kV直流输电示范工程"获国家优质工程金质奖,"华润菏泽电厂至郓城变双回500kV输电线路工程"获国家优质工程银质奖。企业获国家核电科技奖9项。获专利授权41件,其中发明专利7件;申请专利34件,其中发明专利13件。取得电力设计专有技术5项,软件著作权登记14项。

(山东电力工程咨询院有限公司　王　毅)

【山东电力建设第二工程公司】　山东电力建设第二工程公司成立于1952年,是山东省第一家电力施工企业。已累计建造电厂186座,安装机组829台,完成装机总容量44 970.05MW。4次获"鲁班奖",7次获"国家优质工程银质奖",11次获"全国优秀焊接工程奖",42次获国家省部优工程奖,公司承建的印尼龙湾电厂获"2012年度境外优质工程奖",6个项目获"中国安装之星"。在建项目41个,其中包含广东阳江核电站2×1 000MW工程、新疆农六师电厂二期2×1 100MW扩建工程、贵州华电桐梓发电有限公司2×600MW机组工程、印度GMR卡玛朗加4×350MW机组工程、赞比亚MCL电厂2×150MW机组工程、天津北疆发电厂第二批海水淡化工程、华润新能源莒县东宏三期风电场、中电新能源甘肃武威光伏等。

科技成果　2012年,公司充分利用QC小组、合理化建议、"创新示范岗""创新能手"等载体推进自主创新的科技活动。其中10项科技创新成果获中国电力建设科技成果奖,2项科技成果获山东省科技部门鉴定;1项工法获评国家级工法,27项工法被评为省部级工法;获实用新型专利56件,发明专利5件,软件著作权9项。

科技项目选介

百万千瓦级分体式汽轮发电机内、外定子穿装方案研究与应用　该项目通过快速对中安装牵引拖架技术、自制专用支座作内定子临时支撑技术、滑轮固定座代替现场地锚技术、双重限位技术和对称安装立式切向弹簧板技术,提高了施工效率和安全系数,节省了施工成本,保证了内、外定子穿装质量。其关键技术在电力建设关键技术成果评审中被中国电力建设企业协会评定为国内领先水平。该项目获2012年中国电力建设企业协会一等奖。

电力建设生产指挥系统的开发及应用　该项目利用计算机软、硬件及计算机网络技术实现对在建项目部的管控、调度,具有良好的管理理念。项目缩短了上层领导的决策周期,节省了大量的差旅费、人力资源等,产生了社会经济效益,得到中国电力建设集团公司电力工程事业部的好评,并计划进一步在全国电力建设单位推广应用。该项目获2012年中国电力建设企业协会一等奖。

大型三通异形管焊接接头热处理技术应用　该项目采用履带式柔性陶瓷电阻加热器为主加热器,配合使用绳状加热器,把均温带监视热电偶设置为辅助加热区控制热电偶,合理控制辅助加热的温度,优化热电偶布置合理分区控温,提高了热处理施工的合格率。该成果还具有工艺简单、温度控制合理、实用性强等特点,在大型三通异型管道较多的超超临界机组中有广泛的应用价值。该项目获2012年中国电力建设企业协会二等奖。

1 000MW超超临界火电机组施工技术丛书　该项目主要用于电力建设公司在1 000MW超超临界火电机组的建设过程中提供施工指导,为我国超超临界大容量、高参数、高效节能机组的建设、设计提供技术依托和借鉴平台。丛书对其建筑、设备安装技术具有指导性、借鉴性、实用性,其包含的各方面内容对其他行业如石化、冶金、核工业、建筑业、起重机械作业和大中专院校该专业师生等同样有借鉴指导作用。该项目获2012年中国电力建设企业协会二等奖。

(山东电力建设第二工程公司　陈玉飞)

化工科技

【概述】　2012年,全行业规模以上企业4 111家,比2011年增加了110家,资产总额12 907亿元,实现主营业务收入23 276亿元、利税2 904亿元、利润1 585亿元,同比分别增长19.2%、10.1%和10%。其中,地方化工实现主营业务收入19 058亿元、利税1 814亿元、利润1 205亿元,同比分别增长23%、21.2%和17.1%。山东化工主营业务收入分别占全国化工和全省工业的19.4%和20%,连续21年保持全国首位,成为全国同行业首个突破2万亿元的省份。

产品产量　全年生产原油2 774.7万t,原油加工量7 021.5万t,生产烧碱585.2万t、纯碱408.9万t、合成氨764.4万t、化肥1 304.6万t(折纯)、乙烯80.6万t、甲醇403.2万t、塑料树脂及共聚物427.9万t、硫酸644.1万t、农药82.5万t、冰醋酸65.2万t、合成橡胶55万t、轮胎外胎38 123.6万条、子午胎15 963万条。在重点监测的28种产品中,同比增长的有19种,占

67.9%。同比增幅较大的有农药 62.9%、煤油 24.6%、合成纤维单体 24.3%、塑料 23.1%、石油沥青 22.4%、轮胎 21.5%、燃料油 21.2%；同比降幅较大的有纯苯 −33.8%、润滑油 −9.5%、乙烯 −5.4%。

产业结构　石油化工、专用化学品、橡胶加工、化肥的经济总量占比由上年的 75% 降至 69.4%，合成材料的经济总量占比由上年的 7.6% 升至 10.2%。化肥行业初步实现由单一化肥产品向多元化工产品延伸的转变，肥化并重、优势互补的产业发展格局正在形成；氯碱行业主要耗氯产品配套逐步完善，下游产业链逐渐拉伸加宽。化工新材料、新领域精细化工等战略性新兴产业较快发展，氟硅材料、聚氨酯材料、合成橡胶及弹性体、膜材料、特种纤维等产品形成一定优势。高浓度化肥的比例由 95.6% 提高到 96.7%，子午线轮胎的比例由 75% 提高到 79%，离子膜烧碱占比达到 85% 以上。石化、煤化、盐化、传统精细化工产品加快向“高端、高质、高效”转变。化肥中缓控释肥、专用肥等品种产销加快，高性能、功能性强的高档次轮胎开始进入欧盟等高端市场，一些合成材料、专用化学品等产业化水平提高。

企业结构　主营业务收入过 100 亿元的企业达 30 家，比 2011 年增加 7 家；其中，过 200 亿元的企业 11 家，比 2011 年增加 1 家。2012 年，山东东岳高分子材料有限公司获第 4 届“山东省省长质量奖”；全行业有 70 个产品获“山东名牌产品”称号，12 个产品被中国石化联合会评为“行业知名品牌产品”；东明石化生产基地被授予“创建山东省优质产品生产基地”称号。

【节能减排工作】　2012 年，万元生产总值和万元工业增加值能耗都有所下降，列入重点控制范围的合成氨、烧碱、纯碱、轮胎等产品能耗进一步降低，资源节约利用水平得到提升。山东华鲁恒升化工股份有限公司、滨化集团、山东海化集团、鲁西化工集团股份有限公司、山东东明石化集团、山东阿斯德化工有限公司等多家化工企业建立能源管理体系，能源综合利用更趋节约高效。

【科技创新平台建设】　2012 年，全行业国家级、省级企业技术中心分别为 16 个和 149 个，其中省级企业技术中心比上年增加 30 个，省级行业技术中心比上年增加 4 个。

【科技成果与奖励】　2012 年，山东金正大生态工程股份有限公司的“缓控释肥技术创新平台建设”获国家科技进步二等奖；烟台万华聚氨酯股份有限公司的“新型光气化反应制 MDI 关键技术”等 4 项成果获省科技进步一等奖，山东锦江生物能源科技有限公司的“生物柴油成套技术开发与产业化”等 14 项成果获省科技进步二等奖；2 项成果获省技术发明三等奖。

（省石化协会　苏俊杰）

冶金科技

【概述】

生产　2012 年，全省和山东钢铁集团累计完成工业总产值（现价）分别为 6 194.63 亿元和 974.09 亿元，与上年同期比分别增长 14.30% 和 −17.48%。全省 17 种冶金产品中，15 种产品产量比上年同期有所增长。全省和山东钢铁集团累计生产生铁分别为 6 013.1 万 t 和 2 336.93 万 t，与上年同期比分别增长 7.21% 和 −6.59%；累计生产粗钢分别为 5 957 万 t 和 2 300.61 万 t，与上年同期比分别增长 5.34% 和 −4.23%；累计生产钢材分别为 7 817.9 万 t 和 2 262.4 万 t，与上年同期比分别增长 11.15% 和 −1.9%；累计生产铁矿石分别为 2 156.2 万 t 和 915.72 万 t，与上年同期比分别降低 11.94% 和 47.75%。全省冶金 20 项主要技术经济指标当中，有 14 项好于或持平上年同期水平，占 70%。

经营　2012 年，全省和山东钢铁集团钢材平均销售率分别为 99.59% 和 99.91%；钢材期末库存量分别为 50.88 万 t 和 39.16 万 t。累计出口交货值分别为 46.44 亿元和 33.55 亿元，与上年同期比分别增长 −25.28% 和 −29.81%。累计工业销售产值分别为 5 300 亿元和 976 亿元，与上年同期比分别增长 −1.63% 和 −17.04%；累计实现销售收入分别为 5 891.40 亿元和 1 189.73 亿元，与上年同期比分别增长 2.65% 和 −1.61%；累计实现利税分别为 324.01 亿元和 7.29 亿元，与上年同期比分别增长 −20.84% 和 −89.18%。

能源消耗　2012 年，全省和山东钢铁集团累计实现万元产值能耗分别为 1.34t 标煤/万元和 1.49t 标煤/万元，与上年同期相比分别升高了13.11% 和 13.3%；全省和山东钢铁集团累计实现万元工业增加值能耗分别为 7.08t 标煤/万元和 20.98t 标煤/万元，与上年同期相比分别升高了 10.52% 和 16.57%；吨钢综合能耗分别为 601.54 公斤标煤/吨和 598.05 公斤标煤/吨，与上年同期相比分别下降了0.79% 和 0.77%。

环境保护　2012 年，济钢、莱钢、张钢、耐火公司、金岭铁矿、青钢、泰钢等 7 家骨干钢铁企业，累计工业废水排放量1 022.85万t，其中达标排放量为1 022.85万t，占排放量的100%；烟尘排放量为10 199 277kg，其中达标排放量为9 850 521kg，占排放量的96.58%；工业粉尘排放量为12 426 625kg，其中达标排放量为12 426 625kg，占排放量的100%。

【科技项目】 2012年，列入省科技厅科技发展计划项目1项，财政拨款额度20万元；列入省经信委技术创新项目60项。

【科技成果与奖励】 2012年，鉴定科技成果151项，其中技术鉴定128项、产品鉴定23项。达国际先进水平以上的36项，占鉴定总数的23.8%；达国内领先水平92项，占鉴定总数的60.9%；达国内先进水平23项，占鉴定总数的15.3%。鉴定科技成果创年经济效益20多亿元。冶金行业获省科技进步二等奖5项、三等奖12项；获中国有色金属工业科学技术奖一等奖5项、二等奖4项、三等奖3项；获中国钢铁工业协会冶金科学技术奖二等奖2项、三等奖1项。

2012年，申报2012年度省冶金科技进步奖成果158项，127项获奖，其中一等奖32项(如表所示)、二等奖43项、三等奖52项。

2012年度山东省冶金科技进步一等奖获奖项目

项目名称	完成单位
转底炉直接还原处理钢铁厂含锌尘泥成套工艺产业化	莱芜钢铁集团有限公司、北京科技大学
高铝钢精炼与板坯连铸工艺技术研究与开发	莱芜钢铁集团有限公司
大型企业供配电节能新技术的研发与应用	济钢集团有限公司、中国电力科学研究院、国网智能电网研究院
无缺陷铸坯控制技术在特殊钢新产品开发中的应用	莱芜钢铁集团有限公司
焦化化产污染物减排工艺研究与应用	济钢集团有限公司
120～300mm极厚高强度低合金结构钢板产品和应用技术研究	济钢集团有限公司
RH精炼工艺优化物理模拟研究与应用	莱芜钢铁集团有限公司
纯净钢用惰性气体保护塞棒加定径水口快换装置	济南麦哈勃冶金技术开发有限公司
低碳免压蒸免蒸养管桩研究和应用	济南鲁新新型建材有限公司
宽厚板冶铸轧产线MES研究与应用	莱芜钢铁集团有限公司
旋转喷雾半干法烟气脱硫技术的开发与应用	济钢集团国际工程技术有限公司
莱钢高品质齿轮钢系列产品控制技术的研究与应用	莱芜钢铁集团有限公司
低成本高效化洁净钢生产工艺技术研究与开发	莱芜钢铁集团有限公司
高强高韧环保型耐磨钢的研制	济钢集团有限公司
烧结烟气除尘与脱硫技术的研究与应用	莱芜钢铁集团有限公司
智能微网技术在钢铁企业电力系统的研究与应用	济钢集团有限公司
高性能超细还原铁粉制备新技术与应用	莱芜市泰东粉末科技有限公司
集群巡控远程计量系统	莱芜钢铁集团有限公司
非晶合金母材集约化生产技术的研发及应用	济钢集团有限公司
山钢集团云计算平台的研制	山东钢铁集团有限公司
高炉炉缸侵蚀检测分析技术开发与应用	莱芜钢铁集团有限公司
带肋钢筋“切分轧制+控轧控冷”工艺研究与应用	山东石横特钢集团有限公司
60、70kg低碳贝氏体工程机械用钢板的开发	莱芜钢铁集团有限公司
薄板产线系列钢种低成本生产技术开发	济钢集团有限公司
张钢高线三电控制系统集成	济钢集团有限公司
6～8mm宽幅薄钢板轧制技术的研究与开发	莱芜钢铁集团有限公司
KR法脱硫综合技术的研究与优化	莱芜钢铁集团有限公司
提高强风化贫钒钛磁铁矿综合利用率工艺技术	山东乾舜矿冶科技股份有限公司

续表

项目名称	完成单位
订单效益测算分析系统研究开发与应用	济钢集团有限公司
楔横轧汽车用SCM440H齿轮轴用钢研究开发	莱芜钢铁集团有限公司
Q890D高强度结构用钢板的研制	济钢集团有限公司
GB713—2008锅炉和压力容器用钢板认证和生产	济钢集团有限公司

【2012 年度山东省冶金科技进步一等奖获奖项目选介】

转底炉直接还原处理钢铁厂含锌尘泥成套工艺产业化 为解决含铁粉尘综合利用问题，莱芜钢铁股份有限公司围绕建立转底炉系统工艺流程与热工控制模型的复杂工业过程的关键技术问题，进行系统深入的研究，形成了基于原料特性的综合配料及成球技术、转底炉本体结构设计与制造技术、热工控制技术、转底炉能量综合利用技术、转底炉二次粉尘回收技术、关键工艺装备设计及制造技术和钢铁厂含锌尘泥处理系统工艺。这些技术已成功应用于莱钢转底炉的设计和生产实践。该项目已获发明专利 5 件，实用新型专利 7 件。同时，转底炉建设过程中的大量实物及视频资料，为高校及冶金企业培养冶金人才提供了生动的教具，所形成的转底炉工程实践和系统理论已被应用到冶金工程专业的教学实践中，社会效益显著。

高铝钢精炼与板坯连铸工艺技术研究与开发 该项目将钢中铝含量大幅度提高到 1.0%～2.0%，配合后续的控轧，提高了钢的强度和塑性指标，且高铝钢具有良好的涂镀性能，对开发一系列热轧和冷轧 TRIP 钢具有重要意义。项目主要创新点为：①高铝钢精炼工艺技术的研究与开发。为兼顾精炼脱硫和吸收夹杂的要求，通过热力学计算和相图分析，设计了高铝钢用铝酸钙系精炼渣。高铝钢采用三段法铝合金化技术，结合转炉终点氧控制和高效挡渣，减少铝烧损和精确控制精炼渣成分，高铝钢铸坯钢质洁净，钢中全氧值小于 10ppm。②高铝钢连铸工艺技术的研究与开发。开发具有化学稳定性和良好保温效果的三层复合式中间包渣，避免了钢中的铝与中间包渣发生还原反应，而且连铸过程保温效果良好；使用镁铝尖晶石质内衬防堵水口，水口内腔和外壁没有结瘤；开发了具有冶金功能稳定的“弱反应式”结晶器保护渣，它在较宽的成分区间内粘度、熔点、结晶化率等性能保持相对稳定，满足铸坯传热和润滑要求，避免造成铸坯裂纹、凹陷、夹渣和粘结漏钢等质量事故。该项目开发的各项技术已达到国际先进水平，所研发的精炼渣系、中间包渣系和结晶器保护渣系已推广应用在各类高铝含量钢种，如高铝 TRIP 钢、高铝电工钢和高铝模具钢等等。

120～300mm 极厚高强度低合金结构钢板产品和应用技术研究 120～300mm 极厚钢板主要应用于电力、化工、建筑、机械、造船、军工等国民经济建设各个方面，国内仅舞阳钢铁公司、宝山钢铁集团公司等厂家能少量生产，主要依赖从德国、日本等国家进口。2009 年特厚钢板被列入我国《钢铁产业调整和振兴规划》中需重点推进品种开发和技术进步的领域。该项目系统研究了连铸坯真空叠轧生产低合金结构钢板的机理，同时提出复合界面氧化物的产生原因及其变形机理，真空度、轧制道次和总压下率等关键参数对界面氧化物及复合界面组织性能的影响规律等。项目开发了连铸坯真空叠轧生产特厚钢板成套技术和装备。成功研制了国内第一套制备大厚度板坯的专用真空电子束焊机，开发剩磁焊接和不预热焊接等低合金结构钢电子束焊接专有技术；成功开发相应的预热、保温、加热、均热四段式加热工艺、“高温低速小压下＋高温低速大压下”相结合的轧制控制技术、组合坯料防开裂控制、特厚钢板小压缩比轧制、特厚钢板保探伤等专有技术以及多层叠轧技术。项目成功开发 GB/T700、GB/T1591、EN10025、EN10225、SA283、SA572、SA709、SA516、AS/NZS3678 等 8 个标准 22 个品种系列产品，生产的 120～300mm 极厚高强度低合金结构钢板，各类性能指标优异。该项目整体技术达到国际先进水平。

大型企业供配电节能新技术的研发与应用 该项目以济钢综合电气节能为目标，开展电气综合节能规划与仿真研究，完成选点分析；采用数学建模、理论分析、仿真、物理试验等研究手段，开展主电路拓扑结构及其控制、保护策略研究，确定高压、低压系统补偿技术方案，并研制具有领先水平的高低压无功补偿装置；以电气节能为目标，采用动态规划和集中—分布控制，开展含负荷特性的全局无功优化技术研究；开展补偿装置及负荷数据模型研究；建立企业的电能监控和管理软件平台，挖掘管理节能潜力，实现企业配电网全方位电气节能。该项目主要技术创新点为：①提出一种基于负序电流调节的换流链级直流电压平衡控制策略，有效解决了链式换流器相间直流电压平衡控制难题，控制算法物理概念清晰，稳态误差小于 1%，动态过程中误差控制在 10% 以内，控制性能优越。②提出一种基于频域分析的谐波电流控制策略，有效解决了控制器延时对谐波补偿的影响，谐波幅值和相位补偿精度高，动态性能优越。③提出一种基于 EtherCAT 的分层分布式控制系统，该控制系统具有数据传输速度快、隔离性好、同步脉冲精度小于 20ns、可模块化配置的优点。能够很好地满足三级直流电压控制算法对控制精度和实时性的较高要求。④提出一种基于改进后的Sage–Husa自适应滤波算法的超短时负荷预测方法，与常用简化Sage–Husa自适应滤波算法相比，预测精度提高20%，满足钢铁企业冲击性负荷随意性大的特点，为无功优化调度提供依据。该项目完成了国内第一个无功和谐波补偿和配电网监控和管理为一体的综合节能工程，实施后节能效果显著，节能率15.07%。项目成果应用后有效改善了电能质量、降低网损降、降低生产成本，提高企业生产设备的运行可靠性，推广应用性强。项目技术达到国际先进水平。该项目获发明专利1件、实用新型专利1件。

（省冶金工业总公司　张海昕　金庆珍）

机械科技

【概述】　2012年，全省11 666家规模以上机械企业实现主营业务收入23 323.39亿元，比上年增长13.88%；实现利税2 361.06亿元，比上年增长14.25%，其中利润1 567.44亿元，比上年增长12.49%；完成出口237.13亿美元，比上年增长3.28%。全省机械工业规模以上企业主营业务收入23 323.39亿元，利税2 361.06亿元，全省成为全国同行业中继江苏之后第二个获此佳绩的省市。

【科技研发与创新】　2012年，全省机械工业企业列入省科技攻关计划、技术创新计划项目940项，其中自主研发739项，引进消化吸收36项，联合创新165项，达到国际水平的275项、国内领先水平的259项、填补国内空白的76项。

【企业技术中心】　2012年，全省机械行业新增国家级企业技术中心9家，新增省级企业技术中心48家。

【科技成果与奖励】　2012年，全省机械工业获中国机械工业、省科学技术奖和省机械工业科技进步奖292项，其中获中国机械工业科学技术一等奖1项、二等奖11项、三等奖22项；省科技进步一等奖1项、二等奖10项、三等奖22项；省机械工业科技进步一等奖36项、二等奖75项、三等奖114项。全年全省机械工业有73项装备被认定为首台（套）技术装备，其中济南二机床集团有限公司等11家企业研发的“福特KCAP快速高效数控全自动冲压生产线”等11个产品被认定为2012年度山东省重点领域重大首台（套）技术装备；有66家企业的73个产品列入第二批高端技术装备新产品推广目录。山东省机械工业协会与省国防机械电子工会联合主办第4届全省装备制造业计算机三维设计大赛，获奖作品42件，22位同志被授予“山东省国防机械电子工业系统五一劳动奖章”，50位同志被授予“山东省机械行业优秀科技工作者”称号。山东省机械工业协会授予山东时风（集团）有限责任公司等46家企业“山东省机械工业品牌建设典范企业”称号，授予济南液压泵有限责任公司董事长苏传麟等36位个人“山东省机械工业品牌建设名家”称号。

【信息化平台工作】　由省机械工业协会承担的省信息化工程项目“山东省装备制造业信息服务平台”，顺利通过省经信委组织的专家验收并投入运行。

【行业科技活动】　2012第七届中国（山东）国际装备制造业博览会（以下简称“装备博览会”）3月举办，该届博览会的主题是“创造改变未来”，有来自日本、韩国、德国、美国、以色列、荷兰、中国台湾等7个国家和地区及国内辽宁、甘肃、海南、青海、重庆、贵州、河北、广西等8个外省市区的参观团前来洽谈、交流、合作。装备博览会对获得博览会金奖、银奖、铜奖产品的57家企业和获得最佳组织奖、优秀组织奖的18个单位进行授牌表彰。省机械工业协会组织4个市经信委和24家企业参加了“第二届中国新疆国际工程机械、建筑机械、工程车辆及设备展览会”。

【行业质量管理】　2012年，有203个产品获山东名牌产品称号，有96件商标获中国驰名商标、有15件商标获山东省著名商标；8个省优质产品生产基地及18个龙头企业被推荐参评省优质产品生产基地；山东五征集团有限公司、山东华凌电缆有限公司王兆波总经理、山东华特磁电科技股份有限公司王兆连总经理获省长质量奖，南车四方车辆有限公司、山东临工工程机械有限公司、中通客车控股股份有限公司、山东达驰电气有限公司和天润曲轴股份有限公司孙海涛总经理获省长质量奖提名奖。

【科技人才奖励】　2012年，为激励广大企业和企业家，省机械工业协会依据有关评选条件评选出山东省机械工业功勋企业15家、山东省机械工业功勋企业家15名、山东省机械工业杰出贡献企业30家、山东省机械工业杰出贡献企业家30名。

（省机械工业协会　陈　雯）

轻工科技

【概述】 2012年,全省轻工业有规模以上企业11 619家。全年完成现价总产值2.52万亿元,同比增长17.9%,实现销售收入2.47万亿元,利税2 427.68亿元,利润1 572.35亿元,分别比上年增长18.12%、19.4%和18.723%,销售收入和利税、利润分别占全省规模以上工业企业的21.3%、20.1%和21.2%,在全省各工业部门中居第一位,在全国同行业中居第二位。经济效益已连续8年居全国第一位。其中主要产品产量如原盐、精制食用植物油、鲜冷藏肉、淀粉、功能糖、果蔬加工产品、冷冻水产品、食品添加剂、饮料酒(包括啤酒和葡萄酒)、纸浆、机制纸及纸板、农用薄膜、木质家具、电动自行车、冷冻箱、太阳能器具、以及搪瓷制品和日用玻璃制品等继续保持全国第一位;小麦粉、乳制品(液体乳)和白酒、不锈钢日用制品等产品居全国第二位;罐头、塑料制品、纸制品、锁具、家用吸排抽油烟机、原电池和钟等产品居全国第三位。

【科技创新体系建设】 2012年,新增省级企业技术中心34家。截至年底,全省轻工行业拥有国家级企业技术中心38家,占全省的27.6%。全省轻工行业有省级企业技术中心240家,占全省的23.2%,居全省各行业之首。

2012年山东省轻工行业新增国家级企业技术中心(3家)

西王集团有限公司

文登威力工具集团有限公司

谷神生物科技有限公司

【科研与新产品开发】 2012年,全省轻工行业完成科研和新产品开发项目302项,其中达到国际先进水平的有93项,填补国内空白的有109项。获山东省科学技术奖23项,其中获省科技进步一等奖1项、二等奖5项、三等奖15项;获全国轻工业科学技术奖19项,其中一等奖2项、二等奖6项、三等奖10项。以太阳能光热器具及电动自行车为代表的轻工新能源产业、轻工生物制造和以文教体育用品为代表的轻工文化产业呈现快速发展势头。其中太阳能等非电力家用器具产业实现销售收入300亿元,已形成以山东德州皇明为龙头的德州“太阳谷”和以山东济南力诺集团为龙头的济南“太阳城”两大产业基地;电动自行车行业实现销售收入120亿元,居全国同行业第一位,并发展形成以山东沂南国家级和昌乐省级两大电动自行车产业集群和生产基地。山东省轻工行业生物制造技术水平已达到或接近国际先进水平,特别是利用生物技术开发生产多功能糖、生物多糖和天然食品添加剂等方面,发展成为全国最大的大豆蛋白生产基地和国家级功能糖产业基地,实现销售收入2 000亿元,主要产品产量和生产规模均占全国的50%左右。文体产业借助于传统产业与高新技术的结合,与新材料产业相结合,实现销售收入1 450亿元。其中淄博的陶瓷琉璃艺术产品,在发掘传统技艺和科技创新方面取得效果,壮大了陶琉文化产业。

【科学技术改造传统产业】 2012年,全省轻工行业完成技术改造投资1 350亿元,同比增长12.5%左右,占全省工业技术改造投资的16%,居全省各工业行业第三位。

【培植企业名牌】 2012年,全省轻工行业有236种产品获山东名牌称号,占全省的33.6%。海尔品牌价值825.3亿元。全省轻工行业有205件产品商标被新认定为山东省著名商标,占全省的44%,居全省各行业第一位。

【节能减排科技工作】 2012年,全省轻工业开展废弃物的资源化利用,推广发酵行业高浓度有机废水分级提取和残渣制肥技术,造纸企业加强废水循环利用、废蒸汽高效回收利用、废渣高值利用等技术的推广。全省造纸企业开展以推广节能环保新技术、新工艺、新设备和新材料为重点的“四新技术”工作,淘汰落后的造纸产能47.66万t。发展低碳新能源产业,规模以上造纸企业工业重复用水率达90%以上。通过技术改造,日用玻璃行业平均综合能耗比上年下降2%。陶瓷行业推广使用多层装窑和裸烧技术,烧成颜料基本使用清洁能源,窑炉余热利用率95%以上。

(省轻工业协会　王家丰)

纺织科技

【概述】 2012 年，全省 4 218 户规模以上纺织工业企业，实现销售收入 1.02 万亿元，比上年增长 14.8%；实现利税 943.22 亿元，其中利润 609.36 亿元，同比分别增长 13.43% 和 13.33%；出口创汇实现 197.59 亿美元，同比下降 3.1%。主要产品产量为：纱 832.5 万 t、布 143.4 亿 m、服装 36.05 亿件、化学纤维 100 万 t。主营业务收入和利润均居全国同行业第二位，出口额居全国第五位，完成固定资产投资额居全国第四位。纱、布产量均居全国第一位，呢绒产量居全国第二位，化纤、服装产量居全国第四位。

【技术创新体系建设】 2012 年，山东康平纳集团有限公司、青岛东佳纺机（集团）有限公司、青岛宏大纺织机械有限责任公司 3 家企业被国家发改委等五部门认定为第 19 批享受优惠政策的国家级企业技术中心，另有 10 家企业（青岛雪达集团有限公司、德州华源生态科技有限公司、德州恒丰纺织有限公司、青岛红妮制衣有限公司、山东兰骏集团有限公司、泰安东升服装有限公司、山东澳亚纺织有限公司、淄博银仕来纺织有限公司、鲁丰织染有限公司、山东日发纺织机械有限公司）技术中心被新认定为省级企业技术中心。全省纺织行业共有国家级企业技术中心 13 家，省级企业技术中心 84 家。

鲁泰纺织股份有限公司承担并完成国家企业技术中心创新能力建设项目，搭建了色织弹力面料创新和研究平台，12 月通过省发改委组织的专项验收。

【创新型企业建设】 2012 年，齐鲁宏业纺织集团有限公司、山东岱银纺织集团股份有限公司、山东济宁如意毛纺织股份有限公司、龙福环能科技股份有限公司、烟台泰和新材料股份有限公司、青岛即发集团控股有限公司、青岛雪达集团有限公司等 7 家企业获中国纺织工业联合会“产品开发贡献奖”。

中国纺织工业联合会组织《纺织行业中小企业公共服务示范平台》认定工作，截至 2012 年底，山东省有 5 家单位被确定为“纺织行业中小企业公共服务示范平台”，分别是滨州市纺织纤维检验所、孚日集团股份有限公司、夏津县产业发展办公室、宏祥土工合成材料检测中心、嘉祥县华兴手套技术服务中心。

【科技成果与奖励】 2012 年，全省纺织行业获省科技进步奖 11 项，其中一等奖 1 项、二等奖 5 项、三等奖 5 项。获中国纺织工业联合会科技进步奖 22 项，其中，一等奖 2 项、二等奖 6 项、三等奖 14 项（如表所示）。当年，全省纺织服装行业有 4 个商标被认定为中国驰名商标，有 29 个被新认定为山东省著名商标。全省纺织行业共有中国驰名商标 38 个、山东省著名商标 172 个、山东名牌 179 个。希努尔男装股份有限公司获 2012 年度山东省省长质量奖提名奖。

2012 年，开展山东纺织工程学会第 12 届第 3 次优秀论文评选，评选表彰优秀论文 71 篇，其中一等奖 8 篇、二等奖 26 篇、三等奖 37 篇。

2012年度山东省纺织行业获中国纺织工业协会科技进步奖项目

等级	项目名称	主要完成单位
一等奖	筒子纱数字化自动染色成套技术与设备	山东康平纳集团有限公司、机械科学研究总院
	废聚酯瓶片液相增粘/均化直纺产业用涤纶长丝关键技术及装备开发	龙福环能科技股份有限公司、中国纺织科学研究院、上海聚友化工有限公司、北京中丽制机工程技术有限公司、扬州志成化工技术有限公司
二等奖	废旧松香溶剂法提纯再利用新技术	青岛凤凰印染有限公司
	泡沫整理技术在轻薄面料上的产业化应用	鲁丰织染有限公司、鲁泰纺织股份有限公司、上海誉辉化工有限公司
	新型超柔紧密纺关键技术研发及产业化	山东德源纱厂有限公司、宁波德昌精密纺织机械有限公司
	三醋酸纤维素用棉浆粕的研制	山东银鹰股份有限公司
	新型改性淀粉浆料生产与替代PVA应用关键技术	鲁泰纺织股份有限公司、东华大学、武汉纺织大学、常州市润力助剂有限公司
	防透视化学纤维及视觉遮蔽纺织品研发	湘江新建纺织有限公司、舟山欣欣化纤有限公司、总后军需装备研究所、东华大学、江苏阳光集团有限公司、青岛即发集团股份有限公司

续表

等级	项目名称	主要完成单位
三等奖	电晕技术在浆纱工艺中的研究及应用	鲁丰织染有限公司
	静电植绒面料高效阻燃、防水及易去污复合功能整理技术研究	愉悦家纺有限公司
	赛洛包芯弹力竹节纱生产技术	山东岱银纺织集团股份有限公司
	扭妥纺工业化成套技术推广及其产业化	鲁泰纺织股份有限公司、香港理工大学
	羊毛染色体系节能节水新技术的开发及应用	山东南山纺织服饰有限公司、西安工程大学
	涤纶超细纤维在毛毯上的开发与应用	临沂绿因工贸有限公司
	新型印花毛织物的技术研究与应用	山东济宁如意毛纺织股份有限公司
	轮椅功能裤人性化结构优化研究	德州学院、德州瑞博服装有限公司
	超细纤维绒面革的研究与开发	烟台万华超纤股份有限公司
	超细纤维合成革的高吸湿等新型整理技术研究及产业化	山东同大海岛新材料股份有限公司
	再生涤纶纺粘热轧非织造布技术	山东泰鹏无纺有限公司
	RFTL60高速毛巾织机	山东日发纺织机械有限公司
	医用材料阻水性能测试仪的研制	山东省纺织科学研究院
	航空内饰材料阻燃性能测试仪的研制	山东省特种纺织品加工技术重点实验室、山东省纺织科学研究院

【获奖项目选介】

扭妥纺工业化成套技术推广及其产业化　该项目获2012年度山东省科技进步一等奖，项目内容详见“科技成果和奖励”部分。

筒子纱数字化自动染色成套技术与设备　该项目获2012年度中国纺织工业协会科技进步奖一等奖。项目提出基于中央控制的筒子纱自动化染色方案，研制出基于中央控制的筒子纱自动染色技术装备；突破了中央控制系统单元、染料自动称量、元明粉纯碱自动称量、自动调湿、自动染色、自动脱水、微波烘干、热能回收等10项关键技术；开发出筒子纱微波烘干机、装纱脱水机器人等18台(套)设备。项目开发了在线调湿、粉料计量输送与溢流溶解一体化，微波高效烘干等工艺；解决筒子纱内外一体化均匀烘干等技术瓶颈，配料精度0.1%，抓纱机械手重复定位精度±0.05mm。项目提出工艺设备需求驱动、物流设备队列优先的集中管理、分布控制方法，开发出具有自主知识产权的筒子纱中央控制软硬件系统，实现筒子纱染色过程的集中控制和智能调度，优化了染色工艺流程，可实现连续监控漂染过程的工艺运行参数，提高设备利用率10%～15%。基于模块化设计的中央控制系统可应用于30～100t/d筒子纱自动化染色。建立的生产线做到了无缝连接，实现生产现场无人化，一次符样率95%以上。

废聚酯瓶片液相增粘/均化直纺产业用涤纶长丝关键技术及装备开发　该项目获2012年度中国纺织工业协会科技进步奖一等奖。项目利用聚酯废料(如PET瓶片、泡泡料等)熔融后，在一套特殊的化工反应装置中对熔体进行均聚增粘，同时进行直接纺丝用以生产涤纶高品质、高附加值(POY、FDY、HTY等)产品的全新工艺流程新技术、新装备。该工艺技术与现有PET再生纺丝技术相比，利用聚酯废料生产涤纶纤维工艺流程新技术生产的再生PET纺丝熔体质量有较大提高，熔体粘度可根据产品需要进行任意控制，熔体粘度的均匀性提高。由于新技术生产的再生PET熔体杂质少、粘度均匀，生产时断头少，满卷率和成品率高，减少了消耗，纺丝可纺性大大提高。同时，组件使用周期长，是现有技术组件使用周期的5～10倍，提高了生产效率，进一步降低了企业生产成本，克服了以往瓶片再生涤纶POY产品质量差、涤纶短纤产品档次低等缺点，符合国家节能减排的要求。

【知识产权】　山东岱银纺织集团股份有限公司的“一种交捻竹节纱的生产方法”发明专利获第14届中国专利金奖。该奖由世界知识产权组织与国家知识产权局联合颁发，全球认可。这是2012年全省唯一一项发明金奖，也是全国棉纺行业多年来获的唯一专利金奖。

【节能减排科技工作】　山东纺织行业开展印染、粘胶行业准入公告管理工作，工信部已对符合准入条件的首批企业名单发布公告。山东省山东海龙股份有限公司、山东银鹰化纤有限公司、山东雅美科技有限公司列入第一批粘胶纤维行业准入企业名单；淄博大染坊丝绸集团有限公司、淄博飞狮巾被有限公司、淄博兰雁集团有限责任公司、山东沃源新型面料股份有限公司、鲁丰织染有限公司、鲁泰纺织股份有限公司、华纺股份有限公司、山东万得集团有限公司、山东康平纳集团有限公司、孚日集团股份有限公司、山东魏桥创业集团有限公司、青岛凤凰印染有限公司等12家印染企业列入第一批印染行业准入企业名单。

"十一五"期间，一些针织重点企业在环境优化，节能减排方面取得成效，为鼓励针织行业企业采用节能减排新工艺、新技术、新设备和新的管理模式，大幅度提高能源利用效率，降低排放，实现"十二五"期间纺织行业节能减排目标，中国针织工业协会对采用节能减排先进技术和管理的企业进行表彰，青岛即发集团股份有限公司获"中国针织行业环境优化，节能减排优秀企业"称号。

山东省纺织工业协会会同省轻纺工会组织省内印染企业参加全国印染行业节能减排达标竞赛活动，其中华纺股份有限公司、青岛凤凰印染有限公司获"全国优秀企业"称号，济宁如意印染有限公司、孚日家纺股份有限公司和滨州愉悦家纺有限公司获"全国先进企业"称号，济宁如意印染有限公司漂炼车间获"全国优秀班组"称号，华纺股份有限公司节能技改班组获"全国先进班组"称号，青岛凤凰印染有限公司杜伟同志获"全国优秀职工"称号，华纺股份有限公司张炳营获"全国先进职工"称号。

山东省纺织工业协会会同有关部门，加强督查验收，按时完成了2012年山东省纺织行业淘汰4.687亿m落后印染能力与6.96万t落后化纤能力的任务。2010—2012年，山东省纺织工业有200余户企业淘汰了落后产能，其中累计淘汰落后印染产能13.73亿m，累计淘汰落后化纤产能11.15万t。

【科技人才队伍建设】 2012年，山东省纺织行业继续围绕企业高级管理人才、高级专业技术人才和高技能人才"三支队伍"建设开展工作。组织实施"金蓝领"技师培训计划，当年有6个职业工种的112名职工参加培训，顺利通过省人社厅组织的考核鉴定；做好行业高技能人才评价工作，全年全省纺织服装企业及有关职业院校共614人申报技师、高级技师，经专家评审，有160人通过技师职业资格评审，420人通过高级技师职业资格；组织开展2012年度山东省纺织工业首席技师评选活动，评选出省纺织工业首席技师12名，3人获"山东省首席技师"、2人获"山东省有突出贡献技师"称号。加强岗位练兵，主办了"恒丰杯"全省棉纺行业纤维梳理工（梳棉）职业技能大赛，共14市30家重点棉纺企业63名选手参赛，取得了良好成效。

（山东省纺织工业协会　于　娟　杨　迅）

卫生科技

【科技计划与成果】 2012年，省卫生厅直属单位列入省科技攻关计划医药卫生项目56项，获经费652万元；列入省软科学研究项目18项，获经费24万元；省优秀中青年科学家科研奖励基金计划立项18项，获经费38万元。山东省承担的"山东省乙型病毒性肝炎防治综合示范区规模化现场流行病学和干预研究"项目通过卫生部现场验收。专家组认为山东省将乙肝居民查体和社区干预纳入示范区基本公共卫生服务范围，成为山东省课题执行的亮点。该项目"十二五"延续申请得到卫生部批准，获专项经费1 800余万元。全年全省卫生系统获省科技进步一等奖5项、二等奖34项、三等奖50项。指导省医学会做好山东医学科技奖评审工作，96个项目获2012年度山东医学科技奖。对2009年批准建设的10个省临床医学中心建设进行中期评估。

【卫生科技创新联盟建设】 2012年，根据《关于推动山东省卫生科技创新联盟建设实施意见》和《山东省卫生科技创新联盟建设管理办法（试行）》的要求，省卫生厅选定山东大学齐鲁医院"山东省消化道肿瘤早期诊断联盟"等12个项目为山东省第一、二批卫生科技创新联盟项目。

【适宜卫生技术推广】 2012年，省卫生厅督促全省17市做好第三批20项适宜卫生技术项目面向全省农村和城市社区的推广工作，组织开展第四批全省适宜卫生技术推广项目申报工作，筛选出适宜卫生技术20项，同时筛选12项卫生技术作为省级继续医学教育项目，编印第四批适宜技术项目培训教材。对2009—2011年60项适宜卫生技术项目推广情况进行绩效评估，全省参与推广机构64 427家次，其中县级机构2 580家次、乡镇4 921家次、社区机构2 358家次、村卫生室54 568家次。培训相关专业技术人员157 526人次，其中县级医疗机构20 810人次、乡镇卫生院15 136人次、社区卫生服务机构5 195人次、村卫生室116 385人次。

【实验室生物安全】 全省17市备案病原微生物实验室2 002个。根据国家卫生部、国家食品药品监督管理局《关于开展干细胞临床研究和应用自查自纠工作的通知》要求，在全省范围内整顿干细胞临床研究和应用。制定全省医用特殊物品准出入境证明申办工作管理规定，聘任18位专家，加强医用特殊物品准出入境审批管理。规范全省医用特殊物品准出入境证明申办工作，全年审批医用特殊物品出入境9批次。

【科技人才队伍建设】 2012年，成立山东省卫生科技创新与人才发展工作领导小组，以厅长刘奇为组长、其他厅领导为副组长、12个处负责人为成员，组建由张运、谢立信、于金明等3位中国工程院院士为顾问的专家委员会。年初召开省医学领军人才迎春座谈会，实施山东省医学领军人才培养工程。

（省卫生厅 马 强）

医药科技

【概述】 2012年，山东省规模以上医药企业646家，完成销售收入2 434.04亿元，同比增长20.35%；利税376.59亿元，同比增长19.76%，实现利润257.95亿元，同比增长16.43%。全年出口交货值完成187.23亿元，同比增长4.4%，列浙江和江苏之后，居全国第三位。利税、利润和出口交货值低于全国医药增速平均值。

【科研开发成果】 2012年，企业重大举措中62.5%源自新产品研发投入，发展重点是提升企业自主创新能力。

齐鲁制药有限公司 2012年，齐鲁制药研究院在研项目150项。其中，化学仿制药物方面，制剂121项、全新结构的化合物4项、新剂型药物（仅指脂质体、微球、亚微乳等）7项；生物技术药物方面，其中动物细胞表达13项、大肠杆菌/酵母表达5项。

山东瑞阳制药有限公司 2012年，瑞阳制药依托国家博士后科研工作站和国家级企业技术中心、头孢类原料药工程技术研究中心，打造济南、上海、美国和公司总部4个研发中心。截至年底，公司获专利证书74件、新药证书42个。其中注射用美洛西林钠制剂及原料药等7个产品通过山东省科技成果鉴定，有4项专利填补国内空白，技术达到国际领先水平；新药葛根汤颗粒、厚朴排气合剂被认定为“国家重点新产品”。“美洛西林钠及其复方制剂的技术创新与产业化”项目获国家科技进步二等奖，注射用葛根素获省科技进步二等奖。主导产品美洛西林钠原料药及其制剂、注射用葛根素、葛根汤颗粒等品种国内市场占有率均位居首位。

辰欣药业股份有限公司 辰欣药业股份有限公司是国内综合性化学药品生产企业。2012年，辰欣药业的“输液生产线在线监控技术平台”项目获山东省药学会科学技术一等奖；“丙氨酰谷氨酰胺及其注射液的研究开发”项目获济宁市科学技术二等奖。

山东罗欣制药股份有限公司 山东罗欣制药公司多种产品获科技进步奖。中药冻干粉针剂福士克林等49个产品获国家发明专利证书，专利保护20年；公司产品津欣被列入国家“重大新药创制”科技重大专项“十二五”实施计划2012年课题——药物大品种技术改造，公司产品红景天苷冻干粉针剂和加替沙星注射液被列入国家“重大新药创制”科技重大专项“十一五”计划——药物大品种技术改造；兰索拉唑及注射用兰索拉唑被列入“国家重点新产品计划”；硫酸头孢匹罗及注射用硫酸头孢匹罗、盐酸头孢吡肟及注射用盐酸头孢吡肟、氨曲南及注射用氨曲南被列入国家火炬计划；“盐酸头孢唑兰原料药及注射剂”等55个项目被列入山东省火炬计划、山东省科技发展计划、山东省技术创新项目。

【重点企业发展】 2012年，山东省销售收入过百亿的企业1家、过40亿企业8家、过10亿企业24家、过2亿企业的45家。

较大规模企业，如威高集团有限公司、齐鲁制药有限公司、山东步长制药股份有限公司、山东瑞阳制药有限公司、鲁南制药集团股份有限公司、菏泽睿鹰制药集团有限公司、山东东阿阿胶股份有限公司等继续保持行业领先地位。一批中型企业快速发展，如山东新华医疗器械股份有限公司、辰欣药业股份有限公司、山东齐都药业有限公司、青岛黄海制药有限责任公司、山东凤凰制药股份有限公司、青岛国风药业股份有限公司、青岛华仁药业股份有限公司等发展势头良好。

威高集团销售收入165亿元，同比增长25.64%，为山东省医药行业最大企业；齐鲁制药有限公司72亿元，同比增长27.60%，是山东省最大制药企业；菏泽步长制药有限公司销售收入68亿元，同比增长15.04%。威高集团有限公司、菏泽步长制药有限公司、齐鲁制药有限公司3家企业利润总额进入全国10强，2012年全年利润分别为224亿元、20亿元和17亿元。

（省医药行业协会 王唯佳）

油田科技

【概述】 2012年,胜利油田科技工作按照“东部硬稳定、西部快上产、非常规大发展”的要求,在油田勘探开发、工程技术等领域不断加大基础理论和关键技术的攻关研究。截至年底,胜利油田有地质科学研究院、物探研究院、采油工艺研究院、钻井工艺研究院、胜利勘察设计研究院有限公司、西部新区研究中心、技术检测中心等7个重点科研单位。拥有国家级技术中心1个、山东省工程技术研究中心1个、山东省企业重点实验室1个、中石化重点实验室1个、油田级重点实验室30个。

【2012年科技项目进展选介】 2012年,全年油田承担并组织实施各类课题412项,其中国家课题21项(重大专项9项、863计划8项、科技支撑计划3项、国家工信部计划1项),集团公司课题108项(“十条龙”4项、重大项目5项、科技攻关计划99项),油田级课题283项。

国家科技重大专项

渤海湾盆地精细勘探关键技术(研究时间为2011—2015年) 该项目“十一五”期间研究成果通过验收,二期研究已经启动。项目建立了烃源岩关键参数恢复方法;深化了断陷盆地油藏有序性分布规律认识;实施了高密度地震勘探,初步形成单点数字检波器的高密度地震资料处理技术;研制出动态负压射孔器,初步形成动态负压控制方法;太古界、青东北部等三新领域不断突破;老区勘探稳步推进,埕岛东坡埕北819井发现沙一段高产地层超覆油藏。

胜利油田特高含水期提高采收率技术(研究时间为2011—2015年) 该项目建立了特高含水期层系重整技术界限,形成窄屋脊断块与复杂断块油藏水驱提高采收率技术,研发新型驱油剂B-PPG、两性表面活性剂、低张力泡沫剂,并实现中试生产;聚合物驱后油藏井网调整非均相复合驱提高采收率技术取得突破,试验区孤岛中一区Ng3试验区日增油降水效果明显。

胜利油田薄互层低渗透油田开发示范工程(研究时间为2011—2015年) 该项目形成了薄互层储层描述及评价技术、高效井眼轨迹控制技术、水平井多级分段压裂优化设计技术和污水回注精细处理技术;研制新型PDC钻头、裸眼水平井分段压裂、套管封隔器分段压裂完井管柱、水平井分段注水工艺管柱和新型低伤害压裂液体系;建立三类示范区开发技术政策;完成了三类示范区方案编制并开展现场实施。

低渗油气田高效开发钻井技术(研究时间为2011—2015年) 该项目“十一五”研究成果已通过验收,二期研究已经启动。项目形成了压裂水平井两相渗流产能预测模型,继续开展抗高温高压MWD仪器、高温老化系、旋转导向钻井系统、钻头测量仪、套管阀及压力自动控制系统等工具仪器的研制,完成元坝102-2H、马蓬23-6HF及义123、义173区块10余井次的工具仪器、长水平段水平井技术及储层保护技术的现场试验应用;完成Φ177.8mm实时测压套管阀的室内试验;完成了Φ244.5mm实时测压套管阀的设计;完成井眼压力自动控制系统室内试验装置的设计及设备选型。

国家863科技计划项目

油藏地球物理关键技术(研究时间为2011—2015年) 该项目形成了岩石物理与地震正演、井间地震处理、三维VSP等7个子系统建设方案;开发了油藏地球物理总软件系统平台界面、工作流引擎和工作流编辑界面等功能,实现油藏地球物理各主要数据的二维、三维显示和部分功能的交互显示;完成地震数据和测井数据的接口设计和实现,实现了数据核心I/O开发、数据管道与内存池的开发、数据接口与工作流引擎的对接,提出数据库建设的基本思路,即索引+数据库格式,初步构建了多尺度关联共享数据库。

海上油田二元复合驱提高采收率关键技术(研究时间为2008—2012年) 该项目研制了适合海上平台条件的同心双管双控安全分层注聚工艺技术,现场实施4口井,各层配注准确,聚合物粘度保留率85%以上;研发了高分子破乳剂及水处理剂,确定二元复合驱产出液处理工艺,实现二元复合驱采出液油水快速分离;示范工程于2012年1月投产,配注650m^3/t,井口聚合物浓度2 000mg/L。

海上大位移井钻完井关键技术开发与集成(研究时间为2012—2015年) 该项目形成大位移井井壁稳定及井身质量分析技术;研制轴向振动加压工具、岩屑床清除工具和减摩降扭工具;形成随钻测量仪器误差修正方法;试制了大位移井安全下入工具、辅助固井工具、减摩工具,并在现场应用2井次;完成钻井装备的评估,提出对现有钻井装备改造的推荐做法。

中国石化“十条龙”项目

单56超稠油油藏蒸汽驱先导试验(研究时间为2008—2012年) 该项目针对单56超稠油油藏蒸汽区汽窜严重的开发矛盾,在总结前期调剖经验的基础上,攻关研究形成“改进型自扩散+热固型堵剂+氮气泡沫”

复合堵调工艺技术，同时配合生产井调参，于2012年6月在单56-11X11、单56-13XN13和单56-11-15三个井组实施，截至2012年11月停注时，3个井组周围油井均未见到明显汽窜，形成深层超稠油蒸汽驱调整吸汽剖面、扩大波及体积、提高热能利用率和储层动用率、改善汽驱效果的主导技术。该项目在2012年度中国石化"十条龙"科技攻关工作会上顺利出龙。

烟气二氧化碳超重力法捕集纯化技术及应用示范（研究时间为2011—2012年） 该项目对已建100t/d燃煤电厂烟气CO_2捕集纯化工程进行投产、调试、优化运行和经济分析；复配并筛选新型复合脱碳溶剂；开展高效反应器开发；进行100万t/a燃煤电厂烟气CO_2捕集工程工艺包研究，并与胜利电厂三期工程进行公用工程对接；完成高89-1区块CO_2驱实施区块集输系统腐蚀原因分析；建立一套变压吸附脱碳处理装置，并进行了现场试验；开展高89-1区块CO_2驱油先导试验。该项目在2012年度中国石化"十条龙"科技攻关工作会上顺利出龙。

捷联式旋转导向系统研制（研究时间为2011—2013年） 该项目完成了旋转磁场式泥浆发电机的组装和测试，并对实验结果进行分析总结；完成冲击式涡轮加工制作和水力机械性能测试试验；完成上传及下传单元的设计、上传系统的测试机改进和下传数据传输测试；完成高温开关稳压电源的研制；完成无轴角变换器的旋变位置测量；完成零部件的加工，组装出试验样机。

东部老区非常规油勘探开发关键技术（研究时间为2012年—2015年） 该项目初步建立了可压性评价方法，建立泥页岩岩相与沉积地貌的关系、地震反射识别特征和区域地层格架、测井资料划分泥页岩岩相和类型模式、描述致密砂岩储层宏和微观特征参数的计算模型；形成井壁稳定及井身质量分析、浊积岩长水平段优快钻井、油基—高混油比和抗油泡沫钻井液、液压套管扶正器及配套固井工艺四项钻完井技术，完成27口试验井，其中樊154-2HF井水平段长2 015m，实现砂砾岩体泡沫钻井技术突破，钻井周期缩短至30天左右；研究应用水平井裸眼投球滑套分段压裂和水平井泵注桥塞分段压裂两种技术，最高实现压裂15级，成功压裂19井次，实施裂缝监测16井次；研发速溶胍胶、乳液态耐高温清洁压裂液、滑溜水3种压裂液体系，现场取得成功应用。

【科技成果与奖励】 2012年，获得科技奖励成果207项，其中省部级40项、油田级167项。其中，"近钻头地质导向技术"获中国石化集团公司技术发明一等奖，"超百万道密度全数字单点地震勘探技术"等3个项目获中国石化集团公司科技进步一等奖，"胜利滩海石油工程关键装备技术与应用"等2个项目获省科技进步一等奖，"高精度地震处理解释技术与油气勘探""低渗透油田整体压裂增产改造关键技术及应用"分别获国家能源局和中国石化联合会科技进步一等奖。申请国家专利644件，其中发明专利206件、实用新型专利438件；获专利授权320件，其中发明专利35件。年内，胜利油田的国家专利申请总量在中国石化所有单位中首次排名第一。

近钻头地质导向技术 针对近年来在国内外迅速发展起来的近钻头地质导向技术进行研究，研制出具有边界探测能力的新一代近钻头地质导向系统，参数测量点距钻头仅0.6m，最大限度地提高了测量参数时效性，能准确识别油气界面，有效调整井眼轨迹，提高井眼轨迹油层钻遇率，特别是为超薄油气藏开发提供技术手段，为实现对地层界面立体、精细评价的近钻头成像技术打下基础。研究成果可广泛应用于大斜度井、水平井、非常规油气资源钻探等高难度工艺井，有助于解决油田开发中所面临的低品质油气藏、难动用油气藏、复杂油气藏技术难题，从而提高开发成功率、水平段井眼轨迹的油层穿透率，增加单井产量和可采储量。该项目累计加工制作10套近钻头仪器。近钻头地质导向技术累计应用15口井，提高了开发成功率，取得增加可采储量的显著效果。2012年，该项目获中石化技术发明一等奖。

超百万道密度全数字单点地震勘探技术 该项目在超百万道密度全数字单点地震勘探基础研究方面，从理论上研究采样理论和波场传播理论对高密度地震技术的要求，为健全空间波场采样的实现和资料处理、解释提供理论指导；同时研究弱信号的产生机理及其可记录性，满足高密度地震技术对弱信号接收和记录的需要。在采集技术方面，根据健全空间波场采样的要求，进行高密度三维地震波场分析与认识研究，以全数字采集装备为基础，以实现对有效信号和大部分规则干扰的无假频采样为主要目的，同时兼顾部分处理关键环节对观测系统的要求，形成高密度地震观测技术；研究超万道高密度现场质量监控技术，保证采集质量。在高密度地震数据处理技术方面，在高密度三维噪音波场特征分析基础上，结合高密度三维空间采样对称、均匀、连续和波场健全的特点，同时为保护弱信号，研究单点高密度数字地震资料波场特征和多域信噪分离等关键处理技术。超百万道密度全数字单点地震资料解释与应用方面，以罗家高密度采集、处理的成果资料为核心，进行地震资料品质分析和地震岩石物理分析，开展了高密度三维三分量地震资料应用技术探索研究。2012年，该项目获中石化科技进步一等奖。

胜利准西北缘浅层油气成藏规律及关键技术 该项目剖析了盆缘斜坡带构造沉积演化过程，明确盆缘缓坡带圈闭发育模式及分布规律。该区可划分为多期快速沉降—抬升剥蚀构造沉积旋回，多期升降和剥超作用控制了残余地层展布、正序叠加沉积过程控制了储盖组合样式、构造演化与沉积作用耦合控制了圈闭的发育，地层剥蚀线、超覆线、砂体尖灭线"三线"控制了圈闭的发育及分布，不整合结构、断层倾角、构造倾伏"三面"控制了圈闭的有效性。系统评价了盆缘斜坡带断层、不整合、骨架砂体等要素的输导性能，指出不整合不能作为长距离油气运移通道，明确该区具有3套毯砂、深浅2套断裂系统的输导条件，建立“油源断层垂向沟通、毯状砂体横向输导、调节断层纵向调整”的输导格架。分析成藏关键因素与油气富集规律，建立断裂—毯砂复合输导成藏模式，指出油源断层与输导毯控制了层位与分布，毯缘最易成藏，输导毯物性、鼻状构造背景控制富集。开展盆缘超剥带地质、地球物理模型研究，形成基于模型的砂组（地层）尖灭线精细刻画技术、薄层砂体精细描述技术。发现、落实圈闭267个，钻探吻合率89.6%。成果应用于勘探部署，发现春风、春晖2个油田。2012年，该项目获中石化科技进步一等奖。

燃煤电厂烟气二氧化碳捕集、驱油与封存技术及示范应用 该项目在国内外率先开展燃煤电厂烟气CO_2捕集、驱油与地下封存（CCUS）关键技术研究，能解决特低渗透油藏大幅度提高采收率和减少温室气体排放等问题，是践行中石化“资源”“一体化”和“绿色低碳”发展战略的范例。主要技术成果包括：形成燃煤电厂烟气CO_2捕集纯化成套技术；建成年产能力4万t的烟气CO_2捕集装置，与国内外工业化装置相比捕集成本降低33.2%；形成CO_2驱油藏工程优化技术；揭示CO_2与原油动态混相的微观机理，发现CO_2驱油藏产出气回注对驱油效果的影响机制；形成CO_2驱注采工艺技术；发明免压井安全作业的CO_2注入管柱，可实现40MPa高压注入；研制高气油比深抽、腐蚀监测、实时测压的多功能采油管柱；形成油气、水及CO_2多相条件下的腐蚀控制技术；建成国内外首个工业化规模燃煤电厂烟气CO_2捕集、驱油与地下封存全流程示范工程。已建成年产4万t的烟气CO_2捕集装置，纯度大于99.5%，捕集成本197元/吨。开始实施年捕集100万t烟气CO_2驱油项目。2012年，该项目获中石化科技进步一等奖。

胜利滩海石油工程关键装备技术与应用 该项目获2012年度山东省科技进步一等奖，项目内容详见“科技成果和奖励”部分。

【新技术推广应用】 2012年，胜利油田实施科技兴油战略，重点集成并推广应用水平井技术推广应用、二元复合驱油技术、油水井不压井作业等新技术。胜利油田每年依靠科技进步新增探明储量4 000万t以上，新增可采储量1 000万t以上，新增原油产量300万t以上，科技成果应用率90%以上。

（胜利油田　邹　斌）

汽车工业科技

【概述】 截止2012年底，山东省汽车工业企业1 098家，从业人员34.9万人，总资产3 171.3亿元。已拥有国家级企业技术中心13家，省级技术中心86家。

【经济运行】 2012年，全省汽车产销185.42万辆和185.86万辆，同比增长12.57%和12.79%，占全国总产销量的9.62%和9.63%，汽车产销总体呈现小幅增长。累计完成主营业务收入3 196.66亿元，同比下降0.9%；工业总产值2 682.83亿元，同比下降3.8%；工业增加值429.35亿元，同比下降14.2%；实现利税242.76亿元，同比下降16.1%；实现利润148.95亿元，同比下降30.6%。全省汽车行业产值和产品产量完成情况如表所示。

2012年山东省汽车行业产值及经济指标完成情况

指标名称	本期止累计（万元）	比上年增减（%）
工业总产值(现价)	26 828 274.0	−3.8
其中：新产品产值	12 566 066.0	−1.7
工业销售产值(现价)	26 901 574.3	−3.7
其中：出口交货值	63.2	1%
工业增加值(现价)	4 293 539.6	−14.2
主营业务收入	31 966 598.3	−0.9
利税总额	27 697 126.3	−6.2
利润总额	921 699.6	−4.9

2012年山东省汽车行业主要产品产量完成情况

产品名称	单位	产量累计	比上年增减（%）	销量累计	比上年增减（%）
一、汽车	辆	1 854 243	12.57	1 858 633	12.79
商用车合计	辆	804 070	−7.62	809 543	−7.21
(1)载货汽车	辆	797 177	−7.81	802 660	−7.41

续表

产品名称	单位	产量累计	比上年增减（%）	销量累计	比上年增减（%）
重型载货汽车	辆	164 540	−32.58	176 658	−30.57
中型载货汽车	辆	28 205	40.26	27 092	37.29
轻型载货汽车	辆	604 432	0.64	598 910	1.05
(2)客车	辆	6 893	5.59	6 883	8.53
乘用车合计	辆	1 050 173	35.21	1 049 090	35.29
(1)轿车	辆	514 658	43.20	513 409	43.20
(2)SUV	辆	27 063	126.45	26 881	100.13
(3)交叉型乘用车	辆	508 452	29.98	508 800	30.44
二、改装车	辆	153 547	−19.86	154 553	−19.79
三、汽车用内燃机	台	1 547 185	4.99	1 542 702	5.58
四、摩托车	台	1 192 486	7.10	1 172 386	6.62
五、汽车配件	万元	1 854 243	−2.2	4 010 738.1	−2.8

注：根据山东省汽车行业协会对全省规模以上的汽车企业统计

（数据来源：山东省汽车行业协会）

商用车产销有所回落 2012年，全省商用车产销80.41万辆和80.95万辆，同比下降7.62%和7.21%，占全国总产销量的21.45%和21.24%。其中，重型载货汽车产销16.45万辆和17.67万辆，同比下降32.58%和30.57%；轻型载货汽车产销60.44万辆和59.89万辆，同比增长0.64%和1.05%；中型载货汽车产销2.82万辆和2.71万辆，同比增长40.26%和37.29%。客车产销6 893辆和6 883辆，同比增长5.59%和8.53%。

乘用车产销增长加快 2012年，全省乘用车产销105.02万辆和104.91万辆，同比增长35.21%和35.29%，占全国总产销量的6.77%。其中，轿车产销51.47万辆和51.34万辆，同比增长43.20%；SUV产销2.71万辆和2.69万辆，同比增长126.45%和100.13%；交叉型乘用车产销50.85万辆和50.88万辆，同比增长29.98%和30.44%。

主营业务收入、利润同比下降 2012年，全省汽车行业实现主营业务收入3 196.66亿元，同比下降0.9%。其中，汽车整车实现主营业务收入1 742.58亿元，同比下降7.46%；汽车发动机实现主营业务收入914.85亿元，同比下降12.85%；汽车零部件实现主营业务收入331.62亿元，同比下降7.37%；改装车实现主营业务收入161.79亿元，同比下降25.71%，摩托车实现主营业务收入45.82亿元，同比增长20.6%。当年，全省实现利润148.95亿元，同比下降30.6%。其中，汽车整车实现利润66.64亿元，同比下降18.8%；汽车发动机实现利润52.25亿元，同比下降39.4%；汽车零部件实现利润18.61亿元，同比下降2.2%；改装车实现利润11.45亿元，同比下降39.6%。

汽车出口仍保持增长 2012年，全省汽车及零部件出口交货值为63.2亿美元，同比增长1%。

新能源汽车产销快速增长 2012年，全省生产新能源汽车8.67万辆（同比增长27.13%）：新能源客车800辆（同比下降7.41%），其中，纯电动客车281辆，混合动力客车519辆；小型低速纯电动汽车8.33万辆，其中，小型低速纯电动乘用车7.15万辆，小型纯电动载货汽车8 472辆，客货两用电动汽车3 066辆，厢式纯电动汽车187辆；场地用车2 603辆，其中生产高尔夫球车1 202辆，巡逻车607辆，观光车752辆。

【新产品开发】

中国重汽集团 2012年2月，由中国重型汽车集团有限公司与华中科技大学等单位联合申报的“大批量混流生产工艺过程优化平台及应用”项目获国家科技进步二等奖；济南复强动力有限公司被确定为首批国家循环经济教育示范基地；7月，“国家重型汽车质量监督检验中心”筹建项目通过国家认监委专家论证，全新轻量化重卡豪瀚重卡首发仪式隆重举行；11月，申报的“满足国IV排放高性能大功率天然气专用发动机开发与产业化”项目获省科技进步二等奖；12月，重卡HOWO-T系列产品上市。

潍柴动力 3月，潍柴动力发布中国第一台大功率缸内高压直喷压燃式天然气发动机（简称“HPDI发动机”）；5月，新一代亚星长鼻子系列校车JS76730XC、JS6660XC、JS6661XC成功下线；7月，潍柴集团承担的“缩短发动机长度及高度WP7柴油机开发”等5个技术创新项目，通过了省级项目鉴定验收；同月，由潍柴集团主持的863计划项目“高压共轨重型柴油机关键技术研究”课题启动会举行；同月，潍柴首台博杜安6M26电控柴油机一次性点火成功。

荣成华泰汽车有限公司 2012年，华泰圣达菲

2.0T 柴油飓风版、自主品牌高端 SUV 宝利格智汇版正式上市；“华泰元田 B35 乘用车整车设计匹配”获山东省技术创新促进会颁发优秀新产品一等奖；“华泰圣达菲 SDH6454M3 乘用车车载自动诊断系统 OBD Ⅱ”获优秀新成果二等奖。

上海通用东岳烟台基地　10 月，上海通用汽车别克昂科拉发布上市。

上汽通用五菱青岛分公司　2012 年，上汽通用五菱青岛分公司的 16 款升级版五菱荣光上市。

山东唐骏欧玲汽车制造有限公司　1 月，山东理工大学唐骏电动汽车研究所成立暨揭牌仪式举行；2 月，申报的 ZB1070 型载货汽车项目由国家科学技术部批准列入国家火炬计划；8 月，唐骏 T3 系列高端轻卡产品上市；9 月，唐骏王子电动轿车上市。

【重点企业】

中国重汽集团　2012 年，中国重汽工程车销量继续保持全国第一；在全国中重卡销量排名中，中国重汽位列第二位。1 月，获国家检验检疫信用 AA 级企业最高评级；自主研发的 ZZ4257N3247N1B、ZZ4257N3247C1 两个车型被交通运输部推荐为第一批甩挂运输车型。

潍柴动力　2012 年，销售各类发动机 47 万台、整车 8 万辆、变速箱 45 万台，实现销售收入 482 亿元，利润 39.6 亿元。其母公司潍柴控股集团有限公司 2012 年实现销售收入 807 亿元，位居中国企业 500 强第 147 位、中国制造业 500 强第 65 位、中国机械工业百强企业第 6 位。

荣成华泰汽车有限公司　2012 年，生产各类整车 3.44 万辆，同比增长 157%；销售量同比增长 130%。“华泰圣达菲”获山东省著名商标称号。

上海通用东岳烟台基地　2012 年，生产整车 46.2 万辆、发动机 100.2 万台、变速箱 57.6 万台，出口整车 3.6 万辆、变速箱 4.2 万台。

上汽通用五菱汽车股份有限公司青岛分公司　2012 年，整车产销 50.9 万辆，发动机产销 40.6 万台，出口整车、CKD 包装、发动机总额 7 633.78 万美元。12 月，第 50 万辆整车下线，成为国内首个年产突破 50 万辆的单一整车制造基地。

北汽福田股份有限公司诸城汽车厂　2012 年，福田汽车诸城汽车厂累计销售汽车 36.8 万辆，实现销售收入 196 亿元，实现利税 13.9 亿元，上缴税金 6.5 亿元。被评为“山东省机械工业品牌建设典范企业”“企业信用评价 AAA 级信用企业”。

【重点项目选介】

中国重汽集团　2012 年 7 月，中国重汽集团与芬兰卡哥特公司在香港就建立合资公司正式签约。根据协议，双方将在汽车吊装设备等方面进行合作，预计 2016 年汽车起重机的生产纲领为 4 000 台。

北汽福田股份有限公司诸城汽车厂　2012 年，福田北方物流基地项目总投资 19.6 亿元，总建筑面积 22 万 m^2，主要用于福田汽车集团全球售后配件的仓储、配送。整个项目建成后，可实现汽车零部件年配送额 160 亿元，成为福田汽车零部件物流集散商务中心。

上海通用东岳烟台基地　2012 年 5 月，上海通用东岳汽车三期项目暨整车北厂批量投产，东岳汽车产能增至 60 万辆/年；10 月，上海通用东岳动力总成二期项目批量投产，新增 39 万台发动机产能。

上汽通用五菱汽车股份有限公司青岛分公司　2012 年 10 月，上汽通用五菱青岛发动机工厂二期产能扩建项目开工，将生产 B 系列发动机，按三班运行，标准产能为 17.5 万台/年，项目计划于 2014 年 12 月竣工投产。投产后，青岛分公司发动机工厂年产能将增至 51 万台。

潍柴动力　2012 年 5 月，举行全球研发中心总部建成启用暨中国首款高压共轨电控系统批量上市发布仪式；9 月，与德国凯傲集团签署战略合作协议，拥有凯傲集团 33.3% 的股份以及林德液压 70% 的股份，掌控了全球液压控制系统的核心技术资源，改变了我国高端液压核心技术长期被国外垄断的局面。该项目是迄今为止中国企业在德国最大的投资案例。

山东锦尔泰精密压铸有限公司　2012 年，年产 60 万套汽车零部件建设项目工程实现了当年开工、当年建成、当年投产的目标，两座各 14 000m^2 的大型钢结构厂房投入使用。成功收购济南慧成铸造有限公司部分股份。

山东圣阳电源股份有限公司　600 万 kVAh 新型铅酸蓄电池生产扩迁建项目全面实施。项目总投资近 10 亿元，占地 22.53hm^2(338 亩)，分两期建设，一期工程正在进行安装调试，投产后年产能将达到 400 万 kVAh。

（省汽车行业协会　王　哲）

【潍柴动力股份有限公司】　2012 年，潍柴动力股份有限公司(以下简称潍柴动力)本部研发经费 7.58 亿元，科研经费投入占销售收入比保持在 3.5% 以上。同时企业争取国家政策支持，仅潍柴动力高新技术企业就减免所得税约 2.27 亿元，技术开发费加计扣除减免税约 3 760 万元；企业承担国家相关科技计划项目，全年获批国家专项经费支持达 2 050 万元。

年内企业依托“国家商用汽车动力系统总成工程技术研究中心”“商用汽车与工程机械新能源动力系统产业技术创新战略联盟”等科技创新平台，承担国家级项目 4 项、省级技术创新项目立项 18 项，获批国家重点新产品 1 项、校企合作项目 8 项。

年内企业申请专利 296 件，授权 129 件，其中授权发明专利 18 件、实用新型专利 101 件、外观设计专利 10 件；企业主持和参与制定国家标准 19 项、行业标准 5 项；自主研发的 WP12 国 V 柴油机各项性能指标达到国际先进水平；WP10/12 系列柴油机的动力性、经济性、可靠性、安全性、排放性能和振动噪声性能均达到或优于国际先进水平，拥有数十项专利。其中“重型高速发动机关键技术及产业化”项目获国家科技进步二等奖，这项技术使我国拥有了具有完全自主知识产权的WP10/WP12系列蓝擎重型高速柴油机，填补了国内重型高速柴油发动机的空白，打破了国外的技术垄断。企业科技水平的提升得到国家和行业的一致认可，先后获得中国机械工业联合会科技进步二等奖1项、三等奖2项，省机械工业联合会科技进步一等奖1项、二等奖2项，省科技进步二等奖1项以及省管企业“杰出团队奖”。

（潍柴动力股份有限公司　李香娥）

电子科技

【信息技术产业】　2012年，全省信息技术产业统计规模以上企业3 135家；实现主营业务收入10 037亿元，首次突破万亿元大关，实现利润486.3亿元、利税711.6亿元，同比分别增长19.1%、19.4%、18.5%，分别高于全省工业3.1、8.4、6.4个百分点。全年山东省信息技术制造业主营业务收入、利润、利税继续保持较高增长速度，据工信部公布数据，2012年山东信息技术制造业销售产值增速(16.3%)高于全国(12.6%)3.7个百分点，分别高于广东(9.7%)、江苏(10%)、上海(-4.9%)、浙江(0.4%)、福建(13.3%)6.6、6.3、21.2、15.9和3个百分点，在全国产业规模前六位的省份中，增速排第一。

云计算、物联网等新业态成为带动产业发展的重要因素，集成电路、光电子、数字家庭、云计算等新一代信息技术产业保持在30%以上的增长速度。全年移动通信基站产量1 475.2万信道，同比增长39.9%；液晶电视机产量1 504.6万台，同比增长22%；光电子器件产量187.6亿只，同比增长15.1%；服务器产量14.7万台，同比增长13.1%。

创新体系建设方面，以企业为主体，推动成立RFID(射频识别)、半导体照明、集成电路设计、数字家庭、云计算等多个产业联盟，培育12家省级信息技术产业园、10家集成电路设计中心、10家RFID工程技术中心、15家半导体照明工程技术中心和软件工程技术中心。全年有4个项目获国家核高基重大专项的支持，16个项目列入工信部的国家电子发展基金项目计划，获国家支持资金2.26亿元。海尔集团的流媒体、数字家庭技术，海信的数字解码芯片、4K(超高清)电视，浪潮集团的服务器、ERP(企业资源计划)软件，中创软件公司的中间件，歌尔声学股份有限公司的电声器件，山东天岳先进材料科技有限公司的碳化硅晶体材料，山东华芯半导体有限公司的存储器芯片设计和测试封装，概伦电子科技有限公司的EDA(电子设计自动化)工具等一大批自主技术已形成较强的竞争优势。

2012年，“半岛蓝色经济区”和“黄河三角洲高效生态经济区”涵盖区域信息技术制造业主营业务收入分别约占全省的87%和45%，济南市被工信部授予全国第二家“中国软件名城”，海尔集团、海信集团、浪潮集团、歌尔声学股份有限公司、山东鲁鑫贵金属有限公司5家企业入围“全国电子信息百强企业”，分别列第三、六、十一、七十、九十三位。

（省经济和信息化委员会电子信息处）

【软件和信息服务业】　2012年，山东省统计规模以上软件企业1 873家，同比增加32.8%；累计完成软件业务收入1 737.8亿元，同比增长32.8%，高于全国平均水平4.3个百分点。全年完成利润总额76亿元，同比增长21.4%；完成利润总额77.5亿元，同比增长16.6%；利税合计152.9亿元，同比增长18.2%。实现软件业出口8.2亿美元，同比增长38.1%。海尔集团、浪潮集团、海信集团、中创软件公司、东方电子集团有限公司、威海北洋电器集团股份有限公司、山东万博科技股份有限公司、山东雷音电子科技有限公司9家企业入围2012年(第11届)中国软件业务收入前百家企业，浪潮集团、中创软件公司再次进入中国自主品牌软件产品前10家企业名单。浪潮集团通用软件有限公司、中创软件公司、山东新北洋信息技术股份有限公司、山东万博科技股份有限公司等7家企业入围2011—2012年度国家规划布局内重点软件企业。新登记软件著作权766个，累计登记4 352个；登记软件产品1 121个，累计登记5 934个；认定软件企业214个，累计认定1 359个。全省计算机信息系统集成资质企业222家，位居全国第4位。

济南、青岛两市完成软件业务收入1 542.2亿元，占全省88.7%。济南“中国软件名城”建设加快，完成软件业务收入1 010.9亿元，同比增长24%，“济南创新谷”建设项目启动。青岛实施“东园、西谷、北城”战略，完成软件业务收入531亿元，同比增长51.2%，拉动全省软件业务收入增长13.8个百分点。11个城市软件业务收入过亿元，其中6家过10亿元，比上年增加两家。临沂、菏泽、淄博、德州、莱芜、青岛、日照、潍坊、泰安和烟台同比分别增长131.3%、100.2%、85.8%、72.1%、54.6%、51.2%、

38.5%、36%、34.7%和32.9%。

“基于SOA的民生服务运营支撑平台研发及应用”等5个项目入围2012年工信部电子发展基金计划，获2 300万元资金支持；“面向软件和信息服务业的公共服务云平台”获2012年国家软件公共服务平台专项200万元支持；省信息产业发展专项资金投入3 000余万元支持省内企事业单位软件研发和平台建设，“安全、稳定、高性能全国产化基础软硬件电力调控一体平台”等项目进展顺利。投入1 291万元对浪潮集团、山东中创软件工程股份有限公司2个“核高基”项目提供地方配套资金，累计按国家要求落实足额配套资金3 043万元。6月，中创软件公司“集成化中间件套件产品研发及产业化”顺利通过核高基重大专项办公室验收。

“基于云计算的跨区域资源共享服务平台”获省科技进步二等奖。“基于省云计算平台”“山东省建设领域项目信息和信用信息公开共享平台”“山东省中小企业公共服务平台”“山东省电子政务综合服务平台”取得阶段性成效。“区域医疗信息服务平台”在蒙阴、莒县应用；“居民健康物联平台”在济南十亩园社区应用；“煤炭安全质量标准化管理平台”在山西、河北等省的多个大型煤炭集团实施。

（省经济和信息化委员会软件和信息服务业处）

交通科技

【概述】　2012年，交通运输固定资产投资累计完成511亿元，同比增长6.4%。其中，公路建设完成350亿元、港航建设完成95亿元、场站建设完成64亿元，同比分别增长6.7%、10.7%和6.2%。公路通车总里程23.3万km，其中高速公路4 350km，公路密度达到每百平方公里149km；沿海港口总能力4.8亿t；等级客运站、货运站分别达到1 364个、504个。全年完成公路水路客运量24.4亿人、货运量29.5亿t，同比分别增长1%和5.4%；沿海港口吞吐量9.6亿t，同比增长11.3%，内河港口吞吐量完成6 438万t。全省新能源车辆突破5万辆。

【科技计划与投入】　2012年，围绕解决交通发展的重大科技问题制定年度科技创新计划，将“五大体系建设”“智能交通”“交通安全管理”“交通节能减排和低碳发展”等作为研发重点，有55个项目列入交通科技创新计划，落实补助资金990万元。省交通科技研发中心主体工程完工，初步具备科研试验工作条件；省道路结构与材料重点实验室和交通运输部高速公路养护技术行业重点实验室科技创新能力不断提升；青岛实验研究中心运行更加规范。

【科技成果与奖励】　2012年，集中力量支持重大科技项目研发，对依托工程建设环境复杂、技术难度大的重点研发项目重点培养。全年组织实施科技计划项目55项，其中40项达到国内先进以上水平。应用于青岛胶州湾大桥建设的“水下无封底混凝土套箱建造技术”获国家技术发明奖二等奖。获2012年度省科学技术奖的成果10项，其中技术发明二等奖1项，科技进步一等奖1项、二等奖4项、三等奖4项。获部级学会（协会）奖的成果23项，其中中国公路学会科学技术二等奖3项、三等奖2项；航海学会科技三等奖1项；港口协会科技进步一等奖1项、二等奖6项、三等奖10项。

【信息技术集成与应用】　2012年，结合信息化建设年活动总结，编制印发《山东省交通运输行业信息化工作考核办法（试行）》及《实施细则（试行）》，完善《山东省交通运输信息化建设管理办法》，组织编制《山东省交通运输信息安全管理办法》。加快建设“一拖六”综合电子监察系统，确保权力阳光运行。完成厅中心机房与省电子政务外网连接，政务大厅通过省电子政务外网接入省电子监察中心。山东省交通运输厅应急指挥中心建成投入试运行，以此为切入点，搭建全省统一的地理信息平台，对3个专业局业务数据和应用需求进行初步梳理，规划建设存储数据库、应用服务器等软硬件基础应用平台，进行统一网络的规划设计。

【节能减排科技工作】　2012年，全省营运货车单位运输周转量能耗下降7.9%（相比2005年，下同）、营运船舶单位运输周转量能耗下降12.3%、港口生产单位吞吐量综合能耗下降6.5%，全年新开通ETC车道205条，累计开通427条，鲁通卡用户60.3万，非现金支付使用率20.2%。“以气代油”项目加快实施，截至年底，全省天然气营运车辆71 258辆，其中公交车9 504辆、出租车56 778辆、班线客车1 776辆、货车3 200辆；全省LNG车辆5 012辆，其中货车2 486辆、班线客车1 523辆、公交车963辆、港内LNG运输车辆40辆、改造完成LNG船舶2艘；全省加气站151座，其中CNG加气站92座、LNG加气站48座、LNG-CNG加气站11座。

【科技合作与交流】　2012年，山东交通运输系统承办了《公路沥青路面施工技术规范》中的沥青混合料设计方法专题研讨会等全国性学术会议。邀请美国 A&M 大学 Moon.Won 教授、德克萨斯州交通部陈达豪博士进行连续配筋混凝土路面技术交流，邀请法国国家道桥试验中心 Fee 教授、Evye 教授进行法国沥青路面设计方法技术交流，与美国德克萨斯州交通部、德克萨斯交通研究院(TTI)、美国 TRB 年会等进行学术交流。邀请华南理工大学、江苏交通科学研究院、同济大学、东南大学、交通部公路科学研究院等国内专家进行路面结构设计、高模量沥青混合料、沥青路面再生技术、大型混凝土桥梁沥青铺装层技术等全面技术交流。与交通部公路科学研究院、长安大学、东南大学等机构以及山东高速集团、中海油(青岛)重质油加工工程技术研究中心有限公司、中交远洲交通科技集团山东工程咨询有限公司等企业联合开展交通运输科技项目的攻关。

【科技人才队伍建设】 2012 年，鼓励全行业人员积极申报专业技术职务资格，进一步壮大交通行业专业技术人才队伍。厅属交通院校今年完成各类招生 9 578 人，在校生人数 25 736 人，比上年增加了 2 669 人，应届毕业生就业率 96% 以上，远高于全省职业院校平均水平。计划培训 7 710 人次，实际完成培训 12 791 人次，完成计划的 165.9%。推进交通运输与邮政教育培训合作，制定各推进小组合作方案，确定包括学科专业建设、精品课程开发、职工继续教育、职业技能鉴定、就业实习基地建设、资源共享库建设等 6 个方面的合作内容，实现各个层次的全面合作。

(省交通运输厅　王　川)

广播电视科技

【概述】 2012 年，通过实施广播电视村村通、无线覆盖、直播卫星公共服务等工程，全省广播电视综合覆盖率 98% 以上。以重要播出保障期为重点，完成十八大安全播出工作任务，完成全国和省两会、“七·一”“十·一”等重大活动和重要节目的安全播出工作。全面贯彻落实广电总局《安全播出管理规定》(62 号令)，开展全省安全播出自查评估。针对安全播出管理规定及 7 个实施细则，组织全省各级广播电视台、卫星地球站、有线电视网络和播出前端、广播电视发射台以及网络广播电视台等 701 个安全播出责任单位进行技术设备配备和安全播出管理措施等的检查评估。

【三网融合】 2012 年初，济南市被国务院批准作为三网融合第二批试点城市，至此山东省参与三网融合试点的城市增加为 2 个。省广电局协同济南市有关部门制定《济南市三网融合试点实施方案》。多次召开协调会议并组织相关部门现场调研，协调济南市广播电视台 7 套节目接入省集成播控平台。12 月底，山东广播电视台与济南广播电视台就 IPTV 节目内容合作事宜达成一致意见，IPTV 播控平台引入济南节目内容。济南、青岛加快有线网络建设和双向化改造，积极开发新业务，有线电视双向业务和增值业务取得进展。青岛作为首批三网融合试点城市，各项业务试点均有序开展，双向进入业务获国务院正式批准。结合全省有线电视网络整合的新形势，将双向进入业务牌照授予山东省网络有限公司，由省公司授权青岛开展双向进入业务，在三网融合进入推广阶段后，可在全省范围内有序推进。

【直播卫星公共服务工程建设】 落实广电总局关于开展直播卫星公共服务工作的要求，制定全省开展直播卫星公共服务的计划。为 20 万户边远农村、山区等地群众安装直播卫星接收设施，已列入 2012 年省政府为群众办的 35 件实事之一。通过组织调查有线电视未通达情况，划分直播卫星公共服务区域，落实分配工作任务，同省财政厅、发改委、林业厅等部门，制定《全省开展直播卫星公共服务工作实施方案》，明确工作任务、目标要求和实施计划，4 月底省政府办公厅转发了该方案。5 月 9 日，省政府召开全省直播卫星公共服务工作会议，与各市签订工作目标责任书。按照实施方案要求，直播卫星公共服务建设以政府扶持为主，切实减轻群众负担，落实省级扶持资金 3 850 万元。截至年底，各市已签订生产安装服务合同，安装工作基本完成。

【广电监管】 建设完成省互联网音视频广播监管系统，加强对互联网等新媒体的信息安全管理。制定县级广播电视节目监测系统建设方案，启动项目的实施工作。加强广播电视播出情况监测，及时发现处理各类播出事故和异态，发布预警和调度信息，为安全播出调度提供支持。

【广播电视数字化网络化和设备升级】 发展高清电视，山东广播电视台已完成山东卫视高清频道建设任务，实现了高标清同步播出和同步上星。移动多媒体广播加快发展。目前移动多媒体广播(CMMB)在山东省已建成千瓦级发射站点 99 个，500W 发射站点 37 个，实现全省县以上城区信号全覆盖，覆盖人口6 000万，用户超200万，其中手机电视付费用户突破60万。加快发展新媒体。通过实施“可视广播”工程，山东广播电视台多个栏目市县网上传播，网台互动水平提升，手机视频、手机广播、手机阅读等无线产品陆续投入商用，应收能力增强。

【科技管理】 组织2012年技术能手竞赛工作，全省17个地市和省直各单位100余人参加了考试，通过竞赛选拔出来的山东省4名技术人员参加广电总局组织的技术能手竞赛，全部获二等奖；举办电视节目录制技术培训班，全省各市、县广播电视台90多人参加了培训，培训班结合总局电视节目技术质量奖评比细则的要求，对提高电视节目录制技术质量的方法、电视节目制作设备的使用方法和电视节目制作的技巧和技艺进行培训；完成12个单位42个产品的质量体系审核工作。

（省广播电影电视局 韩光玮）

邮政科技

【概述】 2012年，全省邮政信息技术部门围绕全省邮政企业核心工作，在推进全省邮政信息化工程建设、提高全网运行质量和保障能力、加快应用系统开发、实施信息化引领战略等方面取得了成绩，为全省邮政企业的生产、经营与管理提供有力支撑。

【信息化工程建设】 2012年，完成中间业务平台全国集中、邮储IC卡受理环境改造、会计处理平台资金清算系统、数据下载平台扩容等金融类工程建设，完成工时管理系统、营业信息系统二期等业务系统的上线。组织开展省内信息化项目建设，完成速递站点服务器全省集中、多媒体视频发布系统、金融客户营销管理系统、远程联网监控系统、金融集中授权系统等自建项目。

【全网运行质量和保障能力】 2012年，完成十八大及重大节日安全运行保障任务。制定全省信息网网络安全管理办法、VPN管理办法、金融数据安全管理办法等，全网标准化、规范化管理水平提高。组织开展全省信息网安全运行年竞赛及各市局信息网安全检查活动，信息网运维和安全运行考核成绩提升，逐步进入全国运维工作先进省份行列。完成全省综合网网络优化改造工程。

【应用系统开发】 围绕省公司创新机制等重点工作，完成营销积分管理系统、营业资金分类管理系统、非全日制用工管理系统、邮件处理成本结算系统、山东邮政电子地图应用平台、邮政营业网点管理系统等20余项软件的开发升级。进行业务叠加和平台优化，进行全省代收电费、汽车票销售、代售火车票、商品销售等新业务的开发，使全省邮政便民服务平台业务种类达十几种，通过平台扩容优化，达到每天20万笔的业务处理能力。

【信息化引领工作】 2012年，制定全省推进邮政信息化引领工作的实施意见，在全省范围内征集确定第一批重点推进的信息化应用项目。与需求部门合作，制定重点信息化应用项目的建设方案。督导各市局信息化实施细则的制定，促进信息化引领工作在全省广泛开展。推进科技项目评审工作，组织各类评优培训活动，促进了全省邮政信息技术队伍能力建设。

（省邮政公司 赵军泰）

建设科技

【概述】 2012年，全省完成新建节能建筑6 990万m^2、太阳能光热一体化应用建筑2 506万m^2，完成既有居住建筑节能改造3 373m^2（同比增加92%）、公共建筑节能改造240万m^2，新增绿色建筑标识项目44个，生产新型墙材324.7亿块标砖，生产、应用比例分别达88.1%、98.2%，完成厅与省政府签订的节能目标责任书确定的各项任务。通过建筑节能，新增节能潜力379.1万吨标准煤，减排CO_2 936.4万t、SO_2 7.6万t，节约土地0.36万hm^2（5.4万亩）。争取中央建筑节能专项补助资金16.76亿元。12月中旬开展的全国住房城乡建设领域节能减排监督检查，给予山东省“成绩显著，亮点突出，超额完成了国家的各项工作任务，走在了全国的前列，起到了模范带头作用”的评价。

【科技项目与成果】 2012年，全省住房城乡建设系统获住房城乡建设部科技计划立项项目46项，省住房城乡建设厅立项科技项目176项。组织科技成果鉴定61项，获节能认定证书的技术和产品642项，备案认证590项，推广认证47项。组织编制节能减排产品标准、应用规程、技术导则和施工图集、工法等40多项。获省科技进步奖项目14个，获华夏建设科技奖项目6个。组织开展2012年省级建筑节能示范工程建设，评审公布绿色建筑、低能耗建筑、节能与结构一体化建筑、公共建筑节能改造4类节能示范工程68个。

【建筑节能】

2012年，制定的《山东省民用建筑节能条例》列入当年省政府、省人大立法计划，并列为省十一届人大五次会议1号议案。于11月经省人大常委会第三十四次会议二审通过。《条例》结合全省实际，在建筑节能技术产品管理、绿色建筑、建筑节能监管、既有建筑节能改造、公共建筑节能、可再生能源建筑应用、供热计量改革、建筑墙体保温与结构一体化技术开发应用、政策支持及监督考核等方面进行了发展和创新，多项条款为全国首创。会同省发展改革委、经济信息委、科技厅、财政厅，举办山东省首届绿色建筑与建筑节能新技术产品博览会。大会以“绿色建筑、低碳城市、美好生活”为主题，参展企业216家，参会参观人数1.5万余人。省政府将“推进建筑节能与绿色建筑发展”列入2012年度全省政府系统专项调研课题，提出加快推进全省建筑节能与绿色建筑发展的对策建议，上报省政府。10月，成立山东省建筑节能协会，协会会员已发展至1 050余家。

新建建筑节能 对2006年颁布的《山东省居住建筑节能设计标准》进行修编，通过住房城乡建设部审查备案，于2012年5月1日起正式实施，实现与国家标准的接轨。执行节能设计标准，推行节能设计审查备案、节能信息公示、节能工程专项验收、外保温工程施工专项资质、关键岗位人员持证上岗制度，健全贯穿规划审批、施工图审查、施工许可、监理、质量监督、预售许可、竣工验收备案等各环节层层把关的闭合式监管体系，保证节能工程质量和标准执行率。全省县城以上城市规划区新竣工节能建筑4 140万 m^2，施工阶段标准执行率同比提高0.4个百分点。

既有居住建筑节能改造 2012年初，会同省财政厅向各市分解下达改造任务1 742万 m^2，9月申请追加改造指标1 360万 m^2，全年改造规模3 102万 m^2；争取中央财政专项补助资金7.41亿元、省级财政奖补资金2亿元。向省政府报送供热计量改革与既有建筑节能改造工作情况汇报，会同省供热计量改革与既有建筑节能改造领导小组成员单位开展专项检查，对全省2011年供热计量收费、节能改造完成情况进行核查，对2012年节能改造项目落实情况进行督查，并形成报告上报省政府。会同省财政厅，对2011年改造项目进行省级验收。实施供热计量改革与既有居住建筑节能改造月调度、月通报制度，会同省燃热办，先后3次召开全省现场会或座谈会，先后2次开展专项检查。全省既有居住建筑供热计量及节能改造已完成省政府下达年度任务的182.8%，提前一年完成省政府与住房城乡建设部签订的既有建筑居住改造目标责任书确定的2011—2013年改造任务。

公共建筑节能 2012年，印发《关于做好2012年公共建筑节能工作的意见》等文件，建立实施公共建筑节能月调度、月通报制度。会同省有关部门，先后召开全省公共建筑节能改造研讨会、高等学校节约型校园建设现场会，研讨部署公共建筑节能改造及高等学校节能监管平台建设工作，开展省直机关“十大节能示范工程”评选活动，组织实施全省第二批26个项目、141万 m^2 的公共建筑节能改造试点。全省完成了2 300栋机关办公建筑和大型公共建筑能耗统计，对620万 m^2 建筑实行能源审计，在264栋公共建筑安装节能监测系统，省及9个设区市建立公共建筑能耗动态监测平台，5所高校被评为全国节约型校园试点示范单位、获中央财政补助资金1 305万元，4所高校被评为首批省级节约型校园建设示范高校。

可再生能源建筑应用 做好国家可再生能源建筑应用相关示范的申报争取工作，烟台、威海列入国家首批集中连片推广重点区，临沂、菏泽2市及平度、临朐、汶上、莒县、夏津、阳信6县(市)获批示范市、县，32个项目获批光电建筑应用示范、科技产业化项目，连同国家下达的省级推广资金，获中央财政补助资金9.22亿元，资金额度和建设规模居全国首位，其中光电建筑应用示范项目装机容量达到以往年份总和的147.2%。先后3次开展可再生能源建筑应用专项督查，指导督促示范市、县加快建设进度，完成对2011年度10个光电建筑应用示范项目验收。会同省政府节能办，分解下达太阳能光热建筑一体化应用任务，加强规划、图审、施工许可、竣工验收备案等环节监管，实施月调度、月通报制度，确保县城以上城市规划区新建、改建、扩建的12层及以下居住建筑、集中供应热水的公共建筑全部实现太阳能光热建筑一体化，鼓励和指导有条件的地区开展高层建筑太阳能光热建筑一体化应用。太阳能光热建筑一体化应用面积已完成全年任务的137.3%。

绿色建筑 会同省政府外事办，组织山东省绿色建筑代表团，赴日本、韩国进行考察访问，形成考察报告上报省政府，副省长夏耕作出批示：“建筑节能，是当前节能减排的重要内容，也是建筑业科学发展的重要途径，要充分学习借鉴国外经验，结合交流合作项目开展，大力推广绿色工程”。以厅文件印发《关于积极促进绿色建筑发展的意见》，编制发布《山东省绿色建筑评价标准》，在潍坊召开全省绿色建筑评价标识工作现场会，培训确定全省第二批绿色建筑评价标识专家 199 人。

低碳生态城市、社区建设 指导支持东营、潍坊等市积极推进低碳生态城市、社区建设，东营市 13 大类 32 个低碳生态示范项目全面启动，潍坊市建设低碳社区 67 个、698 万 m^2。

【墙材革新】 完善“禁实”长效机制，全省县城以上城市规划区提前全部实现“禁实”，并扩展到大多数建制镇规划区，50 多个市、县已淘汰含粘土制品。印发《山东省“十二五”城市、县城限制使用粘土制品工作方案》，9 个设区市、16 个县级市和 23 个县列入省第一批“限粘”名单，在国家发展改革委召开的全国墙材革新工作会议上作了经验介绍。发展节能、环保、利废的新型墙材，全省新型墙材产量 293.8 亿块标砖，县城以上城市规划区应用 183.9 亿块标砖，生产、应用比例分别达 88.1%、98.2%；加强新型墙材专项基金征管，全省征缴入库新型墙材专项基金 8 亿元，并从省专项基金中列支 5 000 万元，支持建筑节能科研项目及省级节能示范工程建设。

（省住房城乡建设厅　张洪峰）

测绘科技

【概述】 2012 年，围绕全省基础地理信息数据库更新、研发山东地理信息公共服务平台、构建数字城市等方面的关键技术开展攻关，全面提升全省测绘科技水平。

【科技进展】 2012 年，山东省“十二五”基础地理信息数据库更新工程方面，完成全省 (DLG) 定期更新和及时更新工作，完成全省陆地范围 0.5m 分辨率 1 : 10 000 数字正射影像图 (DOM) 更新、地理信息公共平台框架数据的转换与制作、DOM 数据标准及生产技术规定等工作。该次更新形成的不同时态的地理信息数据，不仅客观地反映了地表要素的变化过程，还将作为地理信息社会化服务和省情监测的数据源，为省委、省政府以及各级政府和有关部门、社会公众提供权威、客观、准确的地理省情信息服务；其所形成的快速更新体系，快速提供测绘成果和技术服务方式，将进一步提高应急保障服务能力，发挥测绘在社会公共事务应急处理方面的重要作用。山东省地理信息公共服务平台方面，实现全省 1 : 10 000 数据和高分辨率影像数据全覆盖，建立了体系架构完整的平台服务体系，研发政务版和公众版（天地图•山东）2 个平台。该项目于 2012 年 7 月通过了国家测绘地理信息局组织的专家验收，成为第 2 家通过国家验收的省级节点，项目以“体系架构完整、数据资源鲜活、应用成效显著、保障机制健全”“同时建成政务和公众 2 个平台”为主要特色，被评价为“处于国内领先，达到国际先进水平，对于省级地理信息公共服务平台建设及应用具有示范作用”。数字东营地理空间框架建设工程方面，以签订信息资源共享协议、战略合作协议等形式，推进全市地理信息资源共建共享和整合集成。该项目的公共平台在公安、环保、黄蓝经济区规划、重点项目建设、马拉松等许多领域中得到广泛应用。“天地图 • 东营”也成为全省首家、全国首批接入天地图主节点的项目之一，它实现了互联互通与服务聚合，其地理信息技术装备研发与资源整合应用走在了全省乃至全国前列。山东省 1 : 10 000 基础地理信息数据 2000 国家大地坐标系转换，掌握了现有测绘数据成果向 2000 国家大地坐标系下转换的原理、方法，开发专业转换软件，提高了转换效率。山东省 1 : 10 000DWG 格式制图数据转换，解决了通过 DLG 建库数据转换为符合国家规范要求的 DWG 格式制图数据，这在国内尚无成熟的技术路线，该项目的成果实施，使全省率先掌握了该项技术，对于“十二五” DLG 建库数据转换为 DWG 格式制图数据、大比例尺 DLG 建库数据转换为 DWG 格式制图数据具有指导及借鉴意义。国土执法监察三级联网全程监管平台是山东省国土测绘院、济宁市国土资源局共同研发的，基于山东省卫星定位连续运行综合应用服务系统 (SDCORS)，采用地理信息 3S 技术、移动通信技术等先进技术，充分利用区域的遥感影像、基础地理信息数据等信息资源，研发具有动态性、及时性的市、县、镇国土执法监察三级联网全程监管平台，该平台的运用是拓展现代测绘基准体系应用的有益尝试，对促进 SDCORS 广泛应用将发挥重要示范带动作用。日照市基础测绘创新性提出“智慧城市”建设、“海洋测绘”及“自然资源数据库”建设，首次实现全市基础测绘规划无缝全覆盖，并建立起稳定的基础测绘投入机制，丰富日照市基础地理信息资源数量，提高数据资源现势性。山东鲁西南高氟区地下水调查与供水评价示范，该研究通过对收集资料的分析和区域水文地质调查，大致掌握了工作区的地貌特征、地表水系的分布、部分地区的地下水开采现状、地氟病的分布特征的基础上对鲁西南浅层、深层地下水进行了资源计算评价，在此基础上，对浅层水、深层水进行了允许开采量计算，从而圈定处高氟区找水靶区，并对工作区水资源开发利用进行区划。济南市二环内 1:500 地形图 2011 年度更新修测及数据库更新，以内、外业图库一体化信息化测绘技术为基础，丰富并改善了基础地理数据外业采集成图系统的数据结构，解决了数字线划图空间属性缺乏问题，该项目为广泛应用空间资源创造了条件，有利于拓展空间资源应用领域，数据以压缩栅格方式存储，具有独特的保密性，进一步提高了保密能力。寿光市国土资源三维可视化综合管理系统，主要包括国土资源"一张图"数据中心、电子政务系统、综合监管系统3个组成部分，构建起内业监管、外业核查、动态巡查"三位一体"的国土资源监管新模式，实现了国土资源监管的精细化、常态化和智能化。东营市地面沉降测量项目，针对东营市由于冲积松散层的自重固结压缩、工农业地下水抽取和地下油气的开采、城市建设造成的大面积堆载及抽取地下水回补油层等影响，首次通过GPS测量方法完整获取了全市范围内地面沉降速率，鉴于GPS基线计算和数据平差方法先进，成果达到国内同类项目领先水平，为今后开展地面沉降测量工作提供了借鉴。

【科技成果与奖励】 2012年，测绘行业获国家测绘科技进步奖4项，优秀地图作品裴秀奖5项，山东省国土资源科学技术成果奖20项。

数字滨州地理空间框架及应用 该项目旨在构建滨州市统一的地理信息公共平台，实现全市综合信息的集成管理，支持滨州社会经济全面、协调、可持续发展。该项目通过攻克多节点协同、智能服务代理、三维城市模型交换格式等关键技术难题，纵向上实现了多级互联互通，横向上分布式在线集成了20多个部门的专题数据，形成全市虚拟数据中心，将共享模式从原有"点—点"提升到"点—中心—点"，全面提升滨州市全方位、多领域信息资源共享水平。同时，开发专题信息与平台集成的数据接口和服务接口，国内首次实现100多种专题信息一体化空间集成与共享服务。对全国的数字城市建设具有示范带动作用。该项目2012年获全国测绘科技进步三等奖。

数字潍坊地理空间框架建设 该项目是数字潍坊的重要组成部分，它以满足城市管理和政府决策需求为出发点和落脚点，结合潍坊市建设发展的实际需求，采用先进的空间信息技术、网络技术、数据库技术进行有效的资源与技术的整合，推进潍坊市信息化进程。2012年2月，数字潍坊地理空间框架建设项目通过了国家测绘局组织的科技成果验收，总体水平达到国内领先。专家一致认为："项目成果对数字城市建设和三维地理信息的深入化应用、地理信息公共平台市县一体化、'一个平台、两个市场'建设具有示范作用和推广价值"。该项目获2012年全国测绘科技进步三等奖。

GIS与MIS一体化的房产测绘业务信息系统 该项目基于GIS的数据模型进行数据组织，实现房产测绘的图属一体化采集和管理、直接无损入库以及直接基于空间数据库进行数据更新的能力。项目主要创新点包括：房产面积可视化智能分摊；房产基础测绘数据"挖出—填入"动态更新技术；房产测绘数据二三维一体化管理与可视化；要素自动分层分类编码技术；房产测绘数据服务于房屋安全鉴定业务。该项目的成功应用实现了全市房产对象的唯一编码管理，实现了基于物理楼盘表的精确化以图管房模式，改变了传统的数字化测绘方式，提升房产测绘的信息化水平。该项目获2012年全国测绘科技进步三等奖。

青岛市1:5 000地形图测绘与建库 该项目综合运用全数字摄影测量技术、连续运行基准站技术、似大地水准面精化技术等先进测量技术，测制了青岛市辖区完整的1:5 000比例尺的数字线划图(DLG)、正射影像图(DOM)和数字高程数据(DEM)，制定青岛市1:5 000基础地理信息数据库标准。这是第一次采用现代测绘技术完整地采集青岛市辖区及邻接区域的3D数字产品，并与陆地统一测绘基准，进行海岛测绘，制定了基于Microstation和Autocad软件平台的1:5 000比例尺的DLG制图标准，也是首次在统一的标准控制下建立1:5 000 3D基础成果数据库。该项目的3D测绘成果已在新农村建设、青岛市1:10 000地形图缩编、2011年春夏季抗旱保苗等项目中得到广泛应用。该项目获2012年全国测绘科技进步三等奖。

山东省测绘成果网络化分发服务系统 该系统的建设与应用不仅节省审批时间，还大大缩减了元数据发布时间，提高了测绘成果提供和管理的效率，使基础测绘成果管理从传统的手工管理转变为集中式、自动化、保密性强、安全性高的科学管理方式。拓宽了测绘成果服务社会建设发展的深度和广度。该项目获2012年山东省国土资源科学技术成果一等奖。

文化地图系列 文化地图系列是由青岛市勘察测绘研究院编制，将地图元素与各类艺术形式和产品相互交融，制作的包括19个类别33件作品。该系列的地图主要特点就是关注艺术性的同时兼具实用性，并根据产品各自的特点设计精美的包装和装裱形式，使地图艺术化，赋予产品地图文化和艺术的内涵。该系列文化地图的推出受到教育部、省领导以及市领导和各界人士以及arcgis总部专家和国内同行的广泛好评。文化地图系列获2012年中国测绘学会优秀地图作品裴秀奖银奖。

淄博市地图集 以地理空间信息为基础，运用直观形象的地图语言，对淄博山河、文化、经济和生态进行全景式展现。图集集专题地图、普通地图、卫星影像图、风光图片和文字简介于一身，融思想性、知识性、实用性为一体，为认识淄博、宣传淄博构建了一个直观而形象的视窗，也为各级政府和有关部门宏观决策、规划管理与公共服务提供翔实的地理信息数据，是一部综合性地图集。该图集通过历史文化图幅及版式、图幅、装帧设计来体现淄博齐国古都的悠久历史文化。该图集获2012年中国测绘学会优秀地图作品裴秀奖铜奖。

高密市12336国土资源综合监管与服务平台 该项目充分利用现有技术条件和数据现状，采用先进的GIS(地理信息系统)、GPS(全球卫星定位系统)、RS(遥感)、

GPRS（无线通信）和大容量数据库技术为支撑，以全市地形地籍数字化成果为基础，结合国土资源电子政务系统及基础地理信息公共服务平台，研发基本农田重点保护区实时监控系统、移动巡查系统、呼叫中心系统、违法用地网上举报系统等系统。该平台的建成创新了国土资源管理的新渠道，加强了对国土资源开发利用全过程的实时监控、管理。该项目获2012年山东省国土资源科学技术成果奖二等奖。

【科技人才队伍建设】 2012年，全省测绘行业有中高级专业技术人员5 024人，较上年增加268人，占当年测绘技术专业人员总数的48.1%；测绘专业技术人员占从业人员的73.5%。全省积极组织30多人次参加国家测绘地理信息局举办的地理信息生产、地图编制、地图审校等方面的标准培训，对全省各等级测绘资质单位600多名测绘技术人员进行山东省大比例尺基础地理信息数据库建设更新技术培训，推进了全省大比例尺基础地理信息数据库建设更新工作的实施。全省有189人取得注册测绘师资格。11月，山东测绘学会和山东省测绘行业协会主办"南方测绘杯"山东省第六届大学生测量技能比赛。省内高校依托国家自然科学基金、863计划课题、山东省中青年科学家奖励基金等科研基金，锻炼出一批优秀的测绘科技工作者，全省测绘科技队伍整体规模和素质不断提高。

（省国土资源厅 郭正鑫）

环保科技

【环保科研】 2012年，"山东省经济社会发展中若干重大环境瓶颈问题解析与突破"工作进展显著，投入研发资金500万元，遴选10项年度重大项目面向社会进行公开招标，重点开展高盐废水、脱硝、重金属污染事故应急处置等关键技术攻关；进一步更新、充实瓶颈解析项目库，在原有项目库的基础上，征集科技需求新项目58个。省级环保产业技术研发资金补助1 000万元，支持大气污染排放企业环境监管策略和方法研究、底泥重金属处理处置技术与工程示范等15项环保产业研发项目。省环保厅会同省财政厅修订完善《山东省环保产业技术研发项目专项资金管理办法》，加强了环保科研项目管理。省环保厅组织24个环保科研成果鉴定和验收结题，其中13项达到国际先进以上水平。全省有22项环保类科研项目获省科学技术奖，其中"南水北调东线南四湖流域污染综合治理技术体系创新与应用"获省科技进步一等奖。19项环保科研项目获省环境保护科学技术奖（如表所示）。其中，获一等奖的"烧结烟气SDPZ脱硫技术研究与应用"课题，实现平均脱硫率达到90%，已推广应用至26家钢铁企业、43台烧结机脱硫系统，为空气质量的改善提供技术支撑；"山东省生态环境监测技术研究及其应用示范"课题建立了生态环境监测指标体系和监测评价技术方法，推动生态环境监测技术水平的提高，对全省环境管理起到积极作用。省环保厅、省环科院被环境保护部表彰为"十一五"环保科技工作先进单位，3名同志获管理工作先进个人荣誉称号，张波同志作为唯一获奖代表在第二次全国环保科技大会上发言。

2012年度山东省环保行业获省环境保护科学技术奖主要项目

奖 项	项目名称	完成单位	完成人
省环境保护科学技术一等奖	空气污染导致人体健康损失的研究	山东大学、山东省疾病预防控制中心、山东省环境监测中心站	王 艳 王锡宁 李红莉 朱 晨 毛炳启 姜翠娟 张宜升 李玉华 周 洁 张 楠
	山东省生态环境监测技术研究及其应用示范	山东省环境监测中心站	宋沿东 田贵全 刘 强 曹惠明 孟祥亮 宗雪梅 李 晶 曲 凯
	重金属污染土壤的钝化修复技术研究	山东省环境保护科学研究设计院 山东师范大学	綦金波 成杰民 刘玉真 王晓风 鲁成秀 孔立志 孙 娟 杜廷芹 杜金辉
	面向废酸液资源化利用的扩散渗析膜制备关键技术	山东天维膜技术有限公司	刘兆明 连文玉 李晓玉 郝润清 曲文军 王炳春 陈晓丹 张鲜苗 李志刚
	烧结烟气SDPZ脱硫技术研究与应用	山东国舜建设集团有限公司	吕和武 吕 斌 郑忠才 孙德山 潘 光 尹燕鲁 杜善国 周秀银 范贤平 吕 扬 景 敏
省环境保护科学技术二等奖	山东省生态环境地理信息系统应用研究	山东省中鲁环境工程评估中心 山东建筑大学遥感与GIS研究中心 山东省地堪局遥感应用研究中心	张高生 史同广 于明洋 田文新 王建春 张子民 杨慧春 牟莹莹 蔡 菲

续表

奖　项	项目名称	完成单位	完成人
省环境保护科学技术二等奖	山东省大气污染成因解析与控制对策研究	济南市环境保护科学研究院	韩道汶　刘光辉　范国兰　刘建军　蔡　红　马姗姗
	济南市突发环境事件应急处置系统研究与开发	济南市环境信息中心 济南市环境监察支队	王志国　尹衍鹏　刘新华　郑　凯　朱红梅　乔凤歧　韩　超　宫艳玲　尹继法
	立式紊流搅拌机	山东恒远利废技术发展有限公司	黄福强　张大勇　李建民　李晓霖　史学香　王　群
	铜冶炼清洁生产示范工程	东营方圆有色金属有限公司 山东方圆有色金属技术服务有限公司	崔志祥　王　智　申殿邦　曾　维　王海滨　边瑞民　肖玉文　杨　亮　郭士峰　赵庆彬　雒庆堂　郑军涛　于鹏飞　张京贤
	济南市饮用水水源保护区划分	济南市环境保护科学研究院	彭晓瑛　刘新华　胡雪莲　王立柱　杨晓钰　赵立健
省环境保护科学技术三等奖	地热技术在黄金矿山的开发和应用	山东黄金矿业(莱州)有限公司焦家金矿	董金奎　何吉平　栾桂勇　张洪训　陈孟军　吕旭君　焦志强　张智斌　张　伟　苑维林　李广歧　商继红　郭建民　于金忠
	薄煤层泵送矸石充填开采技术	兖矿集团有限公司 山东科技大学	张传武　葛家新　王兴雨　沈庆彬　李　博　林东才　杨继贤　张崇良　刘万仓　李培新　高树磊　李文学　王庆路　张　健　陈少华　林跃忠
	氧化-生物双降解乙烯(PE)膜、袋技术的研发与应用	山东天壮环保科技有限公司	陆海荣　周经纶　王大勇　王　寒　王洪英　张海英
	大肠菌群在线自动监测仪	青岛佳明测控科技股份有限公司	高心岗　廖俊成　张　芳　刘文学　赵世朋　朱立广
	新型环保节能燃气发电机组	潍坊赛马力发电设备有限公司	宋　健　陈光亮　朱洪春　曹政坤　侯跃艳
	电厂造纸黑液脱硫及废液掺拌煤泥燃烧技术的研究	山东新汶热电有限公司	王德茂　卞立坤　尹培利　郭安星　沈大新　万奎营　徐卫东　王晓猛
	木聚糖酶AU-PE89纸浆生物助漂技术	苏柯汉(潍坊)生物工程有限公司	韩威华　管叶青
	高校生防绿色木霉孢子制剂制备工艺优化技术	潍坊市信得生物科技有限公司	戴　宝　刘泽凯　卢德鹏　徐　玮　宋　栋

2012 年，全省承担的国家水专项课题进展顺利。组织南四湖水专项课题组通过了示范工程第三方评估、子课题技术验收及国家重大专项监督评估组的监督评估。"南水北调东线南四湖水质综合改善方案及支撑技术与示范"课题在中期评估中被评为优，获环境保护部通报表扬，"南四湖流域重点污染源控制及废水减排技术与工程示范"课题组获"水体污染控制与治理科技重大专项"先进集体荣誉称号。海河水专项顺利启动实施，成立海河水专项领导小组并组织召开海河水专项启动会及技术交流会，正式启动海河水专项课题。

【环境标准】 2012 年，颁布实施《山东省在用汽车排气污染物限值及检测方法(遥测法)》(DB37/T2208-2012)。

【循环经济】 2012 年，省环保厅、省商务厅和省科技厅召开了第二次山东省生态工业园区建设工作会议，积极推进国家和省级生态工业示范园区创建工作。阳谷祥光生态工业园、临沂经济开发区通过国家级生态工业示范园区验收。批准同意东平、莒南、潍坊、寿光经济开发区等 4 家单位开展省级生态工业园区创建前期工作，组织信发工业园、滕州经济开发区规划论证并同意其创建省级生态工业园区。

【环保产业】 2012 年 8 月，环境保护部首次与山东省政府联合举办"生态山东建设高层论坛暨第 5 届绿色产业国际博览会"，近 200 家国内外企业、组织参展，现场签约项目 16 个，达成合作意向近 2 000 个。开展全省环保产业调查工作，省环保厅与省发展改革委、省统计局联合成立领导小组，举办了 2 期全省环保产业调查启动及培训会议。推进污染治理设施运营社会化、市场化、专业化工作，85 家企业通过环境保护部环境污染治理设施运营资质审核；举办 7 期污染治理设施运营培训班，培训设施运营技术管理、操作人员 785 人。推进研发平台建设，组织开展曝气性能检测平台软件设施建设，申报了山东省地方性曝气产品性能及产品质量检测标准编制计划。

(省环境保护厅　陈鹏鹏　王　瑶　刘　鑫)

安全生产科技

【概述】 山东省安全生产监督管理局(以下简称省安监局)为山东省人民政府直属机构,同时加挂山东省人民政府安全生产委员会办公室牌子,现有在职职工 88 人,退休人员 7 人,内设 12 个处室单位,主要承担着全省的安全生产综合监督管理责任。2012 年,山东省发生各类事故起数和死亡人数同比下降 1.1% 和 4.5%,连续 11 年实现事故起数和死亡人数“双下降”。全省各类生产安全事故死亡人数占全年控制指标的 95.5%,较大事故起数占全年控制指标的 85.5%,重大事故 3 起,与全年控制指标持平,全年没有发生特别重大生产安全事故,完成国务院安委会下达的安全生产控制指标。当年,省安监局印发《关于进一步加强安全生产科技工作的通知》,提出山东省安全生产科技工作方向、目标和具体措施。成立山东省安全生产科技发展专项资金使用工作领导小组,设立山东省安全生产科技发展专项资金、安全生产科技发展计划以及山东省安全生产科技成果奖。省安监局推荐的“危险化学品企业安全管理预警控制系统设计及研发”项目立项,该项目由中国安全生产科学研究院滨州分院承担,科研经费补助 20 万元。

【科技计划】 2012 年,省安监局完成首届 2012 年度山东省安全生产科技发展计划项目评审工作,76 个科技项目列入年度计划,其中有 12 项给予安全生产专项资金扶持,每项 5 万元,扶持资金共 60 万元。推荐 4 家企业申报国家安全生产“百佳”科技创新型中小企业;组织 39 项安全科技项目申报国家安全监管总局 2012 年度安全生产重大事故防治关键技术科技项目,其中 20 项已列入该计划。

【科技成果与奖励】 省安监局于 2006 年出台的《山东省安全生产管理协会科学技术奖励管理办法》,用于奖励在安全生产领域科学技术、政策研究、科技成果转化和新技术引进、推广工作中做出突出贡献的单位和个人,每年评选一次,每次奖励 100 项。至 2012 年已评选三届,第一届评选 87 项、第二届评选 71 项、第三届评选 88 项。

受山东省科技厅委托,组织由山东高速集团和山东科技大学共同完成“青岛海湾大桥施工安全管理模式研究及应用”项目的鉴定。受国家安全监管总局委托,组织由山东省科学院激光研究所承担完成的“全光纤煤矿采空区火灾监测预警系统”和“基于光纤传感技术的瓦斯抽采发电安全监测系统的研究”,山东科技大学承担、兖州鲁煤机械有限公司和寿光市泰丰汽车制动系统制造有限公司协作研制完成的“矿山防跑车用限速车轮技术及产品研发”3 个项目的验收和鉴定。受山东省经济与信息化委员会委托,组织由山东知本安全评价有限公司承担、山东省化工研究院和山东大学协作完成项目“烟花爆竹经营业务管理与流向登记管理 RFID 试点示范工程”的鉴定和验收。

【新技术推广应用】 在高危行业大力推广新工艺、新技术、新产品,努力实现企业本质安全。省安监局组织开展地下矿山安全避险“六大系统”(监测监控系统、井下人员定位系统、井下紧急避险系统、压风自救系统、供水施救系统、通信联络系统)的试点工作,2012 年有 7 家矿山企业完成试点建设任务。全省强化“两重点一重大”(政府安监部门重点监管的危险化工工艺、重点监管的危险化学品和重大危险源)危险化学品企业的安全监管,对企业的生产装备、工艺技术的安全可靠性、自动化控制水平等安全生产条件进行系统检查,责令 300 家企业进行停产停业整顿;强力推进“化工生产、储存装置设计安全诊断”活动,完成安全诊断 889 套,其中完成化工装置整改 412 套。加强烟花爆竹合法生产、批发企业的监督管理,督促企业利用烟花爆竹生产淡季,改造库房和厂房,改善企业的安全生产状况。在烟花爆竹生产经营旺季,向生产企业派驻懂技术、会管理的安全督导员。配合公安、工商、质监等部门严厉打击非法违法生产经营烟花爆竹行为,全省取缔非法生产经营业户 403 家。

组织全省 30 多家企业参加第六届中国国际安全生产论坛暨中国国际安全生产及职业健康展览会,以及第六届中国国际安全生产“科技兴安、支撑发展”分论坛暨安全生产科技成果及技术装备展览会。参加展会人员约 1 000 人,10 余家单位提交的安全生产科技论文编入会议资料汇编中。

【安全生产信息化】 山东省于 2006 年建设了安全生产综合监管应急救援平台。2012 年,全省加强安全生产应急救援平台和应急资源数据库的建设应用,做好灾害性天气预警预防工作,利用省安监局平台发布短信预警及宣传提示信息 74 期、合计 8.77 万人次,其中重点对全省矿山企业及时通过手机短信发送灾害性天气预报预警预防信息。通过对重点企业、重点岗位、重大危险源实施监控,将安全生产信息化应用领域延伸到高危行业、企业和部位,减少安全管理盲区,堵塞安全管理漏洞,提高企业整体安全管理水平。

【科技人才队伍建设】 全省各级安监部门建立了安全生产专家队伍，在安全生产科技、安全大检查、“三同时”项目审查等工作中发挥作用。截至2012年底，全省有安全生产专家2 255人，其中山东省人民政府安全生产委员会聘任的第五届山东省安全生产专家201名。全年有800余人次参加多种形式的安全检查、安全评价报告审查、安全设施“三同时”项目审查、安全标准化项目验收审查、安全培训讲课、重特大事故原因分析以及项目论证、评审、评奖等工作。有200人次参加了各种项目论证会、成果鉴定、验收会。

（省安监局　高发虎　刘桂法　谢家宣）

出入境检验检疫科技

【概述】 2012年，全省出入境检验检疫系统获质检总局2011年度“科技兴检”奖12项；首次获国家重大科学仪器设备专项立项，项目批复总经费8 537万元，其中国拨专项资金4 063万元；获2012年质检公益性行业科研计划立项1项、山东省科技发展计划立项2项、质检总局科研计划立项29项；获2012年度行业标准立项计划17项，立项总数全国各直属局第二名。

【实验室建设】 2012年，继续完善检测重点实验室建设。将烟台出入境检验检疫局再生资源和临沂出入境检验检疫局农产品实验室纳入国家检测重点实验室，山东出入境检验检疫局（以下简称山东局）国家级检测重点实验室共26家。完成区域中心和常规实验室能力建设达标验收。全年完成45家区域性中心和常规实验室验收工作，实验室超额完成13家。获批建设“山东省日用消费品安全检测重点实验室”，实现山东局参与山东省重点实验室建设零的突破。于9月11日举办“实验室开放日”启动仪式，门户网站开辟“实验室建设”专栏，对全省实验室规划、检测能力等进行宣传。

2012年，争取食品安全检测能力建设资金9 877万元，其中，食品安全检测能力建设项目2 677万元，食品安全检测能力建设追加项目7 200万元，总金额位列全国第二。2012年度全省系统仪器设备采购项目共有三大项，分别是5月下达的年度预算、7月下达的食品安全检测能力建设专项、10月下达的食品安全检测能力建设追加项目三项。其中，年度预算中仪器设备专项179台4 551万元，反恐专项27台266万元；食品安全检测能力建设专项31台1 950万元；食品安全检测能力建设追加项目112台7 200万元。3项共计349台13 701万元。

【科技成果与奖励】 2012年，山东局12项科技成果获2011年度国家质检总局“科技兴检奖”，其中一等奖1项、二等奖1项、三等奖10项。“多功能离子色谱仪的开发与产业化”项目获国家重大科学仪器设备专项立项，项目批复总经费8 537万元，其中国拨专项资金4 063万元；该项目由青岛检验检疫技术发展中心、青岛盛瀚色谱技术有限公司、浙江大学、华东理工大学、山东省计量科学研究院、中国科学院生态环境研究中心、北京市理化分析测试中心、海南大学等8家产学研单位合作完成；该项目以开发具有自主创新核心技术的高灵敏度、高稳定性多功能离子色谱仪并实现产业化为目标，开发一款具备多重应用功能的离子色谱仪，具备2条流路、3个检测器、4种核心器部件和多项核心技术。3月，山东局在青岛组织召开2012年科研项目评审会，确定推荐32项总局科研项目，评审下达山东局计划108项。9月，召开优秀科技论文评审会，评审出一等奖15篇、二等奖30篇、三等奖45篇。同年组织召开食品、化矿、危险品、管理、信息化等专业成果鉴定会，有61项科技成果通过鉴定，其中1项达到国际领先水平、11项达到国际先进水平、17项达到国内领先水平。

【科技文献服务】 2012年，利用标准科技文献查询平台为日常检验检疫工作和实验室认证提供标准服务，累计提供标准15 023余件，外索购买标准8 052件。平台累计访问量38 858次。

【科技人才队伍建设】 6—9月，先后举办5期科技大讲堂，全省系统累计200余人参加培训。培训以提高岗位技能为重点，通过全覆盖、高质量的专业技能培训，提高一线人员分析问题、解决问题的能力，切实提升技术人员专业技术水平和技术保障能力。在山东局门户网站建立“科技大讲堂”专栏，扩大宣传和影响力。

（山东出入境检验检疫局　郭　强）

海关科技

【科技项目】 2012年，完成海关总署交办的署级项目6个，青岛海关关级项目10个，有力支持海关业务的改革。成功试点海关综合业务管理平台并取得良好效果，该平台在全国海关顺利推广。派出技术骨干对全国7个直属海关上线运行进行现场支持。开发查验数据库、口岸直通、重点管理商品展示作业系统、通关小助手、青岛空港集中库区信息化管理和关行联网等关级项目。金关工程一期顺利通过总署组织的专家组验收，参加金关工程二期的需求仿真计算和技术论证工作。

【信息化基础设施建设】 优化核心网络结构，部署5台防火墙，升级31台网络核心设备，部署网络安全认证系统，配置安全访问控制策略，实现三网安全域划分。改造对外接入局域网，提高外部用户入网安全性。完成中心机房二期工程，采用主流节能技术，配合调节设备参数，运行效率进一步提高。实施服务器虚拟化整合，使用高性能服务器搭建VMWare ESX虚拟化群集环境，实现资源“统一调配、随需而动”。采用基于SIP的VOIP技术建设关区软交换通信系统。落实电子口岸发展“十二五”规划的要求，推动山东电子口岸建设，引入“云服务”的理念，完成“口岸服务云”一期平台建设，开展与口岸相关单位业务衔接。

【电子政务建设】 对内以“强化监督落实、公开透明、以人为本”为原则，建设青岛海关政务管理综合平台；对外强化公开服务，建设完善互联网门户网站，开发一站式、框架式服务。网站获“2012年度全国海关优秀网站”，位列全国海关第2名。涉密信息系统顺利通过保密局分级保护测评。

【科技保障】 2012年，完成海关主业务系统版本升级2次，紧急更新20次。油气液体化工品物流监控系统联网企业已达28家。作为总署确定的首批等级保护测评迎检单位，完成技术整改34项，H2000通关作业系统、HB2004系统、海运物流平台和山东关贸网等4个二级系统均符合要求，通过了国家信息技术安全研究中心评测。系统运行监控和信息安全保障有力，实现两会和十八大期间信息安全零事件。协助解决济南海关筹建所需科技经费和设备。

【科技人才队伍建设】 2012年，青岛海关技术处获全国海关先进集体、青岛海关先进集体、“四好”达标先进单位。软件开发团队“老牟团队”被授予青岛海关“十大党建品牌”，事迹报告团先后在关区举行4场事迹报告会。3人分别被评为海关科技一、二、三级专家，H2010工程组获集体二等功，2人分获个人一、三等功。

（青岛海关 王志鹏）

气象科技

【科技进展】 2012年，综合气象观测网络业务能力得到加强。完成全省地面气象观测业务改革切换和传输系统调整以及自动气象站风、温度、湿度、气压等传感器计量建标。启动市级计量检定实验室试点和技术装备与信息保障中心建设，建成远程视频维修指导系统。启动潍坊、荣成新一代天气雷达建设；蓬莱、济南风廓线雷达分别投入业务运行和试运行，潍坊风廓线雷达完成选址并进行基础设施建设。完善省级综合气象观测系统技术装备运行监控平台、自动站数据质量控制系统。中国气象局卫星广播系统接收站、高清电视天气会商系统、新一代通信系统投入运行。稳步推进山洪地质灾害防治气象保障工程。已建成56个县级数据处理中心，改造26个县级综合业务平台，加密建设108个自动雨量监测站，开展精细化预报软件系统研发和基础数据普查。提升人工影响天气能力，聊城鲁西、东营黄河三角洲人工增雨防雹基地已投入使用，济南南部山区29处人工增雨保泉火箭作业点升级改造全部完成。启动高速公路气象监测预警服务系统建设，与省交通运输厅、山东高速集团等部门联合编制山东公路交通气象观测网布局发展规划和布局方案，并开展示范建设。

气象预测预报水平得到加强。山东省气象局在各市、县局推广应用短时临近预报系统；开展海洋气象、山洪地质灾害、大城市气象要素等精细化预报，省气象台下发雷达分析和强降水、冰雹、雷雨大风等精细化分级指导产品；优化省市县三级天气预报集约化业务流程；完善分县气候预测系统；气候变化对环渤海风能资源及风电场影响评估项目进展顺利。举办全省第三届气象台长论坛、预报技术交流会，承办环渤海区域海洋气象业务交流会。

公共气象服务能力得到加强。2012年，进一步提高台风、暴雨、强对流、大雾、寒潮、海上大风等灾害性天气预警预报能力，为省委省政府防灾减灾科学决策提供气象服务。省政府颁布的《山东省气象灾害预警信号发布与传播办法》于2月1日起施行。省应急办组织召开加强全省气象灾害预警信息发布与传播专题会议，推动省、市三大电信运营商、广电部门分别与气象局签订协议或备忘录，实现及时、免费、全网发布预警信息新突破。向沿海乡镇渔村及涉海单位发放海洋气象服务信息明白卡。做好山洪灾害防治县级非工程措施建设，试点单位建成一键式气象灾害预警信息发布系统；开展暴雨洪涝灾害风险预警服务试验业务、公共气象服务产品库运行准备工作。推动中国天气网山东站建设。与省旅游局签订旅游气象服务合作协议。

【科技计划】 2012年，“回波合并在线状中尺度对流系统生成演变中的作用研究”成功申报国家自然科学基金项目；“青岛城市大气边界层特征与空气质量的关系研究”成功申报山东省自然科学基金项目。“黄渤海高影响天气预报中的关键技术研究”“设施农业气象灾害预警及防御关键技术”2个国家公益性行业（气象）科研专项研究进展顺利。成功申报2013年中国气象局气象关键技术集成与应用项目重点项目“黄海、渤海海雾预报关键技术集成与应用”和面上项目“电力运行气象服务保障系统研究”2项；成功申报2013年中国气象局预报员专项项目3项，包括“山东省短时强降雨天气的多尺度分析研究”“非地转湿Q矢量在山东省强降雨天气中的应用研究”和“ECMWF（欧洲中心）高分辨率模式对青岛暴雨预报性能分析”。山东省气象局设立省局重点课题9项，面上课题立项20项，预报员专项项目20项。

【科技成果及选介】 2012年，全省有31项科研课题分别通过验收、鉴定工作。其中，1项达国际先进水平、9项达国内领先水平、10项达国内先进水平。完成中国气象局气象关键技术集成与应用项目“人影作业安全指挥技术集成应用”和中国气象局预报员专项课题“北上台风与中纬度系统相互作用的研究”“山东半岛强对流天气的风廓线仪资料应用分析”“鲁中山区秋季连阴雨环流分布特征”结题验收工作。“城市突发性强灾害天气预警技术”和“火箭作业方法研究”分别获省科技进步二、三等奖。全年发表科技论文453篇，其中SCI（SCIE）、EI收录3篇，核心期刊发表论文107篇。

人影作业安全指挥技术集成应用 该项目为中国气象局关键技术集成与应用项目，于2012年完成项目研究并进行鉴定。该项目建立的市级人工影响天气指挥系统和作业监控系统，形成了预警、决策、指挥、监控、作业资料存储、安全保障功能完整的地面人工影响天气作业体系。规范了高炮、火箭作业点的安全射界，根据高炮和火箭作业方案，指挥系统在GIS平台上，自动形成融合作业参数和安全射界的作业指令。监控系统利用3G和有线通讯网络，针对固定和移动作业点，实现了各级指挥中心与作业点的双向对讲和视频监控功能，是一种实时下达作业指令和监控作业安全的有效手段。3G音视频无线网络一体机高度集成了作业点所有监控设备，具有音视频采集、传输、供电、存储、对讲、防水等功能，操作简单、便携性好，并申请了专利。

山东省海洋气象业务平台研究与开发 该项目为2009年山东省气象局重点科研项目，于2012年完成项目研究并进行鉴定。该课题面向省、市、县海洋天气预报服务需求，研究开发山东省海洋气象预报业务平台。该平台主要采用了B/S架构、Web和数据库技术，包括监测信息、预报分析、预报工具、预报共享、预警联防、预报评估、业务手册、专业服务8个模块，实现了山东省海洋天气实时监测、海洋灾害性天气自动报警、省—市海洋气象精细化预报业务交互、产品共享、预报实时评分等功能，集成丰富的数值预报、卫星反演、风场标准化订正等产品和业务技术资料。该平台在山东省、市、县气象部门应用，为省内海洋精细化预报集约化业务提供支撑，促进了海洋天气预报精细化水平的提高。已推广应用于辽宁省气象台，被国家气象中心和国内多个省份借鉴，并成为南京信息工程大学海洋气象教学实习平台。

山东半岛冷流暴雪的中尺度特征研究 该项目为2007年中国气象局新技术推广项目预报员专项，2011年完成项目并进行验收，2012年进行鉴定。课题利用山东半岛7次冷流暴雪的多普勒天气雷达、自动气象站等监测资料，研究了冷流暴雪的中尺度特征。发现在冷流暴雪过程中存在逆风区、列车效应等现象；揭示了对流层低层存在中尺度切变线，是冷流暴雪产生的一种重要动力机制，其位置与暴雪落区有较好对应关系。利用RAMS数值模式分析表明：浅层对流是冷流暴雪的重要热力特征，低层切变线、中尺度垂直环流和边界层上升运动是冷流暴雪的基本动力特征。分析了冷流降雪的时空分布特征和冷流暴雪的环流背景。指出阻塞形势是产生持续性冷流暴雪的关键，对流层中层的高位涡可作为冷流暴雪短时临近预报的参考指标。并初步分析了渤海海温与冷流降雪异常的关系。课题成果已在降雪预报服务中广泛应用。

济南市城区内涝风险评估及对策研究 该项目为

2010年山东省气象局重点科研项目，于2012年完成项目研究并进行鉴定。该项目引入高分辨率的遥感数据，提取济南市城区基础地理信息、土地利用类型分类、高程等数据，收集气象数据、社会经济数据及灾情调查数据等，建立了济南城区内涝风险评估数据库。在Arc GIS平台上，从孕灾环境敏感性、致灾因子危险性、承灾体易损性和防灾减灾能力4个方面，建立孕灾环境敏感性、致灾因子危险性、承灾体易损性指数模型并进行区划；设计城市内涝灾害风险指数模型，通过计算绘制出济南市城区内涝风险评估区划图。提出了城市内涝防灾减灾措施。通过GIS/Google Earth的二次开发技术，建立了基于GIS/Google Earth的新一代多普勒天气雷达产品实时处理显示系统，实现了特定区域、特定指标的自动监测报警。

【科技服务】

汛期气象服务　2012年，山东汛期天气形势复杂多变，呈现前旱后涝的天气特点。8月，有4个台风先后不同程度影响全省，其中“达维”台风直接穿越山东境内，滞留时间、维持强度历史罕见。各级气象部门准确发布预警信息，省气象台首次发布台风红色预警信号，及时启动应急预案，为各级政府和有关部门启动防汛预警、防灾减灾提供了科学决策依据。贾万志副省长在批示中指出：准确的气象预报为政府成功防御台风做出了突出贡献。

为农气象服务　2012年，开展粮食增产气象保障预报服务业务，建成县级农业气象服务平台。实施《山东省设施农业气象观测业务规范》，建成设施农业气象服务技术推广应用试验基地。全省17市、105个县全部编制气象灾害应急预案；借助农业种植大户、农业协会等传播气象信息。建成气象信息服务站937个，全省气象信息员达6.4万人，覆盖所有行政村。加强“三农”气象服务专项建设，推动县级政府出台加强农村气象灾害防御专门文件，并将气象为农服务工作纳入地方政府年度目标考核。

亚沙会气象服务　2012年，第三届亚洲沙滩运动会在烟台海阳举办。全省各级气象部门组建外援团队、举行誓师大会、开展应急演练，开展针对性强的精细化气象预报服务，赢得亚沙会组委会高度赞扬。2个单位获亚沙会筹办工作先进集体，2名同志分别记一等功和二等功。

科普服务　2012年3月23—24日，省气象局与省水利厅在泉城广场联合开展世界气象日宣传活动，省气象局大院于24日向社会公众开放。5月12日，省气象局参加省减灾委员会办公室在泉城广场举办的山东省暨济南市“防灾减灾日”图片展。

【科技交流】　2012年3月，举办山东气象学会第十次全省会员代表大会。5月，举办山东省第三届气象台长论坛暨山东省气象局与中国海洋大学2012年学术交流会。10月，省气象局第七届科学技术委员会正式成立，并召开第一次会议。11月，召开由天津市气象局主办、山东省气象局承办的环渤海区域海洋气象业务交流会。同月，召开由中国气象学会数值预报专业委员会、国家自然科学基金委员会地球科学部联合主办，中国气象局数值预报中心承办的2012年全国数值预报研讨会。12月，省气象局2012年科技交流年会召开，本届年会收到科技学术报告119篇，报告涵盖天气气候、应用气象服务、综合探测与信息网络、业务平台与系统等方面的内容。当年，先后邀请美国俄克拉荷马大学薛明教授、丹麦气象局佘军博士、中国海洋大学高山红教授等专家前来指导；邀请国家气象中心副主任兼数值预报中心主任王建捷研究员、奥地利国家气象局王勇研究员、中国海洋大学海洋环境学院张苏平教授等专家作学术讲座。与中国海洋大学签订协议，合作开展逐时同化数值预报系统、短期集合数值预报系统开发工作。在国家气象中心的指导下，推进全省海洋气象、中尺度天气分析、精细化要素预报等现代天气业务的发展。与省国土资源厅进行会谈，总结2003年以来在地质灾害天气预报预警方面的合作成果及经验，明确下一步交流和科研合作方向。

【科技人才队伍建设】　2012年，全省气象部门正研级高工15人、副研级高工351人；博士17人、硕士205人。加强海洋气象、设施农业气象科技团队建设。制定并实施首席预报员、编制外用工管理办法，施行专业技术人员岗位自聘。举办第三届全省气象行业职业技能竞赛以及高空测报竞赛。在第三届全国气象行业天气预报职业技能竞赛中获团体第三名。2人分获山东省富民兴鲁劳动奖章、全省粮食生产突出贡献奖，1人被聘为省政府参事。

（省气象局　杨璐瑛）

地震科技

【概述】　2012年，山东省地震局以充分发挥科学技术在防震减灾工作中的支撑和引领作用、着力提高地震科技对防震减灾工作的贡献率为目标，切实采取有效措施促进科技创新，推动成果转化，加强科技交流和人才队伍建设，地震科技工作取得全面进展。该年度省地震局首次作为牵头单位承担“十二五”国家科技支撑计划课题1项、专题4项，获省部级项目立项11项，获省部级科技奖励1项，省地震局科研人员在中文核心期刊发表科技论文41篇，其中被SCI和EI收录各1篇。

【科研项目及管理】 2012年，省地震局承担“十二五”国家科技支撑计划课题“面向公众的地震监测预警技术研究与集成示范”，并具体承担该课题中“郯庐地震断裂带中段地震活动规律及地震危险区判定研究”“强震预警技术研究与示范应用”“‘专群结合’的地震监测预警信息集成服务平台建设”3项专题和“地震灾情服务及应急决策支撑平台研究”课题中“多省区域灾情联动会商技术”1项专题，经费总额610万元。当年省地震局承担的在研省部级科研项目16项，总经费145.95万元，其中获省部级项目立项11项，包括省自然科学基金项目3项、中国地震局科技星火计划项目2项、中国地震局“三结合”项目3项、中国地震局分析预报课题3项，资助总额55.35万元。下达省地震局合同制项目64项、重点科研基金项目9项，经费总计24.45万元。

2012年，省地震局依照科技部、财政部《国家科技支撑计划管理办法》、科技部《关于进一步加强国家科技计划项目(课题)承担单位法人责任的若干意见》的有关要求，成立项目领导小组，负责山东省地震局承担的有关课题和专题在组织和实施方面的重大事项决策与协调。以局发函明确了4项专题和16项子专题的任务和负责人。省地震局殷海涛副研究员承担的国家自然科学基金青年项目“基于高频GPS观测网的强震地面运动监测方法与地震学应用研究”进展顺利，按照年度研究计划，取得预期成果。举办全省地震系统科技管理业务培训班，从科研项目管理、科研成果管理等方面进行了培训。先后对在研的中国地震局地震科技星火计划项目和省地震局重点科研基金项目进行中期检查，完成2项省自然科学基金项目、3项中国局“三结合”课题、8项省局重点科研基金项目、64项省局合同制项目的验收工作。

【科技成果与奖励】 2012年，山东省地震局有3项科技成果通过省科技厅组织的鉴定。山东省地震预报研究中心承担完成的“奥运保障期间胶东半岛及近海地震危险性判定研究”与“以现今小震研究郯城历史大震的震源断层及近期地震危险性”两项成果在同类研究中总体均达到国内领先水平，利用现代小震研究历史大震发震断层特征方面达到国际先进水平；山东省工程地震研究中心等单位承担完成的“农村民居建筑地震安全服务技术研究与示范工程建设项目”成果达到国际先进水平。山东省地震台网中心刘希强研究员等承担完成的“山东省地震动强度(烈度)实时速报系统研究”成果获省科技进步二等奖。组织评选出山东省地震局2012年度防震减灾优秀成果奖15项。在中文核心期刊上发表科技论文41篇，其中被SCI和EI收录各1篇，编写出版科技论著1部。

【科技交流与人才队伍建设】 2012年，山东省地震局与中国地震局地壳应力研究所签订了科技交流与合作框架协议，通过发展地震科学基础研究、地震行业关键技术和共性技术，着重解决山东省防震减灾中的地震科技科学问题和防震减灾任务支撑的技术问题，开展科技成果推广和技术服务，双方合作项目“郯庐断裂带原地应力重复观测及孕震信息挖掘研究”已正式启动。与省国土资源厅签订地理信息资源共享与合作协议，积极推动和促进地理信息在地震预警、预报和应急救援中的广泛应用，充分利用地震专业信息和设施更新完善全省基础地理信息数据库、卫星定位连续运行综合服务系统和地理信息公共服务平台。与山东理工大学签订科技交流与合作协议，建立信息数据、人才和成果资料共享机制，积极开展教育、科技、实验资源和人才资源等方面的合作，共同提高地震科技对防震减灾工作的贡献率。当年，省地震局先后邀请10余位省内外高层次专家、学术带头人举办了8场学术讲座和学术交流研讨会。省地震局和部分市地震局先后派员赴日本、韩国、美国、巴西、智利和我国台湾地区接受培训或参加学术交流，其中，1人以中国地震局和国家留学基金委联合实施的“地震科技青年骨干人才培养项目”公派出国留学资格赴美国南加州大学学习。接待来自加拿大、澳大利亚、日本、韩国等国家的专家来山东省执行合作项目或交流讲座，促进了全省防震减灾事业的发展。截至年底，省地震局有山东省有突出贡献的中青年专家4人、中国地震局新世纪百人计划人选2人；研究员13人，博士9人，其中35岁以下博士2人、在读博士4人。

【科技服务】 2012年，省地震局完成地震速报266次，处理非天然地震377次，发送地震速报短信息10万余条。测震台网运行率98.45%，前兆台网数据平均连续率98.5%。全年处理显著性地震事件14次，省地震局迅速进行震情会商，及时向省委省政府报告。进一步强化震情跟踪，较好地完成了全国“两会”、山东省十次党代会、高考、亚沙会、十八大等特殊时段和节假日的震情保障工作。提升测震台网密度，强化流动地震监测装备配备，认真落实《山东省人民政府办公厅关于加强矿震监测与矿震灾害防范工作的通知》，开展矿震速报以及矿震发生机理和发生规律的研究，对矿山企业建设专用地震监测台网提供技术指导；完善矿震速报制度，规范矿震速报流程，及时向安监局、煤监局等部门通报矿震活动情况。编制印发《山东省地震监测台网建设规划(2012—2020)》，进一步明确了台网建设的发展目标和布局，提出建设任务和保障措施。

(省地震局　赵　冰)

人口和计划生育科技

【科研项目与成果】 2012年，印发《2012年度人口和计划生育科研项目申报指南》，重点围绕避孕节育适宜新技术组织科技攻关，申报72项课题，24项批准立项。当年，鉴定科技成果7项，1项居国际领先水平，2项居国内领先水平，4项居国内先进水平。向省科技厅推荐3项科技成果，发挥省科技孵化器作用，促进成果转化。组织召开专家评审会进行评审推荐，向省科技奖励委员会推荐7项科技成果，获省科技进步二等奖2项、三等奖1项。

【技术服务】 2012年，坚持避孕为主，保障育龄群众落实安全、适宜、有效的避孕节育措施。全省落实计划生育手术120.4万例；长效避孕措施101.4万例，免费发放避孕药具1 893.1万人次，避孕措施落实率95%以上。指导各级开展咨询指导服务735.6万人次，查环查孕服务4 214.7万人次，随访服务357.4万人次，免费生殖健康查体服务1 220.9万人次。

【国家免费孕前优生健康检查】 2012年，山东省新增国家免费孕前优生项目县(市、区)75个，项目县(市、区)总数达85个，占全省县(市、区)的60.7%。全省各地广泛开展目标人群预测、服务能力调查、宣传倡导、技术培训、统计调度、日常督导、质量控制、专项考核等工作，印制宣传材料300多万份，购置生化分析仪、进口彩超等设备507套，新调入具备相关资质的技术人员274名，举办培训班276期，参训人员10 260人次，服务能力得到提升。制定印发《加强实验室质量控制》《项目信息安全管理》等文件，规范项目实施。组织各服务机构参加国家室间质评活动，依托省科研所开展全省临床检验室间质评工作，加强项目日常督导和工作调度。截至年底，全省有50.4万人参加免费孕前优生健康检查，目标人群覆盖率83.16%，完成“将国家免费孕前优生健康检查覆盖60%以上的县(市、区)”、目标人群覆盖率达到80%以上的任务目标。

【服务能力建设】 2012年，全省各级计生服务机构1 745个，形成遍布城乡、方便群众的计划生育服务机构网络。技术服务人员17 269人，大专以上学历61.7%，取得执业资格的占84.8%，中、高级技术职务占27.5%。全省各级服务机构参加技术培训28万人次，参加省级三甲医院进修43人。

【科技管理】 2012年，全省节育手术并发症发生率0.2‰以下，没有出现技术服务事故、严重节育手术并发症和不良反应报告。制定印发《县乡服务站标准化建设和质量管理日常监控考核实施办法》，对17市县乡服务机构标准化规范化建设和质量管理情况进行日常监控考核。全年全省参加病残儿医学鉴定3 966人，鉴定确定为病残儿3 679人，可再生育3 550人，没有发生信访投诉案件。

(山东省人口和计划生育委员会　马菲菲)

高新技术产业开发区
科 技 发 展

GAOXINJISHU CHANYE KAIFAQU KEJI FAZHAN

高新技术产业开发区科技综述

2012年，经国务院批复，泰安高新区升级为国家级高新区，至此全省国家级高新区达到9个。全年省级及省级以上高新区批准入区项目2 732个，固定资产投资3 478.58亿元；规模以上工业总产值15 833.41亿元；财政收入475.91亿元；实际外商直接投资20.94亿美元；出口额217.74亿美元；专利申请13 982件，其中申请发明专利申请5 142件；专利授权7 995件，其中发明专利授权1 635件；R&D经费支出321.04亿元。

（省科技厅高新技术发展及产业化处）

济南高新技术产业开发区

【概述】 2012年，济南高新技术产业开发区（以下简称济南高新区）实现总收入2 510.5亿元，同比增长39.4%，净增709.5亿元；工业总产值1 921.3亿元，同比增长39.21%，净增540.1亿元；利税393.3亿元，同比增长26.1%，净增81.2亿元；出口创汇41.1亿美元，同比增长77.75%，净增179 672.8万美元。

【科技计划项目与经费】 2012年，济南高新区组织企业实施各级各类科技计划项目190项，其中国家级项目25项、省级项目49项、市级项目116项，获无偿资助资金12 334万元。

【科技成果与奖励】 2012年，“电动汽车智能充换储放一体化技术与运营管理系统开发应用”成果获省科技进步一等奖，“基于OSGI体系结构的人力资源和社会保障一体化平台”等5项成果获省科技进步二等奖，“自动办税终端”等4项成果获省科技进步三等奖；获济南市科技进步一等奖1项、二等奖8项、三等奖9项；济南市技术发明二等奖1项。国家超级计算济南中心研发的“神威蓝光”千万亿次计算机系统，被评为2012年全国科技十大亮点之一。

【知识产权管理】 2012年，济南高新区组织申请各类专利3 506件，其中发明专利1 532件；14家企业被认定为济南市第三批、第四批开展知识产权战略研究企业；5家企业获批中国专利山东明星企业；4家企业成为济南市第八批知识产权试点企业。

【创新型（试点）企业培育】 2012年，山东福瑞达生物医药有限公司、山东舜德数据管理软件工程有限公司、山东鲁能软件技术有限公司等11家企业被省科技厅认定为创新型试点企业。

【创新型科技园区建设】 2012年，济南高新区按照国家创新型科技园区建设方案，营造创新创业环境，加快培植主导产业发展，在推进高新区机制创新、调整产业结构、转变经济增长方式等各方面工作都取得了成绩。通过实施“国家高效能服务器和存储技术国家重点实验室”等承担的重大科技攻关项目，山东省药学院等高端研发机构建设、国家新药创制平台等科技成果转化平台建设，提升了企业创新能力。2012年新开工建设48万m^2孵化基地，对高新区进一步整合孵化资源、提升孵化水平具有重要意义。进一步完善和落实鼓励自主创新的政策措施，修订《济南高新区创新创业若干规定》，从科技投入、税收激励、金融支持、人才建设等方面，加大了对自主创新的支持力度。航天科技园、山东国威卫星通信、万达商业广场、OGS大尺寸触控屏等一批重大项目相继落户。

【山东重大新药创制中心公共服务平台建设】 2012年3月，山东国家综合性新药研发技术大平台（以下简称国家新药大平台）设备采购的参数拟定工作初步完成；国家新药大平台分别在4月、8月和12月进行了三期仪器设备开标，合计预算3 600万元，实际中标额3 294万元；6月，国家“重大新药创制”科技重大专项实施管理办公室组织专家在济南对国家综合性新药研发技术大平台——山东省重大新药创制中心建设进行任务验收。专家一致认为,"山东新药大平台给我们留下了非常深刻的印象",验收取得圆满成功;8 月,完成重大新药创制"十二五"项目申报工作,国家新药大平台以"后补助"形式进入国家重大新药创制"十二五"规划。

【科技人才管理】 2012 年,济南高新区围绕"齐鲁人才特区"建设这一主线,深入推进"科技兴区""人才强区"战略。2012 年设立 3 000 万元人才发展专项资金,先后为 38 名高层次人才配套扶持资金 2 200 余万元,为 12 家 5150 企业提供免费人事代理服务,补贴办公场所租金 16 万余元。借助山东省第七届"海洽会"平台,对接留学人员 171 人,40 余名留学人员有来高新区创业的意向,20 余人已明确落地创业。举办"国际新材料技术与产业发展论坛"和"国际生物医药技术与产业发展论坛",帮助园区引进国外先进技术项目与国外专家。实施"齐鲁游子回家工程",举办北京、上海服务外包中高端人才招聘会,引进有经验的人才 20 余名。全年新引进 1 名中国工程院院士、4 名省突贡专家、10 名享受国务院特殊津贴专家、11 名国家"千人计划"专家、20 名省"泰山学者工程"人选、48 名市专业技术拔尖人才和青年学术带头人、101 名市"5150 引才计划"人选,实现济南市"外专千人计划"零的突破。截至年底,全区拥有各类专业技术人才 4 万多人,其中博士、硕士 5 200 多人,高级专业技术人才 6 800 多人,累计引进市"5150 引才计划"人选 248 人、省"泰山学者工程"人选 38 人、国家"千人计划"专家 20 人,建成 5 个院士工作站、23 个博士后工作站。建立完善绿色通道服务体系,通过高新区人才工作办公室,为高层次人才提供企业注册、户籍办理、工商税务、子女入学等一站式服务。协调有关部门将外国专家证有效期放宽至 5 年,协调建立"齐鲁人才特区"直报点。投资 2 000 余万元的 61 套"5150 人才公寓"已建设完成并投入使用,实现了高层次人才的拎包入住。与省立医院东院达成协议,采取共建模式,建设"海外人才 VIP 诊疗中心",为人才提供全方位健康服务。

【高新技术产业发展】 截至 2012 年底,济南高新区按照 2008 年新办法认定的高新技术企业总数 182 家,占全市的 46.4%。当年有 11 家企业被认定为国家火炬计划重点高新技术企业。按高新技术领域对 2012 年各项主要经济指标进行分类统计:电子信息、生物医药、新材料、光机电一体化、新能源、环境保护六大高新技术领域的总收入、利税、出口创汇占全区总量的比重分别达到 63.6%、70.3%、60.5%、94.3%。随着吉利汽车、青年汽车、重汽配套园等工业项目的陆续投产,光机电一体化逐步成为高新区第一大支柱产业,总收入、利税和出口创汇占总量的比重达到 26.9%、16.5% 和 37.1%;电子信息产业成为是高新区第二大支柱产业,其总收入和利税占总量的比重为 21.2% 和 16.2%,出口创汇占总量的比重达到 45.8%,远高于该产业收入占全区的比重,成为高新区出口创汇的主力军。高新区新增各类研发机构 42 家,其中省级企业技术中心 5 家、省级工程技术研究中心 12 家、市级企业技术中心 9 家、市级工程技术研究中心 16 家;新增孵化企业 54 家,其中留学人员企业 28 家。

【科技活动】 1 月 11 日,济南高新区召开重点企业迎春座谈会,65 家重点企业代表参加。党工委书记、管委会主任苏树伟出席会议并讲话。

2 月 6 日,工业和信息化部副部长苏波一行来济南高新区调研。

3 月 29 日,省委常委、济南市委书记王敏来高新区调研。

4 月 20 日,国内首个电力节能集团院士工作站成立,济南市委副书记、市长杨鲁豫和省科技厅厅长翟鲁宁为工作站揭牌。

4 月 23 日,中共中央政治局常委、中央纪委书记贺国强来浪潮科技园调研。

4 月 27 日,省政府、中国航天科技集团公司主办,济南市政府、省科技厅、省国防科技工业办公室协办,管委会、山大华天软件有限公司承办的"中国航天科技园(济南)暨航天工业软件研发基地"奠基仪式在总部基地北区隆重举行。

4 月 27—29 日,第六届中国(济南)国际信息技术博览会暨第七届中国(济南)高校、科研院所科技成果与专利技术展示交易会在国际会展中心召开。本届信博会的主题是"信息引领未来",签约项目 69 个,折合人民币 331.8 亿元。

5 月 8 日,国家人力资源和社会保障部副部长何宪一行来济南高新区参观考察。

6 月 18 日,济南高新区召开创新创业发展奖励大会,对在 2011 年度科技进步事业和创新创业发展中做出突出贡献的企业、研发机构和科技人才进行表彰奖励。

6 月 25 日,浪潮华芯集成电路产业园奠基开工,这是山东省首个高端集成电路产业园区。同时,由浪潮集团承建的"国家高效能服务器和存储技术重点实验室"项目也在济南高新区启动。

7 月 2 日,江苏省委书记、省人大常委会主任罗志军,省委副书记、省长李学勇率领江苏省党政代表团来浪潮集团考察。

◇ 省国有资产投资控股有限公司与管委会签署战略合作协议。该公司与德国安顾保险集团合资成立的德华安顾人寿保险有限公司(筹)正式进驻齐鲁软件园。

7 月 27 日,慕尼黑市副市长奥利弗贝利克一行来济南高新区参观考察。

7 月 28 日,江苏省副省长史和平一行来济南高新区参观考察。

9 月 4 日,科技部党组书记、副部长王志刚来济南高新区调研。

9 月 13 日,世界轴承巨头瑞典斯凯孚(SKF)集团济南新工厂在济南高新区开业。瑞典驻华大使罗睿德，济南市委常委、副市长苏树伟出席开业仪式。

11月29日，国内规模最大的产业投资基金一蓝色经济区产业投资基金（“蓝基金”）正式落户济南高新区，入驻国家信息通信国际创新园。

【高新区规划建设】 2012年，济南高新区用于基础设施建设的投入达到17亿元，道路和“四供两排”建设不断完善，中心区、出口加工区、孙村新区的承载功能进一步提升，综合保税区的申建工作取得实质性进展。5月，国务院批准同意设立济南综合保税区，这是继潍坊综合保税区之后山东省第2个综合保税区，也是全国第21个综合保税区。齐鲁外包城、总部基地和金融商贸中心、创新创业基地、会展中心等城市综合体建设速度不断加快，各类城市要素加快聚集，吃、住、行、游、购、娱等配套设施不断完善。同时，加强城市综合管理，拆违控违、渣土治理、交通整治、扬尘治理、环卫绿化等工作都取得新的成效，净化、亮化、绿化、美化、规范化水平不断提高，“三大片区”尤其是中心区形象变化显著，初步显现出现代化新城区气息。

【项目选介】

中国航天科技园（济南）暨航天工业软件研发基地 该项目由航天科技集团公司旗下神舟软件投资并建设。园区占地面积约4.33hm²(65亩)，地上建筑面积约20万m²，总投资约15亿元。项目建成后，以支撑航天工业软件产业发展为基础，设立航天工业软件全国研发中心，涵盖三维CAD/CAM/CAE、PLM、PDM、嵌入式系统及软件、数字医疗、航天云服务等产业与领域，并拉动相关上下游产业。预计到2020年，研发人员达到1万人，基地产业规模达到50亿元。

山东华芯集成电路产业园 该项目由山东华芯半导体有限公司投资建设，位于济南综合保税区内，占地19.67hm²(295亩)，项目总建筑面积26万m²，整个产业园区分3期规划建设。一期规划总建筑面积约3.8万m²，项目占地面积4.07hm²(61亩)，规划总投资7.5亿元，建设包含光刻、刻蚀、集成电路前后封装、测试等工序的高端集成电路封装生产厂房以及生产设施、动力设施、环保设施、安全设施、消防设施、管理设施等。项目计划2013年8月完成土建工程，2014年4月正式投产。项目建成后年产3亿颗各类中高端芯片规模化封测生产线，项目达产后年销售收入10亿元人民币，出口创汇1.5亿美元。

透明质酸钠生产基地（一期） 该项目由山东华熙海御生物医药有限公司投资并建设，位于高新区两河片区世纪大道与大正路交叉口西北侧。根据规划，项目占地面积约10.67hm²(160亩)，地上建筑面积约109 010m²，项目总投资61 998万元。2012年9月，园区在高新区基地奠基。12月，园区建设已完成部分工程，预计2013年10月竣工，12月投产。项目建成后将形成年产150t外用级、150t食用级透明质酸，年产50t药用级透明质酸钠，年产1 000万支透明质酸钠原液及年产500万瓶透明质酸钠保健胶囊的生产能力。项目投产后，年可实现不含税营业收入38亿元，税金3.3亿元，利润8亿元。

（济南高新区）

青岛高新技术产业开发区

【概述】 2012年，青岛高新技术产业开发区（以下简称青岛高新区）紧紧围绕建设“科技生态人文新城”的总体目标，加快转型升级，实现区域整合，统筹推进青岛高新区规划建设迈出科学发展新步伐，全年实现总收入1 827.5亿元，同比增长12.8%；实现工业总产值1 484.5亿元，增长6.4%；实现增加值399.9亿元，增长11.0%；实现工业增加值331.6亿元，增长6.6%；实现进出口总额59.2亿美元，其中进口额27.3亿美元，增长0.9%，出口额31.9亿美元，增长5.2%。

【科技项目与成果】 2012年，青岛高新区获“十一五国家科技计划执行优秀团队奖”。组织一区五园创新型企业获批了各级科技项目80余项，获批各类资金4.1亿元。6项成果获国家科技进步二等奖，18项成果获省科技奖。全年科技活动经费支出87.1亿元，同比增长9.0%，其中企业研发支出44.8亿元，增长6.1%。“青岛高新区新型数字家电产业集群创新发展”项目，获火炬计划重大专项600万元资金支持。中科院光电院青岛研发基地依托4个研发实验室和2个工程技术中心，已研制了微光车载夜视仪（系统）、U-Machine地面激光雷达仪（系统）、警用光谱痕迹探测仪、高光谱显微成像分析仪等产品，牵头组织编制“山东区域海洋仪器装备创新集群规划”，承担了24项国家、中科院等各类研发项目，研发经费1 400万元。中科院软件所青岛研发基地依托两个研发部，在工业信息化、工业数据分析、行业信息化平台、公共基础数字化平台等领域，已与青岛地区8家政府和企事业单位开展技术开发和合作，金额达 5 900 万元。中科盛创(青岛)电气有限公司技术团队由中科院电工所顾国彪院士领衔，已批量生产了 1.5M 双馈风力发电机；自主研发成功制造 3MW 永磁直磁风力发电机；完成了 3.6MW 蒸发冷却永磁风力发电机的研制、制造和并网。

【知识产权管理】 2012 年，青岛高新区新增专利申请 2 735 件，同比增长 11.3%，其中发明专利 1 023 件，同比增长 12.8%；新增专利授权 1 433 件，同比增长 11.6%，其中发明专利 315 件，同比增长 19.8%。开展专利托管外包企业总数达到 22 家，8 家企业成为中外专利信息平台集团客户，44 家企业建立专利联络员，青岛思锐科技有限公司的发明专利“用于轻轨的半永久车钩”项目获第十四届中国专利优秀奖。

【国家创新型科技园区建设】 2012 年，青岛高新区顺利完成创新型科技园区年度建设计划，“国家新型数字家电创新型产业集群试点”获科技部批准，创建国家创新型科技园区工作获青岛市机关优秀成果三等奖。推进新三板试点，已签约试点企业 33 家，完成券商内核企业达 10 家，进入国家高新区先进行列。启动创新型科技园区建设以来，累计新引进国家级研发机构 9 个，总数达 12 个。新建孵化器(加速器)面积 96 万 m^2、新获批建设国家级孵化器 3 个；新建高新技术产业园 15 个、新获批建设国家高新技术产业化基地(集群)4 个、新获批建设国家科技兴贸基地 2 个、新认定高新技术企业 184 家。获批建设国家知识产权示范园区、获批建设国家高新技术产业标准化示范区。获批建设国家级留学人员创业园和国家“千人计划”创业示范基地。青岛高新区组织各园区高新技术企业联合科研机构牵头组建了青岛市生物基能源与材料化学品产业技术创新战略联盟、青岛市模具产业技术创新战略联盟、青岛市半导体照明产业技术创新战略联盟等 6 个技术创新战略联盟。由海尔集团牵头组建的“智能数字家电产业技术创新战略联盟”进入国家试点，成为青岛市第一家国家级产业技术创新战略联盟。全市首家“国家级产业技术创新战略联盟试点”落户高科园。青岛高新区被科技部评为“国家高新区建设二十年先进集体”。

【科技创新创业体系建设】 2012 年，青岛高新区获批成立首批两个“院士专家工作站”。中星微电子项目举行新一代 CPU 桥片“星光青桥一号”发布会，“中国芯”在青岛高新区诞生。引进 10 余个掌握产业核心技术的团队，6 人入选国家“千人计划”，高新区成为全省首批 10 个“海外高层次人才创新创业基地”之一。协助国家“千人计划”联谊会执委会议和“千人计划”生物专题会议在青岛召开，与 36 名“千人计划”专家有效对接。组织推报海外高层次人才陈岩博士、林立教授等 12 人参选青岛“人才特区”创业项目。与“千人计划”联谊会商定战略合作协议，共建“千人计划”青岛创业示范园。继续实施第四批创新型企业培育计划，总数达 46 家。规划六大公共技术服务平台，每个平台投资亿元以上，先期启动了软件信息、生物医药、光电检测公共技术服务平台建设，成为区域技术研发资源共享中心。

【园区发展】

胶州湾北部主园区 2012 年，青岛高新区胶州湾北部主园区按照寻标、对标、达标、夺标、创标要求，加快一流国家创新型科技园区建设，在软件科技城建设、科技商务中心建设、孵化器建设、公共技术平台建设、高新技术企业培育工程等方面取得了新成绩，继续引领高新区创新发展。全年主园区实现总收入 165 亿元，增长 49.1%；工业总产值 62 亿元，增长 10.5%；工业增加值 18.6 亿元，增长 5.7%；完成规模以上固定资产投资 88 亿元，增长 25%；实现出口 2.6 亿美元，增长 81.1%；实际完成公共财政预算收入 6.3 亿元，增长 8.5%。签约引进项目 98 个，总投资 222.4 亿元。

青岛高科技工业园 2012 年，青岛高科园按照“率先科学发展、实现蓝色跨越”的工作目标，抢抓蓝色硅谷产业创业带建设机遇，在蓝色硅谷开发建设、创新型经济和新兴产业的大发展中，以全面提速载体建设为主线，以科技创新助推经济转型为亮点，各项工作取得新进展。全年园区企业实现营业总收入 554 亿元，工业增加值 173 亿元，其中高新技术企业产值 340 亿元。

青岛试验区 2012 年，试验区内的海尔、海信、澳柯玛、国风四大集团实现产值 680 亿元，同比增长 10%。兰州理工大学青岛研究院已经投入使用、泰光电气研发大厦基本封顶、启立软件园等项目已经开工建设，光谷软件园一期 16 万 m^2 已完工。

青岛科技街 2012 年，青岛科技街技工贸收入完成 42.5 亿元，税收过亿元，分别比上年同期增长 6%、8%。招商引资完成 10 290 万元，完成全年计划指标 122.5%。科技街以建街 20 周年为契机，组织街区卖场企业参加了 2012 青岛国际消费电子博览会，举办“辉煌 20 年—科技街创新成果展”“智能手机节”“台湾精品展”“市北区首届科技文化节”“科技街建街 20 周年发展历程展”等活动。发挥“民营企业党员服务中心”作用，通过为企业提供“新三板”上市、版权登记、产业发展指导、法律援助等综合性、一站式服务，减少企业发展阻力，降低企业的办事成本。建立“IT 外包服务中心”，扶持小微企业发展壮大。为驻街企业争取 IT 外包服务项目 146 个，协议供货收入 248 万元，助推小微企业创新发展。

青岛市南软件园 2012 年，青岛市南软件园、青岛国际动漫游戏产业园分别跻身“首批国家软件和信息服务业示范基地”和“省级文化产业示范园区”。新增认定的软件企业 13 家，新增登记软件产品 37 个，较上年同期分别增长 85.7% 与 15.6%。园区软件服务外包产业前三季度实现软件出口额 2 250 万美元，同比增长 23.9%；

预计全年软件出口额将突破 3 450 万美元。新引进北京盛安德、琦译信息、玄武网络等 11 家企业,实现到账内资 1 亿元。

【科技企业发展】 2012 年,全年批准入区内外资项目和企业 96 个,较上年下降 30.4%;总投资 188.5 亿元,较上年增长 94.9%。实有注册企业 1 761 家。当年,青岛高新区 116 家企业通过高新技术企业认定或复审评审,高新技术企业总数位居全市第一。在中国国际消费电子博览会(SINOCES)组委会和中国机电产品进出口商会联合主办的首届"中国国际消费电子 Leader 创新奖",海信 K560 智能电视、海尔 ES60H 热水器、澳柯玛的 SCD 系列冷柜等 9 个产品获奖。海尔集团主导了嵌入式冰箱的"家用和类似用途嵌入式制冷器具技术要求""低温保存箱""家用和类似用途器具保温层的技术要求"等 3 项国家标准和行业标准的拟定。海信大屏幕 LED 电视海外销售占比已达到 21%,销售额增幅 200% 以上。龙泰天翔的"政民通"和"智生活"项目已在青岛市南社区试点推行,与以太科技等企业组团实施"青岛智慧城市——众 e 通"推广项目。欧亚传媒的动画片《亮亮历险记》《银河少年》完成全部制作,将在央视播出。航远工业集团研发的"助力机械手"项目,规模和品质已名列全国三甲。禾软科技股份有限公司由软件代理销售成功转型为软件研发企业后主攻"云计算"研发,申请软件著作权 6 项,"禾软云 SaaS"信息化产品处于国内云计算的先进水平。青岛嘉星晶电科技股份有限公司实现了年产 60 万片高精度 LED 蓝宝石衬底晶片目标。青岛双瑞公司和青岛海德威公司分别研制成功船舶压载水处理系统,并通过国际海事组织(IMO)专家组的正式评估,成为我国仅有的两家获得 IMO 最终认可的压载水处理系统研发商。

(青岛高新区 尚立群 褚晓明 曾 妍 张春雨)

淄博高新技术产业开发区

【概述】 2012 年,淄博高新技术产业开发区(以下简称淄博高新区)实现 GDP 660 亿元,同比增长 13.5%;营业总收入 2 060 亿元,同比增长 14%;工业利税 290 亿元,同比增长 11.1%。完成区域指标地区生产总值 183.1 亿元,同比增长 11.1%;规模以上工业总产值 461.3 亿元,同比增长 18.9%;利润 33.5 亿元,同比增长 26.2%;利税 46.4 亿元,同比增长 22.1%;固定资产投资 118.7 亿元,同比增长 21.3%;进出口总额 11.7 亿美元,同比增长 31.2%;完成地方财政收入 23.2 亿元,同比增长 16.2%。

【科技计划与经费】 2012 年,进一步完善科技计划备选项目库,截至年底累计入库项目 164 个。组织企业申报各级各类科技计划项目 134 项,其中当年新增申报国家级科技计划项目 33 项,立项 18 项,累计立项 169 项;省级科技计划项目新增申报 53 项,立项 16 项,其中天璨环保、新华制药、山东博润分别获得山东省技术创新重大项目的扶持,扶持资金达 3 500 万元,累计立项 103 项;市级科技发展计划新增申报 48 项,立项 24 项,累计立项 182 项。当年获得支持资金近 9 000 万元。

【科技成果与奖励】 2012 年,淄博高新区有 42 项科技成果通过鉴定,其中达到国际领先水平 3 项、国际先进水平 18 项、国内领先水平 21 项、国内先进水平 1 项。获 2012 年度山东省科技进步奖 6 项,其中一等奖 1 项、二等奖 2 项、三等奖 3 项。世博金都药业有限公司的"抗 HBV 中药六味五灵片"和德诺铝业科技有限公司的"高档药用铝箔的研发及产业化"两个项目获 2012 年度山东省技术市场科技金桥奖优秀项目一等奖、派力迪环保工程有限公司的"DDBD 低温等离子体工业异味废气处理工程"项目获优秀项目二等奖。

通过鉴定的主要科技成果 山东新华制药股份有限公司完成的"布洛芬工艺改进"项目、鲁泰纺织股份有限公司完成的"棉/Sorona(双组份)舒适弹力免烫色织面料开发"项目、山东硅元新型材料有限责任公司完成的"欣玉瓷材质及关键技术的研究"项目,达到国际领先水平。

山东众诚钡盐股份有限公司完成的"氯化钡生产过程中的废弃物——CO_2 的连续回收利用"项目、山东合创明业精细陶瓷有限公司完成的"半水基注凝法制备整体弧形氧化铝防弹陶瓷板"项目、山东恒汇电子科技有限公司完成的"IC 卡封装框架"项目、山东信博洁具有限公司完成的"3L 活塞直排式节水座便器"项目、山东新华医疗器械有限公司完成的"基于医用电子直线加速器的快速调强放疗系统"和"SL-IP 型动态平板放射治疗模拟机"两个项目、山东新华制药股份有限公司完成的"雷贝拉唑钠肠溶片"项目、山东信通电器有限公司完成的"ST307 综合维护终端"项目、淄博鑫旭电源科技有限公司完成的"环保型集成式电池内化成技术研究"和"管式板栅挤膏生产线的开发"两个项目、淄博淄柴新能源有限公司完成的"8300 型 500kW 生物质气发电机组"和"大功率内混式高氢燃气发电机组”两个项目、山东工业陶瓷研究设计院有限公司完成的“高效洁净供热系统的应用开发”项目，达到国际先进水平。

淄博三品电子科技有限公司完成的“铡切专用变频器”和“旋铡一体专用变频器”两个项目、淄博九洲润滑科技有限公司完成的“CX-II电能程控润滑系统的开发与应用”和“GPC-II智能干油、油雾润滑系统的开发与应用”两个项目、淄博开发区亚大制药有限责任公司完成的“现代中药——祛浊胶囊的开发”项目、淄博立伟自动化监控设备有限公司完成的“煤矿气体监测用聚乙烯束管”和“三通道煤矿火灾束管监测系统”两个项目、山东淄博新达制药有限公司完成的“阿莫西林克拉维酸钾咀嚼片(艾克儿)的研究与产业化”和“头孢呋辛酯分散片(库欣)的研究与产业化”两个项目、山东中瑞电气有限公司完成的“电弧光保护装置”项目、山东信通电器有限公司完成的“EPON综合测试仪”项目、山东工业陶瓷研究设计院有限公司完成的“利用固体废弃物制备泡沫陶瓷保温材料技术研究”和“陶瓷/塑料复合管制备技术研究”两个项目、淄博天罗纺织科技有限公司完成的“天罗丝及其研发应用”项目，达到国内领先水平。

【知识产权管理】 2012年，淄博高新区共申请专利1 526件，同比增长12%，其中发明专利358件，同比增长16%。获得专利授权136件，其中发明专利125件，专利资助223.46万元。启动知识产权托管工程，选取14家企业与专利代理机构建立专利托管。组织15家企业申报2012年度专利明星企业。组织14家企业申报第十三届山东省专利奖。

【科技合作与交流】 2012年，淄博高新区实施“151”产学研合作推进计划，鼓励企业与国内外科研院所、高等院校开展产学研交流与项目合作，提高企业研发水平。在韩国、北京、天津、上海、武汉等地举办“科技周”“创新论坛”“科技交流会”等多种活动，与国内外90余所高校院所建立产学研合作关系，成功对接科技合作项目100余项。年内，高新区新引进创新团队16个，博士以上高层次人才48名，其中新增国家“千人计划”3人，“泰山学者”2人；引进共建国家级研发机构8家、省级24家，来自国内各高校及美国、德国、以色列等国家和地区的20余名高层次领军人才进区创业发展。

【高新区规划与建设】 2012年，淄博高新区确定近33亿元的城建投资计划，组织实施道路交通、公用设施配套、园林绿化、民生工程等一系列城建重点工程。合理规划城市布局，控规编制覆盖率达到100%。全面开展节能改造试点工作，累计完成投资5.8亿元，全年实现节能量10万余吨标准煤，空气环境良好天数达到194天。年内，高新区通过了全国文明城市测评复审，并连续8年通过ISO14001环境管理体系审核验收。

【新兴产业创新集群】 2012年，淄博高新区制定《高新区新材料产业2012—2020年发展战略与2012—2015年行动计划》。规划建设的中国功能玻璃、无机非金属纳米材料、先进陶瓷、现代医药、先进装备制造、电子信息、高分子新材料7个产业化示范基地和铝加工、钛合金、不锈钢三大有色金属新材料板块初步形成，清华大学工程机械学院微纳米系统(MEMS)制造产业化基地和中航工业北京航空材料研究院科技成果产业化基地正在加快建设，新材料、现代医药、精细化工、先进装备制造、电子信息和高技术服务业六大特色产业创新集群进一步壮大。物联网和电子信息技术产业加速发展，高新区获批省级物联网产业基地和省级信息技术产业园。“国家外贸转型升级专业型示范基地”获商务部批准。现代服务业快速发展，汇金大厦、中国·淄博太空港、印象齐都文化创意产业园等总投资186亿元的十三大服务业项目加快推进。淄博保税物流中心新建铁路专线验收通过，集装箱堆场建设配套工程基本完成。服务外包实现快速增长，完成服务外包合同额15 507万美元，增长214.6%；外包执行额3 634万美元，增长64.8%。同时，与市内的高青县、淄川区和博山区联合建设产业合作区，30余亿元的项目已入驻高青合作区，在淄川区设立了无机非金属材料产业园。

淄博高新区重点发展六大战略性新兴产业，现已初步形成了“三材五新”的大产业格局，以新材料产业为主线、龙头和品牌产业，关联带动五大战略性新兴产业发展。

生物医药 园区拥有3家国家级中心，14家省级研发中心。2012年集群实现工业总产值198亿元。当年建设山东省创新药物(淄博)孵化基地，成为山东国家综合性新药研发技术大平台和国家山东创新药物孵化基地的共建单位。骨干企业新华制药、瑞阳制药、齐都药业等公司均为国家综合性新药研发技术大平台(山东)产业化示范企业，在心脑血管类、解热镇痛类、半合成抗生素类、抗肿瘤类、消化系统用药、高档电子医疗仪器等方面具有较强的竞争实力。2012年，生物医药产业创新园被科技部火炬中心批准为国家级科技企业孵化器。这是淄博市获批的第二个国家级孵化器，也是全市第一个国家级专业孵化器。

先进陶瓷 园区聚集了中材高新、硅苑科技、硅元新材、华创陶瓷、博纳陶瓷、德惠来等一批陶瓷骨干企业，拥有陶瓷粉体制备、陶瓷机械设备、先进陶瓷产品及应用、仓储贸易和展览等完整产业链的先进陶瓷产业集群。园区拥有国家级研发中心4家，省市级研发中心11家。2012年实现工业总产值70多亿元。中材高新其主导产品熔融石英陶瓷达到国际先进水平，成为国际上仅有的3家生产企业之一，现已形成年产3万支的生产能力，市场占有率40%以上，超、特高压耐污型棒形支柱瓷绝缘子产品产能80 000只/年。

功能玻璃 园区拥有从石英原料、玻璃原片、玻璃窑及窑用耐火材料、玻璃纤维、玻璃深加工及设备的完整产业链，聚集了金晶科技、中材金晶玻纤、中材金晶庞贝捷玻纤、山东药玻、盛达玻璃等国内领先的龙头企业。其中，金晶科技引进美国PPG公司技术生产的超白玻璃产品透光率达91.5%以上，重点建设太阳能光伏电池导电膜玻璃、低辐射节能玻璃深加工等项目，形成600万m^2导电膜玻璃的生产能力；中材金晶玻纤有限公司年产1.5亿m^2玻璃纤维湿法薄毡生产线是国内目前规模最大的生产线，计划投产的玻璃纤维多轴向织物主要用于风力发电机叶片的制造。2012年实现工业总产值100多亿元。

新环保 山东天璨环保科技股份有限公司的新型功能陶瓷脱硝催化剂技术已达到国际先进水平，得到国家自然科学基金和863计划的重点资助，已建成年产量为4 000m^3的新型无毒脱硝催化剂生产线，在建的二期生产线建成后生产规模可达36 000m^3，是国内建设中规模最大的“脱硝催化剂”生产制造基地。淄博高新区以天璨环保的高效无毒脱硝催化剂产业化项目为切入点，制定了《淄博脱硝产业2020年发展战略与三年行动计划》。

新能源 2012年，高新区重点打造新能源汽车产业链，形成了以电池、电机、控制系统、整车及零部件研发、生产、销售等产业链较为完善的汽车产业体系。山东理工大学成立了新能源汽车工程技术研究院，确定了“整车及其控制系统、关键零部件及其控制系统、电池及其管理系统”3个研究方向，并已研制出纯电动轿车和纯电动公交车。采用国利新电源的非对称大动力电容电池的淄博136路公交车自2012年2月开始运行。

【创新型科技园区建设】 2012年，淄博高新区创新园使用总面积接近100万m^2。高新区对引进的高层次创新创业人才施行“3个100”政策。对创建为国家级中心的企业，一次性奖励200万元；对创建为省级中心的企业，一次性奖励30万元；对获得资金扶持的省级以上科技计划给予匹配资金扶持，国家级按1:1匹配，省级按1:0.5匹配。对认定为国家级、省级或市级战略联盟牵头单位的区内企业，分别给予100万元、50万元或20万元奖励等等。当年，园区科技奖励扶持资金4 000多万元。生物医药产业创新园被科技部认定为国家级科技企业专业孵化器，精细化工和高分子产业创新园投入使用，先进陶瓷产业创新园基本完工，电子信息产业创新园加快调整。淄博高新区智慧城市数字港全面启用；淄博高新区被批准为山东省创新药物孵化基地，成为山东国家综合性新药研发技术大平台和国家山东创新药物孵化基地共建单位。投资2亿元与清华大学、天津大学、山东大学等国内一流大学合作建设的MEMS研发中试平台、医药生物、精细化工和高分子材料公共技术服务平台加速推进，部分仪器设备安装到位。“国家高新区MEMS研究院”正式揭牌。与山东大学、天津大学举办科技交流活动，为“山东大学淄博生物医药研究院”“天津大学山东研究院”的运行储备了一批合作项目；与武汉理工大学合作建设的“先进陶瓷研究院”以及与上海交通大学合作建设的“交通大学山东工业研究院”正在积极推进。新设立注册资本3亿元的山东乐赛新能源创业投资基金，区内创新资本和风险投资公司达40余家。按照“国外孵化、国内加速”的模式分别在美国硅谷运作建设生物医药孵化器，在德国慕尼黑建设先进制造孵化器，取得了实质性进展。淄博高新区逐步调整财政支出结构，财政每年直接用于科技创新奖励和资助的资金从2006年的不足100万元增长到2012年的4 000多万元，增长了40倍；用于科技创新载体建设的资金累计超过10亿元。区内75%以上企业拥有自己的研发机构，已经拥有国家级研发中心12家、省级研发中心77家，较2009年底分别增长140%和79%。2012年，广梓机械“金属矿山设备工程技术研究中心”申报并获批为山东省工程技术研究中心，天璨环保等19家企业的技术研究中心申报并获批为市级工程技术研究中心。截至2012年底，淄博高新区累计获批省级工程技术研究中心22家、市级工程技术研究中心74家，拥有国家火炬计划重点高新技术企业8家。

【产业技术创新战略联盟建设】 2012年，淄博高新区拥有省级产业技术创新战略联盟3家，分别为：超白玻璃产业技术创新战略联盟、生物质发电装备产业技术创新战略联盟、日用陶瓷产业技术创新战略联盟。市级产业技术创新战略联盟13家，分别为：超白玻璃产业技术创新战略联盟、生物质发电装备产业技术创新战略联盟、日用陶瓷产业技术创新战略联盟、电能质量优化产业技术创新战略联盟、聚氨酯弹性体产业技术创新战略联盟、航空航天用钛合金材料产业技术创新战略联盟、机喷机制砂干混砂浆产业技术创新战略联盟、太阳能光热发电玻璃产业技术创新战略联盟、聚醚类抗生素产业技术创新战略联盟、食用菌机制机械产业技术创新战略联盟、输变电线路及铁路系统防避雷产业技术创新战略联盟、肝病天然药物产业技术创新战略联盟、环保脱销产业技术创新战略联盟。

【科技人才战略】 2012年，制定《淄博高新区中长期人才发展规划纲要（2010—2020年）任务指标分工方案》，确定23项重点人才工作任务，15大类重点人才登记台账制定。为21名驻区及创业的高层次人才发放生活补贴63.9万元，对新审批建立的5家院士工作站发放补贴100万元。做好“泰山学者”“千人计划”的申报工作，以政策为引导，以院士工作站、共建实验室、各类研发中心为载体，新引进高层次人才达50人。新增国家“千人计划”2人，“泰山学者特聘专家”1人，推荐“千人计划”申报人选2人，推荐“泰山学者”11人。

【科技活动】

3月18—22日，淄博科技局组织有关部门及山东新华制药股份有限公司等 7 家医药企业负责人赴上海有关高校院所和企业进行考察学习。此次活动是高新区组织的第一次生物医药领域的专业产学研活动。

3 月 29 日，淄博高新区管委会与高青县人民政府战略合作协议签字仪式举行。

4 月 23 日，美国康州大学邹长坪教授到高新区参观考察。

5 月 26 日，高新区工委委员、管委会副主任牛圣银带队，高新区科技局组织区内 10 余家医药企业赴山东大学药学院开展项目对接，山东大学药学院院长王凤山及 20 余名专家教授参加了对接会。

5 月 28 日，台湾嘉南药理科技大学药理学院院长李冠汉教授到高新区参观考察。

6 月 4—10 日，高新区在韩国首尔、釜山等地成功举办淄博高新区"韩国科技周"活动。

6 月 13 日，高新区管委会副主任白鹏、高新区科技局长牟先泉带队，高新区科技局组织区内外 15 家精细化工及环保企业赴天津大学开展项目对接。

7 月 11 日，国家高新区 MEMS 研究院受邀参加"MEMS 和纳米技术应用与产业化发展前景"研讨会，并作主题汇报。

7 月 17 日，天津大学校长李家俊一行到淄博高新区天津大学山东研究院精细化工和高分子材料中试基地进行实地考察，双方就今后合作达成意向。

9 月 8 日，山东新华制药股份有限公司"院士工作站"暨"泰山学者研究岗位"揭牌仪式在山东新华制药股份有限公司总部举行。

◇ 中国科学院曹春晓院士与中航钛业有限公司签订了"共建院士工作站及 TC4 钛合金研发合作协议"，双方将联合共建中航钛业有限公司院士工作站。

◇ 生物质气化发电装备产业技术创新战略联盟成立大会召开，标志着由淄博淄柴新能源有限公司牵头的山东生物质发电装备产业化技术创新战略联盟正式成立。

11 月 1—3 日，由科技部火炬中心主办、山东省科技厅承办、淄博高新技术创业服务中心举办的"首届山东省科技企业孵化器从业人员培训班"在淄博高新区召开。

11 月 5—7 日，淄博高新区在武汉举办"武汉科技周"活动。

11 月 8 日，国家科技部火炬中心国际合作处钱金秋处长带领火炬中心调研组一行来淄博高新区调研。

11 月 16 日，淄博高新区知识产权托管工程启动及签约仪式举行。

12 月 30 日，国家高新区 MEMS 研究院、国高（淄博）微系统科技有限公司暨省信息技术产业园山东（淄博）仪器仪表产业园、山东（淄博）集成电路产业园揭牌仪式在创业中心举行。

（淄博高新区科技局）

潍坊高新技术产业开发区

【概述】 2012 年，潍坊高新技术产业开发区（以下简称潍坊高新区）完成地区生产总值（GDP）268.11 亿元，规模以上工业企业完成工业总产值 615.2 亿元，实现"六新"产业产值 412.4 亿元，占全区比重为 67.0%。全区完成财政总收入 64.17 亿元，同比增长 19.5%；完成公共财政预算收入 26.09 亿元，同比增长 14.7%。

【科技计划项目与经费】 2012 年，潍坊高新区立项市级以上科技计划项目 129 项，获得立项无偿支持资金 1.59 亿元。其中，国家 863 计划、国家科技支撑计划等国家级科技计划项目 28 项，山东省自主创新成果转化重大专项等省级科技计划项目 49 项。预算共安排区应用技术研究与开发资金 3 482 万元。

【科技成果】 2012 年，潍坊高新区组织鉴定科技成果 22 项，其中省级鉴定 18 项。"零挥发 5.5T 低温超导磁选机""医疗卫生绵柔非织造材料研究与产业化"等 4 个项目达到国际领先水平。潍柴动力股份有限公司的"重型高速发动机关键技术及产业化"项目获国家科技进步二等奖，歌尔声学股份有限公司的"数字硅麦克风"等 6 个项目获省级科技进步奖，39 个项目获市科技进步奖。

【知识产权管理】 2012 年，潍坊高新区共申请专利 1 790 件，同比增长 20.5%；授权专利 1 510 件，同比增长 15%。大洋泊车获选山东省专利创造能力培育单位。高新区获山东省专利奖二等奖 1 项、三等奖 2 项，市专利奖一等奖 1 项、二等奖 1 项、三等奖 2 项，区内企业获批市知识产权试点示范企业 2 家，全区市试点示范企业达到 10 家。

【科技合作与交流】 2012 年，潍坊高新区围绕主导、特色产业，以专题活动、搭建平台等措施，积极拓展合作深度和广度。通过举办国际研讨会、承办创业年会、举行产业高峰论坛、并购投资等形式，组织130多家企业与中科院各专业院所、清华大学、上海交通大学、东北大学等进行项目洽谈和对接，积极与乌克兰科学院、瑞典韦斯特拉科技园等开展国际科技合作交流。与高校科研院所共建研发机构10个，引进"国家千人计划"等高层次人才12名，新获批山东省院士工作站4个，组建产业技术创新战略联盟4个、国际科技合作中心4个，引进赛迪精密机械、永昱电控、隧道掘进用高速凿岩机等40多家科技创新企业。潍坊职业学院与潍坊歌尔集团有限公司签约共建潍坊职业学院歌尔学院。全球首台5.5T(特斯拉)零挥发低温超导磁选机下线。高新区与瑞典韦斯特拉科技园签署合作签约仪式。中科生物与合作院所联合起草制定的《可得然胶食品安全国家标准》颁布实施。潍柴动力入股德国凯傲集团、收购林德液压，成为全球液压技术领先者。

【高新技术产业发展】 2012年，潍坊高新区以实施新兴高端产业发展"63513"全省示范工程和国家创新型半导体发光产业集群建设试点工程为抓手，国家创新型科技园区、国家知识产权试点园区和省级可持续发展实验区建设取得新成就。新装备、新光源、新能源汽车、新信息、新能源、新医药等"六新"产业持续壮大，"六新"产业全年完成产值412.4亿元，被科技部授予"国家高新区建设20年先进集体"。

【创新服务体系建设】 2012年，潍坊高新区宝兴孵化器晋升国家级科技企业孵化器，万声信息公司获批省级科技企业孵化器，形成了4个国家级、3个省级科技企业孵化器协调发展的多元化孵化体系。当年，新获批国家火炬潍坊生物医药特色产业基地。截至年底，高新区有博士后科研工作站6个，博士后创新创业基地1个，院士工作站9个，省级企业重点实验室5个，市级以上企业研发中心165家，山东省海外高层次人才创新创业基地2个，科技部大学生科技创业见习基地试点单位2个，国家级创新型企业1家、省级创新型试点企业20家，国家级产业技术创新战略联盟1家、省级产业技术创新战略联盟10家。

【科技企业发展】 2012年，潍坊高新区新增高新技术企业27家，新获批省级以上企业研发中心11家(如表所示)。潍柴动力加快实施国际化战略，福田汽车整车一单元建成投产，歌尔集团产值超百亿元，8AT、光刻胶、外延炉、可得然胶、3D打印、超导磁体等中小项目健康成长。

2012年新增高新技术企业名单(27家)

山东雅士股份有限公司
潍坊长野电气有限公司
潍坊润达电子科技有限公司
山东欣立得光电科技有限公司
潍坊春华数控设备有限公司
潍坊东科电讯有限公司
潍坊三华利机械科技有限公司
潍坊立特汽车零部件有限公司
潍坊勤毅电子科技有限公司
山东环泽软件信息有限责任公司
潍坊贝通网络信息有限公司
山东崇盛冶金氧枪有限公司
潍坊绿能彩屏科技有限公司
山东华盾科技股份有限公司
潍坊开发区华为电气有限公司
山东八达信息技术有限公司
山东宏力空调设备有限公司
潍坊舒燕女士用品有限公司
山东三晶照明科技有限公司
潍坊乐维特建筑技术有限公司
潍坊汉鼎包装科技有限公司
万声信息产业有限公司
潍坊创高信息科技有限公司
潍坊鑫盛软件科技开发有限公司
潍坊极锐网络科技有限公司
潍坊大耀新材料有限公司
山东瑞斯高创股份有限公司

2012年潍坊高新区新获批省级以上企业研发中心(11家)

研发中心名称	依托单位	备注
山东省高速卫生纸机工程技术研究中心	潍坊凯信机械有限公司	省级工程技术研究中心
山东省智慧物流系统工程技术研究中心	山东新海软件股份有限公司	
山东省呼叫中心信息工程技术研究中心	潍坊恩源信息科技有限公司	
山东省城镇供水智能管理控制工程技术研究中心	潍坊东方软件有限公司	
山东省饲用免疫蛋白工程技术研究中心	山东贝瑞康生物科技有限公司	
歌尔声学股份有限公司企业技术中心	歌尔声学股份有限公司	省级企业技术中心
潍坊正远粉体工程设备公司企业技术中心	潍坊正远粉体工程设备有限公司	
山东省生物产业行业技术中心	潍坊高新生物园发展有限公司	省级行业技术中心

续表

研发中心名称	依托单位	备注
山东省集成电路设计中心	山东欧龙电子科技有限公司	省级集成电路设计中心
山东省射频识别(RFID)工程技术中心	潍坊果壳视界信息科技有限公司	省级工程技术中心
山东省半导体照明工程技术中心	山东浪潮华光光电子股份公司	

【科技人才管理】 截至2012年底，全区拥有博士526人、硕士3 570人、科研人员1.7万人，其中国家“千人计划”人选18名、山东省“泰山学者海外特聘专家”23名、潍坊市“高层次创新创业人才引进扶持计划”人选25名。大力实施“1300”引才工程，对创新创业人才及其成果进行扶持，发放资金14 301万元。获“山东省人才工作先进单位”称号。

【科技活动】

1月16日，科技部火炬中心副主任修小平一行来潍坊高新区就科技金融结合工作进行调研。

4月19—21日，清华大学科研院副院长张华堂一行9人来高新区考察、洽谈校地科技合作项目。

6月21日，潍坊职业学院与潍坊歌尔集团有限公司签署战略合作协议，校企双方共同组建潍坊职业学院歌尔学院，合作共建科技创新平台和技术工程中心。

8月9—10日，省科技厅在潍坊高新区召开全省科技工作座谈会，并与潍坊市签署科技创新战略合作框架协议。

8月24日，清华控股副总裁、清华科技园启迪创投董事总经理雷霖一行访问考察高新区创新创业环境。

9月1日，由潍坊高新区承办的海峡两岸呼叫中心产业高峰论坛开幕。

9月3日，潍柴动力股份有限公司与德国凯傲集团在济南签署战略合作协议，入股凯傲集团、并购林德液压，一举跃居世界高端液压技术领先地位。

9月28日，在潍坊高新区举办的中国(潍坊)创新创业峰会上，清华大学研究生院与潍坊高新区签署共建清华大学研究生社会实践基地协议。

10月21日，东北大学党委常委、副校长左良一行8人来高新区考察。

11月15日，高新区与瑞典韦斯特拉科技园签订合作协议。

11月19日，总投资20亿元的福田汽车工程研究总院山东研究工程中心签约落户高新区，主要在汽车特别是新能源汽车和发动机等领域进行研发。

11月28日，由山东省微生物胶工程技术研究中心主办的首届可得然胶应用技术(国际)研讨会在高新区国家级生物医药孵化器召开。

【项目进展选介】

智慧园项目 该项目由潍坊高新城市建设投资开发有限公司建设，位于高二路以西，健康东街以南，计划总投资约14.5亿元，规划用地31hm^2(465亩)，建筑面积约32万m^2。园区致力于打造科技地产园区，涵盖以高新科技为主导的现代服务业和高端制造业技术服务平台，主要包括科技企业孵化器、质检中心、技术(研发)中心、设计中心、创意中心、高端产业区等。智慧园以总部企业为核心，聚合现代服务业等高端产业资源，形成总部经济的企业集群。

先进制造业工业园项目 该项目由潍坊高新城市建设投资开发有限公司建设，位于潍安路以东银通街南侧。该项目计划投资5亿元，用地22.67hm^2(340亩)，总建筑面积16.4万m^2，容积率1.1，包括8个大型厂房，单体厂房为1～2层，单体厂房面积1.56万～2.36万m^2。该项目致力于打造高端装备制造业平台，建成后将有力提高现有制造业的信息化和集成化水平，每年完成产值12亿元、利税3亿元，并可吸纳就业1 000余人。

隧道掘进用高速凿岩机产业化项目 由潍坊天瑞重工凿岩机械有限公司投资建设，总投资1.2亿元，建筑面积1.2万m^2，主要建设厂房2座，共1万m^2，研究所2 000m^{2}及办公配套设施，新上关键设备60台(套)。主要进行隧道掘进用高速凿岩机的生产和海港建设及露天采矿用全液压智能钻车及其配套装备的研发。项目投产后，年产YT28凿岩机6万台，每年产值4.5亿元，利税1.1亿元。

中国潍坊文化产业总部基地项目 该项目由潍坊春申房地产开发有限公司投资建设，总投资28亿元，占地约20.6hm^2(309亩)，总建设面积约66万m^2，主要建设甲级写字楼、商业广场、商业博览城、休闲风情街、酒店公寓、大型超市，进驻数字技术、广播影视、广告创意、动漫游戏、表演艺术等团体或公司。项目建成后将成为以文化产业为主导，以商业价值为核心的大型城市综合体。

(潍坊高新区)

威海火炬高技术产业开发区

【概述】 威海火炬高技术产业开发区(以下简称威海高新区)是1991年3月6日经国务院批准成立的国家级高新技术产业开发区,全区有各类企业4 538家,从业人员10万多人。2012年全区完成地区生产总值168.7亿元,同比增长10.4%;完成固定资产投资131亿元,同比增长6.7%;实现工业销售收入547.3亿元,同比增长16.8%,工业利税68.6亿元,利润51亿元,分别同比增长34%和36%;实现财政总收入55.9亿元,公共财政预算收入15亿元,同比增长17.4%;工业税收23亿元,同比增长20.9%;四税收入占财税收入比重达到63.2%,高出全市平均水平22.1个百分点。

【科技计划项目与经费】 2012年,威海高新区共获批市级以上各类科技计划项目117项,争取科技无偿补助经费1.41亿元。其中,国家级53项,经费7 928万元;省级32项,经费4 432万元;市级32项,经费1 817万元。"胶东半岛城市(群)物流配送服务技术研究及应用示范"和"腔镜手术辅助机器人系统研制"两个项目获国家科技支撑计划立项,资助经费2 445万元;"基于国产密码技术的物联网安全平台"等11个项目获国家创新基金立项,资助资金775万元;"创新生物医用材料产业化 口腔种植体系统产业化示范""高性能镁合金制备及精深加工技术研究开发及产业化"和"船舶高效自动化焊接关键技术及装备研究"3个项目获省自主创新专项立项,资助经费3 000万元;"钛合金锁定板"等3个项目列入省自主创新成果转化重大专项,资助经费850万元。当年安排区级科技发展计划资金600万元。

【科技成果与奖励】 2012年,威海高新区取得重要科技成果21项,其中达到国际先进水平以上成果7项。威高集团完成的"输注与介入类医用耗材制备新技术及其大规模应用"项目获国家技术发明奖二等奖;北洋电气集团股份有限公司与中国计量学院等单位共同合作完成的"基于拉曼散射的新型分布式光纤温度传感技术与工程安全监测应用"项目获国家技术发明二等奖。哈尔滨工业大学(威海)、中复西港等单位联合完成的"基于构件复用技术的船舶建造协同管理软件系统"项目获省科技进步二等奖;山东新北洋信息技术股份有限公司完成的"桌面型条码打印机"、威海光威复合材料有限公司完成的"风电叶片用预浸料生产工艺及产品"等3个项目获省科技进步三等奖。获威海市科技奖励20项,其中一等奖6项、二等奖7项、三等奖7项。

【知识产权管理】 2012年,威海高新区申请专利1 038件,其中发明专利申请419件;获得专利授权637件,其中国家发明专利120件,国外发明专利6件。软件著作权登记27件。威高集团等9家企业顺利通过中国专利山东明星企业复查,其中8家由二星级上升为三星级中国专利山东明星企业,1家由一星级上升为二星级中国专利山东明星企业。组织企业整理向国外申请专利的相关材料18件申报国家财政资助,获国家财政资助89万元,占全市资助额的93.7%。威海三盾焊接材料工程有限公司3件发明专利质押银行,获1 000万元的贷款,成为威海市首家以专利权质押获得贷款的企业。中复西港公司通过省知识产权局评审委员会的综合评审,被确定为威海市2012年度唯一一家山东省专利创造能力培育单位。

【科技合作与交流】 2012年,威海高新区新签订产学研合作协议21项。9月20日,2012威海产学研合作暨科技金融结合推进大会举行,威高集团、北洋集团、双丰集团等6家企业的10个产学研项目进行了集中签约。威海北洋电气集团股份有限公司与中国科学院上海高等研究院签订产学研协议,合作共建"传感应用技术研发中心—威海中心",围绕传感网技术领域开展关键技术攻关、核心产品开发、应用系统集成研发及示范建设。山东卡尔电气股份有限公司与哈尔滨工业大学(威海)签订合作协议,共建"卡尔电气—哈工大智能计算技术联合实验室",为公司在新产品研发等方面进行基础性和前瞻性研究工作。由省、市、院校共建,立足威海,服务全省的船舶制造公共研发平台——山东船舶技术研究院落户高新区。威高集团与中科院长春应化所共同完成的"输注与介入类医用耗材制备新技术及其大规模应用"项目、北洋集团与中国计量学院等单位合作完成的"基于拉曼散射的新型分布式光纤温度传感技术与工程安全监测应用"项目获国家技术发明二等奖。

【战略性高新技术产业发展】 威海高新区内已形成了以三星数码和新北洋为代表的新信息、以威高集团为代表的新医药、以拓展纤维和三盾焊材为代表的新材料、以中海油和银河风电设备为代表的新能源四大战略新兴产业。2012年,高新区实现高新技术产业产值占规模以上工业产值达到71.8%；拥有高新技术企业51家，其中国家火炬计划重点高新技术企业5家；获批建设"国家火炬计划威海高新区办公自动化设备特色产业基地"和"威海国家先进复合材料高新技术产业化基地"。

【技术创新服务平台建设】 2012年，威海火炬软件企业孵化器有限公司获批市级科技企业孵化器。依托威海北洋电气集团股份有限公司等3家公司组建的院士工作站获批准。依托金猴集团有限公司组建的山东省皮革新材料制品工程技术研究中心与依托山东安绿能源科技有限公司组建的山东省生物质物化联产工程技术研究中心获批准。威高集团股份有限公司组建的山东省医用植入器械技术重点实验室通过验收，正式进入省级重点实验室行列。威高集团医用高分子制品股份有限公司被认定为国家级创新型试点企业，威海印刷机械有限公司等6家企业被省科技厅批准为省级创新型试点企业。年内，威海高新区创业中心孵化企业230家，主要分布在电子信息、光机电一体化、生物医药、新材料等领域，其中新认定高新技术企业达到23家。企业年技工贸总收入达7.2亿多元，吸纳社会就业人员6 500多人。有25家企业脱离孵化器实现产业化生产。在项目创办初期，威海高新区创业中心对企业实行"全程跟踪式"的服务。创业过程中，引进会计代理公司、会计师事务所、专利事务所、科技查新检索等中介机构，成立了威海技术交易中心，为企业提供专利申请服务76件、资产审计评估30项、科技查新服务280项，戟同测试公司"液、液分离装置"项目获得美国发明专利权；聘请一批企业家、行业专家、投资专家，建立了5名创业导师、10名辅导员和15名联络员的创业辅导队伍，形成"创业导师+辅导员+联络员"的创业辅导模式；组织企业参加精益生产管理、知识产权质押融资及评估、"双软认定"退税培训和工商管理培训等系列活动；开展银企座谈和风险投资洽谈会，组织10余家企业办理授信业务，资金总额达5 000余万元，其中渔翁信息、三盾焊接分别通过软件著作权和专利权质押各获得贷款1 000万元。

【科技活动】 2月16日，省留学人员与专家服务中心调研组来高新区调研。

2月17日，韩国庆北大学校长（总长）咸印硕一行4人来高新区访问。

6月6—7日，科技部副部长陈小娅在省、市领导的陪同下，来高新区就企业科技创新和重点实验室建设情况进行调研。

7月5—9日，国家高新技术产业开发区建设二十年成就展在国家会议中心举办，展览以"科学发展、创新驱动、铸就辉煌"为主题，分为战略部署、改革创新、产业发展、面向未来、和谐园区、铸就辉煌、美好明天7个展区。

11月3日，中科院院士姚建铨来高新区访问。

【项目进展选介】

威海银河长征风力发电设备项目 2.5MW直驱永磁风力发电机组攻克了低电压穿越、抗凝冻、防腐防潮、封闭水冷等多个技术难关，取得多项专利成果，达到了国际先进水平，填补了国内相关技术领域空白，其主要技术及指标达到国际先进水平。2012年8月，应用该机型建设的大唐贵州四格一期风电场成功并网运行，成为国内第一个投入商业运营的2.5MW级风电场。6MW海上风力发电机组由公司与丹麦、德国合作开发，历时两年，已完成整体设计，进入载荷计算和样机零部件确认阶段，计划于2013年在威海北海海岸区域进行陆上安装，并建设6MW风机组装厂。

威海汉邦生物絮凝剂项目 汉邦公司的生物絮凝剂在基础性研究、工业化生产及工程化应用等领域都具有国际领先地位，填补了国内和国际空白。一种制备多糖生物絮凝剂的酶学方法和复合多糖生物絮凝剂的制备方法等技术已获两件国家发明专利。企业在国内率先实现生物絮凝剂的工业化生产，大幅度减少了有毒、有害以及有二次污染的有机絮凝剂的应用，使我国的水处理技术达到世界先进水平。项目建成后将成为当时中国乃至世界唯一有条件专业化从事生物絮凝剂研发和生产的基地。

【科技人才管理】 截至2012年底，全区专业技术人才达到30 463人，其中按学历划分，博士学历526人、硕士学历1 830人，本科8 578人；按职称划分，高级职称1 608人、中级职称3 285人、初级职称4 395人；按专业划分，管理类4 728人、文史类2 102人、经济类3 210人、工科类9 341人、理科类8 527人、农学类195人、法学类354人、医学类538人、教育类1 312人。其中国家"千人计划"人选1人，享受国务院特贴专家24人，泰山学者5人，国家省市有突出贡献中青年专家25人，省市级首席技师11人，省新世纪人才3人。有29名"两院"院士与高新区企事业单位长期合作，建有2个国家级重点工程实验室、3个国家技术中心、25个省级工程技术中心。设立3个博士后科研工作站，开展博士后工作的企业达到7家。

（威海高新区管委会）

烟台高新技术产业开发区

【概述】 2012年,烟台高新技术产业开发区(以下简称烟台高新区)实现规模以上工业总产值529.64亿元,同比增长15.3%;高新技术产业产值185.53亿元;规模以上工业增加值141.78亿元,同比增长18.7%;地方财政收入12.21亿元。全区进出口总额达到19.37亿美元,其中外贸进口额5.54亿美元,外贸出口额13.73亿美元。

【科技计划项目与经费】 2012年,烟台高新区实施国家、省、市各类科技计划项目30项。区内企业烟台金晖铜业有限公司的"高性能铜材及复合材料深加工技术研究开发及产业化"获省自主创新专项计划经费支持1 000万元,烟台富润实业有限公司的"全数字多通道相控阵激光超声三维成像无损检测系统(2011RR0001)"获国际科技合作专项经费支持500万元,东方蓝天钛金科技有限公司的"高性能轻质金属基复合材料构件制备与加工关键技术研究"获863项目经费支持455万元,东方蓝天钛金科技有限公司的"钛合金紧固件光学法检测技术引进"获国家合作专项经费支持340万元,山东国际生物科技园发展有限公司的"山东国际生物科技园生物医药研发公共技术服务平台建设"获建设省级新药中试产业化技术研究平台和医药企业孵化平台经费支持200万元。当年,烟台高新区科技经费投入4.55亿元,主要用于企业科技产品的研究开发和投产。

【科技成果】 2012年,烟台高新区共鉴定科技成果15项。中国航天科技集团公司第五研究院第五一三研究所在"嫦娥二号工程"项目中承担重要设备研制工作,获2012年度国家科技进步特等奖。"绿叶制药医药技术创新体系"项目获省科技进步二等奖,"船载超低温冷冻技术和设备"项目获省科技进步三等奖,"新型调钙产品研发及苦痘病防治的研究"项目获烟台市技术发明三等奖。

【知识产权管理】 2012年,烟台高新区开展知识产权培训9次,培训企业知识产权工作人员1 000余人次。全年高新区申请专利1 106件,其中发明专利526件,发明专利占专利申请量的47.6%。

【科技合作与交流】 2012年3月,赴俄罗斯考察,与8家科研机构在新型仪器共同开发等问题上达成共识,签署4项合作协议。4月,赴西安市参加第十六届中国东西部合作与投资贸易洽谈会。在西洽会"山东日"活动中,参展的科技CBD、山东国际生物科技园等重点项目,得到各界广泛关注。6月,烟台服务外包示范园区与鲁东大学外国语学院、山东工商学院外国语学院、烟台职业学院外包学院、山东商务职业学院、山东城市服务技术学院五所高校签订共建教学与实训基地合作协议。同月承办由科技部、教育部举办的"聚智高新区"国家大学科技园•烟台高新区合作对接活动。7月,赴韩国、日本围绕生物医药、IT软件、电子信息领域开展高层科技经贸活动。联合烟台市外事侨务办举办"聚焦烟台高新区"2012海外华商博士投资创业合作交流会,吸引来自美国、德国等10个国家和地区的28名海外华商带来40多项高端项目,促成26个项目达成合作意向。8月,举行中科院上海药物研究所烟台分所协议签订仪式。该所是中科院上海药物研究所在国内设立的首个分所。9月,赴济南参加第六届华商企业科技创新合作交流会,邀请来自美国、澳大利亚、西班牙、乌克兰、新西兰等国家和地区16位海外华商企业家来区参观考察,围绕生物医药、文化发展、金融投资、IT光电子等领域开展合作。10月,浙江大学烟台教学基地在烟台市大学生创业园正式挂牌。烟台市人民政府与同济大学签署产学研战略合作协议,高新区管委与同济大学签约共建同济烟台转化医学研究院协议,致力打造国内领先的干细胞、特定新药创制领域产业化研究院。11月,举办"聚智烟台高新区"独联体专家烟台行活动,俄罗斯、乌克兰等独联体国家海洋、生物医药领域32名专家代表(其中7名院士),携带高新技术项目100个,签约和达成合作意向的项目达11个。烟台高新区科技创业服务中心举办了为期3天的"孵化梦想•创造未来"系列培训活动。12月15日,高新区邀请中国科学院科技政策与管理科学研究所研究员、中国高新区研究中心王胜光主任围绕科技创新等内容举办专题讲座。10月—12月,举办"相约高新区"第二届烟台大学生创新创业大赛优秀项目发布洽谈会。

【科技企业发展】 2012年,烟台高新区新认定高新技术企业10家,至此全区已有高新技术企业44家,占全市20%。

2012年新认定高新技术企业(10家)

东方蓝天钛金科技有限公司

烟台万利医用品有限公司

烟台方大滚塑有限公司
山东航天电子技术研究所(513 所)
烟台磐能电气控制系统有限公司
山东正元数字城市建设有限公司
烟台金建冶金科技有限公司
烟台同立高科工贸有限公司
山东只楚民营科技园股份有限公司
烟台冰科集团有限公司

【科技活动】 2 月 21 日,人抗体轻链基因簇转基因小鼠成功降生于山东国际生物科技园生物技术中心,标志着建设中的国内第一个自主研发的转基因动物全人单克隆抗体药物的平台“全人单克隆抗体药物筛选技术平台”取得重大突破。

2 月 22 日,高新区中俄科技园 B 区正式开园,标志着对俄科技合作进入了新阶段。

2 月 25 日,大唐桂冠山东电力投资有限公司科研基地举行开工仪式。

3 月 31 日,高新区推进科技与金融结合启动仪式举行。

4 月 17 日,美国中西部国际交流委员会副主席、烟台市经济顾问郭晶霞来高新区参观考察。

4 月 22—26 日,烟台经贸代表团赴香港、深圳开展经贸活动,市政协副主席、区工委书记刘洪波率高新区代表团参加系列经贸活动,重点宣传烟台市东部高技术海洋经济新区战略,围绕现代服务业、战略新兴产业、高端制造业等领域展开广泛洽谈交流。

6 月 17 日,省委副书记、省长姜大明来高新区就转方式调结构和自主创新工作进行调研。

6 月 18 日,绿叶制药 18 周年庆典暨绿叶国际医药科技产业园一期工程落成仪式在高新区举行。

6 月 30 日,由科技部主办,高新区管委会承办的“聚智高新区”国家大学科技园•烟台高新区合作对接会在烟台召开,清华、复旦等 27 个国内一流的国家大学科技园,带来 800 多个成熟项目。

7 月 1—7 日,市政协副主席、高新区工委书记刘洪波率代表团赴韩国、日本,围绕生物医药、IT 软件、电子信息领域开展高层经贸活动。

7 月 4 日,中国旅美科技协会总会副会长、洛杉矶分会会长于浩一行来高新区参观考察。

7 月 8—13 日,区工委副书记、管委常务副主任、中俄基地管委主任季善亭率高新区代表团,赴香港参加鲁港经贸合作洽谈会和烟台市投资环境推介会暨重点利用外资项目签约仪式。

7 月 10 日,省委常委、副省长孙伟就贯彻落实全国科技创新大会精神、加快推进科技创新工作来高新区调研。

8 月 7 日,国家知识产权局局长田力普一行来高新区考察调研知识产权工作。

8 月 16 日,“联东 U 谷•烟台高新国际企业港”项目签约仪式在高新区举行。

9 月 26 日,烟台市大学生创业园暨海外学人创业园揭牌仪式举行。

10 月 23 日,烟台智慧城产业园一期工程奠基仪式举行。

11 月,由山东国际生物科技园联合新加坡 A-Bio 生技制药有限公司建设的“山东省中新全人抗体工程合作研究中心”,被省科技厅确定为 2012 年山东省国际合作研究中心。

11 月 8 日,高新区举办“聚智烟台高新区”独联体专家烟台行活动。

11 月 21—23 日,科技创业服务中心举办了“孵化梦想 • 创造未来”系列培训活动,对企业进行全方位辅导。

12 月,山东省中俄无损检测技术合作研究中心经省科技厅批准成立,并入围 2012 年度“山东省国际(港澳台)科技合作平台”序列。

12 月 26 日,高新区中俄高新技术产业化合作促进中心被国家科技部认定为国家级科技企业孵化器。

【项目进展选介】

山东国际生物科技园项目 山东国际生物科技园(以下简称“科技园”)由烟台高新城市投资开发有限公司和山东绿叶制药集团有限公司共同投资 60 亿元建设,主要致力于生物医药、海洋生物、生物农业和健康医疗领域,以“政、产、学、研、金”深度合作为特色,重点规划建设一批高水平、专业化公共技术平台和公共服务平台,吸引国内外高端研发机构、研究团队和创新创业人才入驻,形成集聚效应,推进生物医药等“大生物、大健康”领域优秀项目的研发和产业化。科技园作为山东省蓝色经济的重点骨干园区,已被科技部认定为山东国家新药创制综合性技术大平台的重要组成部分。园区的长效和靶向制剂国家重点实验室是全国该领域唯一一个国家重点实验室生物技术中心掌握国内首个、国际上第六种全人源化单克隆抗体药物研发技术。园区已经与 20 多家知名机构、高校院所签订入园协议,30 多个创业项目入园孵化。中科院上海药物所国内首家分所签约落户园区。该分所是烟台市筹建的首个国家级医药研发机构,将建立面向社会的创新药物研发与服务平台、人才培养平台,有效推动当地“产学研”合作的开展。同济大学烟台转化医学研究院也签约入园。该研究院将致力于干细胞研究、生物药物、转化医学等方向的开发研究,有望在烟建成山东省最大的干细胞库与产业化基地之一。

商用飞机钛合金紧固件综合研发生产基地 该项目为 2011 年续建项目,项目以中国航天 513 所为技术依托,由中国东方红卫星股份有限公司、烟台蓝天投资开发有限公司共同设立的东方蓝天钛金科技有限公司负责实施,总投资 8 亿元,是山东省省级重点项目,也是山东省首个国产商用飞机标准件潜在供应商。该项目位于高新区航空航天科技园内，为中国商用飞机有限责任公司的两大主力机型——ARJ21 支线飞机和 C919 干线客机进行高端零件配套的大型研发生产综合类项目，预计达产后年产值可达 10 亿元。东方蓝天钛金科技有限公司作为理事长单位发起成立了航空航天新型材料应用及紧固件产业战略联盟，该联盟 2012 年 3 月 26 日正式列为山东省第三批产业技术创新战略示范联盟，成员单位包括国家国资委直属大型企业 1 家、央企下属企业 3 家、著名高校 3 家、国家级科研机构 3 家，联盟涵盖了原材料研究制备、先进制造、生产装备、科研院校等各个方面的人才专家，致力于国内高端钛合金紧固件的生产研发。

正元地理信息产业园项目　该项目为 2011 年续建项目，由中国冶金地质总局山东局、山东正元地理信息工程有限公司共同出资成立的山东正元数字城市建设有限公司投资建设，总投资 6.4 亿元，规划建筑面积 17.6 万 m^2，是山东省首个地理信息产业园。项目以地理信息产业软件开发和数据生产为核心，以地理信息数据采集、工程物探、管道泄露探测与检测、工程检测与建材检测鉴定服务为支撑，推进 GPS 高精度单点定位机产业化，成为地理信息产业的综合研发基地。中国冶金地质总局山东局三队、山东省地矿工程集团有限公司、山东正元数字城市建设有限公司、山东正元建设工程有限责任公司烟台公司、山东正元地质勘查院烟台分院等单位已确定入园，全部达产后年产值 5 亿元以上，利税 1.5 亿元以上，对带动区域高端地理信息产业规模化发展具有重要意义。

烟台中集海洋工程研究院项目　该项目为 2011 年续建项目，由中国国际海运集装箱（集团）股份有限公司投资建设，总投资 6 亿元，总建筑面积 13.7 万 m^2，建设计算设计中心、海工共性技术研究中心、国际会议中心等 9 个中心，搭建特种材料实验室、多功能海工水池实验室、三维数字实验室等专业化高端实验平台，主要从事钻井平台、半潜式平台、海底勘油船等海洋工程设计、研发，致力打造国内海洋工程领域的重要研发基地。项目投产后年可实现营业收入 7 亿元、利税 1.4 亿元，计划引进 2 名以上两院院士、10 位左右海工领域领军人物、100 名研发设计骨干等 1 500 人的研发设计团队，打造成为中国江北最大的海洋工程研发基地和山东半岛蓝色经济区建设中具有代表意义的专业研发中心。

烟台北航科技园　由北京北航科技园有限公司投资建设，利用北航科技园及中关村大学科技园联盟长期服务高科技企业的资源优势和成熟经验，依托北航科教人才优势和科技研发能力，打造以航空航天相关精密电子设备研发与制造、软件与信息服务为主导产业的高新技术产业聚集区。园区内将建立由两院院士及国家“千人计划”获得者领衔的高端应用型研究机构，构建多个高水平的公共技术服务平台。园区服务主要定位于科技企业加速器，以高成长型科技企业为招商和服务对象，打造国内具有较强权威性和影响力的航空航天及软件技术研发平台，争创国内院地合作典范项目。

烟台东方智能科技园　由东方电子集团有限公司投资建设，总投资 8 亿元，规划建筑面积 17.6 万 m^2，主要从事节能、环保、智能产品研发生产，打造智能电网、高低压变频、RFID 射频、锂离子电池四大主导产业，其产品在能源综合高效利用上达到国内领先水平，达产后年可实现营业收入 5 亿元，利税 6 000 万元。项目分 3 期进行，预计 2015 年完成全部工程建设。

烟台智慧城产业园　由中电华通通信有限公司投资建设，总投资 50 亿元，总建筑面积 105 万 m^2，建设以无线宽带网络产业为主、以无线宽带物联网网络产业研发为辅的复合式示范园区，园区未来将形成新一代信息技术、高端制造和节能环保产业等三大支柱产业，成为烟台智慧城市建设的重要载体和平台，年可实现营业收入 10 亿元，利税 1.5 亿元。

【科技人才管理】　截至 2012 年底，烟台高新区有 3 人入选国家“千人计划”，18 人入选山东省“泰山学者”。2012 年全年主办、协办各类招聘活动 68 场次，有 540 多家（次）企业提供就业岗位 7 843 个，达成就业意向 6 420 人次；接收和调入专业技术人才和高校毕业生 4 000 人，其中硕士以上学历 476 人，本科学历和中级以上职称人才 2 631 人；区内有 200 家企业通过山东高校毕业生就业信息网办理人才招聘、审核及签约。

（烟台高新区）

济宁高新技术产业开发区

【概述】　2012 年，济宁高新技术产业开发区（以下简称济宁高新区）实现营业总收入 2 065.1 亿元，规模工业总产值 1 842.7 亿元，地区生产总值 552.1 亿元，地方财政收入 52.35 亿元。高新技术产值占规模以上工业总产值比重达到 51.5%。

【科技计划项目与经费】　2012 年，济宁高新区获批国家和省、市各类科技计划项目 171 项，其中国家级科技项目16项、省级科技项目35项、市级科技项目120项，获经费9 161万元。

【科技成果】 2012年，济宁高新区获国家和省、市科技进步奖32项，其中国家科技进步奖1项、省科技进步奖5项、市科技进步奖26项。

【知识产权宣传与管理】 2012年，济宁高新区组织企业参加省、市组织的专利培训班，有60余家企业90余人参加了省专利电子申请培训班、专利执法培训班等。山东山推机械有限公司、中国重汽济宁商用车有限公司和山重建机(济宁)有限公司3家单位获中国专利山东明星企业；山东盛世光明软件技术有限公司和山东泰丰液压股份有限公司2家单位晋升二星级中国专利山东明星企业；辰欣药业股份有限公司、山推工程机械股份有限公司、山东鲁抗医药股份有限公司、济宁市通联电器厂等11家单位晋升三星级中国专利山东明星企业。山东英克莱光电技术有限公司、山东盛世光明软件技术有限公司、山东通佳机械有限公司和山推工程机械股份公司4家单位列入济宁市知识产权试点企业。

【产学研合作】 2012年，推进了山东胜利生物工程有限公司与天津大学、山东鲁抗医药集团有限公司与清华大学、山东正大菱花生物科技有限公司与中科院、辰欣药业股份有限公司与天津药物研究所、山东泰丰液压股份有限公司与浙江大学、济宁兴隆食品机械制造有限公司与山东大学、山东鲁抗立科药业有限公司与山东大学、山推工程机械股份有限公司与同济大学等30多家企业与国内外知名院校、科研院所进行产学研合作。山东如意科技集团有限公司、山东鲁抗立科药业有限公司、济宁安然智能科技有限公司、济宁技师学院等11家单位的15个项目列入2012年济宁市重点产学研合作项目，获批资金240万元。

【创新服务体系建设】

产学研基地建设 规划建设面积80万 m² 的大学科技园，1～4期全部建成并投入使用，5期正在建设中。截至2012年底，国家半导体及显示产品质量监督检验中心、古巴—鲁抗生物制剂研究中心、浙江大学—泰丰国家电液控制工程技术中心、浪潮云计算中心、省科学院济宁分院、省激光研究所、赛瓦特发动机研发中心等21家研发、检测、认证和孵化平台已进驻运营。以企业为主体建设的生物医药、光电信息、装备制造、软件动漫等4大公共技术平台正在加快推进；集政策发布、信息交流、专利交易、招聘服务、人才联谊、企业家沙龙等功能为一体的人才联盟，吸纳了102家重点企业、金融机构、高校院所、中介服务单位加盟；新建设的软件加速器，已有50家软件、创意、动漫企业进驻。

创业服务中心建设 济宁高新区创业服务中心现有创业、创新、创意3栋孵化大楼，孵化面积80万 m²，已形成留学生创业园、省级软件园、专业孵化器、国际企业孵化器竞相发展的格局。2012年，创业、创新、创意3个园区引进科技企业51家，其中软件动漫服务外包企业35家、其他科技企业16家；毕业科技企业25家，新认定高新技术企业2家。

行业公共技术服务平台建设 截至2012年底，济宁高新区财政累计对山推机械股份有限公司、山东如意科技集团有限公司、山东鲁抗辰欣药业有限公司、山东鲁抗药业集团有限公司、山东英特力光通信有限公司、中国重汽济宁商用车有限公司、山东菱花集团有限公司、山东科学院激光研究所、山东泰丰液压股份有限公司、山东美猴动漫文化艺术传媒有限公司等单位承担的10个行业公共技术服务平台投入科技经费3 000余万元。年内，10个公共服务平台为区内工程机械、生物医药、软件动漫、光电信息以及纺织新材料等五大行业600多家企业提供研究开发、技术推广、设备共用、产品检验检测、信息咨询、人才培训等技术支持服务。

科技金融体系建设 2012年，济宁高新区依托吴泰闸金融街、山推金融大厦、万象和金融中心、金创大厦、杨桥金融组团规划布局了金融商务聚集区。园区设立服务业引导基金，出台覆盖各类金融业态的15条23项扶持政策，吸引各类金融机构和后台总部加快聚集。截至年底，民生银行、中华财险、泰山保险、民安保险、高新村镇银行等11家金融机构相继进驻。全区银行、保险、证券、基金、担保、小额贷款等各类金融机构发展到60余家，金融服务网点达到70多个，初步构建起多层次、多元化、开放型的金融服务体系。

产业技术创新联盟建设 围绕高新技术产业发展和特色主导产业转型升级，通过设立联盟活动经费、无偿提供技术联盟活动场所等措施，推进了以如意科技集团为依托建设纺织行业技术创新联盟、以辰新药业股份为依托建设新药产业技术创新联盟、以山推股份和中国重汽济宁商用车为依托建设商用汽车与工程机械新能源动力系统产业联盟、以英克莱集团为依托建设半导体照明产业技术创新战略联盟、以山东省科学院激光所为依托建设煤矿安全光钎传感技术创新战略联盟等5个省级技术创新联盟建设。

【科技企业发展】 2012年，济宁高新区获批国家级高新技术企业5家、省级工程技术研究中心3个、省级企业技术中心2个、市级企业技术中心4个。截至年底，高新区已拥有省级以上工程技术中心18家、省级以上企业技术中心36家、院士工作站3家、博士后科研工作站4家，区内95%以上的大中型企业与高校院所建立了合作关系，建成产学研基地49个。山东鲁抗立科药业有限公司生化反应与分离技术研究中心、山东济宁如意毛纺织股份有限公司纺织新材料与节能纺织技术中心获批市级优秀创新团队。济宁市无界科技有限公司、山东新蓝海科技有限公司、济宁金水科技有限公司、山东永泰未来光电科技有限公司等4家单位入选鲁信创投杯“创业中国·未来之星”(济宁)企业。

【科技人才管理】 2012年，济宁高新区围绕建设人才特区的目标，出台《济宁高新区“551人才引进计划”实施办法》《济宁高新区人才公寓建设管理五年行动计划工作方案》《关于建立领导干部联系专家制度的意见》《济宁高新区管委会关于建立济宁高新区人才服务专员制度的通知》等文件，建立领导干部联系专家制度、人才服务专员制度，完善了高新区科技人才管理制度。2012年，先后服务山推、辰欣等50多家重点企业引进领军人才2人、高层次人才21人、专业技术人才3 270名、储备人才2 150名、培养技能人才3 300人。

【科技活动】 2月7日，济宁高新区召开2012年创新大会，对2011年度杰出创新人才、优秀创新团队(平台)、科技创新成果以及突出贡献企业等进行了重奖。

2月29日，济宁高新区三一工程机械制造等9个工业项目集中开工仪式在济宁高新区第十一工业园举行。

3月28日，济宁高新区产学研基地第五期(大学科技园一期)、孔子国际学校、绿轴二期、综合体育场、太白路东延绿化5个项目集中开工。

3月30日，济宁高新区举办走进西安人才特区政策宣介暨大型校园招聘活动。

4月23日，中国如意科技时尚创意产业城奠基暨争创千亿级国际化时尚产业集团启动仪式在济宁高新区如意科技园举行。

5月5日，青海省副省长王令浚一行来济宁高新区考察特色产业发展情况。

5月21日，山东省副省长才利民来济宁高新区如意科技园调研。

6月25日，山东省省委常委、副省长孙伟来济宁高新区调研指导工作。

7月11日，济宁高新区管委会、深圳赛瓦特动力科技公司举行发动机研发项目签字仪式。

8月3日，国家科技部火炬中心常务副主任张志宏一行来济宁高新区开展“迎接党的十八大，创先争优见行动”主题的党日联学活动。

8月25日，济宁市国资委、济宁高新区管委会、山东海洋投资有限公司、深圳市基石创业投资管理有限公司签订合作协议，投资设立济宁海洋先锋基石创业投资基金。

9月3日，国家科技部党组书记、副部长王志刚在山东省副省长张建国及省科技厅厅长翟鲁宁的陪同下来济宁高新区调研科技创新工作。

9月13日，日照市委书记、市人大常委会主任杨军，市委副书记、市长李同道率日照市党政考察团一行，来济宁高新区考察。

9月14日，济宁高新区举行德国莱尼线束等12个项目集中开工仪式。

9月17日，济宁市、济宁高新区分别与广西玉柴集团签署了《战略合作框架协议》和《YC4W发动机项目投资合同》，玉柴集团YC4W发动机项目落户济宁高新区。

10月4日，山东省省委常委、宣传部长孙守刚来济宁高新区调研指导工作。

10月15日，国家科技部基础研究司司长张先恩一行来济宁高新区考察科技创新工作。

11月26日，重汽东岳国际事业园暨汽车零部件项目在济宁高新区开工建设，开启中国重汽、东岳汽车高位突破的新征程。

◇ 中国工程院院士钱七虎、周丰峻、顾金才、梁文灏、龚晓南及10多位国内知名力学专家、新材料专家汇聚济宁高新区，就浩珂矿业工程设备有限公司“新型高强重型柔性格栅”新材料的深化研发和产业化进行咨询论证。

12月19日，济宁市三大公共服务平台(太阳能热综合利用、表面材料处理和转化医学公共服务平台)及五大战略性新兴产业(基因工程新药、分子诊断试剂盒、新型太阳能热综合利用系统生产基地、免疫乳酸菌生产基地以及云备份信息技术服务)项目在济宁高新区集中签约。

12月20日，山东省副省长夏耕来济宁高新区调研指导工作。

12月24日，联电济宁科技园蓝宝石图形化衬底材料(PSS)半导体新材料项目开工建设。

【项目选介】

山推股份液变项目 该项目被列入2012年国家第二批科技成果转化项目，总投资3.8亿元，其中国家扶持资金5 000万元，主要生产液力变矩器及变速箱等，其中液力变矩器采用日本小松KES标准，通过引进、消化、吸收日本小松制作所技术，运用先进的计算机CAD/CAM/CAE三维技术进行辅助设计和制造，液力变矩器填补了国内空白。

山重建机(济宁)挖掘机项目 山重建机(济宁)万台中大型挖掘机制造基地总投资25亿元，规划面积26.67hm^2(400亩)，将建成集挖掘机研发、制造、销售和服务于一体的完整产业链。项目达产后可实现销售收入70亿元。

济宁玉柴柴油发动机项目 该项目由广西玉柴机器股份有限公司和浙江吉利控股集团有限公司共同出资组建，总投资31亿元，建筑面积15.28万m^2，主要设有研发中心、装配试验车间、机加工车间等。主要产品为排量为2.0及以上系列乘用车用柴油发动机，发动机生产主要引用世界最先进的十六气门、双顶置凸轮轴、高压共轨、电控直喷、可变截面增压中冷器、带旁通废气再循环等柴油机技术。截至2012年底，4D20型乘用车柴油发动机整机装配线、缸体缸盖生产线已试生产，4D20 型发动机样机已下线，YC4W 型柴油发动机生产、装配线已动工建设。全部达产后预计年销售收入超过 100 亿元。

山东吉利变速器项目 该项目由世界 500 强企业吉利控股集团投资建设，是吉利控股集团最先进、规模最大的自动变速器生产基地。项目投资 16 亿元，年产大扭矩六速自动变速器 30 万台。吉利 DSI 全自动变速箱项目生产线由总装线、总成测线、阀体分装及测试线和离合器分装线组成，主要设备从韩国、澳大利亚引进，自动化程度达到 80%，防错能力达 95%，装配速度 56 秒/台，仪器精度世界领先。该项目已试生产，吉利旗下的全球鹰 GX7 和 GC7、帝豪 EC8、英伦 SC7 均已换装 DSI 自动变速器。全部达产后，年可实现销售收入 50 亿元。

古巴制剂项目 该项目由山东鲁抗医药股份有限公司、古巴基因工程与生物技术中心、济宁高新区管委会三方共同建设，总投资 15 亿元，致力于打造具有国际先进水平的生物医药技术研发中心和生物制剂产业基地，主要研发生产生物制品、疫苗、基因药物等。项目全部达产后年预计可实现销售收入约 25 亿元，年可实现利税约 5 亿元。

新藤医药项目 转化医学研究是生物医药高新技术成果产业化的重要推进器，是集成各研发和产业单位最优质资源，实现生物高科技创新成果快速产业化的最先进创新模式。新藤医药项目总投资 12 亿元，致力于建设全球一流的临床检验中心和转化医学产业基地，并整合山东省及周边区域的生物医药产业资源，打造中国乃至全球顶级的生物医药高科技成果产业化基地。

台湾欣兴电子印刷电路板项目 台湾欣兴电子股份有限公司成立于 1990 年，目前是世界印刷电路板（PCB）、集成电路载板（IC Carrier）产业最大生产和供应商。印刷电路板项目总投资 3.2 亿元，按 5 个工厂的规模规划建设，主要研发制造汽车电子及太阳能用印刷电路板，是典型的高新技术龙头项目。项目投产后销售收入将达到 150 亿元，实现利税 33 亿元。

（济宁高新区）

临沂国家高新技术产业开发区

【概述】 2012 年，临沂国家高新技术产业开发区（以下简称临沂高新区）大力实施“工业立区、科技强区”战略，规划了“一城八区”发展布局，全力建设临沂未来生态科技城。全年实现技工贸总收入 450 亿元，同比增长 34%；实现 GDP 90.4 亿元，同比增长 31.1%；规模以上工业总产值 286.2 亿元，同比增长 43.8%；规模以上工业企业增加值 65.6 亿元，同比增长 36.8%；财政总收入 8.45 亿元，同比增长 31.4%；地方财政收入 3.38 亿元，同比增长 41%；规模以上固定资产投资 92.1 亿元，同比增长 69%；进出口总额 3.4 亿美元，同比增长 32.3%；实际利用外资 1 560 万美元。全区完成高新技术产业产值 89.6 亿元，占规模以上工业企业的 31.3%，位居全市第一。在省科技厅公布的全省高新区统计中，项目数量、投资额、投资增幅、地方财政收入增幅 4 项指标位列第一。

【高新技术及其产业】 2012 年，临沂高新区在全区筛选 32 家骨干企业，实行领导班子成员重点包扶。绿因工贸、凯米特铝业、奥瑞金包装、中亿重工等企业都有新项目开工建设。绿因工贸在保持销售收入增长 52%、税收增长 195% 的基础上，与浙江长盛集团合作投资 3.5 亿元，建设年产 500 万条高档毛毯的三期工程，投产后年实现销售收入 15 亿元、利税 2.7 亿元、出口创汇 2 亿美元。凯米特铝业投资 7 亿元，新上高档铝箔项目，建成后年销售收入将达到 40 亿元。奥瑞金包装销售收入和税收分别增长 66%、144%，北京奥瑞金集团已经确定加大投资，新上为旺旺集团配套的专用饮料罐生产线。中亿重工投资 4.6 亿元，新上机械装配生产项目，建成后年产大中马力柴油机 1 万台，实现销售收入 15 亿元、利税 2 亿元。海信电子确定了 3 年内将洗衣机产量提升到 80 万台、数字机顶盒做到国内规模最大、销售收入达到 20 亿元的发展目标。年内，高新区先后引进了投资过 5 000 万元的项目 116 个，协议引资 360 亿元；已建成投产 46 个，完成投资 107 亿元，形成了 220 亿元的产值。规划确定的电子信息、新能源、新材料、生物医药、先进制造 5 个工业园区和工业物流园区、科技商务区全部开工建设，签约落地项目 52 个，总投资 138 亿元，其中过亿元项目 36 个，包括投资 30 亿元的红牌家电、投资 10 亿元的中粮包装、投资 11 亿元的普正药业等大项目。先后在先进制造产业园区集中奠基了 15 个新项目，总投资 75.8 亿元；在生物医药产业园区开工奠基了 8 个生物医药项目，总投资 30.7 亿元。雷士照明公司引入投资 13 亿元的 10 个上下游配套项目，正在筹建北方生产、销售总部，建成后年可实现产值 40 亿元、利税 7.5 亿元，成为江北地区生产规模最大的专业化灯饰照明产业园区。投资 5 亿元的斯达特汽油机起动器项目，现已完成投资 3 亿多元，将建为国内最大的小型汽油机起动器生产企业。投资 3.6 亿元的华泰重型钢结构项目、投资 3 亿元的利达铝镁钛轻合金型材项目等一批新项目均已开工建设。其中列入市百项重点项目13个，完成投资8.7亿元，完成年度计划的101.5%。

【科技计划项目与经费】 2012年，临沂高新区申报各类科技项目58项，批准立项科技项目29项，其中国家级3项、省级11项、市级17项，获得无偿资助资金1 498.7万元。项目涵盖电子信息及新材料、先进制造、新能源、生物工程、航天航空、网络动漫、先进农业等领域。

【科技成果与知识产权管理】 2012年，全区有9家企业21项成果通过了市级以上科技成果鉴定，全部拥有自主知识产权。其中4项成果达到国际先进水平、7项成果达到国内先进水平、10项成果达到国内领先水平。海纳电子“高可靠滚动滑环研究与开发”获省科技进步三等奖；在2011年度临沂市科学技术奖评选中，全区有14项科技成果获科技进步奖，其中一等奖1项、二等奖11项、三等奖2项。全年申请专利240件，其中发明专利59件；获得专利授权145件，其中发明专利29件。新增软件著作权12件。中瑞电子“一种高磁导率低温烧结NiCuZn铁氧体材料”获山东省第七届“发明创业奖”二等奖。截至年底，全区有340家企业加入自主创新队伍，占全部工业企业的48%，拥有自主知识产权2 643项，完成专利2237件，其中发明专利651件，有1 328项自主知识产权进入推广应用或处于产业化阶段；通过国家、省、市鉴定的科技成果429项，累计实施市级以上科技计划项目464项，其中国家级100项、省级172项。

【科技企业发展】 2012年，全区高新技术企业累计达到14家，8家企业被列入省创新型企业、6家企业被列入省创新型试点企业。智通达软件等3家软件企业获国家“双软认证”资质，全区双软认证企业累计达到12家。

【科技合作】 2012年，临沂高新区骨干企业通过与科研院所、大专院校技术合作，聚集了大批科技人才，形成省电子元器件产业技术创新战略合作联盟等多个产业联盟。启动“6+2”产学研合作计划，与北京科技大学、西安交通大学、中科院海洋研究所、中科院深圳先进技术研究院开展全面战略合作。截至年底，全区有248家企业的380个项目开展了各种形式的产学研合作，占规模以上企业总数的38%，其中国际合作项目8个。产学研合作对象有中国科学院、山东省科学院、清华大学、西安交大、北航、新西兰天然药物研究所等46家国内外知名院校和科研机构。合作领域涵盖电动汽车、新型高速光电器件、金属材料表面处理、天然药物的研究、纳米新材料、电子新材料、新型金属合金材料等前沿领域。

【科技管理】 2012年，临沂高新区以国家级创业服务中心为依托，以生产力促进中心、科技馆为延伸，围绕省（市）共建留学生创业园、省小企业创业辅导基地和大学生科技创业见习基地打造创新服务团队；以市场化运作为主，构建全方位多层次的高效中介服务和咨询系统，包括会计、律师、专利、商标、科技咨询等；建立教育培训系统，为初创型企业提供财务管理、法律咨询、标准化管理、知识产权维护等各类培训，加快科技企业市场化进程；健全信息网络系统，设立科技成果信息库、专利技术信息库、人才需求信息库、技术攻关信息库等，建立区内、外资源与企业的有效链接和良性互动。为解决中小科技企业融资瓶颈，高新区不断探索建立科技金融体系，打造金融服务平台。在原有工、农、中、建四大商业银行的基础上，积极引进民生、招商、临商等股份制银行，为企业创造良好的金融环境；引进国信证券、国泰君安证券、东海证券，市投资公司、经开创投公司、中科招商投资公司等机构入驻，通过直接投资、推介上市等措施，推动企业和高新技术产业发展。先后吸纳直接投资近亿元，推动先锋科技、绿因工贸、卫康生物等5家企业在国内外上市，并培育12家企业进入上市辅导期。亚特生物、中小企业电子公司拟在齐鲁证券交易市场挂牌交易，目前正在做好前期准备。高新区设立投资公司、中小科技企业贷款担保协会，以财政资金为引子，吸纳近20家企业入会，贷款担保本金达3.5亿元，同时，吸引临沂市亿盛担保公司等入驻，解决成长型企业贷款难问题。设立5 000万元的科技创新扶持奖励基金、孵化器发展种子基金，每年确保区级科技投入不少于1亿元。申报国家、省、市科技计划项目，已累计获得各级政策性扶持资金2亿元，带动企业研发投入21.2亿元，科技成果转化能力增强。

【创业服务中心建设】 临沂高新区内国家高新技术创业服务中心的科技孵化器总面积达到25万 m^2，奠定了在国内科技孵化园区的领先地位；卫康生物投资2亿元，开工建设了8万 m^2 的生物科技孵化器；科创材料投资1.3亿元建设了6万 m^2 的新材料孵化器；高新区与临沂大学联合建设了4万 m^2 的协同创新园区，建设了省计算中心云计算平台和动漫渲染技术服务平台。2012年，依托孵化平台引进了76个科技孵化项目，有45个项目已完成注册，注册资本3.6亿元。中科院深圳研究院光伏光电、北科大国家重点863计划光触媒纳米材料等项目实现了试生产。临沂高新区先后建设了山东省分析测试中心临沂分中心、临沂市公共电子测量实验室、中国农业大学药械与施药技术研发分中心金属材料表面处理中心临沂市动漫产业公共技术服务平台等8个公共技术服务平台。设立市级以上工程技术中心、企业技术中心38家，其中省级以上11家，各类专业研究机构41个。

【高新区规划与建设】 2012年，高新区坚持通过项目带动旧村改造，目前全区有42个村居启动旧村改造工程，占村居总数的80%。其中“中部·新城”项目投资22亿元，建筑面积120万 m^2，带动前崔庄、后崔庄、潘庄3个社区改造，现已完成拆迁18万 m^2，开工还建楼20

万 m^2。高新区投资 2.6 亿元，新建、重修金山路、化武路、湖北路等 8 条道路、全长 30km，对 13 条主要道路进行了绿化提升。投资 7 600 万元实施供热工程，实现建成区集中供热全覆盖；投资 1 000 多万元敷设燃气管线 16km，实现全区燃气管网全覆盖。全区 51 个行政村完成街道路面硬化，49 个村达到“五化”标准；实行“村级卫生保洁员聘任制”，每个村居配备 3 ~ 5 名专业保洁人员；做好国家森林城市创建工作，完成植树造林、荒山绿化 3 100 多亩。

（临沂高新区　刘金平）

泰安高新技术产业开发区

【概述】　2012 年，泰安高新技术产业开发区（以下简称泰安高新区）实现国内生产总值 172.3 亿元，同比增长 10.6%；规模工业主营业务收入 454 亿元，同比增长 18.3%；实现地方财政收入 16.1 亿元，同比增长 18%；完成固定资产投资 53.5 亿元，同比增长 26.1%；高新技术产业产值占规模以上工业总产值的比重为 51.6%。8 月，高新区被国务院正式批准为国家高新技术产业开发区，标志着高新区的发展迈入新阶段。

【科技计划项目与经费】　2012 年，泰安高新区获批各级各类科技计划项目 130 多项，争取科技无偿资金 3 000 多万元。其中，山东蓝光软件有限公司的“数字矿山模拟与控制软件系统”课题列入数字矿山建设关键技术研究与示范主题项目；山东同方能源工程技术有限公司的“基于热泵技术的矿井水热能替代燃煤锅炉供暖系统”项目、泰安九和机电设备有限公司的“卷板开平削边机”项目、泰安磐热测控科技有限公司的“高分辨力手持式多功能温度校验仪”项目 3 个项目被列入国家科技型中小企业技术创新基金项目；山东京卫制药有限公司的“无氟定量吸入型硫酸沙丁胺醇气雾剂”项目、山东鲁能泰山电力设备有限公司的“新型高阻抗大容量节能型电力变压器”项目等 5 个项目列入国家火炬计划项目；泰安力博机电科技有限公司的“长距离多点大角度小半径空间转弯带式输送系统”、山东泰开隔离开关有限公司的“GW7F-1100D(W)/J8000-63 三柱水平翻转式特高压隔离开关”2 个项目列入国家重点新产品项目；泰安力博机电科技有限公司的“长距离多点大角度小半径空间转弯带式输送系统”、山东泰开隔离开关有限公司的“GW7F-1100D(W)/J8000-63 三柱水平翻转式特高压隔离开关”2 个项目列入省级科技型中小企业技术创新基金项目；山东农大肥业科技有限公司的“生物有机缓控释肥”、力博重工科技有限公司的“数字化智能监控空间转弯带式输送机”2 个项目列入省自主创新成果转化重大专项；山东同方能源工程技术有限公司的“基于热泵技术的矿井水热能替代燃煤锅炉供暖系统的研发”、泰安市鲁科海电子信息产业有限公司的“成品油二次配送管理系统”、山东农大肥业科技有限公司的“肥料中氟化物检测及其对土壤残留、作物生长的影响研究”3 个项目列入省科技发展计划。

【科技成果与奖励】　2012 年，泰安高新区获各类科技奖项目 27 项，奖励资金 58.6 万元，其中，省级以上奖励 9 项、市级奖励 18 项。山东蓝光软件有限公司的“数字化采矿关键技术与软件开发”项目获山东省科技进步一等奖；山东农大肥业科技有限公司的“硫素树脂爽膜控释肥工艺技术研究与新产品开发”、泰安市华鲁锻压机床有限公司的“WS11K-170 × 3200 数控水平下调式三辊卷板机”等 4 项科技成果获山东省科技进步二等奖；泰安华鲁锻压机床有限公司的“WC43M-20*5000 精密高强度板料矫平机”、山东农大肥业科技有限公司的“硫素树脂双膜控释肥工艺技术研究与新产品开发”等 18 个项目获泰安市科技进步奖或技术发明奖；另外山东煤机装备集团有限公司的“BLZG144/4000*1500 型立式全自动隔膜压滤机”等 3 项科技成果获省机械工业技术进步奖。

【知识产权管理】　2012 年，泰安高新区新申请专利 290 件，同比增长 20.3%，其中发明专利 52 件，专利授权量 223 件。截至年底，全区累计申请专利 1 400 件，专利授权量 1 042 件。泰开集团申请专利 110 件，其中申请发明专利 8 件；力博重工科技股份有限公司申请专利 19 件，其中申请发明专利 9 件；山东煤机装备集团有限公申请专利 15 件，其中申请发明专利 8 项。

【科技企业发展】　2012 年，泰安高新区参加复审企业 9 家，新认定企业 6 家，全区累计国家级高新技术企业 35 家。新认定省级、市级工程技术研究中心各 1 家，市级企业技术中心 5 家，全区累计工程技术研究（企业技术）中心累计达到 55 家，其中国家级 4 家、省级 30 家、市级 25 家。新增泰安华鲁锻压机床有限公司的“华鲁”驰名商标，力博重工科技股份有限公司的“力博科技”著名商标，力博重工科技股份有限公司的“力博科技”带式输送机、山东锐驰机械有限公司的“锐驰”液压缸、山东泰开箱变有限公司的“泰开”功能型风电组合式箱变、山东鲁峰专用汽车有限责任公司的“鲁峰”牌自卸汽车4个山东省名牌产品。截至年底，全区共有驰名商标7件，著名商标16件；中国名牌2个，山东名牌产品24个。

2012年新认定高新技术企业名单（6家）

山东富硕光电科技有限公司

山东农大肥业科技有限公司

泰安市路达公路仪器制造有限公司

泰安轻松表计有限公司

山东众志电子有限公司

山东厚丰汽车散热器有限公司

【战略性高新技术产业发展】

新医药产业 以重组凝血因子Ⅷ（抗血友病球蛋白）为核心，依托山东省生物制品研究所、泰山医学院、山东省中药技师学院等的科研人才优势，鼓励企业不断提高新医药创制能力，重点扶持推进总投资20亿元的泰邦生物科技园建设项目，努力建成国内知名的高科技生物制药产业集群。

新材料产业 以泰山玻纤为龙头，以国家火炬计划非金属材料特色产业基地为载体，带动华岳科技、盛鑫贵金属、翰群光电等企业加快拓展规模，重点发展风力发电叶片用玻纤及织物、CNG气瓶用玻纤、电子级玻纤、LFT用玻璃纤维等20类产品，形成玻璃纤维、短切毡、玻璃钢制品、玻纤装备于一体完整的产业链条。支持山东蓝景膜技术工程有限公司发展渗透汽化膜及组件，开发复合渗透膜产品。

高端装备制造业 2012年重点提升输变电设备整套制造水平，做强交通、工程装备制造业。以华鲁锻压为依托，加强产学研结合，做精、做优大型数控船用设备，打造特色产业基地。

电子信息产业 以东华合创软件、蓝光电子、众诚自动化、盛迅科技、鲁能奥特、鲁科海、泰开自动化、华德软件、泰盈科技等企业为基础，以电子信息产业园、软件产业园为载体，重点发展网络通信、信息安全、数字音视频、智能控制、汽车电子等领域嵌入式软件；建设软件和服务外包产业基地，提升高新区软件产业的规模和水平。

【创新型企业培育】 2012年，尤洛卡矿业安全工程股份有限公司、山东泰开成套电器有限公司、力博重工科技股份有限公司、山东泰开隔离开关有限公司等6家企业被省科技厅认定为创新型企业。全区累计创新型企业达到38家，其中省级创新型企业8家。

【技术创新服务平台建设】 2012年，泰安高新区建立了以国家级创业中心为龙头，泰山科技城和星火科技园为两翼，研发、转化、产业化为梯次的“一体二翼三级”梯次孵化、多园区发展的服务体系。高新区创业孵化载体面积计划总规模50万m^2，已建成投入使用面积20万m^2，累计孵化企业400多家。年内累计在孵企业114家，实现业务收入3.1亿元，利税3 000万元。高新区管委会拟投资3亿元建设的6万m^2高新区科技孵化中心项目正在推进。高新区与浙江联合利华、万力电子等企业共同投资7.6亿元，建筑面积20万m^2的科技企业孵化器主体工程已基本完成。泰安高新区继续完善省级信息技术产业园、软件产业园、信息服务外包产业基地、节能环保产业基地等产业创新平台建设，布局建设科技创新公共技术服务平台。按照“政府引导、企业主体、产学研结合、市场化运作”的技术创新要求，加快建设科技创新公共技术服务平台。依托鲁兴电子等电子产品生产企业建立EDA电子实验平台以及尤洛卡矿山安全工程股份公司与山东科技大学共建的“矿山安全检测技术与自动化装备工程研究中心”已建成。

【高新区规划与建设】 按照泰安市新一轮城市总体规划的要求，泰安高新区功能定位为以发展现代工业、高新技术产业为主导的现代化园林旅游城市新城区，是泰城的副中心。按照“既是高新区又是新城区”的发展定位，泰安高新区加快现代化新城区建设，累计投入20多亿元用于基础设施建设。全年完成了“六纵七横”百余公里的骨干道路网，在主要道路和重点项目沿线基本敷设完成了供水、供电、供气、供热、通信、排污等管网配套。坚持规划龙头地位，聘请国内外知名专家和机构进行高水平规划编制，做到合理布局、有序开发。工业区、居住区、中心商务区、生态景观区、文化教育区等功能区域已逐渐成形。委托中国城市规划设计研究院对预留的3.6km^2的中心商务区进行设计，新矿集团总部及研发中心、泰国正大国际商业广场、新加坡泺亨现代物流等一批现代服务业项目已落地或即将开工建设。

【科技活动】 3月15日，高新区组织企业参加了“2012第七届中国（山东）国际装备制造业博览会”。

4月6日，泰安高新区企业家联谊会正式成立。

4月24日，美国硅谷美华科技商会副会长李博谟一行来高新区参观考察。

5月16号，泰安数威数控机床有限公司“山东农业大学教学科研基地”挂牌启动。

6月19日，上海陆家嘴金融城人才发展中心考察团在总经理张中昇博士带领下来高新区参观考察。

8月18日，国家科技部中国生物技术发展中心副主任马宏建来高新区山东京卫制药有限公司调研。

8月19日，国务院以国函〔2012〕114号文件批复泰安高新区升级为国家高新区。

9月2日，马来西亚成功集团主席陈志远参观考察高新区。

9月24日，阿联酋华侨华人联合会副主席兼秘书长、阿联酋中国商会副会长徐小平考察高新区。

10月16日，尤洛卡矿业安全工程股份有限公司与山东科技大学共建的国家工程研究中心正式开工建设。

10月27日，泰邦生物科技园项目和以利奥林高磁感铁芯项目奠基仪式在高新区举行。

11月2日，中国航天科技集团公司航天特种车研究院成立并在高新区举行揭牌仪式。

11月19日，省委书记、省人大常委会主任姜异康视察高新区和山东煤机集团。

11月30日，“世界智库泰山行”代表团来高新区参观考察。

12月6日，高新区组织举办科技项目经费核算和企业财务管理培训班，区内26家科技型企业的50余人参加了培训。

12月28日，泰安国家高新技术产业开发区建设推进大会举行。科技部党组成员、副部长曹健林，省委常委、常务副省长孙伟，科技部高新司副司长胡世辉，科技部火炬中心副主任杨跃承，省政府副秘书长张德宽，省科技厅厅长翟鲁宁出席了会议。

【项目选介】 2012年，泰安高新区新签约项目39项，计划总投资237亿元。

中国重汽与芬兰卡哥特泰安合资项目 该项目总投资规模在10亿元左右，分两期投入，第一期投入2.2亿元，第二期7.7亿元。第一期投资时，中国重汽和卡哥特各持股50%，二期投资交付后，中国重汽持股60%，卡哥特持股40%。主要产品是汽车起重机、随车吊、拉臂钩和升降尾板，未来根据市场需要可继续引进希尔博其他产品。汽车起重机以泰安五岳现有设计为基础，卡哥特利用其技术进行改进和提升，随车吊、拉臂钩和升降尾板等产品利用卡哥特技术进行生产准备，并根据市场情况逐步投产。计划到2016年，汽车起重机的生产纲领是4 000台，随车吊和拉臂钩1 600台，实现销售收入30亿元以上。

泰安交运集团现代物流中心项目 该项目总规划占地面积27.4hm^2(411亩)，总建筑面积391 011m^2，建设总投资为90 487万元。项目建成后，将促进全市物流市场资源的优化整合，降低物流社会成本和物流系统运行成本，提升物流信息组织化程度，从根本上改变泰安市物流企业多、小、散、弱的落后局面，为泰安及周边区域生产商贸企业提供全方位服务，带动全市市交通基础设施整体水平迅速提升。项目落成后，年可实现营业收入3.5亿元，税收3 000万元。

以利奥林高磁感铁芯项目 该项目由山东以利奥林电力科技有限公司投资建设，项目计划总投资112 591万元，其中固定资产投资97 315万元，规划占地25hm^2(375亩)，建设期3年。项目主要建设生产车间、办公楼、科研楼及配套附属设施。项目建成投产后，年可达到高磁感取向电工钢15万t、铁芯10万t的生产规模。38 000m^{2}铁芯表面处理生产车间主体建设已完工，7 350m^{2}铁芯处理配套车间基础建设已完成；11 000m^{2}铁芯材料仓库车间已开挖地槽。

【科技人才管理】 2012年，泰安高新区贯彻落实泰安市政府《关于大力引进和集聚人才实施人才强市战略的意见》《泰安市引进海外高层次留学人员若干规定》等人才培养和引进政策规定，引进带技术、带项目、带资金的优秀创新人才和急需人才；实施以政府为主导，园区、企业、科研院所、技术工程中心、大学等共同参与的“3131”计划，即“打造三大载体、建设一大基地、实施三大工程、建设一支高层次人才队伍”；引进一批符合高新区经济社会发展要求的高层次的创新创业人才及团队，吸引高端人才带技术、带项目到高新区创新创业。实施“吸引人才工程”“创业扶持工程”“人才安心工程”三大工程，建设优良的人才政策环境。在成功引进以美国海归博士为主的国际创新团队、中科院胡海岩院士工作团队、中科院宋振骐院士工作团队等高层次创新创业人才以及中加科技园团队等海内外人才团队的同时，努力培养和用好本地优秀科技人才，以对高新区转方式、调结构有重大支撑作用的高科技项目为重点，以国家级创业中心、泰山留学人员创业园、泰山院士创业基地、大学生创业基地等各类创新创业平台为载体，实施人才、项目、基地一体化工程。多渠道逐步构建开放式的人才培养体系，形成科研人才和科研辅助人才衔接有序、梯次配备的合理结构。

泰山人才金港建设 泰安高新区成功引进上海陆家嘴“人才金港”模式，2012年9月19日，泰山人才金港在泰安高新区开港运营。泰山人才金港由泰安市委组织部与上海陆家嘴金融城人才发展中心共同建设，筹建期间及开港以来，累计共建企业180多家；采集各类中高端人才需求500多条、3 000多人；累计为10余家企业提供了人才信息提供及需求对接服务；累计共建山东省内、上海及其他地区高校38所，集聚40多个专业教育资源；开办2期企业管理培训班，为100多名企业管理人员提供管理能力提升培训。

(泰安高新区　王凤梅　唐秀芹)

枣庄高新技术产业开发区

【概述】 枣庄高新技术产业开发区（以下简称枣庄高新区）是1990年经山东省人民政府批准建立，1993年国家科委确定重点联系的省级高新区，是枣庄市委、市政府所在地，是鲁南高科技工业的聚集地、现代化生态型科技工业区。2012年，枣庄高新区实现技工贸收入突破1 000亿元，财政收入同比增长17.2%，全社会固定资产投资同比增长26.9%，工业增加值同比增长20%，工业利税同比增长18.6%，新增规模以上企业49个，被授予"全市城市转型工作集体三等功"。全区已形成新能源、新材料、新医药、新装备制造和传统产业等"四新一强"特色优势产业集群。特别是锂电新能源产业发展迅猛，技术装备、产业规模和科技创新均处于国内外前列，产品广泛出口美国、欧洲等国家和地区。枣庄高新区相继被评为全国青少年节能环保教育基地、国家级科技创新服务中心、中华环保联合会副理事长单位和山东省海外华人华侨投资创业基地、发展循环经济示范园区、行业技术中心暨锂电产业聚集区、车用动力电池产业化示范基地、锂电池产品质量监督检验中心、新能源汽车自主创新示范园区、可持续发展试验区。

【科技计划项目与经费】 2012年，枣庄高新区全年申报国家、省、市级科技计划项目70多项，获批立项43项，获无偿资金18 978万元。新上科技计划项目如表所示。

2012年枣庄高新区主要新上科技计划项目

类　别	项目名称	承担单位	资助经费（万元）
国家中小企业创新扶持资金	多功能磷酸铁锂非水电解液项目	山东鸿正电解液科技公司	50
国家火炬计划	电动汽车动力总成项目	山东久力电子科技有限公司	
	电动汽车动力系统产业化	山东润峰电子科技有限公司	
	高倍率型磷酸铁锂正极材料	山东神工海特电子科技有限公司	
国家金太阳工程	枣庄高新区屋顶光伏并网发电示范工程	润恒光能有限公司	2 680
国家新能源汽车产业技术创新工程项目	电动汽车用动力电池项目	山东神工海特电子科技有限公司	15 000
省自主创新专项资金	低温一次法炼胶技术开发与应用	山东八一轮胎制造有限公司	1 000
省中小企业创新扶持资金	磷酸铁锂动力电池及其组合项目	山东精工电子科技有限公司	40
省科技发展专项资金	高倍率磷酸铁锂材料研发项目	海特电子集团有限公司	25
省专利创造能力培育项目	专利创造能力培育项目	山东久力电子科技有限公司	10
市中小企业创新扶持资金	大型磷酸铁力动力电池组在新能源电动汽车中的应用	海特电子集团有限公司	20
	锂电超轻型电动车及磁悬浮电机	山东威斯特车业有限公司	20
	电池管理系统的研制	山东润峰电子科技有限公司	20
	气动式床式锂离子电池化成分容系统	山东路华电子设备有限公司	20
	双向密封蝶阀产业化项目	山东中力机械制造股份有限公司	66
	X706立卧式铣镗床	山东威能数字机器有限公司	20
市专利技术产业化	电动车电机	山东威斯特车业有限公司	10
市科技发展计划	GC-2020型气象色谱仪	山东金普分析仪器有限公司	10
市学科带头人	种衍启：快热芯承压式太阳能	山东阳光博士太阳能工程有限公司	3

续表

类 别	项目名称	承担单位	资助经费(万元)
市自主创新专项扶持资金	电动汽车用高功率型磷酸铁锂方形锂离子电池	山东海霸电池有限公司	15
	方块地毯连续蒸化机	山东源丰印染机械有限公司	15

【科技成果与奖励】 2012年，枣庄高新区通过省、市两级科技成果鉴定5项，省级成果2项，分别是金封焊宝有限责任公司的“绿色环保无铅焊料生产技术与装备的研究应用”和山东八一轮胎制造有限公司的“中心分流式高效低温炼胶工艺与装备研究应用”；市级成果3项，分别是山东鸿正电解液科技公司的“多功能磷酸铁锂非水电解液生产关键技术研究与应用”、山东中力机械制造股份有限公司的“楔度环刀形阀”和山东润峰电子科技有限公司的“大容量动力电池组管理系统及快速充电机”。年内高新区对获得国家、省、市级批准的重点科技项目分别给予20万元、10万元和5 000元的奖励，对国家高新技术企业、省专利明星企业、国家专利奖、发明专利等给予奖励。

【知识产权管理】 2012年，枣庄高新区申请专利101件，其中发明专利37件。海特电子“复合磷酸铁锂材料及其制造方法”获国家专利优秀奖，“锂－二硫化亚铁一次性扣式电池的制备方法”获省专利一等奖。新增省专利明星企业(一星级)3家，省专利明星企业(二星级)2家。与工商、卫生等部门联合开展“雷雨天网”知识产权执法专项行动，对辖区内的药店、超市、大型商场等进行执法。枣庄高新区知识产权局被评为“省知识产权管理工作先进集体”。

【科技合作与交流】 2012年，枣庄高新区坚持“借脑引智”，广泛参与海内外知名企业家齐鲁行、全国台湾同胞投资企业协会会长座谈会、海外高层次人才枣庄行等活动，寻求与高端人才合作。组织企业家赴深圳、香港等发达地区和高校学习培训。与清华大学、中国科学院、北京交通大学等30多家科研院所建立产学研合作关系，山东海特电子科技有限公司、山东久力电子科技有限公司分别与省科院能源研究所、自动化研究所签订合作协议，枣庄高新区、山东路华电子设备有限公司等5家单位分别与北京交通大学签订战略合作协议和技术研发及转化合作协议。

【科技改革与管理】 2012年，枣庄高新区对完善激励自主科技创新扶持政策、“三大平台”建设、加强与大学院所产学研合作及重大科技成果鉴定等重点工作进行部署。年初全区工作动员大会把“创新驱动战略新兴产业，转型发展建设幸福枣庄”作为枣庄高新区第二个五年计划的重中之重给予安排部署；进一步健全完善科技奖励政策，大幅提高奖励额度，新增对自主创新、专利发明、省级以上名牌产品及获国家级、省级批准的重点科技项目等予以重奖。专列1亿元科技创新资金，用于对科技基础条件及平台建设、创新企业和创新团队建设、产学研合作及中小企业技术创新、科技产品研发及成果转化、专利申报与资助等项目的扶持。设立2 000万元过桥还贷专项资金、1 000万元助保贷资金，鼓励、引导信贷资金和社会资金投向战略性新兴产业，支持企业科技创新。

【战略性高新技术产业发展】 2012年，枣庄高新区对接香港华润集团、山东能源集团、山东海洋投资有限公司等大企业集团，争取更多高新技术产业项目落地。签约招商项目26个，同比增长44%，其中亿元以上项目22个，总投资164.5亿元，同比增长61%。合同利用外资4 245万美元，实际到账外资1 187万美元。外贸进出口总额突破1亿美元，同比增长48%，增幅全市第一。高新技术产业产值占规模以上工业总产值比重达48.6%。依托现有产业基础，大力培植发展新能源、新材料、新医药、新装备制造等“四新”产业，形成集群化发展局面。

新能源产业 2012年，投资30亿元的威斯特锂电自行车项目积极推进，建成后可实现年产300万辆锂电自行车，产值60亿元。久力电子公司抓住中标济南市“十城千辆”节能与新能源汽车生产许可的机遇，与汽车生产厂家合作生产新能源专用车辆，实现汽车生产零的突破。投资6亿元的香港汇通锂电隔膜项目，引进美国北卡罗来纳州立大学专利技术，填补锂电产业最关键材料生产的空白。投资12亿元、全国规模最大的磷酸铁锂万吨级正极材料即将投产。投资26亿元的润恒光能一期工程投产并建成枣庄市首家屋顶光伏电站。

新材料产业 2012年，投资6.4亿元的金封焊宝无铅焊料项目打破了美国、日本技术垄断，产品一次获国内权威机构质量检测认证，美国阿尔法公司主动上门寻求合作。投资3 000万元的无银金属焊料项目、投资9 700万元的LED荧光粉项目等建设顺利、投产达效。投资2.1亿元的香港海磁铁氧体材料项目，引进北京大学铁氧体高磁导率12K材料最新研究技术，具有宽温、宽频、高导等特点。

新医药产业 2012年，与香港华润集团实现战略合作，投资6亿元建设山东三九药业二期项目，销售收入、税收可分别增至20亿元、2亿元，山东三九药业将成为江北最大的中成药颗粒剂生产基地。百科药业公司转型升级，与中国医药大学和北京美济堂、江苏华能等药业公司合作，共同研制生产水溶性辅酶 Q10 等医药产品，争取 3 年打造销售收入过 20 亿元的西药板块。

新装备制造产业 2012 年，投资 30 亿元的鲁南装备研发制造工业园，一期工程煤机制造顺利投产，全自动化机器人焊接生产系统全部到位，配置国内领先。特检中心作为山东省唯一煤化工特种设备检测检验机构，正在进行设备安装；与大连金州重型机械有限公司积极洽谈，合作投资大型煤化工成套装备研发制造项目，将建成百亿工业板块。威能数字机器与广州数控机床公司合作生产工业机器人高速数控组合机床项目，与德国克努特公司合作开发附加值、科技含量高的五轴数控加工中心。中力机械公司实现股权托管上市，融资 2 400 万元。

【创新型科技园区建设】 枣庄高新区先后聘请济南、深圳等地专家，制定了总体规划、控制详规和各项专业规划，围绕确立的新能源、新材料、新生物医药、新装备制造等主导产业，在区域划分、产业布局、规划定点、单体建设等方面，突出横向配套，有效配置基础设施。严把项目入区的投资强度、环保系数、科技含量、企业规模、项目详规等标准，注重节能、减排、环保，注重集聚、集约、集群发展，保证了产业集群科技含量高、投资规模大、创新能力强、环保无污染。2012 年，枣庄高新区正式获批为省级可持续发展实验区。全区把主要精力、时间放在抓项目、建项目和服务项目上，实现了引资一批、储备一批、开工一批、续建一批、投产达产一批的良性循环。

【技术创新服务平台建设】 2012 年，区内高新技术山东海霸电池有限公司和山东鲁化天九化工有限公司顺利通过国家复审，山东阳光博士太阳能工程有限公司、山东精工电子科技有限公司、山东润峰电子科技有限公司、山东威斯特车业有限公司、山东昂立天晟光伏科技有限公司、山东路华电子设备有限公司等 6 家企业被认定为国家高新技术企业。由山东久力电子科技有限公司的“枣庄市电动汽车动力总成工程技术研究中心”、山东鸿正电解液科技公司的“枣庄市锂离子电池电解液研发中心”被枣庄市科技局批准为市级工程技术研究中心，山东海特电子科技有限公司的“山东省磷酸铁锂动力电池工程实验室”被省发改委认定为省级工程实验室，“山东省锂电池产品质量监督检验中心”被省质监局认定为省级质检中心，“山东省知识产权信息服务平台枣庄分平台”在枣庄高新区成立。至此，枣庄高新区有国家级公共科研服务平台 1 家，企业科研技术平台 2 家；省级公共科研服务平台 2 家，企业科研技术平台 7 家；市级工程技术研究中心或企业技术中心达到 30 家。

【高新区基础设施建设】 2012 年，枣庄高新区完成各类基础设施投资 4.3 亿元，实施项目 12 个，全区实现“七通一平”，部分区域达到“九通一平”。

【科技活动】 5 月 23 日，枣庄市人民政府与山东省科学院全面合作框架协议签约仪式在新城开元凤鸣山庄举行。

7 月 5—6 日，北京交通大学电气学院院长姜久春、电气学院新能源所所长张维戈及北京市亿能通电子公司总工王占国等一行 6 人来高新区参观考察新能源产业发展情况，并与企业在科研和产业项目合作等方面进行洽谈。

8 月 4—5 日，科技部火炬中心常务副主任张志宏一行 26 人来高新区调研战略性新兴产业发展情况。

【项目选介】

亿和集团项目 亿和集团是经国家工商总局注册组建的无区域界集团公司。旗下拥有 12 个子公司，已发展成为集煤炭生产加工、水煤浆产销、热电联产、轮胎制造、车轮制造、输送带制造、带芯制造等为一体的现代化企业，形成了独具特色的煤炭—水煤浆—热电—轮胎—车轮—传输带等循环经济产业链。水煤浆热电联产项目，一期工程（2×2.5MW）投产达效。二期正在筹建，计划投资 28 亿元新上 300MW 热电机组，已报国家发改委审批核准。投资 29 亿元建设的八一轮胎项目，分三期建设，达到年产 360 万条全钢载重子午线轮胎和半钢轿车轮胎的生产能力。当时，一期工程已达年产 120 万条生产能力，并被批准为国家级轮胎检测中心；二期工程投资 9.2 亿元，并已调试生产，预计下年度销售收入可超过 30 亿元；三期工程建设启动，主要开发生产半钢轿车轮胎。为增强抵御市场风险能力，公司专门在泰国投资 2 000 万美元，建设橡胶生产基地，确保橡胶的稳定供应。橡胶输送带、带芯、轮辋等项目，充分利用热电联产提供的热、电资源及八一轮胎项目先进的炼胶车间，采用国际先进的生产设备及工艺进行生产，实现产销两旺。预计到“十二五”计划末，年销售收入可超过百亿元，利税突破 20 亿元。

锂电自行车产业项目 威斯特车业有限公司是集锂电自行车及其配套部件的研发、生产、销售、出口为一体的高新技术企业，研发生产的锂电自行车销往全国各地，并出口至澳大利亚、新西兰等国家和地区。公司研发生产的铝合金超轻可折叠式锂电自行车，已获实用新型专利和外观设计专利，并通过了国家电动车检测中心检测，各项数据完全达标。自主研发的磁悬浮电机，采用励磁磁场转子悬浮技术，驱使转子在悬浮状态下高速运动，工作效率高达 86% 以上，处于国内领先水平。自主设计的电动车控制装置采用超静音设计、恒流控制、功率管动态保护等国际先进技术，有效保证了电池的寿命，提高了电动车电机的启动转矩，并可适用于任何一款无刷电动车电机，使电动车电机和控制器不再需要匹配，技术填补了国内同行业空白。公司力争用 2 年时间，投资 26 亿元，达到年产 300 万台的产能，实现产值 80 亿元，解决就业 2 万～3 万人。项目预计 2013 年 8 月底前正式投产 100 万台，实现产值 30 亿元。

润恒光能项目 润恒光能有限公司成立于2011年5月，是经国家工商总局注册的高科技公司，注册资金3亿元。公司专业从事太阳能光伏电池、组件和光伏发电工程及光伏应用产品的研发、制造、销售和服务，可承担光伏电力工程施工总承包、城市道路照明工程专业承包、LED光源的研发与销售、光伏发电系统的设计与施工。润恒IVY是高新区招商引资重点项目，规划总投资26亿元，投产达效后可实现年产值100亿元，打造年产1 000MW、国内排名前10位的光伏产业基地，使公司成为拥有多个光伏电站的绿色能源供应商以及利用光伏电站设计、施工资质为其他电站项目提供一体式解决方案的系统集成供应商。该项目于2012年9月1日投产，投入资金4.5亿元，建设满负荷产能500MW的3条自动化组件生产线。润恒IVY主要开发国内外光伏电站市场，在西部省市和山东省内成立了分公司及项目推进组，积极布局和推进国内电站项目的申请和建设并网，已建成青海格尔木、甘肃武威、湖北郧西、山东枣庄、柬埔寨等多个光伏电站，力争于“十二五”末完成光伏电站1G的电站项目并网发电。

山东三九药业二期项目 山东三九药业公司由华润三九有限公司和枣庄中药厂分别持股55%和45%于1997年8月合资成立。公司占地面积5.6hm^2(84亩)，厂房10万余平方米，员工800多人。2012年6月，高新区管委会、市国资委和华润三九三方签订战略合作协议，进行股权转让并建设二期项目。二期项目总投资6亿元，占地面积36 600m^2，将建成高效节能的提取浓缩生产线、先进的丸剂自动生产流水线、中成药净料车间和10万m^{2}的立体物流周转仓储系统，主要生产三九感冒灵颗粒、三九板蓝根颗粒和三九栀子金花丸等产品。二期项目投入使用后，企业年产值将超过20亿元，税金突破2亿元。5年内，山东三九将发展成为华润三九在北方最大的生产基地。

锂电隔膜项目 山东汇通隔膜有限公司由山东海霸电池有限公司与天宜集团(香港)有限公司于2012年共同出资组建，该公司计划投资建设锂电隔膜项目，引进美国麻省理工大学的专利技术，主要研发、生产具有国际先进水平的高性能动力锂电池隔膜。项目总投资6亿元，其中固定资产投资不低于46 650万元。该项目占地约13hm^2(195亩)，总建筑面积77 370m^2，新建厂房、库房、综合楼等。项目选用先进的双螺杆挤出机、双向拉伸机、DBP设备等设备308台(套)，形成了年产8 800万m^{2}高性能动力锂电池隔膜的生产能力，其中非烯烃聚合物湿法转移成膜4 400万m^2，新型超高分子量聚烯烃湿法双向拉伸成膜4 400万m^2。项目计划于2年内建成投产，投产后3年内达产达效，可实现年产值15亿元，年上缴税金6 200万元。该项目符合国家产业政策和枣庄市城市发展规划，项目选址可行、地块区位优势明显。

枣庄数据中心项目 该项目是由今日乾通(北京)投资有限公司投资建设的以数据中心、云计算为产业核心的高科技产业基地项目。项目总投资约20.5亿元，占地面积约33.33hm^2(500亩)。计划分三期开发建设，其中一期投资10亿元，建设数据中心、云计算中心、综合服务办公中心、培训中心；二期投资7.5亿元，建设专家、管理层公寓和职工宿舍；三期投资3亿元，建设产业孵化园。预计一期项目建成运营后，可实现年销售收入5亿元以上，年上缴税金3 000万元以上。全部建成后可实现从枣庄到北京的数据互联互通，成为鲁南地区最大的互联网数据服务中心。

海兴铁氧体项目 该项目由香港海磁电子科技集团投资2.1亿元建设，采用北京大学应用材料研究所铁氧体高磁导率12K材料先进技术，该技术打破了欧洲飞利浦多年来的垄断壁垒，填补了国内大批量生产铁氧体高磁导率12K材料的技术空白。海兴科技公司生产的宽温、高导、宽频的锰锌、镍锌铁氧体可广泛应用于局域网、计算机、光伏等通信领域，手机多媒体、平板电视、照明节能等家用电器领域，以及雷达、隐形飞机、航空航天中电磁干扰和电磁兼容等军事领域。该项目建成投产后，可实现年销售收入5亿元以上。

【科技人才管理】 2012年，国家“千人计划”专家赵金保博士入驻润峰公司，锂电池行业带头人李青海博士入选国家“科技创新创业人才”。海特公司引进天津第十八研究所专业人才，共同研发船舶专用锂电池技术。高新区与枣庄职业学院合作，定向设置专业，定企培养高技能人才，给予每生每年3 000元补助。聘请国内外企业家、科学家、知名人士等为枣庄高新区经济顾问和科技顾问，成立推进自主创新领导小组，加大财政支持力度，建立技术创新基金和创业风险投资引导基金，用于国家、省、市三级科技创新项目资金配套。充分利用院士工作站和博士后工作站的平台作用，吸纳高层次科技人才创业发展。

(枣庄高新区管委会)

东营经济技术开发区

【概述】 2012年，东营经济技术开发区（以下简称东营高新区）规模以上工业企业实现工业总产值1 317.5亿元，同比增长29%；主营业务收入1 290.3亿元，同比增长24.6%；利税138.2亿元，同比增长30.9%；利润83.1亿元，同比增长28.8%；完成进出口总额47.13亿美元，同比增长46.6%，其中出口2.82亿美元，进口44.31亿美元。高新区管委会已连续10年被省政府授予"外经贸工作先进单位"称号。

【科技计划项目与经费】 2012年，东营高新区组织区内企业申报各级各类科技计划112项，获市级以上科技立项87项（主要科技计划项目如表所示）。全年高新区争取各类科技三项经费5 701万元。

2012年东营高新区主要科技计划项目

项目类别	项目名称	申报单位	资助经费（万元）
省科技发展计划（第二批）	玻璃钢小套管的开发与应用	胜利油田新大管业科技发展有限责任公司	50
省科技发展计划（第三批）	智慧社区综合信息管理平台	山东汇佳软件科技有限公司	30
国家创新基金	镀渗钨合金钻杆项目	胜利油田胜鑫防腐有限责任公司	60
	JKB性井口热胀补偿器	东营市东达机械制造有限责任公司	60
	新型侧钻工具的研发	东营博深石油机械有限责任公司	70
	化学清洗模拟试验系统	山东泰丰清洗科技有限公司	60
东营市创新基金	PW-HSOT纳米晶脂特种材料的研究与应用	东营帕瓦电力技术有限公司	30
	基于红外激光和红外热成像技术的安防监控系列产品项目	山东华网智能科技有限公司	30
	新型多孔蛋壳型含金属氧化硅微球处理炼厂气为车用及冶炼燃气的应用开发	东营三力节能工程有限责任公司	30
	化学清洗模拟试验系统	山东泰丰清洗科技有限公司	30
东营市创新基金（第二批）	高压蒸汽流量计的研发	东营市万泰石油设备有限责任公司	10
	煤层气井正压脉冲压裂技术研究与应用	山东荣兴石油工程有限公司	10
	汇佳数字化社区综合信息管理平台	山东汇佳软件科技有限公司	25
	人二倍体细胞生物反应器技术生产人用狂犬病疫苗	山东亦度生物技术有限公司	10
省自主创新重大专项	高性能铜材及复合材料深加工技术研究开发及产业化	山东天圆铜业有限公司	1 000
	新型石油钻采装备关键技术研发及产业化	胜利油田盛运机械制造有限公司	1 000
	新型石油钻采装备关键技术研发及产业化	胜利油田高原石油装备有限责公司	1 000
	新型铜冶炼清洁生产工艺技术研究开发	东营方圆有色金属有限公司	1 500
省成果转化重大专项	专用集成LED背光模组产业化技术与应用	东营泰克拓普光电科技有限公司	300
省企创新能力	省级企业技术中心创新能力建设	山东陆宇塑胶工业有限公司	45
省新能源汽车项目	6 000万AH动力锂离子电池项目	山东恒瑞锂电科技有限公司	50
省首台套项目	SHL5540TLG型连续油管作业设备(车)	胜利油田高原石油装备有限责公司	20

续表

项目类别	项目名称	申报单位	资助经费（万元）
市科技计划项目	X射线显微成像检测系统精密样品台研发	东营市三英精密工程研究中心	60
	专用集成LED背光模组产业化技术与应用	东营泰克拓普光电科技有限公司	40
	氮气雾化高级微细球形铝粉工艺项目	东营金茂铝业高科技有限公司	25
市战略性新兴技术创新项目	高温定高q值微波介质瓷料	山东国瓷功能材料股份有限公司	40
	铁路电气化用异型铜合金导线	山东亨圆铜业有限公司	40
市科技成果转化项目	连续油管作业设备的研发	胜利油田高原连续油管工程有限公司	20
	微气浮及旋转流荷电膜处理含油污水技术	山东成林高新技术产业有限公司	30
	高强复合材料内胆的研究与应用	胜利油田新大管业科技发展有限责任公司	26

【科技成果与奖励】 2012年，东营方圆有色金属有限公司崔志祥获东营市科学技术最高奖，山东鸿基机械科技有限公司初冠南获东营市科学技术合作奖，胜利油田新大管业科技发展有限责任公司的“玻璃钢小套管的研发与应用”项目、胜利油田高原石连续油管有限责公司“石油平台膜分离制氮设备及连续油管作业研发”项目、山东鸿基机械科技有限公司的“轻质铝合金底盘车架电磁辅助液压成型新工艺”项目、山东天圆铜业有限公司的“铜及铜合金接触线、承力索”项目、山东海利丰地源热泵有限公司的“高温热泵低温热大温差提升技术”项目和山东成林高新技术产业有限公司“微气浮及旋转流荷电膜处理含油污水技术”项目获东营市科技进步奖；山东海利丰地源热泵有限公司、东营泰克拓普光电有限公司获中国民营贡献奖，东营泰克拓普光电有限公司仇智勇获中国民营贡献奖优秀民营科技企业家；山东泰丰清洗科技有限公司许桂顺、东营市科维生物技术有限公司张照明获东营市创业创新奖。

【知识产权管理】 2012年，东营高新区开展知识产权培训11次，培训企业知识产权工作人员400余人次；开展“雷雨”和“天网”知识产权专项行动；4月19—26日举办为期7天的全区“知识产权宣传周”活动；与区内53家企业建立维权联络员制度，深入各企业开展专利执法检查与督导，检查企业21家，检查专利产品60余件；对特色产业核心技术的开发实施，在资金、政策等方面给予重点扶持。同年，全区专利申请量209件，其中发明专利申请40件，新增专利明星企业3家，省知识产权试点企业2家，全区专利明星企业达到6家。申请市专利实施项目5项，争取无偿资金85万元；实施区专利产业化项目13项，无偿扶持企业资金210万元。

【科技合作与交流】 2012年，东营高新区继续对区内高端产业企业进行调研，建立了完善的科技企业档案；根据企业需求及时组织专家提供相关的咨询诊断与技术服务；帮助企业寻找好的项目和技术，为企业开展产学研合作牵线搭桥。举办了人才合作座谈会5次，组织银政企洽谈会5次，帮助企业协调贷款246.31亿元。

【科技改革与管理】 2012年，东营高新区在原有的《科技发展计划专项资金管理办法》《关于推进“人才特区”建设的若干政策》《东营经济技术开发区文化创意产业优惠政策》《东营经济开发区扶持政策》等科技政策的基础上，制定、修改了《关于支持区内企业人才培训及引进人才的实施意见》《东营经济技术开发区软件及服务外包产业专项扶持资金管理办法》等10多项科技管理政策。东营软件园先后制订并实施了《东营软件园入园企业优惠政策》《东营软件园入园企业管理办法》《东营软件园水、电管理制度》《东营软件园物业监督管理考核办法》《东营经济技术开发区软件及服务外包产业发展专项扶持资金管理办法》《东营软件园突发事件应急处理预案》等一系列制度措施。专家咨询论证委员会由各个领域的国内知名专家教授组成，2012年新增专家48名，专家现从事专业覆盖到区内行业所有领域，完成了年初制定的专家计划。年内，专家咨询论证委员会为高新区论证、评审项目150余项。

【战略性高新技术产业发展】 2012年，东营高新区引进年产40万台自动变速箱项目、国际物流中心项目、年产1万套电动汽车充电桩项目、精密数控机床加工生产等55个项目，总投资194.5亿元。在机关实行“课题化设计、项目化管理、工程化推进、台账化督查、绩效化考核”，推动工作全面提速增效。

【创新型科技园区建设】 2012年，完成生态工业园路桥建设、绿化、工业燃气、滨海新材料园污水处理厂等工程建设，黄河生态城一期工程、金融大厦、金融港、国贸大厦主体内外装基本完成；三角洲国际广场、悦来湖整体开发、软件园二期等项目进展顺利，逐步提升城市功能。中规院编制完成的中心城（含开发区）总体规划方案，已报国务院审批；空港产业园总体规划已经完成设计方案；主体区控制性详细规划、西北地块规划定位研究及概念性城市设计、广利港临港产业区分区规划、广告产业园区规划均已经完成规划成果；公共服务设施规划已经委托，正在进行前期调研和资料收集。在规划设计工作中，聘请了中建院、同济大学规划院、新加坡工程集团等国内外高层次的规划设计单位编制开发区的规划。

【创新型（试点）企业培育】 截至2012年底，东营高新区有山东国瓷功能材料股份有限公司、胜利油田高原石油装备有限责任公司、东营方圆有色金属有限公司等9家创新型企业。

【技术创新服务平台建设】

"生态谷"项目 2012年，年计划完成投资1.3亿元，新增设施面积13万m^2，新增入园研发机构及企业30家，园区技工贸总收入达到25亿元，实现利税5亿元，园区竣工区总面积达到16.6万m^2。企业研发总部基地、黄河三角洲可持续发展研究院国际交流中心、科技企业孵化器、院所合作基地等主体功能区全部建成，餐厅和公寓投入使用。园区主体景观建成，启动了大学生创业基地，积极推进博士后项目、黄河三角洲重点引进人才项目、黄河三角洲学者岗项目等人才项目的申报和实施。完成1名博士后出站答辩，完成2名博士后开题答辩。博士后科研工作站在站人员达到4人。

东营软件园 2012年，中心数据机房、教育培训平台、云计算中心等稳定运行，改善了软件园网络应用环境和企业创新环境；甲骨文公共技术服务平台已完成软件的安装调试及五大子平台的开发实施，现已进入上线测试运行阶段；引进"东软在线教育平台"，已成功与东软集团、技师学院联合开展了多期软件工程师实训；云计算中心正在制订"云计算示范应用发展规划"并引进专业技术平台运维团队，旨在提供专业的技术服务保障并着力开展云计算技术推广应用。软件园二期项目主体工程已完成，现正在开展装修及弱电管网等配套工程实施，预计2013年下半年可投入使用。

【高新区规划与建设】 2012年，对东五路以西区域实施"退城进园"，集中发展现代服务业；对东五路至东八路区域实施提升改造，开展闲置和低效利用土地集中清理，搞好汽车产业园、石油装备产业园、铜产业园、高新技术走廊等专业园区建设，推动产业集约集聚发展。高新产业园规划面积12km^2，按照国家级高新区的标准实施开发，规划建设中美新能源合作产业园、生物医药产业园、电子信息产业园、先进装备制造产业园、文化创意及服务外包产业园。临港产业区规划面积86km^2，实施广利港港区城一体化开发，建设以商港为主体、旅游特色鲜明的综合性港区和区域性物流枢纽，形成陆海统筹、黄蓝融合的开发格局。全年累计完成投资约8.7亿元。

【科技企业发展】 2012年，"国家采油装备工程技术研究中心"通过国家科技部现场评审和综合评审，实现了我市国家级工程中心零的突破；东营泰克拓普光电科技有限公司公司组建的"山东省LED照明工程技术研究中心"通过省科技厅批建。东营协发化工有限公司、山东鸿基机械科技有限公司组建的省级企业技术中心通过省经信委认定，至此区内企业通过自建或依托高校院所共建省级以上研发中心达到24家，其中国家级工程技术研究中心1家、省级工程技术研究中心10家、省级企业技术中心8家、院士工作站2家、博士后科研工作站2家、省级工程实验室1家。胜利油田高原石油装备有限责任公司、山东华辰重型机床有限公司、山东中凯风电设备制造有限公司、东营泰克拓普光电科技有限公司公司4家市级工程实验室通过认定；东营宏源机械设备有限公司、东营博瑞制动系统有限公司、东营金茂铝业高科技有限公司3家市级企业技术中心以及山东威玛石油技术有限公司市级工业设计中心通过认定。

【科技活动】 1月13日，山东国瓷功能材料股份有限公司在深圳证券交易所创业板正式挂牌上市。

2月7日，高新区沃飞裸眼3D产品下线仪式举行。

3月1日，国家发改委综合司调研组一行来高新区调研。

3月8日，为引进拥有核心先进技术的加工制造业企业，高新区在日本大阪举办"东营经济技术开发区投资说明会"。

3月17日，日本JAA财团会长、日本最大的民营航空院校日本山梨航空学园校长梅沢重雄一行到高新区考察，并与科达集团就项目合作事宜进行座谈。

3月20日，全区合同能源管理经验交流会召开，区内年耗能2 000吨标煤以上企业相关负责人参加会议。

3月28日，国家发改委宏观经济研究院副院长王一鸣一行来高新区调研。

3月29日，省商务厅孟建新巡视员一行来高新区调研。

4月7日，省人大常委会副主任、党组副书记国家森来高新区调研。

4月10日，副省长夏耕来高新区调研。

4月11日，省委办公厅督查室主任解庆芝一行来高新区考察。

4月12日，省商务厅人才工作考核组在省商务厅开发区管理处处长张连峰带领下，对高新区2011年落实人才工作目标责任制情况进行考核。

5月8日，山东亨圆铜业有限公司一期年产2万t精密铜管项目投产仪式举行。

5月10日，国家发展改革委地区司巡视员陈宣庆带领国家部委黄三角地区督导检查组来高新区督导检查。

5 月 14 日，国家政协常委张龙之一行来高新区参观。

◇ 省政协副主席陈光来高新区沃飞科技进行参观。

5 月 18 日，金圆铜业有限公司 5 万 t 微电子电磁线及特种线缆项目投产仪式举行。

5 月 19 日，东营市“科技活动周”启动仪式在软件园举行。

6 月 3 日，国家质检总局调研组一行在财务司副巡视员马宝良的带领下来高新区调研。

6 月 9 日，甘肃省副省长石军来高新区考察指导工作。

6 月 11 日，省委常委、统战部部长颜世元一行到高新区调研。

6 月 19 日，省人力资源和社会保障厅副厅长黄麟英一行来高新区调研人才项目执行情况。

6 月 28 日，省半岛蓝色经济区办公室产业处处长孙涛一行 3 人 l 来高新区对蓝色经济区有关项目建设情况进行考察调研。

7 月 1 日，省黄蓝两区建设办公室政策与规划处处长杨际朝一行来高新区检查指导科技创新平台建设情况。

7 月 2 日，高新区举行黄河三角洲国际广场项目开工仪式。

7 月 3 日，省黄河三角洲高效生态经济区建设办公室产业处处长杨宝远一行，对高新区高效生态经济区有关建设情况进行考察调研。

7 月 5 日，中国航天科技集团航天技术应用部部长郭玉明一行来高新区考察投资环境。

7 月 17 日，省委副书记、省长姜大明来高新区调研，实地考察了胜利油田胜利动力机械集团有限公司。

7 月 27 日，由金凯高新投资有限公司、博龙投资管理有限公司、博龙数码科技有限公司共同发起设立的博龙石油装备产业股权投资基金在管委会举行签约仪式。

8 月 1 日，俊通汽车有限公司举行年产 20 万辆新能源汽车下线仪式。

8 月 14 日，副省长张建国一行在市委书记、市人大常委会主任姜杰等市领导陪同下来高新区调研。

9 月 6 日，驻潍坊全国人大代表来高新区调研。

9 月 22 日，省委常委、宣传部长孙守刚来高新区调研。

9 月 27—28 日，美国驻华使馆经济官贝家明及中美能源合作项目办公室率 20 余名在华投资的美国企业家来高新区进行考察访问。

10 月 24 日，龙口高新技术产业园考察团在龙口高新区工委书记、管委主任高景波的带领下来高新区参观考察。

10 月 26 日，济南军区装备部原部长王长根将军来高新区广汽吉奥和沃飞科技进行参观考察，并听取企业相关情况汇报。

10 月 31 日，省人大常委会委员、财经委副主任王同生一行来高新区调研黄蓝两区建设情况。调研组一行先后到吉奥汽车公司、沃飞 3D 产业基地和泰克拓普公司进行现场考察。

11 月 9 日，深圳 LED 企业家投资考察团一行在深圳市 LED 产业联合会秘书长李洪成的带领下，来高新区考察投资环境。

11 月 12 日，内蒙古自治区商务厅副厅长孟和达来一行在省商务厅有关人员陪同下来高新区就内蒙古自治区满洲里边境合作区与高新区开展“结对子”活动进行工作对接。

11 月 15 日，省黄蓝两区建设办公室产业处副处长王泽洋一行来高新区督查省级专项资金扶持项目建设情况。

11 月 28 日，美国麦迪森威尔市市长大卫•杰克逊一行来高新区参观。

◇ 由中国发明协会、中科招商投资（基金）管理公司联合组成的石油装备产业发展基金调研小组来高新区考察。

12 月 6 日，省交通运输厅副厅长谢涛、省港航管理局局长刘福臣一行等 7 人来高新区调研广利港规划建设工作。

12 月 21 日，国务院办公厅进出口企业调研组来高新区调研。

【项目选介】

专用集成 LED 电视背光模组产业化项目　该项目总投资 12 300 万元，其中企业自筹 5 300 万元，申请银行贷款 4 000 万元，吸引风投资金 2 000 万元。项目完成后能增加 1 000 人的就业机会，并将吸引 100 多名 LED 行业顶尖专业人士落户东营，在一定程度上缓解国内 LED 背光模组销量供不应求的局面。该项目建设完成后，年可新增销售收入 50 000 万元，年新增利税 9 635 万元，使产品型号增加 3 种，新增国家专利 6 件。

深水水下连接系统及关键设备研制项目　该项目总投资 8 000 万元。已完成适用于 1 500m 水深水下连接器的总体方案与概念设计研究。项目突破套筒式、卡箍式和螺栓法兰式 3 种深水水下连接系统设计、分析、测试等关键技术，系统掌握 3 种类型水下连接系统关键制造技术，打破国外技术垄断，实现水下生产系统及关键设备产业化。项目完成后，总体技术水平处于国际先进水平。该项目可实现年产 200 台（套）水下生产系统及关键设备的生产能力，新增产值 3 亿元，同时实现工程技术服务 3 亿元，预计实现利润 6 000 万元。项目已获发明专利授权 5 件，实用新型专利授权 3 件，计划再申请专利 7 件，其中发明专利 2 件。

海洋石油钨合金防腐钻杆研发与产业化项目　该项目由胜利油田胜鑫防腐有限责任公司组织实施。主要内容是研究石油钻杆镀渗钨合金防腐技术，开发高端海洋油气装备。项目属于海洋新兴产业领域，技术关键是应用三层复合电镀技术，通过负移中间层电极电位提高防腐性能，同时将钨元素引入镀层提高镀层的耐磨性能；运用该技术解决了钻杆丝扣易腐蚀问题，技术水平达到国际先进水平。公司自主设计安装国内首条专业电镀立式生产线，实现工业化高效生产，采用独特的前处理工艺设计，使用不溶性惰性阳极，开发应用了封闭内循环工装，对镀液进行了再生循环利用，实现了镀液无外排的清洁节能生产。胜鑫公司是一家专业从事油田管杆防腐的国家高新技术企业，现拥有专利 18 件，在石油装备防腐业中处于领先位置。海洋石油钨合金防腐钻杆项目实施后将申请 2 件以上发明专利，5 件实用新型专利，预计 2015 年项目销售收入将达到 1.6 亿元，为海洋采油节省大量资金成本。

（东营高新区　崔　娜　薄其捷）

日照高新技术产业开发区

【概述】　2012 年，日照高新技术产业开发区（以下简称日照高新区）实现规模以上企业工业总产值 164 亿元，工业增加值 46 亿元，主营业务收入 122 亿元，利税 9 亿元，均实现 20% 以上的增长；完成进出口总额 75 589 万美元，同比增长 25%；完成固定资产投资 88 704 万元，同比增长 33%。

【科技计划与项目】　2012 年，日照高新区筛选、上报科技计划项目 48 项，审批 22 项。沪鸽齿科的“高耐磨合成树脂牙”项目获省火炬计划立项；活点网络的“Hospot 物联网智能交换机”、友信信息的“农产品贸易直销自动监控追溯系统开发”等 6 个项目获省科技计划项目立项，获批资金 132 万元；鸿泰机电的“2010-6 型大型变压器在线监测系统的开发与应用”、大鸿科贸的“基于 Hospot 技术的物联网智能化传感器”等 3 个项目获省创新基金，获批资金 90 万元。高新区全年科技投入 6.8 亿元，占销售收入的 5.6%。

【科技成果与奖励】　2012 年，日照高新区有 11 项科技成果通过鉴定。活点网络获全国信息化与工业化融合成果展览会先进单位。“水产品加工副产物高值化利用关键技术研究”和“柠檬酸生产菌株复合诱变育种技术及高强度浓醪发酵工艺”两个项目通过省科技成果鉴定，“水产加工废弃物中提取食品胶原蛋白技术开发”项目通过省农业科技成果转化鉴定，“甲磺酸帕珠沙星氯化钠注射液的研制”“热处理回火炉集中智能控制系统”和“圆锯片基体淬火线自动上片机械手”等 6 个项目通过省新产品新技术鉴定。

【知识产权管理】　2012 年，日照高新区申请专利 130 件，获得专利授权 88 件，其中“柠檬酸原料预处理工艺”“利用工业絮状污泥制备颗粒有机肥的方法”和“柠檬酸发酵醪业的处理方法”等 11 件专利获发明专利授权。洲明 RFID 校园智能管理系统软件 1.0、饮品保鲜控制监测系统 V1.0 等 6 件软件产品获得软件产品登记。

【科技合作与交流】　2012 年，日照高新区积极开展多层次、多批次、多学科的“企业院校行”和“专家企业行”活动，搭建产学研合作平台，推进校企合作，与中国科学院、中国海洋大学、山东农业大学、青岛科技大学等高校院所建立了长期科技合作关系，通过共建技术研发机构、委托培训人才、共同承担科技计划等方式，培养提升了一批技术人才，解决了一批制约企业发展的技术难题。日照贝尔机械有限公司与山东大学威海分校合作研制的“BL 智控高速织机”为国内首创，达到国际先进水平。贝尔机械已与东华大学签订合作协议，共建院士工作站。华仁药业先后与中国药科大学、山东大学药学院、济宁医学院、山东药品检验所、山东省医科院药物研究所等高校科研院所建立了长期稳定的合作关系，并取得了良好成效，累计完成合作攻关项目 20 余项，研发新产品 10 余项。其中，与中国药科大学合作研发的国家三类新药甲磺酸帕珠沙星注射液获科技进步奖，与山东大学合作研发的羟乙基淀粉 130/0.4 原料药一举打破了外资企业对该品种的市场垄断，填补了国内空白。金禾生化集团有限公司先后建成博士后工作站和国家级实验室，聘请天津科技大学、山东省科学院的博士后进站工作，为公司解决科研难题提供人才和技术支持。

【创新型科技园区建设】　2012 年，日照高新区创业服务中心被国家科技部认定为国家级科技企业孵化器。孵化器总占地面积 18 万 m^2，规划建筑面积 21.7 万 m^2，计划总投资 8 亿元。年内已完成投资 4 亿元，建成创业研发、中试厂房 5 万 m^2，创业孵化楼培训和会议中心楼 2 座 3.6 万 m^2，生活服务设施 0.6 万 m^2，建设公共技术平台 3 个，引进培训咨询机构 4 家，引进融资服务机构 4 家。自有孵化资金 500 万元，共孵化企业 115 家，其中在孵企业 83 家、毕业企业 27 家、退出 5 家，孵化期满毕业率 84%。孵化企业中新信息、新医药、新材料、节能环保等战略性新兴产业所占比重达到85%以上。孵化企业累计申请专利287件，获得授权176件，建设市级以上研发机构48个。日照高新区信息技术产业园被省经信委认定为第一批山东省信息技术产业园。

【创新型企业培育】 2012年，日照高新区加强高新技术企业培育和创新申报工作，2家企业申报通过省级高新技术企业，12家企业申报通过市级高新技术企业后备，省级工程实验室申报2个，市级工程实验室、技术中心申报通过7家，4家企业申报通过省级名牌和服务业名牌，海恩锯业、东升地毯等企业的6个项目列入省创新项目。

【技术创新服务平台建设】 2012年，由日照高新区主导，山东南湖软件科技股份有限公司承办，山东大学软件学院实训中心、山东领信信息科技股份有限公司、日照市软件外包产业技术创新战略联盟协办，建设完成高新区软件工程人才实训平台。该平台是一个基于开放式软件工程人才实训培养的社会公共创新服务平台。平台整合政府、企业、人才、市场4个方面的资源，由政府主导、企业化运营管理，为各信息产业企业公司服务，实现资源整合共享、企业与人才互动共赢。通过实训平台，各软件企业可以完成有针对性的人才培养实训计划，通用平台的共享资源低成本的获得高价值的技术人才，完成企业技术团队的组建和扩充。

【高新区规划与建设】 2012年，日照高新区坚持"大高新区"的发展理念和"扩大外延、丰富内涵"的发展要求，启动了新一轮发展战略研究，完成香店河沿岸地块控规、西区概念性规划，对建成区控制性规划进行修编，对"海曲新城"片区进行规划论证和城市设计规划，对北区进行重新规划，并对道路、路灯等基础设施进行了配套。年内，投资1.67亿元，对204国道以西山海路、学苑路和两条园中路等4条道路进行了配套建设，完成道路硬化3.3万m^2、绿化23万m^2，铺设雨、污水管线12km，安装路灯230基，提升了园区的基础设施建设水平和项目承载能力。

【科技活动】 2月14日，工业和信息化部电子信息司视听产品处处长梁峰一行到高新区就技术对接及产业转移进行调研。

4月15日，高新区和山东荣信食品集团共同举办"借力蓝色海洋经济，助推企业创新发展"研讨会。

4月25日，高新区首届"美爵信达"杯电子信息技术大赛在电子信息产业园举行。

6月21日，山东大学、高新区管委就共建山东大学(日照)创业实践基地签订合作框架协议。

7月18日，山东残友高科技创业园区项目正式落户高新区。

8月30日，在山东省第四届文化创意产业博览交易会上，高新区的智能化终端自动存储项目和软件工程创业人才实训基地两个项目成功签约。

9月10日，青岛华仁药业股份有限公司和山东洁晶集团股份有限公司合作项目签约仪式在高新区隆重举行。

10月30日，国家外国专家局在国内设立的第一个国家级引智试验区——中国蓝色经济引智试验区正式在高新区国际服务外包示范基地1#研发楼挂牌成立。国家人力资源和社会保障部副部长、国家外国专家局局长孙建国，山东省副省长孙绍聘等领导出席挂牌仪式。

11月6日，市外侨办主任秦秀云来高新区国际服务外包示范基地调研，筹备在园区设立省级华人华侨创业园事宜。

【科技人才管理】 2012年，日照高新区成立招才引智管理办公室，出台《加强人才队伍建设的意见》《日照高新区引进高层次人才暂行办法》《关于对创新企业的奖励办法》等文件，为高端管理人才、专业技术人才的引进提供政策依据。引导和支持企业把"招商引资"与"招才引智"相结合，以项目为纽带，采取咨询、讲学、兼职、项目聘用、技术合作、人才租赁等柔性流动方式引进高层次科技和经营管理人才，解决好外来人才的科研经费、户籍关系、子女就学、住房等实际问题，解除他们的后顾之忧。同年，引进残友科技创新团队、甲骨文科技创新团队和泰山学者1人。

【项目进展选介】

甲骨文云实训基地项目 该项目由山东华信工贸有限公司和Oracle公司(甲骨文科技股份有限公司)联合开发建设，其中山东华信工贸有限公司主要负责资金筹措和项目建设，Oracle公司主要给予技术支持。该项目计划面向山东地区高校、社会团体、企业客户架设甲骨文的云实训基地，建成后会有70万~80万的甲骨文直接用户群接入。实训基地建设分三期：一期纯公益课程，面向所有客户群；二期面向高校和社会培训团体，让学生进入实训基地；三期面向企业。项目计划总投资9 800万元，年内已投入资金1 500万元，主要进行一期的建设和运营。项目建成后，预计可实现年产值1 500万美元，利税150万美元，带动就业200人。

残友高科技创业园区项目 该项目由山东华和科技创业投资有限公司和深圳残友集团股份有限公司合资成立，主营计算机软硬件开发、销售，平面设计，多媒体设计，计算机系统集成，数码产品，移动通信设备开发、销售，普通货物进出口等相关产业。该项目力争实现"残疾人人脑加电脑"的模式，建立小而全的产业结构、低价高效的产业环节，孵化基础知识产业环境，着重研发创新与转化，吸引高端知识群体，为全省创业学子与科技机构提供肥沃的土壤。计划总投资2.2亿元，其中一期工程"残友科技产业区"投资6 000万元；二期工程"残友信息技术研究院”“残疾人培训就业示范基地”投资6 000万元；三期工程“残友国际疗养康复中心”投资1亿元。2012年，已投入资金2 000万元，进行一期工程的开发建设。

旭龙光电项目 该项目由日照旭龙光电科技有限公司投资建设。公司引进国际一流的生产设备和检测设备，主导产品为平板电脑、智能电视、智能手机电容式触摸屏用罩板玻璃。计划在未来三年，打造全球知名的中大尺寸触摸屏罩板玻璃(COVER GLASS)和大尺寸智能电视触摸屏玻璃的制造和研发基地。公司主要工程技术人员及高级管理人员来自全球知名的玻璃高科技企业，在罩板玻璃的关键生产领域拥有自主创新的知识产权，技术水平和工艺水准处于国际一流水平。项目计划总投资1亿元，年产平板电脑、智能手机触摸屏用罩板玻璃3 000万片(以7″产品为口径进行折算)。2012年，已投入资金1 500万元，进行厂房的装修和设备的采购。

华仁药业项目 该项目是青岛华仁药业股份有限公司收购原山东洁晶药业有限公司嫁接改造而成，公司是一家专业化从事大容量注射剂、冲洗剂及原料药生产的高新技术企业。2012年，公司计划投资16 000万元新上3条具有公司自主知识产权的双管双阀非PVC软袋输液生产线，其中灌装设备全部采用德国普卢麦的进口设备，同时将建设一个全自动的立体化仓库。项目完成达产后公司将实现新增产能1亿袋、产值5亿元。

凯讯电子项目 该项目由日照凯讯电子有限公司投资建设，公司主要从事专业自动寄存设备的生产和研发，是国内最大的电子寄存柜生产企业。该项目总投资5 000万元，主要生产由其公司自主研发的具有联网功能的储物柜包裹自取智能终端设备，2012年，已投入资金1 000万元。项目全部建成投产后，预计总产出量将达到5 000组(1主控4单体)，年可实现产值2亿元，利税1 900万元。

(日照高新区)

莱芜高新技术产业开发区

【概述】 2012年，莱芜高新技术产业开发区(以下简称莱芜高新区)实现GDP 233亿元，同比增长25%；全区规模以上工业企业累计完成产值585亿元，同比增长20%；完成规模以上工业增加值159亿元，同比增长15%；完成固定资产投资147亿元，同比增长30%；完成地方财政收入15.4亿元，同比增长25%；实现进出口总额3.9亿美元，其中出口2.9亿美元。

【科技计划项目与经费】 2012年，莱芜高新区组织申报市级以上科技计划项目58项，列入各级科技发展计划27项(如表所示)，获无偿资金3 500万元。

2012年莱芜高新区新上科技项目

项目名称	项目类别	承担单位
基于Cortex核的新一代数字化仪表系列芯片	省自主创新专项	山东力创科技有限公司
仪表总线接口芯片研发	省科技发展计划	
微功耗32位SOC级微控制器芯片研发	省科技发展计划结转项目	
皮秒级超声波测量芯片研究与产品开发	市科技发展计划	
植物秸秆生产纤维素酶产业化	省火炬计划	莱芜泰禾生化有限公司
复合材料消音硬质合金锯片基体制造技术产业化开发	山东省自主创新成果转化重大专项	山东黑旋风锯业有限公司
硬质合金锯片基体研制及产业化	省火炬计划	
高性能橡胶增粘用烷基酚乙炔树脂	省自主创新专项	山东莱芜润达新材料有限公司
千吨级酚醛维关键技术及装备开发	市科技发展计划	
省企事业单位专利创造能力培育项目	省知识产权局项目	
高效阻燃酚醛泡沫保温材料用酚醛树脂产业化	省火炬计划	

续表

项目名称	项目类别	承担单位
SV精密节能高速全电动注射成型机	国家科技型中小企业创新基金	山东胜岳精密机械有限公司
SV精密节能高速全电动注射成型机	省科技型中小企业创新基金	
SV精密节能全电动精密注射机	省中小企业发展专项资金产业集群	
柴油内燃机喷油系统粉末冶金调节齿圈	国家科技型中小企业创新基金	山东呈瑞粉末冶金有限公司
柴油内燃机喷油系统粉末冶金调节齿圈	省科技型中小企业创新基金	
优质猪肉生产链中重金属残留的风险评估与预警技术	省科技发展计划	得利斯(莱芜)畜牧科技有限公司
矿用隔爆型高压选择性漏电保护装置	科技部科技型中小企业技术创新基金贷款贴息项目	山东能源电器股份有限公司
橡塑机械专用减速机生产项目	省中小企业发展专项资金产业集群	山东天龙机械制造有限公司
服务中心改造升级项目	省中小企业发展专项资金产业集群	莱芜塑料研究所
轨道机车用高压电缆局部放电在线检测装置	市科技创新基金	山东希波电气科技股份有限公司
新能源低速短程电动车	市科技创新基金	山东昊宇车辆有限公司
环保型综合贯通导电高分子护套料	市科技发展计划	山东德美特缆有限公司
环保型综合贯通导电高分子护套料	省中小企业发展专项资金重点项目	
汽车覆盖模具短流程工艺研究	市科技发展计划	山东凯盟汽车模具有限公司
微滴灌稳流式旁通开发	市科技发展计划	山东莱芜金雨达塑胶有限公司
智能化全数字抵押滤波补偿装置	省中小企业发展专项资金重点项目	山东通力电力电气有限公司

【科技成果与奖励】 2012年，莱芜高新区通过省级科技成果鉴定9项；获省市科技进步奖9项，其中山东力创科技有限公司的“微功耗皮秒级时差信号捕捉与测量芯片”、山东黑旋风锯业有限公司的“Φ100mm—Φ600mm复合型消音硬质合金锯片基体”、山东泰丰纺织有限公司的“纳米硒聚酯纤维／埃及棉大提花面料的开发及应用”3个项目获省科技进步三等奖；山东力创科技有限公司的“供热计量与温控一体化系统”、山东莱芜润达新材料有限公司的“酚醛纤维”等6个项目获市科技进步奖；获山东省技术市场科技金桥奖5项；获省知识产权局专利奖1项；省建设技术创新奖1项；省中小企业自主创新奖1项；省优秀节能成果1项。

【知识产权管理】 2012年，高新区内企业专利申请和授权量达到152件，其中申请专利71件（发明专利19件），授权专利81件（发明专利10件）。其中山东力创科技有限公司专利申请授权量突破50件，莱芜市凤凰新能源科技集团有限公司、山东能源电器股份有限公司、山东爱地高分子材料有限公司、山东朗进科技股份有限公司及山东威马泵业有限公司等5家企业专利申请授权量突破30件。山东能源电器股份有限公司、莱芜泰禾生化有限公司、莱芜市凤凰新能源科技集团有限公司、莱芜兴业滤材树脂有限公司及山东泰丰纺织有限公司等5家企业获批中国专利山东明星企业，目前区内中国专利山东明星企业达到12家。

【科技合作与交流】 2012年，莱芜高新区积极推进产学研合作工作，年初制定下发了《高新区产学研活动实施方案》《企业基本情况表》《全区企业科技人才、院校合作情况统计表》及《企业技术难题、技术需求登记表》，通过对区内科技企业进行调研，逐步建立完善科技企业档案，征集企业技术难题43个并编印成册向各大院校推介，进一步扩大合作范围。同年，有33家企业36个项目与33家科研院校签订了技术合作协议书。区内80%的规模以上企业与中科院、清华大学、北京大学等70多所高等院校、科研机构建立合作关系。

【科技企业发展】 2012年，莱芜高新区新认定省级高新技术企业2家——山东能源电器股份有限公司、山东胜岳精密机械有限公司；新认定国家火炬计划重点高新技术企业1家——山东莱芜润达新材料限公司；新增院士工作站1个——山东莱芜润达新材料有限公司；新增省级工程技术研究中心1家——山东力创科技有限公司；新增省级企业技术中心2家——山东能源电器股份有限公司、山东胜岳精密机械有限公司；新增省级一企一技术研发中心2家——山东朗进科技股份有限公司、山东金田水利科技有限公司；新增市级企业技术中心6家——莱芜华盛彩印包装有限公司、山东星极光电科技有限公司、山东丰润机械制造有限公司、山东御鼎冷弯型钢有限公司、山东朗进通信有限公司、山东润辰工贸有限公司；新增省创新型试点企业2家——莱芜泰禾生化有限公司、莱芜兴业滤材树脂有限公司；新增省创新型企业4家——山东朗进科技股份有限公司、山东能源电器股份有限公司、山东威马泵业有限公司、山东莱芜润达新材料有限公司。截至年底，高新区拥有省级高新技术企业12家，国家火炬计划重点高新技术企业5家，博士后科研流动站2个，院士工作站2个，省级工程技术研究中心6家，省级企业技术中心9家，省级创新型试点企业10家，省级创业服务中心1家，市级企业技术中心23家。

山东莱芜润达新材料有限公司 该公司注册资本3 000万元，资产总额14 835万元，占地面积约45 000m²，现有员工116人，其中大专以上文化程度的73人，占全部员工的62.9%，为省高新技术企业、省优秀民营科技企业、山东省重点扶持的1 000家成长型中小企业之一。公司主要产品为高性能改性酚醛树脂及其制品，为山东省著名商标，产品广泛应用于铸造造型、摩擦材料、耐火材料、磨具磨料、油田、轮胎、电子、航空航天等行业，产品技术处于国内领先水平，年综合生产能力2万t，居全国同行业第二位。公司拥有省级企业技术中心和省酚醛树脂工程技术研究中心。2012年被认定为国家火炬计划重点高新技术企业，成功建成院士工作站。公司拥有研究开发人员29人，其中高级工程师4人、工程师11人、聘请专职教授1人、博士1人，与中科院化学所、华东理工大学建立长期合作关系；拥有标准化实验室和扩试车间1 800m²，拥有凝胶渗透色谱仪、综合热分析仪、红外光谱仪等先进检测仪器30余台。中心自成立以来已累计开发新产品50多种，其中“改性多元接枝氯丁胶粘剂”“PVC—尼龙织物复合用胶粘剂”“铝—塑复合管专用粘接树脂”“高性能汽车刹车片树脂”“酚醛树脂/蒙脱土纳米复合材料”“耐高温芳烷基酚树脂”等6种产品先后被评为国家级新产品。先后承担国家、省、市科研项目20余项，获国家发明专利8件。

山东能源电器股份有限公司 该公司注册资金5 000万元，占地面积6.67hm²(100亩)，建有标准车间厂房30 000m²，技术中心2 000m²，员工500余人，其中大专以上学历人员达到50%以上。该公司是一家集矿用防爆电器、矿灯、矿灯智能充电管理装置、矿用变频器、矿山综合自动化系统研发、设计、制造、安装及机械加工制造于一体的机电设备制造公司，是新矿集团电器设备制造修理专业化公司。公司拥有省级企业技术中心1个，各类技术人员100余人，其中专职研究开发人员36人。公司与新矿集团技术中心自动化研究所、中国矿业大学、山东科技大学和山东省科学院建立长期技术合作关系，是省高新技术企业、省企业技术中心、省创新型试点企业、省企业实习实训基地、中国专利山东明星企业、山东省企业专利协会理事单位。近年来，公司从资金、人员、试验设备等方面大力支持科技创新工作，先后获得30余件发明和实用新型专利，多项科技成果鉴定。公司销售区域覆盖到国内的大部分煤炭生产区域，并出口到国外。2012年公司总资产达2.86亿元，实现年销售收入2.17亿元，利税5 859万元。

山东华冠智能卡有限公司 该公司是公安部第二代居民身份证定点加工企业六家之一，成立于2001年5月10日，注册资金5 440万元，是中国信息产业商会智能卡委员会会员单位，山东省RFID产业联盟会员单位，拥有莱芜市企业技术中心、山东省射频识别(RFID)工程技术中心。2012年被省经济和信息化委、省教育厅等联合确定为省企业实习实训基地。公司引进美国最先进的制卡生产线及全套质检设备和德国五色印刷机、电子标签设备、裱磁机，专业生产非接触式IC卡、双界面卡、接触式IC卡、RFID电子标签、RFID读写机具及系统集成。年产非接触式IC卡8 000万张，接触式IC卡及双界面卡3 000万张，RFID电子标签8 000万张，读写机具10万台套。产品在国内公共交通、市政一卡通、上海世博会、高速公路收费、政府机关及校园一卡通、山西省道路运输证等领域广泛使用，并远销到香港、意大利、摩尔多瓦等国家。截至年底，公司为公安部供应第二代居民身份证8 000余万片，累计提供社会卡片超过一亿片。全年完成产值6 000万元，实现销售收入4 900万元，利税900余万元。

【高新技术产业孵化园建设】 高新技术产业孵化园由高新区管委会和入驻企业共同投资建设，计划总投资20亿元。主要建设综合孵化大楼，设计楼高85.2m，地上20层，地下1层，规划总建筑面积5万m²，并配备必要的通用仪器设备。孵化园可容纳200家高科技企业，主要引进电子信息、新材料、光机电一体化、节能环保、网络工程、生物医药六大新兴产业的高层次创新创业型人才、高科技企业和研发机构，力争3年内升级为国家级高新技术创业服务中心，努力打造成为全市高层次人才聚集的高地、自主创新创业的洼地、高新技术成果转化的基地。

【高新区规划与建设】 2012年，高新区牢固树立“产城一体”的理念，以建设“宜居宜业的现代化生态新城区”为目标，实施了一批城建重点工程。组织实施了北部新城区的总体城市设计、核心区修建性详细规划等各类规划9项。推进以科技人才苑为代表的一批重点城建项目，其中投资20亿元的高新技术产业孵化园施工至地上第10层；总面积9.3万m²的滨河公园开工建设；隆福星河城、云溪花园等一批“城中村”改造项目进展顺利，年内建成住房71万m²，主体完工住房41栋25万m²，完成“城中村”拆迁扫尾40万m²，三年来累计完成拆迁210万m²，全区已有20个村居全部完成拆迁。新修续建道路6km，铺设污水、供热、燃气管网33km，安装路灯680盏，新增绿化面积14万m²；改造变电站1座，新建变电站2座。

【项目选介】 2012年，高新区新引进过亿元项目48个，计划总投资436亿元；其中过10亿元大项目14个，主要有投资90亿元的中天科技园、投资50亿元的V6汽车发动机、投资50亿元的汽车车桥、投资15亿元的海纳齿轮桥箱、投资12亿元的风力发电机组等项目。项目推进方面，上年开工续建过亿元项目42个，计划总投资342.3亿元，其中过10亿元项目13个，有26个项目建成投产，其中19个项目“当年开工、当年投产”。

中天科技园项目 该项目由山东中天集团独资建设，计划总投资90亿元，规划总占地面积66.67hm²（1 000亩），是高新区引进的特大型项目，属新建项目。整个科技园实行“一次性规划、分项目建设”，主要建设铝合金电缆新材料、高性能聚酰亚胺双向拉伸薄膜及高科技材料研发中心、物流中心等项目。全部建成达产后，可实现年销售收入200亿元，利税30亿元。首先开工建设的是占地20hm²（300亩）的高性能薄膜项目，计划总投资20亿元，主要建设6（8）座生产车间及办公、研发等设施，总建筑面积14万m²。

环球V6发动机总成项目 该项目由美国环球汽车零部件集团独资建设，计划总投资50亿元，建设期2年半，属新建项目。规划总建筑面积25万m²，主要生产V6汽车发动机和高档商务用车，已累计完成投资21.96亿元。项目于2012年5月28日全面开工，至8月28日仅用90天两座车间全部竣工，建成车间8万m²；到位缸体生产线、缸盖生产线、发动机组装线、凸轮轴生产线、曲轴生产线5条，各类设备500多台套。全部建成达产后，年产V6汽车发动机20万台，高档商务用车10万辆，年销售收入300亿元，利税45亿元。

海纳齿轮桥箱项目 该项目由西安百盛国贸有限责任公司和山东丰润机械制造有限公司合资建设，计划总投资15亿元，建设期12个月，属新建项目。项目规划建设车间4座以及科研楼、办公楼等配套设施，总建筑面积14.4万m²。项目于2012年5月28日全面开工建设，9月底总建筑面积14万m²的4座车间全部完工；到位格林森、奥利康等生产线10条，变速箱装配流水线、噪声检测流水线、喷涂流水线等生产线9条，各类设备200余台套。全部建成达产后，年产变速箱10万台、轻卡配件700万件（套）、电动摩托4万台，年销售收入50亿元，利税7亿元，安置就业800人。

维达高档生活用纸项目 该项目由香港主板上市企业、国内最大的生活用纸制造商维达国际控股有限公司独资建设，是2012年正月十六开工奠基的全市十大重点项目，属新建项目，累计完成投资3亿元。项目总规划产能60万t，可实现年销售收入100亿元，利税15亿元。其中，项目一期计划总投资10亿元，规划建设车间9座以及办公楼等相关附属设施，总建筑面积8万m²，主要从意大利、德国引进自动化生产线8条，建设期18个月。一期项目建成达产后，年产高档生活用纸15万t，年销售收入20亿元，利税3亿元，安置就业1 500人。

中电科普瑞光电项目 该项目由中电科普瑞光电科技有限公司投资建设，计划总投资10亿元，建设期1年，属新建项目。项目一期工程总投资4亿元，建设车间2座及研发中心等设施，总建筑面积5万m²。其中，1号车间8月初开工建设，28天完成基础施工，45天完成主体施工，10月份车间竣工，已到位生产线6条；2号车间和研发中心等配套设施10月份开工，目前已完成主体施工。项目全部建成投产后，年产大功率LED路灯标准化模组400万只，大功率LED路灯100万盏，年可实现销售收入25亿元，利税4亿元，将成为国内最大的大功率LED路灯生产企业。

东正汽车车桥项目 该项目由新华都市传媒（北京）有限公司投资建设，计划总投资50亿元，规划总建筑面积15万m²，建设期2年，属新建项目，主要生产工程车辆、小型轿车等车桥总成。建成达产后，年产各类汽车车桥160万件，年销售收入80亿元，利税16亿元。

（莱芜高新区 朱彩峰）

滨州高新技术产业开发区

【概述】 2012年，滨州高新技术产业开发区（以下简称滨州高新区）完成固定资产投资51.03亿元，同比增长28.8%；完成高新技术产业产值9.78 亿元，同比增长18.98%；实现财政总收入3.85亿元，同比增长30.5%，其中地方财政收入2.54亿元，同比增长42.04%，主要经济指标增幅继续位居滨州市前列。

【科技项目与成果】 2012年，滨州高新区组织申报各类科技计划项目30余项，获批立项省级以上项目7项，其中省自主创新成果转化重大专项1项，省科技型中小企业创新基金1项，省科技发展计划2项、省星火计划2项、省火炬计划1项，争取无偿资金340万元。年内，组织3项科技成果通过省市级鉴定，其中滨州丰华橡胶粉制造有限公司完成的“精细橡胶粉自动化生产工艺研究与应用”成果达到国际先进水平；山东民强生物科技有限公司完成的“SD金属压花装饰一体化保温系统”以及滨州高新区小营街道办事处中心卫生院和滨州市滨城区市立医院合作完成的“大剂量维生素C合用药用炭对百草枯的消化道阻断吸附作用的治疗方法”成果达到国内领先水平。愉悦家纺与青岛大学合作的“活性染料湿固色系统技术研究及产业化应用”项目获2012年省科技进步二等奖。全年获滨州市科学技术最高奖1项、科技进步二等奖1项、三等奖5项。滨州市金毅设备有限公司申报的“10万台自起动稀土高效节能电机”项目获省中小（民营）企业科技进步一等奖。山东科伦药业有限公司获省技术市场科技金桥奖先进集体，董事长龙泽英被评为省技术市场科技金桥奖先进个人。山东华阳油业有限公司的“年产2万t生物柴油基钻井液”项目获省技术市场科技金桥奖优秀项目一等奖，“聚丙烯和苯乙烯－乙烯－丁烯－苯乙烯共聚物无缝输液袋的研制”的项目获省技术市场科技金桥奖优秀项目二等奖。愉悦家纺的“棉型织物清洁印染关键技术产业化开发”项目列入省2012年自主创新成果转化重大专项计划。滨州市金诺机电科技有限公司“新型电磁负荷独立设置轴向磁场永磁无刷电机研究与开发项目”和山东天泽源生物科技有限公司“年产5万t果糖糖浆产业化示范项目”列入省2012年科学技术发展计划政策引导类项目。滨州市甘德电子科技有限公司“大功率LED驱动芯片及系统设计、研发及产业化”项目列入2012年省重点建设项目。

【知识产权管理】 2012年，滨州高新区获知识产权授权58件，包括发明专利3件、实用新型专利41件、外观设计专利1件、软件著作权13件。愉悦家纺的发明专利“一种纺织品面料的冷轧堆染色方法”获滨州市专利奖最高奖、“一种植绒布的印花方法”获第十三届山东省专利三等奖，愉悦家纺晋升为中国专利山东明星三星级企业。

【技术创新服务平台建设】 2012年，滨州高新技术创业服务中心一期工程的中试车间、综合楼、科技成果展厅、科技公寓等8栋建筑建成启用，二期工程总建筑面积5.5万m^2的科技大厦A座开工建设。年内，创业中心成功申报了滨州市留学人员创业园、滨州市大学生创业园、滨州市大学生创业孵化基地、滨州市市级小企业创业辅导基地。武汉理工大学滨州研究院落户高新区孵化器，为高新区企业与武汉理工大学开展技术合作搭建了有利的载体。高新区积极与中科院山东综合技术转化中心进行对接，争取在高新区设立分中心，促进中科院前沿科技成果在区内进行转化。正元畜牧“滨州市无抗肉鸡工程技术研究中心”获批建设。愉悦家纺成功申报“滨州市清洁染整技术企业重点实验室”。年内，滨州高新区大力推进“十百千”人才工程，引进博士、专家11人，其中“泰山学者”1人、3名专家达到“千人计划”评选标准。在2012年全省高新区人才工作目标责任制考核中，高新区名列第12位。愉悦家纺、正元畜牧、邦奥科技、金毅设备、甘德星森电子等5家企业建立企业技术中心，愉悦家纺与青岛大学、江南大学合作建立的“山东省生态纺织品工程技术研究中心”被认定为省级工程技术研究中心，与美国亨斯迈纺织染化有限公司、瑞士科莱恩化工有限公司合作开展的“山东省中美清洁生产染整技术合作研究中心”建设被列为2012年度“山东省国际（港澳台）科技合作平台”建设项目。

【科技企业发展与产学研合作】 2012年，滨州高新区内企业山东省滨州市鑫通机械有限公司被新认定为高新技术企业。愉悦家纺与中科院微电子研究所“百人计划”研究员王守国博士合作的等离子体设备项目进入对接试验阶段。丰华橡胶与青岛科技大学合作开发的高质化胶粉的制备与应用项目改善了橡胶的反应活性、相容性与分散性，提高了市场竞争力。愉悦家纺申报的“山东省中美清洁生产染整技术合作研究中心”被列入2012年度“山东省国际（港澳台）科技合作平台”建设名单。滨州市华茂工贸有限公司与山东大学合作研发的“缩合醇无规聚醚DC－100”项目列入2012年省科技型中小企业创新基金项目。

【科技活动】 2月8日，省经信委总工程师徐铎善一行来高新区调研。

2月17日，山东民强生物科技有限公司发酵法L－精氨酸项目、滨州软件产业园暨50万套智能通信产品项目开工奠基仪式在高新区举行。

3月6日，山东科伦药业有限公司取得国家食品药品监督管理局12个《药品补充申请批件》，被批准允许在保留原玻璃输液瓶包装的基础上，增加聚丙烯和苯乙烯－乙烯－丁烯－苯乙烯共聚物共混物输液袋包装，质量标准执行中国药典2010年版二部。

4月17日，武汉理工大学滨州研究院在高新区科技企业孵化器挂牌成立。

4月19—21日，党工委书记、管委会主任傅成栋一行到江苏、常州、无锡高新区考察学习。

5月1日、5月16—17日、9月18—20日，党工委副书记、纪工委书记郭华庆一行分别到临沂国家高新区、烟台高新区和浙江宁波国家高新区考察学习。

6月3日，中国新兴（集团）总公司投资开发事业部书记、常务副总经理王英奎一行来高新区考察。

6月20日，省人社厅党组副书记、副厅长黄麟英一行来高新区考察留学人员创业园建设情况。

7月6日，滨州星森电子科技有限公司、滨州市甘德电子科技有限公司开工典礼在高新区省级科技企业孵化器举行。

7月10—13日，党工委书记、管委会主任傅成栋，党工委委员、管委会副主任、高创中心主任胡洪涛赴香港参加2012年香港山东周暨滨州（香港）项目推介活动。

7月31—8月5日，党工委委员、管委会副主任、高创中心主任胡洪涛随市政府考察团赴韩国参加2012年韩国丽水世博会和“山东周”活动。

8月6日，滨州市大学生创业园揭牌仪式在高新区省级科技企业孵化器举行。

9月6日，滨州市金毅设备有限公司举行“载重车辆油气混合动力改造”项目新闻发布会。

10月28日，中油中泰燃气集团董事长苏士峰来高新区考察。

10月29日，山东科伦药业有限公司聚丙烯软包装注射液项目通过国家药监局专家组GMP标准现场检查验收。

12月9—21日，党工委委员、管委会副主任、党群工作部部长孙文利随市人力资源和社会保障局海外招聘团赴德国、法国、比利时进行海外高层次人才招聘。

12月14日，中国民营企业家协会常务副会长张训滨一行来高新区考察并洽谈项目。

【项目选介】

民强生物年产3 000t L-精氨酸产业化示范项目 该项目由山东民强生物科技有限公司独资承建，江南大学、山东省滨州畜牧兽医研究院和滨州学院提供技术协助。项目原料采用自主研发的TA189菌种，该菌种具有较高的产酸能力和糖酸转化能力，可重复性强，遗传性能稳定，提取精制收率达到65%。该项目综合技术达到国内领先水平，其实施将打破我国高品质氨基酸主要依赖进口的局面，对缩短与国外企业之间的技术差距具有积极的促进作用，同时对加快我国微生物发酵制造产业的发展，推动传统发酵产业优化升级，提高微生物制造产品的国际竞争力，提升我国工业生物制造水平具有积极意义。

民强生物年产10 000t低聚葡萄糖项目 该项目由山东民强生物科技有限公司独资承建，总投资14 900万元，建设有生产车间、干燥车间、成品车间、动力车间和综合研发楼等一系列配套设施。该项目作为公司发展的前期项目，已取得经济效益。

力之源年产20万t复合糖糖浆系列产品项目 该项目产品是滨州市力之源生物科技有限公司自主研发的新型产品，又被称为“蜜饯专用糖浆”。项目设计产能20万t，总投资1.5亿元，占地5.34hm²(80.03亩)，年产值5亿元。复合糖浆性能类似于麦芽糖浆，却有麦芽糖浆所未有的甜度和口感，将麦芽糖浆和果糖糖浆按一定配比研制而成。相比蜜枣蜜饯用麦芽糖浆，前者为了保证产品的黏稠度，用白砂糖增加它的渗透压、甜度和口感，而复合糖浆既有麦芽糖浆的黏稠度又有白砂糖的甜度，还有白砂糖不具备的单糖口感和风味。该项目已掌握麦芽糖浆和白砂糖的稳定配比，可直接进行产品的大批量生产。

(滨州高新区　黄福林)

菏泽高新技术产业开发区

【概述】 2012年，菏泽高新技术产业开发区(以下简称菏泽高新区)规模以上工业企业完成主营业收入210亿元，上缴税金14.65亿元，同比分别增长46.9%、31.8%。12月，高新区被认定为山东省战略性新兴产业(生物医药)示范基地。

【科技计划项目】 2012年，菏泽高新区承担各类科技计划项目16项。其中，山东步长神州制药有限公司“组方配伍新药三叶糖脂清片的临床研究”项目列入国家“十二五”重大新药创制计划；山东步长制药股份有限公司与美国塔夫茨大学医学院联合研发的“中药稳心颗粒的药效物质基础和分子作用机理的合作研究”项目通过科技部国际科技合作专项战略评审；菏泽睿智科技开发有限公司“美罗培南新型手性侧链ABPA的合成工艺开发”列入国家科技型中小企业技术创新基金项目；菏泽广源铜带股份有限公司“高性能铜材短流程生产组织控制关键技术”和“高精压延电子铜箔生产关键技术开发”两个“十二五”国家科技支撑计划项目启动；山东良艺化工新材料有限公司“电子无铅焊料”、山东中厦电子科技有限公司“汽车用系列特种热敏传感器的研制”两个项目列入省科技型中小企业技术创新发展专项；山东润泽制药有限公司“一种可替代蛋白质原料的生物蛋白及其生产方法”项目列入省科技攻关计划；山东步长制药有限公司“稳心颗粒关键技术和评价指标集成优化”和山东睿鹰先锋制药有限公司“拉氧头孢钠”项目进入山东省自主创新成果转化重大专项项目库；菏泽高新区“省级医药企业孵化平台”纳入山东省国家综合性新药研发技术大平台，成为国家创新药物孵化基地的重要组成部分，获省财政补助资金100万元；菏泽普恩药业有限公司“复方抗鸡大肠杆菌兽药制剂(杆克)的包合配伍技术开发及规模化生产”项目列入菏泽市技术创新提升重大专项计划；山东奥达复合材料科技有限公司“碳纤维薄毡的研制”、山东步步赢生物科技有限公司“高效中兽药克毒宁微粉的研究与开发”、菏泽市方明制药有限公司“生物素工艺技术开发”、山东立海润生物技术有限公司“硫酸链霉素提取新工艺研发”、菏泽宇生文化传播有限公司“原创动画片《我的天娜》"5个项目列入菏泽市科技发展计划。

【科技成果与奖励】 2012年，菏泽高新区开发新技术、新产品25项，取得重要科技成果17项，申请专利130件，获得专利授权68件，其中发明专利29件。远东海创（菏泽）生物科技有限公司承担的国家科技型中小企业技术创新基金项目"直投式酸奶发酵剂的中试研究"通过市科技局验收。菏泽睿鹰制药集团有限公司承担的省自主创新成果转化重大专项项目"新型头孢类医药中间体GCLE工艺研究与规模化生产"通过省科技厅验收，项目实施期间获得四类新药证书1项、省科技进步奖1项，制定企业标准3项，年新增销售额8 568万元、新增利税2 600万元。山东步长制药股份有限公司"稳心颗粒循证医学研究临床试验"项目在北京人民大会堂举行成果报告会，并在世界顶级药学杂志《药理学和治疗学》（P&T-Pharmacology and Therapeutics）上发表论文，标志着我国目前采用标准最严格的中药循证临床研究项目完美收官，中国中药药效机制研究取得重大成果。菏泽广源铜带股份有限公司"散热器专用GH65F耐腐蚀黄铜带"获菏泽市科技进步一等奖，山东睿鹰先锋制药有限公司"头孢米诺纳合成工艺"、山东中厦电子科技有限公司"超低压／高非线性系数压敏电阻中试"获菏泽市科技进步二等奖，山东步步赢生物科技有限公司"新型抗球虫药物癸氧奎酯妥曲珠利可溶性粉的研究与开发"、菏泽普恩药业有限公司"普球康（妥曲利珠—马杜霉素铵溶液）"获菏泽市科技进步三等奖。山东睿鹰先锋制药有限公司"一种硫化氢废气和二氧化碳废气综合利用设备"、山东润泽制药有限公司"钠盐头孢卡品酯的合成方法"获菏泽市专利技术二等奖，山东步步赢生物科技有限公司"一种复方抗球虫药物及其制备办法"、菏泽海普电器股份有限公司"一种洗衣机"获菏泽市专利技术三等奖，山东睿鹰先锋制药有限公司董事长彭继先获菏泽市优秀专利发明人奖。

【院士工作站】 2012年，山东步长制药股份有限公司以院士工作站为创新平台和研发基地，与中国工程院院士、天津中医药大学校长张伯礼深入开展中药现代化科研合作，对"丹红注射液化学物质基础及作用机制"和"中药稳心颗粒的药效物质基础和分子作用机理"两个重大项目进行重点攻关，以期使丹红注射液和中药稳心颗粒两种主导产品达到药效物质和作用机制明确、质量可控、安全有效的要求，届时可实现年产值16.5亿元，利税7.5亿元。

【高新技术产业发展】 2012年，菏泽高新区实现高新技术产业产值169.7亿元，占高新区规模以上工业总产值的80.1%。

医药产业 2012年，新落地建设齐桓制药、华润医药、九为医药、润生药业等过亿元项目6个，山东省中药与原料药产业技术创新战略联盟获批建设，山东省创新药物（菏泽）孵化基地挂牌成立，基地被列入山东省国家综合性新药研发技术大平台和国家山东创新药物孵化基地共建单位，医药及关联企业达到40家，实现医药产业产值159.6亿元，助推菏泽进入医药大市行列。

机械电子新材料产业 2012年，对广源6万t高精密铜带和5 000t高精压延电子铜箔、海普电器、奥达复合材料、宏瑞超高温耐火材料、中厦电子等重点项目进行推进，投资10亿元的正时高铁刹车片、投资10亿元的欧龙配件、投资2亿元的无铅焊料新材料等项目开工建设，华盛荣镁合金与北汽集团、瑞典锋万登实现全面合作。机械电子新材料产业实现产值20亿元。

【科技企业发展】 截至2012年底，菏泽高新区市级以上高新技术企业发展到25家，其中国家级1家、省级4家；建有省级工程实验室1家，省级企业技术中心5家、市级10家，省级工程研究中心2家、市级7家；"泰山学者"岗位获批建设；拥有山东省创新型企业2家，菏泽市创新型企业3家，菏泽市创新型试点企业11家；山东科学院中试基地挂牌成立。

【项目选介】

山东步长稳心颗粒扩建项目 该项目由山东步长制药有限公司投资5亿元建设，一期主要建设10条全自动颗粒分包装生产线，2.5万m^2的综合制剂生产车间，4 000m^2的药品检验中心、综合仓库、空调动力等设施。投产后，年可新增主营业务收入25亿元，利税7.5亿元。

九为医药产业园 该项目由九为投资有限公司投资18亿元建设，建筑面积30万m^2，由美国PDI公司牵头规划设计，重点围绕生物医药、医疗器械、绿色保健品等产业，建设国际医药总部区、未来生物医药区、医疗器械区、创业药物孵化区、医药总部结算中心区、高科企业订制区，以及符合美国FDA认证的实验室等六区一室，打造集科研、孵化、转化、生产销售于一体的医药产业发展大平台。项目建成后，预计可引进制药、保健品、生物制品等加工企业和科研机构100余家，涉及医药品种500余种，年可实现主营业务收入100亿元，利税20亿元。

方明年产50t生物素项目 该项目由菏泽市方明制药有限公司投资1.6亿元建设，生产的生物素产品具有提高免疫力功效，主要应用于保健、美容、饲料添加剂等领域，直接制造成本比国内现有工艺约低40%，且淘汰了剧毒原料工艺，具有非常大的竞争优势。项目达产后，年可产生物素50t，年新增销售收入4亿元，利税1.2亿元。

齐桓药业项目 该项目由山东齐桓生物科技有限公司计划投资2.5亿元建设，新建年产200t D-半胱氨酸盐酸盐生产线。项目达产后，年可实现主营业务收入6亿元，利税2亿元。

欧龙汽车配件项目　该项目由烟台龙泵集团投资10亿元建设，主要购置国内先进的加工、检测及热处理设备608台(套)，采用CAD/CAPP等现代化手段进行产品开发设计。项目达产后，年可生产径向式高压共轨喷油泵100万台，年可实现营业收入20亿元，利税2亿元。

(菏泽高新区管委会　王　蒙　陈承英)

嘉祥高新技术产业开发区

【概述】　2012年，嘉祥高新技术开发区(以下简称嘉祥高新区)完成业务总收入162.53亿元，同比增长35.4%；实现税收6.7亿元，同比增长31%；固定资产投资96.2亿元，同比增长35%；实际利用外资1 863万美元，进出口总额8 390万美元，同比增长43%；新增规模以上企业10家。年内新引进10个新能源、新材料产业项目和12个先进制造产业项目，相继落地投产建设。

【规划建设】　2012年，嘉祥高新区委托山东省城乡规划设计院严格按照全县土地利用总体规划和城市建设总体规划的要求对高新区建设进行规划。研究确定了中小企业创业园和高新技术研发中心建设方案和“一区多园”战略规划。围绕新能源、先进制造等主导产业，加快关联企业的集群集聚。高新区新增3 500多亩发展空间，通过土地复垦置换、增减挂钩，新置换土地利用指标3 000多亩。规划了5 000多亩的新能源、新材料产业园和3 000多亩的先进制造产业园，形成了“布局合理、资源集中、产业集聚”的新格局。围绕产城融合，启动现代商贸综合服务区、东汤社区服务区建设。投入4.63亿元完成宏祥路西延、瑞祥路西延、嘉丰路瑞祥路至宏祥路段道路建设，338线两侧完成绿化提升4万m^2。第二污水处理厂竣工，铺设污水管网20km，实现雨污分流。华润天燃气门站和济宁供水集团自来水加压站建成，实现了与济宁市区同源供水、供气。路、气、水、暖等“九通一平”配套设施的完善，为大项目落地承载能力提供保障。

【科技管理】　2012年初，嘉祥县委、县政府先后出台《关于理顺嘉祥高新区管理体制的意见》(嘉发〔2012〕18号)、《嘉祥高新区区区划调整工作实施方案》(嘉办发〔2012〕18号)、《关于调整高新区财政体制的意见》(嘉政发〔2012〕28号)，赋予高新区县级经济管理权限和部分行政管理权限，县级部门在高新区设立垂直部门或派出机构，由高新区统一管理。建立投资促进局、规划建设局、经济发展局、社会事务局、财政局、党政办公室、新能源产业办公室等7个正科级内设机构。将高新区核心区域内的22个行政村整建制划归高新区管辖。创新市场投融资机制，成立嘉园投资开发公司、辰祥小额贷款公司，通过银行贷款、吸引民间资本，采取BT、BOT等多种方式，解决了基础设施建设资金难题。进行人事制度改革，实行全员聘用制、干部聘任制、竞争上岗制和末位淘汰制。

【招商引资】　2012年，高新区累计接待客商近千人次，多次派专人到重点招商地区考察和跟踪重点项目。年内新签约项目24个，总投资113亿元。其中，过10亿元项目3个、过5亿元项目6个，新能源、新材料产业项目10个、先进制造业项目12个，引进世界500强美国嘉吉饲料项目。实现项目总体数量、单体规模、产业档次、科技含量、财政贡献五个提升。

【项目建设】　2012年，嘉祥高新区开展“推进项目建设百日会战”和“冲刺四季度项目攻坚”活动，创新实行责任状、进度质量保证金、约谈加压、现场会办、后进曝光、周调度、月总结等7项制度，明确“建设单位、施工单位、监理单位、引资单位、帮办专班、职能部门和村队”七方主体责任的项目建设“双七”推进机制。“签约项目抓开工、在建项目抓竣工、竣工项目抓设备安装、设备安装项目抓投产”，健全在建项目“无障碍”推进机制。年内开工在建项目28个，总投资达107.82亿元，年底有10个项目完成主体建设，8个项目进入设备调试阶段，4个项目投入试生产。

【科技企业管理】　2012年，嘉祥高新区鼓励和支持企业建立研发中心和工程中心，开展技术改造和设备升级，技改投入近20亿元，同比增长74.9%。推进产学研合作创新，全年组织企业申报各类专利60余件，有两家企业申报国家级高新技术企业。按照年初制定的“企业管理年”活动方案，成立“校企合作联谊会”，解决企业用工、培训等问题。为缓解企业资金压力，召开“银企对接会”。开展“安全生产专项”行动，督促企业完善安全生产制度。

(嘉祥高新区)

文登高新技术产业开发区

【概述】 2010 年 11 月 15 日，经省政府批准《关于同意将文登工业园区纳入省级高新技术产业开发区管理的批复》，确定在文登南海新区设立省级高新技术产业开发区，并将文登工业园区纳入高新区管理，加挂文登高新技术产业开发区（以下简称文登高新区）的牌子。

【科技项目与经费】 2012 年，文登高新区有威海市级以上科技计划项目 11 家。区财政总投资 10 亿元，人才投资 1 380 万元，研发经费投入 8 910 万元，风险投资、创业投资、孵化器投资基本金总额为 7 430 万元。

2012年文登高新区承担市级以上主要科技项目

项目类别	项目名称	承担单位
国家科技型中小企业创新基金	高压高温塑料合金复合管材	文登鸿通管材有限公司
国家重点新产品	轿车发动机用铸态球墨铸铁曲轴4G1	天润曲轴股份有限公司
	高压高温塑料合金复合管材	文登鸿通管材有限公司
2012山东省科技发展计划	三层复合高压抗硫酸性气田输送管材	文登鸿通管材有限公司
	高转化率长寿命槽式太阳能高温集热管	威海市汇银高温集热管有限公司
泰山学者		天润曲轴股份有限公司–孙海涛
2012威海市科技发展计划	发动机曲轴/连杆设计及制造技术的研究应用	天润曲轴股份有限公司（山东省发动机曲轴连杆技术企业重点实验室）
	高效低噪弯掠组合正交型隧道对旋风机	文登市威力环保设备有限公司（山东省威力工具集团院士工作站）
	威海表面工程公共技术服务平台	中物南海投资有限公司
	高档碳纤维预浸料研发和生产	威海汇兴纤维制品有限公司
威海自主创新企业		文登鸿通管材有限公司

【科技成果与知识产权】 2011—2012 年，文登高新区有 16 项科技成果通过鉴定（如表所示）；获国家科技进步二等奖 1 项，省科技进步一等奖 1 项、三等奖 3 项，威海市科技进步最高奖 2 项、一等奖 2 项、二等奖 12 项、三等奖 22 项，文登市科技进步一等奖 10 项、二等奖 18 项、三等奖 26 项。2012 年，文登市高新区获得专利授权 256 件，其中发明专利 39 件、实用新型专利 83 件。

2012年文登高新区鉴定科技成果

项目名称	完成单位	级别	成果水平
钢化玻璃生产线专用离心鼓风机	文登威力风机有限公司	省级	国内领先
菲律宾蛤仔规模化大规格育苗技术研究	文登市水产技术推广站	市级	国内先进
松江鲈鱼种质资源保护技术研究与开发	文登市水产技术推广站	市级	国内领先
连杆胀断技术在重型环保柴油机上的应用	天润曲轴股份有限公司	省级	国际先进
蓝擎12L环保动力柴油机曲轴	天润曲轴股份有限公司	省级	国际先进
F系列中型国IV柴油机曲轴	天润曲轴股份有限公司	文登	国内领先
X系列轻型国IV柴油机曲轴	天润曲轴股份有限公司	文登	国内领先
轻型环保油田钻机动力曲轴	天润曲轴股份有限公司	文登	国内领先
四气门柴油发动机球墨铸铁曲轴	天润曲轴股份有限公司	文登	国内领先

续表

项目名称	完成单位	级别	成果水平
新型斜流冷却风机	文登威力风机有限公司	省级	国内领先
中国蛤蜊规模化繁育与健康养殖技术研究	文登市水产技术推广站	省级	国内领先
刺参优化饵料育苗技术研究	文登市水产技术推广站	市级	国内先进
NEF6曲轴的研制	天润曲轴股份有限公司	省级	国际先进
高端轻卡用VM2.5L曲轴的研制	天润曲轴股份有限公司	省级	国内领先
康明斯全电控大马力发动机曲轴的研制	天润曲轴股份有限公司	省级	国际先进
纤维增强聚合物挠性连续复合管及生产关键技术与应用	文登鸿通管材有限公司	省级	国际先进

【成果转化】

纤维增强聚合物挠性连续复合管及生产关键技术与应用 该成果由文登鸿通管材有限公司研发，已达到国际先进水平。它的研发具有自主知识产权的界面非粘结的复合管结构设计，实现了产品的系列化生产。自主研发的整套连续生产设备，减少了用工量，提高了生产效率。研发的产品广泛应用于陆地输气、井下注水和海洋油气输送等领域。该成果已顺利通过国家863计划专家组的评审，科技部计划拨款1 500万元。

新型斜流冷却风机 该成果由文登威力风机有限公司研制，已达到国内领先水平。风机气动性能高，已为全国多家玻璃企业的50多条玻璃生产线配套了600多台冷却风机，实现销售收入1 700多万元，并进入国际市场。

【科技活动】 8月6日，由发展中国论坛、山东行政学院与威海市人民政府共同主办，文登市人民政府承办的“发展中国论坛·威海峰会——蓝色经济：威海南海发展战略机遇”活动举行。

8月23日，省高层次人才到南海新区调研，市委常委、组织部长常红军，市委常委、南海新区管委主任崔卫兵陪同考察。

9月20—24日，威海市举办“2012山东文登新兴产业科技推进周”活动。本次活动以“科技引领新兴产业、创新驱动蓝色经济”为主题。推进周期间召开了非金属连续复合管和水貂产业技术创新战略联盟成立大会和家纺产业创新发展专题讲座，举办了中物院“RDF生活垃圾衍生燃料棒”和“细胞破壁技术在西洋参产业上应用”项目交流会。

【科技企业发展】 截至2012年底，文登高新区有国家级高新技术企业3家，有山东省创新型(试点)企业2家。

文登高新区高新技术企业

高新企业名称	认定时间	所属领域
天润曲轴股份有限公司	2008年	高新技术改造传统产业
文登市威力风机有限公司	2008年	高新技术改造传统产业
文登鸿通管材有限公司	2010年	新材料技术

文登高新区获批山东省创新型(试点)企业

创新性试点企业名称	获批时间
天润曲轴股份有限公司	2010年
文登威力高档工具有限公司	2010年

【科技合作平台建设】 文登高新区现有国际科技合作平台1家——威海市汇银高温集热管有限公司2011年获批建设的山东省中西太阳能光热发电高温集热管合作研究中心。

【高新区规划与建设】 文登高新区具有产品开发、中间试验、配套总装和产品经营的“技、工、贸”一体化的总体功能，主要划分为1个中心和8个功能片区，即1个中心区、3个产业片区、4个居住片区、1个科研片区。

高科技产业区 该区是高新区的主要功能区，发展目标为高科技产业以及动漫、医药、制造等产业，禁止设立污染性工业。全区分为专业厂房用地和标准厂房用地两大类型。专业厂房用地主要为有特殊生产要求，投资规模较大，使用周期较长的企业服务，由投资企业征地自建厂房；标准厂房则由高新区发展商建造，进行配套后出租或出售给希望降低初期投资、规模较小、无特殊生产要求的企业使用。

管理科研区 该区主要用于办公管理和科研开发。依托全国大学生科学就业与创业基地，主要有科研开发中心、创业服务中心、中试区、教育培训中心等项目，可以进行科学研究、技术开发、产品中试、科技培训等方面的活动。科技开发的重点主要是新产品的研究与开发，特别是科技成果向生产力的转化。

旅游商业服务区 该区即中心区，主要安排行政管理、商业贸易、金融财务、营销策划、商务接待、海景观光度假酒店、信息通讯及大型展示等项目，综合服务区随高新区的发展同步建设，逐步完善。

生活居住区 该区主要安排不同档次的各类住宅和完善的教育、医疗、商业、文化等配套设施，为高新区内专家、教授、科技人员及工作人员提供居住及相应的生活服务。

景观休闲区 该区以创造优美景观和改善环境为目的。立足区域，从生态角度出发，与区域绿地系统相结合，完善区域绿地、专用绿地、生态绿地的建设，以保证区域整体生态环境的优良，形成具有海滨特色的绿色开敞空间，成为居民休闲活动的场所。

【项目进展选介】

鸿通海洋管材 该项目由文登鸿通管材有限公司投资建设，总投资8亿元人民币，建设车间3.24万m^2、流转工位12.3万m^2，主要生产海上输油管材。该项目一期工程于2011年3月开始建设，现已建成浅海石油管材车间1.45m^2，周转平台正在进行插石，2012年5月第二条生产线安装调试，8月份可投入生产；二期工程建设深海石油管材车间。项目全部达产后，年可生产海上输油管材30万m，实现销售收入10亿元。

瑞霖医药 该项目由上海瑞霖医药科技有限公司投资10亿元建设，占地33.33hm^2(500亩)，建筑面积15万m^2，主要生产抗艾滋病新药——艾复康胶囊。项目投资2亿元，建设厂房及附属设施3.5万m^2，其中建设16 000m^2生产车间，主要经营中药、保健食品、化妆品、消毒产品的研发、农副产品的收购、中药材的种植。该项目一期于2011年3月开始建设，于2012年6月完工并投产，年可生产10万份药品，销售收入20亿元；二期于同年8月竣工投产，年可生产药品100万份，销售收入可达200亿元。目前上一条设备，年产艾复康胶囊2亿粒，销售收入10亿元。

蓝岛科技产业园 该项目占地186.67多hm^2(2800多亩)，计划建成10条现代化集成式建筑生产线，总投资将达39亿元。蓝岛新型建材生产应用于生产、生活、办公、公共设施等多方面的科技环保生态房屋，新型多功能材料等。全部建成后可实现年产600万m^2低碳环保材料及家具、工艺品、装饰装修材料等，预计年产值达150亿元。该项目于2011年8月开工建设，其中一期占地29.33hm^2(440亩)，设年产60万m^2现代化生产线1条，项目已于2012年9月开始试生产。余下9条生产线计划在两年内完成开发。项目已得到国家发改委环资司拨发的1 200万专项扶持资金，是引领建筑业向低碳环保方向发展的示范工程。

威力节能环保产业园 该项目由威力工具集团与中国工程物理研究院进行合作，投资8亿元建设，主要从事新型罗茨风机及压缩机的研发生产，产品为先进环保型风机。项目于一期投资3亿元，建设车间及附属设施10万m^2，建设车间、办公楼及附属设施20万m^2。2012年4月下旬设备调试完成进行试生产，主要生产罗茨风机和矿山风机。5月底，1.6万m^2的车间已完工。

华腾建材 该项目是山东华腾矿业集团的重点建设项目，拟总投资7亿元，在工业园建立占地500多亩、年产2 600万m^2的陶瓷生产基地。项目于2010年开工建设，现已建成7.8万m^2车间、2.5万m^2仓库及9 000m^2附属设施。20台70万元的球磨机已进场并开始安装，喷雾干燥塔正在安装，打包机、压机已安装完成。

北孚总部经济 该项目由上海北孚(集团)有限公司投资建设。总部经济作为一种新的经济发展模式，能够充分利用城市的战略资源优势，成功避免因资源短缺和环境污染等压力造成的不利影响。该项目于2011年开工建设。截至2012年底，2万m^2的3个总部经济楼已完工。

天润汽车配件工业园 该项目由山东曲轴总厂有限公司投资25亿元建设，规划建设年产值100亿元的天润汽车零部件工业园，主要从事船用曲轴锻造、大曲轴加工、曲轴铸造等。园区包括3个项目：其中汽车配件锻造项目投资5.5亿元，新上高端锻造流水线，实现年产大锻件毛坯5 000件；汽车配件加工项目投资17.5亿元，新建封闭空调厂房，引进先进的汽车零部件机加工生产线，实现年产高档汽车配件100万件；汽车配件铸造项目投资2亿元，新上全封闭式铸造生产线，实现年产铸件毛坯130万件。2011年7月开工建设，截至2012年底，已进行设备安装和调试。

金达海机械手 该项目由中达集团与上海机床公司合作开发建设，总投资8亿元，占地32.13hm^2(482亩)，规划建设总建筑面积约18万m^2，其中生产车间16万m^2、科研及办公楼建筑面积19 200m^2。项目于2011年8月开工建设，一期7 000m^2车间框架已完工，2012年11月进行试生产；二期7 000m^2车间打桩完成。项目投产后，年可生产机械手臂1 500台，实现销售收入5亿元。

金太阳新能源 该项目总投资700万欧元，占地约6.73hm^2(101亩)，总建筑面积3万m^2，主要从事太阳能光热光电设备的研发生产，达产后可年产真空集热管500万支、30万台套太阳能热水器。项目于2009年投产，年生产真空集热管3万支。2012年新增总动镀膜线，年生产能力达到10万支，可实现年销售收入4亿～5亿元。

【科技人才管理】 2012年，文登高新区制定《引进高层次创新创业人才和紧缺实用人才激励办法》，积极参加威海市人才引进校企合作恳谈会和2012中国海外学子创业周活动。截至年底，文登高新区大学及以上学历人员7 023人，占区内总人数的10%，专业技术人员5 247人，占区内总人数的7.5%。

(文登高新区)

山东禹城高新技术产业开发区

【概述】 2012年，山东禹城高新技术产业开发区（以下简称禹城高新区）实现规模以上工业总产值650亿元，同比增长54%；地方财政收入7亿元，同比增长39.5%；工商税收9.94亿元，同比增长42%；高新技术产业产值占规模以上工业总产值的比重达37%；引进过亿元项目35个。

【科技计划项目与经费】 2012年，禹城高新区申报各类科技计划项目79项，获国家、省市批复52项，其中有15个计划类项目争取无偿资金2 146.8万元。开辟科技金融服务，与东方资产管理公司、中国租赁融资公司等科技金融服务机构建立密切联系，为浩阳、恒特、福田、绿健提供的金融投资业务初步展开，其中福田6 000万元租赁融资贷款已完成相关手续。同年，禹城市投入应用技术研究与开发资金3 270万元，占财政总支出的2.3%，规模以上企业研发投入达到销售收入的1.5%以上，高新技术企业达到3%以上。

【科技成果与奖励】 2012年，禹城高新区通过省级成果鉴定15项。获德州市科技进步一等奖3项、二等奖2项。绿健、福航两公司的技术引进项目获得省技术市场科技金桥奖。高新区申报德州市首个国家级国际合作项目"国晶中日新型氮化硼制品热解关键技术"。

【知识产权管理】 2012年，禹城高新区申请专利185件，其中发明专利68件；获得专利授权128件，其中发明专利44件。获得集成电路所有权、新药证书等40项；区内拥有中国专利山东明星企业6家。

【科技平台建设】 2012年，通过积极引导企业与国外知名高校和优势产业企业合作，先后申报山东省中意现代生物工程膜、山东省中日新型氮化硼制品热解两个国际技术合作研究中心。新获批省工程技术研究中心1家、省工程实验室1家；省级创新型试点企业2家、国家级检测中心1家、德州市高新技术企业2家、德州市科技型企业15家。保龄宝"生物产业集群检测及评价公共服务平台"项目申报国家火炬计划。

【科技人才管理】 2012年，禹城高新区新引入硕士以上人才68人，其中国家"千人计划"和省"泰山学者工程"人选各1人。区内建成院士工作站1个、博士后科研工作站3个，省级以上技术研究中心17家，其中国家级6家，拥有享受国务院特殊津贴专家7人，省级拔尖人才4人，高级职称技术人员823人。

【高新区规划与建设】 2012年，禹城高新区对内设机构进行调整，增设科技局、项目推进服务局、投资发展局等5个正科级机构。改造建设6条总长8.1km的道路，新建10 000m^{2}的政务服务中心，对高新区广场进行改造，园区配套进一步完善。

【科技活动】 4月28日，禹城高新区举行创新提升工程启动仪式，省政协副主席陈光、省科技厅厅长翟鲁宁、德州市委书记吴翠云、汉能控股集团董事局主席李河君参加仪式并揭牌，禹城高新区正式拉开了争创国家高新区的序幕。

【项目进展选介】

山东博通小微企业（大学）园项目 该项目由南京博通创业园有限公司投资建设，固定资产总投资50亿元，总建筑面积45万m^2，采取统一规划、统一建设、统一招商的方式，实行工业物业化管理，促进土地集约利用，实现资源共享。全部建成并正式投入运营后可吸纳小微企业400家以上，预计3年内年平均产值将达到60亿元以上。

通裕重工股份有限公司高端装备制造项目 该项目由通裕重工股份有限公司投资建设。项目固定资产总投资15亿元，新增建筑面积4万m^2，购置各类加工设备120余台（套）。项目竣工投产后，年产各类大型零部件8 000件，年可实现销售收入22亿元、利税3.8亿元。

山东迈特力重机数控装备制造项目 该项目由济南机床二厂新吉尔科技有限公司投资建设，固定资产总投资22亿元，其中一期项目总投资3亿元，已于2011年5月22日投产，6月底迈特力品牌第一台压力机成功下线。二期工程于2012年6月开工，固定资产投资10亿元，主要建设总建筑面积6万m^{2}的车间及其他附属设施。达产后，年可生产各类压力机200台，数控镗铣床70台，实现年销售收入30亿元、利税3亿元。

（禹城高新区　卢燕平　毛学瑞　刘　震）

高校科技发展

GAOXIAO KEJI FAZHAN

高校科技综述

【高校基本情况】 2012年,全省共有高等学校154所,比上年减少2所。其中,普通高等学校137所(含独立学院12所),比上年减少2所;成人高等学校17所,与上年持平。普通高等学校中,本科院校62所,比上年减少1所;高职(专科)院校75所,比上年减少1所。全省共有研究生培养机构33个,其中高等学校29个,科研机构4个。国家"211工程"重点建设高校3所,国家"985工程"重点建设高校2所。国家重点实验室3个,省部共建国家重点实验室培育基地4个,教育部重点实验室(含省部共建)28个,山东省重点实验室67个,山东省工程实验室6个。国家工程技术研究中心5个,教育部工程研究中心14个。

国家"211工程"重点建设高校(3所)

山东大学

中国海洋大学

中国石油大学(华东)

国家"985工程"重点建设高校(2所)

山东大学

中国海洋大学

国家重点实验室(3个)

晶体材料国家重点实验室(山东大学)

微生物技术国家重点实验室(山东大学)

作物生物学国家重点实验室(山东农业大学)

国家工程技术研究中心(5个)

国家糖工程技术研究中心(山东大学)

国家胶体材料工程技术研究中心(山东大学)

国家辅助生殖与优生工程技术研究中心(山东大学)

国家海洋药物工程技术研究中心(中国海洋大学)

国家苹果工程技术研究中心(山东农业大学)

【科技人员】 2012年,全省高校科技人员42 395人。其中,教授4 140人,副教授7 467人,其他技术职务系列高级人员4 387人;具有博士学位8 737人,具有硕士学位14 227人。

【科技项目与经费】 2012年,全省高校科技活动经费427 427万元,承担科技课题18 320项。其中,国家973计划项目187项,国家科技支撑计划项目184项,国家863计划项目131项,科技部重大专项156项,国家自然科学基金项目2 303项,企事业单位委托科技项目6 914项,国际合作项目57项。

【科技成果及转化】 2012年,全省高校出版科技著作84部,发表科技学术论文34 229篇,被SCI、EI、ISTP三大检索系统收录论文15 330篇。鉴定科技成果698项,其中国际水平297项。获国家科技奖励8项,省部级科技奖励291项。签订技术转让合同406项,合同金额9 958万元,当年实际收入6 323万元。申请专利4 612件,其中发明专利2 749件、实用新型专利1 820件;获得专利授权2 875件,其中发明专利1 301件、实用新型专利1 534件。

【高校优秀科研创新团队建设】 为贯彻落实《山东省中长期教育改革和发展规划纲要(2011—2020年)》,5月4日,省教育厅、省财政厅印发了《关于印发〈山东省高校优秀科研创新团队建设计划实施方案〉的通知》(鲁教科字〔2012〕5号),决定自2012年起启动实施山东省高校优秀科研创新团队建设计划。《山东省高校优秀科研创新团队建设计划实施方案》内容详见"附录"部分。

(省教育厅)

山东省“十二五”重点学科

2011年6月24日，山东省教育厅、山东省财政厅印发了《关于公布山东省“十二五”重点学科的通知》(鲁教研字〔2011〕4号)，共批准359个学科为山东省“十二五”省级重点学科，其中108个学科为省级特色重点学科。名单如表所示。

山东省“十二五”重点学科名单

序号	单位名称	学科排序	重点学科名称	其中特色重点学科	序号	单位名称	学科排序	重点学科名称	其中特色重点学科
1	山东大学	1	政治经济学	√	28	山东大学	28	管理科学与工程	
2		2	宪法学与行政法学	√	29		29	发酵工程	
3		3	汉语言文字学	√	30		30	机械电子工程	
4		4	中国古代文学	√	31		31	机械设计及理论	
5		5	企业管理	√	32		32	工程热物理	
6		6	无机化学	√	33		33	热能工程	
7		7	光学工程	√	34		34	电机与电器	
8		8	通信与信息系统	√	35		35	信号与信息处理	
9		9	计算机软件与理论	√	36		36	环境工程	
10		10	内科学	√	37		37	免疫学	
11		11	中国哲学	√	38		38	病原生物学	
12		12	财政学	√	39		39	影像医学与核医学	
13		13	国际政治	√	40		40	外科学	
14		14	发育生物学	√	41		41	耳鼻咽喉科学	
15		15	病理学与病理生理学	√	42		42	口腔临床医学	
16		16	微生物与生化药学	√	43		43	比较文学与世界文学	
17		17	考古学及博物馆学	√	44		44	中国近现代史	
18		18	电力电子与电力传动	√	45		45	政治学理论	
19		19	外国哲学		46		46	金融学	
20		20	数量经济学		47		47	会计学	
21		21	法学理论		48		48	原子与分子物理	
22		22	民商法学		49		49	理论物理	
23		23	社会学		50		50	有机化学	
24		24	马克思主义基本原理		51		51	植物学	
25		25	中国现当代文学		52		52	岩土工程	
26		26	英语语言文学		53		53	道路与铁道工程	
27		27	专门史		54		54	化工过程机械	

续表

序号	单位名称	学科排序	重点学科名称	其中特色重点学科
55	山东大学	55	软件工程	
56		56	药剂学	
57		57	遗传学	
58		58	老年医学	
59		59	精神病学	
60		60	空间物理学	
61		61	刑法学	
62		62	俄语语言文学	
63		63	动物学	
64		64	检测技术与自动化装置	
65		65	电磁场与微波技术	
66		66	护理学	
67		67	宗教学	
68		68	体育人文社会学	
69		69	动力机械及工程	
70		70	药理学	
71	中国海洋大学	1	水生生物学	✓
72		2	药物化学	✓
73		3	船舶与海洋工程	✓
74		4	环境工程	✓
75		5	会计学	✓
76		6	气象学	
77		7	地图学与地理信息系统	
78		8	海洋物理学(海洋信息探测与处理)	
79		9	计算机应用技术	
80		10	应用化学	
81		11	地球探测与信息技术	
82		12	遗传学	
83		13	计算数学	
84		14	区域经济学	
85		15	外国语言学及应用语言学	
86		16	中国现当代文学	
87		17	环境与资源保护法学	
88		18	社会学	
89		19	金融学	
90		20	防灾减灾工程及防护工程	
91	中国石油大学(华东)	1	安全科学与工程	✓
92		2	环境工程	✓
93		3	机械设计及理论	
94		4	工程力学	
95		5	物理化学	
96		6	控制理论与控制工程	
97		7	计算机应用技术	
98	哈尔滨工业大学(威海)	1	通信与信息系统	
99		2	材料加工工程	
100		3	材料学	
101	海军航空工程学院	1	信号与信息处理	
102		2	模式识别与智能系统	
103		3	水声工程	
104	海军潜艇学院	1	水声工程	
105		2	载运工具运用工程	
106	中科院海洋所	1	海洋生物学	
107	中共山东省委党校	1	马克思主义中国化研究	
108	山东师范大学	1	分析化学	✓
109		2	原子与分子物理	✓
110		3	植物学	✓
111		4	发展与教育心理学	✓
112		5	管理科学与工程	✓
113		6	基础数学	✓
114		7	马克思主义中国化研究	✓
115		8	计算机软件与理论	✓
116		9	文艺学	✓
117		10	世界史	✓
118		11	人口、资源与环境经济学	✓
119		12	艺术学	
120		13	教育技术学	
121		14	动物学	
122		15	自然地理学	
123		16	思想政治教育	
124		17	中国古代文学	
125		18	体育教育训练学	
126		19	英语语言文学	

续表

序号	单位名称	学科排序	重点学科名称	其中特色重点学科
127	山东师范大学	20	世界经济	
128		21	企业管理	
129		22	信号与信息处理	
130	曲阜师范大学	1	运筹学与控制论	✓
131		2	光学	✓
132		3	专门史	✓
133		4	外国语言学及应用语言学	✓
134		5	中国古代文学	✓
135		6	野生动植物保护与利用	✓
136		7	应用数学	✓
137		8	体育人文社会学	
138		9	中共党史	
139		10	基础数学	
140		11	物理化学	
141		12	理论物理	
142		13	人文地理学	
143		14	成人教育学	
144		15	汉语国际教育	
145		16	应用心理学	
146		17	中国现当代文学	
147		18	政治经济学	
148	山东农业大学	1	作物遗传育种	✓
149		2	蔬菜学	✓
150		3	植物学	✓
151		4	食品科学	✓
152		5	植物病理学	✓
153		6	基础兽医学	✓
154		7	农业机械化工程	
155		8	水土保持与荒漠化防治	
156		9	土地资源管理	
157		10	结构工程	
158		11	应用化学	
159		12	预防兽医学	
160		13	农业昆虫与害虫防治	
161		14	园林植物与观赏园艺	
162	山东科技大学	1	大地测量学与测量工程	✓
163		2	矿物学、岩石学、矿床学	✓
164	山东科技大学	3	机械电子工程	✓
165		4	岩土工程	✓
166		5	计算机软件与理论	✓
167		6	材料加工工程	✓
168		7	控制理论与控制工程	
169		8	安全技术及工程	
170		9	矿物加工工程	
171		10	应用数学	
172		11	技术经济及管理	
173		12	工程力学	
174		13	信号与信息处理	
175		14	环境与资源保护法学	
176		15	外国语言学及应用语言学	
177	山东中医药大学	1	中西医结合基础	✓
178		2	中药学	✓
179		3	针灸推拿学	✓
180		4	中医儿科学	✓
181		5	方剂学	
182		6	中医妇科学	
183		7	中医外科学	
184		8	生药学	
185		9	眼科学	
186		10	中医骨伤科学	
187		11	中医全科医学	
188	青岛大学	1	材料学	✓
189		2	病原生物学	✓
190		3	凝聚态物理	✓
191		4	系统理论	✓
192		5	中国现当代文学	✓
193		6	纺织工程	✓
194		7	计算机应用技术	✓
195		8	宪法学与行政法学	
196		9	金融学	
197		10	营养与食品卫生学	
198		11	人口、资源与环境经济学	
199		12	内科学	
200		13	儿科学	

续表

序号	单位名称	学科排序	重点学科名称	其中特色重点学科
201	青岛大学	14	管理科学与工程	
202		15	外科学	
203		16	控制理论与控制工程	
204		17	美术学	
205		18	音乐学	
206		19	课程与教学论	
207		20	车辆工程	
208	青岛科技大学	1	化学工程	✓
209		2	材料物理与化学	✓
210		3	化工过程机械	✓
211		4	应用化学	✓
212		5	材料加工工程	
213		6	机械设计及理论	
214		7	材料学	
215		8	控制理论与控制工程	
216		9	企业管理	
217		10	高分子化学与物理	
218	青岛理工大学	1	结构工程	✓
219		2	市政工程	✓
220		3	机械设计及理论	
221		4	防灾减灾工程及防护工程	
222		5	工程力学	
223		6	建筑设计及其理论	
224		7	供热、供燃气、通风及空调工程	
225		8	岩土工程	
226	山东理工大学	1	机械电子工程	✓
227		2	车辆工程	✓
228		3	电力电子与电力传动	✓
229		4	农业机械化工程	
230		5	应用化学	
231		6	机械设计及理论	
232		7	交通信息工程及控制	
233		8	生物化学与分子生物学	
234		9	应用数学	
235	济南大学	1	材料学	✓
236		2	应用化学	✓
237	济南大学	3	计算机应用技术	✓
238		4	眼科学	✓
239		5	机械制造及其自动化	
240		6	管理科学与工程	
241		7	控制理论与控制工程	
242		8	肿瘤学	
243		9	水文学及水资源	
244		10	中国古代文学	
245		11	国民经济学	
246		12	社会学	
247		13	微生物与生化药学	
248	山东财政学院	1	财政学	✓
249		2	金融学	✓
250		3	企业管理	✓
251		4	国际贸易学	
252		5	会计学	
253		6	数量经济学	
254		7	西方经济学	
255		8	计算机软件与理论	
256	山东经济学院	1	企业管理	✓
257		2	会计学	✓
258		3	管理科学与工程	
259		4	政治经济学	
260		5	产业经济学	
261		6	计算机应用技术	
262		7	统计学	
263		8	民商法学	
264	聊城大学	1	分析化学	✓
265		2	中国现当代文学	✓
266		3	科学社会主义与国际共产主义运动	✓
267		4	光学	
268		5	课程与教学论	
269		6	自然地理学(黄河下游资源环境与生态安全)	
270		7	系统理论	
271		8	中国近现代史	
272		9	分子生物学与抗体药物工程	

续表

序号	单位名称	学科排序	重点学科名称	其中特色重点学科
273	鲁东大学	1	英语语言文学	√
274		2	载运工具运用工程	√
275		3	语言学及应用语言学	
276		4	自然地理学	
277		5	高等教育学	
278		6	运筹学与控制论	
279		7	区域经济学	
280	烟台大学	1	民商法学	√
281		2	理论物理	√
282		3	中国少数民族史	√
283		4	药剂学	
284		5	物理化学	
285		6	应用数学	
286		7	生物化学与分子生物学	
287	青岛农业大学	1	生物化学与分子生物学	√
288		2	果树学	√
289		3	植物营养学	
290		4	动物遗传育种与繁殖	
291		5	植物病理学	
292		6	农业机械化工程	
293		7	农产品加工及贮藏工程	
294	山东建筑大学	1	城乡规划学	√
295		2	供热、供燃气、通风及空调工程	√
296		3	结构工程	
297		4	检测技术与自动化装置	
298		5	材料加工工程	
299		6	建筑设计及其理论	
300		7	机械电子工程	
301		8	设计艺术学	
302		9	管理科学与工程(建设领域)	
303	山东轻工业学院	1	制浆造纸工程	√
304		2	发酵工程	√
305		3	皮革化学与工程	
306		4	材料物理与化学	
307		5	高分子化学与物理	
308		6	机械电子工程	
309	山东轻工业学院	7	食品科学	
310	山东体育学院	1	运动人体科学	√
311	山东艺术学院	1	音乐学	√
312		2	美术学	
313		3	戏剧戏曲学	
314	山东工艺美院	1	设计艺术学	√
315		2	艺术学	
316		3	戏剧与影视学	
317	滨州医学院	1	影像医学与核医学	√
318		2	人体解剖与组织胚胎学	
319		3	内科学	
320	泰山医学院	1	药理学	√
321		2	影像医学与核医学	
322		3	病原生物学	
323	潍坊医学院	1	外科学	√
324		2	人体解剖与组织胚胎学	
325		3	影像医学与核医学	
326		4	社会医学与卫生事业管理	
327	济宁医学院	1	病理学与病理生理学	√
328		2	神经病学	
329		3	免疫学	
330	山东工商学院	1	管理科学与工程	√
331		2	企业管理	
332		3	产业经济学	
333		4	计算机应用技术	
334		5	会计学	
335	山东交通学院	1	载运工具运用工程	√
336		2	桥梁与隧道工程	
337		3	交通运输规划与管理	
338	临沂大学	1	高等教育学	
339		2	应用数学	
340		3	自然地理学	
341		4	区域经济学	
342	枣庄学院	1	课程与教学论	
343		2	光学工程	
344	滨州学院	1	应用数学	
345		2	生态学	

续表

序号	单位名称	学科排序	重点学科名称	其中特色重点学科	序号	单位名称	学科排序	重点学科名称	其中特色重点学科
346	潍坊学院	1	光学		353	德州学院	2	服装设计与工程	
347		2	区域经济学		354	济宁学院	1	理论物理	
348	泰山学院	1	计算机应用技术		355	山东政法学院	1	刑法学	√
349		2	有机化学		356		2	经济法学	
350	菏泽学院	1	应用化学		357	山东警察学院	1	治安学	
351		2	理论物理		358		2	侦查学	
352	德州学院	1	生物物理学		359	山东青年政治学院	1	思想政治教育	

（省教育厅）

山东省“十二五”高等学校科研创新平台

2011 年 6 月 28 日，山东省教育厅、山东省财政厅印发了《关于公布山东省“十二五”高等学校科研创新平台的通知》（鲁教科字〔2011〕8 号），共批准 155 个重点实验室和 50 个人文社会科学研究基地列入山东省“十二五”高等学校科研创新平台建设工程。其中，强化建设重点实验室 42 个，强化建设人文社会科学研究基地 20 个。名单如表所示。

山东省“十二五”高校重点实验室名单

序号	依托学校	实验室名称	其中强化实验室	序号	依托学校	实验室名称	其中强化实验室
1	山东大学	风险分析与金融计算	√	17	山东大学	肾脏组织工程	
2		低维材料	√	18		临床护理	
3		宽带无线通讯技术	√	19		神经系统变性病转化医学	
4		妇科肿瘤	√	20		消化系统肿瘤	
5		高分子材料	√	21	中国海洋大学	海洋—大气相互作用与气候	√
6		药物分子设计与创新药物研究	√	22		海洋物理化学	√
7		神经肿瘤免疫	√	23		海洋渔业	√
8		地下工程突涌水防治材料及设备		24		海洋生物工程	
9		理论与计算化学		25		山东高校城市与工程管理信息化	
10		环境考古学		26		海洋信息探测与数字海洋技术	
11		腹腔镜技术基础与临床应用		27		海洋机电装备与仪器	
12		微电子材料与器件		28		海岸带环境保护	
13		胃肠疾病转化医学		29		生物化学与生物材料	
14		慢性退行性疾病的蛋白质科学		30	中国石油大学（华东）	非常规油气资源开发	√
15		应用海洋生物学		31		生物工程与技术	√
16		卫生毒理学		32		盆地分析与油气储层地质	√

续表

序号	依托学校	实验室名称	其中强化实验室
33	中国石油大学(华东)	海洋油气工程	
34		油气储运工程	
35		复杂储层测井新技术	
36		新能源物理与材料科学	
37	哈尔滨工业大学(威海)	现代数字化医疗装备	
38		海洋资源环境检测	
39		超快光子技术	
40	山东科技大学	矿山安全监测技术与系统	✓
41		海洋测绘	✓
42		深部矿井安全开采	✓
43		先进材料与表面改性	
44		数字矿山与软件技术	
45		地下工程	
46		深部矿产资源勘查开发地质研究	
47		低碳能源化工	
48		太赫兹技术	
49	山东农业大学	果树生物学	✓
50		作物生理生态	✓
51		农业环境	✓
52		农药毒理与应用技术	
53		智能化农业机械与装备	
54		森林培育	
55		农业生物分析化学	
56		食品加工技术与质量控制	
57	山东师范大学	太阳能化学转化与储存	✓
58		系统生物学	✓
59		信息系统与网络信息安全	✓
60		地表过程与环境生态	
61		光电信息处理与显示	
62		科学计算与数值仿真	
63		信息管理与知识工程	
64		人类认知与行为发展	
65	青岛大学	脑功能及其调控	✓
66		光子学材料与技术	✓
67		智能信息处理	
68		电能变换与先进控制	
69		动力集成及储能技术	
70	青岛大学	分子免疫病理	
71		海洋药物创新	
72		海洋生物质纤维新材料	
73		眼科临床医学	
74	山东中医药大学	中西医结合眼病防治技术	✓
75		中药资源学	✓
76		中西医结合肿瘤防治	
77		中医心血管病	
78		天然药物	
79		中药制剂	
80	青岛科技大学	生命分析化学	✓
81		高分子材料加工机械	✓
82		热能工程	
83		纳米材料工程技术	
84		高性能聚合物	
85		清洁化工	
86	青岛理工大学	能源与环境装备	✓
87		机械设计与制造	
88		城市规划与景观工程技术	
89		混凝土	
90		摩擦学与先进表面工程	
91	曲阜师范大学	南四湖湿地生态与环境保护	✓
92		智能控制技术	✓
93		信息功能材料与光电技术	
94		绿色天然产物及医药中间体开发	
95		体适能监测与调控	
96	济南大学	化学传感分析	✓
97		无机功能材料	
98		机械装备设计与仿真	
99		建材工业综合自动化	
100	山东理工大学	精密模具	✓
101		先进复合材料	
102		精密工程测量	
103		结构分析与动力学	
104	山东建筑大学	工程结构与防灾减灾	✓
105		道路与交通工程	
106		机械工程创新技术	

续表

序号	依托学校	实验室名称	其中强化实验室
107	山东建筑大学	给水排水综合	
108	山东轻工业学院	轻工精细化学品	✓
109		轻工装备先进制造与测控技术	
110		非晶/多晶材料	
111		清洁生产与工业废弃物资源化	
112	青岛农业大学	预防兽医学	✓
113		动物生殖与种质创新	
114		植物病虫害综合防控	
115		植物生物技术	
116	聊城大学	光信息传输与处理	✓
117		智能信息处理与网络安全	
118		清洁化学能源技术	
119		生态学与生物多样性	
120	烟台大学	化工制造工程	✓
121		光信息与光功能材料	
122		结构工程	
123		先进制造与控制技术	
124		海产品质量与安全检测	
125		分子药理和药物筛选与评价	
126	鲁东大学	分子设计与材料合成	✓
127		高性能与功能高分子材料	
128		应用生物技术	
129		信息物理融合与智能控制	
130	潍坊医学院	应用药理学	✓
131		免疫学	
132	潍坊医学院	临床检验诊断学	
133	泰山医学院	脑微循环	✓
134		动脉粥样硬化	
135	滨州医学院	医学生物技术	✓
136		肿瘤分子生物学	
137	济宁医学院	神经生物学	
138		行为医学	
139	山东经济学院	经济运行动态仿真	
140	山东财政学院	金融服务外包创新	
141	山东交通学院	路面结构与材料	
142		船舶与海洋运输	
143	山东工商学院	智能信息处理	
144	山东政法学院	证据鉴识	
145	山东青年政治学院	信息安全与智能控制	
146	临沂大学	资源与环境分析化学	
147	滨州学院	航空信息技术	
148	泰山学院	旅游与资源环境	
149	菏泽学院	动物生理生化与应用	
150	枣庄学院	煤化工	
151	潍坊学院	生物化学与分子生物学	
152	德州学院	生物技术与生物资源利用	
153		配位化学与功能材料	
154	济宁学院	无机化学	
155	山东万杰医学院	生物医学工程技术	

山东省“十二五”高校人文社会科学研究基地名单

序号	依托学校	基地名称	其中强化基地
1	烟台大学	应用法学研究中心	✓
2	山东科技大学	山东矿区循环经济与节能减排研究基地	✓
3	青岛农业大学	山东省农业传播与农村发展研究中心	
4	山东经济学院	山东省经济理论与政策研究中心	✓
5	曲阜师范大学	孔子与传统文化研究中心	✓
6		外国语言文化与翻译研究中心	✓
7	滨州医学院	医学人文研究中心	
8	聊城大学	运河与区域经济社会发展研究中心	
9		教师教育创新研究基地	
10	菏泽学院	水浒文化研究基地	
11	山东警察学院	侦查对策研究中心	
12	山东理工大学	齐文化研究基地	
13	山东建筑大学	齐鲁建筑文化与景观艺术研究基地	
14	滨州学院	孙子兵法与兵学研究基地	

续表

序号	依托学校	基地名称	其中强化基地
15	山东青年政治学院	山东省青少年研究所	
16	山东农业大学	农村经济管理研究基地	√
17	临沂大学	沂蒙文化研究基地	
18	山东交通学院	国际商务研究中心	
19	青岛理工大学	城市文化与城市竞争力研究基地	
20	济宁医学院	行为与健康研究基地	
21	济南大学	全球化与跨国经营研究基地	
22		高等教育研究中心	
23	德州学院	食品经济管理研究基地	
24	山东师范大学	马克思主义理论研究中心	√
25		基础教育课程与教学研究中心	√
26	青岛大学	蓝色经济区人口、资源与环境可持续发展研究中心	
27		东亚文学与文化研究中心	√
28	山东轻工业学院	区域创新与可持续发展研究基地	
29	山东财政学院	地方财政政策研究基地	
30	山东体育学院	体育人文社会科学研究基地	
31	潍坊学院	海盐文化研究基地	
32	山东政法学院	民商事法律与民生研究中心	
33	鲁东大学	中华文化传统与中国现代思想研究基地	
34		应用型外语人才培养研究基地	
35	山东工商学院	煤炭产业发展与创新研究基地	√
36	山东艺术学院	文化创意产业与管理研究基地	
37	山东中医药大学	中医药文献与文化研究中心	√
38	山东工艺美术学院	山东省非物质文化遗产研究中心	
39	山东女子学院	女性人力资源开发与管理研究基地	
40	泰山学院	泰山文化研究中心	
41	山东大学	产权理论与法经济学研究基地	√
42		公司治理研究基地	√
43		中华文明起源研究中心	√
44		法律方法论研究中心	√
45		政治文明与宪政研究基地	√
46		中华文化与世界文明对话研究基地	√
47		反垄断与规制经济学研究中心	√
48	中国海洋大学	海洋经济研究中心	√
49		外国语言文学研究基地	√
50	中国石油大学（华东）	中国化马克思主义研究中心	

（省教育厅）

山东大学

【概述】 山东大学是教育部直属重点综合性大学，国家“211工程”和“985工程”重点建设高校，国家教育部“珠峰计划”16所名校之一。学校创建于1901年，初名山东大学堂，是继京师大学堂之后我国第二所国立大学。总占地面积8 000余亩(含即将启动建设的青岛校区约3 000亩)，形成了一校三地(济南、青岛、威海)八个校园(济南中心校区、洪家楼校区、趵突泉校区、千佛山校区、软件园校区、兴隆山校区及青岛校区、威海校区)的办学格局。山东大学是目前国内学科门类最齐全的大学之一，本科生和研究生层次教育涉及哲学、经济学、法学、教育学、文学、历史学、理学、工学、农学、医学、军事学、管理学、艺术学等13个学科门类。拥有一级学科博士学位授权点40个，一级学科硕士学位授权点55个，专业学位博士点、硕士点28个，本科专业116个，博士后科研流动站38个。2012年，山东大学围绕建设世界一流大学的发展战略，创新工作理念和工作制度，在科研立项、平台基地建设、创新团队建设、重点学科建设、科研成果等方面取得了显著成绩。全年实际拨入各类科技活动经费11.03亿元，其中科研项目经费实到7.4亿元(不含校自主创新基金)，较上年增长7.52%。

【科技项目与经费】

自然科学基金 2012年，学校新上各类自然科学基金项目630项，立项经费26 759.7万元，实到经费20 932.07万元，实到科研经费较上年增长14.94%。

2012年山东大学新上各类基金项目

项目类别	新上项目数	实到经费(万元)
国家自然科学基金(含国际合作)	411	19 135.28
教育部博士点基金(含新教师科研基金)	53	438
省自然科学基金(含省杰出青年基金)	121	1 226
教育部留学回国启动基金	42	83.8
其他基金	3	48.99
合　计	630	20 932.07

2012年，学校有9位学者获得国家自然科学基金重点资助，包括生命科学院张玉忠教授的“深海微生物适应极端环境的生理与遗传机制”和“南海深海有机质的生物降解过程、机制及微生物在碳循环的作用”项目，数学院陈增敬教授的“金融数学中的若干随机分析问题的研究”项目，生命科学院赵小凡教授的“昆虫蜕皮激素的细胞膜受体及膜信号转导途径研究”项目，控制学院李贻斌教授的“高性能液压驱动四足仿生机器人基础理论与关键技术研究”项目，医学院高聆教授的“促甲状腺激素(TSH)调控肝脏胆固醇合成限速酶信号网络的机制研究”项目，生命科学院侯丙凯教授的“植物赤霉素和生长素糖基化修饰的功能基因鉴定与作用分析”项目，晶体材料研究所陶绪堂教授的“全自动微下拉晶体光纤生长炉的研制与应用”项目，计算机科学与技术学院尹义龙教授等的“基于机器学习的多模态医学影像信息处理与分析”项目，共获得资助经费3 715万元。

高新技术项目 2012年，山东大学国家级各类科技计划项目实到经费28 182.9万元。其中，国家级各类重大项目117项，实到经费14 175.51万元，较上年增长10.1%；国防科技实到经费5 100万元；部委计划项目实到经费4 985.88万元，较上年增长52.9%；山东省科技计划项目实到经费2 130.87万元，国际科技合作项目实到经费480.84万元，其他各类纵向项目实到经费1 310.79万元。

国家级重大项目。2012年，学校主持国家863计划课题6项，参与课题22项，实到经费2 365.04万元，较上年增长114.2%；主持立项国家973计划(含重大科学计划)课题9项，参与课题33项，实到经费4 671.88万元，较上年增长5.25%；主持和参与国家重大科技专项课题30项，实到经费4 880.59万元；主持和参与国家科技支撑计划项目课题17项，实到经费2 258.00万元。

2012年山东大学新上国家级重大项目

项目类别	新上项目数（主持及参与）	实到经费（万元）
重大基础研究(973)	42	4 671.88
高技术研究(863)	28	2 365.04
国家重大科技专项	30	4 880.59
国家支撑计划	17	2 258.00

国防科技。2012年，学校国防科技研究继续保持快速发展态势，承担的重大专项任务进展顺利，国防科技相关资质及保密体系保持安全有效运行，国防科技综合实力居于部属高校前列。

科技开发与合作 学校全年科技开发实到经费20 365.26万元，签订横向技术合同1 037项，合同额27 081万元。继续推进与潍柴集团、海信集团、山东高速集团、齐鲁证券有限公司等大型企业的科技合作，加强与济南、淄博、济宁、东营、日照、威海等地市的科技合作，促成百万元以上横向重大项目合作41项。合作共建科技合作研究平台12个，包括与济南市城市交通研究中心共建的城市公共交通工程技术研究中心、与山东英利实业有限公司共建的山大英利先进纤维工程技术研究中心等。与济南裕兴化工有限责任公司等11家企业建立了产学研合作关系。作为重要的技术支撑，参与山东省废旧橡胶技术创新产业联盟。

自主创新基金 2012年，学校自主创新基金立项310项，其中交叉学科培育项目39项，重大导向培育项目8项，自由探索项目263项。

【科技成果】

科技奖励 2012年，学校共获省部级以上科技奖励61项。其中，国家级奖励2项，包括国家技术发明二等奖1项，国家科技进步二等奖1项（第四完成单位）；何梁何利基金科学与技术进步奖1项；教育部高等学校科学研究优秀成果奖一等奖2项、二等奖8项；中国轻工业联合会科技进步一等奖1项；山东省科技奖励47项，包括省科学技术最高奖1项，一等奖7项（其中作为合作单位1项），二等奖23项，三等奖16项。晶体材料研究所王继扬教授“硼酸盐激光自倍频晶体和小功率绿光激光器件商品化制备技术及应用”项目获国家技术发明二等奖，医学院陈子江教授获何梁何利基金科学与技术进步奖，能动学院程林教授获山东省科学技术最高奖。

科技论文 根据2012年中国科学技术信息研究所发布的国际论文收录情况，山东大学2011年科学引文索引扩展版（SCIE）收录文献2 134篇，其中论文2 073篇，论文SCIE收录在全国高校排名中列第7位。其中，2011年表现不俗的收录论文691篇，在全国高校排名中列第11位；SCI学科影响因子前1/10的期刊论文310篇，在全国高校排名中列第10位。2011年科学引文索引光盘版（SCI-CDE）（2006—2010年）收录的2 739篇论文被引用7 837次，在全国高校排名中列第10位。作为第一作者国际合著论文272篇，在全国高校排名中列第13位；即年被引用论文899篇，在全国高校排名中列第8位。工程索引核心部分（EI）收录期刊论文1 415篇，科技会议录引文索引（CPCI-S）收录论文374篇，国内论文收录2 394篇，国内引证次数12 036次，在高校排名中均与上年持平或略有上升。在2011年度SCI收录中国学科领域科技论文机构排名中，学校数学领域科技论文列第1位，医学领域科技论文列第8位，环境科学、生物、化学、材料科学、物理领域分列11、13、13、14、18位。信息科学和工程学院赵圣之教授等人发表在《激光物理快报》的论文《Diode-pumped passively Q-switched Nd:Lu0.33Y0.37Gd0.3VO4 laser using a single-walled carbon nanotube saturable absorber》被评为2011年中国百篇最具影响国际学术论文。岩土中心李术才教授于2008年发表在《岩石力学与工程学报》上的论文《高风险岩溶地区隧道施工地质灾害综合预报预警关键技术研究》被评为2011年中国百篇最具影响国内学术论文。

专利申请与授权 学校全年共申请专利1 069件，较上年增长22.5%。其中，发明专利783件，较上年增长23.1%；PCT专利1件；实用新型专利285件。获得专利授权661件，较上年增长38%。其中，发明专利413件，较上年增长38.1%；实用新型专利248件。

【科技创新平台建设】

2012年，学校联合上海交通大学、华东师范大学、复旦大学、上海财经大学等高校组建成立了“金融风险定量计算与控制协同创新中心”，联合山东省信息通信技术研究院、中国科学院计算技术研究所等单位组建成立了“中国虹计划协同创新中心”。电网智能化调度与控制教育部重点实验室通过验收；材料液固结构演变与加工教育部重点实验室通过评估，成绩为良好；天然产物化学生物学教育部重点实验室通过建设计划论证。软件工程等12个省重点实验室通过省科技厅组织的年度考核，其中山东省心血管疾病转化实验室、山东省软件工程实验室、山东省动物细胞与发育生物学重点实验室等6个省重点实验室成绩为优秀。截至2012年底，学校共有自然科学类国家级重点实验室2个，国家工程技术研究中心3个，国家工程实验室、国家工程技术推广中心各1个，国家“111学科创新引智基地”5个，国家新药创制综合技术大平台1个，教育部、卫生部重点实验室及工程技术研究中心20个，并有大批省级重点实验室和省级工程技术研究中心。

【创新团队及科技人才队伍建设】

创新团队 2012年，以数学院刘建亚教授为学术带头人的“数论”团队和以张承慧教授为学术带头人的“复杂工业系统能量优化与先进控制”团队入选教育部“长江学者和创新团队发展计划”创新团队。截至2012年底，学校已有3个国家自然科学基金创新群体和7个教育部“长江学者和创新团队发展计划”创新团队。

国家杰出青年基金获得者 2012年，土建学院陈卫忠教授在“岩土力学与岩土工程”研究领域创新成果突出，获国家自然科学基金杰出青年基金项目资助，成为学校自2000年起第29位国家杰出青年基金获得者。生命科学院丁兆军教授在“生长素介导的植物根干细胞的维持和分化”研究领域，物理学院徐庆华教授在“粒子物理与原子核物理—核子自旋结构与强相互作用”研究领域，威海校区李娟教授在“随机微分对策和随机控制理论及其应用”研究领域分别获得国家自然科学基金优秀青年基金项目资助。

教育部新世纪优秀人才 学校17位学者入选2012年度“新世纪优秀人才支持计划”。自2004年起，学校已有136人入选教育部“新世纪优秀人才支持计划”。

（山东大学　张东鹏　任敏利）

中国海洋大学

【概述】 中国海洋大学是一所以海洋和水产学科为特色的教育部直属重点综合性大学，国家“985工程”和“211工程”重点建设高校之一，涵盖理学、工学、农学、医（药）学、经济学、管理学、文学、法学、教育学、历史学等学科门类。学校前身是始建于1924年的私立青岛大学，2002年改为现名。现辖崂山、鱼山和浮山3个校区，设有17个院、1个基础教学中心、1个社会科学部、69个本科专业，现有12个博士后流动站、13个博士学位授权一级学科、80个博士学位授权学科（专业）、34个硕士学位授权一级学科点、192个硕士学位授权学科（专业）、13个类别硕士专业学位授权点，是国家首批工程博士专业学位授权点，拥有一级学科国家重点学科2个、二级学科国家重点学科10个（含培育学科1个）、教育部重点实验室7个、教育部工程研究中心4个、农业部重点实验室1个、山东省重点实验室2个、山东省工程技术研究中心1个、山东省高校重点实验室9个、青岛市重点实验室4个、青岛市工程研究中心1个。国家海洋药物工程技术研究中心、联合国教科文组织中国海洋生物工程中心、由教育部和国家海洋局共建的中国海洋发展研究中心设在学校。学校还拥有2个国家基础科学研究和教学人才培养基地，1个国家生命科学与技术人才培养基地，3个教育部—国家外国专家局“111计划”学科创新引智基地。拥有国家投资价值数亿元，供教学、科研使用的3 500吨级海上流动实验室——东方红2号海洋综合调查船。青岛海洋科学与技术国家实验室一期启动区综合楼及高性能科学计算与系统仿真平台已完工，即将投入使用；作为山东半岛蓝色经济区重点项目和青岛“蓝色硅谷”核心区的二期建设工程已经启动，将为国家和地方的海洋事业发展提供空间载体和科技支撑。自“十一五”以来，学校共主持国家级各类项目近900项；获得国家技术发明一等奖1项、二等奖2项，国家科技进步二等奖6项，省部级二等奖以上科技奖励51项；申请发明专利968件，获得发明专利授权517件，其中国际发明专利13件。

【科技项目与经费】 2012年，学校实到科技经费首次突破5亿元。

国家自然科学基金 国家自然科学基金获资助项目119项，资助经费首次突破9 000万元，获资助项目的学科结构继续保持“全面开花”的良性发展态势，其中青年科学基金呈现强劲增长势头。

国家重大科技项目 承担国家重大项目能力持续增强，再次获得国家重大科学研究计划项目和国家科技重大专项水专项课题各1项，分别获资助经费2 600万元和1 400余万元，并牵头组织863计划重大项目1项（约1.6亿元）、863计划主题项目1项（近1 500万元）、国家科技支撑计划项目2项（合计约4 000万元）。

公益性行业科研专项和部委专项 继续保持良好增长势头，已成为学校科技经费的重要来源之一，全年经费达到9 000余万元。

国际科技合作基地、项目及人才一体化 全年获批国际科技合作经费2 000余万元，经费数创历史新高。高等学校学科创新引智基地（简称“111计划”）建设取得新突破，新增海洋化学创新引智基地，另有1个基地通过评估获得滚动支持，至此学校“111计划”学科创新引智基地总数达到3个。国际科技合作项目的合作广度和深度进一步加强，获批科技部国际合作项目4项、国家自然科学基金委重大国际合作研究项目1项。

横向项目 全年新签订横向项目合同额近1.8亿元。由学校牵头完成的鸥飞工程海洋环评工作获得地方和行业主管部门的一致好评。全面参与2014年青岛世界园艺博览会建设，拟承担世园会植物馆海洋植物展区的建设、运营与科技保障工程任务，项目合同经费近5 000万元，成为学校单项经费最高的技术服务项目。

【科技成果】 2012年，学校连续第七年获国家科技奖励，董双林教授主持完成的“海水池塘高效清洁养殖技术研究与应用”项目获得国家科技进步二等奖。获教育部自然科学一等奖1项、国家海洋局海洋创新成果二等奖2项、青岛市科技进步一等奖1项、青岛市自然科学一等奖1项（本年度此奖项唯一获奖项目）。被SCI、EI、ISTP收录论文1 500余篇，其中SCI收录论文775篇，SCI论文所发表杂志按2011年影响因子≥3的约占1/4，发表在《Nature Climate Change》和《Nature Methods》等高水平杂志上的论文不断涌现。申请国家专利156件，其中发明专利134件，占86%；获得国家专利授权100件，其中发明专利87件，占87%；获得国际专利授权1件；申请计算机软件著作权登记37件。

【科技项目与成果选介】

海水池塘高效清洁养殖技术研究与应用 该项目获得2012年度国家科技进步二等奖，项目内容详见“科技成果和奖励”部分。

中国海洋药用生物资源调查、挖掘与开发应用 该项目首次对中国近海药用生物及矿物资源进行系统全面的调查评价，探明了海洋药用生物的资源状况和分布特征。调查范围北起渤海大连湾，南至南海西沙群岛，重点区域涵盖典型海湾、河口、红树林、珊瑚礁和海岛等特殊生态环境，通过724个站位、沿海18个地区和3条调访路线的调查，采集样品18 445份。对生物样品进行物种鉴定、药理活性筛选评价和化学成分分析，对文献记载进行纠偏验证，拓展了红树林、微生物等药用资源领域，明确了中国海洋药用生物物种和药用矿物的数量和名录，初步构建了海洋药用生物标本库和海洋药用生物数据库。在对海洋药用生物资源调查、评价的基础上，首次对海洋药物领域的科学文献进行系统整编，编纂完成并出版了海洋药物领域首部大型志书《中华海洋本草》。全书共9卷，1 400万字，首次对中华海洋本草发展史进行系统地归纳总结，阐述了海洋本草的发展脉络；收录海洋药物613味，涉及海洋药用生物及具有潜在药用开发价值的物种1 479种，矿物药12种，优选3 100余方。《海洋药用微生物》副篇收载314株海洋微生物及其次级代谢产物，为海洋药物研发开拓了新的资源领域。《海洋天然产物》副篇收录20 000种海洋天然产物化合物的来源、结构及波谱、生物活性等数据信息。2012年11月，该项目通过省科技厅组织的成果鉴定，达到同类研究的国际领先水平。

西北太平洋海洋多尺度变化过程、机理及可预测性 该项目为2012年立项全球变化研究国家重大科学研究计划项目，是中国海洋大学继2011年首获该计划领域资助后，第二次获得资助。由学校“筑峰人才工程”特聘教授吴立新担任首席科学家，吴立新教授也成为学校首位既承担过国家重点基础研究发展计划项目，又承担国家重大科学研究计划项目的科学家。该项目瞄准国家保障海洋环境安全、制定应对气候变化策略的需求，围绕“西北太平洋海洋多尺度变化过程及其对大气的调节作用”这一重大科学问题，重点研究西北太平洋中海洋能量串级过程、海洋动力环境变异过程及机理、多尺度海—气相互作用及其气候效应，以揭示西北太平洋海洋多尺度变化过程和机理，阐明西北太平洋海洋动力环境变异的可预测性。

【“211工程”与“985工程”建设】 2012年，学校完成“211工程”三期建设校内验收，参加国家抽查及第三方验收获得高度好评，学科建设思路和建设成效得到专家的充分认可。完成国家新一轮“985工程”建设阶段检查和总结工作。通过青岛市政府共建中国海洋大学三期建设项目专家评审，完成青岛市4家单位会签，本年度8 000万元共建经费已落实到校。对2012年和2013年“985工程”建设任务和改革内容进行统筹安排。继续探索并完善“重点专项工作组”工作模式，规范相关管理流程，为实现建设目标提供机制保障。以教育部重点实验室综合改革试点工作为牵引和带动，推进学校体制机制改革与创新。

【科技创新平台建设】 2012年，学校获批建设青岛市海洋仪器与装备工程研究中心和青岛市海洋可再生能源重点实验室。山东省海洋工程重点实验室、山东省糖科学与糖工程重点实验室获省财政奖励性建设经费45万元。青岛市现代服务业数字工程技术研究中心获青岛市经费支持50万元。

【学科建设】 2012年，学校在农学、材料科学、生物学与生物化学三大学科（领域）相继进入ESI全球科研机构前1%，至此学校已在7大学科（领域）跻身ESI全球科研机构前1%行列。经国务院学位委员会第29次会议审议批准，学校获批增列法学博士一级学科，并相应增加9个博士二级学科。

【科技人才队伍建设】 2012年，学校以深化实施“人才强校战略”为契机，积极利用国家“千人计划”和山东省“泰山学者建设工程”，大力实施“筑峰/绿卡/繁荣/英才”人才工程，集聚一批活跃在国内外学术前沿和国家重大战略需求领域的一流科学家、学科领军人才、学术带头人和优秀青年学术才俊。其中，美国德州理工大学周华伟教授入选国家“千人计划”，美国罗德岛大学罗义勇、美国塔夫斯大学赵呈天、美国橡树岭国家实验室王玮、美国北卡州立大学何若[illegible]House 4人入选“泰山学者海外特聘专家”；引进德国Marum研究所Christoph Waldmann博士聘为“筑峰人才工程”特聘教授，聘任青年法学家桑本谦、台湾淡江大学苏志伟2人为“繁荣人才工程”特聘教授；聘任美国弗州理工大学焦燕、香港科技大学刘红斌2人为“绿卡人才工程”讲座教授；美国耶鲁大学刘伟治、美国南卡罗莱纳大学唐群委、新加坡国立大学李志华3人受聘

"青年英才工程"第一层次岗位,美国加州大学尔湾分校陈慕雁、新加坡国立大学厉萍、美国佛罗里达国际大学李雁宾、清华大学刘卫先4人受聘"青年英才工程"第三层次岗位。学校吴立新教授入选"长江学者"特聘教授,李广雪教授、徐祥民教授受聘山东省"泰山学者"特聘教授,林霄沛教授入选国家首批青年拔尖人才支持计划。

【国际科技合作与交流】 2012年,学校进一步拓展与德克萨斯A&M大学、不来梅大学等院校的战略合作伙伴关系,推动发展与东英吉利大学等世界知名高水平大学新的战略合作伙伴关系,与伍兹霍尔海洋研究所、纽约州立石溪大学、罗德岛大学、密苏里大学哥伦比亚分校、西班牙海洋研究组织西班牙海洋创新基金会、越南海洋研究所、加拿大滑铁卢大学、澳大利亚塔斯马尼亚大学、韩国高丽大学等11个国家的20个院校签署合作协议或备忘录。新建中韩海洋发展研究中心。为师生出国(境)交流、研修或攻读学位提供服务,全年师生出国(境)1 049人次。

(中国海洋大学 孙友庆)

中国石油大学(华东)

【概述】 中国石油大学是教育部直属全国重点大学,是国家"211工程"重点建设和"优势学科创新平台"建设并建有研究生院的高校之一,建校于1953年。中国石油大学(华东)是教育部和四大石油石化企业集团、教育部和山东省人民政府共建的高校。学校现有青岛、东营两个校区,校园总面积314.87hm^2(4 723亩),建筑面积110万m^2,图书馆藏书总量610万册,其中印刷型图书254万册、电子型图书356万册。学校现有5个国家重点学科——矿产普查与勘探、油气井工程、油气田开发工程、化学工艺、油气储运工程,2个国家重点(培育)学科——工业催化、地球探测与信息技术,10个博士后流动站,11个博士学位授权一级学科,44个博士点,33个硕士学位授权一级学科,150个硕士点,另有工商管理硕士、翻译硕士、会计硕士以及20个工程硕士授权领域,59个本科专业,学科专业覆盖石油、石化工业的各个领域,石油主干学科总体水平处于国内领先地位。学校现有重质油国家重点实验室、油气加工新技术教育部工程研究中心、石油石化新型装备与技术教育部工程研究中心等43个国家及省部重点实验室和研究机构。山东石大科技集团有限公司、山东石大胜华化工股份有限公司既是国家级高新技术企业,也是石油石化行业重要的科研中试及工业试验基地。

【科技项目与经费】 2012年,学校新增纵向科技项目533项。其中,863计划、973计划、国家科技支撑计划、国家油气重大专项和教育部科学技术研究重大项目共92项;承担省部级以上基金项目184项,包括国家自然科学基金项目97项。签订横向科技合同1 277项,其中100万元以上项目91项,1 000万元以上项目1项。全年到位科研经费突破6亿元。学校新上省部级以上科技项目情况详见"高校科技发展"篇尾汇总表。

【科技成果】 2012年,学校获得省部级以上科技奖励34项(如表所示),有19项科技成果通过鉴定。申请职务专利、软件著作权登记339件,其中发明专利222件;获得专利授权72件。被三大检索系统收录论文946篇,其中SCI收录272篇、EI收录531篇、ISTP收录143篇。

2012年中国石油大学(华东)获得省部级以上科技奖励(34项)

奖项名称	等　级	项目名称	备　注
国家科学技术奖	技术发明二等奖	水力喷砂射孔与分段压裂联作技术及工业化应用	第四完成人
	科技进步二等奖	海上绥中36−1油田丛式井网整体加密开发关键技术	第五完成单位
山东省科学技术奖	科技进步一等奖	断陷湖盆复杂砂体精细表征与储层评价关键技术及其应用	第一完成单位
		高效高通量高操作弹性的立体复合塔板及其配套塔内件研制与应用	第二完成单位
	科技进步三等奖	盐渍化遥感检测及暗管改碱与节水集成技术及其应用	第一完成单位
		复杂介质条件下电测井数值模拟技术及其应用	第一完成单位
		特低渗透油田整体压裂开发关键技术	第一完成单位

续表

奖项名称	等　级	项目名称	备　注
山东省科学技术奖	科技进步三等奖	脉冲中子双谱剩余油动态监测技术及工业化应用	第一完成单位
		环境友好型固定化微生物修复石油污染土壤技术及应用	第一完成单位
		油管变频电磁电热技术研发及应用	第一完成单位
高等学校科学研究优秀成果奖	科技进步一等奖	济阳坳陷古近系湖相成烃成藏理论及其应用	第一完成单位
	科技进步二等奖	复杂介质电测井处理和解释新技术及应用	第一完成单位
中国石油和化学工业联合会科学技术奖	技术发明一等奖	多孔炭的可控制备及其在环保领域中的应用	第一完成单位
	科技进步一等奖	低渗透油田整体压裂增产改造关键技术及应用	第一完成单位
		减压渣油供氢减粘—延迟焦化组合工艺	第一完成单位
		异常高应力气藏完井及储层改造关键技术研究与应用	第三完成单位
	科技进步二等奖	环境友好型固定化微生物修复石油污染土壤技术及应用	第一完成单位
		石油生产及炼化过程的能量检测及评价方法	第一完成单位
		复杂山前冲断带油气精细勘探关键地质理论与方法	第一完成单位
		复杂介质电测井处理和解释新技术及应用	第一完成单位
		紧凑型静电聚结器研发及工业化应用	第一完成单位
		低渗透油藏驱替机理及提高采收率技术	第一完成单位
		油田集输系统地热高效利用与能流分析技术研究	第一完成单位
		济阳坳陷古近系湖相成烃成藏理论及其应用	第一完成单位
	科技进步三等奖	反应超音速火焰喷涂合成陶瓷涂层技术与应用	第一完成单位
		油气井控安全评价及控制技术	第一完成单位
		环保型抗高温可循环微泡沫钻井液体系及应用	第一完成单位
		粉土p-y曲线及海洋平台加肋桩基技术	第一完成单位
国家能源科学技术进步奖	科技进步一等奖	多组分多相复杂流动理论及其在油气井工程中的应用	第一完成单位
	科技进步三等奖	复杂地层钻井工程设计及风险评价技术与应用	第一完成单位
		油气重磁信息识别与评价技术	第一完成单位
		海上油气田油气水高效分离技术研发与应用	第二完成单位
河南省科学技术奖	科技进步一等奖	同位素石油测井关键技术研究与应用	第二完成单位
河北省科学技术奖	科技进步一等奖	霸县凹陷二次勘探重大突破与理论技术创新	第二完成单位

【科技创新平台建设】 2012年，学校油藏描述重点实验室—储层非均质表征方法研究室和油气地下储库工程重点实验室—储气库钻采工程研究室纳入中国石油天然气集团公司“十二五”平台建设规划，青岛市页岩油气勘探开发重点实验室和全国石油和化工行业油气井工程超临界流体重点实验室分别获得青岛市科技局和中国石油和化学工业联合会批准建设，国家采油装备工程技术研究中心通过科技部同行专家可行性论证，青岛市石油化工公共研发平台通过青岛市科技局组织的专家论证，学校与中海油田服务股份有限公司共建声学测井联合实验室。截至2012年底，学校在建国家及上级部门重点科研机构达到43个(如表所示)，校级科研机构45个。

中国石油大学(华东)重点科研机构

科研机构名称	批准部门	科研机构名称	批准部门
重质油国家重点实验室	科技部	提高采收率研究中心	中国石油化工股份有限公司
油气钻井技术国家工程实验室	国家发改委	重质油利用研究中心	中国海洋石油总公司
油气加工新技术教育部工程研究中心	教育部	山东省油藏地质重点实验室	省科技厅
石油石化新型装备与技术教育部工程研究中心	教育部	山东省油田化学工程技术研究中心	省科技厅
石油工程教育部重点实验室	教育部	山东省物理法采油技术研究中心	省科技厅
石油天然气安全生产工程技术研究中心	国家安全生产监督管理总局	山东省校园节能监测及改造工程技术研究中心	省科技厅
材料电子理论研究室和材料界面实验室	中国人民解放军总装备部	山东省提高油气采收率工程技术研究中心	省科技厅
油气储层重点实验室—中国石油大学(华东)研究室	中国石油天然气集团公司	山东省海洋石油钻采装备工程技术研究中心	省科技厅
测井重点实验室—中国石油大学(华东)研究室	中国石油天然气集团公司	山东省油区环境污染治理工程技术研究中心	省科技厅
物探重点实验室	中国石油天然气集团公司	山东省油田含油污水处理膜工程技术研究中心	省科技厅
钻井工程重点实验室—高压水射流钻井研究室	中国石油天然气集团公司	山东省无石棉摩擦材料技术研究推广中心	省科技厅
催化重点实验室	中国石油天然气集团公司	山东省高压水射流新技术研究推广中心	省科技厅
重质油加工重点实验室	中国石油天然气集团公司	非常规油气资源开发	省教育厅
海洋工程重点实验室—水下装备工程技术研究室	中国石油天然气集团公司	生物工程与技术	省教育厅
盆地构造与油气成藏重点实验室—油气运聚机理研究室	中国石油天然气集团公司	盆地分析与油气储层地质	省教育厅
HSE重点实验室—中国石油大学(华东)研究室	中国石油天然气集团公司	海洋油气工程	省教育厅
油藏描述重点实验室—储层非均质表征方法研究室	中国石油天然气集团公司	油气储运工程	省教育厅
油气地下储库工程重点实验室—储气库钻采工程研究室	中国石油天然气集团公司	复杂储层测井新技术	省教育厅
采油工程软件与信息中心	中国石油天然气集团公司	新能源物理与材料科学	省教育厅
环境工程研究开发中心	中国石油天然气集团公司	中国化马克思主义研究中心	省教育厅
沥青技术开发中心	中国石油天然气集团公司	青岛市页岩油气勘探开发重点实验室	青岛市科技局
		全国石油和化工行业油气井工程超临界流体重点实验室	中国石油和化学工业联合会

【“优势学科创新平台”与“211 工程”建设】 2012 年,学校“211 工程”三期建设通过国家验收。优势学科创新平台建设扎实推进,3 个研究方向共购置 40 万元以上大型精密仪器设备 31 台;获得山东省重点学科共建资金 500 万元,启动与青岛市的学科共建工程。

【中国石油大学国家大学科技园建设】 2012 年,国家大学科技园东营园区获批承担国家科技支撑计划石油装备研发产业化平台建设,“东营市中小企业窗口平台”被列入国家中小企业服务体系发展计划,“东营市石油装备产业技术创新联盟”被认定为省级创新联盟。

【科技合作与交流】

国内科技合作与交流　2012 年,学校召开“中国石油大学董事会第四次工作会议暨校企合作研讨会”,新增董事会单位 14 家。加强与地方政府和企事业单位的联系,与 4 家企业签订全面合作框架协议,与 6 家企业签署协议共建实验室、研究中心或教学实践基地。与中国石油集团渤海钻探工程有限公司、中海石油(中国)有限公司、中国石油塔里木油田公司、中国石油吐哈油田公司、中国石油化工股份有限公司西北油田分公司,以及山东省威海市、淄博市、青岛市、东营市和河南省濮阳市等地企事业单位开展科技交流与合作,达成多项合作意向。

国际科技合作与交流　2012 年,学校与 10 多所境外大学建立和加强了友好合作关系,与 11 个国家的 18 所大学和研究机构签署合作协议。与跨国公司、国际机构签订科技合作项目协议近 10 项,到位经费 500 多万美元。与美国华人石油学会合作成立先进石油技术国际培训咨询中心。签署中欧工程教育联盟《哈尔滨路线图》。加大引进派出力度，全年共聘请350余名长短期境外专家来校任教、讲学、合作科研，外聘荣誉教授、客座教授11名；全年共派出教授、管理干部、青年骨干教师以及学科团队近600人次赴海外进行学术交流、科研考察或培训学习。以国家公派研究生项目为依托，开拓学生交流项目，有300多名学生赴境外高校进行联合培养和交流学习。

【科技人才培养与队伍建设】 2012年，学校新招聘专任教师77人，其中教授8人，5人具有国家或省级人才称号，18人具有海(境)外学习、学术经历。张军受聘“泰山学者海外特聘专家”，孙宝江入选“十二五”国家高技术研究发展计划(863计划)主题专家组专家。姚军负责的“复杂油藏开发和提高采收率的理论与技术”创新团队入选教育部“长江学者和创新团队发展计划”，姚军负责的“油气田开发”团队入选山东省优秀创新团队并记集体一等功。山红红负责的“非常规石油资源高效加工与利用创新引智基地”获批立项建设，姚军负责的“油气田开发工程创新引智基地”通过评估验收，并被纳入新一轮创新引智计划。新增博士后科研流动站4个，2人获得中国博士后科学基金一等资助。

【学术交流】 2012年，学校共组织各类学术交流活动500余场次，其中主办、承办国际和全国性学术会议20余场次。聘请院士和国内外知名专家来校进行学术交流和研讨200余人次。举办首届“中国石油大学(华东)自主创新学术论坛”，设置7个分会场，作学术报告139个，约900名师生参加了论坛。

[中国石油大学(华东) 郑艳梅]

哈尔滨工业大学(威海)

【概述】 哈尔滨工业大学是国家公办、全日制全国重点大学，创建于1920年，1954年进入国家首批重点建设的6所高校行列，1984年再次被确定为国家重点建设的15所大学之一，1996年首批进入国家“211工程”重点建设的院校，1999年被确定为国家“985工程”重点建设的9所大学之一。哈尔滨工业大学(威海)作为哈尔滨工业大学三大跨省校区之一，创建于1985年，原名哈尔滨工业大学威海分校，2002年改为现名。学校占地155.5hm^2(2 332.5亩)，建筑面积41.3万m^2。2010年，工业和信息化部、山东省和威海市人民政府签署共建协议，标志着校区发展进入新的历史阶段。学校现有10个院(系)，2个教学部，38个本科专业，共享校本部的148个硕士点和82个博士点，单独设置的硕士研究生一级学科2个、二级学科19个。现有实验室百余个、科研机构57个，其中国家级平台4个——哈工大焊接国家重点实验室山东分室、机器人技术与系统国家重点实验室威海分部、国家水资源利用(北方)工程中心威海基地、国家网络信息安全中心威海分中心，省重点实验室1个，省级工程中心8个，院士亲自领导的研究所(中心)10个。

【科技项目与经费】 2012年，哈尔滨工业大学(威海)共承担各类科技项目295项(其中省级以上科技项目如表所示)，科技项目到账总经费10 846万元。

2012年哈尔滨工业大学(威海)新上省级以上科技项目

项目类别	项目名称	项目来源	金额(万元)
国家自然科学基金	单根金刚石纳米锥/Pd纳米粒子复合结构LSPR增强光电转换特性与机制研究	国家基金委	80
	基于金三维纳米阵列电极的AFB1免疫传感体系构建和电化学机制研究		77
	虾青素对Abeta神经毒性的抑制作用及其分子作用机制		24
	具有分片有理等距面的自由曲面造型方法		25
	飞秒激光写入的光波导机理研究及其应用于海水盐度传感		27
	脉冲延迟微分方程数值分析		50
	具有重要生物活性的啤酒花多酚类天然产物的全合成和结构修饰研究		25
	离子迁移谱法对现场液态样品快速分析的研究		25

续表

项目类别	项目名称	项目来源	金额（万元）
国家自然科学基金	基于有机SOMO活化串联环化反应的几种多环萜类天然产物的不对称全合成研究	国家基金委	80
	Sialon纳米带的双晶结构对光学和电学性能的影响		25
	基于介电弹性体驱动的MRI相容操作手系统模型及控制方法研究		25
	航天器柔性线缆拖拽力学建模及线缆系统布线规划研究		25
	微通道中基于不互溶液—液微流体界面可控传输的定域反应微连接机制研究		25
	合金元素对铝/铜熔钎焊接头界面结构和力学性能影响机制研究		25
	基于混联机构的大型舰船用螺旋桨双刀双面对称加工方法研究		25
	旋转电磁效应对海水淡化工程用铜及铜合金腐蚀调控机理研究		25
	考虑界面效应的拟动力子结构试验方法精细化研究		25
	大跨度桥梁颤振及其分支跳转的发生机理研究		25
	空间非渐开线变厚齿轮传动及参数激励同伦分析方法研究		84
	高速高压高频动态摩擦的机理研究		80
	基于舒曼谐振监测地震前兆异常机理研究		25
	复杂环境下的可调协作检测机理研究		25
	高铁钢轨表面缺陷的光声无损检测方法研究		25
	基于仿生原理的移动式自重构机器人聚集方法与对接策略研究		25
国家863计划	复杂装备状态监测与运维服务支撑软件平台	哈尔滨工业大学	386
	血糖检测与胰岛素注射微系统	山东威高集团	406
国家863计划子课题	形状记忆聚合物及其复合材料的本构理论和可展开桁架结构研究	哈尔滨工业大学	10
	船舶生产设计管理系统	清华大学	150
国家科技支撑计划	小型线性离子阱质谱仪专用化技术研发和产业化	威海威高电子工程有限公司	385
国家科技支撑计划子课题	1 000MW直接空冷机组参数与系统优化的研究	辽宁科林环保工程有限责任公司	50
	二维离子阱	哈尔滨工业大学	303
国防973项目子课题	非均质管材内高压成形塑性变形规律	哈尔滨工业大学	30
国家973计划子课题	船舶建造建模技术研究	清华大学	4
高等学校博士学科点专项科研基金	卫星产品结构快速配置理论与技术研究	教育部	40
山东省自然科学基金	重复砰机载荷作用下高速FRP船艇毁伤机理整体性研究	山东省科技厅	10
	船用变厚齿轮副设计及其非线性动力学同轮分析方法研究		8
	Puupehenone类海洋天然产物的全合成		10
	基于场地资源的调度理论和方法研究		8
	多孔纳米二元金属氧化物超级电容器电极材料的研究		6
	导管螺旋桨组合凹槽内壁抑制桨梢空化的探索研究		6
	非标准分方法对微分方程系统解得动力性保持		4
	基于图像高级语义和文本信息的不良图像检测算法研究		7
	基于知识的近海化监视雷达自适应检测技术研究		6

续表

项目类别	项目名称	项目来源	金额（万元）
实验室开放基金	回填式搅拌摩擦点焊技术及接头形成机理研究	哈尔滨工业大学	5
	单足机器人系统研究	哈尔滨工业大学	5
	一种面向高粘性液滴非接触式分配操作的压电微喷的研究	西安交通大学	6
	啤酒花A型原花色素类化合物的合成研究	北京分子科学国家实验室	2.5
	容错控制技术在再生制动系统中的应用	江苏大学	3
	双极化宽带相控阵天线及其在制导雷达中的应用问题研究	东南大学毫米波国家重点实验室	3
	中国焊接史研究	哈尔滨工业大学	15
山东省中青年科学家奖励基金	叠盘式Halbach阵列电机新能源汽车上的应用研究	山东省科技厅	7
	压缩感知框架下的水下传感器网络信息获取新方法		8
国际科技合作专项	中日地震减灾及其应对技术合作研究	财政部	430
	XXXX镁基复合物水解制氢技术合作研究		185
	空间焊接技术研究	科技部	899
山东省计划专项	大长细比镁合金毛细管低温挤压成形技术研究	山东省科技厅	25
	基于人体胰腺分泌特性的闭环式胰岛素泵研究		15
	玻璃钢船艇快速设计技术研究及系统开发		20
	面向物流领域的网络化软件关键技术及应用		20
	三代智能搜索引擎系统		20
	交通事故再现中的关键技术研究		20
	海上分布式风力发电系统智能并网控制器研究		40
	新型海洋温度盐度测量激光雷达关键技术研究		20
其他部委计划专项	二氧化硅陶瓷基复合材料与金属钎焊接头性能测试	哈尔滨工业大学	33
	海斯壮潮流发电装置的叶轮、海上工装设备等制造安装	青岛海斯壮铁塔有限公司	120
	VPN客户端的分析及对抗跟踪	国家计算机网络与信息安全中心	30
	山东省抗震规范	山东省住房和城乡建设厅	100
	直接转矩控制的矢量变频器	科技部创新基金管理中心	60

【科技成果】 2012年，学校共获得各级各类科技奖励25项，其中中国机械工业科学技术奖一等奖1项，黑龙江省自然科学一等奖1项、三等奖1项，河南省科技进步一等奖1项，教育部高校科研优秀成果奖二等奖1项，山东省科技进步二等奖1项、三等奖1项，黑龙江省科技进步三等奖1项，山东省高校优秀科研成果三等奖2项，威海市科技进步一等奖3项，威海第四届青年科技奖1项，威海市发明创新一等奖3项、二等奖1项、三等奖2项。教师发表科技论文351篇，其中被SCI收录141篇、EI收录125篇、ISTP收录11篇。申请专利55件，其中发明专利43件；获得发明专利授权16件。

【基础性研究】

纳米复合结构光电特性的实验与理论研究 学校理学院王强教授主持的“单根金刚石纳米锥/Pd纳米粒子复合结构LSPR增强光电转换特性与机制研究”项目获得2012年国家自然基金和省博士基金资助。随着纳米光电子学的飞速发展，基于金属纳米粒子的表面等离激元共振（SPR）受到广泛关注。研究等离激元共振现象对纳米体系光电特性的增强作用和机理，可以解决目前无法从宏观器件本身得到的局域光学近场分布与局域界面电子激发之间的直接联系等问题。近年来王强教授在该领域还先后研究了基于无掩膜等离子体刻蚀技术，制备了金刚石纳米锥、硅纳米锥，并研究其电输运、气体传感和场电子发射诸多物性；采用 HFCVD 技术生长单根碳纳米管锥，并采用探针 SEM 系统研究其电输运性质；用多种方法制备 ZnO 纳米线薄膜，研究其紫外光传感特性；研究 Pd 金属纳米粒子修饰 ZnO 薄膜的氢气传感特性；研究强电场漂白作用下金纳米粒子形貌及 SPR 光吸收特性的改变。王强教授主持的 2009 年国家自然科学基金“单根 TiO_2 纳米管超快紫外光传感特性和湿敏特性研究”项目，研制太阳能电池、紫外探测器，是微纳光电子领域极具挑战性的前沿课题之一，也是实现光电集成的关键，已于 2012 年底结题。

【应用研究与高技术研究】

双馈风力发电系统哈密顿建模和能量成型控制方法的研究 信息学院的曲延滨教授团队一直致力于可再生能源（风能与太阳能）控制技术方面的研究，特别是在双馈感应风力发电系统控制技术研究方面提出“基于能量的非线性鲁棒控制法”，以能量成型的新观点充分结合风力发电系统动态能量转换的物理本质，提出双馈感应风力发电系统的端口受控哈密顿建模方法和针对风力发电系统电机控制层的能量成型控制策略。此项工作得到 2010 年国家自然科学基金面上项目资助，并在国际可再生能源重要期刊《Wind Energy》和国际控制期刊《International Journal of Control》发表了相应的研究成果，该成果获得国际埃尼奖（Eni Award）科学秘书处提名，曲延滨教授成为 2013 年底国际埃尼奖可再生能源领域正式候选人。

【科技成果转化】

高强、高韧紧固件精密成型技术及产业化 11 月 24 日，学校与烟台东方蓝天钛金科技有限公司举行“高强、高韧紧固件精密成型技术及产业化”项目合作签约仪式。大飞机研制是我国正在实施的国家级重大工程项目，紧固件是确保大飞机性能和安全的重要部件，其未来的国产化、高性能和质量稳定性是成果转化的首要目标。该项目实现了学校参与国家自主创新重大成果转化项目零的突破，项目总经费 500 万元，由校本部耿林教授担任项目负责人，所有实验及调试工作均在威海校区完成。

计算机网络信息安全技术重大成果转化 计算机学院王佰玲副教授团队开发的“互联网搜索引擎数据分析系统”进入实际运行阶段。由国家发改委投资，中国移动与新华网联合运营的“盘古搜索引擎”作为国家搜索引擎平台正式推出 1.0 版本，王佰玲副教授团队在该项目研发中承担两项重要课题，历时两年成功将计算机网络信息关防技术转化应用于盘古搜索引擎，取得了良好的信息分析与处理效果。王佰玲副教授牵头的哈尔滨工业大学（威海）网络技术研究所，主要研究方向包括信息对抗技术、网络攻防技术、互联网搜索与舆情分析技术、物联网安全与应用技术、虚拟化与云计算技术、网络跨媒体计算技术等。研究所于 2010 年 9 月成立，分为威海研发部、北京运维部、北京拓展部三个部分，实现了一所两地三部的产学研发展模式，现有科研人员 100 余名，聘任方滨兴院士为特聘指导专家。自组建以来承接国家自然科学基金项目 2 项、国家信息安全专项 5 项、省科技攻关项目 1 项、省自然科学基金项目 1 项、企业横向课题 10 余项，发表论文 30 余篇，申请国际发明专利 4 件、国内发明专利 14 件、中国国防发明专利 4 件，目前在研项目总经费 3 000 余万元。

【科技创新平台建设】

中通—哈工大技术研究院 3 月 1 日，学校与中通客车控股股份有限公司共同成立的“中通—哈工大技术研究院”正式启动。双方将在车辆的碰撞、侧翻，高强材料的研究应用，车辆的智能化管理系统的进一步推广应用，整车动力及混合动力，新厂区生产线焊接技术，新材料、新工艺、新技术的应用，新能源核心技术的突破等领域加强合作。校长冯吉才担任院长、王国栋院士担任技术顾问。

山东船舶技术研究院 由省、市、院校共建，立足威海，服务全省的船舶制造公共研发平台“山东船舶技术研究院”获省机构编制委员会批准设立。6 月 28 日，山东省科技厅、哈尔滨工业大学、威海市人民政府在威海举行合作协议签字仪式，共建山东船舶技术研究院。根据协议内容，三方一致同意成立船舶研究院共建推进委员会，由省科技厅厅长担任主任，威海市人民政府分管副市长和哈尔滨工业大学分管副校长担任副主任，以加强对共建工作的领导与协调。研究院一次规划、分步实施建设，一期工程建设期 3 年，三方各出资 3 000 万元，用于设备购置、人才引进和培养、课题研究和正常管理等费用的支出。研究院成立后将根据全省船舶产业转方向、调结构需要，面向国际船舶科技发展前沿，着力围绕现代船舶设计、制造技术和船舶先进装备开发等方向开展研发工作，为建设造船强省提供强有力的科技支撑。

云山碳业—哈工大石墨深加工技术研发中心 9 月 5 日，由学校与萝北云山碳业有限公司联合成立的“云山碳业—哈工大石墨深加工技术研发中心”完成大楼主体工程正式封顶。该大楼由云山碳业有限公司投资建设，主体为 5 层，建筑面积 4 556.75m^2，已于 2012 年底交付使用。按照协议规定，云山碳业有限公司还将投资 1 400 万元用于科研及仪器设备购置。

【学科建设】 材料科学与工程学院“电子封装技术”专业被评为 2012 年度山东省高等学校特色专业建设点。经哈尔滨工业大学申报、教育部批准，威海校区“船舶与海洋工程”和“海洋科学”两个学科“985 工程”建设项目正式立项，总建设经费 800 万元，建设期两年。“船舶与海洋工程"学科着重学术方向建设,"海洋科学"学科重点建设海洋生化分析公共平台。

【科技人才队伍建设】 2012年,学校新引进专任教师22人,全部毕业于国外高水平大学和国内"985工程"高等院校以及中科院研究所,并具有博士学位,其中7人具有国外留学经历,2人在国外取得博士学位。年内,学校在职攻读博士87人,其中11人取得博士学位;有7人被评为博士生导师;刘会英教授被评为山东省教学名师,任秀莲教授获威海最具影响力经济年度人物金钻奖,谭建宇教授入选教育部新世纪优秀人才支持计划。

【科技合作与交流】

1月10日,俄罗斯莫尔多瓦共和国工业部部长谢多夫亚历山大·伊万诺维奇一行来校访问。双方就新材料、新能源和智能电网等方面进行交流和探讨。

1月11日,学校与俄罗斯圣彼得堡国立技术大学签署教育合作框架协议。双方将在学术交流、研究生培养等方面开展深入交流和合作。

3月12—13日,校长冯吉才、梁景凯教授等一行赴一汽集团进行走访。双方在联合培养工程硕士等方面达成初步意向。一汽—大众有限公司赠与汽车学院发动机实验台架2套。

4月6—7日,信息学院院长曲延滨一行5人赴国家海洋局第一海洋研究所进行合作洽谈。双方同意在学校成立信息技术与海洋应用联合实验室,在地波超视距雷达技术与海洋应用、微波遥感技术与海洋应用、无人船技术等方向开展密切合作,并联合申请重大基金项目;学校参与海洋遥测工程中心的相关工作。

4月19日,辽宁(丹东)仪器仪表产业基地工业技术研究院副院长乔征新一行13人来校洽谈产学研合作事宜。双方将以联合实验室为平台,在项目合作、学生培养等方面开展密切合作。来自企业的代表与学校教师在"4坐标测量仪""3自由度装夹机构""智能双缸计量泵系统""基于固态锂离子的二氧化碳传感器""便携式数字B超"以及"防锈技术""焊接技术"等方面达成初步合作意向。

5月4日,学校与三角轮胎股份有限公司战略合作协议暨航空子午线轮胎技术开发举行签字仪式。

6月3日,在2012乳山产学研对接暨金融合作推进大会上,海洋科学与技术学院王光玉副教授与威海金牌饲料有限公司签署海参生物发酵饵料开发产学研合作协议。

6月28日,学校与威海经济技术开发区产学研合作战略框架协议举行签字仪式。学校与企业签订产学研项目合作协议8项,并与山东安然纳米实业发展有限公司签署共建大学生就业见习基地协议。

【科技活动与学术交流】

5月21—24日,学校土木系副主任钱宏亮副教授赴韩国首尔参加2012年国际空间结构协会(IASS)学术会议,并作学术报告。

9月20日,我国著名的聚酰亚胺材料专家、高琦聚酰亚胺材料有限公司总工程师、中国科学院长春应用化学研究所丁孟贤研究员应邀来校考察并作学术报告。

9月28日,中国工程院院士、中国地震局工程力学研究所名誉所长、中国地震工程联合会会长、国际地震工程协会副主席谢礼立来校作了题为《地震灾害,天灾?人祸?》的学术报告。近500名师生听取了报告。

10月14日,国家网络信息安全技术研究所所长杜跃进博士应邀来校作了题为《我国当前面临的网络安全新挑战》的专题报告。

10月19日,计算机科学与技术学院暨软件学院软件工程专业朴学峰、朱东杰老师及学生代表张琦等应中国软件开发联盟(CSDN)邀请,参加在北京召开的"移动开发者大会·中国2012"。学校系统软件实验室展示了针对三星Galaxy Note S Pen的特性所开发出的应用产品,推出的"英雄救美""荒岛求生"和"黑白迷宫"等游戏在大会期间受到广泛关注。

11月21日,韩国仁川大学智能电网实验室Hak-Man Kim教授来校作了题为《微网运行与控制》的专题讲座。

11月28日,山东船舶技术研究院第一次理事会议暨山东船舶产业技术创新战略联盟成立大会在威海举行。会上审议通过了山东船舶技术研究院理事会章程。

11月19—22日,理学院光电系曲士良教授、王新顺副教授参加第六届功能玻璃学术研讨会暨新型光电子材料国际论坛。曲士良教授担任分会主持人,并作邀请报告。

12月4日,国家973项目首席科学家李建中教授来校作了题为《Big Data:概念、问题和部分解》的学术报告。

12月29日,学校召开2012年科技工作茶话会,表彰在科技创新工作中取得显著成绩的优秀团队和个人。奖金共计近百万元,有22个团队和29名个人获得重奖,其中获得国家科学技术进步二等奖的任秀莲教授及团队获得奖励10万元。

[哈尔滨工业大学(威海) 石景卉]

山东科技大学

【概述】 山东科技大学是一所工科优势突出,工学、理学、管理学、文学、法学、经济学、教育学等多学科相互渗透、协调发展的省属重点大学,是山东省重点建设的5所应用基础型人才培养特色名校之一。学校始建于1951年,在青岛、泰安、济南三地办学,总占地面积约242.67hm^2(3 640余亩),建筑面积140万m^2。设有16个学院、9个教学系(部)、1个研究院和1个独立学院。现有工程技术及人文社会科学类专业研究院所90余个。"十一五"期间,学校承担各级各类科研项目3 842项,计划与合同经费8.8亿元。其中,纵向项目1 167项,计划经费1.9亿元,包括国家973计划项目、863计划项目、"十一五"国家科技支撑计划、国家自然科学基金重点项目等在内的国家级项目163项,计划经费6 739万元;横向项目2 675项,合同经费6.9亿元。鉴定科技成果323项;发表论文8 503篇,其中被三大检索系统收录论文1 632篇,CSSCI、人大复印资料、新华文摘等收录或转载论文254篇;出版科技著作418部;获得职务专利授权249件;获得各级科技奖励713项,其中国家级5项、省部级218项。

【科技项目与经费】 2012年,学校有885项科技项目获得立项,计划与合同总经费24 996万元,到位经费16 502万元。其中,纵向科技类申报44类1 068项,立项242项,计划经费6 520万元,到位经费4 335万元,较上年增长21.82%;横向科研合同643项,合同经费18 476万元,单个项目平均经费28.7万元,到位经费12 167万元。

【科技成果】 2012年,学校获得各类科技奖励128项,其中,"大倾角煤层综采综放工作面成套装备关键技术"(第一完成单位)获国家科技进步二等奖;省部级奖励50项,包括一等奖8项、二等奖18项。鉴定科技成果105项,其中达到国际先进水平70项、国内领先水平1项、国内先进水平34项。申请职务专利434件,较上年增长18.6%,其中发明专利180件,实用新型专利254件。获得专利授权228件,较上年增长20.6%,其中发明专利68件,实用新型专利160件。出版科技著作58部。发表科技论文1 868篇,被SCI检索174篇。其中,教职工首位完成且有学校署名的论文1 504篇,被SCI检索108篇、EI检索602篇、ISTP检索108篇、SSCI检索2篇、CSSCI检索52篇,中文核心期刊论文717篇。

【科技创新平台建设】 2012年,依托学校建设的山东省矿山灾害预防控制重点实验室——省部共建国家重点实验室培育基地被国家科技部评为优秀省部共建国家重点实验室培育基地,成为山东省唯一获此荣誉的实验室。依托学校建设的6个山东省重点实验室参加省科技厅组织的绩效考评,结果均为优秀,获得省科技厅支持经费315万元,同时,山东省矿业安全与环境保护工程重点实验室获批成为"十二五"期间山东省集中建设的十个重点实验室之一。海洋测绘工程实验室获批为青岛市发改委工程实验室,采掘机械工程技术研究中心获批为山东省工程技术研究中心和青岛市工程技术研究中心,海洋耐磨蚀材料实验室和页岩油气增产地质与开采工程技术实验室(与青岛科技大学联合申报)获批为青岛市重点实验室。学校全年投入建设经费1 900余万元用于科技创新平台的大型仪器设备购置。及时将购置的大型科学仪器设备加入协作网,提高开放共享效率,获青岛市大型科学仪器协作服务先进机组1项。

【创新团队与科技人才队伍建设】 2012年,"煤矿深部矿压与突水动力灾害机理与防治"教育部创新团队通过验收。"煤矿复杂条件开采成套装备关键技术"团队入选教育部创新团队发展计划,资助经费300万元。"沉积与能源矿产地质"团队获批山东省高校优秀科研创新团队,"先进制造技术与装备"团队获批山东省高校优秀科研创新(培育)团队。田原宇入选教育部新世纪优秀人才,孙林获得山东省杰出青年基金资助。5个校级创新团队和6位校级杰出青年获学校资助,资助经费共计95万元。

【科技合作与交流】 2012年,学校派员参加了青岛产学研洽谈会、山东省产学研展洽会、泰安市科技成果洽谈会、百家院所校走进河北合作恳谈会、第十一届中国专利高新技术产品博览会、第五届百名专家淄川行暨山东淄川科技成果引进洽谈会、绵阳科技成果对接交流会等科技合作洽谈交流活动。先后与邢台市人民政府签订全面合作协议,与山东新巨龙能源有限责任公司签订校企战略合作协议,与肥城矿业集团有限责任公司签订校企技术合作协议,与临朐县人民政府签订产学研合作协议。

【山东科技大学科技园】 2012年,山东科技大学科技园获科技部创业投资机构认定,并被科技部确定为国家技术转移示范机构。与青岛经济技术开发区管委(青岛市黄岛区人民政府）签订共建国家大学科技园协议。通过科技部、教育部及国家大学科技园评审组对科技园申报国家大学科技园进行的现场评审。

（山东科技大学　袁传宏）

山东建筑大学

【概述】　山东建筑大学始建于1956年，现已发展成为一所以工科为主，以土木建筑为特色，工学、理学、管理学、文学、法学、农学、艺术学等交叉渗透、协调发展的多科性大学，是首批山东省应用型人才培养特色名校、服务国家特殊需求“绿色建筑技术及其理论”博士人才培养高校，也是国家“卓越工程师教育培养计划”和“大学生创新创业训练计划项目”实施高校。学校占地166.67hm^2（2 500余亩），校舍建筑面积70余万m^2，教学科研仪器设备总值2.05亿元，拥有现代化的校园计算机网络和数字化校园环境。设有17个学院（部），57个本科专业，1个博士人才培养项目，14个一级学科硕士点，52个二级学科硕士点，6个硕士专业学位授权类别。拥有1个省部共建教育部重点实验室，3个山东省重点实验室，7个山东省工程技术研究中心，13个省级重点学科和高校重点实验室，1个山东省非物质文化遗产研究基地，1个省高校人文社科研究基地。

【科技项目与经费】　2012年，学校共组织申报各类计划项目近千项，其中申请国家级项目166项。获批纵向科研项目220项，其中国家科技支撑计划项目（子课题）3项；国家自然科学基金项目22项，总经费1 432万元；省部级项目61项，厅局级项目133项。崔东旭教授主持的“城镇群重大基础设施空间规划关键技术研究”项目获得“十二五”国家科技支撑计划项目立项，成为学校首次以第一单位承担的国家级重大项目。学校主要新上省部级以上科技项目如表所示。

2012年山东建筑大学主要新上省部级以上科技项目

项目类别	项目编号	项目名称	经费（万元）
国家科技支撑计划项目	2012BAJ15B05	城镇群重大基础设施空间规划关键技术研究	570
国家科技支撑计划子课题	2011BAE12B01－04	大型高炉热风炉、焦炉应用高效蓄热体覆层材料的数值模拟研究	10
	2012BAJ06B03－01	城市社区能源利用优化集成技术研究与示范	330
国家自然科学基金项目	11272188	等强度弯管塑性成形工艺关键力学问题	95
	51272140	太阳电池晶态薄膜的定向生长和梯度效应研究	80
	51272139	触媒微观结构与cBN单晶合成机理的相关性研究	77
	51278285	典型抗生素在催化臭氧化/活性炭联用工艺中的去除机制研究	80
	51275279	纳米间隙气膜润滑动态承载特性研究	80
	51205235	双丝杠驱动直线导轨进给单元动态耦合性能机理研究	25
	51278288	基于废旧橡塑高分子合金的稳定型改性沥青研究	78
	11205096	离子辐照调控碳化硅基外延石墨烯能带结构的研究	28
	11204161	Ⅲ－Ⅴ族非磁性半导体/ZnO异质结构的铁磁性及物性调控研究	25
	51276102	具有吸湿和呼吸特征的仓储粮堆内部热湿耦合传递机理研究	80
	51208286	地源热泵桩基螺旋埋管换热器传热特性及其对桩基结构性能影响的研究	25
	61202363	供应链信息系统的网络拓扑结构模型及其理论研究	22
	11272189	冲击与火载荷作用下约束构件的响应和屈曲研究	88
	51278289	火灾作用下钢筋混凝土梁托柱转换结构的承载性能	88

续表

项目类别	项目编号	项目名称	经费（万元）
国家自然科学基金项目	41272066	沂沭断裂带及其近区震积岩和地震沉积事件全面系统研究	80
	41272281	托换桩—土钉墙组合支护体系的破坏模型和变形控制机理	80
	51278286	既有建筑桩基础深开挖条件下承载特性分析	80
	51278287	新型框架结构平移托换节点受力特性与设计方法研究	80
	51278290	火灾（高温）后绿色高性能纤维增强水泥基复合材料新型结构的地震损伤机理研究	80
	41271413	快速城市化地区LUCC对重金属迁移的影响机制	55
	41204021	中小尺度地基GPS精细化反演土壤湿度研究	25
	61273326	绿色建筑系统节能运行自适应动态规划研究	81
可再生能源建筑应用科技研发及产业化项目		可再生能源建筑利用技术研究与产业化	58
863计划子课题		面向电力带电抢修作业机器人—机械臂双向力反馈控制系统	58
教育部新世纪人才计划项目	NCET-12-1028	超高强钢先进成形技术	50
山东省大型科学仪器设备升级改造技术项目	2012SJGZ22	无磁材料磁导率测试技术及设备开发研究	6
	2012SJGZ25	通用板材成形性试验机升级改造技术研究与开发	6
山东省科学技术发展计划项目	2012GGX10120	建筑用电设备物联网系统平台及应用研究	20
	2012GGX10319	塔式起重机钢结构健康监测关键技术及监测系统研制	20
	2012GGX10416	绿色建筑体系下的大型公用建筑空调系统节能诊断技术研究	20
	2012GSF11712	曝气生物滤池红线虫原位控制技术研究	20
	2012GSF11715	低碳经济导向的大型公共建筑节能集成技术研究	28
	2012GSF12002	大型建筑晶格式全息消防报警与安全疏散技术研究	20
	2012GSF12203	微生物修复混凝土结构裂缝的关键技术研究	20
住房和城乡建设部科学技术计划项目	2012-K8-22	基于RS与GIS的城市抗震防灾规划关键技术与方法研究	30
	2012-K8-32	基于物联网构建城市热力管道检测系统关键技术研究	5
	2012-K1-33	山东省民用建筑太阳能—地埋管地源热泵复合系统应用研究	20
	2012-K1-30	太阳能蓄能水箱蓄热、供热的开发研究	60
	2012-K7-8	北方城市居住区雨水径流特征及渗透利用技术研究	15
	2012-R2-26	基于效能评价的城市绿地系统规划编制方法研究	10
	2012-K2-2	寒冷地区绿色钢结构工业建筑体系设计策略与应用研究	20
	2012-K2-11	绿色高性能材料加固钢筋混凝土柱抗震性能研究	50
	2012-K2-37	预应力钢结构轴心受力构件抗火性能的研究	24
	2012-K2-38	基于震动相应的塔机结构预警关键技术研究	3
	2012-K4-24	微生物技术在地下结构堵漏工程中的应用研究	5
	2012-K4-12	混凝土中预应力钢筋腐蚀效应与防护技术研究	50
	2012-K7-3	城市污水处理厂曝气生物滤池红线虫原位控制关键技术研究	30
	2012-K6-5	室内化学污染的植物监测与生态修复技术研究	35
	2012-K6-4	城市新区低碳生态化空间技术与景观途径研究	7
	2012-K4-40	建筑门窗五金环保型电镀技术及其循环利用的研究与开发	100

续表

项目类别	项目编号	项目名称	经费（万元）
住房和城乡建设部科学技术计划项目	2012-K4-34	环保高效钢筋阻蚀剂的研究	30
	2012-K3-40	塔式起重机吊装安全评价系统研究	30
山东省自然科学基金项目	ZR2012AQ019	离子辐照稀土掺杂钇镓石榴石晶体波导制备及波导激光产生	6
	ZR2012EEM008	三生一体的乡村绿色人居单元构建模式研究	7
	ZR2012EEM009	梁动力响应与失效行为的温度效应 和端部约束效应研究	9
	ZR2012EEM015	硬盘超薄纳米间隙气膜润滑界面/表面行为	8
	ZR2012EEM016	新型支护法—托换支护法的理论和试验研究	8
	ZR2012EEQ020	基于空间协同的城镇密集区重大基础设施布局优化研究	4
	ZR2012EEQ024	聚合铝铁—季胺盐类复合絮凝剂的合成及其对染料废水的絮凝行为研究	5
	ZR2012EMM013	Al—Si系合金多元强化及合金元素相互作用机理	6
	ZR2012EMM014	铝硅基合金高温强化相析出控制机理研究	6
	ZR2012FM019	普适计算环境下建筑节能任务驱动的动态服务集成机制研究	7
	ZR2012GQ010	复杂生产过程基于E/T惩罚费用的批调度理论与方法研究	4
山东省中青年优秀科学家奖励基金项目	BS2012DX026	家具环境舒适性二型模糊建模与自适应控制研究	6

【科技成果及选介】 2012年，学校获得省部级科技奖励20项。其中，张鑫教授完成的“建筑物移位改造工程新技术及应用”项目获得教育部高校科研优秀成果奖（科学技术）技术发明一等奖，市政与环境学院教师参与的“南水北调东线南四湖流域污染综合治理技术体系创新与应用”项目获得省科技进步一等奖，热能学院田贯三教授参与的“城市燃气气源储配及应用关键技术”和建筑城规学院薛一冰教授参与的“城镇人居环境改善与保障综合科技研发与示范”项目分别获得“中国城市规划设计研究院CAUPD杯”华夏建设科学技术一等奖和二等奖，唐炳涛博士完成的“激光拼焊板拉深成形过程的新型反向模拟法基础理论研究”项目获得省自然科学三等奖，另有7项成果获得省科技进步二等奖；获得省高校优秀科研成果奖17项，省机械工业科技进步奖17项，共获厅局级科技奖励一等奖11项。申请专利100件，其中发明专利58件；获得专利授权82件，其中发明专利30件，专利申请量和授权量均居驻济高校前列。鉴定或结题项目100项，鉴定成果均达到国际先进或国内领先水平。发表论文1 200多篇，其中被SCI、EI、ISTP检索论文395篇，出版学术著作、教材59部。材料科学与工程学院刘立强教授与学校海外泰山学者、澳大利亚卧龙岗大学王晓临教授合作撰写的论文在《Advanced Materials》上发表，影响因子为13.877。

1MWp太阳能光伏发电 该项目是国内高校中首个兆瓦级太阳能光伏建筑应用项目，是国家财政部、科技部和国家能源局联合实施的“金太阳示范工程”示范项目之一，中央财政专项支持经费1 100余万元。该项目利用图书信息中心、学生公寓、行政办公中心、学生公寓楼等校内现有建筑，采取与屋顶表面结合的形式，建成1MWp太阳能光伏发电并网系统。使用的太阳电池组件方阵由5 460块190Wp组件组成，总面积2万m^2，年可发电600万kWh，能够满足校内办公、教学、科研及学生日常生活等全部白天用电。2012年11月，该项目正式投入使用，较好地实现了节能减排，并为有效解决太阳能光伏发电与建筑一体化提供了科学的理论和技术支持。

【科研管理】 2012年，学校创新科技管理体制和运行机制，制定系列配套政策，强化实施项目与成果申报的任务分解和量化考核，充分调动广大教师从事科研工作的积极性和创造性。探索成果验收工作新机制，进一步规范成果鉴定流程，完善成果鉴定流程指南。通过采取规范化鉴定流程、项目到期提前警示和鉴定材料预审等措施，学校科技项目鉴定工作取得明显成效。完善知识产权管理工作，建立了知识产权动态管理数据库。修订《山东建筑大学博士科研基金管理暂行办法》《山东建筑大学科技计划管理办法》和《山东建筑大学重点学科建设与管理暂行办法》等管理办法，并做好《山东建筑大学科研奖励暂行办法》《山东建筑大学科研经费管理办法》和《山东建筑大学重点建设经费管理办法》的贯彻落实。

【科技合作与成果宣传】 2012年，学校对科研成果汇编资料进行补充整理，收录学校最新科研成果263项，参加山东省产学研展洽会等大型科技展览活动6次，发放科研成果宣传资料，得到多家新闻媒体的报道，起到良好的宣传效果。深入实施《山东建筑大学服务山东建设事业行动方案》，推动校地、校企合作。全年立项横向科技项目85项，经费1 208.84万元，创历年来最好成绩。与东营市人民政府签署战略合作框架协议，学校有7个学院还分别与对方签署了战略合作框架子协议，将在决策咨询论证、科技创新创业、文化产业开发、教育培训等方面展开全方位合作。与菏泽鲁润建材综合开发有限公司、深圳市顺恒利科技工程有限公司分别签订校企合作协议，在人才培养、科学研究和技术创新等方面开展合作。

【科技创新平台建设】 2012年，学校与山东博特精工股份有限公司、北京机床研究所联合共建的“中国机械工业滚动功能部件工程实验室”通过国家机械工业联合会组织的验收。“山东省可再生能源建筑利用工程技术研究中心”和“山东省铸造清洁生产工程技术研究中心”获批建设，至此学校省级工程技术研究中心达到7个。“可再生能源建筑利用技术省部共建教育部重点实验室”“山东省建筑节能重点实验室”和“山东省智能建筑技术重点实验室”先后召开学术委员会会议，讨论实验室建设及发展问题。

【科技人才培养与队伍建设】 2012年，唐炳涛博士入选教育部“新世纪优秀人才支持计划”。学校与省教育厅联合承办全省高校教育部“新世纪优秀人才支持计划”项目的验收工作会议，学校郭兵教授以优秀成绩通过验收。继续实施山东建筑大学博士科研基金项目立项工作，为84名符合条件的博士进行课题立项，首批拨款科研经费157万元。“工程结构防灾减灾与诊断改造”创新团队获批山东省高校优秀科研创新团队，“建筑复合能源技术”创新团队获批山东省高校优秀科研创新团队培育单位。

【科技活动与学术交流】 7月26日，“山东建筑大学、北京建筑工程学院、沈阳建筑大学三校科技合作与交流研讨会”在学校举行。三方围绕学科建设、科学研究、人才队伍建设、科技管理以及今后扩大科技交流与合作的新模式等专题进行了深入探讨，并就进一步加强资源共享、不断拓展合作空间、深化科技交流与合作等方面提出指导意见。

10月13日，由学校承办的“第14次全国建筑技术学科学术研讨会”在学校召开。会议主题：低碳城市与绿色建筑。山东省住房和城乡建设厅节能科技处处长王润晓，中国建筑学会建筑师分会建筑技术专业委员会主任委员、清华大学建筑学院栗德祥教授，同济大学宋德萱教授，重庆大学周铁军教授，哈尔滨工业大学金虹教授，华中科技大学余庄教授，佛山市房屋建筑设计院院长张苗教授等专家学者出席了会议。

11月10日，由学校主持的“十二五”国家科技支撑计划项目“城镇群重大基础设施空间规划关键技术研究”启动研讨会在学校举行。国家住房和城乡建设部城建司副司长李如生，省住建厅科技处处长王润晓、建设处处长周善东，省科技厅社发处副处长王守宝，专家组组长住建部专家委员会主任程振华和来自北京大学、清华大学、南京大学、同济大学、中科院的7位专家学者出席了会议。该项目由山东建筑大学、中国城市规划设计研究院、中国科学院地理所、武汉大学、同济大学和沈阳建筑大学6家单位共同承担。

12月15日，“山东省智能建筑技术重点实验室2012年度学术委员会会议”在学校召开。会议由学术委员会主任、同济大学程大章教授主持。省科技厅、教育厅、住建厅领导分别作重要讲话。

（山东建筑大学　李琳琳）

山东农业大学

【概述】 山东农业大学为省属重点大学，前身是1906年创办的山东高等农业学堂。2012年，山东省人民政府分别与农业部和国家林业局签署合作共建山东农业大学协议，山东农业大学成为省部、省局共建高校。学校占地面积343hm^2 (5 145亩)，建筑面积118万m^2，教学科研仪器设备总值4亿元，图书馆藏书231万册，数字资源量67 867GB。设有20个学院，有国家重点学科2个、农业部重点学科2个、省级重点学科21个，博士后科研流动站12个，一级学科博士点10个、二级学科博士点49个、一级学科硕士点24个、硕士点99个，本科专业86个，学科专业涵盖十大学科门类；有国家级科技创新平台5个，其中国家重点实验室1个、国家工程技术研究中心2个、国家工程实验室2个；省部级科技创新平台42个，其中农业部综合性重点实验室1个、农业部专业性(区域性)重点实验室2个、农业部禽病和肿瘤病诊断实验室1个、农业部农业科学观测实验站2个、国家小麦改良分中心1个、黄淮海区域玉米技术创新中心1个、农业部谷物品质检测中心1个、农业部农药环境毒性研究中心1个、国家林业局山东泰山森林生态系统定位研究站1个、省级重点实验室13个、省级人文社科研究基地1个、省级软科学研究基地1个、省级工程技术研究中心12个、省级国际合作研究中心4个。

【科技项目与经费】 2012年，学校有444项科技项目(课题)获得立项，立项总经费24 660.7万元，到位经费24 006.7万元。其中，国家部委项目立项192项，经费15 992.1万元，占立项总经费的64.85%。省级和厅局级纵向项目立项121项，立项经费4 813万元，占立项总经费的19.52%。科研单位、地方政府与企业委托项目131项，经费3 855.6万元，占立项总经费的15.63%。学校新上省部级以上科研项目情况详见“高校科技发展”篇尾汇总表。

【科技成果】 学校全年共获得各类科技成果奖励34项，其中张宪省教授主持完成的“植物生殖器官的发育与激素调节”项目获得2012年山东省唯一一项自然科学一等奖，主要获奖成果如表所示。鉴定成果12项，其中达到国际先进水平7项。审定作物新品种5个。发表论文1 204篇，其中被SCI收录356篇，影响因子最高达到14。申请专利130件；获得专利授权84件，其中发明专利51件，实用新型专利33件。

2012年山东农业大学主要获奖成果(自然科学)

奖励名称	等级	成果名称	主要完成人
教育部科技进步奖	一等奖	奶牛饲料资源高效利用与营养调控关键技术研究与应用	王中华(第三位)
山东省自然科学奖	一等奖	植物生殖器官的发育与激素调节	张宪省
山东省科技进步奖	一等奖	杏和李等核果类果树种质资源发掘、创制与利用	陈学森
		中国滨海盐碱地棉花栽培技术体系的建立与应用	孙学振(第三位)
		优质、抗逆设施黄瓜种质创新及新品种选育	曹辰兴(第五位)
	二等奖	新型农用高光效涂覆型消雾无滴膜研制与应用	米庆华
		肉鸡应激机理及综合防制技术	林　海
		沂蒙山区生态退化机制与生态修复技术模式	张光灿
		苹果无融合生殖砧木新品系育种	郝玉金(第二位)
		硫素树脂双膜控释肥工艺技术研究与新产品开发	张　民(第三位)
		危险性害虫西花蓟马在山东省的入侵适应机制及防控技术	刘永杰(第四位)
	三等奖	设施甜樱桃高效栽培关键技术研究与示范	高东升(第二位)
		非常规饲料资源利用和氮磷减排技术研究与推广	杨在宾(第二位)
		空间分析技术在农村农业信息建模中的应用	梁　勇(第二位)

【科技创新平台建设】 2012年，山东省人民政府、农业部共建山东农业大学正式启动实施；山东省人民政府、国家林业局签署合作共建山东农业大学协议书。国家苹果工程技术研究中心通过验收，农业部作物生理生态与耕作重点实验室(综合性)、2个区域(专业)性重点实验室以及2个科学观测试验站启动建设。学校牵头协同中国科学院遗传与发育生物学研究所、河北农业大学、山东登海种业股份有限公司等6个单位成立了“小麦玉米周年高产高效生产协同创新中心”。成立了山东农业大学新农村发展研究院。组织申报的“中日韩菊花合作研究中心”和“山东省中美麦类作物合作研究中心”获准建设。牵头组建了“泰山茶叶产业技术创新战略联盟”。成立了“山东农业大学农业历史与文化研究中心”。组建了“山东农业大学动物营养与饲料工程技术研究中心”等12个校级科技创新平台。

【科技合作与社会服务】

科技合作 2012年，学校共签订各种横向技术合同、项目合作协议570余份，合同金额2 541万元。先后与泰安市、菏泽市、滨州市、东营市、泰山区、肥城市、东平县、新泰市等市县人民政府签订科技合作协议，与淄博市人民政府签订现代畜牧业产学研合作协议，与潍坊市合作共建“现代畜牧业协同创新中心”和“新农村发展研究院现代畜牧业综合试验站”。在菏泽市曹县山东银香伟业集团建立现代农业综合试验示范基地。与山东金正大集团签订新一轮协同创新合作协议，包括合作共建山东农大研究生培养基地、国家缓控释肥工程技术研究中心和国家苹果工程技术研究中心等。

社会服务 2012年，学校与泰安市农业局联合组织开展“推进农业科技进村入户，力促农业增产农民增收”活动。牵头实施省直单位“第一书记”帮包村科技帮扶项目，无偿赠送小麦良种20余吨、专用肥料100余吨，组织百余位专家组成10个专家组到“第一书记”帮包村开展科技帮扶活动，协助“第一书记”编制新农村建设规划，提供新农村建设实用技术咨询服务。

【科技人才队伍建设】 2012年，束怀瑞院士、于振文院士和董树亭教授获“山东省科技兴农功勋科学家”称号。学校全年共引进海外高层次人才3人、选聘优秀人才64人。1人入选第二批国家“青年千人计划”，实现了新突破。5人入选山东省“万人计划”第一层次，并被授予“泰山学者海外特聘专家”称号。1人被聘为“泰山学者”特聘教授。2人入选山东省有突出贡献的中青年专家，2人入选省高校重点学科首席专家，1人获得山东省留学人员回国创业奖。8人入选国际合作培养计划，6人入选国内访问学者计划。

【科技活动与学术交流】 3月1—2日，“农业部作物生理生态与耕作学科群建设启动暨作物栽培学与耕作学学科发展研讨会”在学校召开。来自全国27所农业大学和农业科学院的90多位专家出席了会议，有28位专家作大会报告。

5月13—14日，“中日韩设施园艺新技术新材料(农膜)学术研讨会暨山东农业工程学会农塑工程专业委员会第八次年会”在学校举行。

7月24—26日，由省教育厅主办、山东农业大学承办的“第一届泰山学者主题沙龙”在泰安市举行。来自全省17所高校的42名泰山学者参加了主题沙龙活动。

8月11—12日，“第二届海峡两岸大学校长农业论坛”在学校举行。来自海峡两岸20所高等院校的校(院)长和专家50余人出席了论坛。

8月18—19日，由中国作物学会及9个国家与部门重点实验室(中心)共同发起，山东农业大学和作物生物学国家重点实验室联合承办的“第三届全国小麦基因组学及分子育种学会议”在泰安市召开。来自全国50多所高校和科研院所的320多位专家和学生参加了会议。会议安排学术报告27场，充分展示了我国小麦基因组及其相关研究领域的重大进展。

8月20—22日，由中国遗传学会植物遗传与基因组学专业委员会主办，山东农业大学和作物生物学国家重点实验室承办的“第十三届全国植物基因组学大会”在泰安市举行。中国科学院院士张启发、武维华、陈晓亚、朱玉贤，以及包括美国耶鲁大学教授邓兴旺在内的6位来自欧美国家的科学家，国内高校和科研院所从事相关研究的多位专家作了学术报告。大会共安排特邀大会报告、重要报告和研究生报告51场，充分展示了国内外植物基因组学及其相关领域取得的重大进展。

8月23日，泰安市委、市政府与驻泰高校举行“泰山人才金桥工程”启动暨校地合作签约仪式。副校长董树亭代表校方与泰安市人民政府签署了校地合作框架协议。

9月3—5日，由中国工程院主办，中国农业大学、山东农业大学等单位共同承办的“中国工程科技论坛144场暨第四届国际苹果学术研讨会”在烟台市举行。会议主题是：果园土壤管理、果树营养、节水灌溉和果树根系生物学。

9月14日，山东农业大学、中国科学院遗传与发育生物学研究所、河北农业大学、青岛农业大学、山东农业科学院、山东登海种业股份有限公司、山东金正大生态工程股份有限公司联合创建的“小麦玉米周年高产高效生产协同创新中心”启动仪式在学校举行。国家最高科技奖获得者、中国科学院院士李振声和与会领导共同为中心成立揭牌。

是日，山东农业大学新农村发展研究院正式成立。国家最高科学技术奖获得者李振声院士和校长温孚江为研究院揭牌。

12月4—5日，“泰山学术论坛——农业与环境专题国际研讨会”在学校举行，20多位中外专家针对当前农业与环境领域的热点问题进行深入研讨。

(山东农业大学　蓝孝新)

青岛农业大学

【概述】 青岛农业大学前身是始建于1951年的莱阳农学院，2001年经山东省政府批准创建青岛校区，2007年经教育部批准更名为青岛农业大学，现已发展成为农、工、理、经、管、文、艺等学科协调发展的多科性大学，2012年被评为首批“山东省应用型人才培养特色名校”。学校拥有青岛和莱阳两个校区，占地286.01hm^2(4 291亩)，校舍建筑面积110余万m^2，图书馆纸质藏书200多万册，电子图书19 321GB。设有72个本科专业，13个硕士学位授权一级学科，3个硕士专业学位授权点，78个二级学科硕士点。拥有动漫产业核心技术国家地方联合工程研究中心、8个山东省重点学科，2个山东省重点实验室，5个省高校重点实验室，1个省高校人文社科研究基地，5个山东省工程技术研究中心，3个山东省国际(港澳台)科技合作平台，3个省级实验教学示范中心，42个研究所。设有农业部现代农业技术培训基地、国家动漫创意产业基地人才培养与研发中心、中国农村发展研究院、中国农产品流通与经纪研究院暨青岛培训中心、中国鸵鸟疫病防制中心、青岛市农机化高级人才培训基地等研发培训机构和康奈尔大学BTI—青岛农业大学无脊椎动物细胞培养和细胞工程中心、国际合作经济发展研究中心、中韩食品生物技术研究所、中英食品研究所等中外合作研究机构。

【科技项目与经费】 2012年,学校共获得科技项目312项,科技项目经费14 725.81万元。其中,国家级68项,经费5 879.61万元;省部级76项,经费1 770万元;厅局级55项,经费1 633.9万元;横向项目113项,经费5 442.3万元。学校新上省部级以上科技项目情况详见“高校科技发展”篇尾汇总表。

【科技成果及选介】 2012年,学校获得各级科技奖励16项,其中省科技进步一等奖1项、二等奖2项、三等奖1项,省技术发明二等奖1项,青岛市科技进步一等奖2项,其他厅局级科技奖励9项。在国内外公开学术期刊发表学术论文1 515篇,其中被SCI、EI、ISTP收录396篇,出版著作和教材62部。申请专利148件,其中发明专利129件,列全省高校第9位;实用新型专利19件。获得发明专利授权36件,列全省高校第12位。软件著作权登记30件。有2个桃树新品种通过省级审定,选育蔬菜新品种8个,有10余项技术和品种被省农业厅和青岛市农委确定为主推技术和主导品种。

H9N2亚型禽流感病毒遗传进化和防控技术研究与应用 该项目获得2012年省科技进步一等奖,项目内容详见“科技成果和奖励”部分。

花生育种新技术及其应用 该项目发明了以花生成熟胚为辐照材料的诱变新技术,减少辐照和选择成本,提高有用变异率。研究细胞融合技术,解决了花生与其近缘野生种杂交不亲和问题。发明了花生嫁接技术,花生驯化移栽成活率较传统方法提高50%以上。研发出高效、快速、准确的高油酸育种技术,培育出高油酸花生品种“花育32号”,O/L值12.3,较传统品种提高10倍。发明了高油和高蛋白育种新技术,培育出高油品种“徐花9号”和高蛋白品种“粤油79”。利用花生水通道蛋白基因AhAQl在品种中的表达高低与品种耐盐抗旱性密切相关的特点,发明了花生耐盐和抗旱育种新技术,并育成耐盐和抗旱花生新品种“花育23号”。2012年,该项目获得省自然科学二等奖。

危险性害虫西花蓟马在山东省的入侵适应机制及防控技术 该项目首次构建出鉴别西花蓟马L型与G型的分子鉴定体系,且确定了两个生态型间存在基因交流。首次明确了西花蓟马在山东省的发生规律及东亚小花蝽对西花蓟马的控制效能,建立了东亚小花蝽规模化饲养及田间释放技术,筛选出多杀菌素等对环境友好的高效低毒药剂,建立了以化学防治与释放天敌为核心的有效防控技术体系。该项目技术获得国家发明专利授权1件。2007—2011年,在山东、云南、河北、辽宁等省累计推广应用400余万亩,取得了显著的社会、经济、生态效益。2012年,该项目获得省科技进步二等奖。

鹅源草酸青霉果胶酶工艺及应用技术 该项目属于动物源菌发酵果胶酶工艺与应用技术研究。采用的发酵菌株主要由鹅肠道分离、筛选获得,分离的主要菌种经过中国科学院微生物研究所鉴定并收藏,能够发酵产生果胶酶,经国家有关部门检验表明产品安全无毒。获得食品酶制剂生产许可证书1个,申请发明专利8件,获得菌种保藏证明1个,发表论文10篇,获得Genebank登录号4个,制定国家标准1个、企业标准3个。成果已在9家企业得到转化,生产果胶酶9 580t,获得经济效益4.74亿元,产生社会效益6.2亿元。培养研究生7人、企业技术骨干39人。2012年,该项目获得省科技进步二等奖。

野蔷薇青岛百合等十种山东野生花卉引种驯化与新品种培育 该项目对山东省特别是胶东地区分布的4种野生木本花卉和6种野生草本花卉资源进行系统地调查研究,摸清资源现状;建立了较为完善的有性繁殖、无性繁殖、组织培养繁殖技术体系及栽培管理技术体系;开展基础生物学、孢粉学、解剖学、发育生物学、抗性生理研究;对部分植物的野生种及栽培品种进行分子生物学研究,建立RAPD指纹图谱;对美丽胡枝子、求米草等进行60Co-γ射线辐射育种研究;进行新品种培育、筛选及推广应用工作。该项目共收集各类野生植物种质资源256份,建立了科学合理的评价体系;对种质资源进行创新利用,筛选培育的“美少女”“俏佳人”美丽胡枝子,“玉玲珑”“粉玲珑”玉铃花及“晚紫”蔷薇等5个品种通过省林木品种委员会的审定或认定,另有崂山无刺蔷薇、崂山萎叶绣线菊、四倍体青岛百合、求米草、长萼鸡眼草等11个品系正在进行品种稳定性、一致性测定;建立种质资源圃4hm^2(60亩),优良苗木繁殖基地1hm^2(15亩);已在青岛及威海等地园林、市政工程中推广应用,产生经济效益11 211.32万元;培养硕士研究生16名,20名本科生参与研究,为协作单位培养技术人员12人。2012年,该项目获得省科技进步三等奖。

苹果主要品质形成机理及优质高效栽培技术研究与应用 该项目研究揭示了苹果果实品质形成机理,研发出苹果优质高效栽培系列技术;研究明确了糖基转移酶(UFGT)是花青苷合成的关键酶,探明不同果袋苹果果实糖代谢规律,揭示苹果果实色泽发育、糖代谢和品质形成的生理机制;明确了果实缺钙与土壤酸化和果实套袋有关系,揭示套袋影响苹果果实钙素运转分配的生理机制;研发出防水透气的新型果袋、套袋果实补钙技术、系列酸化土壤改良剂和预防土壤酸化改良技术;研制了3个适合不同需要的酸化土壤改良剂和1个适合果农使用的土壤酸度快速测定仪,提出果园土壤酸化的预防和

修复技术规程；创建了老苹果园改造与再植技术，建立了环渤海苹果产区现代矮化集约栽培新模式；提出适合我国国情的苹果优质高效综合栽培技术，总结制定了操作性、实用性强的苹果套袋、果园土壤酸化预防与改良修复及矮化自根砧纺锤形栽培模式3项技术规程。该项目已申请发明专利6件，获得发明专利授权2件；在国内外公开发表论文49篇，其中被SCI收录5篇；累计推广超过2万 hm^2(300万亩)，取得显著的经济效益、社会效益和生态效益。2012年，该项目通过省科技厅组织的成果鉴定，总体达到国际领先水平。

花生机械化播种与收获关键技术及装备 该项目研发出花生低损伤精密播种、膜上苗带覆土、多垄仿形和多功能联合作业等多项播种技术；研制出适应不同种植模式的9种播种机型，经省级以上农业机械试验鉴定部门检测，技术性能指标均达到相关标准的要求，有3种播种机进入国家支持推广的农业机械目录；累计推广应用5.27万台，累计播种241.8万 hm^2(3 627万亩)。研发出挖拔组合式和挖振组合式挖掘输送、上下摆拍去土、甩捋摘果、L型筛分离和环型筛分离输送以及导风清选等收获技术；研制出11种花生收获机型，经省级以上农业机械试验鉴定部门检测，技术性能指标均达到相关标准的要求，有4种收获机进入国家支持推广的农业机械目录；累计推广应用4.33万台，累计收获面积308万 hm^2(4 620万亩)。2012年，该项目通过省科技厅组织的成果鉴定，总体达到国际先进水平，部分达到国际领先水平。

禽流感病毒悬浮培养大规模生产关键技术及灭活疫苗的研究与应用 该项目在国内首次采用细胞悬浮培养技术生产禽流感疫苗，所用毒株经过基因重组，大大提高了产品的适产性、适用性和生物安全性，有效解决了鸡胚工艺生产所造成的环保压力，具有良好的经济效益和社会效益；提高了国产疫苗在国内外市场上的竞争力，减少国内养殖业尤其是种禽、种畜等高端养殖业对进口疫苗的依赖。2012年，该项目通过省科技厅组织的成果鉴定，总体达到国际领先水平。

酵母硒鹅肥肝关键生产工艺与安全功能性评价 该项目系统研究酵母硒对肥肝鹅育肥期和填饲期生长性能、脂肪沉积规律、免疫功能、抗氧化功能及产肝性能的影响，确定了酵母硒在肥肝鹅育肥期和填饲期饲粮中适宜添加量以及最佳添饲时间、方法和日龄，建立酵母硒鹅肥肝生产技术规程；产品经省疾病预防控制中心检验，证明酵母硒鹅肥肝无急性和亚急性毒性。研究酵母硒鹅肥肝对小鼠急性酒精性肝损伤修复功能，表明酵母硒鹅肥肝能够降低血清转氨酶水平，改善肝细胞病理变化，减少酒精对肝细胞膜的损伤程度，调节血脂水平，缓解酒精造成的脂质代谢紊乱；研究酵母硒鹅肥肝对大鼠血脂异常的修复功能，表明酵母硒鹅肥肝能调节血脂异常大鼠的脂质代谢，具有降血脂和抗动脉粥样硬化作用，对血脂异常大鼠的肝脏组织具有明显的修复功能；建立鹅肥肝脂肪酸检测方法和感官性状定量分析方法，制定了新型鹅肝酱生产工艺，为新产品开发提供技术支撑。该项目已在国内外期刊发表学术论文17篇，完成硕士研究论文4篇；获得国家发明专利授权3件，实用新型专利1件；在山东、安徽、浙江等省推广应用，经济效益、社会效益和生态效益显著。2012年，该项目通过省科技厅组织的成果鉴定，总体达到国际领先水平。

双红蟠(鲁农审2012063号) "双红蟠"树冠较紧凑，自花结实率高。果实扁圆、顶部凹，果肉厚，果实硬度大(10kg/cm^2以上)，耐贮运性好。果个大，平均单果重130g以上，最大可达250g，整齐一致。色艳，80%以上果面着粉红—鲜红色，不裂果，外观美。含糖量高(可溶性固形物14%)，风味酸甜可口，商品品质极上。以中、短果枝结果为主。栽后第二年结果，第三年丰产，盛果期667m^2产量5 000kg以上。果实发育期65d左右，成熟后不采可挂树20d以上。对干旱有较强的适应性，较抗晚霜，山区丘陵、平地均可进行露地和设施栽培。

双奥红(鲁农审2012064号) "双奥红"自花结实率高，可达50%以上。7月中下旬可采摘上市，填补市场淡季，价格高。果实大，平均单果重320g，最大400g，果形端正、对称，茸毛短而稀少，果面光洁，全面着鲜红色，色泽艳丽。果实成熟时硬度大(12kg/cm^2以上)，采收后硬度下降慢，在自然条件下存放可达15天以上。耐贮运，货架期长。可溶性固形物14%以上，果肉红色，硬脆，酸甜可口，有香气。核小，离核，可食率高，商品品质极上。成花容易，早果性强，2年生高接树株产50kg以上、幼树株产20kg以上，3年丰产，4年生以上树667m^2产量达5 000kg以上。

【科技创新平台建设】 2012年，学校申报的"山东省根茎类作物生产装备工程技术研究中心"获省科技厅批复建设，"山东省中美兽医生物技术合作研究中心"被批准为山东省国际(港澳台)科技合作平台，"青岛市园林工程技术研究中心"被青岛市科技局批准为青岛市工程技术研究中心，"兽医生物技术国际科技合作基地"被批准为青岛市国际科技合作基地。截至2012年底，学校拥有国家地方联合工程研究中心1个，省级重点实验室6个，省级工程技术研究中心5个，省级国际科技合作平台3个，省级人文社科研究基地1个，青岛市科技创新平台4个。

【重点学科建设】 2012年，学校重新修订了《青岛农业大学重点学科建设管理办法》和《青岛农业大学重点学科建设经费实施细则》。组织全校学科建设规划调研，起草了《青岛农业大学学科建设发展基本设想》。组织召开"全国农林学科与研究生教育十年总结与展望研讨会"，系统总结了我国农林学科十年来的教育成果，规划农林学科未来的研究生教育发展。

【科技人才培养与队伍建设】 2012年，学校通过招聘引进人才58人，其中博士30人、硕士28人，具有海外留学经历10人。学校定向培养的12名博士研究生毕业回校工作，在教师队伍中新考取定向培养博士研究生43人。新增"泰山学者"海外特聘教授1人、山东省有突出贡献的中青年专家1人、享受国务院政府特殊津贴专家1人、山东省教学名师2人。聘请袁隆平院士等知名专家21人以兼职教授、客座教授形式来校开展教学科研工作。7名教师获得省教育厅高校优秀骨干教师国际合作培养项目资助，12名教师获得国内访问学者项目资助。2人当选省重点学科、重点实验室首席科学家，1人获得全国粮食生产突出贡献农业科技人员称号，6人入选山东省经济和信息化专家咨询委员会专家。农学与植物保护学院和机电工程学院获全省科技兴农先进集体称号，1人获先进个人二等功，3人获先进个人三等功。动物科技学院党委被评为山东高校科教兴鲁先锋基层党组织。在2012年开展的2011年度全省人才工作考核中，学校以全省高校第一名的优异成绩获得省委省政府表彰。

【科技合作与交流】 2012年，学校与青岛市七区五市企事业单位开展全方位合作，与北京师范大学、云南农业大学、中国环境科学研究院、威海出入境检验检疫局、北京生态康生物科技有限公司、合肥统一企业有限公司等百余家企事业单位进行科技合作研究。

1月10日，美国圣文生学院商学院院长坤利文教授一行3人来校就合作事宜与经济与管理学院进行洽谈。

2月9日，学校与淄博市人民政府现代畜牧业产学研全面合作签约仪式在淄博市举行。

7月12日，美国先锋良种国际有限公司中国区玉米研发总监威尔逊博士、农业生物中心李柏林博士、山东区玉米研发总监韩静博士一行来校考察。

8月28日，以台湾宜兰大学动物科技学系林荣信教授为团长的台湾玉山协会两岸畜产学术参访团一行33人来校进行交流访问。

10月3日，学校与青州市铭园花卉有限公司合作成立山东省竹芋育种中心签约仪式在青州市举行。

10月13—22日，应西藏日喀则市市委市政府邀请，学校园林与林学院院长刘庆华教授赴日喀则市对吉隆沟野生花卉资源进行考察。

11月22日，柬埔寨大腾农业集团董事长陈东利、信远农业集团执行懂事陈崇豪和青岛弘盛集团副总经理高德兴一行来校机电工程学院进行考察交流。

11月27日，黑龙江八一农垦大学动物科技学院副院长倪宏波教授一行来校动物科技学院进行考察交流。

【科技活动】 1月9日，国家花生产业技术体系首席科学家禹山林研究员来校根茎类作物生产机械化技术研究中心进行考察交流。

3月10日，由学校主持的2012年国家公益性行业（农业）科研专项经费项目"作物品种小区精确种植与收获装备研发与示范"启动。

5月22日，"省现代农业产业技术体系创新团队青岛片区专家座谈会"在学校举行。省农业厅副厅长庄文忠等领导出席了座谈会。

6月11日，来自省农业技术推广总站、中国农业大学等单位的有关专家来校对农学与植物保护学院林琪教授主持建设的旱地小麦高产、超高产示范田项目进行测产验收工作。专家实地复测显示，"青麦7号"千亩高产示范田平均亩产达616.2kg，"青麦6号"超高产攻关田平均亩产达703.5kg。

6月18—20日，"十二五"国家科技支撑计划"旱作农业关键技术研究与示范"项目启动会在北京召开，学校农学与植物保护学院赵长星教授代表子课题承担单位参加了会议。

7月18日，为有效推进青岛市保护性耕作的熟化与推广，实现增产增效，由农业部保护性耕作研究中心、青岛农业大学、青岛市农业机械管理局联合举办的"青岛市持续高产高效保护性耕作研讨会"在学校举行。

7月25日，学校两个扶贫科技特派员小组分赴滨州惠民县和枣庄山亭区。

8月1—2日，应河北省委农工部和德国国际合作机构邀请，学校合作社学院院长李中华博士在河北省临城县为中德合作社促进项目农民专业合作社辅导员培训班授课。

8月15日，合作社学院院长李中华博士应邀为江西省农业领导干部专题培训班作专题讲座。

8月18日，"山东省现代花生产业体系创新团队2012年度工作会议"在威海举行。国家花生产业技术体系岗位科学家、学校农学与植物保护学院王铭伦教授，机电工程学院院长尚书旗教授和农学与植保学院副院长王月福教授等5位专家应邀出席会议。

8月29日，中央电视台第七频道《科技苑》栏目以《跨洋婚配的扇贝》为题，用时30min详细报道了学校海洋科学与工程学院王春德博士进行扇贝新品种研究的经历和成果。

9月3日，美国BSR公司项目顾问郑培光女士和沃尔玛超市供应商深圳鑫荣懋实业发展有限公司经理白峰特邀学校冬枣项目专家张振芳一行赴沾化考察督导沾化冬枣沃尔玛直接采购基地项目。

9月10日，为进一步试验示范和推广学校主持的国家公益性行业（农业）科研专项经费项目"根茎类作物生产机械化关键技术提升与装备优化研究"的研究成果，由学校主办、莱阳市农业机机械管理局承办的花生收获机械现场演示会在莱阳花生机械化生产试验示范基地举行。

9月18日，"十二五"国家科技支撑计划项目"中国特色花卉种业关键技术研究"启动会在北京举行。学校园林与林学院院长刘庆华教授代表子课题"茶花种业关键技术研究"承担单位参加会议。

10月8日，学校园林与林学院院长刘庆华教授主持的“野蔷薇等四种山东野生木本花卉引种驯化与新品种培育”项目获得第五届山东省花卉博览会金奖，“俏佳人”美丽胡枝子新品种获得银奖。

11 月 1 日，由学校合作社学院承办，青海省海南州委组织部和农牧局主办的“青海省海南州生态畜牧业专业合作社青岛培训班”在青岛举行开班仪式。

11 月 15 日，国家科技富民强县专项行动计划“岚山区十万亩茶叶优质安全标准化生产技术集成与示范”项目启动会在日照举行，学校丁兆堂教授作为项目首席专家参加了启动仪式。

12 月 27 日，中国首家种业装备院士专家工作站暨种业装备技术创新战略联盟在甘肃酒泉揭牌成立。学校机电工程学院尚书旗教授、王延耀教授作为院士专家工作站专家应邀出席了揭牌仪式。

(青岛农业大学　刁志凯)

山东理工大学

【概述】　山东理工大学是山东省重点建设的理工科大学，创建于 1956 年。学校总占地面积 240 万 m^2，校舍建筑面积 106.29 万 m^2，教学科研仪器设备总值 3.49 亿元，图书馆藏书 260 万册，电子图书 7 740GB，中外文期刊 26 971 种。学校现有 21 个学院，设有 73 个本科专业、21 个硕士学位授权一级学科，学科专业涵盖 9 个学科门类。2012 年，学校被确定为山东省应用型人才培养特色名校首批立项建设单位。

【科技项目与经费】　2012 年，学校共获得纵向科研项目 89 项，获得资助经费 3 356 万元。其中，省部级以上科技项目 71 项，包括国家级项目 36 项；学校牵头的 3 项国家 863 计划项目正式批准立项，获得资助经费 1 900 万元。学校全年与企事业单位签订技术合同(协议)260 项，合同额 5 170 万元。学校新上省部级以上科研项目情况详见“高校科技发展”篇尾汇总表。

【科研成果】　2012 年，学校获得省部级以上科技奖励 11 项，其中国家科技进步二等奖 1 项，省技术发明二等奖 1 项，省科技进步一等奖 1 项、二等奖 1 项、三等奖 2 项；获得厅局级科技奖励 8 项，其中山东高校优秀科研成果奖自然科学二等奖 1 项、三等奖 4 项，淄博市科学技术奖 3 项。鉴定科技成果 14 项。申请职务专利 217 件，其中发明专利 182 件；获得专利授权 147 件，其中发明专利 84 件，实用新型专利 58 件，外观设计专利 5 件；登记计算机软件著作权 4 件。发表科技论文 1 016 篇，其中被三大检索收录论文 515 篇。出版著作、教材 22 部。

【科技创新平台建设】　2012 年，学校新增国家级工程技术研究中心 1 个——工程陶瓷制备技术国家地方联合工程研究中心，省级工程技术研究中心 1 个——山东省分布式电源并网工程技术研究中心。

国家级工程技术研究中心

国家工业陶瓷材料工程技术研究中心

工程陶瓷制备技术国家地方联合工程研究中心(2012 年新增)

省级工程技术研究中心(院)

山东工程技术研究院

山东省清洁能源工程技术研究中心

山东省陶瓷基复合材料工程技术研究中心

山东省生物信息工程技术研究中心

山东省纺织化学品与染整工程技术研究中心

山东省数字化设计制造工程技术研究中心

山东省车辆工程技术研究中心

山东省光纤通信检测工程技术研究中心

山东省高压电网暂态保护工程技术研究中心

山东省矿山尾矿资源化处理工程技术研究中心

山东省道路智能控制与安全运输工程技术研究中心

山东省基础地理空间信息工程技术研究中心

山东省现代金属材料成形工程技术研究中心

山东省运动训练器械工程技术研究中心

山东省分布式电源并网工程技术研究中心(2012 年新增)

省重点实验室

山东省精密制造与特种加工重点实验室

山东省旱作农业机械及信息化实验室

省软科学研究基地

山东省生态文化与循环经济软科学研究基地

【科技合作与交流】　1 月 5 日，山东理工大学唐骏电动汽车研究所揭牌仪式在山东唐骏欧铃汽车制造有限公司举行。4 月 25 日，章丘市高层次人才智力引进暨山东理工大学与山东华民钢球股份有限公司共建耐磨材料工程技术研发基地揭牌、项目合作签约仪式在章丘市举行。5

月4日,学校与山东盟诚消防器材有限公司科技合作签约暨研发中心成立仪式在山东盟诚集团公司举行。6月5日,学校与山东枣庄新中兴实业有限责任公司科技合作签约仪式在枣庄新中兴实业有限责任公司举行。7月18日,第五届“百名专家淄川行暨科技成果引进洽谈会”在淄博市淄川区举行。会上,学校科技处处长易维明教授被聘为淄川区科技副区长,学校与淄川区企业达成多项合作意向,签约科技合作项目8项,签约项目数列参会高校、科研单位首位。8月16日,学校与山东鑫淦实业有限公司科技合作签约仪式在山东鑫淦实业有限公司举行。8月25日,学校与山东昌宁集团“金属熔炼与农业装备研究所”揭牌仪式暨合作科技成果鉴定推广会在潍坊昌邑举行。11月2日,学校与山东英科环保再生资源股份有限公司科技合作签约暨共建“山东理工大学英科环保再生资源工程技术中心”揭牌仪式在临淄区举行。

【学术交流】 11月3—4日,由省化学化工学会主办,山东理工大学化学工程学院承办的“山东省化学化工学会物理化学专业委员会2012年年会”在学校举行。12月8—9日,由省教育厅主办,山东理工大学承办的“泰山学术论坛——新型分离技术与能源材料专题”在学校举行,共组织高水平学术报告29场。来自英国、美国、德国、意大利、日本、澳大利亚以及中国科学院、浙江大学、上海交通大学、哈尔滨工业大学等国内外著名高校和研究院所的90余名专家学者出席了论坛。学校相关专业学生1 100余人参加了论坛。

(山东理工大学　贾玲玲)

青岛理工大学

【概述】 青岛理工大学为省属多学科综合性重点大学,主管部门为山东省教育厅。前身是1952年创建的山东省青岛建筑工程学校,2004年该为现名。学校现辖市北、黄岛、临沂3个校区,总占地面积约186.8万m^2,校舍建筑面积约102.5万m^2,教学科研仪器设备总值2.53亿元,图书馆藏书189.98万册,电子图书资源量约6 072GB。学校设有19个教学院部,59个本科专业,拥有7个博士点,2个一级学科博士后科研流动站,18个硕士学位授权一级学科,59个二级学科硕士点,9个工程硕士专业学位培养领域。拥有冶金炉渣高效资源化利用国家地方联合工程研究中心、工业流体节能与污染控制教育部省部共建重点实验室、海洋环境混凝土技术教育部工程研究中心等25个省部级重点学科、重点实验室和工程技术研究中心。设有快速制造国家工程研究中心—青岛示范中心、海尔—理工博士后工作站研发基地、山东省城市文化与城市竞争力研究基地、山东省高校大学生创业教育研究基地等。

【科技项目与经费】 2012年,学校共承担各类科技项目522项,科技项目总经费6 000余万元。学校新上省部级以上科技项目情况详见“高校科技发展”篇尾汇总表。

【科技成果】 2012年,学校获得省部级科技奖励6项,其中“南水北调东线南四湖流域污染综合治理技术体系创新与应用”项目获得省科技进步一等奖,“井下多级机站节能降温通风系统的研究与应用”和“大型平地尾矿坝稳定性研究及尾矿库在线监测预警系统”两个项目获得中国黄金协会科学技术一等奖,“煤矿开采地表沉陷损害量化评价体系与可视化系统研究及应用”项目获得省科技进步二等奖。鉴定科技成果5项,均达到国际先进水平。发表论文1 189篇,其中被SCI收录59篇、EI收录78篇、ISTP收录139篇。出版著作17部。申请专利112件,获得专利授权83件。

【科技创新平台建设】 3月31日,山东省“十二五”高校人文社科研究基地“城市文化与城市竞争力研究基地”揭牌仪式暨专题研讨会在学校举行。6月1日,依托学校设立的“工业流体节能与污染控制省部共建教育部重点实验室”通过教育部专家组验收论证。6月25日,依托学校设立的“海洋环境混凝土技术教育部工程研究中心”通过教育部专家组验收论证。9月11日,由东南大学牵头,联合同济大学、清华大学、青岛理工大学等8所高校,以及江苏省建筑科学研究院有限公司、中国建筑股份有限公司等5家企业共同组建的“先进土木工程材料协同创新中心”在东南大学揭牌成立。这是青岛理工大学参与组建的首个“2011计划”协同创新中心。10月29日,青岛市发展和改革委员会下发《青岛市发展和改革委员会关于认定青岛市城市水环境污染控制工程研究中心的复函》(鲁发改高技〔2012〕463号),学校环境与市政工程学院毕学军教授组织申报的“城市水环境污染控制工程研究中心”获得认定。

【科技人才培养与队伍建设】 1月,科技处唐洪伟被授予“国家自然科学基金管理先进工作者”称号。5月11

日，“青岛市轨道交通专家委员会成立大会暨青岛轨道交通与建设展望研讨会”举行。学校特聘院士郑颖人、环境与市政工程学院胡松涛教授分别被聘为土建组及设备组专家，郑颖人院士当选为专家委员会主任委员。10月，学校“海洋环境混凝土材料”团队获批山东省高校优秀科研创新团队，“工业能量低耗与再生”团队获批山东省高校优秀科研创新（培育）团队。同月，省教育厅、省财政厅发布《关于公布山东省高等学校重点学科、重点实验室、人文社会科学研究基地首席专家名单的通知》（鲁教人字〔2012〕22号），学校于广明教授（依托结构工程重点学科）、郭峰教授（依托摩擦学与先进表面工程重点实验室）和李秋义教授（依托混凝土重点实验室）入选。10月24日，聘任北京师范大学体育与运动学院院长毛振明教授担任客座教授。

【学术交流】 2月22—23日，由中国海洋大学与青岛理工大学联合承办的“国家自然科学基金水利科学与海洋工程学科重点项目2011年度学术交流会议”在青岛举行。学校赵铁军教授主持的“海底隧道工程劣化机理与防护技术研究”重点项目通过结题验收。学校相关专业的20余位教师参加了会议。

4月27日，学校“泰山学者”特聘教授牛荻涛来校作题为《混凝土结构耐久性研究的现状与发展》的学术报告。

5月8—9日，“中国工程院第136场中国工程科技论坛”分别在日照、青岛举行。学校特聘院士侯保荣任论坛主席。学校硕士生导师李伟华研究员、金祖权博士分别作了专题报告。

5月17—18日，应学校摩擦学研究所邀请，法国里昂国立应用科学院（Lyon INSA）LAMCOS实验室的Lubrecht教授来校进行学术访问。

7月27—29日，学校机械工程学院摩擦学研究所师生一行16人参加了在徐州召开的“2012年全国青年摩擦学学术会议”。在本次会议上，学校摩擦学研究所共提交高质量学术论文14篇，作学术报告15人次。

9月6—8日，由中国土木工程学会再生混凝土专业委员会主办、青岛理工大学、青岛青建新型材料有限公司承办的“第三届全国再生混凝土研究与应用学术交流会”在学校召开。

9月20日，美国北达科他州立大学工程与建筑学院院长盖瑞·史密斯教授和高志利博士来校访问。

是日，俄罗斯乌里扬诺夫斯克国立技术大学经济学院院长伊莲娜教授一行9人来校访问。

10月12—14日，“中国人类工效学学会人机工程专业委员会暨第七届学术研讨会”在学校举行。

10月15日，“2012东亚建筑学大会暨研讨会”在学校举行。

10月16日，加拿大谢尔丹理工学院国际部总监安德鲁·奈斯先生一行3人来校访问。

11月26日，美国太平洋大学工程与计算科学学院院长Ravi Jain教授与崔增娣博士一行来校进行学术交流。

12月28—29日，由省教育厅主办、学校承办的“泰山学术论坛——先进制造技术前沿专题”在学校举行。

【科技活动】 1月7日，学校召开“2011年全校科研工作会议”，对2011年度科研工作进行通报，并对2012年度科研工作做出部署。会上，学校“泰山学者”特聘教授牛荻涛作了国家自然科学基金申请辅导报告。

1月9日，校长仪垂杰一行赴山东钢铁集团总部，就双方战略合作、共建钢铁研究院等进行会谈。

3月13日，青岛理工大学第一届研究生学术科技节开幕。

3月23日，学校与科达集团股份有限公司签署联合培养博士后协议。

4月6日，汽车学院第八届汽车科技文化节开幕。

4月18日，青岛理工大学2012年“理工杯”大学生科技创新节开幕。

5月16日，省政府召开全省节能考核奖励大会。学校科研成果“高炉渣余热综合利用关键技术”获得2011年度山东省重大节能成果奖。

6月26日，由青岛理工大学承担的“十二五”国家科技支撑计划了课题“磨细高硫石油焦脱硫灰渣建材利用技术研究”启动会议在学校召开。

8月8日，以学校为第一负责单位承担的国家重大水专项“黄河下游城市供水管网水质保障技术研究与示范”通过技术验收和财务验收。

11月1日，“华海杯”青岛理工大学第七届计算机科技文化节开幕。

11月30日，由青建集团股份公司与学校联合举办的校企协同创新研讨会在学校召开。

12月6日，学校与大唐黄岛发电有限责任公司签订产学研合作协议。

12月16日，省质量技术监督局、省教育厅分别在学校组织召开地方标准审查会议和科技成果鉴定会，学校起草的3项地方标准通过审查，2项科技成果通过鉴定。

（青岛理工大学　陈　栋）

山东师范大学

【概述】 2012年11月，山东师范大学被确定为山东省首批重点建设的应用基础型特色名校。学校分校本部、长清校区两个校区办学，总占地面积约258.78万m^2，建筑面积120.66万m^2，教学科研仪器设备总值25 400余万元。设有24个学院，79个本科专业，8个博士后科研流动站，10个博士学位授权一级学科，76个博士学位授权二级学科，29个硕士学位授权一级学科，165个硕士学位授权二级学科，覆盖哲学、经济学、法学、教育学、文学、历史学、理学、工学、管理学、艺术学等十大学科门类。有1个国家重点学科、1个国家重点（培育）学科，1个教育部重点实验室，1个教育部工程研究中心，9个中央与地方共建高校基础实验室，1个国家级实验教学示范中心。有22个山东省“十二五”重点学科，5个山东省重点实验室，5个山东省工程技术研究中心，8个省高校重点实验室。是国务院学位委员会、教育部批准的教育硕士、公共管理硕士（MPA）、艺术硕士、体育硕士、汉语国际教育硕士和工商管理硕士（MBA）等12个专业学位培养单位。设有教育部人文社会科学重点研究基地——齐鲁文化研究中心等38个省级研究、培训机构。学校附属中学、第二附属中学、附属小学都是山东省规范化学校或示范学校，已成为山东省基础教育的名牌学校。

【科技项目与经费】 2012年，学校新上各级各类科技项目230项，其中纵向项目149项，包括国家级项目33项、省部级项目70项、厅局级及其他项目46项，立项科技经费7 452.2万元。学校新上省部级以上科技项目情况详见“高校科技发展”篇尾汇总表。

【科技成果】 2012年，学校发表科技学术论文590篇，出版科技著作22部。获得各级各类科技奖励18项，其中“转炉烟气净化回收微差压智能控制系统”获得省科技进步一等奖，“新型激光束和激光器件以及激光无透镜衍射成像的理论与实验研究”获得省自然科学二等奖，“山东省义务教育管理体制改革与创新”和“土地征用出让中政府职能重构研究”获得省科技进步三等奖；获教育部自然科学二等奖1项（第二完成单位），省高校优秀科研成果奖自然科学一等奖5项、二等奖2项、三等奖3项。鉴定科技成果10项，其中7项成果达到国际先进或领先水平。申请国家发明专利59件，授权发明专利15件。根据中国科学技术信息研究所2012年发布的中国科技论文统计结果，学校被SCI收录论文207篇，其中表现不俗论文55篇；EI收录论文122篇；SCI被引用论文277篇、799次，在全国高校排名第95位。

【科技成果转化】 2012年，学校与济南市天桥区人民政府签署“农药、医药中间体及其清洁生产教育部工程研究中心”入驻济南市新材料产业园合作项目，济南新材料产业园为工程研究中心在8年内免费提供2 000m^2的研发、办公场所和5 000m^2的中试生产场所。学校组织参加了“山东省第六届中国（济南）国际信息技术博览会暨第七届中国（济南）高校、科研院所科技成果与专利技术展示交易会”“第十一届中国（淄博）新材料技术论坛暨国际科技成果招商洽谈会”等活动，展示了学校科研实力和服务地方经济建设的能力。全年共审核签订科技服务合同81项，其中30万元以上项目9项，合同经费1 215万元，实际到账经费1 023万元。

【科技创新平台建设】 2012年，依托学校建设的5个山东省重点实验室全部通过省重点实验室绩效考评，被遴选为“十二五”省级重点实验室。其中，“精细化学品清洁工程重点实验室”成为山东省10个“十二五”期间集中建设重点实验室之一。学校全年共获得省级重点实验室建设经费285万元，获得资助的重点实验室数量和经费额度均居全省高校前列。学校申报的“认知与行为发展”和“中美分子与纳米探针”分别被批准为重点建设的山东省国际科技合作基地和合作研究中心。

【学科建设】 2012年，在全国第三轮学科评估中，学校共有18个一级学科参评，其中有11个学科进入前50%。学校现有山东省“十二五”重点学科22个，其中省级特色重点学科11个，省级重点学科及特色重点学科数量均列山东省属高校首位。年内，据美国基本科学指标数据库（ESI）统计，学校“植物与动物学”和“化学”两个学科进入全球大学和科研机构前1%。

【科技人才队伍建设】 2012年，学校申报的“逆境植物学”和“分布式计算机软件技术”两个团队入选山东省高校优秀科研创新团队，获得年度建设经费64万元。刘弘教授、董育斌教授获得“全国优秀科技工作者”称号。截至2012年底，学校已有9人入选山东省“泰山学者”特聘教授，1人入选山东省“泰山学者”攀登计划。

【学术交流】 2012年，学校举办各类科研学术报告100余场，参加国际学术会议194人次。成功举办了“泰山学术论坛——全球化与道德教育专题”学术会议。

（山东师范大学 蒋红花 李 皓）

曲阜师范大学

【概述】 曲阜师范大学为省属重点大学，分为曲阜和日照两个校区，总占地面积176.89hm²（2 653.41亩），校舍建筑面积102.5万m²，固定资产总额13.1亿元，教学科研仪器设备总值1.90亿元。现有一级学科博士点5个，博士后科研流动站5个，一级学科硕士点22个，硕士专业学位授权点10个，本科专业70个，学科专业覆盖文、理、工、法等十大学科门类。设有1个独立学院（杏坛学院），28个院（系），28个研究所，18个省级重点学科，5个省高校重点实验室，2个省高校人文社科研究基地。2012年11月，学校《齐鲁学刊》入选国家社科基金第二批资助学术期刊目录，成为山东省省属高校中唯一入选的期刊。

【科技项目与经费】 2012年，学校新上科技项目296项，其中国家级项目46项，省部级项目103项，横向项目60项。全年共争取科研经费3 529万元，其中纵向经费2 029万元，横向经费1 500万元。学校新上省部级以上科技项目情况详见“高校科技发展”篇尾汇总表。

【科技成果】 2012年，学校“非线性时滞系统的时滞相关性能分析与设计”项目获得省自然科学三等奖，“狐狸高效繁殖技术体系的研究与应用”项目获得省科技进步三等奖，获得其他厅级以上科技奖励80项。获得发明专利授权12件。发表科技学术论文553篇，其中被SCI收录134篇、EI收录81篇、ISTP收录70篇。

【重点学科与科技创新平台建设】 学校高度重视重点学科和科技创新平台的建设与后续发展，大力扶持“十二五”期间新增的18个省级重点学科，截至2012年底已累计投入经费295万元；大力扶持“十二五”期间新增的5个重点实验室和2个人文社科研究基地，累计投入经费300万元。

【协同创新中心】 2012年，为贯彻教育部“高等学校创新能力提升计划”精神，推动协同创新工作发展，学校于12月18日召开“协同创新”计划启动大会，分别成立了曲阜师范大学—科廷科技大学应用数学协同创新中心、曲阜师范大学—兖矿集团电气智能自动化技术应用协同创新中心、曲阜师范大学—济宁市圣地非物质文化协同创新中心、曲阜师范大学—日照市山东县域发展协同创新中心、湿地保护与生态友好型利用协同创新中心等5个协同创新中心。学校将在协同创新中心的组织管理、人事制度、人才培养、考评体系、科研组织、资源配置、国际合作和创新文化等方面给予政策支持和保障。

【科研创新团队】 2012年，学校组织申报的“系统建模、优化与控制科研”和“湿地生态保护与资源利用”两个山东省高校科研创新团队全部入选，成为全省有两个团队入选的五所高校之一。3月，由张洪海领军的“济宁市南四湖湿地生态与环境保护重点实验室”被评为济宁市优秀科技创新团队。10月，学校决定实施“科研创新团队计划”，并制定了《科研创新团队管理办法》。

【科技人才培养与队伍建设】 2012年，学校新增“泰山学者”特聘教授两名，分别是自动控制理论学科的武玉强教授和生命有机分析学科的王桦教授。

“1361”人才工程 2012年，学校出台了《曲阜师范大学“1361”人才工程管理办法》。“1361”人才工程是该校为提高整体师资力量而实施的高层次人才引进和培养建设工程，计划用5年左右的时间，培养和引进10名左右在国内外同专业领域有重大影响的学科带头人，30名左右在国内同专业领域有一定影响的学科带头人，60名左右在省内同专业领域有一定影响的学科带头人，100名左右在省内同专业领域有较大影响的学术骨干。年内，学校遴选了“1361”人才工程新上岗位人员125人。

【科技合作与学术交流】 2012年，学校先后组织专家赴兖矿集团、济宁如意集团、山东省激光研究所、鲁能泰山曲阜电缆有限公司、山东东宏管业有限公司、泗水巨烽食品有限公司等单位了解技术需求，推介技术成果，商谈合作事宜。参加了第21届山东省产学研展洽会和第11届中国专利高新技术产品博览会，展示学校科技成果。全年共派出合作研究人员46人次，接受合作研究来访人员25人次。主办国际学术会议1次，参加国际学术会议65人次，提交学术交流论文33篇，作特邀报告3篇。

（曲阜师范大学 于 健）

山东财经大学

【概述】 山东财经大学是财政部、教育部、山东省共建高校，是国务院学位委员会批准的学士、硕士学位授权单位和博士学位授予立项建设单位。学校于2011年7月由原山东经济学院和原山东财政学院合并组建而成。2012年6月9日，山东财经大学正式揭牌成立。8月23日，财政部、教育部、山东省人民政府签署协议，共同建设山东财经大学。学校共有4个校区，占地321.2hm^2(4 818亩)，建筑面积108.29万m^2，教学科研仪器设备总值1.7亿元，图书馆纸质藏书389万册，电子图书262.37万册。现有21个学院，62个本科专业，形成了以经济学、管理学为主，文、法、理、工、艺术和教育等8个学科门类相结合的学科结构。

【科技项目与经费】 2012年，学校获得各级各类科技项目182项，资助经费总额2 025万元。其中，纵向项目146项，资助经费总额1 224万元；横向委托项目36项，资助经费总额801万元。

【科技成果及选介】 2012年，学校获得教育部高校科研优秀成果奖2项，省科技进步奖3项，省高校优秀科研成果奖34项，山东软科学优秀成果奖35项。发表科技论文185篇，出版著作14部。

山东省信息化与工业化融合发展战略研究 该项目综合运用相关性分析、因子分析、层次分析、聚类分析等定量方法和技术扩散理论、系统动力学理论、SWOT分析等定性分析方法，在深入研究两化(信息化和工业化)融合内涵、动力机制、融合模式、发展阶段等理论的基础上，建立基于区域、行业和企业的山东省两化融合水平评价指标体系，定量分析山东省信息化与工业化融合现状，提出省两化融合发展战略、发展目标、主要任务和战略重点，提出基于区域、行业和企业的省两化融合发展对策与建议。该项目获得2012年省科技进步二等奖。

基于财务角度的汽车行业自主创新发展能力分析和路径设计——以山东为例 该项目从财务角度探索如何有效地对汽车行业自主创新能力进行相关研究。对汽车行业自主创新能力和风险的评价以及对自主创新与企业价值关系的探析为企业决策提供了依据，所构建的自主创新路径为企业实施自主创新提供了范式，提出可以通过模糊风险评估基于主成分的量化方法为企业决策提供有效的依据。该项目获得2012年省科技进步二等奖。

山东省公共卫生突发事件应急方案思路与对策研究 该项目将战略管理、管理流程、制度经济学、交易成本理论、博弈论和委托代理理论等相关原理和方法，应用于山东省公共卫生突发事件应急方案的相关研究，并充分借鉴管理科学最新研究成果，构造山东省公共卫生突发事件处置体系。对理论研究成果进行实证模拟，提出山东省公共卫生突发事件应急方案思路与对策，具有实践应用价值。该项目获得2012年省科技进步三等奖。

【青年科技人才培养】 学校高度重视对青年科技骨干的培养，根据《山东财经大学"青年科技骨干强化团"章程》相关规定，经各单位推荐、科技处审核与量化、专家小组评审等程序，评选出2012年度山东财经大学"青年科技骨干十强"。为调动青年科研人员从事科学研究的积极性和创造性，促使优秀青年人才脱颖而出，学校组织召开了山东财经大学青年科技骨干工作会议。

【学术交流】 2012年，学校共举办各类讲座、报告会、论坛等125场。

(山东财经大学)

济南大学

【概述】 济南大学是山东省重点建设的综合性大学，始建于1948年，拥有学士、硕士学位授予权和硕士研究生免试推荐权，是博士学位授予权立项建设单位，面向全国招生。校园占地243万m^2，校舍建筑面积102万m^2，固定资产总值12.9亿元，教学仪器设备总值3.7亿元。图书馆建筑面积6.3万m^2，藏书及电子文献近400万册，期刊 14 000 余种。设有学院 26 个，教学中心 2 个。拥有本科专业 74 个，硕士学位授权一级学科 20 个、二级学科和专业 119 个，具有硕士专业学位培养门类 3 个、工程硕士专业学位授权领域 13 个，以及材料科学与工程、化学工程与技术、临床医学 3 个博士学位授权建设一级学科。学科专业涵盖经济学、法学、教育学、文学、历史学、理学、工学、医学、管理学和艺术学等 10 个门类。建有省部级以上重点学科及研究基地 45 个，其中省部共建国家重点实验室培育基地 1 个、教育部工程研究中心 1 个、省重点实验室 11 个、省工程技术研究中心 10 个、省“十二五”高校重点实验室 4 个、省级重点学科 13 个、省级人文社科研究基地 5 个。

【科技项目与经费】 2012 年，学校获得纵向科技项目 186 项，其中国家级 51 项、省部级 78 项，立项总经费较上年增长 35.6%。学校作为牵头单位申报的“基于云平台的电力系统信息集成及其整体优化关键技术研究与应用”项目获 2012 年省自主创新专项资助，批准经费 1 000 万元。学校新上省部级以上科技项目情况详见“高校科技发展”篇尾汇总表。

【科技成果】 2012 年，学校获得各级科技奖励 72 项，其中省部级奖励 29 项（一等奖 1 项、二等奖 10 项、三等奖 18 项）、省高校优秀科研成果奖 14 项、省技术市场科技金桥奖 3 项、省专利奖 1 项、省发明创业奖 2 项、省留学人员回国创业奖 1 项，评审出 2012 年度济南大学优秀科研成果奖 22 项。开展科技项目“结题验收促进年”活动，共鉴定、结题、验收各类项目 148 项，其中省部级鉴定（验收、结题）82 项，厅局级鉴定（结题）23 项，校级验收 43 项。被 SCI、EI、ISTP 收录论文 647 篇，其中 SCI 收录 326 篇、EI 收录 513 篇、ISTP 收录 84 篇。申请专利 319 件，其中发明专利 160 件、实用新型专利 133 件；获得知识产权 229 件，其中发明专利 89 件、实用新型专利 112 件、外观设计专利 2 件、软件著作权登记 26 件。

【科技合作与社会服务】 2012 年，学校组织实施“济南大学科技服务年”活动，参加大型科技成果推广展交会 9 次，与中国建材集团、济南高新区管委会、济南市食品工业协会签订全面科技合作协议，全年共签订技术合同 181 项。实施“企业调研服务工程”与“千亿元产业对接”活动，与日钢集团等 20 余家“千亿元产业企业”签订合作协议，联合申报 2012—2013 年度山东省自主创新重大专项 7 项，并全部获得立项。

【科技创新平台建设】 2012 年，先进建筑材料教育部工程研究中心通过教育部验收，山东省特种结构与功能复合材料工程技术研究中心通过省科技厅验收，山东省鲁港水泥基压电复合材料合作研究中心和山东省城市地下工程支护及风险监测工程技术研究中心获批立项建设。至此，学校省部级工程技术研究中心数量达到 11 个。学校实施“国防科研体系常态化运行机制建设工程”，完成国军标质量管理体系再认证工作和武器装备科研生产三级保密单位复审准备工作。参与国家级产业技术创新联盟“烟气脱硝产业技术创新战略联盟”和两个省级产业技术创新联盟的组建。新建济大—烟台双塔食品研究所、济南大学—天迈产学研基地等校企合作研究机构、产学研基地 7 家。

【科研创新团队】 7 月 22 日，学校申报的“特种建筑材料”和“智能信息处理”两个创新团队获批山东省高校优秀科研创新团队。

【学术交流】 2012 年，挂靠学校的山东复合材料学会和山东颗粒学会完成换届工作。“泰山学术论坛——先进材料专题”学术会议在学校举办。

【科技期刊】 2012 年，《济南大学学报（自然科学版）》和《中国粉体技术》入编《中文核心期刊要目总览》（2011 年版），分别成为综合性科学技术类、一般工业技术类的全国中文核心期刊。年内，在“第四届中国高校精品·优秀·特色科技期刊奖”评比中，《济南大学学报（自然科学版）》获得中国高校优秀科技期刊奖。

（济南大学　王　平）

青岛大学

【概述】 青岛大学是山东省和青岛市共同建设的省属重点大学，是山东省重点建设高校。前身是 1924 年创办的私立青岛大学，1993 年由原青岛大学与青岛医学院、山东纺织工学院、青岛师范专科学校合并组成现青岛大学。学校分为中心校区、东校区、西校区和四方校区 4 个校区，总占地面积 184.53hm^2（2 768 亩），建筑面积 119 万 m^2，固定资产总值 23 亿元。设有 22 个学院，96 个本科专业，涵盖 11 个学科门类。现有一级学科博士点 6 个、二级学科博士点35个，一级学科硕士点31个、二级学科硕士点175个。拥有国家重点学科2个——眼科学、生理学(培育)，省级重点学科20个，博士后流动站7个，国家重点实验室培育基地1个——青岛市纤维新材料与现代纺织国家重点实验室培育基地，省部级重点实验室和工程技术研究中心14个。

【科技项目与经费】 2012年，学校新上纵向科技项目251项，其中国家级61项、省部级91项、地市厅局级99项，获得项目总经费5 009.9万元。签订横向科技开发与合作协议149项，合同经费1 656万元。学校新上省部级以上科技项目情况详见“高校科技发展”篇尾汇总表。

【科技成果及选介】 2012年，学校获得各级科技奖励53项，其中，省部级奖励17项(二等奖6项、三等奖11项)，厅局级奖励36项(一等奖3项、二等奖14项、三等奖19项)。鉴定科技成果38项。在国内外公开刊物发表学术论文609篇，其中被SCI收录169篇、EI收录159篇、ISTP收录5篇。出版学术著作24部。获得发明专利授权54件。

腰椎间盘退变的生物学机制和临床基础研究 该项目对腰椎间盘退变的生物学机制和临床基础进行深入研究。主要创新点：①国际上首次发现Trial介导的椎间盘细胞调亡的第二条通路。提出椎间盘细胞凋亡新机制，阐明了合成细胞外基质的基因在侧凸患者椎间盘退变过程中的作用。②在国际上首次揭示中国人腰椎间盘突出症的生物学病因。③首创多正向调控目的基因转染体外椎间盘细胞，并在国际上首次构建恒河猴退变椎间盘模型。构建椎间盘突出(退变)基因治疗体系，获得基因治疗正向调控，开辟了治疗腰椎间盘突出症的新途径。④创造性提出腰椎间盘突出症区域定位理论。出版我国首部腰椎专著《腰椎间盘突出症》，成为骨科领域公认的权威专业教材和椎间盘突出症诊疗工具书，是人民卫生出版社“十一五”重点再版书籍。该项目成果在全国医学院校和各级各类医院推广，治愈患者2万多例。被SCI收录论文14篇，出版专著教材11部。通过教育部组织的成果鉴定，达到总体国内领先、部分国际先进水平。2012年，该项目获得教育部高校科研优秀成果奖科技进步二等奖。

活性染料湿固色系统技术研究及产业化应用 该项目针对棉型织物染色工艺流程长、能耗和水耗高、染料利用率低等问题，研究开发了织物浸轧染液后直接湿汽蒸固色和直接湿堆置固色两种活性染料短流程湿固色系统，实现产业化应用。主要创新点：①采用分子增效设计，开发湿固色专用助剂，提高活性染料碱性染液的稳定性和固色率。②研究生产工艺条件对织物湿汽蒸固色反应的影响，设计开发活性染料湿汽蒸固色生产工艺系统。③研究生产工艺条件对织物低温湿固色反应的影响，构建活性染料湿堆置固色生产工艺系统。④根据活性染料湿固色系统要求，设计开发活性染料湿固色生产装备及织物前后处理配套设施。研究织物上自由水分结构状态和染料聚集结构的调控方法，提高活性染料的湿固色效率。自该项目实施以来，项目完成单位和主要应用企业已用活性染料湿固色系统技术生产巾被产品7 186t，棉型织物面料5 873万m，新增产值17.47亿元，新增利税5.07亿元，出口创汇2.26亿美元，节支0.29亿元，取得了显著的经济效益。实现节水54.01万t，节电1 063.86万度，节汽3.03万t，节约化学品0.65万t，减少了化学品和温室气体排放，环境和社会效益显著。该项目已申请发明专利12件、实用新型专利1件，获得发明和实用新型专利授权各1件，发表科技论文2篇。2012年，该项目获得省科技进步二等奖。

脑内高铁损伤多巴胺能神经元致帕金森病的机制及其干预研究 该项目在国家973前期研究专项，973计划子课题，国家自然科学基金重点项目、面上项目及省市科技项目等资助下，在国内率先开展脑内高铁损伤多巴胺(DA)能神经元致帕金森病(PD)的机制及其干预研究。主要研究发现：①应用多学科技术，综合性地在PD动物和细胞模型，发现神经毒素MPTP或6-OHDA能使中脑黑质(SN)区域铁含量增加，与铁转入和转出蛋白的异常调控相关。②铁转入蛋白Divalent metal transporter1(DMT1)的表达升高和铁转出蛋白Ferroportin1(FPN1)和hephaestin的表达降低可能参与了SN内铁选择性聚积的过程。③生物活性肽Ghrelin对MPTP诱导的PD模型小鼠和细胞模型均有明显的神经保护作用，其作用机制可能通过与细胞膜上的Ghrelin受体GHS-R 1a结合，调节线粒体功能和NF-κB的核移位发挥抗凋亡和抗氧化应激作用。④天然提取物姜黄素、人参皂苷Rg1、迷迭香酸等生物活性物质能有效拮抗MPTP或6-OHDA对DA能神经元的损伤。该项目的研究为阐明PD中DA能神经元选择性损伤的机制，探索和研制开发有效防治PD的药物提供了新的作用靶点。已发表科技论文52篇，被SCI收录33篇，在国内核心期刊发表论文19篇。其中8篇代表性论文，总影响因子达到43.34，SCI被引84次。获得发明专利授权2件。参加国内外会议交流97人次。项目负责人应邀在国际脑铁代谢与神经退行性疾病专题会和第三届中芬生命科学双边研讨会上作大会报告，并在中国生理学会第22届会员代表大会暨庆祝中国生理学会成立80周年学术大会和中国神经科学学会第七、八届学术会议上做特邀报告。2012年，该项目获得省自然科学二等奖。

NF-κB在白内障发病机制及靶向性治疗中的作用 该项目为省科技攻关计划和青岛市科技发展计划项目。采用细胞培养、分子生物学等技术，从基因和蛋白水平阐述了NF-κB在白内障发病机制及靶向性治疗中的作用。主要研究结论与创新点：①通过检测NF-κB在白内障患者晶体上皮细胞中的表达，提出以NF-κB通路为核心的炎症损伤机制在白内障发病过程中的作用理论。②通过建立人晶状体上皮细胞炎症损伤模型，检测 NF－κB及其上下游因子的表达变化，提出干扰NF－κB可以延缓白内障发展的理论。③通过研究阻断 NF－κB对细胞炎性改变的调控，从细胞水平论证以NF－κB为靶点的确切干预效果，建立以 NF－κB为干扰靶点的治疗方法，并根据相关临床基础研究改进白内障手术中使用的推送器，提高了手术疗效。该项目已发表科技论文 20 篇，其中被 SCI、Medline、EM 收录 17 篇，出版教材 2 部。获得实用新型专利授权 1 件。2012 年，该项目获得省科技进步二等奖。

【科技创新平台建设】 2012 年，学校经青岛市科技局批准新建青岛市宫颈病重点实验室和青岛市高分子杂化材料工程技术研究中心，至此学校经各级政府主管部门批准建设的重点科研平台达到 53 个。青岛大学—新华锦石墨烯新材料新技术研发中心、青岛大学企业社会责任研究中心、青岛大学应用法学研究中心等 3 个校企联合共建科研机构获批建立。

【科技合作】 2012 年，学校与淄博市人民政府联合举办第二届青岛大学校企产学研对接活动。整个活动分启动、对接洽谈、对接大会、工作落实 4 个阶段进行。3—7 月开展前期对接活动，与西门子(中国)有限公司、南车青岛四方机车车辆股份有限公司、青岛捷能汽轮机集团股份有限公司、中化地质矿山总局山东地质勘察院、山东达因海洋生物制药股份有限公司、山东新华锦石墨材料科技有限公司、北京交通大学、南京理工大学等 100 余家企业签订合作协议。9 月 6—8 日，在淄博召开对接大会，共征集推介项目 185 项，与淄博兴鲁化工有限公司等企业签署科技合作项目 42 项。学校全年签署合作协议 149 项，合同总金额 1 656 万元。

【科技活动与学术交流】 学校全年共主办国际学术会议 6 次，参与国际学术会议 106 人次，交流论文 64 篇、特邀报告 14 篇。科技人员出访 29 人，其中短期项目 14 人、长期项目 15 人。

(青岛大学 郑 蕾)

烟台大学

【概述】 烟台大学为省属重点综合性大学，创建于 1984 年。学校占地面积 140 万 m^2，建筑面积 93.5 万 m^2，教学仪器设备总值 2.4 亿元。图书馆纸质图书和报刊合订本 161 万册，电子图书和期刊 170 万种(册)，引进中外文数据库 30 余个；校园内建有骨干万兆以太网。学校设有 20 个院(部)、46 个研究院所、56 个本科专业，涵盖文、理、工、法、农、医、经济、管理、教育、艺术等十个学科门类。现有 1 个“服务国家特殊需求博士人才培养项目”(重大新药新型释药系统)，16 个硕士学位授权一级学科，4 个硕士专业学位授权点，涵盖 134 个硕士招生专业(领域)。拥有 7 个省级重点学科，1 个省部共建教育部重点实验室(分子药理和药物评价)，8 个省级重点实验室，1 个国家民委民族问题研究基地，1 个国家知识产权培训基地，2 个国家技术转移中心(天然药物技术转移中心、国家制革技术研究推广中心)，1 个强化建设山东省高校人文社科研究基地，1 个山东省民族问题研究中心，7 个省级工程技术研究中心(黄金、功能食品、农产品物流、空气净化、天然药物、干细胞)，1 个山东省国际(港澳台)科技合作平台(山东省中匈黄金工业应用合作研究中心)，1 个省级研究院(山东省知识产权研究院)，1 个省软科学研究基地(知识产权研究基地)，1 个省级大学科技园(北大清华烟大三校科技园)。

【科技项目与经费】 2012 年，学校获批国家和省部级科技项目 109 项，新上横向科技项目 106 项。科技项目总经费 4 952.19 万元。学校新上省部级以上科技项目情况详见“高校科技发展”篇尾汇总表。

【科技成果及选介】 2012 年，学校获得省部级科技奖励 2 项，鉴定科研成果 10 项，被 SCI、EI、ISTP 收录论文 302 篇。申请职务专利 56 件，获得授权职务专利 42 件，其中发明专利 31 件、实用新型专利 11 件。

水产品中兽药、农药残留分析的样品预处理技术 该项目为 2009 年山东省科技发展计划项目。首次提出以水溶性有机溶剂水溶液作为提取液，与水溶性无机盐形成双水相萃取体系，萃取水产品中药物残留的样品预处理方法。阐明农兽药在水产品中的存在状态，为新的样品预处理技术提供理论依据。通过研究鱼血清蛋白在乙腈水溶液中的变性规律，研发出对水产品中 4 种喹诺酮的快速高效检测方法；以乙腈水溶液改进 QuEChERS 技术实现了水产品中 5 种有机磷的高效提取与测定；以乙腈—无机盐—水双水相体系测定出水产品中 14 种有机氯农药残留及 6 种拟除虫菊酯类农药。2012 年 9 月，该项目通过省科技厅组织的成果鉴定，达到国际领先水平，具有较高的实际应用价值。

新型无机复合纳米抗菌剂的研制及应用 该项目为

2007年省优秀中青年科学家奖励基金项目。主要创新点:①提出利用高稳定性载体纳米粒子对金属纳米颗粒的阻隔效应、分散效应以及对光的屏蔽效应稳定金属纳米颗粒的新思路,并基于此制备了具有持久、高抗菌活性的无机纳米抗菌粉体材料。②抗菌剂纳米粉体批量化生产过程中的表面官能化,解决了无机抗菌纳米粉体材料分散性差、容易团聚以及不耐水洗的问题。2012年8月,该项目通过省科技厅组织的成果鉴定,达到国际先进水平。

从红藻角叉菜中提取分离高活性营养成分及其推广应用 该项目为2008年省优秀中青年科学家奖励基金项目。对红藻角叉菜的活性成分进行全面系统地提取和分离分析,并采用活性跟踪方式跟踪每一步提取物的抗氧化、免疫调节和抗菌等活性,为角叉菜活性成分研究提供数据基础。2012年11月,该项目通过省科技厅组织的成果鉴定,达到国内领先水平。

纳米MA气调贮藏关键技术研究与开发 该项目为2006年省科技发展计划项目。根据果实呼吸—薄膜渗气在一定条件下达到动态平衡的原理,利用果实贮藏温度下的呼吸强度和适宜气体组成等参数,在大量试验数据基础上,用计算机多元回归方法,设计出适用于不同果蔬品种长期贮藏用的纳米自发气调贮藏保鲜袋(N-MAP),其具有保鲜、气调、防腐、杀菌、改善膜透气性等多种功能。使用研发的N-MAP对苹果、樱桃、黄金梨、莱阳梨、蒜薹、芦笋、蓝莓等果蔬进行贮运保鲜试验,均取得良好的效果。研究成果分别推广至牟平、栖霞、莱阳、威海等市区果品贮藏单位,应用效果明显,经济效益和社会效益显著。2012年8月,该项目通过省科技厅组织的成果鉴定,达到国内领先水平。

无氧铜带坯水平连铸关键设备及工艺 该项目为2010年省科技发展计划项目。将熔炼炉、保温炉作成一体,并增加精炼炉腔而形成三联体炉。因取消了熔体转移用的明流槽,从而解决了金属熔体转运过程中吸氧、吸氢和携带熔渣的问题。采用精炼炉腔,熔体在腔内缓冲,使熔体温度达到均匀,氧化物及熔渣上浮,从而净化了进入保温腔的熔体,并减少保温炉内熔体温度波动对铸坯质量的不良影响。将结晶器冷却水套分为前冷却套和后冷却套,石墨板安装在前冷却套内侧,这种结构既减小了石墨板尺寸、提高石墨板寿命,又增强了冷却效果、更方便安装调整。在结晶器打结料内设置氮气盘管,使氮气入结晶器入口处铜液中,并在二次冷却铜带通道内通入氮气,以防止铜带高温区氧化并进一步隔绝空气从铜带表面进入石墨模。项目成果既可替代进口设备和工艺,满足国内无氧铜带坯的生产要求,又可将设备和工艺作为完整生产线进行出口。2012年11月,该项目通过省科技厅组织的成果鉴定,达到国际先进水平。

面向组装线平衡的装配序列柔性规划研究 该项目为2010年省优秀中青年科学家奖励基金项目。对汽车焊装线装配序列的建模方法和相关大型船用辅助装备进行系统研究,提出在建模初期进行零件属性的标准化设定的方法,从源头上增强信息提取的可靠性和完整性。采用拆分法和割集法,建立装配序列的网络层次模型。系统研究装配序列的优化算法。针对汽车焊装线的装配序列,建立其装配序列的柔性、并行性和聚会性的评价标准。针对大型船用辅助装备,提出其装配序列研究的可重向定向性和并行性研究标准。将研究成果应用于我国“大洋一号”大型装备研究,取得了良好的应用效果。2012年11月,该项目通过省科技厅组织的成果鉴定,达到国际先进水平。

酿酒酵母谷胱甘肽生物合成网络的代谢通量分析与代谢调控 该项目为2008年省优秀中青年科学家奖励基金项目。微生物发酵法是谷胱甘肽的主要生产方法,但发酵水平较低。该项目建立起描述酵母细胞生长及产物谷胱甘肽合成的代谢网络模型,应用代谢流分析的方法研究代谢网络的主要特点及重要的调节因子对谷胱甘肽代谢的影响。对酿酒酵母的分批与流加发酵过程进行优化、调控,显著提高现有菌种的生产能力,使谷胱甘肽含量比对照高出72.2%,谷胱甘肽产量比对照高出93.5%,发酵水平达到2 210mg/L。2012年11月,该项目通过省科技厅组织的成果鉴定,达到国内领先水平。

农作物秸秆发酵生产生物燃料丁醇 该项目为2010年省科技发展计划项目。以丁醇发酵的整体工艺为出发点,通过两大环节的重点突破提高整套工艺的经济性和高效率。一方面,重点突出对纤维素原料的预处理,采用稀乙酸、酶法水解相结合的手段,使纤维素、半纤维素的水解率达到70%以上;另一方面,加强预处理过程和发酵过程的有机联系,研制出相应发酵工艺,选育高乙酸耐受的丙丁菌,建立集纤维素水解和丙丁梭菌发酵于一体的高效生物丁醇生产工艺,发酵周期缩短至3天以内,总水解液发酵丁醇产量为14.3g/L。生产工艺先进、科学、合理,符合环保要求。2012年11月,该项目通过省科技厅组织的成果鉴定,达到国内领先水平。

【科技合作与社会服务】 2012年,学校参加各类产学研展洽会、科技成果招商洽谈会、高校(科研院所)与企业合作交流会,重点推介学校专利技术、科技成果及科技创新和咨询服务平台,促进科技成果转化。组织相关专家、教授与烟台市高新区、莱山区的企业、科研院所进行对接,切实为企业解决实际问题。与烟台市农业科学研究院、呼伦贝尔农垦集团有限公司等有实力的科研院所、大企业签订全面合作协议,实现优势互补。

【学科建设】 2012年,学校“重大新药新型释药系统”服务国家特殊需求博士人才培养项目获批立项,在学科建设和人才培养方面实现重大突破。

【科技创新平台建设】 2012年,山东省中匈黄金工业应用合作研究中心入选山东省国际(港澳台)科技合作平台,分子药理和药物评价省部共建教育部重点实验室建设计划通过教育部专家组论证。依托学校建设的山东省知识产权软科学研究基地通过省软科学办公室组织的评估验收,成绩优秀。

【科技人才培养与队伍建设】 2012年,学校通过招聘引进人才46人,其中博士24人,教授1人、副教授及副高级职称3人,新世纪优秀人才支持计划人选1人。入选山东省有突出贡献的中青年专家1人、山东省首批“高等学校首席专家”2人、烟台市“双百计划”人选2人。组织选拔首批中青年学术带头人和青年学术骨干培养人选,评选出5名学术骨干和10名学术带头人培养对象。青年教师1人获得省教育厅国际访学资助、6人获得国内访学资助。全年受理和批准了35名教职工的进修申请。“化工新材料过程强化”团队获批山东省高校优秀科研创新团队。

(烟台大学　曹永智)

潍坊学院

【科技项目与经费】 2012年,潍坊学院共承担市级以上科技项目148项,横向科技项目12项,科技项目总经费709万元。学校新上省部级以上科技项目情况详见“高校科技发展”篇尾汇总表。

【科技成果及选介】 2012年,学校获得市级以上科技奖励21项。鉴定科技成果42项,其中达到国际先进水平2项、国内领先水平40项。获得专利授权13件。发表学术论文500余篇,其中被SCI、EI等收录269篇。出版学术著作15部。

基于环保锌覆层的墨绿色钝化工艺 该项目基于绿色环保理念设计了一种只与环保电镀工艺相配伍的镀锌墨绿色钝化工艺,并对溶液组分、温度、pH值、钝化时间等因素对钝化膜性能的影响进行研究,确定了最优工艺参数。用扫描电子显微镜观察钝化膜的微观形貌;用能谱仪测定钝化膜的元素成分及含量;用X射线光电子能谱研究钝化膜的元素组成及化学状态;用X射线衍射仪分析钝化膜的物相组成;用极化曲线、交流阻抗等电化学方法和中性盐雾试验,研究钝化膜的耐蚀性和耐蚀机理。其工艺的设计思路符合清洁生产要求,可从工艺约束的角度限制污染镀种的使用。2012年,该项目通过省科技厅组织的成果鉴定,达到国际先进水平。

基于电流环无静差数字控制的电能质量控制器研究 该项目研制了一种基于电流环无静差数字控制的电能质量控制器(PQC,Power Quality Conditioner)。在瞬时无功功率理论的基础上,提出串行谐波和负序、无功电流的检测算法,并行谐波和无功、负序电流检测算法以及2/2变换矩阵,能准确检测出基波正序、负序及各次谐波电流,从而使PQC可适应多种补偿场合。提出基于扰动补偿理想趋近律的离散滑模控制和数字重复控制相结合的复合控制策略,实现对PQC补偿电流波形的精确控制。2012年,该项目通过省科技厅组织的成果鉴定,达到国际先进水平。

转小盐芥DREB2A基因玉米的创制及耐盐耐干旱自交株系的筛选 该项目研究的DREB(干旱应答元件结合蛋白)基因是一类受干旱和高盐胁迫的转录因子基因,通过向玉米自交系中导入来自盐生植物小盐芥的DREB(Ts-DREB2A)基因,使转Ts-DREB2A基因玉米获得类似于小盐芥对干旱和高盐胁迫等逆境信号的抗性,可提高玉米对干旱和高盐胁迫的综合耐受能力,从而获得基于综合性状提升的、耐高盐和干旱胁迫的玉米新品系,不仅可为玉米品质改良研究和产业规模的提升提供种质基础,也为培育可以在干旱地区和盐碱地区种植的玉米品种提供了重要的种质资源。2012年,该项目通过省科技厅组织的成果鉴定,达到国内领先水平。

鲜食葡萄“红高”芽变体果实品质研究 该项目采用改良的CTAB法提取葡萄基因组,完成“红高”葡萄及其早熟芽变品系的RAPD分析,确定了其遗传稳定性。对“红高”葡萄品种及其芽变新品系的含糖量、含酸量、总酚、花色苷、蛋白质等品质指标进行对比分析,证实芽变品系在外观、口感等品质方面的优越性。针对芽变新品系与母本的品质差异性,分析研究酸性转化酶与含糖量、苯丙氨酸转氨酶活性与果实着色、总酚含量与抗逆性的关系,为果实品质机理研究奠定了基础。2012年,该项目通过潍坊市科技局组织的成果鉴定,达到国内领先水平。

【科技创新平台建设】 8月,学校与山东华太规划建筑设计有限公司合作成立了潍坊学院建筑设计研究院,至此学校科研院所达到51个。10月,能源监管平台建设成功申报为住房和城乡建设部计划项目,建设经费225万元已到位。与潍坊市滨海经济技术开发区合作建设海水资源综合利用与新能源研发平台,主要在溴素系列制药、苦卤综合利用、无机新材料的研发与制备领域开展合作,已建成实验室面积约200m²,一期价值108万元的仪器设备已到位。12月,工程材料及表面技术实验室和光电功能材料实验室获批为潍坊市重点实验室。

【学科建设】 4—5月，潍坊学院重点学科建设领导小组先后召开了8次学科建设座谈会，基本摸清了各层次重点学科的建设现状，并提出具体的改进对策与措施。9月，出台了《潍坊学院关于进一步加强重点学科建设的意见》，各重点学科制定了《潍坊学院重点学科2012—2015年建设任务书》。10月，对15个重点学科进行年度考评，并新增3个校级重点培育学科，拨付重点学科建设经费408.5万元。

【科技人才培养与队伍建设】 2012年，学校新增博士34人、鸢都学者1人、市专业技术拔尖人才6人。6名教师申请博士后研究，60人在职攻读博士学位。4名教师出国访学，2名教师申请到国内知名高校访学。两批共27名重点学科带头人和学术骨干分别赴中国台湾和美国参加培训。有20人获得省教育厅国内、国际师资培养项目资助。聘任中国科学院潘建伟院士为多光子纠缠与操纵省级重点实验室学术委员会主任，聘任长江学者王向斌为特聘教授，聘请屠规彰、李晓明等21位著名学者为客座、兼职教授，特聘教授、客座教授和兼职教授等达到210人。计算机科学与技术、机械工程、数学3个一级学科的20名教师被山东科技大学聘为硕士研究生导师。

【科技合作】 2012年，学校横向联合潍坊国建高创科技有限公司、山东瑞斯科技股份有限公司等多家企业，在换热系统设计、电气控制系统设计与施工、给排水系统设计与施工、电能质量控制系统设计与施工等领域，对学校现有供热系统和新型供热节能系统进行了改造和研发，提高供热系统的能源综合利用率，降低了能耗。与山东省安丘市信川机械有限公司签订信川切模设备及印后加工设备研发项目合作协议，与潍坊广宇机械制造有限公司签订拖拉机前驱动桥研发项目合作协议。

【学术交流】 2012年，学校举办学术报告会182场次，其中名家讲坛117场(外聘国内外知名专家83场)，博士论坛41场。聘请中国科学院潘建伟院士、著名应用数学家屠规彰教授、北京大学林忠平和李晓明教授，南京大学盛昭瀚教授，台湾东海大学王本正教授、新加坡国立大学孙德峰教授、法国国家农业科学院Evelyne Costes高级研究员等国内外著名专家、学者来校作学术报告。

(潍坊学院 赵光强 赵文亮)

鲁东大学

【概述】 鲁东大学是以文理工为主体、多学科协调发展的省属综合性大学。学校现有服务国家特殊需求博士点1个，硕士学位授权一级学科13个，二级学科硕士学位授权点77个，硕士专业学位授权点5个。拥有本科专业73个，其中国家级特色专业建设点5个，省级品牌、特色专业10个。2012年，学校成为首批“山东省应用型人才培养特色名校”、服务国家特殊需求博士人才培养项目单位。

【科技项目与经费】 2012年，学校获得各级各类科技项目166项，到账经费2 882.1万元。其中，国家级项目26项、省部级项目42项、厅级项目17项，立项经费1 571.8万元。与企事业单位签订委托横向项目85项，到账经费1 450.1万元。

【科技成果及选介】 2012年，学校教师发表SCI收录论文130余篇。获得山东高校优秀科研成果二等奖2项、三等奖5项，烟台市科技进步三等奖1项。申请发明专利47件，其中国际发明专利2件；获得专利授权39件，其中发明专利30件、实用新型专利9件。

高吸油性树脂的研发与产业化应用研究 该项目利用传统自由基和活性自由基聚合机理，依托悬浮态乳液聚合工艺和高内相比乳液模板聚合工艺等技术体系，研发出一系列具有自主知识产权的新技术，创建了聚合工艺参数与高吸油性树脂结构参数及其性能之间的合理评价体系，开发出一系列高吸油性树脂和高吸油产品，打破了国外对高吸油性树脂的技术垄断，为高吸油性树脂在我国的普及应用奠定了良好的基础。已申请发明专利11件，获得发明专利授权8件。相关研究结果共发表论文20余篇，其中被SCI收录12篇、EI收录12篇。2012年5月，该项目通过省科技厅组织的成果鉴定，达到国际先进水平。

山东省经济真菌资源库的建立及珍稀食药用菌资源开发利用 该项目系统调查了山东省各地野生食药用菌资源，获得标本1 893份，收集菌种192株，提供大型经济真菌资源名录新种2个、中国新纪录种5个、山东省新纪录种271个，建成山东省野生食药用菌标本库和菌种库。对灵芝、蛹虫草、蜜环菌等重要野生食药用菌的生理生化特性及发育期药用成分变化规律进行深入研究，为野生食药用菌的药用成分开发利用和质量评价提供了依据。确定丛生斜盖伞、多脂鳞伞、血红栓菌、珊瑚状猴头、金顶侧耳等野生食药用菌的生物学特性和最佳培养条件，为野生菌种类异地培育、驯化和产业化开发提供技术支持。2012 年，该项目通过经省科技厅组织的成果鉴定，达到国际同类研究先进水平。

基于物联网的集约化水产养殖智能监控系统研究与应用 该项目面向水产养殖集约、高产、高效、生态、安全的发展需求，基于智能传感技术、智能处理技术及智能控制等物联网技术，开发出水产养殖实时监控与智能管理系统。该系统集数据、图像实时采集、无线传输、智能处理和预测预警信息发布、辅助决策等功能于一体，是鲁东大学与中国农业大学中欧农业信息技术研究中心共同完成的国家 863 计划“集约化水产养殖数字化集成系统”的研究成果，通过科学养殖与管理，实现节能降耗、绿色环保、增产增收的目标。2012 年，该项目在威海市石岛成功实现转化。

【科技合作与社会服务】 2012 年，学校与莱阳市政府、烟台市文化广电新闻出版局、烟台市旅游局、烟台市农业局、烟台市林业局、烟台市海洋与渔业局、烟台泰和新材料股份有限公司、烟台交运集团等 8 家机关、企事业单位先后举办合作交流洽谈会，围绕决策咨询、科技开发、文化服务、共建共享等方面，签署全面合作协议。安排 3 名博士分别到山东中矿集团、鸿达重工集团、烟台动因输送技术有限公司挂职，开展实际性技术服务工作。加大与农、工、海洋等政府职能部门、行业主管部门及烟台规模以上企业的交流合作，与烟台港集团、莱阳市政府的合作，首次获得国家发改委专项支持，山东中矿集团矿山信息化建设、出口高效商用 LED 灯研发、北方渔市电子交易市场、数字化生产车间等单项课题经费数额超过百万元。学校获得 2011 年度烟台市发展突出贡献奖。

【科技创新平台建设】 2012 年，学校与烟台泰和新材集团合作共建先进高分子材料研究院，现有教授 7 人、副教授 7 人，主要围绕聚氨酯、芳香族聚酰胺及其他高分子材料的新技术、新产品展开协同创新工作。年内，学校分别与鲁东泵业有限公司、烟台市恒源生物工程有限公司、烟台九州燃油燃气节能科技有限公司联合成立烟台能源与动力工程研究所、烟台市氨基酸工程技术中心、烟台富氧燃烧节能减排装备工程研究所等科研机构。

【创新团队与科技人才队伍建设】 2012 年，学校共引进教师 65 人，其中博士 57 人。新增“泰山学者”海外特聘教授、国务院政府特殊津贴专家、省突出贡献中青年专家、省高校重点学科首席专家各 1 名，入选教育部新世纪优秀人才支持计划 1 人，获批山东半岛蓝色经济区人才发展优秀项目 1 人。“功能材料设计与合成”科研创新团队获批山东省高校优秀科研创新团队。

功能材料设计与合成科研创新团队 该团队依托分子设计与材料合成、高性能与功能高分子材料山东省高校“十二五”重点实验室组建而成。现有成员 24 人，其中教授 14 人、副教授 5 人，具有博士学位 20 人，享受国务院政府特殊津贴专家 2 人，山东省有突出贡献中青年专家 3 人，山东省教学名师 1 人，入选教育部新世纪优秀人才支持计划 1 人，山东省杰出青年基金获得者 1 人。该团队根据山东半岛蓝色经济区的建设和发展规划，结合地区优势产业和战略性新兴产业的需求，围绕功能材料的设计与合成等领域开展科学研究与技术服务，已初步形成了功能与智能高分子、功能材料设计与模拟、有机无机杂化高分子、光电薄膜材料制备与应用等 4 个研究方向。

(鲁东大学 高淑鹏)

临沂大学

【概述】 临沂大学是省属综合性大学，主管部门是山东省教育厅。学校前身是 1941 年创建的滨海建国学院，2010 年由临沂师范学院改为现名。学校占地面积 463.27hm² (6 949 亩)，是目前国内单体校园面积最大的大学，校舍建筑面积 152 万 m²。现有 75 个本科专业，涵盖十大学科门类。设有 19 个二级学院、9 个研究所、2 个分校和 1 个附属中学。教学实验仪器设备总值 2.64 亿元。馆藏纸质图书 428 万册，电子图书 754 579 种，电子期刊 35 435 种，电子图书和电子期刊达 14 912GB，建成了国内较为先进的数字化校园系统。

【科技项目与经费】 2012 年，学校新上省部级以上科技项目 54 项。全年到位科技项目经费 2 989 万元，其中纵向科技项目经费 1 422 万元，横向科技项目经费 1 567 万元。

【科技成果】 2012 年，学校获得市厅级以上科技成果奖励 26 项，其中省技术市场科技金桥奖 4 项，省软科学奖 12 项，省高校优秀科研成果奖 4 项，临沂市科技进步奖 6 项。在国内外学术期刊发表学术论文 742 篇，其中被 SCI、EI、ISTP 收录 160 篇。出版学术专著、教材 24 部。

【科技合作与社会服务】 2012 年，学校以《临沂大学服务沂蒙行动计划(2012—2015)》为指针，进一步加强产学研合作力度，实现“政产学研用”的高度结合。

科技项目合作 获得“第四纪地质与岱崮地貌研究”等7项国家自然科学基金合作项目以及“高可靠电动汽车电池箱焕电连接装置研究”等6项省市级科技发展计划合作项目。

合作共建工程（研究）中心 与鲁南制药集团股份有限公司共建药物制剂工程技术研究中心等7个校级工程中心，与青岛科技大学、山东红日集团有限公司、山东三方化工集团公司、金正大生态工程股份有限公司和金沂蒙集团有限公司等共建山东省肥料工业废物资源化利用工程技术研究中心等3个市级工程技术研究中心，与荷兰阿姆斯特丹自由大学共建山东省中荷沉积环境测试技术合作研究中心等4个山东省国际科技合作研究中心。

推进与青岛市高校的合作 与中国海洋大学联合举办“2012年度国家自然基金青岛联络网管理工作会议”，与青岛科技大学共同承办“第十一届全国分析化学年会”。青岛理工大学对口帮扶学校汽车工程训练中心和汽车服务工程本科专业的申报与建设。

社会服务 派出10位处级干部到县区挂职。落实与“三县三区”的战略合作，送21个博士、教授科研团队到27家企业调研考察，深入探讨企业面临的技术难题，与山东三丰化工集团、山东义信重工集团、澳柯玛电动车集团等企业建立了合作关系。组织农业专家开展临沂市“科普惠农示范工程”项目。

【科技人才队伍建设】 2012年，学校聘任中国海洋大学管华诗院士、南京大学陈洪渊院士为学校顾问，聘任国家杰出青年1人，引进教育部“长江学者及创新团队发展计划”创新团队1个，教育部新世纪优秀人才3人。

【学术交流】 2012年，学校先后邀请周忠和、徐星、孙柏年、安玉发、李芏巍、赵成峰、中嶋康博（日本）、刘振义（华盛顿大学）、张伟毅（悉尼大学）、李文保、Jeffrey R·Reimers（澳大利亚）、程一恒（中国香港）、Bill Kunzweiler（哈佛大学）、薛其坤、刘锋（犹他大学）、张良民（阿肯色州立大学）、朱黎、蔡强国、雷廷武、Jef Vandenberghe、Daekyo CHEONG、郭正堂、曹建华、高宝玉、陈建民、韦东明（新澳尔良大学）、Carlos Perez（西班牙）、James Lambers（南密西西比大学）、丁勇、傅希林、陈焕贞等国内外著名专家、学者来校做学术报告30余场，聘请外籍专家27人作为兼职教师开展教学科研工作。学校公派教师参加国际访学11人次、国内访学20人次，派教师参加国际学术会议92人次、国内学术会议94人次，主办或承办国内高层次学术会议4次。

【研究生教育】 2012年，学校新增硕士研究生导师14人。与山东师范大学联合培养研究生进入第四届，应届毕业研究生27人，招收新生22人，现有在校研究生73人。

（临沂大学 高希龙）

聊城大学

【概述】 聊城大学是省属综合性大学，前身是1974年创建的山东师范学院聊城分院。学校占地近200hm^2（3 000亩），校舍建筑面积75万余m^2，教学科研仪器设备总值2.5亿元，馆藏纸质图书260万余册，拥有电子图书资料20 156GB。现有27个学院，81个本科专业，专业涵盖11个学科门类。拥有17个一级学科硕士学位授权点，93个二级学科硕士学位授权点和5个硕士专业学位授权点。

【科技项目与经费】 2012年，学校新上各级科技项目125项，科技项目总经费1 330万元。学校新上省部级以上科技项目情况详见“高校科技发展”篇尾汇总表。

【科技成果及选介】 2012年，学校获得省科技进步二等奖1项、三等奖2项，省软科学优秀成果一等奖1项、二等奖3项、三等奖6项，山东高校优秀科研成果奖10项。鉴定科技成果3项。获得发明专利授权38件。发表学术论文822篇，其中被SCI收录296篇、EI收录165篇、ISTP收录36篇。

基于人工鱼群算法的PMD补偿逻辑控制系统的研究 该项目成果基于人工鱼群算法加以改进后应用于PMD自适应补偿，研发出一种基于FPGA+DSP的PMD补偿逻辑控制系统。其核心算法包括搜索补偿算法和实时跟踪补偿算法两部分，因均采用了局部邻域人工鱼群算法，使得搜索算法收敛速度快、抗噪声能力强、不易陷入局部极值，跟踪补偿算法可快速实时反应并进行多自由度控制。系统具有补偿一阶和二阶偏振模色散的能力，由于采用FPGA+DSP模式构建硬件开发平台，与单纯的DSP控制模块相比，具有高速稳定的数据采样、转换和处理能力。由于采用FPGA芯片专门控制A/D和D/A芯片，从而确保DSP可以全速运行PMD补偿控制算法，有效提高了PMD补偿系统的精度和响应速度。2012年，该项目通过省科技厅组织的成果鉴定，达到国际先进水平。

负载固体酸催化废油脂制备生物柴油的研究 该项目得到的制备方法与现有技术相比其优点在于：①负载固体酸催化剂对废油脂制备生物柴油具有较高的催化活性，催化剂用量少，反应时间短、温度低，产品收率高；②催化剂制备方法简单，原料易得、价格低廉，尤其是使用后的催化剂不需要任何处理可直接重复使用，催化活性基本不变；③反应结束后各成分容易分离，且反应混合液呈中性，不需中和洗涤，无废水产生，无腐蚀、皂化现象，后处理方便，合成工艺简单，生产成本低；④经 GC-MS 分析制备的生物柴油多为直连脂肪酸甲酯，不含 S 和 N 化合物，产品与国内 0#石化柴油性能技术指标近似，因此具有较好的推广价值和应用前景，适合大规模工业化生产。2012 年，该项目通过省科技厅组织的成果鉴定，达到国际先进水平。

食用植物油防治植物病虫害的开发和应用研究 该项目创新性地利用植物油，特别是食用植物油，作为杀虫、杀菌剂使用，对于发展无公害农业生产、保护环境、克服有害生物的抗药性，降低生产成本、促进农民增收具有重要意义。2012 年，该项目通过省教育厅组织的成果鉴定，达到国内领先水平。

【重点学科建设】 12 月，经校内外专家评审、校学术委员会审议，学校遴选出 30 个重点学科特色建设项目，并以此为依托和带动，进一步推进博士授权学科和博士点培育以及“泰山学者”设岗学科建设等工作。

【科技创新平台建设】 2012 年，学校成立了农作物育种研究所、运河学研究院等科研平台。与地方大型企业共建产学研特色研发平台 12 个，联合研发新产品、申报高层次立项 14 项，转让科技成果 4 项，到账横向经费 470 万元。有色金属研究院、聊城发展研究院建设进展顺利。12 月，山东省产业升级与经济协同发展软科学研究基地通过省科技厅评审，获批为省级软科学基地。

【科研创新团队】 10 月，学校“可再生能源化学与技术”团队获批山东省高校优秀科研创新团队，并获得每年 32 万元建设经费。该团队主要依托学校化学化工学院化学一级学科硕士学位点与分析化学省级重点学科（“泰山学者”特聘教授设岗学科）进行建设，主要开展与化学储能和新型电池技术有关的新技术、新材料和新方法的基础理论与应用研究，为新能源、新材料、节能环保和新能源汽车等战略性新兴产业的发展提供理论和技术支持。已形成三个稳定而有特色的研究方向：储氢储能材料、新型电池技术、生物质能源催化转化。团队成员 23 人，其中教授 11 人、副教授 8 人，博士 18 人。

【科技人才培养与队伍建设】

高端人才引进 2012 年，学校引进国家“千人计划”1 人，引进包括“泰山学者”海外特聘专家在内的学科带头人 4 人、方向带头人 2 人、中青年学术骨干 21 人、博士 56 人。

校内人才培养 2012 年，学校 3 人被评为山东省高等学校重点学科（重点实验室、人文社会科学研究基地）首席专家，27 人考取博士研究生，17 人在职进入博士后流动站工作，26 名博士、博士后学成回校工作。

【学术交流】 2012 年，学校共主办国内和省内学术会议 6 次，邀请国内外知名专家学者来校作学术报告或学术交流 92 人次。

（聊城大学　李永新）

德州学院

【概述】 德州学院是山东省综合性普通本科院校，主管部门为山东省教育厅，前身是 1971 年创建的德州师范专科学校，2000 年改为现名。学校占地 134.73hm²（2 021 亩），现有建筑面积 74.94 万 m²，教学设备总值 1.32 亿元，馆藏纸质图书 190 万册，数字资源量 43 000GB。设有本科专业 62 个，专业涵盖 11 个学科门类，2009 年被确定为山东省硕士研究生联合培养基地。拥有国家级、省级特色专业 5 个，省级人才培养模式创新实验区 2 个，省市共建重点实验室 1 个、山东省高校重点实验室 2 个、省级工程实验室 1 个。

【科技项目与经费】 2012 年，学校新上各级各类科技项目 194 项，其中国家级 7 项、省部级 36 项、市厅级 119 项，横向项目 32 项。获得科技项目资助经费 697.65 万元，其中纵向经费 368.30 万元，横向经费 329.35 万元。

【科技成果及选介】 2012 年，学校教师在国内外学术刊物发表论文 647 篇（首位），其中核心期刊 225 篇，被 SCI 收录 52 篇、EI 收录 50 篇、ISTP 收录 3 篇，在《中国科学》和《科学通报》发表各 1 篇。获得各级科技成果奖励 70 项。获得专利授权 193 件，其中发明专利 13 件。

温差发电太阳能热水器(专利号:ZL201110039352.4) 该发明对各类太阳能热水器的储热水箱加以改造,增加了温差发电系统,解决了以往太阳能热水器采集来的绝大部分热能常年未被利用的问题,将闲置热能转化成电能得以利用。

半导体制冷温差发电实验仪(专利号:ZL201010277827.9) 该发明综合电磁学、热学、半导体物理知识,研制出可做半导体制冷系数研究、温差发电规律研究、温差电源内阻测量等定量实验项目的物理实验仪器,填补了现有技术的空白。经过1年多的教学应用证明,仪器理念先进、性能可靠。该发明于2012年1月获得专利授权。

三相交流电实验仪(专利号:ZL200910231005.4) 该发明用电子的方法产生三相交流电,可输出三相电压相等、三相电压相位差互隔120°、稳定的低压三相四线或三相三线交流电。其三相负载可方便地分别观察三相电电压或相位差不平衡引起的中线产生电流现象,实验精度高且节电。该发明于2012年7月获得专利授权。

【科技成果转化】 纺织服装工程学院宋科新副教授发明的两用衣服、可灵活设计的活体衣服、可调节温度的衣服、太阳能衣服等4件实用新型专利,具有时尚、创新、易于实现生产并转化为市场欢迎产品的优点。5月18日,4件专利成功转让给新郎希努尔男装股份有限公司,用于企业研发生产。

(德州学院　于学斗)

泰山学院

【概述】 泰山学院是教育部批准设立的综合性普通本科院校,前身是始建于1958年的泰安师范专科学校,2002年改为现名,2005年获得学士学位授予权。学校占地面积96.33hm²(1 445亩),分为校本部和南校区2个校区,建筑面积52万m²,教学科研仪器设备总值8 600万元,馆藏纸质图书134万册、电子图书27万种,中外文期刊9 027种,建有泰山文献古籍资料馆和反映中国农村改革历程的万里图书馆。学校设有18个教学院(部),57个本科专业,34个专科专业,涵盖9个学科门类。

【科技项目与经费】 2012年,学校获得各类纵向项目113项,其中国家自然科学基金项目3项。全年科技项目经费560.6万元。学校新上省部级以上科技项目情况详见“高校科技发展”篇尾汇总表。

【科技成果】 2012年,学校获得各级科技奖励50项,其中省高校优秀科研成果奖5项,省软科学优秀成果奖10项。鉴定和结题项目57项,发表学术论文470篇,其中在核心期刊发表72篇,被SCI、EI、ISTP等收录89篇。出版学术著作、教材45部。申请专利5件,其中实用新型专利4件;获得专利授权12件,其中发明专利1件、实用新型专利9件。

输入输出时滞系统风险灵敏估计与控制的研究 该项目为国家自然科学基金项目,于2012年结题。针对时滞线性系统风险灵敏问题,应用新息分析理论,提出解决风险灵敏估计与控制问题的新的Krein空间方法。给出风险灵敏滤波器、固定点平滑器的解析解以及滤波器与平滑器存在的充分必要条件(灵敏参数<0)。同时对噪声时滞系统的状态估计、多通道观测数据融合估计和系统中带有乘积噪声的Kalman滤波等问题进行研究。该项目研究丰富了时滞线性系统的估计与控制理论,已在国内外主要学术刊物和重要学术会议上发表高水平学术论文6篇,其中在国际期刊发表2篇、国内期刊发表1篇、国外会议发表1篇、国内会议发表2篇,被SCI收录1篇、EI收录4篇。

【科技合作与社会服务】 2012年,学校积极开展科技合作与社会服务项目,在制定地方葡萄酒产业发展规划、指导修订区域经济发展规划、泰山矿产资源检测、日化产品市场调研、泰山区旅游发展总体规划、泰安市旅游局旅游招商项目策划等方面取得了较大的社会效益和经济效益。

【科技人才培养与队伍建设】 2012年,学校新增博士19人,其中引进13人、教师学成返校6人;选聘22名优秀硕士研究生充实教师队伍;17名教师取得博士研究生学位,30人新报考博士研究生,现有42名教师在职攻读博士研究生;7名教师取得国内外访学资格,聘请兼职教授、客座教授9人。新增省级教学名师2名,山东省高校重点学科(重点实验室、人文社科基地)首席专家3名。

【学术交流】 2012年,学校共邀请20多名专家学者来校进行学术交流。5月28日,学校举办“中国计算机学会2012年度计算机前瞻技术报告会”。来自美国蒙大拿州立大学、美国宾夕法尼亚州拉法叶大学、中国科学院、北京大学、浙江大学、复旦大学、山东大学等20多家国内外高校和科研机构的30余名专家学者参加了会议。

(泰山学院　李丽清　高廷东)

济宁学院

【科技项目与经费】 2012 年，济宁学院新上科技项目 47 项，其中国家级 4 项、省部级 8 项、市厅级 10 项、校级 25 项，科技项目经费 134 万元，较上年增长 14.5%。学校新上省部级以上科技项目如表所示。

2012年济宁学院新上省部级以上科技项目

序号	项目名称	项目类别	负责人
1	新型Sb基Zintl相化合物热电材料的设计合成与性能研究	国家自然科学基金青年科学基金项目	雷晓武
2	中文词语属性对预视加工影响的眼动和ERP研究		崔 磊
3	RHIC和SPS上夸克组合强子化机制的唯象学研究	国家自然科学基金理论物理专项	宋 军
4	济宁市中小企业绿色化工技术创新服务平台	科技部中小企业技术服务机构基金项目子课题	司崇殿
5	大豆泛素化系统相关酶的原核表达与酶活性研究	省自然科学基金项目	杜秋丽
6	类钛金属复合氧化物光催化剂的超声波耦合无机盐辅助水热合成及性能研究		高洪涛
7	SPS能区相对论重离子碰撞中夸克组合机制的唯象学研究		宋 军
8	中文文本阅读中预视效应及其影响因素的眼动研究		崔 磊
9	基于共轭环状金属配合物的双光子吸收材料的合成与研究		盛 宁
10	碰撞动力学中非绝热过程的量子—经典组合方法研究	省优秀中青年科学家奖励基金项目	岳现房
11	含富电子过渡金属多元硫属化合物的设计合成与性能研究		岳呈阳
12	山东省煤矿生产自动化现状分析与可持续发展战略研究	省科学技术发展计划(软科学部分)	赵 斌

【科技项目选介】

新型 Sb 基 Zintl 相化合物热电材料的设计合成与性能研究 2012 年国家自然科学基金项目。该项目以功能导向的结构设计思想为指导，重点研究具有广泛应用前景的声子玻璃—电子晶体(PGEC)型 Sb 基 Zintl 相化合物热电功能材料。从分子水平上选用重金属元素 Zn、Cd、Ga、In 等与 Sb 通过强共价键构筑具有空旷结构的阴离子骨架，同时引入两种不同原子序数(价态、电负性或原子半径)的碱金属(碱土金属或稀土金属)作为混合阳离子，构筑复杂结构的新颖 Sb 基 Zintl 相化合物。通过混合阳离子法以及不同位置的掺杂、置换、填充、合金化等手段控制载流子特性与能带结构，提高材料的热电功率因子，降低热导率，从而构筑高优值的新型热电功能材料。同时采用第一性原理计算方法并结合玻尔兹曼输运方程，研究材料的电子结构与热电性能。通过系统的合成—结构—性能—理论研究，筛选具有较高优值的 PGEC 型热电功能材料，为热电器件的开发与应用提供科学依据。

中文词语属性对预视加工影响的眼动和 ERP 研究 2012 年国家自然科学基金项目。该项目采用心理学、认知神经科学、语言学等多学科交叉的研究思路，运用眼动追踪和事件相关电位(ERPs)实时研究技术和边界范式、快速系列视觉呈现技术，研究熟练阅读者在中文文本阅读过程中，词语的属性特征对预视加工产生影响的过程和机制。重点探讨在文本阅读中不同种类词语的预视加工之间存在的差异，复合词的内部属性特点是否会对预视加工产生影响，中文文本中的词边界信息是否会影响预视加工等问题。

RHIC 和 SPS 上夸克组合强子化机制的唯象学研究 2012 年国家自然科学基金理论物理专项基金项目。强子化是强相互作用理论的基本问题，也是相对论重离子碰撞中夸克胶子等离子体(QGP)与末态可观测量联系的关键。该项目利用山东夸克组合模型，对 RHIC 和 SPS 能区重离子碰撞中热强子的产生规律进行系统研究，检验夸克组合机制的普适性，深入理解强子化规律。

济宁市中小企业绿色化工技术创新服务平台 2012 年科技部中小企业技术服务机构基金项目子课题。该项目围绕济宁市中小化工企业现状，以环境友好型绿色化工技术和产品为主体，帮助中小企业更好地适应国家产业政策、有计划地进行产品结构优化升级，进而为济宁市化工产业的可持续发展提供有效的技术支撑。

大豆泛素化系统相关酶的原核表达与酶活性研究 2012年山东省自然科学基金项目。该项目对大豆泛素活化酶(E1)、泛素结合酶(E2)和泛素连接酶(E3)基因进行深入研究，克隆得到E1基因全长，构建GmE1、E2和E3基因原核表达载体，表达和纯化GmE1、E2和E3融合蛋白，检测泛素化酶活性，并研究3种蛋白之间的相互作用关系，为培育具有自主知识产权的抗病、抗逆转基因大豆新品种提供基因资源与理论依据。

类钛金属复合氧化物光催化剂的超声波耦合无机盐辅助水热合成及性能研究 2012年山东省自然科学基金项目。该项目通过差热分析(DTA)、粉末X射线衍射法(XRD)、傅里叶—红外光谱分析(FT-IR)、紫外—可见漫反射光谱分析(UV-vis)、比表面积分析(BET)、扫描电子显微镜(SEM)和光催化活性测试等手段，对目标体系的合成、结构、比表面积、表面形貌及光催化性能进行研究。

基于共轭环状金属配合物的双光子吸收材料的合成与研究 2012年山东省自然科学基金项目。该项目以双光子吸收特性为导向，设计合成几个系列具有新颖结构的共轭环状金属配合物，对其进行系统表征，并重点研究双光子吸收性质，逐步揭示分子结构与双光子吸收性质之间的关系，以合成同时具有大双光子吸收截面和光热稳定性的共轭环状金属配合物类材料。

碰撞动力学中非绝热过程的量子—经典组合方法研究 2012年山东省优秀中青年科学家科研奖励基金项目。该项目拟在原有相干转换的混合衰减方法(CSDM)的基础上，进一步发展和完善CSDM量子—经典组合方法，推导透热表象下适用于多态四原子体系碰撞动力学中非绝热过程研究的理论公式，开发一套用于研究多态四原子体系碰撞中非绝热动力学过程的程序包。

含富电子过渡金属多元硫属化合物的设计合成与性能研究 2012年山东省优秀中青年科学家科研奖励基金项目。该项目以功能导向的分子设计与晶体工程思想为指导，在单主族金属硫属化合物的基础上引入d8/d10富电子过渡金属，通过溶剂热、离子热等合成方法构筑结构新颖的多元硫属化合物，重点研究化合物的光电性能与微孔性能，通过实验合成与理论计算相辅相成的手段开发具有优异物化性能的多元硫属化合物。

【科技成果】 2012年，学校结题科技项目28项。教师公开发表学术论文398篇，其中核心期刊论文125篇，被SCI、EI收录论文75篇。出版著作、教材8部。获得专利授权2件。通过鉴定科研成果3项，均达到国内先进水平。

【科技合作与服务社会工作】 2012年，学校分别与济宁市质量技术监督局、济宁市南四湖自然保护区管理局签订合作协议，建立产学研基地，分别聘请对方专家16人和6人为校兼职教授(教师)，并各有21名和11名教师被对方聘为特聘专家。与山东蓝海酒店集团签署战略合作协议，实现资源互补和共享，推动专业和学科建设，并为企业培养高素质、复合型经营管理人才。与中国电信股份有限公司济宁分公司、山东冠铨科技有限公司就建立全面产学研合作关系达成协议。与正大菱花集团签署合作协议，共同开展科技项目研发。

【学科建设】 2012年，学校组织申报并遴选了第二批校级重点学科和优势学科研究所(如表所示)。

济宁学院第二批重点学科、优势学科研究所

序号	名称	依托系(部)	类别
1	应用数学	数学系	重点学科
2	生物化学与分子生物学	生命科学与工程系	重点学科
3	体育教育训练学	体育系	重点学科
4	写作研究所	中文系	优势学科研究所
5	文化旅游研究所	文化传播系	优势学科研究所
6	机电与控制工程研究所	物理与信息工程系	优势学科研究所
7	功能材料研究所	化学与化工系	优势学科研究所
8	结构化学研究所	化学与化工系	优势学科研究所
9	食品科学与营养学研究所	生命科学与工程系	优势学科研究所
10	计算机网络技术研究所	计算机科学系	优势学科研究所
11	孔子教育思想与现代小学教育研究所	第二附属小学	优势学科研究所

【科技活动与学术交流】

第二届尼山世界文明论坛 5月21日，第二届尼山世界文明论坛在济宁市泗水尼山圣源书院开幕。学校作为学术分会场共组织了7场专题学术论坛，有35位中外专家、学者先后围绕论坛主题展开论述与对话，发出“和而不同与和谐世界”的尼山声音。

学术活动 2012年，学校先后邀请郭沫若纪念馆副馆长李晓虹博士、山东大学文艺美学研究中心王汶成教授、山东师范大学文学院周波教授等17人次来校做学术报告，组织校内学术报告63场次，教师到校外作报告10人次，参加各类学术会议81人次。

社科和科技普及活动 根据2012年全省宣传思想工作的总体部署，深入贯彻省委宣传部、省社科联《关于开展2012年山东省社会科学普及周活动的通知》，济宁市委宣传部、市社科联《关于开展2012年济宁市社会科学普及周活动的通知》和市科协《关于开展2012年济宁市科技普及周活动的通知》，学校组织开展了丰富多彩、形式多样的社科和科技普及活动。科研处被中共山东省委宣传部、省社科联授予“山东省社科普及活动优秀组织奖”。

首届济宁市大学生科技节 5月29日，由济宁市科协主办、济宁学院承办的“首届济宁市大学生科技节”在学校开幕。本届大学生科技节以“创新科技，挑战梦想”为主题，历时6个月，开展了发明创作、科技论坛、实战演练、技能竞赛、知识普及五大类共13项科技活动，有8所驻济宁高校组织学生逾6万人参加了活动。

（济宁学院 霍雨慧）

山东政法学院

【概述】 山东政法学院是山东省内唯一的政法类普通高等院校。学校占地56.87hm^2(853亩)，校舍建筑面积24万m^2，固定资产总值4.1亿元，教学仪器设备总值4 037万元。图书馆总建筑面积1.21万m^2，馆藏印刷版图书92万册，电子图书3 054GB，拥有电子文献资源信息中心。学校专业设置涵盖四大学科门类，设有普通本、专科专业25个，其中省级特色专业2个。

【科技项目与经费】 2012年，学校新上科技项目36项，其中省级2项、厅级1项、校级33项，获得科技项目经费24.2万元。学校新上省部级以上科技科研项目情况详见“高校科技发展”篇尾汇总表。

科研信息管理软件V1.0 该软件由科研处王海军副教授主持完成，并在2012年进行了全面升级。软件包括机构管理、人员管理、项目管理、成果管理、年度统计、网站帮助和系统维护等子系统，具有个人项目信息登记、成果信息登记（包括著作、论文、获奖和专利等）和科研成果网上查询等功能，能够为院系部和校领导提供及时、准确的科研信息，并为教师科研考核和职称评聘工作提供技术支持。

【科技成果】 2012年，学校获得山东高校优秀科研成果奖三等奖1项。发表学术论文270篇，其中发表在SCI、CSSCI等来源期刊上论文68篇，出版著作24部。获得实用新型专利授权5件，登记计算机软件著作权1件。

【科研管理】 2012年，学校发挥科研信息管理系统优势，要求教师的科研项目和成果均要录入系统，同时建立科研成果展览室，对项目和成果资料进行存档及展览。两项措施的实施，在职称评审、科研成果奖励评审、项目管理及科研数据统计等方面发挥了重要作用，使科研管理更加有序。

【科技人才队伍建设】 学校全年共聘任兼职教师、名誉教师110余人，并常年聘有多名外籍教师。学校科技人员情况详见“高校科技发展”篇尾汇总表。

（山东政法学院 王海军）

山东工商学院

【概述】 山东工商学院原名中国煤炭经济学院，始建于1985年，1998年由原煤炭部管理改为中央与山东省共建，以山东省管理为主，2003年改为现名。占地98.2万m^2，校舍建筑面积52.1万m^2，图书馆馆藏文献173.65万册。学校下设13个二级学院，4个基础课教学部，14个科学研究院（中心、所），以经济、管理学科为主，经、管、文、法、理、工多学科协调发展。

【科技项目与经费】 2012年，学校新上国家自然科学基金项目7项，省部级项目57项。全年到位科研项目经费1 412.06万元，其中纵向经费725.11万元，横向经费686.95万元。学校新上省部级以上科研项目情况详见“高校科技发展”篇尾汇总表。

【科技成果】 学校全年共发表学术论文700余篇，被SCI、EI、ISTP收录202篇，出版著作、译著、教材72部，获得省科技进步二等奖1项，获得实用新型专利授权7件。

【科研创新团队建设】 2012年，学校以宋华岭教授为创新团队带头人，范辉教授、原达教授、毛荐其教授、李中东教授等为研究骨干申报的“基于信息技术的工程安全系统复杂性与创新研究”创新团队入选山东省高校优秀科研创新团队。该团队以山东省特色重点学科“管理科学与工程”为依托，主要围绕工程安全系统复杂性、安全工程、多媒体数据处理、企业技术与创新等领域开展研究，形成了核心研究方向与鲜明特色。

【科技人才队伍建设】 2012年，学校组织遴选了山东工商学院杰出青年科学基金扶持计划人才5人、哲学社会科学学科新秀奖扶持人才1人。学校科技人员情况详见“高校科技发展”篇尾汇总表。

（山东工商学院　范德明）

2012年度山东省高校新上省部级以上科技项目汇总表（1）

立项经费单位：万元

类别 学校名称	国家自然科学基金		国家863计划		国家973计划		“十二五”国家科技支撑计划		国家科技重大专项		国际科技合作重点项目		国家农业科技成果转化资金	
	项目数	立项经费	项目数	立项经费	项目数	立项经费	项目数	立项经费	项目数	立项经费	项目数	立项经费	项目数	立项经费
山东大学	411	24 849.42	28	2 365	42	4 671.8	17	2 258	30	4 480.6	9	480.8		
中国海洋大学	119	9 100.5	6	5 723	3	1 770	8	4 829			3	330	1	60
中国石油大学(华东)	97	5 031	9	947	4	721	4	393	74	19 782				
哈尔滨工业大学(威海)	24	902	4	932			3	738			3	1 514		
山东科技大学	53	2 510			1	116	1	452						
山东建筑大学	22	731	1	58			1	330						
山东农业大学	66	4 243	10	1 242	4	271.5	25	2 717.76			1	160	4	158
青岛农业大学	26	1 342			3	220.5	12	1 170.53					3	180
山东理工大学	23	876.5	4	1 915			2	31.5					1	60
青岛理工大学	24	1 303					2	100			1	50		
山东师范大学	32	1 823			1	2 600								
曲阜师范大学	31	1 452												
山东财经大学	13	445												
济南大学	43	1 854	1	64			1	28.8					1	30
青岛大学	55	2 648.5			2	195	2	500	1	148.35				
烟台大学	28	914	1	71					1	22.7				
潍坊学院	3	28												
鲁东大学	24	1 045	1	50										
临沂大学	25	1 140												
聊城大学	22	776	2	300										
德州学院	8	379.5												
泰山学院	3	130												
济宁学院	3	52												
山东工商学院	7	330												

注：以上数据及资料由各高校提供。

2012年度山东省高校新上省部级以上科技项目汇总表（2）

立项经费单位：万元

类别 学校名称	教育部								农业部						国防任务	
	博士点基金		留学回国人员启动基金		科学技术研究重点、重大项目		新世纪优秀人才支持计划		948计划		公益性专项		国家转基因生物新品种培育科技重大专项			
	项目数	立项经费	项目数	立项经费	项目数	立项经费	项目数	立项经费	项目数	立项经费	项目数	立项经费	项目数	立项经费	项目数	立项经费
山东大学	53	568	42	131.3	1	50	15	750								
中国海洋大学	23	252	8	28			7	350							10	361
中国石油大学(华东)	12	72	2	7.2	1	100										
哈尔滨工业大学(威海)	1	40													5	394
山东科技大学	11	92			1	5	1	50								
山东建筑大学							1	50								
山东农业大学	19	171	2	7.5					5	295	9	1 438.7				
青岛农业大学							1	50	1	30	9	181.38	3	77.4		
山东理工大学			2	6											1	195
青岛理工大学	3	14	2	4												
山东师范大学	7	96	1	3	1	5										
曲阜师范大学	8	64	1	3	1	1										
山东财经大学							1	10								
济南大学			2	6.5			1	50							2	43
青岛大学	3	28														
烟台大学											3	50				
鲁东大学					1	5	1	50								
临沂大学							1	50								
山东工商学院					1	5										

注：以上数据及资料由各高校提供。

2012年度山东省高校新上省部级以上科技项目汇总表(3)

立项经费单位:万元

类别 / 学校名称	省科技发展计划		省自然科学基金		省农业良种产业化工程		省软科学研究计划		省中青年科学家科研奖励基金(博士基金)		省科学仪器设备升级改造专项		其他
	项目数	立项经费	项目数	立项经费	项目数	立项经费	项目数	立项经费	项目数	立项经费	项目数	立项经费	
山东大学	85	1 366	121	1 211			18	36.5	62	351			山东理工大学:国家星火计划项目1项20万元,省财政重大应用创新项目1项30万元; 青岛理工大学:国家水体污染控制与治理科技重大专项4项共计180万元。
中国海洋大学	11	234	21	227			3	4.5	13	75			
中国石油大学(华东)	1	6	39	225					11	70			
哈尔滨工业大学(威海)	8	180	7	50					2	15			
山东科技大学	5	70	22	206			10	6	13	71			
山东建筑大学	7	148	11	70			9	8			2	12	
山东农业大学	12	225	21	177	6	915	3	8.5	8	45			
青岛农业大学	4	45	13	82	9	113	4	4.5	3	15	1	6	
山东理工大学	6	60	24	135	1	30	13	6.5	2	11	1	8	
青岛理工大学			10	58					1	5	1	6	
山东师范大学	13	230	13	89			15	23	14	74	1	6	
曲阜师范大学	1	20	14	83			9	8.5	5	30			
山东财经大学	10	114	14	72			38	63.5	6	27			
济南大学	15	287	40	288					14	90	1	6	
青岛大学	54	55	24	266			2	1.5	7	36			
烟台大学	15	207.5	13	80			5	9	3	18			
潍坊学院	10	45	7	11			6	6			1	6	
鲁东大学	9	20	23	86					6	40	1	8	
临沂大学	7	65	7	30			7	5	3	16			
聊城大学	2	25	22	129			9	6	1	7			
德州学院	3	25	6	18			2	0					
泰山学院			6	10			3	2.5	1	5			
济宁学院			5	37			1	1.5	2	13			
山东政法学院			1	7			1	1	1	3			
山东工商学院			8	29			19	10.5	1	7			

注:以上数据及资料由各高校提供。

2012年山东省高校教学与科技人员情况汇总表

（截至2012年12月31日）

学校名称	教职工					专任教师			两院院士		享受政府特贴专家	国家突出贡献专家	国家百千万人才工程人选	长江学者	泰山学者	山东省突出贡献专家
		理工科	正高职称	副高职称	博士		教授	副教授	本校	外聘						
山东大学	6 664	—	1 179	2 001	2 173	3 146	1 016	1 181	9	34	190	23	26	35	59	54
中国海洋大学	2 734	882	487	555	930	1 536	405	389	6	2	106	9	21	16	19	18
中国石油大学（华东）	3 514	—	351	995	805	1 596	318	578	1	4	19	0	7	1	7	11
哈尔滨工业大学（威海）	802	372	88	229	261	484	75	179	0	13	2	0	1	0	0	2
山东科技大学	2 950	2 828	304	733	560	1 720	277	539	4	9	56	5	2	0	8	15
山东建筑大学	2 016	1 034	195	589	310	1 323	169	447	0	3	16	0	5	0	3	15
山东农业大学	2 595	668	240	729	514	1 749	235	657	3	3	74	4	8	0	17	17
青岛农业大学	1 860	1 101	198	335	366	1 296	156	294	0	0	18	0	0	0	5	13
山东理工大学	2 455	1 012	206	765	403	1 853	177	555	0	5	11	1	3	0	5	15
青岛理工大学	2 283	1 031	228	675	261	1 636	181	520	0	7	28	0	3	0	7	9
山东师范大学	2 647	836	144	300	236	1 899	385	777	0	5	86	3	2	1	9	23
曲阜师范大学	1 997	967	222	638	1 192	1 192	202	383	0	3	23	1	0	0	3	11
山东财经大学	2 533	379	325	835	554	1 939	298	667	0	0	15	1	1	0	4	10
济南大学	2 471	1 053	305	697	605	1 978	292	623	0	2	70	0	1	0	10	19
烟台大学	1 988	1 212	199	426	437	—	154	399	1	13	14	1	1	0	6	9
潍坊学院	2 090	725	117	525	156	1 308	92	381	0	9	2	0	0	0	1	0
鲁东大学	1 936	581	73	149	196	1 401	169	385	0	13	14	0	0	0	2	10
临沂大学	1 978	869	69	231	125	730	48	186	0	7	2	0	0	0	0	2
聊城大学	2 152	948	201	523	348	1 697	190	465	0	1	9	0	0	0	2	6
德州学院	1 673	504	106	542	135	1 415	95	337	0	0	0	0	0	0	0	0
泰山学院	1 180	331	78	287	85	772	67	223	0	0	0	0	0	0	0	0
济宁学院	897	262	48	229	52	627	36	178	0	0	1	0	0	0	0	1
山东政法学院	737	30	68	189	45	497	56	152	0	0		0	0	0	0	0
山东工商学院	1 175	170	146	308	189	896	110	277	0	0	5	0	0	0	0	7

注：以上数据及资料由各高校提供。

科研院所科技发展

KEYAN YUANSUO KEJI FAZHAN

中国科学院海洋研究所

【概述】 中国科学院海洋研究所始建于1950年，是从事海洋科学基础研究与应用基础研究、高新技术研发的综合性海洋科研机构，是国际海洋科学领域具有重要影响的研究所。

【科研重点】 "十二五"期间，该所将围绕"一三五"发展规划目标，致力于综合性海洋科学基础研究和技术研发，立足近海环境演变与生物资源可持续利用的理论创新与关键技术的综合交叉与系统集成，拓展深海环境与战略性资源探索的先导性研究，重点在我国海洋生物资源的新认知、新品种和新生产体系，中国近海环境演变机理与生态灾害发生的预测和防控，热带西太平洋环流变异及其对气候、环境的影响方面研究取得重大突破，同时重点培育西太平洋地质演化与沉积记录、深海环境综合探测研究、海洋生物多样性与分子系统演化、海洋生物活性物质与生物能源发掘利用、海洋环境腐蚀与生物污损防护技术等学科方向。

【科研项目】 2012年，该所在研项目586项，其中新上项目（课题）110项，包括国家973计划项目1项、863重大项目1项、国家自然科学基金68项（含重点项目4项）、"十二五"国家科技支撑计划课题2项、科技部农转基金项目1项、公益性行业专项2项、农业产业技术体系课题5项、国家海洋局专项9项。以宋林生研究员为首席科学家的"海水养殖动物主要病毒性疫病爆发机理与免疫防治的基础研究"和以王凡研究员为首席科学家的"热带太平洋海洋环流与暖池的结构特征、变异机理和气候效应"两项国家973计划项目启动建设。以袁东亮研究员为首席科学家的全球变化国家重大科学研究计划"全球变暖下的海洋响应及其对东亚气候和近海储碳的影响"项目启动建设。

【科研成果】 2012年，该所在良种选育和苗种培育方面，率先构建牡蛎全基因组序列图谱，揭示了牡蛎对潮间带逆境适应分子机制及贝壳形成复杂性，相关成果以论文形式在《Nature》发表，取得历史性突破。海藻种质库研究团队在黄海绿潮浒苔溯源研究方面取得新进展，研究结果先后在《Marine Environmental Research》上发表。中国近海海洋观测研究网络主观测浮标系统成功记录了"波拉万"经过中国近海的全程实时观测数据，为后续研究工作提供了宝贵的数据资料。该所全年共获得各级科技奖励18项；被SCI、EI收录论文400篇，JCR一区高端论文146篇，出版专著9部；申请发明专利92件，获得发明专利授权68件。

【科学考察】 2012年，以"科学一号"和"科学三号"为代表的海洋科学考察船队完成该所"2012年中国近海海洋科学考察（春、秋季）开放共享航次"，以及国家自然科学基金委员会"东海航次科学考察实验研究（春、秋季）"和"西太平洋航次科学考察实验研究"等30个航次的海上考察任务，在航406天，航程53 974nmile（海里）。

西太平洋科学考察实验研究 "科学一号"在棉兰老以东西太平洋海域棉兰老流（MC）和棉兰老潜流（MUC）核心区成功回收6 100m深海测流潜标，并在原位成功布放新的潜标继续观测，国际上首次在该海域获得连续两年的长时间序列测流和温、盐数据，终结了有关MUC存在的争论。两套声学剖面海流计（ADCP）连续测流数据成功捕捉到强劲的MC和MUC，最大流速分别达到114cm/s和40cm/s，为深入了解棉兰老潜流动力学、太平洋西边界流动力结构及其对热量输送和气候的影响具有重要的科学意义和实践意义。

【科技创新平台建设】

"科学"号考察船正式交付使用 9月，国家重大科技基础设施"科学"号海洋科学综合考察船在青岛正式交付使用。"科学"号采用了多项国际先进的船舶技术，其正式交付使用，标志着我国海洋科学考察能力实现新的突破。

科考船码头和薛家岛园区项目奠基开工 12月，科考船码头和薛家岛园区建设项目奠基开工，标志着该所60多年来没有科考船专用码头的历史即将结束。薛家岛园区建设项目规划用地面积$2.1hm^2$（31.5亩），总建筑面积2万余平方米，园区建成后将成为"科学"号考察船的岸基支撑平台和多学科交叉与技术集成的开放型研究中心，也将成为高层次海洋科技人才培养基地。

海洋生态养殖技术国家地方联合工程实验室获批 10月，"海洋生态养殖技术国家地方联合工程实验室"获国家发改委批准成立，成为该所获批建设的首个国家地方联合工程实验室。实验室针对海水养殖业的产品安全、生产安全和生态安全问题，组建包含良种创制与健康苗种繁育技术、健康高效养殖与生态修复技术、营养保障与疫病防控技术、养殖生态环境监测与预警预报技术、产品安全与溯源技术等五大技术体系的研究平台。将通过与国内多家企业共建科技成果转化中试示范基地，构建新型“产—学—研”合作模式。通过运行机制创新，打造技术完善、产业技术有效、供给能力强、人才辈出的创新体系，显著提升海洋农业领域的自主创新能力和产业竞争力，带动和辐射我国海洋生态养殖产业的快速发展。

【科技合作与学术交流】 2012 年，该所积极推进与国际一流研究机构的实质性合作，应邀来所访问、讲学与合作研究专家学者近 200 人次，派遣出访和合作研究专家学者 210 人次。NPOCE（西北太平洋海洋环流与气候实验）和 SPICE（西南太平洋海洋环流与气候实验）计划有效推进，举办“NPOCE 国际开放科学研讨会”，来自 13 个国家的 200 余位专家学者出席了大会。新上科技部、国家自然科学基金委员会、国家海洋局、中国科学院等国际合作项目 15 项。中俄国际合作重点项目“西北太平洋沿海生物多样性：变化机制及对区域生态系统的影响”通过结题验收。中德国际合作重点项目“海洋特殊环境中红树林植物内生真菌的生物多样性、活性成分及其化学生态学意义”取得重要进展，并在此基础上联合德国、土耳其、加拿大申请获得欧盟第七框架项目资助。中印重大国际合作项目“天然气水合物分解对海底不稳定性及气候变化的影响研究”获国家自然科学基金面上项目资助。与普利茅斯大学海洋研究所合作制定并实施青年学者互访学习计划。

【科学知识普及】 该所是全国青少年科技教育基地、全国青少年走进科学世界科技示范活动基地、山东省关心下一代科普教育基地、青岛市科普教育基地和山东省少年科学院科普活动基地、青岛市青少年海洋科学实践基地。2012 年，该所发挥海洋资源、科技资源、科普网络资源和人才资源优势，以“海洋科普实践教育基地”为平台，组织开展“公众科学日”和“海洋宣传日”等系列海洋科普活动。创新科普形式，以媒体为科普宣传载体，该所与青岛晚报合作共建小记者团社会实践基地，并被评为“青岛晚报小记者团优秀社会实践基地”。与青岛市教育局、科技局等部门联合主办“青岛市第五届中小学生‘我心目中的海洋’主题绘画比赛”。与青岛市少年科学院合作组织“青岛市第三届中小学生科学嘉年华‘我是海洋小小科学家’主题活动”，吸引了 2 万余名中小学生参与。

【学术期刊】 该所编辑出版《海洋与湖沼》《中国海洋湖沼学报（英文版）》（SCI-E）、《海洋科学》和《海洋科学集刊》等学术期刊。2012 年，《海洋与湖沼》影响因子 1.371，在中国科技信息研究所公布的全国 1998 种核心期刊中综合评价位列第 28 位，并获得中国科协精品科技期刊工程项目资助。

【科技人才队伍建设】 截至 2012 年底，该所在职职工 654 人，其中科技人员 336 人，包括中国科学院院士 4 人、中国工程院院士 2 人、“新世纪百千万人才工程”国家级人选 5 人、中国科学院“百人计划”学者 24 人、国家杰出青年基金获得者 7 人、山东省“泰山学者”特聘专家 4 人、山东省“泰山学者”海外特聘专家 4 人，山东省“泰山学者攀登计划”人选 1 人，中国科学院外国专家特聘研究员 2 人、客座研究员 19 人。年内，该所完成 3 位“百人计划”学者择优支持评审，获批中科院交叉合作团队 1 个，新增“泰山学者”岗位 2 个，获国务院政府特殊津贴 3 人，获中国科学院青年科学家奖 1 人，入选中国科学院技术能手 1 人，入选山东省有突出贡献的中青年专家 1 人，获山东省留学人员归国创业奖 1 人，获齐鲁友谊奖 1 人。新进站博士后 23 人、出站 17 人，在站博士后 56 人。10 人分获中国博士后科学基金、山东省自然科学杰出青年基金和山东省博士后基金项目资助。

【研究生教育】 该所是国务院学位委员会首批批准的博士、硕士学位授予单位和中国科学院博士研究生重点培养基地，具有博士研究生导师审定权。现有博士研究生导师 95 人，获中国科学院、山东省和该所优秀指导教师奖 16 人次。2012 年，在读研究生 494 人，其中博士研究生 207 人、硕士研究生 287 人。有 81 人次分获中国科学院三好学生、优秀学生干部、三好学生标兵以及中国科学院和山东省优秀毕业生称号，36 人次分获国家奖学金、中国科学院优秀博士学位论文、中国科学院院长特别奖、中国科学院院长优秀奖、朱李月华优秀博士生奖、地奥奖学金、刘瑞玉海洋科学奖学金、山东省优秀博士和硕士学位论文、山东省研究生优秀科技创新成果奖。毕业研究生就业派遣率达到 99% 以上。

（中国科学院海洋研究所　潘　诚　邢桂方）

中国科学院青岛生物能源与过程研究所

【概述】 中国科学院青岛生物能源与过程研究所(以下简称青岛能源所)由中国科学院、山东省人民政府、青岛市人民政府于2006年共同出资建设,2009年7月获中央机构编制委员会办公室批复成立,同年11月通过共建三方验收正式成立。2011年8月,中国科学院与青岛市人民政府签署共建青岛能源所二期协议。二期全面建成后,该所将成为引领我国生物能源与生物基材料科技发展的创新研发基地和具有重要国际影响的战略高技术研发机构。

【发展战略规划】 2012年,该所围绕中科院"创新2020"和青岛市地方"蓝色经济"规划,提出"秸秆基百万立方生物天然气产业化系统"等3个重大突破项目和"高效光合生命体系的理性设计以与构建"等5个重点培育方向,确定了未来一段时期的重点任务是重点打造生物、能源、过程3个领域板块的核心竞争力,明确提出"一主两翼"(以青岛崂山主园区为主,以平度中试及产业化示范基地、潍坊昌邑生物资源高值化利用园区为两翼)的未来发展格局。

【科研项目与经费】 2012年,该所在研项目283项,其中新上项目107项,新上项目(课题)合同总经费10 537万元。主持(参与)国家973计划课题8项(含新上3项),主持(参与)国家863计划项目7项(含新上6项),承担国家自然科学基金项目83项(含新上41项),承担中国科学院战略先导性课题1项,承担院地合作项目10项(含新上1项),承担中科院"百人计划"13项(含新上3项),承担中科院科研装备研制项目4项(含新上1项)。

【科研成果】 2012年,该所建成生物天然气、微藻规模培养、秸秆热解气化合成、微生物发酵、可移动式生物柴油、木质纤维素预处理等多套中试系统,木塑材料技术在安徽省和吉林省实现产业化推广。在《Environmental Science》《Chem Sus Chem》和《Green Chemistry》等高水平科研期刊上发表科技论文144篇,被SCI、EI收录论文106篇。申请专利59件,其中发明专利52件;获得专利授权25件。

【科研管理与体制改革】 2012年,该所成立新一届学术委员会,所领导班子成员均不在内任职,充分保障学术委员会高效履行职责和独立开展评议咨询工作。在围绕组织实施"一三五"规划方面,建立所领导牵头、学术委员会评议、首席科学家负责的管理体制,对重大突破项目和重点培育项目成熟一项启动一项,并给予滚动支持。

【科技创新平台建设】 2012年,该所平度中试及产业化示范基地建设全面启动,建筑面积1.2万m^2的科研楼、综合楼、动力和化工车间等基本竣工。与昌邑市人民政府签约共建占地8.67hm^2(130亩)的潍坊昌邑生物资源高值化利用园区,在通过栽培能源植物对当地盐碱地进行生态修复的同时产出高附加值产品。该所现有中科院生物燃料重点实验室、中科院超级计算环境青岛分中心、中科院国家科学图书馆生物能源学科情报研究特色分馆、山东省能源生物遗传资源重点实验室、青岛生物基能源与材料工程技术研究中心、青岛生物质绿色化学转化工程技术研究中心等6个省部级科研平台,设有生物资源、生物催化与转化、生物材料、能源应用技术等4个所级科研中心和公共实验室、规划战略与信息中心、中试技术服务中心等3个所级支撑平台,并与美国波音公司共建"可持续航空生物燃料联合研究实验室",与澳大利亚西澳大利亚大学联合成立"中澳生物质综合利用联合研究中心"。

【科技合作与交流】

国际合作与交流 2012年,该所新上国际合作项目8项,项目经费788.1万元。接待国际机构客人来访120人次。聘请英国皇家学会C•Neil Hunter院士和美国科学院Susan Golden院士为特聘研究员。与丹麦科技大学Anders Brandt教授和Claes Gjermansen教授等合作培养研究生3名。国际出访近20人次,与以色列威兹曼科学研究所、美国西北太平洋国家实验室、西澳大利亚大学、新加坡国立大学、韩国釜山国立大学、英荷皇家壳牌集团、宝洁公司、帝斯曼公司、朗盛集团等国际知名大学、企业开展科研合作与交流。

国内合作与交流 2012年,该所承担与地方政府合作项目53项(含新上14项),与企业、科研机构等合作类项目40项(含新上25项)。10月,该所与青岛琅琊台集团合作的微藻产DHA产业化项目签约,项目建成后预计每年可为企业新增销售收入5亿元。

【科技人才队伍建设】 截至2012年底,该所在职职工及客座人员428人,其中科技人员263人、科技支撑人员

51 人，进入创新岗位 300 人。有中组部“千人计划”人选者 1 人，中组部“青年千人计划”人选者 1 人（新增），中国科学院“百人计划”人选者 14 人，山东省“泰山学者”2 人，国家杰出青年基金获得者 1 人（新增），享受国务院政府特殊津贴专家 1 人，山东省杰出青年基金获得者 2 人，卢嘉锡青年人才奖获得者 1 人（新增）。

【研究生教育】 2012 年，该所获批生物学博士后流动站，现设有生物化学与分子生物学、化学工程 2 个博士研究生培养点，生物化工、生物化学与分子生物学、化学工程、材料学 4 个专业二级学科学术型硕士研究生培养点，并设有生物工程、化学工程、材料工程等 3 个专业二级学科专业型硕士研究生培养点。现有在读研究生 214 人，其中中国科学院大学硕士生 71 人、博士生 79 人，联合培养研究生 64 人。

（青岛能源所 谢文斐）

中国科学院烟台海岸带研究所

【概述】 中国科学院烟台海岸带研究所（以下简称烟台海岸带所）是中国科学院与山东省、烟台市共建的资源环境领域的国家级研究机构。该所于 2006 年 6 月开始筹建，2009 年 7 月获中央机构编制委员会办公室批复，2009 年 12 月通过三方筹建验收，并进入常态运行，成为中国科学院正式序列的研究所。该所的科研及技术支撑系统设有 3 个实验室——中国科学院海岸带环境过程与生态修复重点实验室（含山东省海岸带环境过程重点实验室）、海岸带生物学与生物资源利用重点实验室、海岸带信息集成与综合管理实验室，2 个研发中心——山东省海岸带环境工程技术研究中心、中国科学院烟台产业技术创新与育成中心，2 个野外台站——中国科学院牟平海岸带环境综合试验站、中国科学院黄河三角洲滨海湿地生态试验站。

【发展战略规划】 2012 年，该所通过制定“一三五”发展规划，确立了以“认知海岸带规律，支持可持续发展”为使命，面向国家战略需求和世界科技前沿，研究全球气候变化和人类活动影响下海岸带陆海相互作用、资源环境演变规律和可持续发展，创建海岸科学理论、方法与技术体系，建成海岸科技研发与成果转化中心和高级人才培养基地，提升研究所综合持续创新能力，为国家和地方海岸带资源管理、环境保护、生态建设、减灾防灾做出基础性、战略性、前瞻性科技创新贡献，成为国际知名的海岸带研究机构的战略定位。确定了黄河三角洲陆海界面过程、生态演变与修复技术，海岸带环境容量与污染控制技术，海岸带耐盐植物产业链构建关键技术与集成示范为 3 个重大突破领域；海岸带环境微生物学与应用，潮间带功能、演变与保护，海岸带灾害风险与预警，海水资源的生态安全高值利用技术，海岸带陆海信息耦合分析与集成为 5 个重点培育方向。主要研究领域包括海岸带资源与可持续利用，海岸带环境过程、监测与修复，海岸带生物多样性与生态系统健康，海岸带灾害风险与预警、海岸带信息集成与管理。

【科研项目与经费】 2012 年，该所在研项目 310 项，其中新上项目 86 项，科研项目总经费 1.5 亿元。承担国家 863 计划项目 2 项，国家基础性专项 1 项，国家科技支撑计划项目 1 项，国家自然科学基金 95 项（其中新上项目 26 项），中科院知识创新工程方向性项目 21 项，山东省科技发展计划项目 3 项，山东省自然科学基金项目 19 项（其中杰出青年基金项目 5 项）。

【科研成果】 2012 年，该所发表学术论文 372 篇，其中被 SCI 收录论文 201 篇。在被 SCI 收录的论文中，影响因子 >4 的 28 篇，TOP 期刊 32 篇。其中，以陈令新研究员为核心的“环境微分析与监测”创新团队在《Chemical Reviews》（影响因子 40.197）上发表了关于表面增强拉曼散射技术的评述文章《SERS Tags: Novel Optical Nanoprobes for Bioanalysis》。申请发明专利 53 件，获得发明专利授权 19 件。

【科研成果转化】 2012 年，该所向烟台东润仪表有限公司转让专利技术 4 项。与东营蓝鑫生物科技有限公司签订菊芋加工技术服务协议，通过技术输出帮助企业建成 1 条年产 100t 菊粉的中试生产线。该所获得 2012 年度中国产学研合作促进奖。

【科研条件和平台建设】 2012 年，该所继纳入“中国科学院海洋科学大型仪器区域中心”之后，所级公共技术服务中心通过现场评审验收，获得中科院择优支持。科研网络环境进一步优化。结合中科院 IPv6 项目，该所网络实现“主干网络万兆，千兆到桌面，双核心交换，中国科技网、中国电信双网络出口”的升级，全网支持 IPv4/IPv6 双网络协议，实现了办公区无线网络覆盖。

野外观测与试验平台建设 2012 年，中国科学院牟平海岸带环境综合试验站主体大楼封顶，中国科学院黄河三角洲滨海湿地生态试验站纳入中国科学院生态研究网络运行，1 500m^2 实验楼和高 300m 的大气观测塔着手增建。

【科技合作】 2012 年，该所与山东海事局签订战略合作意向书，与东营市垦利县人民政府签订科技合作协议，与国家海洋局第一海洋研究所和中国地质调查局青岛海洋地质研究所签署战略合作协议，与地方科学院合作项目“海岸带环境自动监测系统”和“河北省海岸带受损生态系统评估及修复技术研究”正式启动。该所被授予“2012 年烟台发展突出贡献单位”称号。

【科技咨询与服务】 2012 年，该所向烟台市政协递交的“划定生态红线保护海岸线”议案被列为 1 号提案。编制《山东省海岸保护与利用规划》和《山东省海域海岛海岸带整治修复规划》，为山东省海岸保护与综合整治提供政策建议。

【学术交流】 2012 年，该所科研人员出访美、英、法、德等国家开展学术访问交流 38 人次，接待美、德、日等十余个国家和地区的来访专家 59 人次，组织外国专家学术报告 37 场次。7 月，在澳大利亚阿德莱德市协办“第一届国际海岸带生物技术大会 ICCB2012”，来自 3 个国家的 45 位学者与会。8 月，承办“第六届海峡两岸土壤和地下水污染与整治研讨会”，来自海峡两岸的 75 家单位的 250 人参加了研讨会，其中有 41 名专家及学者来自台湾地区。9 月，举办“第四届土壤污染与修复国际会议暨第二届污染场地修复国际研讨会”，来自十余个国家的 200 多名专家参加了会议。

【科技人才队伍建设】 截至 2012 年底，该所在职职工 178 人，其中科研人员 130 人、科技支撑人员 16 人，中科院“百人计划”入选者 12 人，国家 973 项目首席科学家、国家 863 重大项目首席科学家以及国家杰出青年科学基金获得者 1 人，中组部“青年千人计划”1 人、“千人计划”创业人才 1 人，享受国务院政府特殊津贴专家 2 人，“新世纪百千万人才工程”国家级人选 2 人，山东省杰出青年科学基金获得者 3 人，山东省“泰山学者”2 人，烟台市“双百人才”2 人。

【研究生培养】 该所设有“环境科学与工程”和“海洋科学”2 个一级学科博士培养点，拥有硕士、博士研究生自主招生权，现有在读研究生 148 人。截至 2012 年底，该所共向社会输送人才 101 人，其中博士 51 人、硕士 50 人。截至 2012 年底，该所研究生有 1 人获中国科学院优秀博士学位论文奖，2 人获中国科学院院长特别奖、4 人获优秀奖，2 人获教育部博士研究生学术新人奖，1 人获中国科学院大学 BHBP 奖学金，8 人获中国科学院朱李月华优秀博士生奖，2 人获中国科学院刘瑞玉海洋科学奖学金。

（烟台海岸带所 王 德）

中国水产科学研究院黄海水产研究所

【概述】 中国水产科学研究院黄海水产研究所是农业部所属综合性海洋水产研究机构。1947 年 1 月始建于上海，1949 年 9 月迁至青岛。该所设有实验室 10 个、实验基地 3 处、中试基地 1 处，农业部海洋渔业可持续发展重点开放实验室 1 个，农业部水产品质量安全检测与评价重点实验室 1 个，山东省渔业资源与生态环境重点实验室 1 个，青岛市海水鱼类种子工程与生物技术重点实验室、青岛市海洋酶工程重点实验室；建有国家水产品质量监督检验中心、农业部水产种质与渔业环境质量监督检验测试中心（青岛）、农业部黄渤海区渔业生态环境监测中心、农业部新渔药临床测试中心、农业部海水养殖遗传育种中心、农业部海水鲆鲽鱼类遗传育种中心（海阳）、农业部黄渤海渔业资源环境重点野外科学观测试验站等挂靠机构，拥有世界先进水平的“北斗”号海洋科学调查船，编辑出版学报级中文核心期刊《渔业科学进展》。

【科研项目与经费】 2012 年，该所共主持、承担科研项目（课题）375 项，其中主持国家 973 计划课题 3 项、参加 5 项，主持国家 863 计划课题 7 项、参与 9 项，主持国家科技支撑计划项目 1 项，主持国家科技支撑计划课题 4 项、参与 9 项，主持国家自然科学基金对外合作与交流项目和重点项目各 1 项、面上项目和青年基金等各类项目 41 项，主持科技部国际合作项目 5 项，获得产业技术体系首席科学家岗位 1 个、科学家岗位 9 个。在研项目（课题）总经费 3.8 亿元。

【科研成果】 2012 年，该所获得各级科技奖励 14 项，其中山东省科技进步一等奖、二等奖各 1 项，青岛市科技进步一等奖、二等奖各 1 项，中国水产科学研究院科技进步一等奖 2 项，三等奖 1 项；山东省海洋与渔业科技一等奖 1 项、三等奖 1 项（参与），海洋工程科学技术二等奖

1 项，海洋科学技术二等奖 2 项，其中参与 1 项；全国渔业生态环境监测优秀成果一等奖、三等奖各 1 项。该所赵法箴院士获 2012 年度青岛市最高奖，与该所合作的外籍专家获“琴岛奖”。有 3 项成果通过省科技厅组织的成果鉴定，25 项课题通过阶段性验收。发表各类核心期刊论文 386 篇，其中被 SCI 收录 101 篇、EI 收录 3 篇，出版专著 6 部。申请专利 93 件，其中发明专利 75 件、实用新型专利 13 项；获得专利授权 61 件，其中发明专利 43 件、实用新型专利 18 件；登记软件著作权 7 件。水产新品种海带“黄官 1 号”通过国家审定并获新品种证书。

【科技创新平台建设】

水产基因组与细胞工程研究室成立 2012 年，该所成立了水产基因组与细胞工程研究室。水产基因组与细胞工程是目前国际上发展很快、竞争激烈的一个新兴学科，是发展水产种业和生物产业的源动力。该所已在鲆鲽鱼类全基因组测序及基因资源发掘方面取得创新性成果，组建了水产基因组与细胞工程研究平台，并培养出在水产基因组和细胞工程各研究方向的青年学科带头人。

实验基地建设 2012 年，海水鲆鲽鱼类遗传育种中心（海阳基地）开展海水鲆鲽鱼类苗种培育和产业化示范，配合海水鱼类良种选育、苗种繁育技术以及鱼类营养学、鱼类疾病防控等相关科研项目的实施；申报鲆鲽鱼类相关项目，包括第三批省级战略新兴产业、工程技术研究中心、农业部所属事业单位重大设施系统运行费财政支持。海洋渔业科学研究中心（胶南基地）推进在建项目的开展，海洋食品工程研发中心和海水养殖遗传育种备份中心基本建设项目先后得到农业部准予建设的批复，初步设计和施工设计已展开。

【科技合作】

国际科技合作 2012 年，该所在研国际科技合作项目 14 项。其中，科技部国际合作专项及政府间项目 5 项（含参与 1 项），国家自然科学基金委国际合作项目 1 项，青岛市国际合作项目 2 项，农业部 948 项目 2 项、国际合作交流项目 2 项，中国环境与发展国际合作委员会项目 1 项，欧盟第 7 框架计划 1 项。

产学研合作 2012 年，该所产学研合作加快实现由单区域向多层次的综合转型。①搭建产学研大协作的合作平台，举办“水产企业技术创新与科技支撑平台”建设研讨会，为长期合作的 50 家名牌企业提供入驻青岛蓝色硅谷核心区的前期调研准备，并倡议建立“科技创新、教育培训、技术推广”三位一体的产学研结合型科技创新平台。②巩固产学研合作基础，与大连棒棰岛海产股份有限公司、蓬莱安源水产有限公司、山东海宏实业集团有限公司等 80 多家单位签订合作协议共计 97 项，其中技术转让 24 项，技术开发与服务创收合同收入超千万元。③建立“人企合一”的服务模式，该所约有 1/3 的科研人员长期深入生产一线，为企业带去先进的实用技术，加快创新资源向企业集聚。

【科技人才队伍建设】 2012 年，该所新增山东省科技兴农功勋科学家 2 人，山东省有突出贡献中青年专家 1 人，全国优秀科技工作者 1 人，山东省优秀科技工作者（并记二等功）1 人，中国水产科学研究院中青年拔尖人才 1 人，青岛市市南区专业技术拔尖人才 3 人；新增山东省“泰山学者”特聘专家 1 人，另有 1 人期满考核优秀获滚动支持；获中华农业英才奖 1 人，3 人及其团队获 2012 年农业科研杰出人才及其创新团队，获山东省优秀创新团队和中国水产科学研究院优秀创新团队各 1 个。雷霁霖院士获农业部渔业局颁发的大菱鲆引进 20 周年突出贡献奖。

水产育种与健康养殖创新团队 2012 年，该所“水产育种与健康养殖”创新团队被评为山东省优秀创新团队，并记集体一等功。该团队以王清印研究员为学术带头人，在海水养殖动物种质资源、遗传育种和健康养殖等方面开展研究，在国内率先开展海水养殖虾蟹、鲆鲽鱼育种研究，培育出 4 个水产养殖新品种并获国家新品种证书，其中我国首个人工选育海水养殖动物新品种中国对虾“黄海 1 号”为其中一个。近 5 年来，该团队获国家科技奖励二等奖 2 项、省部级科技奖励 8 项，发表文章 170 余篇，获得专利授权 15 件。

【渔业科技服务年活动】 2012 年，该所根据农业部和中国水产科学研究院的统一部署，扎实开展以“科技进塘到场落户入民心，助推健康安全增收惠民生”为主题的渔业科技促进年系列活动。制定印发渔业科技促进年活动方案，成立渔业科技促进年活动领导小组，并举办水产科技活动周等 3 项标志性活动。

（黄海水产研究所　冯晓霞）

中国农业科学院烟草研究所
（中国烟草总公司青州烟草研究所、山东省烟草研究所）

【概述】 中国农业科学院烟草研究所始建于1958年，1959年正式增名“山东省烟草研究所”，1987年经国家科委批准增挂“中国烟草总公司青州烟草研究所”牌子，由中国农业科学院、中国烟草总公司和山东省三重领导，是我国唯一的国家级烟草农业科研机构。烟草研究所下设综合管理处、科技管理处、技术服务处、财务管理处、基建管理处5个职能部门和遗传育种研究中心、病虫害测报综防研究中心、栽培营养研究室、生物技术研究室、质检中心、吸烟与健康研究中心、调制加工研究室、科技信息中心8个研究室（中心）以及青州科技服务中心、青岛试验基地、科技开发中心3个服务机构。国家烟草改良中心、国家烟草种质资源中期库、农业部烟草生物学与加工重点实验室、农业部烟草产业产品质量监督检验测试中心、农业部转基因烟草环境安全监督检验测试中心、烟草行业烟草基因资源利用重点实验室、烟草行业烟草病虫害监测与综合治理重点实验室、中国烟草遗传育种研究（北方）中心、中国烟草病虫害预测预报与综合防治中心、中国烟草青州原种繁殖基地、中国烟草种质资源平台、中国农业科学院烟草遗传改良与生物技术重点开放实验室、中国农业科学院烟草质量安全风险评估研究中心、中国农业科学院青岛烟草资源与环境野外科学观测试验站、中国农业科学院西昌烟草资源与环境野外科学观测试验站、青岛市烟草减害工程技术研究中心16个创新平台挂靠该所。青岛中烟种子有限责任公司、上海烟草（集团）公司原料研究一室、山东中烟工业公司原料研发中心、川渝中烟工业公司原料研发中心等科技成果转化平台设在该所。

【科研项目与经费】 2012年，该所在研各类科技项目62项，其中主持45项，项目总经费6 869万元。其中，新上项目29项，立项总经费3 654万元。承担国家公益性行业（农业）科研专项1项（新上），国家863计划项目子课题1项，国家自然科学基金项目3项，国际标准项目1项。

【科研成果】 2012年，该所获中国烟草总公司科技进步二等奖1项、三等奖4项。鉴定科技成果15项。发表科技论文115篇，其中被SCI收录论文9篇，国际会议宣读论文1篇。申请国家发明专利17件，获得国家发明专利授权6件，登记软件著作权6件。制定行业标准1项，制定国家一级标准物质1项。育成的中烟204、中烟205、鲁烟1号、鲁烟2号4个烤烟新品种通过山东省烟草品种审定委员会审定。成功获得烟草抗TMV、高香气等优异突变体。获得性状优良烟草新品系40余个，开发出烟草赤星病抗性基因定位与抗性连锁标记。基本查明了目前我国烟草主要有害生物种类，明确了我国烟草有害生物发生新动态。明确了我国28个代表性产烟县的烟草质量安全状况，研究出有效降低烟草重金属镉含量的技术，建立了农药残留控制技术与规范。

【科研成果转化与推广】 2012年，该所进一步延续和强化上年度提出的“以培育开发成果为目标，以重点项目为平台，以主要产区为突破口，实现成果转化工作新导向”的工作思路，与产地的合作项目获得广西区烟草公司科技进步一等奖、福建省烟草专卖局科技进步二等奖等多项成果。在成果转化工作中，组成专家咨询组和项目服务组，负责新技术、新成果及现有技术的集成与推广，通过“外引内联”的业务交流与培训，提高科技推广人员的技术水平，并在硬件和软件方面对科技推广队伍建设提供最大限度的支撑，形成了一支活跃在生产一线，综合能力较强的成果转化队伍。以烟叶原料体系建设为契机，以项目合作为纽带，共同搭建工商研紧密结合的成果转化平台。加强先进适用新技术的转化、应用和集成推广，建立烟叶生产技术推广服务体系以及管理保障体系，拓宽服务渠道，确立了“以研为本，实用优先，痕迹科技，工商研协同”的技术服务模式。

【科技创新平台建设】 2012年，该所“烟草基因资源利用重点实验室”和“烟草病虫害监测与综合治理重点实验室”被国家烟草专卖局批准为烟草行业重点实验室，“中国农业科学院烟草质量安全风险评估研究中心”获批建设，至此该所国家和省部级科技创新平台数量达到16个。四川西昌试验基地建设项目获西昌市发展和改革局立项，落实土地面积约14.67hm^2（220亩）。年内，该所投入270万元对青岛所部支撑条件进行改善，投入685万元新购置液相色谱三重四级杆质谱、气相色谱三重四级杆质谱等大型仪器设备12台（套）。

【学科建设】 2012年，该所烟草资源与遗传育种、烟草栽培与调制、烟草生物技术、烟草病虫害、烟草质量安全等5个研究领域的9个研究方向列入中国农业科学院学科群。

【科技人才培养与队伍建设】 2012年,该所新人选行业学科带头人1名;招聘科技人员8人,其中博士5人、硕士2人;引进功能基因组学科方向的海外高层次人才1名。聘请谢联辉院士、孙大业院士、吴孔明院士、何中虎研究员等专家学者组成重点实验室学术委员会。继续聘请西南大学夏庆友教授、山东农业大学孔令让教授等为客座研究员。

【研究生教育】 2012年,该所新增博士生导师2人、硕士生导师7人。现有统招在读研究生121人,其中新招收博士研究生4人、硕士研究生28人、巴基斯坦博士留学生1人。年内,统招博士毕业1人、统招硕士毕业23人,在职硕士毕业10人。

【学术交流与合作】 2012年,该所共派出14人次出国学习、交流,邀请美国康奈尔大学甘苏生教授等国外专家来所进行学术交流,并分别与美国康奈尔大学和加拿大奎尔夫大学达成共建实验室意向。

(烟草研究所 孟 鹤)

山东省科学院

【概述】 山东省科学院成立于1979年,前身为始建于1958年的中国科学院山东分院。该院拥有16个独立单位,主要研究领域涉及电子信息、生物技术、新材料、新能源及节能、自动化与智能控制、激光技术、海洋监测、分析测试和软科学等。全院资产总额20余亿元,有大型仪器设备近千台(套)。占地面积90hm^2(1 350亩),建筑面积20万m^2。建有国家超级计算中心、国家工程技术研究中心、国际科技合作基地、国家科技成果研究推广中心、国家认可实验室、国家成果产业化基地等国家级研发平台10个,省重点实验室、省工程技术研究中心、省工程实验室、省企业重点实验室、省科技成果推广中心、省重大条件建设平台、省产业技术创新战略联盟(牵头)、省国际合作研究中心等省级研发平台56个,院级研发平台25个。建有山东省科学院博士后科研工作站,与多所大学联合设立研究生培养点。

【科研项目与经费】 2012年,该院新上各类纵向和横向计划项目547项,经费合同总额3.96亿元,分别较上年增长41.71%和14.45%。其中,纵向项目202项,总经费1.86亿元,分别较上年增长31.17%和10.71%;横向项目345项,合同经费2.10亿元,分别较上年增长48.71%和17.98%。

【科研成果】 2012年,该院共鉴定、验收或结题项目79项,其中"全光纤煤矿采空区火灾监测预警系统""物联健康医疗云系统"和"LED用高性能环氧导电银胶的制备"等多项成果达到国际领先或先进水平。获得省科技进步奖11项。获得专利授权、软件著作权登记和标准发布216项,较上年增长39.35%。其中,获得发明专利授权76件,较上年增长65.22%。发表论文、出版著作589篇,较上年增长12.62%。其中,被SCI、EI、ISTP收录论文213篇,较上年增长20.34%。

【基础性研究】 2012年,该院"基于多相移光纤光栅的无源及有源传感机理的研究""面向可靠应用层组播的分层树网模型及差错控制研究""Fe/CaO作用下生物质热转化体系关键过程耦合与定向调控机制""多孔薄膜电极内传热传质机理及对Na-AMTEC电特性的影响""利用斑马鱼模型研究血管生成相关的代谢生物标志物""基于'显微'策略的两种山橙属植物中微量生物碱的发现及其抗肿瘤活性研究""多肽电子捕获裂解质谱中三个基本问题的研究""金属离子增强甲基汞去甲基化作用机制的研究""水稻富集作用下砷产生的二次污染及人体健康风险评价""热障涂层TGO与热疲劳损伤的激光超声无损检测机理与关键技术研究""仿刺参共附生真菌活性次级代谢产物及其抑制血管生成活性的研究""基于KTa1-xNbxO_3晶体二次电光效应的无惯性光束扫描技术研究""污泥堆肥过程中PPCPs生物强化降解转化的机理研究""海水营养盐微流控芯片分析平台的构建及其应用基础研究""基于微流控芯片快速检测海洋赤潮毒素新方法的研究""水下气体射流噪声产生机理与控制研究""大气过氧自由基化学放大测定方法中的水效应机制研究""风生海中气泡对海色遥感大气校正的影响及定量修正""海水湿法焊接焊缝区域金属材料腐蚀行为特征和作用机理研究""基于阵列GPS反射信号的海浪多参数反演方法研究"和"基于演算子理论的多输入多输出磁滞非线性系统的鲁棒控制研究"等21个项目列入国家自然科学基金计划。"金属离子及其配合物对多肽/蛋白质裂解通道调控作用的研究""基于高速逆流色谱—生物捕集技术的中药抗氧化活性成分研究""复合腔分布反馈光纤激光器中模式竞争机制及传感应用的研究""Fe/CaO作用下生物质定向转化体系关键过程耦合与调控机制""多孔薄膜电极内传热传质机理及对 Na-AMTEC 电特性的影响”“基于厌氧发酵技术的藻渣产甲烷潜力研究”“丙酮丁醇梭菌 PTS 系统对其木糖代谢的扰动规律及其机理研究”“基于 LPFG 纳米生物功能膜的人γ干扰素检测机理与方法研究”“镁合金板材退火过程中组织和织构演变的蒙特卡罗模拟”“固体氧化物燃料电池发电系统内外串级热管理模型预测控制研究”“大气过氧自由基化学放大测定方法中的水效应机制研究”“基于 Vortex Diode Pump 的免维修输送系统内流机理及性能预测研究”“水下机器人遥控焊接任务空间三维主动视觉建模基础研究”“稀土锆酸盐纳米材料的制备与导电性能研究”“面向事件监测的水下传感器网络节点移动控制理论与算法研究”“面向节能的自助式水下航行器有限时间编队控制方法研究”“岸基单站 GPS 反射信号海洋遥测理论与方法”“基于支持向量机的海面雷暴预报方法研究”“区域创新测度的理论、方法及实证研究”“基于演算子理论的机器人非线性控制系统研究”和“面向汽车软件的软件构件模型、语义和分析方法研究”等 21 个项目获得省自然科学基金立项。该院投入 862 万元支持“环境化学成分调控 CD4T 细胞的机理研究及应用”“基于四旋翼移动平台的环境信息感知系统”“多维多参量光纤激光声波检测系统”“超宽带与太赫兹探测成像关键技术研究及装备产品化开发”“视频挖掘技术在异常模式分析中的应用研究”和“基于算子理论的工业机器人的非线性目标跟踪控制”等一批基础性研究和应用基础性研究项目。

【应用研究与高技术研究】 2012 年，该院新上省级以上应用及高新技术计划项目 124 项，其中在海洋技术、信息技术、新能源技术、资源环境等高技术研究领域承担了“海洋动力环境监测关键技术与设备”“海洋大气气溶胶激光雷达观测系统产品化关键技术研究与应用示范”“‘节能降耗市政污泥处理与能源化利用技术及工程示范’下的‘节能降耗污泥脱水装备及制备建材技术与示范’”“中高温不锈钢太阳能平板集热器及产业化太阳能控制系统产业化项目”和“基于超级计算的工业设计资源中心技术开发与集成技术平台”等 48 项国家 863、科技支撑和公益等计划项目，“公共安全态势预测预警综合防控系统”“全天候激光成像海上目标跟踪与识别系统”“高温连铸坯激光超声在线检测设备”“高性能甲基苯基硅橡胶的制备及产业化”和“柠檬酸高效生物制造技术开发与产业化”等项目列入省自主创新成果转化重大科技专项或省自主创新专项计划。

【科技示范企业】 2012 年，该院科技示范企业实现销售收入 17.21 亿元，利税 1.52 亿元，社会销售规模达到 30 亿元。总资产、净资产分别达到 14.70 亿元和 6.72 亿元，分别较上年增长 31.72%、16.26%。

【科研管理与机制改革】 2012 年，该院完成了全院人员机构编制核查，并首次对专业技术岗位实行分级聘用和全员岗位聘用。修订院属单位考核办法，增加“服务发展能力”指标，引导院属单位提高发展质量，加快科研成果转移转化；对原有的人才引进培养、平台建设等经费的支持方式和结构进行调整，在总量不变的前提下，引导资源向“大专家、大平台、大成果、大项目、大奖励”聚集。

【科技创新平台建设】 2012 年，国家超算济南中心通过科技部验收。“省计算机网络重点实验室”被列为“十二五”期间山东省集中建设的十个重点实验室之一。建设期满的“汽车电子”和“中药化学对照品”2 个省工程技术研究中心和 1 个省科技创新软科学研究基地均被评为优秀。

【科技人才培养与队伍建设】 2012 年，该院共获得各类高层次人才资助经费 1 925 万元，在省直科研单位人才工作目标责任制考核中连续两年获得第一名。“海洋环境监测技术”创新团队获批山东省优秀创新团队。新获批“千人计划”专家 2 人、“泰山学者”6 人，引进院士级专家 1 人，1 个“泰山学者”岗位获得第二期支持。引进博士 55 人、硕士 22 人。实施人才引进培养系统工程，出台《关于进一步加强人才工作的意见》及一系列配套政策。就引进香港大学王立秋教授团队达成初步协议，赴澳大利亚和新西兰举办系列海外引才活动。围绕引进的高层次专家新建“超宽带与太赫兹成像”“特种光纤及器件技术研发”“环境与健康”和“智能感知与控制”4 个创新团队。与山东大学威海分校签署战略合作协议，联合培养研究生。

【科技咨询与服务】

信息技术服务 2012 年，国家超算济南中心资源利用率保持在 65% ~ 80%，发展正式用户 70 多家，提供计算服务 80 多批次，支持重大课题 50 余项，催生了一批达到国际领先水平的科研成果。省云计算中心与省中小企业办公室合作共建“省中小企业公共服务平台”。

公共检测服务 全年为环境、农业、卫生等行业系统的 2 000 多家单位检测样品 10 万余件，报出数据近 30 万项，提供谱图 15 万余张。

决策咨询服务 参与省直部门的科技调研、创新企业评定、战略联盟评选等工作，参与政府调研报告、重要工作报告等材料的撰写，并通过召开专家咨询会、编制地方产业规划等其他形式为政府部门提供决策支撑服务。

文献信息检索咨询服务 中文文献保障率达到 95%，外文文献保障率达到 80%，各类资源总量增长超过 60%。数字资源访问量约为 150 万次，较上年增长近 10%。完成课题查新 2 400 项。

科普教育 测试中心、计算中心分别获批省三星级和二星级科普教育基地。

【科技合作与交流】

国际合作与交流 全年派出团组34批86人次，接待团组52批88人次。与该院合作的外国专家谢尔盖·克米萨林科、弗拉基米尔·卡巴诺夫获国家友谊奖，格里高利·多尔金赫、彭纲定获齐鲁友谊奖。全年获得各类国际科技合作项目经费1 600余万元。在巩固与白俄罗斯国家科学院、乌克兰国家科学院巴顿焊接研究所、德国弗劳恩霍夫协会、澳大利亚科工贸组织、新南威尔士州立大学等单位合作的同时，重点推进与乌克兰以及俄罗斯国家科学院远东分院的全面合作。

国内合作与交流 承担“省产学研网上合作对接平台”的日常运行和管理工作，建设山东省政务综合服务平台。与枣庄市以及菏泽单县、泰安新泰、济南商河、聊城莘县签署全面科技合作协议。获批牵头新建“省云计算应用技术创新战略联盟”和“省安防系统产业技术创新战略联盟”，与企业共建科技合作平台14个，开展项目合作35项。加入全国科学院联盟。与中科院沈阳分院召开两院合作战略研讨会，制定深化合作规划及实施方案。与山东大学威海分校共建联合创新研究中心，与澳洲国立大学工程与计算机学院共建“山东省中澳移动传感网国际联合研究中心(室)”，与澳洲莫纳什大学生物医学实验室共建“环境与健康实验室”。发布独联体国家技术成果信息524项，与俄罗斯国家科学院乌拉尔分院签订合作协议。

【科研成果选介】

山东省道地药材丹参等质量评价体系的构建和应用 该项目以黄芩、丹参和连翘等山东主产药材为研究对象，通过共性关键技术的攻关和成熟技术的转化，发展多模式高速逆流色谱技术、柱色谱技术、制备液相色谱技术等，从黄芩等药材中分离纯化得到高纯度化学对照品36种，其中5种对照品成为国家有证标准样品；进一步发展超高压提取技术用于丹参、黄芩和连翘药材中多指标成分的快速提取，发展高效液相色谱/亲水色谱—电喷雾飞行时间质谱联用技术用于丹参、黄芩药材中多指标成分分析表征，构建其多指标定量指纹图谱并建立质量标准草案3项；将该项目研究建立的质量评价体系和质量控制方法应用于丹参、黄芩的标准化种植和加工生产，使企业效益得到显著增加。该项目成果的推广应用，提高了丹参、黄芩和连翘药材及相关产品在国内和国际市场上的竞争力，促进丹参、黄芩和连翘产业标准化和国际化，扩大出口创汇，全面提升中药质量标准的整体水平，对中药产业链的发展起到重要的推动作用，显示出显著的社会效益、经济效益和生态效益。2012年11月，相关项目“基于药效物质的山东省道地药材黄芩和丹参质量评价体系的构建与应用”通过省科技厅组织的成果鉴定，达到国际先进水平。

利用工农业固体废物研制生物有机肥及推广应用 该项目建立了抗生素发酵废渣的微生物降解菌株筛选技术，筛选出耐高温可降解阿维菌素的嗜热脂肪芽孢杆菌AZ11；建立了植物益生菌菌种资源库，包含木霉菌、放线菌、芽孢杆菌、伯克氏菌、根瘤菌等具有解磷、解钾、固氮、促生、防治病虫害功能的菌株1 000余株；研发出阿维菌素发酵废渣等固体废弃物的好氧堆肥技术，实现了阿维菌素发酵废渣的无害化、资源化利用，并建立了用于工业化生产的堆肥腐熟度评价指标；获得农业部微生物肥料登记6项，山东省肥料登记1项。2009年12月，该项目通过省科技厅组织的成果鉴定，达到国际先进水平。成果先后在山东佐田氏生物科技有限公司、济南澳利新型肥料有限公司、潍坊市信得生物科技有限公司和泰安市利邦农化有限公司推广应用。2010年以来累计利用工农业废弃物35万t，生产生物有机肥、微生物肥料等系列产品22万t，新增产值2.5亿元，利税5 000万元；产品大田应用面积3.67hm^2(55万亩)，增加收入2.8亿元。

先进制造装备数字化控制系统的研究与应用 该项目以先进制造装备数字化控制所需的高档数控系统、可编程逻辑控制器(PLC)的研发为主线，开展国家重大专项“高档数控机床与基础制造装备”所支持数控机床的配套研究。突破了高档数控系统和PLC设计、开发的核心技术，首次定制开发、配套“XK2430/1×80-T4型数控龙门镗铣床”国产高档数控系统，替代了西门子840D系统，已在济南二机床集团有限公司数控分公司投入使用。研制的基于NCSF总线的专用数控系统，应用于“大功率厚板数控激光切割机”的控制，替代法格8055系统，已在济南铸造锻压机械研究所等单位投入使用。研制的SK系列PLC具有大型PLC架构及处理能力，支持灵活的组态方式，自投入使用以来效果良好，在工业流程控制领域发挥了重要作用。项目产品已推广800余套，累计新增产值9.7亿元。研制的高档数控系统以及高端PLC均可替代国内外同类型产品，打破国外高端数控系统的垄断，社会效益显著。2012年8月，相关项目“基于NCSF总线的专用数控系统研发与应用”通过省科技厅组织的成果鉴定，达到国内领先水平。

褐煤过热蒸汽干燥提质工艺技术研究与产业化 该项目在研究褐煤干燥脱水基本规律的基础上，提出过热蒸汽用于褐煤干燥提质的理念，开发出基于过热蒸汽闭路循环的过热蒸汽强化循环分级粉碎褐煤提质技术、蒸汽回转干燥技术、过热蒸汽内加热流化床干燥技术等多项创新技术以及褐煤干燥含尘尾气绝热洗涤和水回收工艺，有效解决了褐煤在干燥提质过程中易出现的易燃、扬尘、能耗高、运行不稳定、经济效益差等问题，具有节能、安全、环保、干燥效率高、余热及水回收利用率高、设备检修方便等优点，可针对不同的粒径、初/终水分含量、热源条件和提质后低阶煤加工利用途径等要求，实现各类褐煤物料的脱水提质。已在多家用户单位成功实施，近两年来，相关工艺系统及装置累计销售总额超过3 000万元，实现利税540万元。技术全面实施后每年可为行业节约标煤10万t，干燥后产品实现产值100多亿元，经济效益显著。2011 年 4 月，相关项目“过热蒸汽内加热流化床干燥技术和装置研究”通过省科技厅组织的成果鉴定，达到国际领先水平。

高效音视频数据分发系统关键技术及应用　该项目提出一套节点聚簇体系与方法，并提出其应用层组播转发结构构建方法，使应用层组播“就近传输”能力明显提高；针对音视频分发特征，提出独立于底层数据分发的数据包恢复方法；提出高级混合激励线性预测（AMELP）编码模型，在其基础上实现了 2400/1200/600/300bps 的多速率语音编码器。研究成果可有效节约网络带宽消耗，产出的视频会议产品能大幅降低会议成本，对提高资源利用率、节省社会信息化成本具有重要的现实意义和战略意义，经济效益和社会效益明显。该项目研究已申请国家发明专利 6 件，获得发明专利授权 1 件、实用新型专利授权 1 件，登记软件著作权 4 件，发表论文 30 余篇，出版专著 1 部，累计创造直接或间接经济效益 2 000 多万元。

黄河三角洲高效生态经济区科技发展的重要问题研究　该项目为国家软科学计划项目，定量实证分析了黄河三角洲地区经济与科技的耦合协调发展状况。通过区域间横向比较找出存在的问题及其原因，以及当前亟须依靠科技进步与创新来寻求突破的水资源和土地资源高效开发与利用、海洋资源保护与开发、生态环境、现代高效生态农业、战略性新兴产业、现代服务业等 7 个重要领域，并提出黄河三角洲高效生态经济区“一个高教科研中心、八项科技工程，六大措施”科技发展总体战略。该项目研究成果已在科技部办公厅、中国科技发展战略发展研究院、省人民政府研究室、省教育厅、省科技厅、省科学院、省黄河三角洲建设办公室等有关部门得到应用，对推动黄河三角洲高效生态经济区科技管理实践具有理论指导价值和实际促进意义。2012 年 11 月，该项目通过省科技厅组织的成果鉴定，达到国内领先水平。

（省科学院　于　萍　朱　亮）

山东省医学科学院

【概述】　山东省医学科学院是山东省政府直属的集医学科研、临床医疗、疾病控制、医学教育、科技支撑管理与服务等职能于一体的综合性医学科研机构，下属 13 个单位、8 所医院，以及承担医学人才培养任务的医学与生命科学学院和股份制事业单位山东省药物研究院。2012 年，该院总收入 15.89 亿元，较上年增长 16.83%；净资产总额（含在建工程）25.7 亿元，固定资产 19.83 亿元，较上年分别增长 11.06% 和 5.76%。

【科研项目与经费】　2012 年，该院共争取科研经费 5 380.65 万元，增幅达 91%，历史上首次超过 5 000 万元。新上科技计划项目 83 项，其中“调血脂天然药物栗酮胶囊的研究与开发”列入国家“重大新药创制”科技重大专项，获得资助经费 126.65 万元；新上国家自然科学基金项目 26 项，省自主创新成果转化重大科技专项计划项目 3 项，省自主创新专项项目 2 项，省科技发展计划项目 23 项，省自然科学基金项目 20 项，省博士基金项目 1 项，省软科学项目 2 项，省大型科学仪器设备升级改造技术项目 2 项，济南市科技发展项目 3 项。

【科研成果】　2012 年，该院获得各级科技奖励 44 项，其中国家科技进步二等奖 1 项（参与）、省科技进步一等奖 1 项、二等奖 5 项、三等奖 9 项，已连续 10 年获省科技奖励一等奖（共 11 项）。发表 SCI 论文 144 篇，影响因子 324.455，较上年分别增长 44% 和 39%。获得发明专利授权 24 件。谢立信院士获得何梁何利基金科学与技术进步奖。省皮肤病性病防治研究所发现两个与炎症性肠病共有的麻风易感基因，研究成果在《美国人类遗传学杂志》上在线发表。

【科研管理与体制改革】　2012 年，经省政府批准，该院机关增设教育处；省眼科所加挂青岛眼科医院牌子，设立山东省眼科医院；省肿瘤防治研究院加挂山东省肿瘤医院牌子。全院增加编制 490 人，增幅 18%。完成全院岗位聘用工作，1 914 名编内人员进入相应岗位，91% 的专业技术人员提升了岗位等级，2006 年底以来获专业技术资格的人员全部兑现新资格待遇。

【重点学科与科技创新平台建设】　2012 年，该院继续加强对各级重点实验室、重点学科和特色专科的管理，多次召开重点实验室学术委员会会议和学术交流会。省医科院附属医院推拿学被批准为国家中医药管理局中医药重点学科。山东省罕少见病重点实验室和山东省眼科学重点实验室通过年度评估，均被评为优秀。省级重点实验室共获经费资助 180 万元。重点加强对山东省罕少见病重点实验室的管理，并编印《山东省罕少见病防治重点实验室年鉴》。该院全年共投入科研经费 6 277 万元，其中购置科研仪器设备经费 1 669 万元。东部新区一期建设项目全部竣工，当年投入建设经费 1 亿元，累计投入建设经费 4.3 亿元，建成面积 10.2 万 m^2。

【科技服务与成果转化】 2012年,该院按照“两院一地”的建设思路,在东部新区产学研基地框架初具规模的基础上,调整省药物研究院运行模式和管理机制,依托山东省多能干细胞库,与企业合作开展干细胞系列产品研发、推广和应用,取得实质性进展。充分利用地方政府的成果转化激励与扶持政策,与企业建立密切的产学研合作关系,全年签订技术开发、咨询及转让合同61项,合同金额1 870.9万元。

【临床医疗与疾病防治】 2012年,省皮肤病医院皮肤科和青岛眼科医院眼科被卫生部批准为“国家临床重点专科”建设单位,省肿瘤医院临床检验科被批准为山东省临床重点专科。全年院属8所医院门诊、住院人数、手术台次较上年分别增长15%、8%和21%,医疗收入较上年增长15%。疾病防控工作首次实现无本地感染疟疾病例,在山东省有文字记载的3 000余年疟疾流行史上首次以年度为单位阻断疟疾传播流行,山东省提前3年进入消除疟疾状态。“海阳核电站周边居民健康基线调查”项目完成全部水质样品的放射性调查监测工作。继续加强对国家化学中毒医疗救治基地和国家核辐射医疗救治基地的建设和管理,健全应急救治队伍和网络体系。筹建中华罕见疾病学术网站,并开设医患交流平台系统。

【科技人才队伍建设】 2012年,该院出台《关于进一步优化专业技术人才队伍结构的意见》,提出打造院士创新团队、优秀创新团队和青年创新团队,加快培养造就领军人物和学科带头人的人才工作思路。创新人才招聘形式,先后组织院属单位到知名高校参加招聘会,接收毕业生求职简历731份,其中博士生163人、硕士生558人。年内,2人入选山东省“泰山学者”岗位特聘专家,1人当选山东省有突出贡献的中青年专家,4人当选济南专业技术拔尖人才。该院被评为2012年全省人才工作先进单位。

【本科和研究生教育】 2012年,医学与生命科学学院临床医学博士学位学科通过国务院学位委员会评审验收,标志着省医科院跻身博士培养单位行列。医学与生命科学学院实现招生计划单列、教育经费独立划拨和可用教师编制到位。按照“所(院)系合一”的办学模式,加强学院建设和教师队伍建设,医学系进入全面筹建阶段,研究生培养规模继续扩大,招收国家统招研究生139人,创历史新高。医学与生命科学学院现有在校生1 976人,其中本科生1 080人、研究生896人。

【国际科技合作与交流】 2012年,该院共派出17批34人次赴9个国家和地区参加学术会议、进修培训和开展科研合作,接待美国、澳大利亚、荷兰等国来访学者10批15人次,举行学术报告9场。与荷兰雷顿大学签订合作协议。举办科技部国际培训计划项目,来自14个发展中国家的20名学员参加了培训。争取各类国际合作项目11项,其中国家级引智项目3项,1人获得山东省海外留学人员回国创业奖。

(省医学科学院　陈　欣　梁　月)

山东省农业科学院

【概述】 山东省农业科学院是省政府直属的综合性、公益性省级农业科研单位,主要研究领域涵盖山东乃至黄淮海区域农业发展所需的粮经作物、果树、蔬菜、畜禽、蚕桑、资源环境、植物保护、检验检测、农产品加工、农业微生物、农业生物技术、信息技术等43个学科。现有12个处室、20个研究试验单位、4个试验站和18处分院,并设有1处博士后科研工作站。建有国家和部级创新平台44个、省级创新平台29个。全院国有资产12.7亿元,试验地456.52hm^2(6 847.8亩),5万元以上仪器设备686台(件),保存种质资源3.3万份、图书资料50万册(卷),编辑发行《山东农业科学》等6种科技期刊。在“十一五”全国农业科研机构综合科研能力评估工作中,该院有9个研究单位进入全国百强,百强所数量继续位居全国省级农科院首位,且位次普遍前移。

【科研项目与经费】 2012年,该院新上科研项目310余项,立项总经费2.35亿元。其中,主持公益性行业科研专项、转基因重大专项、国家发改委育种能力建设专项、省自主创新专项等重大项目8项。

【科研成果】 2012年,该院共获得省级以上成果奖励23项。其中,赵振东研究员荣获山东省科学技术最高奖;该院作物研究所完成的“超高产稳产多抗广适小麦新品种济麦22的选育与应用”获得国家科技进步二等奖,该院已连续11年获得国家科技奖励;获得省科技进步一等奖3项、省技术发明二等奖2项、省科技进步二等奖3项,省农牧渔丰收奖一等奖1项、二等奖1项。全年公开发表论文论著680篇,其中被SCI、EI等收录论文117篇,较上年增长13.6%。在植物抗逆研究、动物重大疫病机理研究和生物反应器研究等方面取得重要进展。有51个农作物品种通过国家或省级审定，获得植物新品种权2项。审认定标准48项。获得发明专利授权112件，较上年增长87.5%。

【科研成果转化及产业化】 2012年12月，该院组建的山东种业集团股份有限公司正式挂牌成立。该院全年共组织申报各级产业项目18项，立项经费3 511万元，其中过千万项目1项。建立了产业项目数据库，产业项目管理更加规范。牵头申报的山东省农村信息化、畜禽兽药产业及甘薯产业联盟列入省第三批产业技术创新战略示范联盟。5月，与济南市合作共建的奶牛优良种质创新与遗传改良平台项目在长清区奠基，项目计划总投资5 000万元，建成后将成为国内规模最大的高产优质荷斯坦奶牛种质资源基地。

【科技创新平台建设】 2012年，山东省首个作物类国家工程实验室——小麦玉米国家工程实验室在该院正式揭牌成立。农业部黄淮海平原农业环境重点实验室建设项目启动。山东省农产品精深加工技术实验室获批建设，至此该院省级重点实验室达到12个。山东省首个地方鸡品种资源活体基因库批复立项。山东省作物遗传改良与生态生理重点实验室再次入选山东省十大重点支持实验室。

【科技人才培养与队伍建设】 2012年，该院新增"泰山学者"特聘专家、海外特聘专家各1人，新增享受国务院政府特殊津贴专家1人，引进博士22人、硕士17人。充分发挥山东大学农学院、博士后科研工作站和研究生联合培养基地的作用，扩大了在院研究生规模。在山东省启动的现代农业产业技术体系创新团队中，争取到棉花产业首席专家岗位及棉花、羊产业专家岗位3个，争取到农业部农业科研杰出人才及其创新团队2个。

【科技咨询与服务】 2012年，该院共举办各类科技培训班280余期，观摩交流会12次，培训农业技术员和种养殖大户5万余人次。建立院级科技示范基地6个，在全省各地参与建设小麦、水稻、棉花等高产高效农业示范区50余处。该院被评为全国"农业科技促进年"活动先进集体。组建25个专家服务团，针对4个地市的291个贫困村开展"第一书记"帮扶工作。

【科技合作与交流】 2012年，该院以深入实施"同纬度、同生态国际先进农业技术成果引进计划"为主线，围绕作物种质资源利用、蔬菜、果树、畜牧等技术引进，与波兰、美国、加拿大、韩国、巴西和墨西哥等国家深化交流合作。新上国际合作项目19项。承建山东省中加果蔬加工合作研究中心等国际合作平台。援建的苏丹农业技术示范中心已进入技术合作期，鲁棉研28号通过苏丹国家审定，创造了苏丹转基因棉花合法种植的历史。与长清区政府和北京首农集团等单位签订合作协议，参与共建济南西区安全农产品标准化示范区。与寿光市政府签订合作协议，共建国家现代农业示范园区。

（省农业科学院　王莹莹）

山东社会科学院

【概述】 山东社会科学院是省委、省政府直属的综合性社会科学研究机构，前身是1978年成立的山东省社会科学研究所，1980年改为现名。该院有8个职能部门、13个研究所、2个研究辅助机构。山东省马克思主义研究中心、山东省海洋经济研究基地、山东省人口研究基地、山东省对外经济研究基地、山东省生态经济研究基地、山东省经济形势分析与预测软科学研究基地和山东省文化产业理论创新基地设在该院。馆藏社会科学类图书30余万册。主办综合性学术理论刊物《东岳论丛》，在国内外公开发行。主办《呈阅件》和《科研要报》，供省领导参阅。

【科研项目与经费】 2012年，该院新上各类科研项目227项。其中，国家社科基金项目4项，省社科规划项目19项，省软科学研究项目3项，省领导交办项目118项，横向课题19项，院级项目66项。组织22支调研队伍，深入青岛、潍坊、菏泽、聊城等地农村、厂矿企业进行省情调研20批次。完成"跨国公司垂直分离化对山东产业升级的影响及对策""黄河三角洲地区经济转型升级与可持续发展研究""山东转变对外贸易发展方式的重大思路研究""山东农村转型中村庄格局的重构""山东省小城镇发展中存在的问题及对策研究""山东省推进新型城镇化与新农村建设互动关系研究""山东半岛蓝色经济区金融人才研究""海洋经济创新发展区域示范研究"和"山东公共文化服务体系建设的财政保障机制研究"等项目研究。全年科研项目总经费306万元。

【科研成果】 2012年，该院获得山东省第26次社科优秀成果奖15项，其中重大成果奖1项、一等奖1项、二等奖10项、三等奖3项。取得各类研究成果852项，其中发表论文380篇(CSSCI来源期刊57篇)，调研报告418项，译文4篇，述评和综述10项，出版《科学发展观与强省战略研究》《山东“文化强省”建设战略研究》《区域经济创新发展研究》《三农问题：危机与破解》《理想与现实》《新时期沂蒙精神研究》《中国文化的再展开——儒学三期之回顾与展望》《山东当代影视艺术的地域化特色研究》《中间商与中国近代交易制度的变迁》《晚晴社会思潮演进史》和《网络：一种新的反腐利器》等著作40部。《实现“百年梦想”的政治宣言》《全面认识中国特色社会主义的探索实践》《民族精神与社会核心价值体系建设》《新型工业化是强县之路》《我国地方社科院科研管理体制创新研究》《技术进步、资本深化、产业升级与大学生就业》《目标设置与评估的集中化及其指引价值的缺失与重建》《荀子正义思想述要》《山东渔业科技进步研究》《科学发展观视角下我国现代渔业制度建设》和《蓝色贸易制度发展趋势及其对山东外贸出口的影响》等64篇论文分别在《人民日报》《光明日报》《经济日报》《中国社会科学报》《大众日报》《新华文摘》《中国社会科学文摘》《人大复印资料》《经济研究参考》《孔子研究》《中国行政管理》《当代世界与社会》《中国人口科学》《管理科学与评论》《中国渔业经济》和《海洋开发与管理》等国内报刊上发表。

【应用对策研究】 2012年，该院通过《呈阅件》《科研要报》《山东经济蓝皮书》《山东社会蓝皮书》和《山东文化蓝皮书》等多种形式向省领导及时报送科研成果和信息，为省领导科学决策提供咨询服务。23项成果获得省部级以上领导肯定性批示。其中，《沿海蓝色经济区建设与合作发展机制创新研讨会观点综述》得到国务院领导的肯定性批示，被批转国家发改委、国土部(海洋局)、科技部、环保部、商务部、财政部、人民银行、中编办参阅；《关于积极推进省会南部生态经济区科学发展的建议报告》获得省委书记姜异康的肯定性批示；《关于我省提前基本实现现代化的战略研究》《农业产业化 农村社区化 农民市民化——破解三农问题的“诸城模式”及其启示》和《以全国金融工作会议精神为指导引导、发展、规范我省民间借贷的建议》等4项成果获得省委副书记、省长姜大明的肯定性批示；《计生协如何在社会管理和公共服务中发挥更大作用》获得中国计划生育协会党组书记杨玉学的肯定性批示；《关于在威海南海新区建立中日韩地方经济示范合作区的建议》《借鉴江苏经验 加快山东国际服务外包产业发展的对策》《解放思想 积极开拓，在应对经济下行中发展》《关于进一步提升青岛“西海岸经济新区”建设的若干意见》《山东省百强企业竞争力与分析》和《加快山东服务外包园区转型升级的对策建议》等16项成果分别获得王军民、孙伟、李群、孙守刚、孙绍骋等省领导的肯定性批示。

【科研平台建设】 2012年，山东社会科学院鲁西发展研究院和山东社会科学院青岛西海岸新区研究院两个分院挂牌成立。截至2012年底，该院调研基地总数达到8个。11月，由该院和青岛市社科院联合主办的第四届山东省地方社科院科研联席会议暨山东社科院调研基地座谈会在青岛举行。

【科技人才队伍建设】 2012年，该院通过公开招聘引进博士1人，新增全国“四个一批”理论人才1人，新增享受国务院政府特殊津贴专家1人，1人获得山东社会科学突出贡献奖，2人获“齐鲁文化英才”称号，11人入选省委宣传部“百人工程”。在省第十一届政协会议上，该院有1人当选省政协常委，并担任经济专委会副主任。5月，山东社会科学院高效生态经济研究岗位泰山学者岗位院士(学部委员)工作室揭牌成立。

【科研项目选介】

中国荀学史 国家社会科学基金重点项目，起止时间为2012年6月—2015年12月。该项目将对2 000多年来荀学的沉浮兴衰作出扎实而系统的梳理，分析其原由，把握其脉络。对荀学思想体系本身进行重新解读，消除历史误解，还原本来面目。该项目将把荀学置于全球化与市场经济的语境当中，揭示其现代价值，评估其未来命运。

哲学形态学研究 国家社会科学基金一般项目，起止时间为2012年6月—2014年12月。该项目将从考察哲学基本问题及其现代表现形式入手，寻求具有高度普遍性的哲学形态划分标准和划分方法，力争建立起一个能够为大多数哲学家所接受的、涵盖整个世界哲学发展史的哲学划分体系。重点论述两大哲学基本形态——传统形而上学与唯物主义辩证法的划分标准、基本功能及其表现，难点是对哲学过渡形态的论述和对当今世界哲学体系的划分。

农村老年人口经济供养及其对策研究 国家社会科学基金青年项目，起止时间为2012年6月—2014年12月。该项目对我国农村人口老龄化现状及变动趋势进行客观预测，并通过问卷调查从收入水平、收入来源、消费支出等情况分析农村老年人的生活状况，通过对农村外出务工子女与留守子女对留守老人的经济供养的比较及不同经济发展水平县(市)之间的区域比较，分析农村老年人口经济供养存在的问题，研究农村老年人口经济供养框架体系。

中国转向“结构均衡增长”的城市化战略研究 国家社会科学基金青年项目，起止时间为2012年7月—2014年12月。该项目基于当前经济结构转型的背景，通过考察国内外城市化道路的特征与经验，分析新时期我国城市化发展的特点、城市化与经济结构调整之间的关系以及城市化对经济转向“均衡增长”的影响，提出促进我国经济转向“均衡增长”的城市化战略与具体对策。

(山东社会科学院　杨　梅)

山东省水利科学研究院

【概述】 山东省水利科学研究院始建于1957年，隶属于山东省水利厅，是以基础应用研究为主的社会公益型研究机构，主要研究领域涉及防灾减灾、水资源与水环境、农村水利、水土保持、岩土工程、水工水力学、材料与结构、水利工程建设与管理、信息与自动化、新设备新仪器的研制、水利发展战略等。

【科研项目】 2012年，该院共承担省部级以上科研项目20余项，承担的主要科研项目如表所示。

2012年山东省水利科学研究院承担的主要科研项目

项目名称	项目类别
黄河三角洲盐碱地综合治理技术与装备研究	水利部公益性行业科研专项
黄河下游引黄灌区泥沙综合利用技术	水利部公益性行业科研专项
基于水系联通的水资源优化配置与调度技术	水利部公益性行业科研专项
黄河河口地区水资源利用与水生态修复技术	水利部公益性行业科研专项
滨海地区高效农业节水技术与示范	水利部公益性行业科研专项
地下水灌抽两用井技术	水利部948计划
灌区现代化建设先进技术集成与推广示范	水利部重点推广计划
变化气候下胶东半岛水资源风险抵御与管理技术合作研究	国际科技合作项目
华北引黄灌区管道输水灌溉工程示范区	国家水利科技支撑计划
农村供水管网优化设计与安全调控技术研究	国家水利科技支撑计划
浅层地下水超采污染区原位在线观测技术引进	水利部948计划
山东省水资源高效利用与生态环境保护关键技术研究成果转化	省农业科技成果转化资金项目
地下水水源地自动化监测技术研究与示范	省水利现代化示范项目

【科研成果及选介】 2012年，该院获得的主要科技成果奖励如表所示。通过鉴定成果9项，验收成果2项。获得专利授权8件，其中发明专利1件（“畦田灌水用可计量导流防冲板”）、实用新型专利6件、外观设计专利1件。发表学术论文84篇，其中被SCI收录4篇、EI收录13篇、ISTP收录1篇。出版专著2部：《滨海流域防洪与地下水回灌的有效措施》和《有限元地下水流和溶质运移模拟系统FEFLOW6用户指南》（中国环境科学出版社）。

2012年山东省水利科学研究院主要科技成果奖励

奖项名称	等级	项目名称
山东省科技进步奖	一等奖	山东半湿润区现代节水农业技术研究与集成
	二等奖	山东省水资源高效利用与生态环境保护关键技术研究
	三等奖	浅层地下水硝酸盐污染的可渗透反应墙（PRB）修复技术研究
山东省软科学优秀成果奖	一等奖	最严格水资源管理制度体系研究
	二等奖	山东省现代水利发展战略研究

续表

奖项名称	等级	项目名称
山东省水利科技进步奖	一等奖	山东半湿润区现代节水农业技术研究与集成
		山东省现代农业节水工程技术集成研究
		地下水超采区的环境效应与水资源适应性管理研究
		塑性混凝土渗透仪的研制及应用

滨海地区水资源综合管理技术研究 科技部国际合作与交流计划项目。该项目针对滨海地区水资源综合管理问题开展国际合作研究，在对滨海地区水资源开发利用现状及存在问题进行分析的基础上，选择龙口市作为主要研究示范区，开展水管理的社会经济分析及其应用、水资源可持续管理的决策支持系统与综合措施、节水和中水利用示范工程建设以及地表地下水监测技术等研究。提出滨海地区水管理方案的经济和社会影响评价方法和准则；建立水管理方案多目标和系统动力学模型、不同规划水平年水资源优化配置和综合评价模型，确定了水资源配置最优方案；提出基于 GIS 的地下水硝酸盐氮特殊脆弱性 DRASTIC-FNO 评价体系、滨海地区水资源综合管理决策支持系统。2012 年 12 月，该项目通过省科技厅委托省水利厅组织的成果鉴定，总体达到国际领先水平。

黄河三角洲水资源优化配置与适应性技术研究 水利部公益性行业专项经费项目。该项目以东营市为研究区域，在水资源时空演变特征分析、水资源脆弱性评价、水资源承载力计算的基础上，考虑未来气候变化、海平面上升及人类活动影响等不确定因素，研究提出黄河三角洲水资源适应性管理模式，对水资源优化配置、非常规水综合利用、农业综合节水、水生态修复等关键适应性技术进行研究。开发出适应性信息管理系统，形成了黄河三角洲水资源适应性技术框架体系，提出基于沿海生态河道及区域水网建设、集“灌溉—排水—生态补水”于一体的黄河水循环利用方案和适宜于盐碱地区的咸淡水轮灌高效节水灌溉制度。为河口地区生态补水和修复提供技术支撑，对促进黄河三角洲高效生态经济区水资源高效利用和生态环境保护具有重要意义。2012 年 12 月，该项目通过省科技厅委托省水利厅组织的成果鉴定，总体达到国际领先水平。

现代农业节水抗旱关键技术推广示范 水利部科技推广计划项目。该项目针对山东省山丘区和平原井灌区农业节水工程和农艺节水技术推广现状，对水源建设、工程节水、农艺节水和管理节水等方面进行研究，在对管道灌溉、喷灌、微灌和农艺节水的关键技术的研究集成基础上，分别形成了山丘区和平原井灌区现代农业节水抗旱技术体系。在桓台县、泗水县推广应用面积 353.33hm^2（5 300 亩），采用节水抗旱综合措施后，水分生产率提高 20% 以上，作物品质和产量均有大幅提升。对于缓解山东省日益紧张的水资源形势和抵御频发的旱灾，保障粮食安全具有重大的意义，社会、经济和环境效益显著。2012 年 9 月，该项目通过水利部国际合作与科技司组织的成果验收，综合评价为 A 级。

振动射冲成槽地下连续墙施工技术推广 水利部科技推广计划项目。该项目在山东省内进行推广应用近 30 处，并被河北、黑龙江、陕西等地采用。据测算，施工单价平均约为 200 元/平方米，与目前高喷防渗墙和砼防渗墙的市场价格相比，分别降低 33%、43%。通过项目实施，有效治理了水库渗漏，为增加蓄水量、提高工农业生产、保障人民生命财产安全提供重要支撑，社会、经济和环境效益显著，推广应用前景广阔。2012 年 9 月，该项目通过水利部国际合作与科技司组织的成果验收，综合评价为 A 级。

【科研条件建设】 2012 年，该院固定资产总值 3 425 万元，投入 150 余万元购置了氯离子含量速测仪、双通道多参数测定仪、测氡仪镭探头、便携式超声流量计、TDR 土壤水分测试仪、非金属超声波检测仪、管涌渗漏检测仪、自动气象站、灌溉自动化控制系统、全自动消解系统、干湿循环试验系统、压蒸釜、微型流量传感器、含气量测定仪、混凝土脱模器等设备。

【科技活动与学术交流】 2012 年，该院承办山东省重大水利科技项目启动实施会议，组织召开“山东省水资源与水环境重点实验室 2012 年度学术委员会会议”，承办山东水利学会年会。邀请刘昌明院士、董哲仁教授、夏军研究员等多名国内外专家围绕“水生态文明建设”主题作学术报告。邀请西北农林科技大学副校长吴普特教授、中国水科院水利研究所所长许迪博士、丹麦水力学研究院（DHI）水与环境部总工吕谦明博士等专家学者来院作学术报告。年内，该院共派出 6 人次赴美国、加拿大、南非、新加坡等国家进行学术交流和考察。

【科技人才培养与队伍建设】 2012 年，该院新引进硕士 2 人，2 人入选山东省有突出贡献的中青年专家，1 人被省人社厅、省科技厅评为山东省优秀科技工作者，1 人被水利部评为全国水利财务工作先进个人，3 人被水利部聘为“东北四省区节水增粮行动项目专家”，1 人取得高级工程师任职资格，1 人取得工程师任职资格。年内，该院与中国矿业大学签署了研究生联合培养合作协议，与济南大学、山东建筑大学联合设立的两个研究生联合培养基地进展顺利。

【科技合作与社会服务】 2012年，该院与邹城市水利局签署了战略合作框架协议。设在该院的山东水利科技信息中心站共为32项课题立项、鉴定及报奖进行查新服务。出版《山东水利》12期，全年发行7万余册。摘编发行《水利科技信息》2期。

（省水利科学研究院 郭 磊）

山东省海洋化工科学研究院

【科研项目】 2012年，山东省海洋化工科学研究院共承担各级各类科研项目23项，包括国家863计划项目2项、省重大专项项目1项、省科技发展计划项目6项，项目总经费1 325万元。其中，新上科研项目9项，如表所示。

2012年度山东省海洋化工科学研究院主要新上科研项目

项目类别	项目名称
国家火炬计划	DD120型均相阳离子交换膜
山东省自主创新重大专项	溴素资源高效提取与高值化开发
山东省自主创新成果转化重大专项	扩散渗析膜材料规模化制备及应用
山东省科技发展计划	溴化苯乙烯－丙烯腈共聚阻燃材料合成研究
	磷溴复合高效阻燃环氧树脂的中试研究
	绿色合成基钻井液的开发
科技型中小企业创新发展专项基金	高性能渗析阴膜关键技术及其组器开发
潍坊市科技发展计划	双极膜材料规模化制备及其组器设计开发
	多级渗析膜资源化回收钢铁酸洗废液的应用技术研究

【科研成果及选介】 2012年，该院有4项成果通过鉴定或验收，其中“卤水资源高效利用及创新产品关键技术研发与产业化”和“2-乙醇基吡啶及其衍生物的绿色合成新工艺”达到国际先进水平，“可控聚合的本质阻燃材料研究”和“年产100t双丙酮丙烯酰胺中间试验”达到国内领先水平。申请专利18件，其中发明专利12件、实用新型专利6件；获得专利授权1件（“一种八溴二苯乙烷的制备方法”）。在国家级核心期刊发表学术论文6篇，参编著作1部。“废酸回收的渗析阴膜及其应用技术”被中国环境保护产业协会评为2012年国家重点环境保护实用技术。

卤水资源高效利用及创新产品关键技术研发与产业化 省自主创新成果转化重大专项。该项目在溴素高效提取、海水提溴和定位定量溴化等关键技术方面取得较大突破，建成国内溴素高效提取和溴系高值产品产业化示范基地，实现了我国溴素提取及高附加值溴系产品的更新换代。使溴素综合提取率由72%提高至90%以上，建成年产1 000t溴素资源高效提取示范工程1套。完成有机物苯环及直链可控定位定量溴化技术研究，成功应用于八溴二苯乙烷、溴化聚苯醚、三溴苯乙烯、聚三溴苯乙烯等溴系产品生产。2012年4月，该项目通过省科技厅组织的验收，综合技术达到国际先进水平。

【科研成果转化及产业化】 2012年，由该院开发的“十溴二苯醚阻燃剂替代品开发”和“扩散渗析器组件制备技术”两项技术成果在山东天一化学股份有限公司和山东天维膜技术有限公司等企业得到应用转化并实现产业化，为相应企业实现销售收入4 200余万元，利税1 400万元。其中，山东天维膜技术有限公司利用“扩散渗析器组件制备技术”生产均相阴膜渗析器90余台（套），实现销售收入2 022万元，扩散渗析器的应用解决了制约冶金行业发展的“废酸回收”环保难题，为行业或产业创造间接经济效益和社会效益超亿元；山东天一化学股份有限公司利用“十溴二苯醚替代品开发”技术生产环保型阻燃剂代替传统的十溴二苯醚，可明显降低产品对环境的污染，为企业实现销售收入2 192万元。通过两项技术成果的转化，累计为当地新增就业140余人。

【科研条件和平台建设】 2012年，为配合山东省蓝色经济区建设，该院对原有科研资源进行有效整合，积极推进各级各类平台项目的建设，其中国家发改委服务业平台“潍坊市海洋化工企业服务中心”项目、外贸公共服务平台项目等按计划进行，预计2013年6月可建成投入使用。在硬件建设方面，新购置仪器设备75台（套），主要用于实验室、仪器室完善，新建的面积为2 156m² 实验中心进入收尾阶段。与山东天维膜技术有限公司共同组建省级院士综合工作站1处，并聘请高从堦院士和徐铜文教授等国内著名专家进站，联合进行均相系列荷电膜材料研发。博士后流动站申请工作正在进行。

【科技人才培养与队伍建设】 2012年，该院新引进专业技术人才18人，其中博士1人、硕士6人，派出43人次参加各种形式的培训学习。刘兆明被潍坊市政府聘为“鸢都学者”，并被科技部聘为高性能膜材料专家组专家。孟烨获得轻工系统“首席技师”称号。在科技人才队伍建设方面，该院推行以研发团队为单元的团队管理模式，所有技术人员实行动态管理和绩效考核相结合的方式，充分调动了科研人员的主观能动性和创造性。

【技术咨询与服务】 2012年，该院共为40余家企业提供技术服务、技术转让和技术咨询，开展技术培训152人次。完成全省近百家盐业及盐化工企业的食用盐、工业盐及相关盐化工产品的检测化验工作。承接产业化项目设计工作8项，协助企业申请专利32件，完成项目可行性研究报告7项。

【科技合作与交流】 2012年，该院与中国海洋大学、中国科技大学、北京理工大学等高校联合申报科技攻关项目5项，开展技术合作项目11项，完成产业化项目2项，开展国内外科技交流活动17次。

（省海洋化工科学研究院　李善清　王善华）

山东省林业科学研究院

【科研项目】 2012年，山东省林业科学研究院新上科研项目25项，其中“刺槐属种质资源收集保存与创新利用研究”列入国家林业公益性行业专项，“矿区废弃地土壤改良及植物材料选择建植技术引进”列为国家“948”引进项目，“黄河三角洲冬枣钾营养机制与调控技术”获国家重点实验室开放基金，“核桃新品种推广”列为中央财政跨区域推广项目，“林木抗逆良种选育”列入山东省农业良种工程，“侧柏生态公益林抚育经营关键技术研究”和“南水北调水系生态植被恢复”等列入省科技发展计划。

【科研成果及选介】 2012年，该院获得科技成果获奖7项，其中省科技进步一等奖1项、二等奖1项、三等奖3项。选育出核桃新品种3个，欧美观赏海棠新品种5个，刺槐、楸树等新品种5个，鲁青榴1号等石榴新品种4个。有6个林木新品种获植物新品种权、3个通过林木良种审定。完成甜樱桃、柽柳、石榴等4项国家行业标准，制订欧美海棠育苗及培育2项技术规程。鉴定验收项目3项，成果均达国际领先水平。获得国家发明专利授权9件，实用新型专利授权3件。在国内核心刊物发表论文42篇，其中被SCI收录论文4篇。出版学术专著2部。该院被评为国家林业局知识产权保护先进单位。在杨树纸浆材群体结构优化技术、山东湿地资源调查、全省林木种质资源调查等方面取得重要进展。

平衡根系轻基质容器育苗关键技术 该项目获得2012年省科技进步一等奖，项目内容详见“科技成果和奖励”部分。

核桃新品种元林、青林、绿香、日丽选育与应用 该项目以我国现有核桃种质资源为基础，深入开展核桃育种基础理论和遗传特性分析研究，根据核桃产业发展和消费需求，提出核桃新品种选育标准，开展核桃种质创新、专用品种选育及配套关键栽培技术研究，并建立核桃产业服务体系。已获得植物新品种权3项、林木良种审定2项，在《Plant Disease》和《园艺学报》等刊物发表论文50余篇，出版《中国核桃产业发展报告》，制定国家林业行业标准——《无公害干果》。成果已在济南、泰安等地推广应用1.71万hm²(25.7万亩)，获得经济效益13.24亿元。在章丘市曹范镇建成万亩核桃优质生产基地。元林、青林等品种在陕西、北京、新疆、辽宁等地进行了较大面积的推广应用，产生了显著的经济、生态和社会效益。2012年，该项目获得省科技进步二等奖。

冬枣、棉花绿盲蝽生物生态学特性及综合防治技术研究 省科技攻关项目，属农林应用科学技术领域。该项目对绿盲蝽在冬枣、棉花主产区的发生发展规律进行系统调查，确定其危害特点、评估其危害程度，摸清了绿盲蝽在冬枣和棉花间的转移危害规律及危害加重的原因。对绿盲蝽的生物生态学特性进行研究，探讨了绿盲蝽在冬枣园空间分布状态及不同生态型枣园对越冬卵量的影响。研究绿盲蝽发生期、发生量及发生趋势预测预报技术方法，建立了预测预报模型。创新了防控生物药剂印楝素、天然除虫菊素大量生产提取方法。筛选出4种高效低毒复配药剂，制定了绿盲蝽综合防治技术规程，以小成本投入即可有效控制绿盲蝽危害。降低了冬枣果实农药残留，提高了冬枣、棉花的产量和品质。该项目技术已在东营、滨州、聊城、菏泽、高密等地冬枣、棉花种植区进行大面积推广应用，4年累计推广24.47万 hm^2(367万亩)，获得经济效益32 971.19万元。综合防治技术冬枣防治效果达到85%以上，棉花防治效果达到90%以上。2012年，该项目获得省科技进步三等奖。

高标准农田林网建设技术研究与示范 该项目采用科研与生产、试验与调查、示范与技术相结合的方法，对农田林网建设的理论和技术进行系统研究，提出高标准农田林网建设集成配套技术并制定技术规程，首次界定高标准农田林网的概念和内涵，首次提出农田林网综合气候效应场理论，为山东省乃至全国高标准农田林网建设提供了示范样板、配套技术和理论依据。成果已在高密、菏泽、鄄城等地辐射推广0.35万 hm^2(5.25万亩)，累计新增产值1.2亿元，明显增加了林木覆盖率，经济和生态效益显著。2012年，该项目获得省科技进步三等奖。

荒山生态林营造及植被恢复技术 该项目针对山东省干旱瘠薄山地造林难的实际，运用生态学和森林培育学原理，定位观测研究不同立地植物群落结构、人工植被恢复和自然演替规律、物种多样性变化等内容，测定植被恢复后的蓄水保土效果，探讨山区生态安全指标体系，为荒山造林植物材料选择和配置、科学开展植被恢复技术提供了科学依据。已发表论文14篇，出版专著2部。提出整地、平衡根系无纺布容器苗、覆盖、保水剂、混交等8项造林技术措施，并编制荒山生态林造林技术规程(草案)。在荒山造林地区辐射推广造林新技术3.5万 hm^2(52.5万亩)，造林成活率达到95%，起到良好的示范带动作用，生态、社会和经济效益显著。2012年，该项目获得省科技进步三等奖。

【科研成果转化与技术服务】 2012年，该院选派"第一书记"到菏泽贫困乡村抓党建促脱贫，并多次组织科技人员到联系点，为贫困村开展林果生产、测土配方施肥等技术的指导和服务。选派2名科技特派员到无棣、沾化开展技术服务。以中央财政和省财政推广项目为依托，在全省开展杨树、核桃、白蜡、板栗等优良品种及配套栽培技术的推广示范。建立优质高产标准化生产技术示范园266.67hm^2(4 000多亩)，苗木繁育基地200hm^2(3 000亩)，建立配方施肥技术示范园333.33hm^2(5 000亩)，举办各类技术培训班17期，培训人员2万人次。

【科研条件和平台建设】 2012年，该院申报的国家林业局经济林产品质量检验检测中心和华东核桃工程技术研究中心，分别于6月和12月通过专家评审和现场验收。申报的山东省核桃工程技术中心获省科技厅批准筹建。国家级黄河三角洲森林生态定位站完成一期仪器设备购置和试验人员技术培训。对省遗传改良重点实验室网络平台和管理制度建设进行完善。对省森林植被生态修复工程技术中心和省林业外来有害生物防控工程技术研究中心进行中期建设，对中心试验室进行调整布局，投入150万元购置了梯度PCR仪、DNA离心浓缩仪、高速冷冻离心机等大型仪器设备。

试验苗圃 完成办公环境整治和基础设施改造工程，新建实验室面积375m^2。加大对平衡根系无纺布容器育苗技术的研发与示范，繁育苗木20余万株，生产和推广育苗容器成型机60台，在全国20多个省形成推广网络，为山东省乃至全国容器育苗产业发展提供了示范样板。

东营分院 参与东营市生态林场、东营市农业高新技术产业示范园区和寿光市万亩生态林场建设规划和技术指导，选育和繁育鲁柽1号、鲁柽2号、盐柳1号等新品种200万株，推广新品种以及容器育苗造林、困难立地造林等新技术0.67万 hm^2(10万亩)。与当地企业联合申报省自主创新专项资金项目1项。

寿光试验站 重点繁育鲁林1号杨、盐柳、白蜡等苗木120万株，新造林6.67hm^2(100亩)，改造残次林整理土地8.67hm^2(130亩)。投入30万元，对实验基地供电设施、供水管线及相关配套设施进行全面改造。

【科技人才培养与队伍建设】

创新团队建设 2012年，该院加强了对林木遗传育种、森林植被生态恢复、基因工程育种、外业有害生物防控、经济林育种与标准化生产等5个领域创新团队的建设，初步形成了"以突贡和特贴专家为带头人，中青年硕博士为骨干"的高层次科研队伍，提升了团队的科研素质和创新能力。

中青年骨干培养 2012年，该院出台多项科研奖励措施，加强对中青年科研人员的激励和培养。举办院首届中青年硕博士论坛。在最新配备的中层干部中，有7名青年硕博士上岗。在科研立项上向中青年科技骨干倾斜，有6名青年硕博士获得科研立项。新增山东省有突出贡献的中青年专家1人。

【科技合作与学术交流】 2012年，该院首次组织召开了院与5个分院及有关单位参加的院所科技合作交流会，加强全省科技资源整合与协作攻关。与中国林业科学研究院、光合园林集团、潍坊华都集团、山东三益园林绿化有限公司等企事业单位建立了科技产业联盟。全年组织开展学术交流活动8次。

(省林业科学研究院 秦光华 康 智)

山东省食品发酵工业研究设计院

【概述】 山东省食品发酵工业研究设计院创建于 1963 年，是山东省唯一的集食品发酵工程技术研究、检测、设计于一体的综合性专业研发单位，主要职能是为企业提供技术转让、技术服务、工程设计、产品质量监督检测、人才培养以及产学研合作共建工程技术研究平台等，在传统食品、保健食品、农副产品深加工、新型发酵、传统发酵、香精香料研究领域部分研究方向处于国内领先地位。山东省食品发酵工程重点实验室和山东省饮料行业协会秘书处设在该院。由该院与山东轻工业学院共建的山东省食品发酵工程行业技术中心在现代酿酒技术、微生物酶技术、食品新型资源开发、氨基酸发酵、有机酸发酵、食品质量与安全、综合利用与环境保护、生物工业设备装备、传统产业节能工艺等研究领域达到国内领先水平，已成为山东省食品发酵工程工业领域高层次人才培养和科技创新基地。2012 年，该院连续第 10 年被评为“省直文明先进单位”，并被评为“全省轻工业行业先进单位”。

【科研项目与成果】 2012 年，该院承担完成了食品发酵工程科研、设计成果 70 项，其中新上工程咨询项目 53 项，新上技术转让项目 14 项。承担的 6 项国家及省级科技项目按计划进行，其中新上国家 863 计划课题 1 项，新上省自主创新重大专项 1 项，结转省自然科学基金项目 2 项，结转省科技攻关项目 2 项。开展开放式课题 6 项，分别是“产碱性木聚糖酶菌种的选育及应用研究”“生物法制备琥珀酸关键技术研究与开发”“高产 D- 阿拉伯醇菌株的筛选及发酵控制技术研究”“木糖醇菌株筛选及工艺优化”“赤藓糖醇生产复副产物的资源化利用”和“白酒产业废弃物资源化利用关键技术研究”。获得济南市科技进步三等奖 1 项，菏泽市科技进步二等奖 1 项。申请国家发明专利 2 件，获得国家发明专利授权 1 件。制定国家标准 2 个，均已正式发布。制定行业标准 2 个，其中 1 个已正式发布。发表学术论文 25 篇，其中被 EI 收录 2 篇，在国家核心期刊发表 16 篇。参与组建山东省大豆产业技术创新战略联盟。

芽孢激活杀菌、蛋白稳定技术在中性燕麦浓浆生产中的应用研究 该项目在中性燕麦浓浆加工工艺中引入芽孢激活杀菌技术和蛋白质稳定技术，以保证产品口味新鲜、稳定性好，即降低了生产成本，又减小了口味和应用成分的破坏率，提高了产品的内在质量。2011 年，该项目通过省级鉴定，达到国际领先水平。2012 年，该项目获得济南市科技进步三等奖。

利用细胞破壁技术从芦笋残渣中提取芦丁及多糖的技术研究 在榨取芦笋汁的过程中产生了大量的芦笋残渣，其中含有芦丁、多糖等多种活性物质。该项目首次将细胞破壁技术运用到芦笋残渣回收利用上，从芦笋残渣中提取芦丁及多糖，大大提高提取率，降低生产成本，使芦笋从皮到渣都能被充分利用。2011 年，该项目通过省级鉴定，达到国际先进水平。2012 年，该项目获得菏泽市科技进步二等奖。

非油炸真空膨化酥脆冬枣技术 该项目主要是将鲜冬枣经过检选、清洗、透核、Vc 护色、冷冻干燥、真空状态下进行整枣非油炸膨化干燥等工艺，最终生产出含水量在 3% ～ 5% 的非油炸酥脆冬枣。产品不含任何添加剂，绿色环保，不仅保留了冬枣的营养，而且口感更加酥脆香甜。2012 年 11 月，该项目通过省科技厅组织的成果鉴定，综合技术达到国内领先水平，产品填补国内空白。

从金丝小枣枣泥中制备金丝小枣酵素 该项目为利用生产金丝小枣浓缩枣汁的下脚料枣泥为原料，经复合酶酶解，通过对多种纤维素酶和半纤维素酶的用量、酶解温度和时间正交试验，找到最佳酶的组合，使酶解效果达到 70% 左右，经浓缩杀菌、发酵、喷雾干燥，最终得到水分含量小于 10% 的金丝小枣酵素。2012 年，该项目通过省科技厅组织的成果鉴定，综合技术达到国内领先水平。

从浓缩枣汁超滤截留液中提取金丝小枣多肽和多糖 该项目从浓缩枣汁超滤截留液中提取金丝小枣多肽和多糖。浓缩枣汁超滤截留液经复合蛋白酶酶解，形成枣多肽。进行纳滤膜分离，控制枣多肽分子质量在 500 ～ 1 000 道尔顿，对酶解不到位的枣蛋白截留，同时进一步纯化枣多肽，使纳滤透过液为枣多肽，纳滤截留液为枣多糖。采用截留分子量为 150 道尔顿的纳滤膜对多肽液进行脱盐处理和真空浓缩、冷冻干燥，得到枣肽粉。枣多糖经脱色、除蛋白、浓缩、喷雾干燥、粉碎、包装后制成成品枣多糖。2012 年，该项目通过省科技厅组织的成果鉴定，综合技术达到国内领先水平。

【科研成果转化及产业化】 2012 年，该院共为 70 多家企业提供技术服务、技术转让、技术咨询，开展技术培训 100 多人次，现场服务企业 25 家。与新疆梅花氨基酸股份有限责任公司、山东绿都生物科技有限公司、山东九盛宝生物科技有限公司、山东海润源生物科技有限公司等企业签订技术转让合同 14 项，合同金额 568 万元。为龙大食品集团有限公司、山东润东生物工程有限公司、保龄宝生物股份有限公司等企业提供技术咨询、技术服务共53项,收入523.8万元。技术成果及产品主要涉及到可得然胶、黄原胶、葡萄糖酸钠、格瓦斯饮料、枣系列产品精深加工等,全年为企业新增营业总收入4.38亿元,新增净利润1.09亿元。

【科研管理与体制改革】 该院对科研工作采取动态管理模式,并积极开展技术咨询、技术培训、技术服务、技术成果转让等工作,扩大创收渠道和范围,保证实验仪器设备的使用率,逐步形成自收自支、自我发展的良性循环。2012年,该院集中修订了《科研奖励办法》等规章制度,并专门设立探索课题基金,鼓励年轻科技人员进行科研探索,为科研课题的储备奠定基础。对分配和考核制度进行适当调整,业务科室以经济指标和绩效考核相结合的办法进行考核,行政管理科室以绩效考核为主,考核成绩直接与效益工资、年终奖励挂钩。

【科技人才队伍建设】 2012年,该院引进中高级专业技术人员16名,其中博士1人、硕士7人,具有高级工程师任职资格1人。1人晋升工程技术应用研究员、3人晋升高级工程师、1人晋升高级经济师,年龄均在40岁左右。

【研究生教育】 该院作为山东省研究生联合培养基地,与山东农业大学、山东师范大学、山东轻工业学院、济南大学等高校联合培养博士、硕士研究生。2012年在院攻读学位的研究生32人,指导培养毕业研究生14人,其中博士研究生1人、硕士研究生13人。

【科技咨询、服务与工程设计】 2012年,山东省食品质量监督检验站完成白酒行业鉴评检验样品180个,完成啤酒行业鉴评检验样品43个,委托检验白酒样品15个。山东食品发酵工程设计所承接咨询设计项目62项,其中施工图设计17项、可行性研究报告36项,项目收入较上年增长20%。

【科技合作与学术交流】 2012年,该院与山东省食品科学学会、山东省微生物学会、山东省饮料行业协会、山东省啤酒协会等机构联合举办学术及行业技术发展交流会。组织举办"山东省啤酒行业鉴评会"和"山东省白酒行业鉴评会"。参与制定多项食品添加剂国家标准、省相关行业节能减排标准和新产品企业标准。组织和参加国际国内学术会议16次。

(省食品发酵工业研究设计院　黄少华)

山东省计量科学研究院

【概述】 2012年,山东省计量科学研究院以服务山东省经济发展、服务民生为工作出发点,结合国家城市能源计量中心、国家衡器产品质量监督检验中心等国家中心建设和山东省计量检测重点实验室建设,着重研究各种计量检测技术、标准和方法。主要研究领域包括:①能源计量检测技术及方法研究;②衡器计量检测技术及方法研究;③医学计量检测技术及方法研究;④新材料及纳米计量检测技术及方法研究。年内,该院"热量表检定装置"和"奔驰载重车(机械吊)"两个机组获省大型科学仪器设备协作共用优秀机组。该院被济南市科技局授予"济南地区大型科学仪器设备共享服务先进集体"称号,被省科技厅授予"山东省第二次R&D资源清查先进单位"称号,被济南市历下区科技局授予"历下区知识经济发展创新奖"。

【科研项目】 2012年,该院获得省科技厅、国家质量监督检验检疫总局、省质量技术监督局等单位立项计量科学研究项目24项,立项数量和质量均较往年有明显提高。"基于ZigBee的电能计量动态监控系统研究及应用"项目列入省科技发展计划,"计量行业服务山东产业发展战略研究"项目获省软科学研究计划立项,"高精度扭矩标准机的研制"和"二氧化氯气体标准物质的研究"等13个项目列入国家质检总局科技计划,"一体式便携磁粉探伤机检定装置"和"血压模拟仪检测方法研究"等5个项目列入省质监局科技计划,"臭氧分析溯源体系研究"项目获省科技厅专项经费资助。承担国家科技支撑计划项目"医用光学与放射影像设备计量标准及溯源体系研究"的子课题"光学相干层析成像设备空间分辨力计量标准研究"和"医学计量体系框架研究"的研究工作。参与国家重大科学仪器设备开发专项"多功能离子色谱仪的开发与产业化"项目研究,主要承担离子色谱仪产品标准制定及质量控制体系的建立等研究任务。《滚动轴承宽度测量仪检定规程》和《超声波探伤试块校准规范》等4项国家计量技术法规获得立项,《热量表检定装置》和《幼儿贵金属饰品使用说明》等5项山东省地方标准、《紫外分析仪校准规范》和《电能质量分析仪检定规程》等6项地方计量技术法规获省质监局立项。

【科研成果及选介】 2012年,该院《测氡仪检定装置》等7项新建最高计量标准通过国家质检总局组织的现场考核，新建次级计量标准《生物显微镜校准装置》通过省质监局组织的现场考核。组织完成山东省校准规范《能源计量网络图通用技术规范》，以及《钻石饰品评价规则》《金矿石化学分析方法 金量的测定 活性炭吸附—氢醌容量法》《金矿石化学分析方法 金量的测定 活性炭吸附—碘量法》和《室内空气温度测量方法》4项山东省地方标准的审定。起草制定国家技术规范《耐电压测试仪型式评价大纲》，参与起草国家技术规范《医用数字摄影（CR、DR）系统X射线辐射源》和《非自动秤（模拟指示秤）型式评价大纲》。山东省计量技术规范《能源计量网络图通用技术规范》、山东省地方标准《翡翠制品评价规则》《银质餐具》和《9999千足金首饰》正式颁布实施。2012年，该院新建最高计量标准如表所示。

2012年山东省计量科学研究院新建最高计量标准

标准名称	标准等级	证书号
测氡仪检定装置	最高标准	〔2012〕国量标鲁证字第143号
医用诊断数字减影血管造影（DSA）系统X射线辐射源检定装置	最高标准	〔2012〕国量标鲁证字第144号
示波器检定装置	最高标准	〔2012〕国量标鲁证字第145号
呼出气体酒精含量探测器检定装置	最高标准	〔2012〕国量标鲁证字第146号
呼吸机校准装置	最高标准	〔2012〕国量标鲁证字第147号
视频信号发生器校准装置	最高标准	〔2012〕国量标鲁证字第148号
热能表标准装置标准器组	最高标准	〔2012〕鲁量标证字第149号

2012年，“在线智能矿山用气体检测报警器检定装置关键技术及应用”等4项省科技发展计划项目、“多用户电能表特殊功能检测装置”等7项省质监局科技计划项目，以及济南市科技计划项目“有毒有害气体检测报警器智能检定系统的研究与应用”通过成果鉴定，部分研究成果达到国际先进水平。获得省科技进步二等奖1项、三等奖1项，省软科学优秀成果一等奖1项，省计算机应用优秀成果一等奖1项、三等奖1项。获得发明专利授权2件——“克组砝码体积测定装置”和“具有水塔稳压效果的液体稳压装置”，实用新型专利授权14件。

血液分析仪的质量控制和量值溯源体系 该项目对血液分析仪检定用标准物质的生产工艺进行研究，确定了标准物质的定值方法，评定特性量值的不确定度，修改完善血液分析仪的主要计量性能指标。主要创新点：以蹄科动物血和禽血替代人血作为候选物，取材合理；解决了红细胞、白细胞、血红蛋白、血小板、红细胞压积的量值溯源问题，研制的标准物质可同时检定或校准红细胞等5个测量参数。该项目研制的血液分析仪检定用标准物质既可作为计量部门进行周期检定的工具，也可用于医疗卫生机构开展室内、室间质量控制或进行日常校准，规范血液分析仪及其试剂的质量评价工作，符合中国计量部门和医疗卫生机构的实际需求，便于技术转让，可在全国范围内推广应用，具有巨大的经济效益和社会效益。2012年，该项目获得省科技进步二等奖。

强制性产品认证安全性能检测方法研究与应用 该项目主要研究强制性产品认证安全性能检测方法和耐电压仪表现场检/校系统。研究的耐电压仪表检/校方法通过计量检定规程、标准、专著、论文等形式发布实施和发表，完善了国家计量技术法规体系，在全国耐电压量值的溯源和计量人员的培训等方面起到重要的基础作用。“耐电压仪表现场检/校系统”具有多功能、智能化、高精度、高稳定性、多参数同屏显示和携带方便等特点，于2009年12月通过省科技厅组织的成果鉴定，达到国内领先水平，属国内首创。产品率先在中国计量科学院以及北京市、辽宁省、河南省计量科学研究院推广应用，并已销往全国各地，取得了良好的社会效益和经济效益。2012年，该项目获得省科技进步三等奖。

山东省黄金珠宝产业发展规划研究 该项目研究认为山东省黄金珠宝资源极为丰富，黄金珠宝业已形成一定规模，并将成为山东省优势产业之一，但是其发展中也存在着对黄金珠宝业认识模糊、缺乏产业化发展的理念，黄金珠宝企业规模小、缺乏竞争力，市场不规范、缺乏有力的监管手段等问题。提出了山东省珠宝产业的发展思路和保障措施。2012年，该项目获得省软科学优秀成果一等奖。

能源计量数据信息化管理系统 该项目系统包括企业能源计量器具管理、企业能源消耗数据网上直报管理、能源计量监督检查报告管理等6个子系统，对全省650户重点用能企业上报的能源消耗数据进行统一管理和分析，形成具备图像和数据采集、分析、显示的监控平台，指导企业生产和进行能耗指标考核，有效地促进了节能降耗工作，在计量领域的应用达到国内领先水平。2012年，该项目获得省计算机应用优秀成果一等奖。

【科技创新平台建设】 ①2012年，山东省计量检测重点实验室通过绩效考评，确立了以能源计量检测技术及方法研究、衡器计量检测技术及方法研究、医学计量检测技术及方法研究、新材料及纳米计量检测技术及方法研究等 4 个研究方向。②大型仪器设备共享服务。三坐标测量机和音速喷嘴法气体流量标准装置等 39 台大型科研仪器设备加入山东省大型科学仪器设备协作共用网和济南地区大型科学仪器共享平台，全年共为 123 家单位提供测试服务，测试样品 5 万余台（件），服务总机时 3 万多机时。③参与建设国家计量基标准体系资源共享平台，为支撑国家科技进步与创新、重大决策以及经济和社会发展提供重要的基础性资源。④年内，该院成为全国衡器计量技术委员会挂靠单位。⑤该院成为国家自然科学基金依托单位。

【科技人才培养与队伍建设】 ① 2012 年，该院正高级、副高级和中级专业技术人员分别占职工总人数的 7.2%、19.8% 和 18.0%；博士 9 人、硕士 62 人，分别占职工总数的 3.2% 和 22.3%，人员整体素质得到进一步改善。②通过各种途径加强对科技领军人物的培养。推荐享受国务院政府特殊津贴专家 1 人，1 人被授予“第四届山东省优秀工程师”称号，1 人评为山东省有突出贡献的中青年专家。③依托国家技术委员会的平台培育在重点领域具有国内外先进水平的计量专家。该院参加的全国各计量专业委员会机构数量由 10 个增至 17 个，委员人数由 9 人增至 18 人，参与的机构和人员数量在省级计量技术机构中均列首位。④着眼人才基础性培养，提高未来人才竞争力。选派 4 人赴中国计量科学研究院进行电器安全、工程与机械计量、流量计量和医学计量等专业的学习。⑤通过研究生培养基地培养高水平导师队伍。截至 2012 年底，该院有 3 人被山东大学聘为研究生导师，6 人被济南大学聘为研究生导师，1 人被中国计量学院聘为研究生导师。

【科技合作与学术交流】 ①加强与国外技术机构的交流。该院全年共派出 10 人次赴美国、日本、英国等多个国家和地区进行考察学习，邀请荷兰国家计量院副院长 Mr.Pual 来院就科研和人才培养等方面进行合作意向洽谈。②主办“全国计量仪表测量技术研讨会”和“《继电保护测试仪》检定规程研讨会”等学术交流活动，参加了“全国几何量工程参量计量技术委员会年会”“GB/T 7676 系列国家标准修订工作组会议及 IEC 60051 国际标准修订工作会议”“全国 CVD 合成钻石检验技术交流会”和“GB/T6968-2011《膜式燃气表》国标宣贯及技术交流研讨会”等专业研讨会。③与赛摩电气股份有限公司就“国家城市能源中心自动衡器物料循环试验系统”签署科研合作意向书。④与山东大学能源与动力工程学院成立联合实验室，双方就人才培养、科学研究等方面签署合作协议。

【科技服务民生】 2012 年，根据《能源计量监督管理办法》中关于企业能源计量工作人员培训的要求，该院对省重点用能企业兖矿集团有限公司和山东铝业公司分别进行能源计量工作人员专业知识培训，对莱钢集团及其下属的 14 个二级单位进行能源计量审核监督，对山水集团进行能源审计。3 月 13—15 日，该院分别在济南、德州、滨州等地开展珠宝首饰现场免费检测咨询活动。5 月 18 日，在院内举办家用血压计、眼镜、黄金珠宝、水表、电能表、燃气表、热能表等免费检测活动，并开展开放实验室让市民前来检测和参观。5 月 17—18 日，与济南市第二人民医院在聊城市莘县俎店乡中学联合举办“走进学校，免费为贫困学生进行眼镜检测、验光配镜”活动，共同为 300 余名学生免费检测眼镜和验光，向贫困学生赠送眼镜 280 余副，为师生讲解爱眼护眼知识，发放计量宣传资料 1 000 余份。11 月 22 日，在东营召开“2012 年度山东省重点用能企业能源计量工作座谈会”。

（省计量科学研究院 张 惠 张瑞锋 梁兴忠）

山东省中医药研究院

【概述】 2012 年，山东省中医药研究院作为国家重大新药创制平台共建单位和中药创新药物研究单位技术平台承建单位，通过了科技部对国家重大新药创制平台（山东省重大新药创制中心）——中药创新药物研究单位技术平台的验收。8 月，该院被省政府办公厅确定为“泰山学者—中药评价关键技术研究岗位”。

【科研重点与计划】 2012 年，该院在中药质量综合评价技术、中药资源的可持续利用与保护、中药药效及安全性评价技术、中药新型制剂、金氏脉学的传承推广、亚健康中医诊疗技术等方面进行系统研究。全年新上各级计划项目 8 项，其中国家科技支撑计划项目 1 项、国家自然科学基金项目 1 项、省科技发展计划项目 2 项、省自然科学基金项目 1 项、济南市科技发展计划项目 2 项，新上横向合作开发项目 7 项。

【科研成果及选介】 2012 年，该院有 8 项科技成果通过鉴定，其中达到国际领先水平 3 项、国际先进水平 2 项、国内领先水平3项。获得科技奖励12项，其中省科技进步二等奖1项、三等奖2项，山东中医药科学技术奖9项。申请国家发明专利17件，获得国家发明专利授权16件。

甘草蜜炙技术综合评价体系的建立　该项目针对目前甘草蜜炙药效作用物质基础不明、质量评价体系不完善、饮片炮制程度不易控制、蜜炙设备落后等问题，以提升炙甘草饮片质量的稳定性和可控性为目标，在传统中医药理论指导下，运用现代科学技术构建了符合中医药特点的甘草蜜炙技术综合评价技术创新体系。主要创新点：①通过开展甘草蜜炙前后化学成分以及补益方面药效作用的比较研究，对甘草蜜炙原理进行解析。②研究建立甘草蜜炙工艺评价标准，采用该标准可有效控制蜜炙过程和蜜炙程度，解决以往炮制过程中“炒炙不均、不同批次间炮制程度差异大”的问题。结合蜜炙技术特点，创制出新型蜜炙设备“ZQD-60型信息化炙药锅”。③研究建立炙甘草饮片质量评价标准，该标准可明显区别生、蜜炙饮片，并用于蜜炙饮片的专属性鉴别，解决了长期以来蜜炙饮片难以鉴别的难题。④补充完善了辅料蜂蜜的质量标准，为保证药用辅料的质量提供了保障。2012年，该项目获得省科技进步二等奖。

基于黄连解毒汤等的中药干预肿瘤多药耐药评价技术建立与应用　该项目模拟临床联合化疗，优化建立了与临床多药耐药相符合并适合中药研究的腹水型小鼠S180肉瘤细胞多药耐药相关因子过度表达的获得性多药耐药在体模型，并制定小鼠S180肉瘤细胞多药耐药模型建立的技术规范和评价方法。明确多种中药成分和复方逆转肿瘤多药耐药的作用机理和分子靶点，为创新药物研发与临床应用提供了依据。观察黄连解毒汤的总提取物，干预和逆转模型小鼠肿瘤多药耐药与调节相关耐药生物因子过度表达、细胞凋亡及凋亡因子表达的相关性，确定了黄连解毒汤干预和逆转肿瘤多药耐药分子生物学机制。确定中药逆转肿瘤多药耐药的作用与机理研究的技术路线和试验规程，明确了观察指标的选择和疗效机理分析的依据。该项目已在核心期刊发表学术论文19篇，获得国家发明专利授权2件，其中“黄连解毒汤在制备防治肿瘤化疗耐药性的药物应用”已转让给济宁天瑞通科技开发有限公司，并推广应用。2012年，该项目获得省科技进步三等奖。

菟丝子种质资源质量评价体系及规范化种植模式构建　该项目研究运用多学科的理论和先进技术，在分子细胞水平上建立菟丝子种质的鉴别与评价体系，涉及植物形态、显微特征、孢粉特征、理化特性、种子蛋白电泳等。揭示不同生境下菟丝子的遗传多样性，全面考查菟丝子多种成分的综合作用，完善质量标准。研究菟丝子药材质量差异和菟丝子种植技术，建立菟丝子栽培模式及标准操作规程。该项目已发表论文26篇，培养研究生5人。2008年12月，该项目通过省卫生厅组织的成果鉴定，达到国际领先水平，具有重要的理论意义和广阔的开发应用前景。2012年，该项目获得省科技进步三等奖。

【国家级中医药继续教育】　11月9—12日，该院在烟台主办了国家级中医药继续教育项目“金氏脉学培训班”，来自省内外的40余名相关专业人员参加了培训。11月15—16日，由该院、国家中医药管理局“冯宝麟名老中医药专家传承工作室”和山东中医药学会联合主办的国家级中医药继续教育项目“名老专家中药炮制学术思想与经验传承培训班”在济南举行，来自全省高校、科研院所和中医院药房的相关人员60余人参加了培训。

【重点学科与科研平台建设】　2012年，该院中药分析学科被批准为国家中医药管理局重点学科。该院全年共投入900万元，为新获批的“泰山学者—中药评价关键技术研究岗位”进行实验设备配置，并继续对省重大新药创制大平台—中药创新药物研究单元技术平台的相关硬件进行升级改造。年内，该院在原制剂室基础上，扩建成立了山东省中医药研究院制剂中心，主要从事医疗机构制剂的研发、申报、加工生产。

【科技人才培养与队伍建设】　2012年，该院新引进硕士6人，苏薇薇教授被聘为“泰山学者药学特聘专家”。截至2012年底，该院有享受国务院政府特殊津贴专家1人，山东省有突出贡献的中青年专家2人，国家科学技术奖励评审专家9人，国家新药评审委员2人，国家保健食品评审专家3人，省新药评审委员1人，国家“创新药物和中药现代化”评审专家1人，国家重点新产品评估专家1人，博士生导师1人，硕士生导师12人。年内，该院与山东中医药大学联合培养硕士研究生14名，均已取得硕士学位。

（省中医药研究院　陆永辉）

山东省产品质量监督检验研究院

【概述】 山东省产品质量监督检验研究院成立于1980年，隶属于山东省质量技术监督局，是集检测、科研、标准制修订为一体的第三方综合性检验机构，是山东省内检测范围最广、综合实力最强的专业化、科研型公共检测服务平台。拥有6个国家质检中心——国家包装产品质量监督检验中心(济南)、国家加工食品质量监督检验中心、国家装饰装修材料质量监督检验中心、国家节能产品质量监督检验中心、国家低压电器元件及成套开关控制设备质检中心、国家消防及阻燃产品质量监督检验中心。

【科研项目与成果】 2012年，该院参与承担省部级科研项目11项，承担省质量技术监督局科研项目3项。全年有12项科研成果通过鉴定，其中省部级项目11项。制订国家标准2项、地方标准7项、联盟标准1项，审定完成国际标准1项。发表科技论文36篇。获得专利授权11件。

软包装材料阻隔性数据拟合分析应用技术的研究 国家质检总局科技计划项目。该项目研制出世界首台可在-20℃～150℃范围内精确控温的气体渗透仪，将设备的温度控制与测试稳定性良好地结合在一起，采用液体浴控温方式，温度控制精度达到±0.01℃。研发出阻隔性数据拟合程序，可通过输入常规温度范围内的常见气体阻隔性测试数据拟合出非常规温度下的对应气体阻隔性数据，拟合出的数据与超高低温气体渗透装置实际测试值偏差较小。建立常用材料在-20℃～150℃温度范围内多个温度点的气体透过率数据库。2012年12月，该项目通过国家质检总局组织的成果鉴定，达到国内先进水平。

农药掺伪鉴别技术研究及特征属性数据库的建立 该项目建立了用超高效液相色谱技术分离、二极管阵列检测器检测44种农药杀虫剂的方法，在建立的2个反向色谱体系中，大多数农药杀虫剂在20min内得到良好的分离。基于两种色谱体系中各农药组分的相对保留时间和各组分对应的190nm～500nm的紫外光谱图，建立了可表征44种农药杀虫剂真实属性的数据库。利用该项目研究建立的方法，可在数据库中随时增加其他农药杀虫剂成分，以扩大该数据库的应用范围。经过对多种农药杀虫剂进行试验测试，该方法可对农药样品中含有的杀虫剂成分进行准确鉴别，特别是对照两种色谱体系下的相对保留时间和光谱图，可快速鉴别掺伪农药杀虫剂中含有其他农药成分。该项目研究建立的常用高毒农药和高活性农药成分的真实属性数据库，在一定程度上解决了关键检测技术的缺失，对规范农药杀虫剂市场秩序、保障食品农产品安全具有重要意义。2012年，该项目通过国家质检总局组织的成果鉴定，达到国内领先水平。

常用86种农药在食品中残留量分析方法研究与相应标准数据库的建立 该项目采用双柱结合选择性检测器定性、定量和气象色谱质谱相互确证，QuEChERS方法进行食品样品的前处理，建立了食品中常用86种农药残留量的GC/ECD、GC/NPD、GC-MS系统分析方法，并建立了辛辣味蔬菜中20种有机磷农药残留的气象色谱三重四级杆串联质谱检测方法，提高分析的确证能力和检测灵敏度。同时建立农药残留真实属性表征数据库，可实现不需标样对照即可对食品中农药残留成分进行鉴别。2012年，该项目通过国家质检总局组织的成果鉴定，达到国内先进水平。

山东省食品营养与安全综合评价指标体系研究 该项目在收集、整理和汇总各种食品营养与安全数据的基础上，建立了食品安全监测基础数据库。在确定相关评价因子的基础上，利用统计学及相关数学理论，建立食品营养与安全的综合评价体系，并将其应用到实际监测数据的评价中，最终达到评价体系为监测和监管服务的目的。主要创新点：①综合考虑影响食品质量安全的“营养”与“安全”指标，设立一套科学合理的评价因子，更全面地评价食品安全状况。②建立一套创新、科学、合理、可行的数学计算模型，将其应用到综合评价指标体系的建立。③建立动态的基础监测数据库，应用所建立的食品营养与安全综合评价指标体系对数据进行评价，不仅能评价出食品中某种指标的安全程度，也能对某类食品中的综合营养或安全指标进行评价。该项目成果可为山东省乃至全国的食品安全监管提供强有力的支撑，已应用于山东省食品和农产品生产加工环节，实现有效安全监管。

【科研条件和平台建设】 2012年，该院投入1 700万元经费购置科研仪器设备。4月，国家低压电器及成套开关控制设备质检中心通过了由IECEE组织的CB实验室评审，成为全国质检系统第五家、山东省质监系统首家CB实验室。

【科技人才队伍建设】 2012年，该院引进博士1人，4人晋升研究员、4人晋升副高级职称。全院硕士以上学历人员占在职人员的比例达到1/3以上。1月，邓小波博士被评为2011年度全省质监系统"十佳技术标兵"。

【科技活动】 5月20—25日,应国际能源署太阳能供热制冷实施协议(IEA SHC) Task45项目负责人邀请,该院的李郁武博士参加了在丹麦召开的Task45第三次专家会议,并作了题为《Solar Industry in Shandong Province》的技术报告。

5月21—24日,国际标准化组织ISO/TC122/SC4包装与环境技术委员会第五次全体大会在韩国首尔召开,约10个国家的近50名代表、专家出席了会议。该院副院长苏本玉任中国代表团团长,率国内6家相关单位的12位专家参加了会议。

7月10日,工业和信息化部和国家认监委联合在北京召开"国推污染控制认证实施机构工作会议暨认证实施启动会"。会上,该院科研中心实验室被确定为国推污染控制认证实验室,院长田亮光签署了《国家统一推行的电子信息产品污染控制自愿性认证实施机构规范工作承诺书》。

10月15—16日,该院派员参加了在乳山召开的"山东半岛新能源产业园发展座谈会",并与乳山经济开发区管理委员会签署《合作共建太阳能实验室意向书》。

10月24—25日,由该院承办的"国际标准化组织ISO/TC122/SC4包装与环境技术委员会WG1(包装与环境—术语)和WG8(包装与环境—材料识别标识)工作组会议"在济南召开。

11月,该院包装中心被国家工业和信息化部批准为工业(塑料软包装)产品质量控制和技术评价实验室。

(省产品质量监督检验研究院 陈淑祥 高翠玲 郁 欣 王 恬 贺祥珂)

山东省特种设备检验研究院

【科研项目】 2012年,山东省特种设备检验研究院在研项目51项(含新上项目11项),其中国家质检总局项目31项、省科技厅项目4项、省质监局项目16项。

【科研成果及选介】 2012年,该院有15项科研成果通过鉴定,其中省部级8项、地市级7项。获得省软科学优秀成果三等奖1项。发表学术论文20余篇。获得发明专利授权1件。

山东省燃煤锅炉能耗状况调查与分析 该项目通过查阅资料、实地调查、实测数据等方式,对锅炉设计、燃料、水质、运行方式、燃烧设备、操作人员、管理制度等进行综合分析,找出山东省燃煤锅炉运行效率偏低的主要原因,有针对性地提出相应节能方案和措施,并首次提出锅炉运行煤种与设计煤种不匹配问题的解决方案。根据项目研究成果,已在国内率先制定了7个锅炉设计及能效鉴定的地方标准,并在技术和管理方面提出相应措施,为相关职能部门的决策和生产使用单位的推广使用提供了有价值的数据和信息。2012年,该项目获得省软科学优秀成果三等奖。

【科研条件和平台建设】 截至2012年底,该院实验室面积55 833m²、检测车间面积42 983m²。国家塔式起重机质量监督检验中心、山东省特种设备安全检测工程技术中心(筹)、山东省劳动防护用品质量监督检验站、山东省质量技术监督局热能产品质量检测中心设在该院。烟台特种设备安全检测研究基地、淄博市特种设备检验检测研究基地、滨州市高危剧毒介质容器检验技术中心、泰安市特种设备作业综合楼等建设项目进展顺利,共拥有检验检测仪器装备价值14 044万元,装备及技术能力在全国居领先地位。

【科技人才队伍建设】 截至2012年底,该院共有8人获得山东省质监局首席检测师称号,15人取得高级检验师资格,检验师659人项,检验员2 331人项,高级无损检测资质120人项,美国ASME锅炉检验师国际资质5人项,4人参加全国性的技术委员会,该院已形成了有一定行业影响力的专家团队。

(省特种设备检验研究院 黄克帅)

山东省国土测绘院

【概述】 山东省国土测绘院是山东省国土资源厅直属事业单位，具有国家甲级测绘资质。现有正式职工741人，下辖地理信息工程院、省地理信息中心、省测绘产品质量检验站、地质勘查工程处、研发中心、省卫星定位运营中心、潍坊研发中心、服务中心等机构。2012年，该院继续保持“省级文明单位”称号。

【基础测绘】 2012年6月，该院在全国率先向国家测绘地理信息局汇交全省1∶10000基础地理信息数据，并被国家测绘地理信息局评为“国家1∶50000基础地理信息数据库更新工程建设工作先进集体”。年内，“山东省基础地理信息数据采集、更新与建库”项目获得“省科技进步三等奖”和“全国优秀测绘工程白金奖”。

山东省测绘成果网络化分发服务系统 全年在线受理测绘成果使用申请近350件，网站访问量超过10万人次。省及17个市测绘成果元数据均已上线，总发布量达到141 721条，成为全国发布数量最多的省份。

【测绘地理信息服务】 2012年7月，该院承建的“山东省地理信息公共服务平台”通过国家测绘地理信息局组织的验收。验收专家组一致认为，该平台具有数据权威丰富、体系架构完整、平台功能完善、服务模式多样、服务多级协同、运维监控可靠、保障机制健全、应用成效显著等特点，并在基于区域约束的服务聚合与拆分、多线程移动空间数据请求与自动缓存、基于网络目录服务级联收割的多层次互联互通、数据快速联动更新等方面实现技术创新，成果处于国内领先，达到国际先进水平，对于省级地理信息公共服务平台建设及应用具有示范作用。该平台已建成与国家、市县级信息节点的互联互通，已有18个省级部门、6个市县级部门基于平台开展业务系统建设。

【国土资源信息管理】 2012年，该院继续利用卫星遥感技术对40个县市区的矿山开采活动进行监测，“城乡建设用地增减挂钩系统”实现了与国土资源部在线监管系统的对接。

山东省卫星定位连续运行综合应用服务系统（SDCORS） 该系统在2011年开通运行的基础上，2012年实现了与地震系统和江苏、河北两省CORS系统站点资源的共享，加密了3个站点，并结合全省C级GPS和三等水准控制网成果，重新进行全省水准面精化，提升了系统服务能力。与省气象局联合印发了《山东省卫星定位连续运行综合应用服务系统基准站点维护管理方案》，对SDCORS系统基准站点维护管理提出明确要求和技术指导。SDCORS系统入网设备已达到2 700多台。完成了927工程海岛GNSS站和国家现代测绘基准基础设施一期项目新建GNSS站用地征用工作，及时将承担的国家现代测绘基准基础设施一期项目新建GNSS站设计图和施工图进行报送，并协助外省相关建设单位在省内的作业。2012年，该系统获得中国全球定位系统技术应用协会颁发的卫星导航定位科技进步二等奖。

国土执法监察三级联网全程监管平台 该平台是基于SDCORS建设的，已在济宁、烟台、枣庄推广应用，2012年获得中国全球定位系统技术应用协会颁发的卫星导航定位优秀工程和产品三等奖。

地下采矿三维自动监管系统 该系统能够有效监测矿山的异常违规活动并报警，可实现对地下采矿“双超”的非间断式监管，有效防止乱采滥挖和超采等违法活动，为国土资源部门执法检查提供依据。将人员定位、产量监控、瓦斯监测等系统与该系统对接，可实现对矿山的自动监控，还可实现透水模拟、逃生路线设计等应急功能，并有效整合已有资源，达到“事前预警、事中应急”的目的，提高应急联动和应急指挥的水平。2012年8月，该系统通过国家测绘地理信息局组织的成果鉴定，整体上达到国际先进水平，在“双超”非间断式监管技术方面达到国际领先水平。

【服务全省经济社会发展】 2012年，该院继续为山东半岛蓝色经济区、黄河三角洲高效生态经济区、中原经济区三大国家发展战略提供测绘地理信息服务，为省发改委等部门设计制作各类规划图件，为省审计厅提供专题办案服务80多件次，为山东省援疆办公室编印所需地图。无偿为第三届亚洲沙滩运动会和中国国际航空体育节提供地理信息服务，采集专题数据和兴趣点，制作专题电子地图。制作山东省主体功能区规划系列图件。在鲁西南高氟改水项目中打出示范井8眼，解决了50多万人的饮水问题。“山东省测绘应急服务保障工程”获得省发改委批准立项。该院全年向社会各界提供各种比例尺纸质地形图2 756张，数据量约1 410GB，完成仪器检定5 348台（次），完成15个省级测绘项目成果质量监督检查，审核地图136件。

南水北调工程勘测定界 该院自2010年起，连续3

年受南水北调工程建设管理局委托，对南水北调东线进行勘测定界测量。2012 年，该院再次获得“南水北调工程征地移民优质服务先进单位”称号。

服务“第一书记”帮扶村建设 2012 年，该院以应急测绘演练形式获取惠民县“第一书记”帮扶村航摄影像。出动无人机 1 架、车辆 5 部，使用软件处理系统 6 套，来自院属 6 个单位（部室）的 40 余人参加了此次行动，提交惠民县石庙镇及 5 个帮扶村影像挂图 7 套 42 幅，以及 5 个帮扶村的三维地理信息数据，为开展村庄规划、综合整治提供了基础资料。

【科技创新与管理】 2012 年，该院建立了科技创新奖励机制，设立院级科技考评制度，出台《科研项目管理办法》，并设立科研创新专项资金。建立项目创新结合制度，积极争取国家数据库整合转换、数字城市、新农村建设等各类试点，设立创新专项资金，着力在数据库更新、车载街景扫描系统、地理信息平台互联互通等方面开展科技攻关。同时积极开展车载街景扫描系统、LIDAR 航摄系统、单机数据采集系统等先进技术装备的引进吸收，提高科技成果转化率。

【科技人才培养与队伍建设】 2012 年，该院出台了《专业技术拔尖人才管理办法》，选拔了一批科技水平高、创新能力强、带动能力突出的科技人才作为重点培养对象。充分发挥科技带头人作用，着力推进测绘科技创新团队建设。加强专业技术人才引进，近 2 年内共引进人才 49 名，中高级专业技术人员占总人数的 65%。加强对党政人才、专业技术人员、经营管理人员和技能人员的培训，与山东科技大学联合举办在职职工工程硕士班，提高各类人才的综合素质。结合“能力年”建设要求，开展岗位技术能手比武活动。

【测绘职业技能鉴定】 2012 年，该院受省国土资源厅委托成立了全省测绘职业技能鉴定站，承担全省测绘职业技能鉴定工作，开展测绘从业人员职业技能培训。全年共开展 5 批次 300 多名测量员的鉴定工作，其中鉴定高级技师 1 名、技师 5 名。

（省国土测绘院　刘保东　毕瑾耀　毕春明　冯　茜）

山东省科学技术情报研究所

【概述】 山东省科技情报研究所始建于 1959 年，是省科技厅直属公益性事业单位，也是省内唯一的省级综合性科技情报研究机构。该所内设业务机构有信息技术支持中心（机关信息中心）、网络电视中心、科技文献馆、科技档案馆、创新战略研究中心、科技查新中心、教育与培训中心、科技年鉴编辑部、科技志编辑部、火炬生产力促进中心等。2012 年，该所获得省直机关精神文明建设委员会授予的“省直文明单位”称号。

【科研项目与成果】 2012 年，该所申报省科技攻关计划和省软科学项目 9 项，结题、验收、鉴定省科技攻关和省软科学等各类计划项目 27 项。发表论文 90 余篇，其中被 SCI 收录 3 篇、ISTP 收录 1 篇，在核心期刊发表论文 5 篇。获得省科技情报科学技术奖和省软科学优秀成果奖 18 项，其中“创新方法推广模式及其绩效追踪评价研究与基地建设”和“物联网技术与山东省食品安全对策研究”两个项目获得省软科学优秀成果一等奖。

【科技网络系统建设与维护】

省科技厅政务网建设 2012 年，该所配合省科技厅机关各处室，对机关各专业网站进行修改和完善。为厅业务处室提供科技部视频会议服务 138 场次。为厅系统各单位进行电脑、网络、软件的日常维护和技术支持 3 770 次，为网内 400 多邮件用户提供维护服务。在科技政务网发布新闻 2 032 条，其中内网新闻 188 条，外网新闻 1 844 条。

科技情报业务工作系统研建 2012 年，该所深入研究全所各部门的业务工作流程，对已开发运行的科技决策支持系统、视频制作系统、科技查新系统的信息存储、发布和协同工作等功能进行修改和完善，尤其是科技查新协同工作平台、科技决策推送和发布系统、视频制作存储和发布系统取得了良好的应用效果。

【科技文献编纂】

《山东省志·科学技术志》 2012 年，科技志编辑部通过适时调整组稿工作方案实现重点突破。同时，联合省史志办，加大对省直参编单位的催稿力度，已基本完成全书的组稿任务。进入审稿阶段后，对征集的初稿进行资料补充，通过查找档案文件、各类年鉴、网上数据库等途径，完成科技机构、科技成果、专利、高新技术管理、海洋工程等章节共计 34 万余字的稿件撰写，并反馈给相关处室征求意见。

《山东科技年鉴》 11 月，《山东科技年鉴》(2012) 印刷出版，发行量 2 000 册。文稿部分文字量约 92 万字，撰稿单位147家。12月,《山东科技年鉴》(2012)在省政府办公厅举办的山东省第四届优秀年鉴评奖中,获得综合特等奖,至此《山东科技年鉴》已蝉联四届综合特等奖。编印52万字的《山东省科技发展规划资料汇编(2011—2015)》,作为年鉴资料的有益补充,与年鉴同步发行。

【科技评审】 2012年,受理并组织专家评审山东省科技情报科学技术奖105项、优秀论文172篇,并正式出版论文集。完成全省申请国家创新基金的348个项目和申请补助资金的41个项目的受理上报工作。完成3家科技型中小企业创业投资引导基金资格申请的受理推荐工作。完成2012年度国家级引导基金风险补助项目(2项)和投资保障项目(5项)的组织申报工作,全部获得国家立项支持。审查验收项目并开具验收委托函50余张。完成监理半年报97份,年报306份。完成四批中小企业创新基金验收材料的上报工作,审核整理验收材料121份。完成148项创新基金项目合同的网上签订工作。对37家创新基金项目承担单位进行核查。完成省科技发展计划项目网上评审、科技基础条件资源调查工作。完成对189家省管科技类社会组织的年检、10家民办非企业单位的审批、311家省管和市管民办非企业单位的资料调查整理、省科技厅社会组织党委建设以及全省科技类社会组织信息网网站建设和维护等相关基础性工作。

【科技查新】 2012年,该所将所内查新人员分为5个专业组,促进了专业化水平和查新质量的提高。全年完成科技查新报告2 400个、社科成果查新报告365个、咨询报告172个,审核7个代理机构课题904项。科技查新协同工作平台初步建成并投入运行。该平台打破了时间和空间的限制,成为全省科技查新人员共同完成查新工作任务的平台,全年下线科技查新报告1 590个。为省政府组织的香港山东周活动提供了3个领域的专利分析。为山东省首次开展的自主创新专项进行专利核实和重点技术查新(共计103项),并提交《2012年自主创新专项专利核实与查新分析报告》,为企业科技创新前沿技术跟踪、研发团队组成、研究工具和实验手段的配备提供决策依据。

【科技文献资源建设与共享】

科技文献资源建设 2012年,该所对检索服务系统进行更新维护,更新购置数据库数据37次44.5万余条,更新自建数据库数据12次1.2万余条。对2 200余种期刊进行过刊下架和新刊上架管理,全年整理期刊4.5万余册。订购、签收和送阅《新华内参》《改革参考》和《理论动态》等机要参考52期156册。对文献信息资源结构进行调整,增加了重点行业和研究领域中的科技创新前沿和时效性强的文献信息,满足正在实施的全省科技创新工程的需要。

科技文献资源共享 2012年,该所对全省科技文献信息共享平台进行全面改版,全年新注册用户1 100多个,传递原文280余篇,数据库访问总量22万余次。NSTL济南服务站注册用户1 000多个,传递原文200余篇,访问总量6万多次。开展一系列文献平台推广培训活动,全年培训总人数1 000余人。市级服务站建设方案及相关共享办法初步形成。

【创新方法推广】 2012年,该所承担的第一期科技部创新方法推广工作专项“创新方法推广模式及其绩效追踪评价研究与基地建设”通过科技部专家组验收,第二期科技部创新方法工作专项“以数字化技术促进创新方法推广与应用”正式启动。第六期全省企业创新方法培训班在威海举行,来自全省50家创新方法试点企业的研发骨干、部分重视创新方法工作的企业研发骨干以及各市科技局相关人员等120多人参加了培训。

【科技电视宣传】 2012年,该所组织全省17个选题工作站和6个制作合作单位,制作完成并上报科技部审核通过成片23.33h,选题申报量和成片完成量在全国26个省市中继续保持首位,其中该所完成13.8h。为省委组织部提供成片10.7h,为省科技厅机关、本单位和相关单位拍摄制作会议及宣传片65h。全省科技应用专题教材制作系统的视频信息存储和发布两个子系统开通使用,全年共发布视频200部、录入资料320条、录入成片296条发布解说词15部。在省科技厅网站开通“科技视频”专栏并投入使用,制作、收集、转码、发布各类新闻、访谈、专题、资料视频信息101条。

【科技情报研究】 2012年,全省科技决策支持系统中的省科技厅机关服务对象达到43人,全年推送《今日科技快讯》88期516条、《国外科情速递》30期180条,推送自选题目的情报服务19期,为厅领导进行专题个性化服务20次、专题翻译71篇18万字。承担《科技创新动态》中关于页岩气、3D打印、能源互联网3册的编印工作。完成中国科学技术信息研究所“中国海水淡化领域决策支持平台建设”的用户调查、预调研、资料搜集及中期汇报工作。在中国科技情报网上传研究报告103篇、研究快报52篇,上传总量居全国各会员单位首位。

【科技人才培养与队伍建设】 2012年,该所对全部中层干部实施轮岗和竞争上岗,使涉及所有14个部门的共计45人调整了岗位,20人得到技术职务晋升。新增业务一线专业技术人员11人,主要为硕士学历和中级职称技术人员。与中国科学技术信息研究所联合培养情报学硕士研究生,于12月举行开班仪式。

【科技活动】 1月10日,济宁市科技局、中国科学技术信息研究所、国家工程技术图书馆、国家科技图书文献中心及该所联合举办“国家科技情报资源进高校”活动。

3月22日，央视七套《农广天地》栏目有关专家应邀来所就节目制作情况进行调研，并就今后制播工作的开展进行座谈交流。

3月29—30日，“2012年全省科技查新与文献检索培训班”在该所举办。

4月23—26日，由中国科学技术信息研究所与该所联合举办、德州市科技局承办的“第五届中国科技情报网情报分析与战略研究研讨班”在德州召开。

4月26—28日，应胜利油田科技处邀请，该所相关同志为油田单位的50多位科研及科技情报工作者作科技文献应用专题讲座。

5月3日，中国科学技术信息研究所所长贺德方一行5人来该所检查指导工作，并听取工作汇报。

8月2—5日，由上海市科技情报研究所主办、该所承办的“华东地区外文期刊预订联合目录工作年会”在济南召开。

8月12—17日，由该所主办、威海市科技情报所承办的“2012年度山东省科技查新高级研修班”在威海举行。

9月13日，省史志办主任钟华、副主任刘娟一行4人来该所指导科技志编纂工作，并进行座谈。省科技厅副厅长崔建海会见了钟主任一行。

9月15日，由中国科技情报学会情报理论与方法委员会、吉林大学管理学院、《情报科学》杂志社联合举办的“2012年中国科技情报学会‘信息生态理论与应用’研讨会”在青岛举行。所长胡艳苹参会并致欢迎词。

10月17日，中国科学技术信息研究所万方数据公司总经理蒋永清和万方软件公司董事长吴广印、总经理常宏等一行7人来该所进行交流座谈。

11月28—30日，由省科技厅高新处主办、该所承办的“科技文献助推山东高新技术跨越发展”培训活动在济南举行。

11月30日，该所在山东财经大学（燕山校区）举办“NSTL资源应用专题讲座”。

12月5日，由中国科学技术信息研究所主办、该所承办的“中国科技情报网合作研究课题验收会”济南举行。

12月26日，由该所主办的“山东科技情报学会第六次会员代表大会暨换届选举会议”和“2012年全省科技情报所长工作座谈会”在莱芜举行。

（省科学技术情报研究所　杨　斌）

山东省科学院生物研究所（生物中心）

【科研项目与经费】　2012年，山东省科学院生物研究所（生物中心）新上科研项目27项，其中国家级项目13项，经费合同额超百万元的6项。结转在研项目30项，经费合同额1 100多万元，其中国家级项目6项。

【科研成果及选介】　2012年，该所4项成果通过鉴定，7个项目通过验收。获得科技成果奖励6项，其中农业部“中华农业科技奖”一等奖1项（第二完成单位），教育部高校优秀科研成果一等奖1项（第二完成单位），省科技进步三等奖2项（均为第二完成单位），省技术市场科技金桥奖优秀项目一等奖2项。该所集体获得“历下区知识经济发展创新奖”，王加宁研究员获得第七届山东省“发明创业奖”一等奖，陈贯虹副研究员获得“山东省第六届齐鲁巾帼发明家优秀奖”。发表学术论文87篇，其中被SCI收录论文20篇（第一单位作者6篇，且最高影响因子＞3）、EI收录论文1篇，在核心期刊发表论文35篇。申请国家发明专利18件（第一单位6件），获得专利授权21件，其中发明专利19件（第一单位10件）、实用新型专利2件。

“酶法制备海蜇降压肽的关键技术及其产业化”和“海蜇降压肽的制备及其药效学研究”　两个项目以胶东半岛沙海蜇为原料，通过酶工程技术和膜分离技术研究制备具有ACE抑制活性的海蜇酶解多肽，完成规模化试制，实现了双酶技术在海蜇多肽中的生产应用，形成了一套海洋多肽的工业化分离技术，开发出具有降血压作用的海洋食品，其对正常血压者无降压作用，具有安全性高、成本低、易吸收等特点，符合高血压人群的需求。已申请国家发明专利4件，获得专利授权3件。发表论文4篇，制定海蜇ACE抑制肽相关产品企业标准1项。2012年11月，两个项目通过省科技厅组织的成果鉴定，均达到国际先进水平。

木霉菌资源筛选与生防菌剂创制及其应用　该项目主要针对作物灰霉病、霜霉病、纹枯病、白粉病等发生严重，病原菌抗药性增加等现状，开展防治病害的生防木霉菌资源的分离与鉴定工作，发现新记录种两个。出版专著《木霉菌分类与鉴定》。建立基于DDGE和几丁质酶谱检测等技术的拮抗菌高效筛选方法，利用木霉菌ATMT遗传转化和无人工标记细胞融合等技术，从拮抗菌中克隆生物防治和促进生长的相关基因3个（几丁质酶、β1,3-葡聚糖酶基因、植酸酶基因），并建立了通过分子指纹识别高效木霉生防菌株的方法，明确了拮抗木霉菌在小麦、番茄上的定殖规律，可通过诱导寄主的防御反应达到防治病害的目的。建成木霉菌制剂中试生产线，开发出剂型 3 种，可有效防治小麦纹枯病、作物灰霉病和霜霉病等，通过推广应用获得了良好的经济、社会和生态效益。2012 年，该项目获得教育部高校优秀科研成果一等奖。

【科研条件和平台建设】 2012 年，该所对现有的“山东省生物传感器重点实验室”和“山东省应用微生物重点实验室”两个省级重点实验室分别召开学术委员会会议。12 月，两个省级重点实验室均通过年度考核。投入近 700 万元专项资金，为生物制造技术研发平台购置一批大型实验设备，已完成招标工作，购置的仪器设备正陆续到位。生物技术研究楼规划方案和资金概算方案已获院党委批准，施工设计进入最后阶段，地表拆迁和地质勘察已完成。

【科技合作与交流】

国际合作与交流 2012 年，该所共接待国外专家来访 25 人次，出访 4 人次。继续保持与韩国、澳大利亚、白俄罗斯、德国、俄罗斯、乌克兰等国家大学、研究机构的良好合作关系，分别与德国弗劳恩霍夫研究协会、俄罗斯国家科学院远东分院和奥地利维也纳技术大学，在生物杀菌剂与电子射线联合处理种子技术方面、多糖领域、木霉生态基因组学方面，达成合作意向并已开展相应实验工作。乌克兰国家科学院 Serhiy Komisarenko 教授获得我国政府颁发的 2012 年度国家“友谊奖”。“泰山学者”Paul Harvey 博士如期到所开展工作，张新建博士到其实验室进行合作研究，合作研究内容得到澳大利亚基金组织的 2 项课题资助，资助金额 220 万澳元。

国内合作与交流 2012 年，该所继续推动与国内科研院所、高校、企业、学会等的战略合作关系，参加了由中国科学院牵头组织的全国科学院联盟生物多样性分会和应用微生物分会，与中科院沈阳生态研究所的合作获得国家 863 计划支持。

【科技人才队伍建设】 2012 年，该所引进博士 5 人、博士后 2 人，与同时获得“泰山学者”和“外专千人计划”支持的白俄罗斯国家科学院细胞与遗传研究所 Dmitry Bazhanov 博士签订工作协议，其将于 2013 年 1 月到所上岗工作。与该所开展合作研究的英国伯明翰大学的 Ferenc Mueller 博士获得 2012 年度国家高端外国专家计划支持、澳大利亚药品管理局张磊博士获得山东省高端外国专家计划支持。杨合同研究员获得“济南市科技拔尖人才”称号，刘昌衡研究员被评为山东省有突出贡献的中青年专家。

【科技活动与学术交流】 2012 年全国两会期间，山东商报联合腾讯微博，邀请山东省政协委员、省科学院生物研究所所长杨合同做客腾讯微访谈，就“生物农药”这一热点民生问题展开讨论。

4 月 5—6 日，由中国科学院组织的“全国科学院系统应用微生物领域战略合作研讨会”在北京召开。会上，中国科学院、各地方科学院一致赞同成立全国科学院联盟，生物领域的应用微生物分会首先在此次会议上成立。山东省科学院生物研究所加入应用微生物战略合作联盟。

4 月 10—11 日，该所科研人员访问农业部环境保护科研监测所，与生态毒理与环境修复研究中心负责人及科研人员进行了学术交流，双方同意在蔬菜主产区污染防控及安全生产技术方面进行合作研发。

5 月 21 日，省科学院与枣庄市人民政府全面合作框架协议签约仪式在枣庄举行。副所长刘可春代表生物所出席了签约仪式，并与山东豪利生物工程科技有限公司签署合作协议。

6 月 13 日，省科学院副院长王军成应邀到所为全体职工作了题为《科技创新 引领发展—地方科研院所跨越发展的体会》的辅导报告。

6 月 14 日，第四届济南食品行业产学研合作会议暨成果转化项目签约仪式在山东轻工业学院举行。仪式上，该所与济南市多家企业签署全面合作协议和成果转化协议，并为山东省科学院生物研究所科研基地授牌。

6 月 19 日，在山东省科学院服务济南行动科技成果转化签约仪式上，该所分别与山东绿色农业科技开发有限公司、济南金诺安康生物科技有限公司、九阳股份有限公司和山东欣宏药业有限公司签署科技成果转化协议。

8 月 26 日，山东省畜牧微生态产业技术创新战略联盟第一届理事会会议在济南举行。生物所成为联盟副理事长单位，杨合同研究员被推选为联盟专家委员会副主任委员。

9 月 27—28 日，由科技部和云南省人民政府共同举办的“中国•云南桥头堡建设科技入滇对接会”在昆明举行。会上，该所分别与昆明保腾生化技术有限公司、云南农业职业技术学院和云南大学生命科学学院签署微生物应用工程中心共建协议。

9 月 24—27 日，所长杨合同应邀率团访问德国弗劳恩霍夫研究院总部及电子射线与等离子技术研究所。双方在生物杀菌剂与电子射线联合处理种子技术方面达成一致意见，并形成了部分实施方案，确定了进度安排。

12 月 23 日，中国海洋工程咨询协会海洋装备分会第一次会员代表大会暨成立大会在上海召开。生物所当选为分会理事单位，王加宁研究员当选分会理事。

（省科学院生物研究所 李纪顺）

山东省农业科学院作物研究所

【科研项目与经费】 2012年，山东省农业科学院作物研究所新上科研项目23项，总经费3 217万元。主要新上项目如表所示。

2012年山东省农业科学院作物研究所主要新上项目

项目类别	项目名称
农业部公益性行业（农业）科研专项	主要粮食作物氮素化肥高效利用技术研究及示范
	粮食作物抗灾群体优化与定向减灾技术研究与示范
农业部转基因专项子课题	黄淮海东部麦区抗逆转基因小麦新品种培育
	黄淮海地区抗病虫转基因大豆新品种培育
国家发改委生物育种能力建设与产业化专项	黄淮北部小麦育种能力与种业体系建设
国家863计划项目子课题	优质高产多抗小麦分子育种与品种创制
	甘薯生物育种技术创新与专用型新品种选育
	高产优质抗逆大豆分子育种与品种创制
国家科技支撑计划子课题	山东大豆新品种培育与扩繁
农业部948计划项目子课题	穿梭育种培育兼抗型优异小麦品种技术引进
农业部新品种测试	植物新品种测试
国家现代农业产业技术体系	小麦育种、小麦栽培、甘薯育种、谷子栽培专家岗位（4个）
	大豆、高粱综合试验站（2个）
山东省现代农业产业技术体系	小麦产业技术体系团队首席专家、小麦栽培专家岗位（2个）
山东省农业良种工程重大课题	小麦优异基因发掘及其在种质创新中的应用
山东省农业良种工程子课题	高产超级小麦新品种选育
山东省农业重大应用技术创新课题	小麦、玉米最佳播期播量（密度）试验研究
山东省自主创新专项	大宗农作物商品种培育与产业化——小麦良种

【科研成果及选介】 2012年，该所获得科技成果奖励3项，其中“超高产稳产多抗广适小麦新品种济麦22的选育与应用”获得国家科技进步二等奖，赵振东研究员获得山东省科学技术最高奖，“山东省600万亩旱地小麦节本增效技术推广”获得山东省农牧渔业丰收一等奖。“大豆优异基因资源挖掘与系列品种选育”通过省科技厅组织的成果鉴定，总体达到同类研究的国际先进水平。审定品种5个，其中齐黄34、齐黄35、济薯24、济紫薯1号通过山东省审定，中麦155通过河北省审定（第二完成单位）。申请专利11件，获得发明专利授权3件——“一种提高籽粒抗性淀粉含量的小麦选育方法”“甘薯茎尖的包埋玻璃化超低温保存方法”和“降低小麦胚乳中PPO和PSY基因表达水平的方法及其专用RNAi载体”，获得实用新型专利授权1件——“一种土壤均合机”。发布实施山东省地方标准6个——《济麦22超高产栽培技术规程》《优质强筋小麦节水高效生产技术规程》《有机食品谷子生产技术规程》《小麦垄作高效节水技术规程》《鲜食甘薯生产技术规程》和《绿色食品 鲜食玉米生产技术规程》。发表论文39篇，其中被SCI收录3篇，在一级学报发表16篇。

山东省600万亩旱地小麦节本增效技术推广 该项目针对山东省小麦玉米一年两熟旱作区水分短缺、作物产量潜力难以发挥等问题，以提高自然降水的利用效率为核心，以机械化保护性耕作技术为依托，开展旱地小麦节本增效技术研究和示范推广工作。提出以节水高效型品种、秸秆覆盖和免耕播种为核心内容的小麦节本增效技术；建立小麦玉米两熟区旱地小麦节本增效技术体系；集成了“小麦玉米秸秆全部还田”“小麦秸秆还田、玉米秸秆部分还田”和“小麦秸秆还田、玉米秸秆不还田”3套旱地小麦保护性耕作节本增效技术模式，并明确了各自的适用条件和范围，实现小麦产量和水分生产效率的同步提高。2009—2011 年，该技术累计示范推广面积 42.4hm^2(636 万亩)，平均每亩净收益较传统栽培模式提高 137.8 元，累计经济效益 5.51 亿元。

【科技创新平台建设】 2012 年，该所承建了小麦玉米国家工程实验室、农业部黄淮北部小麦生物学与遗传育种重点实验室、农业部黄淮海薯类农业科学观测实验站、国家黄淮海转基因小麦中试与产业化基地济南试验站、国家黄淮海转基因大豆中试与产业化基地济南试验站、转基因小麦环境安全评价与检测技术中心济南转基因小麦环境监测试验站和山东省甘薯原原种扩繁基地等 7 个科技创新平台。完成了 300 万元仪器设备招标工作。自筹配套资金 300 万元，加快 7 个在建平台项目的建设进度。

【科技成果转化与推广】 2012 年，该所加大对济麦 22 的宣传推广力度，当年秋播全国累计种植面积近 266.67 万 hm^2 (4 000 万亩)，其中省内 166.67 万 hm^2 (2 500 万亩)，占全省的近 50%。组织召开“小麦新品种(系)现场观摩会”(兖州)、“北方薯区甘薯育苗技术交流与培训会”(梁山)、“大豆新品种齐黄 34 现场观摩暨产业体系科研生产考察和院士报告会”(嘉祥)和“DUS 测试品种、信息 DNA 测试技术研究项目执行进展总结会议”(济南)等规模较大的现场观摩会 10 余次。在全省建设和规范各类试验示范基地 29 处，其中新建 333.33hm^2(5 000 亩)以上规模的示范基地 10 余处。中央电视台《新闻联播》《人民日报》、新华网、《中国科学报》《科技日报》《农民日报》《山东新闻联播》和《大众日报》等新闻媒体都对该所成果进行了相关宣传报道。

【科技人才队伍建设】 2012 年，该所有 6 人受聘二级研究员、7 人受聘三级研究员，新引进博士 2 人，1 人晋升正高级职称、5 人晋升副高级职称。赵振东研究员被评为山东省科技兴农功勋科学家，刘建军研究员被评为山东省科技兴农先进个人并记二等功，王法宏研究员被农业部评为全国粮食生产突出贡献农业科技人员，宋健民研究员被省科协评为山东省突出贡献科学家。

【国际科技合作与交流】 2012 年，该所先后与国际玉米小麦改良中心、国际马铃薯中心以及韩国、澳大利亚、法国、苏丹、南非等国家和国际组织开展互访交流与合作 50 余人次。苏丹农业示范中心举办培训班 3 期，示范引种山东省农业科学院小麦、玉米、棉花、花生品种 12 个，转基因棉花品种通过苏丹国家审定，开创了中国棉花品种在苏丹种植的历史。

（省农业科学院作物研究所 戴海英 刘 佳）

山东省农业科学院农产品研究所

【科研项目与经费】 2012 年，山东省农业科学院农产品研究所新上各级科研项目 28 项。其中，国家级项目 11 项，包括国家自然基金项目 2 项、国家科技支撑项目子课题 1 项、农业部公益性行业(农业)科研专项子课题 2 项；省级项目 17 项，包括省科技发展计划项目 1 项、省自然基金项目 1 项、省自主创新成果转化重大专项 1 项、省农业科技成果转化资金项目 1 项、省农业重大应用技术创新课题 2 项、省万人计划“泰山学者”引进项目 1 项、省软科学研究计划项目 1 项。全年新上科研项目总经费 1 226 万元。

【科研成果】 2012 年，该所“丹参种质资源鉴定评价及创新利用”项目获省科技进步二等奖，“山东省生态农业产业化示范基地试点建设规划”项目获省软科学优秀成果二等奖。“桔梗种质创新利用及高效生产技术研究”成果通过省级鉴定，达到国际先进水平。小麦新品种“鲁原 502”通过国家和省审定。认定山东省地方标准 11 项。发表论文 37 篇，其中被 SCI 收录 6 篇。申请专利 47 件，其中发明专利 41 件、实用新型专利 6 件；获得专利授权 53 件，其中发明专利 18 件、实用新型专利 35 件。

【基础性研究】 2012 年，该所“1,3- 甘油二酯酶解产物在小肠上皮细胞中再酯化途径研究”和“瑞氏木霉胞内 β- 葡萄糖苷酶在纤维素酶基因诱导表达中的功能研究”等项目列入国家自然科学基金计划。“反胶束法制备大豆分离蛋白结构与功能特性的研究”项目利用二 -(2- 乙基已基)琥珀酸酯磺酸钠(AOT)反胶束萃取大豆分离蛋白，使得大豆分离蛋白总回收率达到 92% 左右，同时在理论上表征了 AOT 反胶束相有效改变大豆蛋白原始结构和功能特性变化过程的测定方法。“活性蛋白制备关键技术研究与示范”制备了活性蛋白，建立了活性蛋白资源库和活性蛋白制备关键技术体系，开展修饰关键技术研究，提高活性蛋白稳定性和加工适用性。“蓝莓中可萃取与不可萃取多酚对巨噬细胞抗炎作用及差异性机理研究”完成了蓝莓多酚的制备与纯化，包括萃取溶剂的选择、大孔树脂的选择、柱层析的相关参数等，并摸索出多酚的液相测定条件，确定了蓝莓中多酚的组成。“高水分挤压过程中蛋白质形成纤维状结构机理研究”通过对植物蛋白挤压过程中水分的形态、变化和作用进行分析，探讨了高、低水分挤压技术生产纤维状模拟肉蛋白产品的本质差异，初步提出植物蛋白高水分挤压产品纤维状结构形成机理的理论模型。

【应用研究】 2012 年，该所利用超声波辅助水酶法解决了小麦胚芽油提取体系中小麦胚芽油易发生乳化导致提取率降低的关键技术难题，使小麦胚芽油得率由原来的 4% 左右提高至 9.692%。

【科研成果转化与推广】 2012 年，该所选育的小麦新品种“鲁原 502”秋播面积达 10 万 hm^2(150 万亩)。当年，“鲁原 502”转让给鲁研良种有限公司，取得转让经费 200 万元。丹参新品种和新技术已在山东蒙阴、烟台、临清等地区推广应用，建立示范区 15 个，累计推广应用面积 646.67hm^2(9 700 亩)，累计新增经济效益 1 813.5 万元。以示范区为核心辐射带动面积 0.28 万 hm^2(4.2 万亩)，年创造社会经济效益 7 000 多万元。花生多糖等科研成果得到初步转化，深入开展与农产品加工企业的合作。

【科研平台建设】 2012 年，以该所为依托单位的“山东省农产品精深加工技术重点实验室”获批建设。该实验室作为山东省农产品加工领域唯一的省级重点实验室，将重点开展生物活性物质与功能食品、油脂精深加工技术和加工副产物综合利用等研究。在建设完善“国家粮油加工技术研发分中心”和“山东省中波（波兰）果蔬加工合作研究中心”的同时，与加拿大农业部、拉瓦尔大学等单位联合承建的“山东省中加果蔬加工合作研究中心”获得批复。牵头成立了“山东农学会药用植物专业委员会”。

【科技人才培养与队伍建设】 2012 年，该所引进“泰山学者”海外特聘专家 1 名、博士 3 名、企业管理人才 3 名。通过让新进人员参与具体的科研任务、鼓励并协助具备项目统筹实施能力的科技人员申报各类课题、有计划地送具有发展潜力的科技人员赴国外培训等方式，对在职科技人员进行培养。通过培养，该所全年新增硕士生导师 2 名，5 名科技人员晋升高级职称，4 名青年科技人员主持国家和省自然科学基金项目，5 人次主持 863 计划、公益性行业科研专项等国家级重大课题，并初步建成植物蛋白资源开发、活性物质绿色提取与营养评价、生物防腐保鲜技术、生物粉体技术、作物诱变育种等优势创新团队。

【科技服务】 2012 年，该所先后派科技人员赴龙大食品集团有限责任公司、无棣华龙食品有限公司、山东佳和面粉有限公司等企业进行实地考察指导，帮助解决生产过程中面临的技术难题，协助开发新产品。该所专家作为科技特派员深入 6 市（县）30 余个村开展科技扶贫活动，举办培训班 6 期，培训科技骨干 600 人次，印发资料 1 500 余份，安排“鲁原 502”小麦试验示范田 1 000 余亩，并赠送“鲁原 502”原种 1 500kg。

【科技合作与学术交流】 2012 年，该所举办“全国农产品加工百家院所百家企业对接活动”，为建立全国跨区域科企合作机制探索出一条新的途径。邀请中国医学科学院、中国农业科学院、美国亚利桑内州立大学、清华大学等院校专家学者来所进行学术交流。与山东合众正源现代中药有限公司合作建立临清合众正源中药材良种繁育及 GAP 基地，与蒙阴神农中药饮片有限公司合作建立蒙阴神农 GAP 基地，与金胜粮油集团有限公司达成花生粕中花生多糖高效提取技术的联合开发协议。

(省农业科学院农产品研究所
刘丽娜　张奇志　孙　卿)

山东省海洋水产研究所

【科研项目】 2012年，该所共组织申报包括国家海洋公益性行业科研专项、国家自然科学基金、山东省良种工程重大项目等15个类别的科研项目，获得科研立项28项。主要新上科研项目如表所示。

2012年山东省海洋水产研究所主要新上科研项目

项目类别	项目名称
国家海洋公益性行业科研专项	规模化园区海水养殖环境工程生态优化技术集成与示范项目子课题：海水养殖园区环境工程优化技术集成与创新
	刺参工程化安全养殖技术集成与示范项目子课题：高效饲料及精准投喂技术研究与示范
国家自然科学基金项目	短蛸原生殖细胞的迁移图式及分子基础研究
	新月菱形藻DHA/EPA比率的环境影响因素和分子调控机制
	无机砷在海洋食物链传递中的化学行为及其生态毒理效应
	四角蛤蜊对典型PBDEs胁迫的分子响应机制
	高分辨率重建1870年以来的南极冰盖物质积累率
农业部财政项目	山东省海洋重要渔业水域常规监测
	莱州湾主要增殖品种放流效果评估
山东省科技发展计划项目	新型喹噁啉类药物对海参的有效性及安全性研究
	山东省推动传统海洋渔业产业升级的政策研究
山东省农业良种工程项目	优质高产抗逆贝类良种选育——牡蛎高产抗逆良种培育
	优质高产抗逆贝类良种选育——蛏类高产抗逆新品系培育
	优质抗病速生鱼类良种选育——深水网箱适养品种选育
山东省自然科学基金项目	缢蛏微卫星标记遗传连锁图谱的构建
山东省财政支持农业重大应用技术创新项目	象拔蚌室内工厂化养成技术研究
山东省农业科技成果转化资金项目	黄河三角洲刺参池塘生态养殖模式及配套技术
山东省现代农业产业技术体系刺参创新团队建设项目	山东省刺参产业技术体系创新团队——加工与产业经济
	山东省刺参产业技术体系创新团队——营养与饲料
	山东省刺参产业技术体系创新团队——育种
	山东省刺参产业技术体系创新团队——浅海增殖

【科研成果及选介】 2012年，该所完成项目结题验收6项："刺参配合饲料的生产与应用""重金属对海水养殖生物毒性效应及安全性评价""海水工厂化养殖节能减排新技术研究"等，完成阶段性验收4项、自验收1项，通过鉴定成果1项。获得科技成果奖励7项："黄河三角洲海参池塘生态养殖模式的构建与示范"和"山东近海经济生物产卵场、索饵场及其生态环境"获国家海洋局海洋创新成果二等奖，"海水增养殖区环境综合评价方法"获中国水产科学研究院科技进步三等奖，"莱州湾渔业生态环境状况与渔业资源演变"获全国渔业生态环境监测优秀成果一等奖，"黄河三角洲海参池塘生态养殖模式的构建及应用"和"磺胺类药物检测方法及在鱼体内代谢动力研究"分获山东省海洋与渔业科学技术一等奖和二等奖，"紫花苜蓿浓缩叶蛋白(LPC)替代鱼粉在星斑川鲽养殖中的应

用研究”获烟台市科技进步三等奖。获得国家发明专利授权4件。制定国家标准2项、省地方标准9项。发表学术论文46篇，其中被SCI收录5篇、EI收录3篇，获得农业部中青年干部学习论坛二等奖1篇。出版学术专著3部，编制完成《2011年山东省海洋环境公报》。

重金属对海水养殖生物毒性效应及安全性评价 省科技发展计划项目，起止时间为2009—2011年。该项目系统研究了镉、铬、铜、锌、汞、铅、砷等7种重金属(类金属)对贝、参、鱼、蟹的毒性效应；从组织、细胞及分子水平研究了重金属对贝类的毒理机制，并建成重金属暴露浓度与海水养殖生物毒性效应关系模型；利用重金属剂量效应和富集效应关系模型，建立了海水增养殖区几种重金属风险评价方法。该项目成果为海洋与渔业水质标准的制修订和海洋增养殖区重金属生态风险评价方法的建立提供了理论依据和基础数据，对保障海水养殖业健康可持续发展具有很好的应用价值。2012年12月，该项目通过省海洋与渔业厅组织的验收，达到国际先进水平。

【科研成果转化及产业化】 2012年，该所以“渔业科技促进年”活动为契机，组织技术人员紧密联系渔业生产实际，强化成果转化与技术推广，加强科技人才培养及渔民培训，获得“全省科技兴农先进集体”称号。以“水产品健康、安全”为主题，采取集中授课、现场指导等方式，广泛开展渔业技术人员和渔民的技术培训、咨询及服务等工作。举办高效生态健康养殖新技术、无公害水产养殖用药及病害防控等专业技术培训班，参加人员400多人次，发放培训资料千余份。加强健康养殖应用技术的宣传推广，将渔业发展迫切需要的先进技术送到生产一线。与东营市现代渔业示范区合作设立“黄河口新农民学校高端农民实训基地”，在黄河三角洲地区推广“东参西养”等适用技术，培训当地渔民800多人次。

【科研管理】 2012年，该所根据项目研究内容和指标编制在研项目年度计划，并扩大科研动态管理体系内涵，将各来源课题纳入管理范畴；建立项目跟踪机制，督查项目进展情况，鼓励项目承担团队通过多种灵活形式及时组织项目研讨和交流；加强项目经费管理和有效使用，实时更新支出情况，严格按照预算进行科研经费的使用和管理，确保专款专用。

【科研平台建设】

“泰山学者”岗位建设 2012年，岗位特聘专家及团队成员共获得科研立项10余项。国家海洋公益专项“海水鱼低碳高效养殖关键技术集成与示范”正式启动，“南海深水区高值鱼类大型网箱养殖配合饲料的研发及应用”等10多项重点项目均按计划进行，围绕基础营养学、营养免疫学、健康生态养殖、新型节能减排工厂化养殖模式等深入开展研究。发表学术论文20余篇，“用苜蓿生产的海参饲料及其制造方法”获得国家发明专利授权。多次召开学术交流会，邀请国内外知名专家前来讲学。培养硕士研究生20余名。

重点实验室建设 2012年，省海洋生态修复重点实验室设立开放课题基金，鼓励外单位人员申请开展海洋生物资源及生态修复的相关基础研究和应用基础研究。年内，该所依托重点实验室开展了“黄渤海浅海底层生物资源产业生态化开发关键技术研究与示范”和“典型海域水母灾害监测预警技术业务化应用与示范研究”等国家及省级项目17项，发表学术论文10余篇，组织召开学术报告会多次，就近年来资源生态学及评估、近海资源保护研究进展和主要成果进行交流。

东营基地建设 2012年，通过对科研配套设备的不断完善，东营基地已基本满足了项目试验及成果推广示范的硬件需要。“省海洋与渔业厅黄河三角洲海洋渔业科研推广中心”正式启用，“引进贝类新品系选育技术”省级引智示范推广基地揭牌运行，省级东营缢蛏良种场正式设立，5 000m^2生态修复实验室正式建成并投入使用，“东营市现代渔业示范区高端农民实训基地”挂牌成立，“海水鱼低碳高效养殖关键技术集成与示范”“蛏类高产抗逆新品系培育”和“新型喹恶啉类药物对海参的有效性及安全性研究”等10余个重大项目依托基地开展试验研究。

【科技人才培养与队伍建设】 2012年，该所引进博士3名、硕士6名，引入海洋气象学及海洋水动力学等学科专业人才，使学科构架日臻完善。鼓励在职人员深造，现有在读博士研究生6名、硕士研究生10余名，1人入选“中央组织部青年拔尖人才支持计划”候选人。定期选送青年骨干参与专业技术进修，全年共派出80多人次参加了由农业部、国家海洋局等多家机构组织的各类专业技术培训20余次。选派优秀青年科研人员出国进修培训，1人赴挪威访学，2名“饲料营养素对水产动物调控作用研究”项目组成员赴夏威夷海洋研究所访学。新招收硕士研究生12名，累计已培养、指导硕士研究生40余名。

【科技咨询与服务】

水产品质量安全监督检验 编制《2012年全省水产品质量安全监督抽查实施方案》，完成农业部水产品质量安全例行监测240个样品、贝类产品卫生监测180个样品、产地水产品质量监督抽查130个样品、环渤海水产品石油污染第三次专项监测45个样品的抽检任务，完成山东省海洋与渔业厅下达的山东省水产品质量安全监督抽查598个水产苗种和402个产品样品抽样、海水贝类划型任务和100个贝类样品的应急监测任务，参与农业部全国水产养殖质量安全执法交叉督查及山东省食安办全省食品安全治理整顿督查工作。

海洋与渔业环境监测 开展莱州湾和庙岛群岛2个典型生态系统、烟台金沙滩滨海旅游度假区、莱州金城和荣成俚岛2个增养殖区、乳山近海和小清河口2个赤潮监控区、5个国家级水产种质保护区、潍坊滨海新城区、海阳核电站放射性背景水平、黄河调水调沙生态环境影响等监测任务，以及山东省水产种质保护区生物遗传多样性检测、烟台港芝罘湾港区31# 客滚泊位工程验收海洋环境及生态调查工作。对山东省33家市、县级海洋环境监测机构的监测能力进行调查评估，编制完成《2011年山东省海洋环境公报》《山东省海洋环境监测机构监测能力评估报告》和《山东省海洋观测预报机构能力调查评估报告》，并参与编写《山东渤海海域生态红线规划》。完成山东省海洋环境监测数据资料审核上报及月报编制工作，组织完成山东省海洋环境监测与评价专业技术人员等级证书使用情况的调查及山东省海洋环境监测外控样的考核工作，并配合国家海洋局减灾中心完成在山东省的实地调研。召开山东省海洋环境风险评价与区划研讨会，首次建立了山东省海洋环境风险评价与区划方法标准。举办山东省海洋环境监测技术培训班，共有各级海洋环境监测机构的60余人参加了培训。

水生动物疫病监测与苗种检验检疫 组织完成了100个鲤科鱼类疫病SVC监控样品和165个对虾白斑病监控样品的抽检任务，完成193个增殖放流和102个苗种生产许可证水产苗种样品的检验检疫任务。

其他检验监测工作 完成山东省72个无公害水产品产地认定、103个无公害认证产品、7个地理标志产品及2个地理商标产品的抽检工作。完成11个水产种质样品鉴定以及211个产品、5个水质样品的委托检验工作，参与“硝基呋喃类代谢物在大菱鲆、海参体内的风险评估”工作。

技术咨询及评价 完成7项调查、鉴定、损失评估以及11项海域使用论证工作。完成“海洋功能区划编制技术单位”资质续期。

【科技合作与交流】 2012年，该所“水产饲料中鱼粉替代蛋白源的研究”和“海洋数值模型构建研究”获山东省外国专家局立项。选派科研骨干作为专家组成员参加中韩海洋生物资源会议，为妥善解决两国相互入渔安排问题，全力维护海洋渔业合法权益，确保渔区和谐稳定和协定水域正常秩序做出积极贡献。全年多次邀请国内外知名专家来所做学术报告，并组织人员参加“第三届全国石斑鱼类繁育与养殖产业化论坛”和“第七届食品科学国际年会”等学术会议20余次。

【科技宣传】 2012年，该所开展了以“贡献科技力量，提升海域综合管理水平”为主题的“《海域法》颁布实施十周年”宣传活动，以海洋摄影展、重点实验室开放日、关爱海洋环保公益行动等多种形式为《海域法》的贯彻实施营造良好的社会氛围和舆论环境。在《大众日报》《海上山东》和《创新周刊》等平台宣传报道该所“泰山学者”岗位、省级重点实验室及山东省海洋与渔业厅黄河三角洲海洋渔业科研推广中心等建设情况，并对“引进贝类新品系选育技术”省级引智示范推广基地进行专题宣传。

(省海洋水产研究所 刘义豪 乔瑞光 孙春晓 冯艳微)

山东省海水养殖研究所

【科研项目】 2012年，山东省海水养殖研究所共承担各类科研项目57项，其中新上项目22项(如表所示)。

2012年山东省海水养殖研究所新上科研项目

项目类别	项目名称
国家自然科学青年基金	黄海海洋生态系统服务时空演变特征及机理研究
国家海洋公益性行业科研专项	黄渤海浅海底层生物资源产业生态化开发关键技术研究与示范
	几种海洋功能蛋白规模化生产及高值化产品研制关键技术及产业化示范
	海水鱼低碳高效养殖关键技术集成与示范
	“山东半岛蓝色经济区”建设的海洋空间布局优化技术体系及决策服务系统应用示范
国家海洋局专项	山东省海岛地名普查
省“两区”专项资金项目	山东省海水健康养殖工程技术研究中心建设
省“两区”软科学项目	山东半岛蓝色经济区生态型渔业发展新模式海洋牧场建设关键技术工艺研究及标准化工程建立

续表

项目类别	项目名称
省现代农业产业技术体系	刺参产业创新团队建设
省农业种质资源创新课题	海带高产、优质基因资源发掘与种质创新利用研究
	水产经济生物种质资源收集、保护与评价
省科技攻关计划项目	海洋生态灾害成因生物(海星)综合利用技术研发
省优秀中青年科学家科研奖励基金	经济海藻鼠尾藻对环境胁迫的响应研究
省自然科学青年基金	刺参池塘网箱立体高效养殖的生态学基础研究
	鼠尾藻幼苗生长发育限制因子的研究
省科技发展计划(政策引导类)	两种对虾白斑综合征病毒传播力比较及其生物防控技术应用研究
	新型刺参免疫增强剂的应用研究与开发
	商品鱼安全无公害麻醉及无水高效运输关键技术研究
省农业重大应用技术创新课题	池塘参藻量化生态养殖模式研究
省农业技术推广项目	海水主要养殖品种病控技术与健康安全养殖技术
省海洋与渔业厅科技计划项目	中国沿海双齿围沙蚕的分子系统地理学研究
青岛市科技发展计划项目	斑点鳟鲑苗种培育与养殖技术示范

【科研成果及选介】 2012年,该所获得科技成果奖励4项:“六线鱼苗种大规模人工繁育技术”获省技术发明二等奖,“鼠尾藻大规格苗种提前育成技术”获青岛市技术发明二等奖,“山东省潜在海水增养殖区评价与选划”获省海洋与渔业科学技术一等奖,“海水主养品种病控与产品安全综合技术研究”获省海洋与渔业科学技术三等奖。获得国家发明专利授权6件:“培育单体牡蛎苗种的方法及采苗器”“一种使用贝类早期幼体全套投喂绿鳍马面鲀早期仔鱼的方法”“马尾藻科海藻受精卵高效采集装置及采集方法”“一种海参用复方免疫增强剂及其制备方法”“一种减轻黑石鲈的幼鱼人工操作中应激反应的方法”和“一种高粘性鱼卵人工受精与孵化方法”。通过成果鉴定6项:“刺参养殖池塘环境调控技术研究与应用”总体技术达到国际领先水平,“七带石斑鱼苗种规模化人工繁育技术研究”“植物源免疫增强剂在刺参养殖中的应用”和“利用微胶囊技术研究小肽对刺参免疫系统的影响”总体技术达到国际先进水平,“对虾规模化健康养殖关键技术集成与示范推广”和“刺参中草药防病及微生态底质改良技术”总体技术达到国内领先水平。

刺参养殖池塘环境调控技术研究与应用 该项目自主研发出新型潜水式增氧机,弥补了现有池塘增氧设备的不足,可迅速增加养殖池塘底层溶解氧,有效改善池塘养殖环境。研发的中草药活性底质改良剂,突破了传统中草药产品的加工工艺,以植物提取物为原料直接配伍而成,可稳定池塘水质与底质环境,减免抗生素或化学药品的使用。集成新型潜水式增氧机、中草药活性底质改良剂、微生物制剂、大型藻类吊养等技术对刺参养殖池塘环境进行调控,使池塘水体中亚硝酸盐、铵盐及活性磷酸盐含量分别下降了21.0%、36.4%和22.7%,表层沉积物中硫化物降低了30.4%,刺参成活率提高10.7%、产量提高16.3%。同时,在环境调控的基础上采用网箱进行苗种中间培育,拓展了养殖池塘上层空间利用率,稚幼参成活率达到70%以上。2012年5月,该项目通过省海洋与渔业厅组织的成果鉴定,总体技术达到国际领先水平。

七带石斑鱼苗种规模化人工繁育技术研究 该项目对七带石斑鱼早期发育的形态学、组织学特征及生态学习性进行系统研究,丰富了七带石斑鱼早期发育生物学资料。完成了七带石斑鱼引种、驯化和培育,建成规模化人工繁育技术生产技术体系(生殖调控、人工催产、授精、受精卵孵化、苗种培育等),并创立了生态化优质藻相室内石斑鱼苗种培育方法。引进七带石斑鱼成鱼1 124尾,驯化成活率87%,现保有优质亲鱼580尾,其中大规格成鱼11尾。经环境调控、营养强化、激素诱导获得成熟亲鱼,采用人工授精方法,受精率86%,获得受精卵1 080g(264万粒),平均孵化率46%,获得初孵仔鱼约120万尾。培育平均全长39.7mm的健康苗种10.6万尾,苗种培育成活率8.83%。2012年11月,该项目通过了由省科技厅委托省海洋与渔业厅组织的成果鉴定,总体技术达到国际先进水平。

植物源免疫增强剂在刺参养殖中的应用 该项目选用黄芪多糖作为微胶囊芯材,筛选合适的聚合物壁壳材料并进行微胶囊造粒技术研究,基本解决了使用过程中多糖溶失的问题。免疫实验显示:实验组刺参3种酶活力均显著高于对照组,相对免疫保护率高达76.4%。示范养殖刺参5 000m^2,幼参成活率提高18.89%。针对刺参摄食习性,研制出全自动微胶囊制备装置,并制备了微

囊化黄芪多糖制剂，应用效果显著，具有良好的推广前景和潜在的社会及生态效益。2012年12月，该项目通过了由省财政厅委托省海洋与渔业厅组织的成果鉴定了，整体达到国际先进水平。

利用微胶囊技术研究小肽对刺参免疫系统的影响 该项目筛选出1种小肽类产品作为刺参免疫增强剂，研究了刺参用微囊化小肽的制备方法，设计出全自动微胶囊化装置对小肽进行包埋，制成微囊化小肽制剂。免疫实验显示：该小肽制剂能促进刺参超氧化物歧化酶、酸性磷酸酶和碱性磷酸酶活性，体腔细胞的吞噬活力和呼吸爆发力较对照组分别提高2.3倍和1.4倍。攻毒实验表明：刺参经微囊化小肽免疫后，其相对免疫保护率显著高于对照组。将微囊化小肽应用于刺参养殖，实验组免疫成活率达到68.1%，较对照组提高了17.8%，效果明显。该项目成果为刺参饲料添加剂产品的开发提供了技术支撑，经济效益显著，具有良好的推广前景和广泛的社会及生态效益。2012年11月，该项目通过了由省科技厅委托省海洋与渔业厅组织的成果鉴定，总体技术达到国际先进水平。

【科研成果转化及产业化】 2012年，该所推动山东省新设烟台莱州和长岛两处魁蚶增殖站，规划海域面积0.67万hm^2(10万亩)；新设东营河口和潍坊寿光两处毛蚶增殖站，规划海域面积0.67万hm^2(10万亩)。在烟台、威海、青岛底播魁蚶苗种3.5亿粒，面积0.17万hm^2(2.5万亩)；在青岛、滨州底播毛蚶苗种1.28亿粒，面积400hm^2(6 000亩)；在威海底播海参苗种60万头，面积133.33hm^2(2 000亩)。在莱州湾引入鼠尾藻、马尾藻、海带、多管藻等4种海藻，投放石块3 000m^3、扇贝笼藻礁1 200个、水泥构件人工藻礁500个，引入海藻总量70万株，覆盖海区面积5.33hm^2(80亩)。在莱州湾放流沙蚕642.36万条，养成沙蚕12.9万条；在胶州湾放流日本对虾2 600万尾、海蜇2 500万头、三疣梭子蟹500万只。开展技术培训班10期，培训基层技术人员1 000余人次，发放培训材料1 000余份。

【科研平台建设】 2012年，该所获得乙级“海域使用论证资质”，山东省海水养殖病害防治实验室获得省级计量认证资格，分别具备了按相应认可认证准则开展检测服务的技术能力。

【学术交流】 2012年，该所共派员参加国际学术会议6人次、国内学术会议和培训76人次，作大会报告9人次。

（省海水养殖研究所 李翘楚）

山东省淡水水产研究所

【科研项目】 2012年，山东省淡水水产研究所共承担国家海洋局、农业部、省科技厅、省财政厅、省海洋与渔业厅等各级科研项目34项，其中新上科研项目11项(如表所示)。

2012年山东省淡水水产研究所新上科研项目

项目类别	项目名称
国家海洋局公益科研专项子课题	典型海岸带陆域生态环境承载力评价及空间布局优化
	高分子海洋蛋白制备技术及医用材料产品设计
	“微平衡”环境友好型配合饲料研究和投喂策略的研究与示范推广
	黄渤海浅海底层生物资源产业生态化开发关键技术研究与示范
农业部渔业种质资源保护项目	南四湖主要增殖渔业资源放流效果评估与跟踪监测
	山东省内陆重要渔业水域常规监测
	罗非鱼种质保存与选育
省财政支持农业技术推广	淡水池塘高效生态养殖技术
	黄河鲤鱼高效生态养殖技术
省农业科技成果转化资金项目	淡水池塘节水生态高效养殖关键技术
农业行业标准制定	泥鳅 亲鱼、苗种

2012年，该所承担的省发改委重大课题“黄河三角洲高效生态经济区高效生态渔业发展模式研究”完成年度任务，该项目的实施将全面实现省委、省政府2012年1号文件提出的“规划建设黄河三角洲200万亩国家生态渔业基地，创建一批省级现代渔业园区，引领和带动全省现代渔业发展”的目标，加速构建黄河三角洲地区现代渔业产业体系，促进黄河三角洲高效渔业经济结构优化升级。国家海洋公益专项“黄河入海口滨海湿地生态安全评价与调控技术研究”完成了入海口滨海湿地主要生态风险源的识别和分区风险评价，建立了入海口滨海湿地生态安全综合评价指标体系，编制出黄河入海口滨海湿地动物质量安全评价技术规范、生态安全评价技术规程和生态安全调控技术规范，研发了黄河三角洲芦苇湿地水质污染调控技术模式并进行示范，为入海口滨海湿地科学管理提供了技术支撑。“黄河三角洲滨海盐渍区芦苇湿地恢复技术研究与示范”项目对黄河三角洲滨海湿地受损现状和成因进行调查分析，确定了盐渍区生态重建的主要制约因子并制定生态重建目标，研发并示范基于河蟹与草鱼等淡水鱼类的滨海芦苇湿地种养复合生态修复模式。“人工岸段生态化建设效果评估”项目通过对示范岸段及邻近海域生态环境、人工岸段与自然岸段生物群落及景观格局的调查与评价，研发人工岸段芦苇群落生态化构建技术，构建环境承载力和植被恢复效果技术并对现有状况进行评价，以期为人工岸段的生态化建设提供技术支持。

【科研成果及选介】 2012年，该所获得各级科技奖励4项，其中“淡水池塘节水生态高效养殖关键技术研究”获得省科技进步三等奖，“乌鳢高效生态养殖模式与关键技术推广”获得省农牧渔业丰收三等奖，“大鳞副泥鳅、俄罗斯鲤人工繁育与无公害养殖技术”和“海水养殖动物广谱高效抗菌肽的研制与开发”获得省海洋与渔业科学技术二等奖。有4项成果通过鉴定，制订省地方标准3项。获得实用新型专利授权5件。发表学术论文43篇，其中学报级11篇，英文期刊3篇。

淡水池塘节水生态高效养殖关键技术研究 该项目以营造良好稳定的池塘生态环境为重点开展系统研究，利用生物、生态和工程化综合技术对池塘进行规模化养殖水循环工程设计和改造，利用水生植物和有益菌进行水质净化和调控，构建了池塘封闭式微循环生态养殖水体调控系统技术和工艺流程，建立了水生植物调控、有益菌调控、藻相优化的池塘养殖环境调控技术，形成淡水池塘节水生态高效综合养殖技术体系并进行产业化应用。推广应用池塘生态优化放养模式、水质三级净化处理技术、微生物制剂水质综合处理技术和封闭循环养殖技术，已在济宁、泰安、枣庄、滨州、东营、聊城、淄博、德州等地累计应用4 552.53hm^2(68 288亩)，推动了山东省水产养殖产业可持续发展。2012年，该项目获得省科技进步三等奖。

淡水池塘浮动草床微生态调控低碳多元养殖技术 省财政支持农业技术推广项目。该项目在博兴县、广饶县、禹城市、齐河县、东昌府区、东阿县、邹城市、牡丹区、泰安市、台儿庄区、枣庄市市中区等11个项目县区组织实施，重点对池塘水体浮动草床生态调控技术、池塘水体微生物制剂调控技术、池塘水体循环净化及节水生态养殖技术、池塘多元化养殖模式和池塘病害生态防控技术进行集成、熟化与示范推广，共建设试验示范基地及推广面积3 460.93hm^2(51 914亩)，实现产值4.01亿元，利润1.10亿元。2012年12月，该项目通过省海洋与渔业厅组织的成果鉴定，总体达到国内领先水平。

河蟹大规格生态养殖技术推广 省财政支持农业技术推广项目。该项目在滕州、鱼台、东平、垦利、河口等地对河蟹大规格优化放养模式、河蟹养殖水体人工生态环境营造技术、河蟹池塘生物饵料定向培育技术、环保型配合饲料科学投喂技术、河蟹病害生态防控技术等进行推广实施，并因地制宜地推广多种不同养殖方式和生态养殖模式，推广总面积3 025.87hm^2(45 388亩)。该项目对解决山东省河蟹养殖规格偏小、经济效益较低问题，提升山东省河蟹养殖竞争优势和增加渔民收入具有重要的现实意义，应用前景广阔。2012年12月，该项目通过省海洋与渔业厅组织的成果鉴定，总体达到国内领先水平。

利用分子标记筛选超雄性罗非鱼 省农业良种工程子课题。该项目建立尼罗罗非鱼(XY，♂)和奥利亚罗非鱼(ZW，♀)杂交系20个，筛选出尼罗罗非鱼的雄性特异性分子遗传标记SCAR-N-M和奥利亚罗非鱼雌性特异性分子标记SCAR-A-F，建立了两种罗非鱼遗传性别的鉴定方法用于在杂交后代中选择超雄个体。后裔验证实验证明：超雄性罗非鱼(YZ，♂)与尼罗罗非鱼(XX，♀)的杂交后代(F2)雄性率达到98%以上。该项目筛选出的300余尾超雄性罗非鱼与尼罗罗非鱼杂交生产的全雄化罗非鱼，养成时规格整齐，产量和质量均得到有效提高。2012年12月，该项目通过省海洋与渔业厅组织的成果鉴定，总体达到国内领先水平。

孵化环道给水增氧系统自动化控制研究 省科技攻关计划项目。该项目给水增氧自动控制系统实现了溶解氧、流速、水位、温度数据的实时在线监测以及溶解氧、流速的自动控制，使环道内水流速在0.3m/s～0.6m/s的范围内无级可调，溶氧量控制在4mg/L～6mg/L的范围内，满足不同鱼类品种在不同孵化阶段对水流速度及溶氧的要求。该项目已申请专利“鱼类孵化环道在线监测与反馈控制系统装置”，并制定《孵化环道给水增氧系统自动化控制操作规程》。2012年12月，该项目通过省海洋与渔业厅组织的成果鉴定，总体达到国内领先水平。

【科技合作与交流】 2012年，该所与泰安市水利与渔业局、滨州市海洋与渔业局等单位签署合作协议，在技术服务、技术指导、技术培训、技术开发等方面开展合作。与滨州市海洋与渔业研究所合作开展国家海洋局公益专项项目“黄渤海浅海底层生物资源产业生态化开发关键技术研究与示范”的研究工作。与泰安市水产研究所、东平县第一渔场达成协议，共同培育山东段黄河鲤新品种。与清华大学、厦门大学、淮海工学院、中国海洋大学、上海海洋大学等高校，中科院烟台海岸带研究所、中科院水生生物研究所、黄河水资源保护科学研究所等科研机构，以及山东东方海洋集团有限公司、山东中海制药有限公司、山东海城生态科技集团有限公司等多个大型企业开展科技合作。接待苏里南农业部、中国驻苏丹商务参赞、海南省海洋与渔业厅、内蒙古渔业局等考察团来所访问，并达成合作意向。

【科研条件和平台建设】 2012 年，该所完成了对实验室的升级改造，装配仪器设备并投入使用。实验室现可承担环境监测、病害防治、营养与饲料、盐碱地渔业工程技术、淡水水产遗传与育种、引种育种、渔业资源等方面的试验和研究，并配有标本陈列室、图书资料室等设施。该所结合小清河拓宽工程及高铁西站片区建设工程，在经过多次调查研究、专家领导现场指导和征求意见后，初步完成了西郊科研基地整体规划。6 月，“山东省海洋经济监测与评估中心”获省海洋与渔业厅批复成立。年内已开展了硬件与软件建设及业务化运行、统计与核算、年度工作方案、编制统计公报、技术指导和培训、统计研究等工作。

【科技人才队伍建设】 2012 年，该所进一步完善了专业技术职务评聘与考核机制，完成了主、副系列人员及工勤人员岗位竞聘工作，并对在职科级干部进行了调整。引进博士 1 名。付佩胜获得“山东省科技兴农先进个人”称号，并记二等功。王春生研究员入选刺参产业创新团队健康养殖岗位专家。

（省淡水水产研究所　董　俊）

山东省交通科学研究所

【科研重点与计划】 2012 年，山东省交通科学研究所以道路结构与材料、公路养护、桥梁检测评估、交通决策支持、交通环保节能、交通新产品开发为重点开展科研工作。全年新上各类科研项目 14 项，包括交通运输部应用基础研究重点平台资助项目“沥青路面冷再生强度再形成机理与性能评价指标体系的研究”，应用基础理论研究项目“与路用性能相关的沥青流变性能研究及分级优化”和“高等级公路半刚性基层材料与结构损伤数值模拟研究”等，工程应用研究项目“新型自密实混凝土材料在山东省沿海地区公路桥梁中的应用研究”等，以及仪器设备开发、软科学和信息化等研究项目。

【科研成果】 2012 年，该所通过成果鉴定 10 项，其中“基于多指标的沥青路面结构设计方法研究”和“交通行业转型与现代交通业发展模式研究”2 项成果达到国际领先水平，“高速公路沥青路面长期使用性能研究”和“重载沥青路面结构与材料适应性及其足尺试验性能衰变规律研究”等 7 项成果达到国际先进水平。获得科技奖励 5 项，其中“骨架密实型半刚性基层材料设计与施工成套技术研究”获得省科技进步三等奖，“铁路与公路人流物流综合交通运输体系建设研究”和“关于保障道路交通运输安全的调研”获得省政府调研课题二等奖。参与交通运输部《公路沥青路面设计规范》和《公路沥青路面施工技术规范》的研究编制工作。

【技术服务】 2012 年，山东省交通建设工程检测中心完成青临、济徐等高速公路的交竣工验收，承担多条新建高速公路的第三方检测工作，并全面开展公路建设、养护管理重点工程的试验检测等技术服务。山东省交通行业节能工作总站完成交通运输节能减排专项资金山东省申报项目的技术审查工作。12 月，该所被认定为交通运输部首批交通运输节能减排第三方审核机构。《山东省志•交通志》编纂工作取得较大突破，整体进展在省志各分志中处于前列，历史地图集交通卷编绘工作进入终审阶段。在工程技术服务方面，该所主要完成了青临、济徐等新建高速公路的路面技术服务、桥梁荷载试验和安全设施检测，日东、莱新等高速公路养护工程项目的路面技术服务，滕州解放大桥施工监控、济宁泉河大桥荷载试验，以及京新高速、二环西路的桩基检测等工作。参与青岛地铁三号线技术服务，开展公路仪器校验、交通汽车检测线设备检定工作。在省外主要完成了云南锁蒙、四川乐自、辽宁新铁等高速公路新建项目以及内蒙呼包、安徽京台、合徐、合安等高速公路改扩建和养护大修项目的技术服务工作。

（省交通科学研究所　崔俊胜）

山东省计划生育科学技术研究所

【科研项目与经费】 2012年，山东省计划生育科学技术研究所在研科研项目20项，其中承担“十二五”国家科技支撑计划项目“安全有效节育新技术和产品研发”的子课题“安全避孕新途径、新技术的研究及新型绝育技术的研究”和“男用避孕方法的研究”，承担省自然科学基金项目3项。设立开放课题6项：“掺铜生物非降解形状记忆高分子材料研制”（西南科技大学）、“一个新发现的AZF基因多态性与男性不育的相关性研究”（上海市计划生育科学研究所）、“桔梗三萜皂甙单体杀精活性筛选及杀精机制研究”（第三军医大学）、“孕妇外周血中游离胎儿细胞DNA与胎儿畸形的相关性研究”（唐山市工人医院）、“宫内节育器安置对子宫肌电及形态影响的研究”（山东大学医学院）、“育龄期妇女子宫腔三维成像研究”（海口市人民医院），共计科研经费55万元。

【科研成果】 2012年，该所“中草药桔梗体外杀精子实验研究及应用”项目获省科技进步二等奖，“TaqMan探针实时PCR检测人MTHFR基因C677T多态性及其临床应用”项目获省科技进步三等奖。获得专利授权13件，其中发明专利4件：“输卵管避孕栓放置装置”“工字形宫内节育器”“内套管式分离筛选精子管”和“一次性过滤式静夜分离离心管”。发表论文64篇，其中被SCI收录4篇，在国外期刊发表4篇。

【科研条件和平台建设】 2012年，该所投入经费160余万元建设山东省优生技术重点实验室，购置万元以上设备5台、30万元以上设备2台。开展国家临床药理基地申报准备工作，对现有人员进行专业技术培训，投入80万元对场地进行调整和环境改造。投入30万元对生物实验室进行改造。开展大型仪器设备共享，对外开放大型仪器设备7台（套）。

【科技人才培养与队伍建设】 2012年，该所新引进硕士研究生2名。重点实验室聘请客座研究员6名，派出12人次参加为期3个月以上的专业培训，其中1人赴国外进修1年。设有科研专项基金，全年提供青年科技人员经费资助6万元。

（省计划生育科学技术研究所　李欣迎）

山东省遥感技术应用中心

【概述】 山东省遥感技术应用中心是隶属于山东省国土资源厅的全额预算管理事业单位，是山东省唯一从事卫星遥感基础专业研究的公益型科研事业单位，已通过ISO9001—2000质量管理体系认证，具有乙级测绘资质及地质勘查资质。2012年，该中心确定了“认真学习、解放思想、强化科研、突出保障、加快发展”的二十字工作方针，在创新技术、成果转化等方面实现了新的突破。

【科研与监测】

土地利用变更调查与遥感监测 2012年，该中心协助省土地勘测规划院对全省140个县（市、区）土地变更调查成果进行省级核查，经过“三下两上”的工作流程，全面完成全省土地变更调查成果检查、数据汇总、统计分析、与国家数据对接等工作，形成省、市、县三级土地调查数据库，满足了国土资源“一张图”建设和“批、供、用、补、查”日常监管的需要，为国土资源管理及经济社会发展提供了基础资料。

卫片执法监察督导 2012年，该中心参与土地变更调查与卫片执法监察衔接工作，组织技术力量从变更调查成果中提取建设用地要素、制作卫片执法监察数据、配备手持GPS机，参与全省未批先用建设用地整改，规范全省土地利用秩序。

土地利用规划数据库省级核查 该中心协助省土地勘测规划院完成全省土地利用规划数据库省级核查工作，组织技术队伍集中作业，严格审查规划数据库质量与规划指标。2012年底，全省市、县、乡三级土地利用规划数据库全部通过国土资源部审查备案，并经省政府批复，保障了全省经济社会发展的用地空间。

“山东省国土资源执法监察管理系统”研建 省国土资源厅“一个平台，两个市场”建设的重要组成部分。该系统利用“3S”技术、视频监控技术、网络技术，形成“天上看、地上查、网上管、视频探、群众报”的土地执法监察新机制，确保违法行为能及时发现、制止和查处，由事后执法查处转变为事前预防、事中监管、事后评价，提高了执法效能，为切实维护国土资源管理秩序提供支持。

着手建立山东省国土资源遥感调查、监测的长效机制 该中心紧密结合遥感在国土资源监测、调查、更新、管理中的具体应用，着手建立国土资源管理长效遥感调查、监测机制。研究内容主要是对影像的快速处理，利用多个时相遥感影像进行信息复合、提取各类（变化）信息进行实时更新等。

山东省旅游地质资源遥感调查与评价（莱芜、淄博、潍坊） 利用遥感地质解译技术，摸清山东省旅游地质资源状况，对旅游地质资源质量进行评价，圈定出具有开发远景的旅游地质资源分布范围，建立旅游地质资源三维信息系统，对地质公园设立、旅游地质资源开发与保护具有重要价值，可产生巨大的经济、社会和生态效益。

山东省冬小麦种植面积遥感监测 根据省农业厅、省财政厅、省监察厅《关于核定2012年度小麦种植面积的紧急通知》精神，为及时快速掌握全省冬小麦种植面积动态变化情况，确保小麦种植面积的准确性，该中心采用卫星遥感监测技术完成了49个县（市、区）冬小麦种植面积的遥感监测任务，监测面积达到66 576.29km^2。

【系统建设与运行维护】

系统建设 2012年，该中心对山东三维数字国土监测指挥系统、山东省遥感影像数据库、山东土地利用动态遥感监测系统等已投入使用的各系统进行持续建设，主要解决城镇地籍、地物三维建模、数据共获共享机制、功能升级及服务模式优化等方面的问题。

系统运行维护 该中心将各类矢、栅数据编辑入库，保证山东三维数字国土监测指挥系统、山东省遥感影像数据库、山东土地利用动态遥感监测系统3个系统的正常运行，并为省水利厅实时提供山东省三维数据服务。在2011年度全省土地变更调查与遥感监测任务全部结束之后，2012年7月，该中心组织技术力量将国土资源部下发的不同分辨率的遥感监测影像进行无缝拼接，把全省140个县（市区）上交的变更成果进行数据格式转换，使其运行于“山东三维数字国土监测指挥系统”，保证了“山东三维数字国土监测指挥系统”中遥感影像和山东省第二次土地调查数据的现势性。

【科技人才培养与队伍建设】 2012年，该中心根据省人事厅核准的岗位设置方案，按照《山东省遥感技术应用中心岗位竞聘工作方案》规定的程序步骤，完成了中心的岗位续聘工作，达到了预期效果。对技术人员进行集中培训学习3次，派员赴外地调研学习多次，派技术骨干赴外地进行易康软件培训交流1次。

（省遥感技术应用中心　宋清泉）

山东省农业机械科学研究所

【科研项目】 2012年，山东省农业机械科学研究所共承担科研项目49项，其中纵向项目14项（含新上项目6项），企业委托开发和自主研发项目35项（含新上项目19项）。新上纵向项目分别是：农业部标准项目《玉米剥皮机 质量评价技术规范》、省科技发展计划项目“智能高速气力式玉米免耕精密播种施肥机的研制”、省财政支持农业重大应用技术创新资金项目“棉花收获机械关键技术研究”、省大型科学仪器设备升级改造技术研究专项“拖拉机工程机械翻车防护装置强度试验台改造”、济南市高校院所自主创新计划项目“自走式大蒜联合收获机研制”和“大葱收获机”等。

【科研成果及选介】 2012年，该所共获得各类科技奖励9项，其中《三轮汽车通用技术条件》国家推荐标准获中国机械工业科学技术奖标准类二等奖，“ZF552型全液压自走式翻抛机”项目获省机械工业科技进步二等奖，《ZF552型有机肥翻抛机电气系统的设计》《智能化精准农业装备的发展趋势》和《精播机双层肥料监测报警系统装置》3篇论文获省机械工业科技进步奖优秀论文二等奖，“ZM8006型抓木机”和“CC3T新概念叉车三维设计”获省装备制造业计算机三维设计大赛整机类三等奖，“TBB5000型椭圆胶订包本机托达部件”和“采用液压离合器的轮式拖拉机前动力输出变速箱”分获省装备制造业计算机三维设计大赛配件类二、三等奖。通过成果鉴定或验收8项，其中承担的国家农业科技成果转化资金项目“自走式穗茎兼收玉米联合收获机秸秆处理功能拓展与中试”通过科技部委托山东省科技厅组织的验收，参与的国家863计划项目子课题“棉花秸秆收获技术与装备研究”以及国家“十一五”科技支撑计划项目子课题“可变地隙与轮距动力机械研究与开发”和“气力式玉米精密播种施肥机的研制”通过科技部验收，承担的济南市高校院所自主创新计划项目“自走式穗茎兼收玉米联合收获机研制”和“生物发电灰秆原料收集关键设备研制”通过济南市科技局验收，“特大型核泵/高温高压泵综合性能试验台”和“2BMFJ−4 型智能秸秆还田玉米免耕施肥播种机”两项成果通过省科技厅成果鉴定。申请专利 23 件，其中发明专利 6 件（有 5 项已进入实质审查阶段），实用新型专利 17 件。真空泵试验软件 V6.0 等 3 件计算机软件获著作权登记。发表论文 28 篇，其中被 EI 收录 1 篇，在中文核心期刊发表 3 篇。

自走式穗茎兼收玉米联合收获机秸秆处理功能拓展及中试 国家农业科技成果转化资金项目。该项目在“4YZQ−4 型穗茎兼收玉米联合收获机”基础上对秸秆处理装置进行结构优化，集成创新了喂入搅龙、浮动式单双辊混合调质组合喂入机构、秸秆防缠绕机构、辊刀式切碎与抛掷装置等多项结构及装置，将机电液一体化技术综合应用于整机控制，提高了产品的自动化水平。在功能上可实现秸秆处理方式的自由转换，在收获果穗的同时，既可以秸秆集条铺放，也可以精切还田或青贮作业，可满足秸秆青贮、保护性耕作、生物质发电原料收集等需求。该项目形成的整机结构新颖，布局合理，操作方便，填补了国内穗茎兼收卧式玉米联合收获机的空白，已申请国家专利 6 件，发表论文 2 篇。2012 年，该项目通过了科技部委托山东省科技厅组织的专家验收。

特大型核泵/高温高压泵综合性能试验台 企业委托项目。该项目试验台可进行百万机组核电/火电主给水泵、循环水泵、凝结水泵的热冲击试验、压力脉动试验以及轴承轴向载荷、轴向位移、轴径向位移、壳体振动 FFT 分析试验。该项目的实施，在国际上开创了大功率超临界机组高压锅炉给水泵和核电站冷却系统的核主泵、辅助泵的仿真条件下的综合性能试验的先河，为在实际使用条件下研究开发高温、高压核泵提供了出厂、型式试验和测试手段。2012 年，该项目通过省科技厅组织的成果鉴定，试验台在国内首次实现了对核泵、高温高压泵的综合性能测试，总体达到国际先进水平，部分达到国际领先水平。

生物发电灰秆原料收集关键设备研制 济南市科技发展计划项目。该项目在国内现有棉秆收获机械的基础上，吸收借鉴小型拔柴机和棉秆切碎机的工作原理，研发出一种集棉秆的拔出、捡拾、切碎、集箱等作业工序于一体的棉花秸秆收获机械。该收获机设计新颖，整机结构紧凑，使用操作方便，填补了国内棉花秸秆收获机技术空白。已申请专利 3 件，发表科技论文 3 篇。2012 年，该项目通过济南市科技局验收，在棉秆拔取、伸缩指式捡拾、输送链与双层浮动辊组合输送喂入、盘刀式切碎与抛掷一体化方面集成创新强，项目技术达到国内领先水平。

【科研管理】 2012 年，该所制定并下发了所“十二五”学科建设规划，颁布实施了《科技奖励办法（试行）》《科研业绩计分办法（试行）》《研发设计管理办法（试行）》和《培训与继续教育管理制度（试行）》等 4 项管理制度，并对《工资分配制度与相关规定》和《首席专家管理制度（试行）》两项管理制度进行了修订。

【科研条件和平台建设】 2012 年，该所投资 200 余万元分别完成了 400 马力拖拉机液压提升试验台和液压输出功率试验台的建设。确定了中马力拖拉机 PTO 试验台建设方案，并完成建设安装。完成拖拉机负荷车部分功能的技术改造，并对拖拉机试验场地进行修整维护。购置了联合收获机、农机具等产品的检测仪器设备。针对植保机械 3C 检测能力需求，确定了部分检测能力建设方案，完成 6 台检测设备的建设工作，已完全具备了承担植保机械 3C 检验的能力。5 月，该所获批国家工业和信息化部“工业（农业机械和工程机械）产品质量控制和技术评价实验室”。

【科技文献编纂】 2012 年，该所编辑出版科技期刊《农业装备与车辆工程》12 期，刊发论文 260 余篇。编辑出版《农机通讯》12 期。编辑出版农机标委会内部交流刊物《山东省农业机械标准与检测信息》3 期。完成省经信委和省机械工业协会等上级部门部署的《山东农机行业品牌建设调研报告》和《山东农机行业品牌建设情况调查问卷》等的起草及相关调研工作。

【科技活动】 3 月 14 日，该所组织召开全省泵行业年会。会议通报了山东省水泵行业现状及产品质量状况，并邀请我国水泵行业专家作了题为《我国泵行业技术现状与发展趋势》的主题报告。有 40 多家企业的 50 余位代表参加了会议。

3 月 29 日，该所组织召开山东省饲料机械产品行业会议。会议宣贯了饲料加工机械产品生产许可证实施细则和有关产品标准。有 30 多家企业的 40 余人参加了会议。

8 月 31 日，该所举办“山东农业机械学会、山东农业工程学会理事会暨 2012 年度学术研讨会”。参会代表 400 余人，会议交流论文 50 余篇，并编辑出版论文集。

9 月 18 日，该所组织召开“山东省农机标委会第二届全体会员大会”，完成标委会换届工作。

11 月 7—11 日，该所组织“山东农机工业 2012 意大利博洛尼亚农机展考察团”赴博洛尼亚参观考察。

12 月 13 日，该所举办首次山东农业机械学会会员日活动暨学会工作交流会。

【科技人才培养与队伍建设】 2012 年，该所引进专业技术人员 12 名。两人取得工程应用技术研究员资格，两人取得高级工程师资格。派员参加意大利博洛尼亚农机展、德国汉诺威农机展以及中国台湾新技术考察交流活动。在省科协组织的省级学会创先争优先进党支部、模范党支部书记、优秀共产党员评选活动中，骆琳获得“模范党支部书记”称号。在省科协组织的第四届山东省十大杰出工程师评选活动中，宁建获得“山东省优秀工程师”称号。

（省农业机械科学研究所 党海英）

山东省内燃机研究所

【概述】　山东省内燃机研究所始建于1980年，已发展成为集内燃机节能减排技术及整机和零部件产品研发、汽车排放检测、内燃机及零部件产品质量检验、专业测试设备和工艺装备设计制造、行业咨询服务为一体的综合性研究机构，是山东省内燃机行业技术、标准、质检工作归口单位。2012年，该所制定并实施了“2012—2014年经济发展规划”，明确提出增强科技创新能力、加强科技人才队伍建设和提高行业服务能力的主要目标。

【科研项目】　2012年，实施各类科学研究及产品研发项目54项，其中新上项目18项。新上项目包括国家环境保护部项目3项，分别是国家标准制定项目“三轮汽车和低速货车加速行驶车外噪声排放限值及测量方法”与“非道路移动机械用柴油机噪声排放限值及测量方法(I、II)”，以及“柴油机氮氧化物排放检测方法对比实验研究”项目；产学研合作开发项目4项，分别是“新型四气门结构R系列柴油机开发设计”“拖拉机进、排气压力测试系统研发”“发动机增压器综合性能测试系统”和“32/40型大功率发动机随机配套工具研制”。“新型四气门结构R系列柴油机开发设计”项目已完成新样机的设计方案、零部件3D模型绘制等任务，进入样机试制阶段。“发动机增压器综合性能测试系统”项目将国内增压器生产企业长期应用的离散式、分立测试体系创新设计为集成、综合测试系统，提高了测试效率和精度。

【科研成果与奖励】

成果验收与鉴定　2012年，参加的国家环境保护部基础项目“三轮汽车、低速货车排气污染物和CO_2排放现状及管理对策研究”通过国家环保部和美国能源基金会共同组织的项目验收；承担的省科技厅大型科学仪器设备改造项目“NGA2000排放分析仪升级改造”通过省科技厅组织的项目验收；承担的省科技攻关计划项目“电控单缸柴油机研制”通过省级科技成果鉴定，技术达到国内领先水平，产品填补国内空白；承担的济南市高校院所科技创新科技计划项目“内燃机气道性能测试分析系统”通过济南市科技成果鉴定，采用多项具有自主知识产权的创新技术，成果达到国际先进水平；与省农业机械试验鉴定站合作开发的自主创新项目“卷帘机综合性能试验台”通过省级科技成果鉴定，成果达到国内领先水平。

科技奖励　2012年，“发动机尾气排放测试通用计算系统”项目获得省机械工业科学技术进步一等奖，“大功率柴油机机油冷却器试验台”获得中国机械工业科技进步三等奖，“太阳能集热水器玻璃管中超导液自动加注装置”获得省机械工业科学技术进步三等奖，“BWD-400-1300A型波纹带成型机”获得省装备制造业计算机三维设计大赛(整机类)一等奖。

专利申请与授权　全年申请发明专利1件：“测速仪与动量计同步测量内燃机气道性能试验装置”，申请实用新型专利4件：“新式单缸电控柴油机”“新式单缸电控柴油机测速装置”“四气门多缸整体气缸盖”和“测速仪与动量计同步测量内燃机气道性能试验装置”，获得实用新型专利授权3件：“太阳能集热器玻璃管中超导液自动加注装置”“增压器流道试验台”和“涡轮增压器超速包容试验台”。

【科研成果转化】　2012年，新开发LL380-2、4L22-4型机油泵，实现小批量生产及供货。接受企业委托完成拖拉机动力输出轴试验台、拖拉机悬挂提升试验台和增压器综合性能试验台的设备开发与研制。完成用于4008型和175型大功率发动机试验的配套设备——试验台车的设计和制造，试验台车通过企业严格验收后正式应用于生产过程。

【质检工作与能力建设】　全年完成39个单元的柴油机产品、12个单元的汽油机产品的生产许可证产品质量检验，11种内燃机产品的出口质量许可证产品质量检验，对16个源机16种配置的非道路移动用柴油机和31个源机40种配置的通用小型汽油机进行了环保型式核准检验，并承担完成产品委托检验224批次。12月，该所被国家工业和信息化部批准为“工业(内燃机)产品质量控制和技术评价山东实验室”，为该所更好地开展行业技术服务、加强产品质量控制和推动行业技术提升打下基础。继续加强质检基础设施建设，投入200余万元完成了370kW瞬态测功器系统建设任务，并投资58万元新上了500kVA电力变压器，同时对试验间试验用水管路和气瓶间等进行了升级改造。组织质检人员集中培训4次，参加业务培训和学术交流活动12人次，组织人员比对试验2次、实验室间比对试验3次。参加国家环保部组织的国内8家实验室通用小型汽油机排放比对试验，实验室测试的比对样机试验数据结果满意率为100%。年内，该所质检机构先后通过中国合格评定国家认可委员会组织的审查验收和省质量技术监督局组织的监督评审。

【山东内燃机学会】 作为山东内燃机学会秘书处挂靠单位，全年组织会员单位开展或参加了一系列行业活动。6月，组织召开山东内燃机学会理事长、秘书长工作会议。10月，召开第五次会员代表大会暨学术交流会议。同月，组织会员单位人员参加“中国内燃机学会2012年学术年会”，被录用论文26篇。

【科技文献编纂】 全年编辑出版《内燃机与动力装置》6期、《信息荟萃》12期，完成《中国内燃机工业年鉴(2012)》相关部分的撰稿工作。

(省内燃机研究所 宫坚莉)

2012年度山东省科研院所科技人员情况汇总表

院所名称	在职职工	学位		专业技术人员	专业技术职务			享受国务院政府特殊津贴专家	有突出贡献的中青年专家	
		博士	硕士		正高	副高	中级		国家	山东省
中国科学院海洋研究所	654	292	73	529	94	123	213	102	1	21
中国科学院青岛生物能源与过程研究所	357	178	122	320	29	56	169	2		
中国科学院烟台海岸带研究所	178	127	28	160	23	29	85	2		
中国水产科学研究院黄海水产研究所	377	109	62	310	58	73	132	13	2	9
中国农业科学院烟草研究所	196	29	65	150	22	42	58	17		
山东省科学院	1 358	287	492	1 177	102	298	598	37	3	14
山东省医学科学院	2 340	141	604	2 123	218	371	819	11	1	12
山东省农业科学院	1 779	251	346	1 196	299	312	460	91	5	20
山东社会科学院	283	27	63	210	48	67	90	24		12
山东省水利科学研究院	223	10	46	206	32	56	84	19		6
山东省海洋化工科学研究院	132	1	14	78	2	18	33			2
山东省林业科学研究院	125	17	16	105	28	32	27	6		6
山东省食品发酵工业研究设计院(仅事业编制人员)	70	3	6	58	9	18	19	2		2
山东省计量科学研究院	278	9	62	241	20	55	50	1		1
山东省中医药研究院	143	7	36	126	20	37	41	1		2
山东省产品质量监督检验研究院	489	17	157	413	16	43	117			
山东省特种设备检验研究院	83	9	24	65	9	24	25			
山东省国土测绘院	423	2	57	366	2	37	126		2	
山东省科学技术情报研究所	141	3	28	82	14	18	32	1		
山东省科学院生物研究所	75	24	26	69	8	18	33	2		3
山东省科学院中日友好生物技术研究中心	44	11	20	42		7	25			
山东省农业科学院作物研究所	122	23	21	79	27	21	26	6		2
山东省农业科学院农产品研究所	75	18	13	62	12	16	31			
山东省海洋水产研究所	171	16	27	120	15	36	57	4		2
山东省海水养殖研究所	130	11	39	90	9	15	39	2		2
山东省淡水水产研究所	119	5	23	81	11	18	33	1		3
山东省交通科学研究所	136	5	26	98	24	18	26	1		1
山东省计划生育科学技术研究所	67	4	10	58	10	18	24	1		2
山东省遥感技术应用中心	22		2	19	3	6	10			
山东省农业机械科学研究所	237		34	184	13	52	46			
山东省内燃机研究所	71		4	56	9	22	10	1		

注：以上数据及资料由各科研院所提供。

区域科技发展

QUYU KEJI FAZHAN

济 南 市

【概述】 2012年,济南市实现高新技术产业产值1 702.04亿元,占规模以上工业总产值比重为39.55%,比年初增长1.02个百分点。共争取国家、省科技计划项目214项,资金4亿元。全年发明专利申请8 603件,同比增长67.86%;发明专利授权2 123件,同比增长30.81%。中国航天科技园(济南)暨航天工业软件研发基地在济南高新区奠基;天桥新材料产业基地被认定为国家火炬计划特色产业基地。浪潮集团承担的"十一五"863计划重大专项课题"浪潮天梭高端容错计算机"通过科技部验收和技术成果鉴定,使我国成为继美、日后第三个具备大型机研制能力的国家,打破国外厂商对国内高端服务器市场的垄断,其中双翼可扩展多处理器紧耦合共享存储器体系结构、两级目录Cache一致性协议等技术进入国际领先行列。济南市成为全国首批"国家知识产权示范城市"。

【创新型城市建设】 2月6日,召开全市科技进步暨创新型城市建设表彰大会,对全市科技创新工作作出部署,对在科技创新和创新型城市建设工作中做出贡献的单位和个人进行表彰奖励,奖励资金共计5 410万元,连续6年累计兑现奖励资金总额超过3.2亿元。落实企业研发经费税收优惠8.41亿元,高新技术企业税收优惠5.58亿元。新认定中国驰名商标12个,总数48个;新增山东省著名商标66个,总数253个;新增地理标志证明商标5个,总数25个。新增山东名牌产品32个,总数202个;制定国际标准1项,总数2项;制定国家标准(国家行业标准)14项,总数83项。

【高新技术及产业】 2012年,济南市累计实现高新技术产业产值1 702.04亿元,同比增长13.00%,规模以上工业高新技术产业产值占全市规模以上工业总产值比重为39.55%,列全省第二位,较年初提高1.02个百分点。高新技术产业产值在全省17市中居青岛、烟台、东营、淄博、潍坊、威海后,列全省第7位。2012年新增高新技术企业60家,总数392家,数量继续保持全省第一。全市共建成国家级科技园区6个、国家级火炬计划特色产业基地9个。

【科技计划】 2012年,济南市共争取国家、省科技计划项目214项,资金40 012万元。其中,国家级项目72项,争取资金21 791万元;省级项目142项,争取资金18 221万元。济南二机床集团有限公司、山东华芯半导体有限公司等企业承担的31个项目被列为国家、省重大专项。

2012年,共安排市级科技计划528项,投入市级应用技术研发经费14 375万元。其中,先进制造与自动化、资源与环境、电子信息、现代农业、生物技术、新材料六大领域的市级应用技术研发经费分别为2 391万元、503万元、2 541万元、1 771万元、1 448万元和431万元,项目安排更加注重对战略性新兴产业和科技型企业的支持。设立科技型企业风险补偿资金,在市级应用技术研究与开发资金中新增1 650万元作为科技金融风险补偿金,同时带动高新区安排600万元,历下区、市中区分别安排300万元资金加入市风险补偿金,市风险补偿资金总额4 200万元。安排中小企业创新基金99项、投入经费2 000万元。

【科技创新平台建设】 2012年,全市新增国家工程技术研究中心1家,总数4家;新增省级工程技术研究中心18家,总数146家;新增各级企业技术中心17家,总数241家。新增省级创新型企业10家,总数19家,新增省级创新型试点企业10家,总数29家;新认定市级创新型企业55家,总数160家。新增国家级产业技术创新战略试点联盟3家,总数4家;新增省级产业技术创新战略联盟9家,总数29家。新增省级院士工作站7家,总数23家。新建产学研合作机构45家。济南市累计拥有国家级国际科技合作基地3家,省级国际科技合作平台64家。中国航天科技园(济南)暨航天工业软件研发基地在济南高新区奠基;天桥新材料产业基地被认定为国家火炬计划特色产业基地,济南市国家级火炬计划特色产业基地达到9家;长清"济南创新谷"建设规划和产业规划已经初步形成。济南地区认定登记技术合同3 100余份,实现技术合同交易额30.38亿元,较上年增长22%。

【农业与社会发展】 2012年,重点组织实施"1155"农业科技振兴计划,即重点培育10个农业种业企业,扶持创建10个农业科技园区,建设50个农村信息化示范站点,每年选派50名市级科技特派员到农村开展服务。抓农业源头创新,增强现代农业自主创新能力。集成国家、省、市农业科技资源,依托农业科研机构、龙头企业、品牌特色基地等,进行科技创新与示范带动,提升区域、品牌基地、骨干龙头企业的科技引领、创新推动能力。全年争取和实施市级以上农业科技计划160余项。首次启动实施济南市种业振兴科技计划,明确“十二五”期间每年300万元用于支持济南市农业优势产业、骨干企业的种业创新。抓农业科技成果转化应用,促进农业增产、农民增收。着重以科技特派员、农村信息化站点、科技富民强县、星火计划等国家、省、市专项为抓手,加速农业科技成果与新技术的转化与推广应用,不断推进科技惠农工作。科技特派员工作在全省开创济南创新模式。科技特派员服务范围已覆盖全市80%以上的乡镇。累计引进新品种213个,推广新技术178项,培训农民19.8万人次,发放科普资料30多万份。依托科技富民强县、星火计划推动县域农业特色优势产业发展,争取国家科技富民强县试点县2个、省级科技富民强县试点县8个。

重点开展化药(原料)、生物药、医疗器械和中药现代化的创新与产业化。重点支持了济南市大平台4家示范企业的创新发展,申报和承担国家、省重大计划项目6个,推动2个新药的产业化。以一批优势创新企业为依托,加快药物研究与开发,重点开展恶性肿瘤、心脑血管疾病、糖尿病等重大疾病临床研究,取得新突破。推动济南世康医疗设备公司、山东赛克赛斯药业公司、济南航天德标牙科公司等几家企业,突破一批生物医用材料前沿高端产品,开展一批主要依赖进口的高值替代产品研发,生产一批具有自主知识产权的医用器械。以山东莱博生物科技有限公司、山东三月三基因技术有限公司等公司为主,加强生物芯片、基因诊断、单克隆抗体等高技术检测与诊断技术研究,突破一批体外诊断设备与试剂的关键技术,推进疾病诊断水平大幅度跃升。

国家水体污染控制与治理科技重大专项“黄河下游地区饮用水安全保障技术研究与综合示范”通过国家验收。该项目投资1.2亿元,针对水质风险识别、水源生态修复和水厂净化处理等技术进行系统研究,完成关键技术和形成技术标准、规范草案28项,申请专利70件(授权22件),建成中试研发基地3个,初步构建“从供水源头到水龙头”全过程净化处理的技术支撑体系框架。

山东百川同创公司承担的“10万吨级工业生物质废弃物制备生物燃气产业化”项目,针对中药渣、酒糟、烟梗等工业生物质废弃物,开发出清洁燃烧、发电及余热高效利用技术装备,提供电力和蒸汽能源,还将建设山东省首个工业生物质废弃物制备生物燃气的循环经济产业示范园区与示范工程。圣泉集团利用各类秸秆生物炼制新能源、新材料一体化项目,实现商业化生产。年产2.2万t纤维素乙醇项目正式投产,每年将利用秸秆25万t,农民增收1.2亿元。

加强食品安全关键技术研究。整合各类科技资源,开展食品危险性评估、溯源、预警、生产、加工和流通综合安全控制、快速检测等关键技术及装备研究。依托农科院、胜利股份有限公司等建立食品及其深加工产品中病原微生物、农药和兽药残留、化学污染物、生物毒素等食品危害物分析平台。金王集团、澳利集团等企业围绕食品安全领域的关键技术,建设农产品、蔬菜等食品安全示范工程。十方环保公司等企业加快关键技术研发,支持餐厨垃圾等废弃物的资源化综合利用,变堵为疏,变废为宝,实现从餐厨垃圾—生物柴油—生物肥料—蒸汽发电的资源化利用,年处理能力200t的处理厂正在建设中。

【科技成果与奖励】 2012年,济南市共取得重要科技成果410项。有1项成果获国家科技进步二等奖,为齐鲁制药有限公司的“多靶点抗肿瘤药物培美曲塞二钠的研制与应用”项目(培美曲塞二钠被公认为近年上市的最具临床价值的抗肿瘤新药之一,国内市场占有率第一)。45项成果获省科学技术奖,其中科技进步一等奖2项、二等奖23项、三等奖19项,技术发明三等奖1项。我国首台32路高端容错计算机由浪潮集团自主研制完成。我国第一台全部采用国产CPU和国产基础软件构造的“神威蓝光”千万亿次超级计算机系统在济南通过科技部组织的专家验收,标志着国家超级计算济南中心正式投入运行并接入国家网格。世界首条变电站巡检机器人生产线在济南建成,正式投入批量生产,年设计生产能力120台。世界首台1 800kV试验用中间变压器在济南研制成功。国内首台25 000kN大型伺服压力机由济南二机床集团有限公司研制成功。

【知识产权】 2012年,济南市专利申请总量23 094件,同比增长24.4%;发明专利申请量8 603件,同比增长67.86%,占全市专利申请总量的比重为37.25%,较上年同期提高9.61个百分点。有效发明专利5 779件,万人发明专利拥有量8.48件,万人发明专利拥有量继续保持全省第一。

济南市成为首批国家知识产权示范城市,综合得分居全国第八位、山东省首位。成立以市长为组长、分管副市长为副组长的济南市知识产权示范工作领导小组,建立了分工明确、协调顺畅、齐抓共管的全市知识产权领导协调机制。起草《济南市专利促进和保护办法》,并申报“济南市2013年度政府规章立法项目计划”。修订《济南市专利奖专项资金管理办法》,对专利奖专项资金的使用范围、申报和审批、管理与监督等作了明确规定,确保专款专用。进一步完善专利资助奖励政策,出台《二〇一二年济南市专利资助标准》,并根据知识产权工作形势发展的需要进行适时调整,加大对发明专利申请的资助力度以及对发明专利申请较多的企事业单位的支持力度,突出体现提升专利申请质量的政策导向。

2012年,完成对第五批20家知识产权试点企业的验收工作,认定10家企业为济南市第八批知识产权试点企业,全市知识产权试点企业累计82家。对第二、三批17家企业的知识产权战略研究课题进行验收,确定17家企业为济南市第四批开展知识产权战略研究的企业,确定2所高校为第一批开展知识产权战略研究的高校，全市开展知识产权战略研究的企事业单位总数达82家。

以中国专利技术(济南)展示交易中心和网上交易市场为平台，积极推进专利技术的实施和产业化，全年共接待专利权人和投资方100余人次，组织全市270余项专利项目参加“第七届中国济南高校、科研院所科技成果和专利技术展示交易会”等省内外专利展交会。

成立知识产权执法维权“护航”专项行动领导小组，与质监、工商、商务等部门联合开展专利执法专项行动，严厉打击生产和流通领域以及广告、会展中假冒专利的行政违法行为，营造良好的市场经济秩序。济南市取得全国专利行政执法工作绩效考核副省级城市及地级市排名第五、国家知识产权示范城市专利行政执法工作绩效考核排名第五的好成绩，被授予“全国知识产权系统和公安机关知识产权执法保护先进集体”。不断加强中国(济南)知识产权维权援助中心建设，充分发挥两个服务外包园区工作站的作用，提供维权援助与举报投诉服务。

发布《2011年济南市知识产权发展与保护状况白皮书》。申报并成功入选第二批全国专利保险试点城市，为解决企业专利维权成本高问题开辟了新途径。围绕“4·26世界知识产权日”等大型活动开展系列丰富多彩的宣传活动，营造尊重和保护知识产权的社会氛围，先后获得“全国知识产权政务信息先进单位”“全国知识产权系统政府门户网站先进子站”等荣誉称号。连续第三年在市委党校常规班开设知识产权课程；承办专利代理人资格考试考前培训和考务工作，济南考点考生人数和通过率均创历史新高；在济南大学设立知识产权人才培养基地，探索培养专利实用人才的新途径。

知识产权信息服务平台　2012年，知识产权信息服务平台被国家知识产权局认定为全国首批29个地方信息服务平台之一，并授牌；实现与省区域服务中心的技术对接，逐步形成国家、省、市和县(区)四级服务平台体系；该平台与北京市知识产权信息中心签订专利信息服务合作协议，在专利数据资源共享应用、专利技术推广应用、交流与培训等方面建立专利信息服务合作长效机制；该平台与市科协联合发文，在全市科技成果进企业活动中开展专利信息推广应用服务年活动；济南市知识产权政务管理和信息公共服务平台建设纳入市科技局“科技云”建设规划，更好地为济南市科技创新提供一站式服务；中外专利数据库服务平台成功升级与扩容，国内专利数据量747万余条，国外专利数据量3 422万余条，数据总量4 169万余条，扩容3T，使总容量达10T，强化了四级服务平台的软硬件整体服务效能。知识产权信息服务平台深入探索深层次信息利用，全年先后为中国重汽集团、济南二机床集团、山东平阴阿胶厂、山东力诺光伏高科技有限公司、山东华凌电缆有限公司等10家企业定制和更新专利数据库，并及时提供相应的技能培训；对济南市2006—2011年专利申请和授权情况进行统计分析，为济南市进一步做好专利管理和服务提供完整准确的数据资料；为济南市重点发展产业——重型汽车产业开展专利技术发展趋势及国外竞争对手技术优势的分析研究。

【政策法规与环境建设】　2012年，市科技局制定出台《发挥省会优势打造科技人才创新创业高地若干政策措施》《济南市科技金融风险补偿金管理办法(试行)》《济南市技术先进型服务企业认定管理办法》《济南市科技型中小企业技术创新资金支持产业集群和产业集群核心技术联盟建设试点方案》，为科技进步创造良好的政策法规环境和深厚的创新氛围。

【科技合作与交流】　2012年，济南市科技合作工作在合作管理体系建设、合作创新平台建设、有效整合国内外科技资源、引进转化高科技成果等方面取得重要进展。成功承办第六届中国(济南)国际信息技术博览会暨第七届中国济南高校、科研院所科技成果和专利技术展示交易会，共落实签约项目69个，折合人民币331.8亿元。济南市省级科技合作平台建设数量一直保持全省首位。当年，济南市新增省级国际科技合作平台45家，累计109家，占全省的42.7%；新增省级院士工作站7家，累计23家。“中国航天科技园(济南)暨航天工业软件研发基地”奠基并完成规划，作为山东省政府和中国航天科技集团公司全面战略合作的第一个重大战略新兴产业项目，将航天科技的技术与创新优势和山东省的政策与人才优势相结合，将打造国内一流的航天技术应用成果转化平台，进一步推动山东省乃至我国航天软件与信息服务产业发展。全年共有科技成果转化及专利实施、国际合作、技术难题招标、高校院所科研人员创业计划等4批计划111个项目立项。

【科普工作】　5月19日，2012年济南市暨济阳县科技活动周启动仪式在济阳县举行。科技活动周紧扣“加快科学发展、建设美丽泉城”活动主题，围绕科学发展主题和转变经济发展方式主线，结合济南市创新型城市发展实践，突出“科技支撑发展、科技惠及民生”的重要作用。举办主要大型活动有11项，包括12345市民热线科普服务系列活动、济南社区科普大学第二届歌咏比赛、校园科学剧优秀原创剧本评选、山东省科普报告百校行济南站活动、农村科普专家乡村行、数字科普村村通工程、公务员压力管理与心理调适专家讲座、大学生科技创新创业行动、学会专家系列科普活动、“专家企业行”报告会系列活动、院士专家工作站授牌仪式。在一周时间里，全市各县(市)区，各有关企事业单位，约几十万人参与这些群众性科普活动。

(济南市科技局　陈　锐　刘全祥　杨仕龙)

青 岛 市

【概述】 2012年，青岛市高新技术产业产值5 199.79亿元，占规模以上工业总产值比重为39.77%，比上年提高1.01个百分点。新认定国家高新技术企业140家。新建30家市级企业重点实验室和工程技术研究中心，新增100家创新型企业。获国家科技奖励9项，获山东省科技奖励105项。发明专利申请1.21万件，授权1 526件。获得国家促进科技和金融结合试点城市、国家知识产权示范城市、国家文化和科技融合示范基地、国家“十二五”制造业信息化科技示范工程等称号。

【高新技术及产业】 2012年，青岛市列入省高新技术产业统计口径企业946家，全年实现产值5 199.79亿元，同比增长14.01%，累计占规模以上工业总产值比重为39.77%，居全省首位，高于全省10.66个百分点，比重较年初增长1.01个百分点。全市67个高新技术行业中，14个行业累计产值过百亿。44个行业实现累计产值同比增长，占65.67%，这44个行业累计产值总额4 138.60亿元，占全部946家企业产值总额的79.59%。产值排名前10位的高新技术行业(见下表)累计产值合计3 740.16亿元，占全部高新技术产业产值的71.93%。

青岛市2012年1—12月主要高新技术产业产值(前10位)

行　业	1—12月累计(亿元)	累计同比增长(%)
家用电力器具制造	911.94	9.17
橡胶制品业	444.19	32.13
其他金属制品制造	376.79	29.35
视听设备制造	349.44	12.34
电子元件制造	322.76	37.55
汽车整车制造	303.43	−2.43
铁路运输设备制造	300.52	−7.22
船舶及相关装置制造	270.69	22.97
合成材料制造	258.22	14.14
金属加工机械制造	202.18	31.28

(数据来源：青岛市科技局)

全市新认定高新技术企业140家，同时完成2009年度认定的80家高新技术企业复审(其中73家通过复审)。截至2012年底，全市高新技术企业542家(含已公示企业)，其中2011年之前认定的405家企业累计实现工业总产值2 007.82亿元，净利润182.37亿元。

关键技术攻关

电子信息　组织开展多媒体业务智能终端操作系统研发及产业化、高铁宽带无线移动通讯系统、面向公共安全和交通安全的智能视频分析关键技术研究与系统研制、基于物联网应用的数据采集智能终端技术研究与产业化等项目。

现代服务业　在智能交通和数字生活领域，组织开展面向拥堵的新一代城市交通智能化管控关键技术研究与产业化、基于云平台的数字家庭服务集成应用示范等工程。

先进制造　围绕智能制造、绿色制造和数控技术，组织开展码垛机器人及智能输送系统关键技术研发与集成应用、巨型全钢工程子午线轮胎成型机的研发和产业化示范、大型高压分离器及关键部件的研制与产业化、新型护盾式硬岩掘进机关键技术研究与应用等项目，在产品绿色设计、先进制造工艺与关键技术、关键零部件制造等方面，加快培育青岛市高端装备制造业发展。以最新信息技术的集成应用为核心，以加快制造业信息化科技工程建设为目的，结合国家“十二五”制造业信息化科技工程重点示范项目建设，组织开展面向行业龙头和青岛特色产业的制造业信息化关键技术研究与应用示范，以及制造物联、制造服务、数字化技术等工程建设。

新材料　围绕大长度高压超高压海底电缆绝缘线芯阻水、电缆软接头、成缆等关键技术开展研究，形成高压超高压系列海底电缆新产品；超高分子量聚乙烯纤维生产加工关键技术研究取得突破，开发的年产300吨级连续法用于制备UHMWPE纤维生产线，生产的产品在性能上符合船舶港口作业用绳缆和吊索的制备要求，且生产成本降低到9万元/吨。

重点项目　由青岛高校软控股份有限公司承担的“巨型全钢工程子午线轮胎成型机的研发和产业化示范”项目，开发了具有自主知识产权的巨型子午胎生产设备，满足高负荷、耐摩擦、耐疲劳等技术要求，通过项目实施，形成一条年产600条巨型全钢工程子午线轮胎生产线。由中船重工（青岛）轨道交通装备有限公司承担的“新型护盾式（TBM）硬岩掘进机关键技术研究与应用”项目，针对青岛市地铁2、3号线的建设需要，开发了满足青岛市硬岩地质条件需要的新型硬岩掘进机。由海信电器股份有限公司牵头开展的“半导体照明关键技术攻关及产业化研究”，围绕新一代背光源和UV-LED等开展关键技术攻关，提升白光LED封装光固化技术，实现高全彩色LED亮化光源模块开发及产业化生产。

“胎盘、脐带间充质干细胞分离、保存技术的研究”项目突破“从人胎盘、脐带组织中快速分离、原代培养、获得纯化间充质干细胞（MSC）”的关键技术，开发了无任何动物源成分添加物的培养基成分，实现分离后的MSC体外向成骨、成脂肪的诱导分化。该项目已经申请专利3件，授权发明专利1件。“工业高活性β-甘露聚糖酶产业化研究”项目突破耐高温肠溶包衣酶制剂制备等关键技术，产品发酵指标达19 300U/ml，固体产品的收率最高79%，申请发明专利3件。“机制肠溶胶囊产业化开发”项目突破肠溶空心胶囊制备关键技术，申请发明专利1件，生产的肠溶空心胶囊已经通过检验，2012年实现产值300万元，新增利税100万元。

科技园区建设

特色园区规划　加快蓝色硅谷、西海岸经济新区和红岛经济区建设，编制《青岛市高新技术产业特色园区发展规划》，提出到“十二五”末，青岛市将在智能家电与电子、绿色化工、特种汽车及关键零部件、船舶装备与配套、纺织新材料、数控机械等六大高新技术特色产业，锁定14个重点方向，开发300个战略产品，实现产值9 500亿元；在新一代信息技术、海洋开发、高端装备制造、节能环保、生物技术、新材料和新能源等七大战略性新兴产业，锁定34个重点方向，攻克100项关键技术，形成500个战略产品，实现产值6 000亿元，并成为青岛市工业发展的重要支撑；在科技服务、文化创意、电子商务、现代物流、软件与信息服务、现代金融等现代服务业，实现增加值3 500亿元。到“十二五”末，统筹全市高新技术产业园区布局，建成32个设施先进、功能齐全、配套完善、产业高度集聚的高新技术产业特色园区，形成若干个具有国内领先水平的优势产业，带动全市高新技术产业产值达到1万亿元以上，占规模以上工业总产值的比重达到50%。

新能源材料科技产业园　着力推进青岛鼎信阳光空调工业有限公司、青岛新力通工业有限责任公司等的重点产业支撑项目建设工作。鼎信阳光空调工业有限公司主要从事太阳能中央空调及水地源、空气源热泵中央空调生产，一期工程已经完成1.7万m^2钢构车间建设，其他0.9万m^2办公楼和车间正在进行主体施工；新力通工业有限责任公司主要从事高温合金离心铸造炉管、高温合金炉辊、辐射管及超临界、超超临界电力锅炉的关键技术部件等产品生产，2012年6月底投入试生产，预计年产值约6亿元；中科院青岛生物能源与过程研究所中试与产业化示范基地已完成办公楼、综合楼、发酵车间、分离车间、中试车间、动力车间等1.2万m^2建设，并启动生物发酵制取间苯三酚、千吨级生物质炼制二元醇2个中试平台建设。

青岛即墨国家农业科技园区　先后引进青岛茂丰蔬菜有限公司、浩丰蔬菜有限公司等无公害蔬菜生产企业5家，年加工蔬菜生产能力89万t，出口创汇9 300万美元。使园区农产品增值率达160%，解决农村剩余劳动力7万余人。加强信息网络化建设与服务，农经信息网入户率68%，每年聘请专家授课60余人次，举办大中小型技术讲座50余次，向园区企业派出科技创业型特派员14人，向各蔬菜种植基地派出技术推广服务型特派员530人次，培训农民技术员2万多人；通过多种形式为农户提供新技术260余项，解答疑难问题5 000余个，园区内农民人均纯收入达16 222元。

【科技计划】

国家科技计划　2012年，全市共申报承担各类国家科技计划项目24项，获得经费支持4.12亿元。

青岛市科技计划　2012年，青岛市全年下达科技发展计划项目6批，共安排计划项目335项，资金4.16亿元。财政科技专项资金主要用于关键技术攻关、科技创新体系建设、公共领域科技支撑计划、产学研合作引导计划和科技工作专项（经费情况如表所示）。安排项目共带动社会投入11.1亿元，项目完成后预计新增产值270.56亿元，新增利税59.46亿元，申请知识产权684项，编制技术标准73项，发表论文1 359篇，培养人才2 483人，带动就业4 816人。

2012年青岛市科技发展计划项目经费情况

财政科技专项资金	计划类别	安排资金(万元)	总　计
市科技发展计划项目	关键技术攻关计划	4 695	2.17亿元
	科技创新体系建设计划	1 550	
	公共领域科技支撑计划	3 103	
	产学研合作引导计划	4 175	
	科技工作专项计划	780	
	知识产权专项	1 683	
	科技金融专项	5 000	
	科学技术奖励	700	
市技术创新工程重大专项计划项目	工业技术研究院建设及研发机构引进	19 872	1.99亿元

【科技创新资源与能力建设】

大院大所引进　10月，中科院长春应用化学研究所、城阳区政府和青岛市科技局三方签署《中科院长春应用化学研究所青岛研发基地共建备忘录》；12月4日，市政府常务会议通过中科院长春应用化学研究所青岛研发基地和中船重工710研究所青岛研发基地共建事宜。10月26日，中科院声学所青岛研发及产业化基地在高新区奠基开工。长春应用化学研究所青岛研发基地规划建设用地约30hm²(450亩)，建筑总面积19万m²，分三期建设，总预算投资6亿元，重点开展钨铝合金及铝基复合材料、稀土镁合金材料及制品、高分子改性材料的加工和应用等关键技术研究和相关产品开发。710所青岛研发基地落户高新区胶州湾北部主园区，规划建设用地约8.67hm²(130亩)，建筑面积约4万m²，总预算投资3亿元，重点开展实时传输潜标、表面漂流浮标、拖缆深度控制器、水下机器人、水下自主航行器、水下安防系统和波浪能、潮流能发电装置等产品研制和产业化。中科院声学所青岛研发及产业化基地占地6.33hm²(95亩)，规划建设面积7万m²，总投资2.6亿元，主要推进海洋声学仪器装备公共研发服务平台建设，建设国家级声学计量检测平台，拓展和提升声学和信号信息处理研究领域。

工程技术研究中心　2012年，青岛市共有8家工程技术研究中心获省科技厅批准组建省级工程技术研究中心；新批市级工程技术研究中心41家，其中依托企业建立的工程技术研究中心27家，依托高校、科研机构建立的工程技术研究中心14家。国家轮胎工艺与控制工程技术研究中心通过国家科技部组织的专家验收，并获优秀工程技术研究中心称号。

重点实验室建设　2012年，第一批企业国家重点实验室海尔数字化家电国家重点实验室、海信数字多媒体技术国家重点实验室完成建设任务，通过科技部验收；第二批企业国家重点实验室青啤啤酒生物发酵工程国家重点实验室和海洋涂料国家重点实验室按科技部批准的建设计划实施建设。新批准建设青岛市页岩油气勘探开发重点实验室、畜禽疫苗重点实验室、畜禽营养重点实验室、太阳能与储能技术重点实验室、化工火灾预防与安全重点实验室、海洋耐磨蚀材料重点实验室、海洋可再生能源重点实验室、宫颈病重点实验室、海陆地理信息集成与应用重点实验室、页岩油气增产地质与开采工程技术重点实验室和动物饲料安全重点实验室等11家市重点实验室。

青岛市共有国家级重点实验室6家、部级重点实验室44家、省级重点实验室32家、市级重点实验室51家，各类重点实验室共计133家。

【科技创新服务平台建设】

科技孵化器　2012年，青岛市实施千万平米孵化器建设工程，编制完成《青岛市孵化器发展规划纲要(2012—2016)》，全市规划建设科技企业孵化器1 050万m²，到当年底，已开工建设250.1万m²，完成157.7万m²，入驻企业及服务机构122家。孵化器网络化、国际化迈出第一步，孵化器网站建设开通，成为青岛市面向国内外进行创新创业宣传的重要窗口。以色列ExitChina公司与青岛中联建业集团合作建设中以国际科技企业孵化器，探索孵化器发展新模式。12月，四方区工业设计产业园、橡胶谷被认定为国家级科技企业孵化器，全市国家级孵化器增至10家。经科技部认定国家级孵化器孵化面积达35.52万m²，在孵企业799家，就业人员约1.8万人。青岛国家大学科技园主园区已完成一期建筑面积8万m²，入孵企业23家。市政府出台《青岛市激励创新创业加快科技企业孵化器建设和发展的若干政策》，包括孵化器建设、运营管理、公共研发平台建设、投融资服务、人才引进、专项资金保障等6个方面10条内容。

专业技术服务平台　2012年，依托山东科技大学科技园，建设国家级大学科技园公共技术服务平台，对近百家创业企业开展各类服务，辅导企业申报知识产权数60个，编制各类技术标准15个。依托四方工业设计产业园，建设青岛市工业设计公共服务平台，为80余家企业开展公共技术服务。橡胶谷国际专利信息服务平台开展橡胶专利信息检索、橡胶专利文献翻译、橡胶专利转让服务、橡胶专利业务培训、橡胶专利展览等特色业务，实现相关专利服务的业务量达到1 500件/年。农业科技综合传播服务平台用户访问量达65 000余人次，各类专家通过电话和网上电子邮件、手机视频回答咨询超过1 000人次。青岛市药物非临床研究质量管理规范（GLP）平台购置全自动封闭式组织脱水机、16道生理记录仪等部分相关仪器，完成标准操作规程编写工作。

科技研发服务平台建设 2012年，青岛市科技创新综合服务平台受理、评审各类科技计划项目、奖励评价5 000余项，接待人员14 000余人次，受理咨询电话4万余个，网站点击量近40万人次。截至当年底，依托综合服务平台建设的市大型科学仪器协作服务平台收集原值超过20万元的大型科学仪器信息2 133台（套），原值超过15.7亿元，为近500家科技型企业提供仪器共享及研发检验检测服务2 300余次。依托综合服务平台建设的市科技金融服务平台建立了科技金融企业服务数据库，入库企业1 500余家，与近50家银行、担保机构、证券公司和投资公司建立业务合作关系。

市工业技术研究院建设 2012年，青岛市工业技术研究院定位为科技企业孵化器，旨在引进科技创业人才，推动科技成果转化，促进青岛市战略性新兴产业发展。围绕信息、通讯、仪器仪表等专业领域，引进国内外技术水平高、产业化前景好的项目15个，实现相关产值1亿元以上，提供超过400个就业机会。引进包括“千人计划”入选者在内的20多名海外归国人才、大学教授、企业高工等。引入大型科学仪器、科技文献、科技政策等共享服务资源为入孵企业服务，构建园区创业软环境。

【农业与社会发展】

大沽河流域现代农业示范区建设 2012年，组织专家开展大沽河流域现代农业示范区总体规划编制工作，按照城乡统筹的总体要求，聚集科技、金融、服务等多种要素资源，努力为全国中小流域现代农业发展提供科技引领、服务支撑及综合展示的样板。重点聚焦示范“五个一体化”，即农业科技创新创业一体化、农林水一体化、一二三产一体化、国际国内市场一体化、生产生活生态一体化。将示范区建设成为农业科技创新创业一体化示范区、农林水协调发展的中小流域现代农业示范区、融合一二三产的“第六产业”科技示范区、现代农产品交易示范区、滨河特色小城镇建设示范区。

农村科技服务体系建设 2012年，认定152名同志为青岛市第三批科技特派员，认定“科技特派员光伏农业产业创业链”等10个科技特派员创业链为青岛第二批市级科技特派员创业链。青岛普瑞生物有限公司承担的“利用生物肥推广有机硒特色农业”项目，利用益瑞菌肥中的微生物将无机硒有效转化为有机硒，用于种植蔬菜、枸杞和粮食作物等农产品，通过面粉、杂粮等各类特色有机硒农产品的加工，带动周边及相关地区农民就业，推广作物种植面积333.33hm^2（5 000亩），为当地农民增收450万元。以星火学校等为载体，大力开展星火科技培训，共计培训10万余人次，组织编写教材54种，印刷发行46 000余册，制作远程教育培训课件78种。

科技富民强县试点 “胶州市畜牧养殖关键技术示范与产业化”项目列入2012年国家科技富民强县专项行动计划，并获150万元资金支持。胶州市围绕畜牧特色优势产业，以“富民”为重点，凝练市域经济发展的重大科技需求，合理配置科技资源，集中力量重点突破，创造新的县域经济增长点，促进农民增收。

医疗卫生科技发展 2012年，组织实施全民健康科技专项行动，重点开展公共卫生与重大传染性疾病防治、介入治疗与微创技术等70余项医疗卫生技术研究。全年医疗科研项目获得市级以上奖励共74项。其中，获市级以上科技进步奖和自然科学奖68项，包括：省自然科学二等奖1项、三等奖1项，省科技进步二等奖4项、三等奖15项，青岛市自然科学奖6项、技术发明奖1项，青岛市科技进步二等奖24项、三等奖29项。在国外相关专业杂志和国内核心期刊发表论文1 700余篇，其中SCI收录261篇；出版专著165部，获批专利61件。青岛大学医学院神经生理学创新团队、山东省医学科学院角膜病创新团队获“山东省创新团队”荣誉称号，是青岛市医疗卫生领域首次获此荣誉称号。山东省医学科学院名誉院长、山东省眼科研究所所长谢立信教授荣获何梁何利基金科学与技术进步奖，成为我国眼科首位该奖项的获得者。

环境保护领域科技 2012年，组织开展可持续发展实验区建设工作。黄岛区、青岛经济技术开发区已申报创建国家级可持续发展实验区，胶州市已申报创建省级可持续发展实验区。组织开展“低能耗、低（零）污染、低资源依赖”科技示范企业培育工作，加大节能环保技术的试点推广，推介发布100项节能减排共性技术，节能减排和环境保护重点关键技术攻关计划项目进展顺利。“超薄绝热保温装饰板系统生产及施工工艺研究”项目投入研发费用超过200万元，申请专利54件，其中发明专利超过30件。“2014年青岛世界园艺博览会园区污水与废弃物处理应用研究项目”已开工建设，天盾橡胶公司、青岛啤酒股份有限公司、青岛即发集团股份有限公司、青岛高校软控股份有限公司和青岛北海船舶重工有限责任公司等5家企业获科技部、工信部、财政部批复开展资源节约型环境友好型企业创建试点。按照世园会招展工作实施方案要求，组织2 000m^{2}科技展园的招展工作，经过遴选和协调，最终确定并邀请国家花卉工程技术中心等单位来青参展。

新能源和资源综合利用领域科技 2012年，建成青岛市固体废弃物处理及综合利用技术平台，利用技术平台先后研发出报废汽车拆解流水线设备、涉密载体销毁专用车等固体废物资源化利用等适用技术，获得多项国家发明专利。促进中科院青岛生物能源与过程研究所实现科研优势向产业优势的转化，全年该所承担科技发展计划项目合同经费超过 4 800 余万元，占地 6.67hm^2（100 亩）的平度中试及产业化示范基地初具规模。

【科技成果与奖励】 2012 年，全年共受理科技成果评价 303 项，涉及农业、畜牧、机械、电子、海洋、生物科学、医药卫生、计算机软件、环境、建筑、交通、轻工等领域。其中，农业项目 10 项，占 3.3%，医疗卫生项目 117 项，占 38.6%，工业项目 157 项，占 51.82%。按照科技成果类别划分，技术开发类项目 184 项，占 60.7%；社会公益类项目 119 项，占 39.3%。

青岛市共有 9 项成果获国家科学技术奖。其中技术发明奖 2 项、科技进步奖 7 项；青岛市作为第一完成单位的 3 项。全市共有 105 项成果获省科学技术奖，较上年增长 8.2%。其中自然科学奖 7 项、技术发明奖 5 项、科技进步奖 93 项；青岛市单位作为第一完成单位获奖的 84 项。青岛市授予市科学技术最高奖 2 人，分别为赵法箴（中国水产科学研究院黄海水产研究所）和张嗣瀛（青岛大学），市自然科学奖、市技术发明奖、市科技进步奖共 150 项，市国际科学技术合作奖 3 人。青岛市科学技术奖主要获奖项目如表所示。

2012年度青岛市科学技术奖主要获奖项目

奖　项	项目名称	完成单位/首位完成人
自然科学奖一等奖	我国东部陆架海区海洋动力环境变化及其机制	吴德星（中国海洋大学）等
技术发明奖一等奖	Ni(Fe)−Al/陶瓷微粒过滤体及梯度涂层技术	崔洪芝（山东科技大学）等
科技进步奖一等奖	高亮度LED光源在新型腹腔内窥系统中研发与应用	青岛海泰新光科技有限公司
	高性能保温板的研制和建筑应用	青岛科瑞新型环保材料有限公司
	牙鲆良种培育技术的建立及“鲆优1号”新品种创制和应用	中国水产科学研究院黄海水产研究所、海阳市黄海水产有限公司
	智慧家庭关键技术研究及产业应用	海尔集团公司、中国海洋大学
	可用于开放网络环境下的数字家庭多屏互动设计技术	海信集团有限公司、青岛海信电器股份有限公司
	油气重磁信息识别与评价技术	中国石油大学（华东）
	青岛沿海典型资源环境调查及应用	国家海洋局第一海洋研究所、青岛国家海洋科学研究中心
	花生深加工关键技术创新与产业化应用	青岛农业大学、青岛东生集团股份有限公司、青岛东方果仁制品有限公司
	花生根瘤菌生物学特性与高效施氮技术	青岛农业大学、山东省花生研究所、四川农业大学、武汉工业学院、青岛百事达生物肥料有限公司
	直膨式太阳能空气源热泵复合机关键技术研究与应用	山东科技大学
	海陆一体化虚拟空间环境仿真关键技术研究及应用	中国海洋大学、如临其境科技创意集团
	大型精密汽车注塑模具先进制造技术	青岛科技大学、青岛海泰科模具有限公司
	动车用地坑式架车机的研发	青岛四方车辆研究所有限公司

2012年度青岛市国际科学技术合作奖

姓　名	国　籍	合作单位
伊恩·史密斯（Ian Smith）	英国	青岛高校软控股份有限公司
沃伦佐夫·亚历山大·米哈伊洛维奇（A.M.Worontsov）	俄罗斯	山东省科学院海洋仪器仪表研究所
秦益民（QIN Yimin）	英国	青岛明月海藻集团有限公司

【知识产权】 2012 年，全市发明专利申请 12 087 件，居副省级城市第四位，同比增长 127.2%，居副省级城市第一位；全市发明专利授权 1 526 件，同比增长 34.4%，增幅位居第二位。6 月 27 日，国家知识产权局副局长贺化为青岛市颁发国家知识产权示范城市牌匾，青岛市知识产权工作进入全国先进行列。

完善政策激励措施，增加对蓝色经济、战略性新兴产业、孵化器内企业的发明专利创造的激励措施，对国家专利产业化基地、企业参与构建“专利池”和纳入国际标准的专利进行资助，扶持专利中介机构发展，增加对发明专利年费的补贴。资助发明专利申请 2 220 件，金额 118 万元；资助发明专利授权 912 件，金额 456 万元；资助 2011 年申请量过百件单位 34 家 6 226 件专利，金额 286 万元；资助获得国外授权专利 19 件，金额 38 万元；资助获中国专利奖优秀奖 1 项、山东省专利奖一等奖 2 项，金额 11 万元。全年市级专利专项资金实际资助金额达 910 万元。利用与国家财政部相配套的资金，资助青岛黄海制药有限责任公司等 16 家单位的 29 个向国外申请专利的项目，金额共计 245.04 万元。

推进知识产权优势企业培育工程，在全市培育一批知识产权优势明显、自主创新能力和市场竞争力较强的知识产权优势企业。6 月，海尔集团拥有自主知识产权的航天冰箱成功搭载神州九号飞船与天宫一号对接，使我国成为继美俄之后第三个独立掌握航天冰箱技术的国家。11 月，海尔集团外观设计专利“冰箱（三门）”获第十四届外观设计专利金奖，海信电器股份有限公司 1 项外观设计专利获优秀奖。

促进知识产权中介服务业发展，新培育和引进 2 个专利事务所，总数达到 10 家，执业代理人达到 60 余人。

制定“护航”执法行动方案，严厉打击假冒专利、重复侵权等违法行为，立案查处假冒专利案件 159 起，接受专利纠纷咨询 100 余起，立案受理专利侵权案件 20 起。在全市建立首批 6 个专利保护重点联系基地，并为每个基地拨付 5 万元专利维权保护经费。

加强知识产权文化建设，举办 2012 年青岛市知识产权宣传周活动，组织全市新任领导干部、公务员培训和专业技术人员进行知识产权继续教育共计 3 000 多人次，举办国外专利申请和企业专利信息利用等 3 期培训班；承办“发展中国家知识产权保护与经济发展研修班”和“发展中国家知识产权保护与科技经贸发展研修班”等 4 期援外培训官员研修班；协助承办 2012 年发展中国家知识产权（秋季）培训班。

【政策法规与环境建设】 2012 年，制定《关于激励创新创业加快科技企业孵化器建设与发展的若干政策》，在建设用地、鼓励创业、人才引进、投融资等方面制定 10 条突破性政策。出台《青岛市激励创新创业加快科技企业孵化器建设与发展的若干政策实施细则》，明确孵化器的建设项目和孵化器内创业项目的扶持标准、办理程序及申报要求。重新修订《青岛市科学技术局科技企业孵化器认定和管理办法》。开展政策宣讲论坛、项目对接会、专家讲座与培训等宣传活动，宣传青岛市创业环境和政策措施，打造高层次人才和项目集聚高地。制定《青岛市生产力促进中心认定和管理办法》，进一步加快和规范青岛市生产力促进中心的建设与发展，完善市科技创新服务的政策体系。

产业技术创新战略联盟 国家技术创新工程试点工作开展以来，青岛市先后分 4 批成立联盟 32 家，产业领域涉及新能源、新材料、海洋、生物医药、农业、家电、橡胶化工、机械制造、纺织、工业设计等。其中 21 家联盟涵盖的企业、科研机构、高校和行业协会总数 426 家，基本形成企业牵头，高校、科研机构参与，行业协会支持的发展格局。绝大部分联盟都已开展联合研究开发活动，21 家联盟近 3 年累计承担科技计划项目 652 项，项目研发资金总计 13.5 亿元；在研计划项目 245 项，总研发投入 14.3 亿元。21 家联盟已建有国家、省、市级研发机构、各类创新平台 155 个，包括重点实验室 43 家，其中国家级 5 家、省级 27 家、市级 11 家；工程技术研究中心 42 家，其中国家级 6 家、省级 24 家、市级 12 家；孵化器 12 家，其中国家级 2 家、市级 10 家。21 家联盟在青岛社会经济发展中的贡献度越来越突出，仅数字家电联盟一家就承担国家 863 计划项目 3 项、国家科技支撑计划 3 项、部委重点项目 3 项。预计到“十二五”末，21 家产业技术创新战略联盟产业链总产值将达 1 500 亿元。

【科技合作与交流】

国际技术合作交流 据不完全统计，2012 年青岛市共争取国家国际合作项目 15 项，总经费约 6 617 万元，与 16 个国家签署 36 个国际科技合作协议，合办国际科技合作科研机构 6 个，国际科技交流 2 200 余人次。

国际科技合作基地建设。2012 年，青岛市国家级国际科技合作基地达 7 家，共争取 7 个国家国际合作项目，占当年国家立项数量的 47%，经费 3 819 万元，占争取总经费的 58%；申请发明专利 42 件。青岛高校软控股份有限公司和美国 WYKO 公司联合成立北美技术研发中心，共同开展机械鼓、带束层鼓、成型鼓等成型关键装备技术研究。中泰双方在中国总理温家宝、泰国总理英拉见证下签署关于建立中泰气候与海洋生态系统联合实验室的协议，将依托泰国、辐射安达曼海和孟加拉湾地区，为我国走向印度洋的科研活动提供支持。海信集团与美国麻省理工学院媒体艺术与技术实验室（MIT 媒体实验室）签署全面战略合作协议，在人工智能、人机交互等技术上全面进行人才、项目的培养与联合开发合作。海尔集团整合在国外的研发机构，在日本埼玉县熊谷市、美国南卡州、新西兰达尼丁、德国纽伦堡建设海外研发中心。

市级国际科技合作基地建设。橡胶谷有限公司、青岛蔚蓝生物集团有限公司、青岛康地恩药业股份有限公司、青岛大学、青岛农业大学、青岛理工大学、青岛海洋新材料科技有限公司等 7 家单位被认定为青岛市第一批国际科技合作基地，先后与美国、俄罗斯、英国、加拿大、日本、韩国、澳大利亚、新西兰等国家的 21 家机构建立长期稳定的联系。合作研究科技项目 35 项，其中国家国际科技合作专项 14 项、青岛市国际科技合作专项 3 项，总支持经费 4 234 万；申请发明专利 127 件，SCI 收录论文51篇，拟定国家标准5项；引进国家“千人计划”1名、国家外专局“千人计划”1名、山东省“万人计划”3名、“泰山学者海外特聘专家”3名，“项目—人才—基地”国际科技合作模式基本形成。

关键核心技术引进。2012年，共引进涉及青岛市产业发展的关键技术30多项，如蛋白质表达体系关键技术、重大传染病早期检测关键技术、冷温性石斑鱼规模化苗种繁育关键技术、城市级交通管控与动态信息服务系统等，申请专利百余件。海信网络公司承担的城市轨道交通综合监控系统项目从加拿大引进关键技术3项，共申请软件著作权8项、国内发明专利7件和国际发明专利1件。康地恩药业公司承担的与比利时合作的兽药泰拉菌素项目，研制我国畜牧业急需的高效、低残留、长效的抗菌药，成功申报国家二类新兽药3个，制定行业标准3项。青岛高校软控股份有限公司承担与斯洛伐克合作的制造高性能子午胎重大装备项目，研发具有自主知识产权的核心装备，实现高性能子午胎制造国产化，申请发明专利9件，制定子午线轮胎一次法成型机GB/T25937-2010国家标准；中国水产科学研究院黄海水产研究所与日本合作引进冷温性石斑鱼规模化苗种繁育关键技术项目，将实现我国急需的质优价高的七带、云纹、赤点石斑亲鱼产卵调控和健康苗种培育，完成论文8篇，培养硕士研究生6人。青岛特锐德电气股份有限公司与德国合作进行免维护高端充气柜关键技术的引进与联合研发，申报专利20件，其中16件已授权；引进具有多年海外工作经验的工程师1名和硕士1名，自主培养工程师6名。青岛科谷生物制品研发有限公司与美国合作进行重大传染病早期检测关键技术及诊断试剂联合研发，建立乙肝(HBV)、丙肝(HCV)、艾滋病(HIV)生物标记物筛选文库，完成HBV、HCV高灵敏度荧光标记杂交探针的设计，开展转录介导技术在HBV、HCV病毒检测中的应用评价。青岛康地恩药业有限公司与西班牙合作的高效环保动物用保健品的联合研制项目，生产出动物专用头孢噻呋微囊化载药高分子微球、脂溶性维生素纳米乳等系列新型动物专用保健产品，申请并获得授权发明专利4件，被SCI收录论文2篇。中国科学院青岛生物能源与过程研究所与澳大利亚合作的农业秸秆气化合成气经二甲醚制汽柴油中试平台项目，已开发出新型一步法二甲醚合成催化剂，完成了1 000h实验室稳定性评价运转。

国际科技合作渠道拓宽。2012年，青岛市重点加强与日本、以色列、芬兰、独联体、美国等国家的科技交流与合作。3月，“日本技术士会专家服务地方试点活动”在青岛市启动，日本技术士会派专家小组对青岛市橡胶轮胎装备的生产管理和质量控制、工艺设计、技术装备制造、模具开发等方面提供了技术咨询服务。组织全市企业和科研机构参加“以色列新能源技术中国巡回展”。推动芬兰在青岛市合资合作建立集群技术研发及展示平台，逐步实现信息的实时共享。与俄罗斯科学院彼得堡核物理研究所签署“酶制剂制备技术”合作意向书，与鲍曼技术大学签署“QT用粘合剂”合作协议。

科技定向招商和技术对接活动　10月，TSC集团控股有限公司与城阳区流亭街道办事处签订增资协议，新投资2亿美元，新增注册资本7 500万美元，开发海洋吊机、钻井设备、页岩气和海洋工程装备等。青岛派科森光电技术股份公司在高新区注册成立，注册资本4 000万人民币，其中外方占45%股份，主要从事光电技术及产品的研发、网络工程和系统集成技术服务等。大功率IGBT半导体器件项目完成签约，台湾捷必胜光能股份有限公司总投资8亿美元，主要采用第五代晶片生产技术制造大功率IGBT半导体器件。组织企业参加中国哈尔滨国际经济贸易网上洽谈会，共签约高新技术项目13项。开展对台科技交流，青岛市9家单位参加台湾高新技术应用对接会，青岛灯具二厂与台湾专家达成技术合作的初步意向。

【科普工作】　5月19—25日，青岛市举办科技活动周。活动周期间，举行了大型科普图片展览，分为“自救系列知识”“走进标识世界”“走进物联网”“海洋科普常识”“科技企业孵化器简介”“知识产权保护”等6个专题；崂山区组织全区优秀科普示范社区、优秀科普志愿者、优秀社区科普团队和科普惠农项目的申报创建；莱西市组织农业科技特派员，围绕蔬菜、果业、奶牛养殖等产业，举办技术培训班8场，现场指导6场，培训群众320人次；胶南市组织蔬菜专家举办大棚蔬菜种植技术培训班；免费开放青岛市海洋生物技术重点实验室、青岛市现代分析技术及中药标准化重点实验室等一批重点实验室和科普教育基地，共接待参观人数2万余人；开展科技进校园活动。黄岛区联合区人事局、劳动局、教体局策划组织了“科技英才领航行动”；崂山区联合专家与凤凰台小学、姜哥庄小学等6所农村社区小学建立了稳定合作关系，引导广大学生了解海洋知识，牢固树立海洋意识，受惠中小学生1 800余人；发动学会、社团等社会力量，如中国海洋学会、山东省航海学会、青岛市九三学社、青岛极地海洋世界等组织开展各种科普活动。

【海洋科技】

海洋科学研究项目及成果　青岛市海洋科研院所及相关企业积极争取国家项目落户青岛。1999年以来海洋领域共启动重大基础性研究项目(973计划)17项，其中14个项目的首席科学家在青岛，累计拨款4.07亿元；“十一五”以来，国家863计划海洋领域课题约有46%由驻青院所承担，累积拨款项目经费3.4亿元，约占全国的30%左右；全市现有各级重点实验室51家，其中国家部委级26家，约占全国55%；工程技术研究中心26家，其中国家部委级9家，约占全国40%。2012年，青岛市“海水池塘高效清洁养殖技术研究与应用”等3个项目获国家科技进步二等奖；“大菱鲆‘丹法鲆’新品种培育与养殖技术”等 2 个项目获省科技进步一等奖。

科技创新支撑蓝色经济发展 2012 年，青岛市加快建设海洋创新平台。蓝色经济区建设启动以后，省、市政府全面加快海洋国家实验室基础建设工作。在蓝色硅谷核心区计划投资 13 亿元，规划用地 42.67hm^2(640 亩)，分三期建设海洋国家实验室，一期工程全部竣工，二期工程于 8 月正式开工建设，三期工程于 12 月 29 日开工，将于 2013 年底主体封顶。明确了孵化器和公共研发平台的建设方向和规划方案，组织完成深海技术与装备等 6 个孵化器的建设框架方案。海洋设备检验检测、海洋新材料、海洋药物 3 个平台完成专家论证。建设高端研发机构和企业研发中心，引进建设 710 所、725 所、中海油重质油加工研究院等一批高水平研究院所，重点培育 30 家涉海企业研发中心。支撑发展海洋新兴产业，依托驻青海洋科研机构，重点支持新品种引进和繁育项目，“黄海 1 号”等 9 个新品种通过国家级水产新品种审定，青岛已有规模化养殖场 450 余家，养殖名优品种已达 22 种；现有海洋药物、海洋保健品以及海洋生化制品企业 30 多家，9 个海洋类新药已取得一类新药证书；海洋船舶结构工程材料、海上安全防护工程材料、海水养殖工程材料等方面占据国内市场较大份额；掌握海工装备及船舶关键技术，在海洋环境监测设备、深海大洋探测设备等海洋监测和海洋军工技术领域取得一批海洋仪器装备成果；重点推进反渗透膜、中空纤维膜的研发和产业化，建立国内最先进的反渗透膜生产基地，建设中空纤维超(微)滤膜与水工业装备产业化基地。推进海洋重大项目建设。美国 TSC 集团已与城阳区政府签约建设海工装备和页岩气产业基地。在崂山区设立“TSC 海洋工程与装备研究院”，拟将研发总部从美国休斯敦迁至青岛，并从全球引进高端科研人才，建成世界级的深海海洋工程装备研发机构。中国海洋石油总公司牵头建设胶南斋堂岛 500kW 海洋能独立电力系统示范工程，着力解决海洋能装备可靠性与可维护性差、发电出力不稳定等瓶颈问题。中船重工 710 研究所计划投资 3 亿元建设青岛海洋装备基地，重点开展水下机器人、水下自主航行器、拖网船网位仪、水下安防系统等军民融合产品的研制和产业化。中船重工 725 研究所计划在蓝色硅谷核心区建设海洋工程装备研究院、高技术产业孵化基地及高端人才生活配套中心，研究开发海洋防腐防污新材料、海洋生物材料等新技术和新产品。建设青岛国家海洋技术交易服务与推广中心，构建国内权威海洋科技专题数据库，提供科技成果评估评价、项目推广、投融资推介、知识产权与法律咨询等相关服务。

【科技金融】 2012 年，青岛市全力推进科技与金融结合，引导社会金融资本支持全市科技创新。全市地方财政科技投入 16.12 亿元，比上年增长 63.27%；全市银行机构小企业贷款及个人经营性贷款余额 1 585.5 亿元，比年初增加 374.7 亿元，增长 30.9%。全年共为 18 家企业提供总额度 1.1 亿元的贷款支持，主要用于支持企业技术创新、新产品开发及成果产业化。市科技局与青岛银行、招商银行青岛分行、建设银行青岛分行等银行建立战略合作关系，为全市科技创新获得授信额度 400 亿元。开展区市两级科技金融工作联动，青岛市科技局支持城阳区创建青岛市科技金融试点区。科技金融工作采取降低贷款利率和科技经费补贴两个措施来降低企业贷款成本；当年对 12 家企业贷款进行贴息支持，贴息额度 270 万元。

（青岛市科技局、青岛市科技情报研究所　王春玲

淄　博　市

【概述】 2012 年，淄博市高新技术产业实现产值 2 983.83 亿元，占规模以上工业总产值的比重为 28.33%，同比提高 1.23 个百分点。争取省级以上科技计划项目 211 项，获扶持资金 20 448.96 万元。共取得重要科技成果 207 项，获国家科技进步二等奖 1 项、何梁何利科技进步奖 1 项、山东省科学技术奖 25 项。全市国内专利申请 10 120 件，其中发明专利 2 253 件；专利授权 4 401 件，其中发明专利 541 件。

【高新技术及产业】 2012 年，全市规模以上高新技术产业实现产值 2 983.83 亿元，同比增长 21.31%，占规模以上工业总产值的比重为 28.33%，同比提高 1.23 个百分点。

高新技术企业培育发展 淄博市重点围绕新材料、精细化工、新医药、新能源与节能环保装备、电子信息、汽车及机电装备等战略性新兴产业，加大对有潜力且成长性好的高新技术企业扶持培育力度，进一步壮大高新技术产业规模。2012 年，新认定高新技术企业 38 家，通过复审高新技术企业 52 家。6 家企业被批准为国家火炬计划重点高新技术企业。全市高新技术企业达 221 家，其中国家火炬计划重点高新技术企业 20 家。

产业园区建设 支持高新区大力实施“151”产学研合作推进计划和“66421”创新平台建设工程，重点加快 MEMS 研发中试平台、医药生物公共技术服务平台、精

细化工和高分子材料公共技术服务平台等 3 个创新平台建设步伐，不断推进“二次创业”工作，促进高新区创建国家创新型科技园区。依托东岳氟硅材料产业园区开工建设了百亿元投资项目，重点开工建设功能膜公司，发展与新环保、新能源密切相关的膜产业，新建东岳研究院，争取国家重点实验室及国家工程技术研究中心，建设新型环保制冷剂、高性能聚四氟乙烯等氟材料及制品、高性能硅橡胶及制品，以及建设生态园区环保项目及配套工程，全面打造全球功能膜材料基地和千亿级氟硅产业园区。全面加强省级农业高新技术示范区建设，区内农产品精深加工园、现代农业高新技术产业示范园、生物工程示范园、农产品仓储物流园等 4 个功能区建设成效显著，全年实现销售收入 30 亿元，利税 3.2 亿元，成为集农业高新技术开发、引进、转化、示范推广及产业化开发服务等为一体的现代化农业示范园区。

科技与金融结合试点 鼓励和引导金融机构加大对战略性新兴产业的扶持力度，淄博市科技局与招商银行签订《支持高新技术产业发展科技金融合作协议》，在全市金融机构中实施科技金融创新试点，对符合产业政策的科技项目降低门槛，加大放贷支持；市农业银行成立“新材料名都”银企联谊会，加大对新材料产业的信贷扶持力度，已与 11 家骨干企业建立了紧密型的合作关系。继续做好金融机构战略性新兴产业科技项目贷款风险补偿资金的审查工作，联合财政、人民银行共审核 16 家银行机构的科技项目贷款 150 笔，当年累计发放贷款 35.65 亿元，比上一年度同期增加 23.34 亿元。对淄博市金融机构发放奖励资金 1 529 万元，进一步引导和激励淄博市金融机构加大科技信贷投放的积极性。

【科技计划】

省级以上科技计划项目 2012 年，全市共争取省级以上科技发展计划项目 211 项，获扶持资金 20 448.96 万元。其中，国家级项目 62 项，扶持资金 6 585.26 万元；省级项目 149 项，扶持资金 13 863.7 万元。承担的项目中，单项财政扶持资金超过 100 万元的项目有 27 项、超过 500 万元的项目有 11 项、超过 1 000 万元的项目有 7 项。其中，淄柴新能源有限公司的“生物质气化发电与热电联供系统”、新华医疗器械股份有限公司的“医院一体化感染控制系统”、华夏神舟新材料有限公司的“新型燃料电池质子交换膜”等 13 个项目列入国家 863 计划、国家科技支撑计划和国际科技合作计划，山东东岳高分子材料有限公司的“新一代氯碱离子膜研发及产业化应用”、山东天璨环保科技股份有限公司的“新型高效无毒环保型脱硝催化剂的产业化示范及工程应用”、山东联创节能新材料股份有限公司的“1 000 万 m^2/a 环保型高性能硬质聚氨酯高效防火保温复合板”等 7 个项目列入山东省自主创新专项，淄博市王庄煤矿的“高水膨胀材料充填减沉与保水开采”、山东山博电机集团有限公司的“高效高速永磁风力发电机”、山东金城医药化工股份有限公司的“头孢抗菌素中间体活性酯关键技术”等 6 个项目列入山东省自主创新成果转化重大专项。

着力挖掘一批技术水平高、发展潜力大、市场前景好的科技型中小企业项目。山东迪浩耐磨管道有限公司等企业申报的“增强型超高分子量聚乙烯钢骨架复合管材”等 17 个项目列入国家科技型中小企业技术创新基金计划，在一定程度上缓解了科技型中小企业融资难的问题，促进了企业技术创新活动的开展和自主创新能力的提高，对加快淄博市战略性新兴产业培育、打造经济发展新的增长点、构建现代产业体系起到了积极的推动作用。

市级科技计划项目 2012 年度全市共受理申报科技项目 364 项，共有 101 个项目获批立项，财政扶持资金 2 200 万元，引导社会投资 54.8 亿元。市科技发展计划重点支持有竞争优势和发展前景的高科技项目，同时加大了对农业科技、民生科技的扶持力度，对支持优势项目做大做强、拉长产业链条、形成产业优势集群起到重要的带动作用。

【科技创新资源与能力建设】

科技创新平台建设 进一步加强工程技术研究中心、企业重点实验室、院士工作站等科技创新平台建设，引导企业加大科技投入，吸引智力资源和创新要素聚集，加强产学研合作，从源头上增强企业的自主创新能力，推动科技成果转化。2012 年，全市新增市级工程技术研究中心 84 家，总数达 302 家；新增省级工程技术研究中心 8 家，省级以上工程技术研究中心累计达 133 家；新增省级院士工作站 15 家，总数达 54 家。新增省级工程技术研究中心和院士工作站见以下各表。

2012年淄博市新增山东省工程技术研究中心

名　称	依托单位
山东省分子筛催化新材料工程技术研究中心	山东齐鲁华信高科有限公司
山东省新型化纤面料工程技术研究中心	山东沃源新型面料股份有限公司
山东省高压计量设备工程技术研究中心	山东计保电气有限公司（淄博计保互感器研究所）
山东省有机过氧化物工程技术研究中心	淄博正华助剂股份有限公司
山东省金属矿山设备工程技术研究中心	淄博广梓机械有限公司

续表

名　称	依托单位
山东省岩土机械工程技术研究中心	山东鑫国重机科技有限公司
山东省谐波与无功治理应用工程技术研究中心	山东锦华电力设备有限公司
山东省曲霉应用工程技术研究中心	淄博职业学院

2012年淄博市新增山东省院士工作站

名　称	依托单位	进站院士
山东省工陶耐火材料院士工作站	淄博工陶耐火材料有限公司	中国工程院院士　沈德忠
山东省元绪冶金机械院士工作站	淄博元绪冶金机械有限公司	中国工程院院士　殷国茂
山东省国塑科技院士工作站	山东国塑科技实业有限公司	中国工程院院士　毛炳权
山东省广垠新材料院士工作站	山东广垠新材料有限公司	中国科学院院士　王佛松
山东省中航钛业院士工作站	中航钛业有限公司	中国科学院院士　曹春晓
山东省中科天泽净水材料院士工作站	山东中科天泽净水材料有限公司	中国工程院院士　曲久辉
山东省沃源新型面料院士工作站	山东沃源新型面料股份有限公司	中国工程院院士　周国泰
山东省华伟银凯建材科技院士工作站	山东华伟银凯建材科技股份有限公司	中国工程院院士　侯保荣
山东省扳倒井院士工作站	山东扳倒井股份有限公司	中国工程院院士　孙宝国
山东省计保电气院士工作站	山东计保电气有限公司	中国工程院院士　张钟华
山东省中惠仪器院士工作站	山东中惠仪器有限公司	中国工程院院士　张钟华
山东省新华制药院士工作站	山东新华制药股份有限公司	中国工程院院士　甄永苏
山东省鲁维制药院士工作站	山东鲁维制药有限公司	中国工程院院士　张生勇
山东省天晟煤矿装备院士工作站	山东天晟煤矿装备有限公司	中国科学院院士　宋振骐
山东省胜利钢管院士工作站	山东胜利钢管有限公司	中国工程院院士　李鹤林

产业技术创新战略联盟建设　2012年，淄博市批准组建“航空航天用钛合金材料产业技术创新战略联盟”等15家联盟为淄博市第三批产业技术创新战略示范联盟，“生物质气化发电装备产业技术创新战略联盟”等6家联盟被列入山东省第三批产业技术创新战略示范联盟。全市产业技术创新战略示范联盟达41家，其中省级12家。示范联盟涉及新材料技术、生物与新医药技术、高新技术改造传统产业、新能源及节能技术、电子信息技术、资源与环境技术等国家重点支持的产业技术领域，成员中有省内外企业229家、高校41家、研究机构31家，组建省级工程技术研究中心8家、院士工作站6家、省级重点实验室2家，联盟成员单位之间合作承担国家科技计划10余项、省科技计划30多项。

技术服务与技术交易　2012年，淄博市积极开展技术转移专业化服务，解决中小企业的技术需求及区域、产业的创新发展需求，引导创新要素向企业集聚。山东淄博生产力促进中心被科技部列为全国技术转移服务首批试点单位，并成功获批中国创新驿站基层站点，成为省内首批两个基层站点之一。继续加大技术市场管理和技术交易服务工作力度，全年共完成技术交易合同567项，技术交易金额13.5亿元，7家单位被评为山东省技术市场科技金桥奖先进集体。

【农业与社会发展】

农业科技创新　继续推进省级农业高新技术产业示范区建设，加快农业高新技术的研发、转化、推广、应用。发挥涉农科研院所的重要作用，促进农业科技成果转化。集中整合山东理工大学、市农科院、林科所、农技中心、科技情报所等市内优势科技资源，借助中国淄博国际科技成果招商洽谈会所形成的外部优势，加强农业科技创新平台建设。截至2012年底，淄博市拥有国家可持续发展试验区1家，农业领域省级院士工作站1家、省级工程技术研究中心7家、省级农业科技示范园区1家，农业领域市级工程技术研究中心54家。

社会主义新农村科技支撑体系建设　2012年，深入实施农业良种、科技特派员、农村科技信息进村入户、名特优农产品科技精品示范“四大”工程，积极推进农业科技园区创建、科技富民强县、新农村民生科技示范“三大”行动，在推动县域经济发展、服务新农村建设中新上一批科技项目，发展壮大了一批农业科技企业和专业大户。

全面加强科技特派员创业链建设，全市共有8个区县的665名科技特派员开展科技服务，逐步形成区域指导服务、供需双向选择定点服务、自主创业带动服务等多种工作模式，带动一批农民群众走上依靠科技致富之路。沂源县科技特派员苹果产业创业链被省科技厅认定为第一批省级科技特派员创业链；淄川区山东七河生物科技有限公司承担的“出口香菇菌袋特派员服务体系构建”项目，列入山东省科技特派员创业链专项。

生物与医药产业 2012年，全面加强淄博市新药创制平台建设，淄博市正式被批准建设山东省创新药物（淄博）孵化基地，并成为山东国家综合性新药研发技术大平台和国家山东创新药物孵化基地的共建单位。孵化基地将依托淄博生物医药特色产业创新园，由淄博市医药企业联合组建，共同打造创新药物研究从临床前研究到产业化的完整链条，全面提升淄博市新药自主创新能力和水平，加快实现重大新药的孵化及产业化。

【科技成果与奖励】 2012年，全市共取得重要科技成果207项，其中达到国际领先或国际先进水平的61项。获国家科技进步二等奖1项、何梁何利科技进步奖1项、山东省科学技术奖25项。评选出2012年度淄博市科学技术奖90项，其中科技进步一等奖8项、技术发明一等奖1项。

【知识产权】 2012年，出台《关于贯彻落实淄博市知识产权战略纲要 进一步加大专利发展专项资金投入的意见》，明确全市专利发展专项资金投入总额不低于1 600万元，对进一步提高全市专利创造、专利技术成果转化、专利保护及管理服务能力起到坚实的支撑作用。成立淄博市知识产权维权援助中心和“12330”网络服务平台，建设10处知识产权教育培训基地，开展以“培育知识产权文化，促进社会创新发展”为主题的知识产权宣传周等众多宣传培训活动，进一步加强了知识产权政策法规、行政执法、管理服务建设。全市国内专利申请10 120件，其中发明专利2 253件，同比增长7.95%；专利授权4 401件，其中发明专利541件，同比增长23.80%。

【科技合作与交流】

第十一届新材料技术论坛 该届论坛邀请到25名中国工程院、中国科学院院士，近300名中外专家、教授参加，征集重点科研成果7 000余项，全市1 100余家企业、2 200余人次参与了同专家、项目研发人员的对接洽谈，共对接项目1 620项，签订技术合作项目692项，可带动科技投入和高新技术产业投资75.8亿元。活动以进一步打造“新材料名都”地域品牌为总体目标，充分展示了淄博市新材料产业发展的最新成果和广阔的发展前景，吸引了众多海内外创新人才在此聚集，搭建了全方位科技成果转化、招商引智、科技创新的大平台。

科技创新合作平台 强化淄博科技创新服务平台服务能力建设，建立了技术转移服务流程、业务工作标准、内部工作系统和评价考核体系。围绕抓技术、项目、人才等供给源头，与京沪津鲁技术转移机构、中介服务机构、高等院校、科研院所、特色产业基地、工程技术研究中心、企业技术中心、孵化器等机构合作，集聚科技资源，建立起纵横交织的服务网络和技术创新支撑体系。围绕抓企业技术、项目、人才等需求源头，在区域内建立区县、乡镇技术转移工作站，建立起市、区县、乡镇三级技术转移服务体系。

国际科技合作交流 淄博市积极探索建立海外孵化平台，围绕把留学人才“唤回来”、先进技术“引进来”、国内企业“走出去”这一目标，实施“在国外创新孵化、在国内加速转化”，“国外孵化器＋国内加速器”的新型创新创业模式，抢占世界高新技术产业制高点，相继在美国、德国规划建立生物医药、新材料、电子信息、先进制造等海外科技孵化器。瑞阳制药有限公司在美国华盛顿设立“瑞阳药物研究所（美国）”，以生物基因靶向药物的活性筛选为主要研发方向，达到自主研发世界级新药的能力。加大国际科技合作创新平台建设力度，山东华夏神舟新能源有限公司成功组建山东省国际科技合作基地。淄博市已建成国家级国际合作基地1家、省级国际合作基地1家、省级国际合作中心3家。

【科普工作】 2012年淄博市科技活动周突出“科技与文化融合，科技与生活同行”活动特色，组织一系列内容丰富多彩、极具时代特色的群众性科技活动，集中宣传党和政府的科技方针政策，充分展示科技发展的最新成就，反映群众对科技的客观需求，进一步凸显科学技术在经济社会发展中的重要作用。

（淄博市科技局 陈 伟）

枣 庄 市

【概述】 2012年，枣庄市高新技术产业实现产值485.23亿元，同比增长16.32%，占规模以上工业总产值比重为15.47%，比年初提高1.08个百分点。全市争取省级以上科技计划项目65项，获无偿扶持资金3 869.5万元。获省科技进步奖7项。全市专利申请2 759件，其中发明专利696件；专利授权1 864件，其中发明专利112件。

【高新技术及产业】 2012年，枣庄市高新技术产业实现产值485.23亿元，同比增长16.32%，占规模以上工业总产值比重为15.47%，比年初提高1.08个百分点。新认定高新技术企业15家，8家高新技术企业通过复审，2家企业被认定为国家火炬计划重点高新技术企业。全市共有高新技术企业56家。

枣庄市10个项目列入国家科技型中小企业创新基金计划，争取资金650万元；6个项目列入省中小企业技术创新基金计划，获扶持资金260万元。4月，召开全市科技工作会议，枣庄市科技局、枣庄市财政局、枣庄市工商银行联合印发《关于支持枣庄市科技型中小企业发展的意见》，对科技型中小企业给予金融贷款优惠、财政贴息支持。

【科技计划】 2012年，全市争取省级以上科技计划项目65项，获无偿扶持资金3 869.5万元，较上年增加1 317.5万元，增幅52%。其中，国家级科技项目17项，包括国家中小企业技术创新基金计划10项、国家星火计划7项，无偿扶持资金650万元；省级科技计划项目48项，无偿扶持资金3 219.5万元，包括省自主创新成果转化重大专项计划8项（含后补助3项）、省自主创新专项计划1项、省农业科技成果转化资金计划3项、省农业良种工程计划2项、省中小企业技术创新基金计划6项、省科技发展计划13项（含软科学计划3项）、省星火计划15项。当年，市政府列支1 440万元科技经费，实施各类科技计划项目80项。项目的实施有效带动该市新能源、中小机床、生物医药、节能环保等重点产业快速发展，提升全市自主创新能力。

【科技创新资源与能力建设】

科技创新平台 2012年，新增省级工程技术研究中心4家（山东省色谱分析仪器工程技术研究中心、山东省旋转接头工程技术研究中心、山东省智能开关柜工程技术研究中心、山东省车铣复合加工中心工程技术研究中心）、新认定市级工程技术研究中心13家，省、市级工程技术研究中心达到109家。新建院士工作站2家（山东益康药业院士工作站、山东多乐采暖院士工作站），总数达到8家。依托枣庄学院建设鲁南煤化工工程技术研究院，重点建设煤化工基础研究平台、研发试验平台、中试平台、人才集聚平台和协同创新平台五大平台。加强以生产力促进中心、高新技术创业服务中心、科技企业孵化器、创业投资公司为主体的科技中介机构建设。鲁南技术市场签订技术贸易合同319项，交易金额突破3亿元，有效推动科技成果转化，提升企业科技创新能力。

技术创新工程 继山东省煤化工产业技术创新战略联盟成立之后，中小机床产业技术创新战略联盟被确定为山东省第三批产业技术创新战略示范联盟。各示范联盟进一步完善组织体系和制度建设，逐步形成各具特色的发展机制和模式。2012年，山东华能线缆有限公司、滕州市华海新型保温材料有限公司、山东益康药业有限公司、滕州机床厂等4家企业被省科技厅命名为山东省创新型企业，总数达到7家；山东阳光博士太阳能工程有限公司等10家企业被确定为山东省创新型试点企业，总数达到15家。各试点企业自主创新能力不断增强，企业发展对技术创新的依存度显著提高，企业研发投入逐年加大，新技术、新产品、新标准不断推出，自主创新能力进一步提升，对区域经济结构调整和产业结构调整升级，起到了较强的带动及示范作用。

【农业与社会发展】

优质高效农业 2012年，“霜红宝石石榴选育及产业化开发”等7个项目列入国家星火计划，“鲁南薛城长毛兔选育与综合技术配套技术推广”等15个项目列入省星火计划。“石榴新品种‘绿宝石’中试与示范”等2个项目列入省农业科技成果转化资金计划。“特大粒耐贮石榴品种选育与示范”“鲁南薛城长毛兔良种选育及兔毛深加工”2个项目列入省农业良种工程。

特色产业培育 2012年，加大对山亭樱桃、滕州市马铃薯、台儿庄食用菌、峄城石榴等特色产业的专项扶持，全市农业特色产业基地规模不断壮大。“低碳节能型设施蔬菜安全高效生产关键技术研究与示范”等4个项目列入省科技发展计划，资金80万元。山东鲁南牧工商有限公司承担的“肉兔集约化饲养配套技术研究及推广”科技特派员肉兔产业创业链项目获省科技厅立项，经费15万元。山东益康药业有限公司申报的“新尼群地平临床研究”泰山学者攻关项目得到滚动扶持，获得50万元无偿资助。

社会发展事业 2012年，薛城区、枣庄高新区获批成为省级可持续发展实验区。至此，继山亭区成为国家级可持续发展实验区后，全市省级以上可持续发展实验区达到3个。“科圣墨子思想中的人文关怀对当今科技发展的指导研究”等3个软科学项目获省科技发展计划(软科学)立项。

【科技成果与奖励】 2012年，枣庄市获省科技进步奖7项，其中二等奖4项、三等奖3项。获省软科学优秀成果奖4项，其中一等奖1项、二等奖3项，实现了该市省级软科学优秀成果奖零的突破。采取“异地评审、专家参与、纪检监督”等方法，评出枣庄市科技进步奖120项，其中一等奖7项、二等奖56项、三等奖57项。培养学科带头人18名，总数达到178名，组织带动科研项目400余项，取得科研成果300余项。

【知识产权】 2012年，全市专利申请2 759件、授权1 864件，分别增长18.97%和38.69%，增幅分别位居全省第八位和第三位。工业企业专利申请1 224件、授权744件，分别增长66.8%和152.2%；发明专利申请696件，同比增长20.2%；发明专利授权112件，同比增长21.8%。截至当年底，全市有效发明专利317件，有效发明专利密度84.5件/百万人。新培育国家和省级示范单位11家，省专利明星企业46家，获省级以上专利奖13项，实现省级专利奖一等奖零的突破。扎实开展知识产权维权援助工作，在国家知识产权局组织的绩效考核中，中国(枣庄)知识产权维权援助中心在全国东部区域名列第16位，在山东省名列第5位。

【科技合作与交流】 5月21日，举行枣庄市人民政府与山东省科学院全面合作框架协议签订仪式，之后开展了多次技术交流活动。中国工程院院士吴澄、孙优贤、王天然、叶声华等专家教授，天津大学校长李家俊率科技代表团，北京交通大学院长姜久春，国家科技部科技发展战略研究院常务副院长王元等，先后到枣庄围绕重点产业进行调研考察。积极与中科院院士包信和沟通，先后与中科院大连化学物理研究所、中科院沈阳计算技术研究所进行了交流合作。山东威达重工股份有限公司的“高精度龙门复合加工中心关键技术引进与开发”项目，被选入国家国际科技合作项目数据库。

获批建设山东省国际科技合作研究中心5个，分别为山东省中美酶制剂合作研究中心、山东省中韩特种硅胶合作研究中心、山东省中韩精密数控机床合作研究中心、山东省中日复合加工技术合作研究中心、山东省鲁港动力电池合作研究中心。

【科技人才队伍建设】 2012年，坚持扶持项目出人才，实施培养学科带头人专项资金计划，重点在精细化工、生物技术、电子信息和农业高新技术等高新技术领域选拔了18名学科带头人，总数达到178人。举办科技创新战略新思维与创新方法推广培训班，各区(市)科技局分管科技负责人及市直有关科研企事业单位、高新技术企业技术负责人85人参加了培训。

【科普工作】 5月16日，举办了以“创新驱动发展，科技引领转型”为主题的2012年枣庄市科技活动周启动仪式，市政府副市长霍高原，市政协副主席、市科技局局长傅廷安，农业科技创新团队、企业自主创新团队、科技特派员代表、科普志愿者及社会各界群众300余人参加开幕式。科技活动周突出科技政策宣讲、科技促进文化、科技惠及民生、科技深入基层，采用科技展览、科技下乡、科技咨询服务、发放科普资料、科技成果演示等方式，集中开展科普宣传，满足群众对科技的实际需求。期间，发放技术资料、宣传品2万份，接受咨询3 200人次，组织科技活动43项，开放各类实验室、科普基地、科技场馆等16处。

(枣庄市科技局 曹瑞民)

东 营 市

【概述】 2012年，东营市高新技术产业累计实现产值3 337.16亿元，占规模以上工业总产值的比重为32.36%。全市获国家、省级科技奖励20项，连年稳居全省前列。技术交易额实现16.7亿元，继续保持全省“第一梯队”位次。全市争取省级以上科技项目152项，获无偿经费支持1.56亿元，创历史新高。东营市被科技部批准创建国家科技服务体系建设试点市。中国石油大学科技园进入全国先进国家大学科技园行列，被省政府列入全省服务业综合改革试点。市农业高新技术产业示范区被科技部批准为国家农业科技园区，正式纳入科技部“一城两区百园”战略规划。东营市创建的国家采油装备工程技术研究中心通过科技部组织的专家论证。

【高新技术及产业】 2012年全市高新技术产业累计实现产值3 337.16亿元，同比增长32.92%，占规模以上工业总产值的比重为32.36%，比上年提高1.48个百分点。全市高新技术企业累计实现产值1 900.43亿元，利税200.06亿元，利润137.7亿元。新认定高新技术企业11家。以高新区为主要载体，集中培育形成了石油装备、电子信息、新材料、汽车及零部件等高新技术产业集群，石油装备等3个国家级特色产业基地，被认定为省创新基金支持产业集群试点市。

【科技计划】 2012年，全市争取省级以上科技项目152项，获无偿经费支持1.56亿元，项目和经费数量均创历史新高。其中，国家级项目包括国家重大科学仪器设备开发专项1项、国家科技支撑计划2项、国家火炬计划13项、国家星火计划5项、国家重点新产品计划3项、国家创新基金17项、国家农业转化资金1项；省级项目包括省自主创新专项计划9项、省自主创新成果转化重大专项5项、省政策引导类计划29项、省创新基金8项、省火炬计划5项、省农业科技成果转化资金4项、省农业良种工程3项、省科技攻关计划14项、省科技富民强县专项行动计划2项、省科技合作补助项目1项。

【科技创新资源与能力建设】

科技创新平台 2012年，东营市新增省级工程技术研究中心2家，新增省级企业院士工作站3家，新增省级产业技术创新战略示范联盟3家。

2012年东营市新增山东省工程技术研究中心（2家）

山东省LED照明工程技术研究中心

山东省食用菌多糖应用工程技术研究中心

2012年东营市新增山东省企业院士工作站（3家）

山东省正汉生物科技集团院士工作站

山东省众力棉业科技院士工作站

山东省宝莫生物化工院士工作站

2012年东营市新增山东省产业技术创新战略示范联盟（3家）

石油化工分离及环保产业技术创新战略联盟

石油精细化学品产业技术创新战略联盟

黄河口大闸蟹生态养殖产业技术创新战略联盟

科技中介机构 截至2012年底，全市累计建成国家级示范生产力促进中心2家、省级7家，国家级创业服务中心4家、省级1家，国家级技术转移示范机构2家。2012，依托市科技企业协会，开通省内首条综合科技服务热线“12341”，回复满意率97%以上。技术市场活跃，全市技术交易额达到17亿元，再创历史新高。景华石油石化装备技术转移中心被科技部列为中国创新驿站基层站点，成为山东省首批两家基层站点之一。东营市作为全国25家试点申报单位中唯一的地级市，参加了科技部主办的全国科技服务体系建设试点工作座谈会，并作交流发言。市政府已成立国家科技服务体系试点工作推进领导小组，组织精干力量修订全市科技服务体系建设发展规划，力争尽快正式纳入试点范围。

【农业与社会发展】 2012年，中美农业科技合作第十次联合工作会议在东营召开，会议由科技部、美国农业部主办，主办方及山东省政府领导出席，对东营农业国际科技合作产生重要推动作用。

农业科技信息服务体系 依托农业科技信息协会，深入实施农村科技特派员行动，共聘请农村科技特派员150多名，发展会员7万多户，覆盖东营及周边25个县区，构建起紧密联结农户、便捷高效的农业科技信息服务体系。积极参与新型农民学校建设，发挥农业科技人员优势，因需施教，围绕棉花高产管理、粮棉轮作、有机蔬菜栽培等组织培训88场，培训农民1.2万多人次。

“渤海粮仓”建设工程 与中科院合作，重点开展重度盐碱地和中低产田改造及粮棉轮作试验。建成示范基地80hm^2(1 200亩)，为启动渤海粮仓建设工程、建设新型农业产业体系奠定了基础。

科技惠民工程 围绕人口健康、生态环境等民生领域，实施“秸秆高值化利用”“城市直饮水”等科技项目，这些项目作为山东省重点科技惠民项目被推荐至科技部，将为农民增收、环境改善、居民生活品质提升发挥重要示范带动作用。

【科技成果与奖励】 2012年，全市共取得科技成果175项，48项成果达到国际先进以上水平。获国家科技进步二等奖1项、技术发明二等奖1项；获省科学技术奖18项。其中科技进步一等奖3项、技术发明三等奖1项，省级以上奖励数量居全省第三位。东营市方圆有色金属有限公司董事长崔志祥获2012年度东营市科学技术最高奖。制订了《东营市科技型企业科技成果研发补助资金管理办法》，设立科技成果研发补助资金，引导企业重视科技研发，加大科技创新投入，丰富成果储备，促进科技成果的转化和推广。

【政策法规与环境建设】 2012年，根据国家、省科技创新大会部署，结合东营市实际，市委、市政府出台了《关于加强区域科技创新体系的意见》《关于促进科技型企业发展的若干规定》。东营市第五次党代会作出“增强自主创新能力，建设创新型城市”的重要部署；市七届人大一次会议提出“实施科教兴市和人才强市战略，在创新型城市建设上达到新水平”的目标任务；市委五届二次全会、市七届人大二次会议都强调要大力实施创新驱动发展战略，发展创新型经济，推动经济转型升级，加快“两个率先”进程。

【科技合作与交流】 2012年，中科院黄河三角洲滨海湿地生态试验站揭牌运行，进入中国生态系统研究网络。中国农科院黄河三角洲湿地农业环境科学观测试验站开工建设，高效生态棉花产业工作站开始筹建。山东大学东营研究院启动运营。市政府与天津大学、青岛大学、聊城大学、山东建筑大学、山东工艺美院签署合作协议，与北京化工大学、山东信息通信技术研究院、青岛国家海洋科学研究中心达成合作意向。

【中国石油大学国家大学科技园】

省级服务业综合改革全面启动 2012年，市政府印发《大学科技园服务业综合改革试点方案》，省科技厅配套出台《关于推进大学科技园服务业综合改革试点工作方案》。园区在研发平台、人才服务、成果转化等方面开展了多项创新性工作，省发改委推广了园区“以改革创新探索服务业发展新模式”的试点经验。

园区基础设施加快推进 “生态谷”项目全年完成投资9 170万元，累计完成投资3.8亿元，4.3万m^2研发楼投入使用，13万m^2在建工程完成主体施工。新材料中试基地建设顺利启动，完成投资2 450万元，基础设施完成主体施工，主要设备安装到位。

自主创新能力显著提升 加快引进高校院所。2月，市政府与山东大学签署全面合作协议，并在大学科技园“生态谷”启动山东大学东营研究院；7月，市政府与天津大学签署全面合作协议，拟定在大学科技园建设天津大学东营研究院；园区还与河北工业大学、入园企业东营兴盛盐业化工公司签署协议，就三方合作建设“教育部海水资源高效利用化工技术工程研究中心黄河三角洲分中心”达成合作初步协议。建设高端人才平台。重点加强院士工作站、博士后科研工作站等高端人才平台建设，全市首批9名黄河三角洲学者中有3名落户园区，第2批初选名单中园区推荐人员有2人入选。园区所属博士后科研工作站在站博士达到3名，管理运行居同批设站单位前列；园区引进的贺爱华教授获得省杰出青年基金项目和黄河三角洲重点引进人才项目支持。加快引进科技型企业。全年新入园机构48家，涉及石油装备、有色金属、新材料、电子信息等产业方向。入园机构共承担市级以上科技项目29项，获得扶持资金1 645万元。获批实施国家科技支撑计划。园区与清华大学科技园、浙江大学科技园等6家大学科技园共同承担国家科技支撑计划“高校科技成果产业化集成服务平台研发及示范”项目，获国家财政资金340万元，开创了以国家大学科技园为主体承担国家科技支撑计划的先河。园区获批承担国家中小企业服务平台建设计划，获国家财政资金150万元，省财政匹配50万元，该平台是国家布局建设的中小企业服务体系建设的组成部分，具有区域唯一性的特点，建成后将显著提升园区的综合服务能力。

（东营市科技局　邓廷辉）

烟　台　市

【概述】 2012年，烟台市规模以上高新技术产业实现产值4 936.6亿元，同比增长19.4%，占规模以上工业总产值比重为39.19%，比年初提高0.85个百分点。全市争取国家和省各类科技计划项目158项，其中国家项目55项、省级项目103项，共争取资金2.19亿元，同比增长33.2%。共取得科技成果216项，获国家科学技术奖4项、省科学技术奖43项，授予市科学技术奖励107项（人）。

【高新技术及产业】 2012年，按照新的统计口径，全市规模以上高新技术产业实现产值4 936.6亿元，同比增长19.4%，占规模以上工业总产值比重为39.19%，比年初提高0.85个百分点，产值和比重分别居全省第二位和第三位。其中高新技术产业产值约占全省总额的14.7%，比重超出全省10.08个百分点。38家企业通过高新技术企业资格认定，52家企业通过复审。全市高新技术企业总数累计187家，其中22家企业被认定为火炬计划重点高新技术企业。5个项目分别列入国家863计划和重大科技支撑计划，获经费支持926.1万元；烟台台海玛努尔核电设备股份有限公司承担的“百万千瓦级核电站一回路主管道”等8个项目列入2012年度国家火炬计划，其中高新区科技创业服务中心、南山科技研究院、山东国际生物科技园获政策类引导计划专项350万元资金支持；16个项目列入国家科技型中小企业创新基金，获资金支持1 190万元，其中，中科院山东综合技术转化中心烟台中心等4家单位获中小企业技术服务机构资金补助280万元，烟台正海汽车内饰件有限公司、山东省招远金丝厂有限公司分别获160万元、180万元的无偿资助，创烟台市单个项目获科技型中小创新基金资金支持新高。全市科技企业孵化器面积达36万m^2。

【科技计划】 2012年，新上国家和省各类科技计划158项，共争取资金2.19亿元，其中国家级计划55项、省级计划103项。主要包括：国家科技支撑计划7项，国家863计划5项，国家中小企业创新基金23项，国家农业科技成果转化资金4项，国家重大新药创制专项2项，富民强县、现代农业产业技术体系建设等国家专项计划14项；省自主创新重大专项14项，省自主创新成果转化专项9项，省科技发展计划58项，省中小企业创新基金

12 项，省农业科技成果转化资金项目 3 项，省富民强县计划 3 项，海外高层次人才专项资金、省优秀中青年科学家科研奖励基金等 4 项。

当年，共安排烟台市科技发展计划 200 项，资金 4 260 万元。其中，重大科技项目 14 项，资金 1 550 万元；科技创新“六个十”工程 12 项，资金 950 万元；工业领域项目 50 项，资金 605 万元；农村领域项目 30 项，资金 570 万元；社会发展领域项目 59 项，资金 185 万元；驻烟高校科研院所项目 20 项，资金 225 万元；种子项目 10 项，资金 105 万元；国际科技合作项目 5 项，资金 70 万元。省自主创新专项资金市级配套经费 1 400 万元；烟台市科技奖励经费 365 万元；市专利补助资金 400 万元；省工程技术研究中心和省企业重点实验室项目 6 项，补助资金 120 万元；省级企业技术中心项目 6 项，补助资金 120 万元；烟台市科技型中小企业技术创新基金 8 项，资金 90 万元；其他科技专项 3 项，资金 205 万元。

【科技创新平台建设】 由山东鲁花集团股份有限公司牵头组建的食用植物油产业技术创新战略联盟和由山东登海种业集团股份有限公司牵头组建的玉米产业技术创新战略联盟 2 家国家产业战略联盟获批复，填补烟台市空白。依托烟台张裕集团有限公司组建的葡萄酒微生物发酵技术企业重点实验室等 5 家省企业重点实验室获批复，总数 15 家。依托烟台泰和新材料股份有限公司的芳纶工程技术研究中心和依托山东南山铝业股份有限公司的铝合金压力加工工程技术研究中心 2 家国家工程技术研究中心获科技部批复，总数 5 家。依托中国科学院烟台海岸带研究所、烟台欣和味达美食品有限公司等 7 家单位组建的 7 家省级工程技术研究中心获批复，总数 58 家。由东方蓝天钛金科技有限公司牵头组建的航空航天新型材料应用及紧固件产业战略联盟等 3 家省级产业技术创新战略联盟获批复，总数 7 家；依托山东国际生物科技园发展有限公司等单位组建 5 家院士工作站，总数 19 家。烟台泰和新材料股份有限公司列入国家级创新型试点企业，总数 6 家；9 家企业被列为省级创新型企业试点，总数 43 家。

【农业与社会发展】

农业科技攻关与产业化 山东安德利集团有限公司承担的“苹果综合加工关键技术研究及产业化示范”等 3 个项目列入国家十二五科技支撑计划，获资金支持 1 560.3 万元；莱州市承担的“玉米新品种高产高效技术示范与推广”项目列入国家科技富民强县专项行动计划，获资金支持 201 万元；莱州金海种业有限公司承担的“高产、多抗型玉米新品种标准化示范推广”等 4 个项目列入国家农业科技成果转化资金项目，获资金支持 240 万元；山东安德利集团有限公司承担的“苹果高效生产及精深加工产业化技术集成”等 8 个项目列入国家星火计划；蓬莱市承担的“优质苹果生态栽培技术集成与产业化开发”项目列入省科技富民强县专项行动计划，获资金支持 60 万元；烟台果树工作站承担的“苹果新品种烟富 9 示范”等 3 个项目列入省农业科技成果转化资金项目，获资金支持 80 万元；海阳黄海水产有限公司承担的“鲆鲽鱼类良种商品化繁育体系建立与应用”等 6 个项目列入省农业良种工程计划，获资金支持 870 万元；中粮长城葡萄酒（烟台）有限公司承担的“酿酒葡萄栽培与酿造技术集成示范推广”等 5 个项目列入省星火计划。

生物技术与制药 烟台荣昌制药股份有限公司等 7 家企业的 9 个项目获省级以上计划支持经费 3 219.04 万元。其中山东靶点药物研究有限公司承担的“紫草羟基萘醌及其软胶囊治疗类风湿关节炎的研究与开发”等 2 个项目列入国家重大新药创制科技重大专项，获资金支持 612.04 万元；烟台正海生物技术有限公司承担的“功能生物材料与组织器官工程产品研究”项目列入国家 863 计划，获资金支持 312 万元；烟台新时代健康产业日化有限公司承担的“骨科、神经及术中新型生物医用材料”项目列入国家科技支撑计划，获资金支持 35 万元；烟台荣昌制药有限公司承担的“CHO 细胞高效表达与蛋白药物大规模制备关键技术”等 2 个项目列入省自主创新专项，获资金支持 2 000 万元；山东国际生物科技园发展有限公司承担的“山东国际生物科技园生物医药研发公共技术服务平台建设”项目列入省级新药中试产业化技术研究平台和医药企业孵化平台建设，获资金支持 200 万元；烟台荣昌生物工程有限公司承担的“双靶标抗血管新生受体－抗体融合蛋白（VF-28）”等 2 个项目列入省科技发展计划，获资金支持 60 万元。

山东国际生物科技园公共技术平台建设进展顺利，园区生物技术中心在建的国内首个、国际上第六种具有自主知识产权的“全人源化单克隆抗体药物开发技术平台”已初步建成，并承担国家重大新药创制重大专项 1 项。山东国际生物科技园入园企业已达 30 家，多数为海外留学人员回国创业成立的科技创新型中小企业。

可持续发展实验区 4 月 11 日，国家科技部批准龙口市为国家级可持续发展实验区，成为烟台市继牟平、长岛、莱州后第四个国家级可持续发展实验区。

【科技成果与奖励】 2012 年，全市共取得科技成果 216 项。其中达到国际领先及先进水平的 102 项、国内领先水平的 94 项、国内先进水平的 20 项。

全市获得国家科技进步奖 3 项，国家技术发明奖 1 项。其中，山东鲁花集团有限公司主持完成的“高含油油料加工关键新技术产业化开发及标准化安全生产”项目、山东鲁花集团有限公司参与完成的“果蔬食品的高品质干燥关键技术研究及应用”项目、山东民和牧业股份有限公司参与完成的“畜禽粪便沼气处理清洁发展机制方法学和技术开发与应用”项目分别获得国家科技进步二等奖；烟台万华聚氨酯股份有限公司参与完成的“旋转填充床反应器强化新技术”项目获得国家技术发明二等奖。

全市获得山东省科学技术奖43项，获奖数量居全省同类地级市第一。其中，与烟台台海玛努尔核电设备股份有限公司进行技术合作的法国玛努尔集团皮特厂科学家费尔南德•彭斯获省国际科技合作奖，这是烟台市历史上首次获此殊荣；烟台万华聚氨酯股份有限公司主持完成的“新型光气化反应制 MDI 关键技术”等6个项目获省科技进步一等奖，占全省总数的16.67%；东方电子股份有限公司完成的“DF9312 配电自动化终端系统”等17个项目获省科技进步二等奖，占全省总数的10.12%；烟台恒源生物工程有限公司等单位完成的“L-天冬氨酸的高效生物转化技术及产业化”等17个项目获省科技进步三等奖；烟台华海生物制品有限公司参与完成的“海洋生物蛋白资源制备系列功能寡肽和功能蛋白技术与应用”项目获省技术发明一等奖，占全省总数的50%；烟台大学完成的“半枝莲中新克罗烷型二萜的发现及抗肿瘤活性研究”项目获省自然科学三等奖，占全省总数的16.67%。

2012年，烟台市共授予市科学技术奖励107项(人)。其中，刘运祥获市科学技术最高奖；山东省烟台市农业科学研究院获市科技创新奖；山东东方海洋科技股份有限公司获市科技合作奖；烟台冰轮股份有限公司完成的“NH_3/CO_2 螺杆复叠制冷系统”等5个项目获市科技进步一等奖，烟台富耐克散热器有限公司等单位完成的“多功能散热模块性能检测装置及高性能散热器生产技术与产业化”等30个项目获市科技进步二等奖，蓬莱万寿机械有限公司完成的“强制散热汽车制动鼓”等64个项目获市科技进步三等奖；烟台杰瑞石油装备技术有限公司张树立等人完成的“固井设备自动混配水泥浆系统及控制方法”项目获市技术发明一等奖，烟台民士达特种纸业股份有限公司孙茂健等人完成的“超声波分散超长纤维制备高性能芳纶纸基材料产业化技术”项目获市技术发明二等奖，烟台正海磁性材料股份有限公司于永江等人完成的“混合动力汽车驱动电机专用35EH钕铁硼磁性材料”等3个项目获市技术发明三等奖。

【政策法规与环境建设】 12月29日，烟台市召开科技创新大会，对获得2012年度市科学技术奖励的单位和个人进行表彰奖励。出台了《中共烟台市委烟台市人民政府关于加快提升企业自主创新能力的意见》，提出一系列推动企业成为技术创新主体、加快提升企业自主创新能力的具体措施，激励和鼓舞企业科技创新。

【科技合作与交流】 2012年，开展“招研引技”活动，走访中科院力学研究所、北京航空航天科技园、清华大学远程教育培训学院等高校院所，收集高等院校、科研院所最新科技成果近1 000项，丰富烟台市科技成果资源库。中科院烟台海岸带研究所和山东省烟台市农业科学研究院2家院所获批建设山东省国际科技合作基地，实现烟台市零的突破。山东国际生物科技园发展有限公司等4家企业获批建设山东省国际科技合作研究中心，总数达13家。

中科院上海药物研究所烟台分所 8月26日，中科院上海药物研究所烟台分所协议签订仪式在烟台举行，标志着该所在国内设立的首家分所正式落户烟台。中科院上海药物研究所是山东省重点引进的国家综合性新药研发技术大平台，烟台分所的建立实现全省国家级专业医药研发机构零的突破，成为区域科技创新体系的重要组成部分，将大力提升烟台市医药研究和制造领域的综合实力。烟台分所筹建工作已全面启动，办公场所已投入使用，海洋药物实验室正在采购仪器设备，科研大楼基建设计完成70%。

【科技宣传】 5月23日，2012年烟台市科技活动周启动仪式在福山区信息产业城通用光伏展厅举行。活动周以“科技引领未来发展，创新建设美好烟台”为主题，共制作宣传展板400多个，印刷并发放各类科技宣传资料12万余份，举办科技大集、农业科技知识讲座、农业技术现场会等各种活动70余场，6万多人参加活动周。

(烟台市科技局 战永茹)

潍 坊 市

【概述】 2012年，潍坊市实现高新技术产业产值2 899.5亿元，占规模以上工业总产值的比重为27.32%。全年争取国家、省科技计划项目156项。获省级以上科技奖励35项，其中，获国家科技进步二等奖1项，获中国发明专利金奖1项，获省科技进步一等奖2项、二等奖10项、三等奖21项。全市专利申请11 115件，专利授权7 386件；其中，发明专利申请2 512件，发明专利授权400件。

【高新技术及产业】 2012年，潍坊市实现高新技术产业产值2 899.5亿元，占规模以上工业总产值的比重达到27.32%，比上年提高了2.39个百分点，增幅高于全省0.6个百分点。

高新技术产业发展 2012年，培育认定高新技术企业81家，总数达到384家。盛瑞传动股份有限公司等20家企业被认定为省创新型企业，豪迈科技股份有限公司等21家企业被确定为省创新型试点企业。11家企业被认定为国家火炬计划重点高新技术企业，总数达到27家。

园区基地建设 高新区入驻落户企业达到130家，形成了电子信息、生物医药、机电一体化、新材料"四大产业集群"。寿光卤水综合利用、诸城汽车及零部件产业等3家基地新建成为国家火炬特色产业基地，总数达到7家。形成了光电子、软件、生物医药、潍柴动力工业园、歌尔光电产业园等园区。电声器件产业基地现已形成以歌尔声学股份有限公司为龙头，10多家企业为骨干，60余家中小配套企业组成完整产业链条的电声器件产业集群，已发展成为全国最大、全球第三的驻极体传声器生产基地，其中硅微传声器受话器占国内市场份额45%以上。

【科技计划】 2012年，潍坊市争取省级以上重大科技专项156项，其中6个项目获国家科技支撑计划、863计划立项，10个项目列入省自主创新专项，6个项目列入省自主创新成果转化重大专项。潍坊市应用技术研究与开发经费投入1 500万元，成立潍坊国信科技创新投资公司，重点扶持发展新兴高端产业重点项目。

【科技创新资源与能力建设】

创新平台建设 2012年，潍坊市新建省级工程技术研究中心21家。全市市级以上工程技术研究中心发展到493家，其中省级以上工程技术研究中心117家。盛瑞传动国家工程技术研究中心顺利通过科技部综合评审。新建省级重点实验室1家——潍坊医学院建成的山东省整形与显微修复技术重点实验室，全市省级重点实验室总数达到13家。

2012年潍坊市新建山东省工程技术研究中心（21家）

山东省弹性体防水材料工程技术研究中心
山东省高性能轮胎钢丝工程技术研究中心
山东省现代呼叫信息工程技术研究中心
山东省智慧物流软件工程技术研究中心
山东省建筑保温防火材料装备工程技术研究中心
山东省模切机工程技术研究中心
山东省智能输送装备工程技术研究中心
山东省污水余热利用工程技术研究中心
山东省动力电池及储能系统工程技术研究中心
山东省沟槽管件工程技术研究中心
山东省高强紧固件工程技术研究中心
山东省涡轮增压器叶轮精铸系统工程技术研究中心
山东省城镇供水智能管理控制工程技术研究中心
山东省高速卫生纸机工程技术研究中心
山东微生物农业活体制剂工程技术研究中心
山东省饲用免疫蛋白工程技术研究中心
山东省淀粉糖清洁生产工程技术研究中心
山东省湖库型水体蓝绿藻防治工程技术研究中心
山东省城市生活垃圾资源化利用工程技术研究中心
山东省石油焦煅烧余热利用工程技术研究中心
山东省高分子防水建筑材料工程技术研究中心

孵化器建设 2012年，高新区宝兴孵化器被认定为国家级孵化器，寿光软件园等3家孵化器被认定为省级孵化器，省级以上孵化器数量居全省首位。全市已建成市级以上孵化器12家，建筑面积89万m^2，其中省级6家、国家级4家，在孵企业424家，累计毕业企业180家。

创新战略联盟建设 2012年，新组建半导体照明(LED)等10家产业技术创新战略联盟，地热利用及余热回收等8家联盟被批复为省级示范联盟。全市创新战略联盟发展到24家，其中国家级1家、省级15家，居全省首位。

【农业与社会发展】

农业科技创新 2012年，组织实施农业科技支撑、农业良种、科技惠民、富民强县等重大项目60余项，争取资金5 880万元。设施蔬菜关键技术集成与示范项目成为全省唯一列入全国（3个）扶持范围的农业项目，获得资金600万元。选育引进农业新品种1 200多个，研究开发新技术840多项。以寿光为核心，创建了蔬菜产业专业信息服务系统并建立示范基地，示范基地已建成蔬菜高科技示范园、蔬菜产业集团、新世纪种苗3个示范区和30个基层服务站点。

农业园区建设 以寿光为基础，委托省农科院编制了省级农高区建设规划。潍坊高新区国家级可持续发展实验区创建工作进展顺利，通过科技部等20个部委评审。规划制定了"中国食品谷"创新体系实施方案，将食品谷建设纳入科技部、科技厅重点支持范围。

节能减排工作 建成潍坊市节能减排适用技术成果库，重点培育节能减排科技示范企业20家，推广大功率LED路灯等节能新产品。

【科技成果与奖励】 2012年，全市培育优秀科研成果450项，评审出市级科技进步奖150项，95%以上成果达到国内领先水平。获省级以上科技奖励35项，其中潍柴动力股份有限公司的"重型高速柴油发动机关键技术及产业化"成果获国家科技进步二等奖，盛瑞传动股份有限公司的"8AT自动变速器"项目获中国发明专利金奖，潍坊联兴炭素有限公司的"罐式煅烧炉高温煅后焦余热利用关键技术研发与应用"等2项成果获省科技进步一等奖，获省科技进步二等奖10项、三等奖21项。

【知识产权】 2012年，全市年专利申请量首次突破万件大关，专利申请11 115件，专利授权7 386件，增幅分别为29.5%和50.0%，均居全省第三位。其中，发明专利申请 2 512 件，发明专利授权 400 件，增幅分别为 44.6% 和 29.9%。

【政策法规与环境建设】 2012 年，制定出台《关于加快科技创新推动经济转型升级的意见》《关于加快科技创新平台建设的意见》等文件，为全市工业企业创新发展提供了政策保障。落实自主创新产品政府优先采购政策和高新技术企业 15% 所得税率、研发经费税前列支等优惠政策，预计为高新技术企业减免税收 8 亿多元。邀请科技部调研室主任胥和平研究员，在市委理论学习中心组暨全市领导干部辅导报告会上，作了深化科技体制改革、推进创新驱动发展的专题辅导报告，为潍坊市科学谋划科技体制改革、加快创新发展提供有益的决策参考。以“携手建设创新型城市”为主题举办了第十二届科技活动周。健全完善科技目标责任制考核机制，加大创新平台、人才激励、招院引所等指标考核比重，激发各级各部门的创新热情。

【科技合作与交流】 2012 年，制定出台《关于加快推进招院引所工作的意见》。先后与东北大学、中科院沈阳分院举行全面科技合作对接会。市政府与中科院沈阳分院、青岛农业大学、天津大学、青岛国家海洋科学研究中心等高校院所签署全面科技合作协议。新创建院士工作站 11 家，总数达到 31 家。做好高层次人才的引进工作，全市已有 22 人入选国家“千人计划”，23 人列入省“泰山学者海外特聘专家”。

2012 年潍坊市新建山东省院士工作站（11 家）

山东省设施蔬菜产业技术创新综合院士工作站
山东省甘氨酸及其衍生物产业技术创新综合院士工作站
山东省蔬菜种业技术创新综合院士工作站
山东省卤水精细化工产业技术创新综合院士工作站
山东省雷诺特动力设备院士工作站
山东省汇强重工科技院士工作站
山东省恐龙世界文化旅游有限公司
山东省惠发食品院士工作站
山东省浪潮华光光电子院士工作站
山东省光电产业园科技院士工作站
山东省高新生物园院士工作站

【海洋科技】

海洋产业发展 2012 年，《潍坊市蓝色经济区发展规划》《潍坊滨海海洋经济新区发展规划》获省政府批复实施。中外合作产业园内已落户投资 12 亿元的工业机器人项目、投资 10 亿元的电动汽车关键部件项目和投资 12 亿元的生物医药项目。山东半岛蓝色经济工程研究院获省科技厅正式批复。山东默锐化学有限公司获批青岛国家海洋科学研究中心卤水高新技术产业孵化基地。寿光卤水综合利用产业基地获批为国家火炬计划特色产业基地，基地内海洋化工企业达到 180 多家，海洋化工类高新技术企业 5 家，火炬计划重点高新技术企业 2 家，共开发盐、溴、药、阻燃剂四大系列 60 多个品种，开发新产品 12 个，实现工业总产值 290 亿元，利税 32 亿元。

海洋科技创新 2012 年，组织实施国家 863 计划、国家重大新药创制科技专项、省自主创新成果转化专项等各类海洋科技计划项目 43 项，争取经费 6 000 万元。全市新开发海洋化工新产品 100 多个，取得海洋类科技成果 50 多项。全市共有 3 项海洋类科技成果分获市科技进步一、二、三等奖。全市海洋领域共申请专利 40 件，其中发明专利 30 件、实用新型专利 10 件；获得授权专利 8 件，其中发明专利 4 件、实用新型专利 4 件。在北部沿海地区，建设了溴系列医药化工、卤水资源综合利用、无卤阻燃剂研发、海洋装备制造、海水综合利用、香精香料研发、现代海洋渔业、海洋精细化工等 10 个海洋科技研发平台。组建了卤水精细化工、海洋化工及石化盐化一体化等 10 余家产业技术创新战略联盟。卤水精细化工产业技术创新战略联盟升级为国家级产业联盟。

（潍坊市科技局　赵有志）

济　宁　市

【概述】 2012 年，济宁市高新技术产业产值 1 031 亿元，占规模以上工业产值的比重为 21.05%。争取国家科技计划项目 81 项、省科技计划项目 124 项。获省级以上科技奖励 24 项。全市专利申请 6 909 件，其中发明专利 1 298 件；专利授权 5 457 件，其中发明专利 235 件。

【高新技术及产业】 2012 年，济宁市高新技术产业产值 1 031 亿元，同比增长 21.54%；高新技术产业产值占规模以上工业比重为 21.05%，比年初增加 1.5%。2012 年新认定国家高新技术企业 36 家，济宁市通过认定的国家高新技术企业累计 149 家。华勤集团等 11 家企业被认定为省第二批创新型企业，山东太阳纸业股份有限公司等 9 家企业被认定为省第四批创新型试点企业。制定下发《2012 年济宁市高新技术产业发展指导计划》，围绕四大千亿级产业，紧扣六大优势产业，重点抓好新能源、新材料、生物医药、新一代信息技术及节能环保等战略性新兴产业，不断延伸产业链条，加快建设国家级工程机械、生物技术、纺织新材料和光电信息等产业基地，推动全市高新技术产业又好又快发展。

【科技计划】 2012 年，济宁市争取国家科技计划和省科技计划立项 205 项，获得资金 1.99 亿元。其中，争取到国家科技计划项目 81 项，经费 12 392 万元；省科技计划项目 124 项，经费 7 543 万元。出台《济宁市科技计划和专项经费监督管理暂行办法》，进一步规范科技经费的管理和使用。出台《济宁市引导转型自主创新成果转化重大专项管理暂行办法》，加快自主创新成果转化。

【科技创新资源与能力建设】 2012 年，与亚申科技研发中心（上海）有限公司签订共建济宁市亚申科技清洁能源技术研究中心意向书，引进以“可降解载药医疗支架”项目为发展主线的邢长民博士领衔的创业团队；引进以刘小龙为代表的高层次管理团队，管理水平与研发能力大幅提升。高水平建设山东省鲁南工程技术研究院，截至当年底，已引进高水平研发团队 14 个，其中“千人计划”专家 10 人，成立生物医药、新材料、专用汽车等 7 个专业研发分院，申报各级科技计划项目 48 项。清华大学、天津大学等 6 所高校院所在山东省鲁南工程技术研究院设立产学研合作办公室或技术转移中心。中国科技信息研究所、国家工程技术图书馆济宁工作站正常运行。新建 10 家院士工作站，全市建设院士工作站共计 34 家，进站工作院士达 37 位。成立鲁南技术产权交易中心，重点建设技术转移服务平台、企业管理服务平台、知识产权服务平台、融资服务平台、信息化支撑平台。加快科技孵化器建设步伐，济宁市科技人才创新创业孵化园开工奠基，该项目占地 11.4hm^2(171 亩)，一期建筑面积 10 万 m^2，投资 5.1 亿元，建成后将致力于打造集政、产、学、研、金为一体的科技人才创新创业园。山东亿九科技孵化器暨创业大厦项目在金乡新城区开工奠基。

【科技成果与奖励】 2012 年，济宁市取得重要科研成果 180 项。获省级以上科技奖励 24 项，其中，国家科技进步奖 1 项，省科技进步一等奖 2 项、二等奖 5 项，省自然科学奖 1 项。获省软科学优秀成果奖 46 项，山东省技术市场科技金桥奖 24 项。

【知识产权】 2012 年，济宁市专利申请 6 909 件，其中发明专利 1 298 件，同比增长 86.49%；专利授权 5 457 件，同比增长 26.55%，其中发明专利 235 件，同比增长 25.67%。济宁市 4 人获第七届山东省“发明创业奖”。举办 2012 年济宁市知识产权宣传周暨知识产权进园区启动仪式，开展“知识产权进园区”等一系列知识产权宣传普及活动。举办全国地方专利信息中心交流会，18 个省、直辖市、自治区及部分副省级城市的代表参加会议。

专利高新技术产品博览会 第十一届专博会成功举办，共有 420 家参展单位，1 300 多名专家、教授和专利持有人，以及中科院系统 12 个科研院所、60 多所全国著名高校，携带 8 000 多项最新科技成果参展参会。专博会已成交技术项目和技术合作协议 348 项，项目投资额 218.4 亿元，技术成交额 12.2 亿元；引进国家“千人计划”专家 1 名，初步达成就业意向 3 255 人次；14 家银行机构与企业签订贷款意向协议，总金额 5.9 亿元。

【政策法规与环境建设】 2012 年，市政府下发《关于促进科技服务业创新创业的实施意见》（济政字〔2012〕28 号），把科技服务业作为现代服务业优先发展的产业给予重点支持；市科技局出台《关于加强产学研合作创新的意见》，指导产学研合作创新工作；出台《济宁市院士工作站管理办法》，鼓励、规范院士工作站建设；出台《济宁市科技计划和专项经费监督管理暂行办法》，进一步规范科技经费的管理和使用；出台《济宁市引导转型自主创新成果转化重大专项管理暂行办法》，加快自主创新成果转化。深入实施海外人才引进“511”计划和国内人才集聚“百千万”工程，加强国外智力引进，全市第二批引进海外高端创新创业人才 14 名，国家“千人计划”专家 5 名。鲁南工研院新引进 5 个研发团队，新引进“千人计划”专家 4 人。

【科技合作与交流】 2012 年，在北京举办济宁市企业与驻京高校院所产学研合作洽谈会，近百家企业代表与 50 家驻京高校、科研院所举行对接洽谈。与天津大学签署全面合作协议并举行产学研合作对接活动。征集、推介来自英国、俄罗斯等 9 个国家的高新技术成果 139 项。济宁医学院、山东润峰电力有限公司申报的“山东省中美转化医学合作研究中心”“润峰电力国际合作研究中心”获批。组织山东科大鼎新电子科技有限公司等 4 家公司申报 2012 年度重大国际合作项目，其中曲阜裕隆生物科技有限公司的“数字病理切片扫描系统及图像数据库技术合作”项目已通过评审。中国科学院计算技术研究所与市政府签署协议，中国科学院计算技术研究所济宁分所（山东物联网技术研究院）落户济宁，已完成研发团队组建、办公场所设计装修。山东科学院济宁分院建设方案及规划设计基本完成。

【科普工作】 2012 年，在全市范围内开展以“科技引领未来发展，创新建设美好济宁”为主题的科技活动周、社科普及周等系列宣传活动。设立宣传站 120 个，发放宣传资料 6 万余份，吸引 3.5 万多市民前来咨询，受益群众 10 万余人。围绕全市科技成就制作科技宣传展板，在知识产权活动周、科技活动周、全国科普日、全国法制宣传日等活动期间进行展示宣传。向企业免费发放《政策法规汇编》及《企业解读》等资料，为提升企业自主创新能力营造良好氛围。开展每年一度的科普统计工作，统计20个市直部门，全市共204个部门科普数据向省科技厅进行申报。

【科技金融】 2012年，依托山东科创投资有限公司和鲁信创业投资集团股份有限公司合作共建“未来之星”天使基金。科技金融促进会先后带领投资公司考察科技型企业100余家，达成投资意向近10家，进行尽职调查6家，已确定投资2家共计6 530万元。市农行申报的菱花集团“退城进园14万t味精生产线搬迁改造工程”项目5亿元银行贷款获批，该笔贷款实现首次采取商标权质押增加企业授信，首次采用专利权质押为贷款提供质押担保。山东科创投资有限公司与济宁永信投资担保有限公司结成战略合作伙伴，为科技型中小企业提供融资担保服务，扩大其融资额度。

(济宁市科技局　苏　振　冯鲁红)

泰　安　市

【概述】 2012年，泰安市规模以上工业企业实现高新技术产业产值1 269.47亿元，占规模以上工业总产值的比重为23.10%。全市获省级以上科技奖励51项，其中国家科学技术奖2项、省科学技术奖49项。全市专利申请共8 586件，其中发明专利2 858件；全市专利授权2 710件，其中发明专利196件。泰安市通过国家知识产权局组织的“国家知识产权示范创建市”验收，1家企业获得国家发明专利金奖。

【高新技术及产业】 2012年，泰安市规模以上工业企业实现高新技术产业产值1 269.47亿元，同比增长24.52%，占规模以上工业总产值的比重为23.10%，比年初提高1.55个百分点。泰安高新区升级为国家级高新区。泰安高新区及6个县(市、区)高新技术产业产值占规模以上工业产值比重全部实现增长。全市新增高新技术企业20家，累计77家。新增省级创新型试点企业9家，累计18家。

【科技计划】 2012年，泰安市争取国家、省科技计划项目91项，到位资金7 962万元。争取省自主创新专项2项、省自主创新成果转化重大专项5项。当年，泰安市应用技术研究与开发资金达到2 286万元。其中，市科技发展计划设立优势主导产业创新与发展、战略性新兴产业培育与提升、现代农业生产关键技术研究与示范、社会发展领域关键技术研究与示范、产学研合作、科技基础条件平台建设、科技发明与创造等七大专项，安排资金1 560万元；其他计划65项，安排资金726万元。

【科技创新资源与能力建设】 2012年，全市新建省级工程技术研究中心5家，总数42家；新建山东省院士工作站6家，累计17家；新建省国际合作中心8家；新建省级产业技术创新战略联盟4家，累计7家；新建省国际科技合作平台7家，累计21家。截至当年底，全市拥有863计划成果产业化基地2家、国家火炬计划特色产业基地2家、国家工程技术研究中心1家、国家重点实验室1家、国家技术中心4家，省企业重点实验室3家，市工程技术研究中心47家。

2012年度泰安市新建山东省工程技术研究中心(5家)

山东省土工合成材料工程技术研究中心

山东省机器视觉智能检测包装设备工程技术研究中心

山东省大型数控成形机床工程技术研究中心

山东省肉鸡药残检测与控制工程技术研究中心

山东省乙醇多塔节能蒸馏工程技术研究中心

【农业与社会发展】 2012年，泰安市继续实施农业良种、科技特派员、农村科技信息进村入户、名特优果品精品示范“四大”工程和农业科技园区创建、科技富民强县、新农村民生科技示范“三大”行动。安排市级农业良种项目10项，经费60万元，培育、引进和繁育新优特色品种92个。加强泰安市星火科技12396信息服务中心建设，新建设12396基层服务站7个，累计62个。全年共下派6批科技特派员，累计338人，在农业、林业、畜牧、水产、农产品加工等多个领域，以创办、领办、资金入股、技术入股等多种形式开展服务活动，深入140多个村和农业龙头企业进行技术指导、技术服务和培训，举办各类技术培训班200余班次，培训2万余人，发放各类材料4万余份，推广科技成果、新技术300多项。加大山东宁阳蔬菜制种特色科技园和19个市级园区的扶持力度，为全市农业发展提供了科技示范样板。相继建立大樱桃、大枣、泰山板栗、泰山核桃等20余个具有相对优势的名特优农产品的科技示范样板，制定10余种果品标准化栽培技术规程。实施“泰安心里美萝卜品种选育及产业化开发”精品工程；启动“肥城桃提质增效”工程。岱岳区、宁阳县分别承担了国家级科技富民强县项目，获得 397 万元经费支持。实施转化节能减排科技成果 20 项，推广应用先进实用节能减排技术 30 余项。

【科技成果与奖励】 2012 年，泰安市取得重要科技成果 320 项，涌现出一批具有原创性、带动性、产业化前景广阔的科技成果。全市获省级以上科技奖励 51 项，其中国家科学技术奖 2 项、省科学技术奖 49 项。山东蓝光软件有限公司的“数字化采矿关键技术与软件开发”项目获省科技进步一等奖。泰安市泰山林业科学院冯殿齐荣获 2012 年度泰安市科学技术最高奖；评出市科技进步奖项目 98 项，其中一等奖 10 项、二等奖 29 项、三等奖 59 项，评出市技术发明奖 2 项。泰山区、新泰市荣获 2012 年度泰安市科技创新先进县(市、区)。

【知识产权】 2012 年，全市专利申请共 8 586 件，居全省第 6 位，其中发明专利 2 858 件；全市专利授权 2 710 件，居全省第 9 位，其中发明专利 196 件。华兴纺织集团公司、山农大药业有限公司被批准为 2012 年度山东省专利创造能力培育单位。岱银集团发明的“一种交捻竹节纱的生产方法”荣获中国专利金奖，这是中国专利奖设立以来纺织业获得的首项金奖，是 2012 年度山东省唯一的中国发明专利金奖，也是泰安市自 1985 年以来获得的首项中国专利金奖。

开展“打击侵犯知识产权和制售假冒伪劣商品”专项行动，首次对网上宣传涉嫌假冒专利行为进行立案调查，全市共受理专利侵权纠纷咨询 11 起，立案 5 起，结案 5 起，年结案率 100%。中国(泰安)知识产权维权援助中心“12330”知识产权举报投诉服务电话接听咨询、举报投诉电话 100 余次，涉及专利、商标、著作权等方面。承办(举办)多期知识产权培训班，开展“知识产权下企业进校园”活动。泰安市 1 名中学生在第 64 届 IENA 德国纽伦堡国际创新发明青少年发明创新竞赛中摘得金牌。7 位发明人荣获“山东省第七届发明创业奖”。泰安市发明协会成为山东省科技发明教育基地。

【政策法规与环境建设】 2012 年，泰安市科技局编印《泰安市科技行政服务标准体系》，整理、归纳了 13 项服务保障标准、113 项服务提供标准。泰安市知识产权局出台《泰安市知识产权战略纲要 2012 年推进计划》《泰安市专利发展专项资金管理办法》，印发《关于知识产权违法行为举报投诉奖励办法的通知》《关于成立知识产权维权援助分中心和维权援助站的通知》等一系列政策文件。市政府办公室首次对全市专利工作情况进行了通报。

【科技合作与交流】 2012 年，泰安市科技局举办了 2012 国际绳网高端研讨会暨国际绳网创新技术与产品博览会；重点与山东大学、北京化工大学、上海交通大学、武汉大学、福州大学等国内著名院校进行接洽，并与上海大学、上海对外贸易学院、同济大学、东华大学服装艺术学院签订科技合作协议；向全市推荐国内知名院校科技成果 600 余项、驻外科技机构优秀项目 8 期 700 余项，征集企业技术需求和难题 200 余项；争取国家国际科技合作计划项目 2 项。

【科普工作】 5 月 18 日，泰安市科技局、市委宣传部、市科协在泰山区科技文化创意产业园举行科技活动周开幕式。活动周期间，举办高校、科研单位与地方科技合作对接交流活动。组织开展防震减灾法律法规等方面的科普宣传教育活动；举办输变电设备、装备制造、化工、纺织等产业，工程技术研究中心建设等创新研发平台和国际科技合作交流等方面的创新成果展；举办以自主创新为主题，以培养专利工作明白人为重点的知识产权培训班，邀请有关专家就知识产权法律法规和专利基本知识等方面进行宣讲解读；举办以“推进科技进村入户，服务新农村建设”为主题的服务“三农”系列活动；深入企业和农村开展科技咨询、义诊服务，受到好评。参与活动周的部门、单位和企业共计 100 多家，参与组织的人员超过 3 000 人，活动受众 100 多万人，取得显著成效。

【科技宣传】 2012 年，全市科技宣传围绕科技工作中心，大力宣传科技成就、科技典型、科技政策、知识产权战略，国内有关媒体采用科技稿件 620 篇(条)，其中《科技日报》刊发《“泰山制造”转型：寻找丢失的“中国名牌”》等 6 篇长篇报道，《泰安日报》头版 3 篇；在《泰安日报•创新泰安》专栏中，对科技合作、科技创新平台等进行系列报道。市科技局与泰安人民广播电台合作播出的“泰山农科”广播节目，累计播出 2 002 期，荣获 2011 年度山东科技新闻“名专栏”奖。泰安市科技局被省科技厅表彰为全省科技系统新闻宣传工作先进单位、全省科技系统政务信息工作先进单位。

(泰安市科技局 徐海鹏 姚 文)

威 海 市

【概述】 2012年，威海市高新技术产业实现产值2 024.1亿元，占规模以上工业总产值的比重为35.51%。全市开展了第5个"自主创新年"活动，组织实施各级各类科技计划527项，新获批省级以上科技计划项目262项。取得重要科技成果184项，获省科技进步一等奖1项、二等奖3项、三等奖9项。全市专利申请4 982件，其中发明专利1 718件；专利授权2 990件，其中发明专利337件。市科技局被国家科技部与人力资源和社会保障部评为"全国科技管理系统先进集体"。

【高新技术及产业】 2012年，威海市高新技术产业实现产值2 024.1亿元，比上年增长18.83%；占规模以上工业总产值的比重为35.51%，提高1.16个百分点。高新技术产业固定资产投资占工业固定资产投资的比重为30.69%，增幅位列全省第13位，比重位列全省第4位，产值总量位列全省第6位。新认定国家火炬重点高新技术企业4家，总数达14家。新认定高新技术企业19家，复审通过16家，总数达113家，其中规模以上企业89家，产值过亿元的58家，利税过亿元企业14家，规模以上高新技术企业科研经费占销售收入的比重达5.03%。全市高新技术产品出口15.2亿美元，同比增长−3.6%、占全市外贸出口额的14.3%。

【科技计划】 2012年，全市组织实施市级以上各类科技计划527项。新获批省级以上科技计划项目262项，其中国家863计划项目3项、国家科技支撑计划9项、国家重点新产品计划4项、国家火炬计划11项、国家星火计划10项、国家自然科学基金计划46项、国家中小企业创新基金17项，省自主创新成果转化重大专项6项，省自主创新专项7项，其他项目149项。

【科技创新资源与能力建设】

山东船舶技术研究院 5月10日，山东船舶技术研究院获得省编委批准设立。6月28日，省科技厅、威海市政府和哈尔滨工业大学签订三方共建协议。9月10日，研究院完成机构注册，成为全市第一家采取法人治理结构模式的公益事业单位。11月28日，召开了研究院第一届理事会暨山东船舶产业技术创新战略联盟成立大会。研究院的成立，软硬件建设投入逐步加大，在省内第一次构建起完整的省级船舶技术研发体系，科研产出倍增，其中"船舶高效自动化焊接关键技术及装备研究"项目列入2012年度省自主创新成果转化重大专项。"远洋金枪鱼低温速冻延绳钓船及设备设计与制造关键技术评估"和"大视场、高帧频激光水下三维成像技术"两个项目通过省科技发展计划专家组验收。"基于构件复用技术的船舶建造协同管理软件系统"获得省科技进步二等奖，该成果在威海市船舶建造及配套企业中推广应用中，实现经济效益6.3亿元。

工程技术研究中心 2012年，全市新建省级工程技术研究中心5家，新认定市级工程技术研究中心15家。全市市级以上工程技术研究中心达到162家，其中国家级2家、省级74家。市科技局积极推进国家空港地面设备和国家海产贝类2家国家级工程技术研究中心的建设，多次调度2家中心建设情况，国家海产贝类工程技术研究中心省科技厅300万元配套资金5月到位，至此，2家国家工程中心各级配套建设经费全部足额发放，保证了工程中心的建设。

2012年威海市新建山东省工程技术研究中心（5家）

山东省皮革新材料制品工程技术研究中心
山东省聚合物锂离子动力电池及系统集成工程技术研究中心
山东省空分分子筛工程技术研究中心
山东省塑性成型加工机械工程技术研究中心
山东省生物质物化联产工程技术研究中心

重点实验室 2012年，威海市2009年创建的首批3家企业重点实验室通过省科技厅的现场验收。其中2家分别为依托三角集团有限公司建立的山东省轮胎用橡胶新材料及应用技术重点实验室和依托威高集团有限公司建立的山东省医用植入器械技术重点实验室。

院士工作站 2012年，获批建设省院士工作站8家。其中，依托好当家集团有限公司组建的山东省海参产业技术创新综合院士工作站是威海市获批组建的第一家综合院士工作站，威海市成为继潍坊、泰安之后，省内第三个拥有综合院士工作站的地级市。截至当年底，全市共建有19个院士工作站，位列全省第四位，共引进两院院士39人，进站工作的高校院所专家、教授140多人。院士工作站已经成为开展行业技术研究、培养优秀团队、开展科技交流与合作的又一重要创新平台。

2012年威海市新建山东省院士工作站（8家）

山东省海参产业技术创新综合院士工作站
山东省北洋电气集团院士工作站

山东省克莱特菲尔风机院士工作站

山东省马山集团院士工作站

山东省金牌饲料院士工作站

山东省华东数控院士工作站

山东省迪沙药业集团院士工作站

山东省安绿能源科技院士工作站

【威海市科技创新大会】 2月20日，威海市委、市政府召开全市科技创新大会。会上表彰了获得2012年度国家科技奖励的威高集团和天润曲轴股份有限公司，并分别给予50万元奖励。天润曲轴股份有限公司孙海涛获威海市科学技术最高奖。威海广泰空港设备股份有限公司完成的“高除净率多功能除雪装备产业化”等12项成果获威海市科学技术一等奖，成山集团有限公司完成的“非对称花纹轿车轮胎系列产品技术开发”等40项成果获二等奖，威海怡和专用设备制造股份有限公司完成的“舰船内燃机不解体清洗系统”等58项成果获三等奖。对威海威硬工具股份有限公司等14家市第六批科技自主创新型企业予以通报表彰；授予荣成市人民政府等28个单位“2008—2012年自主创新年活动先进单位”称号。

【科技成果与奖励】 2012年，威海市取得重要科技成果184项，其中达到国际先进以上水平的50项、国内领先水平的124项、国内先进水平的10项。获得省科技进步一等奖1项、二等奖3项、三等奖9项。

【知识产权】 2012年，全市国内专利申请4 982件。其中发明专利1 718件，占总申请量的34.48%；实用新型专利2 181件，占总申请量的43.78%；外观设计专利1 083件，占总申请量的21.74%；职务专利申请3 396件，占总申请量的68.17%。国外专利申请量57件，同比增长50%，绝对量列全省第四位。全市专利授权2 990件，其中发明专利授权337件，同比增长17.83%。威海中复西港船艇有限公司被确定为2012年度山东省专利创造能力培育单位；环翠区被省知识产权局认定为“山东省知识产权示范单位”。

知识产权质押融资 3月27日，国家知识产权局致函同意在威海市开展知识产权质押融资试点工作。威海市成为山东省第一家国家知识产权质押融资试点城市。4月26日，邀请北京路浩知识产权代理有限公司专家作《知识产权质押融资及评估实务》专题讲座。8月13日，市科技局、金融办、人民银行威海中心支行、银监会威海监管分局、市知识产权局联合印发《威海市专利权质押贷款管理暂行办法》。第六届中国专利周期间，市知识产权局组织召开全市专利权质押融资工作座谈会，介绍全市专利权质押融资工作相关政策及办理流程，为企业缓解融资难题提供新途径。截至2012年底，全市知识产权质押授信2 400万元。

专利保护 2012年，市知识产权局积极开展知识产权执法维权“护航”专项行动，组织辖区知识产权系统执法人员对市区5家大型商场的6 000余件商品进行执法检查，确认假冒专利20件。在“5•15”打击和防范经济犯罪宣传日活动中，市知识产权局与市公安、国税、工商、质监等部门在市人民广场举办大型宣传活动，共发放《专利文件汇编》等宣传资料300余份，解答公众咨询60余人次。在10月13—15日举办的第五届中国渔具制造业基地（威海）国际博览会上，市知识产权局设立知识产权办公室，开展展会专利宣传和执法活动。经调查核实，市知识产权局先后对山东省知识产权局移交的威海市正泰机械有限公司、威海高技术产业开发区泰达机械厂涉嫌假冒专利案件作出处理决定，并报送省知识产权局。对6起专利侵权案件依法作出处理决定。

信息服务平台建设 2012年，山东省知识产权信息公共服务平台威海分平台经过调试和试运行，已实现与国家、省知识产权局联网运行。6月11—15日，市知识产权局组织相关人员参加省知识产权局组织的专利信息管理与应用培训。

专利宣传 4月26日世界知识产权日，市知识产权局协调市直相关部门在《威海日报》开设专版，介绍全市知识产权工作情况。为全市专利示范企业、中国专利山东明星企业等专利工作突出的企业订购《中国知识产权报》。向各市区、开发区和市直有关部门制发《关于学习贯彻〈山东省知识产权战略纲要〉的通知》，营造浓厚的学习与落实氛围。

【科技合作与交流】 2012年，威海市政府与中科院上海高等研究院建立了产学研战略联盟关系，全市产学研战略联盟达到14家。与教育部科技发展中心、省科技厅共同举办“2012威海产学研合作暨科技金融结合推进大会”，开通“中国技术供需在线威海频道”，成立了中国高校威海技术转移中心将威海企业和全国高校直接链接，搭建起广泛的人才、资源的共享与互动平台，将产学研合作提升到更高的层次和水平。威海市科技局与各市区共同举办一系列大型产学研合作对接活动，促进产学研合作的深入开展。全年累计促成产学研合作项目133项，实施国家国际科技合作重大专项6项，成功举办大型国际科技会议1个，完成执行政府项目科技团组8个，创建国家级国际技术转移中心（国家级国际科技合作基地）1家，山东省国际科技合作研究中心2家。

2012威海产学研合作暨科技金融结合推进大会 9月20日，2012威海产学研合作暨科技金融结合推进大会在威海市召开。大会由省科技厅、教育部科技发展中心、市政府主办，市科技局、金融办承办，邀请中国科学院所属研究所、四川大学、华东理工大学、吉林大学、武汉大学等50多家高校院所的130余位负责人和专家莅临，举行了39项重点项目的集中签约仪式。会上，促成教育部科技发展中心与威海市开展一系列合作，包括将威海市列入“蓝火计划”实施城市、启动“中国技术供需在线威

海频道”网站、共建“中国高校威海技术转移中心”。“蓝火计划”是教育部推出的组织高校赴地方开展产学研合作的系列行动,旨在推进高校与地方及企业深入开展产学研结合,加快高校创新科技成果向社会转移及产业化;“中国技术供需在线威海频道”网站集科技成果孵化、技术研发合作、科技成果交易、创业服务、高级科技人才服务于一体,其主要服务对象覆盖全国各类高校和威海市所有企业。

威海工程技术研究院 9月21日,威海工程技术研究院在文登市举行揭牌仪式。该院由市科技局发起,是一个集科研开发、成果转化、产业孵化和人才引进为一体,市场化运作的新型产学研合作机构,重点解决产学研工作中所面临的最艰难、也是最关键的问题——工程化放大,通过将知识资本转化为货币资本及产业资本,加快科技与金融的深度融合,切实解决中小企业承接项目的资金瓶颈难题。

华东理工大学国家大学科技园威海产业化基地 围绕威海市经济和社会发展的科技需求,与华东理工大学国家大学科技园开展以新材料、装备制造、新能源与节能环保、生物医药、绿色建筑产业为主要内容的新型产学研合作。6月13日,文登市政府与华理国家大学科技园正式签署战略合作框架协议。将华理国家大学科技园的孵化企业引入到威海进行产业化,使威海市孵化器建设工作实现新的探索;打破项目合作、共建平台等固有方式的束缚,探讨与高校院所开展产学研合作的新模式。

中国—欧盟水和废水处理过程强化—膜技术研究与应用研讨会 11月12—14日,由科技部国际合作司、省科技厅、市政府、中国膜工业协会、欧洲膜技术协会、意大利科学院膜技术研究中心主办的“中欧水和废水处理过程强化—膜技术研究与应用研讨会”在威海举行,欧盟膜技术协会主席、西班牙奥维尔多大学教授苏珊娜•卢克女士,名誉主席、意大利科学院教授恩瑞克•德里奥利先生和日本东丽公司及韩国汉阳大学的16名世界知名膜技术专家与会。国内哈尔滨工业大学、天津海水淡化研究所、甘肃膜科所等知名院所的20多位国内膜技术专家与来自北京、上海、天津、深圳、甘肃和山东省内100多家企业的负责人、工程技术人员和院校师生200多人参加会议。自2004年开始,威海已成功举办了8届中欧膜技术大型国际会议,1万多名国际专家和企业界的代表参加活动,引进国外专家120多人次,为企业解决技术难题110个,取得科技成果38项。

【科普工作】 2月29日,“威海市暨环翠区2012年文化科技卫生‘三下乡’”活动启动仪式在环翠区羊亭镇举行。市科技局以“科技为农业服务,帮助农民发展生产、增加收入”为主导思想,结合当地农村实际和农民需求,开展一系列科技宣传、咨询服务等活动,向农民免费赠送价值2万多元的《地震安全知识手册》《农村实用技术资料汇编》《农村畜禽养殖技术资料》《农作物新品种栽培》《农村致富技术》《渔业养殖》等农村实用科技资料40余种、2 000余册。发放《科技政策与法规选编(1996—2008)》400余册,并为农民讲解国家、省、市制定的一系列科技优惠政策。

5月19—25日,在全市范围内举行以“科技引领未来发展,创新建设美好山东”为主题的科技活动周活动。活动周期间,全市举办各类活动27项,发放宣传材料2万余份,咨询人数超过1万人。各类科普活动的开展,在全市范围内进一步营造了尊重科学、崇尚科学、相信科学、依靠科学的良好氛围,让创新型城市建设成为全市人民群众的自觉行动,促进了全市社会经济文化的全面发展。

(威海市科技局 李忠磊)

日 照 市

【概述】 2012年,日照市高新技术产业实现产值406.41亿元,占规模以上工业总产值比重为16.94%。争取国家和省科技计划项目38个,扶持资金3 390万元。取得科技成果93项,4项成果获省科技进步二等奖,80项成果获市科技进步奖。全市专利申请2 157件,其中发明专利452件;专利授权1 638件,其中发明专利85件。

【高新技术及产业】 2012年,全市规模以上工业高新技术产业实现产值406.41亿元,同比增长25.27%,占规模以上工业总产值比重为16.94%,比年初增加1.09个百分点。以骨干企业为依托,以科技园区为载体,落实优惠政策,重点扶持发展电子信息、汽车及零部件、生物医药、石油化工、高端装备制造、新材料等高新技术和战略性新兴产业,产业规模和技术水平得到提高。新认定6家高新技术企业,全市高新技术企业达到25家。组织开展建立高新技术企业后备库工作,全市入库企业25家。纳入高新技术产业统计范围的企业67家(按新统计口径)。积极推动孵化器建设,加强规范化管理,全市省级以上科技企业孵化器3家,其中清大华创(日照)科技企业孵化器、高新区创业服务中心 2 家科技企业孵化器为国家级科技企业孵化器，日照经济技术开发区科技孵化中心为省级科技企业孵化器。

【科技计划】 2012 年，日照市共争取国家和省科技计划项目 38 个，扶持资金 3 390 万元。其中，国家火炬计划 1 项，扶持资金 65 万元；国家创新基金 4 项，扶持资金 290 万元；国家科技富民强县专项行动计划 2 项，扶持资金 290 万元；省自主创新专项 1 项，扶持资金 1 000 万元；自主创新成果转化重大专项 4 项，扶持资金 1 040 万元。按照高新技术、农业与海洋、社会发展、平台建设等 4 个专项，邀请专家进行市级科技计划项目评审。当年，日照市科技计划共安排项目 90 个，补助经费 1 400 万元。在项目安排上，向高新技术和自主创新倾斜，向蓝色经济和农业现代科技项目倾斜。

【科技创新资源与能力建设】 2012 年，日照市共新建省级院士工作站 3 家、省级工程技术研究中心 4 家，成立了 18 家市级工程技术研究中心。

2012 年日照市新建山东省院士工作站（3 家）

山东省日照水产研究院士工作站
山东省日照港集团院士工作站
山东省开航水产院士工作站

2012 年日照市新建山东省工程技术研究中心（4 家）

山东省特种液压油缸工程技术研究中心
山东省柔性输变设备工程技术研究中心
山东省蓝莓工程技术研究中心
山东省水产品加工酶技术利用工程技术研究中心

【农业与社会发展】 2012 年，推进农业科技创新和成果转化，组织实施 10 项农业优良种质资源保护与创新利用项目和 10 项农业成果转化和示范推广项目。搭建农业科技创新载体，培育日照金果粮油有限公司等 10 家科技型农业龙头企业；培育日照畜牧生态健康养殖科技示范园等 10 处农业科技园区；建成日照岚山区后崖下茶业专业合作社等 10 个科技型农民专业合作社；建成日照多利畜禽良种有限公司等 5 个科技特派员农村科技创业链。建设完善产业技术创新战略联盟，对已建设联盟优化配置科技资源，完善体制机制，提高集成创新能力。协调召开北方茶产业技术创新战略联盟 2012 年会，桑蚕产业技术创新战略联盟正式确定为山东省第三批产业技术创新示范联盟。

开展国家可持续发展先进示范区建设工作，山海天旅游度假区批准为省级可持续发展实验区。山东洁晶药业有限公司被认定为“国家综合性新药研发技术大平台（山东）产业化示范企业”。组织实施“生活垃圾高温热分解成炭无剩余处理技术”“水产品加工副产物高值化利用关键技术研究与开发”“厌氧颗粒污泥膨胀床技术处理酒精废醪液制取沼气产业化示范工程”等 10 个市循环型低碳生态产业技术创新示范项目。确定日照金禾博源生化有限公司等 10 家企业为 2012 年循环型低碳生态产业示范企业。组织企业开展资源循环再利用、节能减排技术改造、新能源开发、清洁生产等技术攻关和成果转化，实施节能减排技术项目，促进企业降低能耗、提高效益。

【科技成果与奖励】 2012 年，日照市共获得省科技进步二等奖 4 项，分别是日照港集团有限公司完成的“海港码头钢筋混凝土结构耐久性修复技术”项目、山东金马工业集团股份有限公司完成的“8098 型汽车转向机活塞制造技术研发及其产业化”项目、山东省日照市水产研究所完成的“金乌贼苗种规模化繁育与增养殖技术”项目、日照市岚山区前三岛水产开发有限公司完成的“耐高温刺参品系选育、特色健康苗种培育与生态增养殖技术”项目。

完善科技成果评价体系，建立完善科技成果评价机制和科学技术奖励评审办法，科技成果管理和科技奖励工作更加科学、规范、公正。支持科技成果技术创新性强、经济和社会效益大的项目与高校、科研院所及大企业合作，加大培育力度，提升科技奖励申报和科技成果管理工作整体水平。经过组织评审，市政府表彰奖励 2012 年度市科技进步奖项目 80 项，其中一等奖 10 项、二等奖 26 项、三等奖 44 项。

【知识产权】 2012 年，全市专利申请 2 157 件，专利授权 1 638 件。其中发明专利申请 452 件，同比增长 73.18%，增幅列全省第三位；发明专利授权 85 件，同比增长 88.89%，增幅列全省第一位。

以争创国家知识产权试点城市为抓手，促进知识产权与科技、经济工作的紧密结合。加强知识产权保护工作，组织开展“日照市专利示范企业”认定验收。山东遨游汽车制动泵系统股份有限公司、山东康洋电源有限公司、山东凯翔生物化工有限公司、山东新贵科技股份有限公司 4 家公司被评为一星级中国专利山东明星企业；日照北业制动泵有限公司、日照晟明电气有限公司、日照红叶环保工程有限公司 3 家公司被评为二星级中国专利山东明星企业；山东华龙纺织有限公司、海汇集团、山东五征集团有限公司 3 家企业被评为三星级中国专利山东明星企业。山东众山生物科技有限公司的专利“一种硫酸软骨素的提取方法”专利、莒县光慧太阳能设备厂的专利“全自动太阳能外桶加工机”获得第十三届山东省专利奖三等奖。日照市北业制动泵有限公司成为山东省专利创造能力培育单位。组织召开“纪念世界知识产权日座谈会”，举办科技项目管理和专利电子申请专题培训班，共计培训 300 余人次。做好专利行政执法工作，全年为专利权人提供法律咨询 20 余起，指导专利权人处理专利纠纷 2 起，对 6 起专利侵权案件进行立案调处，维护了专利权人的合法权益。

【政策法规与环境建设】 市委、市政府高度重视科技工作，市政协组织对全市茶业科技创新进行了专题调研，召开全市科技工作会议和全市科技奖励大会，进一步营造依靠科技创新、加快经济发展的良好氛围。积极推进科技与文化、金融融合发展，科技部门与市委宣传部研究出台了《关于促进文化与科技融合发展的意见》，会同日照人民银行研究出台了《关于进一步推动科技金融创新发展的意见》。研究制定《关于加快海洋科技创新促进蓝色经济区建设的实施意见》，推动与驻青岛、上海海洋科研机构、高校的科技合作，提升全市海洋科技创新能力。围绕"十八大精神宣讲""科技活动周"主题，大力开展科技宣传和普及，科技工作的社会显示度和影响力进一步提高。

【科技合作与交流】 2012年，加强与高校、科研机构的产学研合作，开展高层次人才引进。组团参加中韩科技创新成果与产品展、第七届西安高新技术产业博览会。与山东大学签署合作协议，筹建山东大学日照蓝色经济研究中心和山东大学日照市技术转移中心；赴中国工程物理研究院、哈尔滨工业大学、东华大学、上海海洋大学进行合作交流。

（日照市科技局　孙清昱）

莱　芜　市

【概述】 2012年，莱芜市高新技术产业实现产值241.2亿元，占规模以上工业总产值的比重为16.37%。全市争取国家、省科技计划立项项目60个。获省级科技进步二等奖2项、三等奖4项。全市专利申请1 980件，其中发明专利400件；专利授权1 973件，其中发明专利90件。新发展技术贸易机构10家，认定技术合同金额1.1亿元。2011年全社会研究与试验开发经费占GDP的比重达到2.32%，居全省第2位。

【高新技术及产业】 2012年，全市高新技术产业实现产值241.2亿元，同比增长29.95%，增幅居全省第三位，占规模以上工业总产值的比重为16.37%，比年初提高1.31个百分点。山东莱芜润达化工有限公司和莱芜金鼎电子材料有限公司2家公司成为国家火炬计划重点高新技术企业，新认定12家省级高新技术企业。

【科技计划】 2012年，全市获国家、省科技计划立项项目60个，获无偿资金6 500万元，同比增长50.1%，超过"十一五"前4年的总和。其中省自主创新专项3项，获无偿资金3 000万元；省自主创新成果转化重大专项4项，获扶持资金1 300万元，是历年来争取项目和资金扶持最多的一年。全省首个国家战略创新重点新产品项目落户莱芜市。

【科技创新资源与能力建设】 2012年，莱芜市被科技部认定为国家火炬粉末冶金特色产业基地。新批复4家院士工作站、4家省级工程技术研究中心、3家技术创新战略联盟，是历年来获批数量最多的一年。

2012年莱芜市新建山东省院士工作站（4家）

山东省莱芜汇锋汽车轴齿院士工作站
山东省陆远环保院士工作站
山东省莱芜润达新材料院士工作站
山东省奔速电梯院士工作站

2012年莱芜市新建山东省工程技术研究中心（4家）

山东省工业用滤布过滤材料工程技术研究中心
山东省风电主轴工程技术研究中心
山东省桃工程技术研究中心
山东省废旧橡胶综合利用工程技术研究中心

2012年莱芜市新建山东省技术创新战略联盟（3家）

山东省地方猪产业技术创新战略联盟
山东省桃产业技术创新战略联盟
山东省钢铁粉末冶金产业技术创新战略联盟

【农业与社会发展】

农业特色产业培育 实施国家星火计划重大专项、省重大专项"莱芜猪产业化开发技术集成"等农业科技项目18项，突破关键技术25项，新开发生姜、莱芜黑猪系列精深加工产品32个。按照省级农高区功能定位，聘请科技部农村中心完成总体规划修编工作。引导扶持生姜精深加工等过亿元项目8个，总投资4.5亿元，35km^{2}的核心区已初具规模。

农技协创新示范 立足农技协的技术服务优势和专业合作社的产供销一体化优势，探索建立了"协会+合作社+公司+基地+农户"的发展新模式，通过政策引导、项目扶持、人才培训等措施，实现农技协和合作社互利共赢、融合发展。已在明利蔬菜合作社等10家农技协先行试点，扶持科普惠农项目10个，新发展会员1 500户，基地2 133.33hm^2(3.2万亩)。

科技信息村村通 在实现全市镇、村网络直通站点全覆盖基础上，将服务延伸到企业和协会，先后在山东万兴食品有限公司、莱芜明利特色蔬菜种植专业合作社等建立直通站点60个，全市已形成一套集热线电话、视频诊断、网络答疑、网络课堂“四位一体”的科技信息综合服务体系，共采集发布实用技术、市场信息、专家视频2 600多项(个)，实现农民足不出户便能接受“远程坐诊”。

科技特派员创新创业行动　加强首批40名科技特派员监督管理，通过鼓励引导特派员领办、创办、协办、联办科技致富项目，以技术、资金入股，与服务对象结成利益共同体，实现服务与创业双赢。2012年拿出23万元专项资金，重点扶持蔬菜、林果、畜牧等科技特派员项目7个，引进新品种70余个，推广新技术120余项，培训农民4 200余人。

防震减灾工作　印发《全市防震减灾第十二个五年规划》，完成《莱芜市地震应急预案》的修编工作，组织承办2012年度鲁中地区地震应急联动协作会议和全省地震局长现场工作会议，开展为期2周的现场工作队流动演练活动。组织重大建设工程抗震设防审核40项，安评率100%。钢城区地震小区规划被列入省地震局“十二五”规划项目。

【科技成果与奖励】　2012年，全市共组织鉴定科技成果161项，有12项技术成果达到国际先进或领先水平。获省科技进步二等奖2项、三等奖4项，是近年来获奖项最多的一年。

【知识产权】　2012年，全市专利申请1 980件，其中发明专利400件，同比增长72.4%，增幅列全省第4位；专利授权1 973件，其中发明专利90件。

4月27日，省知识产权局批复同意莱芜市设立山东(莱芜)知识产权维权援助中心，成为全省第二家省级知识产权维权援助中心。组织开展知识产权系统执法维权“护航”专项行动，立案处理专利侵权纠纷2起。建设山东省知识产权信息平台莱芜分平台。市政府授予王永胜等8名同志“莱芜市优秀专利发明人”荣誉称号。莱芜市知识产权局牵头组织11个部门共同开展“4·26”世界知识产权日宣传活动。承办全省专利电子申请调度会。莱城区、山东力创公司等5家省级知识产权试点单位通过考核验收。13家企业被新认定为中国专利山东明星企业，全市中国专利山东明星企业达到32家。组织实施“企业专利创造能力提升行动”，全市职务发明专利申请量834件，同比增长28.7%。

【政策法规与环境建设】

科技政策服务　2012年，编印发放《科技政策法规选编》500份，培育高新技术项目93个，组织项目材料120份、成果鉴定100项，策划产业类项目13个、企业类项目15个；落实减免高新技术企业所得税1 879万元，兑现科技政策奖励资金347.5万元。举办全市大项目科技政策培训班5次，380家科技企业和在建大项目的760名技术负责人参加培训。

科技人才服务　2012年，新引进院士6名；张炳荣博士入选“泰山学者海外特聘专家”和国家“千人计划”，结束了莱芜市无国家“千人计划”和山东省“泰山学者”的历史。莱芜金鼎电子材料有限公司耿国凌入围国家“科技创新创业人才”计划。

科技金融服务　2012年，向鲁银投资集团、北京中经贸资产管理有限公司、东方汇富创业投资管理有限公司等金融机构推荐高新技术项目23个，签约资金额18.6亿元，有8个项目已落实授信资金。

【科技合作与交流】　2012年，促成山东莱芜金雷风电科技股份有限公司与山东大学、莱芜兴业滤材树脂有限公司与天津大学等科技合作37项。其中，莱芜市新艺粉末冶金制品有限公司在成功突破低合金高密度粉末冶金汽车零部件关键技术基础上，与白俄罗斯国家科学院新签署第二轮项目合作协议；山东黑旋风锯业有限公司与白俄罗斯国家科学院、乌克兰巴顿研究所达成10项合作意向。莱芜市与山东农业大学、济南大学、山东省科学院达成的30项合作事项全部得到落实。

【科普工作】　9月28日，全省城乡科普创新发展工作会在莱芜市召开。省科协党组书记、副主席燕翔等科协领导班子成员，各市科协主要负责人，省科协有关部室负责人出席。与会领导对莱芜市统筹城乡科普创新要素，产学研相结合、贸工农一体化发展的经验做法给予充分肯定。

科普服务双百工程　①科普服务百家企业工程。与100家科技企业(协会、专业大户)结成科普帮扶关系，通过举办科技政策培训班、健峰强化培训班等形式，为企业、协会等培训骨干1 200人次。②科普服务百村工程。从全市选择100个行政村作为重点联系单位，开展科普服务。全年累计宣传普及实用技术40余项，组织食品安全巡展等科技下乡活动10次，赠送科普图书5 000余册，放映科普电影10场，增强了广大农民的科技意识和致富本领。

基层科普行动计划　启动实施莱芜市基层科普行动计划。评选表彰6个农村专业技术协会、4个农村科普示范基地、6个科普示范社区为市基层科普行动计划先进单位。筹集资金10万元，对6个农技协和4个科普示范基地进行表彰奖励，授予6个社区“莱芜市科普示范社区”荣誉称号。获得中国科协表彰2项、省科协表彰3项，获奖补资金58万元。

科普教育　组织青少年科技创新大赛。共收到作品200件，获全国一等奖1项、二等奖1项，获省一等奖4项、二等奖14项、三等奖34项。山东省数字科技馆莱芜工作站建设全面启动。联合市教育局制定下发《关于在全市中小学校启动建设山东省数字科技馆地方工作站的通知》，帮助指导全市120所中小学校建设了数字科技馆工作站。举办食品安全科普宣传周活动。制作展板40幅，编印食品安全知识折页和明白纸12种,发放水产品选购、粮食选购、食物中毒预防等明白纸9 000余份,受教育群众1.2万余人次。市农业科学研究院、雪野航空科技体育公园被中国科协命名为"全国科普教育基地(2012—2016年)"。

学会工作 莱芜市科协实施学会活动支持计划。指导支持市医学会组织10支医疗小分队,在全市20个社区(村)开展卫生与健康科普服务活动,免费发放药品价值3 000元,发放科普资料1 500余份。市心理学会开展心理咨询、亲子教育等活动,并开通咨询服务热线,受教育家长和师生1 500余人次。市畜牧学会举办畜牧养殖及重点疫病防控培训班8次,培训养殖骨干720人次。开展"星级学会"评选活动,命名表彰三星级学会1家、二星级学会2家。充分发挥学会自身优势,立足莱芜市产业特色,指导市属学会开展学术交流、学术研讨活动22次,交流论文400余篇。

(莱芜市科技局 滕健鲲)

临 沂 市

【概述】 2012年,临沂市高新技术产业实现产值1 697.06亿元,同比增长24.36%,占规模以上工业产值的比重为23.60%。全年共争取省级以上科技项目194项,获无偿扶持资金1.1亿元。全年共取得各项科技成果240多项,其中获国家科技进步二等奖2项,获省科技进步二等奖4项、三等奖12项。全市专利申请量、授权量分别为3 696件和2 706件,其中发明专利申请量、授权量分别达到965件和326件。

【高新技术及产业】 2012年,启动实施了高新技术企业培育工程,加大对高新技术企业的培植力度,全市共有15家企业通过高新技术企业复审,33家企业通过高新技术企业认定;高新技术企业总量达到90家,其中国家火炬计划重点高新技术企业14家。加大新医药及生物、新能源及节能环保、新材料、新信息、高端装备制造等新兴技术的研发攻关和产业化力度,加快推进"四新一高"战略性新兴产业发展,鲁南制药集团股份有限公司、山东常林机械集团股份有限公司、山东华盛中天机械集团有限公司等一批高新技术龙头骨干企业迅速发展壮大,金正大公司年销售收入突破百亿元。高新技术产业项目大幅增长,全市高新技术产业项目完成投资450.2亿元,增长86.4%。

高新技术产业实现产值1 697.06亿元,同比增长24.36%,占规模以上工业产值的比重为23.60%,较年初增长1.35个百分点。"四新一高"行业稳步增长。累计实现增加值218.6亿元,增长19.5%,占规模以上工业比重为14.1%,较年初提高1.1个百分点。临沂高新技术产业开发区升级为国家高新技术产业开发区后继续保持高速发展,高新技术项目数量、投资额、投资增幅、地方财政收入4项指标增幅在全省高新区中位列第一。临沭县、沂水县2家国家火炬计划特色产业基地产值分别增长55.5%和28%,带动规模以上工业增加值分别增长18.7%和18.89%。

【科技计划】 2012年,加强临沂科技发展方向与国家和省科技发展方向的对接统一,注重科技项目的培育、筛选、推荐和服务。全年共争取省级以上科技项目194项,获无偿扶持资金1.1亿元(实际到位资金8 591.6万元),包括国家级科技项目48项、省级科技项目146项。其中,"十二五"国家科技支撑计划2项,扶持资金1 096万元;国家863计划4项,扶持资金1 242万元;国际科技合作重点项目1项,扶持资金500万元;国家创新基金7项,扶持资金485万元;国家重大新药创制项目1项,扶持资金440.66万元;国家科技惠民计划1项,扶持资金200万元;国家农业科技成果转化资金项目2项,扶持资金120万元。获省自主创新专项资金项目立项4个项目,分别为山东新时代药业有限公司的"大品种药物技术升级"项目、山东常林机械集团股份有限公司的"工程机械高端液压系统关键技术研发及产业化"项目、山东银光钰源轻金属精密成型有限公司的"高性能镁合金制备及精深加工技术研究开发及产业化"项目、山东金正大生态工程股份有限公司的"基于农业物联网的智慧农业系统集成与示范——精准施肥信息化关键技术集成与示范"项目,共获扶持资金4 500万元。

全市共批准立项市级科技项目212项,投入科技专项扶持资金2 480万元。其中,市重大科技创新项目30项,扶持资金1 000万元;临沂市科技发展计划35项,扶持资金500万元;临沂市中小企业创新基金33项,扶持资金500万元;产学研专项计划1项,扶持资金200万元;市科技富民强县专项行动计划10项,扶持资金100万元;市农业科技示范园项目19项,扶持资金100万元;科技创新平台补助资金项目6项,补助资金80万元。

【科技创新资源与能力建设】 2012年,全市财政科技投入共计4.18亿元,同比增长37.63%,比全市财政经常性收入增幅高出25.15个百分点;综合运用创投引导基金、贷款贴息、风险补偿、过桥还贷等多种投入方式,鼓励金融机构为科技创新项目提供资金支持,引导企业加大科技研发投入。临沂市科技局和临沂银监分局共同组织开展了科技型企业金融服务推介活动,帮助62家科技型企业获得授信贷款总额35.89亿元;全社会科技研发(R&D)投入达到34.95亿元,占GDP的比重提高到1.16%。

以国家和省级技术创新平台为主体,加快推进以企业为主体、市场为导向、产学研相结合的技术创新体系建设。2012年,山东天泰种业有限公司、山东临沂临工汽车桥箱有限公司、山东省临沂市三丰化工有限公司、山东蒙山铝业股份有限公司、临沂市科创材料有限公司、山东天宝化工有限公司等6家企业获批组建省级工程技术研究中心。临沂晟泉矿业有限公司、山东常林机械集团股份有限公司、山东翔宇健康制药有限公司等3家企业获批建设院士工作站;山东卫士植保机械有限公司、山东施可丰化工股份有限公司2家企业分别获批组建山东省植保机械产业技术创新战略示范联盟和山东省稳定性肥料产业技术创新战略示范联盟。截至当年底,全市共建有工程技术研究中心国家级2家、省级34家,企业重点实验室国家级1个、省级8个,泰山学者药学特聘专家岗位2个,国家火炬计划特色产业基地2家,院士工作站14家。当年,共批准组建临沂市中药质量控制工程技术研究中心等25家市级工程技术研究中心,累计达到59家。

加快推进公共科技服务平台建设。临沂科汇高新技术创业园有限公司(临沂经济技术开发区)被认定为国家级科技企业孵化器,临沂市生产力促进中心被认定为国家示范生产力促进中心。全市共有国家级科技企业孵化器2家,国家示范生产力促进中心1家、省级2家;大型综合性科技服务平台——临沂应用科学城正式获得立项建设。

【农业与社会发展】 2012年,加快推进农业科技示范推广工作,全市新增市级农业科技示范园19个,共建成省级农业科技示范园1个、市级农业科技示范园64个、县级示范园305个,基本形成了莒南果茶、郯城银杏、平邑金银花、费县核桃、沂南蔬菜等"一县一园一特色"的发展格局;临沂(河东)农业高新技术示范区建设稳步推进,初步形成"一个核心区、两个示范区、三条示范带"的发展格局,区内水、电、路、渠等配套设施基本完善,临沂创新园林项目、光伏发电科技大棚项目、正直汽车主题公园(苗木)、临沂三益高科技农业产业园等项目启动实施,在提升临沂农业科技创新水平,推进农业产业实现现代化,加快农业生产方式转变,促进农业增效、农民增收等过程中的示范引领作用得到明显加强,被省政府命名为"省级农业高新技术产业示范区"。

推进农业科技项目建设,共承担实施省级良种产业化工程项目15项,全市主要农作物良种覆盖率达97%以上;组织实施国家、省农业科技成果转化资金项目6项,国家级星火计划项目10项,省级星火计划项目17项。

加大对临沂生态可持续发展区的扶持,推进先进发展模式探索,重点支持河东滨河湿地和罗庄武河湿地建设,蒙阴县省级可持续发展实验区通过答辩,沂水县国家可持续发展示范区建设顺利通过现场考察。推进节能环保关键核心技术的推广和产业化,进民水务公司的"城市污水处理厂污泥过程减量化技术及设备制作"项目获国家863计划立项支持。加强民生领域科技创新,沂水县中心医院的"心脑血管疾病远程诊疗系统"项目获国家科技惠民计划支持。

【科技成果与奖励】 2012年,全年共取得各项科技成果240多项。其中,获国家科技进步二等奖2项,分别为山东新时代药业有限公司完成的"增效减毒抗癌新药替吉奥产业化关键技术与应用"项目和山东金正大生态工程股份有限公司完成的"缓控释肥技术创新平台建设"项目;获省科技进步二等奖4项、三等奖12项。

落实市政府《临沂市科学技术奖励办法》,严格审查申报材料,不断充实专家数据库,坚持异地评审、全程监督、结果公示,提高科技成果鉴定水平,确保科技评审结果公正。市科学技术最高奖授予山东金正大生态工程股份有限公司高级工程师、国家缓控释肥工程技术研究中心主任、复合肥料国家地方联合工程研究中心主任万连步;市技术发明一等奖授予山东宏发科工贸有限公司完成的"QT系列变频液力激振和QT12-15型砌块成型机"等2项技术发明成果;市技术发明二等奖授予金沂蒙集团有限公司完成的"邓钠盐生产新工艺技术"等9项技术发明成果;市技术发明三等奖授予山东佛光照明科技有限公司完成的"高效陶瓷金卤灯生产技术研发"等3项技术发明成果;市科技进步一等奖授予费县银光镁业有限公司完成的"高精度大截面镁合金管型材快速挤压技术研究"等15项科技成果;市科技进步二等奖授予临沂中瑞电子有限公司完成的"液晶显示器用ZP45MnZn高性能铁氧体材料"等111项科技成果;市科技进步三等奖授予山东众力液压技术有限公司完成的"路桥装备超高压ZSG320液压缸系列产品的研制"等39项科技成果。

【知识产权】 2012年,国家知识产权试点城市建设稳步推进,知识产权环境得到明显好转,专利申请与授权成绩显著。全市专利申请量、授权量分别达到3 696件和2 706件,同比增长6.42%和8.85%;其中发明专利申请量、授权量分别达到965件和326件,同比增长33.10%和17.69%。

在省第十三届专利奖评选中,获一等奖2项、三等奖4项。加强知识产权示范工作,罗庄区、河东区、费县3个县区被认定为"山东省知识产权示范县",全市共有省级知识产权示范县4个。鲁南制药集团股份有限公司、山东卡特重工机械有限公司等4家企业被新认定为"山东省知识产权示范企业”，山东华盛农业药械有限责任公司被列入2012年度山东省专利创造能力培育单位。全市共有中国专利山东明星企业8家。临沂市专利奖评选共评出一等奖20项、二等奖54项、三等奖80项，发放奖金15万余元。

建立临沂市知识产权工作情况通报制度，纳入市政府工作情况通报范围，每季度通报一次，主要发布各县区主要知识产权指标排名及企业专利排名等情况。开展市级专利实施项目资助，共资助“一种防电磁辐射、抗静电产品的开发”等5个项目，资金25万元。

加大知识产权保护力度，共接收专利纠纷案件21件，结案21件，查处假冒专利案件61件。开展知识产权宣传周、专利周、知识产权培训等活动，累计悬挂横幅标语100余条，发放宣传资料3万余份，受益群众15万名。开展知识产权培训30余次，培训基层科技管理人员7 000余人次。加强知识产权服务，在中小企业服务大厅设立知识产权服务与维权窗口，对中小微企业开展专利信息咨询服务、培训、维权等综合服务。启动实施知识产权服务平台建设，临沂市知识产权信息公共服务平台获科技部中小企业技术服务机构补助资金资助，已在积极建设中。

【政策法规与环境建设】 2012年，成立了由临沂市委、市政府主要领导任组长，分管领导任副组长的临沂市科技创新工作领导小组，召开全市科技创新大会，制定出台《关于提高科技创新能力促进产业转型升级的意见》等推进科技创新的4个政策文件，进一步明确科技创新工作重点任务目标，完善科技创新政策体系。提高科技创新指标在县域经济发展综合考核中的权重，实行科技创新单项考核，制定《临沂市科技创新工作年度目标考核办法》，重点考核高新技术产业、研发投入、科技项目经费争取、科技平台建设、科技人才、知识产权、科技成果奖励等指标。开展科技创新工作先进县区评选活动，临沭县、临沂经济技术开发区、临沂高新技术产业开发区、兰山区、沂水县、罗庄区6个县区被评为2012年度全市科技创新工作先进县区。

【科技合作与交流】 2012年12月，山东省科技厅与临沂市人民政府签订战略合作框架协议，共同推进临沂医药产业发展。青海省科技厅、福建省龙岩市、山东省德州市等科技考察团来临沂考察学习。全省科技合作工作会议等重要活动在临沂举办。

不断深化产学研合作，先后与俄罗斯、白俄罗斯、德国、印度、瑞典等15个国家和地区的21家科研机构、国内110多所国内高校院所建立紧密的科技合作关系，全市50%以上的规模以上工业企业开展了实质性产学研合作。临沂市科学技术合作与应用研究院、中国科学院山东转化中心临沂中心、山东省科学院临沂分院、浙江大学技术转移中心等产学研合作平台作用得到较好发挥，院士工作站等企业产学研合作平台建设力度加大，临沂凝聚创新资源的能力显著增强。

国际科技合作基地建设取得新突破。临沂市科学技术合作与应用研究院被认定为国家首批国家级国际技术转移中心(全国仅10家)，山东常林机械集团股份有限公司被认定为国家级示范型国际科技合作基地，山东华盛中天机械集团股份有限公司获批省级国际科技合作基地，山东金象铝业有限公司、山东山威集团、山东卡特重工机械有限公司、山东亚特生物科技有限公司、临沂大学等单位获批建设9家省级国际科技合作研究中心，总数达到16家。院士工作站建设稳步推进，山东常林机械集团股份有限公司、山东翔宇健康制药有限公司、临沂晟泉矿业有限公司等3家企业获批建设院士工作站，总数达到14家。

科技人才队伍建设得到加强，引进张二利、朱锦、陈凯等3名国家“千人计划”专家来临沂创新创业；联合上海人才金港建设了临沂人才金港，设立了3个海外留学人员办事处。

【科普工作】 2012年，临沂市实施“基层科普行动计划”，22个基层科普行动项目受国家或省表彰。实施“科普双百工程”，3个乡镇被评为山东省科普村村通百强乡镇，1个基地被评为三星级山东省科普教育基地。开展“数字科普通工程”试点工作，完成6个县区300台数字科普终端选点工作。实施社区科普益民计划，围绕文明城市创建、食品安全宣传周、“三下乡”、科普日等活动，组织开展大型集中科普宣传活动30余次。举办“阳光校园—科技馆大讲堂”4期。开展万名沂蒙学子“科普之旅”活动、科技馆体验活动、第27届市青少年科技创新大赛、第九届“七巧科技”系列竞赛等活动。

科技活动周 5月18—25日，在全市组织开展了以“科技引领未来发展，创新建设美好临沂”为主题的第十二届科技活动周。期间，组织开展了科技政策宣讲、科技成果展览、涉农政策服务、专家讲座、保健义诊等活动，向学校、医院和部分群众捐赠了价值25万元的电脑、血糖仪、科技书籍、化肥等物资。

科普场所建设 临沂科技馆二期工程——市科技大厦(建筑面积15 705m^2，共15层)进展顺利，布展设计方案通过市委、市政府审定。苍山县科技馆建成开馆，费县科技馆完成主体工程。全市共建成8家省级数字科技馆，14家市级站点。

(临沂市科技局　李　振)

德　州　市

【概述】　2012 年，德州市高新技术产业实现产值 1 536 亿元，占规模以上工业总产值的比重达 23.9%。共争取国家和省级科技计划项目 94 项，获无偿经费 8 281 万元。完成重要科技成果 151 项。获省科技进步奖 9 项，实现省科技进步一等奖零的突破。全市专利申请 3 671 件、授权 2 423 件，其中发明专利申请 635 件、授权 133 件。

【高新技术及产业】　坚持把高新技术产业发展作为推动产业结构优化升级的突破口，组织企业突破核心关键技术。2012 年，全市高新技术产业实现产值 1 536 亿元，占规模以上工业总产值的比重达 23.9%，较年初增长 1.87 个百分点，增幅和占比增幅均居全省第 2 位，高新技术产业发展速度和质量显著提升。

德州市新增国家火炬计划重点高新技术企业 3 家（山东科信生物化学有限公司、山东百多安医疗器械有限公司、山东鑫秋种业有限公司），新增国家创新型（试点）企业 1 家（泰山体育产业集团有限公司）；新增省级高新技术企业 13 家、创新型（试点）企业 16 家；新增市级高新技术企业 46 家。截至 2012 年底，德州市国家级高新技术企业 7 家、省级 68 家、市级 182 家，国家级创新型（试点）企业 2 家、省级 24 家、市级 56 家。

2012 年德州市新增山东省创新型企业（7 家）

山东福田药业有限公司
山东格瑞德集团有限公司
保龄宝生物股份有限公司
谷神生物科技集团有限公司
德州振华装饰玻璃有限公司
国强五金集团有限公司
山东百多安医疗器械有限公司

2012 年德州市新增山东省创新型试点企业（9 家）

泰山体育产业集团有限公司
山东金麒麟集团有限公司
山东双一集团有限公司
鲁银集团禹城粉末冶金制品有限公司
古贝春集团有限公司
山东兴氟新材料有限公司
山东禹王实业有限公司
山东福洋生物科技有限公司
山东征宙机械股份有限公司

【科技计划】　2012 年，德州市共争取 94 个项目列入国家和省级科技计划，其中，国家级项目 24 项、省级项目 70 项，获无偿经费 8 281 万元，比上年增长 45%，涵盖新能源、生物技术、新材料、装备制造等主导产业，项目实施对相关产业技术创新和产业链延伸起到了很大促进作用。

【科技创新平台建设】　2012 年，扎实开展“科技创新平台建设年”活动，多种途径为企业寻找技术“靠山”，支持企业建设或联建高水平研发机构。全年新增国家级平台 6 家、省级 104 家、市级 275 家，三级创新平台当年认定数量均相当于历年累计认定数的总和。其中，泰山体育产业集团牵头组建的“国家新型健身器材产业技术创新战略示范联盟”和德城区“国家可持续发展实验区”2 个国家级科技创新平台获科技部等部委批准，实现德州市综合类创新平台零的突破。新增院士工作站 3 家，总数达 9 家；新增省级工程技术研究中心和国际科技合作研究中心 17 家，总数达 43 家。齐河县高新技术创业服务中心（齐鲁科技企业孵化器）被培育为省级高新技术创业服务中心，全市国家级科技企业孵化器 2 家、省级 2 家。共培植、认定市级工程技术研究中心 49 家、企业重点实验室 8 个、科技型中小微企业 125 家、产业技术创新战略联盟 10 家、民办科研机构 10 家。

【农业与社会发展】　2012 年，德州市积极推进农业科技成果转化，全面实施科技富民强县工程，大力培育和扶持农字号龙头企业，形成鑫秋种业、良星种业、德高蔬菜等一批农业科技品牌，全市农业科技成果转化率达到 48%、科技贡献率达到 54%。全省种业 20 强中有 5 家在德州。全市国家级、省级农作物新品种区域性试验站 8 个，居全省前列。

【科技成果与奖励】　2012 年，德州市完成重要科技成果 151 项。获省科技进步奖 9 项。其中，保龄宝公司的“低聚半乳糖、低聚果糖、低聚异麦芽糖生物加工关键技术及产业化”项目获一等奖，实现德州市省科技进步一等奖零的突破；获二等奖 1 项（参与）、三等奖 7 项。39 项软科学成果获省软科学优秀成果奖，8 个单位、15 名个人、12 个项目获省技术市场科技金桥奖，获奖数量和层次均超过往年。

【知识产权】　2012 年，全市专利申请 3 671 件、授权

2 423 件，同比分别增长 24.69% 和 38.14%，增幅均进入全省前 5 位。其中发明专利申请 635 件、授权 133 件。强化知识产权执法与服务，以奖励和典型引路的方式，激发现代产业科技创新活力。新建省知识产权信息服务中心德州分中心和天津滨海国际知识产权交易所德州分平台；新增中国专利山东明星企业 30 家，总数达 61 家；德城区和齐河县被评为“山东省知识产权示范县”，贝莱特空调有限公司、国强五金集团有限公司、德州振华装饰玻璃有限公司被评为“山东省知识产权示范企业”，全市省级知识产权示范单位达到 7 家，数量位居全省前列；4 人次获第七届山东省发明创业奖。

【科技合作与交流】 2012 年，围绕现代产业体系建设，全力推进产学研合作，加快引进和转化科研成果。与中科院、中国工程院共建的“院士工作联络办公室”正式运行。市政府与省科技厅、山东轻工业学院等签订全面合作协议，聘请丹麦奥尔堡大学终身教授、非晶材料研究中心主任岳远征为科技顾问；与中科院、北京科技大学、江南大学等国内知名高校院所签订合作协议 78 项，解决产业技术难题 90 项，共建研发机构 15 家。举办太阳能产业创新发展研讨会，对德州市新能源产业发展规划进行论证。先后组团赴韩国参加中韩科技创新成果与产品展、赴台湾开展科技对接和招才引智活动，加强了对外科技交流与合作，取得较好效果。

【政策法规与环境建设】 2012 年，德州市委、市政府相继出台了《关于加快大企业培植的若干意见》《关于进一步加快县域经济发展的意见》等一系列政策文件，对创建国家、省级科技创新平台的企业分别给予 50 万元和 20 万元奖励；临邑、武城等县（市）也出台了鼓励科技创新的政策。德州市政府首次开展科技创新优惠政策落实情况大检查，并形成报告上报市政府主要负责人；设立了 50 万元专利奖励资金，奖励全市发明创造先进单位和个人。

2012 年，编制《科技创新政策汇编》，发放到全市规模以上企业、科技型中小微企业、科研机构；举办了 12 期科技业务知识培训班，帮助企业了解科技计划和创新平台申报、成果鉴定和奖励、专利申请与保护等政策，全面掌握办事程序，准确把握政策导向，有效利用优惠政策。积极开展“下基层、大走访”活动，深入企业调研 70 次，召开座谈会 20 次，为企业解决发展难题 100 项，有力地推动企业技术创新工作。

加大对科技创新的奖励力度，德州市委、市政府对 2012 年在全市科技创新方面取得突出成绩的单位给予 1 863 万元奖励，比上年增加 1 328 万元，增幅达 248%。

【科技宣传】 2012 年，各类媒体采用德州市 56 条科技信息。其中，被省科技厅网站采用 16 条，被《山东科技信息报》采用 3 篇，被《德州日报》、德州电视台等市级媒体采用 11 条，被市委、市政府“两办信息”采用 10 条，被市政府网站采用 13 条，《学先进经验 助推科技发展》在《德州通讯》特刊上发表。在《德州日报》等新闻媒体开设“科技之窗”专栏，宣传科技政策和创新典型，普及科技知识。编辑《科技工作情况》17 期，《一周工作动态》40 期，充分展示了全市科技工作的亮点和重点。

【科技系统党风廉政建设】 2012 年，德州市科技局调整充实党风廉政建设和党务政务公开领导小组；完善廉政风险防控机制，修订接待、考勤、值班、财务、车辆管理等制度；开展廉政风险点和重点岗位“回头看”活动，通过“找、防、控”三个环节，每名党员干部对照各自职能，通过相互交流和深刻自我剖析等形式，排查所在岗位可能存在的廉政风险点；对每项业务工作都制作权力运行流程图，建立可控的廉政风险点防范措施；针对风险可能出现的关键岗位、工作环节和重点人员，建立廉政风险常态化预警机制，开展“廉政风险示范岗”评定。制订党组会、局长办公会和办公会议议事制度，凡属重大事项决策、重要干部任免、重大项目安排、大额度资金等“三重一大”事项，由集体讨论作出决策。对省级项目和平台的申报、市级项目和平台的评审，实行审批委员会制，促进工作的公开、程序的公正、过程的公平。

（德州市科技局　张　勇）

聊　城　市

【概述】 2012 年，聊城市高新技术产业实现产值 1 303.86 亿元，占规模以上工业总产值的比重为 19.55%。共争取省级以上科技计划项目 69 项，资金 1.11 亿元。获国家技术发明二等奖 2 项，获省科技进步二等奖 3 项、三等奖 4 项。全市国内专利申请 2 303 件，其中发明专利 473 件；专利授权 1 409 件，其中发明专利 218 件。

【高新技术及产业】 2012 年，聊城市高新技术产业实现产值 1 303.86 亿元，同比增长 20.01%，累计占规模以上工业总产值比重为 19.55%，比重较年初增长 1.95 个百分点，增幅列全省第一位。大力推进全市高新技术企业认定工作，充分发挥高新技术企业认定工作领导小组协调作用，新认定省级高新技术企业6家。截至当年底，全市高新技术企业达196家，其中省级以上高新技术企业30家。科技部批准高唐非木纤维浆纸及制品特色产业基地为国家火炬计划特色产业基地。

【科技计划】 2012年，全市共争取省级以上科技计划项目69项，资金1.11亿元。其中，国家级计划项目12项，资金1 390万元，包括：国家工程技术研究中心1项，资金300万元；国际科技合作项目1项，资金455万元；国家科技型中小企业创新基金10项，资金635万元。省级科技计划项目57项，资金9 682万元，包括：省科技发展计划结转7项，资金68万元；省科技发展计划第一批5项，资金110万元；省自主创新成果转化重大专项6项，资金1 100万元；省创新基金13项，资金500万元；国家工程技术研究中心省配套1项，资金300万元；科技富民强县工程1项，资金60万元；省科技发展计划第二批9项，资金405万元；省自主创新专项计划6项，资金7 000万元。省农业良种工程4项，资金60万元；省农业科技成果转化资金项目3项，资金70万元。

【科技创新资源与能力建设】

科技创新平台建设 山东东阿阿胶股份有限公司、山东齐鲁味精食品集团有限公司被省科技厅批准建设省级院士工作站。新批准建设企业重点实验室18家，重点实验室总数达53家（省级以上6家，其中国家级1家）。新增工程技术研究中心37家，其中省级5家（见下表），工程技术研究中心总数达152家（省级以上26家，其中国家级2家）。阳谷祥光铜业有限公司组建的山东省高纯阴极铜工程技术研究中心等5家省级工程技术研究中心通过建设计划验收。中色奥博特铜铝业有限公司、山东冠华蛋白有限公司、山东天海电装有限公司、中冶纸业银河有限公司被命名为第二批创新型企业，山东奥克特化工有限公司、聊城市新星铸管有限公司、山东华建建设有限公司被命名为山东省第四批创新型试点企业，省级以上创新型试点企业达22家。阳谷华泰化工股份有限公司牵头组建的橡胶助剂及新材料产业技术创新战略联盟和山东天海电装有限公司牵头组建的汽车电子控制产业技术创新战略联盟升格为省级联盟，全市省级技术创新战略联盟达3家。

2012年度聊城市新增山东省工程技术研究中心

中心名称	承担单位
山东省金刚石及制品工程技术研究中心	山东聊城昌润超硬材料有限公司
山东省轴承保持器架工程技术研究中心	聊城市金帝保持器厂
山东省秸秆本色制浆造纸清洁生产工程技术研究中心	山东泉林纸业有限责任公司
山东省火电厂大气污染物控制工程技术研究中心	山东三融环保工程有限公司
山东省胶原蛋白肽工程技术研究中心	山东博奥克生物科技有限公司

科技孵化平台建设 国家级高新技术创业服务中心取得快速发展。引进科技型孵化企业22家，毕业企业7家。推动创新大厦工程建设，为引进高层次科技人才提供优良环境。组建商务中心，开展财务代理、工商年检等服务项目，为在孵企业提供便利快捷的服务。生产力促进中心晋升为省级示范生产力促进中心。大学生科技创业见习基地孵化场地扩展到500m^2，新吸纳大学生创业团队10家。与聊城高级技校合作组建成立三维设计实训基地，进一步提高和拓展快速制造国家工程中心聊城示范中心的业务能力与服务领域。

【农业与社会发展】

社会主义新农村科技支撑体系建设 2012年，新培育认定12家农业科技创新示范企业、10个科技创新示范园区（基地）、7个科技创新示范乡镇、8个科技创新示范村。截至当年底，全市共培育125家农业科技示范基地，包括45家农业科技创新型龙头企业、21个农业科技示范新村、27个农业科技示范乡镇和32个农业科技示范园区，进一步健全完善全市农业科技创新服务体系。

科技特派员工作 2012年，选聘一批高层次专家型人才，进一步充实企业科技特派员队伍，使科技特派员服务的范围从单纯的技术领域扩展到管理、财务、经贸等多个领域。建设科技特派员创业示范基地，探讨创业支持机制。对创业成功典型进行重点宣传，强化示范带动作用，使示范基地成为创业辅导和实训基地。选定莘县富邦菌业和高唐艳丽苗木专业合作社2个示范试验点，推行“大特派员+小特派员”的创业模式。大力支持“科技特派员创业产业链”建设，在10个市级科技特派员创业链中，推荐东阿绿色蔬菜和茌平圆铃大枣两个产业链申报省级科技特派员项目，各获支持资金15万元。

星火科技 2012年，组织各县（市、区）申报部、省级星火计划项目16项。邀请外籍科技特派员、日本果树专家末永武雄先生到聊城市进行苹果高光效技术指导，进一步提高聊城市苹果等传统蔬果种植管理技术水平。举办各类技术培训班 82 期，培训各类技术人才 3.8 万人次。现场培训 26 期，培养农村科技带头人 1 200 余人，印发各类技术资料 2 万余册。

生物医药 以国家综合性新药研发技术大平台建设为发展方向，通过参加省科技厅组织的洽谈会、调研活动等，指导山东东阿阿胶股份有限公司、山东华鲁制药有限公司等重点医药企业积极开展创新性药物和中药现代化的研发和生产。组织山东东阿阿胶股份有限公司、山东华鲁制药有限公司等企业进行"泰山学者—药学特聘专家"专项申报工作，经过专项审核、评审答辩等程序，山东东阿阿胶股份有限公司的"泰山学者—药学特聘专家"获得省科技厅立项，支持资金 50 万元。

【科技成果与奖励】 2012 年，完成科技成果鉴定 185 项，其中省级鉴定 48 项，市级鉴定 137 项。获国家技术发明二等奖 2 项，省科技进步二等奖 3 项，省科技进步三等奖 4 项。奖励 2012 年度聊城市科学技术成果转化促进奖 5 项，科学技术进步奖(含技术发明奖)120 项。在重点培育原有 7 家推广中心的基础上，新组建以聊城市农业科学研究院为依托的聊城市主要农作物技术研究推广中心等 6 家科技成果推广中心。年初，制定下发《关于做好 2012 年市级科技成果鉴定工作有关要求的通知》，开展同枣庄市和河南省安阳市科技成果管理工作经验的交流与合作，通过一系列改革举措进一步规范科技成果鉴定和科技奖励评审工作。

【知识产权】 2012 年，全市国内专利申请 2 303 件，同比增长 28.23%，比全省平均水平高 10.88 个百分点，其中发明专利 473 件，占申请总量的 20.54%；全市专利授权 1 409 件，同比增长 9.22%，其中发明专利 218 件，占授权总量的15.47%，比全省平均水平高出6.60个百分点。1人获第七届山东省发明创业奖二等奖，5 人获三等奖，3 人获优秀奖。2 项发明专利获第十四届中国专利奖优秀奖。加强知识产权保护，制定《聊城市知识产权系统知识产权执法维权护航专项行动工作方案》《专利产品检查通知》，对全市有关商业企业、药店、医院进行专利产品自查，自查上报专利产品 200 余件。10 月，开展专利执法现场检查行动，重点检查食品、日化、小家电、药品和医疗器械等领域的商品 2 000 余件，统计专利产品 29 件，检索出 2 件过期专利、2 件专利标注不规范。

【科技合作与交流】 2012 年，广泛开展专项调研，对全市企业人才和技术需求情况进行摸底，收集整理各类需求 98 项，编印 2012 版《聊城企业技术项目需求汇编》，并及时与相关高校院所联系，将技术需求发送到各高校院所。围绕聊城市产业特点和发展规划，收集高校新科技成果、专利、产业化项目 1 564 项，及时推介给聊城市企业；举办"2012 山东聊城(武汉)科技合作洽谈会""2012 山东聊城(杭州)经济合作恳谈会"，聊城市企业与武汉大学、华中科技大学、武汉理工大学等 25 所高校院所签订科技合作项目 109 项。7—10 月，与西安交通大学、西北工业大学、武汉大学、东南大学、华中科技大学等 12 所高校共同举办科技成果展，面向全市企事业单位重点推介最新科技成果 1 516 项，技术涵盖新能源、新材料、生物技术、环保节能、电子信息、光机电一体化等诸多领域。邀请以石碧、孙宝国等院士为代表的专家学者 200 多名深入企业进行考察调研，累计为企业解决科技难题 300 余项。

【科普工作】 4 月 26 日，市知识产权局联合市工商局、版权局、公安局及市中级人民法院开展以"培育知识产权文化，促进社会创新发展"为主题的大型广场宣传活动，开设咨询台，摆放宣传图板，发放宣传材料。5 月，市科技局联合市委宣传部、市科协、市公安局在阳谷县举办以"科技引领未来发展，创新建设美好聊城"为主题的科技活动周。活动周期间，重点开展宣传科技政策法规与科普知识、科技惠民服务、农村科技创业培训、群众法律咨询等活动，营造尊重科学、尊重人才的良好氛围。6 月中旬，举办"聊城市中小企业科技创新及知识产权培训班"，全市 139 家科技型中小企业的负责人参加培训，就广大科技型中小企业关心的创新基金申报、专利申报流程以及知识产权在企业发展中的战略意义等进行培训。

(聊城市科技局　张　平)

滨　州　市

【概述】 2012 年，滨州市规模以上高新技术产业实现产值 1 367.69 亿元，占规模以上工业产值比重为 24.22%。全市争取省级以上各类科技计划项目 115 项，获补助经费 10 848.5 万元。获省科技进步奖 9 项。全市专利申请 4 071 件，其中发明专利 636 件；专利授权 3 280 件，其中发明专利 112 件。

【高新技术及产业】 2012 年，滨州市规模以上高新技术产业实现产值 1 367.69 亿元，列全省各市第 10 位，比上年增加 466.67 亿元，同比增长 28.55%，增幅列全省第

5 位；高新技术产业产值占规模以上工业产值比重达到24.22%，列全省第 9 位，比重较年初增长 1.62%，增幅列全省第 3 位。新认定高新技术企业 15 家。

【科技计划】 2012 年，全市落实省级以上各类科技计划项目 115 项，获补助经费 10 848.5 万元。其中，国家级项目 29 项，补助经费 3 375.5 万元，包括国家科技支撑计划 4 项、国家 863 计划 2 项、国家科技型中小企业技术创新基金计划 4 项、国家农业科技成果转化资金计划 1 项、国家富民强县专项行动计划 1 项、国家重点新产品计划 7 项、国家火炬计划 5 项、国家星火计划 5 项；省级项目 86 项，补助经费 7 473 万元，包括省自主创新专项 4 项、省自主创新成果转化重大专项 8 项、省科技发展计划 17 项、省中小企业创新发展专项资金计划 6 项、省优秀中青年科学家科研奖励基金(博士基金)1 项、省自然科学基金计划 16 项、省大型科学仪器设备升级改造技术研究专项 1 项、省火炬计划 2 项、省农业科技成果转化资金计划 5 项、省富民强县专项行动计划 3 项、省现代种业企业科技培育计划课题 1 项、省农业良种工程重点课题 4 项、省软科学研究计划 9 项、省星火计划 9 项。全市安排市级科技计划项目 33 项，补助经费 1 000 万元。

【科技创新资源与能力建设】 2012 年，滨州市十大科技创新平台建设顺利推进。新增省级工程技术研究中心 6 家，省级创新型企业 9 家，省级创新型试点企业 9 家，省级知识产权示范单位 3 家，中国专利山东明星企业 14 家，省级产业技术创新战略示范联盟 1 家，院士工作站 4 家，省级国际合作研究中心 3 家。批准建设市级工程技术研究中心 21 家，审批立项建设市级企业重点实验室 13 家。

【农业与社会发展】 2012 年，牵头实施的国家“渤海粮仓科技示范工程——环渤海山东增粮技术集成与示范”项目列入国家科技支撑计划，在无棣和沾化建立 ETS 生物技术改良盐碱地和优良小麦种植示范基地近 666.67hm^2(1 万亩)。国家 863 计划项目“农业物联网与食品质量安全控制体系研究”顺利通过科技部中期验收。与复旦大学签订农业物联网技术成果转化协议，在“渤海粮仓”无棣示范基地安装“智慧稻草人”系统。建成黄河三角洲农产品安全追溯平台，与北京国家农业科技城、杨凌农业高新技术产业示范区实现互联互通；开通智能手机扫描、手机短信、网站、触摸屏、固话语音服务等 5 种溯源查询渠道；建成滨州禾丰园韭菜、阳信亿利源肉牛、沾化冬枣研究所、沾化古城二代冬枣、博兴国丰有机蔬菜等 5 个安全农产品验证基地，对部分农产品成功实现安全追溯成果验证服务。深入组织实施人才服务社会主义新农村建设“春风计划”，建立科技人才服务基地 33 个，设立科技特派员服务站 15 个，支持创业项目 65 个，培育优秀人才 969 人，建立 475 人的专家库，形成了以“一库一卡二课堂三项服务”为主要内容的长效运行机制。滨州市职业学院星火培训基地被省星火办认定为“2012—2014 年度省级星火培训基地”。

【科技成果与奖励】 2012 年，滨州市在国家登记系统登记重点科技成果 141 项，同比增长 14.6%。获省科技进步奖 9 项，其中科技进步二等奖 4 项、三等奖 5 项。共获得省技术市场科技金桥奖 19 项，其中获先进集体奖 5 项、优秀项目奖 7 项，7 人获先进个人。全市 2012 年度表彰 100 项优秀科技成果，其中市科技进步一等奖 10 项、二等奖 20 项、三等奖 70 项。

【知识产权】 2012 年，滨州市共申请专利 4 071 件，列全省第九位，同比增长 11.35%，其中发明专利 636 件，同比增长 44.87%，发明专利所占比例较上年提高 3.61 个百分点，PCT 国际专利申请 3 件；授权专利 3 280 件，列全省第七位，同比增长 30.57%，其中发明专利 112 件。制定出台《关于印发实施滨州市知识产权战略纲要任务分工的通知》。开展了首届市专利奖评审工作，对获得 2011 年度市专利奖的 38 个专利项目进行奖励。获中国专利奖 1 项，省专利奖一等奖 1 项、二等奖 2 项、三等奖 2 项，详见下表。开展知识产权文化培育工程、专利创造能力提升工程、知识产权维权援助工程、专利支撑体系创建工程等四大工程建设。成功承办全省知识产权战略推进工作会议。深入基层和企事业单位开展专利政策宣讲，累计约访企业 350 余家，资助发明专利申请(授权)300 余件。组织专利执法大检查 29 次，登记专利商品 4 360 余件，查处专利标识不规范商品 95 种、假冒专利商品 108 种，立案处理假冒专利案件 131 件，受理各类专利纠纷案件 23 起；进驻山东省糖酒会、第七届厨具节等各类展会，累计检查展品 1 170 余件。知识产权公共服务平台开通运行，实现了中外专利的检索分析功能和重点领域专利监测、在线维权功能；并以此为基础，研究搭建黄河三角洲(滨州)知识产权“一站式”公共服务平台。“国家知识产权试点城市”通过国家知识产权局批准建设。市知识产权局被国家知识产权局、公安部评为“全国知识产权执法保护先进集体”，并连续 3 年被评为“全省知识产权管理系统先进单位”。

2012年度滨州市获得省级以上专利奖

奖　项	专利名称	专利号	专利权人
中国专利优秀奖	一种抛丸器耐磨叶片及制备方法	ZL200910019167.1	山东开泰抛丸机械有限公司
山东省专利奖一等奖	一种瓷塑高分子复合材料的配方及制备方法	ZL200910014308.0	山东华之业新材料科技有限公司

续表

奖 项	专利名称	专利号	专利权人
山东省专利奖二等奖	一种精喹禾灵的合成方法	ZL200910016867.5	山东京博控股发展有限公司 京博农化科技股份有限公司
	一种生产铸钢丸用的离心机	ZL201010520523.0	山东开泰抛丸机械有限公司
山东省专利奖三等奖	一种植绒布的印花方法	ZL200910256070.2	愉悦家纺有限公司
	带封闭内冷油腔的激光焊接制锻钢整体活塞及其制造工艺	ZL200810099406.4	渤海活塞股份有限公司

【政策法规与环境建设】 2012年,滨州市制定出台《滨州市工程技术研究中心管理办法》《滨州市企业重点实验室管理暂行办法》《滨州市科技计划项目验收管理办法》。发明专利指标纳入县区科学发展综合考核、省级以上经济开发区科学发展综合考核、县域经济发展综合评价3个考核评价体系。开展科技创新大调研活动;召开全市科学技术奖励大会,表彰市科学技术奖获得者,在全市上下营造了尊重知识、尊重科学、尊重人才、鼓励创新的良好氛围。

【科技合作与交流】 2012年,与中科院地理科学与资源研究所签订设立国家级综合试验站协议;与台湾精准农业团队合作在禾丰园基地建成代表设施农业尖端技术的球形气雾栽培温室。同以色列艾森贝克(北京)公司进行洽谈协商,引进以色列农业科技成果,在滨州国家农业科技园区建设以色列现代农业示范园。

推进"武汉理工大学滨州研究院"共建工作,在人才培养、科学研究、成果转化、决策咨询等方面搭建起政校企全方位合作平台。协助企业开展与高层次人才合作工作,中国工程院院士雷霁霖及院士团队与山东友发水产公司签署合作协议;中国工程院院士、北京工商大学副校长孙宝国及院士团队与山东中惠食品有限公司签订产学研合作框架协议。协助企业申报国际科技合作项目2项、省级国际合作研究中心3家。成功举办滨州市首届农科对接洽谈会,分别与复旦大学、中国科学院地理科学与资源研究所、宁波怡骥供应链管理有限公司、山东农业大学、青岛农业大学达成全面合作协议。完成第21批清华大学博士研究生社会实践活动,滨州基地被清华大学授予"清华大学研究生社会实践基地突出贡献奖"。组织相关企业参加"第十五届中国北京国际科技产业博览会"和"全省十一五科技成果展",为企业提供展示和交流合作平台。

【科普工作】 2012年,开展了"3·15""4·26"、科技活动周、中国专利周等大型活动,发放宣传材料12 000余份、接受群众咨询5 000余人次。举办"创新杯"知识产权电视竞赛,在《滨州日报》开设"自主创新企业采风"专栏。邀请国家知识产权局、省知识产权局领导和专家到滨州举办化工、橱具、机械等专题培训班6期,专利电子申请培训班等通用培训班5期,培训各类人员4 000余人次。举办星火培训班12场,进村举办培训20场次,培训农民辅导员1 100人次,培训示范农户300人;农民辅导员现场指导示范农户1 000多人次,赶"科技大集"10次,印发农业技术资料5 000份。

【海洋科技】 2012年,推进国家火炬计划鲁北海洋科技产业基地建设,形成以市、县科技部门为指导,以鲁北集团、珍贝瓷业有限公司、友发水产有限公司等龙头企业为核心,以基地中小型海洋科技企业为载体的技术创新和产业孵化联盟,初步构建了以海洋化工、油化工、煤化工、海水养殖、海洋贝瓷等高新技术产业为支撑的生态海洋产业体系。

(滨州市科技局 燕宏斌)

菏 泽 市

【概述】 2012年,菏泽市高新技术产业实现产值1 260亿元,占规模以上工业总产值比重达到29%。全市共争取各级科技支持资金8 693万元,有52项科技项目获国家和省科技计划立项,补助资金6 793万元,其中10项高端项目列入国家和省重大科技专项。全市鉴定180项科技成果,12项获省科技奖励。全市专利申请3 157件、授权1 912件,其中发明专利申请680件、授权146件。全社会R&D经费达16亿元,占GDP比重0.92%;科技进步对经济增长的贡献率达到49%。

【高新技术及产业】 2012年，菏泽市高新技术产业实现产值1 260亿元，同比增长28.6%，增幅居全省前列，占规模以上工业总产值比重达到29%，赶上全省平均水平，比上年提高5.47个百分点。

高新技术企业 2012年，菏泽金正大生态工程有限公司发展为国家火炬计划重点高新技术企业，山东步长神州制药有限公司等6家企业通过山东省高新技术企业认定，菏泽海普电器股份有限公司等35家企业新培育为市级高新技术企业。市级以上高新技术企业达到202家，其中国家级4家、省级17家。对纳入高新技术产业统计的重点企业，进一步加强调度，分类指导，重点支持，促进企业提高自主创新能力，膨胀生产规模。

【科技计划】 2012年，菏泽市共有52项科技项目获国家和省科技计划立项，补助资金6 793万元。其中，山东步长神州制药有限公司“组方配伍新药‘三叶糖脂清片’临床研究”列为国家重大新药创制科技重大专项，获支持资金475万元；山东玉皇化工有限公司“新型合成橡胶研究开发及产业化”、山东尚舜化工有限公司“新型高性能橡胶助剂研究开发及产业化”项目列入省自主创新专项，获支持资金3 000万元；山东达驰电气有限公司“采用国产非晶铁心的高效节能变压器产业化”等5个项目列入省自主创新成果转化重大专项，获支持资金1 200万元。山东合者光电新能源投资有限公司“黄店千亩中草药园高效农业全开放式光伏大棚”、单县鲁纱纺织有限公司“光伏发电示范项目”列入国家金太阳示范工程，预计获得国家资金1.6亿元。共安排市级科技计划75项，经费1 900万元，其中市技术创新提升重大专项13项，支持资金1 000万元。

【科技创新资源与能力建设】 2012年，菏泽市新增省级工程技术研究中心6家、企业技术中心8家，市级工程技术研究中心14家、企业技术中心23家；新增2家院士工作站、1家泰山学者工作站。市级以上各类科技创新平台总计280多家。国家火炬单县光伏光热特色产业基地、山东省创新药物（菏泽）孵化基地、中科院过程所菏泽成果转化基地、中科院兰州化物所能源化工新技术产业示范基地、山东省科学院中试基地、山东省鲁南药物研究院在菏泽市揭牌成立。太阳能光伏电池、中药与原料药、煤焦化等3家产业技术创新战略联盟发展为山东省产业技术创新战略示范联盟。山东达驰阿尔发电气有限公司获批菏泽市首家省级国际科技合作研究基地；山东方明药业股份有限公司获批山东省中美微反应器技术合作研究中心；山东东药药业股份有限公司建设省级工程试验室；菏泽开发区建设省级孵化器。

创新型（试点）企业 2012年，山东玉皇化工有限公司列入国家第五批创新型试点企业，菏泽天宇科技开发有限责任公司等6家企业被命名为山东省创新型企业，山东宇泰光电科技有限公司等5家企业列入省第四批创新型试点企业，呈祥电工电气等20家企业被市政府认定为菏泽市创新型企业，山东巨益新能源有限公司等36家企业列入市第三批创新型试点企业。市级以上创新型试点企业共110家，其中国家级2家、省级22家；创新型企业市级30家、省级9家。

【农业与社会发展】

科技富民强县工程促进新技术集成推广 2012年，围绕西瓜、大蒜、牡丹、食用菌、芦笋、青山羊等本地农产品主导产业，引进20项新品种，集成推广32项先进实用技术。牡丹区、曹县、郓城县获省专项经费150万元，郓城县获批为省级生态农业试点县。成武县引进大蒜新品种4个，推广新技术9项，建立标准化生产基地2万 hm^2（30万亩），农民人均增收880元，县财政增收4 500万元。

科技特派员工程推进适用技术广泛普及 截至2012年底，全市科技特派员1 212人，围绕大棚蔬菜、林果、花卉、苗木、水产、畜禽等16个重点产业链，引进推广新技术89项、新品种61个，辐射带动20多万农民增收。

农业良种工程推进新品种培育推广 2012年，小麦新品种菏麦18号通过山东省审定，亩产546.02kg。省科技厅“第一书记”玉米丰产示范田种植“鲁单818”玉米新品种，亩产766.7kg。获批省农业良种工程6项，补助资金395万元。山东省菏泽市科源种业有限公司列入现代种业企业科技培育计划，将育成3～5个小麦新品种，推广20万 hm^2（300万亩）以上。农业科技进步贡献率达到51%。菏泽市科技局荣获山东省星火科技工作先进集体。

社会发展领域科技创新 2012年，菏泽市贯彻落实国家科技部《关于加快发展民生科技的意见》，重点支持卫生健康、节能减排、公共安全等民生领域17项科技项目。山东润泽制药有限公司通过“头孢菌素C菌渣高效综合利用”项目的研究，使头孢菌素C菌渣60%用于替代动植物蛋白原料，40%用于生物有机肥生产或非食品工业生物培养基，每年节约成本5 000万元、新增利润5 900万元。牡丹区省级可持续发展实验区探索牡丹产业低碳循环发展道路，单县省级可持续发展实验区通过省科技厅专家评审。

医药科技创新体系逐步完善 2012年，推进创新药物孵化基地建设，获省补助资金100万元。拥有各类研发机构16个、新药证书30多个，银杏内脂B注射液、芄龙苦素注射液获批国家一类新药，得力生注射液是国内唯一批准二类抗癌植物类新药；“胃达康胶囊”等70多项新产品研究取得阶段性进展。全市医药产业主营业务收入201亿元，居全省第三位。

生物产业快速发展 2012年，涌现了巨鑫源食品、绅联生物、巨野晨农、天久生物等一批骨干企业，形成了大蒜素、肝素钠、高活性蛋白等较为完备、高附加值的生物产品体系，主营业务收入21亿元，同比增长31.5%。

【科技成果与知识产权】 2012年，全市鉴定180项科技成果，12项成果获省科技奖励，160项成果获市科技奖励。山东睿鹰先锋制药有限公司的“拉氧头孢钠产业化”项目获省科技进步二等奖。余庆明、刘经福被授予市重大科技贡献奖。

全市专利申请3 157件、授权1 912件，其中发明专利申请680件、授权146件。山东洪业化工有限公司获中国专利奖优秀奖。

菏泽市科技成果转化网开通运行，技术贸易额达到2.9亿元。115项工农业科技成果直接应用于生产，新增年产值100亿元以上，利税20亿元以上。山东达驰电气有限公司“500kV级超高压节能变压器”成果应用产业化后，年生产规模1 000万kVA，企业新增年产值95 000万元，利税15 527万元。山东金正大生态工程股份有限公司“棉花、花生控释肥研制与应用示范”科研成果实施以来，销售控释肥16万t，销售收入6亿元，产品已在山东、河北、河南、陕西、山西、安徽、辽宁等地农田实验示范，累计20万hm^2(300万亩)。

【科技合作与交流】 2012年，中国生物技术发展中心副主任马宏建、清华大学教授孟庆国、天津大学校长李家俊等分别来菏泽市进行科技考察。中科院过程所所长张锁江、兰化所研究员夏春谷被聘为市政府科技顾问。工程院院士、九三学社中央副主席丛斌等专家学者在菏泽开展“百名专家企业行”活动。

菏泽市政府与青岛科技大学等高校集中签约13个产学研合作项目，资金额40.8亿元。山东达驰阿尔发电气有限公司项目列入科技部国际科技合作计划，获支持资金460万元；山东步长制药有限公司中药稳心颗粒项目通过科技部国际科技合作专项战略评审。山东步长制药有限公司、菏泽学院分别引进工程院院士、天津中医药大学校长张伯礼和中科院院士、山东科技大学教授宋振骐开展研究合作。山东新通富镁金科技有限公司引进泰山学者海外特聘专家魏军博士，研究开发纳米电子无铅焊料，将打破美、日30年技术垄断，每年为我国节省50亿元进口费用。

【科普工作】 2012年，菏泽市承办了山东省第十二届科技活动周开幕式，并作为全国科技活动周4个分会场之一，参加了全国互动。国家科技部、山东省和菏泽市20多位领导出席开幕式。活动周期间，开展了企业管理创新高峰论坛、科普宣传、特派员科技创新活动、送科技下乡等一系列群众性科技、科普活动，参与公众5万人，发放科技资料10万份，开展科技咨询7万人次，义诊1.6万人次，布置宣传展板700块、科普画廊1 200m，开放科普基地15个，激发了全社会学科技、用科技、创新科技的热情。承办了山东省庆祝第十二个世界知识产权日宣传活动，举办了“学雷锋、送真情”科技下乡活动、全国科普日活动、青少年科普报告百校行活动、菏泽市青少年科技创新大赛、菏泽市首届中小学生机器人大赛等10多次大型科技、科普活动，参与公众10万人以上，发放科技图书资料20多万册，科技咨询3万人次。

(菏泽市科技局 史 新)

2012年度山东省17市新认定高新技术企业名单

地市	企业名称	数量	地市	企业名称	数量
济南	济南创非美焊割辅具有限公司	60	济南	山东福瑞达生物工程有限公司	
	山东天岳先进材料科技有限公司			济南同智伟业软件有限公司	
	山东黄金矿业股份有限公司			山东确信信息产业股份有限公司	
	山东浪潮电子政务软件有限公司			贝洱(济南)热系统有限公司	
	山东华软金盾软件有限公司			山东科华电力技术有限公司	
	济南易安行信息科技有限公司			山东宝雅新能源汽车股份有限公司	
	山大鲁能信息科技有限公司			山东信总计算机软件开发有限公司	
	山东和康源集团有限公司			山东鲁光科技投资发展有限公司	
	山东易构软件技术有限公司			济南时代智囊网络技术有限公司	
	济南容弗科技有限公司			山东深蓝机器有限公司	
	济南迪博生物技术有限公司			济南广域软件有限公司	
	山东和远自控技术有限公司			济南永泰细胞工程有限公司	
	山东中安科技有限公司			济南天地网联科技有限公司	
	山东益信通科贸有限公司			山东金质信息技术有限公司	

续表

地市	企业名称	数量
济南	山东兴水水利科技产业有限公司	
	山东重信通用软件有限责任公司	
	济南中地时代科技有限公司	
	济南市水处理设备厂有限公司	
	济南美丰环保产品有限公司	
	山东森健生物科技发展有限公司	
	山东隆泰矿业设备有限公司	
	济南科汇试验设备有限公司	
	山东世纪金榜科教文化股份有限公司	
	山东新潮信息技术有限公司	
	济南维尔康生化制药有限公司	
	山东力诺光伏高科技有限公司	
	山东兆宇电子技术有限公司	
	山东沃森电源设备有限公司	
	山东弗斯特数控设备有限公司	
	齐鲁天和惠世制药有限公司	
	济南东方伟民太阳能科技有限公司	
	西电济南变压器股份有限公司	
	济南大自然化学有限公司	
	济南同智创新科技有限公司	
	山东济阳机械厂	
	山东宏业纺织股份有限公司	
	中国重汽集团济南复强动力有限公司	
	山东华氟化工有限责任公司	
	山东天玉墙体材料有限公司	
	山东胜邦绿野化学有限公司	
	济南东方结晶器有限公司	
	山东昊月树脂有限公司	
	山东双佳农装科技有限公司	
	济南明鑫制药股份有限公司	
	济南利民制药有限责任公司	
	山东丰汇设备技术有限公司	
青岛	青岛巴士德工业门制造有限公司	140
	青岛宝泉花生制品有限公司	
	青岛德盛利汽车检测设备有限公司	
	青岛飞拓电器有限公司	
	青岛宏达锻压机械有限公司	
	青岛科柏利高性能聚合物有限公司	
青岛	青岛联瑞精密机械有限公司	
	青岛明月海洋科技有限公司	
	青岛能高电气有限公司	
	青岛市华测检测技术有限公司	
	青岛天时石油机械有限公司	
	青岛天一红旗软控科技有限公司	
	青岛同辉汽车技术有限公司	
	中科盛创(青岛)电气有限公司	
	青岛恒远天地软件技术有限公司	
	青岛新天地环境保护有限责任公司	
	青岛快乐视界数字传媒有限公司	
	青岛开泰启康网络科技有限公司	
	青岛畅信达通信有限公司	
	青岛新宇田化工有限公司	
	青岛亿明翔精细化工科技有限公司	
	青岛人民印刷有限公司	
	青岛普仁仪器有限公司	
	青岛天兰环境工程有限公司	
	青岛海汇德电气有限公司	
	青岛青峰无纺科技有限公司	
	青岛银龄美海洋生物科技有限公司	
	青岛创铭新能源有限公司	
	青岛海芬海洋生物科技有限公司	
	青岛雷尔威机械制造有限公司	
	海洋石油工程(青岛)有限公司	
	青岛海西重机有限责任公司	
	青岛金华龙车辆装备技术有限公司	
	青岛金源环境工程有限公司	
	青岛利恒纺织有限公司	
	青岛艾摩特环保科技有限公司	
	青岛陆海国际物流有限公司	
	青岛金世博磨具有限公司	
	青岛四砂泰益研磨有限公司	
	青岛双英汽车内饰系统有限公司	
	青岛世亚精密管件有限公司	
	青岛绿科汽车燃气开发有限公司	
	青岛新奥燃气有限公司	
	青岛新奥燃气设施开发有限公司	

续表

地市	企业名称	数量	地市	企业名称	数量
青岛	青岛奥利凯中央空调有限公司		青岛	青岛远征结构工程有限公司	
	青岛亨达玻璃科技有限公司			青岛多元生物工程技术有限公司	
	青岛日源食品机械设备有限公司			青岛星火引春纺机有限公司	
	青岛昇美欧纺织有限公司			青岛中宇环保科技有限公司	
	青岛京润石化工程有限公司			青岛康大兔业发展有限公司	
	山东怡之航集装箱物流有限公司			青岛中阳消防科技有限公司	
	青岛海西电机有限公司			青岛凯硕纺机有限公司	
	青岛益康电控电器有限公司			青岛华泰锅炉热电设备有限公司	
	青岛卓尔软件开发有限公司			青岛道一氧吧设备有限公司	
	青岛中核能线缆科技有限公司			青岛韩亚重工有限公司	
	青岛伟胜电子塑胶有限公司			青岛鸿源换热器有限公司	
	青岛润泽模具制造有限公司			青岛锦绣前程节能玻璃有限公司	
	青岛远洋大亚物流有限公司			青岛奥克生物开发有限公司	
	青岛元鼎高合金管业有限公司			青岛明药堂医药科技开发有限公司	
	青岛镭创光电技术有限公司			青岛柯能生物科技有限公司	
	青岛利和萃取科技有限公司			青岛海之新能源有限公司	
	青岛联大利丰塑料制品有限公司			青岛四方法维莱轨道制动有限公司	
	青岛吉之美商用设备有限公司			青岛宝佳自动化设备有限公司	
	青岛奥贝机械有限公司			青岛开拓隆海制冷配件有限公司	
	青岛钜源运动器材有限公司			青岛嘉星晶电科技股份有限公司	
	青岛明华电子仪器有限公司			青岛华世基精密模具有限公司	
	青岛新奥新城燃气有限公司			青岛航天半导体研究所有限公司	
	青岛华仕达机器有限公司			青岛市热力规划设计研究院	
	青岛国海生物制药有限公司			青岛东亚建筑装饰有限公司	
	青岛大仓管道防腐保温器材有限公司			青岛高校山柏科技有限公司	
	青岛沈源水务科技有限公司			青岛恒远科技发展有限公司	
	青岛七好生物科技有限公司			青岛华电高压电器有限公司	
	青岛派如环境科技有限公司			青岛中科润美润滑材料技术有限公司	
	青岛辉腾机械设备有限公司			青岛捷能高新技术有限责任公司	
	青岛科瑞培养基有限公司			青岛惠运办公科技集团股份有限公司	
	青岛新奥胶城燃气有限公司			青岛海隆达生物科技有限公司	
	青岛海林电子材料科技有限公司			青岛依鲁光电显示有限公司	
	青岛华塑机械制造有限公司			青岛泰达通信设备有限公司	
	青岛中科昊泰新材料科技有限公司			青岛艾迪森科技有限公司	
	青岛宇通管业有限公司			青岛红妮制衣有限公司	
	青岛永威建材有限公司			青岛青缆科技有限责任公司	
	青岛青禾人造草坪有限公司			青岛中仁药业有限公司	
	海洋世纪(青岛)精密制品有限公司			青岛三秀新科技复合面料有限公司	

续表

地市	企业名称	数量
青岛	青岛春明调味品有限公司	
	青岛亚华制盖有限公司	
	青岛聚鑫锻压机械有限公司	
	青岛赛特香料有限公司	
	青岛海佳机械有限公司	
	青岛科力达机械制造有限公司	
	青岛同春机电科技有限公司	
	青岛佳日隆海洋食品有限公司	
	青岛平度市金巢机械有限责任公司	
	青岛海诺生物工程有限公司	
	青岛蓝湾信息科技有限公司	
	青岛澳波泰克安全设备有限公司	
	青岛海洋新材料科技有限公司	
	青岛汉泰电子有限公司	
	青岛昌盛日电太阳能科技有限公司	
	青岛澳柯玛洗衣机有限公司	
	青岛远辉复合材料有限公司	
	青岛嘉华环境工程有限公司	
	青岛嘉华网络股份有限公司	
	山东利安佰通商务有限公司	
淄博	山东星之联生物科技股份有限公司	38
	山东迪浩耐磨管道股份有限公司	
	山东胜利钢管有限公司	
	山东伯仲真空设备股份有限公司	
	山东省淄博华洋陶瓷有限责任公司	
	山东圣川陶瓷材料有限公司	
	山东雷帕得弹簧有限公司	
	淄博弘扬威德福油田设备有限公司	
	山东上德电气股份有限公司	
	山东锦城钢结构有限责任公司	
	淄博强大集团有限公司	
	山东安博机械科技股份有限公司	
	山东柳杭减速机有限公司	
	山东科明光电科技有限公司	
	淄博嘉俊陶瓷有限公司	
	淄博英科医疗制品有限公司	
	淄博腾辉油脂化工有限公司	
	山东大齐化工科技有限公司	

地市	企业名称	数量
淄博	山东齐鲁石化建设有限公司	
	山东瑞爱特环保科技有限公司	
	山东海力化工股份有限公司	
	山东朗法博粉末涂料有限公司	
	山东耀昌集团有限公司	
	淄博正大节能新材料有限公司	
	山东博拓塑业股份有限公司	
	山东沃源新型面料股份有限公司	
	山东兆物网络技术有限公司	
	中化帝斯曼(淄博)制药有限公司	
	山东亿恺仓储工程有限公司	
	山东天璨环保科技股份有限公司	
	山东明嘉勘察测绘有限公司	
	山东德佑电气有限公司	
	山东高盛玻璃科技股份有限公司	
	淄博宜臣轻工制品有限公司	
	淄博九洲润滑科技有限公司	
	淄博三品电子科技有限公司	
	山东亿玛信诺电气有限公司	
	山东莱茵科技设备有限公司	
枣庄	山东净化环保设备有限公司	15
	山东耀国新能源科技有限公司	
	山东鲁南瑞虹化工仪器有限公司	
	山东鲁南衡器有限公司	
	山东恒瑞磁电科技有限公司	
	山东鲁南机床有限公司	
	滕州市大地机床股份有限公司	
	山东天瑞化工有限公司	
	枣庄市金山机械有限公司	
	山东精工电子科技有限公司	
	山东阳光博士太阳能工程有限公司	
	山东威斯特车业有限公司	
	山东润峰电子科技有限公司	
	山东昂立天晟光伏科技有限公司	
	山东路华电子设备有限公司	
东营	东营汇安高科电子有限责任公司	11
	山东方圆有色金属技术服务有限公司	
	东营金川水土环境工程有限公司	

续表

地市	企业名称	数量
东营	山东荣丰食用菌有限公司	
	山东圣光化工集团有限公司	
	山东江山高分子材料有限公司	
	山东宇佳新材料有限公司	
	东营瑞源特种建筑材料有限公司	
	东营宏源机械设备有限公司	
	山东明珠石油装备制造有限公司	
	山东德瑞宝轮胎有限公司	
烟台	烟台钟表研究所有限公司	38
	烟台杰瑞网络商贸有限公司	
	烟台威尔数据系统有限公司	
	烟台新悦电气有限公司	
	烟台东方威智电子科技有限公司	
	莱阳市科盾通信设备有限责任公司	
	烟台新时代健康产业日化有限公司	
	烟台恒源生物工程有限公司	
	烟台百佳水产有限公司	
	烟台渤海制药集团有限公司	
	烟台正海生物技术有限公司	
	烟台润蚨祥油封有限公司	
	烟台大丰轴瓦有限责任公司	
	山东核电设备制造有限公司	
	山东哈大电气有限公司	
	烟台国冶冶金水冷设备有限公司	
	莱州联友金浩新型材料有限公司	
	烟台卓能电池材料有限公司	
	烟台东洁环保机械工程有限公司	
	博源科技材料(烟台)有限公司	
	烟台现代冰轮重工有限公司	
	山东金泽尔工贸有限公司	
	烟台海诚高科技有限公司	
	烟台美丰机械有限公司	
	烟台红壹佰照明有限公司	
	易泰帝传动技术(烟台)有限公司	
	烟台开发区蓝鲸金属修复有限公司	
	欧瑞传动电气有限公司	
	烟台海纳制动技术有限公司	
	烟台延锋江森座椅有限责任有限公司	
烟台	烟台鑫海矿山机械有限公司	
	烟台市东汽农业装备有限公司	
	莱州市霸力石油机械有限公司	
	莱州市莱索制品有限公司	
	烟台兴业机械设备有限公司	
	烟台艾迪精密机械有限公司	
	烟台奔腾汽车检测维修设备制造有限公司	
	烟台市裕同印刷包装有限公司	
潍坊	山东玉峰铝业股份有限公司	81
	山东泰北环保设备股份有限公司	
	山东亿佰通机械股份有限公司	
	潍坊东方盛化工有限公司	
	潍坊雷诺特动力设备有限公司	
	潍坊市润捷轻工环保科技有限公司	
	山东富源动力设备有限公司	
	潍坊奥博仪表科技发展有限公司	
	潍坊幸福药业有限公司	
	山东广通宝医药有限公司	
	山东诺贝特化工科技股份有限公司	
	青州新自然能源科技有限公司	
	青州金晖热电锅炉部件有限公司	
	青州市圣洁环保设备科技有限公司	
	青州天安化工有限公司	
	山东亚泰机械有限公司	
	青州意高发包装机械有限公司	
	青州华龙机械科技有限公司	
	山东晨宇电气股份有限公司	
	青州惠泽新材料科技有限公司	
	山东佳士博食品有限公司	
	山东迈赫自动化装备股份有限公司	
	诸城昌达机电科技有限公司	
	山东鼎泰盛食品工业装备股份有限公司	
	潍坊市宏宇电力设备防护有限公司	
	安丘市鼎正机械设备有限公司	
	山东菲达电器有限公司	
	山东永和精密金属有限公司	
	山东同大新能源有限公司	
	山东浩信机械有限公司	

续表

地市	企业名称	数量
潍坊	山东华建铝业有限公司	
	临朐长江铝业有限公司	
	潍坊恒彩数码影像材料有限公司	
	山东中坤石油化工有限公司	
	山东三田临朐石油机械有限公司	
	潍坊泰昌电磁机械有限公司	
	潍坊天晟电子科技有限公司	
	潍坊开元电子有限公司	
	昌乐新迈纸业有限公司	
	潍坊龙海民爆有限公司	
	昌乐屹立化工有限公司	
	潍坊振兴日升化工有限公司	
	潍坊振兴宏泰化工有限公司	
	山东巴夫利化学建材有限公司	
	潍坊森瑞特生物科技有限公司	
	山东矿机迈科建材机械有限公司	
	潍坊创高信息科技有限公司	
	山东宏力空调设备有限公司	
	山东瑞斯高创股份有限公司	
	山东华盾科技股份有限公司	
	潍坊贝通网络信息有限公司	
	潍坊润达电子科技有限公司	
	潍坊勤毅电子科技有限公司	
	山东欣力得光电科技有限公司	
	山东环泽软件信息有限责任公司	
	潍坊东科电讯有限公司	
	万声信息产业有限公司	
	潍坊乐维特建筑技术有限公司	
	山东八达信息技术有限公司	
	潍坊鑫盛软件科技开发有限公司	
	潍坊极锐网络科技有限公司	
	山东三晶照明科技有限公司	
	潍坊绿能彩屏科技有限公司	
	潍坊舒燕女士用品有限公司	
	潍坊大耀新材料有限公司	
	潍坊开发区华为电气有限公司	
	潍坊三华利机械科技有限公司	
	潍坊立特汽车零部件有限公司	
	潍坊春华数控设备有限公司	
	山东崇盛冶金氧枪有限公司	
	潍坊汉鼎包装科技有限公司	
	山东雅士股份有限公司	
	潍坊长野电气有限公司	
	山东普洛得邦医药有限公司	
	山东华辰生物化学有限公司	
	山东德浩化学有限公司	
	山东胜伟园林科技有限公司	
	潍坊裕凯化工有限公司	
	山东潍坊龙威实业有限公司	
	潍坊滨海石油化工有限公司	
	山东坚龙特种不锈钢股份有限公司	
济宁	山东兖矿国拓科技工程有限公司	36
	济宁新格瑞水处理有限公司	
	曲阜嘉信电气有限公司	
	山东大拇指喷雾设备有限公司	
	济宁市鲁源水处理有限公司	
	济宁佳华电子材料有限公司	
	邹城博达电力自动化工程有限公司	
	济宁润鹏光伏科技有限公司	
	嘉祥县嘉冠油脂化工有限公司	
	山东润丰种业有限责任公司	
	山东鲁虹农业科技有限公司	
	山东美晶米业有限公司	
	金乡县金得利食品有限公司	
	山东华泰光源有限公司	
	山东盛世光明物联网技术有限公司	
	山东辉煌通信科技有限公司	
	山东瀚邦胶带有限公司	
	山东梁山三利树脂有限公司	
	山东兖矿轻合金有限公司	
	山东艾孚特科技有限公司	
	山东精良海纬机械有限公司	
	山东德立信液压有限公司	
	嘉祥萌山专用汽车有限公司	
	中国重汽集团梁山龙腾专用汽车有限公司	
	济宁科尔森液压有限公司	

续表

地市	企业名称	数量
济宁	山东省金曼克电气集团股份有限公司	
	邹城市博威液压机械制造有限公司	
	邹城市创拓矿山设备有限公司	
	济宁市田农机械有限公司	
	山东聚亿管业有限公司	
	山东开创电气有限公司	
	山东盛泰智能工程有限公司	
	济宁国翔信息科技有限公司	
	山东科大机电科技有限公司	
	山重建机(济宁)有限公司	
	山东浩珂矿业有限公司	
泰安	山东富硕光电科技有限公司	20
	山东农大肥业科技有限公司	
	泰安市路达公路仪器制造有限公司	
	泰安轻松表计有限公司	
	山东众志电子有限公司	
	泰安路德工程材料有限公司	
	泰安康平纳机械有限公司	
	山东厚丰汽车散热器有限公司	
	山东明佳包装检测科技有限公司	
	山东三和化工有限公司	
	山东泰鼎矿山机械有限公司	
	山东容力达矿用电器设备有限公司	
	山东润通机械制造有限公司	
	山东祥瑞药业有限公司	
	山东光大科技发展有限公司	
	鲁变电工有限公司	
	山东泰鹏新材料有限公司	
	肥城昌盛特种石墨有限公司	
	肥城三英纤维工业有限公司	
	泰安瑞泰纤维素有限公司	
威海	威海震宇智能科技有限公司	19
	乳山正洋食品有限公司	
	山东金聚粉末冶金有限公司	
	威海柳道机械有限公司	
	威海德瑞合成纤维有限公司	
	威海隆济时节能科技有限公司	
	威海翔宇环保科技有限公司	

地市	企业名称	数量
威海	威海华泰分子筛有限公司	
	山东浩然特塑有限公司	
	易霸科技(威海)股份有限公司	
	威海东兴电子有限公司	
	威海家和网络技术股份有限公司	
	威海北洋慧通软件股份有限公司	
	威海华通开关设备有限公司	
	山东凯丽特种纸股份有限公司	
	荣成市黄海离合器有限公司	
	荣成市海山机械制造有限公司	
	山东华鹏玻璃股份有限公司	
	荣成百合生物技术有限公司	
日照	日照兴业汽车配件有限公司	6
	山东海汇环保设备有限公司	
	山东康洋电源有限公司	
	日照益康有机农业科技发展有限公司	
	山东新贵科技股份有限公司	
	山东五征集团有限公司	
莱芜	莱芜精瑞模具有限公司	12
	莱芜锻压有限公司	
	山东泰莱电气有限公司	
	莱芜市东岳永盛车桥有限公司	
	莱芜市腾晟汽车配件有限公司	
	山东奔速电梯有限公司	
	山东华祥电气有限公司	
	山东盛德泰食品有限公司	
	山东美邦电子科技有限公司	
	山东博兰特信息材料有限公司	
	山东胜岳精密机械有限公司	
	山东能源电器股份有限公司	
临沂	山东新华印刷物流集团有限责任公司	33
	山东宏发科工贸有限公司	
	临沂进民水务有限公司	
	临沂巨皇新能源科技发展有限公司	
	山东京普太阳能科技有限公司	
	临沂市瑞光新能源科技有限公司	
	临沂市阳光锅炉制造有限公司	
	山东帅克新能源有限公司	

续表

地市	企业名称	数量
临沂	山东泓达生物科技有限公司	
	临沂照华动力机械有限公司	
	山东隆科特酶制剂有限公司	
	山东翔宇健康制药有限公司	
	临沂市康发食品饮料有限公司	
	山东仁和堂药业有限公司	
	山东凯源木业有限公司	
	山东成功信息技术有限公司	
	山东沂光电子股份有限公司	
	山东同德信息科技有限公司	
	山东机客网络技术有限公司	
	临沂新光毛毯有限公司	
	临沂市科创材料有限公司	
	山东新凯电子材料有限公司	
	山东玻纤复合材料有限公司	
	山东力扬塑业有限公司	
	临沂市豪门铝业有限公司	
	临沂绿因工贸有限公司	
	苍山县工程机械配件厂	
	山东旭洋机械集团股份有限公司	
	山东碧海机械有限公司	
	临沂扬子中天机械制造有限公司	
	平邑中兴盛建材有限公司	
	山东世纪春食品有限公司	
	鲁洲生物科技(山东)有限公司	
德州	鲁银集团禹城粉末冶金制品有限公司	13
	山东国强五金科技股份有限公司	
	德州泓淋电子有限公司	
	山东宏祥化纤集团有限公司	
	山东陆海石油装备有限公司	
	德州普利森机床有限公司	
	德州东方土工材料股份有限公司	
	宁津美华工业有限公司	

地市	企业名称	数量
德州	宁津弹簧有限公司	
	山东省安华瓷业有限公司	
	山东远大模具材料有限公司	
	金能科技有限责任公司	
	山东国信环境系统有限公司	
聊城	东阿东昌天汇科技有限公司	6
	山东聊城昌润超硬材料有限公司	
	聊城万合工业制造有限公司	
	山东华信塑胶股份有限公司	
	中通汽车工业集团有限责任公司	
	聊城鑫泰机床有限公司	
滨州	京博农化科技股份有限公司	15
	山东华韵新材料有限公司	
	山东颐兴医疗器械有限公司	
	山东滨州市鑫通机械有限公司	
	滨州市龙马重工科技有限公司	
	滨州盟威斯林格缸套有限公司	
	无棣海忠软管制造有限公司	
	山东立昌纺织科技有限公司	
	山东滨奥飞机制造有限公司	
	山东固安特工程材料有限公司	
	山东昌润科技有限公司	
	邹平伟瑞制冷材料有限公司	
	山东邹平大展新材料有限公司	
	山东三星玉米产业科技有限公司	
	山东新安凯科控科技有限公司	
菏泽	山东洪业化工集团	6
	山东步长神州制药有限公司	
	山东玉皇化工(集团)有限公司	
	山东辉煌电力设备制造有限公司	
	山东华驰电气有限公司	
	山东省呈祥电工电气有限公司	

注：名单由17市科技局分别提供。

2012年度全省各市国家及省级重大科技项目与科技计划投入情况汇总表

单位：万元

地市	计划类别	项目数	国家拨款	省级拨款	地方匹配	银行贷款	企业自筹	其他	合计
济南	国家科技型中小企业技术创新基金	26	1 778		1 000				2 778
	国家科技支撑计划	4	2 885						2 885
	国家863计划	6	4 326						4 326
	工信部国家科技重大专项	3	10 400						10 400
	国家国际科技合作计划	5	2 102						2 102
	国家农业科技成果转化资金	1	100						100
	国家软科学计划	1	0						0
	国家火炬计划	12	0						0
	国家重点新产品计划	14	200						200
	省结转项目	16		173					173
	省科技发展计划(第一批)	24		276					276
	省科技发展计划(第二批)	25		846					846
	省优秀中青年科学家科研奖励基金	2		13					13
	省创新发展专项扶持资金	20		1 520					1 520
	省国际科技合作计划	3		43					43
	省软科学研究计划	7		9					9
	省新药创制平台专项	1		500					500
	省农业成果转化资金	4		100					100
	省自主创新重大专项	6		1 060					1 060
	省火炬计划	9		0					0
淄博	国家863计划	5	2 132.16		25		2 100		4 257.16
	国家科技支撑计划	7	2 517.1		275	1 168	3 838.7		7 798.8
	国家科技富民强县专项行动计划	1	198				2 202		2 400
	国际科技合作计划	1	400		40		800		1 240
	科技部科研院所技术开发研究专项	1	102				284		386
	国家科技型中小企业技术创新基金	17	1 160		57	8 900	8 650		18 767
	国家重点新产品计划	6	50		30	1 200	8 000		9 280
	国家星火计划	4	20		20				40
	国家火炬计划	19	0		115	35 100	67 600		102 815
	国家软科学研究计划	1	6				50		56
	省自主创新专项计划	7		8 500	1 500	8 600	23 621		42 221
	省自主创新成果转化重大专项	6		1 500	240	1 000	51 780		54 520
	省科技发展计划(第一批)	15		365	106				471
	省科技发展计划(第二批)	12		445	35				480
	省科技发展计划(第三批)	1		50					50
	省科技型中小企业创新发展专项扶持资金	10		390	10				400
	省优秀创新团队	1		100					100
	省农业良种工程	4		555	10				565

续表

地市	计划类别	项目数	国家拨款	省级拨款	地方匹配	银行贷款	企业自筹	其他	合计
淄博	省农业科技成果转化资金项目计划	1		30					30
	省科技特派员创业链项目	1		40					40
	省国际科技合作计划	1		15	30				45
	省大型科学仪器设备升级改造技术研究计划	3		24					24
	省软科学研究计划	4		1.5					1.5
	省新能源汽车自主创新示范园区建设专项	1		290					290
	省星火计划	4		0					0
	省火炬计划	9		0					0
	省享受财政专项资金扶持的新产品项目	10		0					0
	省科技发展计划(政策引导类)	51		0					0
枣庄	国家科技型中小企业创新基金	10	650						650
	国家星火计划	7							
	省自主创新成果转化重大专项	8		1 620					1 620
	省自主创新专项	1		1 000					1 000
	省农业科技成果转化资金	3		60					60
	省中小企业技术创新基金	6		260					260
	省科技发展计划(第一批)	5		105					105
	省科技发展计划(第二批)	5		140					140
	省农业良种工程	2		30					30
	省软科学研究计划	3		4.5					4.5
	省星火计划	15							
东营	国家重大科学仪器设备开发专项	1	450						450
	国家科技支撑计划	2	357						357
	国家火炬计划	13	550						550
	国家星火计划	5	0						0
	国家重点新产品计划	3	100						100
	国家创新基金	17	1 095						1 095
	国家农业科技成果转化资金	1	60						60
	省自主创新专项	9		10 000					10 000
	省自主创新成果转化重大专项	5		1 650					1 650
	省政策引导类计划	29		0					0
	省创新基金	8		310					310
	省火炬计划	5		0					0
	省农业科技成果转化资金	4		90					90
	省农业良种工程	3		50					50
	省科技攻关计划	14		440					440
	省科技富民强县专项行动计划	2		105					105
	省科技合作补助项目	1		30					30
烟台	国家科技支撑计划	6	1 972						1 972
	国家863计划	5	1 768						1 768

续表

地市	计划类别	项目数	国家拨款	省级拨款	地方匹配	银行贷款	企业自筹	其他	合计
烟台	国家科技型中小企业技术创新基金	25	1 335						1 335
	国家农业科技成果转化资金	4	240						240
	国家科技重大专项	2	612						612
	国家科技富民强县专项行动计划	1	201		50				251
	国家政策引导类计划	3	195						195
	国家国际科技合作项目	3	1 412						1 412
	省自主创新重大专项	14		16 800					16 800
	省自主创新成果转化重大专项	9		2 450	900				3 350
	省科技发展计划	33		879					879
	省科技发展计划(结转部分)	20		219					219
	省软科学研究计划	7		2					2
	省优秀中青年科学家科研奖励基金	1		5					5
	省海外高层次人才资助专项资金	6		220					220
	省农业科技成果转化资金项目	3		80					80
	省科技型中小企业创新发展专项扶持资金项目	12		380					380
	省国际科技合作项目	1		15					15
	省科技富民强县专项行动计划	3		120					120
潍坊	国家科技支撑计划	3	3 871						3 871
	国家863计划	3	4 937						4 937
	国家国际科技合作计划	2	1 300						1 300
	国家科技型中小企业技术创新基金	15	1 110						1 110
	国家火炬计划	30	560						560
	国家新能源汽车产业技术创新工程拟支持项目	1	900						900
	国家“重大新药创制”科技重大专项	1	451						451
	国家农业科技成果转化资金	1	600						600
	国家自然科学基金	16	621						621
	金太阳示范工程	8							
	国家重点新产品计划	9							
	国家星火计划	23							
	省自主创新成果转化重大专项	12		3 200					3 200
	省自主创新专项	10		10 500					10 500
	省科技发展计划(第一批)	21		445					445
	省科技发展计划(第二批)	14		430					430
	省科技发展计划(第三批)	4		200					200
	省中小企业创新基金	11		450					450
	省农业科技成果转化资金	3		80					80
	省农业良种工程	5		955					955
	省新能源汽车自主创新示范园区创建启动资金	1		350					350
	省优秀中青年科学家科研奖励基金	4		25					25

续表

地市	计划类别	项目数	国家拨款	省级拨款	地方匹配	银行贷款	企业自筹	其他	合计
潍坊	省科技发展计划(政策引导类)	54							
	省星火计划	31							
	省火炬计划	19							
	省自然科学基金	21		109					109
	省战略贷款风险补偿	6		630					630
济宁	国家973计划	1	230						230
	国家863计划	3	5 058						5 058
	国家科技支撑计划	2	442						442
	国家自然科学基金	6	262						262
	国家创新基金(第一批)	13	900						900
	国家重点新产品计划	2	0						0
	金太阳示范工程	2	5 500						5 500
	省自主创新成果转化重大专项	4		1 100					1 100
	省自主创新专项	3		3 500					3 500
	省科技型中小企业创新发展专项扶持基金	15		1 280					1 280
	省农业科技成果转化资金	4		100					100
	省现代种业企业科技培育计划	2		800					800
	省农业良种工程	4		75					75
	省科技富民强县专项行动计划	1		165					165
	省科技发展计划	12		296					296
	省软科学研究计划	12		11					11
	省自然科学基金	9		63					63
	"泰山学者"建设工程专项经费	2		60					60
	省经济强县计划	3		80					80
	省科技发展计划(政策引导类)	27		0					0
	省财政专项资金扶持的新产品	15		0					0
泰安	国家国际科技合作项目	2	710						710
	国家中小型企业创新基金	10	605						605
	国家科技支撑计划	1	720						720
	国家科技富民强县专项	2	397						397
	国家星火计划	1	315						315
	国家农业科技成果转化资金	1	60						60
	省自主创新成果转化重大专项	4		1 400					1 400
	省农业良种工程	5		470					470
	省中小型企业创新基金	7		270					270
	省农业科技成果转化资金	4		100					100
	省自主创新专项	2		2 500					2 500
	省科技发展计划	13		415					415
威海	国家科技支撑计划	9	4 275						4 275
	国家科技富民强县	2	374						374

续表

地市	计划类别	项目数	国家拨款	省级拨款	地方匹配	银行贷款	企业自筹	其他	合计
	国家863计划	3	2 165						2 165
	国家星火计划	10	340						340
	国家重点新产品	4	50						50
	国际科技合作专项	5	2 582						2 582
	国家火炬计划	11	125						125
	国家科技型中小企业创新基金	17	1 185						1 185
	省农业科技成果转化资金	1		30					30
	省自主创新成果转化重大专项	6		1 550					1 550
	省经济强县计划	2		55					55
	省良种产业化开发项目	5		570					570
	省优秀中青年科学家科研奖励基金	2		15					15
	省星火计划	10		0					0
	省攻关计划	37		1 003					1 003
	省科技型中小企业创新基金	6		240					240
日照	国家火炬计划	1	65						65
	国家创新基金	4	290						290
	国家科技富民强县专项行动计划	2	290						290
	国家农业科技成果转化资金	1	60						60
	省自主创新专项	1		1 000					1 000
	省国际科技合作专项	1		15					15
	省自主创新成果转化重大专项	4		1 040					1 040
	省科技发展计划项目(第一批)	6		132					132
	省科技发展计划项目(第二批)	2		45					45
	省创新基金	5		200					200
	省自然科学基金	1		8					8
	省科技富民强县专项行动计划	2		100					100
	省农业科技成果转化资金	3		70					70
	省农业良种工程重点课题项目	3		45					45
	省星火计划重点项目	1		20					20
	省专利创造能力培育单位	1		10					10
莱芜	国家863计划	1	229.5						229.5
	国家创新基金	8	570						570
	国家农业科技成果转化资金	1	60						60
	国家新产品计划	2	230						230
	省自主创新成果转化重大专项	4		1 300					1 300
	省自主创新专项	3		3 000					3 000
	省创新基金	6		260					260
	省科技发展计划(第一批)	7		170					170
	省科技发展计划(第二批)	8		270					270
	省农业良种工程	3		240					240

续表

地市	计划类别	项目数	国家拨款	省级拨款	地方匹配	银行贷款	企业自筹	其他	合计
莱芜	省农业科技成果转化资金	3		80					80
	省科普益民计划	1		20					20
	省科普惠农兴村计划	1		20					20
临沂	国家科技型中小企业创新基金	7	425						425
	十二五国家科技支撑计划	2	131						131
	国家国际科技合作专项	2	680						680
	国家863计划	5	612.6						612.6
	国家农业科技成果转化资金	2	120						120
	国家重点新产品计划	5	30						30
	国家星火计划	8							
	国家火炬计划	15							
	国家国际科技合作基地(平台)	2							
	国家科技惠民计划	1							
	“重大新药创制”科技重大专项	1	292						292
	省自主创新专项	4		4 100					4 100
	省自主创新成果转化专项	6		960					960
	省科技发展计划	14		339					339
	省科技型中小企业创新基金	8		265					265
	省富民强县专项行动计划	1		60					60
	省农业良种工程	4		70					70
	省农业科技成果转化资金	4		110					110
	省科技型种业企业自主创新能力建设资金项目	1		300					300
	省国际(港澳台)科技合作基地	1							
	省优秀中青年科学家科研奖励基金	4		31					31
	省自然科学基金	9		38					38
	省软科学研究计划(一般项目)	11		8					8
	省星火计划	16		20					20
	省科技发展计划(政策引导类)	29							
	省火炬计划	16							
德州	国家863计划	2	141.8						
	国家科技支撑计划	4	1 147						
	国家自然科学基金	5	293						
	国家科技型中小企业技术创新基金	8	336						
	国家富民强县项目	1	150						
	国家重点新产品计划	1	60						
	省自主创新成果转化重大专项	5		1 200					
	省自主创新专项	2		2 000					
聊城	国家科技型中小企业创新基金	10	635						
	国家工程技术研究中心	1	300						
	国际科技合作专项计划	1	455						

续表

地市	计划类别	项目数	国家拨款	省级拨款	地方匹配	银行贷款	企业自筹	其他	合计
聊城	国家重点新产品计划	3							
	国家火炬计划	5							
	国家星火计划	2							
	省自主创新成果转化重大专项	6		1 100					
	省自主创新专项	6		7 000					
	省农业科技成果转化资金项目	3		70					
	省科技发展计划(第一批)	5		110					
	省科技发展计划(第二批)	9		405					
	省科技计划(结转部分)	7		68					
	国家工程技术研究中心省配套	1		300					
	省科技富民强县专项行动计划	1		60					
	省自然科学基金	1		8					
	省软科学计划	1		1					
	省农业科技成果转化资金项目	3		70					
	省创新基金	13		500					
	省农业良种工程	4		60					
	省政策引导类项目	1							
	省火炬计划	1							
菏泽	国家“重大新药创制”科技重大专项	1	475						475
	国家国际科技合作计划	1	460						460
	省优秀中青年科学家科研奖励基金	1	7						7
	国家星火计划	1	0						0
	国家科技型中小企业创新发展专项扶持资金	2	140						140
	国家火炬计划	2	0						0
	省自主创新成果转化重大专项	5		1 200					1 200
	省自主创新专项	2		3 000					3 000
	省科技发展计划	5		105					105
	省科技发展计划(第二批)	9		285					285
	省科技型中小企业创新发展专项扶持资金	9		360					360
	省农业科技成果转化资金	4		100					100
	省富民强县工程	3		150					150
	省农业良种工程	6		395					395
	省软科学研究计划	2		1					1
	省国际科技合作计划	1		15					15
	省火炬计划	4		0					0
	省星火计划	3		0					0

注:①青岛市是单列市,统计口径不同,暂不提供。

②以上数据由各市科技局(除滨州市)提供。

科技成果和奖励

KEJI CHENGGUO HE JIANGLI

2012年度山东省获国家科学技术奖励情况概述

2012 年度，山东省有 26 个项目获得国家科学技术奖励，其中技术发明二等奖 9 项，科技进步二等奖 17 项，山东省单位作为第一完成单位或主要完成单位的有 13 项。

（省科技厅科技成果处）

国家技术发明奖

【山东省获奖项目及选介】

2012年度山东省获国家技术发明二等奖项目（9项）

编号	项目名称	主要完成人
F-302-2-06	输注与介入类医用耗材制备新技术及其大规模应用	殷敬华（中国科学院长春应用化学研究所）、栾世方（中国科学院长春应用化学研究所）、李忠志（威高集团有限公司）、夏欣瑞（威高集团有限公司）、王建卫（威高集团有限公司）、张娥（威高集团有限公司）
F-305-2-02	秸秆清洁制浆及其废液肥料资源化利用新技术	李洪法（山东泉林纸业有限责任公司）、宋明信（山东泉林纸业有限责任公司）、刘荣乐（山东泉林纸业有限责任公司）、陈松涛（山东泉林纸业有限责任公司）、杨吉慧（山东泉林纸业有限责任公司）、郭良进（山东泉林纸业有限责任公司）
F-307-2-04	硼酸盐激光自倍频晶体制备技术及其小功率绿光激光器件商品化应用	王继扬（山东大学）、张怀金（山东大学）、许祖彦（中国科学院理化技术研究所）、邵宗书（山东大学）、李静（山东大学）、马长勤（青岛镭视光电科技有限公司）
F-303-2-02	水力喷砂射孔与分段压裂联作技术及工业化应用	牛继磊［中国石油大学（华东）］（第三位）
F-306-2-01	旋转填充床反应器强化新技术	丁建生（烟台万华聚氨酯股份有限公司）（第三位）
F-306-2-02	微结构化工传质设备及其工业应用	陈祥芝［山东盛大科技（集团）股份有限公司］（第六位）
F-306-2-06	HFCs气相氟化催化剂制备及其工业应用技术	明文勇（山东华安新材料有限公司）（第六位）
F-307-2-09	高性能复相碳化硅陶瓷内加热器关键技术及应用	陈振国（山东通亚机械有限公司）（第四位）
F-309-2-10	基于拉曼散射的新型分布式光纤温度传感技术与工程安全监测应用	孙忠周（威海北洋电气集团股份有限公司）（第六位）

输注与介入类医用耗材制备新技术及其大规模应用 输注与介入类医用耗材领域长期存在残留的环氧乙烷灭菌剂和聚氯乙烯耗材中塑化剂危害人体健康的两大难题。该项目发明了反应挤出接枝和原位复合新技术，解决了抗辐照剂淬灭活性自由基，而它键合到大分子链上又需要活性自由基引发的矛盾，制备了抗辐照灭菌的材料；发明的反应组合组装和不同官能团间耦合反应新技术，制备了具有抗溶血、凝血和抗蛋白吸附性和高强度、高回弹性高分子合金，完全替代 PVC，避免了 DEHP 增塑的 PVC 产品因塑化剂进入人体造成的潜在危害。该项目解决了在医用材料领域中长期存在的难题，保障了患者健康，推动了我国通用医用耗材的技术更新和产品换代。该项目已获国家发明专利授权 11 件、美国发明专利授权 1 件。2009—2011 年累计新增销售额 38.62 亿元，利润 5.23 亿元，税收 4.12 亿元。

秸秆清洁制浆及其废液肥料资源化利用新技术 该

项目涉及制浆造纸技术、轻工业废物处理与综合利用、农业废弃物处理与综合利用3个技术领域。该项目通过锤式备料、置换蒸煮、机械疏解—氧脱木素、本色浆4项技术发明的有机集成，解决了传统秸秆浆质量不高、黑液提取率低的技术难题，形成了适于秸秆的独特制浆技术体系。应用发明的制浆技术，将亚铵法蒸煮过程产生的黑液经蒸发浓缩、喷浆造粒，研发出有机肥新品种，首次实现了制浆黑液的肥料化利用。该项目技术的应用，使秸秆浆的主要技术指标达到甚至超过阔叶木浆水平，成为高档纸品的生产原料；使草浆制浆造纸企业的废水COD、BOD和AOX等排放指标优于国际木浆标准规定；使我国草浆制浆技术整体水平跃居国际领先。同时，木素有机肥的创制为农业提供了培肥地力、促进作物生长的肥料，构建了农业和制浆造纸业的良性循环，具有巨大的经济价值和重要的战略意义。

硼酸盐激光自倍频晶体制备技术及其小功率绿光激光器件商品化应用　该项目属无机非金属材料领域，涉及人工晶体与激光技术。该项目研究突破传统思想，发现RECOB类晶体最大deff在非主平面方向，可产生高效自倍频输出。通过对多种RECOB类等硼酸盐晶体生长和激光特性的筛选研究，发现硼酸钙氧钕钆(Nd:GdCOB)晶体综合性能优良，具有实用化前景。通过产学研合作在国际上首次实现自倍频晶体及其绿光DPL商品化应用。主要创新点：①发现RECOB类晶体最大deff在非主平面方向，确定Nd:GdCOB最大deff达1.68pm/V，是主平面的2.8倍，是一种可产生高效绿光输出的自倍频晶体。②发明了籽晶重入晶体生长技术，结合专有技术生长出高质量Nd:GdCOB晶体，发展了晶体定向、加工和镀膜技术，获得实用化自倍频芯片。③基于激光和倍频效应最佳耦合研究，优化绿光DPL设计，实现了瓦级国际最高输出并波长可控；发明了单频可见光DPL、适于激光显示用的自倍频绿光DPL、单一束激光输出或线阵输出自倍频DPL等。④发明了自倍频绿光DPL模组，应用于中小功率系列专利产品，获得良好的经济和社会效益。

（省科技厅科技成果处）

国家科技进步奖

【山东省获奖项目及选介】

2012年度山东省获国家科技进步二等奖项目（17项）

编号	项目名称	主要完成人	主要完成单位
J-201-2-09	超高产稳产多抗广适小麦新品种济麦22的选育与应用	刘建军　赵振东　宋健民　李豪圣　吴建军　邱若瑞　刘爱峰　王法宏　肖永贵　程敦公	山东省农业科学院作物研究所
J-203-2-02	海水池塘高效清洁养殖技术研究与应用	董双林　田相利　王　芳　阎斌伦　姜志强　马　甡　高勤峰　唐聚德　赵　文　吴雄飞	中国海洋大学、淮海工学院、大连海洋大学、好当家集团有限公司
J-206-2-04	缓控释肥技术创新平台建设		山东金正大生态工程股份有限公司
J-216-2-04	大倾角煤层综采综放工作面成套装备关键技术	曾庆良　王国法　张　鑫　吴海雁　万丽荣　张　文　赵　美　朱　军　韩　浩　宁桂峰	山东科技大学、天地科技股份有限公司、西安煤矿机械有限公司、新汶矿业集团有限责任公司、中煤张家口煤矿机械有限责任公司、四川神坤装备股份有限公司
J-206-2-02	微锡高强韧性球墨铸铁关键技术及动力机械核心部件产业化	孙海涛　丛建臣　杨思一　丛红日　李首峰　慈惟红　姜　涛	天润曲轴股份有限公司 山东理工大学
J-201-2-09	多靶点抗肿瘤药物培美曲塞二钠的研制与应用	范传文　林　栋　王晶翼　张明会　马丕林　于艳玲　刘洪艳　杨清敏　严守升　李　霞	齐鲁制药有限公司
J-235-2-02	增效减毒抗癌新药替吉奥产业化关键技术与应用	赵志全　张贵民　姚庆强　刘延奎　刘　忠　周宗仪　郝贵周　姚景春　王　颖　冯　中	山东新时代药业有限公司 山东省医学科学院药物研究所 鲁南制药集团股份有限公司
J-211-2-02	高含油油料加工关键新技术产业化开发及标准化安全生产	王兴国　孙东伟　刘元法　宫旭洲　金青哲　李恒严　王珊珊　李　秋　王晓玲　宫晓华	山东鲁花集团有限公司 江南大学

续表

编号	项目名称	主要完成人	主要完成单位
J-217-2-04	重型高速柴油发动机关键技术及产业化	孙少军 佟德辉 张纪元 刘庆义 张 欣 冯 刚 王玉春 苏万华 胡玉平 王家明	潍柴动力股份有限公司、北京交通大学、天津大学、山东大学、无锡威孚力达催化净化器有限责任公司
J-252-2-05	海底大型金属矿床高效开采与安全保障关键技术	陈玉民 李夕兵 刘 钦 修国林 赵国彦 胡乃联 毕洪涛 姜福兴 刘志祥 张炳南	山东黄金集团有限公司、中南大学、北京科技大学、北京黄金经济发展研究中心
J-202-2-05	木塑复合材料挤出成型制造技术及应用		青岛华盛高新科技发展有限公司(第七位)
J-203-2-03	禽用浓缩灭活联苗的研究与应用		青岛易邦生物工程有限公司(第三位)
J-210-2-01	海上绥中36-1油田丛式井网整体加密开发关键技术		中国石油大学(华东)(第五位)
J-223-2-02	3 500m深海观测和取样型ROV系统		国家海洋局北海分局(第二位)
J-234-2-05	老年社区获得性肺炎证治规律与疗效评价研究及应用		山东中医药大学附属医院(第三位)
J-251-2-02	果蔬食品的高品质干燥关键技术研究及应用		山东鲁花集团有限公司(第四位)
J-251-2-05	畜禽粪便沼气处理清洁发展机制方法学和技术开发与应用		山东民和牧业股份有限公司(第四位)

超高产稳产多抗广适小麦新品种济麦22的选育与应用 济麦22是山东省农业科学院作物研究所历时17年选育的超高产、稳产、多抗、广适小麦新品种，先后通过国家审定和山东、河南、江苏、安徽及天津5省市审(认)定。2009年农业部组织实打亩产达789.9kg，创我国一年两熟制下冬小麦高产纪录。在我国黄淮冬麦区和北部冬麦区两大主产麦区大面积推广应用，年种植面积连续3年居全国第一，是近30年来我国年种植面积最大的小麦品种。2011年秋播面积320.25万 hm^2(4 803.7万亩)，占我国最大麦区黄淮冬麦区的25%，其中山东省种植面积占全省的45%。自2006年审定以来，全国累计推广780万 hm^2(1.17亿亩)，增产小麦52.7亿kg，新增效益88.4亿元，成为我国新一轮小麦品种更新换代的主体品种，为实现山东省粮食九连增、全国粮食八连增、保障国家粮食安全做出了重大贡献。该项目主要创新点：①通过阶梯聚合杂交，创制出高抗倒伏、穗育性好、产量潜力高的优异亲本935106和株型优良、综合抗性好、白粉和条锈病免疫、叶功能期长的优异亲本935024。②建立了以“阶梯杂交聚合优异基因、抗性和产量双向提高”为核心的目标种质定向改良技术，以“前期重稳健、中期重繁茂、后期重茎叶”为核心的全生育期选育技术和以“穿梭育种、水旱轮选、异地鉴定”为核心的杂种后代高效选育技术，形成高产育种技术体系。③研究了济麦22高产生理基础及栽培技术，制订了不同生产条件下的配套栽培技术规程，建立了“育种单位＋良繁基地＋种业联盟”三结合、育繁推一体化的开发模式，加快了成果转化，促进了民族种业发展。据不完全统计，目前已有180余家种业企业推广经营济麦22，累计制种10亿多公斤，增加利润4亿多元。济麦22集高产、广适、抗逆于一体，实现了小麦高产育种的新突破，引领了我国冬小麦高产育种的新方向。经专家鉴定，成果达到国际领先水平。

海水池塘高效清洁养殖技术研究与应用 该项目属于水产养殖领域。技术难点和重点是科学地创建既增产增收又能实现资源节约、环境友好的养殖模式。主要创新点：①在方法学上，创建了陆基围隔实验系统，克服了水族箱实验失真、池塘试验的起始条件难均一等缺陷。②依据3个策略(通过养殖生物间的营养关系实现养殖废物的资源化利用，通过养殖种类或系统间的生态功能互补作用调控水质，养殖水体时间、空间和饵料资源的充分利用)开创性地构建、优化出我国海水池塘主养动物的17个综合养殖模式，包含9个对虾高效清洁养殖模式、3个梭子蟹综合养殖模式、刺参—海蜇—对虾—扇贝综合养殖模式以及牙鲆快速养成和清洁养殖模式等。③发现浮游动物越冬休眠卵携带并传播WSSV，发明了封闭围栏、切断对虾WSSV传播途径的无公害生态防病技术，使358hm^2(5 370亩)示范区对虾养殖成功率达到99%。④系统研究滤食性鱼类、贝类和大型海藻调控水质技术，发明的对虾与滤食性鱼类网隔式混养方法可使对虾产量提高13.1%，同时获鱼产量1 224kg/hm^2，并节约优质饲料。发明的青蛤—江蓠原位修复池塘水质技术，使池塘水中TN含量减少43%、投入N的利用率提高110%。⑤发明出多种环保型饲料、肥料，为清洁生产提供了保障性生产资料。该项目技术成果已在山东、江苏、辽宁、浙江部分地区实现规模化应用，近3年技术应用面积累计5.77万 hm^2(86.55万亩)，新增产值24亿元。该项目的优化结构模式成果通过省科技厅组织的成果鉴定，总体上达到同类研究国际领先水平。技术成果已获国家发明专利授权13件、实用新型专利授权11件。制定地方标准3项、企业标准2项，获农业部无公害农产品4个。发表论文257篇，其中被SCI、EI收录论文71篇。培养硕士生84名、博士生45名。获省级科技成果奖励一等奖1项、二等奖2项。

缓控释肥技术创新平台建设 该项目通过实施“技术、管理、人才、文化、市场”五位一体系统创新工程，构建了缓控释肥产业技术创新链的全面开放式产学研合作创新模式，实现“全面开放性”与“系统性”的相互结合，形成了持续创新能力。研制出12个系列的新型作物缓控释肥，创新作物专用控释肥和控释掺混(BB)肥的精准控释配方技术，创建了缓控释肥生产工艺流程及设备4套，建成95万t/a产业化装置，获得发明专利授权97件，完成重大科技成果转化13项，制定国家标准1项、行业标准3项，获得省科技进步一等奖2项、国家重点新产品3项。产品试验与示范表明，与对照常规肥料相比，氮素利用率提高50%以上，作物增产在15%～25%，可节省氮肥30%～50%，累计示范推广超过461.67万hm^2(6 925万亩)，已获经济效益146.61亿元。

大倾角煤层综采综放工作面成套装备关键技术 该项目经过10余年产学研联合攻关，集成多领域技术创新，攻克了大倾角煤层综采综放工作面成套装备关键技术，研制的液压支架及其电液控制系统、电牵引采煤机和刮板输送机成套装备，首次实现了35°～55°大倾角煤层的安全高效开采，达到了国际领先水平。主要创新点：①发明了大倾角低位放顶煤液压支架，创新构建出大倾角煤层综采综放工作面支护系统，在世界上首次解决了35°～55°大倾角煤层液压支架防倒防滑和稳定性控制的关键技术难题。②研制出世界首台适用于55°大倾角煤层的电牵引采煤机，解决了采煤机牵引、制动困难和可靠性差的技术难题。③研制出大倾角刮板输送机，解决了刮板输送机整机下滑及圆环链损坏率高的技术难题。④发明了大倾角煤层综采综放工作面组合导向式端头超前支护方式和设备，建立了工作面设备总体配套技术体系，解决了大倾角煤层综采综放工作面成套设备协调、稳定和可靠运行的技术难题。该项目共获得发明专利授权9件、实用新型专利授权8件，登记软件著作权3件，发表论文100余篇，出版专著1部，获得省部级科技奖励一等奖3项，制定国家标准1项、行业标准2项，培养博士后2名、博士研究生16名、硕士研究生50余名。研制的成套装备已投入批量生产，在全国30多个矿井的大倾角煤层推广应用。近3年来，创造直接经济效益29.86亿元，间接经济效益93.33亿元。该项目为我国大倾角煤炭资源的安全、高效开采提供了装备保障，增加了30%的煤炭资源可采出量，使大倾角煤层回采效率提高3倍以上，资源采出率提高35%，减少了资源浪费，保证了煤矿安全生产，降低了工人劳动强度，对提高我国煤机装备的研发水平和国际竞争力、推动行业技术进步具有重大作用。

微锡高强韧性球墨铸铁关键技术及动力机械核心部件产业化 该项目历经近20年的持续攻关，研发出高强度高韧性球铁材质的三大核心技术，实现了关键技术及产业化的重大突破，核心技术获得2010年省技术发明一等奖和2009年中国机械工业科学技术一等奖。主要创新点：①针对球铁本体强韧性低，发明出一种微锡高强韧性球铁及其新型合金化孕育剂。②针对球铁缩松倾向严重，研究微量元素变化对铁水共晶点的影响，研发出铁水实际共晶点控制技术，建立计算实际碳当量的数学模型，消除了铁水的遗传性影响，使球铁缩松缺陷大幅度降低。③针对球化率低，研发出密封正压无氧球化技术，使球化在正压无氧状态下进行，研制出适合大批量流水作业的密封球化成套装置，球化率由原来的不足80%提高至90%以上。④针对曲轴铸造过程工序繁琐且易产生缺陷的问题，研发出曲面分型方法，配以凸凹模板技术，实现了曲轴无型芯铸造，简化了生产流程，避免了因砂芯产生的夹砂、气孔缺陷。⑤针对铸件热处理组织不均匀，研发出高温自动旋转装置及风雾冷却控制技术，设计了自动控制连续热处理生产线，铸件断面的硬度差值由原来的50HBW降至20HBW。该项目球铁本体抗拉强度927±25MPa，延伸率和冲击韧性超过美国、德国、日本标准同类单铸试块技术指标；生产的曲轴与国际上广泛应用的45CrMoA和42CrMoA锻钢曲轴相比，疲劳弯矩和安全系数大幅度提高，成果技术达到国际先进水平，部分性能达到国际领先水平。获得国家专利9件，其中发明专利4件。制订国家标准1项、行业标准1项。该项目生产的曲轴，为东风康明斯、一汽锡柴、玉柴、潍柴等国内十几家著名发动机企业配套，国内市场占有率达到31.7%以上。国内独家为美国康明斯、意大利菲亚特、德国奔驰等世界知名企业供货。生产的高速列车制动件、工程机械传动件、机器人臂、重卡载荷支架等动力机械核心部件，为美国卡特彼勒、日本三菱重工、法国法维莱等知名企业供货，取代进口进入国际高端市场。相关技术推广至国内十余家大型铸造企业。

多靶点抗肿瘤药物培美曲塞二钠的研制与应用 该项目属有机化合物药物生产和肿瘤治疗领域。主要创新点：①首创了采用3个全新中间体的培美曲塞合成路线，合成高效、低耗环保。②开发出高效环保的结晶纯化工艺，大大降低了结晶有机溶媒消耗，降低了产品中有机残留和杂质，产品质量高。③国内首次证实了培美曲塞可由非鳞非小细胞肺癌二线治疗药物转为一线治疗药物并首家获批，扩大了产品的应用，可使更多患者受益。该项目已获得发明专利授权5件，产品质量与进口品等同，产品已在全国300余家主要医院得到应用，用于肿瘤患者10余万个治疗周期使用，为患者节省治疗费用近20亿元。该项目产品质优价廉，并替代进口，取得了良好的社会效益和经济效益。

增效减毒抗癌新药替吉奥产业化关键技术与应用 该项目属固定剂量复方药物开发领域。替吉奥是最新的三方氟尿嘧啶类抗癌药物，具有高效、低度的优点，单药化疗有效率高达44.6%。该项目在国内率先集成应用微粉、微丸、高压液相制备、液质联用等技术，解决了替吉奥制剂稳定性差、溶出度低、原料质量无法满足制剂需要、原料及复方制剂杂质控制及分析难等问题，打破了固定剂量复方制剂研发的技术壁垒，获得发明专利授权6件。

生产全过程实现节能减排、清洁生产，直接新增就业岗位200多个，并推动上游原料、包材以及下游商贸物流等相关行业的发展。项目产品替吉奥胶囊为国家3类新药，先于进口品在国内上市，其成功研制及产业化打破了国外的技术垄断，为临床提供了用药新选择，为患者带来了新希望，深受专家好评和患者认可，稳居70%以上的市场份额，上市5年销售23亿元。产品价格低，相对于进口产品，单药化疗1个疗程可节省3 000多元，减轻了患者的经济负担。产业化建立的系列平台技术达到国际先进水平，通用性良好，为开发其他新药打下了基础。以该项目产品为研究对象发表的专业论文达到60余篇。

高含油油料加工关键新技术产业化开发及标准化安全生产 该项目针对花生、葵花等高含油油料的特征，以节能、环保、安全为原则，通过对油脂生产中五大工序关键技术的研究，建成完整的工艺路线，形成大规模标准化生产能力，开发出健康安全新产品。该项目以大型压榨制油工艺为研究方向，在预处理、压榨与精炼、稳定性储藏、有害物质去除等环节研发关键新技术，并成功应用于产业化生产。油料预处理工序采用顶空微萃取、气相质谱联用并结合人工嗅辨仪系统评价，首次分离鉴定明确了花生油中的风味物质，建立了风味控制工艺操作规程与标准。创立了以低温凝絮无水脱磷为核心的精炼技术工艺，取代无机酸水化脱胶、化学脱酸、高温减压脱臭过程，避免了溶剂、反式酸和苯并芘有害因素，使风味物质及脂溶性维生素、植物甾醇、多酚等营养成分得到较多保留。研发出在线降解油脂中黄曲霉毒素技术与设备，首次对黄曲霉毒素降解产物进行安全性验证。首次采用生物多酚取代合成抗氧化剂，采用低温自控充氮储藏技术与装备取代露天油罐储藏，提升了产品质量稳定性。该项目在促进行业技术进步、提高产品质量、丰富产品类型、保障食品安全、实施节能减排方面具有积极意义，在生产企业得到推广应用，近3年新增产值163.7亿元，新增利税16.3亿元。

重型高速柴油发动机关键技术及产业化 该项目在国家科技计划的支持下，通过自主创新，取得以下技术突破：①可靠性和动力性技术：创新开发了世界重型高速发动机领域干式气缸套与阻尼式整体框架机体的集成结构，在整机纵向尺寸缩短5%的同时提高机体承受冲击载荷能力20%以上；运用独创的铸造和机加工技术保证产品制造精度；创新建立并应用基于等寿命设计的全目标考核可靠性开发方法。②安全技术：开发了发动机排气阀制动装置及基于该装置的跛行控制方法。③节能技术：发明了两模式进气门晚关及控制机构，开发了双循环热交换器和智能化的发动机附件。④环保技术：开发了金属蜂窝状催化剂载体、后处理管路装置、后处理电子控制器及控制策略。基于上述创新技术开发出具有完全自主知识产权的WP10/WP12系列蓝擎重型高速柴油机。中国机械工业联合会中国内燃机工业协会评价认为："产品动力性、经济性、环保性和可靠性指标达到国际领先水平"。WP10/WP12系列柴油机连续三年产销量位居世界同行业首位。2007—2011年累计销售124.7万台，实现销售收入577.1亿元，利税180.2亿元。其中，累计出口14.6万台，创外汇17.3亿美元。已投放市场的产品每年约可节省燃油145万t、减少CO_2排放470万t，分别减少NOx和颗粒物排放32万t和0.8万t。该项目已获得发明专利授权16件、实用新型专利授权63件，登记软件著作权3件，制定国家标准10项。目前，产品在国内重型汽车、大客车、5t以上装载机和160马力以上推土机等配套市场的占有率分别达到42%、80%、85%和60%。成功配装了建国60周年大阅兵方阵车辆和其他国防装备，并成为世界500强企业韩国斗山集团的中国装载机产品独家配套动力以及卡特彼勒、沃尔沃中国工程机械产品的主要配套动力。该项目的实施和完成，填补了国内重型高速发动机的空白，打破了国外的技术垄断，获得了一批具有自主知识产权的创新成果，在国内内燃机行业产生了广泛影响，还为企业培养了一批高素质的工程技术人员，达到校企联合组成专业技术研究团队的创新型研发模式。同时，进一步支撑和保障了国防建设事业的发展，对发动机产品节能减排、绿色制造和履行行业社会责任起到了重要促进作用。

海底大型金属矿床高效开采与安全保障关键技术 海洋占地球表面积的2/3，海洋中蕴藏着丰富的各类矿产资源。各国围绕海洋资源的开发利用和保护进行了大量的探查和研究，并有愈演愈烈之势。海洋经济已成为世界经济发展新的增长点。海底金属矿开采难度大，技术要求与安全要求高，稍有不慎可能导致海床隔水层破坏，任何细微的海水渗漏都可能导致海水溃入，造成井毁人亡的重大安全事故。山东黄金三山岛金矿新立矿区矿体完全位于海床下数十米，矿体与海水间仅靠数米厚的隔水带隔离，主要矿体距陆地大约200m ~ 2 000m，是目前国内资源最大的岩金矿山之一，也是国内唯一海下开采的黄金矿山。为确保安全高效地实现海下采矿，项目组围绕海下安全采矿问题，先后完成了海底大型金矿床安全高效开采综合技术研究、海下金属矿床采场交替上升无房柱连续开采关键技术研究与应用等多项关键技术研究，通过海底开采环境下岩层状况的多维多场探查与安全隔离层的确定、海底大型金属矿床规模化高效开采方法与配套工艺技术、海底开采安全保障技术与安全开采行业标准等关键技术研发，获得了"一种水下开采顶板渗流突水试验方法及装置""一种测试脆性材料拉伸模量的方法""海底厚大金属矿护顶下中腰双向充填采矿法""房柱变换式盘区上向分层充填采矿法"和"具有絮状层解功能的全尾矿砂浆充填塔"5件发明专利授权，并制定了《水下黄金矿开采巷道岩体变形观测技术规范》《黄金矿开采工程岩石物理力学性质试验技术规范》和《黄金矿水害防治水化学分析技术规范》等5项行业标准。依托先进的技术和管理，山东黄金三山岛金矿成为世界范围内首座成功实现安全高效开采海底金属资源的典范矿山。

（省科技厅科技成果处）

2012年度山东省科学技术奖励情况概述

【基本情况】 2012年度，省科学技术奖共受理推荐项目1 069项，形式审查合格974项。经过网络评审、专业组会议答辩评审、评审委员会评审、建议授奖项目公示、部分一等奖项目现场考察和奖励委员会审议等程序，形成了《2012年度山东省科学技术奖励委员会会议决议》。经省科技厅审核，省政府批准，授予山东大学程林教授、山东省农业科学院作物研究所赵振东研究员省科学技术最高奖，授予499个项目省自然科学奖、省技术发明奖和省科技进步奖，包括一等奖41项（含其他项目2项）、二等奖183项（含其他项目1项）、三等奖275项（含其他项目1项），奖金总额2 075万元。其中省自然科学奖一等奖1项、二等奖7项、三等奖6项，省技术发明奖一等奖2项、二等奖7项、三等奖4项，省科学技术进步奖一等奖38项（含其他项目2项）、二等奖169项（含其他项目1项）、三等奖265项（含其他项目1项）。授予法国费尔南德•彭斯、美国邢明照两名外籍专家省国际科学技术合作奖。

【授奖的主要特点】 2012年度省科学技术奖推荐评审工作围绕全省经济、科技发展大局，注重奖励促进全省经济发展方式转变、产业结构调整，有助于解决全省经济社会发展中的共性、关键问题的项目，注重加强对以企业为主体的科技创新的奖励，注重对成果科学性的检验，倡导良好的学术风气，注重奖励有助于造就科技创新团队、培养科技领军人才的项目。

体现自主创新能力逐年提升，科技支撑经济发展的作用不断加强。在授奖的499个项目中，已取得专利授权的项目300项，占60.1%，共取得发明专利762项、其他知识产权1 671项。这些研究成果都在实际生产中得到推广转化和产业化，有效推动了经济结构的调整和发展方式的转变，取得了重大的经济效益和社会效益。据不完全统计，授奖项目实施后，近3年新增利润1 269.9亿元，新增税收329.8亿元，创外汇26.9亿美元，节支总额226.3亿元。

企业的创新主体地位日益突出，高校科研单位的创新支撑作用成效显著。在授奖的298个科技进步奖技术开发类项目中，企业为主完成的188项，占63.1%，占比较上年增长10.2%，表明企业成为一线生产科技创新的主力，企业为主体的技术创新体系不断完善；高校科研单位为主完成的99项，占33.2%，另外在27项自然科学奖和技术发明奖项目中由高校科研单位为主完成的18项，占66.7%，表明高校科研单位的源头创新能力不断提升，对科技创新发挥了重要的支撑作用；有99项科技进步奖技术开发类项目由企业、高校和科研单位通过协同创新合作完成，占33.2%，表明产学研合作逐步成为技术创新和科技成果转化的重要途径。

民生领域科技创新不断加强。在授奖的485项技术发明奖和科技进步奖项目中，涉及社会保障、医疗卫生、食品安全、公共安全、环境保护、资源高效利用等与人民生活关系密切的社会公益类项目157项，占32.4%。这些项目的实施应用，对推动生态山东建设、改善和保障民生发挥了积极作用。

中青年科技人才成为推动创新的主体。在3 520名授奖人员中，45岁以下中青年科技人员2 120人，占60.2%，46～55岁的科技人员1 182人，占33.6%，表明中青年科技人员成为科技创新的中坚力量，科技人才培养成效显著；具有高级职称的人员2 157人，占61.3%，中级职称的人员1 074人，占30.5%，科研人员结构更加合理，表明山东省创新团队建设不断推进，为中青年科技人才的培养和高层次科技领军人才的脱颖而出创造了良好的环境。

科技计划对科技创新的支撑和引导作用成效显著。在授奖的499项成果中，在研发过程中得到国家和山东省各类科技计划支持的328项，占65.7%，说明各级各类科技计划对引导和支撑科技创新发挥了重要作用。

【评审工作措施】

不断改进评价方式、评审流程，使评审结果更加科学公正。依托完善的奖励信息化管理系统和健全的专家库，采用计算机随机遴选省外高水平专家进行网络评审，在加强项目创新性评价的同时减少人情因素影响；在会议评审阶段邀请熟悉山东省科技经济发展情况的一线专家参与，突出对项目实用性、经济社会效益等指标的评价，使评审结果更加符合科技发展的规律和山东省科技创新的方向。

更加严格推荐要求，倡导良好的学术风气。严格限制公务员、企事业领导班子成员搭车报奖；采用计算机自动查重等手段限制专利、论文等支撑材料的重复报奖使用，防止学术浮躁，倡导良好的科学研究氛围和风气。

进一步加强监督，提高省科技奖的权威性和社会公信力。实行推荐环节三次公示制度和建议授奖项目公示制度，扩大公示范围、渠道，增加公示内容，全面接受社会监督；由省科技奖励监督委员会和省科技厅纪检监察室对评审进行全过程监督，确保省科技奖的权威性和社会公信力。

（省科技厅科技成果处）

山东省科学技术最高奖

（2人）

程林　男，1962年1月出生，工学博士，教授，现任山东大学热科学与工程研究中心主任。程林教授长期从事工程热物理领域的研究，在传热强化技术与换热器设计理论方面做出系列创造性成果，是教育部长江学者、山东省首批泰山学者，山东省首批泰山学者攀登计划入选者、国家973计划项目首席科学家。

程林教授利用换热器传统设计中一直严格防止的流体诱导振动，化害为利，使流体诱导振动强化传热的同时，利用振动变形清除传热元件表面污垢，降低污垢热阻，形成了一种强化传热新方法和新理论；发明的浮动盘管换热器在原理与结构上突破了传统的换热器设计模式，成为一种在国际上得到公认的换热器新形式；研究开发了弹性管束系列换热设备，建立了弹性管束换热器设计准则及应用规范，成为国家建筑标准设计，取得了巨大的社会与经济效益；设计了热力集成机组，可在30%～150%负荷下持续高效工作，解决了在大规模城市集中供热中热负荷变化问题，节能效果显著。

程林教授创立了一种换热器设计新方法，包容了不确定参数带来的偏差，能够完全确定一个由多目标优化的换热器结构参数，完成了以场协同为目标的换热器热力设计平台；提出了热传递过程的最小热阻原理，对减少热能转换损失、提高能量利用效率、产生规模节能效益具有重要的理论意义与应用价值。

程林教授在诺贝尔物理学奖获得者丁肇中教授领导的国际大科学工程阿尔法磁谱仪（AMS）项目中任热系统总负责人，主持设计完成了AMS热控制系统。提出了太空粒子探测仪运行的周期性冷热交替的传热动态响应特征和不稳定分散热源的最优传热方法，解决了粒子探测仪在国际空间站运行热控制的重要科学问题，在AMS项目中具有关键作用，获美国宇航局特别嘉奖。

程林教授先后主持国际大型科学合作项目1项（系统总负责人）、国家973计划项目1项（首席科学家）、国家国际合作重大项目2项、国家十五攻关项目1项、山东省科技发展重大项目5项、国家自然科学基金项目1项；获得国家科技进步二等奖2项、国家发明四等奖1项以及教育部科技进步一等奖2项、山东省科技进步一等奖2项；出版著作5部，在国内外学术刊物和重要学术会议上发表论文278篇，SCI检索57篇，EI检索122篇，累计他引436次。

赵振东　男，1942年9月出生，研究员，省农科院作物研究所首席科学家，省政府参事。赵振东研究员长期从事小麦育种和推广工作，在优质高产与高产广适品种选育方面取得重要突破，推动了山东及全国的小麦品种更新换代，为我国小麦持续增产及粮食安全做出了突出贡献。

赵振东研究员研究创建了以微量沉降值为核心技术的优质面包小麦育种方法，育成我国第一个年推广面积过千万亩的面包小麦品种济南17，有效替代进口。年最大推广面积达74.27万hm^2（1 114万亩），累计推广310.07万hm^2（4 651万亩），增产小麦10.1亿kg。研究确立了优质面条小麦选育的4项关键指标，创新面条品质评价方法，育成优质高产面条小麦品种济麦19。该品种品质优良，高产稳产，高产田实打亩产650.4kg，被农业部列为农业主导品种，年最大种植面积86.93万hm^2（1 304万亩），累计推广411.60万hm^2（6 174万亩），增产小麦17.1亿kg。率先提出选育兼用型品种新理念，创新采用微量沉降值和面粉膨胀体积指标改良面筋强度和淀粉特性，实现了蛋白和淀粉品质的同步提高，育成面包面条兼用型高产小麦品种济麦20。连续6年为农业部推介主导品种，连续4年推广面积超过86.67万hm^2（1 300万亩），年最大面积150.33万hm^2（2 255万亩），为2007年全国第一大品种，累计推广504.13万hm^2（7 562万亩），增产小麦15.0亿kg。集成高产多抗广适品种选育技术，育成小麦新品种济麦22，实现了高产育种的新突破。连续6年在66点次创出亩产超700kg高产典型，2009年农业部组织专家实打亩产789.9kg，创我国一年两熟制下小麦高产纪录。该品种抗白粉、条锈、吸浆虫，抗寒抗倒，节水耐热。通过国家审定和鲁、豫、苏、皖、津等5省市审（认）定，在黄淮和北部冬麦区大面积推广，2009年面积146.67万hm^2（2 200万亩），2010年228万hm^2（3 420万亩），2011年320.25万hm^2（4 803.7万亩），均为全国种植面积最大的品种，累计推广780万hm^2（1.17亿亩）。

赵振东研究团队先后育成了济南17、济麦19、济麦20、济麦21和济麦22等大面积主栽品种，十年来年均种植面积153.33万hm^2(2 300万亩)以上，占山东省年种植面积的40%以上，在黄淮和北部冬麦区累计推广0.2亿hm^2(3亿亩)，增产小麦82.6亿kg，获得国际农业研究磋商组织杰出农业科技奖，被农业部和山东省评为优秀创新团队，记集体一等功。赵振东研究员发表论文70多篇，曾获国家科技进步二等奖3项、何梁何利基金科学与技术进步奖和中华农业英才奖等。

(省科技厅科技成果处)

山东省自然科学奖

【获奖项目及选介】

2012年度山东省自然科学奖一等奖项目(1项)

编号	项目名称	完成人
ZR2012-1-1	植物生殖器官的发育与激素调节	张宪省(山东农业大学)、赵翔宇(山东农业大学)、苏英华(山东农业大学)、王芳(山东农业大学)、李兴国(山东农业大学)

植物生殖器官的发育与激素调节　该项目从器官、细胞和分子水平上系统研究了植物生殖器官发育的分子基础，深入探讨激素调控生殖器官发生的分子机制。主要研究成果：①探讨小麦光周期调控开花时间的分子机理，丰富了谷类作物开花时间调节的理论。克隆了12个调控植物生殖器官发育的基因(TaGI1，TaMADS1，Triae；cycD2；1，TaYAB1，TaAS2，Orysa；CycB1；1，OsARGOS，OsAS2，HAG1，HoMADS1，SHB1，AtCESA2)，分析了其生物学功能。发现TaGI1是光周期调控小麦生殖发育的关键基因，其节律性表达受光周期诱导且发生在腹面靠近叶脉的特定细胞内，表明光周期在叶片中诱导该基因表达，其产物极有可能通过输导组织从叶中转运至茎端分生组织，调控小麦小穗的发育以及抽穗时间。②解析SHB1和细胞周期相关基因在调节种子发育中的重要作用，为作物品种改良提供了重要科学资料。拟南芥SHB1通过调节种子发育关键基因MINI3和IKU2的表达，协调胚和胚乳中细胞分裂和细胞分化，最终控制种子大小。水稻Orysa；CycB1；1和OsARGOS直接调节胚乳和胚的细胞分裂，进而调节种子的发育。从水稻中系统鉴定出80个细胞周期的重要调节基因，其中12个基因在胚中表达，4个基因在胚乳中表达，23个基因在胚和胚乳中均有表达，揭示了单双子叶植物的细胞周期关键调节基因在数目及结构上的保守性，发现Orysa；CycB1；1为调控胚和胚乳发育的重要基因。③建立多种植物生殖器官高效定向再生系统，揭示了激素调节植物器官发生的重要机制。成功地将植株上植物器官发生的高度复合状态简化为激素与再生器官的简单对应关系，实现了多种生殖器官的高效定向离体再生，为研究激素调控器官发生机理提供了简单可控的理想实验系统。提出花芽再生是各轮花器官按程序从花分生组织中分化的过程，不同花器官的分化需要不同的激素浓度，每一轮花器官分化后期必定会自动调整内源激素浓度以适合下一轮花器官分化的观点。发现花器官特征决定基因的表达受激素调节，特别是胚珠特征决定基因的表达受激素浓度的控制。揭示了在体细胞胚胎发生过程中，生长素的极性分布诱导干细胞组织中心关键基因WUS的表达，进而决定干细胞的形成和胚胎发生。已获得国家发明专利授权3件，3篇学位论文入选省优秀博(硕)士学位论文，发表学术论文94篇，其中单篇影响因子>7的有3篇，最高影响因子10.648。据不完全统计，8篇代表性论文共被他人引用178次，其中SCI他引119次。成果相关论文共被引用907次，他引831次。

2012年度山东省自然科学奖二等奖项目(7项)

编号	项目名称	完成人
ZR2012-2-1	系列半导体准一维纳米材料的合成、机理及物性研究	李镇江(青岛科技大学)、李桂村(青岛科技大学)、孟阿兰(青岛科技大学)、孙士斌(青岛科技大学)、范晓彦(青岛科技大学)
ZR2012-2-2	新型激光束和激光器件及其波前检测和成像的理论与实验研究	国承山(山东师范大学)、刘杰(山东师范大学)、滕树云(山东师范大学)、程传福(山东师范大学)、韩玉晶(山东师范大学)
ZR2012-2-3	生化分析及生物传感新方法研究	李峰(青岛科技大学)、刘树峰(青岛科技大学)、接贵芬(青岛科技大学)、赵常志(青岛科技大学)

续表

编号	项目名称	完成人
ZR2012-2-4	对虾抗逆、生长等性状的分子生物学基础及其应用研究	相建海(中国科学院海洋研究所)、章晓波(浙江大学)、李富花(中国科学院海洋研究所)、张晓军(中国科学院海洋研究所)、王兵(中国科学院海洋研究所)
ZR2012-2-5	脑内高铁损伤多巴胺能神经元致帕金森病的机制及其干预研究	谢俊霞(青岛大学)、姜宏(青岛大学)、王俊(青岛大学)、宋宁(青岛大学)、徐华敏(青岛大学)
ZR2012-2-6	动脉粥样硬化病变分子机制和基因治疗的实验研究	张澄(山东大学齐鲁医院)、董波(山东大学齐鲁医院)、张运(山东大学齐鲁医院)、刘平(山东大学齐鲁医院)、杨建民(山东大学齐鲁医院)
ZR2012-2-7	宽带无线通信网络中的跨层设计与资源优化	张海霞(山东大学)、赵峰(山东大学)、白智全(山东大学)、管章玉(山东大学)、袁东风(山东大学)

2012年度山东省自然科学奖三等奖项目(6项)

编号	项目名称	完成人
ZR2012-3-1	非线性时滞系统的时滞相关性能分析与设计	邵汉永(曲阜师范大学)、唐功友(中国海洋大学)、徐胜元(南京理工大学)
ZR2012-3-2	中国边缘海沉积矿物学的研究	陈丽蓉(中国科学院海洋研究所)、申顺喜(中国科学院海洋研究所)、时英民(中国科学院海洋研究所)、李安春(中国科学院海洋研究所)
ZR2012-3-3	中国人群原发性痛风易感基因定位和筛查	李长贵(青岛大学医学院附属医院)、孟冬梅(青岛大学医学院附属医院)、章顺仁(青岛大学医学院附属医院)、苗志敏(青岛大学医学院附属医院)、韩琳(青岛大学医学院附属医院)
ZR2012-3-4	ACEI与ARB对自发性高血压大鼠靶器官保护的多效性及临床应用研究	刘雪平(山东省立医院)、侯训尧(山东省立医院)、叶琳(山东省立医院)、董泗芹(山东省立医院)、庞月玖(山东省立医院)
ZR2012-3-5	半枝莲中新克罗烷型二萜的发现及抗肿瘤活性研究	戴胜军(烟台大学)、彭维兵(烟台大学)、任燕(烟台大学)、张德武(烟台大学)、陈猛(烟台大学)
ZR2012-3-6	激光拼焊板拉深成形过程的新型反向模拟法基础理论研究	唐炳涛(山东建筑大学)、王兆清(山东建筑大学)、孙德明(山东建筑大学)

(省科技厅科技成果处)

山东省技术发明奖

【获奖项目及选介】

2012年度山东省技术发明奖一等奖项目(2项)

编号	项目名称	完成人
FM2012-1-1	海洋生物蛋白资源制备系列功能寡肽和功能蛋白技术与应用	张玉忠(山东大学)、何海伦(山东大学)、颜世敢(山东省农业科学院畜牧兽医研究所)、张熙颖(山东大学)、徐耀文(烟台华海生物制品有限公司)、苏海楠(山东大学)
FM2012-1-2	一种基于移动计算的无线心脏电生理数据监测终端技术	高海青(山东大学齐鲁医院)、张锦景(山东优加利信息科技有限公司)、赵永刚(山东优加利信息科技有限公司)、伊永亮(山东大学齐鲁医院)、朱晓红(山东优加利信息科技有限公司)、王绍明(山东优加利信息科技有限公司)

海洋生物蛋白资源制备系列功能寡肽和功能蛋白技术与应用 我国目前的海洋生物蛋白资源总量在世界各国名列前茅，但我国目前整个海洋生物蛋白资源的加工技术比较落后、产品结构较单一、产品附加值较低，使得产品在国际市场上的竞争力较差。我国急需开展高值化加工的新技术研究，开发高新技术产品，提高产品的附加值，增强我国产品在国际市场的竞争力。该项目利用海洋生物蛋白资源，依托发酵工程、酶工程和生化工程技术体系，建立了一系列具有自主知识产权的新技术，开发制备出一系列具有特殊功能或用途的功能寡肽和功能蛋白产品。主要创新点：①发明建立了酶解中国毛虾、牡蛎、扇贝、鱿鱼、飞蛤、鳗鱼、鱼皮等海洋蛋白资源制备系列海鲜味食品添加剂的小试、中试和产业化技术工艺，开发出一系列富含寡肽、风味氨基酸和必需氨基酸的高值化海鲜味食品添加剂，实现了海洋生物蛋白资源的高值化利用。②发明建立了评价海洋蛋白酶解物ACE抑制活性的新方法，制备出具有ACE抑制活性和降血压功能的中国毛虾酶解物，以及具有免疫调节功能和肿瘤抑制活性的海洋牡蛎酶解物。③采用发酵工程和酶工程技术，利用海洋低值鱼类、水产加工下脚料制备了富含寡肽、氨基酸以及促生长因子的新型饲料添加剂和新型饲料蛋白源。产品可有效提高饲料蛋白源的消化吸收效率和低质蛋白源的动物必需氨基酸平衡性，降低了环境污染，实现了海洋资源的高值化、生态化利用。④发明建立了从红藻和蓝藻中快速、高效、低成本制备各种高纯度藻胆蛋白和制备完整藻胆体的技术工艺，建立了完整藻胆体的稳定化技术和修饰技术，建立了藻胆蛋白荧光探针制备技术并成功用于生物医学的检测和畜禽疾病的诊断。已获得国家发明专利授权13件，相关研究结果发表论文30篇，其中SCI论文16篇，EI论文3篇，中文核心期刊11篇，多篇论文发表在国内外应用微生物学与生物技术领域的主流杂志上。16篇SCI论文共引用198次，他引165次，单篇研究论文他引最高达到61次。成果已得到推广应用，获得经济效益13.67亿元，经济效益、社会效益和生态效益显著。该项目技术的建立，将打破国外对藻胆蛋白、藻胆体荧光探针的价格垄断，为藻胆蛋白和藻胆体生物荧光探针在我国的普及应用奠定了基础，并极大地提高了我国的低值海洋蛋白资源的利用率和附加值，增强了食品、畜牧行业的竞争力。

一种基于移动计算的无线心脏电生理数据监测终端技术 该项目是一种基于移动计算的无线心脏电生理数据监测终端技术，应用该技术研制出一款心脏远程监测终端设备（iHolter），可在心血管急性事件发作前发现心脏电生理数据的异常变化，及时给予干预，挽救患者生命。发明的心脏远程监测技术的硬件结构体系，将电生理数据采集分析与移动IP技术集成在基带处理器之中，实现了分布式电生理数据采集分析、数据管理、心脏监测服务类型管理、状态和历史信息数据存储、人机界面管理、位置定位、状态和历史信息数据的保持、不同地点的网络接入、远端医院服务器逻辑连接访问。发明的一种基于移动计算的电生理数据自适应分析计算方法，能自动根据患者心脏当前的节律、速率、QRS-ST形态等基础数据，设定个性化的初始值模板和分析阈值，跟踪捕捉数据动态变化，发现患者超出阈值的数据，iHolter向远端医院服务器发出服务请求并传输数据，服务器根据数据库中的患者信息，对异常电生理数据和位置信息数据进行处理，并将结果给iHolter，患者从而获得分析诊断意见，或病情警示和就诊路线导航，或紧急状态下的自救指导，为患者争取到宝贵的早期救治时间。发明的一种远程医疗服务安全方法，软件编码设定iHolter“黑匣子”医疗安全数据存储区，自动获取各种重要操作数据和网络状态数据，需密钥读取，人工不可删除修改。该项目有效地解决了国内外现有技术的缺陷，提高了心脏远程监测技术的准确性和安全性，降低了生产制造成本，同时提高了心脏远程监测服务效率，实现了在大规模社会患者人群中异常数据筛查、早期分析诊断的目标，推动相关技术的进步和发展。已获得中国、美国、澳大利亚等国家的发明专利授权，赢得了多个国家的认可。2007年在山东优加利信息科技有限公司进行成果转化和定型生产，应用单位从山东大学齐鲁医院扩展到中国人民解放军总医院、首都医科大学附属北京安贞医院、上海第一人民医院等30多家医院，为9.23万例患者提供远程监护服务，早期发现严重心律失常和无痛性心肌缺血患者1.7万多例，其中早期发现抢救成功1 200多例命悬一线的患者，同时有效防止了部分患者的病情恶化，降低了患者住院率和晚期治疗费用，控制了心血管急性事件的发生率和死亡率。科研成果转化和临床应用共获得经济效益3 016.7万元，取得了较好的经济效益和社会效益。

2012年度山东省技术发明奖二等奖项目（7项）

编号	项目名称	完成人
FM2012-2-1	花生加工副产品高值化利用技术	杨庆利（山东省花生研究所）、于丽娜（山东省花生研究所）、孙杰（山东省花生研究所）、孙奎香（山东省花生研究所）、陆丰升（沂水县农业技术推广中心）、刘洪对（山东省花生研究所）
FM2012-2-2	稀土永磁与电磁混合励磁发电系统稳压控制技术及应用	张学义（山东理工大学）、刘瑞军（山东理工大学）、李东兴（山东理工大学）、马清芝（山东理工大学）、杜钦君（山东理工大学）、史立伟（山东理工大学）
FM2012-2-3	二次调节静液传动系统新型能量转换储存关键技术及应用	臧发业（山东交通学院）、戴汝泉（山东交通学院）、孔祥臻（山东交通学院）、郎伟锋（山东交通学院）、宿林林（山东交通学院）、邵群生（山东交通学院）

续表

编号	项目名称	完成人
FM2012-2-4	花生育种新技术及其应用	禹山林(山东省花生研究所)、杨庆利(山东省花生研究所)、梁炫强(广东省农业科学院作物研究所)、王晶珊(青岛农业大学)、张祖明(江苏徐淮地区徐州农业科学研究所)、周桂元(广东省农业科学院作物研究所)
FM2012-2-5	鲆鲽类亲鱼培育及种苗生产关键技术的建立与应用	肖志忠(中国科学院海洋研究所)、李军(中国科学院海洋研究所)、马道远(中国科学院海洋研究所)、刘洪军(山东省海水养殖研究所)、肖永双(中国科学院海洋研究所)、官曙光(山东省海水养殖研究所)
FM2012-2-6	大泷六线鱼苗种大规模人工繁育技术	郭文(山东省海水养殖研究所)、潘雷(山东省海水养殖研究所)、胡发文(山东省海水养殖研究所)、高凤祥(山东省海水养殖研究所)、菅玉霞(山东省海水养殖研究所)、张少春(山东省海水养殖研究所)
FM2012-2-7	酮咯酸氨丁三醇原料及系列制剂的研究与开发	赵志全(山东新时代药业有限公司)、张理星(山东新时代药业有限公司)、李惠斌(山东新时代药业有限公司)、王秀娟(山东新时代药业有限公司)、殷士海(山东新时代药业有限公司)、王洪刚(山东新时代药业有限公司)

2012年度山东省技术发明奖三等奖项目(4项)

编号	项目名称	完成人
FM2012-3-1	1-甲基-5-巯基-1,2,3,4-四氮唑的生产方法	冯维春(济南艾孚特科技有限责任公司)、孟宪兴(济南艾孚特科技有限责任公司)、王灏(济南艾孚特科技有限责任公司)、胡波(济南艾孚特科技有限责任公司)、刘丽秀(济南艾孚特科技有限责任公司)、邢伶(济南艾孚特科技有限责任公司)
FM2012-3-2	工程塑料用低温高效增韧剂AMB树脂的研制	赵东日(山东日科化学股份有限公司)、孙爱光(山东日科化学股份有限公司)、郝建波(山东日科化学股份有限公司)、刘丰德(山东日科化学股份有限公司)
FM2012-3-3	开放空间高含硫天然气管线泄漏激光在线监测系统	于殿强(胜利油田胜利勘察设计研究院有限公司)、赵海培(胜利油田胜利勘察设计研究院有限公司)、李清方(胜利油田胜利勘察设计研究院有限公司)、刘文清(中国科学院合肥物质科学研究院)、董金婷(胜利油田胜利勘察设计研究院有限公司)、刘骁(胜利油田胜利勘察设计研究院有限公司)
FM2012-3-4	团粒喷播生态性修复技术	李春林(青岛高次团粒生态技术有限公司)、许剑平(青岛高次团粒生态技术有限公司)、吴刚(青岛高次团粒生态技术有限公司)、边桂香(青岛高次团粒生态技术有限公司)、张志红(青岛高次团粒生态技术有限公司)、曲宁(青岛高次团粒生态技术有限公司)

(省科技厅科技成果处)

山东省科技进步奖

【获奖项目及选介】

2012年度山东省科技进步奖一等奖项目(36项)

编号	项目名称	完成单位	完成人
JB2012-1-1	低聚半乳糖、低聚果糖、低聚异麦芽糖生物加工关键技术及产业化	保龄宝生物股份有限公司 江南大学	江　波　刘宗利　王乃强　缪　铭 刘海玉　张　涛　王彩梅　沐万孟 栾庆民
JB2012-1-2	数字化采矿关键技术与软件开发	山东科技大学、山东蓝光软件有限公司、山东招金集团有限公司、北京有色金属研究总院、浙江大学	卢新明　彭延军　赵卫东　卫文学 何明祥　尹　红　郭惟嘉　路东尚 杨丽梅　杜学东　王红娟　张明敏

续表

编号	项目名称	完成单位	完成人
JB2012-1-3	转炉烟气净化回收微差压智能控制系统	山东师范大学	李天平 李绍铭 魏冬梅 宋蓬勃 卢洪武 胡振华 徐海涛
JB2012-1-4	扭妥纺工业化成套技术推广及其产业化	鲁泰纺织股份有限公司 香港理工大学	王方水 陶肖明 郭 恒 于守政 邹萌萌 李克银 徐宾刚 贾云辉 刘 江 任纪忠 崔金德 黄衍华
JB2012-1-5	新型光气化反应制MDI关键技术	烟台万华聚氨酯股份有限公司 宁波万华聚氨酯有限公司 烟台万华化工设计院有限公司	丁建生 华卫琦 张宏科 孙德镇 陈毅峰 侯庆乐 于天勇 孙少文 姚 雨 徐宝学 李 强 顾胜利
JB2012-1-6	高效高通量高操作弹性的立体复合塔板及其配套塔内件研制与应用	山东科技大学 中国石油大学(华东) 中国石油化工股份公司茂名分公司	田原宇 乔英云 王立英 董兴林 信永华 于学梅 梁治国 孙兰义 高传成 王晓玲 李容波 李大伟
JB2012-1-7	罐式煅烧炉高温煅后焦余热利用关键技术研发与应用	潍坊联兴炭素有限公司 山东理工大学	刘永启 王佐任 王佐峰 刘瑞祥 于如军 高振强 郑 斌 杨凯长 冯正平 公鲁民 吴中跃 侯 飞
JB2012-1-8	电动汽车智能充换储放一体化技术与运营管理系统开发应用	山东电力集团公司、许继集团有限公司、山东电力研究院、山东鲁能智能技术有限公司	李同智 于良民 王志伟 李富生 钱 平 王金行 王传庆 杜 军 薛 亮 刘继东 李晓武 鉴庆之
JB2012-1-9	钻爆法施工的海底隧道最小岩石覆盖厚度确定方法及其关键技术	山东大学、青岛国信胶州湾交通有限公司、中铁隧道勘测设计院有限公司、中交第二公路勘察设计研究院有限公司	李术才 曲立清 张曙光 徐帮树 李树忱 石辛杨 郭小红 赵守民 薛翊国 齐 杰 丁万涛 周书明
JB2012-1-10	海上独柱塔自锚式悬索桥设计与建造关键技术	山东高速青岛公路有限公司、中交公路规划设计院有限公司、中交二公局第五工程有限公司、西南交通大学、武船重型工程有限公司、长安大学	邵新鹏 孟凡超 蔡建军 沈锐利 程建新 曾卫兵 杨晓滨 王兆星 李 辉 霰建平 王 麒 吴 涛
JB2012-1-11	大型快速高效数控全自动冲压生产线	济南二机床集团有限公司	张志刚 张世顺 黄 宁 狄 波 王金刚 李 超 王 旭 罗 庆 李玉霞 卫 华 徐 霞 张兆华
JB2012-1-12	南水北调东线南四湖流域污染综合治理技术体系创新与应用	山东大学、华北电力大学、山东省环境保护科学研究设计院、青岛理工大学、中国科学院水生生物研究所、中国海洋大学、山东师范大学、南水北调东线山东干线有限责任公司、山东建筑大学	张 波 张 建 张化永 王安德 綦金波 谢 刚 武周虎 毕学军 刘 勃 谢松光 刘长青 李锋民
JB2012-1-13	鲁西石炭—二叠系赋煤规律研究与曹县煤田的发现及评价	山东省地质科学实验研究院	张增奇 于学峰 张义江 梁吉坡 张尚坤 杜圣贤 徐淑和 张洪波 刘超勇 李玉明 王怀洪 杨 斌
JB2012-1-14	胜利滩海石油工程关键装备技术与应用	中国石化集团胜利石油管理局	何生厚 孙东昌 冯永训 张 建 张士华 张衍涛 徐松森 孙正贵 桑运水 杨黎鹏 桂召龙 田海庆
JB2012-1-15	断陷湖盆复杂砂体精细表征与储层评价关键技术及其应用	中国石油大学(华东)、中国石油化工股份有限公司胜利油田分公司纯梁采油厂、中国石油化工股份有限公司胜利油田分公司东辛采油厂	操应长 邱隆伟 王艳忠 王志杰 张营革 李宇志 鄢继华 刘 晖 王 健 杨勇强 乐友喜 陈世悦
JB2012-1-16	岩体破裂灾变的微地震监测研究与应用	山东黄金矿业(莱州)有限公司三山岛金矿 北京科技大学	修国林 姜福兴 王存文 杨竹周 李 威 刘自成 张小刚 杨洪忠 何顺斌 袁 勇 王善飞 李红旗
JB2012-1-17	南四湖水系下厚煤层开采河道损害综合防治技术	兖州煤业股份有限公司 中国矿业大学 济宁市黄淮水利勘测设计院	倪兴华 王富奇 吴 侃 张君型 张连贵 田文书 李 亮 刘 波 张 震 郑 辉 李付臣 李圣化
JB2012-1-18	龙口海下煤炭安全开采关键技术与应用	龙口矿业集团有限公司、山东科技大学、天地科技股份有限公司、中煤科工集团西安研究院、中国矿业大学(北京)	宋子安 常 颖 包政礼 蒋宇静 梁金久 王 勇 刘鸿泉 孟凡和 李文平 曲祖俊 虎维岳 朱红青

续表

编号	项目名称	完成单位	完成人
JB2012-1-19	中国滨海盐碱地棉花栽培技术体系的建立与应用	山东棉花研究中心 山东农业大学 中国农业大学	董合忠　辛承松　孙学振　李维江 段留生　王留明　宋宪亮　唐　薇 张冬梅　李振怀　汝　医　张晓洁
JB2012-1-20	优质、抗逆设施黄瓜种质创新及新品种选育	山东省农业科学院蔬菜研究所、青岛市农业科学研究院、中国农业大学、天津德瑞特种业有限公司、山东农业大学、山东鲁蔬种业有限责任公司	孙小镭　张守才　任华中　马德华 曹辰兴　曹齐卫　张卫华　李　磊 张小兰　王　冰　秦玉红　刘春香
JB2012-1-21	H9N2亚型禽流感病毒遗传进化和防控技术研究与应用	山东省动物疫病预防与控制中心、中国农业大学、青岛农业大学、青岛澳兰百特生物工程有限公司	刘金华　田夫林　尹燕博　张进林 陈　静　李云岗　兰邹然　孙怡朋 蒲　娟　党安坤　陈书民　王　新
JB2012-1-22	杏和李等核果类果树种质资源挖掘、创制与利用	山东农业大学 新疆农业大学	陈学森　毛志泉　何天明　吕德国 张艳敏　沈　向　陈晓流　冯建荣 李军如　唐开文　匡林光　魏景利
JB2012-1-23	枣系列新品种选育及育种技术创新	山东省果树研究所	周广芳　单公华　张　琼　祝恩元 沈广宁　吕菲菲　余贤美　艾呈祥 孙清荣　薛培生　王中堂
JB2012-1-24	平衡根系轻基质容器育苗关键技术	山东省林业科学研究院	吴德军　杜华兵　马海林　王开芳 胡丁猛　刘元铅　李庆国　刘方春 李　萍　臧真荣　王翠香　任　飞
JB2012-1-25	南水北调济南市区段输水工程技术研究	山东省水利勘测设计院	刘长余　田　间　张贵民　齐春三 李贵清　韩凤来　张兴珏　侯　仟 张灵真　吴敬峰　张　昕　卞　晶
JB2012-1-26	山东半湿润区现代节水农业技术研究与集成	山东省水利科学研究院 桓台县水务局	吕宁江　杜贞栋　李其光　黄　乾 李秀荣　田守岗　王　昕　于晓蕾 孙　力　高印军　陶遵丽　姜丽丽
JB2012-1-27	大菱鲆“丹法鲆”新品种培育与养殖技术	中国水产科学研究院黄海水产研究所 海阳市黄海水产有限公司	孔　杰　刘寿堂　张天时　张庆文 栾　生　曹宝祥　王伟继　薛致勇 孙德强　王荣之　刘雪辉　阮晓红
JB2012-1-28	代谢综合征及相关疾病防治的转化医学	山东大学	张　薇　钟　明　张　运　王志浩 唐梦熊　巩会平　尚媛媛　毕秀萍 李少华　谭红伟
JB2012-1-29	白血病的生物学行为异常及其逆转对策	山东大学	纪春岩　马道新　纪　敏　王　文 叶静静　陈　峰　章静茹　邵　娜 臧绍蕾　李　杰　马静静　陈　晨
JB2012-1-30	基于快速形变配准的在离线结合图像引导放疗技术	山东省肿瘤防治研究院 东南大学	李宝生　舒华忠　李洪升　王立英 尹　勇　朱　健　梁月强　陈进琥 岳金波　孙洪福　卢　洁　王中堂
JB2012-1-31	阻断共刺激信号对病毒性心肌炎的干预作用及其机制的研究	山东省立医院	韩　波　高　聆　伊迎春　刘振虎 张　仪　赵立健　张建军　庄建新 赵跃然　路　康
JB2012-1-32	组织移植结合骨段牵伸移位成骨修复重建小腿大范围多元组织缺损	威海市文登中心医院 山东省文登整骨医院	丛海波　隋海明　王述波　王晨霖 翟建国　仲崇华　于晓峰
JB2012-1-33	寒热效应评价体系构建及在中药药性研究中的应用	山东中医药大学	王世军　滕佳林　韩冰冰　于华芸 王洪海　杨　勇　季旭明　马清翠 王成岗　张发艳　王　媛　赵海军
JB2012-1-34	奥美拉唑大品种关键技术改造	寿光富康制药有限公司 山东大学	宋伟国　刘新泳　董良军　高东圣 宋成刚　王福洲　褚亚飞　夏　艳 李菊平
JB2012-1-35	绿叶制药医药技术创新体系(企业科技创新)	山东绿叶制药有限公司	
JB2012-1-36	煤炭安全高效洁净开采与利用技术创新体系(企业科技创新)	兖矿集团有限公司	

低聚半乳糖、低聚果糖、低聚异麦芽糖生物加工关键技术及产业化 功能性低聚糖广泛应用于食品、医药、饲料等领域。该项目针对国内低聚糖产业关键糖酶依赖进口、酶制剂利用率低、产品纯化工艺能耗高、污水排放量大等问题进行科技攻关，获得国家“十一五”科技支撑计划、863计划、国家重大产业技术开发专项等支持。主要创新点：①开发了关键糖酶菌种选育及发酵技术。通过采用高通量筛分、基因分析、系统建库等技术手段，获得了具有自主知识产权的产转葡萄糖苷酶和果糖基转移酶黑曲霉2株、产β-D-半乳糖苷酶酵母1株，发酵酶活分别达到8U/mL、70U/mL和20U/mL，高于国内外报道水平。②建立了适应工业化需求的糖酶固定化技术。通过酶属性、固定化载体与方法等优化，开发出刚性大孔树脂吸附－戊二醛交联的酶固定化技术，酶活回收率达到86%以上；结合酶反应分离耦合技术、生物转化过程调控技术等集成研究，使底物转化率达到50%以上，糖酶利用率提高了10倍；与采用游离酶相比，固定化技术可使低聚糖的酶制剂成本降低300元/吨。③开发了低聚糖串联纯化节能技术。将连续离交及膜回收废酸碱、模拟移动床色谱分离、薄膜闪蒸复合节能浓缩等技术优化组合，建立串联纯化节能技术，节水73%，节省蒸汽35%，废酸碱回收率达到70%以上。产品有效成分达到95%以上，指标达到或超过日本同行养乐多、昭和产业、欧洲ORAFTI等公司水平。已申请发明专利11件，获得授权5件。编写专著2部，发表学术论文15篇，其中SCI检索6篇。参与制定《低聚果糖》和《低聚异麦芽糖》2项国家标准。2009—2011年，保龄宝公司累计生产低聚糖产品4.8万t，实现销售收入10.68亿元，出口创汇240万美元，利润1.08亿元，税收9 552万元，节支2 300万元。产品在伊利、脑白金、蒙牛、雅培、多美滋等公司应用，提高了其产品附加值。

数字化采矿关键技术与软件开发 我国作为世界采矿大国，70%的能源和工业源料来源于矿产资源的开发和利用。该项目作为我国“十一五”期间在采矿领域软件方面的唯一的863重点项目，对提高矿山生产效率、改善采矿作业环境、确保我国重要矿产资源的高效合理开发和利用、推动采矿行业的技术升级和改造、提升核心竞争力，具有重大意义。主要创新点：①提出并研发出适用于任意复杂地质构造的三维模型数据结构、建模方法、快速渲染、交互算法与软件。研发出具有完全自主知识产权的二、三维一体化CAD/GIS平台软件，解决了复杂地质模型交、并、差运算的稳定性难题。②提出能够融合各类地质成矿规律的精细圈矿模型和储量评价方法，研发出相应软件系统，解决了现有储量评价方法不精细和不规范等难题，为储量评价的规范化提供了技术保障。③提出并研发出基于地质、矿体信息的三维采矿工程设计方法与软件。开发出三维采矿工程设计系统，解决了井巷布局、采准设计和单元开采设计、计算、优化等难题。提出正常生产时期和发火时期的矿井风流控制模型和计算机算法，实现了矿井通风优化调控。④提出并研发出基于时空约束的矿山开采计划编制模型与软件。结合多种采矿方法和采矿工艺流程，设计出可以兼顾采矿工程的时空约束和采掘计划编制方法，开发出采掘生产计划编制系统，提高了采掘生产计划编制的规范性和科学性。⑤提出并研发出矿山安全生产真三维监测监控组态和三维生产过程仿真与综合指挥调度系统。基于三维可视化集成平台和虚拟现实技术开发出相关软件系统，实现了矿山安全生产的地上地下透明管理、三维生产过程仿真和可视化调度指挥，可大幅度提高调度效率。该项目已在山东招金集团有限公司、西部矿业股份公司建立了金属矿山示范矿；在神华宁煤集团、兖矿集团、平煤神马集团、临矿集团、淮北矿业集团、肥城矿业集团等400多个矿山企业进行应用，累计新增产值超过300亿元，新增利税超过90亿元，增收节支总额超过5亿元；山东蓝光软件有限公司近3年的数字矿山系列软件销售收入超过1.2亿元。已申请发明专利4件，获得发明专利授权3件、实用新型专利授权1件，登记软件著作权18件。出版专著1部，发表论文71篇，其中SCI、EI检索54篇。

转炉烟气净化回收微差压智能控制系统 该项目针对现有转炉炼钢存在的烟气净化与煤气回收调节效果不理想、响应速度较慢，炉口烟气压力波动较大、出现大量火焰外冒等问题，创新性地将具有强鲁棒性的滑模变结构智能控制技术应用于烟气净化回收系统，极大地提高了煤气回收率，降低了污染，具有显著的经济效益和社会效益。主要创新点：①创建了基于最小二乘法的参数估计模型辨识炉口差压控制系统数学模型，使控制精度提高3倍，炉口煤气燃烧率控制在10%以下。②首次将干扰观测补偿滑模变结构控制技术应用到控制系统中，优化了控制率参数，提高了控制精度，使系统沿规定的状态轨迹作小幅度、高频率的上下运动，达到良好的动态品质。③首次在系统中提出系统非线性PID神经网络控制算法设计，弥补了常规PID控制方法难以适应系统参数多变及抑制扰动能力差的不足。利用神经网络的自学习能力，通过实时跟踪和辨识控制对象，从而确定不同阶段对象的最佳控制参数，以此作为依据来调整PID控制器的控制参数，达到更好的控制效果。④首次提出一种基于CO浓度提高的智能优化控制设计方法，使CO浓度提高10%以上。利用模糊神经网络在线辨识出炉口压差与CO浓度之间的数学模型，根据辨识模型实时调整压差控制回路的设定值，通过控制系统进行跟踪，将炉口压差控制在该设定值附近。⑤将创新性控制理念设计在转炉炉口微差压控制系统中，有效地解决了模型在线识别、炉口压力调节，CO浓度、煤气热值及回收率提高等关键技术问题。该项目已获得国家专利授权7件，在国内外专业刊物发表论文9篇，培养研究生11名。成果已在济钢、青钢推广应用，系统运行稳定、可靠，增产、节能、降耗明显。

扭妥纺工业化成套技术推广及其产业化 该项目通

过自主设计、研发假捻装置,进行合理的电气化设计,使假捻装置稳定运行,并与细纱同步,解决扭妥纺技术从理论走向规模化生产过程中所碰到的技术难题。明确了锭速、钢丝圈重量、假捻器速度、倾斜角度等扭妥纺纱工艺的关键参数,优化出最佳工艺,实现了单纱的低捻度纺纱,降低了单纱扭矩,且保持了纱线的高强力,最终实现扭妥纺纱技术的产业化应用。通过自主设计扭妥纺工业化生产的电气程序,创新采用线速仪采集前罗拉信号的方式调节假捻装置线速度,自行编写 PLC 程序,实现智能控制自动化,实现线速度随锭速变化,避免了更换捻度时线速度的再次调整。采用多因素曲面响应法优化不同支数纱线品种的纺纱工艺,并独创异速假捻扭妥纺技术,使扭妥纺假捻理论进一步发展,单纱捻度的动态分布更加合理,成功解决了扭妥纱棉结较多的问题。扭妥纺纱强力高、毛羽少、残余扭矩小,单纱捻度比传统环锭纱低 20% 以上,显著提高了纺纱产量和生产效率,降低能耗。生产的面料手感柔软,织物洗后扭转变形小,平整度高,大大提高了面料的市场竞争力,具有显著的经济和社会效益。已实现销售收入 16 329 万元,利润总额 3 441 万元,增加税收 516 万元。

新型光气化反应制 MDI 关键技术 MDI 制造主要包括多胺制造、光气化、分离精制三部分,其中光气化是最复杂、最关键的环节,光气化工序能耗约占 MDI 装置总能耗 60% 以上。该项目主要技术创新点:①建立了新型反应器多尺度模拟与冷模实验方法。研制出一种接近分子级微观混合效果的新型光气化反应器,在接近绝热的条件下,基本实现了冷热两步反应的一体化,突破了传统光气化反应技术中分步反应序列、反应温度、配比等条件的限制,使原 20 万 t/a 的光气化反应系统产量倍增至 40 万 t/a,综合节能 28%,且大幅提高了 MDI 产能和产品质量。②不同构型射流式反应器的设计与中试热模实验。通过 1 000t/a 的 MDI 中试装置的热模实验,最终筛选出具有工业化应用前景的三种射流式光气化反应器。③射流式反应器的工程化放大设计及工业化试验。应用该技术成功将烟台 14 万 t/a 的 MDI 装置和宁波一期 20 万 t/a 的 MDI 装置分别扩产至 20 万 t/a 和 30 万 t/a。2010 年底研制出单台达 40 万 t/a 的高效射流式光气化反应器,成功将宁波一期 30 万 t/a 的 MDI 装置再次扩容至40万t/a,并新建成宁波二期40万t/a的MDI装置。采用新技术后的 3 套 MDI 装置运行平稳,截至 2011 年底已累计生产优质 MDI 产品 176 万 t,新增产值 82.17 亿元,新增利润 19.37 亿元,节约生产成本(公用工程消耗)6.91 亿元。该项目的成功开发推动了 MDI 制造技术的升级换代,树立了我国在世界 MDI 制造技术领域的领先地位,有力地促进了国内聚氨酯及其相关产业的发展。

高效高通量高操作弹性的立体复合塔板及其配套塔内件研制与应用 蒸馏装置高效化和大型化是化工分离工程领域持续关注和研究的两大共性难题。该项目历经 16 年的研究,提出三膜表面更新模型和相界面调控理论,并利用板式塔和填料塔优势互补,研发出系列蒸馏装置关键核心技术,在理论和工业实践上较好地解决了高通量与高效率的矛盾以及高操作弹性和大型化的技术难题。主要技术创新点:①基于界面更新调控,采用梯形垂直长条帽罩与规整填料耦合,研发出一种超大通量、高效率的 NS 倾斜长条立体复合塔板。解决了塔器大型化的结构强度难题。应用表明现有装置仅更换塔内件即可实现处理量翻番,节能≥50%,节省投资≥80%,处理能力提高 2 倍以上的同时提高板效率≥30%。②基于相界面积调控,通过 H 型双层穿流复合筛板与规整填料耦合,研制出国内外首例适合于塔器大型化的全混级、高效率、低压降、高通量、高操作弹性的 NS 穿流立体复合塔板。解决了塔器大型化的结构和安装难题,并在普适性塔板基础上建立基于点效率的非平衡级模型,解决了塔器理论计算难题,为蒸馏学科理论化研究提供了依据。③针对蒸馏塔提馏段大液量小气量工况,采用梯形凸起固阀与导向斜孔耦合,开发出国内外首例高效提馏专用塔板和系列新型降液管,降低板压降 13% ~ 50%,提高板效率≥30%,节能≥40%。④针对不同工况下 NS 穿流复合塔板的气液体分布与收集难题,开发出系列液体分布器和开孔率超过 50% 的液体收集器。液体分布器和收集器的配套使用从整塔结构上保证了 NS 穿流立体复合塔板的高效率和低压降。该项目成果为化工、环保、医药等行业消除蒸馏塔大型化和高效化瓶颈提供了技术支撑,大幅度提高了我国蒸馏技术水平,促进了蒸馏学科的发展,已应用于国内化工、石化等企业的 75 座塔,据不完全统计累计新增产值 334.1 亿元,实现利税 49.8 亿元,节约热电汽产生效益 5.86 亿元,为企业节能减排、增效增收提供了有效手段,经济效益和社会效益十分显著。

罐式煅烧炉高温煅后焦余热利用关键技术研发与应用 煅后焦广泛用于生产铝电解阳极、炼钢用石墨电极、增碳剂、工业硅及其他炭制品,是重要的基础原材料。我国煅后焦 2010 年总产量为 1 032 万 t,2/3 以上采用罐式煅烧炉生产。罐式煅烧炉排出的煅后焦温度高达 1 000℃,但目前普遍采用传统的水冷夹套对其进行冷却,余热没有回收利用,导致巨大的热能被浪费,而且物料冷却不均匀造成一部分碳质烧损(烧损率为 5% 左右),导致产品质量下降。针对上述问题,该项目对高温煅后焦换热及其强化、余热梯级利用、安全运行等技术进行深入研究,研制出罐式煅烧炉高温煅后焦余热高效利用的关键技术与设备,在生产饱和蒸汽的同时提高煅烧实收率和产品质量。主要创新成果:①研究了高温煅后焦的热工特性、换热及其强化,为换热器设计和计算奠定了理论基础。发明并研制出由内、外换热器组合而成的高温煅后焦专用换热器,从高温物料排料通道内外部同时吸收热量,内外换热管均采用轴向翅片结构,强化了换热管与固体物料的换热性能,解决了固体物料换热性能差、冷却不均匀的问题。②发明并研制出高温煅后焦余热利用汽水循环系统，通过在煅烧炉的每个罐体下部独立安装专用换热器，并对汽水循环量进行独立调节与控制，解决了汽水循环系统与煅烧炉匹配难的问题，实现了汽水循环系统稳定可靠地运行。③研制出二级余热回收系统，进一步回收从专用换热器排出煅后焦的余热，提高了热回收率（≥70%），并降低煅后焦最终排料温度（≤150℃），从而减小了煅后焦的烧损率（≤1.2%）和灰分含量，提高了产品质量。④针对罐式煅烧炉投入运行后不能停炉的特殊要求，研制出汽包检修备用强制汽水循环及切换系统，在汽包检修、检验或发生故障时，能够给换热器直接供水，保证煅烧炉正常运行。已获得发明专利授权1件、实用新型专利授权3件。成果先后在潍坊联兴炭素有限公司、淄博联兴炭素有限公司和联兴炭素青海有限公司3家企业推广应用，3年共计新增产值91 838万元，利税30 308万元（余热利用生产成本低），节约电2 078万元，出口创汇8 047万美元，经济效益巨大；节约标准煤13.0万t，CO_2减排33.9万t，SO_2减排1 105t，节能和环保效益显著；同时提高了煅烧实收率和产品质量，增强了企业在国内外市场的竞争力，推动了炭素行业的科技进步，并为其他高温固体物料的余热利用关键技术研发提供了借鉴。

电动汽车智能充换储放一体化技术与运营管理系统开发应用　该项目针对山东省电动汽车充换电关键技术及充换电站运营管理开展研究，在理论研究、建设模式、设备研制、工程示范、标准编制、成果推广方面取得了系列成果。主要创新成果：①提出集充、换、储、放于一体的电动汽车充换电技术和建设方案，既实现了电动公交车的充换电和乘用车的电池配送功能，又搭建了电动汽车与电网的互动平台，实现了电网调度下的有序充放电、削峰填谷和应急供电等功能。②研制出国内首个基于统一数据接口的省级智能充换电服务网络运营管理系统，采用省级集中部署、省市两级分布应用模式，具有客户服务管理、计量计费管理、收费账务管理、充电卡管理、资产管理、物流配送管理、运营监控等运营功能，实现了对全省充换电运营设备和电动汽车的统一监控管理。③自主研发出全自动多箱快换设备，采用内旋转结构、机械视觉定位和自动伺服跟踪车辆技术，电池箱采用浮动结构非平面接触的动力与控制信号触头一体化设计，实现了电动公交车辆多组动力电池箱的快速更换。研制出电动乘用车电池自动配送系统，构建了由电池转运箱、乘用车动力舱、转运平台、专用配送车等组成的乘用车动力电池箱配送系统，通过自动定位、载荷自适应动力衔接、柔性同步升降驱动等技术完成全自动运转的电池箱配送，实现对乘用车电池的高效配送。建立了完备的具有自主知识产权的电动汽车充换电网络技术解决方案，并取得300多项技术创新。④完成充换电站标准体系建设，形成了一整套充换电管理标准，建立了涵盖充换电站岗位职责、操作规程、安全规范、应急预案等内容的管理体系。已申请专利300余件，获得专利授权12件，登记计算机软件6件，发表学术论文8篇。已在青岛薛家岛充换储放一体化示范电站、临沂焦庄充换电站等对各种相关技术进行工程示范应用，其标准化设计和研发的通用化设备对电动汽车充换电站建设具有引领和示范作用。截至2011年底，该项目研究的相关设备已在山东省29座充换电站投入应用，累计为车辆充电46 500次，充换电电量680万度。

钻爆法施工的海底隧道最小岩石覆盖厚度确定方法及其关键技术　随着国民经济的快速发展，我国对跨海交通的需求与日俱增，多条海底隧道已投入运营或正在规划，钻爆法施工的海底隧道有许多关键技术问题亟待解决，其中最小岩石覆盖厚度是制约海底隧道安全和造价的关键技术参数。目前国际上采用钻爆法建成的多条海底隧道，主要通过工程经验类比法确定覆盖岩层厚度，缺乏系统方法和理论依据。该项目历经近10年科研攻关和工程实践，通过理论分析、数值模拟、模型实验和工程验证，形成了钻爆法施工条件下海底隧道最小岩石覆盖厚度的确定方法及其关键技术。主要技术创新点：①综合运用工程类比、数值计算和理论分析，建立了钻爆法施工条件下海底隧道最小岩石覆盖厚度的确定方法和体系。②研制出海底隧道流固耦合大型模型试验系统，揭示了海底隧道覆岩渗透失稳的多场信息演化规律，建立了海底隧道最小岩石覆盖厚度岩层渗透失稳的多参数分析方法。③提出确定岩石覆盖厚度的最小位移法判别准则，得到钻爆法施工海底隧道最小岩石覆盖厚度的计算公式。④基于施工全过程位移释放率、位移增量反演理论和现场监测数据，建立最小岩石覆盖厚度支护结构稳定性的分析方法，验证了最小岩石覆盖厚度取值的合理性。研究成果已应用于厦门翔安海底隧道、青岛胶州湾海底隧道纵断面线路设计，并得到工程开挖过程实际验证，有效指导现场施工，避免了工程灾害，节约成本2.32亿元，取得了显著的经济效益和社会效益。已在国内外发表论文40余篇，在国内外大会作特邀报告15次，获得发明专利授权7件。培养教授和教授级高工8名、副教授和高级工程师11名，博士生12名、硕士生20名。

海上独柱塔自锚式悬索桥设计与建造关键技术　大沽河航道桥是青岛海湾大桥3座航道桥中规模最大的1座。该项目针对桥梁新型结构与海上的特殊环境给结构设计和施工带来了新的问题，首次采用独柱塔、分体式钢箱、中央空间缆索体系和四跨连续的自锚式悬索桥结构，为采用新的方法、新的技术和工艺进行设计与建造大沽河航道桥打下了坚实基础。主要技术创新点：①设计建造了世界首座独柱塔、分体式钢箱加劲梁、中央索面空间缆索组合体系的自锚式悬索桥结构。将结构设计与桥梁景观有机融和，突出了桥梁的独特造型和景观效果。②研发出四点起吊三点平衡的索梁组合结构吊具，解决了各种规格、有纵横坡度要求的大节段钢箱梁起吊与安装问题。③首次通过设置船首约束装置和控制舱内蓄排水速率，并采用接力方式，成功实现了超重超长大型钢箱梁在潮汐条件下跨越障碍物的连续滚装装船，研发出多点同步液压调位千斤顶配合临时支座的钢箱梁精确调位系统，完成了最大节段长72m、重1 050t的钢箱梁定位施工。④首次采用上部双壁防撞、下部单壁阻水的单双壁结合的无底钢套箱结构，采用多点群顶同步下放技术，在海上潮差大、地质情况复杂的条件下，实现了大体积承台无底套箱施工。首次采用分级扩钻施工方法实现海上复杂地质条件下直径2.5m、桩长88m的桩基施工。该项目成果已在青岛海湾大桥大沽河航道桥建设中成功应用，四点起吊三点平衡吊具在红岛和沧口航道桥推广应用，旋挖钻施工工艺在青岛海湾大桥1B、2、6、7、8、10合同段推广应用。获得发明专利授权1件、实用新型专利授权2件，发明专利受理1件。获中交股份工法1项，中国企业新纪录1项。出版专著《海上独柱塔自锚式悬索桥》，发表论文10篇，其中EI检索2篇，外文1篇。培养硕士4名、博士2名。2011年9月，美国财经杂志《福布斯》评出“全球最棒的11座桥梁”，青岛海湾大桥是中国唯一上榜的大桥。

大型快速高效数控全自动冲压生产线 大型覆盖件冲压成形装备是汽车工业核心关键装备之一。我国已成为世界汽车产销第一大国，大批量、多品种共线生产和无人化生产成为汽车制造企业生产模式的最新发展趋势，迫切需要高效、柔性、全自动化的大型覆盖件冲压装备。目前我国该类装备存在着生产效率和整线自动化水平低、冲压质量不稳定、能耗高、安全性差等问题。该项目依托几十年的冲压装备研发制造经验，对关键技术进行系统研究和攻关。主要技术创新点：①研发出长行程多连杆传动系统，建立了大惯量多变量运动系统仿真分析模型，开发出同步控制系统，实现了整线的连续运行，生产节拍达到15次/分钟。较德国生产线(13次/分钟)提高15%，节电15.4%，达到目前世界最高水平。②开发出整线全自动换模技术，实现了送料横杆、端拾器、冲压模具的整线自动更换，使换模时间≤3min，在多品种生产中可提高效率18%以上。③开发出一键恢复技术(ARB)。停机时，整线设备会停止在不同状态。通过ARB按钮，即可实现整线所有设备自动恢复到正常的运行状态。与常规方式相比，缩短恢复时间95%以上，整线生产效率提高5%～8%。同时提高了整线的设备及人身安全水平。④采用GDHS和ZHA风险分析技术，对整线2 000多个安全风险点进行分析，开发出完善的整线安全控制系统，达到欧洲最高的4级安全保护等级，使整线安全控制达到国际先进水平。该项目的研制成功和批量出口美国，有效提升了中国汽车装备的整体水平，标志着拥有完全自主知识产权的国产冲压设备在技术水平和国际竞争力方面均实现了重大突破。已获得国家发明专利授权3件、实用新型专利授权4件，制修订国家标准2项、行业标准1项。截至2011年底，已向SGM、SGMW、华晨宝马等汽车企业提供生产线7条，新增产值7.5亿元，新增利税2.38亿元，为上述汽车企业创造产值约265.65亿元。美国福特、GM印度、SGM、一汽大众等企业已订购生产线27条线，合同总额达到32亿元。

南水北调东线南四湖流域污染综合治理技术体系创新与应用 该项目通过统筹经济发展和水环境质量改善，创立了以“污染治理、水资源循环利用、生态修复和保护”为核心的“治、用、保”流域污染综合控制技术体系，实现了调水干线水质由劣V类向III类的跃升和较低GDP水平下的环境质量转型解决了南水北调东线治污难题。主要创新成果：①基于容量总量控制的目标逼近策略，提出“治、用、保”流域污染综合控制技术体系，实现了流域水质迅速改善和经济快速增长的同步共赢。②基于分阶段、分区、分级推进策略，逐步取消高污染行业的排污特权，创立了流域水污染物排放标准体系，推动产业结构优化，从源头上实现了污染物总量的结构减排。③突破造纸行业清洁制浆与废水深度处理、城镇污水处理厂高效节能等重点污染源系统控制技术瓶颈，在经济持续快速发展态势下，实现了污染物总量的工程减排。④创立了区域再生水循环利用体系，实现了流域再生水资源的充分循环利用及污染物总量的进一步减排。⑤突破河口人工湿地水质净化、湖滨带规模化退耕还湿等关键技术，建设沿河、环湖大生态带，在保障农民增收的前提下，强化流域生态功能，确保调水干线达到地表水III类水质标准。已获得国家发明专利授权22件、实用新型专利授权10件，制定国家标准1项，起草山东省地方法规1项，编制地方流域排放标准4项、地方行业排放标准9项。项目成果已在流域面积31 700km^{2}的南四湖进行大规模推广应用，在经济两位数持续增长背景下，全流域COD和氨氮浓度年均分别下降21%和27%，湖区主要水质指标基本实现了由劣V类向III类的跃升，湖区鸟类数量达到15万只，高等植物的物种数恢复到70种，多年绝迹的太湖新银鱼、大银鱼、刀鲚等鱼类种群得到恢复。“治、用、保”流域污染综合控制技术策略在南四湖流域取得的经验，已上升为山东省政府的治污策略，在省辖淮河、海河、小清河、半岛流域污染控制工作中得到广泛推广应用，取得了显著成效。2010年底，省控59条重点污染河流全部恢复鱼类生长，水环境质量总体上恢复到1985年以前的水平。在国家重点流域考核中，山东省连续5年获得淮河流域考核的第一名、连续3年获得海河流域考核的第一名。

鲁西石炭—二叠系赋煤规律研究与曹县煤田的发现及评价 该项目主要创新成果：①发现鲁西地区构造样式是总体上为“北断南超，掀斜式构造”，呈“凹凸断块相间”的构造样式，并总结了鲁西石炭—二叠系赋煤规律。②运用地震、钻探、测井和测试等综合勘查手段，发现曹县煤田为大型隐伏煤田，其煤类为国内外稀缺的优质炼焦用煤(焦煤和1/3焦煤)，具有低灰、低硫等优点，资源量约达56亿t。③首次在鲁西南潜隆起区石炭—二叠系钻探岩心中，系统采集并分析鉴定了蜓及非蜓有孔虫、牙形石、介形虫、轮藻、孢粉等微体古生物和植物大化石，根据古生物化石组合将太原组的时代全部确定为早二叠世，填补了鲁西南潜隆起区石炭—二叠纪生物地层、年代地层研究的空白，为鲁西乃至国内外石炭—二叠纪地层多重划分对比提供了重要的生物依据。④通过大量搜集钻孔、测井资料，对鲁西石炭—二叠纪含煤地层的沉积环境、沉积序列特征进行研究，由此建立了高分辨率层序地层格架，分析了基准面旋回与成煤作用的耦合关系，总结了鲁西地区尤其是菏泽地区晚古生代聚煤规律。该项目在赋煤规律研究和地层研究方面取得了重要进展，实现了鲁西南覆盖区找煤工作的重大突破，对相似地质条件下深部找矿与勘查研究具有重要指导意义。已在郓城县高庄井田勘查、山东省煤炭资源潜力评价、山东省“十二五”煤炭资源勘查规划等项目中得到推广应用，取得了显著的经济效益和社会效益。

胜利滩海石油工程关键装备技术与应用　该项目针对胜利油田滩海特殊环境和油藏条件对于石油工程装备的需求，开展了滩海轻型平台、高效油气生产设备及浅吃水滩海施工装备等三大系统的攻关研究。开发了水下三桩塔式单立柱抗冰轻型平台、可移动桶形基础采油平台、模块式采修一体化平台、海水超重力脱氧装置、油井两相分离变压自动控制计量装置、油气混输管线段塞流捕集器、海上采油平台 35kV 高压电气成套设备、超浅吃水铺管敷缆船、浅吃水破冰三用工作船、平台组块海上整体浮式安装等 10 项特殊装备技术。主要技术创新点：①创新研制出适合我国滩海油田石油工程特点的单立柱抗冰轻型平台、桶形基础采油平台、采修一体化平台等系列轻型快装平台，推动了滩海油气田的高速高效开发与建设。②采用小型、高效、模块化的油气水处理技术，研制出滩海模块化高效油气生产成套设备，解决了海水脱氧、油井自动计量、段塞流防治等关键技术难题，海上采油平台 35kV 高压电气设备填补了国内空白。③研制的抗搁浅超浅吃水浅海铺管敷缆船、浅海破冰型三用工作船等两栖式滩海海工施工装备和大型平台浮装与液压顶升施工技术，解决了滩海地区大型装备难以进入的施工难题。该项目成果已全部在胜利海上油田的开发建设中推广应用，并逐步系列化、标准化，使胜利滩海油田实现了高速、高效、高水平发展，建成我国第一个年产 240 万 t 的滩海大油田，累计生产原油超过 3 160 万 t，近 3 年新增利润 23.4 亿元，取得了巨大的经济效益和社会效益。已获得发明专利授权 6 件、实用新型专利授权 8 件，制定行业技术标准 5 项。该项目成果实现了滩海石油工程关键装备国产化、工业化应用，填补了国内多项滩海石油开发领域装备空白，促进了我国滩海石油开发技术发展，具有广阔的推广应用前景。

断陷湖盆复杂砂体精细表征与储层评价关键技术及其应用　该项目针对复杂砂体在断陷湖盆中广泛发育、结构复杂性、分布特殊性，导致油气勘探准确性低、开发难度大，严重制约油气勘探开发效果等问题，依托国家科技攻关、国家和山东省自然科学基金、教育部新世纪人才计划等，综合运用层序地层学、沉积学、储层地质学、石油地质学以及地球物理学等理论和技术，利用现代沉积考察、水槽沉积模拟实验、典型实例解剖以及相关测试分析技术等方法和手段，对断陷湖盆复杂砂体识别、沉积成因模式、有效储层评价等关键问题开展了攻关研究。主要创新成果：①形成了断陷湖盆基于等时地层格架的复杂砂体识别方法。基于 Vail 与 Cross 两套层序地层学理论体系的有机融合，形成了“V-C”层序地层学分析方法；基于沉积分异作用原理和同源同性理论，形成了多物源体系下混源区的物源体系分析方法；基于沉积背景和物源体系分析，形成了复杂砂体的识别方法。②建立了断陷湖盆基于砂体成因机制的复杂砂体沉积模型。发现陡坡带近岸水下扇型砂砾岩体以无水道舌状沉积组合体为特征，“山、断、盆、时”控制了砂砾岩体的分布；滨浅湖滩坝砂体可划分为坝亚相和滩亚相，古地形、古基准面、古水动力、古物源等控制了滩坝砂体的发育；地震作用是引起湖盆三角洲前缘滑塌浊积岩形成的主要机制，古地形坡折带控制了滑塌浊积岩的分布。③研发出断陷湖盆基于储层物性下限的有效储层评价技术。基于沉积地质模型的复杂砂体地球物理描述，预测复杂砂体的空间展布；基于油气产能和孔隙结构约束下的有效储层物性下限计算，分析有效储层发育的主控因素；基于主控因素耦合的三端元三角图的分类方法，开展有效储层的综合评价分类；基于有效储层发育主控因素的单因素编图的叠合分析，指出复杂砂体的有效储层分布区。④提出断陷湖盆基于“三定一综合”的复杂砂体部署思路。基于复杂砂体的沉积地质模型和有效储层评价研究，在定区带、定砂体、定储层研究的基础上，综合油气成藏条件分析，确定油气勘探部署井位，实现了基础理论和技术方法与油气勘探开发实践的紧密结合。该项目成果有效指导了东营北带砂砾岩体、博兴周缘地区滩坝砂体的油气精细勘探开发，取得经济效益 26.3 亿元。

岩体破裂灾变的微地震监测研究与应用　该项目针对突水、岩爆等矿山灾害严重制约矿山安全生产的关键问题，通过追踪采场围岩破裂发展规律，预警突水、岩爆等矿山灾害的灾变过程，开展了系统地研究和实践。探索了矿山范围内岩体破裂及灾变过程的监测、评价、预警的理论和方法，为海水溃水、断层活化导水、深部岩爆灾害的评价和治理提供了科学基础。主要技术创新点：①采用“分布式与集中式”设计理念，研制出新一代适合海下开采的高精度微地震监测系统（BMS-Ⅱ型），水平定位精度达 5m，垂直定位精度达 8m ~ 10m，系统性能达到国际先进水平。②根据不同类型微地震信号的特征研究，得到多种震动信号识别的方法。对微地震监测系统记录到的各类干扰事件进行频谱特征、波形特征的分类研究，得到甄别掘进爆破、采场爆破和电脉冲等干扰波形的方法。③研究微地震信号在海下金矿床复杂介质中的传播规律，利用该规律可区分地震波经过岩体的性质（如原岩实体和充填体等）及其衰减特征、评价岩体裂隙

发育程度,研究结果对岩体稳定性控制和安全开采有重要的现实意义。④基于微地震监测技术,针对上盘稳定性、岩爆可能性以及断层突水危险性,进行海下金矿床采矿的安全评价标准制定,将采场安全等级分为正常、轻度危险、中度危险和高度危险4个等级。⑤提出"当量开采深度"的概念,为评价深部采场围岩应力状态和岩爆可能性提供了新的学术思想。该项目成果已在三山岛金矿得到应用,对回收海下金属资源、延长矿山服务年限、保持矿区可持续发展具有重要意义,也为我国安全开采海下矿产资源提供了重要参考依据。近3年累计开采矿石224.67万t,产生经济效益18.17亿元,生产能力提高至10 000t/d,经济效益和社会效益十分显著。

南四湖水系下厚煤层开采河道损害综合防治技术 综放开采技术在提高开采效率的同时,不可避免的对矿区地面设施产生影响,最明显的为地面出现塌陷坑、台阶、裂缝等非连续破坏,对地面各类建(构)筑物的保护提出了新的难题。南四湖水系河道下压占可采厚煤层33.4亿t,解放出这部分资源对保证国家能源安全和促进区域经济协调有序发展具有重大的理论和现实意义。该项目在单次开采最大下沉8.3m,最大下沉速度272mm/d的情况下,对河道下安全开采防治技术进行开创性研究,在河道开采损害基础理论、变形监测技术和综合治理的时机及模式等方面获得了突破性成果。主要技术创新点:①建立了河道损害预测体系,研究厚煤层河道下开采损害机理,包括河道移动变形、裂缝平面分布、裂缝动态演化发育的预测模型、河道沉陷变形三维激光扫描监测等,形成了完整的厚煤层开采地表(堤防)变形预测模型体系,为河道治理提供了技术支撑。②首次提出采前预加固、采中动态防治和采后系统治理3种治理技术,形成厚煤层开采河道综合防治技术体系,在实践中成功得到应用。依据全面、准确可靠的预测技术,构建厚煤层开采河道综合治理防控体系,主要包括河道治理时机的最优化选择、备土与治理的统筹协调、专项治理技术的适用性改造、治理方案规划、治理效果保障等方面,为厚煤层开采河道治理工作提供可靠的技术依据。③提出确定治理时机的最优化方法,可延长非汛期井下开采时间和保证工程质量,解决了厚煤层开采河道变形剧烈、堤防裂缝发育显著、治理时间短、治理难度大等难题,填补了该领域的技术空白,为河流下、湖泊下、海洋下等厚煤层的开采及地面建(构)筑物的防治工作提供了技术参考。该项目成果已在兖州矿区、济东矿区、济北矿区等南四湖水系范围内区域得到广泛应用,在泗河、白马河等河下采出煤炭资源累计超过1 000万t,创造了近50亿元的经济效益。开采影响的各河段依据该项目成果进行治理方案的治理,堤防的防洪标准均有大幅度提高,确保了防洪度汛。

龙口海下煤炭安全开采关键技术与应用 龙口海域煤田是陆地煤田向海域的延伸,主采煤层平均厚度为10m,储量约10亿t,为新生代早第三系褐煤,是良好的民用和动力配煤。开发利用海下煤炭资源,一方面支撑了龙口矿区的可持续发展,另一方面使我国煤炭资源得到扩容,为拓展我国能源获取渠道。2000年开始对北皂煤矿海域扩大区进行地质勘探,勘探海域面积15km^2,探明煤炭地质储量11 667万t。2001年开始海域开拓,2004年进行海域首采面H2101综采放顶煤的试采,历时65d,推进153m,开采原煤8.8万t,成功实现了世界范围内首个海下综放工作面的安全开采,填补了我国海下采煤的空白。该项目成果是对海域煤炭安全开采关键技术做的一系列理论研究、理念创新、技术革新、开采实践的技术总结与提炼。近十年的研究与开采实践,可以总结为"4个关键技术、1个保障体系与1个评价体系",即:为实现海下煤炭的安全开采,对覆岩运动与支承压力分布规律预测与监测、导水裂隙带预测与监测、顶板透水预测与防控、海域水文地质信息预测与预报技术4个关键技术实施技术攻关,每项关键技术从预测体系、监控体系与技术要点3个方面展开,通过预测体系确定关键技术的技术方法,通过监测体系确定关键技术的监控手段,4个关键技术共涉及到海下安全开采近20个关键技术要点,并分别实现了突破与应用;为保障海下安全高效开采,建立了海下煤炭安全开采的保障体系,该体系从灾害预警与应急预案、防灾害性溃水工程设施、综合监控体系等4个方面展开;为了对关键技术与保障体系的实施效果进行评价,项目建立了具有3个二级目标、18个三级目标的综合评价体系,并使用层次分析的方法进行汇总分析。该项目已获得国际发明专利授权2件,发表论文25篇,培养博士生6人、硕士生18人。研究成果已在龙口海下煤炭安全开采得到应用,使矿井服务年限延长10年以上。截至2011年底已实现5个海下综放工作面的安全生产,累计采出原煤430.5万t,产值近13亿余元。研究成果对开发蓬莱海域下、黄河口海域下以及我国其他水体下煤炭资源将起到很好的促进和示范作用,对延长我国部分大型水体下困扰的煤炭生产企业服务年限,保持我国煤炭生产的中长期可持续发展具有积极作用。

中国滨海盐碱地棉花栽培技术体系的建立与应用 该项目针对滨海盐碱地植棉中存在的成苗难、熟相差、肥效低、用工多、产量低等难题开展系统研究,在相关理论、关键技术和配套产品研究方面取得重大创新突破,并取得显著的经济和社会效益。主要创新成果:①制定了滨海盐碱地棉田盐度等级划分的新标准和准确模拟根区盐分差异分布的新方法,建立了"根区盐分差异分布保苗"的理论。揭示了滨海盐碱地棉花营养特征、叶面吸收利用养分的规律,明确了盐度、地力与产量目标的关系。将熟相概念引入棉花栽培,从离子毒害、库源关系、激素信号和衰老基因表达等角度揭示滨海盐碱地棉花异常熟相形成的机制。提出充分发挥棉花自身的调节和补偿能力实现轻简栽培的策略。②创新农艺措施,建立沟畦覆膜种植、膜下温室、预覆膜栽培与短季棉晚播等技术,诱导棉花根区盐分差异分布,促进棉花成苗。依据盐碱地养

分特征、盐度和产量目标分类施肥，实行速效肥与控释肥结合、根际肥与叶面肥结合，在盐分差异分布条件下集中向低盐根区施肥。通过合理密植和科学化控，控制封行时间和程度，协调棉花库源关系和根冠关系，实现正常熟相。通过农艺与农机结合，简化管理、减少工序，使棉田管理轻便简捷。集成建立以保苗技术为核心，分类施肥、熟相调控和轻简管理为关键内容的技术体系，连续5年被农业部列为全国主推技术。③发明盐碱地棉种精播机、残留地膜清理机、棉花秸秆还田机、棉花精量穴式施肥机、轮吸式棉花精量播种机等专利机械。研制出棉花抗盐种衣剂、专用叶面肥、诱导表达病虫相关蛋白的有机肥等专利产品，实现农机与农艺、技术与产品的融合。2005—2011年在山东、河北、天津、江苏等省市累计推广320.07万 hm^2(4 801万亩)，增产皮棉40 092万kg、棉子61 429万kg，通过节本增产新增经济效益91.05亿元。累计培训农技人员5万人次、农民40万人次，提高了农民的科技植棉水平。该项目已发表论文116篇，其中SCI刊源论文27篇，被引用1 151次，他引909次。编著出版《盐碱地棉花栽培学》等著作4部，拍摄《盐碱地棉花丰产栽培技术》科教片1部。获得专利授权14件，其中发明专利8件。制订省级地方标准8个。成果达到国际领先水平，推动了我国棉花种植向滨海盐碱地的成功转移，对缓解粮棉争地、保障粮棉安全具有重大意义。

优质、抗逆设施黄瓜种质创新及新品种选育 该项目针对设施黄瓜育种面临的三大突出问题(冬季栽培，缺少抗逆品种，生产要靠药剂防治支撑；没有密刺型雌性系品种，药物诱雌现象普遍存在；黄瓜遗传基础狭窄，育种受到资源与技术的双重制约)，开展了以雌性系为核心的种质创新、以雌性基因转育为主的育种技术创新、系列专用品种创新及高效配套栽培技术创新，并实现了新品种的大面积推广应用。主要创新成果：①创制出抗寒密刺型雌性系MC2065和白皮华南型雌性系HB96125，并实现了黄瓜雌性系种质创新的突破。MC2065雌性稳定、耐低温弱光、商品性好，高抗霜霉病，抗白粉病、褐斑病。HB96125雌性稳定、皮色乳白，质脆清香、耐低温，高抗霜霉病，抗白粉病、褐斑病。②揭示了黄瓜雌性基因遗传规律，依此制定出高效雌性系转育技术路线。提出反，顺-2,6-壬二烯醛、己醛为黄瓜风味鉴定正向和负向评价指标；耐低温弱光筛选以低温发芽、低温生长量、冷害指数为参量；病害复合接种以每毫升枯萎病105、霜霉病104、炭疽病500孢子量为选择压。建立了以高效雌性系转育为主要内容的黄瓜优质、耐逆育种技术体系。③培育出3种类型的优质、抗逆系列专用新品种9个，其中华北密刺型系列品种5个，华南浅果皮品种2个，欧美水果型品种2个。新品种的突出优点是优质、耐低温弱光、抗病、较对照品种增产10%以上。④集成创新了与新品种配套的设施黄瓜高效栽培技术规程，包括日光温室基肥施用技术规范，日光温室日温、夜温的调节模式，日光温室阴、雨、雪天温度调节技术，越冬黄瓜植株调整提高光合生产率技术，日光温室追施有机肥增加 CO_2 技术，黄瓜集约化嫁接育苗技术规程和黄瓜等级规格采收标准。以上规程的应用为新品种大面积持续高产、高效提供了技术保障。2009—2011年，新品种在7个黄瓜主产区累计推广10.16万 hm^2 (152.34万亩)，约占全省设施黄瓜栽培面积的35%，创社会经济效益51.06亿元。已获得审定品种1个、通过品种权测试1个、鉴定品种8个，制定行业、地方标准各1项，在国内外期刊发表论文55篇，SCI收录2篇，出版著作4部。项目实施过程中培养博士、硕士研究生27名，培训农民约12万人次。

亚型禽流感病毒遗传进化和防控技术研究与应用 H9N2亚型禽流感是严重危害养鸡业生产的病毒病，给养鸡业造成巨大的经济损失，并对公共卫生健康形成严重威胁。针对此问题，该项目在国家自然科学基金重大项目、国家973计划、山东省科技攻关计划和山东省“泰山学者”建设工程等相关课题和项目支持下，经过10余年的科研攻关，形成以下主要创新点：①在病毒遗传进化规律方面，率先揭示了我国H9N2亚型禽流感病毒的遗传进化规律，发现我国存在BJ/94等5个系列基因型的病毒，证明了F/98系列病毒为当前优势基因型；解析了禽H9N2和人H1N1/2009流感病毒重排的可能性以及重排病毒的潜在威胁性，在PNAS等国内外权威杂志上发表论文40余篇，为H9N2亚型禽流感的科学防控提供了理论依据，并为新型流感的预警预报提供了理论支撑。②在诊断技术方面，建立了A型流感病毒核蛋白捕获ELISA抗原诊断技术、禽流感病毒野毒感染抗体与疫苗抗体鉴别诊断技术，并获得国家发明专利授权两件，建立了同时鉴别鸡传染性支气管炎、新城疫和禽流感病毒的多重PCR诊断技术，为H9N2亚型禽流感的快速诊断和鉴别诊断提供了技术手段。③在疫苗研制方面，在H9N2亚型禽流感病毒分子病原学研究的基础上，根据病毒抗原变异规律，研发出具有自主知识产权的可同时预防H9N2亚型禽流感、新城疫和传染性支气管炎的三联灭活疫苗，获得国家新兽药注册证书和兽药产品生产批准文号，为H9N2亚型禽流感防控技术体系的建立提供了重要的产品支持。④在防控技术体系方面，组装、集成和创新H9亚型禽流感疫苗免疫、鉴别诊断、免疫监测和饲养场生物安全等综合防控技术，制定农业行业或地方标准4项，出版科普图书4部，形成了规模化鸡场H9N2亚型禽流感综合防控技术体系。项目实施以来，累计在全国30多个省市自治区的规模化鸡场进行示范和推广，培训兽医技术人员8 000余名，示范应用15亿羽，获得直接经济效益10.87亿元，有力地推动了养鸡业的发展。

杏和李等核果类果树种质资源挖掘、创制与利用 该项目针对目前生产上单一化品种推广应用、遗传基础变窄、遗传脆弱性加大、抗生物胁迫和抗非生物胁迫能力减退以及野生樱桃李等野生果树资源破坏严重等突出问题，按照“研究多样性、保护多样性、创造多样性及利用多样性”的总体研究思路，以胚培（胚挽救）技术，以“利用远缘杂交创造核果类果树新种质的三级放大法”为核心，组建由资源育种、生物技术及栽培生理多学科的研究团队，采用分子、细胞及表型等多种手段，从野生资源评价挖掘、地方品种资源筛选及杂交创新等多个层面，开展核果类果树种质资源收集、评价挖掘及创新利用研究。主要技术创新点：①发明了以胚抢救技术为核心的“利用远缘杂交创制核果类果树新种质的三级放大法”，2005年获得国家发明专利授权。②创制出各具特色的甜樱桃 × 欧李等核果类果树新种质 32 份以及“红丰”和“新世纪”胚培早熟杏等新品种 10 个，其中 5 个获植物新品种权，2 个通过国家品种审定，5 个通过省级审定；探明了杏 F1 群体主要性状的遗传变异规律及自交不亲和的分子机理。③从表型与分子两个层面探明杏等核果类种质资源遗传多样性特征，挖掘出 30 份优异及特异种质，明确了杏的起源及性状演化关系，克隆出 15 个 S 新基因，鉴定了 65 份种质的 S 基因型。④探明了杏风味品质形成与樱桃涝害生理机制及东北山樱资源生理生态特征，制订了渤海湾大樱桃、新疆杏及华北杏等优质高效配套栽培技术规程。项目实施 23 年来，新品种及配套栽培技术成果已在新疆、山东、辽宁及甘肃等地大面积推广应用，推广应用面积占新发展面积的 40% 以上，累计新增经济效益 71.4 亿元，经济、社会和生态效益显著。已发表研究论文 149 篇，其中 SCI 收录 11 篇，《遗传学报》等国家一级学术刊物 55 篇。培养博士 9 名、硕士 38 名，举办各类培训班 1 000 余次，培训农民 20 万人次。

枣系列新品种选育及育种技术创新　该项目历经 12 年，在国家科技支撑计划和省农业良种工程等 10 余项课题支持下，系统评价了 169 个枣品种的主要特性，采用人工定向控制杂交育种新方法，选育出具有自主知识产权的枣系列新品种 11 个，建立了枣良种选育技术体系。主要创新成果：①创新常规育种方法，系统选育出具有独立自主知识产权、用途多样、熟期配套、重要经济性状显著改进、具有更新换代价值的新品种 11 个，全部通过省级审定，其中 4 个品种通过国家审定。研究提出优质丰产、安全高效配套栽培技术。②改进常规育种方法，采用人工定向控制杂交技术，提高育种效率。选育的极早熟鲜食品种鲁枣 1 号，在泰安 8 月初成熟；选育的早熟鲜食品种鲁枣 2 号、3 号，早实、极丰产、抗病抗裂、质优；国内选育的首个观赏鲜食兼用品种鲁枣 7 号，果实磨盘形，鲜食品质优良，以上 4 个品种已通过国家审定。国内选育的首个鲜食加工兼用品种鲁枣 10 号，Vc、总酸含量高，极丰产，适宜加工；鲁枣 4 号、5 号等干鲜兼用品种，优质果率高、早实丰产、抗性强，其中鲁枣 5 号表现不裂果，可有效解决金丝小枣易裂果的难题；晚熟鲜食品种鲁枣 6 号、11 号，早实丰产、果大整齐、品质上等，其中鲁枣 6 号不裂果，鲁枣 11 号可溶性固形物达 41%。选育的枣系列新品种在成熟期、抗裂果、优质、丰产、加工性能等主要性状上有重大突破，品种选育创新突出。③初步建立起分子辅助育种技术体系。首创枣叶片高频率不定梢再生技术体系，建立了枣组培快繁技术体系，解决了枣组培快繁增殖难的技术难题。在国际上首次利用叶圆盘法，获得转入抗病基因的转基因植株。首次以 DNA 粗提物为模板，建立了 PCR 扩增快速检测枣疯病植原体的技术方法，为枣疯病早期诊断、抗病品种选育提供技术支撑。④首次定性了枣果实中的 53 种香气成分与 13 种黄酮物质，并进行不同成熟期、品种间含量变化研究，为枣品质鉴定提供新方法，为功能性枣品种的选育及功能成分提取、开发利用提供技术支持。已发表相关论文 48 篇，出版著作 4 部。举办培训班 40 余次，培训技术人员 1.1 万余人。新品种、新技术在山东、河北、山西、新疆、江西、云南、湖南等省市区推广应用，累计推广 2.43 万 hm^2（36.5 万亩），获得经济效益 12.6 亿元，社会和生态效益显著。

平衡根系轻基质容器育苗关键技术　林木容器育苗是国内外广泛应用的苗木生产方式，采用容器育苗造林也是我国大力提倡的造林方法，但容器育苗技术与国外相比相差甚远。我国传统容器育苗采用塑料袋、硬塑管容器装填粘土等方式，普遍存在窝根、稀根、弱根等问题，严重制约造林和森林质量的提升。开展该项目研究，使我国传统育苗技术升级为可保障根系平衡的易穿透、轻基质、免回收、低成本、高效率、环保型单体容器育苗技术，可为推动林木种苗现代化进程、提升容器育苗产业化水平提供重要的科技支撑。主要技术创新点：①研制出新型育苗容器成型机，创新设计了智能化自动控制系统及工厂化育苗配套设备，可生产 5 种育苗容器，生产效率达 20 000 个/天，合格率达到 99% 以上。②筛选出适宜主要造林树种无纺布容器育苗的轻型基质配方，降低基质成本 50% 以上。首次研制出轻基质无纺布容器育苗生物型基质。③筛选出主要造林树种育苗的适宜容器。④首次提出主要造林树种的轻基质无纺布容器苗质量调控技术。无纺布容器苗的苗高、地径生长量均提高 20% 以上。⑤首次探索了无纺布容器苗的抗逆机理，并对造林效果进行经济性评价。荒山造林成活率 ≥ 96%，造林综合成本较裸根苗降低 35.1%。⑥提出平衡根系轻基质容器育苗技术新理念。已申请国家发明专利 2 件，获得实用新型专利授权 6 件。发表科技论文 16 篇，其中 SCI 收录 2 篇。成果已在山东、福建、广东、广西、湖南、新疆、内蒙和辽宁等 20 个省市区示范推广，繁育苗木 4.5 亿株，产生直接经济效益 3.6 亿元。培训技术人员和林农、苗农 1 万余人次，产生了较大的社会、经济和生态效益。

南水北调济南市区段输水工程技术研究　济南市区段输水工程是南水北调东线胶东输水干线的重要组成部分，是我国南水北调工程唯一穿越省会城市的重点渠段工程。穿主城区段 23km 长输水工程沿线地质条件复杂、地下水位高，工程周边环境复杂，输水工程的设计研究需统筹协调调水与城市规划、防洪排涝、市政及交通工程、生态景观之间的关系，并与之紧密结合。针对以上情况，该项目重点研究解决复杂环境条件下输水安全、防洪安

全、城市发展、生态与景观等一系列技术难题，为大型输水工程穿越大中城市的设计与施工提供强有力的技术支撑。主要技术创新点：①采用多方案多因素综合比选新技术，研究确定最优输水方案，最大限度地节省土地资源和工程投资，为南水北调、小清河综合治理两个工程的有机结合实施奠定了基础。②结合济南市规划控制红线和地下设施情况以及河道防洪、排水、景观要求，提出与小清河综合治理工程同步实施的多形态结合型式方案，成功解决了调水与河道整治、城市规划、生态景观有机结合的技术难题。③创建了长距离大流量输水暗涵水流流态物理模型和数值模拟模型，研究长距离大流量输水暗涵不同流量下的水头损失、流量系数、流速分布及水流流态、净空等技术参数，解决了复杂条件下整个输水暗涵水面线推算的技术参数和大型输水暗涵水力计算问题。④研制出多功能空箱式输水暗涵新型结构，解决了临河暗涵侧壁上景观栈道、旅游码头、亲水平台等结构支撑问题，实现了有限环境资源条件下输水、防洪、生态、景观、交通等多功能有机结合的目标要求。⑤集成应用了多种地基处理技术，解决了穿越市区基坑工作面狭窄、深度大、地质条件差、地下水位高、周边环境复杂条件下的工程安全和施工安全等技术难题。南水北调与小清河综合治理两个工程的综合实施，共节省拆迁和移民安置专项资金10亿元，通过采取结构优化、地基处理集成技术应用等节省工程投资7 000万元。与小清河综合治理工程结合同步实施，实现了“构建防洪达标、输水安全、城水和谐、生态良好、交通畅通的清水廊道和沿河经济带”的综合目标，为营造、改善小清河两岸人文、生态环境，促进沿河经济带发展奠定了坚实的基础。

山东半湿润区现代节水农业技术研究与集成 该项目针对山东半湿润井灌区追求作物高产与地下水超采生态环境恶化的突出矛盾，以维持地下水采补平衡、保持良好的水生态环境为出发点，研究集成生物、农艺、工程、管理等节水技术，以及区域地表水和地下水监测、模拟、调控、配置技术于一体的现代农业综合节水技术体系，在保证粮食高产的同时，减少农业灌溉用水量，控制地下水漏斗区的扩大，为山东半湿润区和华北类似地区农业发展和生态环境改善提供综合节水技术模式。主要技术创新点：①建立了研究区地下水年际调控优化配置模型和三维数值模拟模型，提出地下水资源调控和优化配置方法以及不同水平年地表水和地下水联合调控方案，对各类开采方案进行了情景模拟和预测。②在科学试验的基础上，利用模糊物元评价方法，筛选出适宜山东半湿润区种植的抗旱节水粮食作物品种，并形成了冬小麦、夏玉米一年两作区的耕作、种植、管理、施肥等农艺节水综合技术体系。③对管道输水灌溉技术、田间闸管和软管灌溉技术进行集成，形成了管道灌溉田间配套多孔可控灌水系统。形成精细地面灌溉技术，获得发明和实用新型专利授权各1件。④自主研发出近距有线和远程地下水监测系统、农业灌溉信息监测控制系统，研发出“一站式”土壤墒情、地下水自动测报系统。⑤起草并颁布了省地方标准《山东省主要农作物灌溉定额》，为山东省实施最严格的水资源管理制度提供了技术依据。⑥集成了农艺节水、精量灌溉等技术以及区域地下水、地表水联合调控和管理技术，形成了适合我国华北井灌区的现代节水农业综合技术体系、集成模式和技术规程。项目技术示范区面积666.67hm^2（1万亩），直接推广面积2.25万hm^2（33.76万亩），年节水3 400万m^3，3年累计增加农业产值1.48亿元，灌溉水利用率提高了16.4%，水分生产率提高21.4%。成果在中国援助安哥拉0.87万hm^2（13万亩）农业灌溉项目中得到应用。培训人员500多人次。

大菱鲆“丹法鲆”新品种培育与养殖技术 该项目是在我国大菱鲆产业依赖于国外提供种源，种源遗传背景不清楚，质量参差不齐，生产过程中采用的亲鱼未经系统、科学的选育，累代养殖和近亲交配现象突出，导致孵化率、出苗率降低、生长速度减慢、抗逆性变差等种质退化现象的背景下开展的。主要技术创新点：①培育出我国首个大菱鲆新品种——大菱鲆“丹法鲆”，于2010年通过全国水产原良种委员会审定，生长速度、养殖存活率分别较对照品种提高24%和22%以上，出苗率平均达到38.23%，养殖存活率平均达到90%以上，其他主要生产指标如白化率等也得到相应的改良。2011年农业部公告大菱鲆“丹法鲆”是适宜推广的杂交新品种。②全面对比分析了我国进口的大菱鲆群体，确定了杂交育种的遗传学参数。按照双列杂交设计方案，培育产生自交、杂交组合25个，对群体间的杂交效果进行了全面的对比分析。③首次采用“家系保种技术”对大菱鲆品系进行选育。2008—2010年，利用大菱鲆家系的大规模培育技术，共建立丹麦选育系家系195个、法国选育系家系295个。设计制定了大菱鲆生长和养殖存活率评估模型，对选育系进行遗传评估。采用具有独立知识产权的育种软件“水产动物育种分析与管理系统”，对所有选育系的家系系谱、生长速度、存活率等数据进行计算机管理。经过连续两代的选育，培育出丹麦和法国两个选育系。由于严格控制近亲交配，选育系可被长期稳定地保种。④建立了大菱鲆家系及个体的物理和分子识别技术。其中，可视荧光标记技术，利用5种颜色、5个部位，可在幼鱼期进行标记，标记100天后的保持率在100%；开发研究的微卫星多重PCR技术，可准确地将测试家系产生的任意子代定位到各个家系，识别能力达到98%以上，彻底解决了家系标记、混合养殖测试的关键技术问题。⑤构建大菱鲆“丹法鲆”的遗传连锁图谱，共组建连锁群30个，定位了3个与生长相关的基因位点。2006—2011年，共培育大菱鲆“丹法鲆”苗种1 405万尾，销售大菱鲆“丹法鲆”良种鱼卵135kg，合计生产鱼苗3 312万尾；全国范围内养殖大菱鲆“丹法鲆”成鱼2 645万尾，产值达到6.3亿元。2009—2011年，分别新增产值1 387万元、1 899万元和2 682万元，经济效益显著。

代谢综合征及相关疾病防治的转化医学 如何实

现代谢综合征及相关疾病的早期预警、个体化治疗和早期预防成为目前困扰基础医学、临床医学和预防医学专家的重要问题。该项目主要技术创新点：①首先在国内外发现TRIB3基因Q84R多态性与代谢综合征及颈动脉粥样硬化的发病密切相关，是代谢综合征发生的独立危险因素，TRIB3可能是代谢综合征的候选基因之一。在国内外首先发现代谢综合征患者TRIB3基因Q84R多态性R84等位基因携带者是代谢综合征患者颈动脉粥样硬化的易感者，具有TRIB3 基因Q84R多态性R84等位基因的代谢综合征患者更易出现IMT增厚和斑块指数增大。②在国际上率先开展TRIB3与动脉粥样硬化的关系研究，在细胞水平上首次发现TRIB3部分参与了ox-LDL诱导的人单核细胞源性巨噬细胞的凋亡。在国际上首次证实IL-18水平升高能够引起胰岛素抵抗、加重血管炎症反应和重构，成为代谢综合征发生心血管并发症的机制之一。首次提出并证实TRIB3基因沉默能够降低胰岛素抵抗的发生，减少巨噬细胞凋亡，从组织和分子水平上观察了TRIB3基因沉默对2型糖尿病易损斑块结构改变的影响，以及其发挥保护作用的可能机制。③在国际上首先提出AGEs可能通过TRIB3/MAPK信号途径促进心肌间质纤维化的假说，并予以证实。首次证实IL-18过表达能够促进代谢综合征大鼠心肌纤维化，尤其是冠状动脉周围心肌纤维化，进而引起舒张功能障碍；非洛地平能够减少IL-18的表达，同时减轻血管周围心肌纤维化。④首次证实代谢综合征患者visfatin表达增加，在合并颈动脉粥样硬化斑块患者中进一步升高，同时可用于颈动脉粥样硬化斑块的诊断分层。首次发现代谢综合征患者尤其是女性患者，STAMP2表达明显降低，与颈动脉粥样硬化和心脏舒张功能异常密切相关。在代谢综合征大鼠中首先发现脂肪组织中以TRIB3表达增加为主，且与胰岛素抵抗高度相关。⑤在国际上首先发现代谢综合征在左房大小以及左室收缩功能正常的情况下已经出现心房电—机械耦联活动的不同步，其独立危险因素是胰岛素抵抗；代谢综合征患者在左室收缩功能正常的情况下已经出现心室结构和功能的改变，同时出现收缩和舒张的不同步，其独立的危险因素是年龄、代谢性因素及左室重量指数；代谢综合征患者出现亚临床和临床动脉粥样硬化的主要危险因素是腹型肥胖、高血压、高龄和低HDL-C；非洛地平能够改善代谢综合征胰岛素抵抗，减轻炎症反应，进而改善心脏舒张功能。该项目已发表SCI收录期刊英文论著和摘要29篇，中华系列期刊文章6篇，其他期刊文章9篇，SCI收录期刊文章总影响因子118.587，被国际著名杂志引用112次，引起较大影响，得到国内外学术界的广泛认可。已在北京、上海、黑龙江、青海、云南、山东等省市区不同级别的12所医院依据不同侧重进行推广应用，尤其注意研究成果在基层医院的普及应用，提高代谢综合征的防治效果，降低代谢综合征的社会和经济负担，为推进防治重心下移和前移提供理论和技术支撑。社会效益显著。

白血病的生物学行为异常及其逆转对策 白血病的发生、发展和治疗转归过程中存在多种生物学行为的异常，主要表现为细胞分化、增殖、侵袭异常和药物敏感性改变。多种信号传导通路参与了白血病的分化、增殖和侵袭，阐明这些信号通路在白血病中的分子机制对于探讨新的治疗方法具有重要意义。白血病细胞对化疗药物的敏感性是白血病治疗效果好坏的关键，增强白血病的药物敏感性、逆转耐药，对提高白血病的疗效至关重要。该项目对白血病的生物学行为异常及其逆转对策进行研究，从白血病发病机制和药物敏感性两大方面取得了创新性成果：①揭示了Notch信号通路在T-ALL中的作用及其机制，阐明了乏氧环境对T-ALL细胞增殖、侵袭和耐药的影响及其与Notch通路的相互关系，探讨Notch和VEGF信号通路在AML血管新生中的相互关系，揭示了Notch通路在髓系前体细胞分化中的作用，探讨Wnt信号通路在急性白血病中的作用，研究Th17/Treg相关细胞因子在急性白血病中的表达。②阐明了MCL1、MDR1基因在白血病多药耐药中的作用，阐明了MDR1启动子靶向的CD-TK双自杀基因在体内外对白血病细胞的杀伤作用，探讨miR-181b在急性髓系白血病耐药中的机制。已发表论文46篇，其中SCI收录25篇，被引用102次。举办学术会议及全国继续教育学习班8次，来自全国各省市的2 000人参加了学习。多次赴美国、奥地利、荷兰等国家参加学术交流。培养博士研究生7名、硕士研究生10名。省内10家三甲医院应用该项目研究成果后，在临床基础研究及科研方面取得了较好成效，为白血病的临床诊治及逆转耐药打下了基础。

基于快速形变配准的在离线结合图像引导放疗技术 图像引导放疗（image-guided radiotherapy，IGRT）是肿瘤放射治疗学的研究热点。该项目提出并建立了基于该配准算法的在线与离线相结合的IGRT技术，以充分利用在线获取的CBCT图像信息，达到减轻正常组织放射性损伤和提高肿瘤局部控制率的目的。主要创新成果：①开发出新的CBCT图像去噪技术，改善了CBCT图像质量，并在此基础上开发出一种基于梯度信息的CBCT-FBCT快速形变配准算法，与传统的基于密度的CBCT-FBCT形变配准算法相比，提高了配准精度，满足了临床即时性应用的要求。②利用形变配准技术，建立了在线射野修饰校正与离线剂量补偿相结合的IGRT技术，提高了放疗剂量投放的准确性和治疗效益。开发出离线系统误差校正技术，明显提高了在线与离线相结合IGRT技术的治疗效率。③将技术应用于头颈部鳞癌、早期非小细胞肺癌、局部晚期食管鳞癌的精确放疗，技术安全、可靠、稳定。应用于87例头颈部鳞癌调强放疗，其完全缓解率由71%提高到83%；应用于63例早期非小细胞肺癌患者，其3年局部控制率由83%提高到89%；应用于局部晚期食管癌患者，其5年生存率由5%～10%提高到22.7%，正常器官和组织的放射性损伤均有不同程度的降低。该项目已发表论文98篇，其中SCI、EI收录源期刊论文42篇(24篇论文被WOS收录的文献所引用,共计194次),中华医学会系列期刊论文41篇。相关研究成果被美国国家综合癌症网络(NCCN)非小细胞肺癌临床实践指南引用,用于指导肺癌的精确放疗。培养博士、硕士研究生36名,培养IGRT技术相关进修人员150余人。举办IGRT相关全国性培训班4次,培训学员1 200余人。项目研究人员受邀参加2010年美国放射肿瘤学会(ASTRO)、欧洲放射肿瘤学会(ESTRO)、北美放射学会(RSNA)年会等国际会议,并在大会上交流该项目研究成果。该项目成果已在14家医院得到推广应用,共治疗肿瘤患者1 630余例,有效地提高了放疗靶区的施照精度和肿瘤的局部控制率,减轻了正常组织的放射性损伤,改善了患者的生存质量,社会效益十分显著。

阻断共刺激信号对病毒性心肌炎的干预作用及其机制的研究 病毒性心肌炎(VMC)为儿科心血管系统常见疾病,其发病机制至今尚未完全阐明,亦无特效治疗。目前认为病毒复制及病毒触发的自身免疫反应致心肌损伤是VMC的发病机制,其中T细胞介导的免疫损伤起重要作用,而共刺激信号对T细胞的活化起关键作用。该项目研究旨在应用细胞毒T淋巴细胞相关抗原-4融合蛋白(CTLA4-Ig)、CD40Ig融合蛋白(CD40Ig)及CD28单克隆抗体(CD28mAb)阻断共刺激信号通路,以探讨此三者对小鼠VMC的治疗作用与机制。主要创新成果:①建立了柯萨奇病毒B3(CVB3)心肌炎动物模型,经腹腔注射CTLA4-Ig、CD40Ig、CD28mAb及非特异性小鼠IgG进行干预,分别采用HE染色、免疫组化、实时荧光定量PCR(RQ-PCR)及酶联免疫吸附试验(ELISA)等方法检测干预前后心肌组织炎症程度、心肌组织和外周血Th1与Th2相关细胞因子的表达。②在国内外首次应用CTLA4-Ig、CD40Ig和CD28mAb对VMC小鼠进行干预,下调T淋巴细胞的免疫反应,使心肌炎症减轻,为临床诊治VMC开辟新的途径。在国内外首次证实CTLA4-Ig、CD40Ig和CD28mAb通过纠正Th1/Th2的平衡状态减轻心肌炎症,为临床应用共刺激分子阻断剂治疗VMC奠定了坚实的理论基础。在国内外首次发现VMC小鼠外周血IFN-阕隅L-4的含量变化在一定程度上反映心肌炎症的程度,可作为VMC病情的监测指标。该项目依托国家"十一五"科技支撑计划子课题和山东省适宜卫生技术推广项目,在省内12个地市推广1 800余人次,举办国家继续医学教育学习班3期共计300余人次,提高了国内病毒性心肌炎的诊治水平,取得了良好的社会效益和经济效益。已发表论文20篇,其中SCI收录3篇,SCIE收录2篇,中华系列期刊论文2篇。累计被引用29次,其中SCI他引3次。培养硕士研究生6名。项目成果在国际上规模最大、最具权威性的欧洲心脏病年会大会上发言论文1篇、壁报交流论文5篇,在全国小儿心血管疾病学术会议等权威会议交流10人次。

组织移植结合骨段牵伸移位成骨修复重建小腿大范围多元组织缺损 随着现代工业及交通业的发展,高能量损伤逐年增多,高能量损伤造成的小腿部大面积皮肤缺损、大范围肌肉缺失合并大段骨缺损临床并不少见,此类损伤软组织挫伤重,伤口污染严重,传统治疗方法其截肢率及感染率分别为43%和50%,手术次数平均为5.42次,肢体功能恢复优良率仅为62.5%。该项目成果从根本上解决了小腿部大范围多元组织缺损病人修复与功能重建的难点问题,最大限度地保留病人肢体非失活组织及功能,使病人在最短时间内最大限度地恢复肢体功能,有效地降低了感染率及截肢率,减少了手术次数,降低了手术风险,解决了血管吻合术后西药抗凝的诸多并发症,开创了小腿部大范围多元组织缺损治疗的新领域。主要技术创新点:①采用中医湿敷法湿敷开放污染创面,有效降低感染率,提高移植组织成活率。②采用皮瓣或组合皮瓣移植结合骨段牵伸移位成骨治疗小腿大面积皮肤缺损合并大段骨缺损。皮瓣修复大面积皮肤缺损,骨段牵伸移位成骨修复大段骨缺损。③采用肌皮瓣移植结合骨段牵伸移位成骨治疗小腿大范围软组织缺损合并大段骨缺损,肌皮瓣重建毁损的肌肉功能,骨段牵伸移位成骨修复大段骨缺损。④组织移植术后采用中药抗凝,抗凝效果肯定,且避免了西药抗凝的诸多并发症。项目成果已在省内外十几家医院推广应用128例,截肢率降至1%,手术次数平均为2.6次,移植组织106块全部成活,肢体功能恢复优良率达到86.4%。除有2例2个组织发生部分坏死外,余者全部成活,功能恢复优良率达到84%。已举办全国性推广学习班4期,在省内举办推广学习班6期,社会效益显著。

寒热效应评价体系构建及在中药药性研究中的应用 药性理论是中药理论的核心,是中医处方用药的依据。开展中药药性研究对于保持中医特色、提高中医疗效至关重要,其中四性理论是中药药性理论的基础。该项目以寒热药性为切入点,基于正常动物及寒、热证模型动物,系统研究寒热中药的药性—药效发生机制,构建了寒热药效的标识评价体系,为客观表征中药药性提供了现代判别依据,并阐明药性—药效—物质关系的基本规律。主要创新成果:①建立基于实验动物寒热趋向行为的中医寒热症候辨识方法,通过实验动物寒热偏好辨识,反映恶寒、畏寒、恶热、喜热等中医寒热阴阳辨证关键主症,将主观症状客观化,解决了中医寒热症候研究的关键技术难题。②构建反映中医辨证特色的实验动物寒热效应评价体系。基于寒热趋向、自主活动等核心指标的寒热效应评价体系符合中医辨证特色,是实验动物寒热辨识及中药、方剂寒热效应研究得以实现的基础。③创新性地应用寒热效应评价体系论证寒热药性的客观实在性及作用规律,研究寒热中药对正常及模型大鼠寒热效应的影响。首次系统论证了中药寒热药性的客观实在性,揭示中药寒热药性的作用规律。④创新性地运用基因芯片技术阐释寒热中药药性—药效关系产生的分子机制。该项目已获得"大鼠寒热趋向行为测定仪"和"大鼠冷热饮偏好测定仪”两项国家发明专利授权，发表论文 21 篇，国际会议交流论文 4 篇，培养博士研究生 2 名、硕士研究生 11 名。成果已在中国中医科学院中药研究所、江苏省中医药研究院等 4 家单位推广应用，社会效益显著。

奥美拉唑大品种关键技术改造 奥美拉唑是治疗胃溃疡的特效药。该项目通过产学研结合，对奥美拉唑进行原料药、制剂等关键技术改造。主要技术创新点：①原料药合成技术。硫醚物氧化反应，首次创新性地应用新型手性催化剂技术，将反应收率从 88% 提高到 98% 以上。硝化反应，开创性地应用发烟硝酸/有机溶剂硝化技术，硝酸与硫酸的比例由原来的 1:4 降至 1:1.1，大量减少了废酸产生。精制步骤，首次采用“自制精制设备”，应用独有专利技术，获得高纯度 B 晶型产品，溶剂残留更低、纯度更高，产品稳定性大幅度提高。②肠溶微丸制剂技术。隔离层包衣中，首次采用新材料“玉米朊”为隔离衣材料，填补国际空白。玉米朊有独特的疏水性、遮光性，将内层的酸不稳定的药物丸芯与外层的酸性环境的肠溶层完好地隔离。提高了产品纯度，可延长有效期至 4 年，达到了提高患者用药安全性的目的。肠溶层包衣过程中，首次应用醇性聚丙烯酸树脂做肠溶材料，乙醇做溶媒。奥美拉唑具有水中不稳定性，因此该项目肠溶层包衣工艺过程避免接触水，使得产品更加稳定，同时提高了产品的纯度，延长了产品有效期。该项目已获得发明专利和实用新型授权各 1 件。自 2008 年应用推广以来，原料药通过了欧盟 COS 认证、美国 FDA 现场审计，并通过了 Pharmagenerics、Apotex、Astra、Sandoz、Ratiopharm、KRKA 等跨国企业严格的现场审计，顺利打入国际高端市场，提高了山东省医药产业的国际竞争力。2011 年，富康制药公司年产奥美拉唑原料药 500t、肠溶微丸 500t，实现年销售收入 62 530 万元，利税 16 279 万元，其中利润 10 310 万元。

绿叶制药医药技术创新体系（企业科技创新） 绿叶制药自成立以来，始终坚持把依靠科技创新作为企业发展的长期驱动力，于 1998 年成立新药研发中心，坚持“专业技术服务于人类健康”的经营理念，以拥有自主知识产权的核心技术为主体，以重点治疗领域疾病谱发展和客户需求为导向，通过体制机制创新、人才队伍优化、创新投入增加、设施条件优化、优秀文化建设和规范管理等全方位、多角度的创新建设，最终建立适合现代医药企业发展需求的、产学研相结合的医药技术创新体系。绿叶制药开创了产学研一体化的“双薪双体制管理”人才体系和研发模式。2001 年，公司与烟台大学各出资 50% 组建烟大药学院，实现了产学研实质联合；公司借鉴国际先进的管理理念，将“质量管理”引入新药研发的全过程，设立专门的新药研发 QA 人员，从根本上保证了新药研发工作规范性和各项实验数据的可追溯性；公司在医药行业前瞻性的创建知识产权部，实施知识产权战略，增强国际竞争力。管理和制度的创新，促进了新药研发的创新锐度，解决了制约我国长效和靶向制剂发展的关键技术问题，实现了长效注射微球中试放大关键技术的突破。依托医药技术创新体系建立的“长效和靶向制剂国家重点实验室”于 2010 年正式通过科技部批准建设。2011 年，公司正式成为国家创新型企业。公司已承担国家级项目 30 余项，发表 SCI 论文 80 余篇，申请专利 279 件，获得发明专利授权 132 件（含国际专利 17 件）。公司产品均为具有自主知识产权的创新药物，近 10 年累计实现销售收入 90 亿元，利税 27 亿元，其中七叶皂苷钠系列产品累计实现销售收入近 40 亿元，力扑素是全球唯一上市的紫杉醇脂质体，2011 年销售收入近 9 亿元。在研产品 LY03003 已于 2012 年 1 月通过 IND 批准，即将在中美两国同时开展临床。降血脂产品血脂康正在美国进行Ⅱ期临床，预期将是我国第一个走向发达国家医药市场的具有自主知识产权的药品。公司被认定为国家认定企业技术中心、国家 863 成果产业化基地，建设有山东省新型制剂工程技术研究中心、山东省药物新型制剂行业技术中心等，对医药产业整体技术水平和国际竞争力的提升起到了良好的辐射和带动作用。

煤炭安全高效洁净开采与利用技术创新体系（企业科技创新） 兖矿集团是山东省主要煤炭生产企业，在资源日益匮乏的今天，兖矿集团及时转变对资源型企业比较优势的认识，转变对煤炭由普通燃料到重要化工原料的观念，明确以科技创新为支撑，坚持绿色环保高效节能主题，以“产品高端化、技术自主化、生产自动化、管理信息化、发展低碳化、经营国际化”为创新目标，提高自主创新能力，延伸煤炭产业链，调整优化产业结构，推动企业转型升级。集团先后在上海、西安、澳大利亚等地建立研发机构，以拥有的国家级企业技术中心、国家工程研究中心、国家重点实验室、博士后工作站等 4 个国家级研发机构和 2 个“泰山学者”岗位为基础，逐步形成省内、省外和国外有机结合的全方位创新平台。已形成多项具有自主知识产权的核心技术，综采放顶煤实现了由机械化到自动化、信息化的飞跃，整体技术保持国际领先水平。依靠技术优势获得海外煤炭资源 18.64 亿 t，子公司兖煤澳洲公司成为我国最大的海外煤炭企业。水煤浆气化、粉煤气化、IGCC 循环发电、煤炭间接液化等煤化工关键技术打破国外垄断，并实现对美国的技术回输，促进了我国煤炭高效清洁利用技术的发展和煤炭及煤化工产业健康持续稳定发展。通过创新体系建设，兖矿集团逐步探索出一条资源型企业依靠技术创新，优化产业结构，实现可持续发展的新模式。产业结构从单一煤炭产业向“三大主业”协同发展转变，产品结构由煤炭生产向煤炭、煤化工、铝型材、机电成套装备制造等产品转变，区域结构由省内向省内外、境内外转变，逐步形成“跨行业、跨地区、跨国界、跨所有制经营”的发展布局。兖矿集团原煤生产百万吨死亡率连续 6 年为零，为 2011 年中国企业效益 200 佳第 31 位，中国煤炭企业 100 强利润总额排名第 4 位。综放开采技术已成为厚煤层主要开采方法之一，并在我国主要产煤地区以及澳大利亚得到推广应用，水煤浆气化技术已在美国valero能源公司和国内20余家企业推广。集团已拥有国家发明专利81件、国外专利8件,技术转让收入4亿多元,3家公司被认定为高新技术企业。"十一五"以来承担国家863计划10项、科技支撑计划3项、973计划2项,获得科技部授予的"十一五"国家科技计划执行优秀团队奖和"'十二五'国家科技计划推荐主体"称号。先后获得国家科技进步奖15项,其中特等奖1项、一等奖2项,"十一五"期间获得国家科技进步二等奖5项。2010年,兖矿集团被确定为国家创新型企业、山东省首批创新型企业。集团先后获得省政府授予的产学研合作创新突出贡献奖、技术创新工作先进集体、优秀博士后工作站等荣誉。

2012年度山东省科技进步奖二等奖项目(168项)

编号	项目名称	完成单位	完成人
JB2012-2-1	苹果采后增值关键技术及产业化	中华全国供销合作总社济南果品研究院、烟台泉源食品有限公司、正宁县金牛实业有限责任公司	吴茂玉 冯建华 和法涛 吕 平 路芳民 葛邦国 徐新明 宋 烨 姜延泉
JB2012-2-2	低粘度辛烯基琥珀酸淀粉酯氧化法生产工艺研究	诸城兴贸玉米开发有限公司	邱立忠 卞希良 邹秀华 孙纯锐 宋瑞江 许炳铭 黄亮亮 张 英
JB2012-2-3	"悬浮云洗涤技术"的研究与应用	青岛海尔洗衣机有限公司	舒 海 吕佩师 杨 林 吕惠政 程宝珍 高秋英 刘尊安 王玲臣 张开宏
JB2012-2-4	预灌封注射器关键集成技术应用研究与产业化开发	山东省药用玻璃股份有限公司 山东轻工业学院	张 军 沈建兴 田德合 毛 剑 弋康锋 薛为革 刘 健 袁恒新 郑述玲
JB2012-2-5	废纸纤维分级生产包装纸与纸板集成技术	山东世纪阳光纸业集团有限公司	盛永忠 王东兴 陈嘉川 张增国 韩金梅 邱文伦 张洪明
JB2012-2-6	三醋酸纤维素用棉浆粕的研制	山东银鹰股份有限公司	陈忠国 曹知朋 臧贻朋 郑春友 吕兴华
JB2012-2-7	集成化中间件套件InforSuite	山东中创软件商用中间件股份有限公司	刘 春 刘 耀 张 辉 车 帅 皮开元 刘欢迎 何忠胜 翟鲁超 张文治
JB2012-2-8	DF9312配电自动化终端系统	东方电子股份有限公司	岳振东 郑 耿 王高海 张作峰 丁 强 包金龙 王吉人 刘 林 曲岩波
JB2012-2-9	"智慧泰山"关键技术研究与应用	泰安市泰山信息中心 东软集团股份有限公司 伟景行科技股份有限公司	宋 磊 林洪波 陈国强 范宏亮 申卫星 田 甜 张京兴 王绪华 王 娟
JB2012-2-10	基于构件复用技术的船舶建造协同管理软件系统	哈尔滨工业大学(威海)、黄海造船有限公司、威海中复西港船艇有限公司、威海北洋慧通软件股份有限公司	徐晓飞 初佃辉 战德臣 聂兰顺 张 华 王忠杰 王昭峰 孟凡超 王 磊
JB2012-2-11	基于OSGI体系结构的人力资源和社会保障一体化平台	山东大学 山东地纬计算机软件有限公司	郑永清 孙 明 闫中敏 徐 铭 刘征征 彭朝晖 何 伟 李 晖 崔立真
JB2012-2-12	基于云计算的跨区域资源共享服务平台	山东省计算中心 北京航空航天大学	顾卫东 杨美红 陈 静 赵志刚 吴 际 王 筠 王 鲁 孙 萌 王春晓
JB2012-2-13	基于DSP的并联混合有源电力滤波器	山东山大华天科技股份有限公司	李建明 王 妍 迟恩先 李 波 朱树文 葛方甫 生亮田 顾建勇 姜东岳
JB2012-2-14	建筑物、园区节能监控系统关键技术的研发与应用	山东建筑大学、济南格林节能开发有限公司、青岛积成电子有限公司	赵秀珍 姚庆梅 王秋霞 邵兰云 徐红东 吕红丽 耿淑娟 岳 斌 王桂娟
JB2012-2-15	大空间智能消防机器人系统	山东省科学院自动化研究所	成 巍 刘建翔 刘广敏 车晓波 赵志鹏 李小伟 欧阳红晋 侯恩广 董 杰
JB2012-2-16	半导体照明用高亮度蓝光LED外延材料和管芯研制	山东华光光电子有限公司	李树强 徐现刚 任忠祥 沈 燕 曲 爽 夏 伟 刘存志 张成山
JB2012-2-17	液晶电视一体化设计及动态控制节能技术开发与应用	青岛海信电器股份有限公司	刘卫东 曹建伟 乔明胜 李 炜 宋志成 陆宾林 辛晓光 徐爱臣 高红满
JB2012-2-18	数字硅微麦克风	歌尔声学股份有限公司	宋青林 王显彬 庞胜利 谷芳辉 潘 昕 党茂强
JB2012-2-19	FTTH条件下的综合接入终端——复合功能机顶盒的研究与设计	山东大学 浪潮集团有限公司	季 伟 刘 琚 冯德军 崔 卫 刘永辉 刘 洋
JB2012-2-20	FA207组合式系列化梳棉机	青岛东佳纺机(集团)有限公司	李 政 纪合聚 单宝坤 邵长新 王 伟

续表

编号	项目名称	完成单位	完成人
JB2012-2-21	全自动绞纱丝光机	山东同济机电有限公司	方中锋 王炳伟 朱 峰 盛 凯 华 勇 张思诚 汪毅泉 宋秀丽 曹江山
JB2012-2-22	高分子量聚乙烯/聚丙烯树脂纺粘非织造材料	山东俊富非织造材料有限公司 山东省非织造材料工程技术研究中心	陈光林 张天雷 彭文忠 常 丽 王西山 谭洪波 张 哲 曹仁广 陈志红
JB2012-2-23	活性染料湿固色系统技术研究及产业化应用	青岛大学、孚日集团股份有限公司、愉悦家纺有限公司	房宽峻 门雅静 郝龙云 王玉平 刘显高 张国清 蔡玉青 蔡文言 苏长智
JB2012-2-24	海港码头钢筋混凝土结构耐久性修复技术	日照港集团有限公司 中国科学院海洋研究所	孔宪雷 李伟华 侯保荣 杜传志 匡立平 陈 刚 厉建海 王文增 徐 磊
JB2012-2-25	海洋环境监测装备及灾害预警系统	山东省科学院海洋仪器仪表研究所 国家海洋局北海预报中心	刘孟德 张喜验 张涛 郭明克 李民 杜立彬 曹丛华 孟庆明 杨立
JB2012-2-26	船用气象要素综合监测及仿真测试系统	山东省科学院海洋仪器仪表研究所	王东明 漆随平 宋文杰 郭颜萍 刘伯峰 于宏波 王 平 刘 涛 张志伟
JB2012-2-27	煤焦油加氢成套技术的开发与工业应用	淄博泰通催化技术有限公司、陕西煤业化工集团(上海)胜帮化工技术有限公司、七台河宝泰隆圣迈煤化工有限责任公司	韩保平 万学兵 沈和平 宋希祥 秦 怀 杨国祥
JB2012-2-28	新型含硫废气处理催化剂的研制及应用	中国石油化工股份有限公司齐鲁分公司 山东齐鲁科力化工研究院有限公司	达建文 刘爱华 陶卫东 刘剑利 许金山 王建华 张义玲 高步良 燕 京
JB2012-2-29	生物柴油成套技术开发与产业化	山东锦江生物能源科技有限公司	尉 刚 李凤民 万 胜 初文海 宋蕙汝 李雪娇 何健锋 郭兆军 王维燕
JB2012-2-30	无卤环保磷基类阻燃功能材料制备的新工艺体系与规模产业化开发	山东兄弟科技股份有限公司 青岛科技大学	郭秀安 唐林生 贾宝泉 刘全美 王盛海 凌 云 张 敏 柴家启 赵 振
JB2012-2-31	(甲基)丙烯酸型阳离子聚合单体制备关键技术	青岛科技大学、烟台开发区星火化工有限公司、中国石油化工股份有限公司齐鲁分公司研究院	刘福胜 于世涛 鲁钟钧 刘仕伟 邵常东 王洪栋 李 露 吕志果 葛晓萍
JB2012-2-32	高流动性热塑性硫化橡胶(TPV)动态硫化制备技术	山东道恩高分子材料股份有限公司	于晓宁 刘晓平 黄庆东 邹 妨 姜 建 王增龙 姜 萍 张成杰 王华清
JB2012-2-33	超纯醋酸生产技术开发与应用	兖矿国泰化工有限公司、兖矿国泰乙酰化工有限公司、复旦大学	张志伟 李志远 赵 洋 戴 彬 郝守昌 鲁宜武 王洪纪 汪 靖 曾 冲
JB2012-2-34	拉氧头孢钠产业化	山东睿鹰先锋制药有限公司	戴海燕 彭继先 朱瑞清 宁小荣 袁继鲁 张传强 杜彦峰 曹丽霞 张留存
JB2012-2-35	极性单体接枝改性聚偏氟乙烯溶液制备亲水性中空纤维超滤膜	济南大学 招远金汇膜科技有限公司	王立国 高学理 刘思全 王秀菊 王仲鹏 何 芳 朱宝存 张晓光 刘文娟
JB2012-2-36	低温一次法炼胶系统成套关键装备	软控股份有限公司	李召峰 王建军 滕留芝 郑江家 李建强 李 丽 王福业 谢 杰 宫清勇
JB2012-2-37	氮肥行业原料及动力结构优化与工业应用	兖矿鲁南化肥厂、中国天辰工程有限公司、华东理工大学	吕运江 曹昭军 芮胜波 叶盛芳 陈爱忠 杨军红 张凤魁 王克立 梁雪梅
JB2012-2-38	大尺寸高温高压气体净化用陶瓷膜材料制备技术研究	山东工业陶瓷研究设计院有限公司	薛友祥 李小勇 李 勇 程之强 李 拯 陈学江 巩玉贤 赵世凯 李宪景
JB2012-2-39	大型风电叶片用多轴向缝编织物	泰山玻璃纤维有限公司	唐志尧 刘洪刚 徐永军 孙仲平 沈开亮 岳荣良 宋振华 孙秀平 李庆杰
JB2012-2-40	稀土掺杂钇铝石榴石高性能陶瓷粉体制备新技术	山东轻工业学院	张旭东 何 文 徐国刚 杨天宇 沈建兴
JB2012-2-41	用于水泥无铬化生产的镁铁铝尖晶石材料的制备	淄博市鲁中耐火材料有限公司 北京科技大学	封立杰 陈俊红 孙加林 曹文斌 薛文东 李 勇 封吉圣 赵 兵 朱 波
JB2012-2-42	年产5 000万m^2大型石膏板生产线成套装备及关键技术研发	泰山石膏股份有限公司	贾同春 曹志强 任绪连 刘 颖 孙善坤 高甲明 万广进 宋庆海 伊迎东
JB2012-2-43	高温热泵低温热大温差提升技术	山东海利丰地源热泵有限责任公司 天津大学	张于峰 胡晓微 陈成敏 马丽筠 盛 颖 武 军 胡德群 滕松年 刘宝峰

续表

编号	项目名称	完成单位	完成人
JB2012-2-44	WP6电控柴油机开发	潍柴动力股份有限公司 潍坊潍柴道依茨柴油机有限公司	张纪元 冀丽琴 张 英 刘信奎 周志勇 李士振 王 涛 刘中华 王玉春
JB2012-2-45	超超临界机组空冷凝汽器特性研究与应用	山东电力研究院	王学栋 丁俊齐 郑 威 丁立新 马元坤 张怀平 王学同 李福尚 宋昂
JB2012-2-46	架空输电线路除冰检测机器人	山东电力研究院 山东鲁能智能技术有限公司	郭 锐 赵金龙 程学启 朱德祎 孙玉田 沈庆河 韩 磊 曹 雷 刘兴君
JB2012-2-47	复合绝缘子长期运行性能检测及寿命评估与运维方法	山东电力研究院、清华大学、国网电力科学研究院	沈庆河 梁曦东 程学启 周远翔 吴光亚 胡晓黎 姜一涛 张铁博 王家福
JB2012-2-48	±660kV直流架空输电线路带电作业研究及应用	山东电力集团公司超高压公司	张方正 刘洪正 卢 刚 杨立超 孟海磊 李红梅 刘 凯 朱德祎 郑连勇
JB2012-2-49	混凝土顶板供冷(暖)/置换通风在低能耗建筑体系中的应用	山东同圆设计集团有限公司 山东建筑大学	李 刚 王方琳 刁乃仁 赵 菊 郝广社 唐玉树
JB2012-2-50	基坑工程关键技术创新与应用	济南大学 济南鼎汇土木工程技术有限公司	刘俊岩 刘 燕 任 锋 杨志银 孔令伟 应惠清 扈 萍 付文光 陈善雄
JB2012-2-51	管桩水泥土复合基桩成套技术开发与应用	山东省建筑科学研究院 山东聊建集团有限公司 山东鑫国基础工程有限公司	宋义仲 马凤生 赵西久 王庆军 卜发东 朱 锋 程海涛 米春荣 孟 炎
JB2012-2-52	饮用水除氟工艺技术研究与应用	山东建筑大学、武城县惠民供水有限公司、济南丹穗净水设备有限公司	武道吉 谭凤训 李胜军 许 兵 刘 萍 朱兆亮 王 琳 武文豪 腾召斌
JB2012-2-53	黄河三角洲咸水区水泥土搅拌桩劣化机理与耐久性设计关键技术研究	山东省滨州公路工程总公司 山东大学	朱万生 崔新壮 王 涛 王爱营 安志村 王 芳 齐春光 丁冠旭 郑兆远
JB2012-2-54	沥青路面现场热再生机组	山东省路桥集团有限公司	周新波 李美生 刘贵翔 王其伟 荣 兴 王 震 李振海 李代金 张士军
JB2012-2-55	天津海河双叶立转开启桥关键施工技术	中铁十四局集团有限公司	张 勇 栾昌信 仇高山 李学乾 刘运平 田执祥 岳耀群 刘美良 李会凌
JB2012-2-56	电力机车优化操纵理论及应用技术研究	济南铁路局济南西机务段	单立军 韩长虎 张天清 刘杰民 沈 泓 徐浩东 韩 飞 尹义伟 范 昌
JB2012-2-57	同轴并联混合动力客车机电耦合驱动系统及整车开发与应用	中通客车控股股份有限公司、济南市公共交通总公司、清华大学、聊城清科汽车电控有限公司、聊城大学	王钦普 石绍滕 李 亮 高新传 范志先 宋 健 王 波 李 磊 刘清波
JB2012-2-58	挠性覆铜板用铜箔	山东金都电子材料股份有限公司	徐树民 刘建广 杨祥魁 陈晓鹏 宋朝霞 马学武 李忠洋 王涛 姜春磊
JB2012-2-59	2.5MW～3.5MW风电主轴高效节能制造技术的研究与应用	山东莱芜金雷风电科技股份有限公司	葛菁杰 李新生 伊廷学 姜云福 蔺立元
JB2012-2-60	Φ325厚壁无缝钢管生产工艺	山东聊城中钢联金属制造有限公司 太原重工股份有限公司	胡明志 颜景明 方建雄 刘劲松 程海涛 李家军 韩建元 赵铁琳 姜浩志
JB2012-2-61	清洁汽车涂装技术研究与产业化示范工程	山东省科学院新材料研究所 山东汉克表面工程技术有限公司	王修春 李圣波 李 勇 潘喜庆 李庆刚 王祖福 赵东清 黄自勇 刘 硕
JB2012-2-62	EAF-GOR两步法冶炼铁素体不锈钢工艺	山东泰山钢铁集团有限公司	王永胜 陈培敦 吕圣会 赵 刚 亓传军 徐光富 乔春刚 焦玉水 吕同发
JB2012-2-63	中低速磁浮列车轨道用F型钢及轨排研究开发	莱芜钢铁集团有限公司 东北大学	董 杰 曲为壮 郑逢辰 吴 迪 霍喜伟 刘福宁 袁鹏举 王培文 张 婕
JB2012-2-64	宽厚板连铸中间包工艺技术集成与创新	莱芜钢铁集团有限公司	武光君 王学新 王金洪 卢 波 胡晓红 于铭杰 冯启超 高 山 高 广
JB2012-2-65	煤机用高强度中厚板技术开发	济钢集团有限公司	孙卫华 胡淑娥 孙 浩 毕志超 侯登义 刘晓东 肖丰强 郑淑胜 周 波
JB2012-2-66	400m^{2}级烧结机集成节能新技术的开发与应用	济南钢铁股份有限公司	徐有芳 赵培建 李大伟 张瑞堂 董宝利 战玉生 付国水 翁旭霞 梁丽萍
JB2012-2-67	纳米多孔材料在食品污染物传感技术中的研究与应用	济南大学、济南市质量技术监督局食品质量监督检验中心	魏 琴 吴 丹 李 贺 马洪敏 武 斌 李 燕 赵燕芳 蔡燕燕 龙锦林

续表

编号	项目名称	完成单位	完成人
JB2012-2-68	血液分析仪的质量控制和量值溯源体系	山东省计量科学研究院 山东兰桥医学科技有限公司	任宏伟 秦霄雯 李 达 韩作湘 孙 静 王国锋 李凤霞 任燕楠 韩慧麟
JB2012-2-69	城市突发性强灾害天气预警技术	山东省气象台 济南市气象局	刁秀广 李本亮 车军辉 陈金敏 曲 军 杨传凤 黄 磊 尹承美 李 静
JB2012-2-70	山东省地震动强度(烈度)实时速报系统研究	山东省地震台网中心	刘希强 孙亚强 蔡 寅 周彦文 赵银刚 于 澄 石玉燕 赵 瑞 李亚军
JB2012-2-71	模拟训练器材的系列研制	山东省体育科学研究中心	王 毅 吴耀宇 叶 楠 程静静 刘振宇 田雪文 贾 刚 康 凯 张守正
JB2012-2-72	濒危鲁绣传统技艺保护研究	山东博物馆	郭思克 宋爱华 杨秀玉 王冬梅 张 建 崔丽娟 戎玉蕊 王金环 孙 川
JB2012-2-73	汽车用高性能盘式陶瓷刹车片的研制及产业化	山东隆基机械股份有限公司	张海燕 杨成瑞 于增明 刘兆亮 包化顺 王晓莲 逄 军
JB2012-2-74	8098型汽车转向机活塞制造技术研发及其产业化	山东金马工业集团股份有限公司 山东大学	马祖文 赵国群 赵昌德 郭建春 何继忠 王万珍 管延锦 马新武 王波
JB2012-2-75	铁铝耐磨合金异种材料脉冲焊接技术	山东大学 济南市锅炉压力容器检验研究所	李亚江 王 娟 刘 强 马海军 夏春智 沈孝芹 黄万群
JB2012-2-76	DF-200直读光谱仪	烟台东方分析仪器有限公司 山东省机械设计研究院	赵珍阳 林江海 姜本清 王世功 何 华 牛双诚 田中朝 刘德昌 刘常维
JB2012-2-77	WS11K－170×3200数控水平下调式三辊卷板机	泰安华鲁锻压机床有限公司	王鲁军 王小建 吴茂菊 毛丙伟 常 欣 李瑞红 马正伦
JB2012-2-78	高强度中厚板数控开卷矫平移动剪切生产线	山东宏康机械制造有限公司	康凤明 朱洪臣 张 勇 薛继明 康凤旺 辛德洋 张迎春 史 良 康俊开
JB2012-2-79	桩基式海洋平台建造专用设备及装置	海洋石油工程(青岛)有限公司	李淑民 白秉仁 史 佑 邓海涛 郑茂尧 王铁瑶 宋峥嵘 杨君树
JB2012-2-80	船载超低温冷冻技术和设备	烟台冰轮股份有限公司	于志强 宁会峰 刘春梅 王 超 姜韶明 高维丽 姚徽徽 张希良 孙 欣
JB2012-2-81	静压传动及智能化控制关键技术研究与应用	山推工程机械股份有限公司	张秀文 徐刚 吕爱玲 刘言学 张林振 赵建军 姚爱贞 李翠兰 张雪玲
JB2012-2-82	满足国Ⅳ排放高性能大功率天然气专用发动机开发与产业化	中国重型汽车集团有限公司	李红珍 姜在先 孙 霞 刘盛强 曹志刚 王树汾 高惠蛟 马 鹏 贾咸昆
JB2012-2-83	飞机地面抱轮技术研究及装备产业化	威海广泰空港设备股份有限公司	李光太 吴香明 孟 岩 宋协领 刘 涛 鞠传军 徐 强 刘燕波 房彦峰
JB2012-2-84	电解法船舶压载水处理技术	青岛双瑞海洋环境工程股份有限公司	刘光洲 付洪田 孙明先 王文茂 于 青 王智磊 王洪仁 王海涛 丁 慧
JB2012-2-85	淀粉废水资源化及循环利用	瑞星集团有限公司 北京化工大学	王志勇 吴文慧 谭天伟 陈卫国 王 国 张成胜 李传栋 袁 宽 胡茂龙
JB2012-2-86	回收型氧化镁湿法烟气脱硫新工艺及工程示范	济南市环境保护科学研究院、清华大学、山东绿盾环保工程有限公司、肥城矿业集团有限责任公司	张战朝 马永亮 汪黎东 韩道汶 刘美芹 徐康富 刘 红 刘吉卫 冯相华
JB2012-2-87	煤矿通风瓦斯(乏风)氧化技术及60 000m³/h煤矿乏风氧化装置	胜利油田胜利动力机械集团有限公司、陕西彬长矿业集团有限公司	陈宜亮 严广劳 马晓钟 王蓬 王志春 张国昌 田振林 孙 龙 孙正海
JB2012-2-88	数字临沂地理空间框架建设及应用示范	临沂市国土资源局 临沂市国土资源局测绘院 中国测绘科学研究院	李成名 范新成 蔡振锋 季 鹏 王公友 黄 伟 张福忠 冉 飞 季 霞
JB2012-2-89	山东省济宁超深特大型铁矿找矿技术	山东省物化探勘查院	马兆同 万国普 黄太岭 李培远 宋印胜 曹春国 李广乾 韩玉珍 郝光前
JB2012-2-90	特超稠油开采新技术研究与应用	中国石化股份胜利油田分公司采油工艺研究院、中国石化股份胜利油田分公司河口采油厂	王世虎 曹嫣镔 盖平原 杜永欣 王步娥 秦延才 孙建芳 王兴勤 崔文俊

续表

编号	项目名称	完成单位	完成人
JB2012-2-91	胜利油田疏松砂岩油藏水平井筛管完井技术	中国石油化工股份有限公司胜利油田分公司、中国石化集团胜利石油管理局钻井工艺研究院	毕义泉 李作会 韩来聚 束青林 王绍先 张全胜 陈 营 彭志刚 贾庆升
JB2012-2-92	胶东蚀变岩型金矿深部矿床开发关键技术研究及应用	山东河西黄金集团有限公司 山东科技大学	赵景刚 吕宪俊 王来军 邱 俊 杨海芹 陈 平 陈文静 李 琳 曹 旭
JB2012-2-93	煤矿开采地表沉陷损害量化评价体系与可视化系统研究及应用	青岛理工大学 兖州煤业股份有限公司	王旭春 张连贵 张 鹏 王宗胜 袁 越 周玉华 袁长丰 岳尊彩 杨建华
JB2012-2-94	千米深井综放工作面动力灾害监测预警成套技术及应用	山东新巨龙能源有限责任公司、北京科技大学、新汶矿业集团公司	辛恒奇 姜福兴 郭信山 王乃国 李明国 李 伟 刘金海 房希江 张治高
JB2012-2-95	矸石膏体充填回收建筑物下条带开采遗留煤柱技术	淄博矿业集团有限责任公司 中国矿业大学 徐州中矿大贝克福尔科技有限公司	张寿利 周华强 李法柱 张 文 王光伟 孙希奎 常庆粮 曹 忠 李纯爱
JB2012-2-96	极近距离自燃煤层采空区瓦斯与火综合防治技术研究	枣庄矿业(集团)付村煤业有限公司 中国矿业大学	徐亚民 秦波涛 殷少举 王德明 陈克生 曹 凯 王美光 张雷林 张 乾
JB2012-2-97	散装物料智能化快速装车系统研制及应用	山东博润工业技术有限公司	陈 兵 刘淑良 杨晓光 史桂平 戴春华 梁立峰 谢新兵 陈小国
JB2012-2-98	基于“三自一体”的燃用煤泥CFB炉内脱硫控制技术研发与应用	山东兖矿济三电力有限公司、克莱德贝尔格曼华通物料输送有限公司	代朝辉 屈忠坡 刘 杰 王宪敏 彭 蓬 李 伟 陈聚武 丁 宁 彭耀
JB2012-2-99	矿用新型多功能巷道修复机的研制与应用	兖州煤业股份有限公司 泰州市兴东煤矿机械制造有限公司	王富奇 许世东 唐子波 许世新 孔庆康 杨济生 屈 昀 郑国民 董友泉
JB2012-2-100	抗旱、节水、高产、优质小麦新品种烟农21号的选育与应用	山东省烟台市农业科学研究院	姜鸿明 张善勇 赵 倩 丁晓义 李林志 孙晓辉 董 超 黄代峰 严美玲
JB2012-2-101	优质、抗病、特色大白菜种质创新与新品种选育	山东省农业科学院蔬菜研究所	王翠花 徐文玲 牟晋华 张一卉 马玉敏 李建勇 何启伟 高建伟 张光明
JB2012-2-102	新型生物农药武夷菌素的研究与应用	潍坊万胜生物农药有限公司 中国农业科学院植物保护研究所 山东省林业科学研究院	张克诚 牛瞻光 孙 波 曾洪梅 袁会珠 孙 蕾 孟 威 李洪奎 林 德
JB2012-2-103	新型农用高光效涂覆型消雾无滴膜研制与应用	山东农业大学 山东天鹤塑胶股份有限公司	米庆华 王秀峰 孙天智 魏 珉 杨 彦 高东升 杨 强 谭业明 艾希珍
JB2012-2-104	危险性害虫西花蓟马在山东省的入侵适应机制及防控技术	山东省农业科学院植物保护研究所、青岛农业大学、山东农业大学	于 毅 郑长英 张安盛 刘永杰 褚 栋 门兴元 赵玖华 张思聪 周仙红
JB2012-2-105	硫素树脂双膜控释肥工艺技术研究与新产品开发	山东农大肥业科技有限公司 山东农业大学	马学文 丁方军 张 民 杨守祥 陈士更 孟庆羽 杨越超 马玉增 王 鹏
JB2012-2-106	猪瘟耐热冻干保护剂活疫苗与标准化防治技术产品的产业化生产	山东绿都生物科技有限公司、山东省滨州畜牧兽医研究院、中国兽医药品监察所、山东绿都安特动物药业有限公司	沈志强 王 栋 谢金文 吴信明 苗立中 林初文 王金良 李 峰 赵 蕾
JB2012-2-107	鹅源草酸青霉果胶酶工艺及应用技术	青岛农业大学、青岛蔚蓝生物集团有限公司、泰安宝来利来工业微生物有限公司、潍坊中科嘉亿生物饲料科技有限公司	王宝维 刘鲁民 葛文华 张名爱 岳 斌 荆丽珍 潘玉林 张 倩 盛永杰
JB2012-2-108	肉鸡应激机理及综合防制技术	山东农业大学、山东六和集团有限公司、山东天普阳光生物科技有限公司	林 海 宋志刚 焦洪超 孙作为 张 礼 朱立贤 赵景鹏 王晓鹍
JB2012-2-109	苹果无融合生殖砧木新品系育种	山东省青岛市农业科学研究院 山东农业大学	沙广利 郝玉金 宫象晖 束怀瑞 黄 粤 邵永春 尹 涛 韩明三 王芝云
JB2012-2-110	杏良种选育及优质高效设施栽培技术与应用	泰安市泰山林业科学研究院、北京市农林科学院林业果树研究所、中国科学院遗传与发育生物学研究所、山东科技大学、山东泰欧酒业有限公司	冯殿齐 王玉柱 王玉山 刘 静 赵进红 王 斌 赵洪亮 孙浩元 李兴贵

续表

编号	项目名称	完成单位	完成人
JB2012-2-111	核桃新品种元林、青林、绿香、日丽选育与应用	山东省林业科学研究院	侯立群 王钧毅 赵登超 杨克强 韩传明 张文越 王开芳 王翠香 盛 升
JB2012-2-112	沂蒙山区生态退化机制与生态修复技术模式研究	山东农业大学、淮河水利委员会淮河流域水土保持监测中心站	张光灿 刘 霞 王延平 肖 幼 董 智 姚孝友 高 鹏 胡续礼 袁 利
JB2012-2-113	山东省水资源高效利用与生态环境保护关键技术研究	山东省水利科学研究院	田守岗 范明元 张保祥 李福林 黄继文 孙瑛琳 郭 磊 叶 芳 赵德珍
JB2012-2-114	金乌贼苗种规模化繁育与增养殖技术	中国水产科学研究院黄海水产研究所、山东省日照市水产研究所、青岛金沙滩水产开发有限公司	陈四清 庄志猛 王雪梅 刘长琳 燕敬平 孙建明 柳淑芳 薛祝家 姜 磊
JB2012-2-115	耐高温刺参品系选育、特色健康苗种培育与生态增养殖技术	中国科学院海洋研究所、山东东方海洋科技股份有限公司、马山集团有限公司、青岛龙盘海洋生态养殖有限公司、日照市岚山区前三岛水产开发有限公司	杨红生 刘石林 张立斌 张 涛 周 毅 许 强 赵玉山 王培亮 王金霞
JB2012-2-116	稳定易损斑块的基因及药物治疗的实验性研究及应用	烟台毓璜顶医院 山东大学齐鲁医院	仲 琳 张 运 杨 军 季晓平 石 磊 初红霞 刘少荣 方毅民 刘文波
JB2012-2-117	动脉粥样硬化的相关因素和靶器官损害的基础与临床	山东大学齐鲁医院	张 梅 张 运 才晓君 陈 良 黄晓真 王 磌 曲海燕 杨晶晶 徐铭俊
JB2012-2-118	I型干扰素受体在慢性乙型肝炎发病机制中的作用	山东大学	王 凯 范玉琛 范晓鹏 牟楠楠 侯云德 孟繁立 戚朝霞 刘旭锦 韩 婕
JB2012-2-119	慢病毒载体介导端粒酶DC与细胞因子联合肿瘤疫苗的研制与开发	山东省千佛山医院	孙 青 崔 晶 李 杰 周 萍 鹿 伟 赫淑倩 成玉霞 董 贺 张贵慧
JB2012-2-120	大肠癌发病机制及生物学标志物的筛选研究	中国人民解放军济南军区总医院 中国人民解放军北京军区总医院	孙自勤 盛剑秋 魏 志 尚瑞莲 贾爱芹 刘晓峰 付 蕾 刘长江 周 玮
JB2012-2-121	VEGF、G-CSF诱导血管神经再生对阿尔茨海默病的神经保护作用	山东大学	毕建忠 王 萍 谢兆宏 于 君 郭文斌 朱正禹 赵翠萍 来 超 刘 震
JB2012-2-122	癫痫发作致海马损伤及相关保护机制的基础与临床	山东大学齐鲁医院	迟兆富 赵秀鹤 曹丽丽 江文静 高 静 姚 红 王树华 王胖军 林幽町
JB2012-2-123	MitoKATP通道开放剂协同环孢菌素A防治Aβ1-42细胞毒性的分子机制研究	山东省立医院	马国诏 高建新 张 镛 蒋进皎 刘克敬 卢 林 于 卉 毕爱玲
JB2012-2-124	Gitelman综合征突变基因分析和功能表达	青岛大学医学院附属医院	邵乐平 刘丽秋 徐 岩 李 进 马瑞霞 刘雪梅 郎艳华 陈 楠
JB2012-2-125	甲状旁腺激素相关肽对去卵巢大鼠骨质疏松的实验研究	山东省立医院	徐 进 季 虹 荣海钦 王 东 李 敏 李玉璞 张丽萍 刘春艳
JB2012-2-126	HLA基因相合造血干细胞的构建与扩增研究	滨州医学院	王跃嗣 姜昱竹 李 娜 徐 慧 姚庆收
JB2012-2-127	多靶点免疫调节治疗创伤性急性肾衰竭的基础与临床应用研究	中国人民解放军济南军区总医院、中国人民解放军海军总医院、第二军医大学、济南市中心医院	孟建中 周春华 李丹丹 王小平 张爱民 贾凤玉 于 颖 王素霞 刘文渊
JB2012-2-128	临沂地区染色体平衡易位与异常孕产关系的研究	临沂市人民医院、中国医学科学院基础医学研究所、河北大学生命科学学院	李 琳 衡雪源 朱晓燕 孙宗钦 卢其萍 宁 玻 杨 威 樊武舫 张继霞
JB2012-2-129	HLA-I类分子在部分肿瘤发生及诊断中的应用	山东大学	王传新 邓小梅 张 建 张 义 郑桂喜 王立水 王 谦 邹明瑾 邹 雄
JB2012-2-130	人脑胶质瘤侵袭性生长相关信号通路的调控及机制	山东大学	李 刚 李新钢 邓 林 申 杰 苏雨行 张 建 姜 政 李蓉晖 刘青林
JB2012-2-131	微创外科镶嵌治疗先心病室间隔缺损的系列研究	青岛市儿童医院	邢泉生 武 钦 王平善 陈作元 任悦义 任立彦 侯可峰 段书华 纪志娴
JB2012-2-132	乳腺癌TS、DPD基因多态性及其表达与5-FU个体化治疗的相关性	山东大学	余之刚 周南南 田克立 马忠兵 孙任成 王 斐

续表

编号	项目名称	完成单位	完成人
JB2012-2-133	双源CT低剂量前瞻性心电门控技术在小儿先天性心脏病诊断中的应用	山东省医学影像学研究所 山东省立医院	王锡明 王　莉 程召平 王　涛 武乐斌 乌大尉 段艳华 孙　丛 晁宝婷
JB2012-2-134	顽固性鼻出血的经导管动脉栓塞治疗	山东省医学影像学研究所 山东中医药大学附属医院 山东省交通医院	孙增涛 武乐斌 唐　军 晁宝婷 张凤花 刘作勤 薛福珍 闫　静
JB2012-2-135	个体化非小细胞肺癌图像引导放疗	山东省肿瘤防治研究院	袁双虎 孟　雪 李明焕 蔡旭伟 赵路军 刘宁波 李永清 谢　鹏 徐晓庆
JB2012-2-136	家族性良性慢性天疱疮基因突变及基因诊断应用研究	山东省皮肤病性病防治研究所	田洪青 颜潇潇 杜东红 王广进 路　麒 张海贞 刘　红 付希安 于永翔
JB2012-2-137	Smac多肽、类Smac小分子对卵巢癌细胞的耐药性调节及其诱导凋亡作用的机制	山东大学齐鲁医院	刘培淑 毛洪鸾 张小磊 王岸聪 周黎光 王　毓 郑靖芳
JB2012-2-138	一体化后装联合调强放疗在子宫颈癌治疗中的应用	山东省肿瘤防治研究院 天津荣力电子有限公司	盛修贵 杜雪莲 刘乃富 李慧芹 吴　捷 贾祖卫 姜　涛 李广庆 王力平
JB2012-2-139	肺炎链球菌脑膜炎脑损伤机制	山东大学齐鲁医院	刘心洁 胡瑞梅 冯　梅 王玉珍 杨　杰 孙若鹏 王纪文 郭　静
JB2012-2-140	Ox-LDL及其受体LOX-1在动脉粥样硬化儿童和青少年的表达及意义	山东省立医院	于永慧 汪　翼 牛峰海 王念亮 谢蓉蓉 李　倩 牛　娜
JB2012-2-141	NF-κB在白内障发病机制及靶向性治疗中的作用	青岛大学医学院附属医院	赵桂秋 车成业 张丽娜 刘蓬蓬 孟　岩 张　晶 杨　茜
JB2012-2-142	CT三维重建和配准技术在口腔正畸中的临床应用	山东大学	刘东旭 王春玲 刘　洪 王广春 王洪宁 郭　泾 吕　涛
JB2012-2-143	脱氧雪腐镰刀菌烯醇(DON)与大骨节病和骨关节炎发病关系研究	泰山医学院 泰安市中心医院 肥城市人民医院	李群伟 侯海峰 李金平 陈龙明 李玉琴 丁国永 焦　鹏 康　莉 李亚鲁
JB2012-2-144	人类肠道病毒山东地方株基因型分布及其所致疾病的分子流行病学	山东省疾病预防控制中心	徐爱强 王海岩 陶泽新 宋立志 李　岩 刘桂芳 刘　尧 纪　峰 冯　蕾
JB2012-2-145	山东省媒介蚊虫杀虫剂抗性治理策略的研究	山东省寄生虫病防治研究所	公茂庆 王怀位 程　鹏 王新国 李玉凤 赵玉强 甄天民 王海防 代玉华
JB2012-2-146	腹腔镜技术在泌尿外科盆腔手术中的应用与研究	烟台毓璜顶医院	高振利 吴吉涛 赵俊杰 刘玲玲 陈　杰 王　辉 张　鹏 门昌平 刘庆祚
JB2012-2-147	端粒酶的转录调控及其它肾癌相关基因的表达	山东大学	徐忠华 刘　承 范医东 刘照旭 周尊林 刘海南 任巨超 房志卿
JB2012-2-148	和肾络法干预慢性肾衰竭效果评价及推广应用	青岛市海慈医疗集团	于俊生 孙云松 张　伟 刘先英 李建英 黄克基 修暖暖 王中民 冯广青
JB2012-2-149	益肾活血法治疗慢性肾衰竭的实验研究	山东省立医院	王　荣 完　强 张　虹 孙　晶 王　群 许冬梅 于克洲 张　莹 黄芳芳
JB2012-2-150	中医联合疗法对急性发作期激素抵抗型哮喘临床疗效的研究	山东中医药大学第二附属医院	郑　心 董　亮 王伯霞 王凤鸣 牛　瑞 陈文靖 李士涛 刘玉霞 曹玉凤
JB2012-2-151	血管性痴呆中医证候规范及辨治方案研究	山东省立医院	司国民 马宏博 彭　敏 李安源 蔡平平 徐　媛 崔元孝 吉中国 黄葵红
JB2012-2-152	钩藤提取物干预高血压血管重塑的机理研究	山东中医药大学	李运伦 齐冬梅 邓华亮 孙敬昌 周洪雷 姜月华 赵　婧
JB2012-2-153	小半夏汤对水貂呕吐模型抗呕吐作用及胞内信号转导机制的研究	山东中医药大学附属医院 青岛大学医学院	钱秋海 岳　旺 张　芳 刘占涛 杨志宏 陈文辉 郭春芳 钱卫斌 武文广
JB2012-2-154	电针干预在体外受精-胚胎移植过程中的应用	山东中医药大学第二附属医院	孙　伟 崔　薇 管　群 闻　姬 张琪瑶 陈　军 刘莉莉 李　静 张　敏

续表

编号	项目名称	完成单位	完成人
JB2012-2-155	补肾在体外受精—胚胎移植技术中的应用	山东中医药大学附属医院	连　方　孙振高　张建伟　王瑞霞　马凤梅　王利红　刘延荷　张　宁　孟　茜
JB2012-2-156	甘草蜜炙技术综合评价体系的建立	山东省中医药研究院	孙立立　周　倩　李贵海　杨书斌　孙付军　张　泰　石典花　戴衍朋　葛秀允
JB2012-2-157	丹参种质资源鉴定评价及创新利用研究	山东省农业科学院原子能农业应用研究所	单成钢　倪大鹏　王维婷　朱彦威　陈庆亮　李文刚　王志芬　朱京斌　张教洪
JB2012-2-158	孕早中期胎儿先天性疾病产前筛查及诊断新技术应用	济南市妇幼保健院	蔡　艳　王　冰　金　华　高　青　王月美　罗　颖
JB2012-2-159	中草药桔梗体外杀精子实验研究及应用	山东省计划生育科学技术研究所	邱　毅　王磊光　杨丹彤　张爱东　徐龙进　张丽红　贾颐舫　张美华　李欣迎
JB2012-2-160	基于财务角度汽车行业自主创新发展能力分析和路径设计——山东为例	山东财经大学 山东省汽车行业协会	胡元木　张志红　魏学勤　史乃生　安　石　白晓峰　张　龙　周武嘉　刘　蕾
JB2012-2-161	山东省信息化与工业化融合发展战略研究	山东财经大学	张　新　刘位龙　刘培德　张体勤　张红凤　刘　强　徐　峰　杨　慧　杨　潇
JB2012-2-162	战略环境影响评价技术创新体系	山东大学 山东建筑大学	张　凯　任丽军　张军民　崔兆杰　王仁卿　陈有川　佘丽敏　王玉梅　王庆松
JB2012-2-163	产品研发微观过程、技术涌现机理与应用	山东工商学院	毛荐其　王发明　陈浩义　辛德强　阮国祥　王崇梅　杨永清　王　桐　邱　萍
JB2012-2-164	山东生态省建设的理论与方法体系	山东大学 山东省环境保护科学研究设计院	王仁卿　郭卫华　刘　建　张　凯　张治国　崔兆杰　谢　刚　张淑萍　孟振农
JB2012-2-165	山东省建筑节能"十二五"发展研究	山东省建筑科学研究院	李明海　曹永敏　李　震　李　迪　王　昭　许红升　张海燕　万立华
JB2012-2-166	循环经济内涵及生态产业园区的设计规范、评价标准研究	山东大学 山东理工大学	崔兆杰　张　凯　张录强　朱　丽　孙晓梅　朱兴运　姜　斌　张照录　刘　雷
JB2012-2-167	中心城市粮食安全保障系统与应用研究	济南市粮食局 天津大学	赵黎明　李会宝　吴文清　艾　亮　范恩军　张洪雷　武　伟　郑峰文　孙德奎
JB2012-2-168	东阿阿胶多学科整合的改造传统医药技术创新体系	山东东阿阿胶股份有限公司	

2012年度山东省科技进步奖三等奖项目（264项）

编号	项目名称	完成单位	完成人
JB2012-3-1	高麦香醇厚型啤酒技术的开发与应用	青岛啤酒股份有限公司	董建军　皮向荣　尹　花　常宗明　娄晓红　余俊红
JB2012-3-2	L-天冬氨酸的高效生物转化技术及产业化	烟台恒源生物工程有限公司 中国食品发酵工业研究院	马玉岳　姜国政　姜增妍　马秀亮　杨振平　李　虹
JB2012-3-3	肉制品加工传统工艺的技术改造与产业化示范	烟台市喜旺食品有限公司 烟台大学	徐世明　赵瑞连　徐冬雪　宋维娟　郭光平　鞠　宝
JB2012-3-4	蛇龙珠葡萄特征香气成分的确定及对高档葡萄酒风味的影响研究与应用	烟台张裕集团有限公司 江南大学	李记明　徐　岩　于　英　司合芸　梁冬梅　姜忠军
JB2012-3-5	芝麻香型白酒细菌曲的生产与应用	山东景芝酒业股份有限公司 山东轻工业学院	赵德义　曹建全　刘建波　田文利　王世恩　周利祥
JB2012-3-6	结晶葡萄糖节能环保生产新工艺	诸城东晓生物科技有限公司	王松江　刘忠军　喀　波　刘金贵　王俊波　隋松森
JB2012-3-7	色谱层析分离法制备L-阿拉伯糖技术	山东福田药业有限公司	赵光辉　孙　鲁　王成福　田　强　杜瑞锋　李　雨
JB2012-3-8	一步法生产高纯山梨醇工艺研究及其产业化	鲁洲生物科技(山东)有限公司、山东省科学院中日友好生物技术研究中心	王德友　赵玉斌　刘玉春　马耀宏　牛纪超　杨俊慧

续表

编号	项目名称	完成单位	完成人
JB2012-3-9	0.25kWh/24h超级节能冷藏冷冻箱的技术研发与应用	海信集团有限公司	王书科 程德彬 孙 彬 陈建冰 彭 琦 胡 锋
JB2012-3-10	新型变矩桥式高效低阻翅片技术的研发与应用	海信(山东)空调有限公司	赵可可 杜顺祥 别清峰 范智刚 李本卫 杜建伟
JB2012-3-11	基于机器人技术的中医按摩智能装备	山东康泰实业有限公司、山东建筑大学、山东中医药大学附属医院	康 正 鲁守银 王 涛 季 远 宋胜捷 周长伟
JB2012-3-12	一种基于计算机视觉的虚拟体育系统	泰山体育产业集团有限公司	师丹玮 周 琨 程 俊 沈 伟
JB2012-3-13	麦草制浆清洁生产技术	山东泉林纸业有限责任公司	宋明信 李洪法 陈松涛 毕衍金 杨吉慧 宋建军
JB2012-3-14	可逆温致变色微胶囊的制备及其在防伪纸生产中的应用	山东轻工业学院 江南大学	董翠华 庞志强 龙 柱 褚夫强 杨淑蕙 罗运辉
JB2012-3-15	黄金饰品无焊料精加工技术	山东梦金园珠宝首饰有限公司	王忠善 刘文堂 刘华昌 孙 芳 王永霞 于光强
JB2012-3-16	基于软构件的面向服务架构ERP通用软件业务开发平台	浪潮集团山东通用软件有限公司	王兴山 陈明忠 魏代森 黄 伟 刘俊红 朱金波
JB2012-3-17	自助办税终端	浪潮齐鲁软件产业有限公司	武立忠 于治楼 徐宏伟 王培元 王永军 胡大奎
JB2012-3-18	基于作业资源动态调配的集装箱码头智能配载研究与应用	青岛港(集团)有限公司	杨杰敏 陈 林 张 蕾 任荣升 郭保琦 李 波
JB2012-3-19	基于三方信息的税收应用平台	威海市地税信息中心 北京用友政务软件有限公司	孔庆俊 侯凤志 刘 明 董文超 柴敬博 苏延军
JB2012-3-20	基于射频技术的现代国际物流管理信息系统	威海北洋电气集团股份有限公司 哈尔滨工业大学(威海) 威海北洋慧通软件股份有限公司	高 明 初佃辉 王忠杰 孙忠周 孟凡超 周学权
JB2012-3-21	基于FPGA的网络信息处理及安全防护系统	济南大学	杨 波 陈贞翔 孙 涛 孙润元 荆 山 李 毅
JB2012-3-22	鞋类产品和谐智能计算机辅助概念设计(CACD)系统	青岛大学 青岛双星集团技术开发中心	杨国为 邵峰晶 王 钰 张维中 沙淑芬 王 刚
JB2012-3-23	桌面型条码打印机	山东新北洋信息技术股份有限公司	姜天信 王春涛 樊 坤 徐庆帮 王 鑫 王桂勇
JB2012-3-24	电液伺服汽车转向系统试验台	济南大学 济南东测试验机技术有限公司	赵建玉 王旭东 张 勇 王绪山 杨 东 唐殿奎
JB2012-3-25	家庭媒体中心的研究与产业化	浪潮集团有限公司	崔 卫 李晓峰 刘永辉 韩昭瑞 房兰涛 李洪生
JB2012-3-26	面向多制式移动智能终端系统技术和开放平台	青岛海信移动通信技术股份有限公司	王克强 宋成杰 钟明林 谢志宇 王宏斌 张 琪
JB2012-3-27	CCRS-1高速列车移动基站	青岛中嘉轨道交通技术有限公司	梁保山 王胜渝 秦高远 孙建平
JB2012-3-28	基于超宽带无线电的短距离精确定位系统的研究与应用	中国海洋大学	张 浩 崔学荣 王景景 吕婷婷 屠晓东 张国平
JB2012-3-29	微功耗皮秒级时差信号捕捉与测量芯片	山东力创科技有限公司 山东力创赢芯集成电路有限公司	郝振刚 邱德华 尚绪树 单来成 桑 涛 刘继岳
JB2012-3-30	新型微波介质陶瓷材料及天线	山东同方鲁颖电子有限公司	陈月光 袁纪烈 王士娇 张 力 赵 飞 张京柬
JB2012-3-31	高可靠滚动滑环的研究与开发	临沂市海纳电子有限公司	程晓华 卞 磊 郑加彬 宋东明 李洪忠 蔡孝荣
JB2012-3-32	光纤综合检测系统研发及应用	山东省科学院激光研究所	王 昌 刘统玉 王纪强 魏玉宾 李淑娟 闵 力

续表

编号	项目名称	完成单位	完成人
JB2012-3-33	新型超柔紧密纺关键技术研发及产业化	山东德源纱厂有限公司	竺韵德 邬建明 王 英 俞雨金 刘雪梅 徐时平
JB2012-3-34	新型数控交捻长丝竹节装置的研发	山东岱银纺织集团股份有限公司	谢松才 李广军 王长青 于传文 亓焕军 陈 冰
JB2012-3-35	应用有机硅表面活性剂牛仔布整理工艺技术及产品开发	淄博兰雁集团有限责任公司	姜 明 宋桂玲 王 伟 姜宜宽 胡乃杰 孙丽娥
JB2012-3-36	涤纶纺粘热轧平板无纺布	山东泰鹏无纺有限公司	刘建三 范 铭 王绪华 李桂芹 张 静 张成国
JB2012-3-37	锦梳纺系列纱线的技术研究与产品应用开发	德州华源生态科技有限公司	李向东 倪友博 刘俊芳 郭 娜 鲍学超 刘艳斌
JB2012-3-38	WD类TFT用单体液晶材料的研发及产业化	烟台万润精细化工股份有限公司	王焕杰 王立春 李文斌 崔 明 高志峰 林华强
JB2012-3-39	氯化苄连续化生产工艺研究及产业化	鲁西化工集团股份有限公司、山东聊城中盛蓝瑞化工有限公司、聊城市鲁西化工工程设计有限责任公司	张金成 焦延滨 王富兴 董书国 于佰胜 李道杰
JB2012-3-40	应对欧盟RoHS指令-3C产品用环保型阻燃塑料合金制备技术	青岛科技大学 青岛琴科工程塑料有限公司	刘法谦 李荣勋 李超芹 宿 烽 刘 莉 李 伟
JB2012-3-41	全自动一次法开炼式节能炼胶新技术开发与应用	三角轮胎股份有限公司	丁玉华 单国玲 谭 峻 刘 谦 张 浩 王 健
JB2012-3-42	高耐油性羧基丁腈橡胶技术开发研究	青岛科技大学 山东淄博浩德化工股份有限公司	林润雄 刘德强 陈占勋 李超芹 肖建斌 刘德刚
JB2012-3-43	连续催化加氢制备邻氨基苯酚新工艺	新泰昊原化工有限责任公司 山东轻工业学院	段洪东 袁胜群 孟 霞 马洪云 赵仁花 张永猛
JB2012-3-44	年产5 000t丁二酸的电解合成关键技术研究与开发	山东飞扬化工有限公司 浙江工业大学	吴元峰 张文魁 甘永平 黄 辉 陶新永 单光和
JB2012-3-45	木薯生物炼制乙醛关键技术及产业化	临沂市金沂蒙生物科技有限公司、金沂蒙集团有限公司、山东省生物炼制催化工程技术研究中心	马晓丽 王怀利 张 超 王学博 郑 启 王广荣
JB2012-3-46	变压吸附制一氧化碳新工艺与应用	兖矿国泰乙酰化工有限公司 成都天立化工有限公司 兖矿国泰化工有限公司	董正庆 荀灵红 马廷卫 裴学成 陈 荔 田 军
JB2012-3-47	PLA聚乳酸全降解发泡片材生产技术及装备	山东通佳机械有限公司	张建群 沙 燕 王向东 李 勇 孟凡敏
JB2012-3-48	丁辛醇装置换热网络节能优化技术	青岛科技大学、中国石油化工股份有限公司齐鲁分公司(第二化肥厂)	朱兆友 孙 韬 王英龙 宋洪澎 刘俊峰 肖 雷
JB2012-3-49	硅钢片水溶性半无机涂料及涂装工艺技术的研究	山东齐鲁电机制造有限公司	刘书学 魏景生 刘立柱 王 帅 甘 帅 张 辉
JB2012-3-50	低成本多资源配煤技术的开发与应用	济南钢铁股份有限公司	蔡漳平 罗时政 常 宇 薄 涛 陈昌华 刘崇亭
JB2012-3-51	高纯氪、氙提纯技术开发与应用	济南鲍德气体有限公司	赵云河 刘玉良 杨秀玉 李宗辉 周艺军 王非非
JB2012-3-52	亚微米99氧化铝陶瓷脱水元件	山东硅元新型材料有限责任公司	周文孝 杨东亮 赵中帆 杨庆伟 秦成娟 李晓东
JB2012-3-53	大型致密锆英石溢流砖的研究与开发	淄博工陶耐火材料有限公司	张 瑛 李志军 张启山 李玉强 李宇平 蒋绪贵
JB2012-3-54	风电叶片用预浸料生产工艺及产品	威海光威复合材料有限公司	林凤森 段长兵 夏向欣 李盛林 于忠明 王宝铭
JB2012-3-55	无机粉体材料颗粒形状与组成综合评价方法的建立及应用	山东理工大学 淄博市产品质量监督检验所	陈志伟 李正民 冯 柳 郭 红 魏春城 刘晓毅

续表

编号	项目名称	完成单位	完成人
JB2012-3-56	含共轭结构的有机硅聚合物的制备及应用	济南大学	颜　梅　关瑞芳　于京华　葛慎光　葛　磊　王秋英
JB2012-3-57	建筑外墙用A级复合防火保温板	济南大学	李国忠　胡宝柱　李建权　关瑞芳　曹笃霞　姜葱葱
JB2012-3-58	钢渣资源化综合利用技术	济南鲍德炉料有限公司	张德祯　于兴国　陈文海　李　电　郑文军　胡玉芬
JB2012-3-59	B7.5-8.83/3.824//535型高效节能背压式工业汽轮机	潍坊雷诺特动力设备有限公司、中国通用技术集团煤炭工业济南设计研究院有限公司	王立君　袁龙军　袁　奇　陈崇亮　刘云松　信景光
JB2012-3-60	工业余热型水源高温热泵机组	山东科灵空调设备有限公司	葛建民　赵铁军　刘春海　王国良　田　波　姜爱杰
JB2012-3-61	火力发电厂一次风气固两相流煤粉取样装置研制及系列化	山东电力研究院 大唐鲁北发电有限责任公司	侯凡军　周红松　周新刚　孙兆勇　郝卫东　郭玉泉
JB2012-3-62	核电站用电缆	山东华凌电缆有限公司	王兆波　潘茂龙　宋怀旭　王洪军　王清保　翟孟刚
JB2012-3-63	基于智能电网构架的电网运行与规划关键技术研究	山东电力研究院	牛新生　王春义　顾　洁　冯　琳　吴　健　牟　宏
JB2012-3-64	500kV变电站侵入波记录分析系统	山东电力集团公司超高压公司 山东大学	高厚磊　刘洪正　杨荣华　陈　强　刘希峰　冯迎春
JB2012-3-65	220kV午山智能变电站示范应用	山东电力集团公司青岛供电公司	尹昌新　王金行　赵生传　逯怀东　于立涛　刘远龙
JB2012-3-66	电力线路塔上光通信中继站	山东电力集团公司 山东电力集团公司超高压公司 山东电力工程咨询院有限公司	吕　强　孟鸣岐　张　雷　韩西武　刘卫华　汤建红
JB2012-3-67	客运专线铁路168m连续刚构桥深水裸岩基础和梁部关键施工技术	中铁十四局集团有限公司	张立岩　范春生　魏贤华　周长进　刘运平　李学乾
JB2012-3-68	混凝土结构加固技术开发与应用	山东省建筑科学研究院	崔士起　成　勃　李仰贤　姜丽萍　李　龙　张　燕
JB2012-3-69	骨架密实型半刚性基层材料设计和施工控制成套技术研究	山东建筑大学 山东省交通科学研究所	任瑞波　王立志　耿立涛　王　鹏　张思峰　李美玲
JB2012-3-70	公路路基施工质量智能检测仪开发及应用	山东省交通运输厅基本建设工程质量监督站、中国海洋大学	李选民　张小红　郭秀军　张　刚　孟庆生　侯　黎
JB2012-3-71	半干旱区高速公路路堑边坡生态防护技术研究	山东高速公路股份有限公司、浦华环保有限公司、中勘冶金勘察设计研究院有限责任公司	方世杰　舒安平　刘甲荣　王广和　李振江　郭建民
JB2012-3-72	工业企业铁路运输物联网的研究与应用	莱芜钢铁集团有限公司 上海亨钧科技有限公司	况作尧　吴泰学　王　磊　王春海　段崇义　陈国丰
JB2012-3-73	到达管重全程动态监测预报分析系统	济南铁路局运输处 济南铁路局信息技术所	李　恒　刘　腾　张廷伦　张连智　毕　诚　杨振兴
JB2012-3-74	重型汽车双级减速驱动桥	青岛青特众力车桥有限公司	纪建奕　杨朝会　刘黎明　王　慧　刘宗强　赵丕芬
JB2012-3-75	重型运输型工程车轻量化升级产品研发	诸城福田汽车科技开发有限公司	孙加平　王建军　仲伟坤　刘培盛　梁启龙　李名祥
JB2012-3-76	YDL-160型公交汽车制动贮能利用装置	山东汇能节能科技有限公司	王　河　李　艳
JB2012-3-77	农用汽车关键承载部件结构优化设计	聊城大学 山东时风(集团)有限责任公司	包春江　林连华　张利鹏　朱训栋　赵栋杰　池建美
JB2012-3-78	高性能大直径稀土镁合金铸棒	淄博宏泰防腐有限公司	翟慎宝　柴韶春　孙启明　王增委　侯兆春

续表

编号	项目名称	完成单位	完成人
JB2012-3-79	废铝合金回收处理及再利用成套技术	龙口南山铝压延新材料有限公司	程仁策　吕正风　隋信勤　王齐伟　王学珍　郭宝丰
JB2012-3-80	镍钯金镀层在电路板引线键合中的工艺	潍坊学院	于金伟　于昌革　李新宁　陈红梅　毕世英　吴成华
JB2012-3-81	高性能轮胎用高锡胎圈钢丝	山东大业股份有限公司	窦　勇　王金武　郑洪霞　窦万明　李文军　高红光
JB2012-3-82	合金钢大方坯/圆坯/矩形坯连铸机	山东省新纪元冶金设备有限公司	刘继明　李全君　玄继虎　王艳霞　刘守刚　亓守笃
JB2012-3-83	粒状贝氏体组合辙叉翼轨及其制造技术	山东远大模具材料有限公司	曹衍学　王　波　朱德福　曹耕福　丁　飞　孟　超
JB2012-3-84	高强度镁合金型材高效精密挤压技术开发	山东蒙山铝业有限公司、机械科学研究总院先进制造技术研究中心	姜肇理　陈蕴博　李永兵　宋如超　张艳姝　左铃立
JB2012-3-85	大型复杂精密高强韧铝合金压铸件生产关键技术	山东大学 济南慧成铸造有限公司	亓效刚　包化顺　张庆成　宫明永　姜　明　石巨鹏
JB2012-3-86	高品质冷切削工程机械用钢的研究与应用	莱芜钢铁集团有限公司	王广连　翟正龙　时振明　蔡朝华　戈文英　王立君
JB2012-3-87	钢包喷补续衬焊接技术开发与应用	莱芜钢铁集团有限公司 济南新峨嵋实业有限公司	李洪建　武光君　王学新　任学华　郭伟达　高　山
JB2012-3-88	热轧带肋钢筋轧制关键技术的研究与应用	莱芜钢铁集团有限公司	张　健　苗增军　孙圣刚　杨乐彬　黄文初　陶振修
JB2012-3-89	调质型厚规格储油罐用高强钢板的研制	济钢集团有限公司	夏佃秀　彭海红　孙　玮　雷　柯　姜广林　王　勇
JB2012-3-90	3 200m^{3}高炉集成新技术的开发及应用	济钢集团国际工程技术有限公司	董宝利　高贤成　王明磊　徐有芳　李丙来　黄德立
JB2012-3-91	劣质铁矿石冶炼协同技术的研究与应用	济南钢铁股份有限公司	薄　涛　刘崇亭　刘振林　刘学燕　曾凡辉　潘　鹤
JB2012-3-92	GOR一步法全铁水冶炼06Cr13不锈钢技术	山东泰山钢铁集团有限公司	陈培敦　黄延飞　马呈兴　吕圣会　赵　刚　亓传军
JB2012-3-93	强制性产品认证安全性能检测方法研究与应用	山东省计量科学研究院	张　勤　王新军　仇江海　单　莹　李道民　马　嵩
JB2012-3-94	火箭作业方法研究	山东省气象科学研究所	王以琳　刘诗军　李昌义　李德生　于金源　陈艳玲
JB2012-3-95	竞技体育信息服务模式创新与应用研究	山东省体育科学研究中心	钟　炼　李　皿　卢成义　程静静　田雪文　魏　红
JB2012-3-96	“药膳同源”型抗运动疲劳营养补剂的研究	山东省体育科学研究中心	孙桂芳　杨伟堂　田雪文　叶　楠　连建华　吴春燕
JB2012-3-97	高性能发动机用光整波纹中锡铝硅轴瓦技术及应用	烟台大丰轴瓦有限责任公司	木俭朴　孙国友　王振国　宿圣山　秦利明
JB2012-3-98	铸造湿型砂无煤粉复合粘结剂	曲阜市铸造材料厂	高化民　孔祥娟　高瑞卿　曲　磊　徐　宁
JB2012-3-99	车用高负荷活塞铸造自动化成套装备	山东滨州渤海活塞股份有限公司	张国华　郭全喜　王龙昌　刘　峰　牟俊东　孙　晓
JB2012-3-100	QG系列大口径钢管外壁高效抛丸清理机	山东开泰抛丸机械有限公司	张来斌　王瑞国　邢向涛　李　勇　隋志强　张守全
JB2012-3-101	汽车用精密成形锥齿轮齿形修形设计技术研究及应用	济南大学 山东济大科技发展有限公司	崔焕勇　田希杰　傅志刚　张清萍　杨　东　王　强
JB2012-3-102	新型抗振海洋平台的抗振性能分析及结构参数优化研究	济南大学	赵　东　马汝建　蔡冬梅　任升峰　刘学凯　徐增海
JB2012-3-103	复杂条件下设备的可靠性技术研究与应用	新汶矿业集团有限责任公司 山东科技大学	张元富　董崇远　滕广林　张文涛　戴贞海　刘柏林

续表

编号	项目名称	完成单位	完成人
JB2012-3-104	RF-CNC50/160六轴数控滚齿机	威海华东数控股份有限公司	汤世贤 邱玉良 毛维顺 车忠伟 高洪浩 郑洪森
JB2012-3-105	TZK25数控深孔刮滚机床	山东普利森集团有限公司 德州普利森机床有限公司	贾 强 战伯良 任传文 鲁绪阁 朱玉华 马兆彬
JB2012-3-106	新型车用高强宽板闭式数控冲压生产线技术及产业化应用	山东大学 山东拓维数控设备有限公司	张勤河 栾红霞 张建华 孟宪亮 霍孟友 扈海洲
JB2012-3-107	生猪屠宰加工自动生产线	青岛建华食品机械制造有限公司 中国农业大学	杨华建 赵月升 任发政 张洪书 葛克山
JB2012-3-108	单双向拉伸塑料土工格栅生产线技术创新体系	青岛顺德塑料机械有限公司	赵桂旭
JB2012-3-109	XGR120全液压履带式旋挖钻机	山东鑫国重机科技有限公司 北京建筑机械化研究院 北京建研机械科技有限公司	王庆军 郭传新 秦 燕 于克永 王欣丽 沈 锋
JB2012-3-110	智能型煤矿井下移动式瓦斯抽放泵站研究开发及产业化	淄博水环真空泵厂有限公司	孟凡瑞 荆延波 邵继荣 任志超 殷江涛 孙 苗
JB2012-3-111	1500型节能高效快速压滤机	景津压滤机集团有限公司	姜桂廷 柳宝昌 杨名杰 张大伟 赵千秋
JB2012-3-112	CTS10伸缩支架式连续油管作业车	烟台杰瑞石油装备技术有限公司	刘 东 蔡孝井 王 锋 张树立 于清峰 魏 新
JB2012-3-113	高功率四缸商用发动机涡轮增压器研制开发	康跃科技股份有限公司 山东省增压器工程技术研究中心	李延昭 朱智富 王 航 李永泰 李 伟 苗熠芝
JB2012-3-114	新型纳滤膜及其膜组器	山东京鲁水务集团有限公司 中国科学院生态环境研究中心	王 军 赵长伟 刘茂宣 赵小娟 曹鹏飞 李荣臣
JB2012-3-115	污泥过程减量活性污泥法污水处理技术与工程示范	临沂进民水务有限公司 上海电力学院	李进民 周 振 王惠勇 相其祝 李大勇 董加涛
JB2012-3-116	城镇污水处理厂化学同步除磷机制研究与技术应用	山东建筑大学 山东省环境保护科学研究设计院 光大水务(济南)有限公司	张志斌 武道吉 康兴生 张克峰 陶俊杰 崔 琰
JB2012-3-117	烧结烟气有机胺脱硫及副产硫酸工艺技术的研究与应用	莱芜钢铁集团有限公司 山东省冶金设计院股份有限公司 北京中钢信科技发展有限公司	张胜生 姚朝胜 李庭寿 郭怀功 梁凯丽 黄东生
JB2012-3-118	环境友好型固定化微生物修复石油污染土壤技术及应用	中国石油大学(华东)、山东省油区环境污染治理工程技术研究中心	张秀霞 刘其友 耿春香 赵朝成 卢 磊 单宝来
JB2012-3-119	新型有机污染物的分析关键技术	山东省分析测试中心	赵汝松 程传格 王 霞 苑金鹏 王珊珊 江 婷
JB2012-3-120	油管变频电磁电热技术研发及应用	中国石油大学(华东) 山东拓普石油装备有限公司	蔺爱国 李建华 林日亿 闫向军 李载敏 燕振功
JB2012-3-121	废钻井泥浆环保处理技术开发与应用	东营顺通化工(集团)有限公司、辽宁辽河油田开阳建设集团顺诚环保有限公司	燕文广 张凤新 李兆峰 周宝全 周奇军 韩旭东
JB2012-3-122	城乡生活垃圾资源化利用	潍坊金丝达实业有限公司	刘国田 张明泉 胡明恩 范满国 孟宪跃 杨海波
JB2012-3-123	山东省威海市农业生态地球化学调查评价与应用	山东省地质调查院 山东科技大学	庞绪贵 代杰瑞 王红晋 曾宪东 高宗军 崔元俊
JB2012-3-124	山东省基础地理信息数据采集、更新与建库	山东省国土测绘院	杨 颖 钟全宝 张立国 毛继军 郭冬娥 于立国
JB2012-3-125	聚合物乳液在线调驱技术研究及应用	中国石油化工股份有限公司胜利油田分公司采油工艺研究院	王增林 汪庐山 田玉芹 刘承杰 王 琳 吕西辉
JB2012-3-126	特低渗透油田整体压裂开发关键技术	中国石油大学(华东)、中国石油集团川庆钻探工程有限公司长庆井下技术作业公司、中国石化集团胜利石油管理局井下作业公司	罗明良 温庆志 孙 虎 彭洪军 刘国良 来庆良

续表

编号	项目名称	完成单位	完成人
JB2012-3-127	脉冲中子双谱剩余油动态监测技术及工业化应用	中国石油大学(华东)	张 锋 李会银 黄隆基 王新光 李召成 房文静
JB2012-3-128	复杂介质条件下电测井数值模拟技术及其应用	中国石油大学(华东)	范宜仁 邓少贵 陈 华 王正楷 杨 震 李智强
JB2012-3-129	多循环空气提升微压浸出技术开发与应用	招金矿业股份有限公司金翅岭金矿	李学强 冯金敏 徐忠敏 姜好军 冯玉华 崔秋华
JB2012-3-130	提金废渣及复杂难处理金银矿多元素综合回收技术	山东方泰循环金业股份有限公司	张敬斌 董仁浩 田文贺 杨润霞 张惠黎 赵明才
JB2012-3-131	节能环保强制油冷却立环高梯度磁选机	山东华特磁电科技股份有限公司	王兆连 刘风亮 刘 梅 贾洪利 周宇舟 曾亮亮
JB2012-3-132	深部松软顶底板中厚煤层综采沿空留巷技术	兖州煤业股份有限公司 山东科技大学	黄福昌 林东才 倪兴华 李树荣 贾 民 刘心广
JB2012-3-133	煤矿坚硬顶板定向高压水力致裂技术	兖州煤业股份有限公司 中国矿业大学	张广文 窦林名 吴向前 张士斌 贺 虎 桂 兵
JB2012-3-134	千米深井高应力条件下沿空留巷开采技术	新汶矿业集团有限责任公司孙村煤矿、新汶矿业集团有限责任公司、北京科技大学	周 明 姜福兴 和富平 莫 技 张 明 高明涛
JB2012-3-135	大水高瓦斯复杂地质条件下薄煤层安全高效开采成套技术	山东新矿赵官能源有限责任公司 山东科技大学	何希霖 郭忠平 刘永禄 高明涛 刘德春 金焕章
JB2012-3-136	大倾角综放面预埋高位套管防治采空区自然发火技术	淄博矿业集团有限责任公司 煤炭科学研究总院沈阳研究院	张福成 王昌斌 杨广文 张洪生 齐怀远 尹经梅
JB2012-3-137	近水平薄煤层超高水材料复合矸石堤坝式充填开采技术开发与应用	山东省田庄煤矿 中国矿业大学	何发元 张 明 冯光明 刘成录 李乃梁 丁 玉
JB2012-3-138	兖州矿区底板采动变形破坏特征研究及应用	兖州煤业股份有限公司 中国矿业大学	曹丁涛 姜振泉 李秀晗 朱术云 王宗胜 刘士义
JB2012-3-139	断层活化导水的机理与防治方法研究	淄博矿业集团有限责任公司 中国矿业大学	张同俊 许进鹏 许义云 张福成 郝海涛 李景慧
JB2012-3-140	山东省瓦斯地质规律及其控制机理研究	山东省煤炭行业协会 山东科技大学	任衷平 盖文仁 陈成星 李增学 刘 钒 刘海燕
JB2012-3-141	EBZ160型悬臂式掘进机研制	兖矿集团有限公司	张佃龙 曹 拓 张宝西 李 政 马明国 张 纯
JB2012-3-142	高压STATCOM无功补偿与谐波治理装置的研制与应用	枣庄矿业(集团)有限责任公司、中国矿业大学、徐州上若伏安电气有限公司、徐州上若科技有限公司	杨尊献 史丽萍 赵 强 王鸿雁 张 波 韩 丽
JB2012-3-143	矿井提升机机械设备状态监测与智能故障诊断系统	枣庄矿业(集团)有限责任公司 中国矿业大学	王 义 匡 杰 何 伟 徐永和 张晓光 刘国利
JB2012-3-144	矿井高效辅助运输成套技术的研究与应用	新汶矿业集团有限责任公司 山东科技大学	苏其亮 孙惠民 王龙生 张 鑫 李 勇 叶铁丽
JB2012-3-145	蓖麻杂交育种及加工利用	淄博市农业科学研究院 山东理工大学生命科学学院 山东天兴生物科技有限公司 邹平县裕宏油脂有限公司	王光明 谭德云 张宝贤 刘红光 马汇泉 杨 平
JB2012-3-146	高产优质多抗广适花生新品种潍花8号的选育与推广	山东省潍坊市农业科学院	姜言生 付 春 鲁成凯 高继月 张连晓 齐鲁江
JB2012-3-147	高产、稳产、多抗玉米新品种聊玉20选育与开发(高淀粉)	聊城市农业科学研究院 聊城禾丰种业有限公司	侯廷荣 张桂阁 李学杰 吴明泉 张 新 曹修才
JB2012-3-148	优质耐贮设施栽培番茄新品种选育与推广	青岛市农业科学研究院、中国科学院遗传与发育生物学研究所、上海种都种业科技有限公司	黄婷婷 李传友 刘炳禄 刘淑芹 李 平 张永志

续表

编号	项目名称	完成单位	完成人
JB2012-3-149	高产优质抗病大白菜“胶研”新品种选育	青岛胶研种苗研究所	韩书荣　马义喜　王德森　韩彩锋　魏志刚　韩书辉
JB2012-3-150	蔬菜穴盘育苗技术集成创新与示范	山东省寿光蔬菜产业集团有限公司	胡永军　潘子龙　丁加刚　魏家鹏　刘立功　赵小宁
JB2012-3-151	生姜规范化生产技术体系研究与应用	山东省莱芜市植物保护站	吕　华　毕桂梅　段陈波　张同梅　毕春霞　亓洪松
JB2012-3-152	高毒农药替代与农药残留控制技术体系	山东省植物保护总站、山东省农药检定所、海利尔药业集团股份有限公司、临沂三禾永佳动力有限公司、潍坊市农产品质量检测中心	李明立　宋姝娥　嵇　俭　段培奎　刘俊展　李洪奎
JB2012-3-153	重要植物检疫性病毒检测新技术研究与应用	山东省植物保护总站 中国检验检疫科学研究院	商明清　张永江　张德满　赵文军　金扬秀　李桂芬
JB2012-3-154	作物重茬病防治及促生微生物肥料——枯草芽孢杆菌新产品研制	山东泰丰源生物科技有限公司 山东省林业科学研究院	周　峰　牛赡光　王清海　刘幸红　张淑静　郑述乾
JB2012-3-155	盐渍化遥感检测及暗管改碱与节水集成技术及其应用	中国石油大学(华东)	樊彦国　宋冬梅　李瑞华　黄丙湖　李翔宇　孙秀玲
JB2012-3-156	脲醛缓释复合肥料研究与开发	山东金正大生态工程股份有限公司、菏泽金正大生态工程有限公司	陈宏坤　范玲超　葛雨明　万连步　陈剑秋　赵　芳
JB2012-3-157	含脂溶性维生素的稳定水溶液制剂研制及产业化开发	烟台绿叶动物保健品有限公司、烟台市兽药新制剂工程技术研究中心、山东省动物用生物制剂工程技术研究中心	吕淑荣　刘哲林　冷鲁南　贾立华　梁　玉　张兴晓
JB2012-3-158	非常规饲料资源利用和氮磷减排技术研究与推广	山东龙盛农牧集团有限公司 山东农业大学	龙君江　杨在宾　杨维仁　马文奎　姜淑贞　张桂国
JB2012-3-159	狐狸高效繁殖技术体系的研究与应用	曲阜师范大学 中国农业大学	张洪海　刘国世　朱士恩　周光斌　王　梁　史建民
JB2012-3-160	高产奶牛产奶代谢蛋白的调控技术	山东省农业科学院畜牧兽医研究所	王星凌　赵红波　赵新华　万发春　柳尧波　王文志
JB2012-3-161	肉仔鸡动态营养需要规律及其模型的研究	山东省农业科学院家禽研究所	张桂芝　石天虹　刘雪兰　武　彬　井庆川　魏祥法
JB2012-3-162	设施甜樱桃高效栽培关键技术研究与示范	山东省果树研究所 山东农业大学	孙玉刚　高东升　祝恩元　李　玲　魏国芹　孙瑞红
JB2012-3-163	优异山楂种质创新及其系列新品种选育	聊城大学	孟庆杰　王光全　黄　勇　钱关泽　张秀省　连建国
JB2012-3-164	苹果高效标准生产技术集成与示范	山东省果树研究所	王金政　路　超　薛晓敏　崔秀峰　于国合　张继祥
JB2012-3-165	4YZ系列自走式玉米联合收获机的研制与开发	山东宁联机械制造有限公司	解丕军　刘岳章　翟勋河　李　晶　解锡军　张　超
JB2012-3-166	空间分析技术在农村农业信息建模中的应用	山东省农业科学院科技信息工程技术研究中心、山东农业大学、青岛科技大学、陵县农业局、东营职业学院	杨玉建　梁　勇　张金恒　张承明　仝雪芹　吴秋兰
JB2012-3-167	樱桃观光园特色品种与技术的创新及其产业化	青岛市农业科学研究院	姜　林　邵永春　于福顺　董军晓　刘之洲　孙红涛
JB2012-3-168	韩国风兰引种快繁及栽培开发技术研究	山东省潍坊市农业科学院	赵庆柱　邱玉宾　韩　霞　林云弟　赵婧杰　姜官恒
JB2012-3-169	野蔷薇青岛百合等十种山东野生花卉引种驯化与新品种培育	青岛农业大学	刘庆华　王奎玲　刘庆超　王　玮　吕志宁　刘明健

续表

编号	项目名称	完成单位	完成人
JB2012-3-170	木瓜种质库创建与新品种选育及产业化开发	山东省分析测试中心 山东亚特生态技术有限公司	王　晓　李圣波　刘建华　耿岩玲　王岱杰　魏艳丽
JB2012-3-171	黑杨良种选育与示范利用研究	宁阳县国有高桥林场 宁阳县林业局	许兴华　李　霞　黄启伦　王　雷　邵　红　宁方强
JB2012-3-172	杞柳良种选育与高效栽培利用	莒南县林业局	刘维国　栾风福　孙运臣　李观和　王延娜　宋现国
JB2012-3-173	高标准农田林网建设技术研究与示范	山东省林业科学研究院	许景伟　李传荣　王月海　王卫东　夏江宝　胡丁猛
JB2012-3-174	荒山生态林营造及植被恢复技术	山东省林业科学研究院	房　用　王月海　王卫东　梁　玉　杜华兵　盛　升
JB2012-3-175	冬枣、棉花绿盲蝽生物生态学特性及综合防治技术研究	山东省林业科学研究院	牛赡光　王西南　王清海　刘幸红　宋国春　郭庆宏
JB2012-3-176	济南市防汛预警决策支持系统	济南市排水管理服务中心 山东大学	姜向东　贾　超　徐帮树　邢京君　徐永利　王俊胜
JB2012-3-177	CS-5型全信息流量仪及总水量管理软件研究与应用	济宁市水利科技研究推广站	牛　奔　刘　波　邱学东　陈长华　耿　勇　牛　淼
JB2012-3-178	浅层地下水硝酸盐污染的可渗透反应墙(PRB)修复技术研究	山东省水利科学研究院 胶州市水利局	李福林　陈学群　管清花　田志刚　宋玉田　卢　超
JB2012-3-179	基于调水调沙黄河河口刁口河流路生态调水研究	黄河水利委员会山东黄河河务局 山东黄河河务局黄河河口管理局 黄河水利委员会黄河河口研究院	杜玉海　王春华　李士国　鲁泽秀　王宗文　杨晓阳
JB2012-3-180	绿鳍马面鲀生殖调控与苗种规模化生产	烟台百佳水产有限公司、山东省海水养殖研究所、中国海洋大学	慕　伟　温海深　刘洪军　陈志信　官曙光　陈海滨
JB2012-3-181	淡水池塘节水生态高效养殖关键技术研究	山东省淡水水产研究所 济宁市渔业技术推广站 山东浩洋生态科技有限公司	段登选　陈有光　陈　奇　田功太　王　姝　陈述江
JB2012-3-182	高产卡拉胶海藻规模栽培、高值加工与近海环境治理	中国科学院海洋研究所、国家海洋局第一海洋研究所、上海北连生物科技有限公司(原上海北连食品有限公司)、海南陵水豪天实业有限公司	刘建国　刘　松　王晋源　林　伟　刘晨临　姜　鹏
JB2012-3-183	普罗布考诱导产生HO-1在稳定动脉粥样硬化斑块中的作用机制	山东大学	郭　媛　赵玉霞　黎　莉　陈文强　李婷婷　谢　毅
JB2012-3-184	TAFI在动脉粥样硬化发生、发展中的作用及药物干预机制	山东大学齐鲁医院	刘向群　陈焕芹　郭　刚　于　昕　刘利妍
JB2012-3-185	甲亢性高血压病理状态下心血管功能的变化机制研究	泰山医学院 中国科学院海洋研究所	文今福　金松南　金松君　王欣农　周广海　张　凤
JB2012-3-186	β1、β2和α1受体自身抗体致恶性心律失常的作用机制	山东省立医院	李晓东　王建春　叶　琳　朱艳利　褚　熙
JB2012-3-187	胃癌、急性重症胰腺炎等消化疾病肠内营养的临床应用	青岛市市立医院	姜相君　田字彬　宣世英　宋明全　林惠忠　高玉强
JB2012-3-188	内镜分光比色与染色技术对大肠肿瘤诊断价值的研究及临床应用	烟台毓璜顶医院	刘运祥　黄留业　徐　宁　宋　波　衣龙志　刘一品
JB2012-3-189	RhoA/RhoC同源siRNA表达载体的构建及对人高转移大肠癌裸鼠的作用	青岛大学	王海波　刘相萍　梁　军　赵　刚　隋爱华　杨　堃
JB2012-3-190	短暂性脑缺血再灌注损伤对老年大鼠海马神经元凋亡的影响	青岛市市立医院	王明山　张丽娜　毕燕琳　时　飞　陈怀龙　周海鹏

续表

编号	项目名称	完成单位	完成人
JB2012-3-191	溶血磷脂酸在动脉粥样硬化及缺血性心脑血管病中作用的研究	威海市文登中心医院	李振光　于占彩　詹　霞　吴喜娟　周慧杰　鞠卫萍
JB2012-3-192	亚低温对脑出血后炎症损伤干预的临床及实验研究	山东省立医院	山东省立医院
JB2012-3-193	水通道蛋白及壳三糖苷酶在多发性硬化发病机制中的作用及相关因素研究	中国人民解放军第一四八医院	王运良　张晓席　耿同超　尹红蕾　韩　冰　王雨童
JB2012-3-194	甲状腺乳头状癌BRAF T1799A基因突变及RET基因重排在肿瘤发生发展中作用的研究	青岛大学医学院附属医院	王颜刚　赵世华　高燕燕　王　伟　赵文娟　王　萍
JB2012-3-195	遗传易感基因与甲亢合并症及甲亢复发的相关性研究	青岛大学医学院附属医院	阎胜利　王颜刚　胡建霞　王迎雪　张京玲　刘清敏
JB2012-3-196	21-羟化酶缺陷症家系基因突变研究及新突变基因的功能学探讨	山东大学齐鲁医院	蒋　玲　张晓黎　宋璐璐　王　慧　王甲莉　周海斌
JB2012-3-197	餐后高TGRL对老年人血管内皮功能的影响及药物干预研究	山东省立医院	李明龙　李　秋　杨　萍　梁　波　焦玉莲　陈海燕
JB2012-3-198	血液分离技术联合药物治疗重症免疫相关性血液系统疾病疗效与机制	解放军第148医院	孙黎飞　韩　冰　张晓席　许　刚　冉　红　明　汇
JB2012-3-199	磷霉素等抗菌药物与氟康唑联合抗生物膜内真菌的作用研究	山东省千佛山医院	孙淑娟　李　妍　苏乐群　李宏建　谷大建　傅爱玲
JB2012-3-200	肺结核患者痰及血的肺泡表面蛋白A、D的临床应用	山东省胸科医院	胡　华　鞠云飞　迟晶宇　徐　勇　杨　燕　李学政
JB2012-3-201	EB病毒早期基因BRAF1和BHRF1基因多态性检测	蓬莱市疾病预防控制中心 蓬莱市人民医院	荆永正　王　伟　李俊荣　罗　兵　王　云　邱清芳
JB2012-3-202	rAAV1载体介导VEGF基因治疗大鼠脑缺血	青岛大学医学院附属医院	栗世方　孟庆海　王任直　扈国杰　李照建　栗世如
JB2012-3-203	垂体腺瘤经蝶手术治疗和引起视神经损伤	济南军区总医院	张荣伟　于　峰　刘学芹　袁绍纪　卢培刚　钟启胜
JB2012-3-204	调控STAT3信号通路对胰腺癌侵袭转移的影响及机制探讨	泰安市中心医院	杨　光　崔　刚　刘　君　李　刚　明晗昕　宫久玲
JB2012-3-205	非机器人全胸腔镜技术在先心病手术治疗的临床应用研究	聊城市人民医院	马增山　董铭峰　殷秋阳　张宗旺　柴守栋　王建堂
JB2012-3-206	面部组织器官缺损应用跨区反流皮瓣修复重建的基础研究	潍坊医学院	杨彪炳　牟少春　梁晓琴　苗春雷　翟朝晖
JB2012-3-207	靶向干扰水通道蛋白loopD基因表达对机械通气致肺水肿的机制	山东省千佛山医院 山东大学齐鲁医院	王月兰　夏武青　戴国锋　梁江久　邴来英　冯瑞娟
JB2012-3-208	肺血管结扎顺序在预防肺癌术中血行转移中的作用	山东省肿瘤防治研究院	张为迪　葛明建　宋平平　宋　宝　张怡琳　马海明
JB2012-3-209	食管癌组织中树突细胞的免疫调控机制及意义	山东省肿瘤防治研究院	杨文锋　张永明　郭洪波　李　辉　穆殿斌　张兴国
JB2012-3-210	下腰椎侧方入路的临床解剖学研究	滨州医学院	孙兆忠　仲江波　房清敏　高聿同　王先泉　陈立东
JB2012-3-211	寰枢椎损伤和畸形的基础与临床诊治	青岛大学医学院附属医院 中国人民解放军第401医院 中国人民解放军第107医院	西永明　陶春生　岳　斌　任中武　李桂芝　张国庆

续表

编号	项目名称	完成单位	完成人
JB2012-3-212	大鼠背根神经节机械敏感性离子通道的分布及相关膜蛋白的性质	山东大学齐鲁医院	岳寿伟　张　杨　王艳琴　丁欣利　刘婷婷　张燕
JB2012-3-213	臭氧的脊髓毒性研究	山东省立医院	傅志俭　孙　涛　张　维　宋文阁　谢　田　赵序利
JB2012-3-214	胸腰椎椎弓根内及根外固定的应用解剖与生物力学研究及临床应用	山东省立医院	崔新刚　孙建民　蒋振松　张佐伦　丁晓林
JB2012-3-215	复杂组织瓣移植血流通畅和成活质量的基础与临床系列研究	中国人民解放第八十九医院	任志勇　丁　明　黄现峰　潘朝晖　王　辉　魏长月
JB2012-3-216	应用足部皮瓣修饰再造手指	济南军区第四〇一医院	刘亚平　程国良　王振军　滕国栋　孙乐天　屈志刚
JB2012-3-217	直肠前突的X线和动态磁共振排粪造影及临床研究	荣成市中医院	郭光远　邱洪明　王　燕　林良毅　孙志军　孙夫平
JB2012-3-218	基于1H-MRS的脑胶质瘤的代谢分子影像研究	山东大学齐鲁医院	曾庆师　冯德朝　张　凯　曲春城　李传福　康笑水
JB2012-3-219	横结肠系膜放射解剖学研究	潍坊医学院	董　鹏　王　滨　孙西河　张仕状　蒋吉英
JB2012-3-220	双能CT在关节肌腱和韧带的显示及相关疾病诊断中的价值	山东省医学影像学研究所	孙　丛　柳　澄　王锡明　武乐斌　王　涛　王道萍
JB2012-3-221	胎儿脊柱与脊髓发育异常的超声与MRI对照研究	山东省医学影像学研究所 济南市妇幼保健院	王光彬　单瑞芹　赵　斌　林祥涛　陈立光　邱秀玲
JB2012-3-222	人工智能技术在肝细胞癌31P MRS分析中的临床应用研究	山东省医学影像学研究所 山东轻工业学院 山东省医药卫生科技信息研究所	刘　强　武乐斌　刘毅慧　刘亚民　王光彬　成金勇
JB2012-3-223	18F-FLT PET和18F-FETNIM PET检测食管癌放疗过程中再增殖和乏氧以及预测临床疗效价值	山东省肿瘤防治研究院	岳金波　孙新东　赵书强　付　正　曲　伟　杨彦琴
JB2012-3-224	PET/CT指导非小细胞肺癌精确放疗靶区勾画的临床价值	山东省肿瘤医院	邢力刚　孙晓蓉　孟　雪　李晓琳　平　凡　于会明
JB2012-3-225	雌激素对女性皮肤老化的影响及临床应用	烟台毓璜顶医院 青岛大学医学院附属医院	康尔恂　陈宏泉　王福胜　张运华　姚先平　臧运书
JB2012-3-226	PI3K/PTEN/AKT/Survivin信号通路和IκB/NFκB信号通路对子宫内膜异位症的调节及意义	山东省立医院	李明江　赵兴波　张　辉　刘　姝　李继俊　颜　磊
JB2012-3-227	新生儿高直接胆红素血症转归及临床、实验干预	青岛市妇女儿童医疗保健中心	单若冰　郝希伟　孙秀凤　朱明哲　冯向春　傅　平
JB2012-3-228	HCMV感染致病机制及相关的婴儿肝炎综合征研究	青岛大学	王　斌　钱冬萌　白志强　宋旭霞　闫志勇　王海涛
JB2012-3-229	核磁共振及多种激素检查对全垂体功能减低患儿的诊治价值	山东省立医院	李桂梅　陈力军　高　飞　王红美　戴云鹏　李西霞
JB2012-3-230	应力介导Caspase家族依赖性细胞凋亡在翼外肌适应性改建中的作用及调控	青岛市市立医院 山东大学口腔医学院	袁　晓　刘东旭　张　月　刘　文　刘佳宁　姜慧丽
JB2012-3-231	普萘洛尔治疗小儿血管瘤的临床与基础研究	临沂市肿瘤医院、中国科学院上海生命科学研究院/上海交通大学医学院健康科学研究所	秦中平　刘学键　李克雷　赵立平　郃茂众　刘京丽
JB2012-3-232	颞骨影像学解剖的基础研究与临床应用	山东大学	许安廷　夏　明　尹海英　赵苗青　杨位兰　杨　颖

续表

编号	项目名称	完成单位	完成人
JB2012-3-233	青岛市慢性疾病相关指标遗传度的双生子研究	山东省青岛市疾病预防控制中心	逄增昌　段海平　邵永源　李　霞　汪韶洁　綦　斐
JB2012-3-234	弓形虫核酸疫苗的系列研究	山东省寄生虫病防治研究所	韩广东　魏庆宽　李　瑾　肖　婷　黄炳成　张佃波
JB2012-3-235	介入放射学工作人员与患者受照剂量的研究及标准的制订	山东省医学科学院放射医学研究所	朱建国　李海亮　闵　楠　张　琳　李全太　邓大平
JB2012-3-236	微流控芯片技术在生物分析中的应用	山东省职业卫生与职业病防治研究院	邵　华　王翠娟　陈雯雯　许　光　张爱真　张志虎
JB2012-3-237	原发性高血压的前瞻性治疗及社区综合防治	山东省医学科学院基础医学研究所	路方红　刘振东　赵颖馨　孙尚文　王舒健　刁玉涛
JB2012-3-238	膀胱肿瘤的基础与临床	山东大学	史本康　陈　军　杨向东　徐　洋　徐祗顺　张念昭
JB2012-3-239	膀胱移行细胞癌恶性驱动机制及转移潜能异质性	青岛大学医学院附属医院	牛海涛　徐　婷　王新生　于芹超　杨传民　邵世修
JB2012-3-240	化疗减毒中药降逆灵的临床研究及应用	青岛市中心医院	兰克涛　王淑琳　高　霞　徐艳霞　马本绪
JB2012-3-241	息贲胶囊对Lewis肺癌小鼠肿瘤生长、Caspase及bcl-2和Bax表达的影响	潍坊市中医院	孙长岗　杜忠海　王　鹏　张彩虹　王　娟　刘瑞娟
JB2012-3-242	胡黄连苷Ⅱ对脑缺血损伤保护作用机制的研究	青岛大学	郭云良　沈　卫　杜　芳　张美增　李　震　李　琴
JB2012-3-243	中药干预调控人白血病干细胞的作用	山东中医药大学附属医院 山东大学齐鲁医院	徐瑞荣　崔　兴　李吉华　王　琰　王敬毅　陈峰
JB2012-3-244	加味天麻钩藤饮对高血压血管内皮功能及早期肾损害的干预效应	山东中医药大学附属医院	李　伟　胡洪贞　彭　伟　陆　峰　杨运明　焦东梅
JB2012-3-245	攻毒治法六神丸对RAS影响肿瘤血管生长的实验研究	山东中医药大学附属医院	齐元富　李秀荣　刘寨东　徐晓卿　赵玉峰　曹　芳
JB2012-3-246	防哮颗粒对哮喘缓解期儿童气道炎性损伤的防护机制研究	山东中医药大学附属医院	邢向晖　李燕宁　陈　鲁　阎兆君　吴国英　刁娟娟
JB2012-3-247	中西医结合腹腔镜脾切除治疗脾脏疾病的临床研究	潍坊医学院青州临床学院 山东大学齐鲁医院	马　胜　李爱武　潘靖年　马智军　张　刚　张瑞明
JB2012-3-248	膝交叉韧带损伤自体干细胞移植异体韧带重建的研究与临床应用	山东省文登整骨医院	黄相杰　姜红江　王友强　宋修刚　毕晓英
JB2012-3-249	尚德俊学术思想及临证经验研究	山东中医药大学附属医院	陈柏楠　秦红松　周黎丽　周　涛　刘　明　侯玉芬
JB2012-3-250	滋阴降火法干预激光视网膜损伤的作用评价	山东中医药大学附属医院	郭承伟　吕　璐　张　勇　刘　玲　朱晓林　田丽珍
JB2012-3-251	基于黄连解毒汤等的中药干预肿瘤多药耐药评价技术建立与应用	山东省中医药研究院 山东省省立医院	李贵海　刘明霞　宋卫国　吴丽丽　董　学　孙付军
JB2012-3-252	菟丝子种质资源质量评价体系及规范化种植模式构建	山东省中医药研究院、山东大学、山东师范大学、山东中医药大学附属医院	林慧彬　林建群　林建强　高　玲　张传义　贾晓毅
JB2012-3-253	蝎毒多肽提取物(PESV)抑制肿瘤转移及化疗间期肿瘤细胞再增殖	山东省医学科学院基础医学研究所	张维东　崔亚洲　张月英　王华亭　王兆朋　贾　青
JB2012-3-254	解热镇痛药异丙安替比林的研制	山东新华制药股份有限公司	李兴泰　王洪波　徐　英　颜丽萍　刘怀林　陈　梅

续表

编号	项目名称	完成单位	完成人
JB2012-3-255	TaqMan探针实时PCR检测人MTHFR基因C677T多态性及其临床应用	山东省计划生育科学技术研究所	王苏梅　王磊光　贾颐舫　于建春　杨丹彤　王克华
JB2012-3-256	城市大规模社会保障性住房的组织建设与管理研究	济南市旧城改造投资运营有限公司	姜建生　赵　莉　唐四新　张　峰　展　静　孔　凝
JB2012-3-257	基于技术预见的青岛城市产业发展技术路线图研究	青岛市科学技术信息研究所 青岛科技大学	于升峰　雷仲敏　谭思明　张志耀　邱立新　蓝　洁
JB2012-3-258	基于社会化的大学生社会实践管理研究与应用	青岛科技大学	罗公利　聂法良　杜军威　刘慧明　李　勇　毛常明
JB2012-3-259	山东省公共卫生突发事件应急方案思路与对策研究	山东财经大学 山东省军区门诊部	王　虹　邢永杰　彭　程　邵焕庆　高顺宗　张敬录
JB2012-3-260	土地征用出让中政府职能重构研究	山东师范大学	吕振臣　尹建中　周建亮　王慎刚　王辛慈　闵宪伟
JB2012-3-261	山东省义务教育管理体制改革与创新	山东师范大学 山东英才学院	张茂聪　夏季亭　冯永刚　张　雷　胡　伟　卢松波
JB2012-3-262	山东省临床路径试点工作现状与对策研究	山东省肿瘤防治研究院 济宁医学院附属医院	迟蔚蔚　武广华　班　博　王永荣　韩克学　胡文杰
JB2012-3-263	基于政府局域网的山东省经济监测预警系统——省域宏观经济分析实证研究	山东省科技发展战略研究所	丁　华　荀成富　李星洲　尹　奥　方　涛　姜向荣
JB2012-3-264	山东省社会主义新农村科技支撑体系建设研究	山东省农业可持续发展研究所	季明川　王家利　杨　萍　赵　文　张庆忠　季承润

（省科技厅科技成果处）

山东省国际科学技术合作奖

（2人）

费尔南德·彭斯　男，1939年11月出生，法国籍，由烟台市科技局推荐。

费尔南德·彭斯博士是两代改进型压水堆一回路主管道技术的开创者和技术标准的制定者，曾任法国玛努尔集团皮特厂厂长，自1995年起来山东工作，先后任玛努尔（烟台）工业有限公司总经理、技术总监、烟台台海玛努尔核电设备股份有限公司技术总监。

费尔南德·彭斯博士在烟台台海玛努尔核电设备股份有限公司工作期间，在引进、消化、吸收法国玛努尔工业集团的两代改进型压水堆一回路主管道生产技术过程中做出了突出贡献，使公司在材料研究、冶炼、铸造、热处理等领域达到了国际先进水平，实现了AP1000主管道用电渣钢锭、海水循环泵用超级双相不锈钢叶轮的国产化，使公司成为世界上最大的两代改进型压水堆一回路主管道生产企业；同时，费尔南德·彭斯博士大力促进烟台台海玛努尔核电设备股份有限公司与法国玛努尔工业集团的技术与人员交流，提高了公司技术人员的专业水平，形成了一支在材料、冶炼、铸造、热处理等领域具有国际化能力和水平的、老中青年相结合的技术骨干队伍。

邢明照　男，1962年11月出生，美国籍，由山东省卫生厅推荐。

邢明照博士现任霍普金斯大学医学院霍普金斯医院内科学、肿瘤学、细胞分子医学教授，甲状腺中心共同主任，甲状腺细胞及分子研究室主任。邢明照博士主要从事甲状腺疾病，特别是甲状腺肿瘤，包括甲状腺癌的分子、遗传学和表观遗传学机制及其临床转化等方面的研究，他所发现的甲状腺疾病与MAPK通路和PI3K/Akt通路的关系在国际上引起了广泛关注，是甲状腺癌BRAF突变及其在临床表征和重要应用的最初发现者之一，对目前国际上甲状腺癌的诊断、预后和治疗理念产生了重大的影响。

自2008年以来，邢明照教授与山东省立医院内分泌与代谢科在研究与教学建立了多方面的紧密合作关系，每年至少来山东学术交流两次。在与山东省立医院合作期间，邢明照教授多次面向医师、住院医师及学生举办临床及科研相关讲座。邢明照教授通过与省立医院合作完成多项科研项目，研究证实了TSH除在甲状腺细胞中有经典作用之外，还可以调节肝脏胆固醇的生成，不仅揭示了TSH及TSH受体一项新的生理功能，也为胆固醇代谢及其相关的心血管疾病的发病提供了新的机制，增补了胆固醇代谢的理论。邢明照教授2009年受聘成为山东大学研究生合作导师，指导合作培养研究生的课题和实验。在课题研究中，积极提供美国约翰霍普金斯大学医学院先进的实验场地和技术。

（省科技厅科技成果处）

全省科技管理系统先进集体和先进个人

【2012年度全省科技管理系统先进集体和先进个人名单】 为表彰先进，弘扬正气，激励广大科技管理系统干部职工深入落实党的十八大、全国科技创新大会以及全省科技创新与奖励大会精神，进一步做好新时期科技工作，省科技厅决定授予青岛市崂山区科学技术局等45家单位“山东省科技管理系统先进集体”称号；授予济南市科学技术局发展规划处王东等94名同志“山东省科技管理系统先进个人”称号。名单如下：

先进集体（45家）

济南市科学技术局发展规划处（基础研究处）
济南市科学技术局高新技术发展及产业化处
济南市市中区科学技术局
青岛市崂山区科学技术局
平度市科学技术局
青岛市科学技术信息研究所（青岛市科技发展战略研究所）
淄博市科学技术局
淄博市张店区科学技术局
淄博市淄川区科学技术局
枣庄市科学技术局
滕州市科学技术局
东营市科学技术局
广饶县科学技术局
烟台市科学技术局
龙口市科学技术局
烟台高新技术产业园区科学技术与信息产业局
烟台市牟平区科学技术局
潍坊市科学技术局
寿光市科学技术局
诸城市科学技术局
青州市科学技术局
济宁市科学技术局
山东省鲁南工程技术研究院管理中心
邹城市科学技术局
微山县科学技术局
新泰市科学技术局
东平县科学技术局
威海火炬高技术产业开发区科学技术局
五莲县科学技术局
莱芜市科学技术局
莱芜市莱城区科学技术局
临沂市知识产权局
临沂市兰山区科学技术局
莒南县科学技术局
临邑县科学技术局
平原县科学技术局
聊城市科学技术局
东阿县科学技术局
高唐县科学技术局
滨州市科学技术局
滨州市滨城区科学技术局
惠民县科学技术局
菏泽市科学技术局
曹县科学技术局
郓城县科学技术局

先进个人（94名）

王　东　济南市科学技术局发展规划处主任科员
周银虎　济南市知识产权局主任科员
李富刚　济南市历城区科学技术局局长
王寿军　济南市天桥区科学技术局副局长
王先怀　济南市历下区科学技术局副局长
张业鹏　济南市槐荫区科学技术局发展规划科科长
孟庆新　章丘市科学技术局副局长
刘积学　即墨市科学技术局局长

姜　宇　莱西市科学技术局副局长
刘长喜　青岛市李沧区科学技术局副调研员
于升峰　青岛生产力促进中心主任
万　钊　青岛市科学技术局主任科员
杨　照　青岛市科学技术局主任科员
郑山河　青岛市科学技术局主任科员
牟先泉　淄博高新区科学技术局局长
吴俊恩　淄博市科技情报研究所副所长
张昊宇　淄博市周村区科学技术局局长
史希东　桓台县科学技术局副局长
刘成波　高青县科学技术局副局长
公　谨　沂源县科学技术局办公室主任
杜益宏　枣庄市科学技术局科长
韩巨波　枣庄市科技信息研究所所长
王　莹　枣庄市驿城区科学技术局局长
林　森　枣庄市山亭区科学技术局局长
颜道鲁　枣庄市薛城区科学技术局副局长
王永利　东营市科学技术局科长
倪　水　中国石油大学国家大学科技园管委会办公室综合管理部副主任
赵树平　东营市东营区科学技术局局长
孙际珍　垦利县科学技术局局长
扈长青　利津县科学技术局局长
王淑苓　烟台市科学技术局科技成果科科长
姜　雪　烟台市科学技术局社会发展科科长
张丰周　莱阳市科学技术局局长
路吉江　招远市科学技术局副局长
张木清　烟台市莱山区科学技术局计划成果科科长
孙军典　蓬莱市科学技术局局长
丁　慧　烟台开发区科学技术和知识产权局局长
张玉田　潍坊市科学技术局办公室主任
姜孟东　潍坊市科学技术局农村科技科科长
陈　雁　潍坊市科学技术局科技合作科科长
杨　梅　潍坊市科学技术局科技管理科科长
李永兴　昌邑市科学技术局局长
杜敦义　高密市科学技术局局长
陈云翔　潍坊市寒亭区科学技术局局长
田志昂　济宁市生产力促进中心主任
付贵福　济宁市科学技术局政策法规与行政许可科科长
刘元宁　济宁市任城区科学技术局副局长
吕　斌　曲阜市科学技术局局长
孔　雷　泗水县科学技术局办公室副主任
马玉树　鱼台县科学技术局综合科科长
黄伟鹏　济宁高新区科技与知识产权处主任科员
张秀峰　泰安市科学技术局副局长
王欲晓　泰安市知识产权局主任科员
侯文萃　泰安市科学技术情报研究所助理研究员
曹瑞才　肥城市科学技术局副局长
翟岱刚　泰安市泰山区科学技术局政策法规科科长
梁志丹　威海市环翠区科学技术局副局长
郭　强　文登市科学技术局副局长
宋舰艇　乳山市科学技术局副局长
徐京伟　日照市科学技术局办公室主任科员
杨为英　日照高新区管理委员会企业服务局副局长
赵新成　莱芜市科学技术局办公室主任
吕龙昌　莱芜市科学技术局高新技术发展及产业化科科长
郑洪岩　临沂市科学技术局高新科科长
施安琪　临沂市科学技术局会计
张元华　临沂市科学技术合作与应用研究院办公室主任
梅　涛　临沂市罗庄区地震局局长
魏书文　沂水县科学技术局局长
张雪玲　临沭县科学技术局党组副书记
张守国　临沂临港经济开发区科学技术局副局长
翟占新　德州市德城区科学技术局副局长
樊卫东　乐陵市科学技术局副局长
张贝贝　禹城市科学技术局副局长
马秀敏　夏津县科学技术局工会主席
陈　超　陵县科学技术局综合计划股股长
于秀田　宁津县科学技术局副局长
林洪刚　庆云县科学技术局局长
付长荣　茌平县科学技术局局长
侯广强　聊城市科学技术局科技合作科科长
韩卫杰　聊城市科学技术局计划科主任科员
赵凤兴　聊城市高新技术创业服务中心副主任
申相平　聊城市东昌府区科学技术局副局长
张　兵　黄河三角洲(滨州)国家农业科技园区管委会副主任
顾清水　滨州市科学技术局办公室主任
陈　栋　滨州市农村科技信息化管理中心副主任
李新军　邹平县科学技术局局长
李东峰　博兴县科学技术局副局长
黄福林　滨州高新技术产业开发区科学技术局科员
张宇锋　菏泽市科学技术局高新科科长
潘阿莉　菏泽市科学技术局发展规划科科长
冯子显　菏泽市牡丹区科学技术局副局长
张　靖　成武县科学技术局副局长
李广升　巨野县科学技术局办公室主任
李　铮　定陶县科学技术局计划科科长

(省科技厅政策法规处)

科技统计

KEJI TONGJI

表1　2012年全省各类科技机构概况

项目	单位	政府部门属科技机构					非政府部门属研究与开发机构和综合技术服务业有R&D活动的事业单位	转制机构
		县以上部门属研究与开发机构合计	自然科学和技术领域	社会与人文科学领域	科技信息和文献机构	县属研究与开发机构		
机构数	个	222	185	14	23	48	45	36
职工总数	人	20 768	18 998	660	1 110	596	6 843	7 298
单位在职从事科技活动人员	人	15 912	14 301	612	999	430	2 682	2 844
大学本科及以上学历	人	12 262	11 013	457	792	219	2 198	2 101
R&D人员折合全时工作量	人年	9 103	8 617	263	223	70	1 608	1 241
科技活动收入	千元	5 768 584	5 415 465	136 822	216 297	33 445	1 255 486	517 141
政府拨款	千元	4 616 193	4 276 349	136 602	203 242	32 994	274 101	109 693
科技经费内部支出	千元	4 922 064	4 647 055	108 569	166 440	32 143	1 170 248	1 009 146
资产购建支出	千元	1 350 435	1 316 405	5 167	28 863	12 323	48 416	280 216
R&D经费内部支出	千元	3 099 698	3 007 650	56 780	35 268	6 671	637 694	462 832
固定资产	千元	7 212 160	6 591 585	70 281	550 294	89 225	1 892 882	2 030 972
课题数	个	4 483	4 004	423	56	33	210	230
课题经费支出	千元	1 476 209	1 415 293	26 752	34 165	6 292	311 304	433 536
R&D课题经费支出	千元	1 193 417	1 156 120	24 364	12 933	3 356	286 004	386 229
课题投入人员	人年	9 999	9 357	275	367	115	1 635	1 284
R&D课题投入人员	人年	8 049	7 637	218	194	60	1 487	1 103
专利申请受理	项	1 065	1 056	0	9	74	204	254
专利授权	项	810	808	0	2	15	91	132
科技论文	篇	7 144	5 912	997	235	44	427	539
科技专著	种	196	151	43	2	1	7	5

注：本表及以下各表的范围为县以上政府部门属研究与开发机构，即自然、社人、信息文献三个领域中的机构。

表2　2012年机构、人员和经费概况

项　目	机构数（个）	从业人员总数（人）	单位在职科技活动人员		经费收入总额（千元）		科技活动贷款（千元）	经费支出总额（千元）	
				大学本科及以上学历		政府资金			科技经费支出
1.按地域分布									
全省									
总　计	222	20 768	15 912	12 262	8 583 658	4 914 303	10 984	7 875 255	4 922 064
济南市	108	11 640	8 475	6 756	4 729 118	1 862 326	10 820	4 556 117	2 186 487
青岛市	26	4 031	3 415	2 733	2 958 977	2 463 891	164	2 411 142	2 113 687
淄博市	13	542	430	316	73 052	34 350	0	71 167	53 536
枣庄市	2	69	54	43	3 700	2 200	0	4 200	3 800
东营市	3	97	76	60	11 457	11 457	0	11 444	10 396
烟台市	13	1 220	1 020	806	339 563	257 428	0	309 203	282 122
潍坊市	9	520	373	260	123 942	41 646	0	183 520	37 496
济宁市	8	609	452	306	151 179	61 830	0	143 054	61 059
泰安市	9	592	468	334	74 828	72 445	0	65 890	64 868
威海市	3	93	75	69	9 156	6 460	0	8 567	8 223
日照市	2	150	91	30	6 842	6 842	0	9 252	8 488
莱芜市	5	225	138	97	8 621	6 201	0	8 611	7 465
临沂市	5	365	350	142	23 671	23 571	0	23 719	23 311
德州市	2	155	112	72	12 756	10 878	0	13 087	10 985
聊城市	3	126	102	77	21 438	20 855	0	21 432	19 641
滨州市	8	187	154	103	22 827	19 392	0	25 323	22 483
菏泽市	3	147	127	58	12 531	12 531	0	9 527	8 017
2.按隶属关系分布									
全省									
总　计	222	20 768	15 912	12 262	8 583 658	4 914 303	10 984	7 875 255	4 922 064
地方部门属	214	18 126	13 509	10 315	5 962 715	2 650 453	10 820	5 797 741	3 008 494
省级部门属	102	11 780	8 911	7 204	4 698 186	2 113 280	10 820	4 568 099	2 356 091
副省级城市属	31	2 341	1 338	970	727 470	211 116	0	706 316	241 580
地市级部门属	81	4 005	3 260	2 141	537 059	326 057	0	523 326	410 823
中央部门属	8	2 642	2 403	1 947	2 620 943	2 263 850	164	2 077 514	1 913 570
中国科学院	3	1 189	1 119	970	1 330 551	1 254 982	164	1 119 438	1 054 441
中央属									
总　计	8	2 642	2 403	1 947	2 620 943	2 263 850	164	2 077 514	1 913 570
农业部	2	616	576	407	325 097	209 342	0	281 754	261 294
国土资源部	1	271	178	153	228 020	212 357	0	219 485	208 188
国家海洋局	1	494	458	366	692 173	578 931	0	411 150	385 235
中华全国供销合作总社	1	72	72	51	45 102	8 238	0	45 687	4 412

续表

项　目	机构数（个）	从业人员总数（人）	单位在职科技活动人员	大学本科及以上学历	经费收入总额（千元）	政府资金	科技活动贷款（千元）	经费支出总额（千元）	科技经费支出
中国科学院	3	1 189	1 119	970	1 330 551	1 254 982	164	1 119 438	1 054 441
地方属									
总　计	214	18 126	13 509	10 315	5 962 715	2 650 453	10 820	5 797 741	3 008 494
济南市	107	11 568	8 403	6 705	4 684 016	1 854 088	10 820	4 510 430	2 182 075
青岛市	20	1 639	1 262	1 010	491 706	312 960	0	456 840	282 054
淄博市	13	542	430	316	73 052	34 350	0	71 167	53 536
枣庄市	2	69	54	43	3 700	2 200	0	4 200	3 800
东营市	3	97	76	60	11 457	11 457	0	11 444	10 396
烟台市	12	1 042	842	633	230 993	152 747	0	231 678	204 597
潍坊市	9	520	373	260	123 942	41 646	0	183 520	37 496
济宁市	8	609	452	306	151 179	61 830	0	143 054	61 059
泰安市	9	592	468	334	74 828	72 445	0	65 890	64 868
威海市	3	93	75	69	9 156	6 460	0	8 567	8 223
日照市	2	150	91	30	6 842	6 842	0	9 252	8 488
莱芜市	5	225	138	97	8 621	6 201	0	8 611	7 465
临沂市	5	365	350	142	23 671	23 571	0	23 719	23 311
德州市	2	155	112	72	12 756	10 878	0	13 087	10 985
聊城市	3	126	102	77	21 438	20 855	0	21 432	19 641
滨州市	8	187	154	103	22 827	19 392	0	25 323	22 483
菏泽市	3	147	127	58	12 531	12 531	0	9 527	8 017
3.按服务的国民经济行业分布									
全省									
总　计	222	20 768	15 912	12 262	8 583 658	4 914 303	10 984	7 875 255	4 922 064
农、林、牧、渔业	60	5 007	4 036	2 792	1 237 949	977 032	1 500	1 130 721	931 616
农业	25	2 720	2 224	1 511	562 960	393 324	1 500	512 433	469 676
林业	6	259	216	166	50 864	50 626	0	42 598	24 808
畜牧业	3	181	154	107	65 012	60 599	0	58 693	46 743
渔业	7	895	670	451	284 433	272 454	0	248 254	215 810
农、林、牧、渔服务业	19	952	772	557	274 680	200 029	0	268 743	174 579
采矿业	0	0	0	0	0	0	0	0	0
煤炭开采和洗选业	0	0	0	0	0	0	0	0	0
石油和天然气开采业	0	0	0	0	0	0	0	0	0
黑色金属矿采选业	0	0	0	0	0	0	0	0	0
有色金属矿采选业	0	0	0	0	0	0	0	0	0
非金属矿采选业	0	0	0	0	0	0	0	0	0
开采辅助活动	0	0	0	0	0	0	0	0	0

续表

项　目	机构数（个）	从业人员总数（人）	单位在职科技活动人员	大学本科及以上学历	经费收入总额（千元）	政府资金	科技活动贷款（千元）	经费支出总额（千元）	科技经费支出
其他采矿业	0	0	0	0	0	0	0	0	0
制造业	50	3 634	2 518	1 937	984 407	454 269	170	940 707	467 081
农副食品加工业	3	138	95	68	54 441	3 279	0	45 634	5 634
食品制造业	3	149	132	98	20 779	13 342	0	20 558	11 012
酒、饮料和精制茶制造业	0	0	0	0	0	0	0	0	0
烟草制品业	0	0	0	0	0	0	0	0	0
纺织业	3	131	78	39	21 010	13 461	0	20 493	11 283
纺织服装、服饰业	0	0	0	0	0	0	0	0	0
皮革、毛皮、羽毛及其制品和制鞋业	1	24	18	10	3 435	2 385	0	3 435	1 623
木材加工和木、竹、藤、棕、草制品业	0	0	0	0	0	0	0	0	0
家具制造业	1	21	16	9	3 272	2 655	0	3 235	1 316
造纸和纸制品业	2	98	58	44	16 586	3 556	0	16 640	4 431
印刷和记录媒介复制业	0	0	0	0	0	0	0	0	0
文教、工美、体育和娱乐用品制造业	1	16	11	8	3 285	3 131	170	3 301	670
石油加工、炼焦和核燃料加工业	0	0	0	0	0	0	0	0	0
化学原料和化学制品制造业	7	435	321	262	113 247	70 720	0	104 839	58 975
医药制造业	6	433	370	312	123 733	38 125	0	129 767	80 088
化学纤维制造业	1	54	14	9	2 763	2 763	0	2 763	2 763
橡胶和塑料制品业	1	33	19	12	5 372	3 459	0	5 372	2 135
非金属矿物制品业	2	144	24	21	20 326	2 671	0	20 832	2 780
黑色金属冶炼和压延加工业	0	0	0	0	0	0	0	0	0
有色金属冶炼和压延加工业	0	0	0	0	0	0	0	0	0
金属制品业	0	0	0	0	0	0	0	0	0
通用设备制造业	6	431	297	208	65 858	34 671	0	65 350	43 807
专用设备制造业	7	477	325	238	59 136	50 368	0	59 464	39 423
汽车制造业	0	0	0	0	0	0	0	0	0
铁路、船舶、航空航天和其他运输设备制造业	0	0	0	0	0	0	0	0	0
电气机械和器材制造业	1	67	66	61	19 291	17 736	0	19 430	16 242
计算机、通信和其他电子设备制造业	2	431	210	122	265 115	15 800	0	229 575	20 701
仪器仪表制造业	3	552	464	416	186 758	176 147	0	190 019	164 198
其他制造业	0	0	0	0	0	0	0	0	0
废弃资源综合利用业	0	0	0	0	0	0	0	0	0
金属制品、机械和设备修理业	0	0	0	0	0	0	0	0	0
电力、热力、燃气及水生产和供应业	0	0	0	0	0	0	0	0	0

续表

项　目	机构数（个）	从业人员总数（人）	单位在职科技活动人员	大学本科及以上学历	经费收入总额（千元）	政府资金	科技活动贷款（千元）	经费支出总额（千元）	科技经费支出
电力、热力生产和供应业	0	0	0	0	0	0	0	0	0
燃气生产和供应业	0	0	0	0	0	0	0	0	0
水的生产和供应业	0	0	0	0	0	0	0	0	0
建筑业	6	1 313	560	506	646 358	22 572	0	566 750	164 109
房屋建筑业	4	820	550	501	397 374	20 474	0	329 457	161 866
土木工程建筑业	1	481	0	0	245 910	0	0	234 323	0
建筑安装业	0	0	0	0	0	0	0	0	0
建筑装饰和其他建筑业	1	12	10	5	3 074	2 098	0	2 970	2 243
批发和零售业	1	15	7	6	1 244	790	0	1 244	431
批发业	1	15	7	6	1 244	790	0	1 244	431
零售业	0	0	0	0	0	0	0	0	0
交通运输、仓储和邮政业	1	99	94	81	30 703	29 153	0	28 713	26 150
铁路运输业	0	0	0	0	0	0	0	0	0
道路运输业	1	99	94	81	30 703	29 153	0	28 713	26 150
水上运输业	0	0	0	0	0	0	0	0	0
航空运输业	0	0	0	0	0	0	0	0	0
管道运输业	0	0	0	0	0	0	0	0	0
装卸搬运和运输代理业	0	0	0	0	0	0	0	0	0
仓储业	0	0	0	0	0	0	0	0	0
邮政业	0	0	0	0	0	0	0	0	0
住宿和餐饮业	0	0	0	0	0	0	0	0	0
住宿业	0	0	0	0	0	0	0	0	0
餐饮业	0	0	0	0	0	0	0	0	0
信息传输、软件和信息技术服务业	3	224	168	143	86 309	52 918	0	101 544	68 470
电信、广播电视和卫星传输服务	2	43	41	24	5 731	5 213	0	5 114	3 943
互联网和相关服务	0	0	0	0	0	0	0	0	0
软件和信息技术服务业	1	181	127	119	80 578	47 705	0	96 430	64 527
金融业	0	0	0	0	0	0	0	0	0
货币金融服务	0	0	0	0	0	0	0	0	0
资本市场服务	0	0	0	0	0	0	0	0	0
保险业	0	0	0	0	0	0	0	0	0
其他金融业	0	0	0	0	0	0	0	0	0
房地产业	0	0	0	0	0	0	0	0	0
房地产业	0	0	0	0	0	0	0	0	0
租赁和商务服务业	1	17	17	3	2 684	2 684	0	2 684	2 684
租赁业	0	0	0	0	0	0	0	0	0

续表

项目	机构数(个)	从业人员总数(人)	单位在职科技活动人员	大学本科及以上学历	经费收入总额(千元)	政府资金	科技活动贷款(千元)	经费支出总额(千元)	科技经费支出
商务服务业	1	17	17	3	2 684	2 684	0	2 684	2 684
科学研究和技术服务业	64	6 701	5 548	4 317	3 578 462	2 939 913	1 114	3 158 448	2 630 911
研究和试验发展	29	2 958	2 615	2 105	1 459 483	1 270 803	950	1 104 958	1 001 751
专业技术服务业	24	3 392	2 624	1 970	2 077 184	1 629 845	164	2 016 125	1 593 875
科技推广和应用服务业	11	351	309	242	41 795	39 265	0	37 365	35 285
水利、环境和公共设施管理业	11	882	545	472	421 139	101 519	0	420 634	120 957
水利管理业	2	282	211	182	112 680	24 514	0	109 390	30 982
生态保护和环境治理业	8	512	279	250	288 205	65 213	0	291 536	79 795
公共设施管理业	1	88	55	40	20 254	11 792	0	19 708	10 180
居民服务、修理和其他服务业	0	0	0	0	0	0	0	0	0
居民服务业	0	0	0	0	0	0	0	0	0
机动车、电子产品和日用产品修理业	0	0	0	0	0	0	0	0	0
其他服务业	0	0	0	0	0	0	0	0	0
教育	2	66	61	57	10 856	8 786	0	10 481	6 380
教育	2	66	61	57	10 856	8 786	0	10 481	6 380
卫生和社会工作	19	2 523	2 091	1 718	1 492 965	234 375	8 200	1 437 893	437 392
卫生	19	2 523	2 091	1 718	1 492 965	234 375	8 200	1 437 893	437 392
社会工作	0	0	0	0	0	0	0	0	0
文化、体育和娱乐业	4	287	267	230	90 582	90 292	0	75 436	65 883
新闻和出版业	0	0	0	0	0	0	0	0	0
广播、电视、电影和影视录音制作业	0	0	0	0	0	0	0	0	0
文化艺术业	3	276	260	224	89 674	89 384	0	74 527	64 974
体育	1	11	7	6	908	908	0	909	909
娱乐业	0	0	0	0	0	0	0	0	0
公共管理、社会保障和社会组织	0	0	0	0	0	0	0	0	0
中国共产党机关	0	0	0	0	0	0	0	0	0
国家机构	0	0	0	0	0	0	0	0	0
人民政协、民主党派	0	0	0	0	0	0	0	0	0
社会保障	0	0	0	0	0	0	0	0	0
群众团体、社会团体和其他成员组织	0	0	0	0	0	0	0	0	0
基层群众自治组织	0	0	0	0	0	0	0	0	0
国际组织	0	0	0	0	0	0	0	0	0
国际组织	0	0	0	0	0	0	0	0	0
中央属									
总　计	8	2 642	2 403	1 947	2 620 943	2 263 850	164	2 077 514	1 913 570

续表

项　目	机构数（个）	从业人员总数（人）	单位在职科技活动人员	大学本科及以上学历	经费收入总额（千元）	政府资金	科技活动贷款（千元）	经费支出总额（千元）	科技经费支出
农、林、牧、渔业	3	688	648	458	370 199	217 580	0	327 441	265 706
农业	1	239	239	170	133 189	23 478	0	127 897	123 173
林业	0	0	0	0	0	0	0	0	0
畜牧业	0	0	0	0	0	0	0	0	0
渔业	1	377	337	237	191 908	185 864	0	153 857	138 121
农、林、牧、渔服务业	1	72	72	51	45 102	8 238	0	45 687	4 412
采矿业	0	0	0	0	0	0	0	0	0
煤炭开采和洗选业	0	0	0	0	0	0	0	0	0
石油和天然气开采业	0	0	0	0	0	0	0	0	0
黑色金属矿采选业	0	0	0	0	0	0	0	0	0
有色金属矿采选业	0	0	0	0	0	0	0	0	0
非金属矿采选业	0	0	0	0	0	0	0	0	0
开采辅助活动	0	0	0	0	0	0	0	0	0
其他采矿业	0	0	0	0	0	0	0	0	0
制造业	0	0	0	0	0	0	0	0	0
农副食品加工业	0	0	0	0	0	0	0	0	0
食品制造业	0	0	0	0	0	0	0	0	0
酒、饮料和精制茶制造业	0	0	0	0	0	0	0	0	0
烟草制品业	0	0	0	0	0	0	0	0	0
纺织业	0	0	0	0	0	0	0	0	0
纺织服装、服饰业	0	0	0	0	0	0	0	0	0
皮革、毛皮、羽毛及其制品和制鞋业	0	0	0	0	0	0	0	0	0
木材加工和木、竹、藤、棕、草制品业	0	0	0	0	0	0	0	0	0
家具制造业	0	0	0	0	0	0	0	0	0
造纸和纸制品业	0	0	0	0	0	0	0	0	0
印刷和记录媒介复制业	0	0	0	0	0	0	0	0	0
文教、工美、体育和娱乐用品制造业	0	0	0	0	0	0	0	0	0
石油加工、炼焦和核燃料加工业	0	0	0	0	0	0	0	0	0
化学原料和化学制品制造业	0	0	0	0	0	0	0	0	0
医药制造业	0	0	0	0	0	0	0	0	0
化学纤维制造业	0	0	0	0	0	0	0	0	0
橡胶和塑料制品业	0	0	0	0	0	0	0	0	0
非金属矿物制品业	0	0	0	0	0	0	0	0	0
黑色金属冶炼和压延加工业	0	0	0	0	0	0	0	0	0
有色金属冶炼和压延加工业	0	0	0	0	0	0	0	0	0

续表

项　目	机构数（个）	从业人员总数（人）			经费收入总额（千元）		科技活动贷款（千元）	经费支出总额（千元）	
			单位在职科技活动人员			政府资金			科技经费支出
				大学本科及以上学历					
金属制品业	0	0	0	0	0	0	0	0	0
通用设备制造业	0	0	0	0	0	0	0	0	0
专用设备制造业	0	0	0	0	0	0	0	0	0
汽车制造业	0	0	0	0	0	0	0	0	0
铁路、船舶、航空航天和其他运输设备制造业	0	0	0	0	0	0	0	0	0
电气机械和器材制造业	0	0	0	0	0	0	0	0	0
计算机、通信和其他电子设备制造业	0	0	0	0	0	0	0	0	0
仪器仪表制造业	0	0	0	0	0	0	0	0	0
其他制造业	0	0	0	0	0	0	0	0	0
废弃资源综合利用业	0	0	0	0	0	0	0	0	0
金属制品、机械和设备修理业	0	0	0	0	0	0	0	0	0
电力、热力、燃气及水生产和供应业	0	0	0	0	0	0	0	0	0
电力、热力生产和供应业	0	0	0	0	0	0	0	0	0
燃气生产和供应业	0	0	0	0	0	0	0	0	0
水的生产和供应业	0	0	0	0	0	0	0	0	0
建筑业	0	0	0	0	0	0	0	0	0
房屋建筑业	0	0	0	0	0	0	0	0	0
土木工程建筑业	0	0	0	0	0	0	0	0	0
建筑安装业	0	0	0	0	0	0	0	0	0
建筑装饰和其他建筑业	0	0	0	0	0	0	0	0	0
批发和零售业	0	0	0	0	0	0	0	0	0
批发业	0	0	0	0	0	0	0	0	0
零售业	0	0	0	0	0	0	0	0	0
交通运输、仓储和邮政业	0	0	0	0	0	0	0	0	0
铁路运输业	0	0	0	0	0	0	0	0	0
道路运输业	0	0	0	0	0	0	0	0	0
水上运输业	0	0	0	0	0	0	0	0	0
航空运输业	0	0	0	0	0	0	0	0	0
管道运输业	0	0	0	0	0	0	0	0	0
装卸搬运和运输代理业	0	0	0	0	0	0	0	0	0
仓储业	0	0	0	0	0	0	0	0	0
邮政业	0	0	0	0	0	0	0	0	0
住宿和餐饮业	0	0	0	0	0	0	0	0	0
住宿业	0	0	0	0	0	0	0	0	0
餐饮业	0	0	0	0	0	0	0	0	0

续表

项　目	机构数（个）	从业人员总数（人）	单位在职科技活动人员	大学本科及以上学历	经费收入总额（千元）	政府资金	科技活动贷款（千元）	经费支出总额（千元）	科技经费支出
信息传输、软件和信息技术服务业	0	0	0	0	0	0	0	0	0
电信、广播电视和卫星传输服务	0	0	0	0	0	0	0	0	0
互联网和相关服务	0	0	0	0	0	0	0	0	0
软件和信息技术服务业	0	0	0	0	0	0	0	0	0
金融业	0	0	0	0	0	0	0	0	0
货币金融服务	0	0	0	0	0	0	0	0	0
资本市场服务	0	0	0	0	0	0	0	0	0
保险业	0	0	0	0	0	0	0	0	0
其他金融业	0	0	0	0	0	0	0	0	0
房地产业	0	0	0	0	0	0	0	0	0
房地产业	0	0	0	0	0	0	0	0	0
租赁和商务服务业	0	0	0	0	0	0	0	0	0
租赁业	0	0	0	0	0	0	0	0	0
商务服务业	0	0	0	0	0	0	0	0	0
科学研究和技术服务业	5	1 954	1 755	1 489	2 250 744	2 046 270	164	1 750 073	1 647 864
研究和试验发展	4	1 300	1 156	1 033	1 136 121	992 383	0	784 404	747 192
专业技术服务业	1	654	599	456	1 114 623	1 053 887	164	965 669	900 672
科技推广和应用服务业	0	0	0	0	0	0	0	0	0
水利、环境和公共设施管理业	0	0	0	0	0	0	0	0	0
水利管理业	0	0	0	0	0	0	0	0	0
生态保护和环境治理业	0	0	0	0	0	0	0	0	0
公共设施管理业	0	0	0	0	0	0	0	0	0
居民服务、修理和其他服务业	0	0	0	0	0	0	0	0	0
居民服务业	0	0	0	0	0	0	0	0	0
机动车、电子产品和日用产品修理业	0	0	0	0	0	0	0	0	0
其他服务业	0	0	0	0	0	0	0	0	0
教育	0	0	0	0	0	0	0	0	0
教育	0	0	0	0	0	0	0	0	0
卫生和社会工作	0	0	0	0	0	0	0	0	0
卫生	0	0	0	0	0	0	0	0	0
社会工作	0	0	0	0	0	0	0	0	0
文化、体育和娱乐业	0	0	0	0	0	0	0	0	0
新闻和出版业	0	0	0	0	0	0	0	0	0
广播、电视、电影和影视录音制作业	0	0	0	0	0	0	0	0	0
文化艺术业	0	0	0	0	0	0	0	0	0

续表

项　目	机构数（个）	从业人员总数（人）	单位在职科技活动人员	大学本科及以上学历	经费收入总额（千元）	政府资金	科技活动贷款（千元）	经费支出总额（千元）	科技经费支出
体育	0	0	0	0	0	0	0	0	0
娱乐业	0	0	0	0	0	0	0	0	0
公共管理、社会保障和社会组织	0	0	0	0	0	0	0	0	0
中国共产党机关	0	0	0	0	0	0	0	0	0
国家机构	0	0	0	0	0	0	0	0	0
人民政协、民主党派	0	0	0	0	0	0	0	0	0
社会保障	0	0	0	0	0	0	0	0	0
群众团体、社会团体和其他成员组织	0	0	0	0	0	0	0	0	0
基层群众自治组织	0	0	0	0	0	0	0	0	0
国际组织	0	0	0	0	0	0	0	0	0
国际组织	0	0	0	0	0	0	0	0	0
地方属									
总　计	214	18 126	13 509	10 315	5 962 715	2 650 453	10 820	5 797 741	3 008 494
农、林、牧、渔业	57	4 319	3 388	2 334	867 750	759 452	1 500	803 280	665 910
农业	24	2 481	1 985	1 341	429 771	369 846	1 500	384 536	346 503
林业	6	259	216	166	50 864	50 626	0	42 598	24 808
畜牧业	3	181	154	107	65 012	60 599	0	58 693	46 743
渔业	6	518	333	214	92 525	86 590	0	94 397	77 689
农、林、牧、渔服务业	18	880	700	506	229 578	191 791	0	223 056	170 167
采矿业	0	0	0	0	0	0	0	0	0
煤炭开采和洗选业	0	0	0	0	0	0	0	0	0
石油和天然气开采业	0	0	0	0	0	0	0	0	0
黑色金属矿采选业	0	0	0	0	0	0	0	0	0
有色金属矿采选业	0	0	0	0	0	0	0	0	0
非金属矿采选业	0	0	0	0	0	0	0	0	0
开采辅助活动	0	0	0	0	0	0	0	0	0
其他采矿业	0	0	0	0	0	0	0	0	0
制造业	50	3 634	2 518	1 937	984 407	454 269	170	940 707	467 081
农副食品加工业	3	138	95	68	54 441	3 279	0	45 634	5 634
食品制造业	3	149	132	98	20 779	13 342	0	20 558	11 012
酒、饮料和精制茶制造业	0	0	0	0	0	0	0	0	0
烟草制品业	0	0	0	0	0	0	0	0	0
纺织业	3	131	78	39	21 010	13 461	0	20 493	11 283
纺织服装、服饰业	0	0	0	0	0	0	0	0	0
皮革、毛皮、羽毛及其制品和制鞋业	1	24	18	10	3 435	2 385	0	3 435	1 623

续表

项　目	机构数（个）	从业人员总数（人）	单位在职科技活动人员	大学本科及以上学历	经费收入总额（千元）	政府资金	科技活动贷款（千元）	经费支出总额（千元）	科技经费支出
木材加工和木、竹、藤、棕、草制品业	0	0	0	0	0	0	0	0	0
家具制造业	1	21	16	9	3 272	2 655	0	3 235	1 316
造纸和纸制品业	2	98	58	44	16 586	3 556	0	16 640	4 431
印刷和记录媒介复制业	0	0	0	0	0	0	0	0	0
文教、工美、体育和娱乐用品制造业	1	16	11	8	3 285	3 131	170	3 301	670
石油加工、炼焦和核燃料加工业	0	0	0	0	0	0	0	0	0
化学原料和化学制品制造业	7	435	321	262	113 247	70 720	0	104 839	58 975
医药制造业	6	433	370	312	123 733	38 125	0	129 767	80 088
化学纤维制造业	1	54	14	9	2 763	2 763	0	2 763	2 763
橡胶和塑料制品业	1	33	19	12	5 372	3 459	0	5 372	2 135
非金属矿物制品业	2	144	24	21	20 326	2 671	0	20 832	2 780
黑色金属冶炼和压延加工业	0	0	0	0	0	0	0	0	0
有色金属冶炼和压延加工业	0	0	0	0	0	0	0	0	0
金属制品业	0	0	0	0	0	0	0	0	0
通用设备制造业	6	431	297	208	65 858	34 671	0	65 350	43 807
专用设备制造业	7	477	325	238	59 136	50 368	0	59 464	39 423
汽车制造业	0	0	0	0	0	0	0	0	0
铁路、船舶、航空航天和其他运输设备制造业	0	0	0	0	0	0	0	0	0
电气机械和器材制造业	1	67	66	61	19 291	17 736	0	19 430	16 242
计算机、通信和其他电子设备制造业	2	431	210	122	265 115	15 800	0	229 575	20 701
仪器仪表制造业	3	552	464	416	186 758	176 147	0	190 019	164 198
其他制造业	0	0	0	0	0	0	0	0	0
废弃资源综合利用业	0	0	0	0	0	0	0	0	0
金属制品、机械和设备修理业	0	0	0	0	0	0	0	0	0
电力、热力、燃气及水生产和供应业	0	0	0	0	0	0	0	0	0
电力、热力生产和供应业	0	0	0	0	0	0	0	0	0
燃气生产和供应业	0	0	0	0	0	0	0	0	0
水的生产和供应业	0	0	0	0	0	0	0	0	0
建筑业	6	1 313	560	506	646 358	22 572	0	566 750	164 109
房屋建筑业	4	820	550	501	397 374	20 474	0	329 457	161 866
土木工程建筑业	1	481	0	0	245 910	0	0	234 323	0
建筑安装业	0	0	0	0	0	0	0	0	0
建筑装饰和其他建筑业	1	12	10	5	3 074	2 098	0	2 970	2 243
批发和零售业	1	15	7	6	1 244	790	0	1 244	431

续表

项　目	机构数（个）	从业人员总数（人）	单位在职科技活动人员	大学本科及以上学历	经费收入总额（千元）	政府资金	科技活动贷款（千元）	经费支出总额（千元）	科技经费支出
批发业	1	15	7	6	1 244	790	0	1 244	431
零售业	0	0	0	0	0	0	0	0	0
交通运输、仓储和邮政业	1	99	94	81	30 703	29 153	0	28 713	26 150
铁路运输业	0	0	0	0	0	0	0	0	0
道路运输业	1	99	94	81	30 703	29 153	0	28 713	26 150
水上运输业	0	0	0	0	0	0	0	0	0
航空运输业	0	0	0	0	0	0	0	0	0
管道运输业	0	0	0	0	0	0	0	0	0
装卸搬运和运输代理业	0	0	0	0	0	0	0	0	0
仓储业	0	0	0	0	0	0	0	0	0
邮政业	0	0	0	0	0	0	0	0	0
住宿和餐饮业	0	0	0	0	0	0	0	0	0
住宿业	0	0	0	0	0	0	0	0	0
餐饮业	0	0	0	0	0	0	0	0	0
信息传输、软件和信息技术服务业	3	224	168	143	86 309	52 918	0	101 544	68 470
电信、广播电视和卫星传输服务	2	43	41	24	5 731	5 213	0	5 114	3 943
互联网和相关服务	0	0	0	0	0	0	0	0	0
软件和信息技术服务业	1	181	127	119	80 578	47 705	0	96 430	64 527
金融业	0	0	0	0	0	0	0	0	0
货币金融服务	0	0	0	0	0	0	0	0	0
资本市场服务	0	0	0	0	0	0	0	0	0
保险业	0	0	0	0	0	0	0	0	0
其他金融业	0	0	0	0	0	0	0	0	0
房地产业	0	0	0	0	0	0	0	0	0
房地产业	0	0	0	0	0	0	0	0	0
租赁和商务服务业	1	17	17	3	2 684	2 684	0	2 684	2 684
租赁业	0	0	0	0	0	0	0	0	0
商务服务业	1	17	17	3	2 684	2 684	0	2 684	2 684
科学研究和技术服务业	59	4 747	3 793	2 828	1 327 718	893 643	950	1 408 375	983 047
研究和试验发展	25	1 658	1 459	1 072	323 362	278 420	950	320 554	254 559
专业技术服务业	23	2 738	2 025	1 514	962 561	575 958	0	1 050 456	693 203
科技推广和应用服务业	11	351	309	242	41 795	39 265	0	37 365	35 285
水利、环境和公共设施管理业	11	882	545	472	421 139	101 519	0	420 634	120 957
水利管理业	2	282	211	182	112 680	24 514	0	109 390	30 982
生态保护和环境治理业	8	512	279	250	288 205	65 213	0	291 536	79 795
公共设施管理业	1	88	55	40	20 254	11 792	0	19 708	10 180

续表

项　目	机构数（个）	从业人员总数（人）	单位在职科技活动人员	大学本科及以上学历	经费收入总额（千元）	政府资金	科技活动贷款（千元）	经费支出总额（千元）	科技经费支出
居民服务、修理和其他服务业	0	0	0	0	0	0	0	0	0
居民服务业	0	0	0	0	0	0	0	0	0
机动车、电子产品和日用产品修理业	0	0	0	0	0	0	0	0	0
其他服务业	0	0	0	0	0	0	0	0	0
教育	2	66	61	57	10 856	8 786	0	10 481	6 380
教育	2	66	61	57	10 856	8 786	0	10 481	6 380
卫生和社会工作	19	2 523	2 091	1 718	1 492 965	234 375	8 200	1 437 893	437 392
卫生	19	2 523	2 091	1 718	1 492 965	234 375	8 200	1 437 893	437 392
社会工作	0	0	0	0	0	0	0	0	0
文化、体育和娱乐业	4	287	267	230	90 582	90 292	0	75 436	65 883
新闻和出版业	0	0	0	0	0	0	0	0	0
广播、电视、电影和影视录音制作业	0	0	0	0	0	0	0	0	0
文化艺术业	3	276	260	224	89 674	89 384	0	74 527	64 974
体育	1	11	7	6	908	908	0	909	909
娱乐业	0	0	0	0	0	0	0	0	0
公共管理、社会保障和社会组织	0	0	0	0	0	0	0	0	0
中国共产党机关	0	0	0	0	0	0	0	0	0
国家机构	0	0	0	0	0	0	0	0	0
人民政协、民主党派	0	0	0	0	0	0	0	0	0
社会保障	0	0	0	0	0	0	0	0	0
群众团体、社会团体和其他成员组织	0	0	0	0	0	0	0	0	0
基层群众自治组织	0	0	0	0	0	0	0	0	0
国际组织	0	0	0	0	0	0	0	0	0
国际组织	0	0	0	0	0	0	0	0	0
4.按机构所属学科领域分布									
总　计	222	20 768	15 912	12 262	8 583 658	4 914 303	10 984	7 875 255	4 922 064
自然科学领域	16	2 255	2 006	1 604	2 363 585	2 089 776	164	1 943 666	1 746 216
农业科学领域	64	5 402	4 278	2 912	1 278 172	977 865	1 500	1 191 174	945 531
医学科学领域	27	3 115	2 561	2 117	1 614 700	308 676	8 200	1 564 816	545 470
工程科学与技术领域	80	8 433	5 663	4 542	3 013 509	1 242 987	0	2 893 474	1 445 641
社会、人文科学领域	35	1 563	1 404	1 087	313 692	294 999	1 120	282 125	239 206
5.按机构中从事科技活动人员规模分布									
全省									
总　计	222	20 768	15 912	12 262	8 583 658	4 914 303	10 984	7 875 255	4 922 064
500～999人	2	1 607	1 459	1 199	2 006 752	1 069 964	164	1 842 814	957 125

续表

项目	机构数（个）	从业人员总数（人）	单位在职科技活动人员	大学本科及以上学历	经费收入总额（千元）	政府资金	科技活动贷款（千元）	经费支出总额（千元）	科技经费支出
300～499人	5	2 230	1 886	1 611	1 495 849	1 029 421	0	1 052 062	828 994
200～299人	8	2 005	1 879	1 468	741 903	347 797	8 200	746 200	626 436
100～199人	29	5 205	4 093	3 084	1 822 872	1 232 234	0	1 896 186	1 261 042
50～99人	54	5 119	3 885	2 986	1 369 846	758 396	2 450	1 236 832	811 769
30～49人	32	1 541	1 218	963	453 058	270 782	0	420 361	239 557
20～29人	34	1 032	802	495	157 417	101 722	0	160 922	102 135
10～19人	40	1 212	585	380	228 020	95 902	170	223 157	84 866
0～9人	18	817	105	76	307 941	8 085	0	296 721	10 140
中央属									
总　计	8	2 642	2 403	1 947	2 620 943	2 263 850	164	2 077 514	1 913 570
500～999人	1	654	599	456	1 114 623	1 053 887	164	965 669	900 672
300～499人	3	1 228	1 137	944	991 439	861 209	0	641 251	599 600
200～299人	1	239	239	170	133 189	23 478	0	127 897	123 173
100～199人	2	449	356	326	336 590	317 038	0	297 010	285 713
50～99人	1	72	72	51	45 102	8 238	0	45 687	4 412
地方属									
总　计	214	18 126	13 509	10 315	5 962 715	2 650 453	10 820	5 797 741	3 008 494
500～999人	1	953	860	743	892 129	16 077	0	877 145	56 453
300～499人	2	1 002	749	667	504 410	168 212	0	410 811	229 394
200～299人	7	1 766	1 640	1 298	608 714	324 319	8 200	618 303	503 263
100～199人	27	4 756	3 737	2 758	1 486 282	915 196	0	1 599 176	975 329
50～99人	53	5 047	3 813	2 935	1 324 744	750 158	2 450	1 191 145	807 357
30～49人	32	1 541	1 218	963	453 058	270 782	0	420 361	239 557
20～29人	34	1 032	802	495	157 417	101 722	0	160 922	102 135
10～19人	40	1 212	585	380	228 020	95 902	170	223 157	84 866
0～9人	18	817	105	76	307 941	8 085	0	296 721	10 140

表3　2012年经费收入

单位：千元

项目	科技活动收入	政府资金	财政拨款	承担政府科研项目收入	其他	非政府资金	技术性收入	国外资金	生产经营活动收入	其他收入
1.按地域分布										
全省										
总　计	5 768 584	4 616 193	2 796 181	909 180	158 532	1 152 391	1 002 218	8 904	1 245 295	1 569 779
济南市	2 465 488	1 680 349	1 044 501	397 344	69 568	785 139	712 426	21	982 630	1 281 000
青岛市	2 666 212	2 372 171	1 321 502	447 454	57 827	294 041	220 810	8 883	43 989	248 776
淄博市	32 452	31 031	30 037	100	200	1 421	1 421	0	37 281	3 319
枣庄市	3 700	2 200	2 200	0	0	1 500	1 500	0	0	0
东营市	11 457	11 457	9 237	200	0	0	0	0	0	0
烟台市	301 054	245 265	153 315	34 684	28 197	55 789	54 260	0	16 965	21 544
潍坊市	41 646	41 646	35 597	4 210	380	0	0	0	80 764	1 532
济宁市	64 727	56 997	50 325	3 712	2 200	7 730	5 730	0	79 181	7 271
泰安市	73 165	72 297	64 092	8 195	0	868	868	0	1 475	188
威海市	8 663	6 460	4 702	1 758	0	2 203	2 203	0	136	357
日照市	6 842	6 842	2 292	4 550	0	0	0	0	0	0
莱芜市	6 881	6 201	6 001	200	0	680	80	0	790	950
临沂市	23 671	23 571	20 784	2 637	0	100	0	0	0	0
德州市	10 826	10 826	8 826	0	0	0	0	0	1 500	430
聊城市	19 888	19 828	17 706	2 122	0	60	60	0	523	1 027
滨州市	19 661	16 801	13 749	1 314	160	2 860	2 860	0	61	3 105
菏泽市	12 251	12 251	11 315	700	0	0	0	0	0	280
2.按隶属关系分布										
全省										
总　计	5 768 584	4 616 193	2 796 181	909 180	158 532	1 152 391	1 002 218	8 904	1 245 295	1 569 779
地方部门属	3 263 322	2 402 122	1 551 222	565 173	86 925	861 200	784 300	21	1 210 268	1 489 125
省级部门属	2 668 229	1 878 790	1 148 778	512 812	68 111	789 439	718 639	21	640 116	1 389 841
副省级城市属	211 532	205 383	129 890	23 874	15 336	6 149	2 781	0	432 470	83 468
地市级部门属	383 561	317 949	272 554	28 487	3 478	65 612	62 880	0	137 682	15 816
中央部门属	2 505 262	2 214 071	1 244 959	344 007	71 607	291 191	217 918	8 883	35 027	80 654
中国科学院	1 285 758	1 211 905	407 473	234 208	71 547	73 853	46 768	8 883	200	44 593
中央属										
总　计	2 505 262	2 214 071	1 244 959	344 007	71 607	291 191	217 918	8 883	35 027	80 654
农业部	307 594	209 342	128 754	75 020	0	98 252	98 252	0	1 300	16 203

续表

项目	科技活动收入	政府资金	财政拨款	承担政府科研项目收入	其他	非政府资金	技术性收入	国外资金	生产经营活动收入	其他收入
国土资源部	217 568	205 655	205 655	0	0	11 913	11 913	0	0	10 452
国家海洋局	682 767	578 931	497 471	32 207	0	103 836	57 648	0	0	9 406
中华全国供销合作总社	11 575	8 238	5 606	2 572	60	3 337	3 337	0	33 527	0
中国科学院	1 285 758	1 211 905	407 473	234 208	71 547	73 853	46 768	8 883	200	44 593
地方属										
总　计	3 263 322	2 402 122	1 551 222	565 173	86 925	861 200	784 300	21	1 210 268	1 489 125
济南市	2 453 913	1 672 111	1 038 895	394 772	69 508	781 802	709 089	21	949 103	1 281 000
青岛市	279 579	271 019	131 972	123 431	11 836	8 560	7 105	0	42 489	169 638
淄博市	32 452	31 031	30 037	100	200	1 421	1 421	0	37 281	3 319
枣庄市	3 700	2 200	2 200	0	0	1 500	1 500	0	0	0
东营市	11 457	11 457	9 237	200	0	0	0	0	0	0
烟台市	194 000	140 584	103 492	17 272	2 641	53 416	53 384	0	16 965	20 028
潍坊市	41 646	41 646	35 597	4 210	380	0	0	0	80 764	1 532
济宁市	64 727	56 997	50 325	3 712	2 200	7 730	5 730	0	79 181	7 271
泰安市	73 165	72 297	64 092	8 195	0	868	868	0	1 475	188
威海市	8 663	6 460	4 702	1 758	0	2 203	2 203	0	136	357
日照市	6 842	6 842	2 292	4 550	0	0	0	0	0	0
莱芜市	6 881	6 201	6 001	200	0	680	80	0	790	950
临沂市	23 671	23 571	20 784	2 637	0	100	0	0	0	0
德州市	10 826	10 826	8 826	0	0	0	0	0	1 500	430
聊城市	19 888	19 828	17 706	2 122	0	60	60	0	523	1 027
滨州市	19 661	16 801	13 749	1 314	160	2 860	2 860	0	61	3 105
菏泽市	12 251	12 251	11 315	700	0	0	0	0	0	280
3.按服务的国民经济行业分布										
全省										
总　计	5 768 584	4 616 193	2 796 181	909 180	158 532	1 152 391	1 002 218	8 904	1 245 295	1 569 779
农、林、牧、渔业	1 047 799	917 040	586 683	287 227	17 443	130 759	121 801	21	87 076	103 074
农业	489 322	372 720	275 554	76 936	14 906	116 602	107 798	0	18 708	54 930
林业	50 277	50 205	36 330	13 540	0	72	40	0	0	587
畜牧业	53 367	49 044	21 774	13 970	2 103	4 323	4 323	0	0	11 645
渔业	265 593	263 713	149 990	108 155	0	1 880	1 780	0	2 053	16 787
农、林、牧、渔服务业	189 240	181 358	103 035	74 626	434	7 882	7 860	21	66 315	19 125
采矿业	0	0	0	0	0	0	0	0	0	0
煤炭开采和洗选业	0	0	0	0	0	0	0	0	0	0

续表

项目	科技活动收入	政府资金	财政拨款	承担政府科研项目收入	其他	非政府资金	技术性收入	国外资金	生产经营活动收入	其他收入
石油和天然气开采业	0	0	0	0	0	0	0	0	0	0
黑色金属矿采选业	0	0	0	0	0	0	0	0	0	0
有色金属矿采选业	0	0	0	0	0	0	0	0	0	0
非金属矿采选业	0	0	0	0	0	0	0	0	0	0
开采辅助活动	0	0	0	0	0	0	0	0	0	0
其他采矿业	0	0	0	0	0	0	0	0	0	0
制造业	455 677	327 120	142 534	127 911	16 392	128 557	125 470	0	367 368	161 362
农副食品加工业	5 071	2 719	1 319	300	1 100	2 352	10	0	41 570	7 800
食品制造业	10 960	6 270	6 025	0	0	4 690	4 690	0	182	9 637
酒、饮料和精制茶制造业	0	0	0	0	0	0	0	0	0	0
烟草制品业	0	0	0	0	0	0	0	0	0	0
纺织业	10 956	6 842	5 942	0	900	4 114	4 114	0	2 195	7 859
纺织服装、服饰业	0	0	0	0	0	0	0	0	0	0
皮革、毛皮、羽毛及其制品和制鞋业	691	661	661	0	0	30	30	0	35	2 709
木材加工和木、竹、藤、棕、草制品业	0	0	0	0	0	0	0	0	0	0
家具制造业	1 050	772	772	0	0	278	278	0	0	2 222
造纸和纸制品业	4 056	1 019	1 019	0	0	3 037	3 037	0	9 993	2 537
印刷和记录媒介复制业	0	0	0	0	0	0	0	0	0	0
文教、工美、体育和娱乐用品制造业	500	500	500	0	0	0	0	0	0	2 785
石油加工、炼焦和核燃料加工业	0	0	0	0	0	0	0	0	0	0
化学原料和化学制品制造业	67 351	40 897	8 950	25 419	6 528	26 454	26 454	0	7 455	38 441
医药制造业	69 087	29 518	23 256	3 289	1 914	39 569	39 569	0	36 762	17 884
化学纤维制造业	2 763	2 763	2 763	0	0	0	0	0	0	0
橡胶和塑料制品业	1 683	1 136	486	650	0	547	547	0	873	2 816
非金属矿物制品业	3 421	1 871	1 871	0	0	1 550	1 550	0	16 105	800
黑色金属冶炼和压延加工业	0	0	0	0	0	0	0	0	0	0
有色金属冶炼和压延加工业	0	0	0	0	0	0	0	0	0	0
金属制品业	0	0	0	0	0	0	0	0	0	0
通用设备制造业	43 745	15 274	14 174	1 100	0	28 471	28 471	0	2 453	19 660
专用设备制造业	42 417	36 204	30 964	890	4 350	6 213	6 213	0	1 030	15 689
汽车制造业	0	0	0	0	0	0	0	0	0	0
铁路、船舶、航空航天和其他运输设备制造业	0	0	0	0	0	0	0	0	0	0
电气机械和器材制造业	15 777	14 548	6 105	8 443	0	1 229	484	0	0	3 514

续表

项目	科技活动收入	政府资金	财政拨款	承担政府科研项目收入	其他	非政府资金	技术性收入	国外资金	生产经营活动收入	其他收入
计算机、通信和其他电子设备制造业	16 400	15 800	0	14 200	1 600	600	600	0	248 715	0
仪器仪表制造业	159 749	150 326	37 727	73 620	0	9 423	9 423	0	0	27 009
其他制造业	0	0	0	0	0	0	0	0	0	0
废弃资源综合利用业	0	0	0	0	0	0	0	0	0	0
金属制品、机械和设备修理业	0	0	0	0	0	0	0	0	0	0
电力、热力、燃气及水生产和供应业	0	0	0	0	0	0	0	0	0	0
电力、热力生产和供应业	0	0	0	0	0	0	0	0	0	0
燃气生产和供应业	0	0	0	0	0	0	0	0	0	0
水的生产和供应业	0	0	0	0	0	0	0	0	0	0
建筑业	217 823	17 398	15 616	1 782	0	200 425	188 127	0	421 079	7 456
房屋建筑业	215 596	15 300	14 318	982	0	200 296	187 998	0	174 338	7 440
土木工程建筑业	0	0	0	0	0	0	0	0	245 910	0
建筑安装业	0	0	0	0	0	0	0	0	0	0
建筑装饰和其他建筑业	2 227	2 098	1 298	800	0	129	129	0	831	16
批发和零售业	200	200	200	0	0	0	0	0	354	690
批发业	200	200	200	0	0	0	0	0	354	690
零售业	0	0	0	0	0	0	0	0	0	0
交通运输、仓储和邮政业	28 387	26 837	12 118	0	0	1 550	1 550	0	0	2 316
铁路运输业	0	0	0	0	0	0	0	0	0	0
道路运输业	28 387	26 837	12 118	0	0	1 550	1 550	0	0	2 316
水上运输业	0	0	0	0	0	0	0	0	0	0
航空运输业	0	0	0	0	0	0	0	0	0	0
管道运输业	0	0	0	0	0	0	0	0	0	0
装卸搬运和运输代理业	0	0	0	0	0	0	0	0	0	0
仓储业	0	0	0	0	0	0	0	0	0	0
邮政业	0	0	0	0	0	0	0	0	0	0
住宿和餐饮业	0	0	0	0	0	0	0	0	0	0
住宿业	0	0	0	0	0	0	0	0	0	0
餐饮业	0	0	0	0	0	0	0	0	0	0
信息传输、软件和信息技术服务业	75 514	52 918	1 177	47 705	4 036	22 596	22 596	0	518	10 277
电信、广播电视和卫星传输服务	5 213	5 213	1 177	0	4 036	0	0	0	518	0
互联网和相关服务	0	0	0	0	0	0	0	0	0	0
软件和信息技术服务业	70 301	47 705	0	47 705	0	22 596	22 596	0	0	10 277

续表

项目	科技活动收入	政府资金				非政府资金			生产经营活动收入	其他收入
		政府资金	财政拨款	承担政府科研项目收入	其他	非政府资金	技术性收入	国外资金		
金融业	0	0	0	0	0	0	0	0	0	0
货币金融服务	0	0	0	0	0	0	0	0	0	0
资本市场服务	0	0	0	0	0	0	0	0	0	0
保险业	0	0	0	0	0	0	0	0	0	0
其他金融业	0	0	0	0	0	0	0	0	0	0
房地产业	0	0	0	0	0	0	0	0	0	0
房地产业	0	0	0	0	0	0	0	0	0	0
租赁和商务服务业	2 684	2 684	2 684	0	0	0	0	0	0	0
租赁业	0	0	0	0	0	0	0	0	0	0
商务服务业	2 684	2 684	2 684	0	0	0	0	0	0	0
科学研究和技术服务业	3 283 774	2 866 844	1 765 870	382 789	118 317	416 930	335 839	8 883	171 393	123 295
研究和试验发展	1 413 718	1 258 577	1 067 259	85 302	33 194	155 141	97 143	4 421	2 856	42 909
专业技术服务业	1 829 663	1 569 054	675 341	293 692	72 975	260 609	238 116	4 462	168 237	79 284
科技推广和应用服务业	40 393	39 213	23 270	3 795	12 148	1 180	580	0	300	1 102
水利、环境和公共设施管理业	152 379	96 673	51 432	11 712	1 026	55 706	54 161	0	193 445	75 315
水利管理业	78 675	24 514	24 514	0	0	54 161	54 161	0	25 572	8 433
生态保护和环境治理业	61 912	60 367	17 466	11 712	1 026	1 545	0	0	159 411	66 882
公共设施管理业	11 792	11 792	9 452	0	0	0	0	0	8 462	0
居民服务、修理和其他服务业	0	0	0	0	0	0	0	0	0	0
居民服务业	0	0	0	0	0	0	0	0	0	0
机动车、电子产品和日用产品修理业	0	0	0	0	0	0	0	0	0	0
其他服务业	0	0	0	0	0	0	0	0	0	0
教育	8 486	8 486	8 481	0	5	0	0	0	0	2 370
教育	8 486	8 486	8 481	0	5	0	0	0	0	2 370
卫生和社会工作	406 667	210 799	145 692	24 554	1 313	195 868	152 674	0	4 062	1 082 236
卫生	406 667	210 799	145 692	24 554	1 313	195 868	152 674	0	4 062	1 082 236
社会工作	0	0	0	0	0	0	0	0	0	0
文化、体育和娱乐业	89 194	89 194	63 694	25 500	0	0	0	0	0	1 388
新闻和出版业	0	0	0	0	0	0	0	0	0	0
广播、电视、电影和影视录音制作业	0	0	0	0	0	0	0	0	0	0
文化艺术业	88 286	88 286	62 786	25 500	0	0	0	0	0	1 388
体育	908	908	908	0	0	0	0	0	0	0
娱乐业	0	0	0	0	0	0	0	0	0	0
公共管理、社会保障和社会组织	0	0	0	0	0	0	0	0	0	0

续表

项目	科技活动收入	政府资金				非政府资金			生产经营活动收入	其他收入
		政府资金	财政拨款	承担政府科研项目收入	其他	非政府资金	技术性收入	国外资金		
中国共产党机关	0	0	0	0	0	0	0	0	0	0
国家机构	0	0	0	0	0	0	0	0	0	0
人民政协、民主党派	0	0	0	0	0	0	0	0	0	0
社会保障	0	0	0	0	0	0	0	0	0	0
群众团体、社会团体和其他成员组织	0	0	0	0	0	0	0	0	0	0
基层群众自治组织	0	0	0	0	0	0	0	0	0	0
国际组织	0	0	0	0	0	0	0	0	0	0
国际组织	0	0	0	0	0	0	0	0	0	0
4.按机构所属学科领域分布										
全省										
总　计	5 768 584	4 616 193	2 796 181	909 180	158 532	1 152 391	1 002 218	8 904	1 245 295	1 569 779
自然科学领域	2 226 777	2 011 073	1 071 088	341 283	61 358	215 704	144 605	4 462	39 338	97 470
农业科学领域	1 047 592	913 997	606 589	258 791	19 507	133 595	121 937	21	114 738	115 842
医学科学领域	512 129	278 653	205 283	31 397	2 733	233 476	192 187	0	4 062	1 098 509
工程科学与技术领域	1 682 114	1 122 015	668 515	237 235	72 548	560 099	536 870	4 421	1 085 648	245 747
社会、人文科学领域	299 972	290 455	244 706	40 474	2 386	9 517	6 619	0	1 509	12 211

表4　2012年经费支出

单位：千元

项目	科技经费内部支出	科技经费日常支出				科研基建	生产经营支出	其他支出
			人员劳务费	设备购置费	其他日常支出			
1.按地域分布								
全省								
总　计	4 922 064	4 054 361	1 426 403	482 732	2 145 226	867 703	1 239 808	1 702 654
济南市	2 186 487	1 916 016	623 958	258 313	1 033 745	270 471	971 191	1 388 020
青岛市	2 113 687	1 562 106	502 408	163 249	896 449	551 581	41 421	256 034
淄博市	53 536	52 842	33 661	1 101	18 080	694	10 831	6 580
枣庄市	3 800	3 800	3 700	0	100	0	0	400
东营市	10 396	8 344	6 030	1 690	624	2 052	0	1 048
烟台市	282 122	250 053	86 933	29 412	133 708	32 069	1 611	25 470
潍坊市	37 496	36 037	24 169	1 826	10 042	1 459	142 364	3 660
济宁市	61 059	59 770	30 977	11 852	16 941	1 289	69 176	12 819
泰安市	64 868	64 838	43 686	12 416	8 736	30	201	821
威海市	8 223	8 223	4 648	72	3 503	0	136	208
日照市	8 488	8 488	6 738	0	1 750	0	464	300
莱芜市	7 465	7 465	6 723	20	722	0	347	799
临沂市	23 311	23 111	20 307	853	1 951	200	205	203
德州市	10 985	8 441	7 341	20	1 080	2 544	288	1 814
聊城市	19 641	19 641	9 568	393	9 680	0	523	1 268
滨州市	22 483	17 405	11 073	1 118	5 214	5 078	1 050	1 700
菏泽市	8 017	7 781	4 483	397	2 901	236	0	1 510
2.按隶属关系分布								
全省								
总　计	4 922 064	4 054 361	1 426 403	482 732	2 145 226	867 703	1 239 808	1 702 654
地方部门属	3 008 494	2 700 182	1 016 961	316 178	1 367 043	308 312	1 197 033	1 581 485
省级部门属	2 356 091	2 119 897	692 463	284 597	1 142 837	236 194	727 487	1 474 102
副省级城市属	241 580	187 567	98 354	7 429	81 784	54 013	384 714	80 022
地市级部门属	410 823	392 718	226 144	24 152	142 422	18 105	84 832	27 361
中央部门属	1 913 570	1 354 179	409 442	166 554	778 183	559 391	42 775	121 169
中国科学院	1 054 441	555 764	202 670	75 309	277 785	498 677	200	64 797
中央属								
总　计	1 913 570	1 354 179	409 442	166 554	778 183	559 391	42 775	121 169
农业部	261 294	249 833	89 558	20 081	140 194	11 461	1 300	19 160
国土资源部	208 188	208 188	36 706	31 614	139 868	0	0	11 297
国家海洋局	385 235	335 982	76 799	39 312	219 871	49 253	0	25 915

续表

项目	科技经费内部支出	科技经费日常支出				科研基建	生产经营支出	其他支出
			人员劳务费	设备购置费	其他日常支出			
中华全国供销合作总社	4 412	4 412	3 709	238	465	0	41 275	0
中国科学院	1 054 441	555 764	202 670	75 309	277 785	498 677	200	64 797
地方属								
总　计	3 008 494	2 700 182	1 016 961	316 178	1 367 043	308 312	1 197 033	1 581 485
济南市	2 182 075	1 911 604	620 249	258 075	1 033 280	270 471	929 916	1 388 020
青岛市	282 054	277 974	122 897	9 076	146 001	4 080	39 921	134 865
淄博市	53 536	52 842	33 661	1 101	18 080	694	10 831	6 580
枣庄市	3 800	3 800	3 700	0	100	0	0	400
东营市	10 396	8 344	6 030	1 690	624	2 052	0	1 048
烟台市	204 597	184 418	60 711	17 269	106 438	20 179	1 611	25 470
潍坊市	37 496	36 037	24 169	1 826	10 042	1 459	142 364	3 660
济宁市	61 059	59 770	30 977	11 852	16 941	1 289	69 176	12 819
泰安市	64 868	64 838	43 686	12 416	8 736	30	201	821
威海市	8 223	8 223	4 648	72	3 503	0	136	208
日照市	8 488	8 488	6 738	0	1 750	0	464	300
莱芜市	7 465	7 465	6 723	20	722	0	347	799
临沂市	23 311	23 111	20 307	853	1 951	200	205	203
德州市	10 985	8 441	7 341	20	1 080	2 544	288	1 814
聊城市	19 641	19 641	9 568	393	9 680	0	523	1 268
滨州市	22 483	17 405	11 073	1 118	5 214	5 078	1 050	1 700
菏泽市	8 017	7 781	4 483	397	2 901	236	0	1 510
3.按机构所属学科领域分布								
全省								
总　计	4 922 064	4 054 361	1 426 403	482 732	2 145 226	867 703	1 239 808	1 702 654
自然科学领域	1 746 216	1 208 872	308 608	151 794	748 470	537 344	38 487	158 963
农业科学领域	945 531	902 853	382 759	72 446	447 648	42 678	108 837	135 472
医学科学领域	545 470	488 210	203 741	99 608	184 861	57 260	9 322	100 204
工程科学与技术领域	1 445 641	1 218 109	429 652	138 781	649 676	227 532	1 081 584	359 674
社会、人文科学领域	239 206	236 317	101 643	20 103	114 571	2 889	1 578	41 341
4.按服务的国民经济行业分布								
全省								
总　计	4 922 064	4 054 361	1 426 403	482 732	2 145 226	867 703	1 239 808	1 702 654
农、林、牧、渔业	931 616	892 361	363 260	73 097	456 004	39 255	76 467	121 304
农业	469 676	457 386	197 059	37 952	222 375	12 290	777	41 980
林业	24 808	24 423	14 317	484	9 622	385	702	15 844
畜牧业	46 743	35 546	12 710	7 726	15 110	11 197	0	11 950

续表

项目	科技经费内部支出	科技经费日常支出	人员劳务费	设备购置费	其他日常支出	科研基建	生产经营支出	其他支出
渔业	215 810	207 242	69 353	17 497	120 392	8 568	1 952	30 492
农、林、牧、渔服务业	174 579	167 764	69 821	9 438	88 505	6 815	73 036	21 038
采矿业	0	0	0	0	0	0	0	0
煤炭开采和洗选业	0	0	0	0	0	0	0	0
石油和天然气开采业	0	0	0	0	0	0	0	0
黑色金属矿采选业	0	0	0	0	0	0	0	0
有色金属矿采选业	0	0	0	0	0	0	0	0
非金属矿采选业	0	0	0	0	0	0	0	0
开采辅助活动	0	0	0	0	0	0	0	0
其他采矿业	0	0	0	0	0	0	0	0
制造业	467 081	423 198	183 792	59 278	180 128	43 883	317 960	155 666
农副食品加工业	5 634	5 634	4 213	0	1 421	0	32 120	7 880
食品制造业	11 012	10 767	7 723	239	2 805	245	12	9 534
酒、饮料和精制茶制造业	0	0	0	0	0	0	0	0
烟草制品业	0	0	0	0	0	0	0	0
纺织业	11 283	11 283	5 247	787	5 249	0	2 591	6 619
纺织服装、服饰业	0	0	0	0	0	0	0	0
皮革、毛皮、羽毛及其制品和制鞋业	1 623	1 623	810	0	813	0	35	1 777
木材加工和木、竹、藤、棕、草制品业	0	0	0	0	0	0	0	0
家具制造业	1 316	1 316	409	700	207	0	0	1 919
造纸和纸制品业	4 431	4 431	2 411	122	1 898	0	9 672	2 537
印刷和记录媒介复制业	0	0	0	0	0	0	0	0
文教、工美、体育和娱乐用品制造业	670	670	600	0	70	0	0	2 631
石油加工、炼焦和核燃料加工业	0	0	0	0	0	0	0	0
化学原料和化学制品制造业	58 975	58 975	21 091	15 925	21 959	0	6 135	39 729
医药制造业	80 088	79 029	30 756	15 182	33 091	1 059	40 189	9 490
化学纤维制造业	2 763	2 763	554	0	2 209	0	0	0
橡胶和塑料制品业	2 135	2 135	1 301	0	834	0	500	2 737
非金属矿物制品业	2 780	2 780	1 644	210	926	0	15 908	2 144
黑色金属冶炼和压延加工业	0	0	0	0	0	0	0	0
有色金属冶炼和压延加工业	0	0	0	0	0	0	0	0
金属制品业	0	0	0	0	0	0	0	0
通用设备制造业	43 807	43 807	17 090	1 926	24 791	0	1 150	20 393
专用设备制造业	39 423	35 823	22 788	2 080	10 955	3 600	774	19 267
汽车制造业	0	0	0	0	0	0	0	0

续表

项目	科技经费内部支出	科技经费日常支出				科研基建	生产经营支出	其他支出
			人员劳务费	设备购置费	其他日常支出			
铁路、船舶、航空航天和其他运输设备制造业	0	0	0	0	0	0	0	0
电气机械和器材制造业	16 242	16 242	3 745	7 419	5 078	0	0	3 188
计算机、通信和其他电子设备制造业	20 701	20 701	14 531	1 490	4 680	0	208 874	0
仪器仪表制造业	164 198	125 219	48 879	13 198	63 142	38 979	0	25 821
其他制造业	0	0	0	0	0	0	0	0
废弃资源综合利用业	0	0	0	0	0	0	0	0
金属制品、机械和设备修理业	0	0	0	0	0	0	0	0
电力、热力、燃气及水生产和供应业	0	0	0	0	0	0	0	0
电力、热力生产和供应业	0	0	0	0	0	0	0	0
燃气生产和供应业	0	0	0	0	0	0	0	0
水的生产和供应业	0	0	0	0	0	0	0	0
建筑业	164 109	161 409	32 867	4 895	123 647	2 700	336 625	59 661
房屋建筑业	161 866	159 166	31 454	4 095	123 617	2 700	101 575	59 661
土木工程建筑业	0	0	0	0	0	0	234 323	0
建筑安装业	0	0	0	0	0	0	0	0
建筑装饰和其他建筑业	2 243	2 243	1 413	800	30	0	727	0
批发和零售业	431	431	165	23	243	0	354	459
批发业	431	431	165	23	243	0	354	459
零售业	0	0	0	0	0	0	0	0
交通运输、仓储和邮政业	26 150	11 431	5 067	806	5 558	14 719	0	2 563
铁路运输业	0	0	0	0	0	0	0	0
道路运输业	26 150	11 431	5 067	806	5 558	14 719	0	2 563
水上运输业	0	0	0	0	0	0	0	0
航空运输业	0	0	0	0	0	0	0	0
管道运输业	0	0	0	0	0	0	0	0
装卸搬运和运输代理业	0	0	0	0	0	0	0	0
仓储业	0	0	0	0	0	0	0	0
邮政业	0	0	0	0	0	0	0	0
住宿和餐饮业	0	0	0	0	0	0	0	0
住宿业	0	0	0	0	0	0	0	0
餐饮业	0	0	0	0	0	0	0	0
信息传输、软件和信息技术服务业	68 470	68 470	10 570	13 723	44 177	0	0	33 074
电信、广播电视和卫星传输服务	3 943	3 943	2 732	6	1 205	0	0	1 171
互联网和相关服务	0	0	0	0	0	0	0	0
软件和信息技术服务业	64 527	64 527	7 838	13 717	42 972	0	0	31 903

续表

项目	科技经费内部支出	科技经费日常支出				科研基建	生产经营支出	其他支出
			人员劳务费	设备购置费	其他日常支出			
金融业	0	0	0	0	0	0	0	0
货币金融服务	0	0	0	0	0	0	0	0
资本市场服务	0	0	0	0	0	0	0	0
保险业	0	0	0	0	0	0	0	0
其他金融业	0	0	0	0	0	0	0	0
房地产业	0	0	0	0	0	0	0	0
房地产业	0	0	0	0	0	0	0	0
租赁和商务服务业	2 684	2 684	1 335	0	1 349	0	0	0
租赁业	0	0	0	0	0	0	0	0
商务服务业	2 684	2 684	1 335	0	1 349	0	0	0
科学研究和技术服务业	2 630 911	1 953 528	606 591	230 475	1 116 462	677 383	277 144	250 173
研究和试验发展	1 001 751	927 089	290 460	109 913	526 716	74 662	19 514	83 473
专业技术服务业	1 593 875	991 154	294 186	118 889	578 079	602 721	257 350	164 900
科技推广和应用服务业	35 285	35 285	21 945	1 673	11 667	0	280	1 800
水利、环境和公共设施管理业	120 957	88 454	44 087	4 684	39 683	32 503	226 114	73 563
水利管理业	30 982	30 982	25 320	1 630	4 032	0	58 515	19 893
生态保护和环境治理业	79 795	49 632	16 418	2 973	30 241	30 163	158 071	53 670
公共设施管理业	10 180	7 840	2 349	81	5 410	2 340	9 528	0
居民服务、修理和其他服务业	0	0	0	0	0	0	0	0
居民服务业	0	0	0	0	0	0	0	0
机动车、电子产品和日用产品修理业	0	0	0	0	0	0	0	0
其他服务业	0	0	0	0	0	0	0	0
教育	6 380	6 380	4 332	2	2 046	0	0	4 101
教育	6 380	6 380	4 332	2	2 046	0	0	4 101
卫生和社会工作	437 392	380 132	159 808	80 791	139 533	57 260	5 144	992 537
卫生	437 392	380 132	159 808	80 791	139 533	57 260	5 144	992 537
社会工作	0	0	0	0	0	0	0	0
文化、体育和娱乐业	65 883	65 883	14 529	14 958	36 396	0	0	9 553
新闻和出版业	0	0	0	0	0	0	0	0
广播、电视、电影和影视录音制作业	0	0	0	0	0	0	0	0
文化艺术业	64 974	64 974	13 902	14 958	36 114	0	0	9 553
体育	909	909	627	0	282	0	0	0
娱乐业	0	0	0	0	0	0	0	0
公共管理、社会保障和社会组织	0	0	0	0	0	0	0	0
中国共产党机关	0	0	0	0	0	0	0	0

续表

项目	科技经费内部支出	科技经费日常支出	人员劳务费	设备购置费	其他日常支出	科研基建	生产经营支出	其他支出
国家机构	0	0	0	0	0	0	0	0
人民政协、民主党派	0	0	0	0	0	0	0	0
社会保障	0	0	0	0	0	0	0	0
群众团体、社会团体和其他成员组织	0	0	0	0	0	0	0	0
基层群众自治组织	0	0	0	0	0	0	0	0
国际组织	0	0	0	0	0	0	0	0
国际组织	0	0	0	0	0	0	0	0

表5 2012年基本建设与固定资产

单位：千元

项目	基本建设投资实际完成额			科研基建					年末固定资产原价			
		科研仪器设备	科研土建工程		政府资金	企业资金	事业单位资金	其他资金		科研房屋建筑物	科研仪器设备	
												进口
1.按地域分布												
全省												
总　计	878 432	179 050	688 653	867 703	752 300	1 260	107 571	6 572	7 212 160	1 571 592	3 261 390	1 013 060
济南市	280 890	104 589	165 882	270 471	168 936	530	99 265	1 740	3 856 598	638 069	1 677 836	631 323
青岛市	551 581	53 333	498 248	551 581	545 388	0	6 193	0	2 335 299	550 406	1 235 389	289 033
淄博市	914	544	150	694	694	0	0	0	37 417	8 340	10 488	1 640
枣庄市	0	0	0	0	0	0	0	0	17 370	14 300	3 070	0
东营市	2 052	2 022	30	2 052	2 020	0	0	32	77 920	44 800	27 630	15 000
烟台市	32 069	13 525	18 544	32 069	29 069	0	0	3 000	450 399	134 066	223 629	69 485
潍坊市	1 459	459	1 000	1 459	1 459	0	0	0	67 092	59 653	6 545	0
济宁市	1 289	1 289	0	1 289	760	0	529	0	131 508	9 996	33 108	0
泰安市	30	10	20	30	10	0	20	0	56 946	36 694	8 271	231
威海市	0	0	0	0	0	0	0	0	16 068	5 237	2 871	0
日照市	0	0	0	0	0	0	0	0	62 735	13 352	2 875	0
莱芜市	0	0	0	0	0	0	0	0	24 618	15 720	7 068	0
临沂市	200	80	120	200	150	0	50	0	31 184	19 202	7 708	1 523
德州市	2 544	705	1 839	2 544	2 000	0	544	0	5 779	3 604	905	0
聊城市	0	0	0	0	0	0	0	0	14 296	6 504	1 866	0
滨州市	5 168	2 258	2 820	5 078	1 578	730	970	1 800	20 383	9 055	9 860	4 825
菏泽市	236	236	0	236	236	0	0	0	6 548	2 594	2 271	0
2.按隶属关系分布												
全省												
总　计	878 432	179 050	688 653	867 703	752 300	1 260	107 571	6 572	7 212 160	1 571 592	3 261 390	1 013 060
地方部门属	319 041	129 797	178 515	308 312	198 802	1 260	101 678	6 572	5 279 897	1 206 373	2 122 657	747 102
省级部门属	246 613	115 785	120 409	236 194	149 089	100	82 265	4 740	4 141 772	875 416	1 763 435	663 312
副省级城市属	54 013	4 540	49 473	54 013	36 283	430	17 300	0	587 475	93 226	225 909	48 465
地市级部门属	18 415	9 472	8 633	18 105	13 430	730	2 113	1 832	550 650	237 731	133 313	35 325
中央部门属	559 391	49 253	510 138	559 391	553 498	0	5 893	0	1 932 263	365 219	1 138 733	265 958
中国科学院	498 677	0	498 677	498 677	498 677	0	0	0	865 714	130 253	448 041	112 113
中央属												
总　计	559 391	49 253	510 138	559 391	553 498	0	5 893	0	1 932 263	365 219	1 138 733	265 958
农业部	11 461	0	11 461	11 461	5 568	0	5 893	0	357 223	107 044	194 269	40 864
国土资源部	0	0	0	0	0	0	0	0	225 097	36 415	130 757	98 252

续表

项目	基本建设投资实际完成额	科研仪器设备	科研土建工程	科研基建	政府资金	企业资金	事业单位资金	其他资金	年末固定资产原价	科研房屋建筑物	科研仪器设备	进口
国家海洋局	49 253	49 253	0	49 253	49 253	0	0	0	444 879	83 140	361 739	14 729
中华全国供销合作总社	0	0	0	0	0	0	0	0	39 350	8 367	3 927	0
中国科学院	498 677	0	498 677	498 677	498 677	0	0	0	865 714	130 253	448 041	112 113
地方属												
总　计	319 041	129 797	178 515	308 312	198 802	1 260	101 678	6 572	5 279 897	1 206 373	2 122 657	747 102
济南市	280 890	104 589	165 882	270 471	168 936	530	99 265	1 740	3 817 248	629 702	1 673 909	631 323
青岛市	4 080	4 080	0	4 080	3 780	0	300	0	527 558	193 554	185 755	75 079
淄博市	914	544	150	694	694	0	0	0	37 417	8 340	10 488	1 640
枣庄市	0	0	0	0	0	0	0	0	17 370	14 300	3 070	0
东营市	2 052	2 022	30	2 052	2 020	0	0	32	77 920	44 800	27 630	15 000
烟台市	20 179	13 525	6 654	20 179	17 179	0	0	3 000	365 227	134 066	138 457	17 481
潍坊市	1 459	459	1 000	1 459	1 459	0	0	0	67 092	59 653	6 545	0
济宁市	1 289	1 289	0	1 289	760	0	529	0	131 508	9 996	33 108	0
泰安市	30	10	20	30	10	0	20	0	56 946	36 694	8 271	231
威海市	0	0	0	0	0	0	0	0	16 068	5 237	2 871	0
日照市	0	0	0	0	0	0	0	0	62 735	13 352	2 875	0
莱芜市	0	0	0	0	0	0	0	0	24 618	15 720	7 068	0
临沂市	200	80	120	200	150	0	50	0	31 184	19 202	7 708	1 523
德州市	2 544	705	1 839	2 544	2 000	0	544	0	5 779	3 604	905	0
聊城市	0	0	0	0	0	0	0	0	14 296	6 504	1 866	0
滨州市	5 168	2 258	2 820	5 078	1 578	730	970	1 800	20 383	9 055	9 860	4 825
菏泽市	236	236	0	236	236	0	0	0	6 548	2 594	2 271	0

表6 2012年课题概况

项目	课题数合计（个）	R&D课题	课题经费内部支出（千元）	政府资金	R&D课题经费	课题投入人员（人年）	其中：R&D人员	其中：外聘流动学者	其中：在读研究生
1.按地域分布									
全省									
总　计	4 483	3 801	1 476 209	1 168 864	1 193 417	9 999	8 048	200	827
济南市	1 996	1 613	619 924	466 376	459 936	5 089	3 850	58	223
青岛市	1 753	1 549	659 423	514 707	563 466	2 795	2 447	119	515
淄博市	12	9	10 008	9 018	8 528	118	101	0	0
东营市	2	0	750	750	0	11	0	0	0
烟台市	376	353	81 780	80 513	74 835	624	547	24	89
潍坊市	44	44	11 898	11 898	11 898	184	184	0	0
济宁市	82	76	29 558	29 080	27 913	296	273	0	0
泰安市	113	76	25 611	21 767	18 777	336	248	0	0
威海市	8	4	3 798	3 798	1 848	37	16	0	0
日照市	7	6	1 230	1 230	1 030	22	18	0	0
莱芜市	1	1	600	600	600	8	8	0	0
临沂市	32	25	13 281	12 960	9 686	213	147	0	0
德州市	12	12	4 007	3 892	4 007	67	67	0	0
聊城市	15	12	6 740	6 145	5 430	75	62	0	0
滨州市	19	15	4 925	3 454	4 041	56	44	0	0
菏泽市	11	6	2 677	2 677	1 422	70	36	0	0
2.按隶属关系分布									
全省									
总　计	4 483	3 801	1 476 209	1 168 864	1 193 417	9 999	8 048	200	827
地方部门属	2 726	2 238	864 417	692 455	672 913	7 585	5 919	65	288
省级部门属	2 189	1 835	700 570	549 657	551 932	5 621	4 526	61	255
副省级城市属	176	122	49 704	35 517	29 530	526	277	0	23
地市级部门属	361	281	114 143	107 282	91 451	1 438	1 116	4	10
中央部门属	1 757	1 563	611 792	476 409	520 504	2 414	2 128	135	540
中国科学院	991	985	264 123	241 071	263 576	1 189	1 183	135	346
中央属									
总　计	1 757	1 563	611 792	476 409	520 504	2 414	2 128	135	540
农业部	448	369	177 295	116 872	149 916	570	475	0	101
国土资源部	14	14	23 041	23 041	23 041	83	83	0	0
国家海洋局	287	195	143 393	92 066	83 971	533	388	0	92
中华全国供销合作总社	17	0	3 941	3 360	0	38	0	0	0

续表

项目	课题数合计（个）	R&D课题	课题经费内部支出（千元）	政府资金	R&D课题经费	课题投入人员（人年）	其中：R&D人员	其中：外聘流动学者	其中：在读研究生
中国科学院	991	985	264 123	241 071	263 576	1 189	1 183	135	346
地方属									
总　计	2 726	2 238	864 417	692 455	672 913	7 585	5 919	65	288
济南市	1 979	1 613	615 983	463 017	459 936	5 051	3 850	58	223
青岛市	265	232	83 343	73 429	74 187	602	495	0	23
淄博市	12	9	10 008	9 018	8 528	118	101	0	0
东营市	2	0	750	750	0	11	0	0	0
烟台市	124	107	50 008	48 741	43 610	441	371	7	42
潍坊市	44	44	11 898	11 898	11 898	184	184	0	0
济宁市	82	76	29 558	29 080	27 913	296	273	0	0
泰安市	113	76	25 611	21 767	18 777	336	248	0	0
威海市	8	4	3 798	3 798	1 848	37	16	0	0
日照市	7	6	1 230	1 230	1 030	22	18	0	0
莱芜市	1	1	600	600	600	8	8	0	0
临沂市	32	25	13 281	12 960	9 686	213	147	0	0
德州市	12	12	4 007	3 892	4 007	67	67	0	0
聊城市	15	12	6 740	6 145	5 430	75	62	0	0
滨州市	19	15	4 925	3 454	4 041	56	44	0	0
菏泽市	11	6	2 677	2 677	1 422	70	36	0	0
3.按课题活动类型分布									
全省									
总　计	4 483	3 801	1 476 209	1 168 864	1 193 417	9 999	8 048	200	827
基础研究	867	867	242 726	206 254	242 726	1 659	1 659	42	233
应用研究	1 663	1 663	427 552	344 330	427 552	2 832	2 832	100	320
试验发展	1 271	1 271	523 139	439 832	523 139	3 556	3 556	48	225
R&D成果应用	434	0	178 075	141 482	0	1 275	0	3	36
科技服务	248	0	104 718	36 967	0	677	0	7	14
4.按服务的国民经济行业分布									
全省									
总　计	4 483	3 801	1 476 209	1 168 864	1 193 417	9 999	8 048	200	827
农、林、牧、渔业	1 450	1 167	499 053	421 749	405 952	3 277	2 619	43	249
农业	600	505	230 142	168 196	189 740	1 759	1 453	8	138
林业	80	43	18 844	18 553	11 298	207	110	0	0
畜牧业	82	67	20 976	20 716	19 001	197	172	29	25
渔业	433	354	147 351	136 916	121 307	542	450	3	70
农、林、牧、渔服务业	255	198	81 740	77 368	64 606	572	433	3	16

续表

项目	课题数合计（个）	R&D课题	课题经费内部支出（千元）	政府资金	R&D课题经费	课题投入人员（人年）	其中：R&D人员	其中：外聘流动学者	其中：在读研究生
采矿业	0	0	0	0	0	0	0	0	0
煤炭开采和洗选业	0	0	0	0	0	0	0	0	0
石油和天然气开采业	0	0	0	0	0	0	0	0	0
黑色金属矿采选业	0	0	0	0	0	0	0	0	0
有色金属矿采选业	0	0	0	0	0	0	0	0	0
非金属矿采选业	0	0	0	0	0	0	0	0	0
开采辅助活动	0	0	0	0	0	0	0	0	0
其他采矿业	0	0	0	0	0	0	0	0	0
制造业	339	243	148 485	82 200	115 488	1 283	839	12	10
农副食品加工业	2	2	400	300	400	5	5	0	0
食品制造业	20	10	3 750	1 300	2 500	40	27	0	0
酒、饮料和精制茶制造业	0	0	0	0	0	0	0	0	0
烟草制品业	0	0	0	0	0	0	0	0	0
纺织业	5	5	2 800	0	2 800	19	19	0	0
纺织服装、服饰业	0	0	0	0	0	0	0	0	0
皮革、毛皮、羽毛及其制品和制鞋业	3	1	290	0	250	8	4	0	0
木材加工和木、竹、藤、棕、草制品业	0	0	0	0	0	0	0	0	0
家具制造业	2	2	911	0	911	12	12	3	0
造纸和纸制品业	3	3	1 260	490	1 260	18	18	0	0
印刷和记录媒介复制业	0	0	0	0	0	0	0	0	0
文教、工美、体育和娱乐用品制造业	1	0	500	500	0	18	0	7	0
石油加工、炼焦和核燃料加工业	0	0	0	0	0	0	0	0	0
化学原料和化学制品制造业	72	47	34 355	12 409	19 152	222	113	0	0
医药制造业	91	68	41 669	18 822	36 107	263	199	2	10
化学纤维制造业	1	1	390	390	390	14	14	0	0
橡胶和塑料制品业	2	2	1 600	650	1 600	8	8	0	0
非金属矿物制品业	0	0	0	0	0	0	0	0	0
黑色金属冶炼和压延加工业	0	0	0	0	0	0	0	0	0
有色金属冶炼和压延加工业	0	0	0	0	0	0	0	0	0
金属制品业	0	0	0	0	0	0	0	0	0
通用设备制造业	23	3	5 098	500	1 135	182	12	0	0
专用设备制造业	27	24	12 309	5 524	8 759	105	94	0	0
汽车制造业	0	0	0	0	0	0	0	0	0
铁路、船舶、航空航天和其他运输设备制造业	0	0	0	0	0	0	0	0	0

续表

项目	课题数合计（个）	R&D课题	课题经费内部支出（千元）	政府资金	R&D课题经费	课题投入人员（人年）	其中：R&D人员	其中：外聘流动学者	其中：在读研究生
电气机械和器材制造业	26	26	4 737	4 587	4 737	52	52	0	0
计算机、通信和其他电子设备制造业	12	0	2 929	1 660	0	56	0	0	0
仪器仪表制造业	49	49	35 487	35 067	35 487	262	262	0	0
其他制造业	0	0	0	0	0	0	0	0	0
废弃资源综合利用业	0	0	0	0	0	0	0	0	0
金属制品、机械和设备修理业	0	0	0	0	0	0	0	0	0
电力、热力、燃气及水生产和供应业	0	0	0	0	0	0	0	0	0
电力、热力生产和供应业	0	0	0	0	0	0	0	0	0
燃气生产和供应业	0	0	0	0	0	0	0	0	0
水的生产和供应业	0	0	0	0	0	0	0	0	0
建筑业	32	25	6 368	1 898	4 768	102	74	0	0
房屋建筑业	31	25	5 668	1 198	4 768	98	74	0	0
土木工程建筑业	0	0	0	0	0	0	0	0	0
建筑安装业	0	0	0	0	0	0	0	0	0
建筑装饰和其他建筑业	1	0	700	700	0	4	0	0	0
批发和零售业	0	0	0	0	0	0	0	0	0
批发业	0	0	0	0	0	0	0	0	0
零售业	0	0	0	0	0	0	0	0	0
交通运输、仓储和邮政业	56	28	4 744	3 015	3 067	32	20	0	0
铁路运输业	0	0	0	0	0	0	0	0	0
道路运输业	56	28	4 744	3 015	3 067	32	20	0	0
水上运输业	0	0	0	0	0	0	0	0	0
航空运输业	0	0	0	0	0	0	0	0	0
管道运输业	0	0	0	0	0	0	0	0	0
装卸搬运和运输代理业	0	0	0	0	0	0	0	0	0
仓储业	0	0	0	0	0	0	0	0	0
邮政业	0	0	0	0	0	0	0	0	0
住宿和餐饮业	0	0	0	0	0	0	0	0	0
住宿业	0	0	0	0	0	0	0	0	0
餐饮业	0	0	0	0	0	0	0	0	0
信息传输、软件和信息技术服务业	67	66	21 507	21 507	21 400	86	84	0	0
电信、广播电视和卫星传输服务	0	0	0	0	0	0	0	0	0
互联网和相关服务	0	0	0	0	0	0	0	0	0
软件和信息技术服务业	67	66	21 507	21 507	21 400	86	84	0	0
金融业	0	0	0	0	0	0	0	0	0

续表

项目	课题数合计(个)	R&D课题	课题经费内部支出(千元)	政府资金	R&D课题经费	课题投入人员(人年)	其中：R&D人员	其中：外聘流动学者	其中：在读研究生
货币金融服务	0	0	0	0	0	0	0	0	0
资本市场服务	0	0	0	0	0	0	0	0	0
保险业	0	0	0	0	0	0	0	0	0
其他金融业	0	0	0	0	0	0	0	0	0
房地产业	0	0	0	0	0	0	0	0	0
房地产业	0	0	0	0	0	0	0	0	0
租赁和商务服务业	0	0	0	0	0	0	0	0	0
租赁业	0	0	0	0	0	0	0	0	0
商务服务业	0	0	0	0	0	0	0	0	0
科学研究和技术服务业	2 152	1 935	666 861	573 822	526 700	3 649	3 016	146	503
研究和试验发展	1 329	1 191	354 063	287 213	284 791	2 106	1 833	50	228
专业技术服务业	811	743	308 399	282 307	241 899	1 474	1 179	95	275
科技推广和应用服务业	12	1	4 399	4 302	10	69	4	0	0
水利、环境和公共设施管理业	59	36	24 721	20 584	15 548	197	104	0	0
水利管理业	18	11	8 129	8 129	5 819	37	24	0	0
生态保护和环境治理业	36	25	14 489	11 475	9 729	142	80	0	0
公共设施管理业	5	0	2 103	980	0	18	0	0	0
居民服务、修理和其他服务业	0	0	0	0	0	0	0	0	0
居民服务业	0	0	0	0	0	0	0	0	0
机动车、电子产品和日用产品修理业	0	0	0	0	0	0	0	0	0
其他服务业	0	0	0	0	0	0	0	0	0
教育	12	0	640	535	0	12	0	0	0
教育	12	0	640	535	0	12	0	0	0
卫生和社会工作	314	299	103 008	42 734	99 672	1 354	1 286	0	65
卫生	314	299	103 008	42 734	99 672	1 354	1 286	0	65
社会工作	0	0	0	0	0	0	0	0	0
文化、体育和娱乐业	2	2	822	822	822	6	6	0	0
新闻和出版业	0	0	0	0	0	0	0	0	0
广播、电视、电影和影视录音制作业	0	0	0	0	0	0	0	0	0
文化艺术业	2	2	822	822	822	6	6	0	0
体育	0	0	0	0	0	0	0	0	0
娱乐业	0	0	0	0	0	0	0	0	0
公共管理、社会保障和社会组织	0	0	0	0	0	0	0	0	0
中国共产党机关	0	0	0	0	0	0	0	0	0
国家机构	0	0	0	0	0	0	0	0	0

续表

项目	课题数合计（个）	R&D课题	课题经费内部支出（千元）	政府资金	R&D课题经费	课题投入人员（人年）	其中：R&D人员	其中：外聘流动学者	其中：在读研究生
人民政协、民主党派	0	0	0	0	0	0	0	0	0
社会保障	0	0	0	0	0	0	0	0	0
群众团体、社会团体和其他成员组织	0	0	0	0	0	0	0	0	0
基层群众自治组织	0	0	0	0	0	0	0	0	0
国际组织	0	0	0	0	0	0	0	0	0
国际组织	0	0	0	0	0	0	0	0	0
5.按课题所属学科分布									
全省									
总　计	4 483	3 801	1 476 209	1 168 864	1 193 417	9 999	8 048	200	827
自然科学领域	1 224	1 106	483 050	395 391	372 438	1 998	1 735	105	392
数学	3	3	222	222	222	3	3	0	0
信息科学与系统科学	4	3	772	267	322	9	4	0	0
力学	1	1	117	27	117	0	0	0	0
化学	84	80	24 241	19 951	21 991	217	195	1	17
地球科学	970	863	405 008	340 251	298 848	1 445	1 230	98	330
生物学	162	156	52 691	34 673	50 938	325	304	7	46
农业科学领域	1 495	1 205	520 498	433 362	422 087	3 421	2 723	42	257
农学	766	640	293 786	220 325	238 609	2 181	1 786	10	142
林学	82	41	19 979	18 619	10 736	207	103	0	0
畜牧、兽医科学	139	110	39 899	38 553	34 959	354	287	29	45
水产学	508	414	166 834	155 865	137 782	678	547	3	70
医学科学领域	468	433	138 968	70 826	131 633	1 700	1 598	3	82
基础医学	150	149	40 705	19 606	40 513	526	523	3	24
临床医学	151	148	52 919	15 342	52 534	619	612	0	32
预防医学与公共卫生学	49	41	13 138	12 245	11 297	209	171	0	3
军事医学与特种医学	1	1	15	15	15	1	1	0	1
药学	49	30	13 582	7 467	10 354	135	102	0	0
中医学与中药学	68	64	18 610	16 151	16 920	211	189	0	22
工程科学与技术领域	881	688	299 235	235 667	240 441	2 497	1 743	39	96
工程与技术科学基础学科	58	33	6 543	6 121	4 445	82	54	0	3
信息与系统科学相关工程与技术	24	18	18 456	17 943	11 265	115	68	0	0
自然科学相关工程与技术	80	80	24 922	21 622	24 922	145	145	12	22
测绘科学技术	11	10	4 431	1 705	1 705	29	11	1	0
材料科学	74	63	39 383	30 102	36 081	303	229	11	19
矿山工程技术	4	2	4 705	4 705	1 087	21	12	0	0

续表

项目	课题数合计（个）	R&D课题	课题经费内部支出（千元）	政府资金	R&D课题经费	课题投入人员（人年）	其中：R&D人员	其中：外聘流动学者	其中：在读研究生
机械工程	26	14	10 137	5 646	7 135	187	64	0	1
动力与电气工程	13	8	3 080	690	1 825	42	20	0	0
能源科学技术	40	34	17 655	15 615	16 560	128	106	2	17
电子与通信技术	39	27	24 001	22 532	21 072	216	160	0	3
计算机科学技术	76	69	28 964	28 692	25 193	222	177	0	0
化学工程	48	39	22 159	13 563	15 711	184	151	0	5
产品应用相关工程技术	4	4	1 067	987	1 067	8	8	0	0
纺织科学技术	6	6	3 190	390	3 190	33	33	0	0
食品科学技术	54	26	16 975	14 619	11 164	159	98	3	7
土木建筑工程	31	20	6 091	1 197	4 076	146	62	0	0
水利工程	16	11	5 977	5 977	4 751	27	19	0	0
交通运输工程	48	25	3 856	2 505	2 522	25	15	0	0
环境科学技术及资源科学技术	137	116	33 215	27 189	25 827	255	175	6	17
安全科学技术	30	27	17 090	7 250	15 520	82	70	0	0
管理学	62	56	7 340	6 618	5 325	89	68	5	2
社会、人文科学领域	415	369	34 458	33 619	26 819	383	248	11	1
马克思主义	1	1	38	38	38	0	0	0	0
哲学	30	30	1 615	1 615	1 615	17	17	0	0
文学	4	4	193	193	193	2	2	0	0
艺术学	11	0	551	548	0	20	0	7	0
历史学	9	9	478	478	478	5	5	0	0
考古学	2	2	822	822	822	6	6	0	0
经济学	189	176	15 949	15 381	13 450	167	111	4	1
政治学	79	79	3 538	3 538	3 538	32	32	0	0
法学	11	11	607	607	607	6	6	0	0
社会学	51	44	3 764	3 601	2 765	47	28	0	0
民族学与文化学	2	2	140	140	140	2	2	0	0
新闻学与传播学	3	3	440	440	440	4	4	0	0
图书馆、情报与文献学	10	7	5 633	5 633	2 683	62	34	1	1
教育学	13	1	690	585	50	13	1	0	0
6.按课题技术领域分布									
全省									
总　计	4 483	3 801	1 476 209	1 168 864	1 193 417	9 999	8 048	200	827
非技术领域	595	550	101 129	98 956	96 983	551	488	33	62
信息技术	135	120	56 789	52 963	42 985	434	318	1	4
生物和现代农业技术	1 687	1 429	569 754	470 139	483 224	3 898	3 252	75	339

续表

项目	课题数合计（个）	R&D课题	课题经费内部支出（千元）	政府资金	R&D课题经费	课题投入人员（人年）	其中：R&D人员	其中：外聘流动学者	其中：在读研究生
新材料技术	150	128	69 640	50 178	58 666	556	446	7	33
能源技术	155	146	74 460	61 531	72 000	398	335	13	47
激光技术	10	10	5 300	5 200	5 300	38	38	0	1
先进制造与自动化技术	83	46	32 767	27 065	26 240	358	174	1	5
资源与环境技术	934	782	358 577	296 582	237 517	1 509	1 184	58	258
其它技术领域	734	590	207 793	106 249	170 502	2 259	1 813	13	78
中央属									
总　计	1 757	1 563	611 792	476 409	520 504	2 414	2 128	135	540
非技术领域	144	140	69 062	67 173	68 607	206	204	24	62
信息技术	13	13	2 943	2 931	2 943	10	10	1	0
生物和现代农业技术	529	476	180 147	120 922	159 379	705	615	30	149
新材料技术	24	24	11 747	9 777	11 747	67	67	7	17
能源技术	127	127	66 288	55 449	66 288	276	276	13	44
激光技术	1	1	15	15	15	1	1	0	1
先进制造与自动化技术	6	6	2 808	2 808	2 808	10	10	1	1
资源与环境技术	789	679	246 963	192 769	184 546	1 010	856	53	248
其它技术领域	124	97	31 819	24 565	24 171	130	90	6	17
地方属									
总　计	2 726	2 238	864 417	692 455	672 913	7 585	5 919	65	288
非技术领域	451	410	32 066	31 783	28 376	345	283	8	0
信息技术	122	107	53 847	50 033	40 042	423	308	0	4
生物和现代农业技术	1 158	953	389 607	349 217	323 845	3 194	2 637	45	190
新材料技术	126	104	57 893	40 401	46 919	488	379	0	16
能源技术	28	19	8 172	6 082	5 712	122	59	0	3
激光技术	9	9	5 285	5 185	5 285	37	37	0	0
先进制造与自动化技术	77	40	29 959	24 257	23 432	349	164	0	4
资源与环境技术	145	103	111 614	103 813	52 971	499	329	5	10
其它技术领域	610	493	175 974	81 685	146 331	2 129	1 724	7	61
7.按课题来源分布									
全省									
总　计	4 483	3 801	1 476 209	1 168 864	1 193 417	9 999	8 048	200	827
中央政府部门下达课题	1 836	1 671	784 058	696 309	687 767	3 706	3 220	125	535
国家重大科技专项	46	42	21 484	18 770	20 512	169	160	7	19
国家自然科学基金课题	517	517	87 706	77 177	87 706	850	850	49	195
863计划课题	99	95	76 561	73 616	74 660	236	227	10	23
国家科技支撑(攻关)计划课题	105	85	54 661	49 472	43 944	247	175	5	32

续表

项目	课题数合计（个）	R&D课题	课题经费内部支出（千元）	政府资金	R&D课题经费	课题投入人员（人年）	其中：R&D人员	其中：外聘流动学者	其中：在读研究生
火炬/星火计划国家级课题	18	6	14 373	5 369	1 692	56	11	0	2
国家发改委产业化示范工程	2	1	621	620	171	7	3	0	0
国家973计划课题	60	60	37 308	36 342	37 308	142	142	11	50
公益性行业科研专项	181	162	128 922	124 621	110 613	516	447	7	52
国家社会科学基金课题	16	16	1 547	1 547	1 547	20	20	0	0
其它课题	792	687	360 874	308 775	309 613	1 465	1 184	36	163
地方政府部门下达课题	1 792	1 540	465 754	374 016	370 458	4 467	3 722	52	171
地方自然科学基金课题	293	288	51 261	32 525	50 667	666	657	9	43
地方科技攻关计划课题	475	415	134 602	102 507	119 074	1 515	1 282	23	49
地方火炬计划课题	4	3	2 950	1 150	2 640	17	14	0	0
地方星火计划课题	2	2	297	297	297	5	5	0	0
地方社会科学基金课题	78	70	5 608	5 532	4 613	72	49	3	1
其它课题	940	762	271 036	232 005	193 167	2 192	1 716	16	78
企业委托课题	247	113	86 806	6 542	28 904	428	179	11	21
自选课题	174	124	38 025	19 285	24 510	535	266	1	9
国际合作课题	32	29	13 363	7 991	12 543	82	67	2	9
其它课题	402	324	88 205	64 721	69 235	782	594	9	82
中央属									
总　计	1 757	1 563	611 792	476 409	520 504	2 414	2 128	135	540
中央政府部门下达课题	1 210	1 156	461 818	417 052	432 566	1 695	1 613	102	400
国家重大科技专项	3	3	903	835	903	4	4	2	0
国家自然科学基金课题	417	417	58 352	55 415	58 352	525	525	45	162
863计划课题	72	68	48 289	46 469	46 388	98	90	8	20
国家科技支撑(攻关)计划课题	46	41	24 076	23 190	23 391	73	58	1	19
火炬/星火计划国家级课题	6	0	881	300	0	12	0	0	0
国家973计划课题	53	53	34 916	34 260	34 916	115	115	10	44
公益性行业科研专项	76	68	63 251	60 108	49 609	133	116	4	24
其它课题	537	506	231 151	196 476	219 007	735	705	31	131
地方政府部门下达课题	193	174	30 046	29 260	26 750	189	183	18	47
地方自然科学基金课题	50	49	6 172	6 119	6 087	53	52	4	13
地方科技攻关计划课题	81	76	10 335	10 202	10 107	81	80	7	21
地方社会科学基金课题	1	1	833	833	833	3	3	0	1
其它课题	61	48	12 706	12 106	9 723	53	49	6	12
企业委托课题	174	73	72 361	2 728	20 818	215	82	10	19
自选课题	46	46	7 306	6 651	7 306	45	45	1	9
国际合作课题	15	15	7 586	2 724	7 586	31	31	2	7

续表

项目	课题数合计（个）	R&D课题	课题经费内部支出（千元）	政府资金	R&D课题经费	课题投入人员（人年）	其中：R&D人员	其中：外聘流动学者	其中：在读研究生
其它课题	119	99	32 675	17 994	25 479	239	175	3	59
地方属									
总　计	2 726	2 238	864 417	692 455	672 913	7 585	5 919	65	288
中央政府部门下达课题	626	515	322 240	279 257	255 201	2 011	1 608	23	135
国家重大科技专项	43	39	20 581	17 935	19 609	164	156	5	19
国家自然科学基金课题	100	100	29 354	21 762	29 354	325	325	4	33
863计划课题	27	27	28 272	27 147	28 272	137	137	2	3
国家科技支撑(攻关)计划课题	59	44	30 585	26 282	20 553	174	117	4	13
火炬/星火计划国家级课题	12	6	13 492	5 069	1 692	44	11	0	2
国家发改委产业化示范工程	2	1	621	620	171	7	3	0	0
国家973计划课题	7	7	2 393	2 083	2 393	27	27	1	6
公益性行业科研专项	105	94	65 671	64 513	61 004	383	331	4	28
国家社会科学基金课题	16	16	1 547	1 547	1 547	20	20	0	0
其它课题	255	181	129 723	112 299	90 606	730	480	5	32
地方政府部门下达课题	1 599	1 366	435 707	344 756	343 708	4 277	3 539	34	125
地方自然科学基金课题	243	239	45 089	26 406	44 580	613	605	5	31
地方科技攻关计划课题	394	339	124 267	92 305	108 967	1 434	1 202	16	28
地方火炬计划课题	4	3	2 950	1 150	2 640	17	14	0	0
地方星火计划课题	2	2	297	297	297	5	5	0	0
地方社会科学基金课题	77	69	4 775	4 699	3 780	70	46	3	0
其它课题	879	714	258 329	219 899	183 444	2 139	1 667	9	66
企业委托课题	73	40	14 445	3 814	8 086	214	97	1	2
自选课题	128	78	30 719	12 634	17 204	490	221	0	0
国际合作课题	17	14	5 777	5 267	4 957	51	36	0	2
其它课题	283	225	55 529	46 727	43 756	543	419	6	24
8.按课题合作形式分布									
全省									
总　计	4 483	3 801	1 476 209	1 168 864	1 193 417	9 999	8 048	200	827
与境外机构合作	78	70	37 033	28 832	31 593	231	198	15	24
与国内高校合作	157	132	74 174	55 899	57 238	412	322	9	36
与国内独立研究机构合作	326	292	190 982	178 375	165 624	858	726	7	76
与境内注册的外商独资企业合作	2	2	312	312	312	2	2	1	0
与境内注册的其他企业合作	206	136	64 825	46 027	55 020	397	299	4	19
独立研究	3 645	3 134	1 082 063	833 692	862 328	7 948	6 415	164	672
其他	69	35	26 821	25 728	21 303	150	88	1	2
中央属									

续表

项目	课题数合计（个）	R&D课题	课题经费内部支出（千元）	政府资金	R&D课题经费	课题投入人员（人年）	其中：R&D人员	其中：外聘流动学者	其中：在读研究生
总　计	1 757	1 563	611 792	476 409	520 504	2 414	2 128	135	540
与境外机构合作	38	33	13 005	8 955	9 015	42	36	2	10
与国内高校合作	29	27	8 894	8 794	8 536	39	31	3	9
与国内独立研究机构合作	162	147	116 120	112 738	100 718	269	241	5	63
与境内注册的外商独资企业合作	2	2	312	312	312	2	2	1	0
与境内注册的其他企业合作	79	57	23 102	18 988	20 071	68	49	2	12
独立研究	1 443	1 295	449 881	326 164	381 644	1 992	1 768	123	446
其他	4	2	478	458	208	2	2	0	0
地方属									
总　计	2 726	2 238	864 417	692 455	672 913	7 585	5 919	65	288
与境外机构合作	40	37	24 028	19 877	22 578	189	161	13	14
与国内高校合作	128	105	65 280	47 105	48 702	373	291	6	26
与国内独立研究机构合作	164	145	74 862	65 637	64 906	589	485	2	13
与境内注册的其他企业合作	127	79	41 723	27 039	34 948	329	249	2	7
独立研究	2 202	1 839	632 182	507 528	480 684	5 956	4 647	41	226
其他	65	33	26 343	25 270	21 095	148	86	1	2
9.按课题的社会经济目标分布									
全省									
总　计	4 483	3 801	1 476 209	1 168 864	1 193 417	9 999	8 048	200	827
环境保护、生态建设及污染防治	405	361	142 357	121 143	119 613	705	576	27	94
环境治理	405	361	142 357	121 143	119 613	705	576	27	94
能源生产、分配和合理利用	258	236	111 740	85 801	94 732	605	490	31	83
能源矿物开采和加工技术	258	236	111 740	85 801	94 732	605	490	31	83
卫生事业的发展	513	470	150 677	81 623	141 341	1 756	1 630	9	93
卫生一般问题	513	470	150 677	81 623	141 341	1 756	1 630	9	93
教育事业发展	14	1	892	779	94	13	1	0	0
非学历教育与培训	14	1	892	779	94	13	1	0	0
基础设施以及城市和农村规划	85	45	15 595	9 464	8 161	160	55	0	2
交通运输	85	45	15 595	9 464	8 161	160	55	0	2
社会发展和社会服务	593	518	168 178	153 418	106 975	1 052	781	9	21
公共安全	593	518	168 178	153 418	106 975	1 052	781	9	21
地球和大气层的探索与利用	548	480	219 131	185 383	177 840	891	792	46	197
水文地理	548	480	219 131	185 383	177 840	891	792	46	197
民用空间的探测及开发	3	3	607	607	607	3	3	0	1
空间探测一般研究	3	3	607	607	607	3	3	0	1
促进农林牧渔业发展	1 696	1 411	554 585	461 525	458 869	3 726	3 022	71	318

续表

项目	课题数合计（个）	R&D课题	课题经费内部支出（千元）	政府资金	R&D课题经费	课题投入人员（人年）	其中：R&D人员	其中：外聘流动学者	其中：在读研究生
林业和林产品	1 696	1 411	554 585	461 525	458 869	3 726	3 022	71	318
工商业发展	254	165	80 506	42 615	54 092	913	540	4	9
食品、饮料和烟草制品业	254	165	80 506	42 615	54 092	913	540	4	9
非定向研究	104	104	22 027	21 192	22 027	146	146	3	9
自然科学领域的非定向研究	104	104	22 027	21 192	22 027	146	146	3	9
其他民用目标	10	7	9 916	5 316	9 066	31	12	0	0
中央属									
总　计	1 757	1 563	611 792	476 409	520 504	2 414	2 128	135	540
环境保护、生态建设及污染防治	303	281	81 524	67 245	69 689	305	270	25	86
环境监测	303	281	81 524	67 245	69 689	305	270	25	86
能源生产、分配和合理利用	187	181	79 910	57 734	74 181	344	330	24	75
可再生能源	187	181	79 910	57 734	74 181	344	330	24	75
卫生事业的发展	29	29	5 161	4 960	5 161	28	28	6	9
营养和食品卫生	29	29	5 161	4 960	5 161	28	28	6	9
教育事业发展	1	0	158	150	0	0	0	0	0
非学历教育与培训	1	0	158	150	0	0	0	0	0
基础设施以及城市和农村规划	8	4	3 093	2 303	1 635	11	6	0	2
城市规划与市政工程	8	4	3 093	2 303	1 635	11	6	0	2
社会发展和社会服务	17	14	6 300	4 782	2 961	17	14	1	2
社会发展和社会服务一般问题	17	14	6 300	4 782	2 961	17	14	1	2
地球和大气层的探索与利用	535	469	214 969	181 244	173 832	857	761	46	192
海洋	535	469	214 969	181 244	173 832	857	761	46	192
民用空间的探测及开发	3	3	607	607	607	3	3	0	1
空间探测一般研究	3	3	607	607	607	3	3	0	1
促进农林牧渔业发展	610	537	195 997	135 623	172 545	730	636	30	158
渔业	610	537	195 997	135 623	172 545	730	636	30	158
工商业发展	38	19	9 660	8 026	5 479	71	32	1	5
食品、饮料和烟草制品业	38	19	9 660	8 026	5 479	71	32	1	5
非定向研究	26	26	14 415	13 735	14 415	49	49	3	9
自然科学领域的非定向研究	26	26	14 415	13 735	14 415	49	49	3	9
地方属									
总　计	2 726	2 238	864 417	692 455	672 913	7 585	5 919	65	288
环境保护、生态建设及污染防治	102	80	60 833	53 898	49 924	400	307	2	8
环境治理	102	80	60 833	53 898	49 924	400	307	2	8
能源生产、分配和合理利用	71	55	31 830	28 067	20 551	261	161	7	8
能源矿物开采和加工技术	71	55	31 830	28 067	20 551	261	161	7	8

续表

项目	课题数合计（个）	R&D课题	课题经费内部支出（千元）	政府资金	R&D课题经费	课题投入人员（人年）	其中：R&D人员	其中：外聘流动学者	其中：在读研究生
卫生事业的发展	484	441	145 516	76 663	136 180	1 728	1 602	4	85
卫生一般问题	484	441	145 516	76 663	136 180	1 728	1 602	4	85
教育事业发展	13	1	734	629	94	13	1	0	0
非学历教育与培训	13	1	734	629	94	13	1	0	0
基础设施以及城市和农村规划	77	41	12 502	7 161	6 526	149	49	0	0
交通运输	77	41	12 502	7 161	6 526	149	49	0	0
社会发展和社会服务	576	504	161 878	148 636	104 014	1 035	767	8	19
公共安全	576	504	161 878	148 636	104 014	1 035	767	8	19
地球和大气层的探索与利用	13	11	4 162	4 139	4 008	34	32	0	5
水文地理	13	11	4 162	4 139	4 008	34	32	0	5
促进农林牧渔业发展	1 086	874	358 588	325 902	286 325	2 997	2 386	41	160
林业和林产品	1 086	874	358 588	325 902	286 325	2 997	2 386	41	160
工商业发展	216	146	70 846	34 589	48 613	842	508	3	3
食品、饮料和烟草制品业	216	146	70 846	34 589	48 613	842	508	3	3
非定向研究	78	78	7 612	7 457	7 612	97	97	0	0
自然科学领域的非定向研究	78	78	7 612	7 457	7 612	97	97	0	0
其他民用目标	10	7	9 916	5 316	9 066	31	12	0	0

表7　2012年专利

项目	专利申请受理数(件)	发明专利	专利授权数(件)	其中：发明专利	其中：国外授权	有效发明专利数(件)	专利所有权转让及许可数(件)	专利所有权转让与许可收入(千元)
1.按地域分布								
全省								
总　计	1 065	756	810	471	3	1485	42	5 611
济南市	496	332	400	213	3	758	31	2 171
青岛市	385	297	313	216	0	608	7	3 040
淄博市	9	2	7	0	0	14	0	0
枣庄市	0	0	0	0	0	0	0	0
东营市	2	1	1	1	0	1	0	0
烟台市	83	71	36	25	0	45	3	400
潍坊市	18	12	3	2	0	9	0	0
济宁市	17	10	10	3	0	15	1	0
泰安市	27	20	10	2	0	11	0	0
威海市	0	0	0	0	0	0	0	0
日照市	0	0	18	8	0	8	0	0
莱芜市	6	4	0	0	0	0	0	0
临沂市	11	3	5	0	0	15	0	0
德州市	0	0	0	0	0	0	0	0
聊城市	0	0	0	0	0	0	0	0
滨州市	7	3	5	1	0	1	0	0
菏泽市	4	1	2	0	0	0	0	0
2.按隶属关系分布								
全省								
总　计	1 065	756	810	471	3	1 485	42	5 611
地方部门属	728	472	578	285	3	1 006	35	2 171
省级部门属	625	431	508	267	3	942	32	2 171
副省级城市属	37	14	19	4	0	6	3	0
地市级部门属	66	27	51	14	0	58	0	0
中央部门属	337	284	232	186	0	479	7	3 440
中国科学院	214	190	118	109	0	276	5	3 400
中央属								
总　计	337	284	232	186	0	479	7	3 440
农业部	103	80	77	46	0	99	1	20
国土资源部	0	0	7	7	0	7	0	0
国家海洋局	11	5	25	20	0	92	1	20

续表

项目	专利申请受理数（件）	发明专利	专利授权数（件）	其中：发明专利	其中：国外授权	有效发明专利数（件）	专利所有权转让及许可数（件）	专利所有权转让与许可收入（千元）
中华全国供销合作总社	9	9	5	4	0	5	0	0
中国科学院	214	190	118	109	0	276	5	3 400
地方属								
总　计	728	472	578	285	3	1 006	35	2 171
济南市	487	323	395	209	3	753	31	2 171
青岛市	109	69	106	51	0	166	3	0
淄博市	9	2	7	0	0	14	0	0
枣庄市	0	0	0	0	0	0	0	0
东营市	2	1	1	1	0	1	0	0
烟台市	31	24	16	8	0	13	0	0
潍坊市	18	12	3	2	0	9	0	0
济宁市	17	10	10	3	0	15	1	0
泰安市	27	20	10	2	0	11	0	0
威海市	0	0	0	0	0	0	0	0
日照市	0	0	18	8	0	8	0	0
莱芜市	6	4	0	0	0	0	0	0
临沂市	11	3	5	0	0	15	0	0
德州市	0	0	0	0	0	0	0	0
聊城市	0	0	0	0	0	0	0	0
滨州市	7	3	5	1	0	1	0	0
菏泽市	4	1	2	0	0	0	0	0
3.按国民经济行业分布								
总　计	1 065	756	810	471	3	1 485	42	5 611
农、林、牧、渔业	403	311	324	190	0	486	17	141
采矿业	0	0	0	0	0	0	0	0
制造业	182	112	164	70	2	350	15	2 050
电力、热力、燃气及水生产和供应业	0	0	0	0	0	0	0	0
建筑业	6	2	5	2	0	23	0	0
批发和零售业	0	0	0	0	0	0	0	0
交通运输、仓储和邮政业	19	9	1	1	0	1	0	0
住宿和餐饮业	0	0	0	0	0	0	0	0
信息传输、软件和信息技术服务业	37	28	9	7	0	12	0	0
金融业	0	0	0	0	0	0	0	0
房地产业	0	0	0	0	0	0	0	0
租赁和商务服务业	0	0	0	0	0	0	0	0
科学研究和技术服务业	354	270	248	184	1	524	7	3 420

续表

项目	专利申请受理数（件）	发明专利	专利授权数（件）	其中：发明专利	其中：国外授权	有效发明专利数（件）	专利所有权转让及许可数（件）	专利所有权转让与许可收入（千元）
水利、环境和公共设施管理业	17	2	19	3	0	30	3	0
居民服务、修理和其他服务业	0	0	0	0	0	0	0	0
教育	0	0	0	0	0	0	0	0
卫生和社会工作	47	22	40	14	0	59	0	0
文化、体育和娱乐业	0	0	0	0	0	0	0	0
公共管理、社会保障和社会组织	0	0	0	0	0	0	0	0
国际组织	0	0	0	0	0	0	0	0
中央属								
总　计	337	284	232	186	0	479	7	3 440
农、林、牧、渔业	112	89	82	50	0	104	1	20
采矿业	0	0	0	0	0	0	0	0
制造业	0	0	0	0	0	0	0	0
电力、热力、燃气及水生产和供应业	0	0	0	0	0	0	0	0
建筑业	0	0	0	0	0	0	0	0
批发和零售业	0	0	0	0	0	0	0	0
交通运输、仓储和邮政业	0	0	0	0	0	0	0	0
住宿和餐饮业	0	0	0	0	0	0	0	0
信息传输、软件和信息技术服务业	0	0	0	0	0	0	0	0
金融业	0	0	0	0	0	0	0	0
房地产业	0	0	0	0	0	0	0	0
租赁和商务服务业	0	0	0	0	0	0	0	0
科学研究和技术服务业	225	195	150	136	0	375	6	3 420
水利、环境和公共设施管理业	0	0	0	0	0	0	0	0
居民服务、修理和其他服务业	0	0	0	0	0	0	0	0
教育	0	0	0	0	0	0	0	0
卫生和社会工作	0	0	0	0	0	0	0	0
文化、体育和娱乐业	0	0	0	0	0	0	0	0
公共管理、社会保障和社会组织	0	0	0	0	0	0	0	0
国际组织	0	0	0	0	0	0	0	0
地方属								
总　计	728	472	578	285	3	1 006	35	2 171
农、林、牧、渔业	291	222	242	140	0	382	16	121
采矿业	0	0	0	0	0	0	0	0
制造业	182	112	164	70	2	350	15	2 050
电力、热力、燃气及水生产和供应业	0	0	0	0	0	0	0	0

续表

项目	专利申请受理数（件）	发明专利	专利授权数（件）	其中：发明专利	其中：国外授权	有效发明专利数（件）	专利所有权转让及许可数（件）	专利所有权转让与许可收入（千元）
建筑业	6	2	5	2	0	23	0	0
批发和零售业	0	0	0	0	0	0	0	0
交通运输、仓储和邮政业	19	9	1	1	0	1	0	0
住宿和餐饮业	0	0	0	0	0	0	0	0
信息传输、软件和信息技术服务业	37	28	9	7	0	12	0	0
金融业	0	0	0	0	0	0	0	0
房地产业	0	0	0	0	0	0	0	0
租赁和商务服务业	0	0	0	0	0	0	0	0
科学研究和技术服务业	129	75	98	48	1	149	1	0
水利、环境和公共设施管理业	17	2	19	3	0	30	3	0
居民服务、修理和其他服务业	0	0	0	0	0	0	0	0
教育	0	0	0	0	0	0	0	0
卫生和社会工作	47	22	40	14	0	59	0	0
文化、体育和娱乐业	0	0	0	0	0	0	0	0
公共管理、社会保障和社会组织	0	0	0	0	0	0	0	0
国际组织	0	0	0	0	0	0	0	0
4.按机构所属学科领域分布								
总　计	1 065	756	810	471	3	1 485	42	5 611
自然科学领域	155	132	143	128	1	423	12	4 920
农业科学领域	378	288	286	181	0	438	7	141
医学科学领域	82	55	78	51	2	187	6	150
工程科学与技术领域	447	280	302	110	0	436	17	400
社会、人文科学领域	3	1	1	1	0	1	0	0

表8　2012年论文、著作及其他科技产出

项目	科技论文（篇）	国外发表	科技著作（种）	形成国家或行业标准数（项）	集成电路布图设计登记数（件）	植物新品种权授予（项）	软件著作权数（件）	新药证书数（件）
1.按地域分布								
全省								
总　计	7 144	1 493	196	94	0	16	109	3
济南市	3 386	478	102	64	0	8	36	3
青岛市	2 524	814	66	20	0	0	73	0
淄博市	54	0	0	0	0	0	0	0
枣庄市	8	0	0	0	0	0	0	0
东营市	11	0	2	0	0	0	0	0
烟台市	367	181	5	3	0	3	0	0
潍坊市	37	0	0	0	0	0	0	0
济宁市	177	3	2	0	0	0	0	0
泰安市	219	11	15	7	0	3	0	0
威海市	8	0	0	0	0	0	0	0
日照市	22	0	0	0	0	0	0	0
莱芜市	20	0	2	0	0	0	0	0
临沂市	70	1	2	0	0	0	0	0
德州市	46	2	0	0	0	0	0	0
聊城市	30	0	0	0	0	0	0	0
滨州市	149	3	0	0	0	0	0	0
菏泽市	16	0	0	0	0	2	0	0
2.按隶属关系分布								
全省								
总　计	7 144	1 493	196	94	0	16	109	3
地方部门属	5 255	591	166	80	0	16	79	3
省级部门属	3 895	568	116	66	0	8	78	3
副省级城市属	660	13	33	6	0	0	1	0
地市级部门属	700	10	17	8	0	8	0	0
中央部门属	1 889	902	30	14	0	0	30	0
中国科学院	948	689	10	0	0	0	6	0
中央属								
总　计	1 889	902	30	14	0	0	30	0
农业部	507	101	9	14	0	0	12	0
国土资源部	117	14	3	0	0	0	2	0
国家海洋局	261	94	8	0	0	0	10	0
中华全国供销合作总社	56	4	0	0	0	0	0	0

续表

项目	科技论文（篇）	国外发表	科技著作（种）	形成国家或行业标准数（项）	集成电路布图设计登记数（件）	植物新品种权授予（项）	软件著作权数（件）	新药证书数（件）
中国科学院	948	689	10	0	0	0	6	0
地方属								
总　计	5 255	591	166	80	0	16	79	3
济南市	3 330	474	102	64	0	8	36	3
青岛市	931	89	37	6	0	0	43	0
淄博市	54	0	0	0	0	0	0	0
枣庄市	8	0	0	0	0	0	0	0
东营市	11	0	2	0	0	0	0	0
烟台市	127	8	4	3	0	3	0	0
潍坊市	37	0	0	0	0	0	0	0
济宁市	177	3	2	0	0	0	0	0
泰安市	219	11	15	7	0	3	0	0
威海市	8	0	0	0	0	0	0	0
日照市	22	0	0	0	0	0	0	0
莱芜市	20	0	2	0	0	0	0	0
临沂市	70	1	2	0	0	0	0	0
德州市	46	2	0	0	0	0	0	0
聊城市	30	0	0	0	0	0	0	0
滨州市	149	3	0	0	0	0	0	0
菏泽市	16	0	0	0	0	2	0	0
3.按国民经济行业分布								
全省								
总　计	7 144	1 493	196	94	0	16	109	3
农、林、牧、渔业	2 027	232	64	48	0	16	69	0
采矿业	0	0	0	0	0	0	0	0
制造业	604	97	4	11	0	0	10	3
电力、热力、燃气及水生产和供应业	0	0	0	0	0	0	0	0
建筑业	167	2	3	8	0	0	0	0
批发和零售业	0	0	0	0	0	0	0	0
交通运输、仓储和邮政业	21	3	0	4	0	0	0	0
住宿和餐饮业	0	0	0	0	0	0	0	0
信息传输、软件和信息技术服务业	74	56	2	1	0	0	9	0
金融业	0	0	0	0	0	0	0	0
房地产业	0	0	0	0	0	0	0	0
租赁和商务服务业	0	0	0	0	0	0	0	0
科学研究和技术服务业	3 144	916	79	14	0	0	21	0

续表

项目	科技论文（篇）	国外发表	科技著作（种）	形成国家或行业标准数（项）	集成电路布图设计登记数（件）	植物新品种权授予（项）	软件著作权数（件）	新药证书数（件）
水利、环境和公共设施管理业	180	26	4	8	0	0	0	0
居民服务、修理和其他服务业	0	0	0	0	0	0	0	0
教育	10	0	1	0	0	0	0	0
卫生和社会工作	900	161	39	0	0	0	0	0
文化、体育和娱乐业	17	0	0	0	0	0	0	0
公共管理、社会保障和社会组织	0	0	0	0	0	0	0	0
国际组织	0	0	0	0	0	0	0	0
中央属								
总　计	1 889	902	30	14	0	0	30	0
农、林、牧、渔业	563	105	9	14	0	0	12	0
采矿业	0	0	0	0	0	0	0	0
制造业	0	0	0	0	0	0	0	0
电力、热力、燃气及水生产和供应业	0	0	0	0	0	0	0	0
建筑业	0	0	0	0	0	0	0	0
批发和零售业	0	0	0	0	0	0	0	0
交通运输、仓储和邮政业	0	0	0	0	0	0	0	0
住宿和餐饮业	0	0	0	0	0	0	0	0
信息传输、软件和信息技术服务业	0	0	0	0	0	0	0	0
金融业	0	0	0	0	0	0	0	0
房地产业	0	0	0	0	0	0	0	0
租赁和商务服务业	0	0	0	0	0	0	0	0
科学研究和技术服务业	1 326	797	21	0	0	0	18	0
水利、环境和公共设施管理业	0	0	0	0	0	0	0	0
居民服务、修理和其他服务业	0	0	0	0	0	0	0	0
教育	0	0	0	0	0	0	0	0
卫生和社会工作	0	0	0	0	0	0	0	0
文化、体育和娱乐业	0	0	0	0	0	0	0	0
公共管理、社会保障和社会组织	0	0	0	0	0	0	0	0
国际组织	0	0	0	0	0	0	0	0
地方属								
总　计	5 255	591	166	80	0	16	79	3
农、林、牧、渔业	1 464	127	55	34	0	16	57	0
采矿业	0	0	0	0	0	0	0	0
制造业	604	97	4	11	0	0	10	3
电力、热力、燃气及水生产和供应业	0	0	0	0	0	0	0	0
建筑业	167	2	3	8	0	0	0	0
批发和零售业	0	0	0	0	0	0	0	0

续表

项目	科技论文（篇）	国外发表	科技著作（种）	形成国家或行业标准数（项）	集成电路布图设计登记数（件）	植物新品种权授予（项）	软件著作权数（件）	新药证书数（件）
交通运输、仓储和邮政业	21	3	0	4	0	0	0	0
住宿和餐饮业	0	0	0	0	0	0	0	0
信息传输、软件和信息技术服务业	74	56	2	1	0	0	9	0
金融业	0	0	0	0	0	0	0	0
房地产业	0	0	0	0	0	0	0	0
租赁和商务服务业	0	0	0	0	0	0	0	0
科学研究和技术服务业	1 818	119	58	14	0	0	3	0
水利、环境和公共设施管理业	180	26	4	8	0	0	0	0
居民服务、修理和其他服务业	0	0	0	0	0	0	0	0
教育	10	0	1	0	0	0	0	0
卫生和社会工作	900	161	39	0	0	0	0	0
文化、体育和娱乐业	17	0	0	0	0	0	0	0
公共管理、社会保障和社会组织	0	0	0	0	0	0	0	0
国际组织	0	0	0	0	0	0	0	0
4.按机构所属学科领域分布								
全省								
总　计	7 144	1 493	196	94	0	16	109	3
自然科学领域	1 214	602	22	10	0	0	17	0
农业科学领域	2 105	236	72	48	0	16	60	0
医学科学领域	1 131	186	42	5	0	0	0	3
工程科学与技术领域	1 497	435	15	31	0	0	22	0
社会、人文科学领域	1 197	34	45	0	0	0	10	0

表9　2012年R&D人员

项目	R&D人员（人）	女性	按工作量分		按学历分			
			R&D全时人员	R&D非全时人员	博士毕业	硕士毕业	本科毕业	其他
1.按地域分布								
全省								
总　计	10 702	4 153	7 610	3 092	1 761	3 113	4 046	1 782
济南市	5 026	2 201	3 408	1 618	609	1 520	2 119	778
青岛市	3 319	1 148	2 466	853	865	1 107	836	511
淄博市	115	39	105	10	0	7	80	28
枣庄市	0	0	0	0	0	0	0	0
东营市	0	0	0	0	0	0	0	0
烟台市	792	293	527	265	222	177	289	104
潍坊市	218	47	218	0	2	47	112	57
济宁市	303	108	282	21	19	78	111	95
泰安市	405	145	204	201	32	92	189	92
威海市	27	11	27	0	0	1	26	0
日照市	21	8	21	0	0	1	8	12
莱芜市	50	13	10	40	0	4	31	15
临沂市	161	52	136	25	4	26	94	37
德州市	67	16	67	0	1	15	29	22
聊城市	71	26	50	21	0	11	58	2
滨州市	76	35	61	15	6	25	31	14
菏泽市	51	11	28	23	1	2	33	15
2.按隶属关系分布								
全省								
总　计	10 702	4 153	7 610	3 092	1 761	3 113	4 046	1 782
地方部门属	7 667	3 135	5 414	2 253	806	2 165	3 370	1 326
省级部门属	5 893	2 502	4 007	1 886	725	1 815	2 410	943
副省级城市属	377	156	304	73	33	124	183	37
地市级部门属	1 397	477	1 103	294	48	226	777	346
中央部门属	3 035	1 018	2 196	839	955	948	676	456
中国科学院	1 952	637	1 188	764	655	609	503	185
中央属								
总　计	3 035	1 018	2 196	839	955	948	676	456
农业部	576	205	576	0	132	146	95	203
国土资源部	84	29	84	0	32	38	14	0

续表

项目	R&D人员(人)	女性	按工作量分		按学历分			
			R&D全时人员	R&D非全时人员	博士毕业	硕士毕业	本科毕业	其他
国家海洋局	423	147	348	75	136	155	64	68
中华全国供销合作总社	0	0	0	0	0	0	0	0
中国科学院	1 952	637	1 188	764	655	609	503	185
地方属								
总　计	7 667	3 135	5 414	2 253	806	2 165	3 370	1 326
济南市	5 026	2 201	3 408	1 618	609	1 520	2 119	778
青岛市	665	284	452	213	94	248	263	60
淄博市	115	39	105	10	0	7	80	28
枣庄市	0	0	0	0	0	0	0	0
东营市	0	0	0	0	0	0	0	0
烟台市	411	139	345	66	38	88	186	99
潍坊市	218	47	218	0	2	47	112	57
济宁市	303	108	282	21	19	78	111	95
泰安市	405	145	204	201	32	92	189	92
威海市	27	11	27	0	0	1	26	0
日照市	21	8	21	0	0	1	8	12
莱芜市	50	13	10	40	0	4	31	15
临沂市	161	52	136	25	4	26	94	37
德州市	67	16	67	0	1	15	29	22
聊城市	71	26	50	21	0	11	58	2
滨州市	76	35	61	15	6	25	31	14
菏泽市	51	11	28	23	1	2	33	15
3.按机构所属学科领域分布								
全省								
总　计	10 702	4 153	7 610	3 092	1 761	3 113	4 046	1 782
自然科学领域	2 214	732	1 489	725	539	709	676	290
农业科学领域	3 373	1 235	2 795	578	403	787	1 348	835
医学科学领域	1 960	1 139	1 091	869	181	595	871	313
工程科学与技术领域	2 721	870	1 928	793	589	876	988	268
社会、人文科学领域	434	177	307	127	49	146	163	76

表10　2012年R&D经费支出

项目	R&D经费内部支出	按活动类型分			按来源分					R&D经费外部支出
		基础研究	应用研究	试验发展	政府资金	企业资金	事业单位资金	国外资金	其他资金	
1.按地域分布										
全省										
总　计	3 099 698	781 934	1 135 576	1 182 188	2 624 003	166 463	266 077	7 812	35 343	116 676
济南市	971 732	107 023	412 317	452 392	713 393	33 765	205 430	584	18 560	13 859
青岛市	1 789 272	614 184	640 709	534 379	1 599 701	130 889	45 078	7 141	6 463	102 497
淄博市	12 022	0	0	12 022	11 420	0	300	0	302	0
枣庄市	0	0	0	0	0	0	0	0	0	0
东营市	0	0	0	0	0	0	0	0	0	0
烟台市	169 770	45 642	51 834	72 294	154 281	489	8 067	87	6 846	0
潍坊市	21 103	0	1 565	19 538	20 110	0	0	0	993	0
济宁市	47 362	12 680	14 398	20 284	44 503	420	2 380	0	59	0
泰安市	46 821	1 272	7 870	37 679	43 689	0	3 132	0	0	0
威海市	2 948	0	0	2 948	2 948	0	0	0	0	0
日照市	1 328	0	0	1 328	1 328	0	0	0	0	0
莱芜市	968	0	0	968	968	0	0	0	0	0
临沂市	10 463	0	3 928	6 535	10 163	0	300	0	0	0
德州市	5 306	0	533	4 773	4 666	0	640	0	0	0
聊城市	10 108	0	0	10 108	10 108	0	0	0	0	0
滨州市	7 830	1 133	2 422	4 275	4 060	900	750	0	2 120	320
菏泽市	2 665	0	0	2 665	2 665	0	0	0	0	0
2.按隶属关系分布										
全省										
总　计	3 099 698	781 934	1 135 576	1 182 188	2 624 003	166 463	266 077	7 812	35 343	116 676
地方部门属	1 352 233	148 265	498 280	705 688	1 065 934	35 435	218 681	584	31 599	14 179
省级部门属	1 158 640	136 264	455 472	566 904	888 658	34 185	210 853	584	24 360	13 859
副省级城市属	41 719	529	12 143	29 047	34 217	350	3 489	0	3 663	0
地市级部门属	151 874	11 472	30 665	109 737	143 059	900	4 339	0	3 576	320
中央部门属	1 747 465	633 669	637 296	476 500	1 558 069	131 028	47 396	7 228	3 744	102 497
中国科学院	1 054 364	419 291	454 716	180 357	986 032	41 834	15 526	7 228	3 744	0
中央属										
总　计	1 747 465	633 669	637 296	476 500	1 558 069	131 028	47 396	7 228	3 744	102 497
农业部	254 121	51 920	119 939	82 262	133 057	89 194	31 870	0	0	38 246
国土资源部	72 747	61 704	10 075	968	72 747	0	0	0	0	0
国家海洋局	366 233	100 754	52 566	212 913	366 233	0	0	0	0	64 251

续表

项目	R&D经费内部支出	按活动类型分			按来源分					R&D经费外部支出
		基础研究	应用研究	试验发展	政府资金	企业资金	事业单位资金	国外资金	其他资金	
中华全国供销合作总社	0	0	0	0	0	0	0	0	0	0
中国科学院	1 054 364	419 291	454 716	180 357	986 032	41 834	15 526	7 228	3 744	0
地方属										
总　计	1 352 233	148 265	498 280	705 688	1 065 934	35 435	218 681	584	31 599	14 179
济南市	971 732	107 023	412 317	452 392	713 393	33 765	205 430	584	18 560	13 859
青岛市	119 255	15 884	29 089	74 282	106 693	350	5 749	0	6 463	0
淄博市	12 022	0	0	12 022	11 420	0	300	0	302	0
枣庄市	0	0	0	0	0	0	0	0	0	0
东营市	0	0	0	0	0	0	0	0	0	0
烟台市	92 322	10 273	26 158	55 891	89 220	0	0	0	3 102	0
潍坊市	21 103	0	1 565	19 538	20 110	0	0	0	993	0
济宁市	47 362	12 680	14 398	20 284	44 503	420	2 380	0	59	0
泰安市	46 821	1 272	7 870	37 679	43 689	0	3 132	0	0	0
威海市	2 948	0	0	2 948	2 948	0	0	0	0	0
日照市	1 328	0	0	1 328	1 328	0	0	0	0	0
莱芜市	968	0	0	968	968	0	0	0	0	0
临沂市	10 463	0	3 928	6 535	10 163	0	300	0	0	0
德州市	5 306	0	533	4 773	4 666	0	640	0	0	0
聊城市	10 108	0	0	10 108	10 108	0	0	0	0	0
滨州市	7 830	1 133	2 422	4 275	4 060	900	750	0	2 120	320
菏泽市	2 665	0	0	2 665	2 665	0	0	0	0	0
3.按机构所属学科领域分布										
全省										
总　计	3 099 698	781 934	1 135 576	1 182 188	2 624 003	166 463	266 077	7 812	35 343	116 676
自然科学领域	1 440 298	566 654	476 888	396 756	1 374 023	42 950	19 245	259	3 821	64 251
农业科学领域	707 592	83 231	206 466	417 895	552 001	91 421	55 264	340	8 566	52 275
医学科学领域	309 288	80 875	155 251	73 162	149 673	8 250	149 692	24	1 649	150
工程科学与技术领域	569 770	45 517	249 748	274 505	482 487	23 842	41 796	7 189	14 456	0
社会、人文科学领域	72 750	5 657	47 223	19 870	65 819	0	80	0	6 851	0

表11　2012年R&D经费内部支出

单位：千元

项目	R&D经费内部支出	经常费支出				基本建设费		
			人员费用	设备购置费	其他		仪器设备费	土建费
1.按地域分布								
全省								
总　计	3 099 698	2 479 630	913 697	344 072	1 221 861	620 068	79 530	540 538
济南市	971 732	920 801	343 320	154 300	423 181	50 931	27 321	23 610
青岛市	1 789 272	1 241 471	407 666	141 962	691 843	547 801	49 553	498 248
淄博市	12 022	11 328	7 214	472	3 642	694	544	150
枣庄市	0	0	0	0	0	0	0	0
东营市	0	0	0	0	0	0	0	0
烟台市	169 770	154 892	57 318	23 201	74 373	14 878	0	14 878
潍坊市	21 103	19 644	13 175	1 794	4 675	1 459	459	1 000
济宁市	47 362	46 073	23 348	9 155	13 570	1 289	1 289	0
泰安市	46 821	46 791	31 260	12 275	3 256	30	10	20
威海市	2 948	2 948	2 408	0	540	0	0	0
日照市	1 328	1 328	1 318	0	10	0	0	0
莱芜市	968	968	943	0	25	0	0	0
临沂市	10 463	10 313	9 642	582	89	150	38	112
德州市	5 306	4 776	4 556	0	220	530	0	530
聊城市	10 108	10 108	5 954	251	3 903	0	0	0
滨州市	7 830	5 760	4 045	80	1 635	2 070	80	1 990
菏泽市	2 665	2 429	1 530	0	899	236	236	0
2.按隶属关系分布								
全省								
总　计	3 099 698	2 479 630	913 697	344 072	1 221 861	620 068	79 530	540 538
地方部门属	1 352 233	1 291 544	536 646	191 985	562 913	60 689	30 277	30 412
省级部门属	1 158 640	1 103 250	417 805	180 736	504 709	55 390	27 780	27 610
副省级城市属	41 719	41 419	29 375	247	11 797	300	300	0
地市级部门属	151 874	146 875	89 466	11 002	46 407	4 999	2 197	2 802
中央部门属	1 747 465	1 188 086	377 051	152 087	658 948	559 379	49 253	510 126
中国科学院	1 054 364	555 699	202 644	75 297	277 758	498 665	0	498 665
中央属								
总　计	1 747 465	1 188 086	377 051	152 087	658 948	559 379	49 253	510 126
农业部	254 121	242 660	85 004	20 081	137 575	11 461	0	11 461
国土资源部	72 747	72 747	20 796	17 709	34 242	0	0	0

续表

项目	R&D经费内部支出	经常费支出				基本建设费		
			人员费用	设备购置费	其他		仪器设备费	土建费
国家海洋局	366 233	316 980	68 607	39 000	209 373	49 253	49 253	0
中华全国供销合作总社	0	0	0	0	0	0	0	0
中国科学院	1 054 364	555 699	202 644	75 297	277 758	498 665	0	498 665
地方属								
总　计	1 352 233	1 291 544	536 646	191 985	562 913	60 689	30 277	30 412
济南市	971 732	920 801	343 320	154 300	423 181	50 931	27 321	23 610
青岛市	119 255	118 955	56 811	2 006	60 138	300	300	0
淄博市	12 022	11 328	7 214	472	3 642	694	544	150
枣庄市	0	0	0	0	0	0	0	0
东营市	0	0	0	0	0	0	0	0
烟台市	92 322	89 322	31 122	11 070	47 130	3 000	0	3 000
潍坊市	21 103	19 644	13 175	1 794	4 675	1 459	459	1 000
济宁市	47 362	46 073	23 348	9 155	13 570	1 289	1 289	0
泰安市	46 821	46 791	31 260	12 275	3 256	30	10	20
威海市	2 948	2 948	2 408	0	540	0	0	0
日照市	1 328	1 328	1 318	0	10	0	0	0
莱芜市	968	968	943	0	25	0	0	0
临沂市	10 463	10 313	9 642	582	89	150	38	112
德州市	5 306	4 776	4 556	0	220	530	0	530
聊城市	10 108	10 108	5 954	251	3 903	0	0	0
滨州市	7 830	5 760	4 045	80	1 635	2 070	80	1 990
菏泽市	2 665	2 429	1 530	0	899	236	236	0
3.按机构所属学科领域分布								
全省								
总　计	3 099 698	2 479 630	913 697	344 072	1 221 861	620 068	79 530	540 538
自然科学领域	1 440 298	902 954	259 602	132 213	511 139	537 344	49 398	487 946
农业科学领域	707 592	685 954	297 352	61 447	327 155	21 638	4 059	17 579
医学科学领域	309 288	300 376	145 578	62 185	92 613	8 912	5 280	3 632
工程科学与技术领域	569 770	517 633	177 786	85 704	254 143	52 137	20 793	31 344
社会、人文科学领域	72 750	72 713	33 379	2 523	36 811	37	0	37
4.按机构服务的国民经济行业分布								
全省								
总　计	3 099 698	2 479 630	913 697	344 072	1 221 861	620 068	79 530	540 538
农、林、牧、渔业	705 267	683 629	282 878	61 873	338 878	21 638	4 059	17 579
农业	351 250	343 302	152 818	34 468	156 016	7 948	1 525	6 423

续表

项目	R&D经费内部支出	经常费支出	人员费用	设备购置费	其他	基本建设费	仪器设备费	土建费
林业	14 308	14 139	10 863	356	2 920	169	57	112
畜牧业	25 243	25 243	11 099	2 693	11 451	0	0	0
渔业	190 460	181 892	59 694	17 447	104 751	8 568	0	8 568
农、林、牧、渔服务业	124 006	119 053	48 404	6 909	63 740	4 953	2 477	2 476
采矿业	0	0	0	0	0	0	0	0
煤炭开采和洗选业	0	0	0	0	0	0	0	0
石油和天然气开采业	0	0	0	0	0	0	0	0
黑色金属矿采选业	0	0	0	0	0	0	0	0
有色金属矿采选业	0	0	0	0	0	0	0	0
非金属矿采选业	0	0	0	0	0	0	0	0
开采辅助活动	0	0	0	0	0	0	0	0
其他采矿业	0	0	0	0	0	0	0	0
制造业	158 617	156 313	73 013	33 691	49 609	2 304	145	2 159
农副食品加工业	400	400	300	0	100	0	0	0
食品制造业	2 745	2 500	1 740	170	590	245	145	100
酒、饮料和精制茶制造业	0	0	0	0	0	0	0	0
烟草制品业	0	0	0	0	0	0	0	0
纺织业	2 800	2 800	656	0	2 144	0	0	0
纺织服装、服饰业	0	0	0	0	0	0	0	0
皮革、毛皮、羽毛及其制品和制鞋业	400	400	350	0	50	0	0	0
木材加工和木、竹、藤、棕、草制品业	0	0	0	0	0	0	0	0
家具制造业	1 172	1 172	265	700	207	0	0	0
造纸和纸制品业	3 456	3 456	2 069	0	1 387	0	0	0
印刷和记录媒介复制业	0	0	0	0	0	0	0	0
文教、工美、体育和娱乐用品制造业	0	0	0	0	0	0	0	0
石油加工、炼焦和核燃料加工业	0	0	0	0	0	0	0	0
化学原料和化学制品制造业	22 430	22 430	8 005	7 900	6 525	0	0	0
医药制造业	53 307	52 248	23 460	12 119	16 669	1 059	0	1 059
化学纤维制造业	567	567	390	0	177	0	0	0
橡胶和塑料制品业	1 619	1 619	1 085	0	534	0	0	0
非金属矿物制品业	0	0	0	0	0	0	0	0
黑色金属冶炼和压延加工业	0	0	0	0	0	0	0	0
有色金属冶炼和压延加工业	0	0	0	0	0	0	0	0
金属制品业	0	0	0	0	0	0	0	0
通用设备制造业	1 135	1 135	900	118	117	0	0	0

续表

项目	R&D经费内部支出	经常费支出				基本建设费		
			人员费用	设备购置费	其他		仪器设备费	土建费
专用设备制造业	13 435	12 435	8 573	218	3 644	1 000	0	1 000
汽车制造业	0	0	0	0	0	0	0	0
铁路、船舶、航空航天和其他运输设备制造业	0	0	0	0	0	0	0	0
电气机械和器材制造业	9 242	9 242	3 745	3 497	2 000	0	0	0
计算机、通信和其他电子设备制造业	0	0	0	0	0	0	0	0
仪器仪表制造业	45 909	45 909	21 475	8 969	15 465	0	0	0
其他制造业	0	0	0	0	0	0	0	0
废弃资源综合利用业	0	0	0	0	0	0	0	0
金属制品、机械和设备修理业	0	0	0	0	0	0	0	0
电力、热力、燃气及水生产和供应业	0	0	0	0	0	0	0	0
电力、热力生产和供应业	0	0	0	0	0	0	0	0
燃气生产和供应业	0	0	0	0	0	0	0	0
水的生产和供应业	0	0	0	0	0	0	0	0
建筑业	6 918	6 918	2 476	670	3 772	0	0	0
房屋建筑业	6 918	6 918	2 476	670	3 772	0	0	0
土木工程建筑业	0	0	0	0	0	0	0	0
建筑安装业	0	0	0	0	0	0	0	0
建筑装饰和其他建筑业	0	0	0	0	0	0	0	0
批发和零售业	0	0	0	0	0	0	0	0
批发业	0	0	0	0	0	0	0	0
零售业	0	0	0	0	0	0	0	0
交通运输、仓储和邮政业	6 307	3 207	1 867	170	1 170	3 100	0	3 100
铁路运输业	0	0	0	0	0	0	0	0
道路运输业	6 307	3 207	1 867	170	1 170	3 100	0	3 100
水上运输业	0	0	0	0	0	0	0	0
航空运输业	0	0	0	0	0	0	0	0
管道运输业	0	0	0	0	0	0	0	0
装卸搬运和运输代理业	0	0	0	0	0	0	0	0
仓储业	0	0	0	0	0	0	0	0
邮政业	0	0	0	0	0	0	0	0
住宿和餐饮业	0	0	0	0	0	0	0	0
住宿业	0	0	0	0	0	0	0	0
餐饮业	0	0	0	0	0	0	0	0
信息传输、软件和信息技术服务业	64 420	64 420	7 838	13 717	42 865	0	0	0
电信、广播电视和卫星传输服务	0	0	0	0	0	0	0	0

续表

项目	R&D经费内部支出	经常费支出	人员费用	设备购置费	其他	基本建设费	仪器设备费	土建费
互联网和相关服务	0	0	0	0	0	0	0	0
软件和信息技术服务业	64 420	64 420	7 838	13 717	42 865	0	0	0
金融业	0	0	0	0	0	0	0	0
货币金融服务	0	0	0	0	0	0	0	0
资本市场服务	0	0	0	0	0	0	0	0
保险业	0	0	0	0	0	0	0	0
其他金融业	0	0	0	0	0	0	0	0
房地产业	0	0	0	0	0	0	0	0
房地产业	0	0	0	0	0	0	0	0
租赁和商务服务业	0	0	0	0	0	0	0	0
租赁业	0	0	0	0	0	0	0	0
商务服务业	0	0	0	0	0	0	0	0
科学研究和技术服务业	1 893 022	1 308 908	426 575	183 444	698 889	584 114	70 046	514 068
研究和试验发展	774 950	703 852	230 418	94 022	379 412	71 098	57 633	13 465
专业技术服务业	1 117 972	604 956	196 117	89 382	319 457	513 016	12 413	500 603
科技推广和应用服务业	100	100	40	40	20	0	0	0
水利、环境和公共设施管理业	36 967	36 967	9 086	2 148	25 733	0	0	0
水利管理业	6 597	6 597	2 957	408	3 232	0	0	0
生态保护和环境治理业	30 370	30 370	6 129	1 740	22 501	0	0	0
公共设施管理业	0	0	0	0	0	0	0	0
居民服务、修理和其他服务业	0	0	0	0	0	0	0	0
居民服务业	0	0	0	0	0	0	0	0
机动车、电子产品和日用产品修理业	0	0	0	0	0	0	0	0
其他服务业	0	0	0	0	0	0	0	0
教育	0	0	0	0	0	0	0	0
教育	0	0	0	0	0	0	0	0
卫生和社会工作	224 670	215 758	107 111	47 702	60 945	8 912	5 280	3 632
卫生	224 670	215 758	107 111	47 702	60 945	8 912	5 280	3 632
社会工作	0	0	0	0	0	0	0	0
文化、体育和娱乐业	3 510	3 510	2 853	657	0	0	0	0
新闻和出版业	0	0	0	0	0	0	0	0
广播、电视、电影和影视录音制作业	0	0	0	0	0	0	0	0
文化艺术业	3 510	3 510	2 853	657	0	0	0	0
体育	0	0	0	0	0	0	0	0
娱乐业	0	0	0	0	0	0	0	0

续表

项目	R&D经费内部支出	经常费支出	人员费用	设备购置费	其他	基本建设费	仪器设备费	土建费
公共管理、社会保障和社会组织	0	0	0	0	0	0	0	0
中国共产党机关	0	0	0	0	0	0	0	0
国家机构	0	0	0	0	0	0	0	0
人民政协、民主党派	0	0	0	0	0	0	0	0
社会保障	0	0	0	0	0	0	0	0
群众团体、社会团体和其他成员组织	0	0	0	0	0	0	0	0
基层群众自治组织	0	0	0	0	0	0	0	0
国际组织	0	0	0	0	0	0	0	0
国际组织	0	0	0	0	0	0	0	0
中央属								
总　计	1 747 465	1 188 086	377 051	152 087	658 948	559 379	49 253	510 126
农、林、牧、渔业	254 121	242 660	85 004	20 081	137 575	11 461	0	11 461
农业	116 000	110 107	40 971	6 319	62 817	5 893	0	5 893
林业	0	0	0	0	0	0	0	0
畜牧业	0	0	0	0	0	0	0	0
渔业	138 121	132 553	44 033	13 762	74 758	5 568	0	5 568
农、林、牧、渔服务业	0	0	0	0	0	0	0	0
采矿业	0	0	0	0	0	0	0	0
煤炭开采和洗选业	0	0	0	0	0	0	0	0
石油和天然气开采业	0	0	0	0	0	0	0	0
黑色金属矿采选业	0	0	0	0	0	0	0	0
有色金属矿采选业	0	0	0	0	0	0	0	0
非金属矿采选业	0	0	0	0	0	0	0	0
开采辅助活动	0	0	0	0	0	0	0	0
其他采矿业	0	0	0	0	0	0	0	0
制造业	0	0	0	0	0	0	0	0
农副食品加工业	0	0	0	0	0	0	0	0
食品制造业	0	0	0	0	0	0	0	0
酒、饮料和精制茶制造业	0	0	0	0	0	0	0	0
烟草制品业	0	0	0	0	0	0	0	0
纺织业	0	0	0	0	0	0	0	0
纺织服装、服饰业	0	0	0	0	0	0	0	0
皮革、毛皮、羽毛及其制品和制鞋业	0	0	0	0	0	0	0	0
木材加工和木、竹、藤、棕、草制品业	0	0	0	0	0	0	0	0
家具制造业	0	0	0	0	0	0	0	0

续表

项目	R&D经费内部支出	经常费支出				基本建设费		
			人员费用	设备购置费	其他		仪器设备费	土建费
造纸和纸制品业	0	0	0	0	0	0	0	0
印刷和记录媒介复制业	0	0	0	0	0	0	0	0
文教、工美、体育和娱乐用品制造业	0	0	0	0	0	0	0	0
石油加工、炼焦和核燃料加工业	0	0	0	0	0	0	0	0
化学原料和化学制品制造业	0	0	0	0	0	0	0	0
医药制造业	0	0	0	0	0	0	0	0
化学纤维制造业	0	0	0	0	0	0	0	0
橡胶和塑料制品业	0	0	0	0	0	0	0	0
非金属矿物制品业	0	0	0	0	0	0	0	0
黑色金属冶炼和压延加工业	0	0	0	0	0	0	0	0
有色金属冶炼和压延加工业	0	0	0	0	0	0	0	0
金属制品业	0	0	0	0	0	0	0	0
通用设备制造业	0	0	0	0	0	0	0	0
专用设备制造业	0	0	0	0	0	0	0	0
汽车制造业	0	0	0	0	0	0	0	0
铁路、船舶、航空航天和其他运输设备制造业	0	0	0	0	0	0	0	0
电气机械和器材制造业	0	0	0	0	0	0	0	0
计算机、通信和其他电子设备制造业	0	0	0	0	0	0	0	0
仪器仪表制造业	0	0	0	0	0	0	0	0
其他制造业	0	0	0	0	0	0	0	0
废弃资源综合利用业	0	0	0	0	0	0	0	0
金属制品、机械和设备修理业	0	0	0	0	0	0	0	0
电力、热力、燃气及水生产和供应业	0	0	0	0	0	0	0	0
电力、热力生产和供应业	0	0	0	0	0	0	0	0
燃气生产和供应业	0	0	0	0	0	0	0	0
水的生产和供应业	0	0	0	0	0	0	0	0
建筑业	0	0	0	0	0	0	0	0
房屋建筑业	0	0	0	0	0	0	0	0
土木工程建筑业	0	0	0	0	0	0	0	0
建筑安装业	0	0	0	0	0	0	0	0
建筑装饰和其他建筑业	0	0	0	0	0	0	0	0
批发和零售业	0	0	0	0	0	0	0	0
批发业	0	0	0	0	0	0	0	0
零售业	0	0	0	0	0	0	0	0
交通运输、仓储和邮政业	0	0	0	0	0	0	0	0

续表

项目	R&D经费内部支出	经常费支出				基本建设费		
			人员费用	设备购置费	其他		仪器设备费	土建费
铁路运输业	0	0	0	0	0	0	0	0
道路运输业	0	0	0	0	0	0	0	0
水上运输业	0	0	0	0	0	0	0	0
航空运输业	0	0	0	0	0	0	0	0
管道运输业	0	0	0	0	0	0	0	0
装卸搬运和运输代理业	0	0	0	0	0	0	0	0
仓储业	0	0	0	0	0	0	0	0
邮政业	0	0	0	0	0	0	0	0
住宿和餐饮业	0	0	0	0	0	0	0	0
住宿业	0	0	0	0	0	0	0	0
餐饮业	0	0	0	0	0	0	0	0
信息传输、软件和信息技术服务业	0	0	0	0	0	0	0	0
电信、广播电视和卫星传输服务	0	0	0	0	0	0	0	0
互联网和相关服务	0	0	0	0	0	0	0	0
软件和信息技术服务业	0	0	0	0	0	0	0	0
金融业	0	0	0	0	0	0	0	0
货币金融服务	0	0	0	0	0	0	0	0
资本市场服务	0	0	0	0	0	0	0	0
保险业	0	0	0	0	0	0	0	0
其他金融业	0	0	0	0	0	0	0	0
房地产业	0	0	0	0	0	0	0	0
房地产业	0	0	0	0	0	0	0	0
租赁和商务服务业	0	0	0	0	0	0	0	0
租赁业	0	0	0	0	0	0	0	0
商务服务业	0	0	0	0	0	0	0	0
科学研究和技术服务业	1 493 344	945 426	292 047	132 006	521 373	547 918	49 253	498 665
研究和试验发展	592 672	531 541	149 389	79 482	302 670	61 131	49 253	11 878
专业技术服务业	900 672	413 885	142 658	52 524	218 703	486 787	0	486 787
科技推广和应用服务业	0	0	0	0	0	0	0	0
水利、环境和公共设施管理业	0	0	0	0	0	0	0	0
水利管理业	0	0	0	0	0	0	0	0
生态保护和环境治理业	0	0	0	0	0	0	0	0
公共设施管理业	0	0	0	0	0	0	0	0
居民服务、修理和其他服务业	0	0	0	0	0	0	0	0
居民服务业	0	0	0	0	0	0	0	0

续表

项目	R&D经费内部支出	经常费支出				基本建设费		
			人员费用	设备购置费	其他		仪器设备费	土建费
机动车、电子产品和日用产品修理业	0	0	0	0	0	0	0	0
其他服务业	0	0	0	0	0	0	0	0
教育	0	0	0	0	0	0	0	0
教育	0	0	0	0	0	0	0	0
卫生和社会工作	0	0	0	0	0	0	0	0
卫生	0	0	0	0	0	0	0	0
社会工作	0	0	0	0	0	0	0	0
文化、体育和娱乐业	0	0	0	0	0	0	0	0
新闻和出版业	0	0	0	0	0	0	0	0
广播、电视、电影和影视录音制作业	0	0	0	0	0	0	0	0
文化艺术业	0	0	0	0	0	0	0	0
体育	0	0	0	0	0	0	0	0
娱乐业	0	0	0	0	0	0	0	0
公共管理、社会保障和社会组织	0	0	0	0	0	0	0	0
中国共产党机关	0	0	0	0	0	0	0	0
国家机构	0	0	0	0	0	0	0	0
人民政协、民主党派	0	0	0	0	0	0	0	0
社会保障	0	0	0	0	0	0	0	0
群众团体、社会团体和其他成员组织	0	0	0	0	0	0	0	0
基层群众自治组织	0	0	0	0	0	0	0	0
国际组织	0	0	0	0	0	0	0	0
国际组织	0	0	0	0	0	0	0	0
地方属								
总　计	1 352 233	1 291 544	536 646	191 985	562 913	60 689	30 277	30 412
农、林、牧、渔业	451 146	440 969	197 874	41 792	201 303	10 177	4 059	6 118
农业	235 250	233 195	111 847	28 149	93 199	2 055	1 525	530
林业	14 308	14 139	10 863	356	2 920	169	57	112
畜牧业	25 243	25 243	11 099	2 693	11 451	0	0	0
渔业	52 339	49 339	15 661	3 685	29 993	3 000	0	3 000
农、林、牧、渔服务业	124 006	119 053	48 404	6 909	63 740	4 953	2 477	2 476
采矿业	0	0	0	0	0	0	0	0
煤炭开采和洗选业	0	0	0	0	0	0	0	0
石油和天然气开采业	0	0	0	0	0	0	0	0
黑色金属矿采选业	0	0	0	0	0	0	0	0
有色金属矿采选业	0	0	0	0	0	0	0	0

续表

项目	R&D经费内部支出	经常费支出	人员费用	设备购置费	其他	基本建设费	仪器设备费	土建费
非金属矿采选业	0	0	0	0	0	0	0	0
开采辅助活动	0	0	0	0	0	0	0	0
其他采矿业	0	0	0	0	0	0	0	0
制造业	158 617	156 313	73 013	33 691	49 609	2 304	145	2 159
农副食品加工业	400	400	300	0	100	0	0	0
食品制造业	2 745	2 500	1 740	170	590	245	145	100
酒、饮料和精制茶制造业	0	0	0	0	0	0	0	0
烟草制品业	0	0	0	0	0	0	0	0
纺织业	2 800	2 800	656	0	2 144	0	0	0
纺织服装、服饰业	0	0	0	0	0	0	0	0
皮革、毛皮、羽毛及其制品和制鞋业	400	400	350	0	50	0	0	0
木材加工和木、竹、藤、棕、草制品业	0	0	0	0	0	0	0	0
家具制造业	1 172	1 172	265	700	207	0	0	0
造纸和纸制品业	3 456	3 456	2 069	0	1 387	0	0	0
印刷和记录媒介复制业	0	0	0	0	0	0	0	0
文教、工美、体育和娱乐用品制造业	0	0	0	0	0	0	0	0
石油加工、炼焦和核燃料加工业	0	0	0	0	0	0	0	0
化学原料和化学制品制造业	22 430	22 430	8 005	7 900	6 525	0	0	0
医药制造业	53 307	52 248	23 460	12 119	16 669	1 059	0	1 059
化学纤维制造业	567	567	390	0	177	0	0	0
橡胶和塑料制品业	1 619	1 619	1 085	0	534	0	0	0
非金属矿物制品业	0	0	0	0	0	0	0	0
黑色金属冶炼和压延加工业	0	0	0	0	0	0	0	0
有色金属冶炼和压延加工业	0	0	0	0	0	0	0	0
金属制品业	0	0	0	0	0	0	0	0
通用设备制造业	1 135	1 135	900	118	117	0	0	0
专用设备制造业	13 435	12 435	8 573	218	3 644	1 000	0	1 000
汽车制造业	0	0	0	0	0	0	0	0
铁路、船舶、航空航天和其他运输设备制造业	0	0	0	0	0	0	0	0
电气机械和器材制造业	9 242	9 242	3 745	3 497	2 000	0	0	0
计算机、通信和其他电子设备制造业	0	0	0	0	0	0	0	0
仪器仪表制造业	45 909	45 909	21 475	8 969	15 465	0	0	0
其他制造业	0	0	0	0	0	0	0	0
废弃资源综合利用业	0	0	0	0	0	0	0	0
金属制品、机械和设备修理业	0	0	0	0	0	0	0	0

续表

项目	R&D经费内部支出	经常费支出	人员费用	设备购置费	其他	基本建设费	仪器设备费	土建费
电力、热力、燃气及水生产和供应业	0	0	0	0	0	0	0	0
电力、热力生产和供应业	0	0	0	0	0	0	0	0
燃气生产和供应业	0	0	0	0	0	0	0	0
水的生产和供应业	0	0	0	0	0	0	0	0
建筑业	6 918	6 918	2 476	670	3 772	0	0	0
房屋建筑业	6 918	6 918	2 476	670	3 772	0	0	0
土木工程建筑业	0	0	0	0	0	0	0	0
建筑安装业	0	0	0	0	0	0	0	0
建筑装饰和其他建筑业	0	0	0	0	0	0	0	0
批发和零售业	0	0	0	0	0	0	0	0
批发业	0	0	0	0	0	0	0	0
零售业	0	0	0	0	0	0	0	0
交通运输、仓储和邮政业	6 307	3 207	1 867	170	1 170	3 100	0	3 100
铁路运输业	0	0	0	0	0	0	0	0
道路运输业	6 307	3 207	1 867	170	1 170	3 100	0	3 100
水上运输业	0	0	0	0	0	0	0	0
航空运输业	0	0	0	0	0	0	0	0
管道运输业	0	0	0	0	0	0	0	0
装卸搬运和运输代理业	0	0	0	0	0	0	0	0
仓储业	0	0	0	0	0	0	0	0
邮政业	0	0	0	0	0	0	0	0
住宿和餐饮业	0	0	0	0	0	0	0	0
住宿业	0	0	0	0	0	0	0	0
餐饮业	0	0	0	0	0	0	0	0
信息传输、软件和信息技术服务业	64 420	64 420	7 838	13 717	42 865	0	0	0
电信、广播电视和卫星传输服务	0	0	0	0	0	0	0	0
互联网和相关服务	0	0	0	0	0	0	0	0
软件和信息技术服务业	64 420	64 420	7 838	13 717	42 865	0	0	0
金融业	0	0	0	0	0	0	0	0
货币金融服务	0	0	0	0	0	0	0	0
资本市场服务	0	0	0	0	0	0	0	0
保险业	0	0	0	0	0	0	0	0
其他金融业	0	0	0	0	0	0	0	0
房地产业	0	0	0	0	0	0	0	0
房地产业	0	0	0	0	0	0	0	0

续表

项目	R&D经费内部支出	经常费支出	人员费用	设备购置费	其他	基本建设费	仪器设备费	土建费
租赁和商务服务业	0	0	0	0	0	0	0	0
租赁业	0	0	0	0	0	0	0	0
商务服务业	0	0	0	0	0	0	0	0
科学研究和技术服务业	399 678	363 482	134 528	51 438	177 516	36 196	20 793	15 403
研究和试验发展	182 278	172 311	81 029	14 540	76 742	9 967	8 380	1 587
专业技术服务业	217 300	191 071	53 459	36 858	100 754	26 229	12 413	13 816
科技推广和应用服务业	100	100	40	40	20	0	0	0
水利、环境和公共设施管理业	36 967	36 967	9 086	2 148	25 733	0	0	0
水利管理业	6 597	6 597	2 957	408	3 232	0	0	0
生态保护和环境治理业	30 370	30 370	6 129	1 740	22 501	0	0	0
公共设施管理业	0	0	0	0	0	0	0	0
居民服务、修理和其他服务业	0	0	0	0	0	0	0	0
居民服务业	0	0	0	0	0	0	0	0
机动车、电子产品和日用产品修理业	0	0	0	0	0	0	0	0
其他服务业	0	0	0	0	0	0	0	0
教育	0	0	0	0	0	0	0	0
教育	0	0	0	0	0	0	0	0
卫生和社会工作	224 670	215 758	107 111	47 702	60 945	8 912	5 280	3 632
卫生	224 670	215 758	107 111	47 702	60 945	8 912	5 280	3 632
社会工作	0	0	0	0	0	0	0	0
文化、体育和娱乐业	3 510	3 510	2 853	657	0	0	0	0
新闻和出版业	0	0	0	0	0	0	0	0
广播、电视、电影和影视录音制作业	0	0	0	0	0	0	0	0
文化艺术业	3 510	3 510	2 853	657	0	0	0	0
体育	0	0	0	0	0	0	0	0
娱乐业	0	0	0	0	0	0	0	0
公共管理、社会保障和社会组织	0	0	0	0	0	0	0	0
中国共产党机关	0	0	0	0	0	0	0	0
国家机构	0	0	0	0	0	0	0	0
人民政协、民主党派	0	0	0	0	0	0	0	0
社会保障	0	0	0	0	0	0	0	0
群众团体、社会团体和其他成员组织	0	0	0	0	0	0	0	0
基层群众自治组织	0	0	0	0	0	0	0	0
国际组织	0	0	0	0	0	0	0	0
国际组织	0	0	0	0	0	0	0	0

表12 2012年R&D经费外部支出

项目	R&D经费外部支出	对国内科研机构支出	对国内高等学校支出	对国内企业支出	对境外机构支出
1.按地域分布					
全省					
总　计	116 676	57 096	40 487	19 093	0
济南市	13 859	5 045	3 055	5 759	0
青岛市	102 497	52 051	37 432	13 014	0
淄博市	0	0	0	0	0
枣庄市	0	0	0	0	0
东营市	0	0	0	0	0
烟台市	0	0	0	0	0
潍坊市	0	0	0	0	0
济宁市	0	0	0	0	0
泰安市	0	0	0	0	0
威海市	0	0	0	0	0
日照市	0	0	0	0	0
莱芜市	0	0	0	0	0
临沂市	0	0	0	0	0
德州市	0	0	0	0	0
聊城市	0	0	0	0	0
滨州市	320	0	0	320	0
菏泽市	0	0	0	0	0
2.按隶属关系分布					
全省					
总　计	116 676	57 096	40 487	19 093	0
地方部门属	14 179	5 045	3 055	6 079	0
省级部门属	13 859	5 045	3 055	5 759	0
副省级城市属	0	0	0	0	0
地市级部门属	320	0	0	320	0
中央部门属	102 497	52 051	37 432	13 014	0
中国科学院	0	0	0	0	0
中央属					
总　计	102 497	52 051	37 432	13 014	0
农业部	38 246	15 298	11 474	11 474	0
国土资源部	0	0	0	0	0
国家海洋局	64 251	36 753	25 958	1 540	0

续表

项目	R&D经费外部支出	对国内科研机构支出	对国内高等学校支出	对国内企业支出	对境外机构支出
中华全国供销合作总社	0	0	0	0	0
中国科学院	0	0	0	0	0
地方属					
总　计	14 179	5 045	3 055	6 079	0
济南市	13 859	5 045	3 055	5 759	0
青岛市	0	0	0	0	0
淄博市	0	0	0	0	0
枣庄市	0	0	0	0	0
东营市	0	0	0	0	0
烟台市	0	0	0	0	0
潍坊市	0	0	0	0	0
济宁市	0	0	0	0	0
泰安市	0	0	0	0	0
威海市	0	0	0	0	0
日照市	0	0	0	0	0
莱芜市	0	0	0	0	0
临沂市	0	0	0	0	0
德州市	0	0	0	0	0
聊城市	0	0	0	0	0
滨州市	320	0	0	320	0
菏泽市	0	0	0	0	0
3.按机构所属学科领域分布					
全省					
总　计	116 676	57 096	40 487	19 093	0
自然科学领域	64 251	36 753	25 958	1 540	0
农业科学领域	52 275	20 243	14 529	17 503	0
医学科学领域	150	100	0	50	0
工程科学与技术领域	0	0	0	0	0
社会、人文科学领域	0	0	0	0	0
4.按机构服务的国民经济行业分布					
全省					
总　计	116 676	57 096	40 487	19 093	0
农、林、牧、渔业	52 275	20 243	14 529	17 503	0
农业	5 080	3 225	1 855	0	0
林业	0	0	0	0	0
畜牧业	0	0	0	0	0

续表

项目	R&D经费外部支出	对国内科研机构支出	对国内高等学校支出	对国内企业支出	对境外机构支出
渔业	38 246	15 298	11 474	11 474	0
农、林、牧、渔服务业	8 949	1 720	1 200	6 029	0
采矿业	0	0	0	0	0
煤炭开采和洗选业	0	0	0	0	0
石油和天然气开采业	0	0	0	0	0
黑色金属矿采选业	0	0	0	0	0
有色金属矿采选业	0	0	0	0	0
非金属矿采选业	0	0	0	0	0
开采辅助活动	0	0	0	0	0
其他采矿业	0	0	0	0	0
制造业	0	0	0	0	0
农副食品加工业	0	0	0	0	0
食品制造业	0	0	0	0	0
酒、饮料和精制茶制造业	0	0	0	0	0
烟草制品业	0	0	0	0	0
纺织业	0	0	0	0	0
纺织服装、服饰业	0	0	0	0	0
皮革、毛皮、羽毛及其制品和制鞋业	0	0	0	0	0
木材加工和木、竹、藤、棕、草制品业	0	0	0	0	0
家具制造业	0	0	0	0	0
造纸和纸制品业	0	0	0	0	0
印刷和记录媒介复制业	0	0	0	0	0
文教、工美、体育和娱乐用品制造业	0	0	0	0	0
石油加工、炼焦和核燃料加工业	0	0	0	0	0
化学原料和化学制品制造业	0	0	0	0	0
医药制造业	0	0	0	0	0
化学纤维制造业	0	0	0	0	0
橡胶和塑料制品业	0	0	0	0	0
非金属矿物制品业	0	0	0	0	0
黑色金属冶炼和压延加工业	0	0	0	0	0
有色金属冶炼和压延加工业	0	0	0	0	0
金属制品业	0	0	0	0	0
通用设备制造业	0	0	0	0	0
专用设备制造业	0	0	0	0	0
汽车制造业	0	0	0	0	0
铁路、船舶、航空航天和其他运输设备制造业	0	0	0	0	0

续表

项目	R&D经费外部支出	对国内科研机构支出	对国内高等学校支出	对国内企业支出	对境外机构支出
电气机械和器材制造业	0	0	0	0	0
计算机、通信和其他电子设备制造业	0	0	0	0	0
仪器仪表制造业	0	0	0	0	0
其他制造业	0	0	0	0	0
废弃资源综合利用业	0	0	0	0	0
金属制品、机械和设备修理业	0	0	0	0	0
电力、热力、燃气及水生产和供应业	0	0	0	0	0
电力、热力生产和供应业	0	0	0	0	0
燃气生产和供应业	0	0	0	0	0
水的生产和供应业	0	0	0	0	0
建筑业	0	0	0	0	0
房屋建筑业	0	0	0	0	0
土木工程建筑业	0	0	0	0	0
建筑安装业	0	0	0	0	0
建筑装饰和其他建筑业	0	0	0	0	0
批发和零售业	0	0	0	0	0
批发业	0	0	0	0	0
零售业	0	0	0	0	0
交通运输、仓储和邮政业	0	0	0	0	0
铁路运输业	0	0	0	0	0
道路运输业	0	0	0	0	0
水上运输业	0	0	0	0	0
航空运输业	0	0	0	0	0
管道运输业	0	0	0	0	0
装卸搬运和运输代理业	0	0	0	0	0
仓储业	0	0	0	0	0
邮政业	0	0	0	0	0
住宿和餐饮业	0	0	0	0	0
住宿业	0	0	0	0	0
餐饮业	0	0	0	0	0
信息传输、软件和信息技术服务业	0	0	0	0	0
电信、广播电视和卫星传输服务	0	0	0	0	0
互联网和相关服务	0	0	0	0	0
软件和信息技术服务业	0	0	0	0	0
金融业	0	0	0	0	0
货币金融服务	0	0	0	0	0

续表

项目	R&D经费外部支出	对国内科研机构支出	对国内高等学校支出	对国内企业支出	对境外机构支出
资本市场服务	0	0	0	0	0
保险业	0	0	0	0	0
其他金融业	0	0	0	0	0
房地产业	0	0	0	0	0
房地产业	0	0	0	0	0
租赁和商务服务业	0	0	0	0	0
租赁业	0	0	0	0	0
商务服务业	0	0	0	0	0
科学研究和技术服务业	64 251	36 753	25 958	1 540	0
研究和试验发展	64 251	36 753	25 958	1 540	0
专业技术服务业	0	0	0	0	0
科技推广和应用服务业	0	0	0	0	0
水利、环境和公共设施管理业	0	0	0	0	0
水利管理业	0	0	0	0	0
生态保护和环境治理业	0	0	0	0	0
公共设施管理业	0	0	0	0	0
居民服务、修理和其他服务业	0	0	0	0	0
居民服务业	0	0	0	0	0
机动车、电子产品和日用产品修理业	0	0	0	0	0
其他服务业	0	0	0	0	0
教育	0	0	0	0	0
教育	0	0	0	0	0
卫生和社会工作	150	100	0	50	0
卫生	150	100	0	50	0
社会工作	0	0	0	0	0
文化、体育和娱乐业	0	0	0	0	0
新闻和出版业	0	0	0	0	0
广播、电视、电影和影视录音制作业	0	0	0	0	0
文化艺术业	0	0	0	0	0
体育	0	0	0	0	0
娱乐业	0	0	0	0	0
公共管理、社会保障和社会组织	0	0	0	0	0
中国共产党机关	0	0	0	0	0
国家机构	0	0	0	0	0
人民政协、民主党派	0	0	0	0	0
社会保障	0	0	0	0	0

续表

项目	R&D经费外部支出	对国内科研机构支出	对国内高等学校支出	对国内企业支出	对境外机构支出
群众团体、社会团体和其他成员组织	0	0	0	0	0
基层群众自治组织	0	0	0	0	0
国际组织	0	0	0	0	0
国际组织	0	0	0	0	0
中央属					
总　计	102 497	52 051	37 432	13 014	0
农、林、牧、渔业	38 246	15 298	11 474	11 474	0
农业	0	0	0	0	0
林业	0	0	0	0	0
畜牧业	0	0	0	0	0
渔业	38 246	15 298	11 474	11 474	0
农、林、牧、渔服务业	0	0	0	0	0
采矿业	0	0	0	0	0
煤炭开采和洗选业	0	0	0	0	0
石油和天然气开采业	0	0	0	0	0
黑色金属矿采选业	0	0	0	0	0
有色金属矿采选业	0	0	0	0	0
非金属矿采选业	0	0	0	0	0
开采辅助活动	0	0	0	0	0
其他采矿业	0	0	0	0	0
制造业	0	0	0	0	0
农副食品加工业	0	0	0	0	0
食品制造业	0	0	0	0	0
酒、饮料和精制茶制造业	0	0	0	0	0
烟草制品业	0	0	0	0	0
纺织业	0	0	0	0	0
纺织服装、服饰业	0	0	0	0	0
皮革、毛皮、羽毛及其制品和制鞋业	0	0	0	0	0
木材加工和木、竹、藤、棕、草制品业	0	0	0	0	0
家具制造业	0	0	0	0	0
造纸和纸制品业	0	0	0	0	0
印刷和记录媒介复制业	0	0	0	0	0
文教、工美、体育和娱乐用品制造业	0	0	0	0	0
石油加工、炼焦和核燃料加工业	0	0	0	0	0
化学原料和化学制品制造业	0	0	0	0	0
医药制造业	0	0	0	0	0

续表

项目	R&D经费外部支出	对国内科研机构支出	对国内高等学校支出	对国内企业支出	对境外机构支出
化学纤维制造业	0	0	0	0	0
橡胶和塑料制品业	0	0	0	0	0
非金属矿物制品业	0	0	0	0	0
黑色金属冶炼和压延加工业	0	0	0	0	0
有色金属冶炼和压延加工业	0	0	0	0	0
金属制品业	0	0	0	0	0
通用设备制造业	0	0	0	0	0
专用设备制造业	0	0	0	0	0
汽车制造业	0	0	0	0	0
铁路、船舶、航空航天和其他运输设备制造业	0	0	0	0	0
电气机械和器材制造业	0	0	0	0	0
计算机、通信和其他电子设备制造业	0	0	0	0	0
仪器仪表制造业	0	0	0	0	0
其他制造业	0	0	0	0	0
废弃资源综合利用业	0	0	0	0	0
金属制品、机械和设备修理业	0	0	0	0	0
电力、热力、燃气及水生产和供应业	0	0	0	0	0
电力、热力生产和供应业	0	0	0	0	0
燃气生产和供应业	0	0	0	0	0
水的生产和供应业	0	0	0	0	0
建筑业	0	0	0	0	0
房屋建筑业	0	0	0	0	0
土木工程建筑业	0	0	0	0	0
建筑安装业	0	0	0	0	0
建筑装饰和其他建筑业	0	0	0	0	0
批发和零售业	0	0	0	0	0
批发业	0	0	0	0	0
零售业	0	0	0	0	0
交通运输、仓储和邮政业	0	0	0	0	0
铁路运输业	0	0	0	0	0
道路运输业	0	0	0	0	0
水上运输业	0	0	0	0	0
航空运输业	0	0	0	0	0
管道运输业	0	0	0	0	0
装卸搬运和运输代理业	0	0	0	0	0
仓储业	0	0	0	0	0

续表

项目	R&D经费外部支出	对国内科研机构支出	对国内高等学校支出	对国内企业支出	对境外机构支出
邮政业	0	0	0	0	0
住宿和餐饮业	0	0	0	0	0
住宿业	0	0	0	0	0
餐饮业	0	0	0	0	0
信息传输、软件和信息技术服务业	0	0	0	0	0
电信、广播电视和卫星传输服务	0	0	0	0	0
互联网和相关服务	0	0	0	0	0
软件和信息技术服务业	0	0	0	0	0
金融业	0	0	0	0	0
货币金融服务	0	0	0	0	0
资本市场服务	0	0	0	0	0
保险业	0	0	0	0	0
其他金融业	0	0	0	0	0
房地产业	0	0	0	0	0
房地产业	0	0	0	0	0
租赁和商务服务业	0	0	0	0	0
租赁业	0	0	0	0	0
商务服务业	0	0	0	0	0
科学研究和技术服务业	64 251	36 753	25 958	1 540	0
研究和试验发展	64 251	36 753	25 958	1 540	0
专业技术服务业	0	0	0	0	0
科技推广和应用服务业	0	0	0	0	0
水利、环境和公共设施管理业	0	0	0	0	0
水利管理业	0	0	0	0	0
生态保护和环境治理业	0	0	0	0	0
公共设施管理业	0	0	0	0	0
居民服务、修理和其他服务业	0	0	0	0	0
居民服务业	0	0	0	0	0
机动车、电子产品和日用产品修理业	0	0	0	0	0
其他服务业	0	0	0	0	0
教育	0	0	0	0	0
教育	0	0	0	0	0
卫生和社会工作	0	0	0	0	0
卫生	0	0	0	0	0
社会工作	0	0	0	0	0
文化、体育和娱乐业	0	0	0	0	0

续表

项目	R&D经费外部支出	对国内科研机构支出	对国内高等学校支出	对国内企业支出	对境外机构支出
新闻和出版业	0	0	0	0	0
广播、电视、电影和影视录音制作业	0	0	0	0	0
文化艺术业	0	0	0	0	0
体育	0	0	0	0	0
娱乐业	0	0	0	0	0
公共管理、社会保障和社会组织	0	0	0	0	0
中国共产党机关	0	0	0	0	0
国家机构	0	0	0	0	0
人民政协、民主党派	0	0	0	0	0
社会保障	0	0	0	0	0
群众团体、社会团体和其他成员组织	0	0	0	0	0
基层群众自治组织	0	0	0	0	0
国际组织	0	0	0	0	0
国际组织	0	0	0	0	0
地方属					
总　计	14 179	5 045	3 055	6 079	0
农、林、牧、渔业	14 029	4 945	3 055	6 029	0
农业	5 080	3 225	1 855	0	0
林业	0	0	0	0	0
畜牧业	0	0	0	0	0
渔业	0	0	0	0	0
农、林、牧、渔服务业	8 949	1 720	1 200	6 029	0
采矿业	0	0	0	0	0
煤炭开采和洗选业	0	0	0	0	0
石油和天然气开采业	0	0	0	0	0
黑色金属矿采选业	0	0	0	0	0
有色金属矿采选业	0	0	0	0	0
非金属矿采选业	0	0	0	0	0
开采辅助活动	0	0	0	0	0
其他采矿业	0	0	0	0	0
制造业	0	0	0	0	0
农副食品加工业	0	0	0	0	0
食品制造业	0	0	0	0	0
酒、饮料和精制茶制造业	0	0	0	0	0
烟草制品业	0	0	0	0	0
纺织业	0	0	0	0	0

续表

项目	R&D经费外部支出	对国内科研机构支出	对国内高等学校支出	对国内企业支出	对境外机构支出
纺织服装、服饰业	0	0	0	0	0
皮革、毛皮、羽毛及其制品和制鞋业	0	0	0	0	0
木材加工和木、竹、藤、棕、草制品业	0	0	0	0	0
家具制造业	0	0	0	0	0
造纸和纸制品业	0	0	0	0	0
印刷和记录媒介复制业	0	0	0	0	0
文教、工美、体育和娱乐用品制造业	0	0	0	0	0
石油加工、炼焦和核燃料加工业	0	0	0	0	0
化学原料和化学制品制造业	0	0	0	0	0
医药制造业	0	0	0	0	0
化学纤维制造业	0	0	0	0	0
橡胶和塑料制品业	0	0	0	0	0
非金属矿物制品业	0	0	0	0	0
黑色金属冶炼和压延加工业	0	0	0	0	0
有色金属冶炼和压延加工业	0	0	0	0	0
金属制品业	0	0	0	0	0
通用设备制造业	0	0	0	0	0
专用设备制造业	0	0	0	0	0
汽车制造业	0	0	0	0	0
铁路、船舶、航空航天和其他运输设备制造业	0	0	0	0	0
电气机械和器材制造业	0	0	0	0	0
计算机、通信和其他电子设备制造业	0	0	0	0	0
仪器仪表制造业	0	0	0	0	0
其他制造业	0	0	0	0	0
废弃资源综合利用业	0	0	0	0	0
金属制品、机械和设备修理业	0	0	0	0	0
电力、热力、燃气及水生产和供应业	0	0	0	0	0
电力、热力生产和供应业	0	0	0	0	0
燃气生产和供应业	0	0	0	0	0
水的生产和供应业	0	0	0	0	0
建筑业	0	0	0	0	0
房屋建筑业	0	0	0	0	0
土木工程建筑业	0	0	0	0	0
建筑安装业	0	0	0	0	0
建筑装饰和其他建筑业	0	0	0	0	0
批发和零售业	0	0	0	0	0

续表

项目	R&D经费外部支出	对国内科研机构支出	对国内高等学校支出	对国内企业支出	对境外机构支出
批发业	0	0	0	0	0
零售业	0	0	0	0	0
交通运输、仓储和邮政业	0	0	0	0	0
铁路运输业	0	0	0	0	0
道路运输业	0	0	0	0	0
水上运输业	0	0	0	0	0
航空运输业	0	0	0	0	0
管道运输业	0	0	0	0	0
装卸搬运和运输代理业	0	0	0	0	0
仓储业	0	0	0	0	0
邮政业	0	0	0	0	0
住宿和餐饮业	0	0	0	0	0
住宿业	0	0	0	0	0
餐饮业	0	0	0	0	0
信息传输、软件和信息技术服务业	0	0	0	0	0
电信、广播电视和卫星传输服务	0	0	0	0	0
互联网和相关服务	0	0	0	0	0
软件和信息技术服务业	0	0	0	0	0
金融业	0	0	0	0	0
货币金融服务	0	0	0	0	0
资本市场服务	0	0	0	0	0
保险业	0	0	0	0	0
其他金融业	0	0	0	0	0
房地产业	0	0	0	0	0
房地产业	0	0	0	0	0
租赁和商务服务业	0	0	0	0	0
租赁业	0	0	0	0	0
商务服务业	0	0	0	0	0
科学研究和技术服务业	0	0	0	0	0
研究和试验发展	0	0	0	0	0
专业技术服务业	0	0	0	0	0
科技推广和应用服务业	0	0	0	0	0
水利、环境和公共设施管理业	0	0	0	0	0
水利管理业	0	0	0	0	0
生态保护和环境治理业	0	0	0	0	0
公共设施管理业	0	0	0	0	0

续表

项目	R&D经费外部支出	对国内科研机构支出	对国内高等学校支出	对国内企业支出	对境外机构支出
居民服务、修理和其他服务业	0	0	0	0	0
居民服务业	0	0	0	0	0
机动车、电子产品和日用产品修理业	0	0	0	0	0
其他服务业	0	0	0	0	0
教育	0	0	0	0	0
教育	0	0	0	0	0
卫生和社会工作	150	100	0	50	0
卫生	150	100	0	50	0
社会工作	0	0	0	0	0
文化、体育和娱乐业	0	0	0	0	0
新闻和出版业	0	0	0	0	0
广播、电视、电影和影视录音制作业	0	0	0	0	0
文化艺术业	0	0	0	0	0
体育	0	0	0	0	0
娱乐业	0	0	0	0	0
公共管理、社会保障和社会组织	0	0	0	0	0
中国共产党机关	0	0	0	0	0
国家机构	0	0	0	0	0
人民政协、民主党派	0	0	0	0	0
社会保障	0	0	0	0	0
群众团体、社会团体和其他成员组织	0	0	0	0	0
基层群众自治组织	0	0	0	0	0
国际组织	0	0	0	0	0
国际组织	0	0	0	0	0

表13 2012年R&D经常费支出

单位：千元

项目	R&D经常费支出	按活动类型分			按来源分				
		基础研究	应用研究	试验发展	政府资金	企业资金	事业单位资金	国外资金	其他资金
1.按地域分布									
全省									
总　计	2 479 630	552 571	899 172	1 027 887	2 021 697	166 363	254 335	7 812	29 423
济南市	920 801	105 617	395 921	419 263	668 382	33 665	201 010	584	17 160
青岛市	1 241 471	392 082	426 631	422 758	1 058 093	130 889	38 885	7 141	6 463
淄博市	11 328	0	0	11 328	10 726	0	300	0	302
枣庄市	0	0	0	0	0	0	0	0	0
东营市	0	0	0	0	0	0	0	0	0
烟台市	154 892	40 218	47 162	67 512	142 403	489	8 067	87	3 846
潍坊市	19 644	0	1 493	18 151	18 651	0	0	0	993
济宁市	46 073	12 680	14 118	19 275	43 743	420	1 851	0	59
泰安市	46 791	1 272	7 870	37 649	43 679	0	3 112	0	0
威海市	2 948	0	0	2 948	2 948	0	0	0	0
日照市	1 328	0	0	1 328	1 328	0	0	0	0
莱芜市	968	0	0	968	968	0	0	0	0
临沂市	10 313	0	3 928	6 385	10 013	0	300	0	0
德州市	4 776	0	480	4 296	4 466	0	310	0	0
聊城市	10 108	0	0	10 108	10 108	0	0	0	0
滨州市	5 760	702	1 569	3 489	3 760	900	500	0	600
菏泽市	2 429	0	0	2 429	2 429	0	0	0	0
2.按隶属关系分布									
全省									
总　计	2 479 630	552 571	899 172	1 027 887	2 021 697	166 363	254 335	7 812	29 423
地方部门属	1 291 544	146 428	479 892	665 224	1 017 114	35 335	212 832	584	25 679
省级部门属	1 103 250	134 858	438 270	530 122	842 188	34 085	206 433	584	19 960
副省级城市属	41 419	529	12 143	28 747	34 217	350	3 189	0	3 663
地市级部门属	146 875	11 041	29 479	106 355	140 709	900	3 210	0	2 056
中央部门属	1 188 086	406 143	419 280	362 663	1 004 583	131 028	41 503	7 228	3 744
中国科学院	555 699	207 615	249 103	98 981	487 367	41 834	15 526	7 228	3 744
3.按机构所属学科领域分布									
全省									
总　计	2 479 630	552 571	899 172	1 027 887	2 021 697	166 363	254 335	7 812	29 423
自然科学领域	902 954	346 563	267 743	288 648	836 679	42 950	19 245	259	3 821
农业科学领域	685 954	80 417	198 451	407 086	541 905	91 421	48 242	340	4 046
医学科学领域	300 376	80 875	148 028	71 473	141 061	8 250	149 392	24	1 649
工程科学与技术领域	517 633	39 061	237 758	240 814	436 270	23 742	37 376	7 189	13 056
社会、人文科学领域	72 713	5 655	47 192	19 866	65 782	0	80	0	6 851

表14 2012年人员流动情况

单位：人

项目	本年新增人员	应届高校毕业生	招聘的其他人员	其它新增人员	本年减少人员	离退休人员	离开本单位的人员	其它减少人员	本年不在岗人员
1.按地域分布									
全省									
总　计	1 129	693	293	143	1 045	567	351	127	198
济南市	615	335	186	94	558	296	202	60	142
青岛市	322	228	64	30	250	123	91	36	40
淄博市	34	23	10	1	23	13	9	1	3
枣庄市	0	0	0	0	0	0	0	0	0
东营市	4	1	3	0	1	0	1	0	1
烟台市	67	39	19	9	74	34	21	19	0
潍坊市	13	10	2	1	26	19	6	1	0
济宁市	21	18	2	1	43	27	11	5	8
泰安市	23	16	4	3	24	17	6	1	0
威海市	1	1	0	0	1	0	0	1	0
日照市	0	0	0	0	1	1	0	0	4
莱芜市	0	0	0	0	0	0	0	0	0
临沂市	6	5	1	0	17	17	0	0	0
德州市	6	4	0	2	7	5	0	2	0
聊城市	10	10	0	0	6	6	0	0	0
滨州市	4	2	2	0	9	4	4	1	0
菏泽市	3	1	0	2	5	5	0	0	0
2.按隶属关系分布									
全省									
总　计	1 129	693	293	143	1 045	567	351	127	198
地方部门属	898	526	255	117	876	508	273	95	158
省级部门属	659	369	194	96	603	308	230	65	37
副省级城市属	109	80	27	2	121	95	20	6	105
地市级部门属	130	77	34	19	152	105	23	24	16
中央部门属	231	167	38	26	169	59	78	32	40
中国科学院	152	100	28	24	126	22	73	31	0
中央属									
总　计	231	167	38	26	169	59	78	32	40
农业部	41	35	4	2	20	17	3	0	40
国土资源部	11	10	1	0	3	3	0	0	0
国家海洋局	26	21	5	0	18	16	1	1	0

续表

项目	本年新增人员	应届高校毕业生	招聘的其他人员	其它新增人员	本年减少人员	离退休人员	离开本单位的人员	其它减少人员	本年不在岗人员
中华全国供销合作总社	1	1	0	0	2	1	1	0	0
中国科学院	152	100	28	24	126	22	73	31	0
地方属									
总　计	898	526	255	117	876	508	273	95	158
济南市	614	334	186	94	556	295	201	60	142
青岛市	110	74	32	4	100	65	31	4	0
淄博市	34	23	10	1	23	13	9	1	3
枣庄市	0	0	0	0	0	0	0	0	0
东营市	4	1	3	0	1	0	1	0	1
烟台市	49	27	13	9	57	34	4	19	0
潍坊市	13	10	2	1	26	19	6	1	0
济宁市	21	18	2	1	43	27	11	5	8
泰安市	23	16	4	3	24	17	6	1	0
威海市	1	1	0	0	1	0	0	1	0
日照市	0	0	0	0	1	1	0	0	4
莱芜市	0	0	0	0	0	0	0	0	0
临沂市	6	5	1	0	17	17	0	0	0
德州市	6	4	0	2	7	5	0	2	0
聊城市	10	10	0	0	6	6	0	0	0
滨州市	4	2	2	0	9	4	4	1	0
菏泽市	3	1	0	2	5	5	0	0	0

（数据来源：山东省科技厅）
（山东省科技干部学校）

科技大事记

KEJI DASHIJI

2012年山东省科技大事记

1月

8日　山东信息通信技术研究院、山东华芯半导体有限公司与清华大学微电子所战略合作年会在北京召开。清华大学信息学院副院长、微纳电子学系主任、微电子所所长魏少军，省科技厅厅长翟鲁宁致辞。

12—13日　山东省第十一届人民代表大会常务委员会第二十八次会议审议通过《山东省科学技术进步条例》。该条例于2012年5月1日起施行。

15日　山东省属涉海科研单位座谈会在青岛召开。省科技厅副厅长、青岛国家海洋科学研究中心主任李乃胜出席会议并讲话。

17日　省政府办公厅发出通知，对山东省重大新药平台建设协调小组进行调整。省委常委、副省长孙伟担任协调小组组长，省政府副秘书长张德宽、省科技厅厅长翟鲁宁，省财政厅、省卫生厅负责同志担任副组长。协调小组办公室设在省科技厅，翟鲁宁兼任办公室主任，省科技厅副厅长徐茂波兼任办公室副主任。

19日　省科技厅副厅长、青岛国家海洋科学研究中心主任李乃胜走访看望中国海洋大学文圣常院士和管华诗院士，中科院海洋研究所刘瑞玉院士、郑守仪院士和侯保荣院士等人，给院士们送上新春的祝福。

31日　省委书记、省人大常委会主任姜异康到山东信息通信技术研究院驻院团队山东华芯半导体有限公司调研，实地考察企业生产经营情况。省委常委、济南市委书记王敏，省委常委、秘书长雷建国，济南市委副书记、代市长杨鲁豫，省科技厅厅长翟鲁宁等陪同调研。

2月

1日　国务院发展研究中心对外经济研究部部长隆国强到山东信息通信技术研究院进行调研。省科技厅厅长翟鲁宁陪同。

1—10日　省科技厅副厅长郭九成率山东农业科技代表团访问新西兰、澳大利亚。此次访问取得显著成效，拓宽了合作渠道，固化了合作实效。

7日　省委副书记、省长姜大明在济南会见中科院院士、中科院量子技术与应用研究中心主任潘建伟一行，就在山东省开展量子通信技术研发工作深入交换意见。省委常委、副省长孙伟，济南市委副书记、代市长杨鲁豫，省政府秘书长、办公厅主任蔄峰，省政府副秘书长张德宽，省科技厅厅长翟鲁宁参加活动。

7—8日　中国工程院三局副局长李仁涵、副局长华尔天和院地合作办公室有关负责同志来山东省就省院合作工作进行调研。省科技厅厅长翟鲁宁、副厅长徐茂波会见李仁涵一行，并进行座谈。

8日　省科技厅厅长翟鲁宁在中科院院士、中科院量子技术与应用研究中心主任潘建伟陪同下到山东信息通信技术研究院就济南量子通信试验网建设情况进行调研。

16日　省委、省政府在济南召开2011年度全省科学技术奖励大会，表彰为山东省科技事业发展和现代化建设做出突出贡献的科技工作者。省委书记、省人大常委会主任姜异康出席会议，省委副书记、省长姜大明出席会议并讲话，省委副书记、省政协主席刘伟主持会议。会上，姜异康、姜大明、刘伟等省领导为获奖单位和个人颁奖。省委常委、副省长孙伟宣读《山东省人民政府关于2011年度山东省科学技术奖励的决定》。省科技厅厅长翟鲁宁及厅领导班子成员参加会议。

◇　省政府在济南召开全省科技工作会议。会议全面总结了2011年全省科技工作，对2012年科技工作进行了安排部署。省委常委、副省长孙伟出席会议并讲话。省政府副秘书长张德宽主持会议。省科技厅厅长翟鲁宁传达国家科学技术奖励大会和全国科技工作会议精神。

◇　全省科技工作座谈会在济南召开。省科技厅厅长翟鲁宁出席会议并讲话，全面回顾了2011年全省科技工作，并部署了2012年五项重点工作。省科技厅副厅长、青岛国家海洋科学研究中心主任李乃胜主持会议。省科技厅领导班子成员出席会议。

21日　金融信息量子通信验证网在北京开通。省委常委、副省长孙伟应邀出席开通仪式，并会见量子通信领军人物、中科院院士潘建伟。省政府副秘书长张德宽，省科技厅厅长翟鲁宁参加活动。

22日　山东电力集团公司在济南召开国家科技进步奖"架空线路清障检测机器人"项目暨超高压公司科技创新表彰大会。省科技厅副厅长徐茂波出席会议并讲话。

23—27日　应航天科技集团邀请，省科技厅厅长翟鲁宁与航天科技集团总工、北京神舟航天软件技术有限公司总裁杨海成，航天科技集团部分院所、山东山大华天软件有限公司等单位的负责同志一起到日本进行考察访问。

28—29 日　中科院沈阳分院院长包信和院士来山东考察调研。省科技厅厅长翟鲁宁会见包信和院长，并就中科院与山东省深入合作等有关事宜进行会谈。

29 日　省科技厅党组成员、纪检组长、监察专员、厅帮扶工作领导小组副组长赵锦锋带领省科技厅选派“第一书记”工作组全体成员正式进驻菏泽市巨野县太平镇欧庄村，“五有保障”帮扶工作全面启动。

3月

16 日　省科技厅社会组织党委成立大会召开。省科技厅党组成员、副厅长、省社会组织党工委委员、省科技厅社会组织党委书记郭九成出席会议。

22 日　菏泽市科技奖励大会召开。省科技厅厅长翟鲁宁，菏泽市委书记、市人大常委会主任赵润田出席会议，并共同为“山东省创新药物（菏泽）孵化基地”揭牌。菏泽市委副书记、市长孙爱军出席会议并讲话。

◇　省科技厅党组书记、厅长翟鲁宁到省科技厅实施“五有保障”定点帮扶点——菏泽市巨野县太平镇欧庄村检查指导工作，并看望帮扶工作组。

26—28 日　中国科学技术交流中心副主任邢继俊一行来山东省，就与日本基层友好合作专题项目、JICA 项目组织等问题进行专题调研。省科技厅厅长翟鲁宁会见邢继俊一行。

29—30 日　全省科技合作工作会议在临沂市召开。国家科技部国际合作司副司长陈霖豪、省科技厅副厅长徐茂波等出席会议。

4月

5 日　省委常委、济南市委书记王敏在省科技厅厅长翟鲁宁陪同下到山东信息通信技术研究院进行调研，并进行工作座谈。省科技厅副厅长崔建海参加活动。

6 日　省委常委、副省长孙伟到济南高新区调研科技工作。孙伟实地考察了省综合性新药研发技术大平台二期工程，以及浪潮产业园山东华芯半导体有限公司、省药科院、神戎电子股份有限公司、量子通信实验网集控中心、山东信息通信技术研究院等科研院所和高新技术企业。省政府副秘书长张德宽，省科技厅厅长翟鲁宁，省科技厅副厅长徐茂波、崔建海等陪同调研。

11 日　山东省人民政府与中国工程院全面合作领导小组会议暨新一轮合作协议签字仪式在济南召开。中国工程院院长周济，山东省委书记、省人大常委会主任姜异康出席会议并讲话，省委副书记、省长姜大明主持会议。省委常委、副省长孙伟，中国工程院副院长干勇分别代表省院双方签署新一轮《山东省人民政府与中国工程院全面合作协议》。省科技厅厅长翟鲁宁汇报省院合作 12 年工作情况。中国工程院副院长谢克昌和 19 位中国工程院院士，中国工程院秘书长白玉良，省委秘书长雷建国，省政府秘书长蒿峰，省政府副秘书长张德宽，省科技厅副厅长徐茂波等领导出席会议及签字仪式。

◇　山东省龙口市、沂源县、德州市德城区被科技部批准为国家可持续发展实验区。

12 日　2012 中国工程院院地合作工作会议在济南市召开。中国工程院院长周济出席会议并作重要讲话。省委常委、副省长孙伟出席会议并致辞。中国工程院副院长谢克昌、干勇分别作大会总结发言和院地合作工作报告。中国工程院秘书长白玉良主持会议。省科技厅厅长翟鲁宁和上海、浙江等 8 省（市）代表作了典型发言。省政府副秘书长张德宽、省科技厅副厅长徐茂波参加会议。

15—16 日　2012 国际绳网高端研讨会暨国际绳网创新技术与产品博览会在泰安市举办。中国工程院院士季国标、孙晋良、蒋士成、周翔、姚穆，省科技厅副厅长徐茂波等领导和国内外专家、企业负责人近 200 人出席会议。

17 日　全省科研院所、省级以上高新区高层次人才引进培养工作座谈会在济南举行。科技部科技人才交流中心常务副主任李普，国家“千人计划”专家联谊会办公室主任沈伟，省委组织部副部长、省国资委党委副书记、省人才工作领导小组办公室主任胡文容，省科技厅厅长翟鲁宁、副厅长郭九成出席会议。

21 日　“泰山学者—药学特聘专家”评审会在济南召开。省科技厅副厅长徐茂波出席会议并致辞。

23 日　中科院山东综合技术转化中心理事会第五次会议在济南召开。中科院副院长施尔畏，省委常委、副省长孙伟出席会议并讲话。中科院沈阳分院院长包信和、中科院院地合作局局长戚强、省科技厅厅长翟鲁宁出席会议并就省院合作有关工作和山东省近期科技工作重点进行介绍。省科技厅副厅长徐茂波、王晓斌等参加会议。

26 日　中共第十七届中央候补委员、中国工程院党组副书记、常务副院长潘云鹤一行到山东信息通信技术研究院考察。省科技厅副厅长徐茂波陪同考察。

5月

2 日　省科技厅科技下乡帮扶活动捐赠仪式在巨野县太平镇举行。省科技厅副厅长郭九成出席捐赠仪式。郭九成一行还看望、慰问了省科技厅“第一书记”工作组成员。

3 日　中国科技信息研究所所长贺德方一行到山东省科技情报研究所检查指导工作并听取工作汇报。省科技厅厅长翟鲁宁出席会议并致辞。省科技厅副厅长徐茂波主持会议。

4 日　科技部在浪潮高端容错计算机示范应用现场——中国建设银行新疆区分行组织召开“十一五”国家 863 计划信息技术领域重大项目课题“浪潮天梭高端容

错计算机”验收会。验收专家组由国家最高科学技术奖获奖者金怡濂院士、中科院沈绪榜院士以及来自清华大学、中科院计算技术研究所、江南计算技术研究所等单位的11位专家组成。科技部高新司副司长杨咸武、省政府副秘书长张德宽、省科技厅厅长翟鲁宁等领导出席会议。

5—7日 省政府副秘书长张德宽、省科技厅厅长翟鲁宁一行赴喀什考察调研并看望援疆干部。张德宽、翟鲁宁先后赴山东省对口支援的疏勒县、麦盖提县和岳普湖县进行考察，听取有关工作情况介绍，并就下一步科技援疆工作与山东省援疆指挥部、新疆自治区科技厅、喀什科技局进行了深入研讨。喀什地委副书记、山东省政府副秘书长、山东省援疆指挥部总指挥王华陪同调研。

10日 山东省科技情报研究所等单位承担的科技部创新方法工作项目“创新方法推广模式及其绩效追踪评价研究与基地建设”验收会在济南召开。中国21世纪议程管理中心副主任周元以及中科院、东南大学等单位的专家参加会议。省科技厅副厅长郭九成出席会议并致辞。

10—12日 中国科技发展战略研究院与省科技厅联合主办的“情系沂蒙 坚定信念”主题教育活动在山东举办。中国科技发展战略研究院常务副院长王元等领导参加活动。省科技厅厅长翟鲁宁在济南会见参加活动人员，并作山东省科技发展情况报告。省科技厅巡视员李爱民参加活动。

16日 临沂国家高新区总投资75.8亿元的15个重点项目集中举行奠基仪式。临沂市委书记、市人大常委会主任张少军，省科技厅副厅长崔建海等出席奠基仪式。

◇ 省环保厅、省科技厅、省商务厅在临沂市组织召开第二次山东省生态工业园区建设工作会议。省科技厅副厅长崔建海主持会议。

18日 《国家自然科学基金委员会 山东省人民政府联合资助海洋科学研究中心项目框架协议》签字仪式在济南举行。国家自然科学基金委员会主任、党组书记、中科院院士陈宜瑜，省委副书记、省长姜大明，国家自然科学基金委员会副主任、中国工程院院士孙家广，省委常委、副省长孙伟，省政府秘书长蒿峰出席仪式。签字仪式前，姜大明会见了陈宜瑜一行。省政府副秘书长张德宽，省科技厅厅长翟鲁宁、副厅长李乃胜、副厅长徐茂波等参加相关活动。

19日 以“科技引领未来发展，创新建设美好山东”为主题的2012年山东省科技活动周开幕式暨支持菏泽打造区域自主创新高地启动仪式在菏泽市举行。科技部政策法规司副司长王宇，省人大常委会副主任刘玉功，省政府副秘书长张德宽，省科技活动周组委会各成员单位负责人，及菏泽市委书记、市人大常委会主任赵润田，市委副书记、市长孙爱军等出席开幕式。省科技厅厅长翟鲁宁主持开幕式。

◇ 山东蓝色经济区域科技创新平台揭牌仪式及研讨会在寿光举行。省科技厅副厅长、青岛国家海洋科学研究中心主任李乃胜，科技部火炬高技术产业开发中心副主任段俊虎，中国工程院院士赵法箴、侯保荣，中科院院士万立骏出席活动。

27日—6月5日 应加拿大维多利亚大学和美国马里兰大学的邀请，省科技厅副巡视员于健樵率山东科技代表团访问加拿大和美国，考察了两国的海洋科技工作。

28—29日 国家科技部基础司司长张先恩一行到山东调研东岳集团企业国家重点实验室筹建情况。省科技厅厅长翟鲁宁，淄博市委书记、市人大常委会主任刘慧晏会见张先恩一行。省科技厅副厅长徐茂波，淄博市委副书记、市长周清利陪同调研。

6月

1日 国家“重大新药创制”科技重大专项验收组来山东验收“十一五”专项国家综合性新药研发技术大平台—山东省重大新药创制中心建设项目。验收组现场考察了大平台服务中心和部分单元技术平台，并召开验收会议。会议由专项实施办公室主任、卫生部科教司司长何维主持，省重大新药平台建设协调小组组长、省委常委、副省长孙伟出席会议并讲话。省重大新药平台建设协调小组副组长、办公室主任、省科技厅厅长翟鲁宁作表态发言。省政府副秘书长、省重大新药平台建设协调小组副组长张德宽等领导参加验收会议。平台办公室副主任、省科技厅副厅长徐茂波陪同考察并出席验收会议。

4日 2012年度山东省科学技术最高奖评审组会议召开。省科技厅厅长、专家组组长翟鲁宁主持评审会。专家组副组长、中科院海洋所侯保荣院士，省科技厅副厅长徐茂波及其他专家组成员出席评审会。省科技奖励监督委员会委员、省科技厅纪检组长赵锦锋列席会议，并对评审会进行全程监督。

5—6日 中科院副院长张亚平、李振声一行赴滨州市考察院地合作项目及盐碱地综合开发，现场视察了无棣县水湾镇盐碱地棉花改粮食种植试验点，并召开中科院、山东省“渤海粮仓”工作座谈会。省委常委、副省长孙伟，省科技厅厅长翟鲁宁，滨州市委书记邓向阳、市长张光峰陪同考察并出席座谈会。省政府副秘书长张德宽主持座谈会。

6—7日 国家科技部党组成员、副部长陈小娅一行到烟台、威海就企业技术创新和重点实验室建设情况进行调研。省科技厅厅长翟鲁宁、副厅长于书良陪同。烟台市委副书记、市长王良，威海市委副书记、市长张惠等分别陪同考察。

8—10日 科技部高新司、文化部科技司在山东曲阜和泰安组织开展“文化与科技融合”主题联学活动。文化部文化科技司司长于平，科技部高新司司长赵玉海等领导参加活动。省委宣传部副部长、省文化厅党组书记徐向红，省科技厅厅长翟鲁宁、副厅长崔建海陪同活动。

11—12日　全省科技局纪检监察工作会议在济南召开。会议深入学习贯彻省第十次党代会、省纪委九届八次全会、省政府第五次廉政工作会议和全国科技行政管理系统纪检监察工作会议精神，总结交流工作情况，分析面临的形势，部署下一步工作任务。省科技厅党组书记、厅长翟鲁宁出席会议并作讲话，省科技厅党组成员、纪检组长、监察专员赵锦锋主持会议。

15—17日　省科技厅厅长翟鲁宁带队访问中科院昆明分院及相关研究机构，副厅长王晓斌随同访问。

19日　"十二五"国家科技计划经费管理改革培训会议在济南召开。山东省科技厅厅长翟鲁宁，科技部科研条件与财务司、科技评估中心相关领导出席会议。

21日　贵州省人民政府与浪潮集团"建设云计算中心、发展云计算产业"战略合作框架协议签约仪式在贵阳市举行。贵州省委常委、常务副省长谌贻琴，副省长蒙启良等省领导，山东省科技厅厅长翟鲁宁，浪潮集团董事长兼CEO孙丕恕等出席签约仪式。

26日　第十一届中国专利高新技术产品博览会在曲阜孔子文化会展中心开幕。全国人大常委会原副委员长何鲁丽出席并宣布博览会开幕。省委常委、副省长孙伟，国家科技部党组成员、科技日报社社长王志学，国家知识产权局副局长贺化，中科院党组成员、秘书长邓麦村，中国工程院党组成员、秘书长白玉良等领导出席开幕式并讲话。省科技厅厅长翟鲁宁、副厅长于书良、副厅长王晓斌出席开幕式。

27日　由中科院沈阳分院、山东省科技厅、中科院山东综合技术转化中心共同主办的山东省海洋创新集群建设研讨会在青岛召开。中科院沈阳分院副院长韩恩厚、马跃红，省科技厅副厅长、青岛国家海洋科学研究中心主任李乃胜，副厅长王晓斌应邀出席会议并讲话。

28日　山东省科技厅、哈尔滨工业大学、威海市人民政府共建山东船舶技术研究院签字仪式在威海举行。省科技厅厅长翟鲁宁，哈尔滨工业大学副校长韩杰才，威海市委副书记、市长张惠参加签字仪式并分别致辞。

29日　2012年度山东省自然科学基金委员会会议在济南召开。会议听取了省自然科学基金委员会办公室的工作汇报，审议通过了2012年度山东省自然科学基金、山东省自然科学杰出青年基金项目。省自然科学基金委员会副主任委员、省科技厅厅长翟鲁宁参加会议并讲话。省自然科学基金委员会委员及专家参加会议。省科技厅副厅长于书良主持会议。

◇　济南量子通信技术研究院暨中科院量子技术与应用研究中心发展规划研讨会在山东信息通信技术研究院召开。中科院半导体所所长李树深院士以及来自中科院物理所、清华大学、中国科技大学等十多位量子技术方面的专家出席会议。省科技厅厅长翟鲁宁出席会议并讲话。

7月

5—7日　中国工程院第140场工程科技论坛——"中国海洋工程与科技发展战略研究论坛"在青岛召开。第九届全国政协副主席、中国工程院原院长宋健，中国工程院院长周济，中国工程院常务副院长潘云鹤，中国工程院副院长樊代明，中国工程院秘书长白玉良，中国科协副主席唐启升，省委常委、青岛市委书记李群，省政府特聘咨询阎启俊，省科技厅厅长翟鲁宁、副厅长于书良等领导出席论坛。

6日　韩国计划财务部课长李秉甲率韩国代表团访问青岛国家海洋科学研究中心。省科技厅副厅长、青岛国家海洋科学研究中心主任李乃胜会见代表团一行。

10—22日　应南非科技部、埃及环境部、以色列贸工部的邀请，省科技厅副厅长徐茂波率山东省科技代表团一行访问三国，分别与三国的科技管理部门、科研机构、高等院校、科技企业等进行了深入交流。

11—13日　省科技厅厅长翟鲁宁率山东科技代表团参加"2012香港山东周"系列活动。省科技厅副厅长于书良，济南、青岛、东营、济宁、威海、临沂等市科技局局长，省科学院能源所和20多家企业负责人随团参加活动。

12日　"2012鲁港环保与生物医药领域协同创新推介洽谈会"在香港举行。省科技厅厅长翟鲁宁、副厅长于书良，省环保厅巡视员徐刚，香港特区政府创新科技署署长王荣珍女士、中联办教育科技部副部长曹国英先生、香港投资推广署曾文龙先生，以及来自山东省的20余家企业、科研单位及香港政府部门、高校、科研单位和企业的近百名专家、代表参加洽谈会。

13日　科技部认定山东省临沂市生产力促进中心、东营市万里越橡胶轮胎行业生产力促进中心为第十批国家级示范生产力促进中心。全省国家级示范生产力促进中心达到14家。

14日　省科技厅副厅长于书良会见俄罗斯国家科学院远东分院院长谢尔基延科·瓦·伊院士率领的代表团，就山东省科研院所与俄罗斯国家科学院远东分院的合作进行座谈交流。

15—20日　天津大学校长李家俊、副校长舒歌群一行来山东考察调研。省科技厅厅长翟鲁宁、副厅长于书良分别在潍坊、菏泽、济南等市陪同考察。

16日　"向阳红09"船顺利抵达青岛，为期44天的蛟龙号载人潜水器7 000米级海试任务圆满完成。中共中央政治局常委、国务院副总理李克强发来贺信。全国政协副主席、科技部部长万钢出席欢迎仪式并讲话。山东省委书记、省人大常委会主任姜异康，省委副书记、省长姜大明出席欢迎仪式。国土资源部部长徐绍史、国家海洋局局长刘赐贵、科技部副部长王伟中、国土资源部副部长汪民、中科院党组成员李志刚、江苏省副省长徐鸣，山东省领导孙伟、李群、雷建国、贾万志、王志民及青岛市委副书记、市长张新起等出席欢迎仪式。

◇ 全国政协副主席、科技部部长万钢到青岛调研企业科技创新工作。科技部副部长王伟中，省委常委、副省长孙伟，省政协副主席王志民，青岛市委副书记、市长张新起，省政府副秘书长张德宽，省科技厅厅长翟鲁宁、副厅长崔建海等陪同调研。

◇ 山东省人民政府科技顾问聘任仪式在青岛举行。省委常委、副省长孙伟为国际著名科学家丁抗教授颁发聘书。省政府副秘书长张德宽主持仪式。省科技厅厅长翟鲁宁、副厅长崔建海，青岛市委常委、副市长王广正等参加仪式。

18日 科技部公布第二批中国创新驿站试点名单。山东省科学院成为山东省第一家进入区域试点的科研机构，淄博生产力促进中心和东营市景华石油石化装备技术转移中心成为山东省首批进入创新驿站的基层站点。

22日 由省科技厅和威海市人民政府共同主办的第四届山东荣成产业技术创新战略联盟活动周启动仪式在荣成市举行。省科技厅纪检组长、监察专员赵锦锋，副厅长王晓斌出席仪式。

28日 山东省科技厅与济宁市人民政府战略合作框架协议签约仪式在济南举行。双方将紧密协作共同推进济宁光电产业集群发展，搭建深度合作交流的平台。省科技厅厅长翟鲁宁，济宁市委书记、市人大常委会主任马平昌出席签约仪式并讲话。济宁市委副书记、市长梅永红，省科技厅副厅长徐茂波、崔建海，省科技厅巡视员李爱民、副巡视员于健樵等出席仪式。

8月

6日 山东省政府办公厅公布第二批(7名)“泰山学者—药学特聘专家”名单(鲁政办字〔2012〕117号文)。

9—10日 全省科技工作座谈会在潍坊市召开。会议学习贯彻全国科技创新大会和省第十次党代会精神，安排部署下半年科技工作。省科技厅厅长翟鲁宁出席会议并讲话。潍坊市委书记、市人大常委会主任许立全到会致辞。潍坊市委副书记、市长刘曙光出席会议。省科技厅副厅长、青岛国家海洋科学研究中心主任李乃胜主持会议。省科技厅领导班子成员出席会议。各市科技局、各省级以上高新区负责同志参加会议。会上，济南、青岛、滨州3个市科技局，潍坊、烟台2个高新区作典型交流发言。

10日 山东省科技厅与潍坊市人民政府战略合作框架协议签约仪式在潍坊举行。潍坊市委书记、市人大常委会主任许立全，潍坊市委副书记、市长刘曙光，省科技厅厅长翟鲁宁，省科技厅副厅长崔建海、郭九成、巡视员李爱民参加仪式。

14日 省科技厅厅长翟鲁宁会见太亚金融公司董事长金海羡女士、BEFS公司首席执行官SCONY LEE先生一行。双方就信息安全、海水养殖等方面的项目合作进行交流洽谈。

15—26日 应泰国普吉海洋生物研究中心、马来西亚水产商公会和印度尼西亚海洋与海岸带资源研究发展中心的邀请，省科技厅副厅长、青岛国家海洋科学研究中心主任李乃胜率山东海洋科技代表团访问泰国、马来西亚和印度尼西亚三国。

16—17日 中国21世纪议程管理中心主任郭日生、副主任周元一行到莱钢集团、潍柴集团调研企业创新方法工作。省科技厅副厅长于书良陪同调研。

19日 国务院批准泰安高新区升级为国家高新区。山东省累计拥有9家国家高新区。

20日 东营国家农业科技园区揭牌仪式在东营农业高新技术产业示范区举行。科技部副部长张来武，省政府特邀咨询郭兆信，省科技厅厅长翟鲁宁，东营市委书记、市人大常委会主任姜杰出席仪式并揭牌。科技部农村科技司司长陈传宏，科技部农村中心主任贾敬敦，东营市委副书记、市长申长友等出席揭牌仪式。省科技厅副厅长郭九成主持揭牌仪式。

◇ “一城两区百园”工程工作推进会在东营召开。科技部副部长张来武，省政府特邀咨询郭兆信出席会议并讲话。省科技厅厅长翟鲁宁，东营市委副书记、市长申长友，滨州市委副书记、市长张光锋，省科技厅副厅长郭九成等参加会议。

26日 中科院上海药物研究所烟台分所协议签订仪式在烟台市举行，标志着中科院上海药物研究所在国内首家分所正式落户烟台。中科院副院长张亚平，中科院上海药物研究所所长丁健，省科技厅副厅长于书良、中科院上海生命科学研究院副院长倪福弟，中科院沈阳分院副院长马越红，烟台市市委书记张江汀等领导出席签字仪式。省科技厅厅长翟鲁宁出席仪式并致辞。

29日 2012年山东省集成电路设计产业技术创新战略联盟理事会召开。省科技厅厅长翟鲁宁出席会议并讲话。

30日 山东信息通信技术研究院清华大学微电子人才培养基地揭牌仪式暨清华大学集成电路工程硕士班开班仪式举行。省科技厅厅长翟鲁宁，清华大学研究生院副院长高策理，清华大学信息科学技术学院副院长、微电子所所长、“核高基”国家科技重大专项总体组副组长魏少军出席活动并分别致辞。

31日 山东常林集团股份有限公司、山东省鲁南工程技术研究院、海尔集团技术研发中心被科技部认定为第八批示范型国际科技合作基地。

9月

3—5日 科技部党组书记、副部长王志刚一行到山东就落实全国科技创新大会精神和科技创新工作进行调研。省委常委、副省长孙伟，副省长张建国，以及济南、青岛、济宁市政府主要负责同志分别陪同调研。省科技厅厅长翟鲁宁、副厅长郭九成全程陪同调研。

4日　全国科技创新大会精神山东宣讲会在济南举行。宣讲会邀请科技部党组书记、副部长王志刚作宣讲报告。省委书记、省人大常委会主任姜异康，省委副书记、省长姜大明，省委常委、副省长孙伟，省委常委、秘书长雷建国等领导出席。

◇　国家科学技术奖励工作办公室副主任张木到烟台调研科技成果评价工作。省科技厅副厅长徐茂波陪同。

5日　"以色列新能源技术中国巡回展"开幕仪式在济南举行，巡回展济南站对接洽谈活动同期举办。科技部中国科学技术交流中心主任孙洪、省科技厅副厅长于书良、以色列贸工部产业研发中心亚太区负责人卢福顿出席开幕式并致辞。全省20多家企业、科研单位、风险投资机构的代表与以方企业代表进行一对一对接洽谈，并在技术引进、联合开发等方面达成多项合作意向。

6日　临沂市科学技术合作与应用研究院、威海火炬高技术产业开发区高新技术创业服务中心被科技部认定为第一批国际技术转移中心。

10日　由省科技厅、省财政厅作为招标人组织进行的2012年省自主创新专项资金竞争性分配招标项目开标会在济南召开。省科技厅厅长翟鲁宁、省财政厅副厅长庞敦之和247家投标单位代表参加开标仪式。

11日　2012年度山东省科学技术最高奖评审委员会会议在中国工程院召开。最高奖评审委员会主任委员、省科技厅厅长翟鲁宁主持会议。副主任委员、省科技厅副厅长徐茂波介绍了2012年度省科学技术最高奖评审组评审情况。

◇　由科技部组织的国家863计划信息技术领域"高效能计算机及网格服务环境"重大项目"神威蓝光千万亿次高效能计算机系统研制"课题在国家超级计算济南中心通过验收。省科技厅副厅长崔建海出席验收会并致辞。验收专家组一致认为"神威蓝光"作为我国第一台全部采用国产CPU和国产基础软件构造的千万亿次超级计算机系统，在高密度组装技术、全系统水冷技术等方面具有世界先进水平。

18—27日　应法国DataKit公司和德国德亚商务促进事务所的邀请，省科技厅纪检组长、监察专员赵锦锋率代表团访问法、德两国。访问巩固了已有合作基础，并为山东省相关企业与法、德两国在信息通信技术等领域的合作与交流建立了新的渠道。

20日　2012威海产学研合作暨科技金融结合推进大会在威海市举行。省科技厅副厅长王晓斌出席开幕式并致辞。

20—22日　第十届山东国际科学仪器及实验室装备展览会暨2012年分析测试学术交流大会在青岛举办。省科技厅副厅长于书良出席开幕式并致辞。

21日　2012山东文登新兴产业科技推进周暨百企产学研合作创新发展大会开幕式在文登市举行。全国政协原常委、民盟中央副主席、中科院院士卢强，全国人大常委会委员、九三学社中央副主席、中国工程院院士丛斌，中国石油集团石油管工程技术研究院高级顾问、中国工程院院士李鹤林等领导出席开幕式。省科技厅副厅长王晓斌出席开幕式并致辞。

24—28日　省科技厅在济南举办全省市、县(市、区)科技局长培训班。培训班紧紧围绕中央提出的"调结构保增长"这个中心主题，以科技创新、科技体制改革、知识产权保护等内容展开培训。省科技厅厅长翟鲁宁就全国科技创新大会的精神内涵给学员们进行解读，提出山东省下一步科技工作的任务重点。

25日　省科技厅与省委组织部、省财政厅、省人社厅、省科协联合发文，新启动建设81家院士工作站。

26日　山东省人民政府印发《山东省知识产权战略纲要》。

27—28日　中国工程院副院长旭日干院士和中国农业大学、中国农业科学院、内蒙古大学、西北农林科技大学的畜牧专家到招远市考察肉牛繁育养殖工作。省科技厅副厅长于书良陪同考察。

10月

11日　四川省科技厅党组书记、厅长彭宇行一行在山东省科技厅副厅长崔建海陪同下到山东信息通信技术研究院考察并进行座谈。

◇　第七次全省沿海市科技局长联席会议在青岛召开。省科技厅副厅长、青岛国家海洋科学研究中心主任李乃胜参加会议。

12日　2012年度山东省技术市场科技金桥奖奖励大会在济南召开。省科技厅副厅长徐茂波出席大会并致辞。

17—20日　省科技厅副厅长崔建海率山东代表团参加由中国科技部与韩国教科部共同主办的中韩科技创新成果与产品展。

24—25日　全省科技成果管理工作研讨会在临沂市召开。省科技厅副厅长徐茂波参加会议。

25日　全省少数民族农村实用技术星火科技培训启动仪式在菏泽市曹县侯集回族镇举行。

26日　中科院声学研究所青岛研发及产业化基地奠基仪式在青岛国家高新技术产业开发区举行。中科院声学研究所所长王小民、省科技厅厅长翟鲁宁出席奠基仪式。

◇　山东省皮肤病性病防治研究所研究人员发现2个与炎症性肠病(IBD)共有的新的麻风易感基因(IL18RAP/IL18R1和IL12B)的研究成果在线发表在《美国人类遗传学杂志》(American Journal of Human Genetics)上，这是该研究所在麻风易感基因研究方面又一次获得的原创性成果，标志着我国在该领域继续处于世界领先水平。

28 日　山东省科技融资担保有限公司揭牌仪式在济南市举行。省政府副秘书长张德宽出席仪式并讲话。省科技厅厅长翟鲁宁、省财政厅副厅长庞敦之分别致辞。张德宽副秘书长、翟鲁宁厅长、省金融办主任李永健、庞敦之副厅长等领导为公司揭牌。省科技厅副厅长崔建海主持揭牌仪式。揭牌仪式上，山东省科技融资担保有限公司与省内 9 家国家高新区、9 家金融机构等单位签署了战略合作协议。

30 日　全国人大财政经济委员会副主任委员韩寓群在省科技厅厅长翟鲁宁陪同下到山东信息通信技术研究院考察调研。韩寓群一行考察了国家超级计算济南中心、山东量子科学技术研究院有限公司、高性能服务器与存储技术国家重点实验室。

◇　省科技厅副厅长于书良会见美国纽约州中小企业发展总署副署长布莱恩•浦金石、美国 A&E 环保技术公司总裁托马斯•克莱扎克等一行。

31 日　科技部公布第四批国家技术转移示范机构名单，山东省科学院生产力促进中心（白俄罗斯国家科学院济南技术转移中心）、潍坊高新技术产业开发区技术交易服务中心、东营市春江化工技术转移中心、山东科技大学科技园管理有限公司等山东省 4 家单位名列其中。

11月

2 日　中国航天科技集团公司航天特种车研究院揭牌仪式在泰安举行。中国航天科技集团公司副总经理张建恒，省科技厅副厅长于书良，泰安市委书记李洪峰、市长王云鹏等出席仪式。

5—6 日　美国麻省理工学院全球产业联盟大中华区首席战略官荣光辉博士来山东考察访问。省科技厅厅长翟鲁宁、副厅长于书良在济南会见荣光辉博士。

12 日　“中欧水和废水处理过程强化—膜技术研究与应用研讨会”在威海召开。科技部合作司参赞刘俊、省科技厅副厅长于书良等参加会议并致辞。

20 日　中科院沈阳分院与潍坊市政府共建中科院山东综合技术转化中心潍坊中心协议签署仪式在潍坊举行。中科院沈阳分院副院长韩恩厚、省科技厅副厅长于书良出席仪式并讲话。

21 日　省政府出台《关于加快科技成果转化提高企业自主创新能力的意见（试行）》（鲁政发〔2012〕45 号）。

◇　省政府出台《关于加强知识产权工作提高企业核心竞争力的意见》（鲁政发〔2012〕46 号）。

22 日　日本富士通株式会社执行董事广野俊充、统括部长山口启及省政府驻日本经贸代表处首席代表郭全涛一行来山东考察交流。省科技厅厅长翟鲁宁、副厅长于书良会见日本客人。

23 日　省委、省政府在济南召开全省科技创新与奖励大会，表彰获得 2012 年度山东省科学技术奖励的科技工作者。省委书记、省人大常委会主任姜异康为获得 2012 年度山东省科学技术最高奖的程林教授、赵振东研究员颁奖，并作重要讲话。省委副书记、省长姜大明出席会议并讲话。省委副书记王军民主持会议。姜异康、姜大明、王军民等省领导为山东省科学技术奖获得者颁奖。省委常委、常务副省长孙伟宣读《山东人民政府关于 2012 年度山东省科学技术奖励的决定》。省科技厅厅长翟鲁宁及厅领导班子成员参加会议。

24—25 日　“岩爆、突水突泥灾害预测预报预警与防治控制技术中国工程科技论坛”在济南举行。中国工程院秘书长白玉良，省政协副主席、省工商联主席王乃静，山东大学校长徐显明，省科技厅厅长翟鲁宁出席论坛。论坛组委会主席、中国岩石力学与工程学会理事长钱七虎、副主席陆佑楣等近 10 位院士参加会议。

28 日　山东船舶技术研究院第一届理事会暨山东船舶产业技术创新战略联盟成立大会在威海市召开。省科技厅副厅长王晓斌出席会议并讲话。

29 日　省科技厅会同省直有关部门召开科技创新政策解读与宣讲动员大会。会议对《山东省人民政府关于加快科技成果转化提高企业自主创新能力的意见（试行）》和《山东省人民政府关于加强知识产权工作提高企业核心竞争力的意见》进行专题解读和宣讲。省科技厅厅长翟鲁宁出席会议并作动员讲话。省科技厅副厅长郭九成主持会议。

◇　“中国科学院—威高集团高技术研究发展计划”领导小组会议在威海市召开。中科院沈阳分院院长包信和院士，省科技厅副厅长王晓斌，威海市和中科院山东综合技术转化中心、威高集团等领导小组成员出席会议。

30 日　全省科技界学习贯彻党的十八大精神座谈会在济南召开。省科技厅党组书记、厅长翟鲁宁出席会议。省科技厅副厅长、青岛国家海洋科学研究中心主任李乃胜主持会议。

12月

11 日　省政协副主席王新陆带领省政协科教文卫体委员会委员及专家学者，到省科技厅调研科技创新和科技成果转化情况。王新陆一行先后到山东信息通信技术研究院和科技大厦，参观了科技展厅、国家超级计算济南中心、济南量子通信技术研究院等研发平台，并听取了省科技厅厅长翟鲁宁作的山东省科技工作情况汇报。

18 日　兖矿集团院士工作站揭牌仪式在北京举行。中国工程院院长周济，全国政协常委、中国煤炭工业协会会长王显政和进站工作的6位院士代表出席揭牌仪式。省科技厅厅长翟鲁宁、副厅长于书良等出席揭牌仪式并讲话。

23 日　山东省国家农村农业信息化示范省暨黄河三角洲国家现代农业科技示范区建设工作推进会召开。

省委常委、常务副省长孙伟出席会议并作重要讲话。省科技厅厅长翟鲁宁汇报山东省国家农村农业信息化示范省和黄河三角洲国家现代农业科技示范区建设情况。东营市市长申长友和滨州市市长张光锋分别汇报示范区核心区建设情况。省政府副秘书长张德宽主持会议。

26日　山东科技情报学会第六次会员代表大会暨换届选举会议在莱芜召开。中国科技信息研究所副所长赵志耘、省科技厅副厅长于书良等出席大会并致辞。

28日　泰安国家高新技术产业开发区建设推进大会在泰安市举行。科技部党组成员、副部长曹健林，省委常委、常务副省长孙伟出席会议并为泰安国家高新区揭牌。省政府副秘书长张德宽，省科技厅厅长翟鲁宁、副厅长崔建海等出席会议。

29日　省科技厅与临沂市人民政府战略合作框架协议签约仪式在临沂市举行。双方签署省科技厅与临沂市政府支持临沂医药产业集群发展战略合作框架协议，并为"临沂(河东)省级农业高新技术产业示范区"揭牌。省科技厅厅长翟鲁宁，副厅长徐茂波、郭九成，以及临沂市委书记、市人大常委会主任张少军，市委副书记、市长张务锋，副市长侯晓滨出席仪式。

30日　"山东省艺术与设计产业创新战略联盟"成立大会在山东工艺美术学院召开，整合山东省教育、科研和产业优质设计资源的联盟组织正式揭牌成立。省科技厅副厅长郭九成参加揭牌仪式。

附　录
FULU

山东省科学技术厅
内设机构及主要领导名录

（以2012年12月31日在职者为准）

厅领导

党组书记、厅长、
山东信息通信技术研究院管理中心主任：翟鲁宁

党组成员、副厅长、
青岛国家海洋科学研究中心主任：李乃胜

副厅长：徐茂波

党组成员、副厅长：崔建海

党组成员、副厅长：郭九成

党组成员、副厅长：于书良

党组成员、纪检组长、监察专员：赵锦锋

巡视员：李爱民

副巡视员：于健樵

办公室

主任：于永信

人事处、机关党委

处长：王保国
副处长、机关党委专职副书记：徐峰

政策法规处

处长：董守义

规划财务处

处长：潘　军

重大专项办公室

主任：李储林

基础研究与科技条件处

处长：党安涛

科技合作处

处长：毕建明

高新技术发展及产业化处

处长：王　文

农村科技处

处长：许　勃

社会发展科技处

处长：赵友春

科技成果处

处长：孙高祚

监察专员办公室

主任：于洪宁

地址：山东省济南市高新区舜华路607号
邮编：250101
传真电话：0531—66777200
值班电话：0531—66777100
网址：www.sdstc.gov.cn

（省科技厅办公室）

山东省市、县科技局(委)领导名录

(以2012年12月31日在职者为准)

济南市科技局

党组书记、局长、市创新办主任:徐　群
党组副书记、副局长:马素刚
党组成员、副局长:刘德志
党组成员、副局长:陈启璋
党组成员、副局长:闫循民
党组成员、市创新办副主任(副局级):贾文涛
党组成员、总工程师:于海波
党组成员、知识产权局局长:李海波
巡视员:马淑民
副巡视员:罗　涛
历下区科技局局长:赵金霞
市中区科技局局长:吴乃锋
槐荫区科技局局长:王玉英
天桥区科技局局长:李恩广
历城区科技局局长:李富刚
长清区科技局局长:武孟臣
章丘市科技局局长:田家强
平阴县科技局局长:陈泽成
济阳县科技局局长:张本才
商河县科技局局长:杨希广
高新区科技经济局局长:陈西武

青岛市科技局

党组书记:盖　健
党组副书记、局长:姜　波
党组成员、副局长:许　辉
党组成员、副局长:宋长虹
巡视员:陈华庭
市纪委派驻第三纪检组巡视员:宫学翰
副巡视员:杨　军
副巡视员:杨成志
市南区科技局局长:刘　静
市北区科技局局长:孙春艳
四方区科技局局长:解宏松
李沧区科技局局长:曹义德
崂山区科技局局长:王　刚
经济技术开发区科技局局长:吴东成
城阳区科技局局长:程平清
即墨市科技局局长:刘积学
胶州市科技局局长:郝国新
胶南市科技局局长:张　鹏
平度市科技局局长:张建军
莱西市科技局局长:孙承浩

淄博市科技局

党委书记、局长:王纯国
副局长、淄博高新区工委副书记、
管委会副主任:牛圣银
党委副书记、副局长:张旭东
党委委员、副局长:臧金强
党委委员、工会主席:林志强
党委委员、副调研员:赵乃军
副调研员:吴建虹
张店区科技局局长:于善永
淄川区科技局局长:晏明君
博山区科技局局长:李安兴
周村区科技局局长:张昊宇
临淄区科技局局长:徐昭玲
桓台县科技局局长:周荣吉
高青县科技局局长:许延辉
沂源县科技局局长:陈学德
高新区科技局局长:牟先泉

枣庄市科技局

局长、市政协副主席:傅廷安
党组书记、副局长:王琪琳
党组成员、副局长:国际昌
党组成员、副局长:杨升光
副调研员:王其军
市中区科技局局长:刘传稳
薛城区科技局局长:张玉三
峄城区科技局局长:王　莹

台儿庄区科技局局长:王友峰
滕州市科技局局长:董鸿洋
山亭区科技局局长:林　森
高新区科技局局长:鲁　军

东营市科技局

党组书记、局长:陈荫鲁
副局长、调研员:生钦勇
党组成员、副局长:李树坤
党组成员、副局长:由立红
党组成员、副局长:宋建业
调研员:陈泽郊
副调研员:杨学武
东营区科技局局长:赵树平
河口区科技局局长:李　露
广饶县科技局局长:崔志远
垦利县科技局局长:孙际珍
利津县科技局局长:扈长青
经济技术开发区科技局局长:王富杰

烟台市科技局

党组书记、局长、
中科院烟台海岸带研究所党委副书记(兼):许前东
党组副书记、副局长:王宜清
党组成员、副局长:李瑞庆
党组成员、副局长、知识产权局局长:孟庆国
党组成员、副局长.王有林
党组成员、副局长:孙慧勇
党组成员、副局长:毕秋军
党组成员、副局长:许　博
党组成员、烟台生产力促进中心主任:辛献杰
芝罘区科技局局长:王洪绩
福山区科技局局长:纪　鹏
莱山区科技局局长:孙承鹏
牟平区科技局局长:林　弘
海阳市科技局局长:隋德斌
莱阳市科技局局长:张丰周
栖霞市科技局局长:范庆信
蓬莱市科技局局长:孙军典
长岛县科技局局长:李文敬
龙口市科技局局长:温孚恩
招远市科技局局长:栾浩光
莱州市科技局局长:方向东
经济技术开发区科技局局长:丁　慧
高新区科技局局长:于红绫

潍坊市科技局

党组书记、局长:李春玲
党组成员、副局长:李金刚
副局长:安卫红
党组成员、副局长:董　民
党组成员、副局长:李培金
副调研员:李振忠
副调研员:张宏岩
奎文区科技局局长:戴敬春
潍城区科技局局长:于思广
寒亭区科技局局长:陈云翔
坊子区科技局局长:赵连任
青州市科技局局长:付　晓
诸城市科技局局长:鞠学涛
寿光市科技局局长:张允生
安丘市科技局局长:甄树田
昌邑市科技局局长:李永兴
高密市科技局局长:杜敦义
临朐县科技局局长:尹秀荣
昌乐县科技局局长:肖学平
高新区科技局局长:孙彩秀
经济区经发局局长:鲁俊伟
滨海区科技外经贸局局长:曲伟健
峡山区经发局局长:肖志乾

济宁市科技局

党组书记、局长:贺永红
党组副书记、知识产权局局长:李亦军
党组成员、副局长:宋洪泰
党组成员、副局长:王金栋
党组成员、副局长:马红卫
市中区科技局局长:樊连忠
任城区科技局局长:姜香菊
兖州市科技局局长:周广珍
曲阜市科技局局长:吕　斌
邹城市科技局局长:陈　伟
泗水县科技局局长:刘　伟
微山县科技局局长:胡勤贵
鱼台县科技局局长:张体玉
金乡县科技局局长:周　涛
嘉祥县科技局局长:马　德
汶上县科技局局长:刘　群
梁山县科技局局长:王先华

泰安市科技局

党组书记、局长:郭向军
党组副书记、副局长:张秀峰
党组成员、副局长:刘桂选
党组成员、副局长:陈士昌
党组成员、知识产权局局长:陈书林
党组成员、副调研员:王东之
泰山区科技局局长:谭培生
岱岳区科技局局长:张家栋
新泰市科技局局长:崔玉军
肥城市科技局局长:辛培祥
宁阳县科技局局长:柳学军
东平县科技局局长:孙培冉

威海市科技局

党委书记、局长:高同璞
党委委员、副局长:崔继泽
党委委员、副局长:赵　静
党委委员、副局长:孙玉忠
党委委员、调研员:王　杰
党委委员、调研员:丛群滋
党委委员、知识产权局局长:姜启安
党委委员、局办公室主任:谭志刚
荣成市科技局局长:项福进
文登市科技局局长:邓志坚
乳山市科技局局长:姜国臻
环翠区科技局局长:陈　刚
高新区科技局局长:刘　涛
经济技术开发区科技局局长:崔兴超
工业新区经发局局长:蔡曙光

日照市科技局

党组书记、局长:徐东光
党组副书记、调研员:冯志亮
党组成员、副局长:戴玉堂
党组成员、副局长:丁　华
副局长:张宗焕
党组成员、知识产权局局长:秦泗瑜
党组成员、副局长:张　斌
副调研员:曹加升
副调研员:张纪德
副调研员:潘　宁
东港区科技局局长:齐延龙
岚山区科技局局长:潘宏伟
莒县科技局局长:冯世武
五莲县科技局局长:王俊存
经济技术开发区科技局局长:夏　平

莱芜市科技局

党组书记、局长、科协主席:冯兆华
党组成员、调研员:张俊祯
党组成员、科协副主席:刘爱忠
党组成员、副局长:潘玉斌
副局长:何文红
副调研员:申洪柱
莱城区科技局局长:刘胜群
钢城区科技局局长:任维水

临沂市科技局

党组书记、局长:王文元
党组副书记、
市科学技术合作与应用研究院院长:沈如茂
调研员:董瑞东
党组副书记、副局长:丁　勇
党组成员、副调研员:胡俊保
党组成员、副局长:赵世荀
党组成员、知识产权局局长:李　杰
副调研员:谢　莹
兰山区科技局局长:陈　伟
罗庄区科技局局长:郭士林
河东区科技局局长:上官平
郯城县科技局局长:刘玉林
苍山县科技局局长:孙　静
莒南县科技局局长:刘建峰
沂水县科技局局长:魏书文
蒙阴县科技局局长:伊永玖
平邑县科技局局长:李大星
费县县科技局局长:田德兴
沂南县科技局局长:张　勇
临沭县科技局局长:王济壮
高新区科技信息局局长:张庆红
经济技术开发区科技信息局局长:王　蕊
临港产业区科技文化信息局局长:高玉彬

德州市科技局

党组书记、局长:张书鹏
党组副书记、调研员:杨瑞平
党组成员、副局长:王希刚
党组成员、副局长:王秀勇
党组成员、副局长:耿　欣
党组成员、知识产权局局长:武月岭

党组成员、副局长:时建强
德城区科技局局长:王新峰
乐陵市科技局局长:宋丙伦
禹城市科技局局长:蔡明忠
陵县科技局局长:赵守新
宁津县科技局局长:付德林
齐河县科技局局长:王立杰
临邑县科技局局长:崔　华
平原县科技局局长:张本勇
武城县科技局局长:刘　健
夏津县科技局局长:徐大庆
庆云县科技局局长:林洪刚

聊城市科技局

党组书记、局长:刘　淼
党组成员、副局长:李学胜
副局长:范纯志
党组成员、副局长:王海涛
党组成员、副县级领导干部:许海燕
东昌府区科技局局长:吴铭兴
临清市科技局局长:何新华
冠县科技局局长:杜儒林
莘县科技局局长:孙振卿
阳谷县科技局局长:唐　涛
东阿县科技局局长:汤立农
茌平县科技局局长:付长荣
高唐县科技局局长:张光臣

滨州市科技局

党组书记、局长:纪思彬
党组副书记、滨州黄河三角洲
高效生态产业现代技术研究院院长:李文柳
副局长:曹玉斌
党组成员、副局长:冯明江
党组成员、副局长:李风华
党组成员、黄河三角洲(滨州)国家农业
科技园区党工委委员、管委会副主任:张　兵
党组成员、副局长:邢红辉
党组成员、知识产权局局长:田俊杰
党组成员、科技情报研究所所长:高曙光
副调研员:徐新忠
滨城区科技局局长:孙明亮
惠民县科技局局长:丁长岭
阳信县科技局局长:王志勇
无棣县科技局局长:邢呈军
沾化县科技局局长:张史政
博兴县科技局局长:刘继刚
邹平县科技局局长:李新军
经济开发区科技局局长:丁慧华
高新区科技局局长:陈爱锋
北海经济开发区经济发展局局长:李清华

菏泽市科技局

党组书记、局长:耿振华
党组副书记、副局长:李　松
党组成员、副局长:徐　静
党组成员、副局长:陶福占
副调研员:马月伦
牡丹区科技局局长:卞维宇
曹县科技局局长:韩春兰
定陶县科技局局长:刘占民
成武县科技局局长:黄胜昔
单县科技局局长:许　涛
巨野县科技局局长:徐福平
郓城县科技局局长:吕福奎
鄄城县科技局局长:刘清同
东明县科技局局长:王景义

(名录由17市科技局分别提供)

2012年度山东省
有突出贡献的中青年专家名单

(共99名)

彭立增　济南爱思医药科技有限公司董事长、总经理，高级工程师
孙玉萍　济南市中心医院肿瘤内科主任，主任医师
刘元琦　山东同圆设计集团有限公司副总裁、设计总监，工程技术应用研究员
刘　新　青岛海信网络科技股份有限公司总工程师，高级工程师
张建祥　鲁泰纺织股份有限公司总经理科技助理，高级工程师
李高建　淄博职业学院电子电气工程学院电力教育教学部主任，副教授
王一君　淄博王一君艺术工作室高级工艺美术师
安广池　枣庄市市中区果树服务站站长，高级农艺师
马晓钟　胜利油田胜利动力机械集团有限公司乏风氧化技术总监，高级工程师
殷　文　东营职业学院电子信息与传媒学院副教授
王春生　招金有色矿业有限公司总经理，高级工程师
刘学庆　山东省烟台市农业科学研究院园林花卉所所长，农业技术推广研究员
郝翠芳　烟台毓璜顶医院生殖医学中心主任，主任医师
林云弟　山东省潍坊市农业科学院果树花卉研究所所长，高级农艺师
庄　竞　济宁职业技术学院机电工程系教授
王　玲　山东鲁抗立科药业有限公司副总经理，高级工程师
赵恒刚　泰山玻璃纤维有限公司副总经理、技术中心副主任，高级工程师
刘召见　特变电工山东鲁能泰山电缆有限公司副总工程师、工艺部部长，高级工程师
李振光　威海市文登中心医院副院长，副主任医师
张春海　日照市公路管理局工程处主任，工程技术应用研究员
刘俊山　日照市新营小学副校长，中学高级教师
张志强　莱芜市人民医院院长，主任医师
陈宏坤　山东金正大生态工程股份有限公司副总裁，高级工程师
刘　忠　鲁南制药集团股份有限公司生物研究所所长，高级工程师
徐　静　德州学院纺织服装工程学院(筹)院长，教授
王乃强　保龄宝生物股份有限公司副总经理、技术总监，高级工程师
王继跃　聊城市人民医院神经外科、脑卒中筛查办公室主任，主任医师
徐兴磊　菏泽学院物理系教授
王秀和　山东大学电气工程学院副院长，教授
裴海燕　山东大学环境科学与工程学院教授
戴　瑛　山东大学物理学院教授
薛长湖　中国海洋大学食品科学与工程学院院长，教授
薛庆忠　中国石油大学(华东)理学院副院长，教授
王　东　山东农业大学农学院副教授
于海生　青岛大学自动化工程学院院长，教授
陈善峰　山东理工大学农业工程与食品科学学院副教授
高　松　山东理工大学交通与车辆工程学院副院长，教授
丁乃秀　青岛科技大学高性能聚合物研究院副教授
傅英娟　山东轻工业学院轻化与环境工程学院教授
唐新德　山东交通学院材料科学与工程学院院长，副教授
王必琪　山东体育学院体育系主任，教授
苏　昕　山东财经大学教务处副处长，教授
梁　阜　山东财经大学工商管理学院教授
蒋海升　山东政法学院新闻传播系主任，教授
王晓洁　鲁东大学生命科学学院教授
程卫民　山东科技大学资源与环境工程学院副院长，教授
李玉霞　山东科技大学信息与电气工程学院院长，教授
包　颖　曲阜师范大学生命科学学院教授
张树平　滨州医学院药学院副院长，教授
李　刚　山东中医药大学附属医院显微骨科副主任，副教授
张茂聪　山东师范大学发展规划处副处长，教授
张化祥　山东师范大学信息科学与工程学院院长助理，教授
崔艳秋　山东建筑大学建筑城规学院建筑技术教研室主任，教授
马洪芳　山东建筑大学研究生处副处长，教授
毛荐其　山东工商学院工商管理学院院长，教授
于京华　济南大学化学化工学院教授
王　卓　济南大学外国语学院教授
郭春凤　临沂大学机械工程学院副院长，教授
王树海　山东黄金矿业股份有限公司副总工程师，

采矿高级工程师
李述森　山东社会科学院政治学研究所所长，研究员
曲绪仙　山东省畜牧总站副站长，农业技术推广研究员
夏　伟　山东华光光电子有限公司技术总监，工程技术应用研究员
李德军　山东省农药行业技术中心主任，工程技术应用研究员
潘得胜　山东华鲁恒升化工股份有限公司副总经理、总工程师，高级工程师
吴家强　山东省农业科学院畜牧兽医研究所副所长，副研究员
汪黎明　山东省农业科学院玉米研究所所长，研究员
边兴玉　山东省环境保护科学研究设计院院长，工程技术应用研究员
谢　刚　山东省环境保护科学研究设计院副院长，工程技术应用研究员
张积强　山东省戏剧创作室主任，一级编剧
李　胜　山东省医学科学院科研处处长，研究员
姚庆强　山东省医学科学院药物研究所研究员
毕玉峰　山东省交通规划设计院副院长，高级工程师
张秀珍　山东省海洋水产研究所副所长，研究员
谭　泓　中国共产党山东省委员会党校研究生部副主任，副教授
张　惠　山东省计量科学研究院科技发展部部长，高级工程师
张文辉　山东省特种设备检验研究院淄博分院理化检验室主任，高级工程师
王　晓　山东省分析测试中心副主任，研究员
秦光华　山东省林业科学研究院科研管理办公室副主任，高级工程师
王　键　莱芜钢铁集团有限公司炼钢厂副厂长，高级工程师
盛根来　山东省地矿工程勘察院副总工程师，工程技术应用研究员
孙　蓉　山东省中医药研究院药理研究室主任，研究员
卢志明　山东省立医院东院检验科主任，主任技师
刘　明　山东中医药大学附属医院主任医师
李长贵　青岛大学医学院附属医院代谢病科主任，主任医师
蒋　倩　山东广播电视台广播音乐频道副总监，主任编辑
徐　红　山东商业职业技术学院信息技术学院院长，教授
张保祥　山东省水利科学研究院工程技术应用研究员
王　昕　山东省水利科学研究院高级工程师
张尚坤　山东省地质科学实验研究院地质矿产研究所所长，工程技术应用研究员
宋　弢　大众日报青岛记者站站长，主任记者
侯宇刚　枣庄矿业（集团）有限责任公司副总经理，工程技术应用研究员
袁秋新　新汶矿业集团有限责任公司总经理助理，高级工程师
薛晓萍　山东省气候中心副主任，正高级高级工程师
高宏伟　山东出入境检验检疫局基因实验室主任，研究员
刘　萍　中国水产科学研究院黄海水产研究所研究员
翟慎会　山东电力工程咨询院有限公司总工程师、生物质直燃发电工程技术中心主任，工程技术应用研究员
曾志刚　中国科学院海洋地质与环境重点实验室副主任，研究员
王　建　中国工商银行股份有限公司山东省分行信息科技部总经理、开发运行中心主任，高级工程师
咸日常　山东电力集团公司淄博供电公司副总工程师，高级工程师

（省人力资源和社会保障厅）

2012年山东省享受政府特殊津贴人员名单

1　李　京　山东科汇电力自动化有限公司总工程师，工程技术应用研究员
2　丁志强　枣庄市峄城区农业局农广校副校长，高级农艺师
3　李玉娥　枣庄市妇幼保健院副院长，副主任医师
4　陈宜亮　胜利油田胜利动力机械集团有限公司总工程师、技术咨询委员会主任，正高级高级工程师
5　张永治　烟台三环锁业集团有限公司总工程师，工程技术应用研究员
6　高振利　烟台毓璜顶医院泌尿外科主任，主任医师、教授
7　张培良　丛林集团有限公司技术中心主任，高级工程师
8　李成军　潍坊市农业科学院院长，研究员
9　王金琴　山东省潍坊盲童学校中学高级教师
10　丁彩玲　山东如意科技集团有限公司执行总裁，工程技术应用研究员
11　尚海燕　济宁市杂技团一级演员
12　刘庆印　泰安华鲁锻压机床有限公司总工程师、

技术中心主任,工程技术应用研究员
13 王长宪 泰安市泰山林业科学研究院农业技术推广研究员
14 张华威 威高集团有限公司董事会副主席兼总裁,高级工程师
15 姜红江 山东省文登整骨医院骨关节科主任,副主任医师
16 李　莉 日照市中医医院主任中医师
17 李秀娟 日照职业技术学院食品工程学院教授
18 王永胜 山东泰山钢铁集团有限公司总裁、技术中心主任,高级工程师
19 王德友 山东省鲁洲食品集团有限公司生产技术总监、技术中心主任,高级工程师
20 车峰远 临沂市人民医院本部副院长,主任医师
21 迟　峰 山东临工工程机械有限公司总经理助理、技术中心主任,高级工程师
22 程少博 山东龙力生物科技股份有限公司董事长、技术中心主任,高级经济师
23 沈连忠 山东欣博药物研究有限公司药物安全评价研究中心主任,研究员
24 秦玉峰 山东东阿阿胶股份有限公司技术中心主任,工程技术应用研究员
25 王力民 华纺股份有限公司董事长、总经理,工程技术应用研究员
26 李黎明 滨州职业学院教授
27 李洪奇 菏泽学院物理系教授
28 尚书旗 青岛农业大学机电工程学院院长,教授
29 王相友 山东理工大学农业工程与食品科学学院院长,教授
30 刘素文 山东轻工业学院分析测试中心教授
31 王中华 山东农业大学动物科技学院院长,教授
32 张　民 山东农业大学教授
33 郑成超 山东农业大学生命科学学院院长,教授
34 付道林 山东农业大学科学技术处副处长,教授
35 张永清 山东中医药大学药学院副院长,教授
36 满宝元 山东师范大学研究生学院院长,教授
37 曲淑英 烟台大学土木工程学院副院长,教授
38 房绍坤 烟台大学校长,教授
39 刘继锋 聊城大学化学化工学院教授
40 郑庚修 济南大学化学化工学院教授
41 张桂青 山东建筑大学信息与电气工程学院院长,教授
42 张　鑫 山东建筑大学土木工程系主任,教授
43 李建隆 青岛科技大学化工学院教授
44 曾庆良 山东科技大学研究生学院院长,教授
45 张明义 青岛理工大学土木建筑工程学院副院长,教授
46 文今福 泰山医学院心血管内分泌实验室主任,教授
47 刘长云 潍坊医学院儿科学教研室主任、附属医院小儿科主任,教授
48 孙喜灵 滨州医学院中医心脾研究所所长、中医基础理论教研室主任,教授
49 崔　文 济宁医学院肿瘤病理研究所所长、省级强化重点学科主任,教授
50 于　军 鲁东大学社会科学处处长,教授
51 刘　超 山东财经大学金融学院教授
52 郝书辰 山东财经大学党委书记,教授
53 田川流 山东艺术学院艺术文化学院教授
54 李福华 青岛大学管理学院院长,教授
55 唐家路 山东工艺美术学院研究生处处长,教授
56 刘长余 山东省水利勘测设计院院长,工程技术应用研究员
57 张增奇 山东省地质科学实验研究院副院长、《山东国土资源》主编,正高级高级工程师
58 王怀洪 山东省煤田地质规划勘察研究院院长、局总工程师,工程技术应用研究员
59 曹瑞基 山东省计量科学研究院总工程师,研究员
60 曹永敏 山东省建筑科学研究院副总工程师、建筑节能与新材料研究所所长,工程技术应用研究员
61 杜晓兰 山东省环境监测中心站工程技术应用研究员
62 刘德玺 山东省林业科学研究院副院长,工程技术应用研究员
63 蒋庆功 山东省农业广播电视学校校长,农业技术推广研究员
64 曲辉英 山东省种子管理总站副站长,农业技术推广研究员
65 王勇强 山东省海水养殖研究所副所长,研究员
66 李燕宁 山东中医药大学附属医院儿科主任、山东中医药大学中医儿科教研室主任,主任医师
67 郑　心 山东中医药大学第二附属医院副院长、主任医师
68 王显军 山东省疾病预防控制中心病毒性传染病防制所所长,主任医师
69 李　杰 山东省千佛山医院普通外科主任,主任医师
70 王延辉 山东省文艺创作研究室主任,研究馆员
71 赵冬苓 山东电影电视剧制作中心艺术副总监,一级编剧
72 翟寿涛 山东省武术院国家级教练
73 毛德伟 山东省体育科研中心主任,研究员
74 王华莹 山东省艺术研究所主任、省文联剧协副主席,研究员
75 孙　博 山东省文物考古研究所副所长,研究馆员
76 刘统玉 山东省科学院激光研究所副所长,研究员
77 朱建华 山东省农业科学研究院科技信息工程技术研究中心主任,研究员
78 史伟云 山东省眼科研究所副所长、山东省眼科医院

院长，主任医师、教授

79 李少群 山东社会科学院文化研究所研究员

80 逄春阶 大众日报文体新闻采编中心副主任，高级编辑

81 王兴山 浪潮集团山东通用软件有限公司总经理、ERP 首席构架师，工程技术应用研究员

82 赵培建 济钢集团有限公司规划部部长，工程技术应用研究员

83 孙卫华 济钢集团有限公司副总经理、用户应用技术中心主任，工程技术应用研究员

84 李丰功 莱芜钢铁集团有限公司技术中心主任，工程技术应用研究员

85 孟祥军 兖州煤业股份有限公司东滩煤矿矿长，工程技术应用研究员

高技能人才

86 徐青荣 青岛港(集团)有限公司大港分公司机械三队

87 朱连博 山东新华制药股份有限公司

88 赵　峰 山东鲁南机床有限公司

89 魏国华 华泰集团有限公司

90 李国华 天元建设集团有限公司

91 孙一倩 山东华鲁恒升化工股份有限公司

92 孙　东 滨州市技术学院实习操作训练中心

93 李传递 菏泽市郓城县技工学校

94 王世杰 潍柴控股集团有限公司

95 姜和信 济钢集团有限公司

96 张秀敏 山东昌邑乾隆杯酒业有限责任公司

97 练军峰 山东技师学院

济　南　市

1 苏国海 济南市中心医院副院长，主任医师

2 马旭升 济南二机床集团有限公司高级工程师

3 孔祥敏 济南市委党校教授

4 王国富 济南机场建设办公室主任，工程技术应用研究员

5 肖凌凤 济南市中心医院主任护师

6 刘金水 章丘市第四中学校长，中学高级教师

7 王　良 积成电子股份有限公司总经理，研究员

8 杨　珀 济南市曲艺团一级演员

9 贾如意 济南市第四人民医院院长，主任医师

青　岛　市

1 张正欣 青岛饮料集团有限公司技术中心主任，高级工程师

2 宣世英 青岛市市立医院副院长，主任医师

3 刘孟强 青岛高园建设咨询管理公司总工程师，高级工程师

4 颜　涛 青岛市广播电视台电视新闻中心主任，高级编辑

5 周兆山 青岛市海慈医疗集团呼吸科主任，主任医师

6 曲善珊 青岛市农业技术推广站研究员

7 杨为东 青岛即发集团股份有限公司技术中心主任，高级工程师

8 初　剑 青岛画院国家一级美术师

9 宁　征 青岛市实验幼儿园园长，中学高级教师

(省人力资源和社会保障厅)

2012年度山东省新增住鲁两院院士

中国科学院院士(信息技术科学部)——郑建华

郑建华　信息分析专家。解放军保密委员会技术安全研究所研究员。1956 年 9 月出生于吉林省长春市，籍贯浙江宁波。1987 年毕业于中国科学技术大学研究生院。2011 年当选为中国科学院院士。

郑建华长期从事复杂信息系统分析和相关基础理论研究，对该领域的序列论、函数论、算法设计与分析等进行系统研究，在复杂信息系统输出分析技术、系统模型解析理论和方法、系统参数还原技术研究中均取得创新性研究成果，这些研究成果在实际复杂系统分析中多次发挥显著作用。曾获国家科技进步一等奖等。

(省人力资源和社会保障厅)

山东省高校优秀科研创新团队建设计划实施方案

(2012年5月4日)

为贯彻落实《山东省中长期教育改革和发展规划纲要(2011—2020年)》,经研究决定,自2012年起启动实施山东省高校优秀科研创新团队(以下简称创新团队)建设计划。具体实施方案如下:

一、目标任务

在我省高等学校培育建设一批创新能力强,人员相对稳定、结构较为合理、富有开放协作精神的优秀科研学术团队,以支撑我省高校内涵发展,服务经济社会领域前沿课题研究和技术难题研究。

二、申报范围及条件

(一)申报范围和限额

创新团队在省直属普通本科高校中遴选,每所高校申报数量不超过2个。

(二)申报条件

1.创新团队研究的领域属于国家、省科学和技术发展规划的重点领域或重大科技前沿问题,服务我省区域经济社会发展特别是黄河三角洲高效生态经济区和山东半岛蓝色经济区发展。

2.创新团队以省部级及以上重点实验室、工程(技术)研究中心和山东省“十二五”高校强化建设重点实验室以及国家重点(培育)学科、省级特色重点学科等科技创新平台为依托。

3.团队带头人应有较高学术造诣和创新性学术思想,在相关研究领域有较大影响,有较强组织协调能力和合作精神,应为本省高校科研和教学一线全职员工,近五年获省部级及以上相关人才计划资助或主持过省部级及以上重大科研项目,年龄原则上不超过55岁的非现任校领导。

4.创新团队应是在长期合作基础上形成的研究集体(8人以上),专业结构和年龄结构合理,具有相对集中的研究方向、合作研究的科研课题。已获得省部级及以上优秀创新团队计划资助的团队不在本计划申报范围之内。

三、实施步骤

高校根据申报条件和要求进行遴选推荐,填写《山东省高校优秀科研创新团队申报书》(一式2份),由学校学术委员会审议通过,学校批准后,于2012年5月28日前上报省教育厅科研处。省教育厅和省财政厅组织专家根据申报创新团队的专业领域情况进行分组评议,并根据评议结果进行综合评审,提出拟入选团队名单,经媒体公示无异议后正式公布获资助的创新团队名单。

四、支持措施

创新团队建设计划自2012年启动,在省直属普通本科高校遴选建设20个左右优秀科研创新团队,建设周期为四年。省财政设立专项经费对创新团队予以支持,分年度拨付,所在高校要加大对创新团队资助力度。

五、组织管理

创新团队建设计划由省教育厅、省财政厅组织实施,所在学校具体实施。建设期内,所在高校要对创新团队建章立制,进行科学管理,按照有关规定使用经费,及时了解、掌握获资助创新团队的工作情况,协助解决遇到的问题,为团队建设和科研活动创造良好环境。

创新团队在获批一个月内,由团队带头人填写《山东省高校优秀科研创新团队研究计划》,经所在学校学术委员会审查后,报教育厅备案。

创新团队应按年度由团队带头人填写年度进展报告,经所在高校学术委员会审核并签署意见后报省教育厅。团队带头人因特殊原因不能继续履行职责时,所在高校应及时向省教育厅提交人选调整的书面报告,由省教育厅审查决定是否继续实施资助。

由省教育厅和财政厅组织专家考核小组,在团队建设期中和期满,采取适当方式进行绩效考核,重点对团队的标志性创新成果进行评估。对创新成果显著、发展潜力大、创新氛围好的创新团队继续下一轮支持,并优先推荐申报教育部创新团队。

(省教育厅)

索　引

说　明

1. 本索引采用关键词索引，以信息条目的标题、摘要或正文中出现的具有检索意义的词汇作为索引标目。

2. 本索引基本按汉语拼音音序排列，首字相同时，以第二字排序，依次类推。以数字开头的，排在最前面。

3. 索引标目后面的数字，表示该标目所在正文中的页码；数字后面的字母a、b分别表示该标目所在页码的左、右栏。

4. 黑体字为栏目或条目名称。

5. "特载"和"附录"不列入索引范围。

0～9

A

B

C

D

E

F

G

H

J

K

L

M

N

O

P

Q

R

S

T

W

X

Y

Z

CONTENTS

Special Issues

Management of Science and Technology

Science and Technology Development of Industry

Science and Technology Development in High-Tech Industrial Development Zones

Science and Technology Development in Universities

Science and Technology Development in Research Institutes

Science and Technology Development of Regions

Science and Technology Achievements and Awards

Science and Technology Statistics

Chronicle of Science and Technology

Appendix

图文专稿

天泰種業

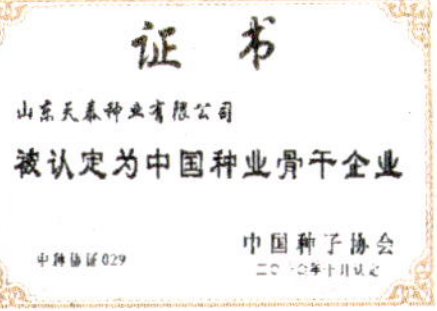

山东天泰种业有限公司专注玉米育种25周年，是农业部批准的全国"育、繁、推一体化"种业企业，注册资本一亿元，是中国种业骨干企业、种子行业信用评价AAA级企业、山东省农业产业化重点龙头企业，从事农作物种子的科研、生产、加工及国内外经营业务。

公司注重科研投入，科研创新与品种创新相结合，由科技厅批准设立"山东省饲用玉米工程技术中心" "山东邦泰生物技术研究院"已独立育成"天泰33号"等拥有自主知识产权的审定玉米及马铃薯新品种11个，独家授权经营品种36个，正在参加国家及省（市）级区试或生产试验的玉米、小麦、花生、大豆、棉花新组合42个。

公司注重基地建设、质量控制和营销网络建设，在山东、海南、内蒙古、甘肃、新疆、宁夏等全国不同生态省（区）建立良种繁育基地及种子加工厂，形成了规模化、标准化繁育体系和加工体系，营销网络遍布山东、河北、河南、吉林、辽宁、重庆、陕西、安徽等省市主栽区。

公司始终秉承创新理念和实干精神，持之以恒，以"为亿万农家提供丰收的种子，实现员工与合作者的梦想"为使命，先后被评为山东省高新技术企业、山东省消费者满意单位、山东省守合同重信用企业，并先后被吸纳为中国种子协会理事单位、中国种子协会玉米种业分会会员单位、山东省种子协会副理事单位、山东省工商联种业发展商会副会长单位等。公司注册的"天泰"商标经《商标国际注册马德里协定》认定，获得美国、欧盟、日本、韩国等世界主要国家注册。

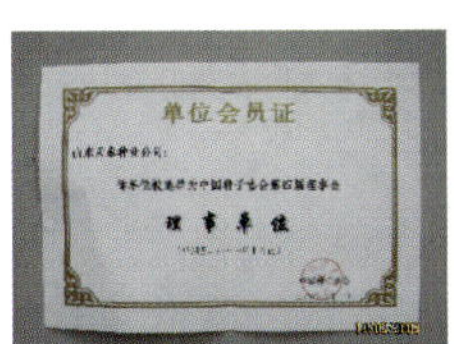

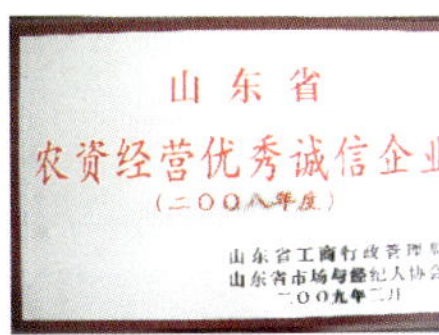

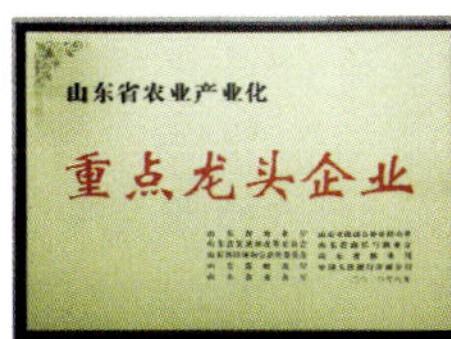

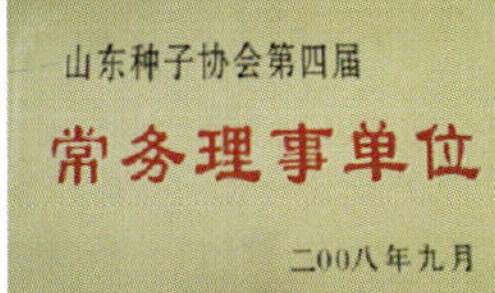

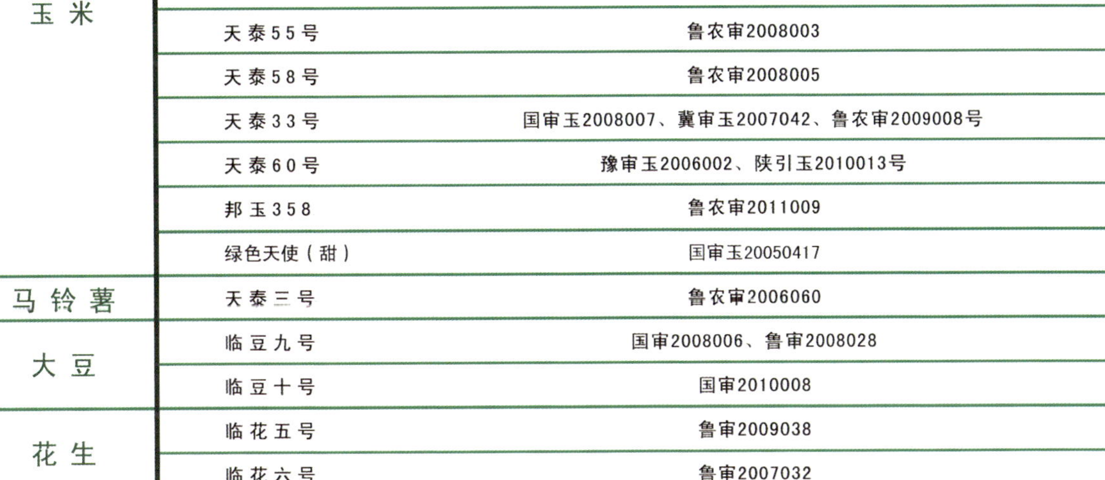

作物	品种名称	审定编号
玉米	天泰10号	鲁农审2005001、陕引玉2007019、豫引玉2006020、渝引玉2007023
	天泰14号	鲁农审2006015、豫引玉2008009
	天泰16号	鲁农审2006019、皖农种函（2011）393号
	天泰18号	鲁农审2007007
	天泰15号	宁审玉2008001
	天泰55号	鲁农审2008003
	天泰58号	鲁农审2008005
	天泰33号	国审玉2008007、冀审玉2007042、鲁农审2009008号
	天泰60号	豫审玉2006002、陕引玉2010013号
	邦玉358	鲁农审2011009
	绿色天使（甜）	国审玉20050417
马铃薯	天泰三号	鲁农审2006060
大豆	临豆九号	国审2008006、鲁审2008028
	临豆十号	国审2010008
花生	临花五号	鲁审2009038
	临花六号	鲁审2007032

山东天泰种业有限公司
高新技术企业
山东省科学技术厅认定

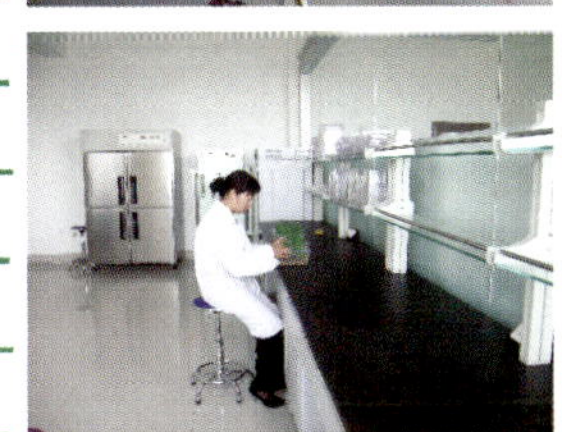

山东天泰种业有限公司

地址：山东省济南市二环东路东环国际广场D座　电话：0531-83530701　83530709

网址：www.tiantaiseed.com

潍柴动力

WEICHAI POWER

“重型高速柴油发动机关键技术及产业化”项目

发动机行业产业链长、关联度高，就业面广，消费拉动大，是我国重要的基础产业。但是，由于缺乏核心技术，我国重型高速发动机长期以来在性能上同国外先进产品存在较大差距，集中体现在可靠性低、动力性差、油耗高、污染物排放量大和发动机辅助制动技术匮乏等，并由此导致国内同类产品在国际市场竞争中处于极大劣势，严重制约了国内汽车、工程机械等相关产业发展和整体水平提升，也进一步影响了国家节能减排战略的实施和国防装备的安全。

为解决上述难题，《重型高速发动机关键技术及产业化》项目在国家科技计划的支持下，通过自主创新，取得如下技术突破：

可靠性和动力性技术：创新开发了世界重型高速发动机领域独树一帜的干式气缸套与阻尼式整体框架机体的集成结构，在整机纵向尺寸缩短5%的同时提高机体承受冲击载荷能力20%以上；运用独创的铸造和机加工技术保证产品制造精度；创新建立并应用基于等寿命设计的全目标考核可靠性开发方法。

安全技术：开发了发动机排气阀制动装置及基于该装置的跛行控制方法。

节能技术：发明了两模式进气门晚关及控制机构，开发了双循环热交换器和智能化的发动机附件。

环保技术：开发了金属蜂窝状催化剂载体、后处理管路装置、后处理电子控制器及控制策略。

基于上述创新技术成功开发了具有完全自主知识产权的WP10/WP12系列蓝擎重型高速柴油机。该产品的动力性、经济性和安全性等主要技术指标均明显优于国际同类产品的先进水平。

中国机械工业联合会、中国内燃机工业协会评价认为：“产品动力性、经济性、环保性和可靠性指标达到国际领先水平”。

该项目产品WP10/WP12系列柴油机的产销量已连续三年位居世界同行业首位。自2007年1月至2011年12月，该系列产品已累计销售124.7万台，实现销售收入577.1亿元，创造利税180.2亿元。其中累计出口14.6万台，创造外汇17.3亿美元。已投放市场的产品每年可节省燃油约145万吨、减少CO_2排放约470万吨，分别减少NOx和颗粒物排放约32万吨和0.8万吨。

该项目共获得授权发明专利16项、实用新型专利63项、软件著作权3项，制定国家标准10项。项目产品目前在国内重型汽车、大客车、5吨以上装载机和160马力以上推土机等配套市场的占有率分别达到42%、80%、85%和60%，成功配装了国庆60周年阅兵方阵车辆和其它国防装备，并成为世界500强企业韩国斗山集团中国装载机产品的独家配套动力和卡特彼勒、沃尔沃中国工程机械产品的主要配套动力。

潍柴蓝擎 WP10 车用发动机

国家科学技术进步奖

证 书

为表彰国家科学技术进步奖获得者，特颁发此证书。

奖励等级：二等

获 奖 者：潍柴动力股份有限公司

证书号：2012-J-217-2-04-001

潍柴动力国家奖证书

潍柴蓝擎 WP12 车用发动机

山东电力建设第二工程公司

Shandong Electric Power Construction No.2 Company

山东电建二公司办公大楼外景

◇完备的企业资质

山东电力建设第二工程公司成立于1952年，隶属中国电力建设集团有限公司，是国家电力建设大型建筑安装综合性施工一级企业。

公司具有电力工程施工总承包一级，房屋建筑工程施工总承包一级，电力工程设计乙级、电力工程调试乙级、锅炉安装改造维修1级，起重机械安装改造维修A级、压力管道GB1、GB2、GC、GD、电力工程土建试验室、金属试验室一级等资质；通过了质量、环境、职业健康安全管理体系和美国机械工程师协会（ASME）A钢印认证；并取得国家进出口企业资格证书和对外经济合作经营资格证书。业务涉及常规火电、核电、风电、燃机发电、生物质能发电、光伏发电及起重机制造、房地产开发、钢结构制作、天然气销售等多个领域。

◇优秀的人才队伍

公司坚持“合格人干合格事”的人才理念，研究制定人才发展规划，强化技能操作培训。在全国性职业技能竞赛中，6次摘得个人冠军、6次夺得团体冠军，公司被授予“国家技能人才培育突出贡献奖”。公司先后有1人荣获全国劳动模范称号，2人荣获全国五一劳动奖章，14人被授予“全国技术能手”称号，18人荣获“富民兴鲁劳动奖章”，26人被授予“山东省技术能手”称号，为公司发展提供了强有力的人才支撑。

原中国中央政治局委员、全国总工会主席王兆国和公司党委书记、副总经理肖英亲切握手，祝贺荣获“五一”劳动奖

◇强大的施工实力

公司现有员工6 340人，具有中级及以上职称人员726人（其中高级职称168人），一级建造师118人。公司拥有先进的施工技术、精良的机械装备、经验丰富的专业化团队。具备同时承建多个国内外大中型电站的施工能力。

公司实施“国际优先”战略，努力拓展国外市场，国际施工区域遍及非洲、西亚、东南亚、南亚等国，是中国较早进入国际市场、具有丰富国际项目运作经验的专业化电力施工企业之一。

采用抗裂纤维混凝土——建设中的广东阳江核电站

印尼龙湾电厂2X315MW机组工程全景

华电莱州电厂（2×1000MW）--采用矿粉和煤灰混凝土技术浇筑的烟囱及储煤罐

◇丰硕的科技成果

公司坚持“科技兴企”的战略，注重科技创新。目前，公司拥有企业级工法43项，其中省部级工法27项、国家级工法1项；21个QC小组被授予“全国优秀质量管理小组”称号；荣获10项中国电力科技成果，其中一等奖2项，二等奖4项，三等奖4项；2013年3月22日，在济南市科技局的主持下，来自山东大学、山东建筑大学的7位专家经过认真评审，公司承担的“抗裂纤维混凝土”“矿粉和粉煤灰复配耐久性混凝土”两项科学技术成果顺利通过鉴定，综合技术水平处于国际领先水平；拥有实用新型专利56项。有效推动了施工水平的不断提高，增强了在同行业中的竞争力。

创新发展　追求卓越

科技成果鉴定证书　　部分科技成果获奖证书　　部分专利证书　　部分科技成果获奖证书

全国质量信得过班组领奖现场（中）

中国安装协会全名应为："山东石横电厂三期、河口东营风电工程荣获2010年度中国安装之星工程称号，公司总经理、党委副书记张仕涛参加颁奖仪式（左二）

公司科技成果鉴定会

◇突出的企业业绩

公司坚持"用真情服务大众"的核心宗旨，秉承"创新发展，追求卓越"的工作理念，大力实施精品战略，以突出的工程业绩赢得了广泛的市场赞誉。

公司自成立以来，先后建成电站186座，装机829台，装机容量4 497.005万千瓦，创造了电建史上多项第一。公司7次荣获国家质量银质奖、4次荣获鲁班奖、11次荣获全国优秀焊接工程奖、42次荣获国家省部优工程奖。公司被授予全国五一劳动奖状，被评为全国优秀施工企业、中国电力建设功勋企业和全国精神文明建设工作先进单位。

国电石横电厂一期工程鲁班奖　国电聊城一期工程鲁班奖　国电石横电厂一期工程鲁班奖　青岛电厂扩建一期工程鲁班奖

五一劳动奖状

国家技能人才培育突出贡献奖

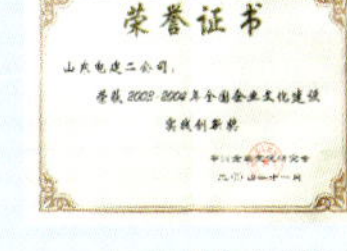

全国企业文化建设实践创新奖

2012全国电力优秀施工企业

2012年度境外优质工程奖（印尼龙湾电厂）

2010-2012年度山东省明星企业证书

2011年山东省劳动关系和谐企业奖牌

莱州－砼心QC成果一等奖

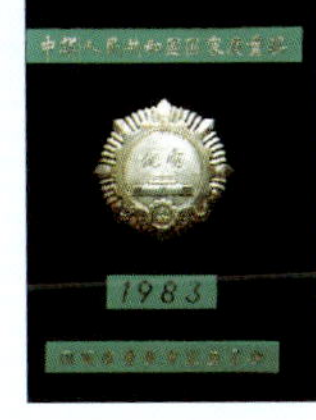

十里泉电厂四期银质奖

石横电厂一期银质奖

石横电厂二期银质奖

大同电厂银质奖

日照电厂二期扩建工程银质奖

漯河电厂银质奖

昌吉电厂银质奖

◇厚重的社会责任

公司坚持以人为本的准则，引领员工"快乐工作、健康生活"；积极履行社会责任，把每年的3月5日定为公司的"慈善捐款日"。公司荣获全国精神文明建设工作先进单位、全国企业文化建设先进单位等荣誉称号，并被评为省级"劳动关系和谐企业"。

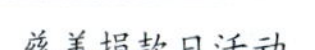

慈善捐款日活动

天润曲轴股份有限公司

曲轴生产线

曲轴生产线

曲轴生产线

轿车曲轴生产线

曲轴生产线

重卡曲轴生产线

曲轴生产线

连杆生产线

天润曲轴股份有限公司（天润曲轴）位于中国山东东部沿海开放城市——威海文登，是以生产“天”牌内燃机曲轴为主导产品的中国目前规模最大的曲轴专业生产企业，同时生产汽车铸件、锻件、涨断连杆等产品。自1985年以来，各项经济技术指标始终稳居全国同行业首位。2009年8月21日，天润曲轴在深圳证券交易所A股上市。

公司现有员工2 700多人，各类专业技术人才600多人，厂区占地面积61万m^2，总资产44亿元。公司拥有“国家级企业技术中心”“国家博士后科研工作站”“山东省曲轴工程技术研究中心”“山东省院士工作站”“山东省曲轴连杆工程实验室”等技术研发平台，是“国家863计划CIMS工程应用示范企业”“中国百家最佳零部件供应商”“中国汽车零部件百强企业”“中国公众良好信誉企业”“中国专利山东明星企业”“高新技术企业”“国家火炬计划重点高新技术企业”“山东省创新性试点企业”“发动机关键零部件产业技术创新战略示范联盟牵头单位”。先后通过ISO9002、QS9000、TS16949国际质量体系认证、14000环境管理体系认证和18001职业健康安全管理体系认证。

公司拥有年产50万支曲轴毛坯的德国KW铸造生产线、50万支曲轴毛坯的锻造生产线，以及奥地利气体软氮化曲轴生产线；由美国、意大利、英国、德国等发达国家高精尖加工与检测设备，组建了具有国际先进水平的船机、重卡、中卡、轻卡、轿车曲轴加工生产线和胀断连杆生产线。

“天”牌商标是“中国驰名商标”，“天”牌曲轴是国家发改委和机械工业联合会指定的汽车零部件民族品牌、是潍柴、东风康明斯、上汽、一汽锡柴、大柴、玉柴、上柴、哈东安以及康明斯、奔驰、卡特彼勒等国内外著名主机厂整机配套产品，并随主机远销20多个国家和地区，主机装机率达60%；部分系列型号的产品以及铸件产品，直接出口韩国、印度、土耳其、英国、意大利、日本、美国等国外著名公司。天润曲轴拥有完善的营销网络体系，国内设立200多家区域重点代理与专卖商，产品覆盖全国31个省市区，主导产品市场占有率达40%以上。

国家科技进步二等奖

——微锡高强韧性球墨铸铁关键技术及动力机械核心部件产业化

国家奖产品图

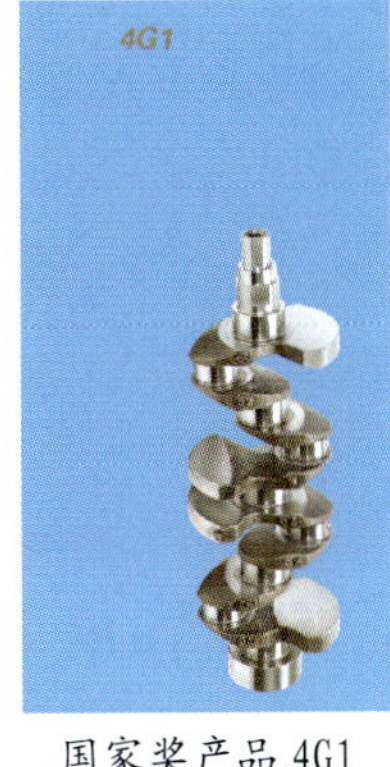

国家奖产品 4G1

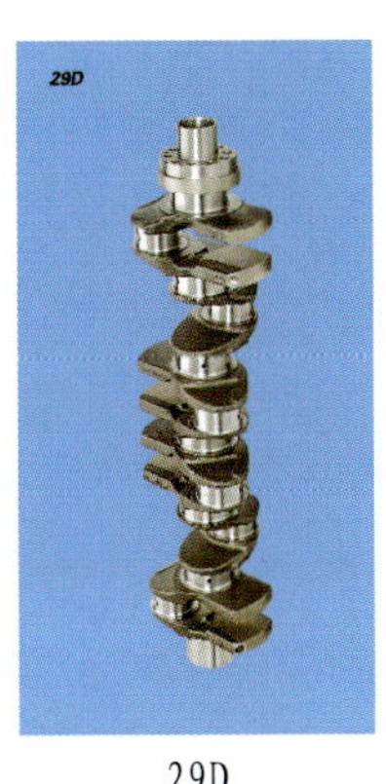

29D

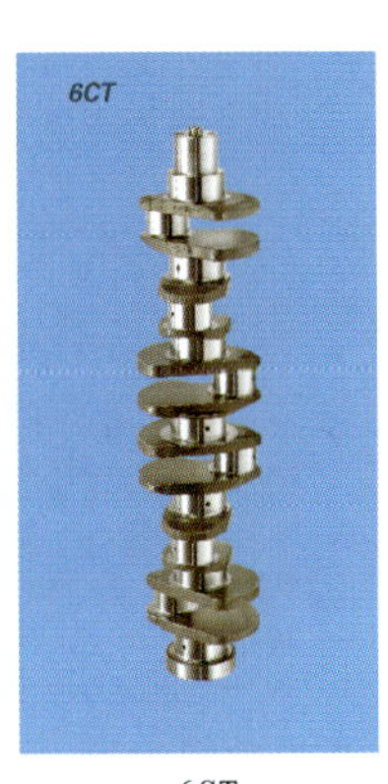

6CT

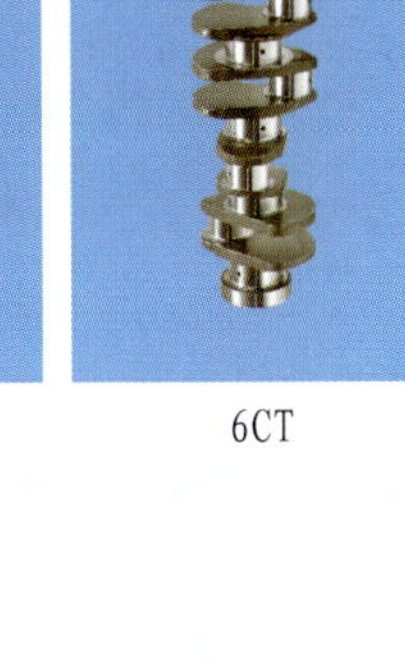

康 c

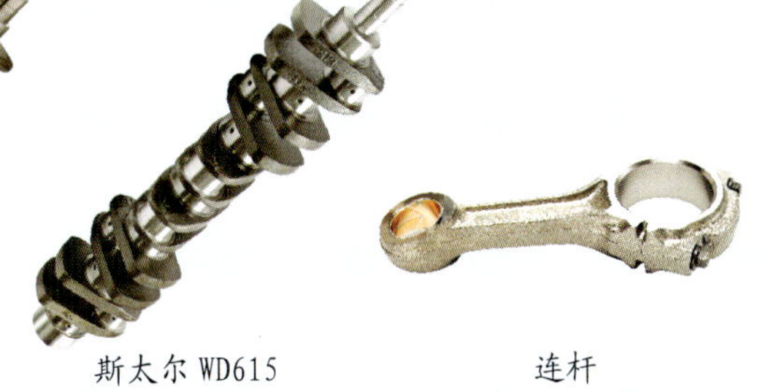

斯太尔 WD615

连杆

铸铁应用广泛，被誉为制造业之基石。2010 年我国铸铁产量 2 950 万 t，其中球墨铸铁产量 990 万余 t，占铸铁总产量的 33.5%，居世界第一。但我国球墨铸铁存在本体强韧性低与内在质量差的问题，无法满足动力机械轻量化、重载荷的发展需要。以高速增压发动机曲轴、高速列车制动件、工程机械动力传输件、机器人臂等为代表的动力机械核心部件，其核心技术被国外垄断，必须自主创新。

该项目历经近 20 年的持续攻关，研发了高强度高韧性球铁材质的三大核心技术，实现了关键技术及产业化的重大突破，核心技术获得 2010 年山东省技术发明一等奖和 2009 年中国机械工业科学技术一等奖。

该项目球铁本体抗拉强度 927±25MPa，延伸率和冲击韧性超过美国、德国、日本标准同类单铸试块技术指标；生产的曲轴与国际上广泛应用的 45 和 42CrMoA 锻钢曲轴相比，疲劳弯矩和安全系数大幅度提高。鉴定委员会认为“该成套技术成果达到国际先进水平，其中部分性能居国际领先地位”。

该项目生产的曲轴，为东风康明斯、一汽锡柴、玉柴、潍柴等国内十几家著名发动机企业配套，国内市场占有率达 31.7% 以上；国内独家为美国康明斯、意大利菲亚特、德国奔驰等世界知名企业供货，成为我国曲轴行业的龙头企业。生产的高速列车制动件、工程机械传动件、机器人臂、重卡载荷支架等动力机械核心部件，为美国卡特彼勒、日本三菱重工、法国法维莱等知名企业供货，取代进口进入国际高端市场。相关技术推广至国内十余家大型铸造企业。共获国家专利 9 项，其中发明专利 4 项，制订国家标准 1 项，行业标准 1 项。

山东百川同创能源有限公司

山东百川同创能源有限公司是专业从事生物质能技术研发、装备制造、产品销售、项目建设和技术装备进出口的高新技术企业。在生物质成型、气化供气供热、兆瓦级生物质气化发电、大中型沼气、生物质燃气工业化利用等领域取得一系列成果。

“低焦油热解气化中小规模生产生物质燃气设备研发与示范”项目获国家科技部“十一五”科技支撑计划支持，本项目以中药行业产生的湿基纤维类中药渣为原料，研究开发基于湿基生物质高压物理脱水与余／废热烘干集成工艺、中药渣类工业生物质废物两段式低焦油热解气化制备生物质燃气技术及装备、生物质燃气固定床甲烷化技术及设备，并建设年处理1万吨纤维类中药渣的工业化燃气示范工程，从源头上解决制约企业的药渣污染问题，同时又能为制药企业提供清洁能源，满足生产需求。

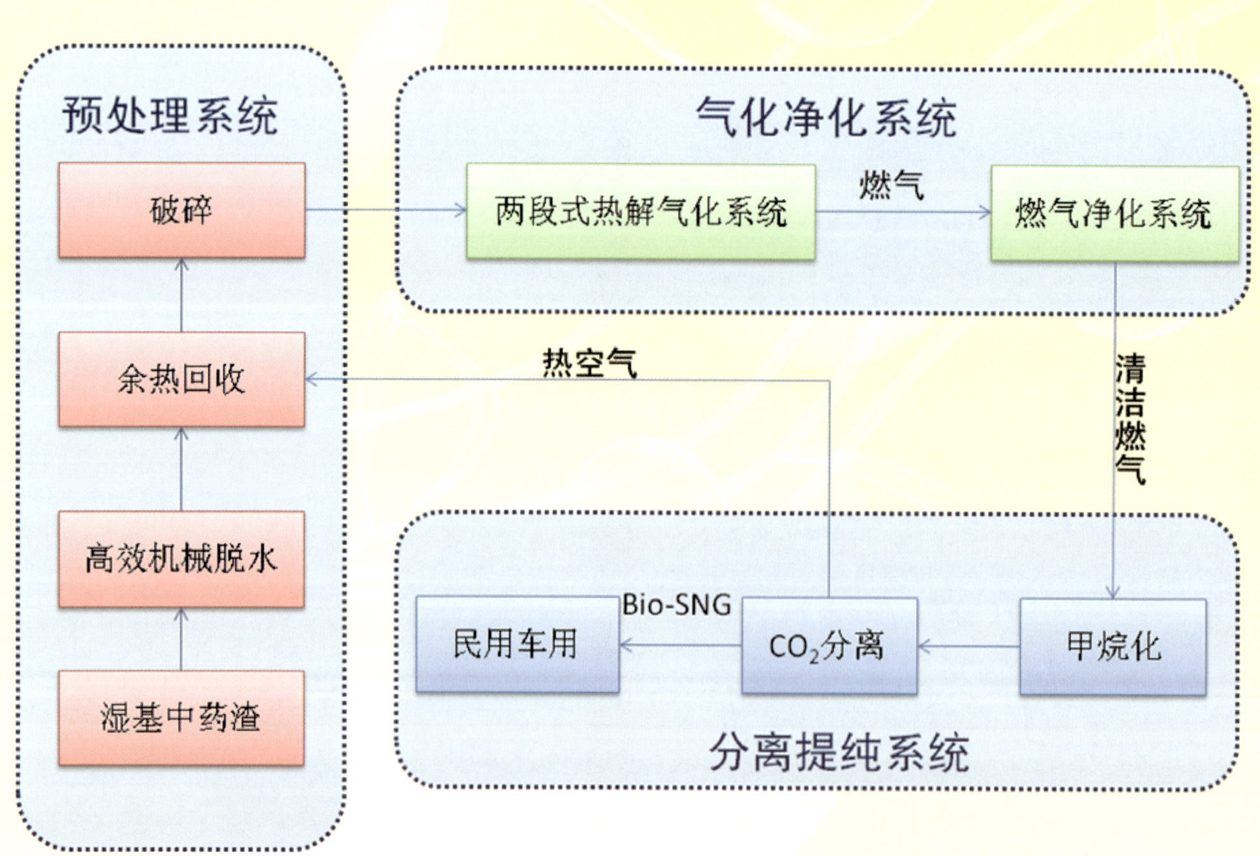

山东鑫秋种业科技有限公司

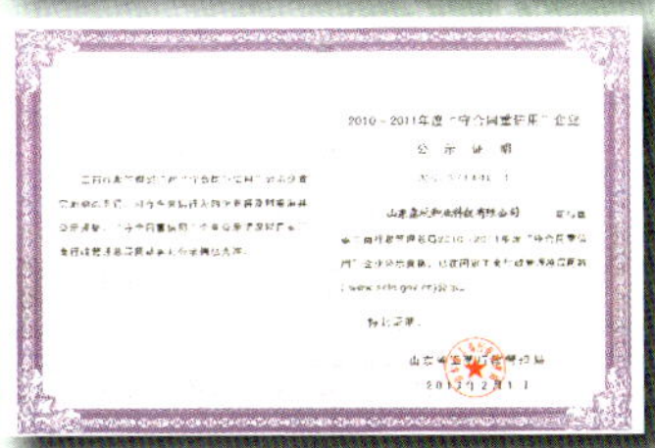

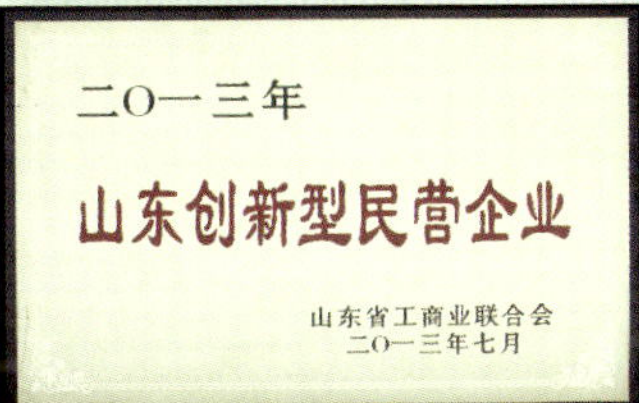

山东鑫秋种业科技有限公司成立于2001年，是集棉花良种“育、繁、推”一体化，“产、加、销”一条龙的农业高新技术企业。注册资本10 836万元，现有员工258人，其中大专以上学历86人。

公司被评为“国家火炬计划重点高新技术企业”“中国种子行业信用评价AAA级信用企业”“国家守合同重信用企业”“中国种业骨干企业”“全国扶贫开发先进集体”“山东省农业产业化重点龙头企业”“山东省农业产业化优秀龙头企业”“山东省十佳敬老企业”“山东省民企帮村优秀企业”“德州市市长质量奖”等荣誉称号。公司注册的“鑫秋”牌商标被评为“中国驰名商标”“山东省著名商标”。公司产品被评为“中国名牌”产品、“山东名牌”产品。公司已通过ISO9001国际质量管理体系认证、环境管理体系认证、职业健康管理体系认证、C标志，AAA级标准化良好行为企业认证。

公司始终坚持“以科技为先导”的企业理念，不断建设巩固科技创新平台，现有山东省开放式植物组培工程技术研究中心、山东省鑫秋科技院士工作站、山东省企业技术中心、山东省优质棉产业技术创新战略联盟、德州市鑫秋棉花研究所等科技研发机构和平台。为加快人才引进步伐，提升科技创新能力，引进院士两名，博士两名，研究生8名。

公司主要生产销售“鑫秋”牌系列棉种，销售区域覆盖山东、河北、河南、陕西、山西、天津、江苏、安徽、湖北、新疆等10个省（市）260个县区，其中自主选育的三个抗虫棉新品种均通过国家审定，成为山东省通过国家审定棉花品种最多的种业企业。公司目前拥有省级科技成果奖2项，授权专利6项，申请新品种保护产品8个，七个品系参加国家及有关省份的区试和生产试验，承担的项目获全国农牧渔业丰收奖一等奖1项，山东省科技进步奖三等奖1项。

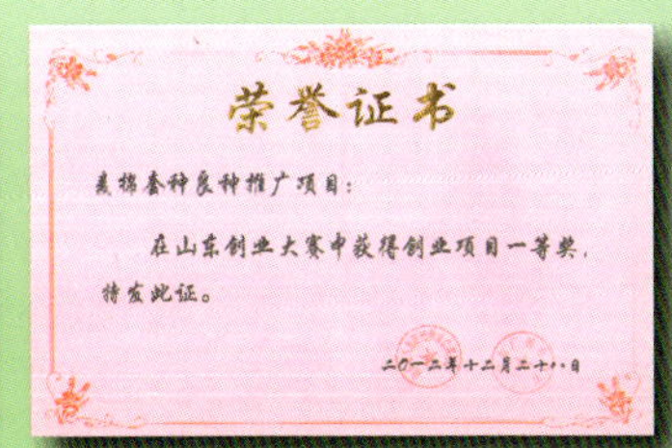

山东圣丰种业科技有限公司

做世界一流的油料种子供应商

山东圣丰种业科技有限公司成立于2004年，注册资本1.09亿元，位居中国种业50强第12位，是以花生、大豆、棉花、小麦种子为主导产业的国家重点高新技术企业、农业部首批“育繁推一体化”企业、省农业产业化重点龙头企业、国家标准化良好行为企业、中国油料种子综合实力位居第一，全球首家牵头组织花生二倍体野生种全基因组测序的企业，全球花生种领军企业，并成功申办2016年“豆类基因组学世界大会”在嘉祥召开。

公司下设研发中心、人力资源中心等五大中心及五大事业部，在新疆、北京、东北、广州、青岛设有五个子（分）公司。拥有全国最大的机械化育种基地，3.47万 hm^2（52万亩）长期合作的订单良种繁育基地，建设首批家庭农场600个，拥有15万 m^2 种子加工、仓储设施，1.2万 m^2 实验楼，七个抗性、分子、组培等育种实验室，14条现代化成套自动化加工包装流水线，高端试验仪器设备346台套和田间育种机械28部，具有数字化、智能化的田间管理系统。公司引进华为研发IPD系统、KPI绩效考核系统、ERP企业信息管理系统、U8财务管理系统、OA办公自动化系统等，建成了现代种业信息化管理系统。建立了“丰收汇”质量管理网络平台、四级种子生产体系、种子质量追溯体系、种子质量检验体系，2013年6月通过国际TUV莱茵认证，成为中国种企首家通过此认证的企业，标志着公司产品可在欧盟各成员国内自由销售，无须符合每个成员国的要求。

公司与盖钧镒院士为首席专家的科研团队进行了紧密合作，共同推进我国种业产业发展，建成中国唯一的大豆育种研发公共服务平台，并设立专家顾问委员会为公司高层咨询机构，成为产学研推进种业创新的典范。

现已育成自主知识产权花生、大豆、棉花等国审、省审新品种共23个，植物新品种与专利共计83项，具有行业领先的花生种子造壳技术、无破损脱壳技术。

研发平台建设：

国家博士后科研工作站
农业部种质创新与育种技术重点实验室
山东省圣丰院士工作站
山东省大豆生物育种工程研究中心
山东省一企一技术研发中心
山东圣丰农作物科学研究院

阳谷祥光铜业有限公司

阳谷祥光铜业有限公司是目前世界上单系统产能最大的铜冶炼厂，位于中国首家铜产业国家级生态工业示范园区—阳谷祥光生态工业园，成立于 2005 年 1 月，注册资本 47.3 亿元，员工 1 239 人。现已形成年产矿产阴极铜 45 万 t、再生阴极铜 15 万 t、黄金 20t、白银 600t、硫酸 170 万 t 的生产能力。祥光铜业产品“祥光”阴极铜、“XIANGGUANG”牌银锭分别在伦敦金属交易所（LME）和上海期货交易所（SHFE）成功注册。2012 年度，企业总资产 178.84 亿元，银行信用等级为 AA 级，全年实现销售收入 292.8 亿元，利税 30 多亿元。

高水平的创新团队和创新平台

祥光铜业培养了一支优秀的创新团队。公司拥有博士研究生 3 人，本科及以上的技术管理人员超过 510 人，其中高级职称 28 人，中级职称 90 人。创新能力涵盖了技术研发、工艺设计、设备研制等各个环节，并拥有铜冶炼核心技术的自主知识产权。

祥光铜业为高新技术企业，拥有山东省铜冶炼及稀散金属提取工程技术研究中心、山东省铜冶炼清洁生产与综合利用工程实验室和山东省企业技术中心。公司配置了 ARL － 9900XP 型 X 荧光光谱仪、ARL IRIS Intrepid II XSP 型电感耦合等离子体光谱仪、真空冶金炉、区域熔炼炉、计算机仿真系统等高端设备，具备火法冶炼工艺、湿法冶炼工艺、真空冶金、冶金仿真试验模型等现代化的工业试验能力。

公司取得的成果

2012 年，祥光铜业成果丰硕。阳谷祥光生态工业园区顺利通过国家级预验收及省级生态工业园区验收；自主研发的“祥光旋浮一步炼铜法”取得了工业性生产试验成功；公司科技成果“超强化旋浮铜冶炼工艺研究与产业化应用”荣获中国有色金属工业协会一等奖；“旋浮铜冶炼生产过程在线控制系统研发与应用”荣获二等奖；“国家标准《铋》的研制”及“GB/T 467—2010《阴极铜》”分别获得三等奖；“旋浮铜冶炼工艺及产业化应用”和“旋浮铜冶炼生成过程在线控制系统”两项科技成果通过省级鉴定，鉴定结论国际领先水平；祥光铜业“绿色生态铜冶炼工艺及关键技术”获得山东省重大节能成果奖；“无氧化无还原火法精炼铜工艺（专利号：200710109374.7）”获第十四届中国专利优秀奖；“一种高硫粗铜的阳极精炼方法”“无噪音环保冰铜粒化工艺”等 4 项国际发明专利分别被德国、美国、日本专利局授权。

国家知识产权局
中国专利优秀奖

专利优秀奖

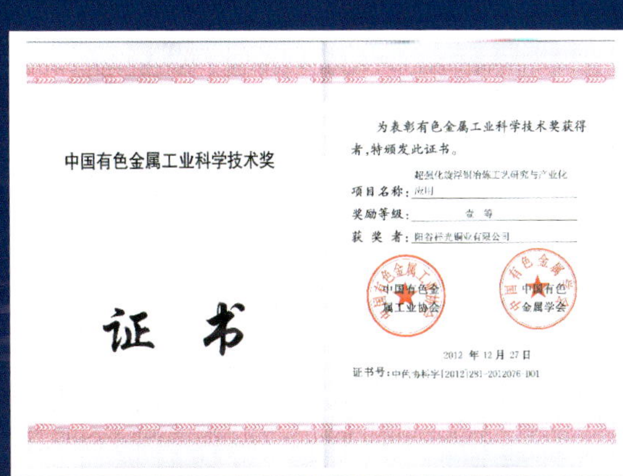
中国有色金属工业科学技术奖
证书
为表彰有色金属工业科学技术奖获得者，特颁发此证书。

超强化旋浮铜冶炼工艺研究与产业化应用－中国有色金属工业科学技术壹等奖

山东省节能奖
证书
奖励名称：2011年度山东省重大节能成果
成果名称：绿色生态铜冶炼工艺及关键技术
持有单位：阳谷祥光铜业有限公司

山东省重大节能成果奖

◎ 镁铁铝尖晶石砖

◎ 全陶瓷预热器内筒

◎ 回转窑窑衬用复合砖

◎ 硅莫砖

◎ 抗剥落高铝砖

◎ 纳米强化增韧型浇注料

★山东省著名商标

★山东省高新技术企业

★通过ISO9001：2000质量管理体系认证 ISO14001：2004环境体系认证GB/T28001:2001职业健康安全体系认证

★耐火材料国家地方联合工程研究中心

★中国建材500强企业、最具成长性100强企业

★企业信用等级评价AAA级

★建材行业科技进步二等奖

水泥企业生产过程无铬化整体解决方案专业服务商

由淄博市鲁中耐火材料有限公司和北京科技大学联合攻关，开发的镁铁铝尖晶石砖能完全替代镁铬砖。其性能特点有：

（1）窑皮形成迅速、挂窑皮性能好、窑皮稳定、停窑时不剥落；

（2）抗侵蚀性好、没有碱裂、疏松现象；

（3）温度扫描显示，回转窑筒体温度在220～300℃，比国外同类产品低40℃以上，节能显著。

全陶瓷预热器内筒，专利号：ZL200820016365.3和ZL200820188205.7，2009年5月通过了省级鉴定;镁铁铝尖晶石砖2011年2月通过省级鉴定，此两项产品均填补了国内空白，性能达到世界领先水平。

质量第一　顾客至上　每袋每块　不优不付

节能

环保

长寿命

淄博市鲁中耐火材料有限公司

地 址：山东省淄博市淄川区罗村镇聂村
电 话：耐火材料销售部 +86(533)5690 136/5691 659
传 真：+86(533)5690920　5691508
邮编：255138
http://www.zlnn.com
E-mail:zilunai@126.com

山东圣川陶瓷材料有限公司

山东省淄博市淄川经济开发区马莲山圣川路6号
电话：+86（533）5416 366/5416 977
传真：+86（533）5416466
邮编：255100
E-mail:sheng_chuan@126.com

“十一五”水泥工业技术进步获奖产品

瑞阳制药有限公司

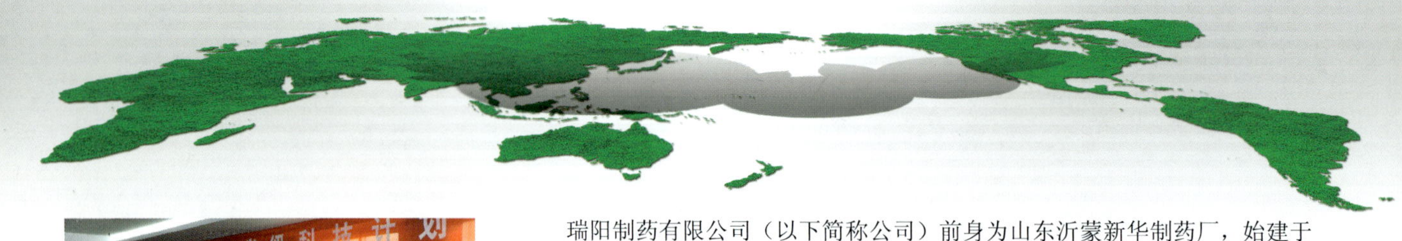

瑞阳制药有限公司山东省科技发展计划项目验收现场

瑞阳制药有限公司山东省抗菌药物企业重点实验室外观

瑞阳制药有限公司（以下简称公司）前身为山东沂蒙新华制药厂，始建于1966年，47年来，公司不断开拓创新，锐意进取，实现了持续、健康、快速发展。公司现有总资产47亿余元，是国家高新技术企业、国家生物医药产业化骨干企业、全国守合同重信用企业。2011年经济效益位居全国医药工业企业排行第26位。

公司注重技术创新，分别在公司总部、济南、上海和美国设立了研发中心并先后与清华大学、山东大学、沈阳药科大学、苏州大学等30多家高校和科研机构建立了常年科研合作关系，依托自身国家级企业技术中心、国家博士后科研工作站、山东省头孢类原料药工程技术研究中心、山东省抗菌药物企业重点实验室及抗生素类药物的研究与开发山东省“泰山学者—药学特聘专家”岗位等科研平台，在化学合成药物、天然药物、生物药物等领域取得了显著成果。

科技成果

1. 国家重点新产品 -- 厚朴排气合剂被列为“国家二级中药保护品种”及“2012年山东省享受财政专项资金扶持新产品”；“力扬”商标被评为山东省著名商标。

2. 公司多项在研项目被列为省级科技项目。其中“头孢替安酯原料及片剂的研发与开发”项目被列为2012年度山东省科技发展计划项目；依诺昔酮、阿戈美拉汀等8个项目被列为2012年度山东省技术创新计划项目；“丁香叶抗细菌感染五类新药药效学初步研究”“基于植物组学质量控制方法细辛药材质量评价模式研究”两项博士后科研项目分别获得2012年度山东省博士后创新项目专项资金二等资助和三等资助。

3. 公司被山东省科技厅批准建设的山东省抗菌药物企业重点实验室已经完成实验室场所建设，新增建筑面积1 120m²。

4. 公司承担的三项省级科技计划项目顺利通过结题验收。包括山东省自主创新成果转化重大专项项目——“美洛西林钠药物大品种技术改造”、山东省科技发展计划项目——“国家二类新药红花总黄酮胶囊临床研究与产业化”和“克利贝特原料药及其口服固体制剂的产业化开发”。

5. 2012年，公司申请国家专利45项，其中发明专利19项，获得国家授权专利43项。目前公司共拥有110余项国家授权专利，其中发明专利21项。

瑞阳制药有限公司抗生素类药物的研究与开发山东省“泰山学者—药学特聘专家”岗位牌匾

瑞阳制药有限公司产品——厚朴排气合剂列为国家二级中药保护品种证书

瑞阳制药有限公司“力扬”商标被评为山东省著名商标证书

科技人才队伍建设

2012年，公司以国家博士后科研工作站为平台，招收了沈阳药科大学韩娜博士进站工作；分别建立了以山东大学刘兆鹏教授和任冬梅博士为带头人的“瑞阳制药有限公司抗肿瘤药物创新团队”“瑞阳制药有限公司天然药物创新团队”。

截至目前，公司先后聘请美籍华人李伟博士为首席科学家，主持公司的科研开发工作；聘任陈大为教授为公司山东省“泰山学者—药学特聘专家”岗位的特聘专家。共拥有专职研发人员397人，其中博士研究生18人，建立了一支层次结构合理、技术基础雄厚的科研开发人才队伍。

哈尔滨工业大学（威海）

◀ 哈尔滨工业大学（威海）和中通客车控股股份有限公司成立中通—哈工大技术研究院，共同攻关客车安全新技术，由校长冯吉才担任技术研究院院长，院士王国栋为技术顾问。聊城市人民政府副市长张旋宇，聊城市交运集团副总经理韩坤，中通客车董事长李海平、总经理孙庆民等出席 2012 年 3 月 1 日的启动仪式。

▶ 2012 年 6 月 28 日，山东省科技厅、哈尔滨工业大学、威海市人民政府共建山东省船舶技术研究院签字仪式在威海市举行。山东省科技厅厅长翟鲁宁，威海市委副书记、市长张惠，哈工大副校长韩杰才分别致辞，并代表共建三方签字。

◀ 2012 年 11 月 24 日，哈尔滨工业大学（威海）与烟台东方蓝天钛金科技有限公司举行了国家自主创新重大科技成果转化项目 ---- 高强、高韧紧固件精密成型技术及产业化项目签约仪式。校长冯吉才教授、哈工大材料科学与工程学院党委书记兼副院长耿林教授和东方蓝天钛金科技有限公司常务副总经理王肇宇参加。

济宁国家高新技术产业开发区

济宁国家高新技术产业开发区行政管辖面积169km²，区内建有国家级创业服务中心、国家级留学生创业园、国家级博士后工作站以及工程机械、光电信息、生物技术、纺织新材料四个国家级特色产业基地，是全国唯一一家科技服务体系、创新型产业集群建设“双试点”园区。近年来，济宁国家高新区以国际化视野和大开放格局，积极构建科技服务体系，大力发展特色主导产业，全面营造一流创业环境，走出了一条内陆资源型城市发展高新技术产业、促进经济社会全面进步的创新之路，由单一园区建设跨入了创新型国际化科技新城建设的新阶段。

2012年，济宁国家高新区紧紧围绕“5年内突破3 000亿规模，发挥科技创新龙头作用，建成能够代表济宁形象的科技新城”的战略目标，以“高位求进、跨越发展”为主基调，以“550亿120大三重项目”为生命线，调整优化发展思路、目标和整体规划，抓运行、促创新、调结构、扩开放，经济社会发展保持了运行平稳、转型加快、质量提升、民生改善的良好态势。

高新区产学研基地

科技新城核心区

科技馆

济宁高新区创意大厦

山东高速青岛公路有限公司

山东高速集团有限公司是经山东省人民政府批准成立，以公路、高速公路、桥梁、铁路、港口、航运、物流的投资、建设、经营、管理为主业，集主业产业链上建设、建材、信息、金融、地产于一体的现代化、国际化、高效化、综合型国有独资特大型交通企业集团。

截至目前集团公司年经营收入近300亿元，利润总额突破30亿元，资产总额突破2 300亿元；高速公路里程突破2 000km，代表省人民政府承担了全省3 800km、总投资1 500亿元铁路的新建、改建任务。经营领域坚持“立足山东、面向省外、走向世界”，国内投资、建设领域已遍及22个省，相继成立青岛、四川、海南、内蒙、重庆五个区域公司，投资额达500亿元。设立东非、中非、亚太、南美和西非4个海外总部，全年新签海外项目30个、合同额200亿元。集团连续6年入选“中国企业500强”，经营管理的公路、高速公路连续两届获得全国干线公路养护管理大检查第一名；投资、建设、经营、管理的世界最长跨海大桥山东高速胶州湾大桥，2011年9月上榜“福布斯”，荣膺“全球最棒桥梁”称号。

山东高速青岛公路有限公司是山东高速集团的全资子公司，于2006年10月30日注册成立，注册资本10亿元人民币，具体负责胶州湾大桥的建设、运营、管理，特许经营期为25年。特许经营期内，胶州湾大桥与胶州湾高速公路捆绑经营，山东高速青岛公路有限公司同时取得胶州湾高速公路收费经营权，并拥有胶州湾大桥的广告经营权和旅游开发经营权，以及胶州湾高速公路的广告经营权。公司经营范围：高等级公路、桥梁的管理、经营、开发、维护；高等级公路、桥梁沿线的综合开发、经营；高等级公路的建设、收费；土木工程及通信工程的设计、咨询、科研施工；建筑材料销售；机电设备租赁；广告业务。

云中大桥

独柱塔自锚式悬索桥

交通运输部专家对项目成果进行鉴定

该项目属交通运输科学技术领域，是针对青岛海湾大桥大沽河航道桥设计及施工过程中的关键技术难题开展的研究。青岛海湾大桥属于高速公路桥梁，兼具城市道路功能，不仅要满足功能需求、结构耐久、节能环保，而且还应成为城市的一道景观。根据所处的自然条件及桥梁功能和景观要求，大沽河航道桥采用了独柱塔、分体式钢箱加劲梁、中央索面空间缆索、四跨连续全钢结构的自锚式悬索桥结构。

项目研究成果取得了重大突破和创新，总体达到了国际先进水平，部分成果达到了国际领先水平。研究成果已成功应用于大沽河航道桥工程，为安全、优质、高效和环保地建成大沽河航道桥提供了强有力的技术支撑。

项目共获得发明专利 1 项，实用新型专利 2 项，发明专利申请受理 1 项，同时取得直接经济效益超过 7 000 万元，社会效益巨大，实现了桥梁技术的跨越式发展，促进了行业科技进步，为今后更大规模的类似海上桥梁建设奠定了坚实的基础，对我国乃至世界桥梁的建设具有重要的推动作用和深远影响，具有显著的推广应用价值。

山东省科学技术奖

证 书

为表彰山东省科学技术奖获得者，特颁发此证书。

项目名称：海上独柱塔自锚式悬索桥设计与建造关键技术

获奖等级：壹等

获 奖 者：山东高速青岛公路有限公司（第壹位）

类　　别：科技进步奖

2012年11月22日

证书号：JB2012-1-10-D01

一等奖证书

潍坊国家高新技术产业开发区

潍坊高新区被授予国家高新区建设20年先进集体

国家级孵化器潍坊软件园外景

山东浪潮华光高亮度蓝光LED检测车间

福田山东多功能汽车厂制造车间

潍坊高新技术产业开发区（以下简称潍坊高新区）成立于1991年，1992年获批国家级。近年来，潍坊高新区牢牢把握主题主线，坚持创新驱动、内生增长、转型发展，产业特色进一步彰显，创新能力持续提升，科技服务日益繁荣，科学发展取得积极成效。先后获批建设国家创新型科技园区、国家知识产权试点园区和国家可持续发展实验区，新兴高端产业发展“63513”工程被省政府确定为全省示范工程，获科技部批准建设国家创新型半导体发光产业集群。连续三年荣获潍坊市科学发展综合考核一等奖，连续两年被省委、省政府评为“人才工作先进单位”，2012年被科技部评为“国家高新区建设20年先进集体”。

潍坊高新区坚持“立足基础、突出特色、

潍坊高新区全景

错位发展、差异竞争”原则，按照“大项目—产业链—产业集群—产业基地”思路，着力培育壮大新装备、新光源、新能源汽车、新信息、新能源、新医药等“六新”产业。坚持大小齐抓理念，既培强做大骨干龙头企业，又采用“人才 + 专利”“资金 + 市场”“政府 + 企业”的办法，加快培育壮大高成长性科技中小企业，打造产业配套、协同创新、抱团发展的企业集群。全区以 10 大特色园区、25 个省级以上产业化基地为载体，初步形成了骨干企业协同拉动，中小企业亮点纷呈的产业格局。“六新”产业已拥有相对完整的产业链条，具备较强的产业竞争力。

潍坊高新区按照“研发—育苗—孵化—加速—产业化”路径，着力搭建政府为主导、企业为主体、市场为导向、产学研相结合的技术创新体系。已建成 7 个省级以上孵化器、6 个博士后科研工作站、9 个院士工作站、5 个省级企业重点实验室、166 家市级以上企业研发中心，正在建设完善 9 个公共技术平台，拥有 130 家高新技术企业、21 家省级以上创新型企业，112 家企业与 100 余家科研院所开展深度合作，组建了 13 个产业技术创新战略联盟。近三年来获批市级以上科技计划 404 项、市级以上产业扶持专项 148 个，其中国家 863 计划、国家科技支撑计划、省重大专项分别为 7 项、5 项、17 项。已拥有国家“千人计划”20 人、省“泰山学者海外特聘专家”26 人，与 30 名院士保持密切合作关系，海外高层次人才达到 400 多人，硕士以上高层次创新创业人才达到 5 000 名，人才已成为潍坊高新区最优的环境、最好的品牌、最强的支撑。

潍坊高新区全景

山东省国土测绘院

山东省国土测绘院是山东省国土资源厅直属事业单位。辖地理信息工程院、省地理信息中心、省测绘产品质量检验站、研发中心、地质勘查工程处、卫星定位运营中心、省测绘职业技能鉴定站、潍坊研发中心、服务中心，具有国家甲级测绘资质。

主要承担全省基础测绘更新、全省基础地理信息数据库建设，省级地理信息公共服务平台的建设、管理和运维，全省卫星定位连续运行综合应用服务系统的管理及维护，卫星遥感应用研究，地图编制，测绘成果与测绘档案管理，测绘成果资料提供及分发服务，测量标志维护管理，测绘仪器检定、测绘产品质量检验，固体矿产勘查，遥感地质、水文地质、工程地质及环境地质调查，地质灾害治理，地质灾害危险性评估等工作。

“十一五”基础测绘

2012 年 6 月 1 日，该院在全国率先向国家测绘地理信息局汇交全省 1∶10000 基础地理信息数据，国家测绘地理信息局授予该院“国家 1∶50000 基础地理信息数据库更新工程建设工作先进集体”；《山东省基础地理信息数据采集、更新与建库》荣获“山东省科技进步奖三等奖”“2012 年全国优秀测绘工程白金奖”。

2012年全国优秀测绘工程奖

白金奖

2012 年全国优秀测绘工程白金奖

山东省科学技术奖

证书

山东省科技进步奖三等奖

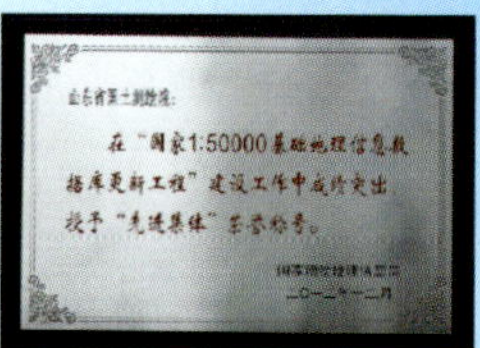
在“国家1:50000基础地理信息数据库更新工程”建设工作中成绩突出授予“先进集体”荣誉称号。

国家 1:50000 基础地理信息数据库更新工程建设工作先进集体

测绘科技服务保障

2012 年 4 月，该院以应急演练方式，为惠民县“第一书记”帮扶村提供测绘地理信息服务，为新农村建设提供了实时、准确的影像资料及地理信息数据。

该院以“为经济社会发展提供空间定位服务”为使命，先后参与选派“第一书记”、援川测绘、援疆测量、泰山救火、抗旱保苗等应急保障服务，制作了全省主体功能区规划、“十二五”全省发展专项规划等图件，为“十一运”“第三届亚沙会”“中国国际航空体育节”提供测绘服务保障，参与埃塞俄比亚复兴大坝输电线路项目等涉外工程建设。

2012 年 6 月，该院为第三届亚洲沙滩运动制作的电子地图。该地图为会议组委会和公众提供了比赛场馆、配套设施、旅游景点以及交通出行服务。

山东省级地理信息公共服务平台建设项目

由该院承建的山东省地理信息公共服务平台，包括政务版和公众版两个平台。政务版运行于电子政务专网，主要为政府部门信息化建设提供地理信息共享服务；公众版——“天地图 · 山东”运行于互联网，主要面向企事业单位、社会公众、政府部门提供地理信息服务。

平台通过与国家、市县级信息节点的互联互通，实现了国家、省、市地理信息资源的有效集成和服务聚合。用户只需访问平台这一入口，便可调用分布在全国、全省不同地区的地理信息资源。

2012 年 7 月 10 日，山东省地理信息公共服务平台顺利通过国家测绘地理信息局组织的验收，获得“国内领先、国际先进”的评价。

科技管矿

科技管矿是利用科技手段加强对矿产资源开发的监督管理，实现矿产开发管理现代化。继多年利用遥感监测手段对露天开采矿山的活动进行动态监测外，该院研发了全省重点矿山“地下采矿三维自动监管系统”，有效集成三维建模技术、人员定位系统、视频监控系统、产量检测系统，实现对地下矿产开采行为的有效监管。在地面遥感监测和地下三维监管的基础上，以“影像山东”为基础，建设了基于网格化管理、远程信息传输、三维可视化的矿政管理信息系统。2012 年“地下采矿三维自动监管系统”通过专家组验收，并获得“系统整体达到同类技术国际先进水平，在‘双超’非间断式监管技术方面达到国际领先水平”的评价。

地下三维矿体及巷道截图

胜利油田胜利动力机械集团有限公司

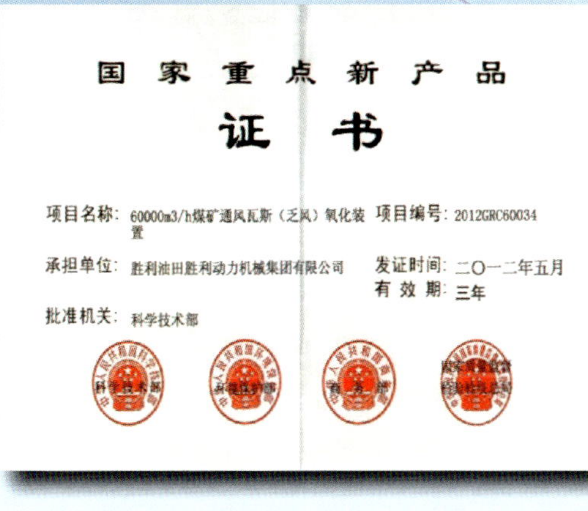

国家重点新产品

证书

项目名称：60000m3/h煤矿通风瓦斯（乏风）氧化装置　项目编号：2012GRC60034

承担单位：胜利油田胜利动力机械集团有限公司　发证时间：二〇一二年五月

有效期：三年

批准机关：科学技术部

山东省科学技术奖

证书

为表彰山东省科学技术奖获得者，特颁发此证书。

项目名称：煤矿通风瓦斯（乏风）氧化技术及60000m3/h煤矿乏风氧化装置

获奖等级：贰等

获奖者：胜利油田胜利动力机械集团有限公司（第壹位）

类别：科技进步奖

发明专利证书

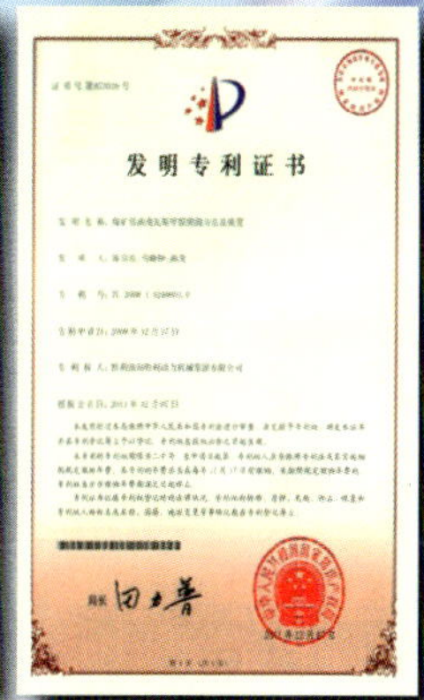

发明专利证书

胜动集团位于山东省东营市中心城区，是国内最大的分布式能源利用技术、装备研发和制造基地；是中国分布式燃气发电技术服务专家；是国家煤矿瓦斯综合利用关键技术的研发者、相关行业标准的制订者和行业扶持政策出台的推动者。现有员工 2800 多人，企业总资产 18 亿元，燃气内燃机国内市场占有率 80% 以上。

胜动集团于 2005 年在国内率先提出“热逆流氧化技术理论”，并开始煤矿乏风氧化技术研究及产品研发工作。

基本原理：乏风氧化装置采用了“热逆流氧化技术理论”，它主要由固定式逆流氧化床和控制系统两部分构成。排气蓄热，进气预热，进排气交换逆循环，实现乏风周期性自热氧化反应。

技术优势：一是装置运行能耗低，能耗只有国外设备的 50% 左右；二是采用两级换热技术，实现氧化热阶梯提取，最大限度地回收了氧化热量；三是能氧化利用特低浓度的抽采瓦斯，将这类抽采瓦斯掺混到乏风中氧化。

发展前景：已经在河南义安煤矿和新安煤矿、陕西彬长大佛寺煤矿、河北张家口宣东煤矿、山西西山煤电东曲矿和屯兰矿等地建成多个乏风氧化项目。我国现有生产矿井 10 000 多个，每年排空纯瓦斯（甲烷）200 多亿 m^3，该技术产业化实施后每年可减排 3 亿吨 CO_2，可节约 2 400 万 t 标准煤。

山东农业大学

山东省人民政府与国家农业部、国家林业局共建山东农业大学

2011年12月，山东省人民政府与国家农业部签署合作共建山东农业大学协议。2012年，省部共建工作全面实施。省部共建的主要内容：以山东农业大学为合作共建对象，探索建立我国高等农业教育支撑和服务区域农业和农村经济发展的有效机制；巩固和强化山东农业大学农业学科的优势和特色，支持和引导学校按照区域资源和农业产业特点，探索建立有特色、高水平的高等农业教育发展模式；支持山东农业大学开展科研和技术推广，探索高等农业教育服务现代农业和社会主义新农村的有效形式；根据农业学科与其他学科的不同特色，突出实践性，建立起适应农科特点的工作评价和人才评价机制，引导学校面向“三农”开展科研、教学、推广和人才培养工作。

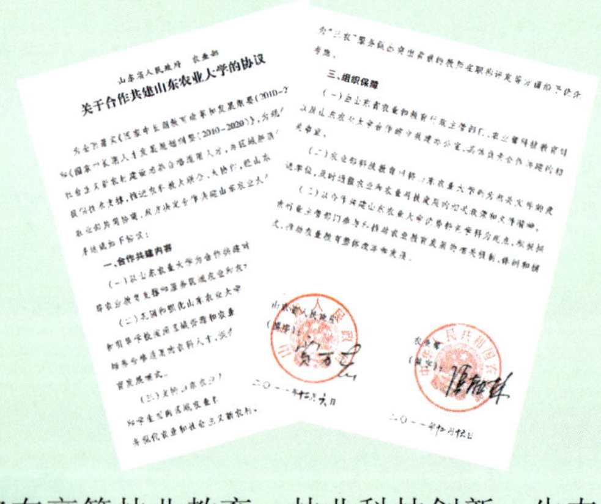

山东省人民政府　农业部
关于合作共建山东农业大学的协议

2012年5月7日，国家林业局和山东省人民政府合作共建山东农业大学签字仪式在山东大厦举行，国家林业局局长赵树丛，副局长张建龙，山东省副省长孙伟、贾万志等领导出席签字仪式。赵树丛和孙伟分别代表国家林业局和山东省人民政府签署合作共建协议。根据合作共建协议，国家林业局将在高等林业教育、林业科技创新、生态工程建设等方面给予山东农业大学长期、全面的支持，在重点学科、重点实验室、林业工程技术研究中心、生态系统定位研究站建设等方面给予指导与支持；在公益性行业项目、引进国际先进林业科学技术项目等方面给予重点支持。山东省人民政府重点支持山东农业大学加强科研平台和师资队伍建设，完善产学研协作机制，面向基层定向培养林业管理和技术人才，积极支持其为现代林业服务。

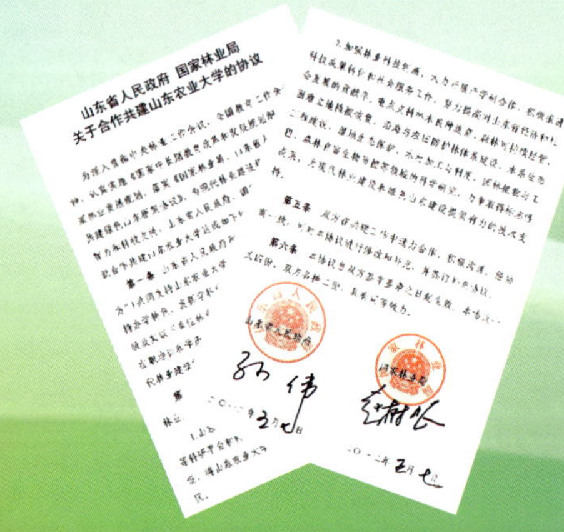

山东省人民政府　国家林业局
关于合作共建山东农业大学的协议

植物生殖器官的发育与激素调节

2012 年度山东省自然科学奖一等奖

2012 年 11 月 23 日，项目主持人张宪省教授在全省科技创新与奖励大会上领奖。

该项目从器官、细胞和分子水平上系统研究了影响作物产量的主要因素，包括种子数目，种子大小和种子快繁等生长发育的分子机理。明确了光周期调控小麦开花时间的分子基础，加深了人们对谷类作物开花时间的分子机理的理解；系统阐明了 SHB1 和细胞周期关键基因调控种子大小的分子机理；成功实现了植物多种生殖器官的离体再生，解析了激素控制体细胞胚胎发生的机理，

为人工调控快繁提供了理论依据。研究工作在国内乃至国际同行中形成了鲜明的特色，产生了较大的影响。

杏和李等核果类果树种质资源挖掘、创制与利用

2012 年度山东省自然科学奖一等奖

该项目发明了以胚抢救技术为核心的“利用远缘杂交创制核果类果树新种质的三级放大法”，获国家发明专利；挖掘出核果类果树优异种质资源 30 份，创制了甜樱桃 × 欧李等核果类果树新种质 32 份，培育了‘红丰’杏等 10 个核果类果树新品种，其中 5 个获植物新品种权，2 个通过国家级审定，5 个通过省级审定。探讨了樱桃李及樱桃组培快繁及绿枝扦插技术，建立了包括苗木繁育、肥水管理、整形修剪等在内的杏及甜樱桃优质高效配套栽培技术，制订了渤海湾大樱桃、新疆杏及华北杏优质高效栽培技术规程。

项目主持人陈学森教授（右）向束怀瑞院士（左）汇报项目研究进展。

红丰杏（国 S-SV-PA-020-2007）

沂蒙霜红桃（鲁农审 2010080 号）

泰山蜜脆樱桃（鲁农审 2011048 号）

三角轮胎

俄罗斯穿越行

三角轮胎“绿色之旅” EcoTrip产品

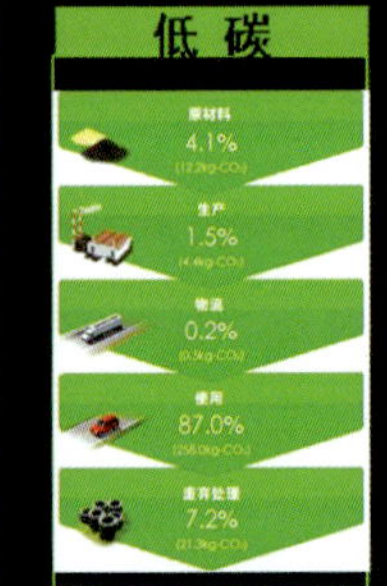

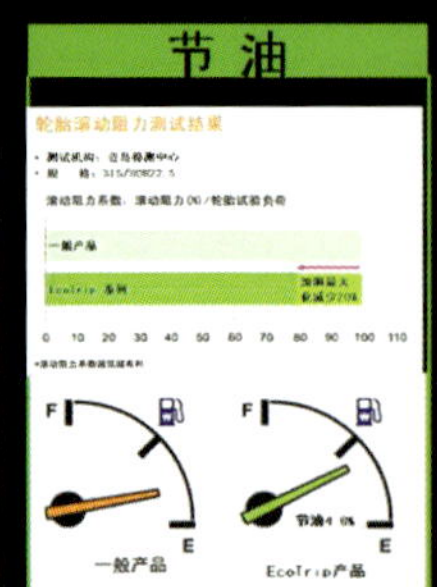

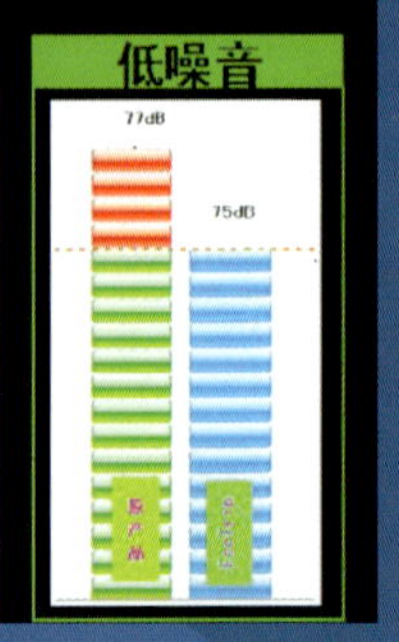

商用车胎通过smartway认证
(ECOTRIP)

2012 年，公司整合全球技术和人才及资源，以公司技术开发中心、国家工程实验室、三角研究院、美国阿克隆研发中心为基础平台，联合国内外高等院校、科研院所和研发机构，构建全球化、开放型的技术创新体系。2012 年，公司分别与北京化工大学、天津大学、美国阿克隆大学以及加拿大、芬兰、德国等地的全球化团队进行战略合作，从基础研究、应用研究、试验研究以及新材料、新装备、新工艺、新产品等多个领域，全方位地开展工作，取得了新的成效。

与国际先进标准对接，开展技术研发

2012 年，公司共有 109 个新产品投放市场。商用车胎耐磨性能进一步提高，节油性能达到美国环保署标准。乘用车和商用车系列产品在滚组、湿滑、噪声等指标达到欧盟标签法要求。噪声测试水平达到欧洲 2016 年标准。雪地胎综合性能达到市场先进水平，先后畅销北欧、俄罗斯、日本、北美等地区。超大规格巨胎性能得到进一步提升，并逐步实现批量市场销售。

技术专利申报和国际法规、国际行业标准制定

1、技术专利

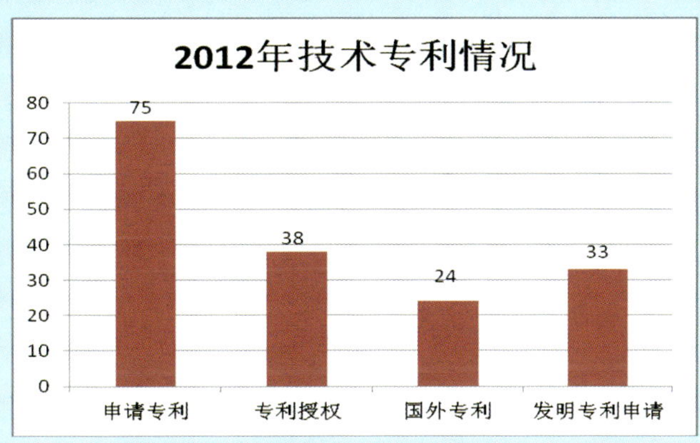

2、行业标准

（1）2012 年，公司主持起草国家标准共计 4 项，其中《汽车轮胎动平衡试验方法》《汽车轮胎均匀性试验方法》和《工程子午线轮胎 TKPH 值测试方法》正在进一步征求意见。

（2）《轮胎外缘尺寸测定方法》已完成待发布

（3）公司代表中国轮胎行业参加了在日内瓦召开的联合国世界车辆法规协调论坛（WP29），参与制订《全球轮胎技术法规》。

（4）持续推进转型升级

2012 年，三角集团在加快制造装备转型升级方面做了大量工作：一是持续开展装备和工艺创新。三角集团与设备厂家共同开发了全钢四鼓成型机，并对三鼓成型机进行完善，单机效率提高 20%。二是着力推动信息化与自动化高度融合。三角集团深入推进 MES 应用，集成应用先进的自动控制、数码识别和机器人等技术，加强生产系统、质检系统、物流系统的自动化及智能化应用，提高了生产运营的效率和质量。三是大力推进节能减排、低碳发展，安全节能环保效果明显改善，综合运营成本进一步降低。2012 年，在关闭 350 万条规模的斜交胎生产线后，三角集团又关闭了低端乘用车胎生产线，同时积极开发扩大高新技术、高附加值、高性能产品及市场。坚持走绿色发展、循环发展、低碳发展的道路，建设以“低能耗、低污染、低排放”为特征的产品制造模式，建设“低碳化、柔性化、智能化”生产线，提高生产的质量、效率和管控水平，提高轮胎生产过程中各种资源能源的利用效率，改善生产作业环境和自然环境。具有自主知识产权的 TMS 炼胶新工艺，节约炼胶能耗 30% 以上，生产效率提高两倍，胶料性能提升 15% 以上，该项目荣获石油和化工行业科技进步一等奖。公司还在整个制造系统全面应用充氮硫化工艺，大幅度提高了产品效率，降低了能源消耗。

济南市环境保护科学研究院

济南市环境保护科学研究院（监测中心站）在大气污染预警监测技术领域取得丰硕成果

济南市环境保护科学研究院（监测中心站）依托先后建成的山东省环保系统唯一泰山学者岗，全国环保系统第二个国家博士后科研工作站、济南市十大优秀创新团队、大气复合污染监控预警技术联合实验室等高层次科研平台，近年相继承担了多项国家公益性科研专项、国家科技攻关计划（863）、国家重大仪器开发专项等重点科研项目。2012 年，济南市环境保护科学研究院承担的“回收型氧化镁脱硫新工艺及工程示范”项目获得省级科技进步二等奖，“济南市大气颗粒物细粒子 PM2.5 数值预报研究与应用”项目获市科学技术二等奖，济南市环境保护科学研究院（监测中心站）被环保部授予了“‘十一五’环境保护科技工作先进集体”荣誉称号。

“回收型氧化镁脱硫新工艺及工程示范”项目针对我国中小燃煤锅炉二氧化硫污染排放特点，通过研发不同副产物回收模式的氧化镁法脱硫新工艺，能够在确保高脱硫效率的前提下，回收有较高经济价值、高品质的水合硫酸镁副产品，突破了传统技术推广的瓶颈，具有广阔的应用价值和前景。

“济南市大气颗粒物细粒子（PM2.5）数值预报研究与应用”项目集空气质量数值预报研发、应用及污染控制决策管理于一体，开发了济南市空气质量数值预报辅助管理与污染源决策管理系统，实现了对在线监测重点点源污染物的 GIS 表征和排放信息动态更新、数值查询、数据可视化、重污染日污染源控制效果动态模拟，为管理部门及时做出科学合理的环境空气污染控制决策、城市环境空气质量管理由被动监测转变为主动监控提供了有效保障。

同时，由于 PM2.5 极易吸附有毒有机污染物，使致癌、致畸、致突变的机率明显升高，为了探明持久性有机污染物（POPs）的污染特征和环境风险，保障生态环境和人体健康，创新团队搭建了先进的痕量 POPs 监测分析平台，依托“山东省 POPs 污染特征及生物有效性研究”课题，系统阐明了省域大尺度多环境介质典型 POPs 的污染水平、时空分布特征、潜在环境风险和主要来源，丰富了 POPs 生物有效性研究的深度和维度，建立了大气环境 POPs 综合影响的评价指标体系和评价模式，解决了在缺乏相关环境空气质量标准情况下评价 POPs 综合污染水平和危害程度的技术难题，课题成果达到国际同类研究的国际领先水平。

山东省地质调查院地质所

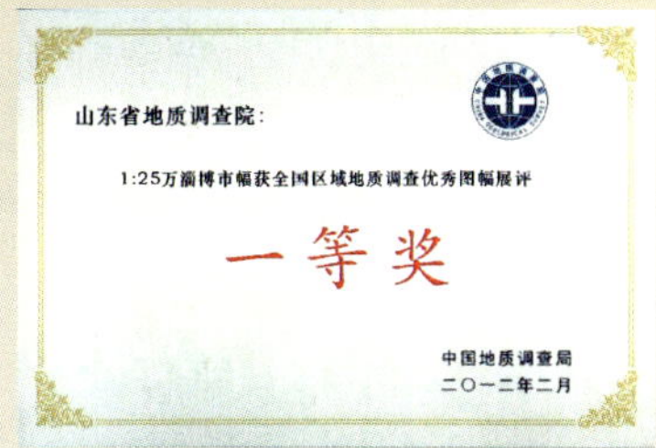

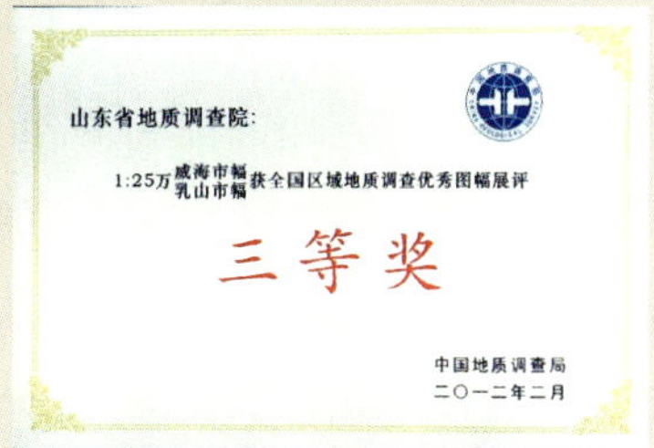

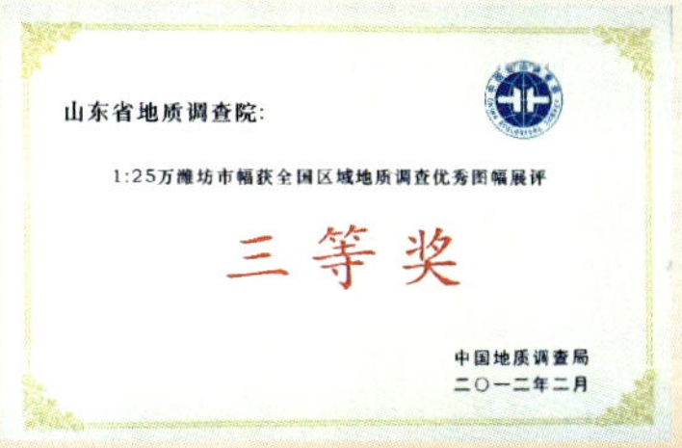

山东省地质调查院是2000年9月经山东省机构编制委员会批准成立的公益性地质勘查事业单位，是国家地质调查“野战军”的组成部分，是省基础性、公益性地质调查主力军。地质所是该院五大业务所之一，山东省基础地质调查的主干力量。

地质所主要业务及研究领域 根据国家和省社会发展需要及国土资源调查规划、计划，承担国家和省基础性、公益性、战略性地质调查和地质科研任务，为国民经济和社会发展提供基础地学资料，为国土资源规划、管理、保护和合理开发利用提供科学依据，向社会提供公益性服务。拥有目前国内最先进的数字填图等技术装备。主要从事区域地质调查、地质科学研究、城市地质调查、旅游地质调查工作，承担地质环境调查与保护研究、地质遗迹调查与保护、地壳稳定性评价与重大工程选址等工作；开展国土资源调查和规划、地质公园的申报和评价论证等工作。

完成的地质调查项目及取得成果 2000年至今，完成1∶25万区域地质调查10幅，陆域面积约98 000km²。完成1∶20万区域地质调查2幅，面积约13 450km²。完成1∶5万区域地质调查30幅，陆域面积约12 500km²。完成山东1∶5万区调联测33幅，面积约13 700km²。对基础地质图数据库进行了更新。完成了山东省地质系列图件编制与综合研究，胶东地区白垩纪区域地质、盆地发育与区域岩石地层系统调查研究，山东省1∶25万区域地质调查总结，山东省侵入岩年代划分研究等科研项目。编制了《山东省地质志》，1∶50万山东省地质图、岩浆岩图、构造图、变质岩图、第四纪地质图和地质地貌图、航磁图、重力图等系列图件。荣获国土资源部科技进步二等奖1项，山东省科技进步三等奖2项，全国区域地质调查优秀图幅展评一等奖1项、三等奖3项，山东省国土资源科技进步奖数十项。

山东省农业科学院
农产品研究所

参观走廊

山东省农业科学院农产品研究所是从事农产品加工研究的省级科研机构，涵盖农产品加工、药用植物、核农学三个学科。现有职工75人，其中高级职称28人；博士18人，硕士13人；泰山学者海外特聘专家3人。拥有1 500平米实验室，9 000多m^2中试车间及30hm^2（450亩）试验基地；建有山东省农产品精深加工技术重点实验室、国家粮油加工技术研发分中心等7个省级以上创新平台，与国内外70多家高校、科研机构和企业建立了产学研合作与交流机制。

建有粮油加工、果蔬加工与贮藏、食品微生物、功能食品与营养、畜禽水产加工、药用植物育种与栽培、小麦诱变育种等7个研究室。2012年8月获批承建的山东省农产品精深加工技术重点实验室，已形成生物活性物质与功能食品、加工副产物综合利用、果蔬精深加工、微生物发酵技术与食品安全等优势方向。“花生粕酶解制备花生多肽”“大豆蛋白反胶束制备”“金针菇等食用菌加工副产物高值化利用”、“果蔬生物防腐及辐照保鲜”等多项技术研究处于国内先进水平。

大型仪器区

近年来，承担各类科研项目60余项，立项经费4 200多万元。发表论文160余篇，其中SCI收录26篇；获授权专利60余项；出版专著4部；制定行业及地方标准23项。“丹参种质资源鉴定评价及创新利用”获得省科技进步二等奖；育成的“鲁原502”小麦新品种抗病、抗寒、高产优质，先后通过国家和省品种审定。

实验区

山东省农产品精深加工技术重点实验室

西王集团有限公司

西王科技大厦

国家认定
企业技术中心
国家发展改革委 科技部
财政部 海关总署 国家税务总局

西王集团始建于1986年，是一家以玉米深加工和特钢为主业，投资涉及文化置业、高效生态农业、国际贸易、酒水、物流、热电等多个行业的全国大型企业。位列2013年中国企业500强387位、中国制造业500强202位，控股西王置业、西王食品、西王特钢三家上市公司。拥有国家级企业技术中心、中国葡萄糖质量检测中心、国家认可实验室、博士后科研工作站、山东省工程技术研究中心等科技创新平台。企业被中国食品工业协会冠名“中国糖都”和“中国玉米油城”，为第一批国家环境友好企业、农业产业化国家重点龙头企业、国家火炬计划重点高新技术企业，是国内食品行业首家通过一级安全标准化验收的企业。2012年实现销售收入260.8亿元，利税11.6亿元，上交税金6.1亿元。

公司高度重视自主创新、不断提高企业技术改造和技术创新能力。拥有178项自主知识产权（其中专利170项），17项省部级科研成果，其中结晶果糖生产关键技术研究与开发、玉米胚芽油酶法脱胶技术等11项科研成果填补国内空白并实现产业化。先后承担国家级科研项目8项，其中863项目2项、科技支撑计划项目1项，省部级项目30余项，主持参与制定国家及行业标准8项。

公司在发展自主创新的同时，不断加强产学研合作，打造高新技术产业成果转化基地。与诺维信、德国巴登钢铁等多家知名企业进行技术合作，提高了企业国际化技术水平。与山东大学、江南大学等知名院校联办技术实践基地，培养造就高科技人才队伍。

国际先进的德国韦斯法利亚分离机

国内最先进的玉米油灌装生产线

山东省动物疫病预防与控制中心

山东省科技进步一等奖

“H9N2亚型禽流感病毒遗传进化和防控技术研究与应用”

由山东省动物疫病预防与控制中心、中国农业大学、青岛农业大学、青岛澳兰百特生物工程有限公司共同完成的“H9N2亚型禽流感病毒遗传进化和防控技术研究与应用项目”在2012年度山东省科学技术奖励评审中获得省科技进步一等奖。这是山东省动物疫病预防与控制中心重大动物疫病防控“泰山学者”岗位建设以来，在省畜牧兽医局领导下，在其它单位、部门支持下，联合技术攻关，取得的一项重大科研成果。

山东省动物疫病预防与控制中心主任张进林

“H9N2亚型禽流感病毒遗传进化和防控技术研究与应用项目”由泰山学者特聘专家刘金华教授主持，紧密结合养禽业生产实际，注重产学研结合，通过历时10年的研究，揭示了我国H9N2亚型禽流感病毒的基因变异规律和遗传演化趋势，阐明了鸡群免疫失败的原因，同时为新型流感的预警预报提供了理论支持。发明了禽流感病毒抗原捕获ELISA诊断技术和抗体鉴别诊断技术，研发了H9N2亚型禽流感病毒核酸鉴别诊断技术。筛选出H9N2亚型禽流感疫苗毒株，研发出能够同时预防H9N2亚型禽流感、新城疫

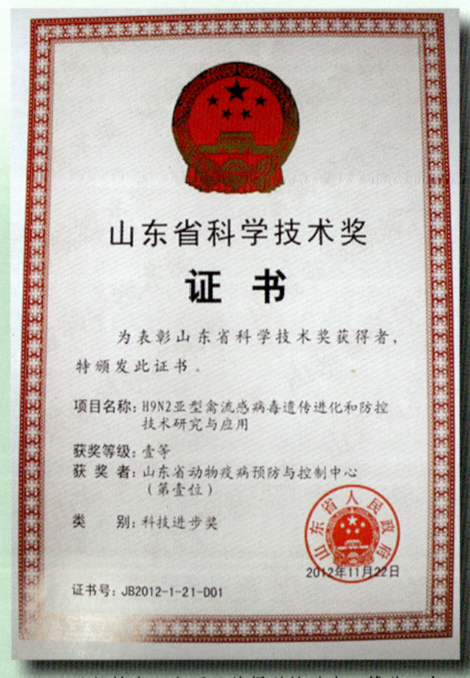

山东省科学技术奖

证书

为表彰山东省科学技术奖获得者，特颁发此证书。

项目名称：H9N2亚型禽流感病毒遗传进化和防控技术研究与应用

获奖等级：壹等

获 奖 者：山东省动物疫病预防与控制中心（第壹位）

类　　别：科技进步奖

山东省人民政府

2012年11月22日

证书号：JB2012-1-21-D01

H9N2防控技术研究项目获得科技进步一等奖证书

和传染性支气管炎的三联灭活疫苗，并获国家新兽药注册证书及生产文号。

项目研究期间，还获得授权国家发明专利 2 项，申报国家发明专利 1 项。制定农业行业标准 1 项、山东省地方标准 3 项，在国内外期刊发表论文 40 篇，其中在《美国科学院院报》等国际杂志发表 SCI 论文 16 篇，出版著作 4 部。这些工作为 H9N2 禽流感的防控提供了关键的技术保障和实物支持。

在省科技厅组织的以中国工程院院士、禽流感专家刘秀梵教授为主任的鉴定委员会鉴定中得到高度肯定：认为“总体研究达到国际领先水平”。

省动物疫控中心泰山学者科研团队

地　　址：山东省济南市槐村街 68 号
电话（传真）：0531—87198908
邮　　编：250022

山东省科学技术奖

证书

山东省计量科学研究院科研项目“血液分析仪的质量控制和量值溯源体系”获山东省科技进步二等奖

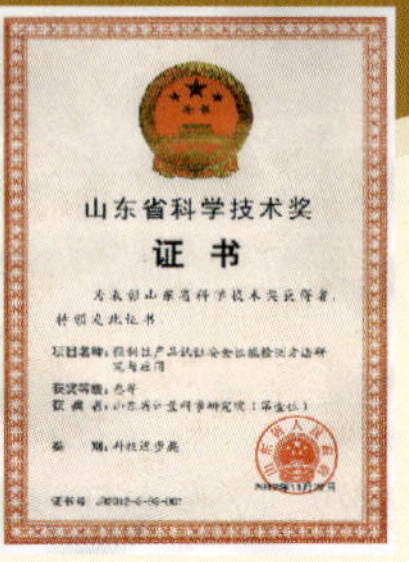

山东省科学技术奖

证书

山东省计量科学研究院科研项目“强制性产品认证安全性能检测方法研究与应用”获山东省科技进步三等奖

山东省计量科学研究院

山东省计量科学研究院是山东省质量技术监督局依法设置的法定计量技术机构，是山东省计量技术研究及检定、校准和检测中心。主要承担建立计量工作基准、计量标准，进行量值传递、计量检定、校准、产品检验、计量技术咨询与产品开发研究、制修订技术法规、计量标准考核、计量认证评审、ISO9000 质量体系认证咨询、计量器具型式评价等任务。

截至 2012 年底，2012 年山东省计量科学研究院具有正高级专业技术职称人员 20 人，具有副高级专业技术职称人员 55 人，具有博士学位的人员 9 人，硕士学位人员 62 人，享受国务院特殊津贴 1 人，被授予“第四届山东省优秀工程师”荣誉称号 1 人，获得“山东省有突出贡献的中青年专家”荣誉称号 1 人。2012 年在全国各计量专业委员会中参加机构数量由 10 个增加到 17 个，委员人数由 9 人增加到 18 人，参与机构和人员数量在省级计量技术机构中排名第一。

2012 年山东省计量科学研究院新建最高计量标准 7 项，被中国合格评定国家认可委员会指定为第一批测量审核指定机构，是第一批授权承担能效标识检测任务技术机构六家之一，组织完成了《能源计量网络图通用技术规范》等计量技术规范多项。科研项目“血液分析仪的质量控制和量值溯源体系”获山东省科技进步二等奖，“强制性产品认证安全性能检测方法研究与应用”获三等奖，“山东省黄金珠宝产业发展规划研究”获山东软科学优秀成果奖一等奖；“能源计量数据信息化管理系统”和“电能质量（谐波）检测系统”两个项目分获“山东省计算机应用优秀成果奖一等奖和三等奖。“克组砝码体积测定装置”“具有水塔稳压效果的液体稳压装置”2 项发明专利和“收敛计检定装置”等 14 项实用新型专利获国家知识产权局授权。参与国家重大科学仪器设备开发专项项目“多功能离子色谱仪的开发与产业化”的研究工作，主要承担离子色谱仪产品标准制定及质量控制体系的建立等研究任务。被国家自然科学基金委批准成为国家自然科学基金依托单位。

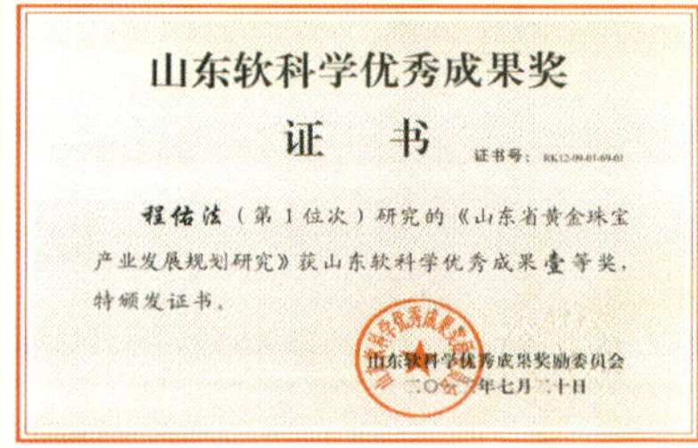

山东软科学优秀成果奖

证书

程佑法（第 1 位次）研究的《山东省黄金珠宝产业发展规划研究》获山东软科学优秀成果壹等奖，特颁发证书。

山东软科学优秀成果奖励委员会

“山东省黄金珠宝产业发展规划研究”项目获山东软科学优秀成果奖一等奖

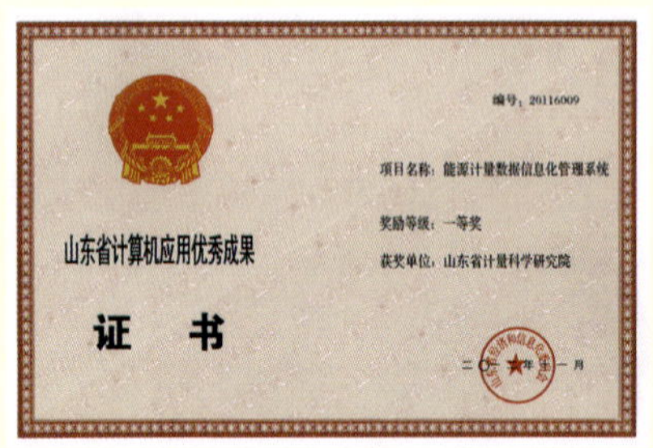

编号：20116009

山东省计算机应用优秀成果

证书

项目名称：能源计量数据信息化管理系统

奖励等级：一等奖

获奖单位：山东省计量科学研究院

“能源计量数据信息化管理系统”获“山东省计算机应用优秀成果奖一等奖

举办实验室开放活动

与荷兰国家计量院进行合作意向洽谈

山东开泰集团

www.kai-tai.com.cn

山东开泰集团有限公司成立于2001年，是一家集科研、开发、生产于一体的国内最大的智能抛喷丸装备、环保设备、耐磨配件及金属磨料专业生产商，固定资产16.8亿，年销售额20亿。

抛丸设备

抛丸设备

精铸件

金属磨料

风机

防锈处理（脱模剂等）

申请发明专利27项，授权8项，申请新型专利69项，授权58项，申请外观设计专利1项，授权1项。通过省级科技成果鉴定15项，其中与本项目相关技术达到国内领先水平10项，国际先进2项，在国内外各类杂志上发表论文、专著50余篇，承担省级以上科技项目10余项。

地址：山东省邹平县青阳镇驻地　　电话：0543-4571868　4579616

邮箱：sales@kai-tai.com.cn　　网址：www.kai-tai.com.cn

山东鲁能软件技术有限公司

银荷大厦鸟瞰图

山东鲁能软件技术有限公司成立于1998年，隶属于国网山东省电力公司，现有西北、华北、华东、华南等办事处，是国家火炬计划软件产业基地骨干企业，山东省高新技术企业和双软认证企业。公司具备计算机信息系统集成贰级、测绘资质（工程测量、地籍测绘）、建筑智能化工程设计与施工等资质，并通过了CMMI3、ISO9001、ISO27001等体系认证。

公司专注于电力行业信息化建设与服务，面向电力行业发、输、变、配、用等各环节，形成了系列产品和解决方案，业务范围涵盖电网生产管理、ERP业务咨询和实施、电站设备安全诊断和节能优化、大数据应用及系统集成、检测诊断设备开发、信息化咨询规划及决策支持等，是国内电力行业最有影响力的信息化建设服务商之一。公司依靠深厚的行业背景、长期的技术积累和丰富的项目实施经验，成功地为国内数百家大、中型电力企业提供服务，市场范围覆盖全国近30个省市自治区。

公司历经十几年风雨历程，取得了丰硕成果，多次荣获省、部级科技进步奖、计算机优秀成果奖，四次承担国家科技部"火炬计划"项目，先后被批准成立了"山东省电力设备状态诊断工程技术研究中心""山东省中美电动汽车综合管理平台及高级应用合作中心""济南市电力应急管理技术研究中心"，并拥有30余项自主知识产权的软件产品。

公司以诚信、责任、创新、奉献的核心价值观为指导，秉承"努力超越，追求卓越"的企业精神，坚持以高度的责任感和创造力实现客户价值。

电站设备安全和节能优化业务

面向发电企业提供安全诊断和节能优化方向的产品，业务范围覆盖火电、核电、水电、风电等。依托山东电力科学研究院和山东省电力设备状态诊断工程技术研究中心的平台优势，结合国内各高等院校的专业优势，为发电企业提供经济性、安全性和设备可靠性等领域的专家级咨询诊断服务，帮助客户实现生产经营的最优化。

设备安全

以设备/系统状态监督、状态预警、故障诊断为主线，实现设备/系统的智能监测和故障诊断，及时监测、预警、诊断、检修、评估。

节能优化

致力于解决火力发电厂的运行参数调整及运行操作规范，通过优化运行参数、规范操作流程加强电厂生产管理，进而达到节能降耗的目的。

电网生产管理

自2007年以来，积极参与国网公司"SG-186"及"SG-ERP"工程，全面参与国网山东省电力公司生产管理系统的总体规划、需求调研、方案设计、系统开发、实施推广、运行维护等工作，积累了丰富的业务经验，培养了一批熟悉电力业务的技术骨干，团队具备集团级大型信息化项目的咨询规划和研发实施能力。项目逐步覆盖供电企业检修、营销、安监、调度等业务范围，为供电企业提供全方位的信息化系统支撑，包括总体规划、系统开发、专业系统运维、数据运维等多种服务，全面支撑供电企业信息化建设。

设备（资产）运维精益管理系统

以统一电网模型为基础，以设备全生命周期和停电计划为主线，实现"生产业务全面覆盖，生产过程全程管控，生产流程全部在线，生产人员全员应用"的"四全"目标，进一步提升生产精益化管理水平。

配电全过程管理及生产运行指挥平台

基于国网GIS平台，建立统一的电网设备基础模型，以业务互动化、用户互动化为主线，将配电业务逐步延伸到配电规划、典型设计、供电能力评估等领域，更好地为提高配电精益化管理水平服务，实现配电网全过程闭环管理。

设备在线监测及状态检修评价系统

基于输变电在线监测系统，生产管理系统、状态检修辅助决策系统，形成全网、基于静态和动态实时数据的一体化状态检修平台，为电力生产提供有效检修策略，为状态检修提供了强有力的技术支撑。

生产类业务运维

基于现有PMS、GIS、配电自动化、输变电在线监测等业务运维工作，规划生产类业务运维体系，形成运维业务、运维制度、运维流程、运维资源、运维技术支撑等一体化生产业务运维总体解决方案。

ERP业务咨询和实施

依托SAP、PEOPLESFOT等国际先进产品，提供专业的ERP管理咨询、实施、运维和增值开发服务。从业务架构、应用架构、技术架构等多个方面整体规划信息化建设，在人力资源、财务、物资、项目、设备管理等方面拥有成熟的整体解决方案，通过ERP建设帮助客户实现人、财、物、项目、设备等多方面的规范化和集约化管理，为集团级信息化规划建设和稳定可靠运行提供支撑。

ERP实施方法论

依托CMMI与ISO9000的质量管理体系，遵循国际先进的项目管理理论，借鉴国内外大型ERP项目实施方法（ASAP、指南针），按照项目全生命周期管理，将项目划分计划、分析、设计、测试、上线与支持五大阶段，进行全项目周期的数据收集、项目管理、转变管理、质量检查、培训知识转移，注重风险和变更控制，注重标准化及文档建设，注重项目质量和效率。

增值开发及产品

全面绩效管理系统	企业流程监控系统
发票识别系统	ERP运维管理系统

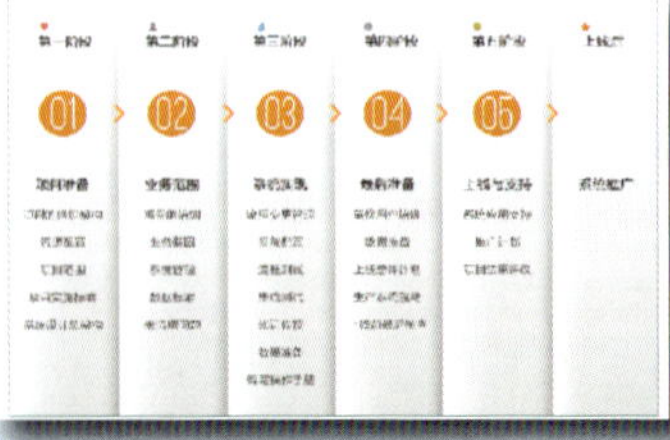

实施方法论

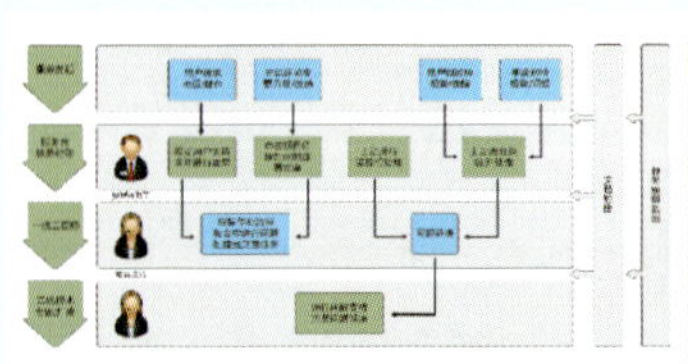

生产类业务运维

设备安全

山东鲁能软件技术有限公司
地址：山东省济南市高新区新泺大街2008号银荷大厦B座5层
邮编：250101
电话：0531-55692358（销售服务）0531-55692323（人才招聘）
0531-55692312（行政办公）
传真：0531-55692300
邮箱：yxzx@lunengsoft.com.cn（销售服务）
zhaopin@lunengsoft.com.cn（人才招聘）
网址：www.lunengsoft.com.cn

山东银鹰股份有限公司

山东银鹰股份有限公司是研发、制造、销售高纯度天然纤维素系列产品的民营大型企业，系世界最大的棉纤维素生产企业和中国最大的棉纤维素出口企业。

公司建有两大生产基地。东部高端产业基地位于山东半岛蓝色经济区和胶东半岛高端产业聚集区，东临青岛，西依潍坊，交通发达，海陆空运输便利。西部传统产业基地位于新疆自治区，资源优势得天独厚。

公司现有棉、麻、木及其它新材料纤维素，纤维素醚等系列产品，在高纯度天然纤维素提纯领域，具有世界先进水平，“泰山”商标系中国驰名商标。

公司拥有省级企业技术中心和符合 ISO 标准的气候试验室，先后承担多项国家星火计划和科技攻关项目，享有中国业内最多发明专利，填补 12 项中国国家空白。

山东省科学技术奖

证 书

为表彰山东省科学技术奖获得者，特颁发此证书。

项目名称：三醋酸纤维素用棉浆粕的研制

获奖等级：贰等

获 奖 者：山东银鹰股份有限公司（第壹位）

类　　别：科技进步奖

2012年11月22日

证书号：JB2012-2-6-001

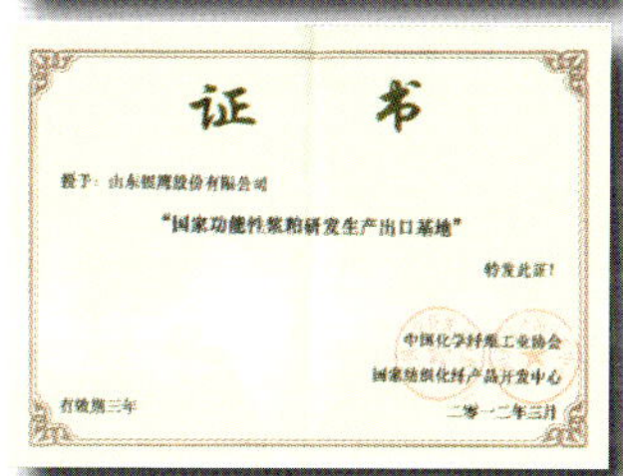

证　　书

授予：山东银鹰股份有限公司

“国家功能性浆粕研发生产出口基地”

特发此证！

中国化学纤维工业协会

国家纺织化纤产品开发中心

有效期三年

二〇一二年三月

棉浆粕生产线

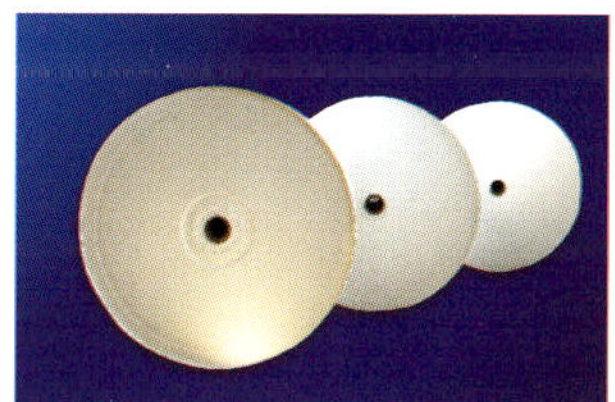

产品

中铁十局集团有限公司

滨州至德州高速公路跨京沪铁路立交桥转体

京沪高铁泰安段

大连地铁小半径曲线成型隧道

兰渝铁路新黄角树特大桥－连续跨越遂（宁）渝（重庆）线、黄井联络线和蔡东联络线

广德通用测试场全景

中铁十局集团有限公司隶属中国中铁股份有限公司，是以建筑工程施工总承包为主的跨行业跨国经营的国有特大型企业集团，注册资本金13.34亿元，资产总额213亿元，下设22个子分公司，职工近15 000人，具有铁路施工总承包特级资质，年施工能力300亿以上，主要承担铁路、公路、房屋、市政、水利、隧道等大型、特大型工程项目的施工。现拥有14 000m²的科研大厦，内部计算机信息网络平台、三个通过国家认定的检测试验检测中心，一个通过山东省认定的省级技术中心，一个勘察设计院，一个国家认定的乙级测绘中心。“十一五”期间，中铁十局集团大力创新，成果硕硕，被中国建筑业协会授于“十一五全国建筑业科技进步与技术创新先进企业”称号。

科研立项 2012年，全年共审查科技课题立项申请45项，新签局级以上科研课题合同39项；16项科研项目被列为山东省省级技术创新项目；有9项科研项目被上级主管单位列入科技开发计划，“复杂地层明暗挖结合立体交叉洞室群外挂分离岛式地铁车站综合施工技术”等多项科研项目被上级主管单位列为2012年度重点科技开发计划的重点课题。

成果鉴定 2012年共完成科技成果评审（验收）36项，完成上级主管单位组织的成果评审8项，其中“兰渝14标新井口嘉陵江特大桥主桥深水基础施工技术研究”达到国际领先水平，另外有6项成果达到国内领先水平，1项达到国内先进水平。完成山东省科技厅成果鉴定6项，其中“基于信息化和模块化的铁路桥梁预制

三明北站铺架基地

向莆铁路泰宁登坑大桥正在进中的架桥机出梁平移作业

大连地铁盾构始发

汽车测试场曲面摊铺

施工集成技术”达到国际领先水平，另外有 2 项成果达到国际先进水平，3 项达到国内领先水平。

成果奖励 2012 年获得省级以上科学技术奖励（含省级社会力量设奖奖励）9 项，省级技术创新类奖励 33 项；34 项工法被评为局级工法，获得省部级工法 32 项；新增专利申请 62 项，其中发明专利 17 项；新增专利授权 44 项，其中发明专利授权 4 项。

成果转化 2012 年度集团公司重点就如何提高科技成果的转化与应用能力，探索科技成果转化的关键环节，建立产学研用相结合的长效机制，摸索科技成果转化的产业导向等方面开展工作，积极探索成果产业化道路，逐步构建企业的科技成果转化与应用平台。其中，以制梁场的信息化、模块化、工厂化、机械化为研究方向形成的“基于信息化和模块化的铁路桥梁预制施工技术”成果，已成功在沪宁、沪杭、兰渝、枣临、大西等工程项目的预制梁场中得到广泛应用，实现了滚动开发，并取得了良好的经济和社会效益。依托石家庄和平路钢箱梁转体桥研究形成的“桥梁转体施工技术”成果，经过局两级三层科管体系的共同努力下，已在滨德高速跨京沪铁路转体桥、宿淮铁路跨京沪铁路转体桥、邢汾高速跨京广铁路转体桥、邢衡高速跨京广铁路转体桥等工程得到了很好的应用，并在原有基础上实现了成果的再创新，成功地解决了铁路既有线施工长时间要点和既有线上方施工安全方面的难题，为企业创造了较好的经济和社会效益。

国家电网
STATE GRID
国网烟台供电公司
STATE GRID YANTAI POWER SUPPLY COMPANY

国网烟台供电公司

烟台供电公司是国网山东省电力公司直属国有大一型供电企业，承担着烟台市 14 个县市区、1.37 万平方公里、283 万客户的供用电工作。截至 2012 年底，烟台电网拥有 35 千伏及以上变电站 251 座、变电总容量 2 241 万千伏安，35 千伏及以上线路长度达到 6 892 千米，电网总体规模较 2008 年翻了一番。公司下设 11 个职能部室、6 个直属机构，职工 1 265 人。

多年来，烟台供电公司在国网山东省电力公司和烟台市委、市政府的正确领导下，紧紧围绕建设“一强三优”现代公司的战略目标，加快推进“两个转变”，凝心聚力，创新求实，实现了安全、质量、效益的同步提升，各项工作保持了持续、快速、健康发展的良好态势。公司先后获得“全国五一劳动奖状”“全国文明单位”“全国一流供电企业”“全国供电可靠性 A 级金牌企业”“全国精神文明建设工作先进单位”“全国模范职工之家”“全国用户满意企业”“山东省富民兴鲁劳动奖状”“亚沙会筹办先进集体”“山东电力先进单位”“烟台发展突出贡献单位”等一系列荣誉称号。在烟台市和山东省行评活动中，公司连续 7 年获得第一名。

2012 年，面对宏观经济环境复杂、改革发展稳定任务艰巨等多重挑战，烟台供电公司坚持高标准、快节奏，圆满完成“三集五大”体系建设、主多分开、亚沙会保电等一系列重大改革发展任务，各项工作呈现协调发展、提速推进的良好态势。公司全年售电量完成 324 亿千瓦时，同比增长 7.43%；全社会用电量完成 353.8 亿千瓦时，同比增长 7.42%；线损率完成 2.30%，同比降低 0.14 个百分点；市场占有率完成 99.91%。截至 12 月 31 日，实现连续安全生产 4 376 天，电网最高负荷创 544.5 万千瓦的历史新高。公司深入开展“安全年”活动，圆满实现亚沙会保电“零差错、零失误”；圆满完成投资 39.5 亿元的 48 项电网建设工程，500 千伏莱州电厂送出工程等一批重点工程建成投运；110 千伏长山二期工程得到中央电视台 10 次连线直播，省市领导先后批示给予高度评价；顺利完成“三集五大”体系建设和主多分开，率先构建协同高效的市县一体化管理模式；大力开拓电力市场，建成营配协同管理模式和一体化“大抢修”服务体系，率先建成“10 分钟缴费圈”和“30 分钟抢修圈”，农村缴费实现“村村设点”；深入开展全面创先争优“十大”夺金行动，《中央创先争优活动简报》专题刊发公司为民服务典型经验。

面对新的发展形势和要求，烟台供电公司将紧紧围绕“争当山东电力排头兵，争当服务烟台地方经济社会发展的先锋”的工作目标，以安全稳定为基础，坚定不移推动变革创新，坚定不移深化“两个转变”，不断创出新成果、取得新突破、迈上新台阶，以实际行动和优异成绩，为省公司全面建成“一强三优”现代公司作出新的更大的贡献！

国内首家建成大营销服务风险管控体系

以强化营销服务风险内部控制和预防为关键点，形成由风险识别、风险评价、风险控制和风险防范的 PDCA 管控体系，实现供电服务风险控制的闭环管理。创新建立营销服务风险信息库和风险管控系统，对营销服务 17 大类 600 余项营销服务风险点，分别制定风险预控措施，全面落实 16 项重大风险管控方案，建立了服务风险“预控、识别、分析、化解”主动管控模式，实现了风险响应快速化、流程管控标准化、信息反馈及时化、成果存档自动化。该项目高质量通过省公司项目鉴定。

省公司领导督导科技项目　烟台电网调度控制中心　营业大厅

烟台供电公司办公大楼

山东省气象台

全国海洋气象精细化预报业务系统建设启动会

山东省气象台（山东省海洋气象台挂靠山东省气象台）是山东省气象局直属事业单位（正处级）。下设办公室、中短期预报科、短时预报科、海洋预报科、决策服务科、雷达探测科等6个科室。现有在职人员43人，其中，博士4人，硕士20人；正研级高工5人，高级工程师17人，工程师13人。

省气象台主要承担省级天气预报业务。负责制作并发布全省范围的中短期天气预报、短时临近天气预报、海洋天气预报和灾害性天气警报等，负责对市级气象台站天气业务的技术指导；负责制作和发布森林火险气象等级预报、中小河流洪水和山洪地质灾害风险预警等；承担天气预报技术开发和应用研究；负责重大灾害性天气预报服务与联防；承担全省雨情、重大气象灾害及衍生灾害的调查、收集上报与评估；承担济南新一代天气雷达的监测预警；承担省局交办的其他事项等。

天气会商

汛期气象服务动员会

山东省气象台作为科研型业务部门，近年来在科研方面取得了突出的成就。“山东省新一代天气雷达产品拼图及开发应用研究”“十一运会开幕式人工影响天气应急服务技术研究”“城市突发性强灾害天气预警技术”分别在2008年、2010、2012年获得山东省政府科技进步二等奖，“渤海海峡大风精细化预警服务系统研究开发”获2011年省政府科技进步三等奖。“灾害性天气监测预警平台”和“黄渤海夜间海雾卫星自动识别技术研究”在2012年分别获得山东省气象局科技进步一等奖和三等奖。

山东省气象台在多年的气象防灾减灾预报预警服务、重大社会活动保障（2008年青岛奥帆赛、2009年第十一届全国运动会、第三届海阳亚洲沙滩运动会等）中发挥了重要作用，得到了省委、政府和上级领导的一致认可，多次受到省委、省政府、中国气象局和省气象局的表彰奖励。连年被中国气象局评为“重大气象服务先进集体”；先后获得了省级青年文明号、省级文明单位、省直机关“先进基层党组织”、省直机关“三八红旗集体”、省直机关先进团支部、中国气象局“气象部门局务公开”先进单位、全省气象系统“先进集体”、省总工会“工人先锋号”、全省防汛抗旱先进集体和全省防汛抗洪先进集体等荣誉称号。

浪潮集团

浪潮集团有限公司，是中国领先的云计算平台与IT解决方案供应商，拥有"浪潮信息"和"浪潮软件"两家国内A股上市公司和在香港联交所上市的浪潮国际有限公司。经过六十余年的发展，浪潮业已形成系统及技术、软件及服务、半导体三大产业群组；用户遍及中国金融、通信、政府、教育、制造业、烟草等行业和政府部门，为全球二十几个国家和地区提供IT产品和服务，全方位满足政府与企业信息化需求。浪潮集团实现销售收入401亿元，综合实力位居中国IT企业前两位、中国自主品牌IT服务商第二名、中国自主品牌软件厂商第一位、中国大企业集团竞争力500强第三位。

多年来，浪潮始终以超前的技术和独特的软硬件综合实力，在中国IT品牌中独树一帜，并在中国信息产业发展的关键阶段，引领中国信息产业的发展。

浪潮是中国最早的IT品牌之一。这段历史可以追溯到1968年，浪潮的前身——山东电子设备厂在那时开始生产计算机外围设备和低频大功率电子管。1970年，中国第一颗人造卫星"东方红1号"就采用了浪潮生产的晶体管作为电子元件。

由此，浪潮开始了40余年以技术创新为本的IT征程。浪潮历程一直秉承创新的理念，数次在中国信息产业发展的重要历史阶段，以极具前瞻性的技术突破引领中国IT产业的发展。

——1983年，第一台浪潮微机在济南诞生，这是中国IT发展的新起点。以浪潮为代表的三大PC厂商将中国PC产业带入了一个变被动为主动的新时代。

——1990年，浪潮研制出全球第一台中文寻呼机，并开发制定了全球第一个汉字寻呼标准，这一标准沿用至今。

——1993年，浪潮在新加坡的技术人员研制出中国第一台小型机服务器，现任浪潮集团董事长兼CEO的孙丕恕先生是这次开发的主持者。在接下来的十几年中，浪潮打破了国外服务器厂商在中国多年的垄断，开创了中国服务器产业的新纪元。自1996年开始，浪潮服务器连续14年蝉联国产服务器第一品牌。

——2004年9月，浪潮服务器刷新世界商用智能TCP-H世界记录，这是中国服务器首次打破世界纪录。迄今为止，浪潮已先后六次在世界服务器领域打破或创造世界纪录。

——2005年，浪潮64位服务器获得国家科技进步二等奖，这是该年度IT技术成果获得的最高科技进步奖项，同年12月9日，浪潮集团"面向事务处理的高性价比、高性能服务器体系结构设计和优化技术"项目荣获2005年信息产业领域最高奖"信息产业重大技术发明奖"。

——2007年，IT领域唯一设在企业的国家重点实验室——浪潮高效能服务器和存储技术国家重点实验室落户浪潮。

——2008年，"十一五""863"计划信息技术领域重大专项——"浪潮天梭高端容错计算机系统研制与应用推广"项目立项获批。

——2009年，十一五""863"计划信息技术领域重大专项——"浪潮海量信息存储系统及应用示范项目"项目立项。

——2010年，浪潮"高效能服务器与存储技术创新工程"荣获2009年度国家科技进步奖"企业技术创新工程奖"，"天梭TS30000高端商用服务器系统"荣膺国家科技进步二等奖，成为计算机领域唯一一家包揽技术产品奖与企业奖的企业。

——2011年，浪潮在国内率先发布云海战略，提出行业云理念，并推出中国首款自主研发的云操作系统。

雄厚的软硬件综合实力，使浪潮成为中国具影响力的IT品牌。目前浪潮是科技部首批认定的创新型企业，拥有IT领域唯一设在企业的国家重点实验室——浪潮高效能服务器和存储技术国家重点实验室，以及亚太地区最大最先进的柔性服务器生产线和研究中心，拥有首批认证的国家级企业技术中心、国家级企业博士后工作站，首批国家规划布局内的重点软件企业。浪潮服务器成为"国家863成果转化基地""国家服务器产业化示范工程"。浪潮ERP被列入国家863计划的"适合中国国情的ERP软件"、浪潮ERP、SCM、CRM三个项目全部入选国家863计划，浪潮还在香港、日本和美国硅谷设立了技术研发中心。

浪潮也同全球众多优秀的IT企业达成战略合作伙伴关系。透过技术、人才与市场的合作，浪潮同这些优秀企业一起为行业用户提供先进完善的IT应用解决方案，共创领先科技。与此同时，凭借软硬件产品和IT服务，浪潮迅速走出国门，在美国、日本等国家设立研发中心，为亚洲、北美、拉美、非洲等地十几个国家和地区提供IT产品和服务，并在委内瑞拉建立经贸合作区和产业基地。

项目名称：浪潮天梭 K1 系统
计划名称：国家 863 计划重大成果
项目简介：

浪潮天梭K1系统是我国首台自主研发的关键行业应用主机，是“十一五”国家863重大专项成果。浪潮天梭K1系统最大可扩展32颗处理器，事务处理能力达到1000万TPmC，进入世界排名前十， 可用度达到99.999%（即每年停机时间累计不超过5.26分钟），性能和可靠性均达到国际先进水平。

2013年1月22日，浪潮天梭K1系统的成功上市标志着我国信息化建设自主可控战略完成了关键布局，打破了信息化网络核心装备受制于人的局面，对于全面缓解我国信息战略被动地位，具有重要作用。同时，产品的上市也标志着主机研制与推广工作从科研攻关转入产业化推广阶段。

浪潮天梭K1的成功研制打破了国外的技术封锁，使得中国成为世界上第三个掌握新一代主机技术的国家。同时，开发完成的操作系统K-UNIX，是我国第一款通过OpenGroupUNIX03认证的操作系统，也使得我国成为全球第二家拥有通过该认证能力的国家。浪潮天梭K1累计申请国家发明专利117项，国际专利9项，软件著作权17项。

该系统已在中国邮政储蓄银行、国家进出口银行、新疆建设银行等关键金融行业实现推广。浪潮天梭K1系统的上市，有望改变我国在金融、电信等核心领域大型主机长期依赖进口的尴尬局面，为国家经济运行安全、社会安全和国家战略安全提供了国产化设备保障。

项目名称：浪潮 EB 级云存储系统研制
计划名称：国家 863 计划
项目内容：

我国的存储技术和产品经过多年的发展，取得了长足进步，在中低档存储市场上占据了较大份额，在高端存储方面，也推出了一些相应的产品。但是，受技术和市场等因素制约，高端存储市场仍然是国外产品处于垄断地位。云存储技术的发展为我们带来了不同的思路，使我们有机会能够迅速赶超国外厂商，在高端存储市场占据一席之地。因此，浪潮自主发展EB级云存储技术和产品，对于促进我国存储产业升级，带动信息化产业整体发展具有重要的意义。

本项目的目标是研制EB级云存储系统，支持多种数据访问方式、数据安全和保护方法，支持在线扩展、节点负载自动均衡。总体可靠性不小于99.99%，在云计算系统中开展示范应用。本项目的实施 ，将推动国内存储厂商和科研院所的技术和产品创新能力，形成具有自主知识产权的综合软件硬一体的EB级云存储系统解决方案，在这一巨大的市场中能够与国外厂商展开同步竞争，同时将带动相关的云服务提供商技术和能力的提升，促进我国信息产业的整体发展。

能够为国家重要经济部门和行业以及军队、安全等敏感领域的核心应用系统的建设提供可靠的云应用系统，一方面，能够降低这些领域的信息化建设投入，另一方面，可以避免这些领域过度依赖国外厂商的技术和产品所带来的信息安全隐患，有利于保障国家经济运行安全、社会安全和国防安全。

项目名称：存储产业技术创新战略联盟正式通过国家评定 A 级联盟
项目类别：2012 年度产业技术创新战略联盟评估
项目内容：

国家科技部办公厅发布《关于公布2012年度产业技术创新战略联盟评估结果的通知》（国科办体〔2013〕4号），正式评估认定由浪潮集团担任理事长单位的存储产业技术创新战略联盟（以下简称“存储联盟”）等26家试点联盟为国家A级联盟。存储联盟成为浪潮继高效能服务器和存储技术国家重点实验室后又一圆满完成建设任务，并正式挂牌“国”字头的组织——国家存储产业技术创新战略联盟。

作为存储联盟的理事长单位，浪潮充分发挥模范带头作用，带领华为、中兴、清华、北大、国防科大、中科院计算所、江南计算所等25个成员单位，在产业技术创新链条构建、技术创新体系建设、产业发展模式变革方面取得突出成绩，成功打破国外封闭垄断局面，实现了存储产业重大突破。经过历时半年的严格考评，由于运行成效显著，存储联盟通过科技部层层评审被正式评估认定为A级，将被正式认定为“国家存储产业技术创新战略联盟”，并将得到科技部在项目和政策方面更多的支持。

存储联盟入选国家首批A级联盟，充分凸显了浪潮强大的技术积累和创新优势，进一步夯实浪潮集团在我国存储产业的龙头地位，为支撑集团云计算战略，实现“十二五”宏伟蓝图奠定坚实基础。

山东拓博塑料制品有限公司

山东拓博塑料制品有限公司创建于2004年，位于山东省滕州市鲁南高科技化工园区。是国家高新技术企业，山东省创新型试点企业，山东省专利明星企业，主营产品氨基模塑料，其生产规模和市场占有率均居国内同行业之首。2009年1月公司受国标委及塑标委委托，牵头制定氨基模塑料国家标准。

公司新技术“木粉（植物纤维）氨基模塑料生产技术开发与应用”通过了山东省科技厅科技成果鉴定，其综合技术达到“国际先进”水平。项目产品获2011年度“国家重点新产品”和“山东省科技进步奖三等奖”。该产品通过创新性研究，以木粉、植物纤维（废弃的农作物秸秆）替代进口纸浆，作为生产氨基模塑料的主要原料。研发出仿木氨基模塑料专用料，使氨基模塑料性能达到或超过国际先进标准。新产品的研制成功可有效减少森林资源的消耗，缓解废弃农作物焚烧丢弃对环境的压力，使生产成本降低10%～15%，实现废弃资源利用的最大化，提高了产品性能和市场竞争力。

山东理工大学

山东理工大学是山东省重点建设的理工科大学，创建于1956年。学校总占地面积240万m^2，校舍建筑面积106.29万m^2，教学科研仪器设备总值3.49亿元，图书馆藏书260万册，电子图书7 740GB，中外文期刊26 971种。学校现有21个学院，设有73个本科专业、21个硕士学位授权一级学科，学科专业涵盖9个学科门类。2009年学校成为博士学位授予立项建设单位，并于2013年1月顺利通过博士学位授予单位立项建设验收；2012年学校被确定为山东省“应用型人才培养特色名校”首批立项建设单位。

学校共有中央与地方共建实验室20个，国家级工程实践教育中心4个、省实验教学示范中心2个、省骨干学科教学实验中心13个，设有全国重点职教师资培训基地。先进的校园网络覆盖全校，并设有教育技术中心、分析测试中心等公共服务平台。学校现有国家级工程技术研究中心2个、省级工程技术研究院1个、省级工程技术研究中心14个、省级重点实验室6个、省级重点学科11个、省级人文社科研究基地4个。

徐丙垠教授

徐丙垠教授

徐丙垠教授是国际知名电力系统故障监测与配电自动化技术专家，是中央联系的高级专家、山东省泰山学者特聘教授、博士生导师。他发明了基于暂态信号的电力线路故障监测技术，在30多个国家推广应用，系统地解决了各种电力线路故障的精确定位问题，使暂态故障监测与保护技术进入了实用化、产业化阶段。他在国内率先研制出配电自动化终端，推广应用近2万套，推动了我国配电自动化技术的发展；提出智能配电网广域测控技术框架，研制出智能终端，实现了故障自愈控制技术的突破。承担863计划、自然科学基金等国家级项目9项。获国家技术发明二等奖与四等奖各1项（首位），省部级科技奖励（二等）3项；获发明专利20项；发表EI检录论文90多篇，出版著作3部；培养博士、硕士研究生34名。

徐丙垠教授现任山东理工大学智能电网技术中心主任，中国国际供电会议（CICED）“配电网运行控制与自动化”分组主席，科技部“十二五”智能电网重大专项总体专家，863计划“智能电网高级分析与优化运行关键技术”重大项目总体专家，国际电工委员会（IEC）TC57 WG17工作组专家，国际大电网会议（CIGRE）与国际供电会议组织“未来配电网—控制与自动化”工作组专家，国际供电会议组织（CIRED）“配电自动化通信”工作组专家，第三版《电力名词》配用电章主编，《中国电力百科全书—配电网保护控制与自动化分支》主编等职。曾担任十届、十一届全国人大代表，获中央组织部等六部委颁发的“留学回国人员成就奖”、国家级中青年有突出贡献专家，国家首批“百千万人才工程”人选等荣誉。

国家技术发明二等奖——基于行波原理的电力线路在线故障测距技术

该项目在国际上首次提出了基于电流暂态行波信号的电力线路故障定位方法，攻克了暂态方法实用化的关键技术问题，解决了交直流输电线路故障的精确测距问题，研制出系列输电线路、配电线路与电力电缆故障监测设备，使我国的电缆故障测距技术达到了国际领先水平。

电力的输电线路长达2 000km以上，故障查找十分困难。传统方法基于工频信号，定位误差高达十几公里，且不适用于直流以及带串补、部分同杆并架等类型线路。行波测距起源较早，但一直受限于对行波现象的认识与技术条件，没有获得实质性进展。

徐丙垠在1989年首次提出了检测电流行波传播时间的现代行波测距原理，发现了电流互感器传变行波信号的规律，实现了行波信号的简易、低成本获取，研发出适应记录行波信号的超高速（MHz）数据采集电路，应用数字信号处理技术提高行波脉冲检测的可靠性，利用GPS信号对时，使行波到达时刻的标定精度达到1μs，并于1990年试制出世界上第一套电流行波测距样机，应用于实际故障测距，实现了绝对误差小于500m，相对误差小于0.025%的高精度测距。

该技术成果在山东科汇与英国Hathaway公司实现了产业化，2007年获国家技术发明二等奖。所研发的装置在全国1600多个变电站推广应用，覆盖了包括西电东送、青藏直流、三峡外送等国家重点工程在内近60%的输电线路。科汇公司与Hathaway公司分别生产的装置在阿根廷、马来西亚、南非、美国、英国、俄罗斯等30多个国家推广应用。中国以及阿根廷、南非等国的电网公司已把行波测距装置作为变电站自动化的标准配置。国际电气与电子工程师协会将行波测距技术写入了《IEEE C37.114电力线路故障定位技术导则》。行波测距将故障查找时间从数小时、数天缩短到1～2小时，在提高电力系统运行的安全性与供电可靠性方面发挥了巨大作用；是暂态方法在电力系统继电保护中的成功应用，推动了暂态继电保护技术的发展。

山东天宝化工股份有限公司省级企业技术中心

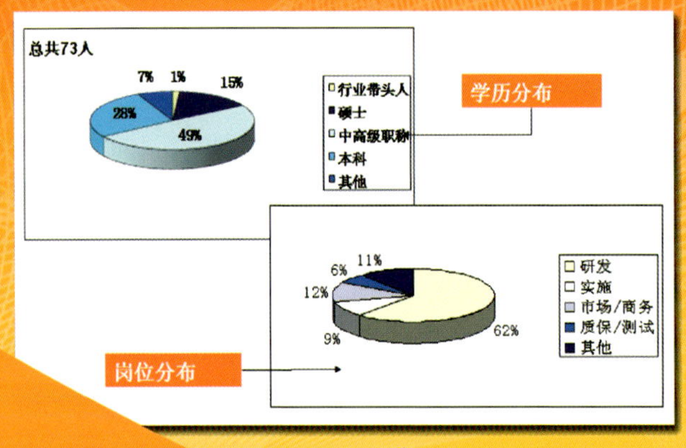

人员分布

山东天宝化工股份有限公司技术中心成立于1997年，2005年被认定为市级企业技术中心，2011年先后被认定为山东省高新技术企业、山东省省级企业技术中心和山东省国际科技合作研究中心。技术中心现有从事技术开发工作的人员73人，其中，行业技术带头人1名，硕士研究生11名，中高级技术职称人员36人。

公司不断加大科研投入，每年按不低于销售收入5%的比例提取技术开发的经费，仪器设备的装备水平目前在国内同行业中处于领先水平。

2012年 1572万
2011年 1125万
2010年 856万
2009年 619万

科技投入情况

技术中心在“以人为本”人才战略的指导下，高度重视技术人才的引进、培养及使用工作。公司先后选拔出30余人，送到各大专院校进行学习深造。公司还积极引进、高薪聘请专家人才，同时每年接纳大批大学毕业生进入技术中心，为中心提供充足的人力资源。公司与南京理工大学、中国航天第42研究所、长沙矿冶研究院等大专院校、科研院所建立了长期稳定的战略合作关系，从人才引进和培养、项目合作、共建试验基地等方面建立了广泛的产学研合作，着力进行新型民爆技术的研发。

蒋庄煤矿

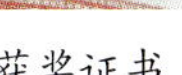

获奖证书

专利证书

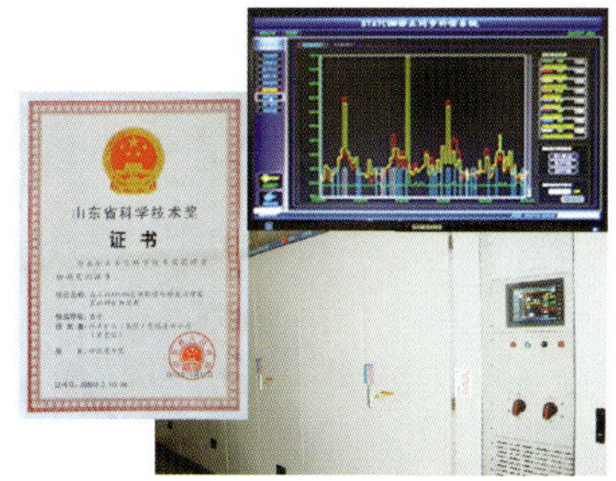

科技项目

矿领导为科技奖获得者颁奖

现代化的综采工作面

山东能源枣矿集团蒋庄煤矿地处微山湖畔，于1979年动工兴建，1989年6月24日建成投产，井田面积40.3km^2，年核定生产能力275万t，是枣矿集团的骨干矿井之一。

建矿20多年，已发展成为集煤炭生产、加工、矸石发电、机械制造、生态循环经济等为一体的综合效益型现代化矿井。累计安全生产煤炭5 000余万t，矿井相继荣获全国“守合同、重信用”企业、全国煤炭工业企业文化示范矿、全国煤炭工业双十佳煤矿、全国煤炭工业节能减排先进单位、全国“安康杯”竞赛优胜企业、山东省最佳企业公民等100余项省部级及以上荣誉称号。被誉为“鲁南明珠”和全国煤炭系统“三基”建设发源地。

创新是一个企业提高竞争实力、实现高效发展的必由之路。该矿坚持每年设立一百万元专项奖励基金，通过政策激励、目标引导和现场推动，使全员创新热情空前高涨，创新成果层出不穷。近年来，每年表彰的创新成果都达到500余项，多项成果填补了煤矿行业空白。雷达式提升箕斗煤炭卸载量检测装置、主井摩擦式提升机防重载下放监控系统、煤矿静压水池双水泵自动转换补水系统等20余项创新获得国家专利。高压无功补偿与谐波治理装置的研制与应用、综采工作面充填试采技术研究、矿井主通风机智能变频控制与故障诊断决策支持系统研究、基于固液耦合及两项流理论的坚硬厚煤层开采综合防尘技术研究应用等40余项科研成果，获得省部级及以上科学技术奖。科技创新为矿井发展提供了强大动力。

枣庄矿业（集团）付村煤业有限公司

付村煤业有限公司经理　徐亚民

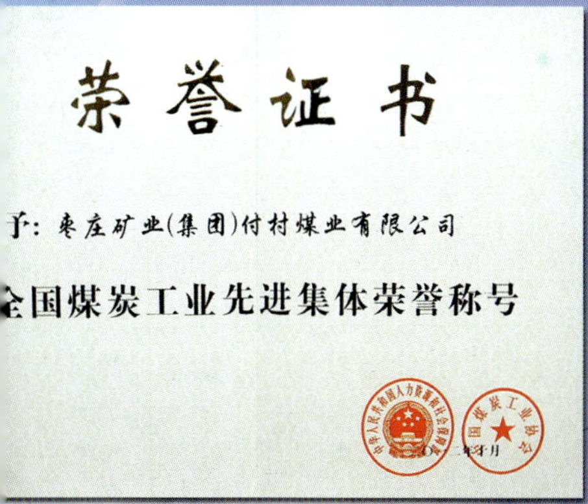

荣誉证书

予：枣庄矿业(集团)付村煤业有限公司

全国煤炭工业先进集体荣誉称号

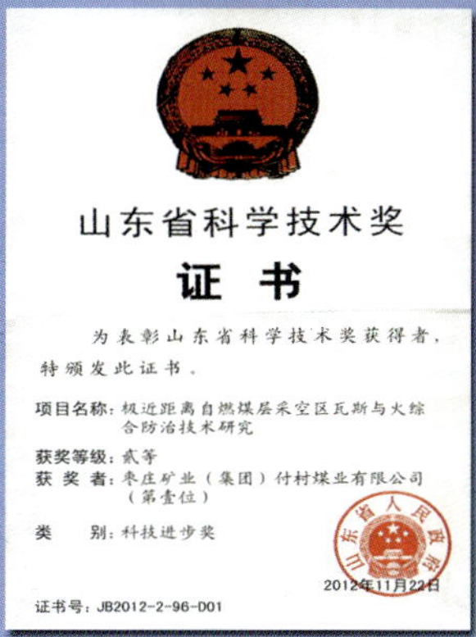

山东省科学技术奖

证 书

为表彰山东省科学技术奖获得者，特颁发此证书。

项目名称：极近距离自燃煤层采空区瓦斯与火综合防治技术研究

获奖等级：贰等

获 奖 者：枣庄矿业（集团）付村煤业有限公司（第壹位）

类　　别：科技进步奖

2012年11月23日

证书号：JB2012-2-96-001

井下生态文明巷道

日照高新技术产业开发区

国家级科技企业孵化器

人社部、省、市领导到中国蓝色经济引智试验区调研

甲骨文云实训基地培训现场

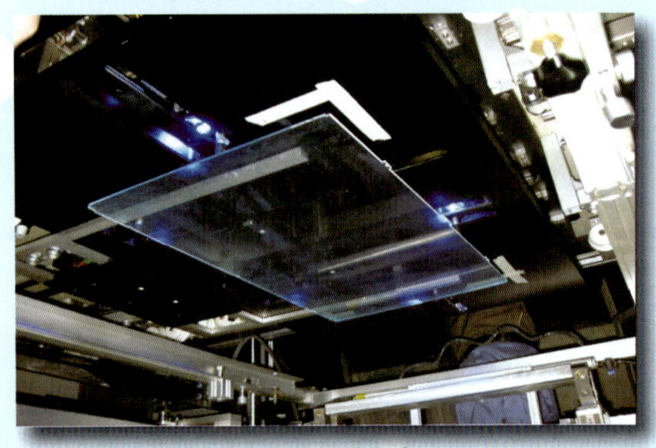
旭龙光电手机屏生产现场

日照高新技术产业开发区（以下简称日照高新区）始建于2005年5月，2006年3月被批准为省级高新技术产业园区，2008年1月被批准设立为省级高新技术产业开发区。现已拥有中国蓝色经济引智试验区、国家级科技企业孵化器，省级小企业创业辅导基地、电子信息产业园、国际服务外包示范基地、节能环保产业基地、可持续发展实验区、最佳投资园区、华人华侨创业园等国家、省部级专业园区和称号。高新区规划面积115km^2，建成区面积14.48 km^2，入驻企业、项目179家，其中高新技术企业9家，高新技术后备企业12家。市级以上技术研发中心54家，其中国家级5家，省级18家；建成院士工作站，博士后科研工作站各1处。

2012年，日照高新区实现规模以上企业工业总产值164亿元，工业增加值46亿元，主营业务收入122亿元，利税9亿元，均实现20%以上的增长；完成进出口总额75 589万美元，同比增长25%；完成固定资产投资88 704万元，同比增长33%。上报科技计划项目48项，审批22项；获得省级科技成果认定11项；申报专利130件，授权88件。

日照高新区紧紧围绕“跻身国家级高新区”的总体思路，坚持“发展特色园区，建设工业新城，带动中部崛起”的工作目标，按照“项目发展集群化，集群项目高新化”的发展模式，聚力提升产业档次，膨胀产业规模，延伸产业链条，形成产业集群。培育形成了电子信息、海洋生物医药、现代装备制造、现代物流、创意服务外包等五大产业，初步形成了电子信息产业园、汽车产业园、现代物流产业园、生物医药产业园和科技孵化创业中心、国际服务外包示范基地“四园一基地一中心”的发展框架。

沂蒙山区生态修复适宜性等级区

生态修复区植被调查

2012 山东省科技奖证书

沂蒙山区生态修复区域模式分布

生态林封禁修复区

张光灿野外调查观测

经济林水土保持耕作措施

生态修复封禁措施

山东农业大学林学院具有百年办学历史，始建于 1906 年山东高等农业学堂的林科和蚕科。1947 年正式设立山东农学院森林系。1952 年院系调整，成立山东农学院林学系，1993 年撤系建院，成立山东农业大学林学院。

学院现有全日制本科生 1536 人，博士、硕士研究生 227 人。教职工 88 人，专任教师 65 人，教授 19 人，副教授 29 人，其中博士生导师 10 人，硕士生导师 39 人，具有博士学位者 34 人。有国家级教学名师 1 人，山东省"泰山学者"海外特聘专家 1 人，讲座教授 2 人，兼职（客座）教授 22 人，享受国务院政府特殊津贴专家 5 人，山东省有突出贡献中青年专家 3 人。1 个国家级教学团队，1 个国家级特色专业，2 个省级特色专业，7 门省级精品课程。

学院现有林学、蚕学、园林、水土保持与荒漠化防治、风景园林 5 个系，1 个实验教学中心，1 个林学综合实验基地，17 个校外教学科研基地。拥有林学、蚕学、园林、风景园林、水土保持与荒漠化防治、木材科学与工程、艺术设计（景观设计）、生态学 8 个本科专业，涉及农学、工学、艺术学、理学四个学科门类；设有林学、生态学博士后科研流动站，生态学一级学科博士点、森林培育二级学科博士点，林学、生态学、风景园林学 3 个一级学科硕士点，有森林培育、林木遗传育种、森林经理、园林植物与观赏园艺、水土保持与荒漠化防治、特种经济动物饲养 6 个二级学科硕士点，有林业硕士和农业推广硕士（林业领域）2 个专业学位点；拥有森林培育、园林植物与观赏园艺、水土保持与荒漠化防治 3 个省级重点学科。现有国家林业局泰山森林生态系统定位研究站、山东省土壤侵蚀与生态修复重点实验室、山东省高校森林培育重点实验室、山东省风景园林工程技术研究中心、山东省木材科学研究所、泰山生态经济林创新工程中心、山东农业大学生态与环境重点实验室、山东农业大学规划设计研究院等平台。

学院着力推进科研工作，科技创新能力不断增强。2000 年以来，承担各类科研项目 300 余项，其中主持国家自然科学基金、"973"子课题、国家科技攻关、行业科技专项、国际合作等项目 50 余项，累计到位科研经费 6 800 万元。获国家科技进步二等奖 2 项，省级科技进步一、二等奖 19 项。申请国家专利 19 项，通过省级审定林木花卉新品种 15 个。发表核心期刊论文 600 余篇，其中 SCI、EI 收录论文 51 篇。

项目介绍：

沂蒙山区生态退化机制与生态修复技术模式研究

1、针对水土保持生态修复工程亟待解决的理论与技术问题，以沂蒙山区为研

对象，采用遥感信息监测、森林资源调查与地面定位观测耦合技术，综合运用森林培育学、恢复生态和水土保持学理论，深入开展了大尺度生态脆弱和水土流失严重区域的生态退化机制与生态修复技术模式研究，系统回答了生态修复工程建设亟待解决的"为何修复？""在那修复？"和"如何修复？的科学问题。为沂蒙山区及其相似地区生态修复工程的科学规划与大规模实施提供了科技支撑。

项目的主要技术 ：①水土保持生态修复的适宜区域、适宜程度和评价方法；②水土保持生态复技术模式、空间布局、配套措施及其示范验证。③人为干扰下生态退化类型、分布格局、驱动机制生态修复限制因子；④人为干扰下的植被演替类型、结构与功能演替特点与人为干扰活动的关系；⑤同区域尺度水土流失分布格局、动态及其相关关系。

2、技术经济指标

项目的技术经济指标 5 个方面：①提出了 2 套生态修复工程建设的关键技术体 即生态复适宜性评价方法与 3 级分区体 、生态修复技术模式及其配套措施体系；②阐明了人为活动干扰种生态退化类型及其退化特点、12 种植被演替类型及其结构与功能；③揭示了 3 项水土保持生态复机理，即人为干扰活动下的植被演替特点、生态退化驱动因子和生态修复限制因子；④构建了 4 项态退化机制与生态修复技术研究指标体系，即生态系统脆弱性评价、生态退化驱动力评价、生态修复宜性评价和生态修复工程效益评价指标体系；⑤阐明了沂蒙山整体、区域（县市区）、植被类型 3 个度的水土流失格局、动态及其耦合关系。

依托项目研究，鉴定认定科技成果 1 项（国际先进水），出版论著 1 部《淮 流域水土保持生态修机理与技术》，发表学术论文 21 篇，培养博士与硕士研 9 名及大批专业技术人 。

3、应用推广及效益

选择典型小流域建立生态修复工程试验 51.5km²，进行了，验证了生态修复术模式的合理性和可行性。项目密切结合生态修复科技和生产需求，技术成果针对性及实用性强，已山东省水土保持部门、重点地区水土保持规划与生态修复工程建设中得到广泛应用。自 20 已在淄博市、临沂市、莱芜市和泰安市等地区累计推广应用面积近 3 000km²。区域内林盖率明显增加（提高了 15%）；水土流失面积显著减少（20%），土壤侵蚀强度降低，侵蚀模和地表径流模数减小了 32% 和 30%；农村 20%。取得了明显的生态效益、社会效益和济效益。

烟台正海生物技术有限公司

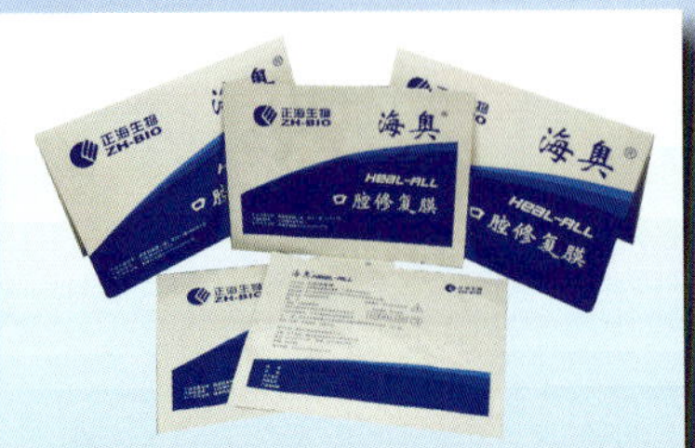
海奥® 口腔修复膜

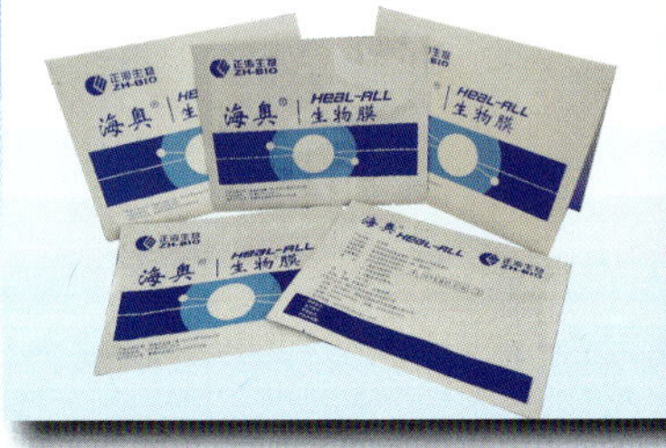
海奥® 生物膜

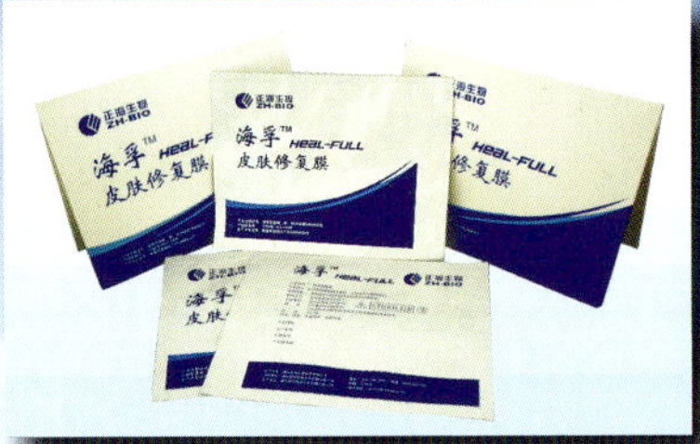
海孚® 皮肤修复膜

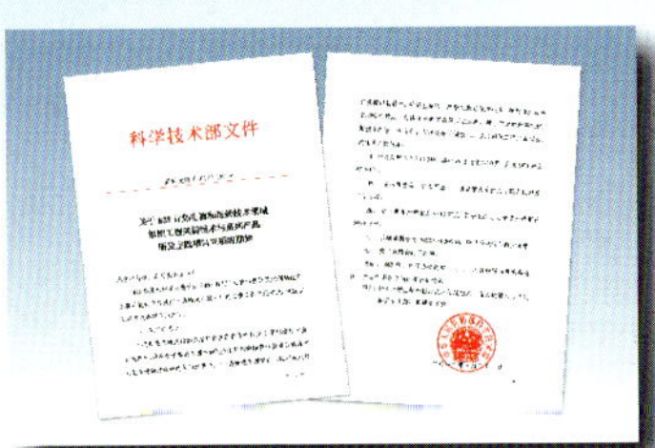
国家“863计划”立项批文

高新技术企业

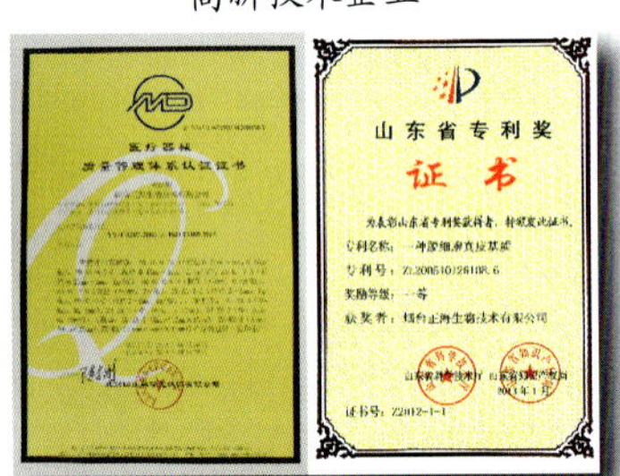

质量管理体系认证证书和
山东省专利奖证书

烟台市医用再生修复材料工程实验室

烟台正海生物技术有限公司，国家“863”计划承担单位，高新技术企业。2003年10月，正海集团前瞻性地在已有的电子信息、稀土永磁等支柱产业蓬勃发展的基础上，适时成立了烟台正海生物技术有限公司，定位于专业从事组织再生与创伤修复产品的研发、生产及营销，致力于成为组织再生与创伤修复领域的领导者。

正海生物作为高新技术企业，建有山东省医用再生修复材料工程技术研究中心。同时，公司注重科技创新、产学研结合，与中科院、四川华西医院、山东大学等国内多家顶尖生物材料研发单位建立了长期的产学研合作联盟。目前，公司已承担国家及省市级计划项目30余项，累计拥有和申请国内外专利30余项，并先后荣获“山东省专利一等奖”和“中国专利优秀奖”。

正海生物立足于“医用生物修复材料”这一新兴产业，10年间坚持以自主知识产权引领行业发展，逐渐形成了两大系列的主打产品：软组织修复系列的“海奥”口腔修复膜、“海奥”生物膜、“海孚”皮肤修复膜已先后取得产品注册证并投产上市；硬组织修复系列产品——骨修复材料的技术水平处于国际领先地位，国内首创，目标产品在修复效果和价格上有明显的优势，产品投产上市后会迅速占领该领域的市场，为数以千万计的患者解除痛苦。

立足于良好的发展环境，正海生物紧抓战略机遇，始终坚持创新为企业核心竞争力，努力打造享誉海内外的生物医药企业，为振兴我国生物医用材料科学与产业发展做出贡献。

公司部分荣誉

2013年 承担“山东省自主创新专项”
荣获“中国专利奖优秀奖”
通过ISO 13485:2003及ISO 9001:2008质量体系认证
正海生物团支部荣获“山东省五四红旗团支部”称号
认定为“烟台市医用再生修复材料工程实验室”
荣获“烟台市生物医药名优产品评选优秀企业”称号

2012年 承担“国家高技术研究发展计划”（863计划）
承担建设“山东省医用再生修复材料工程技术研究中心”
荣获“山东省专利奖一等奖”（第一名）
通过国家食品药品监局“医疗器械生产质量管理规范”认证

2011年 认定为“山东省高新技术企业”

临沂巨皇新能源科技发展有限公司

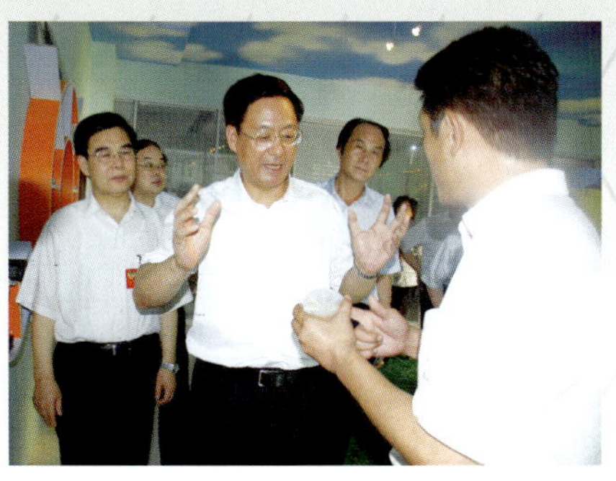

省政协主席、省委副书记刘伟莅临光伏中心指导

山东省著名商标
临沂市创新型企业
临沂市节能先进企业
重合同守信用企业
高新技术企业
证书

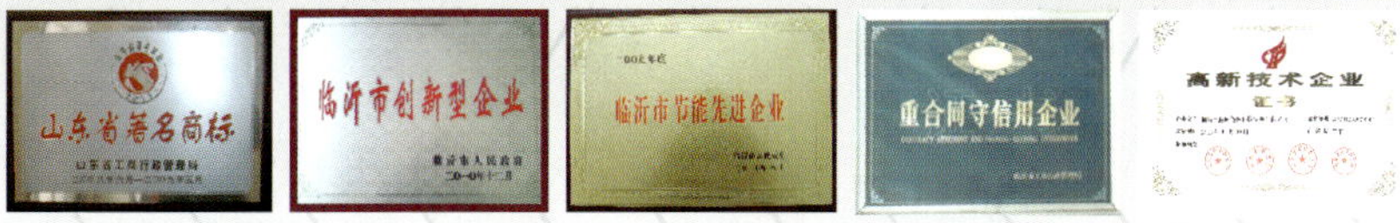

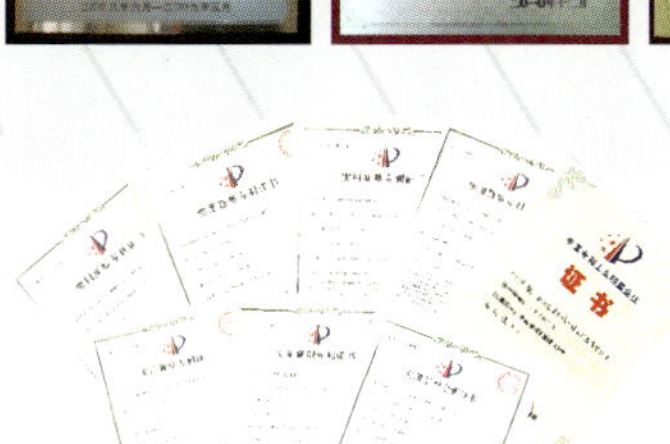

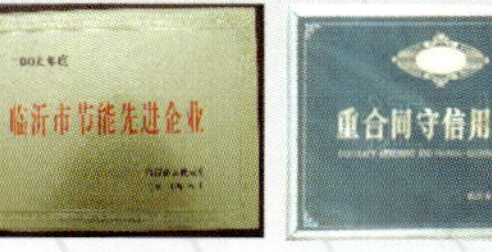

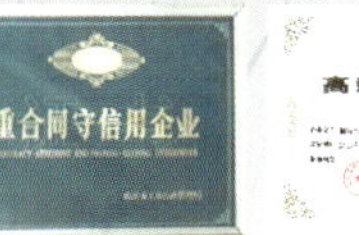

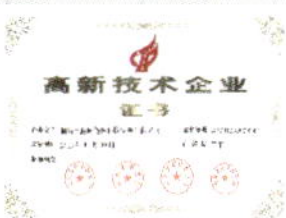

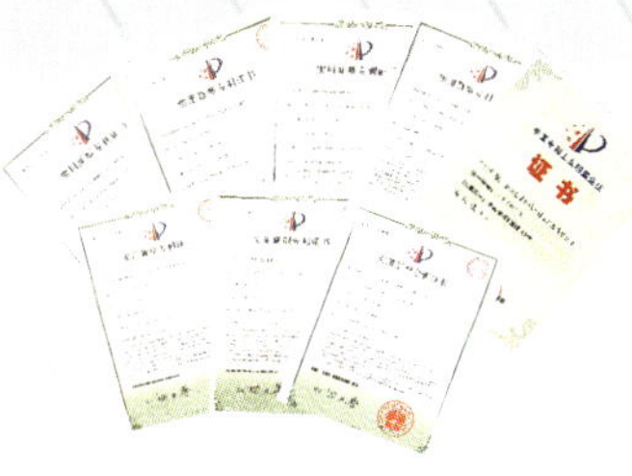

临沂巨皇新能源科技发展有限公司坐落于蒙山脚下，是一家专业从事研发设计、制造、销售、安装服务为一体的太阳能综合开发利用与节能设备开发利用的公司。主要产品有高聚光砷化镓太阳能电池、太阳能光伏跟踪电站、光伏建筑节能一体化、太阳能路灯、庭院灯、景观灯、草坪灯、LED 系列的节能灯具、激光监控摄像头等。

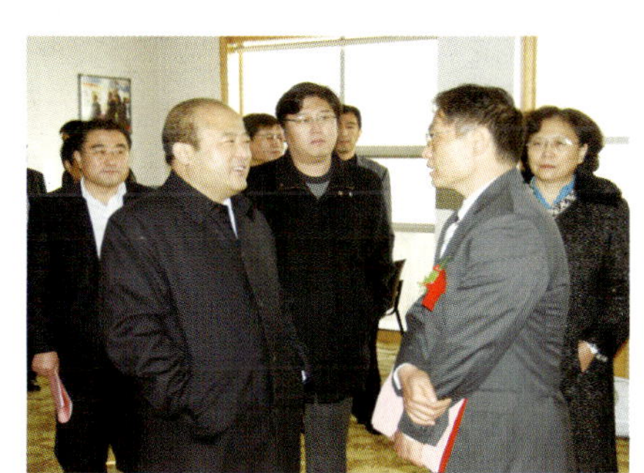

市委书记张少军莅临公司参观指导

公司总经理李京安以优异的成绩毕业于美国南加州大学，获工商管理硕士学位。在他的带领下，企业快速发展的同时，极为重视整个产业的健康可持续发展，非常关注绿色环保事业，一直以来都致力于环保和新能源理念的宣传、推广与普及，实施了许多重要的新环保、新能源示范项目。公司成立以来，李京安先生先后荣获山东省归侨侨眷先进个人、平邑经济开发区第一届劳动模范等称号，并当选为山东省侨商协会副会长。

公司现有员工 90 人左右，其中研发人员 30 余人。公司与临沂市政府合作建立了临沂光伏工程技术研究中心作为以我公司为技术依托的重点新能源研究中心。光伏中心现有研发人员 21 人，50% 为硕士研究生以上学历，其中 LED 节能灯具专家 3 人。公司现有生产基地 2 处，系列产品生产线达 15 条，固定资产 3 亿元，知识产权资产 7 000 万元。

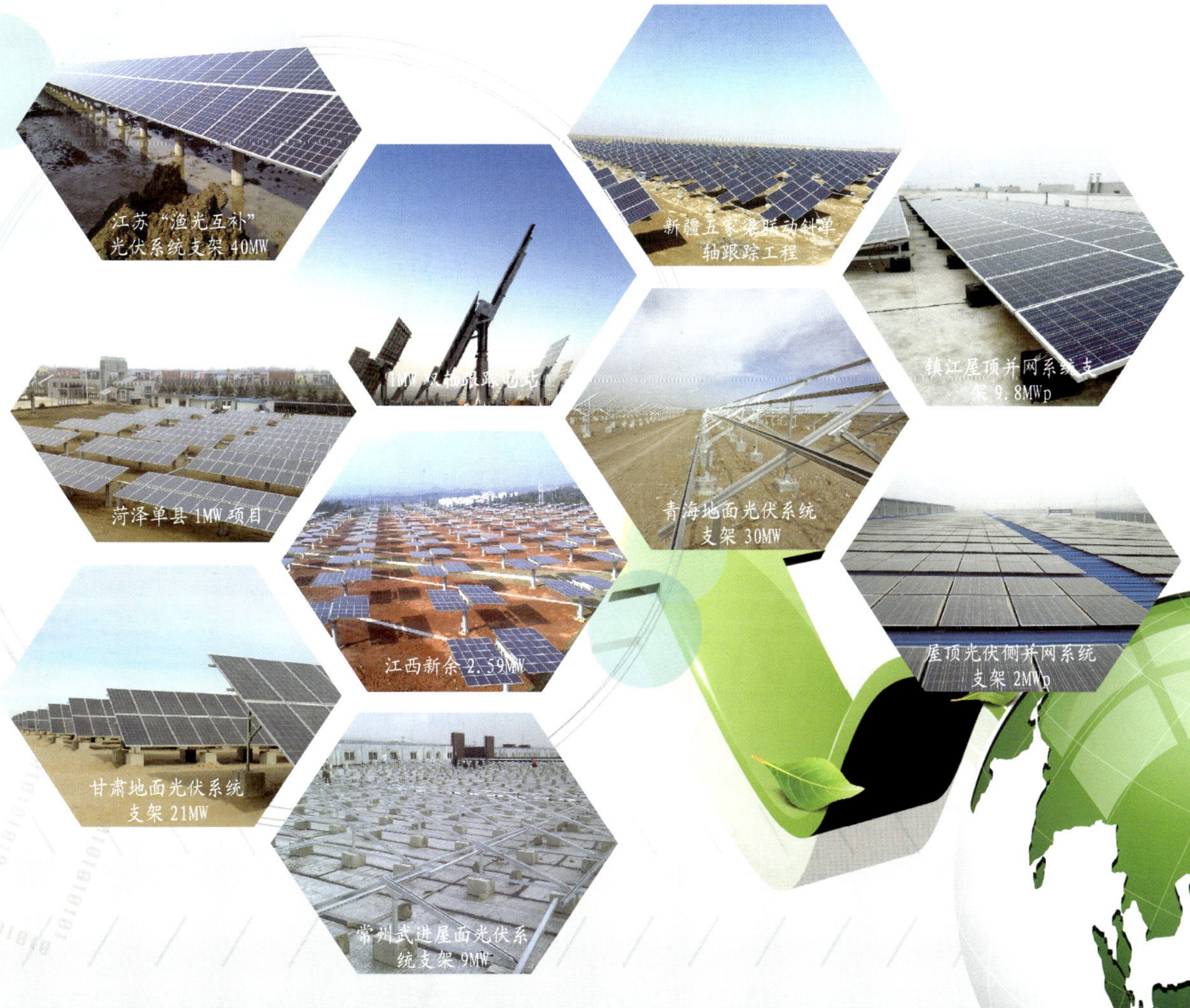
江苏“渔光互补”光伏系统支架 40MW
新疆五家渠联动斜单轴跟踪工程
镇江屋顶并网系统支架 9.8MWp
菏泽单县 1MW 项目
青海地面光伏系统支架 30MW
江西新余 2.59MW
屋顶光伏侧并网系统支架 2MWp
甘肃地面光伏系统支架 21MW
常州武进屋面光伏系统支架 9MW

青岛大学

青岛大学是山东省重点建设的综合大学，是山东省首批应用基础型人才培养特色名校。

学校现有100个本科专业，涵盖文学、历史学、哲学、理学、工学、医学、经济学、管理学、法学、教育学、艺术学等11个学科门类；53个博士点，涉及10个一级学科；240余个硕士学位点，涉及40个一级学科；7个博士后流动站。有国家重点学科（含培育）2个，山东省“十二五”重点学科20个；国家重点实验室培育基地1个，省部级重点实验室、工程技术研究中心和人文社科研究基地13个。有各类在校生42 000余人，其中本科生32 000余人，研究生近8 000人。

青岛大学与淄博市人民政府签署战略合作框架协议

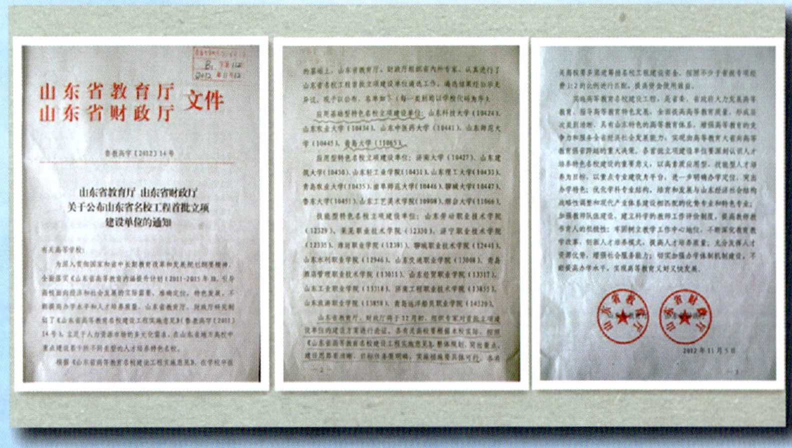

山东省教育厅
山东省财政厅 文件

鲁教高字〔2012〕14号

山东省教育厅 山东省财政厅
关于公布山东省名校工程首批立项
建设单位的通知

2012年11月5日

青岛大学正式获批成为山东省应用基础型人才培养特色名校工程首批立项建设单位

学校实施特聘教授人才工程，拥有教授、副教授等高级职称人员1 000余人，特聘教授120余人。有院士2人，外聘院士3人，国家“千人计划”专家2人，国家百千万人才工程国家级人选2人，国家有突出贡献的中青年专家4人，享受国务院政府特殊津贴专家58人，国家杰出青年基金或国

山东省教育厅与青岛市人民政府共建青岛大学协议签字仪式隆重举行

家优秀青年基金获得者 2 人，山东省杰出基金获得者 5 人，教育部新世纪优秀人才支持计划人选 7 人，山东省有突出贡献中青年专家 22 人，“泰山学者”特聘教授 17 人，教育部“长江学者和创新团队发展计划”创新团队 1 个，省级优秀创新团队 2 个。

近十年来，学校共承担国家级科研项目 496 项，其中包括国家 973 计划子课题与前期专项 11 项；国家 863 计划项目 16 项；国家自然科学基金项目 390 项，其中重点项目 1 项，优秀青年基金 1 项；国家社会科学基金项目 49 项，其中重点项目 1 项。获得省部级一等奖及以上奖励 17 项，其中作为合作单位获得国家科技进步一等奖 1 项，国家科技进步二等奖 1 项；作为首位完成人获得省部级科学技术最高奖 1 项，省部级一等奖 14 项，二等奖 88 项。

学校的学术基础水平显著提高。根据 ESI 数据统计，近十年内署名青岛大学发表的进入全球前 1% 的高频次被引用论文有 25 篇，在山东高校中名列前茅。青岛大学的临床医学和工程学在全球研究机构中排名均进入了前 1%。除了医学与工程学以外，化学、物理学、神经科学与行为科学、材料科学、生物学与生物化学等学科的学术影响力紧随其后，均具有进入全球 1% 的潜力。

学校不断强化社会服务职能，积极参与国家和区域经济社会重大课题研究，服务区域主导产业、战略性新兴产业和优势特色产业建设。近年来，学校先后与海尔、海信、德国西门子公司等大型企业集团签订了合作协议，与淄博、东营等市签署了产学研战略合作协议。

目前，学校正大力推进育人立校、学术兴校、人才强校办学战略，全面建设教学研究型大学，朝着国内知名高水平综合大学的目标阔步前行。

中国水产科学研究院黄海水产研究所

科研成果概况

科研成果 2012年，该所获得各级科技奖励15项，其中黄海所"水产育种与健康养殖团队"获山东省优秀创新团队；山东省科技进步一等奖、二等奖各1项，青岛市科技进步一等奖、二等奖各1项，中国水产科学研究院科技进步一等奖2项，三等奖1项；山东省海洋与渔业科技一等奖1项、三等奖1项（参与），海洋工程科学技术二等奖1项，海洋科学技术二等奖2项，其中参与1项；全国渔业生态环境监测优秀成果一等奖、三等奖各1项。我所赵法箴院士获2012年度青岛市最高奖，与该所合作的外籍专家获"琴岛奖"。有3项成果通过山东省科技厅组织的成果鉴定，25项课题通过阶段性验收。发表各类核心期刊论文409篇，其中被SCI收录101篇、EI收录3篇，出版专著6部。申请专利93件，其中发明专利75件；获得专利授权61件，其中发明专利43件；登记软件著作权7件。水产新品种海带"黄官1号"通过国家审定并获新品种证书。

唐启升院士、王清印所长在基地观察育种情况

黄海所"水产育种与健康养殖团队"获山东省优秀创新团队

主要完成人：王清印、李健、孔杰、陈松林、刘萍、田永胜、张庆文、孟宪红、何玉英、李吉涛、张天时

主要完成单位：中国水产科学研究院黄海水产研究所

水产育种与健康养殖创新团队 2012年，该所"水产育种与健康养殖"创新团队被评为山东省优秀创新团队，并记集体一等功。该团队以王清印研究员为学术带头人，在海水养殖动物种质资源、遗传育种和健康养殖等方面开展研究，在国内率先开展海水养殖虾蟹、鲆鲽鱼育种研究，培育出4个水产养殖新品种并获国家新品种证书，其中我国首个人工选育海水养殖动物新品种中国对虾"黄海1号"为其中一个。近5年来，该团队获国家科技奖励二等奖2项、省部级科技奖励8项，发表文章170余篇，获得授权专利15件。

王清印所长等在观察虾苗生长情况

大菱鲆"丹法鲆"新品种培育与养殖技术

主要完成人：孔杰、刘寿堂、张天时、张庆文、栾生、曹宝祥、王伟继、薛致勇、孙德强等

主要完成单位：中国水产科学研究院黄海水产研究所、海阳市黄海水产有限公司

该成果荣获山东省科技进步一等奖

"大菱鲆'丹法鲆'新品种培育与养殖技术"对大菱鲆种质保存技术及新品种培育技术等进行了研究，培育并获得丹麦雌、法国雄杂交新品种"丹法鲆"（品种登记号：GS-02-001-2010）；依据大菱鲆"丹法鲆"的特点，制定了大菱鲆"丹法鲆"苗种生产培育规范和养殖技术规范，研究并建立了亲鱼配套系培育、家系苗种培育和制种等标准化养殖技术工艺；利用规模化微卫星标记开发及筛选技术，对大菱鲆新品种培育的分子标记辅助育种技术进行了研究。该技术先后通过了9次专家组现场验收，发表论文10多篇，其中SCI 2篇，申报并获得国家发明专利授权3项。自2006年以来，共繁育大菱鲆"丹法鲆"新品种近千万尾，推广至山东、辽宁、河北等鲆鲽类养殖地域，直接生产效益6.3亿元。

金乌贼（Sepia esculenta）苗种规模化繁育与增养殖技术

主要完成人：陈四清、庄志猛、王雪梅、刘长琳、燕敬平、孙建明、柳淑芳、薛祝家、姜磊

主要完成单位：中国水产科学研究院黄海水产研究所、山东省日照市水产研究所

该成果荣获山东省科技进步二等奖

金乌贼曾是我国传统四大渔业之一，是重要的增养殖对象，该项目历经多年攻关，率先突破了金乌贼全人工规模化繁育和增养殖关键技术及其产业化应用，开展了工厂化车间、池塘单养和混养等多种养殖模式的推广应用，已在山东、天津、江苏、福建、浙江等5个省市进行了养殖推广。发表论文9篇，授权实用新型专利1项，制定养殖技术操作规范2项、出版养殖技术光碟1部，创建省级良种场1家。

金乌贼亲体

金乌贼养成

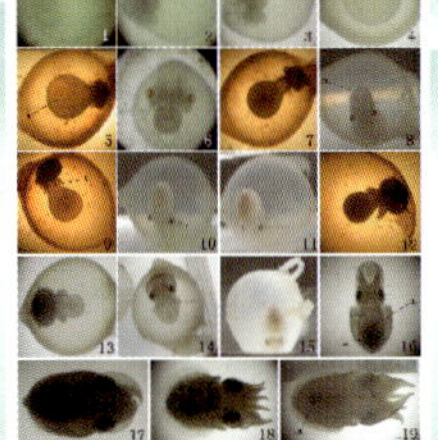

金乌贼胚胎发育

牙鲆良种培育技术的建立及"鲆优1号"新品种创制和应用

完成单位：中国水产科学研究院黄海水产研究所、海阳市黄海水产有限公司

完成人：陈松林、田永胜、邓寒、沙珍霞、刘寿堂、廖小林、王娜、邵长伟、徐田军、王磊、张玉喜、刘云国、季相山

该成果荣获青岛市科技进步一等奖

"牙鲆良种培育技术的建立及'鲆优1号'新品种创制和应用"，对牙鲆分子标记开发、高产抗病良种培育技术等进行了系统研究，批量发掘牙鲆微卫星标记资源，构建了牙鲆高密度遗传连锁图谱；发掘出牙鲆重要性状连锁分子标记，建立了标记辅助选育技术；建立了高产抗病良种选育技术，创制出生长快、养殖成活率高的牙鲆良种；建立了牙鲆多倍体诱导技术，创制出高产牙鲆新种质。发表论文29篇，其中SCI论文9篇；获国家授权发明专利6项。该研究成果培育出的"鲆优1号"牙鲆新品种已在山东、辽宁、福建、河北等省市进行推广，经济和社会效益显著。该成果推动了我国牙鲆良种化进程和产业技术进步，为海水鲆鲽鱼类遗传育种、性别控制、种质鉴定、苗种繁育等提供了重要的分子标记资源和技术支撑，具有重大应用价值和推广前景。

鲆优1号

专家在进行现场验收

课题中期检查

虾夷扇贝良种选育及推广应用

左边为普通虾夷扇贝（上壳褐色），右边为选育的"玉贝"（上壳白色）

完成单位：中国水产科学研究院黄海水产研究所、青岛圣格尔经贸有限公司胶南分公司、中国水产科学研究院长岛增殖实验站

完成人：杨爱国、黄健、吴彪、林建国、马学恕、周丽青、蔡忠强、宫学红

该成果荣获青岛市科技进步二等奖

"虾夷扇贝良种选育及推广应用"，以双壳均为纯白色、生长速度快、耐热能力强为目标，通过群体选育和家系选育相结合的方式，经过对虾夷扇贝连续的累代选育而培育出了具有较高经济价值的贝类新品系"玉贝"。项目建立了成熟的选育技术体系，实现了虾夷扇贝壳色与生长、耐热性状的共同选择，并形成完整的人工苗种繁育和养殖生产技术工艺；建立了系统的"玉贝"遗传结构的分析技术，获得2个特异性遗传标记；建立了成熟的"玉贝"家系培育及分析技术。获得国家发明专利1项，发表学术论文6篇，培养硕士研究生3名。"玉贝"遗传性状稳定，双壳纯白，出柱率高，生长速度提高15%、夏季成活率提高20%以上，显著提升了我国虾夷扇贝的种质质量。"玉贝"在山东、辽宁等地得到大面积推广养殖，取得了良好的经济和社会效益，应用前景广阔。

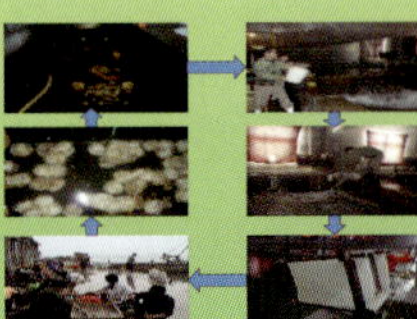

白壳色虾夷扇贝选育流程

专家在长岛进行现场验收情况

"虾夷扇贝'玉贝'的选育及推广"成果鉴定会现场

渤海石油开发对国家级水产种质资源保护区的影响评价

主要完成人：陈碧鹃、崔正国、崔毅、马绍赛、赵俊、陈聚法、曲克明、夏斌、张艳等

完成单位：中国水产科学研究院黄海水产研究所

该成果荣获全国渔业生态环境监测优秀成果一等奖

水样采集

渤海是我国海洋油气开发的重要基地，蕴藏着丰富的油气资源。油田主要分布在渤海湾、辽东湾和渤海中部。莱州湾、渤海湾和辽东湾是十分重要的鱼类产卵、索饵、肥育场，是我国海洋生物资源发生量的重要发源地在我国渔业水域中占有非常重要的地位。

水产种质资源是水生生物资源的重要组成部分和渔业发展的物质基础，辽东湾渤海湾莱州湾国家级水产种质资源保护区位于渤海三湾内，总面积为23 219km²，其中核心区面积为9 625km²，实验区总面积为13 594km²。水产种质资源保护区的建立是保护重要水产种质资源重要措施之一。

本项目开展了渤海湾盆地海南－月东区块油田开发、冀东南堡油田NP1－5井组和NP1－29井组开发工程、锦州25-1油田南区开发、歧口18-1油田中高点综合调整项目、渤西南联网供气项目等工程开发，对国家级水产种质资源保护区渔业资源与渔业生产影响专项调查工作，根据工程开发内容分别对人工岛、平台建设、铺设海底管线、污染物排放等施工期与运营期对鱼卵、仔稚鱼、鱼类、甲壳类、头足类、底栖生物等重要渔业资源进行定量货币化评估，并提出渔业资源补偿措施与建议，评估结果作为工程开发对渔业资源损害补偿的重要依据。为主管部门依法、科学管理保护区提供技术支撑，为促进渔业可持续发展和维护渔业的合法权益发挥了重要作用。

离岸抗风浪网箱高效养殖技术集成与示范

主要完成人：关长涛、刘圣聪、黄滨、崔勇、李娇、孟雪松、常青、姜泽明、陆光炯、张正、毛玉泽、李娟

主要完成单位：中国水产科学研究院黄海水产研究所、海阳市黄海水产有限公司

该项目荣获2012年度海洋工程科学技术二等奖

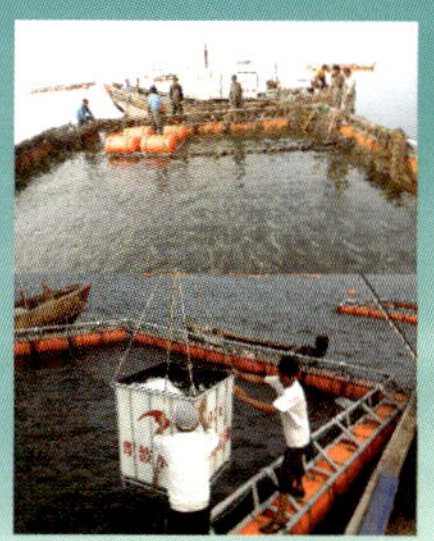

“离岸抗风浪网箱高效养殖技术集成与示范”成果是在国家科技支撑计划、现代农业产业技术体系和山东省科技发展计划等项目的资助下完成的。“十一五”以来，针对我国浅海养殖对近岸水域环境影响日益加剧，同时广袤的外海水域由于缺乏离岸养殖技术而难以得到有效利用的突出问题，项目组以构建离岸网箱高效养殖产业化模式、加速推动离岸型海水养殖产业发展为目标，系统开展了离岸抗风浪网箱设施与工程优化、新型网箱与配套装备研制、高效养殖模式与健康养殖技术开发等研究。项目实施期间，共完成鉴定成果3项、课题验收1次、现场验收7次；授权发明专利9项、实用新型专利3项；出版专著1部，发表论文31篇；制定并颁布实施地方标准4项。成果累计实现直接产值9.42亿元，并带动了海水鱼类的苗种生产、饲料加工和活鱼运输等相关产业的发展，取得了显著的经济、社会和生态效益。

黄海浒苔绿潮爆发的生物生态学基础及其资源化利用技术研究

主要研究人员：叶乃好、张晓雯、徐东、严志洪、李德军、丁刚、范晓、高政权等

主要完成单位：中国水产科学研究院黄海水产研究所

荣获2012年度海洋科学技术二等奖

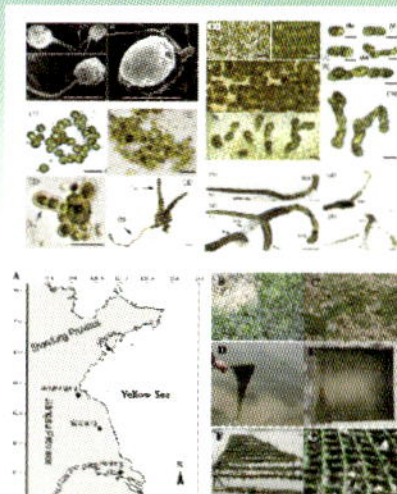

该项目的研究，主要建立了我国沿海绿潮种质库和DNA条形码识别系统；明确绿潮主因种为浒苔属浒苔，指出其繁育方式的多样性；初步揭示浒苔爆发的分子机制；明确浒苔越冬形式的多样性，提出黄海绿潮浒苔种子库的概念。为正确认知浒苔从而澄清社会舆论，浒苔的快速有效防治以及浒苔绿潮爆发分子机制的深入研究奠定基础。该成果发表文章28篇，SCI16篇，申请国家发明专利6项，授权2项）；出版专著2部、待版1部；确定了浒苔饲料的生产加工工艺流程和设备加工条件并且检测了浒苔饲料的营养成份，开发新产品8项（生产销售4项，出口1项），技术成果先后为6家企业采用并产生良好经济效益。

海洋生物酯酶及生物拆分手性化合物的研究与开发

主要完成人员：孙谧、王跃军、姜正军、郝建华、刘均忠、王少娟、郑媛、王芳、康梅、纪晓峰、王伟、盛军、徐甲坤、郑兰红、郑鸿飞

主要完成单位：中国水产科学研究院黄海水产研究所、山东华辰生物化学有限公司

酯酶转化泛酸钙设备

荣获山东省海洋与渔业科学技术奖一等奖

本成果获得具有我国自主知识产权的高效稳定的新型海洋微生物酯酶，该酯酶性质稳定，能耐受酸、碱和有机溶剂；构建了生产菌种，攻克了发酵工艺和反应器智能控制技术，实现了30吨发酵罐规模的产业化生产；突破了固定化酯酶拆分DL-泛酸内酯生产右旋－泛酸钙工艺技术，成功的实施了固定化酯酶拆分DL-泛酸内酯生产右旋－泛酸钙的产业化生产。该技术与化学工艺相比，原材料消耗减少70%，废液、废渣排放分别减少65%和40%，能耗减少10%，生产成本降低25%。该项成果的产业化实施对我国海洋战略性新型产业的发展具有重要意义，打破国外垄断，加速了医药、食品和养殖等相关应用行业的健康发展，且对保护生态环境和保障食品安全起到积极的推动作用。本项目共发表论文7篇、获得国家授权发明专利2项。

突发性海洋溢油污染事故对渔业损害评估的关键技术集成与示范

主要完成人：刘晴、曲克明、赵俊、陈碧鹃、李应仁、陈聚法、谭业国、马绍赛、崔正国、徐勇、张旭志等

主要完成单位：中国水产科学研究院黄海水产研究所、中国水产科学研究院、农业部黄渤海区渔政局

该项目荣获中国水产科学研究院科技进步一等奖

本项目针对突发性海洋重特大溢油污染事故对渔业生态环境、渔业资源和渔业生产造成严重损害等问题，系统研究了海洋重特大溢油污染事故对渔业资源和渔业生产损害的评估方法，构建了海洋溢油事故对生物资源与生态环境影响的评估模式，突破了海洋溢油天然渔业资源和渔业生产损失及中长期效应的定量评估技术瓶颈，形成了《渔业污染事故经济损失计算方法》国家标准，为科学处置海洋溢油污染事故，公平、公正地评估渔业经济损失提供技术支撑。制定了国家标准《渔业污染事故经济损失计算方法》（GB/T21678-2008），并开展了突发性海洋溢油事故对渔业损害评估的关键技术集成与示范应用，对10年来相继发生在黄渤海的12起重特大溢油污染事故进行评估，为国家挽回经济损失逾20亿元，社会经济和生态效益显著。

溢油污染区域水质监测

清理溢油污染及溢油污染生物损害抽样调查

溢油污染区内采集水样

烟台大学

烟台大学化学化工学院

烟台大学“C4轻烃分离”成套专利技术

烟台大学化学化工学院现有教职工 101 人，其中教授 20 人，副教授 32 人。学院具有较强的科研能力、良好的实验条件和浓郁的学术氛围。现有“化学工程与过程”山东省重点实验室、“化工制造工程”山东省高校强化建设重点实验室、山东省“石化轻烃综合利用工程技术研究中心”“国家制革技术推广中心”和“山东省黄金工程技术研究中心”。

经过多年发展，学院已经在轻烃综合利用、黄金工业应用绿色催化、化工新材料等方面形成稳定的研究方向，取得了多项研究成果，其中“C4 轻烃分离成套专利技术”在成果产业化方面成绩显著。

“C4 分离成套专利技术”是利用石化行业副产 C4 轻烃为原料，进行萃取精馏分离高纯异丁烷和正丁烯，进而生成汽油添加剂、橡胶、有机玻璃、化工助剂等关系国计民生的化学品的一项新型高效分离技术。该技术由于工艺流程简单，投资少、能耗低、绿色环保，现已以工艺软件包形式成功转让了三十多家大型石化公司，年生产能力约 600 万 t，取得了经济效益和社会效益显著。同时还成功开发了配套溶剂 N- 甲酰吗啉的生产技术、丁烯水合尾气净化技术、丁烯提浓专用消泡剂制备技术、异丁烷脱氢催化剂等多项技术。

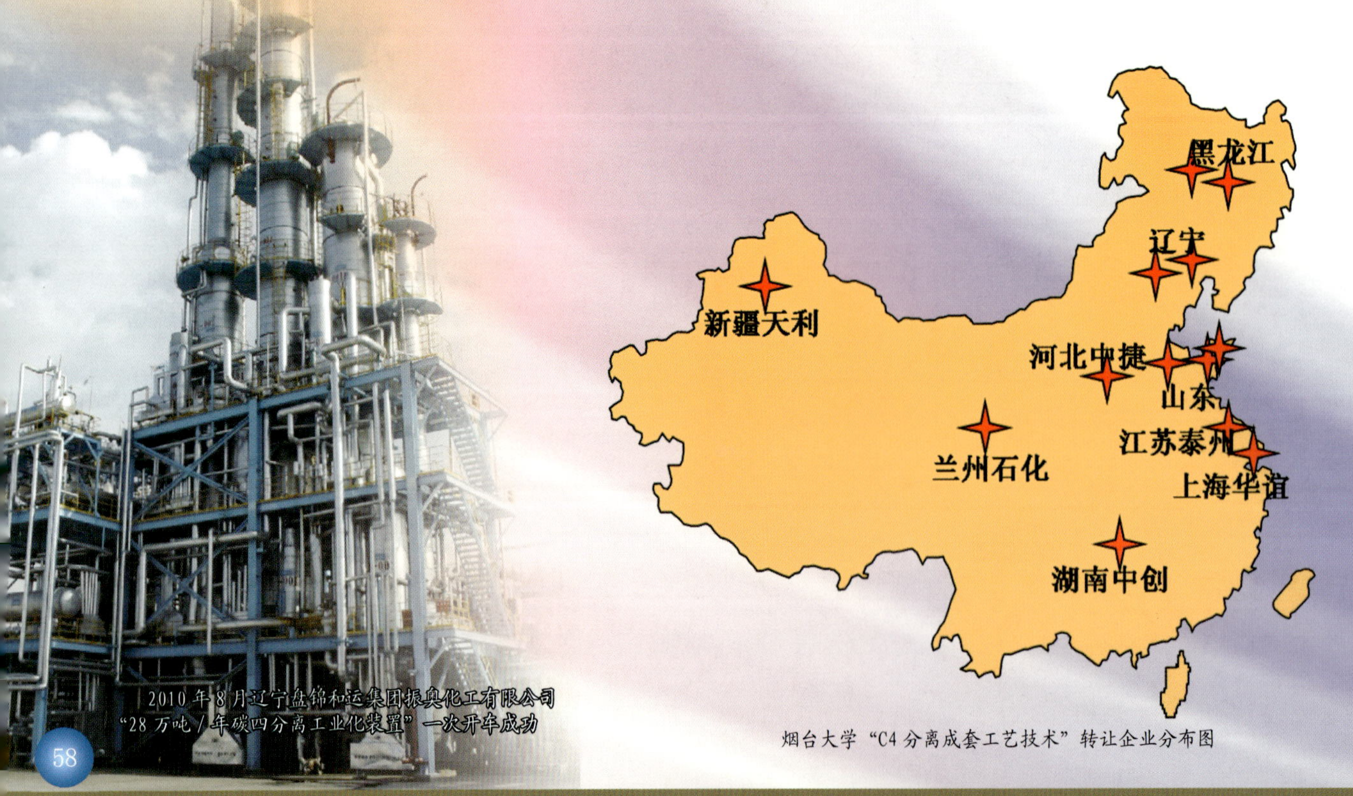

2010 年 8 月辽宁盘锦和运集团振奥化工有限公司“28 万吨／年碳四分离工业化装置”一次开车成功

烟台大学“C4 分离成套工艺技术”转让企业分布图

烟台大学药学院

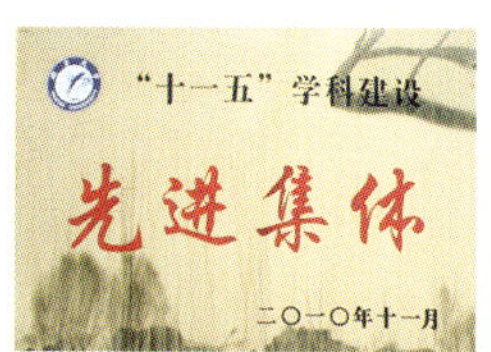

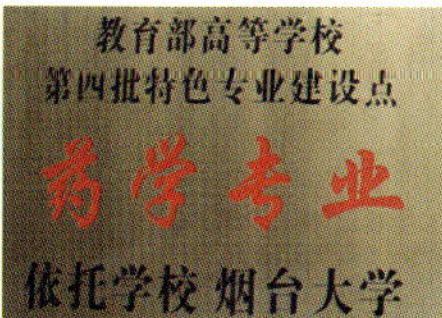

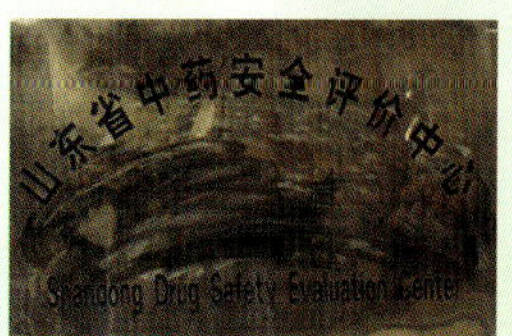

药学院现有药学、制药工程两个本科专业，药学一级学科硕士点，2012 年获批“重大新药新型释药系统”国家特殊需求博士人才培养项目。主要实验设备和仪器总价值超过 6 000 万元。学院共有教学科研人员 37 人，其中教授 9 人，副教授 15 人；具有博士学位的 28 人，有欧美留学经历的 9 人；泰山学者特聘教授 4 人，全国优秀教师 1 人，山东省有突出贡献的中青年专家 2 人。

近五年，药学院承担或参与纵向课题 70 余项，其中国家自然科学基金 14 项，国家重点实验室 973 专项 2 项，国家 863 项目 1 项，国家“十一五”重大专项 7 项，国家“十二五”重大专项 2 项，科技部国际科技合作项目 2 项。五年科研经费总计约 3 500 万元。共获得科研奖励 23 项，省部级以上奖励 12 项，包括国家科技进步二等奖 1 项，教育部高等学校科研优秀成果奖自然科学二等奖 1 项，山东省科技进步一等奖 1 项，山东省技术发明二等奖 2 项，山东省科技进步二等奖 2 项；发表论文被 SCI 收录 150 余篇；获发明专利授权 60 余项 。

药学院与山东绿叶制药有限公司实现全方位合作。2006 年获批“药物筛选与评价”山东省重点实验室；2010 年，绿叶制药集团以烟台大学教师为技术骨干建设的研发中心，获科技部批准建设“长效缓控释和靶向制剂及技术”国家重点实验室；2011 年获批“药剂学”山东省重点学科、“分子药理和药物筛选与评价”山东省重点实验室。

青岛大学附属医院

青岛大学附属医院两岸三地地理位置图

青岛大学附属医院本部

青岛大学附属医院始建于1898年，是一所省属综合性教学医院，山东省东部区域医疗中心。医院设有三个院区，开放床位2 640张，其中市南区江苏路16号本部开放床位1 354张，位于崂山区海尔路59号的东区开放床位536张，位于开发区五台山路1677号的黄岛院区开放床位750张。医院设有临床科室86个，医技科室30个，研究室（所）19个，拥有全国重点学科、省市重点学科和特色专业41个、山东省泰山学者岗位2个，是临床医学、护理学一级学科博士学位培养单位，设有临床医学、护理学一级学科博士后科研流动站。

医院现有职工4 690人，其中高级专业技术人员750余名，博士生导师78名，博士300余名，硕士1 000余名，留学归国人员百余名。有各级各类学术专业委员会主委、副主委，享受国务院政府特殊津贴专家，有突出贡献中青年专家，山东省卫生系统杰出学科带头人和泰山学者岗位特聘专家，中青年重点科技人才等近200名。

医院设有门诊楼、病房楼和现代化的继续教育与临床技能培训中心及数字化图书馆，以及PET-CT、3.0T磁共振、宝石能谱CT、256层极速iCT、640层动态容积CT等国际一流设备，总值达11亿多元。医院在急危重症抢救、疑难危重病会诊、腔镜微创技术、介入诊断和治疗、器官移植、干细胞诊断与治疗、医药生物技术诊断与治疗等领域具有鲜明技术特色。

医院深入开展了“三百爱心工程”等惠民医疗服务和卫生强基、援边援外工作，探索建立了集团化发展模式，成功构建了惠及农村、城市社区群众的医疗集团纵向服务网络。

医院东区从2007年1月开业，以心血管病诊疗、微创外科治疗、肿瘤诊疗、妇儿生殖医学、急救医学等为重点和特色，下设19个临床科室和6个医技科室。一大批蜚声省内外的资深专家为前来东区就医的患者提供高水平的诊疗服务。

黄岛院区是一所按照三甲水平建设的现代化综合性院区，于2011年7月正式开业，系统、科学、规范、便捷的就医流程形成了黄岛院区的一大特色。在此基础上，包括78名博士生导师在内的所有知名专家、教授轮流到分院坐诊、查房、手术，保证了黄岛院区医疗和管理水平与本部的完全接轨。

2004年11月，烟台海阳市人民医院并入医院成为青医附院海阳分院，目前开放床位620张。并入后的海阳分院在文化、品牌、管理、技术等方面与本部全面对接，围绕“院有重点、科有特色、人有专长”的发展方向，形成了腔镜微创、心脑血管介入诊疗、肿瘤放疗、血液透析、急危重症监护抢救等技术特色，成功开展了消化内科ERCP技术、显微神经外科技术、骨科双侧髋关节置换及关节镜技术、多肿瘤标志物蛋白芯片检测技术等新技术、新项目，使老区人民在家门口就能够以县级医院的费用享受到省级医院的优质服务。

青岛大学附属医院东区　　青岛大学医学院附属医院黄岛院区

国网山东省电力公司青岛供电公司

220kV 午山智能变电站示范应用

山东青岛 220kV 午山变电站是山东省第一座投运的智能变电站，也是国内首座 220kV 智能变电站。国网山东省电力公司青岛供电公司结合变电站的建设，进行了智能变电站环保节能技术的研究及工程实践。

午山智能变电站以一体化信息平台为信息传输基础，由先进、可靠、节能、集成的设备构成，实现了：

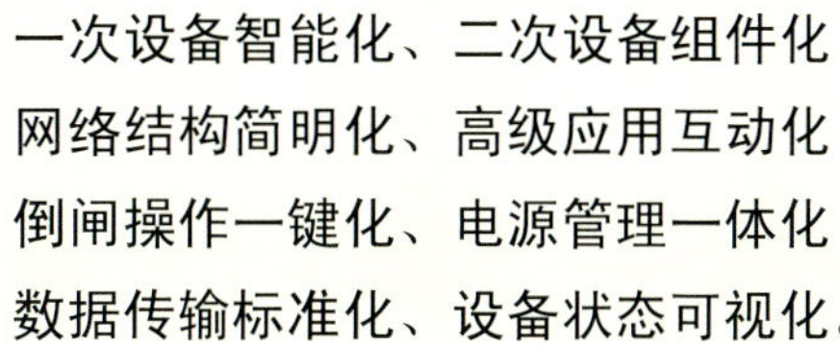

一次设备智能化、二次设备组件化

网络结构简明化、高级应用互动化

倒闸操作一键化、电源管理一体化

数据传输标准化、设备状态可视化。

实现了变电站巡检机器人的立体巡检，并获国家专利。在国内首次采用了节能型二次设备就地安装屏，利用智能控制柜技术，将保护及自动装置等多项二次设备就地下放、高度集成，使变电站的主控室二次设备屏数量减少半数以上；采用电子式互感器取代传统的电磁式互感器，通过光纤传递数字信号，取消了二次系统中 50% 以上的二次模拟电缆和和接线端子，节约了 25km 的电缆，节省了大量铜材料。变压器采用智能化控制的变频冷却系统，降低了风扇散热损耗，每年节约能耗 4 万度，噪音降低 20 分贝。采用一次设备在线监测、远程操作等技术，实现了远方维护，节省了车辆和汽油的使用。采用“一体化电源系统”使变电站内蓄电池的使用容量由 2 组 500AH 降低到 2 组 300AH，减少了对环境的污染。国际最先进的光学电子式互感器、断路器在线监测装置、智能组件、避雷器远程在线监测装置等新技术和新设备都在该站得到首次应用。该项目节能环保、大量节约土地和资源有着传统变电站不可比拟的优特点，对今后智能变电站在环保与节能建设方面起到了很好的引领、示范和借鉴作用。

山东送变电工程公司

山东送变电工程公司于1958年在济南成立，是专业从事送变电工程施工、调试、检修、应急抢修、铁塔制造、铁件加工的国有大型企业。具有电力工程施工总承包以及承装（修、试）电力设施壹级资质，各种规模输变电工程调试甲级资质，房屋建筑工程施工总承包贰级资质，市政公用工程施工总承包叁级资质，建筑智能化工程专业承包叁级资质；具有年施工110kV及以上输电线路3 500km、变电安装容量20 000MVA的施工能力。

企业施工遍布全国28个省、市、自治区，进入西电东送、三峡送出、全国联网和特高压电网建设市场，相继参加了中国第一个750kV输变电示范工程、第一个1 000kV特高压交流试验示范工程、世界第一个±800kV特高压直流输电线路工程、世界第一个±660kV直流输变电工程、世界海拔最高的青藏联网工程的建设施工，并先后远赴巴基斯坦、马来西亚、尼泊尔等国进行施工，累计架设110kV及以上输电线路21 277.88km，安装110kV及以上变电站总容量89 306.8MVA。

自2010年以来，企业主营业务年收入连续三年突破15亿元，公司加大机械设备投入，目前拥有大型牵张设备60余台，各类配套架线施工工器具齐全完整，可满足一牵4、一牵6、同步双一牵4等张力放线作业。变电站施工与调试设备齐全，拥有6 000—12 000L/h高真空滤油机、真空机组、SF6回收装置、大型GIS耐压谐振测试装置、变压器局放测试等检测试验设备50余套，各类油、气、水检验装置、继电保护微机综合测试仪器齐全，性能优越，可以同时进行多个变电站的安装与测试。

企业现有员工1 335人，具有大专及以上学历713人，中级及以上职称463人，拥有国家注册一级建造师、国家注册造价工程师等112人，高级技师21人。先后取得了130余项科技进步成果，其中25项获得省部级科技进步奖，11项获国家专利。

企业承建工程先后荣获国家优质工程金质奖4项，银质奖17项，200余项工程相继被评为中国电力优质工程、国家电网公司优质输变电工程、国家电网安全文明施工样板工程，先后获得各级别“质量管理流动红旗”“安全管理流动红旗”“项目管理流动红旗”共计25面，位居全国送变电行业前列。

概况 Brief Introduction

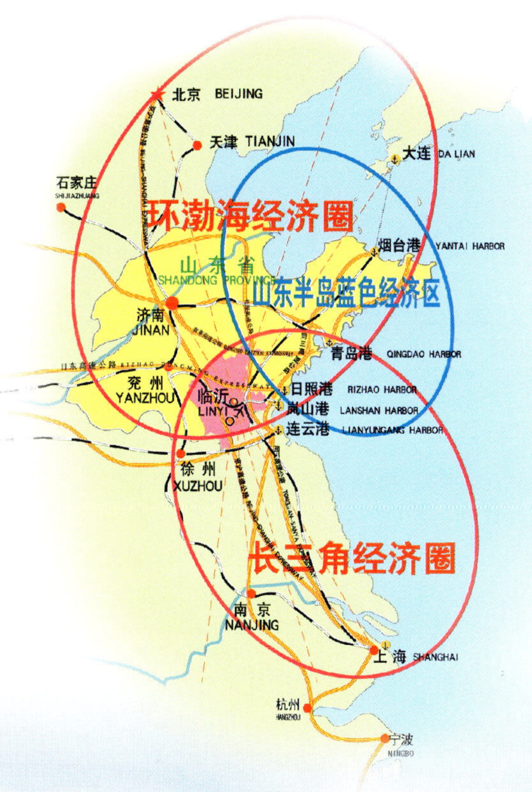

临沂高新区1992年经山东省人民政府批准成立，2011年6月经国务院批准升级为国家高新区，总规划面积192平方公里，下辖两个乡镇（街道），52个行政村（社区），人口16万。现有工商注册企业1056家，规模以上企业160家，其中外资企业26家，高新技术企业14家，上市公司2家。

作为市委、市政府的派出机构，高新区实行封闭式管理，全面享有市级经济管理权限，通过了ISO14001环境管理体系认证和ISO9000质量管理体系认证，建有国家级科技企业孵化器和留学人员创业园，被评为省级电子信息产业园区、省级生态示范园区、省级循环经济示范园区和省节能环保产业基地。

按照“创新引领、产业支撑、环境吸纳、科技新城”的工作思路，高新区加快推进“一城八区”建设，全力打造临沂未来生态科技城，经济总量、科技实力、产业规模、城乡面貌、幸福指数、综合排名得到大幅提升，成为全市高新技术产业的聚集区、转型升级的引导区、自主创新的示范区。

“输电线路智能监测与自评估诊断关键技术”成果介绍

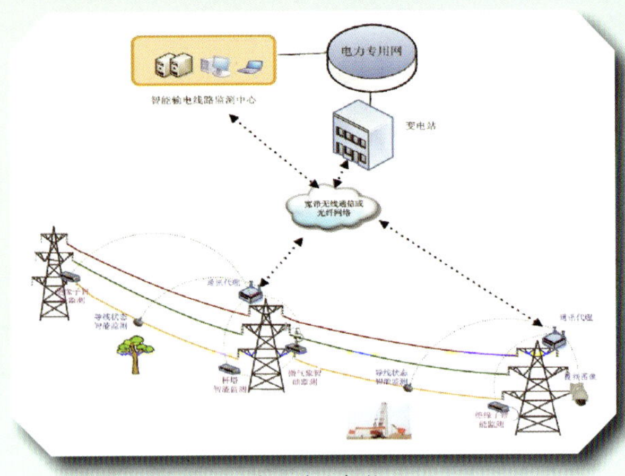

系统总体架构

该项目研究了适用于智能电网的输电线路智能化关键技术，主要着力于提高现有输电线路状态监测系统的可靠性以及智能化、自动化水平，满足智能电网对输电线路监测和评估的要求。项目设计开发新一代分布式的输电线路智能监测系统，该系统利用最新的传感器技术、通信技术基于分布式的架构体系建立更加灵活、开放、稳定、可靠的输电线路智能化监测平台对高压输电线路绝缘子串、导地线及杆塔的主要运行状况进行全方位的实时监测。

环境气象、绝缘子智能监测终端

输电线路智能监测系统由若干个装设在现场的气象环境、杆塔、绝缘子、导线状态监测终端和后台监控管理主站构成。智能监测终端具有数据采集和自评估诊断功能，负责实时采集杆塔、绝缘子、导线状态以及视频、环境气象等通道环境信息，实现设备状态的自评估。所有这些数据以及自评估诊断结果通过 GPRS/CDMA/3G 或光纤通信发送给监控主站。

项目完成了构建输电线路智能监测系统的关键技术研究，取得主要成果包括：

（1）完成了输电线路在线增容技术研究，实现输电线路热稳定容量动态评估。该技术通过测量导线张力和微气象，用气候模型和导线温度模型相结合的方法提高动态热容量计算的准确性，可以在不突破现行技术规程规定的前提下，提高输电线路的载流能力 10% ～ 20%。

绝缘子智能监测传感器

（2）提出和采用了全新的分布式故障定位方法，利用安装在高压输电线路上的若干组导线状态监测装置提取故障时暂态电流行波，采集导线温度、倾角和电流等数据获取线路实时状态信息，通过分析各测点电流行波、检测点安装位置、线路长度等信息，计算出故障点的位置，定位的准确性可在100m以内。

（3）研发了基于相角控制的导线电流感应取电功率控制技术，用于导线状态智能监测终端的供电，使取电电源可以在20-2 000A的电流范围内稳定输出2W的功率，提高监测装置运行的可靠性和稳定性。

（4）提出了适于输电线路状态监测装置信息预处理应用的弧垂、覆冰、绝缘状态、风偏、热容量、舞动等状态特征参量的评估诊断计算模型和预警的方法，研制了分布式架构的绝缘子智能监测终端、微气象监测终端、现场视频监测终端、导线状态智能监测终端等，通过智能监测终端的数据采集和交互、计算和分析可实现的自评估诊断功能。

项目研究成果发表了学术论文18篇，申请了发明专利9项，实用新型专利5项，其中3项发明专利和3项实用新型专利已授权。项目研制的输电线路分布式智能监测系统已在聊城供电公司多条220kV线路现场应用，系统运行情况良好。

导线张力传感器

导线智能监测终端的安装

导线状态智能监测终端

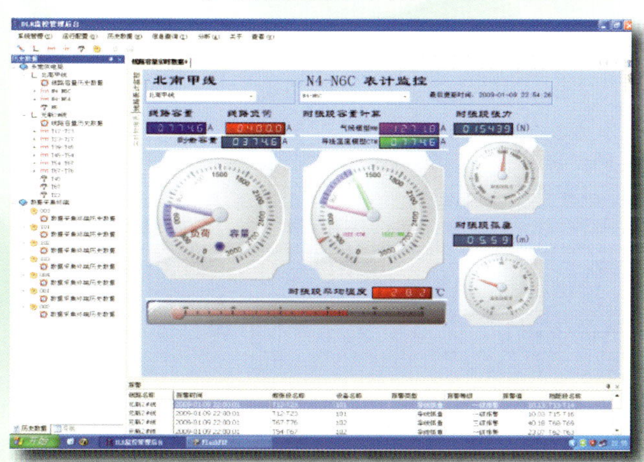

监控管理软件

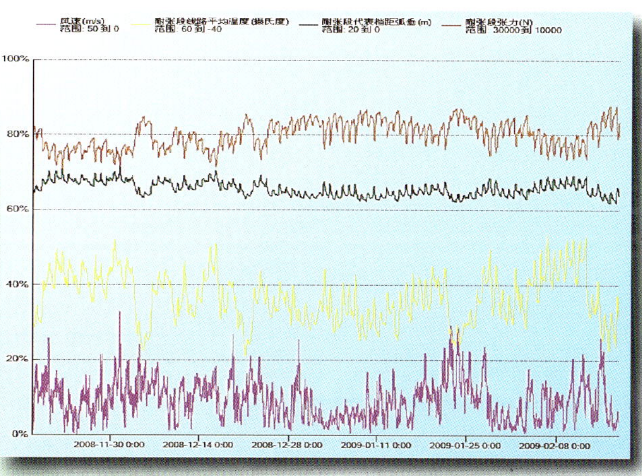

监测历史曲线

山东电力建设第一工程公司

SEPCO1 ELECTRIC POWER CONSTRUCTION CORPORATION

山东电力建设第一工程公司成立于1956年，是世界500强中国电建集团公司骨干成员企业。

公司成立五十多年来，施工足迹遍布全国20多个省、市、自治区和南亚、南美等国际市场，先后建成各类发电厂200余座，装机总容量45000MW，居全国电建企业前列。多年以来，公司大力实施“精品化、多元化、国际化”三大战略，建设了一批火电、核电、生物质发电、风电和非电工程，总承包了印度、巴西最大的火电项目，在机械设备研制、房地产开发、国际商贸物流等领域创出佳绩。

公司拥有电力工程施工总承包壹级、火电设备安装工程专业承包壹级、高耸构筑物工程专业承包壹级、锅炉安装1级、火电机组调试、压力容器制造、电站起重设备设计（制造、安装、维修）等20余项资质，持有ASME 组织A、PP、U证及NBR资格证，是中国建筑企业信誉AAA级单位和全国守合同重信用企业。

公司拥有一支技术精湛、经验丰富、技术领先的专业人才队伍，现有各类管理、操作员工5600多人，中、高级技术职称850多人，拥有国家注册一级建造师96人，培育了1200多名具有国际项目管理经验的优秀团队。

公司机械装备精良，拥有QUY1 000吨履带式起重机、美国曼尼托瓦克M2250+MAXER/450t履带式起重机、FZQ系列附着自升塔式起重机、MDZ470吨发电机定子提升装置等一批精良的电站装备，机械设备总台数达4335台件，设备总功率为55160千瓦，总起吊能力达16320吨。拥有国家级电站装备研发中心，能够设计、生产所需的电站装备，机械装备可满足国内外多座大型电站项目同时施工。

公司业务

●国际工程业务：公司坚持国际业务优先发展战略，致力于国际电力市场开拓，在国际工程EPC总承包、国际项目管理等方面成绩斐然，以雄厚的实力和良好的业绩饮誉国际电建市场。公司与美国GE、法国阿尔斯通、日本东芝、德国西门子等国际知名企业结成战略联盟，能够按照客户要求，提供一流的高品质服务。

●国内火电业务：公司坚持“科学管理、诚信履约、质量为本、优质服务”的质量方针，大力实施“精品化”战略，打造质量精品，建设客户满意工程，为客户提供优质服务。公司综合实力雄厚，可保证多个大型火电项目同时施工。

●核电业务：公司拥有丰富的核电项目施工经验，掌握目前世界最先进的AP1000第三代民用核电项目施工技术，核电业务范围正不断扩展。

●燃机业务：公司具有丰富的燃机施工经验、专业化的施工团队，掌握燃机施工的核心技术，优质、高效地完成了多台套燃汽轮发电机组施工。

●新能源业务：公司在风力发电、生物质发电等新能源业务中能够为客户提供设计、施工、检修、维护等一揽子服务，并取得了丰硕成果。在垃圾发电、光伏发电、干熄焦余热发电等节能环保项目取得了良好业绩。

●调试、运行业务：公司注重发挥自身特有的技术优势和资源优势，能为客户提供电站调试、运行、检修、维护和电站升级改造等优质服务。

●输变电业务：公司积极参与输电、变电业务，有施工经验和强大的施工能力，可以为客户提供满意的服务。

●非电业务：公司在机械设备研制、电站装备制造、金加工业务、科技工程、房地产开发、消防业务、工业及民用建筑等多个领域创出佳绩，培育形成了企业自主品牌。

公司承建的山东华电邹县发电厂

公司承建的广东大亚湾核电站常规岛工程

公司第一次走出国门承建的印芳MALCO电厂

业绩与荣誉

公司成立以来，安装了全国第一台50MW到1000MW各类型发电机组，创造了100MW、125MW、200MW、300MW、600MW、660MW、1000MW机组安装全国同期最好纪录。1997年，公司率先走出国门，先后在印度、巴西、巴基斯坦、蒙古、东帝汶等国家承揽电力工程，是中国电建企业走出去最早、运作国际EPC项目最早、承揽国际EPC项目最多的电力工程公司。公司承建工程4次荣获中国建筑质量最高奖——鲁班奖，49次荣获国家优质工程银奖和金奖、省优（部优）工程奖和优秀焊接工程奖，自电力工程实施达标投产以来，公司承建项目全部实现达标投产。

公司是全国第一批被授予“五一”劳动奖状和全国先进集体的单位，先后荣获国务院嘉奖令、全国优秀施工企业、全国最佳施工企业、全国用户满意施工企业、全国守合同重信用企业、全国安全生产先进集体、全国施工企业思想政治工作先进集体等荣誉称号200余项，被誉为全国“电建铁军”。

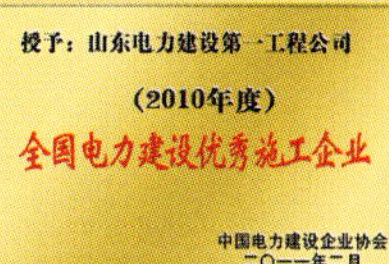

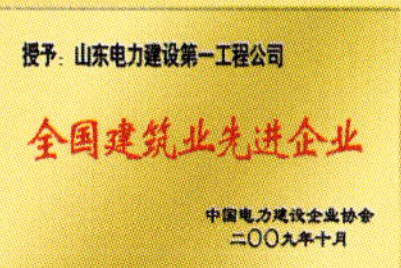

科技成就

公司始终坚持“科技是第一生产力”的理念，依靠科技创新提升公司施工管理水平。近几年来，公司获得省部级以上科技成果12项，工法11项，专利39项。公司坚持以高品质赢得市场，重点拓展国际市场。公司自主研发的“FINEHOPE”牌大型动臂塔机攻克了超大型起重机塔身结构的行业性技术难题，引起国际起重机界的高度关注。该机已通过欧盟的CE测试，各项测试指标优良，性能达到国际先进水平，填补了多项国内空白，居于市场首位。

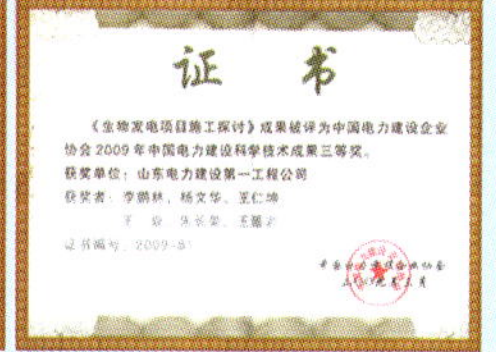

国网山东省电力公司电力科学研究院

国家工业和信息化部部长苗圩为国网山东电科院颁发中国优秀工业设计金奖

国网山东电科院，是国网山东省电力公司的业务技术支撑单位，主要承担技术监督、技术研发、技术服务、95598供电服务、计量检定等职能。设有5个职能部门、5个专业中心、2个国有企业、5个集体企业。现有员工812人，其中，正式在册职工434人，拥有国家和省部级各类人才38人。建有院士工作站1个，国家电网公司实验室2个，山东省工程技术研究中心4个，以及各类检验和检测实验室62个。具有国家火电和输变电工程调试两个特级、职业卫生甲级、安全性评价甲级、设备监理甲级、环境影响评价乙级、工程咨询丙级等资质。技术监督服务变电容量15132万千伏安，发电容量4155万千瓦。依托人才和技术优势，研究解决了大量生产技术难题，取得一批以电力机器人、电动汽车充换电、电网新材料、新能源技术、职业卫生等为代表的科技创新成果，先后荣获全国五一劳动奖状、全国文明单位、全国电力建设优秀调试企业、全国电力行业3A级信用企业、山东省高新技术企业、山东省守合同重信用企业、国网山东电力先进单位等荣誉称号。

召开科技成果鉴定会

院士工作站
1个

国家电网公司实验室
2个

各类检验和检测实验室
62个

山东省工程技术研究中心
4个

省电力公司重点实验室
11个

装备设施图

实现国家级专利奖突破

寻找变电站开关无故障跳闸导致停电原因的检测方法

获得山东电力首个海外专利（美国）

提高T91/P91钢在高温水蒸汽中抗氧化的预处理方法

"基于可靠性的状态检修研究与应用"在全省18家生产单位推广

电网设备故障率下降约**20%**

设备检修工作量下降约**30%**

主要输变电设备非计划停运率下降约**30%**

计划停运率下降约**20%**

不可用系数下降**20%以上**

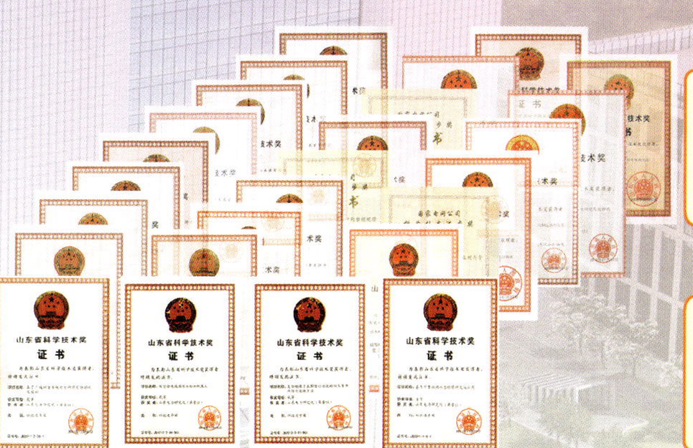

基于电磁波空间定位技术的变电站局部放电监测及故障预警系统

环境保护型铝铜稀土合金接地材料的研制

基于现有烟气污染治理设备脱汞技术研究

特高压接入背景下山东电网分层分区方法

交通银行
BANK OF COMMUNICATIONS

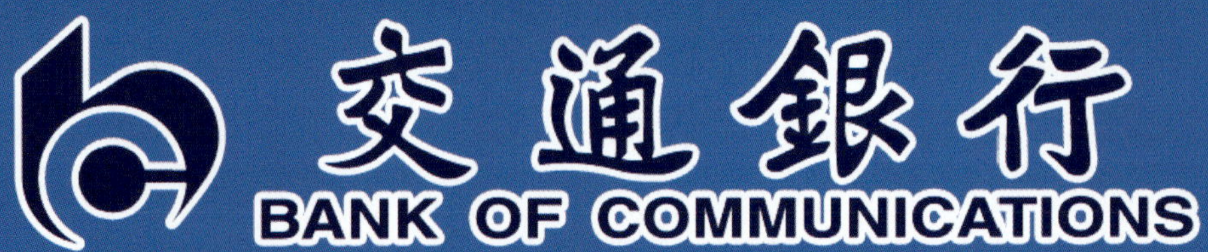

您 的 财 富 管 理 银 行

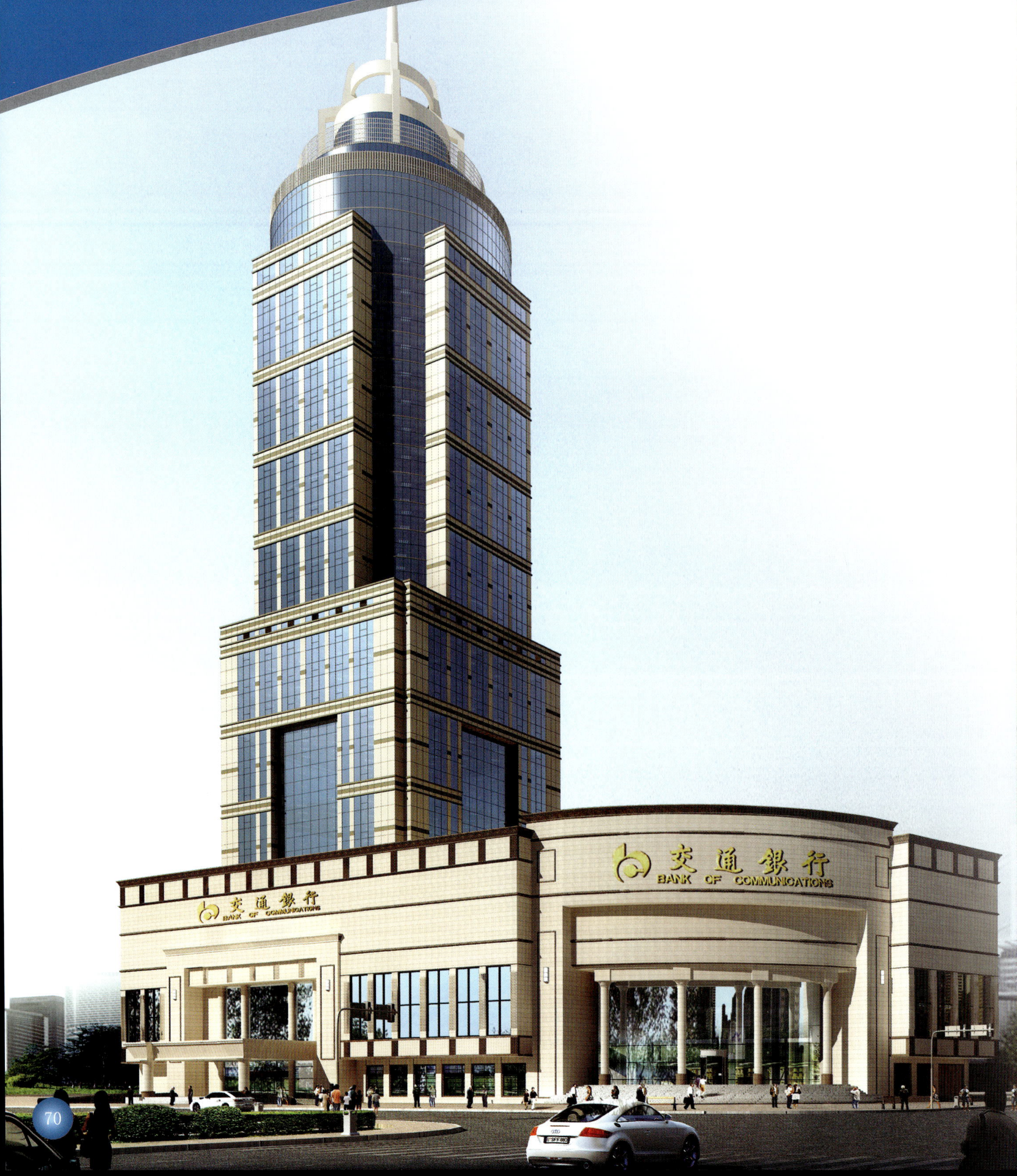

创新金融服务，支持实体经济举办蕴通财富走进城市巡回路演

支持中小企业发展与省工商联签署战略合作协议

交通银行始建于 1908 年，作为中国金融体制改革的先行者，目前已发展成为中国主要的金融服务供应商，也是国内金融行业经营牌照最齐全的银行集团之一，资产总额超过 5.2 万亿元，并连续四年跻身全球银行 50 强，是全球盈利最多的 20 家银行之一。

交通银行山东省分行 1989 年重新组建，1995 年 4 月改为总行直属分行，1997 年被省政府列为省级金融机构，2004 年 10 月份成为省级管理分行。2010 年，交通银行总行将山东省列为全国 6 个重点支持地区之一，在机构设置、信贷投放、资源配置等多个方面，给予山东省分行重点倾斜和支持。目前，下辖淄博、潍坊、烟台、威海、济宁、泰安、东营、日照、滨州、聊城、临沂、德州、菏泽、枣庄 14 家省辖行，营业网点 135 家。多年来，交通银行山东省分行在总行统一领导下，认真贯彻落实国家宏观调控政策和山东省政府经济金融工作意见，主动融入山东省经济发展战略，以支持、服务地方经济建设为己任，勇于开拓创新，各项业务稳步发展。截至到 2012 年，总资产超过 1 200 亿元。连续两年获得总行经营管理优胜单位奖。2011、2012 年被人民银行济南分行评为山东省金融机构年度综合评价 A 级单位；2011 年山东省人民政府授予我行：山东省金融发展贡献奖。

山东省分行将继续发挥交通银行跨地区、全牌照、广覆盖的综合化、国际化经营优势，主动融入山东，服务客户，为山东经济发展作出应有的贡献。

日照港集团有限公司

中国工程院第136场中国工程科技论坛在日照港召开

日照港是我国重点发展的沿海主要港口，新亚欧大陆桥东方桥头堡，是山东半岛蓝色经济区重要增长极——鲁南临港产业集聚区所依托的深水大港。1982年开工建设，1986年开港开放，现拥有石臼、岚山两大港区，48个生产泊位，设计通过能力超过1.5亿t。2012年完成货物吞吐量2.84亿t，吞吐量规模居中国沿海港口第9位、世界港口第12位。

日照港集团有限公司（简称日照港）于2003年5月由原日照港务局、岚山港务局企业部分联合设立，为日照市人民政府出资的国有独资企业。截至2012年底，日照港资产总额为359亿元，固定资产原值214亿元，是一个涵盖港口业务、物流贸易、建筑制造和综合服务“四大业务板块”的综合性、现代化企业集团。

2012年，日照港共取得省部级科技成果奖励6项、地市级成果奖励3项，其中荣获“中国港口科技进步奖”二等奖1项、三等奖3项，荣获“山东省科技进步奖”二等奖1项，荣获“海洋工程科学技术奖”二等奖1项。

围绕产、学、研的有机结合，日照港积极搭建“科技兴港”新平台，先后与中国科学院海洋研究所、交通运输部水运科学研究院、中交水运规划设计院等科研院所开展战略合作，全面提升港口科研创新的层次和水平。2012年5月，日照港承办了中国工程院第136场中国工程科技论坛“海洋结构物腐蚀与控制技术论坛”。与水规院合作进行石臼港区西区、岚山港区中区规划设计，研究的“现代散货物流港成套技术集成创新研究”课题达到国际领先水平。与水科院进行矿石控制系统等项目合作，进一步提升了大宗散货运输的信息化、现代化水平。

日照港注重聚贤引智谋发展，积极落实人才强港战略。拥有包括享受国务院特殊津贴、山东省有突出贡献的中青年专家、山东省十大杰出工程师、山东省优秀科技工作者在内的专业化人才队伍，人力资源总量8 700余人，其中专业技术人员2 589人，专业门类齐全，实践经验丰富，为港口发展提供了雄厚的智力支持和人才保障。

30万t级原油专业泊位

CIIIC 国家信息通信国际创新园
CHINA INTERNATIONAL ICT INNOVATION CLUSTER

2006年12月，国家科技部、信息产业部、商务部与山东省人民政府联合批准在济南设立国家信息通信国际创新园（简称CIIIC）。园区立足于我国信息通信（ICT）产业战略需求和产业基础，坚持“政府引导、市场运作，高端引领、自主创新，环境优化、国际整合，循环集约、集群发展”的发展思路，积极落实自主创新战略，大力发展ICT技术，提高ICT产业聚集，在产业发展、载体建设、服务体系搭建上积极创新，取得了丰硕成果。园区先后获得“国家火炬计划软件产业基地”、“国家软件产业基地”、“国家软件出口基地”、“国家服务外包示范区”、“国家新型工业化产业示范基地（软件和信息服务）”等资质和荣誉，已发展成为我国ICT产业的创新发展核心区、承接国际ICT产业技术创新的重要试验区，在推动我国经济转方式、调结构的战略部署中发挥了积极的作用。

为适应高密度科技人才聚焦的要求,正在建设之中的齐鲁外包城，肩负着加快推动高新区成为全市经济增长极、实现“改变济南、改变山东”宏伟目标的重任。项目总建筑面积约160万平米，主要建设科研办公楼、配套商业、公寓及市政、景观设施，将于2015年整体建设完成。

4000191000
地址：济南高新区新泺大街1768号
齐鲁软件大厦B座2层
传真：(86)531-88871002 网址：www.qilusoft.org 邮编：250101
企业服务外呼专线：96700700 企业服务专用邮箱：service@ciiic.cn

神戎® SHEENRUN 山东神戎电子股份有限公司

山东省省长姜大明来区视察工作

省科技厅党组书记、厅长刘为民一行来神戎公司调研指导工作

济南市委王敏书记一行来神戎公司调研指导工作

山东神戎电子股份有限公司成立于2004年，公司现有员工280余人，其中研发人员占比40%，研究生以上学历占比30%，是山东省神戎电子院士工作站以及山东省夜视监控工程技术研究中心的依托建设单位。公司坚持自主创新，是激光夜视产业的开创者，率先开发出世界首创的具有自主知识产权的激光夜视仪和连续变焦红外热成像仪，同步变焦激光夜视和连续变焦热成像技术水平处于国际领先地位，激光夜视仪市场占有率第一。公司的产品已经广泛应用于国防、国家安全、公安武警以及交通、油田等行业，实现全天候视频监控，为维护国家安全和社会稳定提供技术保障。除了国内市场，公司产品已出口至美国、法国等30多个国家和地区。

公司在进行科技创新的同时，积极实施知识产权战略和知识产权保护，已累计申请140余项专利，其中发明专利50余项，同时，登记软件著作权6项，制定企业标准6项。公司先后被评为第四批全国企事业单位知识产权试点单位、山东省第二批知识产权试点企业、中国专利山东明星（三星级）企业、济南市第四批知识产权试点企业、2009年度及2011年度济南市知识产权先进单位、济南市成长型中小企业、济南高新区科技科学技术创新先进单位、高新区创新园优秀企业。“连续变焦的非制冷红外热成像仪”“激光照明器的同步变焦装置”“激光高速球形夜视仪”发明专利先后获得第十一届、第十二届、第十三届山东省专利“二等奖”。

公司坚持“军品做技术，民品做品牌”“军品民品协同发展”的企业经营发展战略。先后通过国军标质量体系认证、武器装备二级保密资格认证、国家武器装备科研生产许可认证以及装备承制单位资质认证，具备了军品科研和生产的全部资质，并承担了多项军品科研生产任务。激光夜视仪、高清夜视仪及热成像仪产品获得中国人民解放军军用安全技术防范产品安全认证中心的认证；系列激光夜视和热成像产品通过欧洲CE认证和美国的FCC认证。“同步变焦激光红外夜视仪”和“非制冷型大口径变焦红外热成像仪”项目产品先后被科技部等四部委列入2010年度及2011年度国家重点新产品计划项目；“同步变焦激光红外夜视仪”被列入2011年度山东省第一批高端技术装备新产品推广目录。“高清激光夜视仪”“高清激光高速球形夜视仪”先后被中国安全防范产品行业协会推荐为2010、2012年度“平安城市”建设优秀安防产品；“神戎牌激光夜视仪”系列产品被认定为2012年度山东名牌产品。

中科院姚建铨院士来神戎公司指导工作

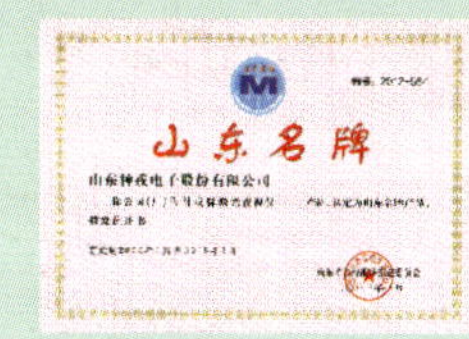

山东名牌－神戎牌激光夜视仪

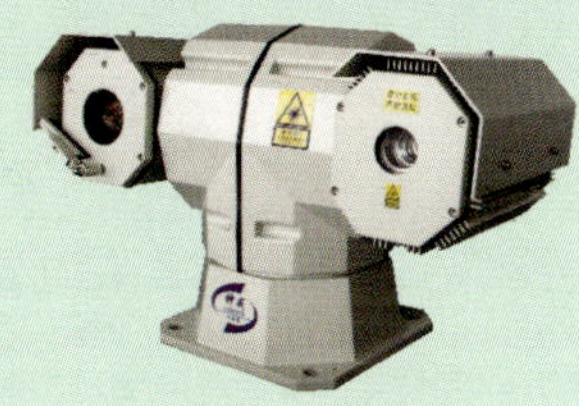
SHR-VLV 激光夜视仪

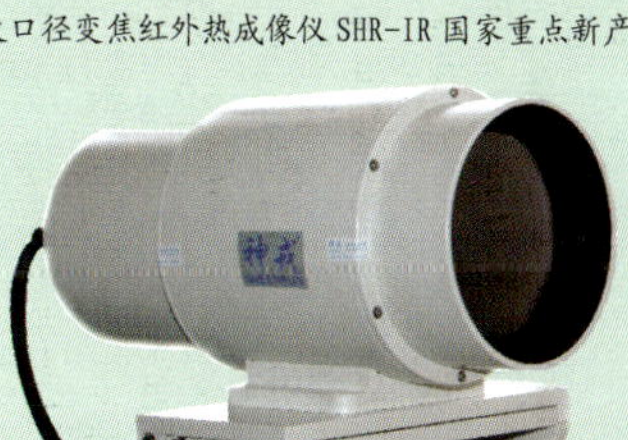

非制冷型大口径变焦红外热成像仪 SHR-IR 国家重点新产品证书

SHE-IR 连续变焦红外热成像仪

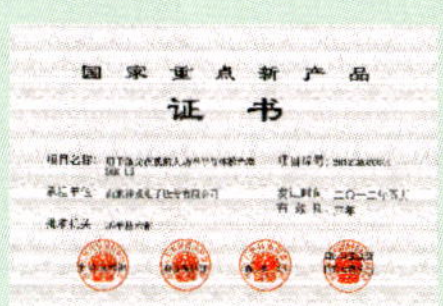

用于激光夜视的大功率激光器 SHR-LS-2012 年度国家重点新产品

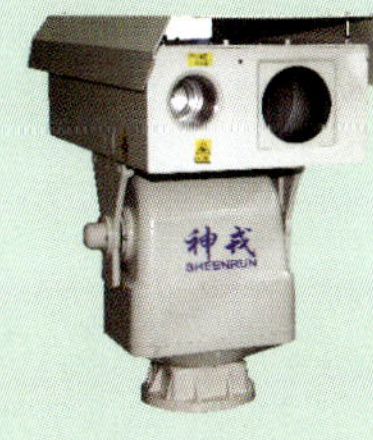

SHR-LV 远距离同步变焦激光夜视仪

神戎装配生产线

国网济南供电公司

10kV电缆不停电作业技术研究项目

主要贡献和发现点：（1）首次提出了电缆综合不停电作业法，该方法将带电作业、电缆作业、旁路作业三种作业方式结合形成新型配网检修方式，该方法能够适应现有配网设备技术条件，有效解决目前城市配网电缆检修中耗时长，影响供电可靠性的棘手问题。（2）形成一整套满足现场作业各项安全和技术要求的作业规程、方法和指导书，填补了电缆不停电作业空白。（3）针对现有旁路设备安全防护方面的不足，研制了柔性电缆可转弯防护槽盒、自锁定快速插拔接头保护盒等实用新型组成的旁路设备安全防护智能监测系统，弥补了现有旁路设备在安全防护、可靠运行方面的不足。（4）首次在国内研发了旁路“1对N”多通路接头，体积小、重量轻，可直接摆放在环网柜狭小空间，实现旁路柔性电缆快速插拔接头与普通电缆肘型或T型接头的有效接续，提升旁路作业效率，减少旁路柔性电缆使用量，大大节约旁路设备购置成本。（5）通过柔性电缆展放车、移动箱变车、旁路负荷开关、旁路连接器、旁路“1 对N”多通路接头等建立临时旁路系统，能够实现事故异常处理、用户接入等作业项目，填补了国内电缆线路不停电作业项目的空白。

已申报2013年山东省科技进步奖，授权专利7项。

威海市地方税务局

利用"三方信息税收应用平台"提高税收管理水平

威海地税局坚持以信息化为引领，按照"信息管税"的要求，遵循税收资金运动规律，以破解征纳双方信息不对称为突破口，以建立政府部门间的涉税信息共享机制为契机，提出了适合中国税收业务特点的"三方信息"理念，引入数据仓库理念，研发出基于三方信息分析比对的税收集成应用平台——"三方信息税收应用平台"。

"三方信息税收应用平台"包含 6 个一级菜单、23 个二级菜单、283 个功能点，建立了集纳税人、社会各部门以及税务机关内部三方信息的税收管理与服务新模式，建立了一套覆盖全部税收业务主题存储模型、异构数据的采集转换模型以及多维数据分析模型。

该平台自 2009 年上线运行以来，为科学指导税收工作、促进税收结构的进一步优化奠定了坚实基础，为强化税源管理提供了有力的工具。利用平台存储的历史数据及其强大的比对、分析功能，查找纳税疑点，查补、新增税款 23.75 亿元；威海市地税收入从 2009 年的 62 亿元，增长到 2012 年的 132 亿元。三方信息税收应用成果得到《新华社高管信息》《山东政务信息特刊》《中国税务报》等媒体的关注和报道。"三方信息税收应用平台"先后荣获 2012 年度山东省科技进步三等奖和 2012 年度山东省计算机应用优秀成果二等奖等殊荣。

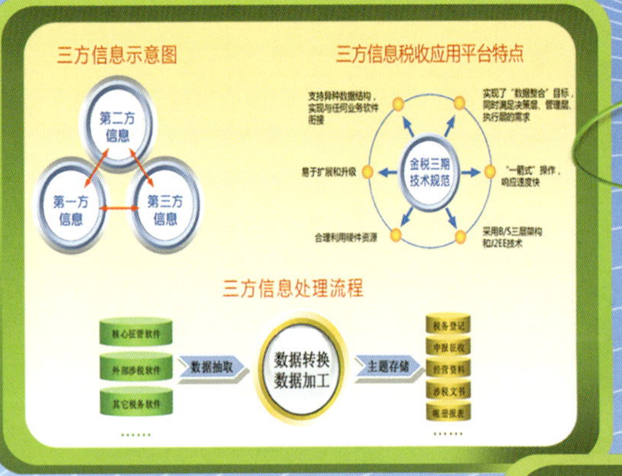

三方信息网站

全市涉税平台软件会议

山东电力设备有限公司

山东电力设备有限公司是隶属于国家电网公司山东电工电气集团有限公司的大型国有企业，主要生产 10-1000kV 的配电变压器、电力变压器、并联电抗器、换流变压器等电工电气产品，是中国大型电工装备骨干生产企业，是国家电网公司“750kV 变压器合格供货商”“1000kV 变压器合格供货商”之一。

公司研发实力雄厚，拥有山东省企业技术中心、山东省企业院士工作站、山东省智能电网装备工程技术研究中心。公司始终遵循“努力超越、追求卓越”的企业精神，不断推进技术进步，在特高压电力装备研发方面取得了突出的成绩，企业的综合实力得到了显著的提升，为中国乃至世界电力装备的发展做出了突出贡献。

▼ ZZDFPZ-363400/500-400 换流变压器，为 ±400kV 单相双柱式有载调压换流变压器。该变压器于 2012 年 4 月 28 日通过了国家级鉴定，认为该产品主要技术性能指标达到国际先进水平！

▲ BKD-240000/1100-145 并联电抗器，是目前世界上电压等级最高的并联电抗器。本产品于 2013 年 3 月 22 日通过了国家级鉴定，认为该产品主要技术指标达到国际领先水平！

▼ 公司为国家“皖电东送”特高压交流输电工程制造的山东省首台 ODFPS-1000MVA/1000kV 特高压自耦变压器于 2013 年 3 月 31 日顺利通过现场交接试验，性能指标优异，将于 2013 年 10 月正式挂网运行。

▶ SC（B）H15 系列干式非晶合金变压器，是一种新型低损耗，防爆节能性能优的非晶合金变压器。该变压器样机于 2013 年 2 月 7 日通过国家变压器质量监督检验中心试验，产品主要技术性能指标达到国际先进水平！

国网山东省电力公司
聊城供电公司

支架锁

掌机

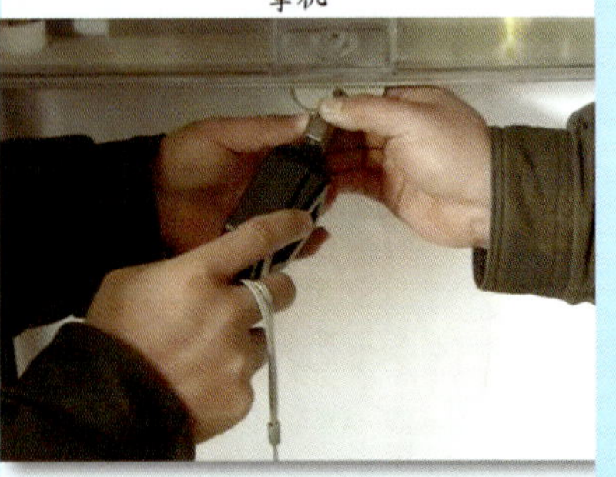

挂装

低压计量锁群集控系统的研究

聊城供电公司于2012年1月开展了低压计量锁群集控系统的研究,研究此项目的主要意义在于:

利用先进、稳定的信息化技术，为低压计量用箱柜提供一种可以智能化的管理，权限可配置，可记录复查的智能锁及相关集控系统，从而为改进低压计量用电设备的安全防护工作提供一条可行之路。

研究低压计量设备箱柜信息化方案，为未来营销系统对公司资产的全面集中管控创造条件，解决目前低压计量设备箱柜资产信息化的难题。

研究可靠的无线通信技术在电网设备设施安全管理上的应用，并集于此构建电网安全管理的集控系统，提高低压用电的安全管理能力。

该项目可在低压计量设备箱柜信息化关键技术研究和开发上形成自主知识产权的技术和产品，为智能电网低压用电环节的安全防盗系统建设和发展提供技术支撑，从而具有巨大的应用前景和市场价值。

该项目经过由孙旭日同志带队的项目组历时半年的深入研究和实践试点，在使用直流伺服电机精准定位技术自动操作密码锁具应用、利用激光及光纤技术实现不锈钢媒介存储锁具编号信息技术和利用GPRS通讯技术、JAVA服务器脚本技术构建的实时通讯锁群管理系统技术上取得了重大突破，最终形成阶段性成果。

项目研究的智能锁具安全防护性能完全符合GB_21556-2008锁具安全通用技术条件超B级标准。箱柜锁芯符合CB375-65电气箱锁实施尺寸规定。符合JB/T10382-2002电气设备机械门锁通用技术条件，寿命10年以上，可使用专用钥匙自动化操作。该产品已由上海圣享科技股份有限公司形成批量化生产，具有广阔的市场前景。集控系统采用B/S结构，使用Html/CSS技术，通过通用分组无线通讯服务技术实时验证权限，在移动手机信号覆盖区域响应速度不超过3S,通讯故障率低于0.01%.持续稳定工作时间大于8 000小时，数据记录信息量不小于100万条。

该计量锁群集控系统从2012年6月起在东昌客户服务室，营业室等直供区范围内加装农村居民户439户，一般工商业用户304户，城镇用户212户，农业灌溉用电30户，农业生产用电15户的比例共计选择1000户1kV以下低压用电户计量表计箱柜加装，所选用户本着用电量异常波动较大，发生偷窃电行为的风险较大的选择原则，系统运行以来，工作稳定，未发生故障。

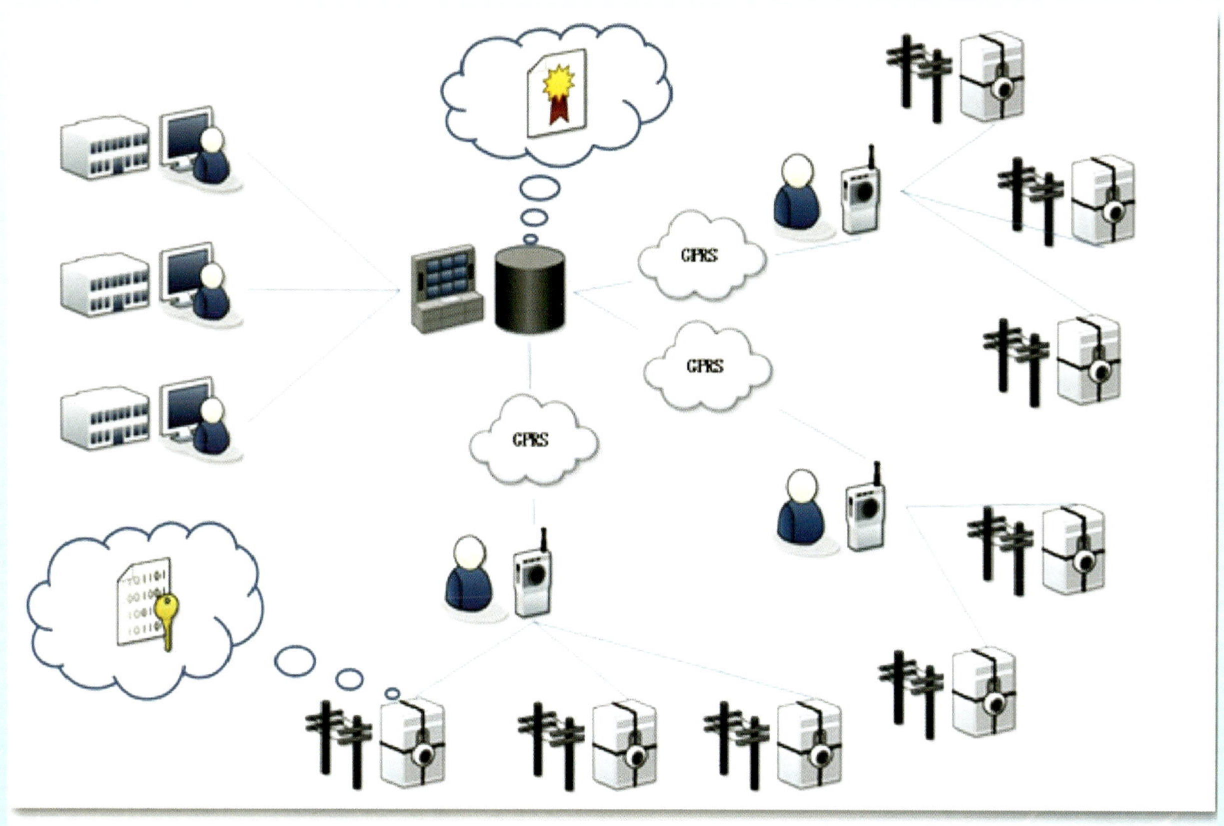

系统拓扑

截至2012年12月统计所加装地区10kV以下低压线损相比去年同期同比下降1.17%，其中农村居民用户和一般工商业用户线损下降占比超过45%，已加装智能锁的用户表线损下降占比超过52%，为公司挽回了可观的经济效益。

通过统一的地图短信等展现，可更加直观地查看对应单位的电网资源，及时准确地跟踪对应计量箱柜锁控情况、为全局监控、统一协调和安排工作提供了便利，实现服务能力的大幅提升，提高了工作质量，加快了工作效率。

系统运行之后稳定、可靠，工作效率相比之前提高了15%，停电计划能更加及时、准确地反馈。计量箱柜抢修相比之前，减少抢修时间5%，抢修效果提高10%，提高现场维护和巡检效率，节约时间5%。

2012年1—11月份，在所选试点区域内查处到的违约用电和窃电累计62户次，其中6-11月间违约用电和窃电7户次，比上半年明显降低，考虑到下半年是违约用电和窃电的高发时期，系统对违约用电和窃电的遏止作用显著。

项目研究的几项关键技术均为自主研发，截至截稿日，已获得四项实用新型专利授权，两项发明专利正在审查。经国家以及科技查新咨询单位鉴定达到同类系统国际先进水平。2012年12月21日，经过山东电力集团科技成果鉴定委员会鉴定，认为该系统设计合理、技术先进，稳定性和安全性高，整体处于国际先进、国内领先水平，并建议进一步推广应用，2013年9月，系统正式纳入电网MIS系统，在电网安全信息化建设工作中取得阶段性成果。

技术支持:上海圣享科技股份有限公司
联系电话:021-38016777

山东省高新技术企业——山东宏业纺织股份有限公司

公司技术中心大楼

细纱车间

山东宏业纺织股份有限公司位于济南市北部的商河县，是齐鲁宏业集团的核心骨干企业。宏业集团拥有30万纱锭、3 000头德国赐来福全自动气流纺和1 000台织机生产规模，资产总值10多亿元。集团是“全国纺织工业先进集体”“济南市工业企业50强企业”“济南市十佳民营企业”“省级守合同重信用企业”“山东省文明诚信民营企业”，先后被认定为“国家功能性差别化纤维纱线产品开发基地”“山东省企业技术中心”“山东省工业设计中心”，荣获“全国纺织产品开发贡献奖”。山东宏业纺织股份有限公司占集团总规模的三分之二，拥有集团最主要的的核心技术、先进装备、科技骨干人才及新产品研发能力，于2012年被评定为山东省高新技术企业。

公司秉持“做精、做专、做强”的发展理念，以做精品为目标，以服务客户为己任，致力于把“宏业”打造成民族知名品牌。产品先后获得国家免检、“山东省著名商标”“山东名牌”“全国针织纱用户信得过优等产品”等荣誉。

公司以“做专”为特色，在产品结构调整和科技创新上取得显著成效，开发成功大批填补国内空白或具有国际先进水平的产品及工艺技术，特别是在高难度、高科技含量的环锭纺毛、麻、丝、绒四大系列产品开发上取得较大突破，目前被受理和获得专利达33项，其中发明专利14项，有6个新产品填补国内空白，有5项成果通过了科技成果鉴定，新产品比重占到全部产品产量的80%以上。

创业大厦

烟台高新区

国家知识产权局田力普局长来区视察指导工作

山东省省长姜大明来区视察指导工作

中科院上海药物研究所烟台分所落户烟台高新区

烟台高新区成立于1990年，是国务院批准的国家高新技术产业开发区，是首批中国亚太经济合作组织科技工业园区，是全国第一家中俄高新技术产业化合作示范基地。烟台高新区包括核心发展区、烟台高新区APEC（莱山）产业园、烟台高新区福山高新技术产业园、APEC中国烟台（芝罘）科技工业园、烟台卧龙经济园区等“一区四园”。近年来，烟台高新区瞄准创建国内一流国际化蓝色经济创新型特色园区，高点定位、科学谋划，真抓实干、统筹推进，全区经济社会呈现跨越发展良好态势，开启了大开发、大建设、大发展的新的历史时期。在产业重点上，充分发挥区位、资源、人才优势，坚持“有所为、有所不为”，大力发展海洋生物与医药、航空航天科技、电子信息等高端制造业和研发孵化、软件外包、总部经济、金融商务、文化创意等高端服务业，实行“双高”产业“双轮驱动”。在工作推进上，着力实施“三大战略”、打造“三个高地”，即：实施产业立区战略，加大开放引进和重点培育力度，扎实推进专业园区建设，加快完善特色产业体系，大力培育发展战略性新兴产业，加快壮大特色产业集群，倾力打造战略性新兴产业高地，力争经过几年努力，在培育发展战略性新兴产业和特色高端产业上成为全国一流、世界知名的科技园区；实施科技兴区战略，加强创新创业平台建设，积极推动产学研合作，完善创新创业服务体系，深化拓展国际科技合作，加快提高自主创新能力，倾力打造自主创新高地；实施人才强区战略，坚持以优惠政策集聚人才、以优势平台承载人才、以优质服务留住人才，倾力打造创新创业人才高地。

地址：烟台高新区创业路35号　　邮编：264670
电话：0535-6922021　　传真：0535-6922084
网站：http://www.ytgxq.gov.cn/

瑞星集团股份有限公司

863计划验收现场

废水示范装置全景

瑞星集团股份有限公司现有24万t/a淀粉、10万t/a葡萄糖生产装置，日产废水2 000吨，COD含量60 000mg/L以上，虽然建成厌氧好氧污泥床处理装置，废水中大量有机物发酵产生CO_2、CH_4等气体排入大气，不仅浪费资源，而且造成二次污染，2010年集团公司与北京化工大学共同研究开发了淀粉废水资源化及循环利用技术，筛选能在高COD淀粉废水中发酵合成油脂的粘红酵母菌，应用基因工程的理论和方法构建了高产油脂的基因工程菌，通过诱变、驯化，提高菌种的适应性，在工业化发酵过程中采用两级种子培养和两级发酵放大，逐步增加菌种含量，增强抵御杂菌侵染的能力，实现了无灭菌条件下的发酵，发酵液生物量达到35g/L，菌体分离和油脂提取过程应用微滤膜分离技术和膨化破碎细胞技术，干基含油量45%，油脂提取率达90%，无气体排放，废水回用率90%，年节水量50万t。

该项技术的研究成功，为我国味精废水、啤酒废水、造纸废水等工业含糖废水的综合利用提供了技术参考和示范工程，必将推进含糖废水综合利用技术研究的进程。

瑞星集团有限公司是以煤化工、生物化工产品生产和研究为主，集科、工、贸为一体的大型股份制综合性化工企业，国家高新技术企业、国家级管理创新成果企业、山东省创新性企业，集团公司始终坚持以科技创新促进企业发展的方向，建立起以企业为主体、以市场为导向、产学研相结合的科技创新体系，先后与北京化工大学、清华大学、南京工业大学、山东农业大学、中国农科院、北京航天万源煤化工工程技术有限公司等十几处高等院校和科研院所建立了长期技术协作关系，与北京化工大学共建山东省院士工作站、博士后科研工作站，校企联合创建了山东省企业技术中心、山东省生物发酵重点实验室和山东省聚酯材料工程技术研究中心。

近年来集团公司共计承担了11项省部级以上国家科技计划，申请专利60多项，软件著作权9项，参与制定了工业1,4-氧氮杂环己烷（吗啉）国家标准，制定了含多肽尿素、海藻液尿素、粉状尿素等企业标准，"工业废硫磺提纯技术""煤炭洁净高效气化应用技术研究"等多项科技成果通过了省部级科技成果鉴定，获得泰安市科技进步奖3项，获得山东省级科技进步奖3项。

山东路华电子设备有限公司

朱光董事长代表山东路华电子设备有限公司与北京交通大学签署战略合作协议

朱光董事长陪同北京交通大学校长宁滨一行到公司考察合作项目

山东路华电子设备有限公司注册资金3 050万元，建筑面积2.5万余m²，拥有总资产1.2亿余元，在职员工200余名，各类工程技术人员70余人。是一家集机电、自动化、软件研发、产销为一体的，拥有独立知识产权并致力于开发和生产二次电池检测、化成分容设备的高科技创新型企业。

公司主要为各类锂离子电池生产企业提供化成、分容、OCV/IR检测，拣选配组等自动、半自动系列生产和实验型等设备，主要产品包括：RF-T电池检测系列产品；RF-ZJY1005圆柱型锂离子电池压床式预充系统，RF-ZJY3005圆柱型锂离子电池压床式化成分容系统，圆柱型锂离子电池压床式内阻测试系统，圆柱型锂离子电池压床式自动分选系统，馈网式电池充放电维护检测设备、汽车动力电池管理系统等产品，产品已在国内外多个重点研究机构及重大项目计划中得到使用，如贝尔实验室（美国），中科院北京物理研究所，济南“十城千辆”计划。

知名客户：中科院上海微系统与信息技术研究所、中科院理化技术研究所、保定风帆新能源、保利协鑫、湖北骆驼、深圳比亚迪、深圳中兴通讯等国内外知名客户400余家。

主要合作单位：北京交通大学、中科院沈阳自动化研究所、天津十八所等。

公司拥有多项发明专利和软件著作权，目前已牵头起草和制定山东省锂电池检测行业标准。

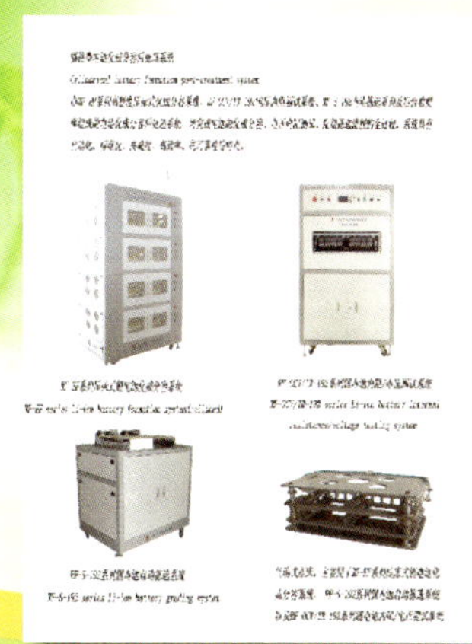

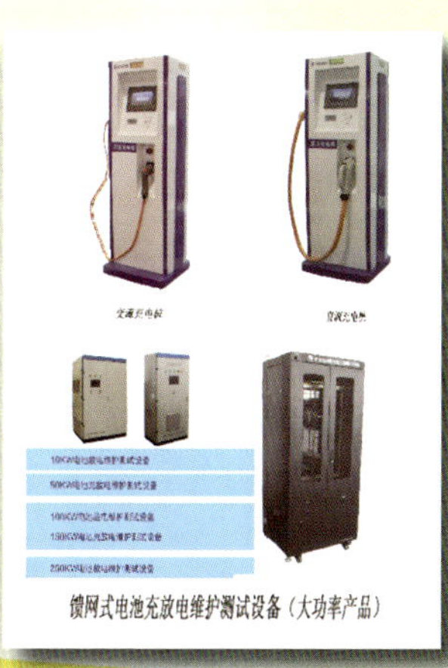

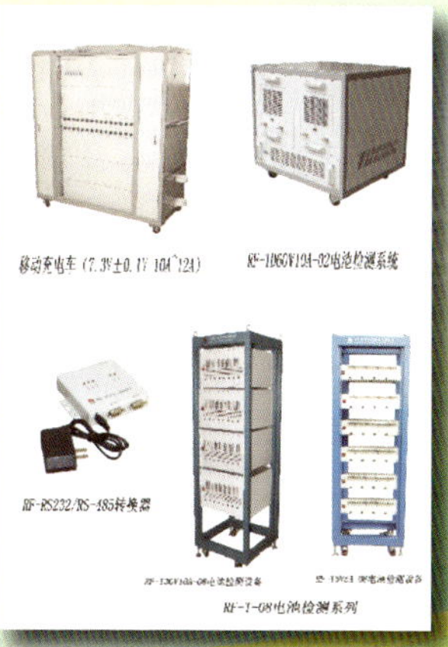

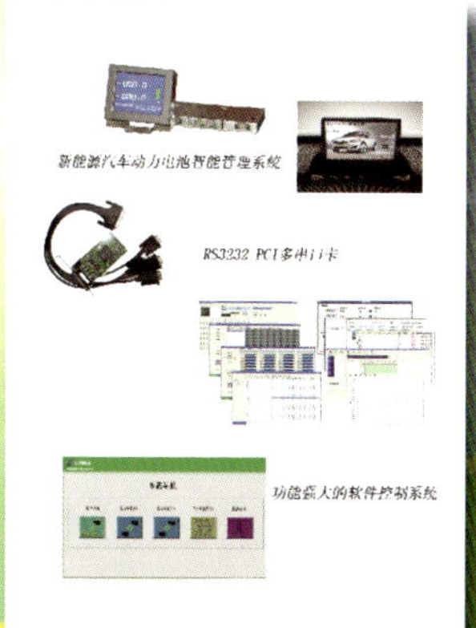

山东德源纱厂

山东德源纱厂是2004年成立，致力于新型纺纱——紧密纺纱的专业研发生产公司。紧密纺纱线是近年来国际上开发出的新型纺纱方法，是纺纱技术领域中的一次新的革命，并正在成为今后一个时期世界棉纺业发展的主要方向。

山东德源纱厂现有规模24万锭，年生产紧密纺纱线24 000t，产值6.5个亿，利税1亿元。产品销住江苏、浙江等地，在市场上具有很好的口碑，拥有一批固定的高档客户群。公司依托韵升控股集团有限公司的雄厚实力，资信AAA级，公司经营资金运行正常。

公司依据先进的标准化体系和管理理念生产高标准的紧密纺纱线，稳定正常的销售收入。同时结合市场上紧密纺纱线竞争力日益加大的形势，又开发了超柔紧密纺纱线。超柔紧密纺纱品种是基于市场上对针织品种新的要求而开发的，属于传统产业的改造升级。

超柔紧密纺纱品种是在环锭纺纱的基础上，加以自主研发的低扭纱装置生产而成，目的是提高纱线的蓬松程度，降低织物的纬斜，使织物手感更加柔软。还可以减少后加工过程中的柔软剂使用和抗纬斜的加工过程；同时由于产能的提高和纺纱速度的加快，生产同样一t纱较传统产品的用电节约20%以上。是一项节能环保的创新型项目。

该纱线在针织用品上应用，可以降低织物的纬斜，使针织品更适合于裁减的需要，减少浪费。同时布面的纹路更加清晰，线圈平整。超柔紧密纺品种用于机织物上，可以增加机织物的柔软度，使机织物吸色更快，光泽较好，减少蛇纹的产生，布面更加顺平。

预计项目完成后将形成每月400t的产能，年新增销售收入4 800万元，利润2 600万元。

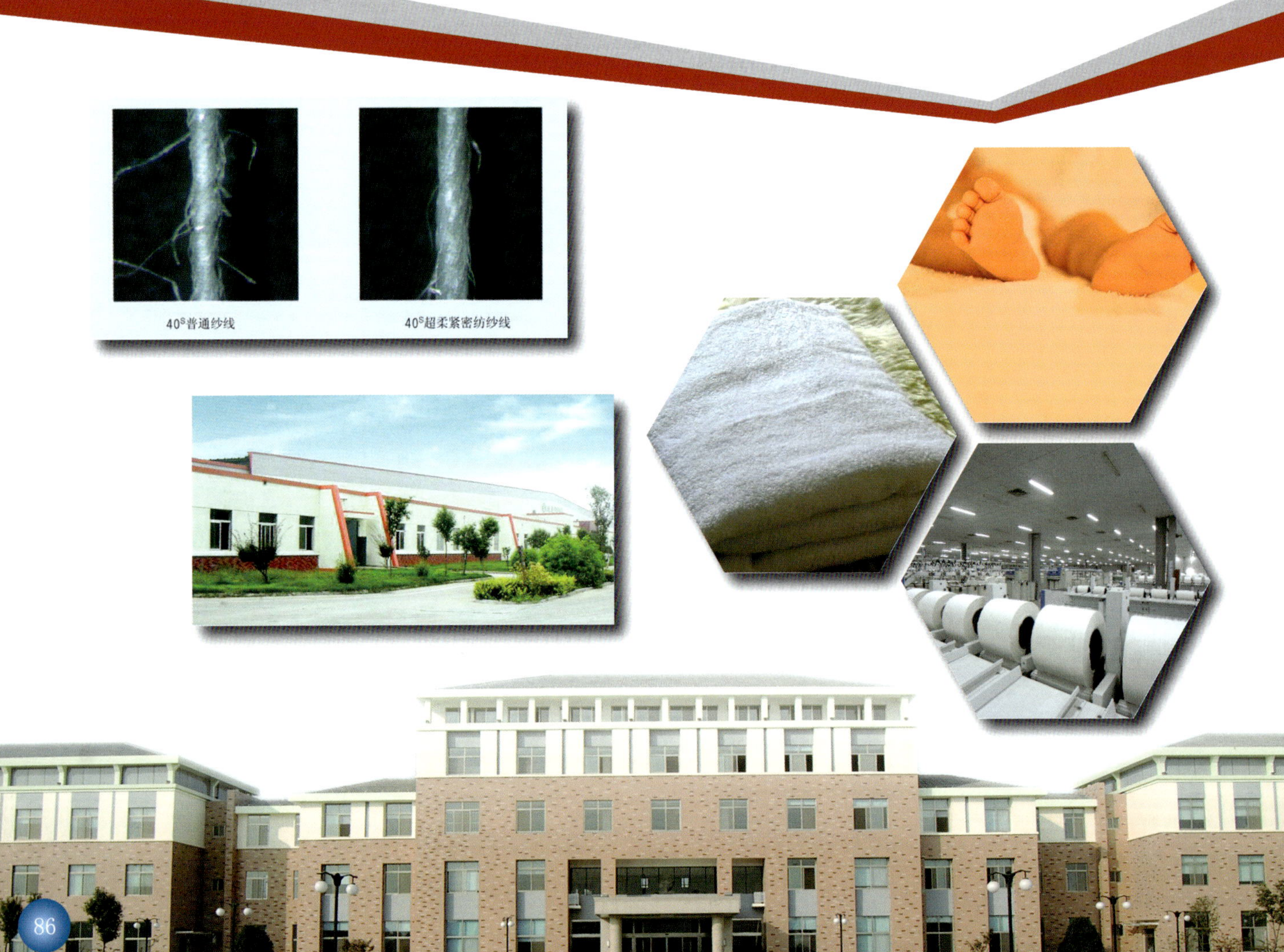

威海火炬高技术产业开发区

国际海水浴场沿边城市建设

高区管委主任姜玉毅走访三星电子打印机，调研企业恢复生产情况

威海火炬高技术产业开发区（以下简称高新区）是1991年3月6日经国务院批准成立的国家级高新技术产业开发区，由国家科技部、山东省政府和威海市政府共同创办，是全国三个火炬高技术产业开发区之一。总面积140平方公里，辖1个镇、3个街道，41个村，38个居委会，总人口27.4万。海岸线46.5km²。先后被评为全国“先进高新技术产业开发区”“高新技术产品出口基地”“ISO14000国家示范区”“国家知识产权试点园区”“国家计算机外设产品产业园”“实施国家科技计划（火炬计划）先进管理单位”“国家火炬计划办公自动化设备及配套产品产业基地”“国家先进复合材料高新技术产业化基地”等。目前全区共有各类企业4 538家，从业人员10万多人。其中工业企业1 336家，商贸流通企业1 667家，建筑房地产企业757家，金融保险、文体教育等现代服务业企业737家，农林牧渔业企业41家。全区销售收入过亿元的企业达到39家，过5亿元11家，过10亿元7家，过百亿元2家。共有中小型工业企业900家，占工业企业总数的67.4%。其中，科技型中小企业208家，占全市的80%以上。2012年全区完成地区生产总值168.7亿元，增长10.4%。完成固定资产投资131亿元，增长6.7%。实现工业销售收入547.3亿元，增长16.8%，工业利税68.6亿元，利润51亿元，分别增长34%和36%。实现财政总收入55.9亿元；公共财政预算收入15亿元，增长17.4%。工业税收23亿元，总量全市第一，增长20.9%；四税收入占财税收入比重达到63.2%，居全市首位，高出全市平均水平22.1个百分点。

火炬创新创业基地（四期）

威高精密医疗器械生产车间

威海双岛湾科技城

嘉祥高新技术产业开发区

嘉祥高新技术产业开发区于2007年经省政府批准设立，规划面积56km²，目前建成区面积15km²。自建区以来，创业环境不断优化，服务功能日臻完善，产业层次快速提升。目前区内基础设施达到“九通一平”，区内拥有高新技术企业40家，规模以上企业45家，1个院士工作站和4个省级技术研发中心。形成了先进制造、新能源新材料、食品加工等特色主导产业。

2012年以来，嘉祥高新区以“大项目突破年”行动为抓手，创新实行了“四位一体”帮办服务体系和动态跟踪、“双七”推进等多项服务机制，项目建设呈现出集中开工多、投入大、推进速度快的特点。年内，新签约项目35个，总投资183亿元；其中，过10亿元项目6个，过5亿元项目8个，新能源产业项目14个，先进制造产业项目17个；新开工项目28个，总投资达107.82亿元。

2012年项目集中奠基仪式

工业自动化机器人生产线

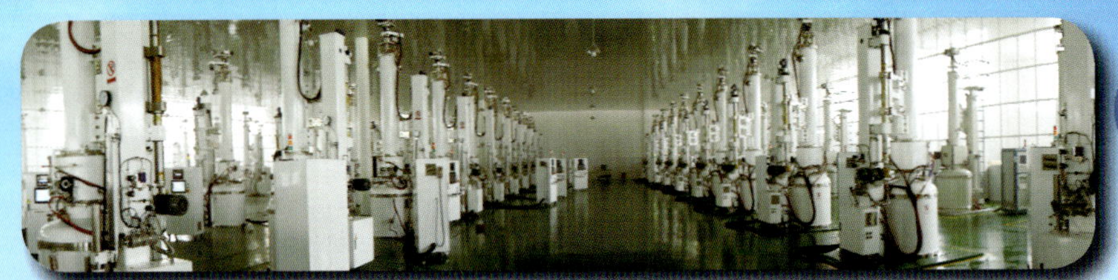
光伏产业单晶硅生产线

济宁市委书记马平昌，市长梅永红在嘉祥县委书记秦存华陪同下在园区视察工作

东方电子集团有限公司

印度签约配网自动化总包项目

工厂车间

东方电子集团有限公司是一家集科研开发、生产经营、技术服务、系统集成于一体的大型高新技术企业集团，是中国能源管理系统解决方案的主要供应商之一，是IEC（国际电工委员会）国际标准制定成员单位，中国企业管理奖获奖单位。东方电子主营业务是给电厂、电网直到最终用电客户整个电能量传送过程提供自动化控制解决方案。涉及的行业领域主要为：电力公司、电厂、煤炭钢铁、石油化工、电气化铁路等等。公司拥有职工3 300人，拥有包括一个上市公司（东方电子股份有限公司，深交所上市，代码000682）在内的14个权属企业，拥有国家级企业技术中心和博士后科研工作站，拥有省级软件工程技术中心、射频识别（RFID）工程技术中心和电网调度自动化工程技术研究中心。公司一直位居“中国软件企业百强”之前列，连续十余年在中国电力自动化行业国内市场占有率名列前茅，公司的技术和服务输出到美国、俄罗斯、印度、东南亚、中东等国家和地区，近三年出口总额同行业排名第一。2012年集团总收入20.1亿元。

中国驰名商标

国家认定企业技术中心

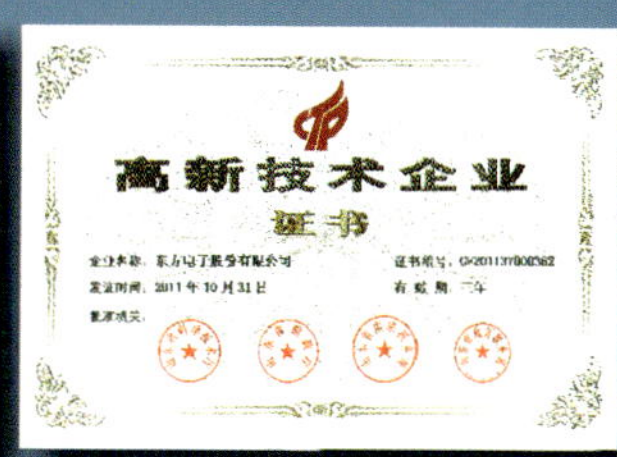

高新技术企业

2012年软件百强证书

山东同圆设计集团有限公司

山东同圆设计集团有限公司是一家以建筑设计为核心的综合性工程服务企业集团，由50多年历史的济南市建筑设计研究院改制、改革发展而成。集团具有建筑行业（建筑工程）甲级、城乡规划编制乙级、市政公用（给水、排水、热力）乙级、风景园林专项乙级、工程咨询（建筑、城市规划）乙级、房地产开发三级、施工图设计文件审查建筑工程一类机构等资质，现有员工800余人，其中工程技术应用研究员、高级职称近150人；各类注册工程师近200人。

集团主要承担大型民用与工业建筑设计，城镇及住宅小区规划设计，绿色建筑设计，楼宇自控与智能化设计，市政设计，景观设计，项目管理，工程总承包，施工图审查，建筑技术研究，房地产开发、营销、策划、代理，建筑效果图、动画、多媒体、虚拟现实制作等业务。自1986年以来共获得国家级、省级优秀设计奖107项，其中国家级金奖2项，建设部优秀设计奖4项，全国工程勘察设计行业优秀工程勘察设计行业奖（原部优）4项，全国民营设计企业优秀工程设计“华彩奖”11项，山东省优秀工程设计奖86项，济南市优秀设计奖222项；山东省、济南市科技进步奖25项，多项成果达到国内领先水平，荣获专利十余项。近几年来，集团先后被授予“全国优秀勘察设计企业”“全国十大民营建筑设计企业”“全国十佳民营勘察设计企业”“‘十一五’全国工程勘察设计行业信息化工作先进单位”“中国AAA级信用企业”“山东省十佳设计院”“山东省十佳规划院”“山东省优秀勘察设计单位”“山东省建筑建材业十大品牌民营企业”“济南市文明单位”“济南文化企业十强”“济南市抗震救灾先进集体”“支持第十一届全运会重点建设工程特别贡献奖”等荣誉称号。

项目简介

由同圆设计集团承担的建设部研究开发项目“混凝土顶板供冷（暖）/置换通风在低能耗建筑体系中的应用”（项目编号06-K5-31），于2006年4月立项，先后组织开展了课题的理论研究、样板试验、数据采集和CFD模拟计算等工作，完成了系统各项性能技术指标和施工工艺的确立，并直接成功应用于工程设计与施工。根据本项目研究成果设计完成的济南“天泰．太阳树”工程，作为山东省首个采用混凝土顶板供冷/置换通风体系的低能耗、高舒适节能住宅示范项目，主要具有以下特点：

1、采用混凝土埋管顶板辐射供冷/暖系统保证室内冬夏恒温，提高供冷/暖的舒适性；

2、新风经集中冷热、过滤、消毒、除/加湿处理后，采用置换通风系统24小时不间断通风换气，保证住宅健康新风供给和室内冬夏恒湿；

3、建筑新风、排风进行集中全热交换处理，有效降低通风系统能耗；

4、建筑采用带空气夹层保温墙体、断桥中空玻璃门窗及外遮阳系统，有效防止室外温湿度变化对室内环境的影响，进一步降低建筑物能耗；

5、供冷/暖采用更接近室温的供回水温度，同时与土壤源热泵等技术相结合，有效利用地热资源，大大减小了常规能源的消耗量，使系统运行能耗较常规系统较少70%以上。

通过示范项目的成功运行，实现了提高室内环境舒适度和降低建筑物能耗的完美通一，展示了各种低能耗、生态化、人性化的建筑新技术优势，为产学研挂钩、知识普及搭建了桥梁。该项目获得山东省优秀设计一等奖、山东省建设技术创新一等奖、山东省科技进步二等奖。

大众传媒大厦

济南泉城广场

银荷大厦

同圆办公楼

龙奥大厦

山东省遥感技术应用中心

山东省遥感技术应用中心是隶属于山东省国土资源厅的全额预算管理事业单位，是山东省唯一从事卫星遥感基础专业研究的公益型科研事业单位，人员编制22人。通过了ISO9001-2000质量管理体系认证，具有乙级测绘资质及地质勘查资质。2012年，遥感中心以科学发展观、党的十八大精神为指导，紧紧围绕厅国土资源管理总目标，坚持“科技领先、创新为本、服务至上、信誉第一”的方针，以自主创新为动力，以科技发展为主线，确定了中心“认真学习、解放思想、强化科研、突出保障、加快发展”的20字工作方针。在实际工作中，中心领导班子紧紧抓住事业发展这个第一要务，努力实践“科学发展观”及“科技创新“的重要思想，改革创新，锐意进取，全面提升遥感技术在国土资源工作的强力支撑和保障能力，并在创新技术、成果转化等方面实现新突破。2012年度主要完成土地利用变更调查与遥感监测工作、土地利用规划数据库省级核查工作，参与卫片执法监察督导工作，山东省冬小麦种植面积遥感监测工作以及山东省旅游地质资源遥感调查与评价（莱芜、淄博、潍坊）项目、研建《山东省国土资源执法监察管理系统》，并着手准备建立山东省国土资源遥感调查、监测的长效机制。

山东省旅游地质资源遥感调查与评价（莱芜、淄博、潍坊）

项目主要是利用遥感地质解译技术，摸清全省旅游地质资源状况，对旅游地质资源质量进行评价，圈定出具有开发远景的旅游地质资源分布范围，建立旅游地质资源三维信息系统。项目对地质公园设立、旅游地质资源开发与保护具有重要价值，能够产生巨大的经济效益、社会效益和生态效益。

项目组进行外业实地考察

招金矿业股份有限公司金翅岭金矿

招金矿业股份有限公司金翅岭金矿始建于1966年，是采选氰冶综合配套的全国黄金行业领先企业，也是国土资源部首批绿色矿山试点单位。企业自主研发的多循环空气提升微压浸出技术采用压缩空气多管循环微压浸出，取代了传统的机械搅拌浸出模式，实现了大比重矿浆搅拌浸出过程与尾气吸收的高效结合；并利用尾气吸收装置吸收利用了气体中的氰化物，降低了氰化物的用量，改善了氰化浸出工作环境。氰化回收率平均由原来的98.44%提高到98.63%，最高可达98.96%，回收率平均提高了0.19%，氰化钠平均降低了1.71kg/t，氰化工段电耗平均降低了4.2kwh/t，经济效益显著。该工艺体系及工业开发合理，具有广泛的推广应用价值，整体技术达到了国际领先水平，并于2012年获得山东省科技进步三等奖。

多循环空气提升微压浸出技术不但打破了传统的机械搅拌模式，而且对浸出过程中的尾气进行吸收和利用，是对氰化浸出设备、技术上的重大突破，其技术处于世界领先水平，填补了国内外空白。该技术具有广泛的推广应用价值，可用于有氧气参与反应的任何金属、非金属矿山的大比重浸出反应作业，用于炭浆法浸出还可能降低炭的机械损耗。该技术应用前景广泛，创造的效益将不可估量。

推广应用——圆形封闭浮选机

尾气吸收装置

微压浸出

睿鹰制药集团

睿鹰制药集团始建于1990年，为集科、工、贸于一体、国内头孢产品链最健全的抗生素生产企业。集团下辖润泽制药、睿鹰先锋制药、立海润生物、睿智科技、鑫鼎环境工程设备、和源化学、蓝琪生物、齐桓生物、新疆新宇药业、四川东泰药业、润泽制药（苏州）有限公司等十余家企业，已达到医药中间体3 000t/a、无菌原料药2 000t/a、医药制剂10亿支/年、抗肿瘤药物制剂1 000万支/年、生物制品2 000t/a的生产能力，2012年实现销售收入42亿元，利税4.25亿元。

截至目前集团共有职工2 400余人，拥有一支以博士、硕士、国外专家为核心的300余人的科研团队，建有省级企业技术中心、工程实验室、工程技术研究中心，先后研发了一大批国内一流、国际领先的高科技产品，获取省级科技成果鉴定证书30多项，授权专利15项，取得国家级重点新产品1项，新药证书8项，其中拉氧头孢钠、GCLE等多个产品打破国外技术垄断填补国内空白，哌拉西林产品通过美国FDA认证。产品包括头孢类、青霉素类、培南类、抗癌类、生物制药五大领域100多个品种，95%自行开发，企业总体技术水平处于国际领先地位。公司先后通过ISO9001国际质量体系认证、GMP认证、EHS认证、韩国KFDA认证、美国FDA认证，是中国制药工业百强企业、山东省重合同守信用企业、中国海关A类出口企业、山东省创新型试点企业。

产品组合

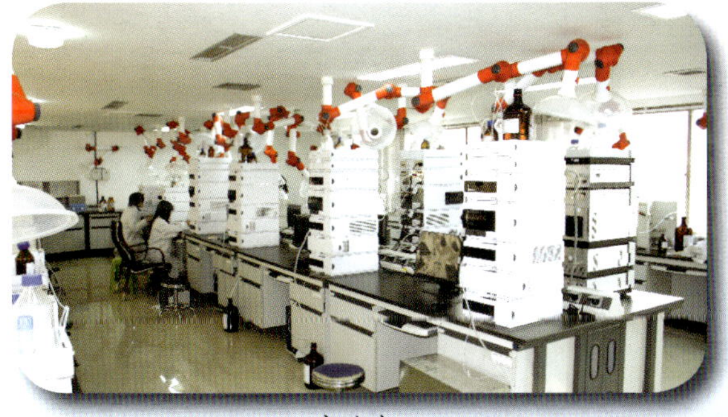

实验室

山东省物化探勘查院

项目名称：山东省济宁超深特大型铁矿找矿技术

完成单位：山东省物化探勘查院

主要完成人：马兆同，万国普，黄太岭，李培远，宋印胜，曹春国，李广乾，韩玉珍，郝光前，陈言贵，邱恺毅，李士雄，王玉敏，孔祥明

任务来源和编号：鲁财建指【2003】113号，鲁国土资发【2005】127号，鲁国土资发【2007】149号

项目起止时间：2004年3月—2009年12月

成果鉴定时间：2009年10月

鉴定单位：山东省科学技术厅

鉴定意见：该研究成果在同类研究中达到国际先进水平

获奖情况：获得2012年度山东省科学技术进行二等奖

推进科步作用意义

鲁西南及省内外磁异常重多，深部矿产是未来的找矿方向，利用重、磁、电综合勘查和重磁三维、二维反演技术，在高密度、强磁性地质体空间定位提供钻探依据方面有很好的指导借鉴意义；在利用重磁勘查技术勘查深部矿产、采用三维重磁反演技术模拟重磁同源体的空间形态方面，达到了国际先进水平。

应用情况及社会效益

依据重、磁、电、钻探综合找矿技术，2008年—2010年，立项、设计、进行了洪福寺铁矿段、翟村矿段的详查，分别探获取333+332铁矿资源量6.22亿吨和12.12亿吨铁矿石。利用相类似的方法，对梁山、单县、苍山兰陵磁异常进行了探测，都探获了较大型的铁矿。为资源山东建设提供了保障，带动了当地经济的发展。

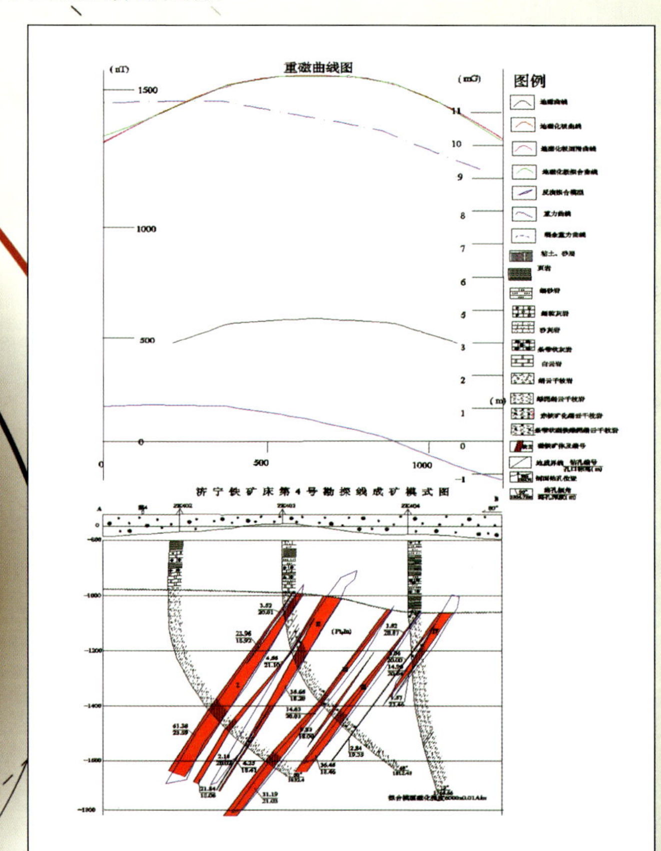

山东工业陶瓷研究设计院有限公司

山东省科学技术奖

证　书

为表彰山东省科学技术奖获得者，特颁发此证书。

项目名称：大尺寸高温高压气体净化用陶瓷膜材料制备技术研究

获奖等级：贰等

获 奖 者：山东工业陶瓷研究设计院有限公司（第壹位）

类　　别：科技进步奖

证书号：JB2012-2-38-001

山东省科学技术奖

高温高压气体净化用大尺寸陶瓷膜过滤元件

通过三年的科技攻关，山东工业陶瓷研究设计院有限公司成功开发了大尺寸高温高压陶瓷膜过滤元件，并于2010年通过山东省组织的科技成果签定。

该产品的成功研制，实现了高温高压气体净化领域高性能陶瓷膜过滤元件重大突破，打破了煤化工领域大型飞灰过滤器用高性能陶瓷膜元件国外技术垄断。产品采用国际先进的冷等静压近净尺寸成型工艺，具有耐高温、高压和过滤效率高等特点，最高使用温度800℃以上，可广泛应用于煤化工、冶金冶炼、新能源等高温气体或烟尘净化领域。

产品综合技术水平达到国际先进水平，技术成果先后获得2011年淄博高新区科学技术一等奖、2012年中国建材联合会科学技术奖科技进步类二等奖及山东省科学技术进步二等奖。

公司《适于粉煤气化的高温高压陶瓷膜过滤技术开发》获得了国家863计划的支持（项目编号：2013AA051104）。

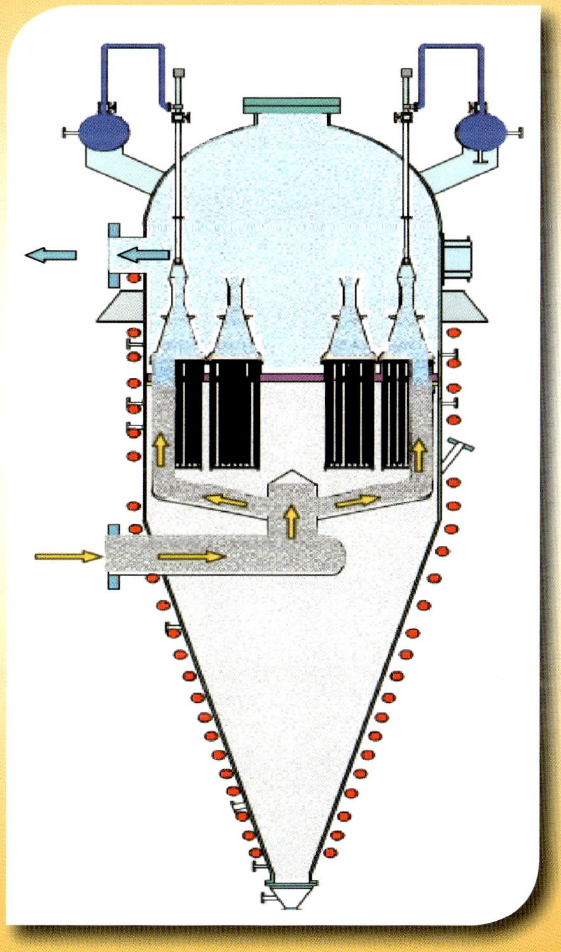
高温高压陶瓷膜飞灰过滤器

高温陶瓷膜过滤元件

淄博高新技术创业服务中心

先进陶瓷园

精细化工和高分子材料产业创新园

生物医药园

电子信息产业创新园

淄博高新技术创业服务中心是淄博高新区管委会设立的为中小科技企业提供创业服务的科技服务机构、是科技部认定的国家创业中心、是科技部表彰的国家火炬计划实施二十周年先进服务机构。淄博创业中心始终以促进科技成果转化、扶持中小科技企业成长、培养科技企业家为己任，以“博学、创新、宽容、奉献”为创业文化，不断营造优良的创业环境、实施优惠的扶持政策、提供优质的全程服务、培育优秀的科技企业。

高新区正在实施“六五三五”创新和发展赶超工程与“一五一”产学研合作推进计划，规划建设了由创业中心统一管理服务的集研发、聚集、孵化、产业化示范、辐射五位一体的先进陶瓷、生物医药、精细化工和高分子材料、先进制造、电子信息、新能源和新环保六大特色产业创新园，形成专业特色鲜明、功能布局合理、同类资源集中的“五中心一平台一体系”的功能区，即研发中心、孵化中心、产业化示范中心、人才培育与科技交流中心、科技成果展示中心和“公共技术服务平台”以及“科技创新创业服务体系”。

在各创新园先后建设了电子信息综合服务平台、MEMS中试平台、生物医药公共技术服务平台、精细化工和高分子材料公共技术服务平台和无机非金属材料公共技术服务平台。同时依托公共技术服务平台，与国内一流高校院所在创新园合作共建了研究院，分别建有“清华大学国家高新区MEMS研究院”“天津大学山东研究院”“武汉理工大学淄博先进陶瓷研究院”“武汉科技大学淄博高性能耐火材料研究院”“上海交通大学山东产业研究院”“山东大学淄博生物医药研究院”。

创业中心设有综合部、企业部、物业部、信息中心四个综合管理服务部门以及先进陶瓷、生物医药、精细化工和高分子材料、电子信息、先进制造等五个创新园管理办公室，为入驻企业提供涵盖成立、成长、发展全过程和包括物业后勤、公共秘书、教育培训、创业指导、专业技术、创新激励、融资支持、中介服务等全方位的创业服务，构筑了创业中心比较完善的创业、创新服务体系。

创业中心已成为高新技术成果转化、高层次人才创业、高成长企业培育和高新技术企业发展的“四高”基地。

先进制造产业创新园

新能源和新环保产业创新园

山东爱通工业机器人科技有限公司

山东爱通工业机器人科技有限公司是专门从事研制、开发和生产工业机器人，涵盖加工、制造业各类柔性自动化装配线、生产、工艺、输送、仓储等技术装备的高科技企业，与哈尔滨工业大学等科研院所的全面技术合作铸就了公司在同行业的高技术水准。

爱通科技致力于加工、制造产业生产环节的自动化研究，专注于开发生产环节自动化系统管理平台及其相关设备、设施、技术装备，为各类企业生产环节量身定做：生产管理系统、柔性自动化生产线、智能生产装备、自动化改造及各类自动化整体解决方案，为您实现产业转型、技术升级提供全方位的技术支持。

2012 年 12 月，经山东省科技厅批准，成立山东省装配机器人工程技术研究中心，同年，公司与中国工程院蔡鹤皋院士合作，并经山东省科技厅批准，成立了院士工作站，公司技术实力得到进一步提升。

爱通科技针对新能源行业研制的动力锂电池装配生产线，针对电器附件及家用控制器行业设计开发的单键开关功能模块自动化柔性装配生产线，标准五孔插座自动化柔性装配生产线，国标、欧标、美标电源线插头自动化柔性装配生产线等。高效、简捷、精准的运行结构，低能耗、低成本、易维护的技术特性，不仅获得了多项国家专利，还填补了国内生产技术空白。为传统劳动密集产业向技术、知识密集型产业的转型提供了决定性的支撑。

爱通科技针对仓储、物流、运输行业设计的基于视觉导航的智能 AGV 输送系统，采用两维视觉导航，可实现路径自主规划、自动跟踪、转向、避障、行驶。目前广泛应用于仓储、物流等领域。爱通科技通过将 AGV、立体仓库与智能化的自动分选系统相结合，配合高效的物流管理系统和智能传感技术，可以实现生产物流供应链全程可视化。实现高效的定制化生产和真正无缝的端到端生产、运输供应链。

爱通科技秉承“专业、精细、质量、信誉”的服务理念和“专注、责任、务实、创新”的价值观，服务于传统企业转型、服务于劳动力解放、服务于中国制造、服务于民族产业。

中铁十四局集团第三工程有限公司

天津海河开启桥主桥钢箱梁开启

哈罗铁路岩盐路基施工技术

中铁十四局集团第三工程有限公司，其前身是铁道部第十四工程局第三工程处，1999年12月企业名称变更为“中铁第十四工程局第三工程处”，2001年11月通过企业改制经国家工商局核准注册而设立。

公司注册资本金2.6亿元，具有铁路工程、公路工程、市政公用工程施工总承包，公路路基工程、公路路面工程、桥梁工程、机场场道工程、隧道工程专业承包8个一级资质；水利水电工程施工、房屋建筑工程施工总承包2个二级资质；爆破作业三级资质。具有国家乙级试验资质，测试水平达省部级标准。企业资产总额29亿元。2003年起顺利通过ISO9001、ISO14001、OHSAS18001“三位一体”综合管理体系认证。近三年每年完成施工产值在40亿元以上。年实现利润在6 000万元以上。

2002年公司改制以来，参建和独立承建的工程中有40多项被评为省部级以上优质工程，在建筑市场上树立了良好的社会信誉，为企业经营规模的快速扩张和核心市场的建立起到了关键性作用。公司连续多年被评为“省级文明企业”荣誉称号，2009年被评为“全国优秀施工企业”。2012年荣获“全国守合同重信用企业”“全国用户满意企业”和国家级“安康杯”竞赛先进单位。公司实施的“施工企业完全责任成本精细化管理”荣获国家级创新管理成果，二项技术成果荣获山东省科技进步奖。目前在研山东省技术创新项目四项：岩盐路基施工技术、富水河砺石隧洞综合施工技术、复杂条件下宽窄轨密集道岔铺设技术研究、钉形水泥双向搅拌桩在高压缩性淤泥质粘土不良地基处理中的应用。

山东省科学技术奖

证 书

为表彰山东省科学技术奖获得者，特颁发此证书。

项目名称：天津海河双叶立转开启桥关键施工技术

获奖等级：贰等

获 奖 者：中铁十四局集团有限公司（第壹位）

奖　　别：科技进步奖

2012年11月

证书号：JB2012-2-55-001

山东省科学技术奖

证 书

为表彰山东省科学技术奖获得者，特颁发此证书。

项目名称：黄河下游液化地质条件下大跨度预应力混凝土桥梁施工综合技术

奖励等级：叁等

获 奖 者：中铁十四局集团有限公司（第壹位）

奖　　别：科技进步奖

2008年04月

证书号：JB2007-3-234-1

山东省省级工法证书

工法名称：立转式大跨度开启桥施工工法

完成单位：中铁十四局集团有限公司/中铁十四局集团第三工程有限公司

工法编号：LEGF-278-2011

二〇一一年十二月

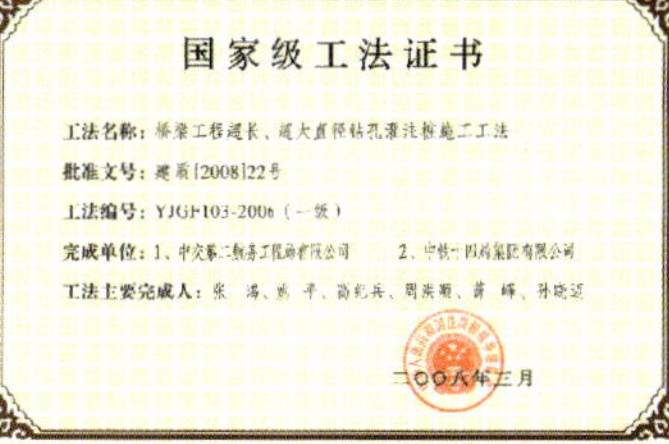
国家级工法证书

工法名称：桥梁工程超长、超大直径钻孔灌注桩施工工法

批准文号：建质[2008]22号

工法编号：YJGF103-2006（一级）

完成单位：1、中交第二航务工程局有限公司　2、中铁十四局集团有限公司

二〇〇八年三月

新疆伊犁喀什河萨里克特水电站工程

富水河砺石隧洞综合施工技

新建霍尔果斯铁路口岸站复杂条件下宽窄轨密集道岔铺设技术研究

江阴大道钉形水泥双向搅拌桩在高压缩性淤泥质粘土不良地基处理中的应用

青岛蔚蓝集团康地恩生物科技有限公司

山东省科技进步奖——棉、麻生物前处理关键技术研究与示范推广

山东省科学技术奖

证书

为表彰山东省科学技术奖获得者，特颁发此证书。

项目名称：棉、麻生物前处理关键技术研究与示范推广

获奖等级：贰等

获奖者：青岛康地恩生物科技有限公司（第壹位）

类别：科技进步奖

山东省人民政府

2011年12月07日

证书号：JB2011-2-18-1

该项目主要研究碱性果胶酶的菌种选育及改造、发酵工艺优化、前处理酶制剂产品的开发以及在棉、麻纤维材料染前处理应用工艺，具备了规模化生产的全套技术，已成功开发出系列高效纺织酶产品并制定相应产品质量标准。该技术已经申请专利7项，其中获得授权2项：苎麻脱胶用复合酶制剂及其制备方法和应用（ZL 200710114687.1），纯棉机织物果胶酶、双氧水稳堆前处理工艺（ZL200910013737.6）。项目产品主要技术指标如下：

（1）液态酶制剂在4℃条件下贮存1年，活力损失≤5%，常温下贮存3个月，酶活力损失≤10%。

（2）生物酶—化学联合脱胶指标：酸用量节约70%、碱用量节约50%、节水量约40%、蒸汽用量节约30%、节省脱胶工段时间约10%，最终年处理能力达到3 000t原麻。

（3）生物酶在棉针织品前处理工序指标：碱用量节约50%、蒸汽用量节约20%、毛效≥8cm、强力损失减少10%、生产效率提高10%。

通过对项目产品的全面系统推广，产品已在7家苎麻脱胶厂，20多家印染工厂成功进行了规模化应用，效果显著：在苎麻脱胶以及纺织前处理工艺过程中可以部分或全部取代传统工艺中酸、碱的使用，生产苎麻精干麻约2.4万t，印染前处理各类布约1.2亿m。项目产品在行业中全面应用预计为社会创造约50亿产值，经济、环境和社会效益显著。

烟台留学人员创业园区科技大厦

中国烟台留学人员创业园区
烟台国家高新技术创业服务中心

烟台留学人员创业园区创建于 1996 年 10 月，是为吸引海外留学人员和高科技人才来烟创业而设立的高科技园区，是全国最早设立的留学人员创业园之一。2001 年被国家科技部、教育部、人事部和外国专家局认定为“国家留学人员创业园”，2003 年被中组部、中宣部、统战部、人事部、科技部和教育部授予“留学回国人员先进工作单位”，被科技部认定为“国家高新技术创业服务中心”，2009 年被省政府授予“全省留学人员回国创业工作先进单位”，2010 年被科技部认定为首批国家级“大学生科技创业见习基地试点单位”。

目前，烟台留学人员创业园区孵化面积共计 12 万 m^2，其中公共孵化平台 8 万 m^2，专业孵化场地 2.8 万 m^2，“孵化加速器”场地 1.2 万 m^2。已有来自美国、德国、日本等 22 个国家和地区、322 名海外留学人员前来创业，其中博士 134 名，硕士 140 名，16 人入选国家“千人计划”，17 人获聘山东省“泰山学者海外特聘专家”。累计创办企业 512 家（上市企业 3 家），注册资本 13.6 亿元，拥有 1 个国家工程实验室、1 家博士后科研工作站（下设 8 家企业分站）、山东省首家外籍院士工作站和 4 个省级工程技术中心，在生物医药、精细化工、新材料等领域构建起了以入选“千人计划”和“泰山学者海外特聘专家”等高层次人才领衔的人才集群，形成了 20 多个海归博士创新团队，聚集各类高层次人才百余名，在国内外具有一定的影响。累计实现工业产值 151.6 亿元，利税 24.4 亿元，拥有专利（专有）技术 917 项，其中核心技术 312 项，形成了以生物医药、电子信息、精细化工、新材料和新能源为主的产业格局，成为当地重要的高新技术创新和高新技术企业孵化基地，被社会各界誉为“金种子工程”。

烟台留学人员创业园区管理服务中心

通讯地址：山东 烟台经济技术开发区珠江路 28 号科技大厦

邮政编码：264006

电　　话：0086-535-6379571　6385289　6370563

传　　真：0086-535-6379571　6385289

网　　址：http://www.cyyq.org

E-mail：yt_cyyq@126.com

烟台留学人员创业园区

骨病良药“生骨胶囊”

军队医疗成果二等奖
国家发明专利

课题组长 贾恩礼

“生骨胶囊”是济南军区疾病预防控制中心贾恩礼主任带队研发的科研产品。是按照“九五”全军课题“无菌性股骨头坏死的中药治疗研究”的要求，依据中医中药理论，结合临床实践研制的纯中药制剂，经过30余家军队医疗机构十几年的临床应用，充分证明对股骨头坏死、骨折、骨折迟缓愈合、骨质疏松等骨病有很好的疗效。

领导关怀

证 书

获奖项目 生骨胶囊的研制及应用

获奖单位 济南军区联勤部疾病预防控制中心

奖励等级 贰等

奖励日期 二〇……九日

编 号 2009－2－12－1

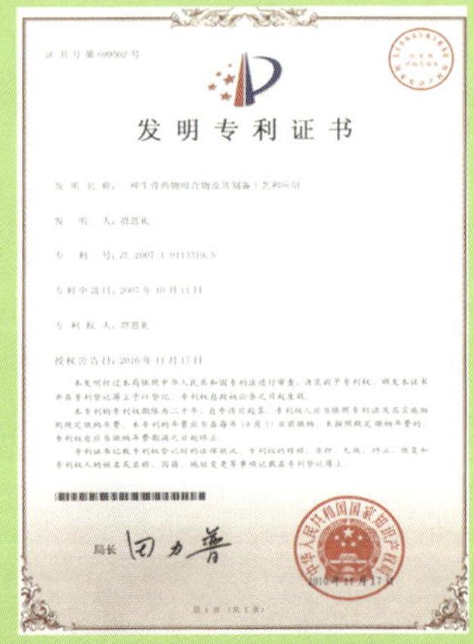
发明专利证书

局长 田力普

【批准文号】济制号（2011）F20001总T2013004 咨询电话：（地方线）88956675（军线）0421-676361

【生产单位】济南军区疾病预防控制中心 传 真：0531-88956675 邮 箱：jiaenli@sina.com

山东博物馆

濒危传统鲁绣技艺的保护与研究

鲁绣的起源

鲁绣即山东绣，又称“衣线绣”，是古文献中记载最早的绣种之一，是中国北方民间刺绣的代表。它最迟自春秋战国时期在齐鲁大地起源，传承至今已有2600多年的历史。鲁绣是山东省非物质文化遗产的重要组成部分。

山东是蚕业发源地，也正是因为具备了良好的蚕业发展基础，山东在进入西周以后开始成为后来全国丝织业和刺绣业的中心。

最早重视丝织业生产的是齐国人吕尚。齐地本是一个自然条件较差的地方，这里不利于五谷而人少。吕尚受封于齐地后，根据齐地适于植桑而大力发展女工丝织业，又根据优越的海洋资源而大力发展鱼盐之业，短期内就取得了极为显著的成就，人口迅速增长，也吸引了各地人们来到这里。

春秋时期齐桓公任用管仲进行内政改革，他注重副业、手工业的发展。在他之前齐国的蚕桑丝绸业已很发达，素有“齐纨鲁缟”之称，但他认为仅仅出售纺织品利益还是不够的，因此他提倡丝制品加工，如刺绣、织带、编履等，以获得更大的效益。他深知种桑和养蚕是丝织业的基础，极力主张重奖懂蚕桑和防治蚕病的人，并免除他们的兵役等。他的一系列鼓励蚕桑丝织业生产的措施，使齐国不久成为国力最强和丝织业最发达的地方，称“齐鲁千亩桑麻”“衣冠带衣履天下”。

春秋战国时期，高级丝绸加工工艺迅猛提高是与齐鲁织绣业发达分不开的，从出土的资料可以看到，战国时期齐、鲁两国的染织工艺已达到较高的水平。

新中国成立后的1952年春天，在山东济南芙蓉街龙神庙内，张志强、刘云莲、王远胜等七位民间绣花艺人自发组织起来，自带工具，在当时的花纱布公司(后来的纺织品站)借来了一匹白布，运用已有的鲁绣民间技艺，开始了小组化的刺绣生产。

半个多世纪以来，刺绣艺人们以针代笔，以线填色，抒发着自己的情感，表达着自己的思想，充分发挥着自己的艺术智慧和常做才能，用自己的思维和双手，表达着人们对美好生活的向往和追求，特别是对新中国美好生活的赞颂。

鲁绣技艺的特征

刺绣最初是用于服装上的装饰，为帝王公卿独享。到了春秋战国时期礼乐崩坏，刺绣便由帝王公卿的章服发展到民间。鲁绣可与我国现代的苏、湘、粤、蜀四大名绣相媲美，在我国刺绣艺苑上享有一定的地位，素有“南有苏绣、北有鲁绣“之称。无论是曲阜市孔府旧藏平金龙纹蓝罗袍、绣双凤朴赭红缎长袍，还是故宫博物院陈列的明代鲁绣《文昌出行图》《芙蓉双鸭图》《荷花鸳鸯图》，以及在邹县发现的元至正十年（1350年）李裕庵墓中出土的几件元代刺绣品，其用色鲜明，针法粗犷，皆表现出山东民间特有的朴实健美的风格。

鲁绣又称衣线绣，是用双丝捻线，合成一股使用。鲁绣凭借山东优越的适于桑蚕生长的自然条件，其绣线甚为奇特，与其他绣种相比可谓上好，鲁绣的用线是柞蚕丝，用柞蚕丝线绣出的纹样坚韧、耐磨。捻过了的线增加了韧性，而且不怕水洗，会使绣面更加结实耐用。“衣线”用于刺绣，赋予鲁绣独特的地方特色，这也是这一古老绣种有别于诸名绣的一个特点。随着社会的不断发展，现在由单纯的用“衣线、蚕丝”进行刺绣，发展为衣线、蚕丝、人发、生丝、毛线等多种绣线进行绣制。

半个多世纪以来，济南鲁绣创作了多幅大型的、优秀的鲁绣作品，我们选择部分杰作简略介绍：

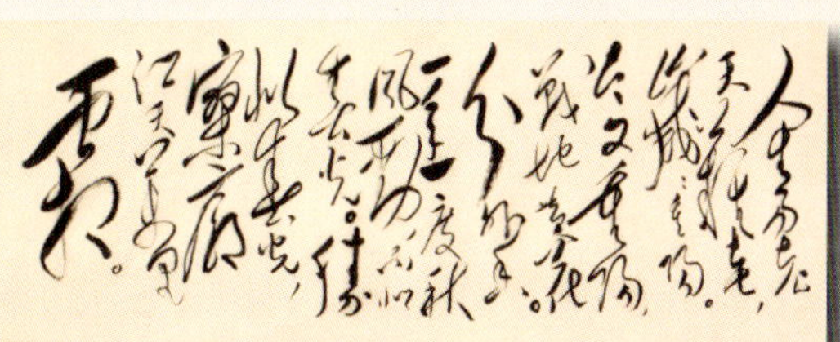

发丝绣作品《采桑子重阳》

发丝绣作品《任重而道远》

发丝绣作品《周总理关怀山东绣》

1959年绣制了由山东省著名画家于希宁、王小古创作的六扇屏《百蝶图》《百菊图》在人民大会堂陈列18年之久，作品运用鲁绣的传统技艺，适当吸收了苏绣和湘绣的表现手法，图中群蝶起舞、百菊争艳，反映着社会主义祖国的欣欣向荣；

1964年绣制了毛泽东手书诗词《采桑子·重阳》，作品纵140厘米，横250厘米，其针法主要采用“散套针”，其枯笔、飞白须将绣线劈的极细才行，而且顺线的方向也随着笔意自然的变化，以取得枯润而又逼真的效果。《采桑子·重阳》在人民大会堂山东厅陈列时周总理满怀深情的对大型歌舞《东方红》的编导同志们说：“你们看，这是毛主席亲笔写的字，写得很好，绣的也很好。以前只听说过湘绣、苏绣，原来山东绣也有工到之处。这幅山东绣是一件很好的艺术品，每次看到都是一次很好的艺术享受”；

1978年绣制了两幅由解放军画家华克雄创作的《周总理的睡衣》，并参加全国第二届工艺美术展览会，同年赴日本展出，被日本收藏。另一幅于1985年送毛主席纪念堂周总理纪念馆收藏。

1978年绣制了著名画家黄胄的作品《任重而道远》，作品运用机绣与手绣发丝绣工艺，有机的将鲁绣的粗犷与细腻相结合，画面气势恢宏、寓意深刻，曾参加全国第二届工艺美术展览会展出。

发丝绣《周总理关怀山东绣》是高级工艺师张培明先生根据1964年周恩来总理在人民大会堂山东厅看到大型毛主席手书诗词《采桑子、重阳》座屏后，称赞说：“以前只听说湘绣，苏绣，原来山东绣也有工到之处。这幅山东绣是一件很好艺术品，每次看到都是一次很好的艺术享受……”这一时刻为背景，于1978年创作的、由多名鲁绣艺人耗时近一年时间绣制而成的佳作。它充分刻画出周总理对山东绣的深切关怀以及刺绣工人们的激动心情，是对这一历史时刻的再现。

鲁绣濒临绝迹的原因分析

鲁绣有着辉煌的昨天，然而，随着社会的发展带来的技术革命和人的思想观念的转变，目前已处于不景气的状态，几乎濒临绝迹，令人担忧，引起这种状况的原因：

1、由于受国际国内市场经济的不断变化的影响，鲁绣的发展受到严重影响，

2、现在山东境内没有一个专门研究鲁绣的机构，也没有一所学校传授鲁绣技艺，出土的鲁绣制品没有得到很好的复制。

3、一些企业打着鲁绣的招牌从中牟利，实际上并没有传承下鲁绣的优秀传统。传统刺绣工艺导致劳动效率较低，企业经济效益欠佳，企业面临生存危机。

4、山东的轻纺行业一度低迷，多门类的艺术品及工艺品的发展也形成了更加激烈的市场竞争；

5、人员老龄化困扰着鲁绣的发展，当下逐利的思想也使年轻人普遍认为传统工艺美术行业既艰苦又赚不到钱，而对之不屑。刺绣艺人的老龄化以及培养新生力量的资金投入不足，造成后继乏人。

6、机械化的不断发展，多种现代化绣花机器正在取代传统手工刺绣，使最具特色的手工鲁绣工艺难以为继。急功近利的浮躁心态造成传统鲁绣精品缺乏，社会美誉度下降。传统鲁绣精品的产生是一个复杂的过程，就设计角度来说，从选材、制作到完成，需要一个长时间揣摩、反复修改的过程，即使这样也不容易产生精品。

鲁绣藏品的保护

为了保护和拯救鲁绣这一传统的手工工艺，2009年7月1日，山东省文物鉴定委员会组织崔明泉、刘承诰等专家对这批珍藏多年的近1931件（组）鲁绣作品及参考资料208件（组）进行了现场鉴定。专家们一致认为这批鲁绣作品数量大，精品多，年代久远，资料完整，可以作为藏品进行征集。在山东博物馆新馆展出后，将充分展示山东刺绣艺术的多彩魅力。2008年8月8日，在山东省文化厅、山东省财政厅省文物局的大力支持下，这批自上世纪五十年代以来的包括荣获国家珍品奖殊荣的《竹林七贤图》及鲁绣杰出代表作《六亿神州尽舜尧》等几乎囊括了新中国建立以来济南刺绣厂制作的全面反映鲁绣艺术水平的精品，以及书画、照片等资料被细心包装、安全运送到山东博物馆。经过认真、细致的清点、整理已于2009年9月正式入藏山东博物馆，并且设置了专业库房，得到了科学的保管。

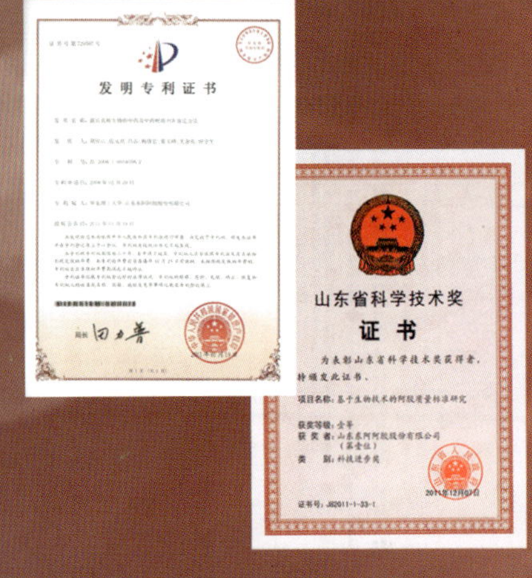

阿胶作为传统中药，已经在中药市场上占据了举足轻重的地位。鉴于目前市场上阿胶质量参差不齐，严重影响人民用药安全、有效的现状，该项目利用生物技术，对阿胶的质量标准加以补充和提高。首先，按国际认可的药品标准，补充完善阿胶的"农残、重金属及微量元素的检测分析"，保证用药安全；其次，为了保障药效，鉴别真伪，从胶原肽定量、特征DNA标签识别、特征肽识别多角度构筑阿胶史上具里程碑意义的鉴别方法体系。研究成果居国际先进水平。

该项目主要创新点如下：

1. 在世界上首次采用DNA指纹图谱建立了驴皮的DNA分子鉴定方法。解决了驴皮鉴别靠经验，不能准确客观鉴定驴皮的难题，该技术被《山东省中药材标准》收载。

2. 首次利用高拷贝基因组种属特异性SINE序列和卫星序列，建立了阿胶的DNA分子鉴定方法。

3. 借鉴明胶动物溯源技术，采用HPLC-MS分析找出驴、牛、猪等动物皮中的特征性多肽，并用于阿胶的真伪鉴别和质量控制。首次完成驴I型胶原蛋白质序列的测定与分析。

4. 模拟人体消化装置对阿胶进行了体外降解，并采用体外造血模型筛选，研究发现其补血活性物质。

5. 建立了羟脯氨酸、丙氨酸、甘氨酸、脯氨酸四种氨酸及铅、镉、汞、铜、砷五种重金属含量检测标准，并纳入《中国药典》2010年版。

申请国家发明专利6项，其中授权3项。基础研究在Zeitschrift für Naturforschung C 、Journal of Food and Drug Analysis、Chinese Journal of Analytical Chemistry等学术刊物发表论文11篇，其中SCI收录5篇，EI收录1篇。

研究成果在阿胶行业内得到了广泛应用，为监管部门提供了技术支持，提高了全行业质量标准，维护广大消费者的切身利益，取得了显著的经济和社会效益。

山东东阿阿胶股份有限公司

山东金宝电子股份有限公司

挠性覆铜板用铜箔

山东省科学技术奖

证书

为表彰山东省科学技术奖获得者，特颁发此证书。

项目名称：挠性覆铜板用铜箔

获奖等级：贰等

获 奖 者：山东金都电子材料股份有限公司（第壹位）

类　　别：科技进步奖

2012年11月22日

证书号：JB2012-2-58-D01

省科技进步奖证书

山东金宝电子股份有限公司（简称金宝股份）是专业生产电子铜箔、覆铜板和印制电路板产品的中外合资股份有限公司。公司下设 4 个铜箔厂、5 个覆铜板厂和一个线路板厂。其电子铜箔、覆铜板和印制电路板分别达到 20 000 吨 / 年、2 400 万平方米 / 年和 20 万平方米 / 年生产能力。山东金都电子材料股份有限公司是由金宝股份全额出资设立的子公司，由该公司承担的“挠性覆铜板用铜箔”项目（编号 200990206007），属于山东省经济和信息化委员会“2009 年度山东省重点技术创新项目计划”。该项目于 2010 年 12 月，通过省经信委组织的新产品与新技术鉴定，专家组一致认为：该项目完成了计划指标；项目产品性能优良，达到了国内领先水平。

该项目先后获得了山东省技术创新优秀成果二等奖、招远市科技进步一等奖、烟台市科技进步二等奖、山东省科技进步二等奖。项目成果已在该公司迅速推广，到目前已累计生产高品质挠性覆铜板用铜箔 2 600 多吨。已在国内多家客户广泛使用，替代了同类进口铜箔应用于手机、笔记本电脑、数码相机等电子通讯产品。

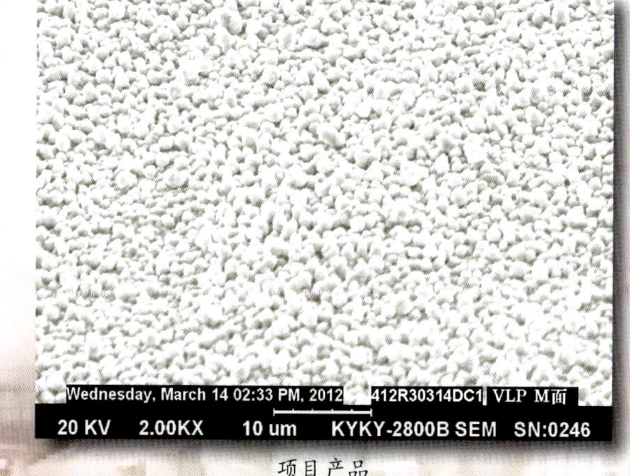

项目产品

该项促进了国内铜箔行业的产品技术升级，打破了国外产品垄断我国挠性板用铜箔市场的局面，降低了下游产业的生产成本。该项目的研究成果有助于提升我国信息产业的国际竞争力，同时对推动民族工业发展具有积极作用。

生产车间

信息安全专家

山东中孚信息产业股份有限公司成立于1997年，注册资金6120万元，现有员工300余人。公司近年复合增长率超过40%，已逐步成长为国内保密信息安全领域的领导企业。公司专注于信息安全领域，秉持"自主可控"原则，不断进行技术和产品创新，现拥有专利25项，软件著作权近50项。

- 高新技术企业
- 软件企业
- CMMI L3
- ISO9001
- 计算机信息系统集成资质
- 涉密计算机信息系统集成资质
- 商用密码产品定点生产/销售许可资质

创新平台

- 国家火炬计划软件产业基地骨干企业

- 山东省信息安全共性工程技术研究中心

- 山东省信息安全工程实验室

- 山东省企业技术中心

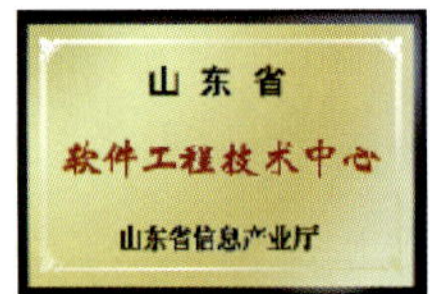

- 山东省软件工程技术中心

- 山东省数据恢复与清除技术中心

国家及省部级科研项目30余项

- **科技部火炬计划项目** ………… "电子政务通用安全中间件"
- **科技部中小企业创新基金项目** ………… "涉密笔记本电脑及移动存储介质保密管理系统"
- **工信部电子发展基金招标项目** ………… "基于国产操作系统的终端安全防护工具研发"
- **工信部电子发展基金项目** ………… "内网及终端安全综合防护系统"
- **国家发改委信息安全专项** ………… "安全保密检查工具集产业化"
- **国家发改委信息安全专项** ………… "基于国产密码芯片的加密存储系列产品产业化"
- **国家保密局科研项目** ………… "××技术研究"
- **山东省自主创新专项项目** ………… "金融财税安全智能终端系统研发及产业化"
- **山东省首批战略性新兴产业项目** ………… "内网安全保密综合管理平台产业化"

济南高新区舜华路2000号舜泰广场9号楼8层

覆盖全国的销售、服务网络

公司在北京、南京有全资子公司，在广西、河北、黑龙江、新疆、辽宁等地有办事处，形成了覆盖全国的销售服务网络，用户遍及全国32个省（直辖市、自治区）和香港特别行政区的几万家党政机关、军队和企事业单位。

团队建设与产学研合作

公司引进SAICT海外高层次人才1名，济南市“5150”创新人才1名，济南市千层次创新人才2名，是济南市科技局认定的“优秀创新团队”，现已建立起一支拥有150余人的高层次创新科研队伍。

公司重视产学研合作，与国内多家科研机构、高校建立了长期、稳定的合作关系，并与山东财经大学联合成立了“山东省金融信息安全研究所”。公司先后担任中国软件行业协会理事、山东省云计算产业联盟常务理事、山东省大数据产业技术创新战略联盟副理事长、山东省软件行业协会常务理事、山东省信息协会信息安全专业委员会副主任，以及济南市网络与信息安全产业联盟副理事长等。

产品与服务体系

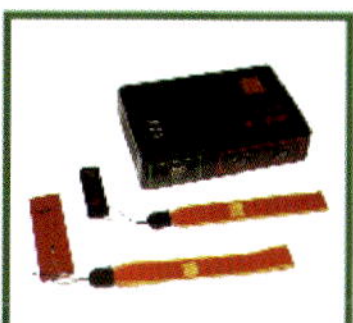

安全保密产品

- 涉密计算机及移动存储介质保密管理系统
- 多功能保密检查取证系统
- 计算机违规深度检查取证系统
- 内网安全综合防护系统
- 存储介质信息消除工具
- 互联网接入口保密监测平台检测器

……

商用密码产品

- 可视按键型智能密码钥匙
- 智能密码税控盘（安税通）
- 视频加密系统
- 液晶型安全移动硬盘
- 按键加密U盘
- 加密固态盘

……

虚拟化产品

- vSys Desktop虚拟化交付系统
- vSys Server服务器虚拟化软件
- vSys Center服务器虚拟化管理系统

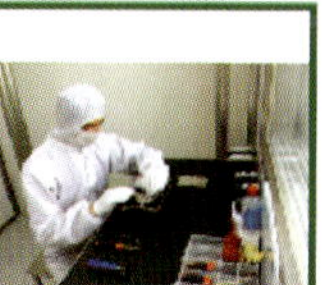

信息安全服务

- 非涉密信息系统的等级保护安全服务
- 涉密信息系统的分级保护安全服务
- 数据恢复与清除服务

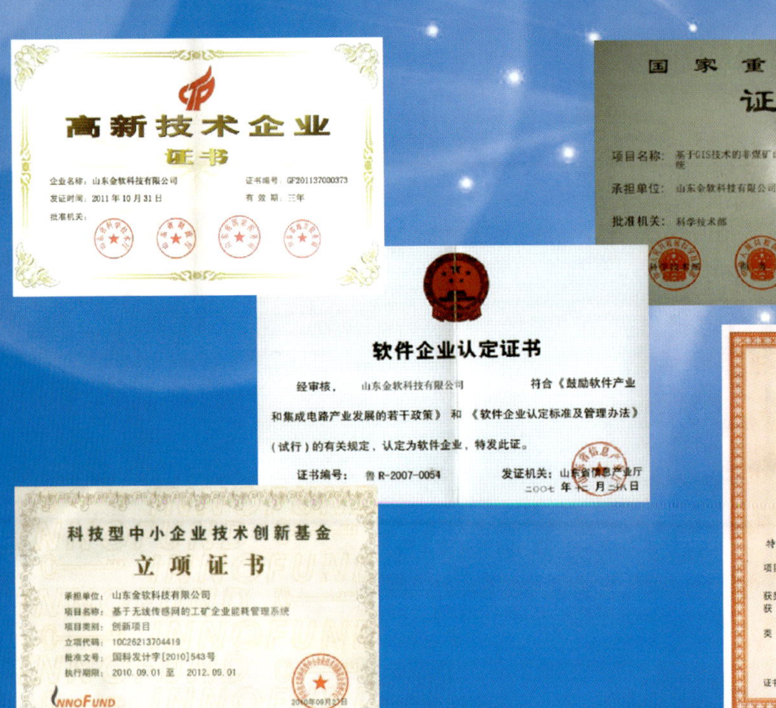

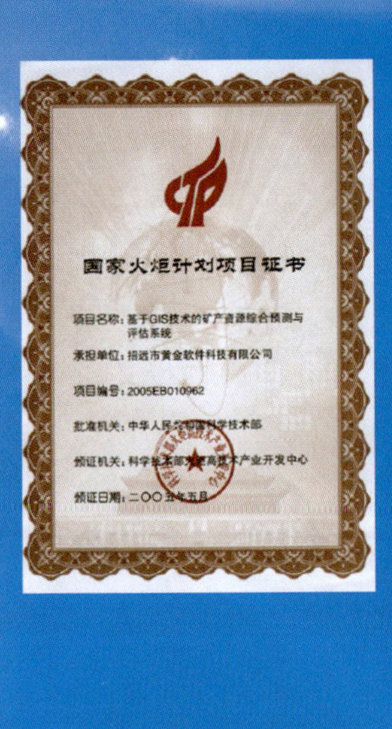

公司致力于采矿数字化、工业过程控制自动化、矿山安全生产与运营管理信息化，集咨询、设计、评价、研发与应用服务于一体的股份制软件企业和高新技术企业，多次完成国家、省级等科研项目，并进行推广应用，为金属矿山企业提供信息化、数字化、自动化与智能化总成服务。

山东金软科技有限公司

《山东科技年鉴》创刊十周年列明祝贺单位

山东同济机电有限公司　　方中锋

山东省淡水水产研究所　　王春生

山东政法学院　　安宗林

聊城市农业科学院　　褚丁印

山东省水利科学研究院　　郭磊

济宁学院　　刘德胜

警察学院　　李川

山东省特种设备检验研究院　　王向东

山东景芝酒业股份有限公司　　刘全平

山东省果树研究所　　王长君

山东行政学院　　艾思同

德州学院　　巩建闽

中国科学院烟台海岸带研究所　　骆永明

山东标准化研究院　　钱恒

中国科学院青岛生物能源与过程研究所　　陈骁

菏泽高新技术产业开发区管理委员会　　谷恒俭

济南市锅炉压力容器检验研究所　　黄凯东

山东省黄河河务局　　张学明

潍坊学院　　赵光强